法学专业核心课程教材

商 法 学

Commercial Law

（第四版）

主　编　赵旭东

副主编　管晓峰　李建伟　王　涌

撰稿人　（以姓氏拼音为序）

管晓峰　郭宏彬　胡利玲　李建伟

刘心稳　刘亚天　刘智慧　马更新

梅慎实　王光进　王　萍　王　涌

王玉梅　赵旭东　朱晓娟

高等教育出版社·北京

图书在版编目（CIP）数据

商法学 / 赵旭东主编. -- 4版. -- 北京 : 高等教育出版社，2019.12（2023.5 重印）
ISBN 978-7-04-052938-8

Ⅰ. ①商… Ⅱ. ①赵… Ⅲ. ①商法-法的理论-中国-高等学校-教材 Ⅳ. ①D923.990.1

中国版本图书馆CIP数据核字(2019)第241489号

策划编辑　姜　洁　　责任编辑　程传省　　封面设计　杨立新　　版式设计　于　婕
责任校对　刘娟娟　　责任印制　刘思涵

出版发行　高等教育出版社
社　　址　北京市西城区德外大街 4 号
邮政编码　100120
印　　刷　中农印务有限公司
开　　本　787 mm× 1092 mm　1/16
印　　张　38.75
字　　数　960 千字
购书热线　010-58581118
咨询电话　400-810-0598
网　　址　http://www.hep.edu.cn
　　　　　http://www.hep.com.cn
网上订购　http://www.hepmall.com.cn
　　　　　http://www.hepmall.com
　　　　　http://www.hepmall.cn
版　　次　2007 年 3 月第 1 版
　　　　　2019 年 12 月第 4 版
印　　次　2023 年 5 月第 4 次印刷
定　　价　84.00 元

物 料 号　52938-00

第四版修订说明

这是本教材的第四版，本次修订的主要背景和直接原因是“马克思主义理论研究和建设工程重点教材”（以下简称“马工程教材”）《商法学》的编写和出版。为了反映“马工程教材”《商法学》的最新成果并与其体系和内容相衔接和协同，编写组对本教材进行了全面的补充、修改和调整。

为规范和引导全国法学教育，中宣部、教育部组织编写了“马工程教材”，其中包括《商法学》。“马工程教材”《商法学》是我国商法学教材建设的重要突破和创新。其在马克思主义理论指导下，强调商法理论对商法实践的反映，注重以全面、联系、发展的态度认识商事法律制度，既尊重传统商法的基本理论，借鉴境外有关国家商事法律制度的先例和经验，又广泛地收集、梳理和总结我国商事制度丰富的实践经验，探索反映我国现实、具有中国特色的商事法律的原理和内容。由此，“马工程教材”《商法学》较之此前的商法教材，无论在教材体系还是教材内容上都进行了极富中国特色的突破和创新，其阐释的商法原理较之原有商法学体系有较大的扩充，例如，增加了商业银行法、期货交易法、商事信托与投资基金法几个专章；在商法的一般原理部分增加了商事纠纷及其解决机制；在商事主体制度中增加了商事审计；在商事行为制度中增加了连锁经营与特许经营、电子商务、商事运输；在非公司企业法中增加了国有企业法、外资企业法和合作社法等内容。

需要特别说明的是，由于篇幅的限制，“马工程教材”《商法学》在传统商法各分论的部分，只是对其主要原理进行阐述，而非做系统全面的介绍。在教材内容的深度和广度上，并不能完全满足法学专业商法学课堂教学的实际需要。因此，一方面，高校商法学教学的基本体系和内容需要依照“马工程教材”统一安排；另一方面，又需要针对不同的教学对象，根据课堂教学的实际需要提供内容更为系统、完整的教材或资料。如何将商法教学的基本目标和传统原理与“马工程教材”创新性的体系和内容予以合理的衔接和协同？这是商法学教学面临的现实任务。

当然，包括本教材在内的所有商法学教材一直以来面临着这样的困扰：一方面，商法学体系庞大，内容丰富，在总论之下，包含了公司法、独资与合伙企业法、证券法、破产法、票据法、保险法等几大单行法律部门。这些法律部门的内容和原理本来就可以单设课程，将其编于一体的商法学教材中，实际上相当于多门法律课程的集成，因此篇幅自然很大。另一方面，法学专业的课程设计和安排又有其规范性的要求，在高校课程设置标准化的统一要求之下，每门课程的课时和容量又是有限的，它与商法特有的庞大结构和体系存在着天然的冲突。这使得许多高校的教师经常陷于教材选用和课程教学安排的矛盾之中。在无法改变法学课程设置的基本结构和商法学作为一门课程的课时和容量已经被限定的情况下，如何最合理地确定商法学的课程内容、体系结构和轻重取舍，使教材内容安排与课堂教学实际尽可能地衔接，使学生在有限的课时内，学习和掌握最基本的商法学原理，就成为商法学教材编写最具难度的任务。

本教材迄今已是第四版。第一版出版于2007年3月，并被全国高校广泛采用，得到普遍肯定和好评。第二版出版于2011年9月，这次修订的主要目标是对第一版教材大幅度地缩减瘦身，而瘦身的前提是不能破坏和影响商法学课程的既有体系和知识结构，不能遗漏学生必须掌握的基本商法学原理。2015年7月，本教材进行了第二次修订。这次修订的背景和直接动因是2013年《公司法》的修改，为此，本教材第三版在"公司法"一编中对"公司资本制度""股东出资制度"等相关内容进行了较多的修改和补充。同时，根据我国证券法、保险法和破产法理论和实践的发展，尤其是证券发行注册制的改革、《保险法司法解释二》的出台、破产法的实践成果等，对"证券法""保险法"和"破产法"三编的内容进行了适时的调整、补充和更新。此外，为实现法学资源共享课的功能，充分利用网络教学资源，第三版在形式上做了特别的设计和安排，即在各编之后新增了一些综合性的典型案例研讨，并以二维码的形式进行关联。

如前所述，本次修订的主要动机和目的是配合"马工程教材"《商法学》的使用，实现本教材与"马工程教材"《商法学》的有效衔接和合理协同。由此，形成了本教材的如下修订思路和编写方案：(1)在教材体系和结构上，基本参照"马工程教材"《商法学》的体系和结构进行设计；(2)在内容上，在基本保留原有商法基本原理内容的基础上，吸收、融合和反映"马工程教材"《商法学》的最新内容和原理；(3)在教材内容取舍上，进一步整合、凝练和优化处理，精确把握商法学原理在本科教学中的深度和广度，对商法学各个部分的轻重主次和详略取舍作出最合理的安排，尽可能使其与高校商法教学的实际内容、法学研究生入学考试和国家法律职业资格考试中商法学各部分内容的布局和比重衔接和吻合。

本教材由中国政法大学长期从事商法学教学和研究的著名学者和骨干教师合作完成。承担各章编写任务的作者在其分工领域都有着多年丰富的教学经验和突出的研究成果，这使本教材的质量和代表性得以保证，使其更能反映和适应高校本科生和研究生教学的实际需要。

本书由赵旭东教授任主编，各章撰写分工如下：

绪论、第一章、第二章	赵旭东
第三章　商事行为	赵旭东（第一、二、三、四、五、八节）
	李建伟（第六、七、九节）
第四章　公司法	赵旭东（第一、二、五节）
	刘智慧（第三、六节）
	王　涌（第四节）
	李建伟（第七、八、九节）
第五章　非公司企业法	朱晓娟
第六章　商业银行法与商事支付法	马更新
第七章　票据法	刘心稳（第一、四、五、六节）
	管晓峰（第二、三节）
第八章　保险法	王　萍（第一、二、三节）
	郭宏彬（第四节）
第九章　证券法	王光进（第一、三、五、七节）
	梅慎实（第二、四、六、八节）

第十章　期货法　　　　　　　　刘亚天
第十一章　商事信托与投资基金法　　王　涌
第十二章　破产法　　　　　　　　胡利玲（第一、五节）
　　　　　　　　　　　　　　　　王玉梅（第二、三、四、六、七、八节）

编者

2019年10月

目　　录

绪　论

一、商法学的研究对象

商法是一个传统的法律部门,商法学属于法学中的部门法学,是庞大、丰富的法律科学体系中的一个重要学科。特定的研究对象是法律学科形成和存在的基础和条件,每一法律学科都有自己特定的研究对象。商法学是研究商法规范和商事关系的科学,商法规范和商事关系是商法学的研究对象。商法学的研究对象与商法本身的调整对象并非相互对立的,商法学不仅研究条款化的商法规范,也研究法律条款所指向的商事关系。商法的调整对象是商事关系。因此,商事关系既是商法的调整对象,也是商法学的研究对象。

商法学对商法规范的研究是综合性的系统研究,不仅包括对商法规范本身的研究,也包括对商法规范的立法、实施和适用的研究。商法学对商事关系的研究是对商事关系各个要素的全方位研究,包括对商事主体、商事行为和商事关系中的权利、义务与责任的研究。

需要指出的是,一种社会关系可以成为不同学科共同的研究对象。商事关系不仅是商法学的研究对象,也是其他相关学科的研究对象,如公司组织和公司管理既是公司法学的研究对象,也是经济学和管理学的研究对象;保险法学研究保险关系和保险行为,保险学也研究保险关系和保险行为;证券法学以证券交易和证券市场为研究对象,后者也是金融学的研究对象。但不同学科对同一对象的研究角度或研究方法不同。商法学从法学或法律规制的角度研究商事关系,而其他相关学科是从经济学、管理学等特定学科的角度或使用该学科的研究方法研究商事关系。研究对象的重合是学科联系和交叉的客观原因和基础,对同一对象的研究决定了不同学科之间特殊的紧密联系,甚至形成学科交叉关系。由此,商法学的研究应十分重视学科之间的关联和互动。

对于如何界定部门法学的研究对象,学界有不同的主张和见解,有的将研究对象界定为特定的法律规范,有的界定为特定法律领域的法律现象,还有的认为是法律或法律现象的发展规律。本书认为,每个部门法学首要的研究对象当然是该法律部门的法律规范本身。同时,每个部门法都有自身的调整对象,该调整对象也必然成为该部门法学的研究对象。法律的调整对象与法律本身互为依托、紧密联系。法律的调整对象通常是法律规范实际内容借以展现的载体,研究法律规范很少脱离其调整的对象而只研究规范本身。如公司法学不仅研究公司法规范本身,也要研究公司及其内部治理关系和对外经营行为。至于法律现象与法律现象的发展规律,已包含在法律规范及其调整对象的研究之中。法律规范和其调整的对象本身就是一种法律现象,对其进行的研究不仅有静态内容的研究,也包括动态的发展规律的研究。

二、商法学的学科地位与学科体系

(一) 商法学属于法学应用学科

法学是整个社会科学的重要分支,是一个内容丰富、结构庞大的学科体系。理论法学与应用法学的划分是法学的基本分类,“理论法学综合研究法的基本概念、原理和规律等。应用法学主要是研究国内法和国际法的结构和内容，以及它们的制定、解释和适用"①。理论法学也研究实践，应用法学也有理论，二者主要在对法律问题的概括范围和抽象程度上有所不同。理论法学重在一般法学原理的研究，是从整体的角度、在宏观的高度上对所有法律领域的法律现象进行抽象性研究，不局限于特定的法律领域和具体的法律规范。应用法学是对特定法律领域进行的具体性研究，主要解决各个部门法律的制定、实施和适用等实践性问题。一般认为，理论法学包括法理学、法律史学、比较法学、法律社会学。我国目前已经形成的应用法学包括宪法学、刑法学、民法学、商法学、知识产权法学、经济法学、刑事诉讼法学、民事诉讼法学、行政法与行政诉讼法学、劳动法与社会保障法学、环境与资源保护法学、国际法学、国际私法学、国际经济法学。商法学以商事法律规范的立法、执法和司法以及各种具体商事关系为研究对象，是典型的实践性的应用学科。

应用法学又称部门法学，以特定的法律部门为研究对象。每一独立的法律部门基本上都建立有对应的法律学科。与理论法学不同，部门法学与法律部门之间存在着密不可分的联系，法学学科基本上是以特定法律部门为基础形成的，法律部门的布局和构成基本上等同于部门法学的布局和构成。

（二）商法学属于法学二级学科

依其内部的逻辑结构和层次，社会科学可划分为不同的层级。在整个社会科学体系中，法学属于一级学科，与哲学、政治学、经济学、社会学、历史学、文学、语言学、逻辑学等并列。在法学内部，按照层级结构又可分为二级学科和三级学科，商法学属于其中的二级学科，与宪法学、刑法学、民法学、商法学、经济法学、诉讼法学、国际法学等并列。在商法学之下，根据不同类型商事关系及其细分的法律领域，又可分为公司法学、证券法学、海商法学、保险法学、破产法学、银行与金融法学、信托法学等三级学科。

（三）商法学与民法学、经济法学密切联系

在各部门法学中，商法学与民法学有着最为特别的学科联系，这种联系源自商法与民法两个部门法之间特别的固有关系：在实质上，民法与商法二者同为调整市场经济关系的法律规范；在形式上，按照民法与商法是否分别制定法典，世界各国的立法体例形成了民商分立与民商合一两种基本模式；在学理上，商法多被认为是民法的特别法，也有人主张商法是完全独立的法律部门；在学科关系上，商法学与民法学的关系呈现出与民法和商法两个法律部门关系类似的发展轨迹，在法律部门民商不分的早期，并无专门的商法学，相应的研究自然是隐含在民法学之中，而随着近代商事立法从民法中的分离和商法典的制定，在一些国家，商法学也逐渐成为单独的法学学科。我国商法学与民法学的学科关系经历了渐进的演化过程。改革开放以来，民法学和商法学融为一体并以民法学的名称得以恢复发展，其后为全面反映该学科所包含的商法学的内容，民法学逐渐改名为民商法学。目前，无论在理论研究还是在实际学科设置管理上，都出现了将商法学与民法学分为两个独立学科的主张和做法。学科的定位和划分并非一成不变，随着我国民法和商法制度尤其是商事立法的丰富和发展，商法学已经成为与民法学平行的法律学科。

（四）商法学的学科体系

与大陆法系和英美法系法律传统的巨大差异相对应，两大法系中商法学的学科体系也完全不同。同时，在大陆法系内部，由于各国商法立法体例的差异，商法学亦呈现出不同的学科体系。

① 张文显主编：《法理学》，高等教育出版社 2003 年版，第 4 页。

总体来说，大陆法系国家传统商法学的体系除商法学的一般原理外，主要包括公司法学、海商法学、票据法学、保险法学、破产法学几个部分。同时，基于商行为的特殊法律规则，也形成了关于买卖、行纪、运输、仓储、承揽、寄托、居间、行纪、交互计算等商事合同的原理。英美法系国家的商法学体系则更为灵活和广泛，其内容涵盖合同法、代理法、合伙法、公司法、商买卖法、竞争法、票据法、担保法、保险法、知识产权法、破产法、仲裁法等法律部门。①

我国商法学的体系在大陆法系国家传统商法学的基础上，再增加现代商法各领域的内容，即除公司法学（含独资企业与合伙企业法学）、保险法学、破产法学、票据法学、海商法学几个部分外，先后增加了证券法学、信托法学、期货法学、银行法学等新的商法分支学科。需要说明的是，尽管在学科体系和理论上，海商法学属于商法学最为传统的分支学科，但由于其所涉行业的特定性和更强的专业性，在目前的商法学教材体系中，大都没有将海商法编入其中，在课程教学安排中，通常也把海商法学与商法学分别开设。

与民法学等其他法学学科比较，商法学的学科体系表现出三个突出的特点：一是差异性，即不同法系、不同国家的商法学体系内容差异甚大；二是开放性，即商法学的体系并不封闭，结构并不固定，其随商事法律和商法理论的发展而不断调整；三是扩充性，即商法是市场经济中最为活跃的法律部门，随着新的业态和产业的不断创新和发展，相应的商法领域不断形成，商法学的体系也不断扩充和丰富，如现代商法学中的证券法学、投资基金法学和正在形成的电子商务法学。

三、商法学的功能和任务

法律科学的每个学科基于其特定的研究对象而具有不同的社会功能和任务，作为应用法学的商法学承担着以下特殊的功能和使命：

（一）推动商法制度发展与完善，指导商事立法

商法制度的发展和完善主要通过商事立法实现，商事立法作为一种法律的实践活动，需要商法学理论的指导。科学立法、民主立法是确保立法质量的重要条件，理论先行是立法的一般规律和要求，对于商法学这种应用法学和部门法学来说，立法研究的任务和使命更为重要和突出。无论是对新的商法领域的全新立法，还是对既有商事法律的修订完善，都离不开商法学理论对相关法律问题的论证和支持。

商事立法的研究通常是一种前瞻性研究，它既立足现实，又着眼未来，对法律制度的发展给予方向性的启发和引导。商事立法研究具有突出的建设性，它不仅对落后、不合理的法律制度给予否定性的分析，更重要的是对于先进、合理的法律制度提出创新性和改进性的立法建议，为法律制度的发展完善进行理论的设计和论证。商事立法研究还具有鲜明的对策性，它往往将研究的焦点集中在立法中的重大、复杂、疑难问题上，针对具体的实际问题和法律规则，贡献实用性、可行性的立法应对方案。

商法学研究在我国商事法律制度形成和发展中发挥了重要的作用，从 20 世纪 80 年代外商投资企业法、私营企业条例的产生，到 90 年代公司法、证券法、破产法等的制定，及至后来这些商事法律的修订，商法学界通过公开发表研究成果、提交系统的立法建议稿和直接参与立法过程等多种形式为商事立法贡献智慧，几乎所有重要的商事立法都经过了较为充分的商法学的理论分

---

① 见董安生等编译：《英国商法》，法律出版社 1991 年版，第 1–9 页。

析和论证,都吸收和反映了商法学研究的丰富成果。

(二)阐释商法规范与原理,促进商事执法与司法

徒法不能自行,商事法律的实施必须通过商事执法和司法。正确理解和掌握商事法律的规定是正确执法和公正司法的前提条件,商法学在其中承担着重要的职能。规范研究是商法学作为应用法学的主要特点,它以商法领域的现实法律规范作为主要研究对象,解释商法规范中的概念和术语,说明法律条款的涵义和逻辑,阐述商法规范的制度价值和立法宗旨,分析商法规范实施和适用中的具体问题和解决方案等。这种规范研究本身既是对商法学基本原理的阐述和运用,同时又通过对法律规范的阐释不断地丰富和发展商法学原理。

商事立法的局限性决定了法律解释的重要作用。任何国家的商事立法都不可能事无巨细,将所有应予调整和规范的商事法律现象和问题都囊括其中。在这方面,大陆法国家成文法的局限性尤为明显。克服这一局限性的重要途径和手段是法律解释,即通过对现行商法规范的解释来对应分析各种纷繁复杂的具体问题,并为其解决提供法律依据。法律解释本身依其解释主体和效力的不同,分为立法解释、司法解释和学理解释,其中的学理解释正是商法学的职能。商法学对商法规范的学理解释,虽然不具有立法解释和司法解释的法律效力和司法适用效力,但依然对法律的实施和适用具有特殊的意义,对于立法解释和司法解释未能涉及的法律问题,商法学的学理解释可以起到重要的填补作用。即使对于立法解释和司法解释中已明确规定的问题或者对于立法解释和司法解释本身,仍需对其进行进一步的学理解释。如 2005 年我国《公司法》修订之后,最高人民法院就公司法的司法适用先后发布了四个司法解释性的文件,同时,公司法学的理论研究既有对公司法条款本身的学理解释,也有对公司法司法解释的学理性研究。

(三)培养商事法治观念和意识,引导商事经营和市场行为

商事法治建设是完善现代市场体系不可或缺的组成部分。商事法治建设是整体性的系统工程,融商事法治理念、商事法治文化、商事法律规范体系于一体。商事法治理念是灵魂,商事法治文化是根基,商事法律规范体系是载体。商事法治建设的重要内容是树立商事法治理念、营造商事法治文化,以商事主体为中心,构建以平等、自治、效率、安全、公平、和谐、诚信、创新、开放为价值导向,主要依靠法律和规则健康运行的营商环境。

商法学在商事法治建设中有着不可替代的职能。商法学知识培育和强化商事主体的权利意识、义务意识、责任意识、诚信意识和风险意识,有效地引导从商经营行为,创造守法营商、公平竞争、诚实信用和交易安全的法治环境和商业文化。商法学高度重视商业诚信建设,注意培养商事主体的法律风险意识,实行公示公信原则,倡导商事主体自治和自律,培育契约精神,弘扬商业诚信和道德。

与法律规范对人们的作用和影响有所不同,商法学的知识和原理并不直接约束人们的商事行为,也不是处理商事法律问题的法律依据,但它通过知识的阐述和灌输,对社会成员的商业意识和商事行为产生着持久的、深远的影响。它是潜移默化的,是教化性的。商法学的知识被人们理解和接受之后,就不再只是一种外在的学科知识,而会内化为人的一种自我观念和意识。

(四)丰富繁荣法学理论,培养造就法学人才

中国的法学理论是一个庞大的知识体系,商法学原理是其重要的组成部分。法学理论指导法治建设,法治建设的实践又在不断地丰富和发展法学理论。作为应用性的法学理论,民法学和商法学都是随着社会经济的发展而不断更新的知识体系。与中国市场经济和商事法律制度的开放性和扩充性相一致，中国的商法学理论也成为所有法学理论中最为活跃的领域。较之体系相对封闭、内容高度稳定的一些传统法学领域，现代商法学的发展可谓日新月异。不仅传统的商法学原理因应现实法律制度的发展而不断调整更新，一些新兴的商法学理论也在不断孕育和形成。由此，商法学研究在丰富和繁荣中国特色的法学理论方面担当着重要的角色，发挥着突出的作用。

法学的重要使命是人才培养，商法学更是责无旁贷。商法教育是法学教育中不可或缺、至关重要的一环。在人才素养上，现代市场经济条件下的法学人才不仅需要基本的法学理论修养，还需要明晰的商事法治意识和市场法治观念。在人才结构上，市场经济的发展不仅需要具备一般法律知识的通才，更需要大量的精通公司法、证券法、保险法、破产法、信托法等特定商事法律知识的专门人才。在人才技能上，以研究和阐述行为规则和技术规范为鲜明特点的商法学更强调对学生应用能力和操作能力的训练和培养。随着市场经济不断向纵深发展，社会对商法学人才的需求日益增多，商法学在法学知识结构中的分量日益凸显。在大众创业、万众创新成为经济发展新引擎的基本国策之下，商法学知识更成为社会成员谋生创业的重要法律工具和手段。

四、商法学在中国的形成与发展

应用法学或部门法学的形成发展与部门法本身的形成发展如影相随。对于商法学在中国的形成发展，尤其是中国改革开放以来的发展，有必要作出较为系统的梳理和总结。

100 多年前，中国被动打开国门的同时，商法制度也拉开了发展的序幕。中国商法可以追溯到 1904 年清末法律改革制定的《钦定大清商律》。《钦定大清商律》作为强国富民之利器的出世，开始了中国商法制度发展的艰难之旅。自那时起，中国商法经历了清末、中华民国、中华人民共和国三个历史时期。1978 年之后的改革开放使中国进入了新的历史发展时期，中国商法和商法学由此复兴并走向繁荣。

20 世纪 70 年代改革开放前的 30 年，中国商法处于失语状态。改革开放后，中国经济体制改革不断深入，新中国的商法也从无到有，从稀缺走向繁荣。回顾中国商法的发展轨迹，可以把中国商法在改革开放后的发展划分为两个阶段：第一个阶段自 20 世纪 70 年代末至 90 年代初，为中国商法制度的形成期。这一时期，中国确立了对内改革、对外开放的政策，开始了一系列商事立法。其中，涉外商事立法先行一步，先后颁行了《中外合资经营企业法》[①]《外资企业法》《中外合作经营企业法》。国有企业改革的启动推动了以所有制为标准的商事主体法的立法，先后出台了《全民所有制工业企业法》《私营企业暂行条例》《乡村集体所有制企业条例》《城镇集体所有制企业条例》。《民法通则》颁布后，确立了法人制度，此后公布了《企业法人登记管理条例》。《企业破产法（试行）》的出台为全民所有制企业确立了退出机制。

第二阶段自 1993 年《公司法》的制定至今，为中国商法的发展期。市场经济的发展亟须商事立法规范，自 20 世纪 90 年代以来，商事立法驶入快车道。现代企业制度的建立直接推动了 1993 年《公司法》的颁布。其后颁布了《保险法》《票据法》《证券法》《期货交易管理暂行条例》《信托法》《证券投资基金法》《合伙企业法》《个人独资企业法》等，几乎在传统商法的所有领域，中国都有了自己完整、系统的立法。同时，围绕《公司法》，又先后公布了《公司登记管理条例》《公

---

① 全称为《中华人民共和国中外合资经营企业法》。为表述方便，在不影响理解的前提下，本教材在表述法律法规时，均省略“中华人民共和国”字样。

司注册资本登记管理暂行规定》,并应实践变化和需求对公司法进行了多次重要的修订。同时,为贯彻实施各种商事法律,国家工商管理机关(市场监督管理机关)、中国证监会、中国保监会(中国银保监会)等相关国家行政机关和监管机构先后发布了一系列行政规章性文件。为准确适用各种商事法律规定,最高人民法院还分别就《公司法》等主要商事法律的司法适用发布了一系列的司法解释性规定。中国的商法体系的基本框架在此阶段已经基本构建形成并不断丰富和完善。

中国商法学在法学学科中形成较晚并经历了从民法学到民商法学、再到民法学与商法学并存的特殊发展过程。改革开放后最先恢复发展的几个主要法学学科是法理学、法制史学、宪法学、刑法学、民法学、刑诉法学、民诉法学、国际法学、国际私法学,其中涉及经济关系的只有民法学。20 世纪 80 年代前期,经济法学在与民法学的学术争论中逐渐形成,成为研究经济法律关系的又一法学学科。其时,由于法学学科划分尚不精细,商法学科尚未独立,作为商法学科研究对象的商事关系既属民法学的研究范围,也为经济法学所研究,如企业法律制度、经济合同制度。1986 年《民法通则》的颁布界定了民法与经济法的分工,也相对明确了民法学与经济法学的研究对象和范围,商法作为主要调整平等主体之间商事关系的法律在学理上归属于民法。

伴随着《中外合资经营企业法》等涉外商事立法和《私营企业暂行条例》《企业法人登记管理条例》《企业破产法(试行)》等一系列单行商事法律的颁行,单纯的民法学概念已很难精确地反映其覆盖和包含的商法学内容。在 20 世纪 80 年代后期,民法学科的概念逐渐向民商法学转换和过渡,并于 80 年代末 90 年代初,最终形成了民商法学的统一学科概念。其显著的标志是在全国一些重要的高校,开始以民商法的名义设置教研室和教学科研职位,并开始以民商法专业的名义招收和培养硕士研究生和博士研究生。这些安排最终得到了教育主管部门和相关国家机关的承认并在有关的文件中得到反映。

20 世纪 90 年代之后中国商事立法的全面展开和不断完善,使商法学的内容和原理不断地丰富和发展,商法学的体系结构不断完善和成熟,商法学作为独立的法学学科也逐渐与民法学分离,并在 90 年代中期之后,成为与民法学并立的独立学科。在有些高校,商法与民法分别设立教学科研机构。具有突出影响的重要事件是,2001 年中国法学会组建成立了单独的商法学研究会。该研究会是全国性的商法学科学术团体,由全国商法学教学研究工作者和商法实务工作者以及相关单位自愿组成,是商法学科学术性、联合性、专业性相结合的非营利性社团组织。在此之前,民法学和经济法学共处一个学术团体——中国法学会民法经济法研究会。此后,该研究会一分为三,分别成立了民法学研究会、商法学研究会和经济法学研究会。学术团体的组建和分布是学科属性和学科关系的重要表现,中国法学会所属的学科研究会基本上是按照法学的二级学科进行划分和组建的。商法学研究会的成立表明商法学理论的扩充积累和法学界对商法学科的地位和独立性已经形成共识。

商法学形成和发展的重要方面是商法学的课程建设和教材建设。全国高校的商法学教学最早是在 20 世纪 80 年代初从介绍西方国家的民商法原理开始的。当时的课程称为《资本主义国家民商法》《外国民商法》或《西方国家民商法》。[①]80 年代后期和 90 年代初开始单独开设《外国

---

① 1981 年,中国政法大学前身——北京政法学院在国内高校最早开设该课程,先后由江平教授、王书江教授主讲。江平教授编写的《资本主义国家民商法》为国内政法院校最早编写的商法教材,该教材修订版《西方国家民商法》于 1984 年由法律出版社出版;王书江教授编写的《外国商法》于 1986 年由中国政法大学出版社出版。

商法》,然后重心转为《中国商法》,课程名称也改为《商法》《商法学》等。在授课对象上,商法课程经历了从本科生课程到研究生课程再到博士生课程,从选修课到必修课再到主干课的发展过程。1997 年,当时的国家教委发布了《关于普通高等学校法学专业开设专业主干课程的通知》,首次明确将“商法学”列为法学专业 14 门核心课程之一,该课程正式定名为《商法学》,并迅速在全国高校普遍开设。商法教材的建设与课程建设几乎同步推进,并经历了从无到有、从外国法到中国法、从简单的立法介绍到对学科原理深入研究、结构不断优化、体系不断成熟、内容不断丰富的过程。为配合教学需要,一大批商法教材和著作面世,除全国各主要高校自编商法教材之外,教育部也在全国规划教材中将商法教材列入,商法教材和读物呈现出空前的繁荣。①

五、商法学的学习和研究方法

法律科学的学习和研究有其固有的一般规律和要求,由此形成所有学科共同的学习和研究方法。以哲学、政治经济学为核心的马克思主义理论是一切法律科学的根本指导思想。以此为指导,又需要从多个维度、运用多种方法来进行思考、分析和研究,由此形成了多种具体的学习研究方法,包括价值分析法、规范分析法、实证分析法、比较研究法、社会调查法、历史研究法、经济分析法、文献研究法等。

不同法学学科因其自身的性质和特点,在学习和研究方法上又有特殊的要求。法理学、法史学等理论学科与应用法学的学习和研究方法差异甚大。在应用法学中,商法学因其鲜明的特点,对其学习和研究应特别重视和处理好以下几个关系:

(一) 商法学理与商法规范的关系

商法是一个庞大的体系,由众多不同层次的法律部门构成。商法规范具体细致,技术规范繁多,操作性强。学习商法,如企图逐条逐句地熟记法律条款或将各种条款等量齐观,势必拘泥或陷入浩瀚、具体的条款,将学习不完、研究不尽,不得要领、不胜其烦,并难以达到法学研究应有的高度和深度。明智的学习和研究方法是重学理、轻规范。这里的轻规范并非轻视规范的作用,而是不要拘泥于具体规范的规定,要把重心放在规范所体现的法理逻辑和要实现的制度价值上,要善于分析商法规范背后的立法宗旨和意图,总结和提炼各种具体法律规范的共性和规律性。如此才能高屋建瓴,深刻理解和准确把握各种商事法律制度的实质和原理,纲举目张,举一反三,从容应对各种商事法律规范执行和适用的要求。

(二) 商法总论与商法分论及分论各部分的关系

与民法学和其他许多部门法学一样,商法学原理由商法总论和商法分论组成。商法总论由商法一般概念、基本原则、商事主体的一般制度等内容构成,商法分论则是有关商法各专门领域的法律制度原理。由于我国没有商法典,也未制定商法总则,商法总论主要根据国外大陆法系国家的商事立法和商法理论并结合中国的相关立法总结形成。总体来说,这部分的内容既不甚统一,也较为单薄,其学理性、严谨性都有待充实和提升,尤其是以外国法为素材提炼的商法原理在中国缺少实证法的具体依据和直接的实用性,这一点与民法学等传统法律学科差异甚大。而对

---

① 这一时期,颇有代表性的、选用较为广泛的商法学教材有王保树主编的《中国商事法》(由人民法院出版社 1996 年出版)、范健主编的《商法》(由北京大学出版社 2000 年出版)、赵旭东主编的《商法学教程》(由中国政法大学出版社 2004 年出版)、顾功耘主编的《商法教程》(由上海人民出版社 2001 年出版)。

于商法分论各部分，包括公司法、破产法、证券法、票据法、保险法、海商法、信托法等，中国不仅有长期理论与实践的积累，更有专门的完整立法，这使得商法分论部分的内容既十分丰富、充实，又极为确定、统一和实用。由此，在目前和未来的一段时期，商法学习和研究的重心应当是商法分论而非商法总论。这一点无论在课程设置还是在学时分配上都应给予适当的安排，尤其应避免因学时限制等原因以商法总论课程替代整个商法学教学和研究的安排，否则商法学习和研究会出现严重的重心偏离，将会使学生的商法知识结构形成严重的缺陷和畸形。

同时，也应合理分配商法分论各个部分在学习和研究中的权重。无论从法律规范应用的普遍性和广泛性，还是从法学原理自身的理论性和对整个商法原理的统领性和贯穿性来看，作为商事主体法的公司法都是商法学原理中最核心、最主要的部分，应该学习和研究得更为精细、透彻。而商法分论的其他部分，因其适用于特定领域和特定行为的专业性，可以根据学生培养的方向和需求，对教学内容以及教学的深度和广度作出合理的取舍和安排。

（三）商法与民法、经济法、行政法及相关非法律学科的关系

商法与民法本来就有民商合一与民商分立的固有联系，商法与经济法、行政法的联系亦十分密切。在证券法、保险法等许多商事单行法中，其主体成分是商法规范，但其中也穿插、夹杂有一些属于民法、经济法和行政法性质的规范。在法学原理上，商法原理的阐述和应用也经常需要联系或比较经济法和行政法的原理，尤其需要借助和运用民法学的原理分析和解决各种商事法律问题，如股东投资行为和股权转让行为，几乎都同时涉及公司法和合同法的适用，对这些行为法律效力的分析不可能只运用公司法原理而不涉及合同法原理。当然，在根源上，这是由民法作为普通法与商法作为特别法二者之间的特殊关系决定的。此外，商法的学习和研究还需注意联系和运用政治经济学、制度经济学、行政学、保险学、金融学、银行学、管理学等其他相关学科的原理，如公司法上的公司治理问题就与制度经济学、管理学紧密联系，保险法与保险学、证券法与金融学等也是相通相连、密不可分的。

第一章　商 法 概 述

【导语】

商法是调整商事关系的法律规范,是法律体系中的一个重要部门。商法起源于地中海沿岸国家的商人习惯法。随着经济贸易活动的发展以及商事规则的丰富,大陆法系国家纷纷制定了商法典及其他商事单行法规,形成了民商分立的格局。此后,由于商人身份的弱化及商事活动的扩大化,逐渐出现了民商合一的趋势。我国作为大陆法系国家,自清末以来一直采用民商合一的立法体例,但商法具有其特殊的属性,因此通说认为商法是民法的特别法。

学习本章,在熟悉商法概念和调整对象的基础上,应重点掌握商法的性质和特点以及商法与民法的关系,应对商法的基本原则和历史发展有基本的了解。

第一节　商法的概念和调整对象

一、商事的涵义

商法即商事法,商法中的概念、规范和制度都是建立在“商事”这一概念基础之上的。因此,研究商法首先需要对“商事”的内涵和外延予以界定。

商事,又称为“商”,拉丁语表述为“*commerium*”,英语表述为“commerce”,德语表述为“handels”。在现代社会中,“商”一词有多重涵义,可以从一般字义、经济学、法律学等方面予以诠释。

一般字义上的“商”或“商事”通常在两种意义上使用。一是指商品的交换或者买卖活动。古代汉语中关于商的解释多立足于这一涵义,如《白虎通义》载:“商其远近,度其有无,通四方之物,故谓之商。”二是指商人,如古汉语中的“商贾”[①]“富商”[②]和现代汉语中的“厂商”“商贩”。随着社会经济和文化的发展,一般意义上“商”或“商事”逐渐成为营利性经营活动的概称。经济学意义上的“商”或“商事”是指沟通生产与消费的中间环节,即产品由生产者流转到消费者的渠道和中介,是社会大生产的一个重要阶段。也就是说,经济学意义上的“商”或“商事”是狭义上的解释。

作为商法术语意义上的“商”或“商事”,各国法律对其并没有明确的定义。商法学上“商”或“商事”泛指一切以营利为目的的经营活动的总称。商法学界有学者认为“现代商法上所称的商事是指营利性主体所从事的一切营利性活动和事业的总称”[③];有学者认为“法律意义上的‘商’或‘商事’,乃是指一切营利性活动和事业的总称”[④];有学者认为“凡属以营利为目的,从事媒介

---

① “商贾皆欲藏于王之市”(《孟子·梁惠王上》)。

② “豪吏富商积货储物以待其急”(《盐铁论·本议》)。

③ 董安生等编著:《中国商法总论》,吉林人民出版社 1994 年版,第 5-6 页。

④ 赵中孚主编:《商法总论》,中国人民大学出版社 1999 年版,第 2 页。

交易之行为,皆称之为商”[①]。由此可见,商法学上“商”的涵义要比经济学意义上的更为广泛,它不仅包括流通领域的产品买卖活动,还包括与流通行为相关联的中介、生产、担保、保险、金融、信托、证券、信息、旅游、娱乐等领域。由于社会经济的不断发展,“商”的内涵和外延也在不断扩大。

二、商事的范围

商事的范围非常广泛,几乎包括各种以营利为目的的商品交换以及与此相关的其他活动。买卖活动是商事活动的核心。作为扩大买卖交易范围的手段而起作用的是代理业、代销业,在交易活动中起媒介作用的是经纪业,作为买卖业的辅助并在商业交易中克服空间障碍的是运输业,克服了时间障碍的是仓储业。矿业、农林水产业等原始产业,出版社、广播等文化宣传业,旅馆、餐饮等服务业等都以各种形态与买卖业密切联系。因此,在西方国家有“无业不商”之说。商法理论上,通常将商事作以下四类划分:

第一,“固有商”,学说中又称为“第一种商”,即直接媒介财物交易的商事活动,主要包括商品交易、证券交易、票据交易以及海商交易等。

第二,“辅助商”,学说中又称为“第二种商”,指间接媒介货物交易的商事活动,它是使“固有商”得以实现其目的的某种辅助行为,包括货物运送、仓储、代理、行纪、居间、包装等。

第三,“第三种商”,指虽不具有直接或者间接媒介货物交易活动的目的,但其行为性质与固有商和辅助商有密切联系或者为其提供商业条件的营业活动,如银行、融资、信托、承揽、制造、加工、出版、印刷、摄影等。

第四,“第四种商”,指仅与辅助商或者第三种商有牵连关系的营业,如广告宣传、人身和财产保险、旅馆、饭店、戏院、旅游服务、信息咨询等。

世界各国及地区对于商事的范围在立法上大致存在三种不同的规定方法:

第一,概括主义,即在立法上对商事的范围作出概括性的规定,而不予详细列举。如美国《统一商法典》(Uniform Commercial Code,简称为 UCC)第 1-102 条就认可“经习惯、惯例和当事人协议而不断扩大的商业上的做法”。

第二,列举主义,即在立法上对商事的范围予以详细的列举。如 1985 年《联合国国际贸易法委员会国际商事仲裁示范规则》就列明了属于商事的 16 类事项,包括贸易交易、销售协议、商事代理、租赁、咨询、设计、许可、投资等。

第三,折衷主义,指综合采用上述两种方法对商事的范围予以界定,此种方法以日本商法最为典型。

对于商事范围的具体规定,各国并不完全相同,最终要根据各国自己的商事法律确定。由于社会经济和文化发展水平的不同,商事的具体范围也许在各国间存在差异,但均认可商事泛指以营利为目的的经营活动。

三、商法的调整对象

特定的调整对象是商法作为部门法存在的前提,也是建立和研究商法的基础。商法的调整对象是商事关系,商事关系就是平等主体之间基于营利性活动所形成的社会关系。商事关系主

---

① 张国键:《商事法论》,台湾三民书局 1980 年版,第 4 页。

要表现出如下特点：[①]

（一）商事关系是平等主体之间的关系

在社会生活中，各种社会关系的主体是千差万别的，他们之间的地位存在平等和不平等两种情况。商事关系是在平等主体之间形成的社会关系。商法是私法，商事关系只能发生在具有平等地位的主体之间，在这一点上，商事关系与民事关系具有相同的特点。商事关系既可以发生在商事主体之间，也可以发生在商事主体和非商事主体之间。

（二）商事关系是基于营利性行为而形成的社会关系

商事关系只能发生在以营利为目的而进行的商事活动过程中，这是商事关系区别于其他社会关系，尤其是区别于普通民事关系的最重要的特点。从主体平等和行为的营利性两方面来观察商事关系和民事关系，不难看出，商事关系的主体一定是平等的，但平等的关系未见得一定是商事关系，商事关系还必须具有营利性。而民事关系虽然也是平等主体之间的关系，但其既包括营利性的民事关系，也包括非营利性的民事关系。由此可见，民事关系是范围更广的财产关系和人身关系，商事关系是民事关系的一部分，民事关系和商事关系是典型的种属关系。由此，商法在大陆法中被定性为民法的特别法。

营利性是商事关系的本质属性。所谓营利，就是通过经营获取利润，以较少的经营投入获取较大的经营收益。营利是一切商事关系形成的基本动机和目的，是商事经营活动的出发点和归属点。没有营利，就没有商事关系，不能营利，商人也无法生存。当然，这种营利指商事行为的主观目的在于取得经济利益，至于客观上是否取得实际的盈利则在所不问。正是基于商事关系的营利性本质，现代商事关系表现出无所不包、无所不商的状态。市场经济越发达，商事关系的范围就越广泛。几乎在社会生活的一切领域，几乎一切社会活动，都可以基于营利而进行，都可以成为一种商事关系。

至于商事关系的发生是否以营业为必要条件，商法理论上存在不同的主张。有的学者认为，商事关系仅发生在持续的营业之中[②]，有的则把营业性作为商事关系的基本特征[③]。由于各国商事立法的原则不同，在客观主义和主观主义的立法体例之间未能形成统一的标准，因而难以肯定营业性构成商事关系的基本特点。

（三）商事关系具有特定的客体和内容

商事关系的客体既包括动产与不动产，也包括各种营业资产和商事权利与利益。

从具体内容上分析，商事关系可以分为商事组织关系和商事行为关系。商事组织关系是围绕商事主体形成的商事关系，是基于商事主体的设立、组织、管理、变更、解散、破产、清算而发生的法律关系。商事组织关系既包括商事主体的外部关系，也包括内部关系，其中最主要的是公司法律关系和破产法律关系。由此，公司法和破产法成为商法体系中最重要的部分。商事行为关系是基于各种商事行为的实施而形成的商事关系。商事行为关系十分广泛，包括票据行为、证券行为、保险行为和海商行为等，由此产生了票据法、证券法、保险法和海商法等商法部门。

---

① 参见赵旭东：《商法的困惑与思考》，载《政法论坛》2002年第1期。

② 王保树主编：《中国商事法》，人民法院出版社1996年版，第4页。

③ 柳经纬主编：《商法》（上），厦门大学出版社2002年版，第3页。

四、商法的概念、形式与渊源

商法即商事法，是指调整商事关系的法律规范的总称。对于商法的概念，有以下不同的含义和理解：

（一）广义的商法和狭义的商法

这是以商法规范的范围为依据所作的划分。广义的商法包括所有调整商事关系的法律规范。这是从最宽泛的意义上来理解商法的，其不仅包括所有的商事法律，而且包括非商事法律中与商事关系有关的法律规范；不仅包括一国的国内商法，而且包括调整商事关系的国际商法。法律可以划分为公法和私法，相应地，一个国家的国内商法也可以分为商事私法和商事公法。商事私法指私法上的有关调整商事关系的法律规范，如存在商法典国家的商法典及单行的公司法、票据法、保险法、海商法等。商事公法则指公法上的有关调整商事关系的法律规范，如宪法、行政法、刑法及诉讼法等公法中的有关商事的法律规范。狭义的商法仅指国内法中的商事私法，它构成一国商法的主体内容。这是最小范围意义上的商法，也是通常意义上所指的商法。

（二）形式意义上的商法和实质意义上的商法

这是以商法的表现形式为依据所作的划分。形式意义上的商法是指一国立法机关制定的以“商法”或“商法典”命名的成文法典。也就是说，此种意义上的“商法”是指一部统一的法律文件。形式意义上的商法主要存在于大陆法系采“民商分立”体例的国家。目前，大陆法系大约有40多个国家存在形式意义上的商法，如法国、德国、日本等。大陆法系中采“民商合一”体例的国家则不存在形式意义上的商法，我国也不存在此意义上的商法。此外，属于英美法系国家的美国于1952年公布了《统一商法典》（UCC），已经为除路易斯安那州之外的各州所采纳。因此也可以说，美国也存在形式意义上的商法。

实质意义上的商法是指以商事关系为调整对象的法律规范的总称，即部门法意义上的“商法”。此一意义上的商法存在于所有市场经济条件下的国家。“民商分立”的国家除了存在形式意义上的商法之外，还存在散见于商事单行法、民法、行政法及其他部门法中的商法规范。因此不论是否存在形式意义上的商法，各国都存在实质意义上的商法。我国没有形式意义上的商法，但存在实质意义上的商法，《公司法》《证券法》《票据法》《保险法》《海商法》等是我国目前主要的商事法律。

实质意义上的商法表明了商法的渊源。商法的渊源即商法存在或表现的具体形式。我国各个法律部门的法律渊源是基本相同的，从宪法、法律到行政法规和部门规章，从国家立法到地方立法乃至最高人民法院的司法解释，都是商法的渊源。只要属于调整商事关系、具有相应法律效力的规范，都是商法的组成部分。同时，商事习惯、国际商事条约和公约也是商法的渊源，并根据法定的条件适用于对商事关系的法律调整。

第二节 商法的性质与特点

一、商法的性质

商法的性质表现在以下几个方面：

（一）商法是私法

关于公法与私法的划分标准，各种学说差异甚大，有利益说、效力说、主题说、统治关系说、意思说等不同的主张。但一般认为：公法是调整国家与社会组织和个人之间关于公权利义务关系的法律规范；私法是调整社会组织和个人之间以及相互间关于私权利义务关系的法律规范。公法维护的是公共秩序和社会的宏观利益，其调整的原则为国家干预原则；私法维护的是社会个体的微观利益，其调整的原则为意思自治原则。

无论依何种标准，一般都认为商法属于私法。正如德国法学家拉德布鲁赫（Radbruch）所言："商法是基于个人主义的私法本质，为那些精于识别自己利益并且毫无顾忌地追求自身利益的极端自私和聪明的人设计的。"① 私法是商法的本质属性，虽然进入现代资本主义时期以来，西方国家对经济活动的干预越来越多，并将其政策规定于法律之中，从而出现"私法公法化"的趋势，商法也具有了公法的色彩。但就其本性而言，商法依然属于私法，其根据在于：(1) 商法的调整对象是商事关系，而商事关系是平等主体在从事以营利为目的的经济活动中所形成的一种社会关系。在商事关系中，商事主体的地位是平等的，始终贯彻意思自治原则。(2) 商法调整商事关系的直接目的是保护和协调民事主体的私人利益，促进商业活动的增长和发展。(3) 商法调整的方法主要是民事权利义务的设定和民事责任的追究。

当然，商法中存在着具有公法性质的规范。例如商事主体在从事交易时，为了自己利益的实现，必然对交易安全极为重视，离开了交易安全，营利是无法实现的。此外，商事行为可能影响到国家或社会的利益，从而与现代法律的社会本位存在冲突。因此，具有公法性质的强制性规范在商法中必然存在。然而，此类规范的存在并不能改变商法的私法属性，它是建立在商法基础上并服务于商法的，体现了商法的时代性和进步性。

（二）商法是民法的特别法

在整个法律体系中，民法与商法同属私法，却有着特别的固有联系。按照民法与商法是否分别制定法典，通常将各国的立法体例分为"民商分立"与"民商合一"两种基本模式。但在学理上，不论是"民商合一"还是"民商分立"，商法多被认为是民法的特别法或称特别私法，其并非完全脱离民法而独立存在。由此，商法与民法在基本原理、基本制度方面相通。例如民法关于自然人能力、法人、法律行为、侵权责任的规定都适用于商事关系，商法不需要对此另作特别规定。在法律适用上，依照特别法优先于一般法适用的原则，凡涉及商事的事项，商法有规定的，优先适用商法；商法无规定的，则适用民法有关规定。

（三）商法是商品经济（或市场经济）的法

商品经济是商法的基础，没有商品经济就没有商法。商品经济是以交换为目的的经济。商法所调整的商事关系具有营利性的特征，而这恰恰是商人从事商品交换活动的目的。商法作为商品经济的法，直接反映着商品经济的要求。商法中的商事主体制度规范的是商品生产者和经营者的组织形式和内外法律关系，商法中的商事行为规则调整的是商品交易行为和与此相关并为之服务的其他经营行为。

商法起源和演变的历史过程也充分表明了其与商品经济的内在联系。商法最初的形式是商人在从事商品交易活动中形成的商人习惯法。伴随 16 世纪新大陆的发现，欧洲开始了史无前例

① ［德］拉德布鲁赫：《法学导论》，米健、朱林译，中国大百科全书出版社 1997 年版，第 72 页。

的商业革命,重农抑商的封建观念让位于重商主义的普遍政策。与此同时,对商人利益的协调和保护和对商业行为的规范和调整也日益成为国家立法的重要任务。从19世纪开始,商法开始在大陆法系国家作为一个独立的法典化的法律部门出现。

二、商法的特点

商法作为调整商事关系的法律规范,具有下列几个特点:

(一) 私法与公法规范的融合

总体上看,商法在性质上属于私法。然而随着市场经济的发展,商人基于意思自治、契约自由等原则而实施的行为极有可能侵害他人利益及社会公共利益,如不正当竞争、垄断、侵害消费者利益等行为。因此,需要国家对商事活动进行控制和调节,以维护经济秩序的正常运行,由此带来了“法律社会化”和“私法公法化”的倾向。私法公法化在很大程度上表现在商法领域,即商事立法中越来越多地体现政府的经济职权和国家意志的干预,越来越多地规定了调整个人与政府和社会间经济关系、维护社会公共利益的内容,这些内容体现了明显的公法属性。① 这意味着商法具有私法性质的同时,也具有公法的色彩。例如商事登记、商业账簿制度,公司法中关于公司登记的规定,破产法、公司法及保险法中关于罚则的规定,海商法中关于船舶登记的规定,保险法中有关责任准备金、保险业监督管理的规定,破产法中有关债务清偿顺序的规定等,都是具有公法性质的商法规范。

因此,商法虽属私法,却包含具有公法性质的规范,这表明了公法、私法在商法中的相互渗透。实际上,泾渭分明的公法、私法只存在于法学理论之中,实际生活中的法律几乎不存在纯粹的公法和纯粹的私法。

(二) 强制性规范与任意性规范的结合

法律规范依据权利、义务的刚性程度,可分为强制性规范和任意性规范。所谓强制性规范,是指必须依照法律适用,不能以个人意志予以变更和排除适用的规范。任意性规范则允许主体变更、选择适用或者排除该规范的适用。商法以私法规范为主体,贯彻意思自治原则,具有大量的任意性规范。商事活动要求简便、快捷,由当事人自行决定更为合理,因此在商事行为法方面更多地存在任意性规范。例如合同的订立、合同形式的选用、履行的方式,公司中经理人的设置、职权的规定,证券的投资,票据的转让等,都可以由当事人按照自己的意思自由决定。

然而,由于商事组织在经济生活中居于十分重要的地位,商事组织的设立及其成立后的运行机制是否健全,会涉及交易当事人之外的第三人利益,会直接对交易安全及国家利益和社会公共利益产生影响。因此,关于商事组织的法律规范不宜完全由当事人意思自治,而应由国家给予适当的干预,这些干预的规范在商法中就体现为强制性规范。例如公司法中有关公司设立、公司的组织机构,商业登记,票据的种类、行为的方式,以及破产法中的清偿顺序等规范均为强制性规范。基于商法所具有的强制性规范与任意性规范的结合特点,德国法学家德恩(Dahn)指出:“商法是一切法律中最为自由,同时又是最为严格的法律。”

(三) 既有组织法,也有行为法

商法首先由组织法性质的规范构成。商人是商法活动的基础,包括商自然人、商法人及其他

---

① 赵中孚主编:《商法总论》,中国人民大学出版社1999年版,第20页。

商事组织。有关商人的规定在商法中体现为商事组织法。例如公司法中关于公司的种类、设立、组织机构、内部关系的规定，证券法中关于证券公司的规定，保险法中关于保险人的规定等，都属于商事组织法。

商法中更多的内容是行为法规范。商事关系具有营利性，从事商事交易是设立商事组织的目的。因此，商法必然要对商人的商事活动进行规范，有关商事活动的规范在商法中就体现为商事行为法。例如公司法中关于公司经营活动的规定，证券法中关于证券的发行、交易、信息披露的规定，票据法中关于出票、背书、承兑、付款及追索的规定，保险法中关于保险合同的订立、履行、变更、解除和保险代理及经纪的规定，海商法中关于海商合同、船舶碰撞、海难救助、共同海损的规定等，在商法都体现为商事行为法。

组织法与行为法的结合成为商法的特点，其中商事组织法的规定大多属于强制性规范，而商事行为法大多属于任意性规范。

（四）具有较强的可操作性和技术性

商法源于商人从事商品交易活动所产生的习惯法，并随着商事实践和惯例的发展得以发展完善，这就决定了商法是一个实践性极强的法律部门。正如拉德布鲁赫所说："什么是商法的特征？没有任何领域能比商法更能使人清楚地观察到经济事实是如何转化为法律关系的。"① 因此，商法规范具有较强的可操作性，它对商事行为中的行为方式、环节、规则都作了具体、确定的规定，从而使其得以适应商人在商事活动中实际操作的要求。

另一方面，商法也是市场机制运行的制度规范。为了使市场得以顺畅运行，使交易活动可以便捷、安全地进行，商法在各种制度设计方面必然存在大量的技术性规范，从而使商法规范成为一套相互衔接的缜密的系统。例如公司法中关于公司的设立、公司股份、公司财务的规定，证券法中关于证券的发行、证券的交易、上市公司的收购、信息的披露的规定，票据法中关于票据的文义性、要式性、无因性，发票行为、背书行为、承兑行为，票据抗辩权、追索权的行使的规定，以及保险法中关于保险费用、保险金额、精算、理赔的规定等，都涉及大量的技术性问题，体现了很强的技术性。这些方面的规定在商法上都体现为技术性规范。

（五）具有一定的国际性

商法是具有国际性的法律规范。商事关系实质上就是商品关系在法律上的表现，因而商法必须反映和尊重商事关系的客观规律和要求。商事关系本身具有一定国际性，许多商业活动都跨越国家，各国经济联系日益紧密，并趋向世界经济体系的形成。因此，世界各国不仅在本国商事立法方面注意坚持一般的科学原理，保持与其他国家商事法的协调和衔接，国际上也订立有许多国际性商事公约。受这些公约的影响，各国在制定本国商法时往往对其内容加以吸收。同时，一国成功的商法制度也会迅速为各国借鉴，导致各国商法日益趋同化，又进一步促进了商法的国际性。

商法源于商人的交易习惯法，商事规范是在国际商事交往中不断发展起来的。商法的国际性在中世纪商法中就已经有所体现。此后，随着工业革命的进行，国家之间的商事交往日益频繁。20 世纪以来，社会化大生产规模不断扩大，几乎每个国家都参与了国际的分工与合作，从而使商事活动进一步扩大到世界范围。与此发展趋势相适应，商法的国际化程度日益提高，大量有关商事活动的公约得以订立，例如 1924 年《统一提单若干法律规则的国际公约》、1930 年《统一汇票

---

① ［德］拉德布鲁赫：《法学导论》，米健、朱林译，中国大百科全书出版社 1997 年版，第 74 页。

本票法公约》、1946年《关税与贸易总协定》、1946年《统一国际货物买卖法公约》、1978年《联合国海上货物运输公约》、1980年《联合国国际货物买卖合同公约》、1990年《国际贸易术语解释通则》及2001年《欧洲公司法》等。

第三节 商法的地位

一、商法与民法

商法与民法的关系是确定商法地位最基本和最重要的问题。商法和民法是法律体系中私法的两大法域,两者有十分密切的关系,民法中的某些原则、制度和规范同样适用于商法。各国私法立法体制的不同,决定了商法与民法的不同关系。现在世界上关于商法与民法的关系,大致存在三种类型:

(一)民商合一模式

采用这种模式的国家只制定民法典,而不再另行制定商法典。这种模式认为商法与民法在基本原理、基本制度方面有共通性,商法也涉及私人利益,贯彻私法的共同精神,其内容是民法的组成部分,要么规定在民法典中,要么通过单行法规定。因此,在民法典之外,不必另行制定商法典。主张该模式的理论认为,市场经济的发展导致人普遍商化,商人作为特别阶层及商行为作为特别法律行为的制度价值已经大大降低。此外,商事行为与民事行为的划分也日益模糊,独立的商人法院也不复存在。因此,商法没有必要和民法相分离,而应该合一。

民商合一模式率先于瑞士实现。1872年制定的《瑞士债务法》包括了公司、有价证券及商号、票据、商业登记、商业账簿等属商法的内容。1911年该法被纳入1907年颁布的《瑞士民法典》当中,作为其中的一编,从而开创了民商合一的模式。意大利商法原来采民商分立模式,后于1942年制定了一部包括商法在内的新的民法典。此外,土耳其、泰国、匈牙利、南斯拉夫、俄罗斯等国也采用民商合一模式。

(二)民商分立模式

采用这种模式的国家在民法典之外又制定了商法典,即商法是其法律体系中的一个独立的法律部门。在此种模式下,商事主体被认为是不同于一般民事主体的法律主体,商事行为也被认为是不同于一般民事行为的法律行为,商法是独立于民法的一个法律部门。因此,在民法典之外,应另行制定独立的商法典。主张民商分立模式的理由主要有:(1)商法有其自身的发展历史与传统。从19世纪开始,商法在大多数大陆法系国家就作为一个独立的法律部门出现,而且开始法典化,较典型的商法典有1807年《法国商法典》、1897年《德国商法典》、1899年《日本商法典》。目前,世界上大约有40多个国家有独立的商法典。(2)商法与民法各有侧重点。商法从商人的角度出发,侧重对营利性的商事活动进行规范,强调商事交易的便捷与安全;民法则从一般的民事主体角度出发,侧重对一般人身和财产关系进行规范。

对各国存在的民商分立模式进行具体分析,又可以分为三种类型:

第一,客观主义模式,又称商行为法模式或法国商法模式。1807年《法国商法典》的颁布,标志着大陆法系国家民商分立模式的形成。在法国大革命革除阶级、主张人权平等思想的影响下,该法典摒弃了中世纪以来商法只适用于商人阶层的商人法观念,而将商人法转变为商行为法,以商行为为基础来构造该法典。根据这种立法模式，实施商行为的人就是商人，而不论其是否商人或者是否从事营业。因商行为所发生的关系均为商事关系，适用商法。《法国商法典》是近代第一部商法典，对此后许多国家商法典的制定产生了深刻影响。此后，又有西班牙、卢森堡、阿根廷、墨西哥等国相继采用了这种模式。

第二，主观主义模式，又称商人法模式或德国商法模式。1861 年《德国普通商法典》（德国旧商法典）以商行为作为法律适用的决定性因素，即采客观主义模式。1871 年德国统一后，开始修订《普通商法典》，于 1897 年颁布了《德国商法典》（德国新商法典）。新的商法典采主观主义模式，以"商人"的概念为出发点。之所以采用这种模式，是因为法典的制定者"持有一种十分陈旧的观点，即一个社会中的不同职业构成了相互独立的身份集团，而每个集团都有其专门的法律"①。主观主义模式的立法主张认为，商行为就是商人所为的行为，由商行为引发的关系都是商事关系，如果行为主体不是商人，其行为就不是商行为，所发生的关系也就不是商事关系，不适用商法典。采用此立法模式的还有奥地利等国家。

第三，折衷主义模式。这种模式将客观主义模式和主观主义模式相结合，在商法典的制定中将商行为概念和商人概念同时作为立法的基础，因此称为折衷主义模式。1899 年颁布的《日本商法典》即采用该模式。此外，比利时等国家也采用该模式制定商法典。

（三）商法作为民法的特别法

在学理上，不论是民商合一还是民商分立，商法多被认为是民法的特别法，并非脱离民法而完全独立存在。由此，商法与民法在基本原理、基本制度方面是相通的。例如民法关于自然人能力、法人、法律行为、侵权责任的规定，都适用于商法，商法不需要对此另作特别规定。在法律适用上，依照特别法优先于一般法适用的原则，凡涉及商事的事项，商法有规定的，优先适用商法；商法无规定的，则适用民法有关规定。

我国一直未对民法与商法进行法典立法，既未制定统一的民法典，也未制定统一的商法典。我国民商事立法一直采取单行法的立法方式，即分别就民法和商法的各个具体制度进行单独立法，包括民法的《民法总则》《民法通则》《物权法》《侵权责任法》《继承法》等，商法的《公司法》《证券法》《票据法》《保险法》《企业破产法》等。其中 1986 年制定的《民法通则》、1999 年制定的《合同法》和 1995 年制定的《担保法》，既是民法单行法的立法，也包含了有关商事关系、商事合同和商事担保的法律规范。因此，我国现行立法体例究属民商分立还是民商合一，实际上很难进行严格定性和清晰归类。但从《民法通则》的内容看，其虽然不是严格意义上的法典化文件，但所涉及的范围却较为接近民法典中的民法总则。《合同法》《担保法》并未区分民事合同和商事合同、民事担保与商事担保，基本上统一适用于所有民事和商事合同与担保。由此，学理上多认为我国的立法体例更接近于民商合一。

二、商法与经济法

作为一个法律部门而存在的经济法，其概念、调整对象和范围至今未能形成通说，学者存在不同的观点。② 对于经济法的概念，存在广义和狭义两种解释。广义的解释认为经济法是调整全

---

① ［德］罗伯特·霍恩、海因·科茨、汉斯·G. 莱斯：《德国民商法导论》，中国大百科全书出版社 1996 年版，第 232 页。

② 各种具体的观点可参阅许明月主编：《经济法学论点要览》，法律出版社 2000 年版。

部经济关系的法律规范的总称，既调整平等主体之间的经济关系，也调整不平等主体之间的经济关系；既调整经济组织关系，也调整经济交易关系。狭义的解释认为所谓经济法，是指“调整在国家协调本国经济运行过程中发生的经济关系的法律规范的总称”①。目前，狭义的解释已经在立法中得到采纳并成为学界的主流观点。

依照狭义的经济法概念，经济法主要包括反不正当竞争法、反垄断法、宏观调控法和国家参与法。基于此，商法与经济法主要存在下述几个方面的区别：

第一，二者的调整对象不同。商法的调整对象主要为平等主体之间从事商事交易所产生的社会关系；经济法的调整对象为国家协调本国经济运行过程中发生的社会关系。前者为私法关系，后者则明显不属于私法关系。

第二，二者的属性不同。商事法律规范以任意性规范为主，强制性规范为辅；经济法由于国家作为一方主体，其规范多为强制性规范，同时存在少量的任意性规范。

第三，二者的调整方法不同。商法属于私法，其调整方法多为市场机制和民事责任；经济法具有公法性质，其调整方法多为强行机制和行政责任。

第四，二者的规范内容不同。商法主要包括有关商人和商行为的原则规定、公司法、证券法、保险法、票据法、海商法等；经济法则主要包括有关经济法主体及其经济职能的原则规定、反垄断法、反不正当竞争法、宏观调控法（主要有财政税收法、中央银行法、产业政策法等）等。

三、商法与行政法

行政法是调整行政关系的法律规范的总称。行政关系具有隶属性，行政法调节行政关系的机制是行政调节机制，所要保护的首要利益为国家利益。商法与行政法相比较，主要存在下述几个方面的区别：一是调整对象及其性质不同。商法的调整对象是商事关系，属于私法关系，具有平等性；行政法的调整对象是行政关系，属于公法关系，具有隶属性。二是主体不同。商法的主体主要是平等主体；行政法的主体中一方必然为国家行政机关。三是保护的利益不同。商法主要保护商事主体的个体利益；行政法则主要保护国家利益。四是规范的属性和调整方法不同。商法规范大多为任意性规范，其调整方法侧重于主体的意思自治；行政法规范以强制性规范为主，调整方法主要为强制性方法。

此外，商法与行政法又有密切的联系。商法中存在的公法性规范主要为行政性法律规范。如商业设立的核准、商业登记、商事账簿、公司登记、船舶登记、商标注册与管理、涉外交易与投资的管理等活动所涉及的规范主要为行政性规范，其作用在于辅助商法对商事关系和相关事项进行调整，是行政法对商法的补充。

四、商法与劳动法

劳动法是调整劳动关系以及与劳动关系有关的其他关系的法律规范的总称。在资本主义初期，并不存在保护劳动者的劳动法，劳动力作为商品可以在市场上自由交易。因此，劳动者与雇主的关系是依契约原则建立起来的雇佣关系，这种关系被纳入民法或者商法的调整范围。此后，随着工业革命的进行，雇主对劳动者的剥削程度及劳动过程中造成的人身伤害日益加剧，劳资冲

---

① 参见杨紫烜主编：《经济法》，北京大学出版社、高等教育出版社1999年版，第35页。

突日渐尖锐。在工人运动的斗争下,西方国家从保护社会经济、维持正常生产、缓和矛盾的目的出发,制定了一系列调整企业劳动关系的法律,从而形成了劳动法。

商法与劳动法在调整对象、调整方法及规范属性等方面存在明显的区别,但二者也存在联系。按照一般法律划分模式,企业的劳动者中普通雇员和高级雇员与企业之间是劳动关系,由劳动法调整;企业与一部分经营管理者如董事、监事的关系为委任关系(大陆法系国家)或信托关系(英美法系国家),由商法调整。

第四节 商法的基本原则

商法的基本原则是指反映商法的本质,体现商法的基本精神和根本价值,对商事立法和司法起指导作用的原理和准则。由于商法是作为民法的特别法存在的,因此,民法的基本原则如私权神圣原则、意思自治原则、诚实信用原则等都适用于商法。然而,商法所调整的商事关系又具有不同于民法所调整的一般民事关系的特征。因此,商法具有自己特有的原则。

对于商法具体有哪些基本原则,商法学者存在“二原则说”“三原则说”“四原则说”“五原则说”“七原则说”“八原则说”等不同的观点。[①] 马克思主义理论研究和建设工程重点教材《商法学》[②] 归纳了四个原则,以此为基础和参照,本书认为,我国商法应确立以下基本原则:

一、营业自由原则

营业自由原则是指商事主体在遵守法律法规的前提下,依照自己的意愿进行商事营业和商事活动的原则。除非法律和行政法规对人的商事资格作出限制,否则,任何人均享有按照自己的意愿自由从事商事经营活动的权利。即商事主体有权自由从事营利活动,除法律、行政法规另有规定外,不受限制。营业自由的内容包括:首先,商事主体享有开业权。其次,商事主体享有自主的经营权。最后,商事主体享有投资自由和交易自由,有权自主选择投资和交易对象,自主决定投资和交易方式。

营业自由是宪法规定的公民自由和企业经营自主权的组成部分,是私法自治原则在商法中的体现,也是商法自产生以来就有的价值追求。商法作为私法的一部分,除为安全考虑而作出一定的限制外,应当充分尊重商事主体的意思自治。现代社会,各国商法均认可营业自由原则,无论是个人还是组织都可按照自己的意愿从事商事经营活动。这对于刺激商人的从商积极性、推动经济的繁荣、实现国家富强和人民幸福都具有重要的作用。

营业自由意味着对营利的确认和保护,商法调整具有营利性质的商事关系,商事主体从事交易活动的目的就是营利,取得利润,追求利润的最大化。因此,作为规范商事主体及其商事活动的商法始终都确认和保护营利的目的和价值取向。商法中关于商事登记、公司、证券、保险、票据、

---

① 具体可参阅下列著作中的相关内容:傅鼎生:《论商法的基本原则》,载《政治与法律》1997 年第 5 期;张秀全:《商法基本原则研究》,载《现代法学》1999 年第 5 期;雷兴虎:《略论我国商法的基本原则》,载《中外法学》1999 年第 4 期;徐学鹿:《论现代商法的基本原则》,载《法学杂志》2003 年第 1 期;覃有土主编:《商法学》,中国政法大学出版社 1999 年版;赵中孚主编:《商法总论》,中国人民大学出版社 1999 年版;董安生等编著:《中国商法总论》,吉林人民出版社 1994 年版;柳经纬主编:《商法》(上),厦门大学出版社 2002 年版;顾功耘主编:《商法教程》,上海人民出版社 2001 年版。

② 《商法学》编写组:《商法学》,高等教育出版社 2019 年版。

海商等的规范都从不同方面体现了对营利的确认和保护，这也反映了商法与民法在价值取向上的差异。当然，确认和保护营利并非不顾及社会效益，更不是纵容非法牟利。

当然，营业自由不是绝对的，法律须对营业自由有一定的限制，主要体现在对于营业活动本身的限制和对营业方式的限制。对营业活动本身的限制包括行业限制、营业许可限制和营业身份限制。行业限制如某些行业由国家独占经营，不准私人（包括自然人和法人）经营。营业许可限制如银行业、保险业、证券业、药品业等行业须取得经营许可证或者业务许可证后方可从事营业。营业身份限制如对国家工作人员（公务员）、法官、检察官从事营业的禁止和限制。此外，为了保护市场的正常秩序，使商事主体的营业自由得以实现，法律对于妨害营业自由的营业方式给予限制，这种限制主要表现为反不正当竞争和反垄断。

二、企业维持原则

所谓企业的维持，是指努力保持已经存在的企业的存续和发展，尽可能避免企业的解散或终止。企业是商事活动的主体，是国民经济的基本单位，其正常存续和健康发展，决定和影响着整个国民经济的稳定和发展。企业的解体，不仅牺牲了企业本身，同时也使投资者、职工、交易相对人遭受损失，也会给社会经济带来诸多消极影响。为此，商法的重要目标和任务是发挥企业在集中社会人力、物力和财力方面的功能，维持企业的持续发展，尽力防范和减少企业的解散和破产，并在企业处于破产状态时，通过和解、整顿、更生等制度，使其摆脱困境，得以复兴。

企业维持作为贯穿商法的基本法律原则，在商法的各个法律领域都有不同的体现，许多具体的商事法律制度都反映了企业维持的目的和要求。

（一）确认企业的主体法律地位

商法上的企业分为独资企业、合伙企业和公司企业三种基本的法定类型。虽然这几种企业形式各有特定的财产关系、组织结构和人格特征，但它们都是商法上的商事主体，都具有商事主体的法律地位和相应的商事能力。商法实行商事主体法定原则，企业的商事主体地位由商法赋予，商法以强制性的规范对商事主体的类型、设立条件、设立程序和组织关系作出具体的规定。

企业的主体法律地位表明，企业是不同于其设立者和组成成员的另一法律主体，具有区别于其成员的单独的商事能力。商事主体的商事能力包括商事权利能力和商事行为能力。商事权利能力是指商法所赋予的、商事主体参加商事法律关系，并在其中享有商事权利和承担商事义务的资格或能力。商事行为能力则指在法律规定的范围内，通过自己的行为或意志独立进行商事活动，并取得商事权利和承担商事义务的一种资格或能力。商事能力是商事主体人格的具体内容，而商号则是商事主体人格的表现形式，商事主体以自己的名义从事商事行为就是以其商号从事商事行为。由此，企业财产由企业所有、支配或由其成员共有，企业经营的责任由企业独立承担或由其成员连带承担。

（二）公司法对资本的维持

公司法的资本制度坚持资本维持或资本充实原则，要求公司在其存续过程中，应经常保持与其资本额相当的财产。其目的正是通过对公司资本的维持保障企业作为经营体的正常存续和稳定经营，并进而实现对债权人利益的保护。各国公司法围绕资本制度建立的绝大多数法律规则都是资本维持原则的直接或间接体现，其中包括：退股行为的禁止，即公司成立后，股东不得抽回出资；公司不得折价发行股份；限定非货币出资的条件；规定发起人和股东对出资承担连带认缴责任;限制公司收购本公司的股份和接受以本公司股份提供的担保等。

(三) 公司法对盈利分配的约束和限制

公司税后利润的分配是公司财务会计制度的重要内容,关系到公司、股东、债权人、公司职工和国家等不同利益主体的切身利益,同时也直接关系到公司的维持和稳定。"无盈不分",即没有盈利不得分配,是公司股利分配的基本规则。公司的盈利首先应用于弥补亏损,只有在公司盈利的状态下,才能向股东分配股利。否则,等于以公司资本向股东分配,会影响公司资产实力和经营稳定。同时公司亦规定有严格的公积金规则,公司的盈利在向股东分配之前,还必须按规定提取公积金。公司公积金的作用,一是未雨绸缪,将丰年的盈余留作储备,以抵御市场风险,充实公司资本和弥补公司经营的亏损。二是扩大公司经营规模,壮大公司实力。这两个方面都具有维持公司健康、持续、稳定发展的突出作用。

(四) 破产法的企业重整制度

破产法上的企业重整制度和破产和解制度是体现商法企业维持原则的又一重要法律制度。企业重整制度是预防企业破产最为积极、有效的措施。它是指在企业无力偿债的情况下,依照法律规定的程序,保护企业继续营业,实现债务调整和企业整理,使之摆脱困境、走向复兴的再建型债务清理制度。重整可以使那些陷入债务困境但有复苏希望的企业或其他债务人,按照法律规定的程序,与债权人、股东和其他利害关系人,就债务清偿、企业整顿、营业改善、财产出让、资本变更等一系列事项达成协议,使债权人得到公平的清偿,使企业摆脱困境,恢复生机。

和解制度也是破产法中预防破产清算、挽救债务人企业的重要制度。它是指法院受理破产案件后,为了避免破产宣告或破产分配,由债务人提出和解申请及和解协议草案,债权人会议讨论通过并经法院许可的,解决债权人、债务人之间债权债务问题的制度。和解制度是为了预防破产而设立的再建型债务清理制度,主要通过债权人的谅解、减少债权额、展期付款等方式,使债务人免受破产宣告。

三、促进交易简便快捷原则

在市场经济条件下,交易频繁,行情瞬息万变,尤其在信息时代的今天更是如此。因此,商事交易必须尽可能地简便、快捷。交易的简便、快捷对商事主体而言,意味着交易时间的节约、成本的降低和资金利用率的提高,从而更有可能实现商事主体的营利目的。现代商业实践中,交易的速度或商品流转的速度,对商事主体而言具有至关重要的意义。上述要求在商法中的体现,就是促进交易简便快捷原则,主要体现在下述几个方面。

(一) 充分尊重当事人意思自治

促进交易便捷的一个最基本的方法就是贯彻意思自治原则,在商法中的集中体现就是商事契约自由,包括缔约自由、内容自由、解约自由、方式自由等方面。当事人对于交易的信息掌握越充分,意志越自由,就越能够发挥主观能动性,谋求利益的最大化。因此,商事法律,如《公司法》《票据法》《保险法》《海商法》规定了大量的任意性规范,由商事主体按照自己的意思决定有关事项。例如公司章程中的任意记载事项、票据上的任意记载事项等,其宗旨即在于促进交易的便捷。

(二) 交易规则的定型化

这是商法为促进交易便捷确立的第二个方法,包括交易方式定型化和交易客体定型化。所谓交易方式定型化,是指商事法律中预先规定若干类型的典型交易方式,从而使商事交易的方式定型化,使任何主体在从事交易时均可获得同样的法律效果。例如要求销售商对商品明码标价的规定、记名票据背书转让和无记名票据交付转让的规定等,都可以使交易更加便捷。所谓交易客体定型化,是指商事法律对交易客体的商品化与证券化。对于有形商品,商法分门别类地规定了统一的规格或要求使用特定的标志,使其商品化,确保交易可以迅速进行。对于无形的交易客体,如股票、债券、票据、保险单、运单、提单、仓单等,商法则通过使其证券化的方式,通过证券的流通实现无形商品的交易,从而大大简化了交易的程序。

(三)短期时效主义

所谓短期时效主义,是指商法对各类商事请求权规定的时效期间较一般民事请求权为短,以推动商事交易纠纷获得迅速解决,使交易迅捷。例如《票据法》规定票据请求权的时效分别为:持票人对票据的出票人和承兑人的权利时效期间为自票据到期日起2年;见票即付的汇票、本票的权利时效期间为自出票之日起2年;持票人对支票出票人的权利时效期间为自出票之日起6个月;持票人对前手的追索权的时效期间为自被拒绝承兑或被拒绝付款之日起6个月;持票人对前手的再追索权的时效期间为自清偿日或被提起诉讼之日起3个月。此外,《保险法》《海商法》规定的时效大多也较短。商法上的短期时效,以牺牲债权人的时效利益为代价,促进了商事交易的便捷,体现了商法的价值取向。

四、公平竞争原则

所谓公平竞争原则,是指应当在法律上保障商事主体平等参与市场竞争、公平进行商事活动的原则。商事主体应当遵循公平竞争的原则,不得以不正当的手段从事商事活动,损害其他经营者的合法权益,扰乱市场秩序。国家和政府应当保障市场的公平环境,对合法的商事主体和商事活动予以公平保护,禁止歧视和不正当的竞争行为。公平竞争不仅是商事活动的基本精神,也是市场经济的基石。公平竞争原则作为民法中的平等原则和公平原则在商法中的体现,是商事法律制度的基本原则之一。

公平竞争首先要求商事活动中各主体之间的法律地位是平等的。主体地位平等是实现公平竞争的前提。无论商事主体的性质是什么,无论是国有企业、集体企业还是私营企业,无论是大企业还是小企业,无论是个人还是组织,无论规模大小、实力强弱、组织形态如何,各商事主体在市场中的法律地位和法律资格一律平等,不允许有差别对待。所有商事主体都有公平参与市场竞争的机会,应为其提供公平的待遇和市场竞争机会,营造公开、公平、公正的市场环境。其次,公平竞争要求禁止歧视行为和不正当竞争行为。政府机关不得对不同的商事主体规定不合理的不利待遇或不公平的条件,不能用歧视性的手段及措施限制市场竞争或将某类商事主体排除在竞争范围之外。最后,公平竞争要求商事主体讲求诚实信用。商事主体在从事交易行为时应当讲诚实、守信用,以善意的方式互为交易,以维护交易的公平。同时,商事主体不得垄断市场,也不得以不正当的竞争手段从事商事活动和实施商事行为,损害其他商事主体的合法权益。商事买卖合同中有关出卖人的瑕疵担保责任及附随义务的规定、公司法中有关虚假出资处罚的规定、保险法中有关投保人的如实告知义务的规定等,都是为了禁止欺诈和不正当交易,以增进交易信用,确保交易公平。

合同法上的情势变更规则也是公平竞争原则的具体体现。情势变更是指在商事合同生效后履行前,发生了当事人不可预料的情事变更,致使合同的基础动摇或者丧失,若继续维持合同原有效力，其结果会显失公平，从而允许变更合同或者解除合同。英美法系国家中，该原则被称为“合同落空”。例如在货物买卖中，合同订立后发生物价飞涨，或者货币严重贬值，如果履行原有合同将使一方当事人获得暴利，另一方利益会严重受损，从而有违公平原则。此时，根据情势变更原则，受损一方当事人可以请求变更或者解除合同。此规则的立法目的在于调整和纠正商事交易中的利益失衡，维持交易的公平合理。

五、保护交易安全原则

商事交易追求简便迅捷，以达到利益的最大化。然而，在市场经济条件下，随着交易手段的复杂、交易周期的加快和交易范围的扩大，各种风险因素日益增多，交易风险时刻存在，危及交易安全。为了保证商事交易顺利进行，保护商事主体从事交易的积极性，保障交易安全就成为商法的课题之一。因此，各国商法均把保护交易安全确立为商法的基本原则，通过一系列技术性规定达到保护交易安全的目的。该原则在商法中主要体现在以下几个方面。

（一）公示主义

所谓公示主义，是指商法要求交易当事人对于涉及利害关系人利益的客观事实必须向公众显示，以便利害关系人了解。这一规定的目的在于保护交易相对人或者不特定第三人的利益。在交易的过程中，交易当事人需要了解相对人的资信、权限等方面的信息以作出判断，但如果仅依靠自己的力量来取得，往往非常困难且费时费力。因此，商法规定了公示制度，主要包括公司登记的公示、上市公司的信息披露、公司发行债券的公告、海商法中船舶登记的公告等。如果负有公示义务的商事主体没有履行该义务或者公示虚假，应承担相应的法律责任。

（二）强制主义

又称干涉主义，是指国家通过公法手段对商事关系予以强制性规定。这一原则是商法公法化的体现，主要表现在以下三个方面：(1)通过公法手段直接调控商事管理关系。如各国商法中关于商事登记、商业账簿、商业税收、反不正当竞争、反垄断等的一系列规定，均体现了国家干预和宏观调控职能。(2)日益偏重使用强制性规范对商事活动加以控制，如关于公司章程必须记载事项的规定、关于票据的要式性规定等。(3)在传统私法责任之外，形成了多种法律责任并存的法律调整机制。例如违反《票据法》的规定，除了承担赔偿责任外，还可能承担行政责任和刑事责任。这些规定都体现了保护商事交易安全的宗旨。

（三）外观主义

外观主义是指以交易当事人行为的外观为标准来认定商事交易行为的效果。对此，德国、法国学者称为“外观法理”，英美法中称为“禁反言”（estoppel）。外观表示与真实意思可能不一致。依据外观主义，交易行为完成后，出于对交易安全保护的目的，原则上不得撤销。如果允许当事人基于外观表示与真实意思不符而撤销其交易行为，则显然不利于交易关系的稳固，危及交易安全。民法上的表见代理制度，在商法中贯彻得更加彻底。例如商法中关于不实登记的责任规定，关于字号借用人、表见经理人、表见代理董事的责任规定，票据法上关于票据行为解释的外观原则、背书证明力等的规定，都体现了外观主义的要求。

（四）严格责任主义

民法中的民事责任归属实行的是过错责任主义，而商法对于商事责任则采用严格责任主义。所谓严格责任主义，是指在商事交易中，不论有无过错，债务人都应该对债权人负责。现代商事交易活动规模大且繁杂，又主要依靠少数负责人，如果适用过错责任原则，则可能危及交易安全，因此，各国商法均实行严格责任主义。例如我国公司法中关于股份有限公司的发起人在公司不能成立时，对认股人已缴纳的股款，负返还股款并加算银行同期存款利息的连带责任的规定，以及票据法上汇票的出票人、承兑人、背书人及其他票据债务人对持票人均承担连带责任的规定等，就是严格责任主义的集中体现。

六、社会责任原则

一般认为，商事主体的社会责任是指公司、企业等商事主体不仅对其成员负有责任，而且应对成员之外的雇员、债权人、供应商、客户、社区以及公共利益负有责任。商事主体是以营利为目的的法律主体，实现自身利益最大化是其成立的主要目的。然而，随着市场经济的发展，各类商事主体的数量和规模不断膨胀，公司这种商事主体已经成为社会经济的支配力量，对社会各方面的利益产生实质影响。工业事故频繁、劳动者缺乏社会保障、环境污染严重等事件意味着不仅商事主体自身承担经营的风险，雇员、债权人、客户甚至社区居民等利益相关方都在一定程度上承担风险。因此，商事主体不仅应追求企业经济效益的提升，还应致力于增进社会效益，组织和经营公司的终极目标应是社会的整体利益。这些利益涉及的主体除了股东，就是利益相关者。

我国《公司法》第 5 条第 1 款规定了公司的社会责任："公司从事经营活动，必须遵守法律、行政法规，遵守社会公德、商业道德，诚实守信，接受政府和社会公众的监督，承担社会责任。"《民法总则》第 86 条规定了营利性法人的社会责任："营利法人从事经营活动，应当遵守商业道德，维护交易安全，接受政府和社会的监督，承担社会责任。"很多政府部门和相关组织也出台了关于公司社会责任的规范性文件，主要涉及国有企业和上市公司。

社会责任不仅是民法和公司法规定的一般法律原则，也应成为商法的一般原则。不仅公司和营利性的法人组织负有社会责任，商事合伙、商自然人等商事主体都需要承担相应的社会责任。虽然社会责任是一个宽泛的概念，法律不可能也没有必要对每一项社会责任予以明确列举，但在商法中明确商事主体的社会责任无疑具有重要的意义：一方面有利于预防商事主体滥用市场地位和经济力量，鼓励公益捐赠、环保活动等各种形式的社会公益行为；另一方面有利于保护利益相关者的合法权益。随着我国市场经济的发展，各类商事主体的规模和数量也与日俱增。但是，由于对营利的过度追求，违反法律法规，违背社会公德、商业道德的行为频频发生，导致公司债权人、消费者、职工的利益遭到侵害，有些行为也严重影响和破坏了社会、市场应有的正常秩序。因此，明确提出并肯定商事主体的社会责任，倡导其以各种形式维护社会公共利益，履行社会责任，具有重要的意义。

第五节 商法的产生和发展

一、西方国家商法的产生和发展

（一）商法的起源

近代意义的商法源于中世纪地中海沿岸各国的商人习惯法，即商人法。当然，古希腊时期和罗马法中也存在商事规则，但是并未形成真正的商法体系。11 世纪晚期和 12 世纪是商法变化的关键时期。正是在那时，近代西方商法的基本概念和制度得以形成。

公元11世纪后，海上贸易和陆上贸易导致了地中海沿岸一些新兴商业城市如佛罗伦萨、比萨、热那亚、威尼斯等的繁荣。海商贸易的发达和城市的繁荣造就了一个特殊阶层——商人。商人以从事营利性的商事活动为业，为了维护自己的利益，组成了商人自己的组织——商人行会。商人行会有自治权和裁判权，有权发布调整商业活动的自治规则，有权对商业惯例进行整理，并以此来协调商人之间的关系，这样就形成了不同于当时教会法体系和世俗法体系的商法。这种商法不仅包括集市和市场的习惯法，而且包括有关贸易的商事习惯。此外，商人还组织了商事法庭，以解决商人之间发生的纠纷。商事法庭的产生，使商人法由商人之间的自律习惯上升为有国家强制保证实施的法律。于是，独立的商法真正产生了。

从15世纪开始，欧洲各国逐渐开始对商事活动进行干预，商事立法权随之归于国家，商事习惯法逐渐被国家的商事立法取代。17、18世纪，欧洲各国相继制定了一些商事立法。如法国1673年颁布了《商事条例》，规定了商人、票据、破产、商事裁判，1681年颁布了《海事条例》。但这时商事法律内容还很不完备，主要是对中世纪商人习惯法的确认。真正称得上近代商法的，还是各国自1807年《法国商法典》以来的商事立法。

（二）各国商法立法

1. 法国的商事立法。法国大革命后建立了资产阶级共和国。为了巩固和促进资本主义经济的发展，在拿破仑推动下，1804年制定了《法国民法典》，1807年制定了《法国商法典》。《法国商法典》是近代第一部商法典，标志着近代统一商法的形成，同时在大陆法系开创了民商分立体例的先河。

《法国商法典》共4编648条，包括第一编“通则”、第二编“海商”、第三编“破产”、第四编“商事法院”。《法国商法典》是世界上第一部商法典，标志着近代商法的形成，具有划时代的意义。它采用客观主义（商行为主义）立法原则，以商行为为基础构建法典，突破了中世纪以来商法只适用于商人的传统，体现了大革命以来的平等自由观念，从而将商人法扩展为商行为法。同时，《法国商法典》的颁布，开创了大陆法系民商分立体例的立法先例。当然，这部法典也有一些不足之处，例如法典中包括了诉讼法的内容、陆商规范较海商规范薄弱、股份有限公司规范过少（只有13条）等。

除商法典以外，法国还存在一些商事特别法，例如1867年的《商事公司法》、1885年的《期货交易法》、1917年的《工人参加股份公司法》、1919年的《商业登记法》、1925年的《有限责任公司法》、1942年的《证券交易所法》、1966年的《公司法》等。

《法国商法典》施行两百多年里，已经过了多次修改和补充，至今仍在适用。后来，在该法典的影响下，各国特别是欧洲国家纷纷制定了自己的商法典。

2. 德国的商事立法。德国在1871年统一以前，长期处于封建割据状态，只有普鲁士邦制定了成文商事法规。1861年制定了《普通德意志商法》（史称“旧商法”），并被大多数邦国采用。该法典分为五编：第一编“商人地位”，第二编“商事公司”，第三编“合伙”，第四编“商行为”，第五编“海商”。1871年德国统一后，该法典在几乎未加修订的情况下，在整个德意志帝国施行。后来为了与民法典的内容相协调，通过对“旧商法”多次修订，制定了1897年《德国商法典》，并与《德国民法典》同时于1900年1月1日生效。

《德国商法典》共4编905条，包括第一编“商人”、第二编“商事公司及隐名合伙”、第三编“商事行为”、第四编“海商”。

《德国商法典》与《法国商法典》不同，它采用主观主义（商主体主义）立法原则，以商人为基点来构造法典。同时，它的内容较《法国商法典》更为完备，是一部较为成熟的商法典。后来，受此法典影响，奥地利、泰国、土耳其也采用该立法模式制定了本国商法典。

《德国商法典》经过部分修改，至今仍在适用，主要的修改有 1937 年的《股份公司与股份两合公司法》、1965 年的《股份法》等。此外，在商法典之外，德国还颁布了许多商事单行法，以弥补商法典的不足，包括 1892 年的《有限责任公司法》。

3. 日本的商事立法。明治维新前，日本长期处于闭关锁国的封建社会。此后，日本开始了大规模近代法典的编纂工作，1890 年公布“旧商法典”。该法典共 3 编 1 064 条，包括第一编“通则”、第二编“海商”、第三编“破产”，内容大多继受德国商法。由于“民法论争”的影响，商法典公布后引起很大争议，1893 年只实施了其中有关公司、票据及破产部分的内容。“新商法典”于 1899 年获得议会通过，并于同年实施。此后，在近百年中，该商法典又经过近 30 次修改。日本还制定了许多单行商事法规，主要有：1905 年的《附担保公司债信托法》、1932 年的《票据法》、1933 年的《支票法》、1938 年的《有限公司法》、1957 年的《国际海商物品运送法》、1963 年的《商业登记法》、1974 年的《商法特别法》、1952 年的《公司更生法》等。因票据法和支票法的制定，删去了 1899 年商法典的“票据”编。

现行《日本商法典》是于 1999 年对 1899 年法典修订而成的，共 4 编 947 条，包括第一编“总则”、第二编“公司”、第三编“商行为”、第四编“海商”。

《日本商法典》在立法原则上既不同于《法国商法典》的客观主义，也不同于《德国商法典》的主观主义，而兼采主观主义和客观主义两种标准，因此又称为折衷主义。

4. 英国的商事立法。英国为普通法国家，只存在实质商法，不存在商法典意义上的商法。由于判例为其法律的主要渊源，虽然英国理论上存在商法的概念，也有许多有关商法或商法学的著作与教材，却没有严格统一的法律界定，学者对于商法应包括哪些内容也没有一致观点。

为了适应经济的发展以及满足国际商事交往的需要，自 19 世纪以来，英国也产生了一系列的商事制定法，构成了英国的商法体系。英国的商事制定法主要体现在公司、合伙、破产、票据及保险这几个方面。现行公司法是以 1948 年《公司法》为基础，逐步修订补充而来的。现行破产法由 1914 年《破产法》、1976 年《无力偿债法》及其他判例和法规构成。英国票据法源于商业惯例，现行票据法由 1882 年《票据法》、1957 年《支票法》、1970 年《金融法》、1971 年《银行和金融交易法》以及相关判例和法规构成。英国最有影响的保险法是 1906 年颁布的《海上保险法》，是资本主义世界最有影响的一部海上保险法，对世界各国保险立法具有重大影响。

虽然英国存在成文的商法，但只是对判例的补充，判例仍然是商法最主要的渊源。当然也存在例外，如公司法和票据法以制定法为主，判例仅在解释成文法时具有意义。因此，要全面掌握英国商法，在了解制定法的同时，还必须了解大量的判例规定。

5. 美国的商事立法。同英国一样，美国属于普通法系国家，判例为其主要法律渊源。依照美国宪法规定，联邦只在国防、外交、财经政策、国际贸易和州际商业方面有统一立法权，刑事、民商事立法权属于各州。这样就导致了各州商法存在差异，给美国的州际商业往来带来了不便。为此，从 19 世纪开始，兴起了统一州法运动，美国统一州法委员会起草并颁布了各种有关商事交易的成文统一州法，如《统一合伙法》《统一有限合伙法》。其中 1952 年颁布的《美国统一商法典》，已为除路易斯安那州外的所有州采用,并且对世界产生了深远的影响。因此,狭义上的美国商法即指《美国统一商法典》。此外,美国还有《公司法》《联邦破产法》,这些法律组成了庞大的商法体系,当然最重要的是《美国统一商法典》。不同于大陆法系国家,美国统一州法委员会作为法律团体而非立法机关,其制定的法律并不当然在各州有效,各州可自由采用。

不同于大陆法系的商法典,《美国统一商法典》内容庞杂,基本上围绕着商业交易展开,集中反映商事活动中商业交易的理念和要求,尤其是买卖的理念和要求。它对联合国国际贸易法委员会重新起草《国际货物买卖统一法》和《国际货物买卖合同成立统一法》产生了重要的影响,成为当今资本主义世界最有影响的商法典之一。

二、我国商法的产生和发展

(一) 1949 年前中国的商事立法

我国长期处于封建社会,自给自足的自然经济占据主导地位,商品经济很不发达,而且重农轻商,因此未能形成发达的商业城市和从事商业的独立阶层,导致商法极不发达。虽然在历代的法律中也存在有关田宅、钱债等的法律规定,但其并不是近代商法意义上的法律规范。我国真正意义上的商事立法始于清朝末年,其时随着商事交易的增多,商业有了较大的发展。为了"慎重商政,力图振兴",清政府于 1908 年颁布了《大清商律草案》。这是我国第一部体例严谨、内容系统的商事法律,在体例上仿日本商法,而内容上主要采德国商法。后来,清政府又聘请日本学者对《大清商律草案》进行修订,然而未及颁布实施,清政府即告覆灭。

民国政府成立后,宣布凡清代法律不与国体抵触者仍为有效,因此《大清商律》继续有效。1914 年,民国政府对《大清商律草案》进行修改后,以《中华民国商律》之名颁布施行。此外,1914 年 1 月颁布了《公司条例》,3 月颁布了《商人通例》。此后,民国立法院组织制定民法典,并决定采民商合一模式,随后将《中华民国商律》中可以纳入民法典的部分归入民法典,不宜纳入民法典的部分采用单行法的形式予以规定。于 1929 年颁布了《公司法》《票据法》《海商法》《保险法》,1930 年颁布了《商标法》,1937 年颁布了《商业登记条例》及《商业会计法》《银行法》和《证券交易法》。

(二) 改革开放以来中国商法 40 年的发展[①]

从 20 世纪 70 年代末开始,中国商法走过了 40 年的历程。无论对于一个国家法律的历史,还是对于一个具体法律制度的历史,40 年可以说相当短暂。但对于中国商法来说,却是成就辉煌、精彩纷呈的 40 年。在这短短的 40 年间,中国商法从形成、发展到成熟,经历了一个法律部门和法律制度演变的全部过程。现今的中国商法已经成为中国特色社会主义法律体系重要的组成部分,成为充满生机活力、日趋成熟完备的法律领域,成为与中国市场经济相伴前行的推动者和守护者,成为世界现代先进商法制度的代表者和商法制度国际化的引领者。

改革开放前的 30 年,中国商法处于失语状态。改革开放后的 40 年,既是中国经济体制改革不断深入的 40 年,也是中国商法从稀缺到繁荣的 40 年。回顾中国商法 40 年的发展轨迹,参照经济体制改革的重大历史坐标,大致可以把中国商法的发展划分为三个阶段:

---

① 商法 40 年是商法 30 年的延续和发展,因此,本问题部分内容和文字引自赵旭东:《中国商法三十年》,载《中国法律》2012 年第 3 期。

1. 1979—1993年：中国商法的恢复期。1978年十一届三中全会确立了对外开放的政策。1979年沿海经济特区开始建立，作为改革开放的窗口吸引外来投资，中国封闭式计划经济体制被打破。1984年提出建立有计划的商品经济。国有企业改革开始启动，从放权让利到承包经营再到两权分离，改革的尝试逐渐涉及产权制度。十三届四中全会以后，我国在总体上实行了计划经济与市场调节相结合的经济体制和运行机制。

这一时期的商事立法多依附于国家政策而显现出较强的应对性。为响应对外开放、引进外资的政策，涉外商事立法先行一步，1979年颁布《中外合资经营企业法》、1986年颁布《外资企业法》、1988年颁布《中外合作经营企业法》。国有企业改革的启动推动了以所有制为标准的商事主体法的制定。1988年颁布《全民所有制工业企业法》《私营企业暂行条例》，1990年颁布《乡村集体所有制企业条例》，1991年颁布《城镇集体所有制企业条例》。《民法通则》颁布后，确立了法人制度，1988年颁布《企业法人登记管理条例》。同时，1986年颁布《企业破产法（试行）》，为全民所有制企业建立了退出机制。

对外开放和对内搞活的政策导向在整个20世纪80年代和90年代初的商事立法中起到了决定性的推动作用，但该时期的商事法律政策性有余、法理性不足，针对性有余、体系化不足。

2. 1993—2005年：中国商法的发展期。1992年党的十四大明确确定经济体制改革目标为社会主义市场经济，国有企业改革进一步深入。1993年十四届三中全会提出要进一步转换国有企业经营机制，建立产权清晰、权责明确、政企分开、管理科学的现代企业制度。与此同时，中国积极加入世界贸易组织，并于2001年正式成为组织成员。市场经济的发展亟须商事立法规范。自20世纪90年代以来，商事立法驶入高速行驶的快车道。现代企业制度的建立直接推动了1993年《公司法》的颁布。1995年颁布《保险法》《票据法》，1998年颁布《证券法》，1999年颁布《期货交易管理暂行条例》，2001年颁布《信托法》，2003年颁布《证券投资基金法》。围绕《公司法》，1994年颁布《公司登记管理条例》，1995年颁布《公司注册资本登记管理暂行规定》。为鼓励个人投资，1997年颁布《合伙企业法》，1999年颁布《个人独资企业法》。随着企业改制的深入，最高人民法院在2003年公布了《关于审理与企业改制相关的民事纠纷案件若干问题的规定》。此外，最高人民法院还就破产纠纷、期货纠纷、证券市场虚假陈述民事赔偿纠纷出台了特别规定。[①]

1993—2005年的商事立法繁荣得益于市场经济的发展。商事主体法打破了以前以所有制为标准划分的立法模式，通过《公司法》基本建立了以责任形式和资本构成为标准的商事主体制度。商事行为法也伴随着资本市场改革和金融体制改革而颁布，我国商法体系的基本框架在此阶段已经基本形成。

3. 2005年至今：中国商法的完善期。2003年十六届三中全会决定进一步完善社会主义市场经济体制，改革资本市场、金融市场。市场经济体制改革继续向纵深方向发展。改革开放初期制定的《公司法》《证券法》《企业破产法（试行）》《保险法》，由于制定时受很多旧有观念的束缚，制度设计也倾向保守，经过十几年的实施，日益暴露出与市场经济实践的不和和冲突，需要及时进行调整、修订和完善。因此，这一时期的商事立法更注重在总结实践经验、借鉴国外立法成果的基础上，对商法制度进行体系化和深度化的完善。与先前强调“有法可依”相比，这一时期的商

① 2002年最高人民法院颁布《关于审理企业破产案件若干问题的规定》，2003年最高人民法院颁布《关于审理期货纠纷案件若干问题的规定》《关于证券市场因虚假陈述引发的民事赔偿案件的若干规定》。

事立法更加注重法律自身的质量以及各个法律部门之间的协调性。最高人民法院也更加注重总结司法审判实践中的问题，及时弥补立法中的漏洞。

最令人瞩目、对中国整个商法制度发展产生深远影响的当属公司法的两次修订和深度改革。2005 年 10 月公司法修订的内容主要集中在公司法的两大支柱制度上，即资本制度和公司治理。与公司法的修订联动，另一重要的商法部门——证券法也于 2005 年 10 月进行了一次全面的修订。这次修订着眼于证券市场的长期发展，对原有法律规则进行了大量的调整和改进，细化了证券活动的行为规则，强化了信息披露的义务和法律责任，加强了投资者保护和证券监管，等等。保险法的修订更为频繁，从 2009 年到 2015 年，全国人大常委会对保险法进行了 4 次修订，其内容涉及拓宽保险公司业务范围和保险资金运用渠道、完善保险市场主体管理制度、完善保险合同法律规范、切实保护被保险人合法利益等。《企业破产法》的制定和颁布是这一时期商法发展的又一重大事件。此前，虽然 1986 年的《企业破产法（试行）》和《民事诉讼法》规定的破产还债程序确立了中国破产制度的基本架构和规则，但这一试行中的法律制度比较粗糙。使中国破产制度得以成熟和完善的是 2006 年颁行的《企业破产法》。该法一方面创设了破产管理人制度、企业重整制度等新的破产制度，对原有破产制度做了广泛、系统的整合和完善；另一方面，根据我国特殊国情，也对破产企业职工权益保护、国有企业破产等重大问题作出了特别规定。

大量调整商事关系的行政法规和行政规章是商法的又一重要渊源，也是商法不断丰富和走向成熟的突出表现。在我国各法律部门中，难有其他部门法像商法这样有如此多的行政法规和规章。每一商事单行法基本上都有相应的行政执法或监管机关，如《公司法》的主要执法机关是市场监督管理部门和证监会，《保险法》和《票据法》的主要执法机关是银保监会。在每一商事单行法颁布后，国务院和有关行政机关都会为实施该法配套出台一系列的行政法规或规章。就中国商法规范的构成而言，商事单行法确立的只是各商事法律的基本制度和架构，而具体的行为规范和操作性规则是通过大量的行政规章予以规定的。以商事单行法为基本框架，以行政法规为施行规范，以司法解释为裁判规范，是中国商法特有的法律结构和规范构成，由此形成了各商法领域较为完备、缜密、科学的制度体系。

（三）中国商法 40 年的发展轨迹和发展规律

1. 追随和服务市场经济发展是中国商法的初心和使命。追随和服务市场经济发展，确立市场主体地位，规范市场活动，协调市场主体的利益冲突，保护市场主体的合法权益，是中国商法与生俱来的使命。改革开放以来，我国法律对市场经济的调整或市场经济法治化的重要途径是通过商事立法和商事法治实现的。我国市场经济的每一次重大发展和突破，都表现为商事法律制度相应的发展和突破。“我国民商事立法的一个基本特点是，立法始终伴随着改革开放不断深化的进程而展开，与改革开放之间呈现出‘相伴而行’的关系。”①

我国商事主体制度的演进生动地展示了我国市场经济逐渐形成和走向成熟的历程。在 20 世纪 70 年代末之前，我国的经济体制属于高度统一的计划经济，经济活动的主体主要是国营企业和集体企业，这种不以营利为目的的企业组织难以被定性为法律上的商事主体。70 年代末 80 年代初开始的改革开放，孕育和造就了中国的市场经济，催生了新型的市场主体。国家首先允许

---

① 柳经纬：《民商事法律体系化及其路径选择》，载《河南财经政法大学学报》2014 年第 6 期。

和促进个体经济的发展,使个体工商户成为商事主体,并于 1987 年颁布了《城乡个体工商户管理暂行条例》。随着改革开放的深入,市场经济呼唤非公有制私营企业的加入,独资企业、合伙企业、公司等传统企业形态在销声匿迹 20 余年后得以重生,并在新的市场环境下雨后春笋般迅猛发展。中国的商事主体立法紧密跟进,1988 年颁布的《私营企业暂行条例》将这三种企业形式作为私营企业加以规定。此后,又分别对三种企业单独立法,先后于 1993 年颁布了《公司法》、于 1999 年颁布了《个人独资企业法》、于 1997 年颁布了《合伙企业法》。

我国商事单行法的陆续颁布则直接反映了市场经济的不断深入、成熟和阶段性发展的成就。在市场经济活动中,海上运输是最为古老的商事活动,也是最为传统的商事关系,因而我国在商事主体立法之后,最先颁布的商事行为法是 1992 年的《海商法》。票据是市场交易中最为典型的支付手段。保险既是市场经济赖以进行的重要保障,也是一种特殊的交易行为。票据和保险行为都是十分传统的商事行为,是国际通行的成熟法律制度。因此 90 年代中期即 1995 年,我国应市场经济活动的需要,同时颁布了《票据法》和《保险法》。而另外两部重要的商事单行法,即《企业破产法(试行)》和《证券法》则制定较晚。虽然破产制度也是一个古老的法律制度,但在我国社会主义市场经济条件下,能否实行企业的破产,是一个历经反复研讨、多年论争,最终达成共识的重大法律抉择。《企业破产法(试行)》的最终颁行表明中国社会对市场机制的理性认知和中国市场经济的日臻成熟。《证券法》的颁布更是中国市场经济进入更高阶段的标志。证券发行和交易是特殊的市场行为,是发达市场经济的重要组成部分。改革开放初期的中国,根本没有证券交易和证券市场,到了 90 年代中期,证券市场才应运而生,中国第一部《证券法》也于 1998 年随之颁布。

2. 改革与创新是商法 40 年发展的永恒主题。中国市场经济的高速发展和经济体制、市场机制的不断改革和创新直接驱动着商法制度的变革和创新。中国商法的 40 年,也是商法制度不断改革创新的 40 年。

中国商法的创新性首先表现为商法体系结构鲜明的开放性和扩充性。与许多其他法律部门不同,中国商法并未形成一个固定的、封闭性的所谓完整体系和结构。相反,它的体系是开放性的,结构是动态变化的,是根据市场经济发展需要不断调整和扩充的。

其次,中国商法的创新性也表现在商法体系内各商法领域法律制度和规范的不断突破和更新。40 年来,各商事单行法在首次颁布后,根据其所调整的商事关系的变化和对法律制度的需求,多次、不断地进行修改,包括全局性的修订和部分条款的修正。这些修改本身不仅是法律条款的文字改变,许多是重大法律制度的突破和创新,是对某些法律规范的重新设计。

3. 主体法、行为法和监管法的融合是中国商事法律的基本构成。中国商法 40 年的发展不仅确立了内容丰富的商法制度,而且形成了自己特有的主体法、行为法和监管法融为一体的制度构成。

商事法规范首先是主体法规范,独资企业法、合伙企业法、公司法基本属于商事主体法,破产法实质是关于商事主体破产解散的程序性规范,究其性质亦可归属商事主体法。保险法中关于保险组织、证券法中关于证券经营机构、信托法中关于信托机构的规定在性质上也属于主体法规范。

其次,行为法也是商法的重要规范。在商法的几个主要单行法中,票据法是最典型的行为法规范。在其他商事单行法中,也有大量的行为法规范。

最后，监管法也是某些商事法的构成要素。在大陆法国家的传统商法中，并无或少有商事监管的法律规范。但在中国单行商事法的立法中，基于国家对特定商事领域经营活动管理的需要，在主要调整商事主体关系和商事行为的同时，通常也对商事监管的问题一并作出较为完整的规定，其中包括监管机关、监管内容、监管程序、监管责任等，从而形成了中国商事法特有的构成部分。如保险法中关于保险市场监管的规定、证券法中关于证券市场监管的规定、银行法中关于银行业监管的规定等。

商法中特定监管规范与其他主体规范和行为规范的融合，这种三位一体或诸法合体的结构恰好成为中国商事单行法的典型构成，成为商法不同于其他许多法律部门的鲜明特点。

4. 对境外商法的兼收并蓄和国际化是中国商法发展的重要路径。中国商法的40年也是借鉴和吸收境外商法先例和经验的40年，是国际化程度不断提升的40年。中国商法国际化的进程表明，中国在商事法律制度的发展方面，不仅是极富探索精神的创新者，也是先进商法理念制度十分理性的识别者和效仿者。改革开放后的商法制度几乎是在一穷二白的基础上建立起来的。如果说，中国其他法律制度的建立主要是对原有法律制度的恢复重建和对自身实践经验的总结，那么中国商法制度的建立更主要的是倚重对境外现成制度的借鉴和引进。由大陆法的传统所决定，中国商法尤其是改革开放前期的中国商法最主要的参照对象无疑是欧洲大陆法系国家和日本的商事立法，但某些商事立法以及改革开放后期商事立法的发展则更多地受到美国等英美法系国家的影响。

中国商法对境外商法的借鉴，不只发生在商事单行法的初创阶段，也贯穿于商法不断修订完善的过程之中。实际上，制度的改革和创新一直是各国商法发展的基本趋势，近几十年的全球化浪潮加剧了世界各国在贸易、投资、技术等方面的国际竞争。这种竞争进一步反映在市场规则上，形成了各国营商环境尤其是商事法律制度的竞争。一直坚持改革开放的中国顺势而为，自觉和不自觉地融入了商事法律制度的国际竞争，密切关注和跟踪各国商事法律的最新发展，深入分析和比较各国制度变革的优劣得失，吸收和采纳各国商事立法和理论发展的最新成果，就成为中国商法进取完善的不竭动力。在法律制度的引进上，中国并未坐井观天和夜郎自大，并未产生对境外制度和理念的盲目排斥和否定。相反，现代商法制度像先进技术一样被广泛地引进、消化。作为市场经济制度的后来者，中国商法没有太多的传统束缚和历史包袱，反而获得了博采众家之长的后发优势。中国既有商法制度与各国先进商法规则的融合互补使其成为现代先进商法制度的代表者和商法制度国际化的引领者。

第六节　商事争议解决

一、商事争议解决的特别要求

商事争议是因当事人商事行为的实施而发生的争议，也称商事争端、商事争执、商事纠纷或商事案件。商事关系的性质和特点对商事争议的解决提出了特殊的要求：

第一，途径的多样性。商事交易的多样性要求提供多种争议解决途径。商事活动涉及各个领域，交易的内容和交易各方的需求亦不相同，立法设计多种规范化的争议解决途径，为商事争议的顺利解决创造了良好的条件。我国最常采用的方法是仲裁、调解和和解，并有具体的法律法规予以规范。其他国家还衍生出不同的途径，包括小型审理[①]、中立事实评估[②]、司法裁判[③]、法院授权ADR[④]、简易陪审团和居中调停等。

第二，程序的效率性。现代市场经济处在信息时代，交易频繁，瞬息万变，要求商事交易规则尽可能简便与快捷。商事争议的出现会引起交易的中断或终止，客观上会损害商事交易的效率。因此，应以尽可能简易、快捷的方式寻求商事争议的解决，从而实现商事主体降低交易成本、提高交易效率的营利目的。

第三，争议处置的专业性。专业性表现在多个方面：一是争议解决人员的专业性。无论通过何种途径解决商事争议，商事争议的"裁判者"都应有足够的专业知识，公平、高效地解决争议。二是争议解决机构的权威性。一个运行稳定、公正独立的裁判机构能够赢得争议各方的信任。三是争议解决程序的法定性。以法律法规的形式将解决程序固定下来，能够减少裁判的任意性，有利于实现实质的公平和公正。

二、非诉讼方式解决商事争议

相当多的商事争议事实上并没有通过法院诉讼程序解决，而是通过其他方式解决。这是由于利用司法制度解决商事纠纷可能会花费当事人巨大的诉讼费用和时间成本，而且在商事诉讼中，商事争议双方的正常营业活动可能会受到影响。为了解决这些问题，商事争议当事人越来越倾向于利用非诉讼方式解决争议。

（一）和解

1. 和解的含义。作为商事争议解决途径之一，和解是指商事主体双方自行协商，就商事活动中涉及的实体权利进行处分并达成协议，从而解决争议的活动。这种活动是商事争议各方之间"争议—谈判—争议解决"的过程，和解的发起和最终结果的作出都由双方当事人自行磋商。

2. 和解的效力。和解的效力主要体现在以下三个方面：(1) 和解能够产生合同法上的效力，当事人双方作为合同的当事人，须遵守双方合意。(2) 达成的合意可以成为有执行力的法律文书的基础，当事人可以向法院或仲裁机构申请制作司法调解书或仲裁裁决书。(3) 和解后，当事人可以向有关部门申请对相关法律程序进行变动，如因和解而撤诉、因和解而中止执行等。但变动并不具有确定性，若在撤诉或中止执行后，和解协议遭到任何一方的破坏，另一方只能另行起诉或恢复原生效法律文书的执行，而不能要求对方继续履行和解协议。

3. 和解的优势。和解作为一种争议解决途径，广泛存在于我国法律、行政法规和部门规章中，但是并不像诉讼、仲裁、调解等争议解决途径有专门法律规范予以调整，也没有形成体系化的制度。在法律法规没有涉及的领域，当事人当然享有协商的权利。和解具有灵活性，可以先于调解、仲裁、诉讼程序进行，也可以贯穿在其他各种争议解决途径之中适用，而且极大地节约了当事人

---

① 小型审理（minitrial）是一种模拟诉讼程序进行调解的过程。

② 中立事实评估（neutral evaluation）只是争议解决过程中的一个程序，即由双方共同选择的中立的第三方调查复杂的事实和技术问题，分析案件争议，提供分析报告。

③ 司法裁判（judicial referee）并非真正意义上的司法程序，而是由双方当事人选择或由法院指定一名司法裁判，通常是退休的法官，进行私下审理和判决。这种判决的效力相当于法院判决。

④ 法院授权ADR（court-mandated ADR）是指法院要求某些案件的当事人在诉讼之前必须采取非诉讼程序解决争议，这些非诉讼程序是由法院设计或主持的，因此被称为法院授权的ADR。案件类型主要是涉案标的额较小的案件。

的时间成本、金钱成本，成为当事人解决争议的第一选择。

（二）调解

1. 调解的含义。调解，是指以争议当事人的自愿为前提，在中立第三方的主持下，促使双方达成调解协议以解决争议的过程。调解可以由当事人指定调解员，也可以提请调解机构指定调解员。作为主持调解的中立第三方，调解机构一般都有自己的调解规则，提交调解机构的争议应遵循调解程序。调解成功的，双方签订和解协议，视为双方建立了一种新的合同关系，双方应主动履行。如有一方反悔或不履行，另一方可按照违约对待，再寻找新的途径去解决。如果调解员在双方达成的协议书上也签字，则称双方达成的协议为调解书或调解协议。当事人依据调解书一般不能到法院申请强制执行，或者说调解书不具有强制执行力。但也有例外，如我国人民法院作出的调解书或仲裁庭依调解书作出的仲裁裁决书，当事人是可以依此申请强制执行的。

通过与和解的含义进行比较，我们可以更好地理解调解的含义：(1) 和解和调解的行为主体不同。和解是当事人自己协商解决纠纷；调解是在第三方的主持下，通过细致的工作，使双方当事人达成调解协议。(2) 法律后果不同。和解协议靠当事人双方的自觉履行，不能作为人民法院的执行根据；而人民法院作为调解机构作出的调解协议具有强制执行的法律效力。

2. 调解的优势。

第一，调解可以快捷地解决争议。双方当事人同意调解的，往往不要求调解员遵循刻板的规则和模式，而是授权调解员以灵活的方式分清事实，公平合理地提出他们可以接受的方案。调解的随意性使得当事人不必在程序上耗费过多的时间，有利于争议的迅速解决。

第二，调解员的专业知识和技能提高了解决争议的可能性。双方当事人都同意的调解员通常是在某一行业具有专业知识或实际经验的人士。调解员可以利用他们的专业知识和技能说服当事人互谅互让，尽可能地消除当事人之间的抵触情绪，使争议得到解决的可能性大大提高。

第三，调解是在双方都自愿接受的前提下进行的，对当事人无任何强迫。无论调解成功与否，都不会损及当事人以往的友好关系。

第四，调解可以与诉讼、仲裁等方式结合起来，避免冗长耗时的争议解决程序，减少当事人和裁判机构的时间成本和金钱成本。

3. 调解的类型。我国并未依据商事活动的特点制定用于解决商事纠纷的特有的调解制度。从理论上来说，法律规定的各种调解方式均可用来解决商事争议。目前我国法律规定的调解主要有四种方式：人民调解、商会调解、仲裁调解和诉讼调解。当事人通过这四种调解途径所达成的调解协议具有合同属性，其中具有给付内容的调解协议经法院确认后具有强制执行力。

在各调解方式的分工上，人民调解着重解决民间商事纠纷，例如未登记的个体摊点、流动商贩和农村承包经营户的商事纠纷可以通过人民调解的途径予以解决。仲裁调解是解决商事争议的核心手段，其因保密性与和专业性成为争议双方的重要选择。凭借自治行会的专业知识和中立地位，商会调解已成为仲裁调解的重要补充。诉讼调解是商事调解的重要组成部分，得益于法院的司法公信力，诉讼调解充分保障了公正和效率，极大地缓解了诉讼案件给当事人带来的紧张关系，有助于当事人对义务自觉履行。

商事案件的调解在实践中的运用主要集中在商会调解、仲裁调解和诉讼调解上。争议双方可以向商会调解组织直接申请调解，是作为独立程序的商事调解；而仲裁调解和诉讼调解是仲裁和诉讼过程中的辅助手段。此外，中国国际商会调解中心创新性地开展了联合调解制度，即组织两个以上具有商事调解职能的组织(国内或国外)共同运用调解的形式,促成当事人和解。由于在解决商事问题上,很难保障人民调解委员会调解员的专业性,所以人民调解主要集中在民事争议上,但因该制度有完整的立法框架,所以对商事争议解决的意义不容小觑。由此可见,我国的立法和实践虽然未对调解制度专门制定调解法,但调解制度通过部门法和实践自治,几乎体现在所有纠纷之中,形成了较为完整的调解体系。

(三) 商事仲裁

1. 商事仲裁的含义。商事仲裁,是指发生商事争议的双方当事人,根据其在争议发生前或争议发生后所达成的仲裁协议,自愿将争议提交中立的第三方仲裁机构进行裁决,仲裁机构依据仲裁规则解决争议的方式。仲裁协议是指双方当事人自愿将他们之间发生或者可能发生的争议提交仲裁机构予以解决的书面协议,是双方当事人所表达的采用仲裁方式解决纠纷意愿的法律文书。仲裁规则是指进行仲裁程序所应遵循和适用的规范。根据这一概念,商事仲裁具有以下要素:(1)商事仲裁以自愿协商为基础;(2)商事仲裁由双方当事人选择中立第三者进行裁判;(3)作出的裁决对双方当事人具有法律约束力。

2. 商事仲裁的特征。不同于和解、调解的任意性,也不同于司法、行政途径的强制性,商事仲裁形成了相对固定且足够灵活的民间财产权益纠纷解决体系。具体而言,商事仲裁具有以下特点和优势:

第一,自愿性。自愿性是仲裁的最重要原则,双方可以自行约定或选择仲裁事项、仲裁地点、仲裁机构、适用法律等。

第二,专业性。法律规定当事人有权指定具有专业知识的仲裁员进行仲裁,而且商事仲裁机构均应备有分专业的、由专家组成的仲裁员名册供当事人选择,专家仲裁由此成为商事仲裁的重要特点之一。

第三,非公开性。这种非公开性体现在审理的非公开和当事人的保密义务。我国《仲裁法》第40条规定:“仲裁不公开进行。当事人协议公开的,可以公开进行,但涉及国家秘密的除外。”相关仲裁规则也规定了禁止商事仲裁员泄露仲裁案件具体内容的条款。

第四,快捷经济性。与诉讼相比,商事仲裁实行一裁终局制,当事人之间的争议能够在相对短的时间内得以解决,省去了多审级审理给争议解决带来的不确定性。因为结案较快,仲裁所需费用相对较低;因为仲裁的保密性,案件争议对双方日常的商业经营影响较小,能够避免不必要的经济损失。

3. 商事仲裁的分类。

(1) 国内商事仲裁与涉外商事仲裁。国内商事仲裁是指同一国的当事人因不具有国际因素的商事争议而进行的商事仲裁。涉外商事仲裁是指存在下列情况之一的仲裁:商事争议的当事人在签订仲裁协议时各自的营业地位于不同的国家或地区;仲裁协议中或根据仲裁协议确定的仲裁地、主要义务将要履行的任何地点或与争议的客体具有最密切联系的地点位于各方当事人营业地国家或地区之外。①

中国仲裁制度长期以来就分为国内仲裁和涉外仲裁两个类别。在《仲裁法》颁布实施以前,国内仲裁和涉外仲裁体系截然不同,两者在性质、机构设立、仲裁员权限、仲裁管辖、仲裁裁决效

---

① 参见张圣翠:《我国涉外仲裁法律制度之完善》,载《法学》2013年第5期。

力方面都有较大的区别。在《仲裁法》颁布实施以后,国内仲裁和涉外仲裁基本一致,仅有的区别在于人民法院对涉外仲裁的司法支持和监督采取与国内仲裁不同的程序和标准,较好地配合了中国吸引外资的政策。①

(2) 机构仲裁和临时仲裁。机构仲裁是指根据双方当事人的合意选择常设仲裁机构及仲裁员,根据其固定的仲裁规则解决争议。临时仲裁是指任何已设立的仲裁机构均不参与仲裁裁决程序和案件管理,而是由当事人自行设计仲裁规则或选择适用已有仲裁规则,并将争议交由选择的仲裁员进行仲裁并作出裁决。

与机构仲裁相比,临时仲裁具有突出的特点:首先,充分尊重当事人的意思自治,仲裁程序的每一个环节都由当事人决定和控制;其次,充分保护当事人隐私,因为没有仲裁机构及其相关人员的参与,减少了仲裁内容向外透露的可能性;最后,有利于发挥仲裁的灵活性,因为临时仲裁没有固定规则的限制,具有很大的弹性。

长久以来,我国采用的是典型的机构仲裁模式,我国《仲裁法》没有规定临时仲裁。但在国际上,临时仲裁更加盛行。1976 年《联合国国际贸易法委员会仲裁规则》提供了临时仲裁的程序规定供当事人选择适用,也为各国建立临时仲裁程序提供了模板。从各国商事立法实践来看,大多数国家的仲裁法都承认和采纳了临时仲裁。奥地利、比利时、德国、美国、丹麦、芬兰、法国、英国、意大利、荷兰、挪威、瑞典以及中国香港等多个国家和地区的仲裁制度都规定了临时仲裁制度。②

近期,我国也开启了对临时仲裁的相关立法和实践。2016 年 12 月 30 日,最高人民法院印发了《关于为自由贸易试验区建设提供司法保障的意见》。该意见第 9 条第 3 款规定:“在自贸试验区内注册的企业相互之间约定在内地特定地点、按照特定仲裁规则、由特定人员对有关争议进行仲裁的,可以认定该仲裁协议有效。”中国首部临时仲裁规则《横琴自由贸易试验区临时仲裁规则》自 2017 年 4 月 15 日起开始施行,为临时仲裁制度在自由贸易试验区的有效推进提供了制度保障。

三、商事诉讼制度

(一) 商事诉讼概述

商事诉讼,是指商事主体将有争议的商事权利和义务事项,提交司法审判机构,由其按审判程序作出裁决的制度。③ 商事诉讼体现出与和解、调解和仲裁不同的特征:(1) 商事诉讼具有公权性。由法院代表国家行使审判权解决商事争议。(2) 商事诉讼具有强制性。这表现在案件受理时和裁判执行时,不需要对方的同意。(3) 商事诉讼具有严格程序。

因为民事和商事实体法在价值取向、调整方法及具体制度设计上有所不同,所以二者对诉讼程序亦有不同的要求。商事活动的营利性使得商事主体对诉讼程序的快捷、简便要求更高,同时,商事诉讼裁判结果波及的范围更加广泛。民事裁判结果一般只在当事人之间发生效力,而商事争议与其营业息息相关,商事诉讼的裁判结果也往往影响到更广泛和不确定主体的利益,如公司职工利益或消费者权益。

---

① 沈四宝、薛源:《论我国商事仲裁制度的定位及其改革》,载《法学》2006 年第 4 期。

② 王岩:《建立临时仲裁制度探析》,载《人民法院报》2005 年 3 月 21 日。

③ 参见赵万一主编:《商法学》,中国法制出版社 2002 年版,第 456 页。

我国的商事诉讼起始于20世纪80年代的经济审判。新中国成立之后至改革开放这段时间里,我国仅有民事诉讼和刑事诉讼的区分。改革开放之后,经济审判开始逐渐与民事审判分离发展。各级法院先后普遍设立了经济审判庭,经济纠纷案件的范围日愈广泛。这种经济审判具有明显的商事审判特征,其审理的主要是经济合同纠纷。2000年,最高人民法院确立了大民事审判格局,将民庭、经济庭和知识产权庭的名称进行了整合,统称民事审判庭,分别改称民一庭、民二庭和民三庭,其中的民二庭主要担当商事审判的职能。目前,我国并没有建立独立且统一的商事诉讼程序。除了某些领域的商事诉讼,如海事(商)案件和破产案件适用相对独立的诉讼程序外,绝大部分商事诉讼案件,如发生在公司法、票据法、证券法、期货交易等领域的商业纠纷,都是适用《民事诉讼法》规定的普通诉讼程序来进行审理的。实践中,一些地方法院实行对民商审判的分别管理,在立案上,对于各类商事纠纷案件,不管其主体是商个人、商法人或商合伙,一律作为商事案件而不作为民事案件立案。

(二)商事审判理念

商事审判理念是指法官在司法审判活动中,结合商法的特殊性并对商法原则加以贯彻而形成的指导思想和价值取向。商事审判理念要求法官总体把握商法和商事活动特点,并在个案审判中根据案件的个性恰当适用商事审判理念去审理案件。

商法基本原则与商事审判理念密切联系,相互一致。商法基本原则是调整商事关系的基本准则,也是商事立法的指导思想和价值取向。商事立法和商事法律制度的指导思想和价值取向同时也应成为商事审判所追求的目标和价值。从实际内容而言,商法基本原则与商事审判理念是完全一致的。商事审判理念不过是对法官司法裁判提出的要求,是司法实践中对商法基本原则的贯彻,通过对具体案件的裁判实现商法的基本原则。由于商法基本原则与民法基本原则在具体内容上的差异,商事审判理念的提出有助于法官充分尊重商事关系的特点,更为合理地行使自由裁量权,更为准确地适用商事法律。

(三)商事诉讼特别规则

随着商事关系日益复杂,在建立和完善商事实体法律的同时,有关的商事诉讼程序法律也应该予以完善。近年来的商事诉讼制度研究提出,应当以既有的民事诉讼模式为基础,建立若干具有商法特征的特别诉讼制度和规则来实现商法的价值,其基本内容是:(1)民事诉讼法总则作为民事诉讼和商事诉讼的“程序总则”,对民、商事案件的审理具有统领性、普遍性的效力。(2)在商事一般性法律中单章规定商事诉讼特别规则,以满足商事案件的特殊要求。对于商事诉讼的特别规则,已有研究提出的构想和建议包括:

1. 确立商事诉讼时效制度。商事活动比民事行为更加追求效率,为适应商事纠纷快速高效解决的需求,建议规定比民事一般诉讼时效更短的诉讼时效期间。

2. 设立商事审判庭,专门审理商事争议案件。由普通法院内设的专门审判庭和专门的商事法院审理商事纠纷是一些国家采取的司法体制。在我国,商事审判庭的设立有助于准确界定商事审判的职能和管辖范围,提升商事审判的专业性和公正性,树立和强化商事审判思维,正确适用法律,提高商事诉讼效率。

3. 建立商事案件协议管辖制度。商事争议的协议管辖可以打破《民事诉讼法》关于协议管辖选择的法院必须与争议有实际联系的规定,进一步弱化协议法院与案件之间的联系,更多地尊重当事人的自由合意,减少商事争议当事人对地域管辖公正性的疑虑。

4. 建立商事审判陪审员制度。吸收商人作为陪审员参与商事裁判,有助于法官在商事案件审理中正确运用商业思维,了解商业规则和习惯,更准确地查明事实和更合理地适用法律。

5. 建立形式自由、程序高效的商事证据制度。应建立自由证据规则,并限制适用我国《民事诉讼法》关于举证时限的规定,以避免当事人之间为寻找和藏匿证据形成的竞赛,减少现有民事证据制度在当事人间形成的对抗,为"息事宁人""案结事了"创造条件。

6. 实行严格的财产保全制度。基于诉讼保全对商事活动的实质影响,商事诉讼的财产保全应当根据商事活动的特点加以调整。首先,应对商事营业财产的保全规定较为严格的条件,包括更高的担保要求;其次,对商事争议采取保全措施应当以行为保全为主,采取财产保全时,应尽可能避免对其经营活动的影响。

7. 建立商事速裁程序。应建立和优化与商事诉讼相适应、与普通民事速裁程序有所区别的商事速裁程序:首先,应适当提高小额速裁的争议金额标准,扩大商事速裁案件的范围;其次,实行大额诉讼案件合意速裁,速裁合意的方式可以比照仲裁程序,可以由当事人事前签订速裁协议,也可以在双方诉讼时协商确定;最后,支付令制度应提高债务人异议成立的难度,严格债务人的证明责任,同时法院对债务人的异议进行实质审查。①

【本章前沿问题】

关于商法的调整对象

关于商法的调整对象,不同国家的学者所持的观点主要有以下三种:

1. 商法的调整对象是商人。持此观点的主要是德国等奉行商人中心主义立法原则的国家。

2. 商法的调整对象是商行为。持此观点的主要是法国等奉行商行为中心主义立法原则的国家。

3. 商法的调整对象是商事关系。我国多数学者持此观点。

实际上,虽然上述三种观点的侧重点各有不同,但并不存在本质的差异。主张商人为调整对象的观点,强调的是商人实施了商行为,从而形成了商人这一特殊主体之间的法律关系;主张商行为为调整对象的观点,强调的是基于商行为而形成的行为人之间的法律关系。虽然其侧重点有不同,但最终都以商主体实施了商行为而形成的商事关系为调整对象。因此,此三种观点在实质上是统一的。

关于商法的体系

商法在我国是一个新兴的法律部门,商事立法仍然不够完善。因此学者之间对于商法体系的认识迄今未能形成一致,现有的结论也是基于传统商法得出的,较少与我国实际相结合。我国多数学者认为,商法体系包括商主体、商行为、商事营业、商号、公司法、证券法、保险法、破产法、票据法、海商法等。

然而,对于上述商法体系的合理性,已有学者提出了质疑,如有学者提出:"公司、票据、破产、保险、海商是不是就是商法的固有范围?保险法为商法,为何银行法不为商法?海商法既为商法,航空、

① 赵万一:《商法学》,中国法制出版社 2002 年版,第 55 页。

铁路等运输法为何不为商法？票据既为商法所调整，信用证为何不为商法所调整？”①

上述质疑说明了我国商法体系仍然有待完善。随着我国市场经济的发展，商事立法已经逐渐完善，商法理论研究相较之下有些滞后，因此需要对商法的体系进行进一步的研究。

【本章思考题】

1. 试述商事关系的特点。
2. 如何认识商法的私法性质及其与公法的融合。
3. 商法具有哪些特点？
4. 分析民法与商法的相互关系，并对“民商合一”与“民商分立”的立法模式作出评述。
5. 简论商事主体法定原则。
6. 商法如何体现保护营利和促进交易简便快捷原则？
7. 保护交易安全原则在商法中是如何体现的？

① 参见赵旭东：《商法的困惑与思考》，载《政法论坛》2002年第1期。

第二章　商事主体

【导语】

商事主体，是商法中的基本范畴，是整个商事法律制度存在的基础。现代各国商法大都对商事主体的概念和内涵及其商事能力予以规定，并构成了商法上票据、证券、保险等法律制度中关于主体制度的基础。我国目前还没有明确的关于商事主体的专门立法规定，对此的研究无疑具有重要的理论和实践价值。

学习本章时，应重点理解和掌握商事主体产生的背景和主要特征、商事能力与民事能力的区别以及法律对商事能力的通常限制，进而深刻理解我国现行法律对商事主体的相关规定。

第一节　商事主体概述

一、商事主体的概念与特征

商事主体，也称商事法律关系主体、商主体，是指依照商法的规定具有商事权利能力和商事行为能力，能够以自己的名义独立从事商事行为，在商事法律关系中享有权利和承担义务的个人和组织。

在传统商法上，商事主体也叫商人。欧洲 11 世纪中叶，随着城市的兴盛，越来越多的人从事商业，逐渐产生了商人这一特定社会阶层。商人形成之初曾受到封建法律和寺院法的种种限制和歧视，严重损害了商人阶层的利益，制约了商业的自由发展。代表商人利益的商会以行业立法的形式自行规范商事活动，形成了中世纪的商人习惯法。早期的商人是指一个具有特殊身份和利益，在从事商事交易中享有特权的社会阶层。但这一概念并不具有确切的法律含义。19 世纪以后，随着商品经济的发展，商业职能与生产职能密切结合，社会普遍商化，商人不再是社会上的特定阶层，也不再存在所谓的商人特权，商人的特殊地位和利益已逐步消失。这时，各国商法基本都将商人作为一个法律概念固定下来。

商人的概念带有旧时代的痕迹，对于我国这样商法不发达的国家，往往被人误解为仅指从事商业经营的自然人，并且由于我国已倾向于采用民商合一的立法体例，因此将商法上权利义务的归属者表述为“商事主体”，概念更为准确。

商事主体具有以下基本法律特征：

（一）商事主体由商法法定

商事主体是不同于一般民事主体的特殊主体，具有特殊的权利能力和行为能力。何种组织和个人能够作为商事主体参加商事活动，并在其中享受权利、承担义务，是由商事法律、法规直接确认和赋予的。商法是个人和组织具有商事主体资格的法律依据。早期商事主体主要以行业习惯法为行为依据，有很大的行业自律性；现代商事主体已成为市场经济的主要主体，具有重要的经济和社会意义，因而各国均以商法典或单行法的方式对商事主体资格的取得与丧失、权利与义务、主体的名称及类别、行为的范围及效果等作出详细而严格的规定。因此,商事主体的第一特征就表现为法定性。

(二) 商事主体依法具有商事能力

商事主体的商事能力包括商事权利能力和商事行为能力。商事权利能力是指商法所赋予的、商事主体能够参加商事法律关系,并在其中享有商事权利和承担商事义务的资格或能力。商事行为能力则指在法律规定的范围内,通过自己的行为或意志独立进行商事活动,并取得商事权利和承担商事义务的一种资格或能力。商事主体既有商事权利能力,也有商事行为能力。不具有此种能力的个人和组织不能成为商事主体。商事能力是商事主体人格的具体内容,而商业名称或商号则是商事主体人格的表现形式,商事主体以自己的名义从事商事行为就是以其商业名称或商号从事商事行为。

商事主体的商事能力不同于一般民事能力:(1)商事能力是特指从事商事行为的能力;(2)商事能力是在一般民事能力基础上附加的能力,具有商事能力应以具有民事能力为前提,但具有民事能力,不一定具有商事能力;(3)商事能力的范围具有特定性和限定性,取决于商法规范的限定和商事主体设立的目的,不同的商事主体具有不同的商事能力。而民事能力中,自然人的民事能力具有普遍性和统一性,自然人都具有相同的权利能力,行为能力只因其智力发育和精神状态不同而有所区别。

(三) 商事主体的身份或资格经商业登记而取得

商事主体本质上属于法律的拟制,是因法律赋予其权利能力和行为能力而成为商事主体。与此同时,在程序上,这种主体身份或资格的取得必须经过商业登记。商业登记制度是商法制度的重要组成部分,商业登记最主要的内容是商事主体登记。依据各国商事法律规定,商事主体的成立必须向注册登记机构提交规定的申请文件,办理商业登记手续。同时,从事金融、证券等特殊行业经营的商事主体的成立还必须获得特许审批。按照我国现行工商登记法规,任何个人或组织要从事营利性经营活动,都必须经登记取得企业法人营业执照或营业执照,否则即为依法应予取缔的无照经营或非法经营。

(四) 商事主体以从事营利性活动为其常业

商事主体的商事行为通常以营业的方式进行,即以获取盈利为目的连续、稳定地从事范围确定的经营活动。法国 1807 年《商法典》第 1 条规定:“商人者,以商行为为业者。”1897 年《德国商法典》第 1 条也规定:“本法典所称的商人是指经营营业的人。”此一特点使商事主体与偶尔从事商事行为者相区别。商事主体从事商事活动,但从事商事活动的不一定都是商事主体,只有以商事活动为业者才是商事主体。商事主体资格通常通过商事注册登记取得,并在登记的范围内从事营业活动。

上述特征,使商事主体与普通民事主体相区别。在我国民商合一的立法体例下,广义上的民事主体既包括普通民事主体,也包括商事主体。我国 2017 年颁布的《民法总则》对包括商事主体在内的所有民事主体的法律性质或地位、权利能力及其基本法律关系或组织机构都作了原则性规定。依照《民法总则》的规定,民事主体分为自然人、法人和非法人组织三大类,法人又分为营利法人、非营利法人和特别法人三类。其中以营利为目的而设立和从事经营活动的民事主体就是商法上的商事主体,包括自然人中的商个人、法人中的营利法人和非法人组织中的商合伙。商事主体与其他普通民事主体在主体资格的取得、权利能力的范围等方面具有明显的差异,自然人自出生即当然取得民事主体资格,非营利法人取得法人资格的条件和程序因具体类别和特别法律法规的规定而有所不同,营利法人的设立则都需要通过专门的商事登记程序。同时,普通民事主体都不具有从事营利性经营活动的权利能力。

二、商事主体法定原则

商法是规范商事主体交易活动的基本法律。市场经济条件下,商事主体是最基本的活动单位,其组织的健全与否直接关系到市场交易基础是否稳固。为了保护交易安全、相对人的利益及市场秩序的稳定,商法通常以强制性规范对商事主体的类型、标准及设立作出具体的规定,以此达到控制其进入市场的目的。该原则具体包括商事主体类型法定、商事主体内容法定和商事主体程序法定三个方面。

(一) 商事主体类型法定

所谓商事主体类型法定,是指商法对于商事主体的类型作出明文规定,当事人只能在法定类型的范围内选择所要采用的类型,而不能任意创设法律中未规定的类型。这就意味着,当事人创设或者变更商事主体,仅具有在法定范围内自由选择的可能性,如果超出了法律规定的商事主体的类型,则不会得到法律的承认和市场准入。例如在西方国家,无限公司、两合公司、股份两合公司都是商事主体,而我国公司法没有规定这些类别的公司,因此,这类经济组织在我国就不能成为商事主体。

我国目前的立法实践中,商事主体的类型按照不同的标准主要存在以下几类:依组织形式,可分为个体工商户、独资企业、合伙企业和公司等;依所有制,可分为国有企业、集体企业、私营企业、混合所有制企业和个体工商户等。

(二) 商事主体内容法定

所谓商事主体内容法定,是指商法对各类主体的组织关系和财产关系在法律中予以明确规定,当事人不得擅自变更其组织关系和财产关系。在商法中,对不同主体的财产关系和组织关系有不同的规定,当事人必须遵循。例如,有限责任公司、股份有限公司、合伙企业、独资企业、外资企业等不同的商事主体,在组织关系和财产关系方面存在重大差异。之所以如此,是因为法律对它们作出了不同的规定,并且不允许其擅自变更,否则就可能造成主体形式的混乱,从而影响市场经济秩序。

(三) 商事主体程序法定

所谓商事主体程序法定,是指设立、变更和终止商事主体,必须遵守商事法律规定的程序。商法对设立商事主体的程序有明确的规定,当事人欲设立商事主体,就必须严格按照法律规定的程序进行,否则,就无法达到其目的。例如,我国公司法规定的有限责任公司和股份有限公司的设立原则是严格准则设立主义和核准设立主义的结合。即设立一般的公司,符合法定条件的,原则上适用严格准则设立主义,直接办理登记注册手续;但对于涉及国家安全、公共利益和关系国计民生等特定的行业和项目,法律规定设立公司必须报经审批的,则应当履行审批手续。因此,要设立这两类公司,就必须按照公司法规定的程序进行,只有在登记完成之后,该公司才告成立,从而具备商事主体资格。

三、商事主体的种类

当代各国商法中,商事主体表现多样,不同国家的商事立法和不同的商法理论,依照不同的

标准,对商事主体有各种不同的分类。依照我国相关商事立法,我国主要依照商事主体的组织形式,将商事主体分为以下几种:

(一)商个人

商个人,又称“商个体”“商自然人”“个体商人”,是指依法定程序取得商事主体资格的自然人或公民。自然人在社会生活中,可以表现为两种身份:一是一般的消费者,二是生产经营者。前者表现为民法上普通民事主体,后者则表现为商法上商事主体即商个人。实质上,商个人就是一般自然人经特定形式和程序进入商事领域,被商法确认的法律主体。商个人的法律特征表现在:

1. 商个人作为商法确认的主体,须经法定核准登记,才能享有商事权利能力和商事行为能力,并在核准登记的范围内从事商行为。

2. 商个人的权利与自然人的权利不同。与一般自然人人身相关的权利,如自然人所享有的劳动的权利、结婚的权利、选举权和被选举权等,与商个人无关。

3. 商个人所从事的是商事行为,即以营利为目的的经营性行为;非营利的行为,如自然人的消费行为,就不属于商个人的行为。一旦个人从事生产经营活动,便从消费者的角色转化为生产经营者的角色,由民法上的一般自然人转化为商个人。

4. 商个人对其经营债务承担无限责任。商个人对其经营活动形成的债务,不以投入经营的财产为限,而以该自然人的全部财产负责,构成商个人的自然人或家庭户必须以其全部财产对商个人的债务承担连带责任。我国《民法总则》和有关法律法规规定,个体工商户、农村承包经营户、个人独资企业主均须对其经营债务承担无限责任。

根据我国《民法总则》和有关法律规定,我国的商个人具体表现为如下形式:

1. 个体工商户。指以个人财产或家庭财产作为经营资本,依法核准登记,并在法定的范围内从事非农业性经营活动的个人或家庭。个体工商户可以是一个自然人,也可以是一个家庭。我国《民法总则》第 54 条等对个体工商户作了专门规定。需要指出的是,个体工商户是我国法律制度特有的概念和形式,各国传统商人概念中并无此概念。实质上,作为自然人从事工商业经营的法律形式,个体工商户与传统的独资企业十分类似,二者并无本质的差异,从企业形式的发展来看,这两种形式将来也许会被统一。

2. 农村承包经营户。指农村集体经济组织的成员,在法律允许的范围内,按照农村承包合同的规定,使用集体所有的土地和其他生产资料独立从事商事经营活动,由一人或多人组成的农户。农村承包经营户只能是农村集体经济组织的成员,只能按照承包经营合同从事商事经营活动。它在注册登记、商事能力、商事权利和义务、责任承担等方面类似于个体工商户。

在商个人中,较为特殊的法律问题是个人独资企业的定性和归类。个人独资企业是指依法由一个自然人投资,企业资产由个人所有和控制,投资者以其个人财产对企业债务承担无限责任的营利性经济组织。我国《个人独资企业法》对该类企业作了专门规定。我国《民法通则》本来将个人独资企业与个体工商户、农村承包经营户并列为自然人从事工商业经营的一种特殊形式,但《民法总则》将其从自然人的规定中移出,列为非法人组织的一种。由此,在商事主体分类中,如何确定个人独资企业的具体归类,便成为商法原理需要进一步解决的问题。

(二)商法人

商法人,指按照法定要件和程序设立的,具有法人资格,能够独立进行商事经营活动,并享有商事权利和承担商事义务的各种商事企业。在民法理论上,法人可以分为营利法人和非营利法人。我国《民法总则》将营利法人、非营利法人和特别法人作为我国法人组织的基本分类，其中的营利法人即传统商法中的商法人。商法人的特征表现在：

1. 商法人是具有独立法律人格的法人组织，具备一般法人必须具备的基本条件和特点，包括依法成立、有自己的组织机构和场所、拥有独立财产、承担独立责任。此一特征使商法人区别于商个人和商合伙。

2. 商法人的设立和活动由商法规范调整，其设立依照商法规定的条件和程序，通常以注册登记方式进行。商法人的人格由商法赋予，此特征使商法人区别于依一般民法或行政法设立的法人。《民法总则》对营利法人的成立、章程、组织机构及其决议效力等作了统一的原则性规定，明确规定营利法人经依法登记成立后，应当依法制定法人章程和设置权力机构、执行机构、监督机构等。由此，在我国，商法人的设立和活动由《民法总则》进行一般原则性规定，具体的设立条件和程序以及其他事项则由相应的商法规范予以规定。

3. 商法人以营利为目的，具有特殊的从事商事活动的权利能力和行为能力，有权在其目的范围内开展经营活动，并承担相应的法律义务和责任。特别在税法上，商法人是特别的纳税主体，承担特别的纳税义务和责任。此特征使商法人区别于其他非营利性的法人组织。

我国《民法总则》第 76 条通过对营利法人的规定界定了商法人营利性的法律含义。商法人或营利法人所指的营利，并非指其自身简单地取得经营利润，而是指法人成立的目的是取得利润并分配给其股东等出资人。因此，某些公益性的组织虽然也从事经济活动并能取得一定的利润，但此利润不是为了分配给其成员，而是为了某种社会公益事业，这样的社会组织并不是营利法人或商法人。我国《民法总则》规定的非营利法人包括事业单位、社会团体、基金会、社会服务机构等，它们都是基于公益目的或者其他非营利目的成立的。为此，《民法总则》第 87 条进一步规定，非营利法人不向出资人、设立人或者会员分配所取得的利润。

法人是民事法律关系的主体。传统大陆法系民法将法人分为公法人和私法人、社团法人和财团法人，商法人通常属于私法人和社团法人。对于公法人能否成为商法人，各国商法有不同规定，如意大利法律规定国家不得为商法人，而德国商法典则允许国家作为商法人。从民事主体和商事主体的概念与特征分析，国家和国际组织在从事民事活动或进行民事行为时，也属于特殊的民事主体，但因其不以营利性活动为常业，亦不经商事登记程序而成立，不应属于商事主体。我国法律没有公法人与私法人的分类，但我国机关法人的法律性质类似于大陆法系国家的公法人。我国《民法总则》将机关法人规定为特别法人，不属于营利法人，因而也就不是商事主体。商法人根据不同的标准可以有不同的分类。西方国家的商法人主要就是公司，公司与商法人是基本等同的概念。在我国，商法人又通常称为企业法人，企业法人除公司法人之外，还存在以下不属公司法调整的非公司企业：

1. 全民所有制企业，又称国有企业，指依《全民所有制工业企业法》，由国家投资设立从事生产经营活动、财产归国家所有、企业享有经营管理权的企业法人。国有企业是我国当下经济生活的主体，在国民经济中发挥着主导作用。

2. 集体企业，指根据集体企业法和其他相关法律、法规的规定，由公民或集体单位组合而成、从事生产和经营活动、财产归集体所有、以谋求集体成员的共同利益为目的的企业法人。

3. 外商投资企业，指由外商投资者根据我国有关外商投资的法律、法规，以合资、合作或独资形式在中国境内设立的具有法人资格的商事组织。根据我国外商投资企业法律的规定，可以是中外合资经营企业、中外合作经营企业和外商独资企业,取得法人资格者便成为我国的商法人。具备法人条件的外商投资企业基本上都属于公司,目前对这些企业除适用公司法外,还有专门的外商投资企业法予以调整。

上述非公司的企业形式是中国公有制制度下形成的特殊的企业形态,它们曾经构成中国企业组织的主要甚至是唯一的形式。中国经济体制改革之后,随着公司法人的大量设立,这些企业的数量在减少,经济地位也在发生重大的变化,许多企业通过改制、重组等方式变更为典型的公司法人。未来中国商法人的构成将形成以公司法人为主体,全民所有制企业和集体企业与之并存的格局。

(三) 商合伙

商合伙,是介于商个人和商法人之间的一种商事主体,是指两个或两个以上的合伙人按照法律和合伙协议的规定共同出资、共同经营、共享收益、共担风险,普通合伙人对合伙经营所产生的债务承担无限连带责任,有限合伙人对合伙债务承担有限责任的商事组织。传统理论认为合伙只是合伙人之间的一种法律关系,而非独立的法律主体。随着社会经济的发展,合伙逐渐成为一种重要的组织形态,许多国家的商法都将它视为与商个人和商法人并列的一种独立的法律主体。德国和英美法系国家,虽认为合伙不具备法人资格,但承认其主体地位,赋予其团体能力,包括诉讼能力、商号权等。法国等国家不仅确立了合伙企业的商事主体资格,还承认合伙具有独立的法人人格。在我国,商合伙被称为合伙企业,是指自然人、法人和其他组织依照《合伙企业法》在中国境内设立的普通合伙企业和有限合伙企业。普通合伙企业由普通合伙人组成,除有特别规定外,合伙人对合伙企业债务承担无限连带责任。有限合伙企业由普通合伙人和有限合伙人组成,普通合伙人对合伙企业债务承担无限连带责任,有限合伙人以其认缴的出资额为限对合伙企业债务承担责任。

商合伙作为商主体的一种形态,其法律特征主要是:

1. 商合伙由两个以上的合伙人组成,是共同投资、共同经营、共享收益、共担风险的共同经营体。合伙人可以是自然人、法人或其他组织。商合伙的这一特征使其区别于单个自然人经营的商个人。

2. 商合伙是非法人企业,这是商合伙区别于商法人的主要法律特征。虽然少数国家如法国承认合伙为法人,但一般民商法立法通常都不承认合伙包括商合伙的法人地位。我国《民法总则》将合伙企业规定为非法人组织。非法人组织是指不具有法人资格,但能够以自己的名义从事民事活动的组织,包括个人独资企业、合伙企业、不具有法人资格的专业服务机构等。商合伙非法人地位的特别表现是其不是独立的纳税主体,无需像公司一样单独交纳法人所得税,这是实践中投资者选择采用商合伙的十分重要的原因。

商合伙具有极强的人合性,合伙人之间存在密切的人身信赖;商合伙事务由全体合伙人共同管理,而不由法定的独立管理机构管理;商合伙的盈亏分配可由合伙协议任意约定,而不强制按出资比例分配;除有限合伙人外,普通合伙人对合伙债务均承担连带无限责任,而不以其出资额为限。

3. 商合伙依商法成立并受商法规范调整。从比较法上看,合伙通常由民法调整,也无需专门的商事登记。而商合伙由商法调整,其设立通常需履行专门的商事登记。一些国家制定的专门的合伙法,如美国的《普通合伙法》和《有限合伙法》,都是就商合伙进行的专门立法。我国合伙企业的一般法律地位由《民法总则》规定，合伙的具体法律关系则由《合伙企业法》专门调整。

4. 商合伙以营利为目的。此为商合伙不同于一般民事合伙的主要特征。一般民事合伙基于民事主体的消费活动或生活目的而存在，而商合伙则基于民事主体的生产经营活动或投资目的而设立。在此方面，商合伙与公司一样，都是一种投资工具，是民事主体从事商事经营的组织形式或法律形式。

四、商事主体的商事能力

（一）商事能力的概念

商事能力，又称商事主体资格，指商事主体独立从事商事活动，享有权利和承担义务的资格和能力，包括商事权利能力和行为能力。这是商事主体依法从事商事行为并承担法律上的权利义务的能力，它表明了商事主体在商法上的特殊资格和地位。

由于商事主体本质上是民事主体进入商事领域的特殊表现，因而商事能力本质上是在民事能力的基础上由商法赋予的商事主体从事商事行为的能力，是一种附加于民事能力之上的能力，体现了法律对行为人从事营利性营业活动所附加的特殊资格限制。商事能力以民事能力为基础，具备商事能力者一般应以具备民事能力为前提。例如，自然人从事商事活动，首先应具有民事权利能力和民事行为能力，故限制民事行为能力和无民事行为能力的人就不具有商事能力。商事能力作为特别权利能力和行为能力，具有不同于一般民事能力的特征：

1. 商事能力是权利能力与行为能力的统一。商事主体从事商事行为，要有承担行为结果的资格和能力。因而，它既要具备权利能力又须具备行为能力。商事能力包含范围相同的权利能力和行为能力，此与民事能力中有权利能力而没有行为能力的情形有别。

2. 商事能力的内容具有差异性。商事能力是一种特殊的权利能力和行为能力，这种特殊性是由商事主体的营业目的决定的。商事主体通常应依法在其登记的营业范围内从事经营活动，因此不同的商事主体因其登记的营业性质和范围不同而具有不同的商事能力。传统商法禁止或限制商事主体超出营业范围的经营行为，并否定越权行为的效力。但随着现代商法制度的发展，商事主体的营业范围日益宽泛，对其越权经营的认定日益宽松，只要不属于需经特别许可的经营活动，一般都不作为越权行为否定其效力。但某些从事特殊领域或特殊行业经营的商事能力依然受到法律的严格限制。此与法人组织权利能力的特点一致，而与自然人普遍具有相同民事权利能力的情形不同。

3. 商事能力依商事登记确定。在我国，不论个体工商户还是企业，也不论公司还是合伙企业、独资企业，均须按照工商登记管理的规定办理商事登记手续，未经登记不得从事经营活动。商事主体于设立登记时取得商事能力，其商事能力因营业性质或经营范围的变更登记而变更，因商事主体的注销登记而消灭。商事能力的这一特征，与民事能力有明显的区别。自然人的民事权利能力始于出生，终于死亡，其民事行为能力基于年龄的增长而取得，因精神疾病而丧失或受到限制。法人的民事能力，除商法人（即营利法人）和社会团体法人外，并非依登记确定。

（二）关于商事能力的特别限制

商事能力作为一种从事营业活动的资格，与行为主体自身的自然条件、身份条件、经营条件和经济政策、公共利益、国家安全等有着重要的联系。商事法律通常根据自然人成年与否和其社会身份赋予其商事能力，根据商事主体的生产经营条件包括技术能力等赋予其从事某些经营活动的商事能力,根据商事主体的性质、投资者身份与国籍等确定其涉及国家经济调控、公共利益和国家安全领域的商事能力。根据我国相关规定,对商事能力的特别限制尤其表现在以下几个方面:

1. 未成年人商事能力的限制。未成年人包括无行为能力人和限制行为能力人。商主体的商事能力以民事能力为基础,未成年人因其民事行为能力的缺陷,商事能力必然也受到限制。其目的一方面在于保护未成年人的身心健康及其合法权益,另一方面在于维护交易的安全和有效。

对于未成年人的商事能力的限制,各国法律规定不完全相同。有的不承认未成年人有商事能力,有的则确认未成年人的商事能力,还有的国家对未成年人的商事能力有限制性的规定。

我国目前尚无关于未成年人商事能力的明确规定,但有关企业立法涉及自然人设立企业的能力。如《个人独资企业法》第9条规定,投资人设立个人独资企业应提交设立申请书等文件,委托代理人申请设立登记的,应提交投资人的委托书。对此,一般认为企业主应当具备完全行为能力,原则上未成年人不得设立独资企业从事营业活动。《合伙企业法》第14条规定:"设立合伙企业,应当具备下列条件:(一)有二个以上合伙人。合伙人为自然人的,应当具有完全民事行为能力;……"因此,未成年人也不得成为合伙人。

2. 对于公务人员商事能力的限制。各国公务员法大都规定,凡公务人员都不得直接或间接经营商业或其他投机事业。[①] 我国对党政机关及其干部从事商事经营活动,进行了严格的限制。由于国家公务人员具有特殊的权力和地位,如果允许其从事商事经营,就可能导致其滥用权力、官商不分、以权谋私、滋生腐败,从而妨碍公平竞争。因而,各国法律基本都对这类主体的商事能力予以限制。

3. 外国人商事能力的限制。在民法上,除法律有特别规定外,外国人、无国籍人的法律地位与本国公民相同,有关本国公民的规定适用于在本国领域内的外国人和无国籍人。[②] 此为民事主体平等原则之基本内涵。然而,在商法上,各国法律对外国人、无国籍人以及外国法人的商事能力,基本都有限制性规定。按照我国法律规定,外国的自然人、法人及其他组织,在我国从事商事活动,须经我国有关部门批准,并办理登记手续。具体来说,其商事活动主要采取以下四种形式:

(1) 按照我国法律设立的具有我国商事主体资格的外商投资企业。外国自然人、法人以及其他组织在我国境内,依照我国法律规定设立中外合资经营企业、中外合作经营企业和外资企业,取得我国商事主体资格和商事能力,在依法核准的经营范围内从事经营活动。

(2) 外国企业依法设立分支机构从事经营活动。依据我国《公司法》和其他相关法规规定,外国企业在我国境内设立具有独立商事主体资格的分支机构,从事商事经营活动的,其行为的最终结果由外国企业承担。

(3) 外国企业依法设立常驻代表机构。依《国务院关于管理外国企业常驻代表机构的暂行规定》,外国企业可以在我国设立常驻代表机构,如办事处或代表处,从事与派出公司、企业或经济组织的业务相关的联络、咨询和服务。但是,如果两国间签订有协议,规定可以对等原则互设代表机构的,则可以据此直接从事经营活动。例如,外国航空公司根据两国间的协议设立的办事处,经批准可以从事与航空公司业务有关的售票业务。

---

① 张正钊、韩大元主编:《比较行政法》,中国人民大学出版社1998年版,第456页。

② 参见《民法通则》第8条第2款。

(4) 外国企业经批准直接从事生产经营活动。例如,外国企业经我国有关部门批准,直接从事海洋、陆上石油及矿产资源的勘探开发,从事工程承包和承包经营等。

对于外国投资者进行商事经营的范围,各国在不同时期,出于国内经济发展情况和国家主权、安全的考虑,都会予以限制。在商事活动中虽有所谓国民待遇原则,但在任何国家,完全的国民待遇都是不存在的,外国人要进入他国进行商事活动,必须遵守该国法律、政策对外资进入范围和规模的限制。

第二节 商业名称

一、商业名称的概念和特征

(一) 商业名称的概念

商业名称又称商号,是商事主体在从事商事行为时为表彰自身身份并区别于其他主体而使用的名称。商业名称为非自然人的商事主体使用,类似于自然人的姓名。商事主体通过使用商业名称,可以同其他商事主体相区别。通常,商事主体在从事商事行为的时候,所使用的名义或署名的名称即商业名称。在我国,依照法律法规的规定,商业名称包括企业名称、个体工商户和个人合伙的字号。

关于商业名称的规定,各国和地区间存在差异。从一些国家和地区的立法例来看,关于商业名称的规定,大致上可以分为两类:一是只规定商号,把各类商事主体的名称统称为商号,而不区分公司名称、合伙名称和商自然人的名称。德国、法国、日本、韩国对于商事主体名称就采用这种做法。二是并列规定公司名称和商号。我国台湾地区曾规定商号仅指对个人和合伙的称谓,此后制定了新的《商业登记法》,用商业名称统称各类商事主体的名称。由此可见,各国和地区对于商事主体的名称,或者以商号统称,或者以商业名称统称。我国现行立法并未使用商业名称的概念,而使用企业名称和字号的概念。

(二) 关于商业名称的法律规范

我国有关商业名称管理的法律规范,主要是1991年发布并于2012年修订的《企业名称登记管理规定》。此外,在《民法通则》《反不正当竞争法》《公司登记管理条例》《企业法人登记管理条例》《企业法人登记管理条例施行细则》以及《商标法》中也存在少量关于商号的规定。

国际上涉及商号保护的公约主要是1883年《保护工业产权巴黎公约》(简称《巴黎公约》)。该公约第1条规定,工业产权的保护对象有专利、实用新型、外观设计、商标、服务标记、商号、货源标记或原产地名称,这意味着《巴黎公约》把商号作为工业产权予以保护。我国于1985年加入该公约。1891年《制止商品产地虚假或欺骗性标记马德里协定》和世界知识产权组织(WIPO)于1966年制定的《发展中国家商标、商号和不正当竞争行为示范法》中也对保护商业名称作了规定。

(三) 商业名称的法律特征

商业名称作为商事主体从事营业行为时使用的名称,具有下列几个方面的法律特征:

第一,商业名称的使用者是商事主体。商事主体在进行营业活动时使用的名称即商业名称,通过使用商业名称,可以保持商事主体营业的同一性和持续性。

第二,商业名称是商事主体在营业活动中使用的名称。商业名称是商事主体在进行商事登记和商事行为时,用以标示主体本身和署名时使用的名称。这一特征可以用来区分商事主体的商事行为和非商事行为。

第三,商业名称具有主体间的区别功能。同自然人的姓名一样,商业名称具有区别功能。商业名称是区别此主体与彼主体的外在标志,特别是在商业活动中,商事主体需要使自己区别于他人,以显示自己不同于他人的特征。商业名称的这一功能为商事主体在市场竞争中提供了个性识别的符号。

(四) 商业名称与字号、商标

1. 商业名称与字号。字号通常指商业名称中的表彰商事主体的特殊文字,是商业名称的核心部分,一般由两个或两个以上的文字组成。例如北京的"全聚德"、天津的"狗不理"以及"凤凰""红塔山"等。在此意义上,商业名称是商事主体的全称,而字号则是商业名称的构成部分或核心部分。如"中信国安信息产业股份有限公司"是该公司的商业名称,而"中信国安"是其特有的字号。但字号的含义和使用并不严格,有时亦将字号与商业名称通用。习惯上,对公司等商事主体多用商业名称,对商自然人和商合伙多用字号。

字号是商事主体之间相互区别的主要标志,具有重要的商业价值。商事主体的商誉与其字号密切关联,法律对字号给予特别的保护,以避免商事主体出于不正当目的而使用他人的字号。商事主体为了保护其字号,也可以将其注册为商标。

2. 商业名称与商标。商标是生产经营者或者服务者在其商品或服务上使用的,由文字、图形、字母、数字、颜色组合及其他要素的组合构成的区别商品或服务来源的标记。商业名称与商标都是一定对象的标识,都具有一定的区别功能,有些时候商业名称中的字号本身就是商标。公众对于商标的识别也经常与商业名称联系在一起,可见它们之间关系密切。如青岛海尔股份有限公司,其商业名称中核心要素即字号是"海尔",商标也是"海尔";还有青岛啤酒股份有限公司、IBM公司、可口可乐公司等商事主体,其字号本身亦作为商标使用。

虽然商业名称与商标具有上述方面的关联,但二者亦有明显的区别:(1)商业名称用于区分不同的商事主体,而商标则用来区分不同的商品或服务;(2)一个商事主体只能有一个商业名称,但可以有多个商标;(3)商业名称只能以文字形态存在,而商标可以文字、图形、数字、字母、颜色及其组合的形态来表示;(4)一个商事主体可以没有商标,但是必须有自己商业名称;(5)商业名称的空间效力范围以被核准机关辖区为限,而商标的专用权在全国范围内有效。

二、商业名称的构成、选定和取得

(一) 商业名称的构成

商业名称的构成是指商业名称应当由哪些要素组成。根据《企业名称登记管理规定》第 7 条的规定,在我国,商业名称必须具备下列几个要素:

1. 地名。除法律、法规另有规定外,企业名称中应当冠以所在地县级以上行政区划的名称或地名。除了全国性公司、国务院或其授权的机关批准的大型进出口企业、国务院或其授权的机关批准的大型企业集团及国家市场监督管理总局规定的其他企业以外,在企业名称中不得使用"中国""中华"或者冠以"国际"等字词。

2. 字号。字号是商业名称中的核心要素,同时也是商业名称中企业惟一可以自己创设的要素。字号应当符合下列三个要求:(1)字号应当由两个以上的字组成;(2)字号应当具有显著特征;

(3) 不得违反禁止性规定。

不得违反禁止性规定是字号的消极要件。《企业名称登记管理规定》第 9 条规定,企业名称不得含有下列内容和文字:(1)有损于国家、社会公共利益的;(2)可能对公众造成欺骗或者误解的;(3)外国国家(地区)名称、国际组织名称;(4)政党名称、党政军机关名称、群众组织名称、社会团体名称及部队番号;(5)汉语拼音字母(外文名称中使用的除外)、数字;(6)其他法律、行政法规规定禁止的。这些禁止性规定实际上是对字号的法定要求。

3. 行业或经营特点。行业是商事主体经营活动所属的国民经济的工业或者商业的类别。商事主体应当根据其主营业务及国家行业分类标准,在企业名称中标明所属行业或经营特点。

4. 组织形式。组织形式反映了商事主体的组织结构和责任形式。了解交易相对人的组织形式,对于商事主体从事交易活动来说意义重大。商事主体应当将自己所采用的组织形式在商业名称中标明。例如采用有限责任公司形式的,应当在商业名称中标明“有限责任公司”字样;采用股份有限公司形式的,应当在商业名称中标明“股份有限公司”字样。

(二) 商业名称的选定

关于商业名称的选定,目前各国法律主要存在两种立法主义,即商业名称选定的严格主义和自由主义。

1. 严格主义。严格主义又称真实主义,是指商事主体选定的商业名称必须与其名称或者营业内容相一致,不符合的,均不予承认,且无法转让或者继承。法国、瑞士与拉美的许多国家均采取此种立法主义。

2. 自由主义。此种立法主义规定,商事主体的商业名称由当事人自由选择,法律原则上不加限制,商业名称与营业人的姓名及营业种类没有必然的联系。采用此种立法主义的国家包括日本、韩国及英美法系国家。但是,此原则并非绝对,仍然受到一定的限制。例如,《日本商法典》第 17 条规定,公司的商号,应按照其种类,使用“无限公司”“两合公司”或“股份公司”字样。

实际上,不论是严格主义还是自由主义的立法例,在选择商业名称时都享有一定的自由,同时受到一定的限制,其实际差别并不是很大。我国在商业名称的选定问题上奉行何种立法主义,法律没有明文规定,学者之间也观点不一。本书认为我国原则上采用的是严格主义。

(三) 商业名称的取得

现代国家对于商业名称通常是通过登记而取得保护的,商业名称的所有人通过登记取得对商业名称的专用权。我国《企业名称登记管理规定》第 3 条规定:“企业名称在企业申请登记时,由企业名称的登记主管机关核定。企业名称经核准登记注册后方可使用,在规定的范围内享有专用权。”因此,我国商业名称的取得必须经过登记,这是取得商业名称权的唯一途径。

1. 商业名称登记的概念和种类。商业名称登记是指商事主体将其选定的商业名称依照法定程序,在登记机关办理注册手续。商业名称的登记是取得商业名称权的法定条件。商业名称一经登记,即受法律保护,其他商事主体负有不侵犯其商业名称权的法律义务。此外,商业名称经登记而公示,也有利于维护交易安全和交易秩序。

商业名称登记可以分为下列类型:

第一,商业名称的创设登记。商事主体创立时,必须对商业名称进行登记,此时的登记即为商业名称的创设登记。

第二,商业名称的变更登记。商事主体创立后,在存续期间内,如果对商业名称进行了变更,就必须进行变更登记。只有进行了变更登记,商事主体才对该新的商业名称享有专用权。否则,不能取得新的商业名称专用权,也不得对抗善意第三人。

第三,商业名称的转让登记。《企业名称登记管理规定》第23条规定,企业名称可以随企业或者企业的一部分一并转让,应当报原登记主管机关核准。受让人只有在进行了登记之后,才能取得该商业名称的专用权。

第四,商业名称废止登记。当商事主体决定终止营业而进行注销登记时,其商业名称会被注销,即意味着该商业名称被废止。

第五,商业名称撤销登记。当法定事由发生时,主管机关有权依法撤销商事主体的名称登记。

2. 商业名称登记的效力。商业名称一经登记,商事主体就取得了该商业名称的专用权,从而发生下列几个方面的效力:

第一,排他效力。所谓排他效力,是指商事主体一旦取得商业名称权,就取得了在一定地域范围内排除他人登记和使用与该商业名称相同或者相类似的商业名称的权利。非经商业名称所有人许可而假冒、使用其商号的行为即为侵权行为,侵权人应承担相应的法律责任。《企业名称登记管理规定》第25条规定,两个以上的企业因已登记注册的企业名称相同或者近似而发生争议时,登记主管机关依照注册在先原则处理。该条确认了商业名称登记的排他效力。

第二,救济效力。商事主体经登记而取得商业名称的专用权,如果其他商事主体侵犯其专用权,商业名称所有人可以请求其停止侵害,如造成损失,并可以要求赔偿损失。《企业名称登记管理规定》第27条规定,擅自使用他人已经登记注册的企业名称或者有其他侵犯他人企业名称专用权行为的,被侵权人可以向侵权人所在地登记主管机关要求处理。

三、商业名称权及其保护

(一)商业名称权的概念

商业名称权,即商业名称专用权,是指商业名称一经登记,商事主体即取得该商业名称的专有使用的权利。商业名称权兼具人格权和财产权的双重属性:一方面,商业名称依附于商事主体而存在,自身不能单独存在,因此具有人格权的性质;另一方面,商业名称具有财产价值,可以许可他人使用,可以转让,又具有财产权的性质。

商业名称权是知识产权的一种,具有工业产权的一般特征,同时也与工业产权存在差别。商业名称权有以下特征:

第一,地域性。各国法律普遍规定,商业名称权的效力只及于一定的地域范围。一般只在其登记机关的辖区范围内有效,超出该区域的范围,商业名称权就不受保护。《企业名称登记管理规定》第6条规定,企业只准使用一个名称,在登记主管机关辖区内不得与已登记注册的同行业企业名称相同或者近似。

第二,公开性。商业名称权经登记才能取得,而登记是公示的一种方式,因此,商业名称具有公开性。同时也必须经过公开,商业名称才能为公众知晓。商业名称的创设、变更、废止、转让和继承都应当进行登记,否则,不发生对外效力。

第三,可转让性。商业名称权具有财产权的性质,因此可以转让和继承。我国规定商业名称可以自由转让,但也有一些国家对商业名称的转让做了限制。

第四,时间上的无限性。商业名称无时间上的限制,只有在商业名称所有人营业终止且未转让商业名称的情况下，商业名称才绝对终止，而专利权、商标权等工业产权均有一定的时间性。

（二）商业名称权的权能

商业名称权包括下列几个方面的权能：

第一，专有使用权。商业名称的所有人经登记取得该商业名称的专有使用权，只有所有人有权使用，其他任何人都不得使用与该商业名称相同或者相似的商业名称。这是商业名称权的首要权能，也是商业名称权的核心内容。

第二，许可使用权。商业名称权人有许可他人使用其商业名称的权利，即可以“出借”或“出租”其商业名称的使用权。

第三，商业名称变更权。各国立法都允许商业名称的变更，只要拟变更的商业名称符合法律规定的条件即可，但须进行变更登记才能发生效力。

第四，商业名称转让权。商业名称转让权是商业名称财产权属性的反映。如前所述，商业名称权人可以转让其商业名称，但多数国家规定商业名称不得脱离营业而单独转让。《德国商法典》第 23 条规定，商号不得与使用此商号的营业分离而让与。《日本商法典》第 24 条第 1 款规定，商号只能和营业一起让与或在废止营业时转让。《韩国商法》第 25 条也规定，商号只有在废止营业时，或者和营业一并转让时，方可转让。

（三）商业名称权的保护

商业名称所有人取得商业名称权后，法律必须对其予以保护，否则商业名称权就会名存实亡。因此，各国都有关于商业名称保护的法律规定。

侵犯商业名称权的主要方式是擅自使用他人的商业名称，或者使用与该商业名称相近似的商业名称，从而使公众误认为就是该商业名称。因此，法律对于商业名称权的保护主要体现在两个方面：一是同一商业名称登记的排除。在商业名称的登记机关辖区内，不得再登记与已登记的同行业商业名称相同或者近似的商业名称。二是同一商业名称或类似商业名称使用的排除。未经商业名称权人许可，擅自使用他人商业名称或者使用类似商业名称的，为侵权行为，商业名称权人可以请求停止侵害，并赔偿损失。同时，也可依据《反不正当竞争法》的规定，请求行为人赔偿损失。

保护商业名称权的立法模式在各国并不统一，通常是同时适用多种法律规范予以保护，如民法、商法、反不正当竞争法及专门法等。我国对于商业名称权的保护没有专门的法律，目前我国可以适用的法律主要有《民法总则》《民法通则》《公司法》《企业法人登记管理条例》及《企业名称登记管理规定》。此外，国际上还存在保护商业名称的国际公约，其中最主要的是《巴黎公约》，该公约第 1 条、第 8 条、第 9 条、第 10 条均规定了对商业名称的保护。

第三节　商事账簿与商事审计

一、商事账簿的概念与法律意义

商事账簿是商事主体为了记载和表明其营业活动和财产状况，依法制作的书面簿册。

日本商法理论将商事账簿分为形式商事账簿和实质商事账簿。形式商事账簿是指按商事会计法规定所制作的账簿，专指制作账簿，也可以说是狭义的商事账簿。实质商事账簿指商事主体设置的反映商事主体活动的一切账簿,它在内容上不仅包括形式商事账簿,还包括各种会计报表、年度决算报告及各种财产债务清册,可以说是广义上的商事账簿。本章中所称商事账簿,主要是指后者。

商事账簿最初产生于古代埃及,被称为“散式账簿记”。早期商事主体编制商事账簿,仅是为自己经营活动的便利,法律上并无强制性要求。随着行会和商事联盟的发展,商事账簿制度逐渐由习惯走向法制化。到了资本主义阶段,经济生活日趋复杂,市场主体之间的联系日趋密切,商事主体的经营状况、财产状况对其他主体乃至市场秩序的影响越来越大,某一商事主体的经营状况已不再是其内部的事。这就在客观上要求商事主体必须编制商事账簿,以对内显示、对外披露其经营状况及财务状况,进而维护商事主体的自身利益、公共利益以及社会交易安全。因此,各国均在其相关法律中规定了商事账簿制度,不同程度地要求商事主体建立商事账簿,并对商事账簿的编制规则、内容等加以规范,构成了当代商法中一个独立、重要的制度。

我国没有制定专门的商事账簿法。有关商事账簿的规定,主要体现在《会计法》《审计法》《企业会计准则》《企业财务通则》以及关于股份有限公司尤其是上市公司财务管理的规定等法律法规中。

符合法律规定条件而制作的商事账簿,具有重要的法律功能。主要表现为以下方面:

1. 对商事主体自身而言,制作商事账簿可以了解其自身的营业状况和财务状况,作为计算盈利、分配利润的依据;也可以通过对商事账簿的分析,设计企业的发展战略、发展规划,及时调整经营决策。如《德国商法典》规定,设置商事账簿是为了明确记载自己的商业行为及财产状况。我国《会计法》规定,各会计主体均需按规定设置账簿,并保证会计资料合法、真实、准确、完整。

2. 对交易相对人而言,可以通过商事账簿了解某一商事主体的营业状况、资信能力,并据此对该商事主体的经营能力和发展前景作出判断,进而作出是否与之交易、是否对其投资的决策,以更好地维护自身的利益。

3. 对股东而言,商事账簿不仅是其掌握企业的财产、营业和盈利状况的依据,还是投资者分取股息、红利以及确定其股权价格和企业剩余财产的依据。同时,在强制信息披露制度之下,商事账簿的相关信息也是公司信息披露的重要内容。

4. 对有关国家主管机关而言,商事主体制作的商事账簿是政府主管部门了解商事主体经营状况,对其进行财务、物价检查、经营效益考核和审计的主要依据,进而实现对其营业活动的监管(如年度检验),以确保社会公众的交易安全。国家税务部门也以商事账簿作为征纳税款的依据。

5. 在民事诉讼中,商事账簿具有重要的证据效力。英国、美国、法国长期以来不承认商业账簿的效力,现在虽然承认其具有法律效力,但必须具备三个条件:由专门负有此项义务的人记载;须按企业通常的方式记载;须及时记载。法国、德国、日本等国法律都规定商业账簿必须保存10年,在这10年内具有法律规定的证据效力。根据我国《民事诉讼法》,企业账簿如果内容属实,应当是具备证据效力的一种书证,而且比其他证据具有更强的证明力。

现代社会公司制度的发展,使得商事主体的规模和社会影响力都越来越大,尤其对大型企业来说,其经营已不再是内部的私事。法律为了保障交易安全,维护社会经济秩序,以强制性规范规定商事账簿的设立、内容、方法等,并赋予商事账簿对内对外的法律效力,使之不仅成为商事主体经营决策的重要工具,也是联系商事主体和社会各个利益相关者的重要纽带。法律所规定的信息披露义务的重要实现方式就是商事账簿的公开和披露，以此克服商事主体与社会公众之间的信息不对称，使得商事主体的行为外在化和公开化。因此，商事账簿制度在现代商法上，有着非常重要的制度内涵和意义。

二、设置商事账簿的原则

各国商法对于商事主体是否必须设置商事账簿，采取不同的立法原则。根据其法定要求的不同，大致可分为以下三种：

第一，强制主义原则。大陆法系国家和地区多采此原则。法律既规定商事主体必须设置账簿，又对账簿种类、内容及记载方法有详细规定，还规定政府有关部门对商事账簿制作及其内容进行审查与监督。《法国商法典》第 8 条规定："一切具有商人身份的自然人或法人，均应对影响其企业财产的活动进行会计登记。"该法典第二编"商人会计"对于商业账簿的内容和记账方法作了具体规定。我国澳门地区也采取强制主义原则，《澳门商法典》第 38 条规定："商业企业主须备有按法律规定编制的、适合企业本身的、使人能知悉其各项交易的商业记账，以及与其财务状况及业绩有关的资料。"

第二，自由主义原则。即法律不直接规定商事主体必须设立账簿，对于商事账簿是否设置，纯粹是商人的自由，法律不干涉。此种立法原则大多为英美法系国家所采用。例如《美国统一商法典》对商事账簿就没有强制性规定。但是美国 1921 年由国会颁布的《预算和会计法》则具有强制执行的性质。同时，在英美法系国家，由会计职业团体和学术团体制定的会计准则对于商事主体设立商事账簿也有一定的约束力。而且，商事主体出于纳税、考核盈亏、破产清算和诉讼上举证责任的需要，通常都会设置详细的商事账簿。

第三，折衷主义原则。即法律上仅规定商事主体有置备商业账簿的义务，但并不规定商业账簿的记载内容、形式和方法，也未规定国家主管机关的监管。另外，从事小规模商事交易活动的商个人，一般均不要求制作商事账簿。日本是此原则的典型，《日本商法典》第 32 条第 1 款规定："商人应制作会计簿册及资产负债表，以明了营业上的财产及损益状况。"但对其记载内容和方法，则规定"解释有关制作商业账簿的规定时，应斟酌公正的会计惯例"。法律对此没有硬性规定。

我国《会计法》第 2 条、第 5 条规定，国家机关、社会团体、公司、企业、事业单位和其他组织办理会计事务，必须遵守本法。会计机构、会计人员依照本法规定进行会计核算，实行会计监督。按照《会计法》的规定，我国"实行统一的会计制度"，即由国务院财政部门统一制定关于会计核算、会计监督、会计机构和会计人员及会计工作管理的制度，单位的会计凭证、会计账簿、会计报告以及其他会计资料必须符合国家统一会计制度的规定。我国《公司法》第八章对公司财务、会计作了专章规定。按照《个体工商户建账管理暂行办法》，个体工商户必须按税务机关的规定建立、使用和保管账簿、凭证。2006 年财政部修订的《企业会计准则》则对企业的财务会计制度作了基本规定。由上可见，我国要求各类商事主体制作或繁或简的商业账簿，采取的是强制主义原则。

随着经济的发展，自由主义和折衷主义的弊端日益显露，采取该两种立法原则的国家也对此予以修正，对商业账簿的编制方法、内容进行积极规范，以加强对日益社会化的商事组织的监督。强制主义立法对商业账簿作了较为严格的规范，适应现代经济生活的需要，因而逐渐成为各国立法的趋势。但即使是采取强制主义原则的国家，法律一般也不强制所有的商事主体都设置商业账簿。哪些商事主体必须设置商业账簿，哪些商事主体不必设置，以及设置全部还是部分商业账簿,法律根据营业规模的大小、征税的便利及保障等,作出了明确规定。

现代各国除了在专门的商事法律中对商事账簿制度进行规定外,还采取颁布会计准则的方法对商事账簿建立过程中的具体细节问题予以明确,并且出现了会计准则国际化的趋势。1973年成立的国际会计准则委员会,迄今颁布了30多项国际会计准则。

三、商事账簿的种类

商事账簿主要有三种:会计凭证、会计账簿和会计报表。

(一)会计凭证

会计凭证,指记录商事主体营业活动及收支情况的凭证和证明。根据规定,商事主体在开展经营活动时的货币收付、款项结算、货物进出、财产增减等都必须由经办人取得或填制会计凭证,并以此作为结算的依据。会计凭证所记载的内容必须真实、客观和可靠,任何人不得提供和制作虚假会计凭证。

会计凭证是记录经济业务的发展和完成情况,明确经济责任的书面凭证,是登记会计账簿的依据,真实、准确、合法的会计信息,首先以会计凭证为前提。商事主体进行各种业务活动,应由执行人员从外部取得或自行填制会计凭证,以书面形式反映商事主体的经济活动,并在会计凭证上签字或盖章,明确经济责任。经审核无误后,方能作为登记会计账簿的依据。会计人员在登记账簿前必须对会计凭证逐笔审核。同时,法律要求会计凭证上必须由经办人员签字或盖章,以明确责任,确保会计凭证的真实合法。

1. 会计凭证的种类。按其填制程序和作用,会计凭证分为原始凭证和记账凭证两类。

(1) 原始凭证。又称单据,是在经济业务发生或完成时取得或填制的,用以载明经济业务实际执行和完成情况,明确经济责任,并作为记账原始依据的一种会计凭证,包括购货时取得的发票和结算凭证,付款时由收款人提供的收据及商业主体自己制作的发货单、收货单及收料单。原始凭证是证明经济业务的实际发生和完成的最初书面文件,因此,它是进行会计核算的原始材料。

(2) 记账凭证。记账凭证是根据审核无误的原始凭证或原始凭证汇总表编制的、用以记载经济业务的性质、直接作为记账依据的一种凭证。由于原始凭证无法反映其归属的会计科目和记账方向,而且内容和格式不一,不能直接入账,因此需要将原始凭证或原始凭证汇总表归类、整理,并编制成记账凭证。

2. 会计凭证的审核。对会计凭证进行审核,是为了保证会计凭证内容的真实性、合法性和正确性,充分发挥会计的监督作用。会计凭证的审核包括形式审核和实质审核。形式审核是审核会计凭证的填制和置备是否符合规定和要求,如内容、项目是否齐全、清楚,记账凭证与原始凭证是否一致等。实质审核是指按有关法律法规规定,审查会计凭证所记录的业务内容的合理性、合法性。

(二)会计账簿

1. 会计账簿的概念和作用。会计账簿,指商事主体的会计人员以会计凭证为依据,按照一定程序和方法制作的,由具有固定格式又相互联结的账页组成的,用以连续、系统、全面记载商事主体各项经营活动的簿册。固定格式的簿册通常由主管部门统一印制提供。

会计账簿的作用包括:(1)提供全面、系统的会计信息,成为会计报表编制的依据;(2)是进行资产评估的基础，便于对商事主体财产物资的安全与完整的监管，以维护所有者的合法权益；(3) 提供经营成果的详细资料，为经营利润的分配和各项计划执行情况的考核评价提供依据，是商事主体决策的重要依据；(4) 是会计分析的基本资料，为审计检查提供依据。

2. 会计账簿的种类。按照用途，会计账簿可分为序时账簿、分类账簿和辅助账簿。

(1) 序时账簿。又称日记账，分为普通日记账和特种日记账两种，是按照经济业务发生时间的先后顺序逐日逐笔登记的账簿。常见的日记账有现金日记账、银行存款日记账和转账日记账。登记日记账必须有原始凭证，并根据会计部门收到凭证的先后顺序制作会计凭证并编号，按照会计凭证进行记账。

(2) 分类账簿。是按照会计科目分门别类登记各项经济业务的账簿，包括总账和明细账。其中，总账是按照一级会计科目设置的总分类账，而明细账是按照明细会计科目设置的明细分类账。分类账可以分别反映各个会计要素及其构成的内容和增减变化情况。

(3) 辅助账簿。又称备查账簿，是对某些在日记账和分类账等主要账簿中不能记载或记载不全的项目进行补充登记的账簿，是某些经济业务中重要的辅助资料，如受托加工材料登记簿、代销商品登记簿。

（三）会计报表

1. 会计报表的概念和作用。会计报表，也叫会计表册，指根据会计账簿及其他会计资料，按照统一的格式、内容和方法编制的，用以综合反映商事主体在一定时期内（通常是一个会计期间）的生产经营成果和财务状况的一种书面报告和表册，主要包括资产负债表、损益表、现金流量表、财务状况说明书以及利润分配表。会计报表的编制应当遵循连续性原则、以账簿为根据的原则、真实性原则以及公开性原则。

会计报表是总括性的会计资料，是商事主体总结经营成果和分析财务状况的依据，也是商事主体向股东、社会提供会计信息以及向政府报告财务和经营状况的重要文件。其作用在于系统而有重点地、简明扼要地反映商事主体的财务状况和经营成果，并向商事主体的经营管理机关、投资者、债权人、政府有关部门等会计报表使用人提供必要的财务资料和会计信息。因此，现代各国均规定编制和报送会计报表是商事主体必须履行的法定义务。我国《会计法》也规定："各单位按照国家统一的会计制度的规定，根据账簿记录编制会计报表，报送财政部门和有关部门。"

2. 会计报表的种类。

(1) 按照会计报表的编制时期是否确定，分为定期报表和不定期报表。定期报表是按固定日期编制的会计报表，包括年度会计报表、季度会计报表和月份会计报表。不定期报表是不定期地编制和反映企业日程或特殊情况的会计报表。

(2) 按照会计报表的用途和作用，分为主要会计报表和附属会计报表。主要会计报表又称主表，是总结反映企业一定期间的经营成果和财务状况及其变动的报表，其反映的内容简明扼要、重点突出，能够使使用者全面而直观地了解企业的情况，如资产负债表、损益表和现金流量表等。附属会计报表又称附表，用以补充说明主表中某些项目的详细情况，如利润分配表、主营业务收支明细表和应交增值税明细表等。

(3) 按照会计报表所反映的资金运动状态，分为静态报表和动态报表。静态报表是反映企业资金运动处于相对静止状态时的情况的会计报表，如反映企业某一特定日期资产、负债和所有者权益情况的资产负债表。动态报表是指反映企业资金运动状况的会计报表,如反映企业一定期间的经营成果情况的损益表、反映企业一定会计期间内营运资金来源和运用及其增减变动情况的财务状况变动表等。

(4) 按照会计报表编制的主体,分为个别会计报表和合并会计报表。这种分类是在企业进行对外投资的情况下形成的。个别会计报表是指投资企业或接受投资企业编制的,只反映投资企业或接受投资企业本身的财务状况和经营成果的会计报表。合并会计报表是指投资企业在对外投资占被投资企业的资本总额半数以上(或者实质上拥有被投资企业的控制权)的情况下,根据本企业和被投资企业的个别会计报表编制的,反映投资企业与被投资企业整体财务状况和经营成果的会计报表。

四、商事账簿的保管

商事账簿具有重要的法律效力和意义,因而各国和地区法律均不同程度地规定了商事主体有保管商事账簿的义务。但对于不同的商事主体,保管的方式和期限规定不一。

多数国家和地区的商事账簿保管实行期限制,即明确规定各种商事账簿应保存的最短期限。德国、意大利、法国、比利时、日本及我国台湾地区均规定为 10 年;西班牙规定的期限较短,为 5 年;荷兰规定的期限最长,为 30 年。还有一些国家采取不确定期限,即规定商事账簿的保存期限根据其他期限确定。例如,智利以营业继续时间为准,巴西以债权时效消灭为限。

我国对商事账簿的保管也采取期限制,财政部和国家档案局 1984 年制定了《会计档案管理办法》,该办法于 1998 年、2015 年进行了两次修订。该办法对会计档案的范围、立卷、归档、保管、借阅、交换、保存期限以及销毁都作了规定。该管理办法规定,会计档案分为永久和定期两种,因账簿种类的不同而有所差别。定期保管期限一般分为 10 年和 30 年。会计凭证、会计账簿应保存 30 年,财务会计报告中的年度财务会计报告须永久保存,月度、季度、半年度财务会计报告须保存 10 年。在保管期限内,商事主体应当按照国家有关规定建立档案,妥善保管有关商事账簿,不得销毁、损坏和遗失。如果商事主体未尽妥善保管义务,将被追究严格的法律责任。造成严重后果的,还将追究有关人员的刑事责任。而且根据《公司法》规定,公司不仅应妥善保管商事账簿,还应按照法律或公司章程的要求及时向公司股东提供商事账簿。

五、商事审计

审计是指由独立专职机构或人员根据职权、授权或委托,对被审计对象的会计账簿进行审查,并依据法律法规、会计规则和审计准则对其真实性、准确性、公允性和合法性作出评价的会计监督活动。对商事主体的商事账簿的审计,可以称为商事审计。

根据一般审计原理,我国的审计通常分为国家审计、内部审计和社会审计三种基本类型。国家审计是指国家审计机关和审计人员对被审计单位进行的审计。内部审计是指部门、单位内部的审计机构和审计人员对本单位及下属单位进行的审计。社会审计,又称民间审计,是指依法成立的社会审计机构和审计人员接受委托人的委托进行的审计。商事审计应属社会审计或民间审计。我国现行法律法规并未明确规定商事审计的概念,但存在关于企业审计和公司审计的制度和规定,这实质上属于商事审计。基于建立和完善我国商事制度的需要,有必要提出和建立我国统一的商事审计的概念和制度。

审计与会计是两种不同但又有联系的社会活动，区别主要在于职能。会计的主要职能是管理，审计的主要职能是监督。会计的具体职能是通过审核原始凭证，填制记账凭证，登记总账、明细账，清查资产和编制会计报表等形式对所发生的各项经济业务进行登记、分类、清算和汇总等，并将所形成的会计资料和结果等数字依据提供给管理者和决策者，为经营管理服务。而审计的职能是对审计对象的资产、负债、损益的真实、准确、公允、合法进行核查监督，对被审计企业会计报表反映的会计信息依法作出客观、公正的评价，形成审计报告，出具审计意见和决定，其目的是揭示和反映会计资料和活动的真实情况，以维护财经法纪，改善经营管理，维护国家、被审计单位、委托人和相关当事人的合法权益。

1. 商事审计的意义。商事审计的重要意义是由商事账簿本身的意义和法律效力决定的，经过审计的商事账簿与未经审计的商事账簿，其作用不同。缺少了审计的保障，不能对商事账簿的真实性、准确性、公允性和合法性作出核查和评价，商事账簿本身就失去了一定的法律意义，无法完全发挥其应有的功能和作用。商事实践中，商事审计普遍适用于以下场合：

(1) 投资者意欲向被审计的商事主体进行投资或受让商事主体的投资权益，需要了解其投资价值和风险时；

(2) 商事主体的成员为行使和实现其投资权益，需要了解商事主体的经营状况和经营成果时，如股东主张股利分配权；

(3) 商事主体发生合并、分立、变更、重组和解散、清算时，需要确定商事主体的经营情况、资产价值、债权债务、股东权益；

(4) 股份有限公司公开发行股份、债券或股票、债券上市；

(5) 商事主体对外融资或进行某些特别交易，金融机构或对方当事人需要确定商事主体的经营状况和债务清偿能力；

(6) 核查商事主体的管理人员履行职责的情况，追究其经营管理的责任；

(7) 税务机关核查商事主体的实际经营成果，以合理确定其纳税义务和责任。

2. 商事审计的职能。与一般审计相同，商事审计主要有以下三个方面的职能：

(1) 经济监督。经济监督职能是指审计对经济活动运行的真实、正确、合法所具有的监察和督导功能。无论是传统审计还是现代审计，其基本职能都是经济监督。不仅国家审计具有监督职能，社会审计和内部审计都具有监督职能。审计的经济监督职能的具体内容主要是通过审计，监察和督促被审计单位的经济活动在规定的范围内、在正常的轨道上进行；监察和督促有关经济责任者忠实地履行经济责任，同时借以揭露违法违纪，稽查损失浪费，查明错误和舞弊，判断管理缺陷和追究经济责任等。

(2) 经济鉴证。审计的经济鉴证职能，是指对被审计单位会计报表及其他经济资料进行检查和验证，确定其财务状况和经营成果是否真实、准确、公允、合法，并出具书面证明，以便为审计的授权人或委托人提供确切的信息，并取信于社会公众的一种职能。此种职能是随现代审计发展而出现的一种职能，并日益显示出其重要作用。现代各国十分重视审计的鉴证职能，许多国家明确规定，企业的财务报表必须经过审计鉴证之后，才能获得社会承认。社会各方关系人如股东、投资者、债权人、客户等，都需要了解被审计单位财务报表的公允性和真实性，以便作出正确决策。审计的经济鉴证职能，包括鉴定和证明两个方面。例如，会计师事务所接受企业的委托，对其投入资本进行验资，对其年度财务报表进行审查，或对其合并、解散事项进行审核，然后出具验资报告、查账报告和清算报告等,均属于审计发挥的经济鉴证职能。

(3) 经济评价。审计的经济评价职能,是指对被审计单位的经济资料及经济活动进行审查,并依据一定的标准对所查明的事实进行分析和判断,肯定成绩,指出问题,总结经验,寻求改善管理、提高效率、效益的途径。审计的经济评价职能,包括评定和建议两个方面。例如,通过审核检查,评定被审计单位的经营决策、计划、方案是否切实可行、是否科学先进、是否贯彻执行,评定被审计单位内部控制制度是否健全和有效,评定被审计单位各项会计资料及其他经济资料是否真实、可靠,评定被审计单位各项资源的使用是否合理和有效等,并根据评定的结果,提出改善经营管理的建议。

3. 商事审计的目标。

(1) 真实性。指报表反映的事项真实存在,有关业务在特定会计期间确实发生,并与账簿记录相符合,没有虚列资产、负债余额和收入、费用发生额。

(2) 完整性。指特定会计期间发生的会计事项均被记录在有关账簿并在会计报表中列示,没有遗漏、隐瞒经济业务和会计事项,无账外资产。

(3) 合法性。指报表的结构、项目、内容及编制程序和方法符合《企业会计准则》及国家其他有关财务会计法规的规定,存货计价、固定资产折旧、成本计算、销售确认、投资、报表合并基础等方法的改变经过财税部门批准,经过调整后没有违规事项。

(4) 准确性。指准确无误地对报表各项目进行分析、汇总并反映在有关会计报表中。

(5) 公允性。指编制报表时,在会计处理方法的选用上前后期保持一致,各种会计报表之间、报表内各项目之间、本期报表与前期报表之间具有勾稽关系的数字保持一致。

(6) 表达与揭示。指会计项目在资产负债表、损益表及现金流量表中被恰当地分类、描述和揭示,并对报表使用者关心或会计报表无法揭示的内容在会计报表附注中予以充分揭示。

4. 商事审计报告。审计报告是审计机构或审计人员在完成某项审计工作后,向委托或授权者提交的全面反映审计情况、分析结论、评价结果及其处理意见的一种书面报告。根据审计结果和被审计单位对有关问题的处理情况,可以形成不同的审计意见,出具四种基本类型的审计报告:无保留意见的审计报告、保留意见的审计报告、否定意见的审计报告、无法(拒绝)表示意见的审计报告。

审计报告首先是对审计工作情况的全面总结汇报,说明审计工作的结果。注册会计师审计目标的实现途径是实施审计程序,而审计目标的实现结果是通过审计报告来反映的。审计报告反映委托方的最终要求,也反映审计方完成任务的工作质量,同时也是对被审事项的评价和结论的集中体现。其次,审计报告是一份具有法律效力的证明性文件。注册会计师的审计行为是依法进行的,审计结果按照法律的规定既要对委托人负责,还要对其他相关的关系人负责。审计报告本身要对被审会计报表的合法性、公允性和会计处理方法一致性表示意见,各方关系人以这种具有鉴证作用的意见为基础,使用会计报表进行决策。因此,审计报告中的审计意见必须以充分、适当的审计证据作为支撑,具备法律效力,否则,委托人和各方关系人就无须使用审计报告。审计报告的法定效力体现在各方关系人使用审计报告的过程中。最后,审计报告也是一种公开的信息报告。作为信息报告的一种,审计报告不仅可以被审计委托人和被审计单位管理当局在规定范围内使用,也可以被相关的债权人、银行等金融机构、财政部门、市场监督管理部门、税务部门和社会公众等使用,通过审计报告,可以获得有关项目的公正信息。

第四节　商事登记制度

一、商事登记的概念与特征

（一）商事登记的概念

商事登记，也称商业登记，是为取得、变更或终止商事主体资格，依照法律法规规定的程序，向主管机关提出申请，并由主管机关依法对申请事项审查、登记的一种法律行为和法律程序。换言之，商事登记主要是指商事主体登记。

商事登记是由两方实施但牵涉多方利益的法律行为。首先，它是申请人的申请登记行为和主管机关的审核登记注册行为相结合的一种综合性行为，登记申请人和登记机关是商事登记的具体行为人和当事人。其次，商事登记会产生对外的公示效力，因此涉及和影响第三人的利益。最后，商事登记也涉及国家对商事主体和商事活动的管理、对商事主体的税收征管以及对产品质量、卫生安全等的监管。因此，商事登记制度具有双重目标，既要保障私权，又要实现公法控制，需要平衡国家、登记申请人、第三人等多方主体的利益诉求。

商事登记是对商事经营中重要事项或与之有直接关系的事项的记载，登记内容和范围在法律上受到某种程度的限定。根据我国法律的规定，商事登记的必要事项主要有商号、住所、经营场所、法定代表人、经济性质、经营范围、经营方式、注册资金、从业人数、经营期限、分支机构等。

（二）商事登记的特征

商事登记具有以下特征：

第一，创设性。商事登记是一种创设、变更或终止商事主体资格的法律行为，基本目的在于为商事活动的参加人设立、变更或者终止商事主体谋求法律确认，效力在于使商事主体取得、变更或终止其商事权利能力和商事行为能力。因此，商事主体资格或其特定商事能力的起始取决于商事登记行为生效的时间。

第二，要式性。商事登记是要式法律行为，主要体现在以下几个方面：一是商事登记必须依照法定的程序；二是商事登记必须向法定主管机关申请；三是商事登记的内容和事项由商事登记法律以强行性条款规定，申请登记的内容必须符合法律要求；四是商事登记必须采取法定的格式；五是登记行为的生效必须符合法定的条件。

第三，公法性。商事登记是商法的公法性最为集中的体现。虽然商事登记本身属于商法所规范的私法上的行为，但它更多地体现了国家意志，是国家公权介入商事活动的一种方式。因此，理论上也有把商业登记视为一种公法上的行为，将商事登记制度纳入商事统制法的范畴。

（三）商事登记的意义

商事登记作为国家调整商事交易行为的一个重要手段，对于保障商事主体的合法权益、维护商事交易的安全具有重要意义。具体表现在：

1. 确认商事主体的商事活动资格，保护商事主体的合法营业活动。通过商事登记，核准商事主体的名称、住所、法定代表人、注册资本、企业类型、经营范围、营业期限等，使其取得合法的商事主体资格，并在法律规定和确认的范围内独立从事商事活动，享有商法上的权利，承担商法上的义务，维护自己的合法权益。

2. 公示。商事登记的基本作用不仅在于通过法律程序创制或确定经营性主体,还在于确认登记事项的效力,向社会公开经营性主体的信用、能力和责任。商事登记便于社会公众了解商事主体的信息和资料,以维护交易安全。通过商事登记公示商事主体的经营身份、经营状况、经营能力,确立经营信誉,可以为商事活动的参加人提供交易相对人的准确信息,使其明智地选择和决定自己的交易行为,进而保护交易相对人和社会公众的利益。商事主体的登记事项与事实有实质性差别的,将构成商业欺诈。

3. 有利于国家的监督管理,维护良好的社会经济秩序。商事登记可以使国家取得各项必要的统计资料,有利于国家及时了解商事主体的经营状态,有利于对各种不同企业的设立和经营进行必要的国家监督,从而实现国家对商事主体的法律调整和整个国家商事活动的宏观规划,维护良好的社会经济秩序。

(四) 商事登记的法律规范

商事登记法律规范是规范商事登记行为,确定商事登记主管机关、登记内容、登记程序等事项,调整商事登记关系的法律规范的总称。

各国商事登记法有形式意义上的商事登记法和实质意义上的商事登记法之分。形式意义上的商事登记法是指以商事登记法命名的统一成文法。实质意义上的商事登记法是指调整商事登记行为的法律规范的总称,即指一切与商事登记相关的法律规定,它不仅包括以商事登记法命名的专门法律,而且包括散见于其他各种法律、法规之中的有关商事登记的规范。在不同法系的国家中,它还不同程度地包括与商事登记相关的法律解释、判例规则和习惯性规范。

我国目前尚未形成统一的商事登记法,调整商事登记关系的法律散见于众多的民事、商事实体法、程序法中。其中,主要有《企业法人登记管理条例》《企业法人登记管理条例施行细则》《公司登记管理条例》《合伙企业登记管理办法》《企业名称登记管理规定》等。

二、商事登记管理机关与登记原则

(一) 商事登记管理机关

商事登记管理机关是指按照商事登记法的规定,接受商事登记申请,并具体办理商事登记的国家主管机构。

各国关于商事登记主管机关的规定并不相同,主要有三种模式:德国、日本等商法规定,法院是商事登记的主管机关,商事登记由地方法院办理;美国、英国等国则由专门的行政机关办理商事登记;法国与前者均不同,规定法院和行政机关均为商事登记机关,其中法院办理一般商事登记,行政机关办理公司商事登记。

我国采取行政登记主义。我国商事登记的主管机关是市场监督管理机关。市场监督管理机关独立行使登记管理权,并实行分级登记管理原则,即国家市场监督管理总局和地方的省、自治区、直辖市市场监督管理局及市、县、区市场监督管理局等多级管理,不同级别的市场监督管理机关独立行使职权,但上级机关有权纠正下级机关不符合法律法规和政策规定的行为。

(二) 商事登记原则

由于立法基点的差异,各国商事法对商事登记采取了不同的原则。目前,我国立法所采用的原则如下:

1. 强制登记原则。强制登记原则与任意登记原则相对应。强制登记原则的含义有二:(1)商事主体的设立、变更和终止必须进行登记。非经登记者不具有商事权利能力和行为能力，不得从事任何种类的商事活动，否则构成非法商事行为。(2)商事登记应就法律规定的商事主体的全部必要事项进行登记，未经登记不发生法律效力。如《公司登记管理条例》第2条第1款规定，有限责任公司和股份有限公司设立、变更、终止，应当依照本条例办理公司登记。

商事登记是欲从事营利性营业行为者必须履行的行为，即使在采取任意性登记原则的国家，也并不意味着免除商事主体的商业登记控制，只不过在某些方面放宽了限制，对当事人商事能力资格的确认存在某种弹性而已。随着市场经济的发展和国家对商事领域干预的普遍增强，为防止因虚设商事组织导致诈骗行为的发生，现代国家立法逐渐趋向于采取强制登记原则。即便采取任意登记原则的国家，也作了一些补充性规定予以制约，对不进行商事登记的营业者不赋予对抗善意第三人的效力，使其处于不利地位。

2. 全面登记原则。全面登记原则要求商事主体提出的登记申请，必须完全符合法律规定的核准登记标准，商事登记主管机关对于必要登记事项依法采取形式审查和注册备案制度，不符合规定的不予登记。登记机关审查的内容主要包括：企业的营业范围是否为法律所禁止或者属于须经有关部门特许的项目；企业是否具备设立的条件，即是否符合法律法规对成员人数、注册资本、组织机构、场所等的要求；企业名称是否符合法律的规定等。

3. 登记公开原则。登记公开是指向社会公众公开商事登记的内容。这是市场“交易公开”规则在商事登记制度中的必然要求。登记公开包括：(1)登记申请公开、真实；(2)登记程序公开；(3)公告；(4)登记事项查阅公开。

我国《公司登记管理条例》及《企业法人登记管理条例》等法律法规均体现了这一原则。不仅明文规定了商事主体进行商事登记须提交的文件及登记与公告等程序，还以法律形式保障了社会公众查阅登记事项的权利。如《公司登记管理条例》第55条规定：“公司登记机关应当将公司登记、备案信息通过企业信用信息公示系统向社会公示。”

三、商事登记的种类和程序

各国商事法对商事登记的种类所作的规定不尽相同。我国《企业法人登记管理条例》及其施行细则将企业法人的登记分为设立登记、变更登记、注销登记。《公司法》规定的登记分为设立登记、变更登记、注销登记、分公司的设立登记。其他商事主体的登记种类与企业法人登记相类似。

(一) 设立登记

设立登记是指商事主体的创设人为设立商事主体而向登记机关提出申请，并由登记机关办理登记的法律行为。商事主体的设立登记是所有登记中最基础的类型。

商事主体的设立登记可以分为商事企业(包括商法人和商合伙)的设立登记和商个人的设立登记。商事企业设立登记的主要事项包括商号、住所、营业场所、负责人或法定代表人的姓名、开业日期、经济组织形式、经营范围、经营方式、资金总额、职工人数以及其他有关事项。商个人设立登记的主要事项包括商号、营业地址或流动营业的区域范围、姓名、住所、开业日期、经营范围、经营方式、资本总额、从业人数。除上述内容之外，商事企业或商个人的印章、商店的字牌、银行的账户，在有的国家，甚至法定代表人的签字等都属于应登记事项。

各国关于商事登记的程序大同小异，在我国主要分为五个阶段：

1. 名称预先核准登记。依据《企业名称登记管理规定》规定,公司设立应先申请名称预先核准,此为公司设立登记的前置程序。预先核准的企业名称保留期为6个月,在保留期内不得用以从事经营活动,不得转让。保留期满,不办理公司设立登记的,其公司名称自动失效。

2. 申请与受理。申请是指由商事主体创办人或商事主体提出的创设、变更商事主体或变更商事主体已登记的有关事项的行为。根据商事主体的不同,我国法律规定了不同的申请条件,申请时提交的文件和证件也各不相同。只有符合法定要求,登记主管机关才予以受理。登记机关收到申请人提交的符合规定的全部文件后,应发给申请人登记受理通知书。

3. 审查。审查是指受理登记申请的机关,在接到申请者所提交的申请之后,于法定期限内,对申请者所提交的申请内容,依法进行审查的活动。

从商事登记的历史发展来看,审查可分为三种:(1)形式审查,即登记机关仅对申请是否符合法律要求进行审查,而不对登记事项的真伪调查核实;(2)实质审查,即登记机关不仅对申请从形式上审查其是否合法,而且对申请事项予以调查核实,以保证登记事项的法律效力;(3)折衷审查,即登记机关对登记事项有重点地进行审查,尤其对有疑问的事项予以审查,如果发现有不符合法律规定的,则不予登记。但已登记的事项不能因此而被推定为完全真实,其登记事项的真伪最终取决于执法机关的裁决。我国目前采取形式审查为主、实质审查为辅的原则。

4. 核准发照。登记机关在收到申请人的申请及相关的材料并予以审核之后,应在法定期限内将审核结果及时通知申请人。对具备法人条件的企业,核发企业法人营业执照;对不具备法人条件的,核发营业执照;对外商投资企业设立的分支机构,核发中华人民共和国营业执照;对外商投资企业设立的办事机构,核发外商投资企业办事机构注册证。

5. 公告。即将登记的有关事项,通过特定的公开方式让公众周知。公告具有便于商事交易的进行、便于社会公众的监督、便于保障商事主体的合法权益等作用。商事登记之后,应当及时予以公告。

与商事登记有关的制度还包括年度检验制度和证照管理制度。年度检验制度指企业法人按照登记主管机关规定的时间提交年检报告书、资产负债表等,由登记机关对企业法人登记的主要事项进行审查。证照管理制度的内容主要有营业执照及其副本不得伪造、涂改、出租、出借、转让、出卖或擅自复印;执照或副本应悬挂在企业住所或主要经营场所;除登记主管机关依照法定程序可以扣缴或吊销营业执照外,其他任何单位不得收缴、扣押或损坏等。

(二) 变更登记

商事主体登记注册的事项在登记注册后发生变化的,应在法定期限内向原登记机关申请变更登记,未经核准变更登记的,不得擅自改变。

登记机关对于商事主体变更登记的申请,应进行审查,符合法律规定的,予以变更登记,其审查、登记以及公告的程序与设立登记的同类程序相同。变更登记事项涉及营业执照载明事项的,登记机关应当换发营业执照。

(三) 注销登记

商事主体终止营业时,应当向原登记机关申请办理注销登记。商事主体在申请登记注销时应提交相关的法律文件。登记机关对于商事主体注销登记的申请,应进行审查,符合法律规定的,予以注销登记,其审查、登记以及公告的程序与设立登记的同类程序相同。同时应撤销注册号,收缴营业执照正、副本和公章,并通知开户银行。经登记机关核准注销登记,商事主体终止。

四、商事登记的效力

商事登记的效力在法律理论和司法实践中主要涉及两个方面的内容:一是对商事主体的效力;二是对第三人的效力,其中包括未履行商事登记的事项在法律上对第三人的效力及已履行商事登记之事项在法律上对第三人的效力。

(一) 对商事主体的效力

各国法律关于商事登记对商事主体效力的规定不尽相同,大致可以归纳为如下几种情形:

1. 商事登记是商法人获得法律人格的必要条件,未经登记及公告,商法人不能成立,其行为不能被视为商行为。但是,对于商个人和商合伙而言,商事登记仅仅具有宣告性,是对其商人身份的法律认可;如果行为人未经登记而从事了商事经营活动,则不享有商人所享有的权利,但必须履行商人应履行的义务。德国、法国、瑞士的商法奉行这一原则。

2. 商事登记不是商事主体资格取得的必要条件,未经登记程序,行为人实施了商行为的,同样可以享有商人的权利并履行商人的义务。商事登记的作用仅在于保护商号和商事主体的商标等其他与商事主体相关的特殊权利。荷兰等国家的商法奉行这一原则。

3. 商事登记是各类商事主体成立的必要要件,未经商事登记程序,行为人即使实施了商事经营活动,也不得享有商人的权利,同时也不必履行商人的义务,该行为可被认定为无效行为。

在我国,根据相关法律法规的规定,商事登记不仅是商法人取得法人资格的前提条件,也是非法人的商事主体取得商事经营资格的前提条件。我国法律严禁未经登记的无照经营行为。

(二) 对第三人的效力

合法有效的商事登记,必然对第三人产生效力。但是,登记与公示是密切相关的法律行为。考察各国司法实践,登记与公示对第三人的法律效力是一个颇为复杂的问题,主要包括以下几个方面:

1. 必须登记的事项在未履行登记或已履行登记但尚未公告的情况下,对第三人的效力。目前多数国家法律规定,在商事交往中,必须在商事登记簿上登记的事项未登记或未予以公告的,任何该必须登记事项的参与人都不得以该事项对抗第三人,除非第三人已经了解了该事项的真实情况。

这一规则的前提是,第三人必须是真正的不知情人,必须对当事人在履行商事登记之前是否已具备商行为能力真正不知晓。由这种不知情推导出,第三人必须是登记相关事项的局外人,而不是参与人;第三人的不知情必须是善意的、积极的,而不能是由于第三人自己的严重过失导致的不知情。此外,第三人由于不知情而产生的对原有事实的信任是导致其法律行为的直接原因。

2. 应登记事项在得到正确登记和公告之后对行为人和第三人的效力。一些国家法律规定,如果登记事项已经登记并已经公布,该事项对第三人生效。但是,如果在登记事项公布之后一定时间以内,第三人既不知道,也无责任知道该登记事项,那么,该登记事项对其法律行为不生效力。对于这种不生效力的有效期限,在时间上各国法律都有一个严格的限定,如《德国商法典》规定的有效期为 15 天。

商事登记公告完成后,第三人享有登记簿及附属文件抄阅请求权。第三人得以正当理由,向登记主管机关请求查阅、抄录、复印登记簿及附属文件。除显无必要者得以拒绝或限定范围外,登记主管机关不应拒绝。

3. 已登记事项在公告发生差错的情况下对第三人的效力。一些国家法律规定，如果登记事项公告有误，第三人可以针对负有登记义务的登记人，根据已公告之事实为法律行为，除非第三人已经知道公告事实有误。在此，第三人必须是善意第三人，必须是该事项的局外人，而不能是该事项的直接参与人。同时，第三人对公告内容之信任必须是导致其法律行为的直接原因。

五、商事登记制度改革与企业信息公示制度

（一）商事登记制度改革

商事登记制度改革的方向是重新界定政府与社会、政府与企业的权利（权力）边界，加快政府职能转变，创新政府监管方式，建立公平开放透明的市场规则，保障创业创新，其主要目标是实现注册制度便利化。

商事登记制度改革的内容主要是：

1. 放宽公司注册资本登记条件。除法律、法规另有规定外，取消公司最低注册资本限制；取消股东（发起人）的首次出资比例和缴足出资的期限的限制；公司实收资本不再作为商事登记事项。

2. 将企业年检制度改为年度报告制度，任何单位和个人均可查询，使企业相关信息透明化。建立公平规范的抽查制度，克服检查的随意性，提高政府管理的公平性和效能。

3. 按照方便注册和规范有序的原则，放宽市场主体住所（经营场所）登记条件，由地方政府具体规定。

4. 大力推进企业诚信制度建设。注重运用信息公示和共享等手段，将企业登记备案、年度报告、资质资格等通过市场主体信用信息系统予以公示。推行电子营业执照和全程电子化登记管理，与纸质营业执照具有同等法律效力。完善信用约束机制，将有违规行为的市场主体列入经营异常的“黑名录”，向社会公布，使其“一处违规、处处受限”，提高企业“失信成本”。

5. 推进注册资本由实缴登记制改为认缴登记制，降低开办公司成本。由公司股东（发起人）自主约定认缴出资额、出资方式、出资期限等，并对缴纳出资情况的真实性、合法性负责。

（二）企业信息公示制度

与商事登记制度改革相配合，全国人大常委会启动立法程序，于 2015 年对我国公司法的资本制度进行了相应的修改。同时，国务院于 2014 年 7 月 23 日通过了《企业信息公示暂行条例》，正式确立企业信息公示制度。该条例的宗旨是通过一系列有针对性的制度设计，构建统一的企业信息公示体系，使社会公众和政府管理部门、行业组织都能够方便、及时、全面地了解企业信息，努力形成企业“一处违法、处处受限”的信用约束机制，为全社会对企业信用状况进行评价和监督提供制度保障，加快社会诚信体系建设，促进企业诚信自律，营造公平竞争市场环境。

企业信息公示制度的主要内容是：

1. 企业信息公示。根据条例，市场监督管理部门应当通过企业信用信息公示系统，公示其在履行职责过程中产生的企业信息。这些信息包括注册登记、备案信息，动产抵押登记信息，股权出质登记信息，行政处罚信息，以及其他依法应当公示的信息。对这些企业信息，市场监督管理部门应当自产生之日起 20 个工作日内予以公示。其他政府部门应当公示的企业信息包括行政许可准予、变更、延续信息，行政处罚信息，以及其他依法应当公示的信息。

2. 企业年度报告报送与公示。根据条例，企业应当于每年 1 月 1 日至 6 月 30 日，通过企业

信用信息公示系统向市场监督管理部门报送上一年度年度报告，并向社会公示。当年设立登记的企业，自下一年起报送并公示年度报告。企业年度报告内容包括企业通信地址、邮政编码、联系电话、电子邮箱等信息，企业开业、歇业、清算等存续状态信息，以及企业投资设立企业、购买股权信息等。年度报告需要覆盖的内容还包括企业从业人数、资产总额、负债总额、对外提供保证担保情况、所有者权益合计、营业总收入、主营业务收入、利润总额、净利润、纳税总额信息。这一类信息是否向社会公示由企业决定。

3. 企业公示信息随机摇号抽查。为了保证企业信息的真实、准确，条例规定，国务院市场监督管理部门和省、自治区、直辖市人民政府市场监督管理部门应当按照公平规范的要求，根据企业注册号等随机摇号，确定抽查的企业，组织对企业公示信息的情况进行检查。公民、法人或者其他组织发现企业公示的信息虚假的，可以向市场监督管理部门举报，接到举报的市场监督管理部门应当自接到举报材料之日起20个工作日内进行核查，予以处理，并将处理情况书面告知举报人。

4. 企业信息公示“黑名单”。针对未按规定期限公示年度报告或对公示企业信息隐瞒真实情况、弄虚作假等情形，条例规定，此类企业将由县级以上市场监督管理部门列入经营异常名录，并通过企业信用信息公示系统向社会公示。满3年未按规定履行公示义务的，由市场监督管理部门列入严重违法企业名单，并向社会公示。被列入严重违法企业名单的企业的法定代表人、负责人，3年内不得担任其他企业的法定代表人、负责人。

5. 信用约束与联动惩戒机制。条例明确，县级以上地方人民政府及其有关部门应当建立健全信用约束机制，在政府采购、工程招投标、国有土地出让、授予荣誉称号等工作中，将企业信息作为重要考量因素，对被列入经营异常名录或者严重违法企业名单的企业依法予以限制或者禁入。

【本章前沿问题】

关于商事主体的划分

对于根据商事主体的组织形式将其划分为商个人、商法人和商合伙的分类方法，在理论界尚有争议。

有学者认为，商合伙可以包括在商个人之中。因为，首先，从总体上讲，多数国家也都是从商事主体的法律地位和组织程度的角度将其划分为商个人与商法人两种类型的。其次，从法律地位来讲，商合伙与商个人没有太大的区别，是否有必要将其单独作为一种商事主体类型，确实有待商榷。

赞同这种分类方法的学者认为基于我国法律的特别规定和合伙型商事主体与其他商事主体的不同特征，应将其作为一种单独的类型予以研究。而且在民法上，企业组织形态主要包括私营、合伙和公司三种，商事主体相应地也可以分为商个人、商合伙和商法人三种形态，否则极易导致概念的混乱和研究的不便。

【本章思考题】

1. 试述商事主体法定原则。

2. 试述商事主体的商事能力及其特殊限制。
3. 简述商业名称权的权能与保护。
4. 简述商事账簿与商事审计不同的法律功能或职能及其相互关系。
5. 商事登记有何法律意义与法律效力?
6. 简述企业信息公示制度的法律意义和主要内容。

第三章　商事行为

【导语】

商事行为，是商法上与商事主体并列的核心制度，同时也是商法的基本范畴。商法规则除了少部分外，都是对商事主体和商事行为的规范。无论是商事立法还是商法理论都把商事行为作为一项核心制度予以规制和研究。对于商事行为的界定，在立法和学理上主要存在三种不同的方法：以法国为代表的客观主义、以德国为代表的主观主义和以日本为代表的折衷主义。大陆法系国家注重对商事行为的抽象概括，而英美法系国家则大多采列举性规定。我国目前还没有关于商事行为的专门立法规定，因此有必要进行相应的理论研究，为我国将来的立法提供参考。

学习本章，应重点理解和掌握商事行为的特征、一般商事行为和特殊商事行为的内容，同时应该结合我国现有的法律进行学习。

第一节　商事行为概述

一、商事行为的概念

商事行为是大陆法系国家商法中的特定概念。商事行为是相对民事行为而言，绝大多数商事法律关系的设立、变更和终止都是通过商事行为实现的。商事行为相对于民事行为的独特性也是商法得以从一般民事法律中独立出来、自成体系之原因所在。商事行为与商事主体密切相关，二者共同构成大陆法系国家商法制度的基石。

大陆法系国家对商事行为的认定有不同标准。以法国商法为代表的商事行为主义认为，应根据客观行为的内容和形式来判定是否属于商事行为；以德国商法为代表的商主体主义则认为，判断商事行为应根据行为主体的身份，即主体中是否双方或一方是商人；以日本商法为代表的折衷主义综合前二者的主张，认为判定商事行为既应根据行为的内容和形式，也应结合考虑行为人的身份。

在我国，商事行为不是立法上使用的概念，而是商法理论研究中使用的概念，人们对商事行为的概念也没有统一的看法。有的学者认为商事行为是“商主体所从事的以营利为目的的营业性行为”①；有的著作将商事行为界定为“一种以营利为目的的经营行为，追求利益最大化”②；有的学者则认为商事行为是“商主体以营利为目的所从事的各种营业性行为和其他法定行为”③。这些观点或倾向于商事主体中心主义，或倾向于商事行为中心主义，或采折衷主义，各不统一。

本书认为，商事行为是商事主体以营利为目的，旨在设立、变更或消灭商事法律关系的经营

① 柳经纬主编:《商法》(上)，厦门大学出版社 2002 年版，第 96 页。

② 《商法学》编写组:《商法学》，高等教育出版社 2019 年版，第 82 页。

③ 赵万一主编:《商法》，高等教育出版社 2007 年版，第 39 页。

性行为。商事行为是商事主体所为的行为,与商事主体这一特定身份相关,非商事主体不得从事商事行为。商事行为是商事主体在商事经营中所为的行为,它具有商事经营这一特定的经营属性。非商事经营的行为,即使由商事主体所为,也不属于商事行为。商事行为旨在设立、变更或消灭商事法律关系,该行为同一定的法律规范相联系,受法律规范调整,其性质由法律确定。

二、商事行为的特征

商事行为具有民事行为的共性,又有其自身的特点。在民商分立的国家,民法有一般规定,商法有特殊规定,商事行为的特征就在于其与一般民事行为的差异。这是由商事活动与一般民事活动的不同决定的。

(一)商事行为是以营利为目的的行为

营利性是商法的基本特性,同时也是商事行为的基本特性之一。商事行为的营利性主要应从行为的目标来考察,而不在于行为的结果,行为结果是否盈利不能成为判断商事行为成立与否的依据。

在实践中,对营利性的判断一般采取推定原则。一是根据主体来推定,即当行为主体为商人时,通常推定其行为具有营利性。如《日本商法典》第503条第2款规定:"商人的行为推定为为其营业而实施的行为。"二是根据行为来推定,即根据其行为的客观目的和商事习惯等加以确定。

(二)商事行为是经营性行为

经营性是商事行为区别于一般民事行为的重要特征之一。经营性是指行为人的营利行为具有反复性、不间断性和计划性的特点,表明主体至少在一段时期内连续不断地从事某种性质相同的营利活动,具有职业性。大陆法系多数国家商法均规定,除法律有特别规定外,一般民事主体偶尔从事营利活动的,不属于商事行为。经营性活动是一种重复性的、经常性的活动,履行了商事登记的行为可以推定为商事行为,具有经营性特征。

(三)商事行为是商事主体所为的行为

商事行为是商事主体这一特定主体所从事的行为。某一主体要从事严格意义上的商事行为,就必须具有特定的商事行为能力,主体的行为能力对于行为的有效性起着决定性作用。这一特征在不同国家的商法中表现不同。在采取严格商人法原则的国家中,民事主体必须通过商业登记等合法手段获得商事行为能力;而在采取严格商事行为法原则的国家中,商法实际上认可民事主体在民事行为之外,同时具备商事行为能力,因而非经商业登记的主体从事的营业行为也应受到商法规则的支配。

正是由于商事行为具有上述不同于一般民事行为的特征,大多数国家的法律将商事行为从一般民事行为中独立出来,以商法特有的规则对其加以调整规制。

三、商事行为的规制方式

由于各国商事立法的理念不同,对商事行为的规制方式也不同,归纳起来,主要有以下几种:

(一)概括方式

也称为主观主义或商主体法主义,即以商人概念为基础,对商事行为作出概括性的规定。依此规定,凡商人的营业行为即商事行为,它强调商人的经营方法在确定商事行为中的意义。《德国商法典》是其典型代表,该法典第343条第2项规定:"商事行为是指属于经营商人从事营业的一切行为。”[①] 该法把商人作为商法规制的主要对象,认为只有商人双方或一方参加的法律行为才是商事行为。采用这一原则的《意大利民法典》也在第 2082 条将商事行为规定为企业“以生产、交换或者提供服务为目的的、从事有组织的职业经济活动”。[②] 采用这种规制方式的国家,不仅将商人作为确定商事行为的核心概念,而且依照商人经营的不同方式,将商事行为分为不同的类型。

(二) 列举方式

也称为客观主义或商行为法主义。依此方式,法律对商行为并无概括性的抽象规定,而是通过列举的方式界定商行为的范围,即以商事行为的客观性为立法基础,不强调商人概念在界定商事行为中的地位和作用,而依据行为的客观性质确定一定的行为是否属于商事行为。不论行为主体是谁,只要其行为符合商法典中有关商事行为的规定就适用商法典。如《法国商法典》把商事行为列举为三类:一是纯粹商行为;二是商人基于营利目的而从事的行为;三是商人从事的辅助性营业行为。

(三) 折衷方式

也称折衷主义,即基于折衷立场,结合概括方式和列举方式确定商事行为。即把商人概念与商事行为概念同时视为商法典的基本概念,并在此基础上确定商事行为。一方面,一些商事行为根据商人的经营方法,结合营业的场合加以确认;另一方面,将各种商事行为分类列举,根据其行为内容来确定商事行为的性质。《日本商法典》和修改过的《法国商法典》是其代表。《日本商法典》第 503 条第 1 款规定:“商人为其营业而实施的行为,为商事行为。”同时在第 2 款又规定:“商人的行为推定为为其营业而实施的行为。”[③]

以上三种立法方式,由于其产生的背景不同,各有特点。其差异主要在于,商事行为是商事主体所从事的行为,还是一般主体所从事的行为。概括方式有较强的概括性,但缺乏应有的明确性;列举方式揭示商事行为的范围,明确清楚,但客观存在的商事行为举不胜举,难以完全包括;折衷方式的出现,结合二者优点,克服了二者的不足,更具科学性和规范性。

需要指出的是,上述商事行为的规制方式,在各国立法中都不是唯一和绝对的,现代各国商法一般都是吸收概括方式和列举方式的长处而避其不足。尽管对商行为规制的方式不同,但本质上是一样的。另外,理论上,商行为属于推定法律行为,在商法实践中往往要借助于法律推定规则。许多国家的商法就明确规定,只要是商事主体实施的行为就可推定为其营业实施的行为,从而成为商事行为。由此,商事行为规制方式的差异对于商法人并无很大的实际意义,其作用更多地表现在对个体商人法律行为的评价。

第二节　商事行为分类

一、单方商事行为与双方商事行为

这是以行为当事人是否均为商事主体为标准进行的划分。

---

① 杜景林、卢谌译,《德国商法典》,中国政法大学出版社 2000 年版,第 169 页。

② 费安玲、丁枚译,《意大利民法典》,中国政法大学出版社 1997 年版,第 519 页。

③ 柳经纬主编:《商法》(上),厦门大学出版社 2002 年版,第 99 页。

1. 单方商事行为。也称为“混合交易行为”，是指行为人一方为商事主体而另一方为非商事主体所从事的交易行为。最常见的例子如商店与消费者之间的商品买卖行为、银行与顾客之间的存贷行为。对于单方商事行为的法律适用问题，各国商法的规定不尽相同。大陆法系一些国家认为，单方商事行为本质上仍属于商事行为，应当受到商法的统一调整，如《德国商法典》和《日本商法典》。而法国、英美法系国家则认为，单方商事行为是商事行为与一般民事法律行为的结合，商法中有关商事行为的规定只适用于商事主体一方，其相对人则适用民法中的规定。

2. 双方商事行为。是指行为人双方均为商事主体所从事的营利性营业行为，如批发商与零售商之间的商品销售行为。双方商事主体是商自然人或商法人不影响该商事行为的成立。双方商事行为直接适用商法，各国法律和实践中对此基本不存在争议。

对单方商事行为与双方商事行为作出区分的意义在于使商法对不同商事行为区别规定。如果当事人的一方不属于商人，那么，商法的立法和实践应适当考虑其在交易中的弱势地位，从而给予一定的倾向性保护，实现双方当事人在实质意义上的公平。

二、基本商事行为与附属商事行为

这种分类是以商事行为在同一营业活动内所起的作用和所处的地位的不同进行的划分。

1. 基本商事行为。是指直接从事营利性经营活动的商事行为。基本商事行为包括绝对商事行为和相对商事行为。由于绝对商事行为和相对商事行为在整个商事交易行为中属于基本形式，且符合商事交易行为的基本要求，故称其为基本商事行为。

2. 附属商事行为。又称“辅助商事行为”，是相对基本商事行为而言的，指在同一商事营业内虽不具有直接营利性的内容，却能起到协助基本商事行为实现营利目的的辅助行为，如广告行为、代理行为等。但对此概念，近年来有新的解释和理解，即不把附属商事行为固定化，而根据特定商事主体的经营内容确定其行为的附属性，把主营业务理解为基本商事行为，把兼营业务理解为附属商事行为①。例如，对于零售商来说，销售是基本商事行为，而仓储和运送则是其附属商事行为。而对于承运商来说，运送为其基本商事行为，而原材料购买则是附属商事行为。

三、绝对商事行为与相对商事行为

这种分类是以行为的客观性质和是否附加条件为标准进行的划分。

1. 绝对商事行为。又称“客观商事行为”，是指依照行为的客观性和法律的规定，当然属于商事行为的行为，而不必考虑实施该行为的主体是否为商人。它具有客观性和无条件性，不以行为主体是商人和行为采用营业方式为条件，凡是商法明文规定的，一律认定为商事行为，是确立商人概念的基础。按照大多数国家商法的规定，票据行为、商业证券行为、保险行为和海商事行为等均属于绝对商事行为。绝对商事行为通常是由法律列举限定的，不能作推定解释。

2. 相对商事行为。又称“主观商事行为”“营业商事行为”，是指依行为人的主观性和行为自身的性质认定的商事行为。它以行为主体是否为商人以及行为是否具有营利性为认定要件，只有在行为主体是商人或行为具有营利性时，才能认定为商事行为。当行为主体或行为目的不符合法定条件时，其行为仅构成一般民事行为，适用民法的一般规定。

---

① 雷兴虎主编:《商法学教程》,中国政法大学出版社 1999 年版,第 46 页。

绝对商事行为和相对商事行为将同类行为中的营利性商事行为与非营利性民事行为区别开来,体现了商法的特别法属性。

四、固有商事行为与准商事行为

此以法律对商事行为的不同确认方式为标准进行划分。

1. 固有商事行为。也称作“传统商事行为”“完全商事行为”或“纯然商事行为”,是指依据法律规定或法律列举可以直接认定的商事行为,它包括绝对商事行为和固有商人的营业商事行为。

2. 准商事行为。又称“推定商事行为”“非固有商事行为”,是指拟制商事主体所实施的经营性商事行为。这种商事行为往往不能直接根据法律的规定加以确认,而必须通过事实推定或法律推定来确认其行为性质,如非商事主体所从事的信息咨询服务等。

第三节　一般商事行为

一、一般商事行为概述

一般商事行为与特殊商事行为是大陆法系国家商法学理论研究中使用的一对概念,它并不是严格意义上的商事行为的分类。根据大陆法系国家商法学理论占主导地位的观点,一般商事行为和特殊商事行为并不是从商事行为本身提出来的问题,而是从商法对商事行为特别调整的共性和个性的角度提出来的问题。一般商事行为是指在商事交易中广泛存在的,并受商法规则调整的行为。其中有些行为不仅是商事领域共有,在民事领域也存在,但它们均受商法规则调整。

对一般商事行为的范围,学者们意见纷纭,差异较大。有的学者认为其包括商法上的物权行为、商法上的债权行为、商事交互计算;有的学者将其概括为四个方面,即以缄默形式所为的意思表示、商事留置权、善意取得和约定利息的请求等;也有的学者认为一般商事行为包括要约与承诺行为、给付行为、交互计算等。本书阐述的一般商事行为是指商事活动中具有共性并受商法规范调整的行为,主要包括商事代理行为、商事债权行为、商事物权行为及商事交互计算等方面。

二、商事代理行为

商事代理以民事代理关系为其法律关系的构成基础,但在主体、客体和内容上都存在着一定的差异。商事代理行为是最基本的商事行为之一,不同国家对其又有不同规定。在采用主观主义(商人法主义)原则的国家,特别强调代理商的资格;而在采用客观主义(商事行为法主义)原则的国家,尤其强调行为的营利性。在民商分立国家,除了在民法典中对民事代理制度作出具体规定外,通常还在商法典中对商事代理制度作出特别的规定,如德国、日本等。我国在立法上没有区分民事代理和商事代理。在实践中,有关商事代理问题适用我国《民法总则》《民法通则》和《合同法》的相关规定。

与民法上的代理行为相比,商法上的代理具有其特点:

第一,非显名主义。在商事活动中,商事行为的代理人在实施行为时,虽然没有明确表示是为本人(即委任人或被代理人)进行,但其行为对本人和相对人仍然发生法律效力。非显名主义作为商事代理的一个特征，在一些国家的商法中得到了承认。但是，当相对人不知道代理人的行为是为本人所进行时，也可以请求其代理人履行。我国《合同法》第 403 条的规定即反映了这一特点。

第二，本人的死亡不影响代理权的存续。根据民法的规则，被代理人（本人）的死亡将引起代理权的终止。商法的规定与之有所区别。一些国家的商法规定，商事行为的代理不因本人的死亡而消灭。在大多数情况下，就如个体工商户一样，即使本人死亡，其营业也并不马上消灭，而是让其代理权继续存在。这样，一方面可以避免由于停止营业而造成的经济损失，另一方面也符合商法保护交易安全的要求。

第三，代理人的权限范围较广。在民法上，代理人应在代理权限内，以被代理人的名义实施民事法律行为。代理人超出授权的行为，只有经过被代理人的追认，才能免除其民事责任。但是，在商事行为的代理中，代理人的权限范围要比民事代理广。许多国家的商法都承认只要商事行为的代理人在不违背被代理人授权本意的前提下，就可以实施未被直接授权的行为。

三、商事债权行为

商事债权行为作为民事法律行为的特殊形态，表现为一种特殊形式的债权行为。债的关系首先表现为一种民事法律关系，因此商事债权行为的构成要件以民事法律行为的构成要件为基础，同时适用商法的特殊规定，这些特殊的规定在法律效力上优先于民法的规定。在西方国家的商法典和商法学理论中，商事债权的特殊性主要表现在商事合同缔结过程中要约和承诺的特殊性上，具体涉及对意思表示之缄默和缄默之错误的特殊性规定等内容。

一般来说，缄默作为一种消极的行为或不作为的行为，不具有意思表示的效果，如我国《合同法》第 20 条的规定。但在例外情况下，如双方已有约定或法律有明确规定，则缄默可当作对要约的承诺。

四、商事物权行为

物权首先是民法中的一个基本范畴，规定在民法典之中。在商事活动中，涉及物权问题时，可以适用民法中的有关规定。但是，对于一些特殊商事行为，在民法之外，商法又有特殊的补充性规定，这些特殊规定对于商事行为具有规范性意义。由此，它们在一定程度上构成了商事物权与民事物权在法律上的差异。

（一）商事流质预约的认可

在民法上，流质预约被禁止。出质人和质权人不得在合同中约定，质权人未受清偿时，质物的所有权转移给质权人。此项规定的目的在于防止债权人利用其有利地位损害债务人的利益。

但在商事活动中，由于商人自己能够计算经济利益的得失，同时，也为了保障商事交易的顺利进行，维护信用交易公平，多数国家的商法都承认商事交易中的流质预约。例如，《日本商法典》第 515 条即规定，民法关于禁止流质预约的规定不适用于因商事行为债权而设定的质权。

（二）商事留置权

商事留置权是指在双方商事行为情况下，债权人为实现其债权，占有债务人的标的物，在其不履行义务时，变卖或对标的物折价以受偿其债权的权利。商事留置权起源于中世纪意大利商业城市的商业习惯，并在《德国商法典》中得到明文规定。

商事留置权与民事留置权不同，它不强调留置的标的物与被担保债权的个别关联性，而只要求二者之间的一般关联性。即在商人之间，因双方商事行为发生的债权在受偿之前，债权人可以留置其因商事行为已经占有的债务人的财产，而不要求该财产属于被担保债权本身的标的物，不要求二者之间有直接的关系。商事留置权与民事留置权的这一区别在许多大陆法系国家的商法中都有所体现。

五、商事交互计算

商事交互计算，是指把在一定期间内由商事交易产生的债权债务进行一次性结算的特殊商事合同。它实际上是一种活期账务结算，通过双方的约定，以结算结果和结算后所产生的余额的确定来实现债务了结。在这种债务了结方式中，借助于定期结算，交易双方当事人在商事业务往来中形成的债权和债务不断得以清算，从而避免了单方面独立债权和债务的生效。

在古代的巴比伦、埃及、希腊及罗马等国，商事交互计算就相当发达。后来随着银行的出现，商事交互计算逐渐完善，并在各国商法中被普遍采用，《德国商法典》第 355 条、《日本商法典》第 529 条等都对交互计算作出了明确的规定。

商事交互计算的特征在于：当事人中至少有一方是商人；交互计算合同属于诺成合同；当事人双方之间必须有经常性、持续性的交易关系。例如，运输业者之间、保险公司与其代理商之间在一定期间内存在持续性交易时，交互计算就得到承认。但是，当事人随时可以就将来对交互计算合同的解约告知对方。

第四节　特殊商事行为

特殊商事行为是与一般商事行为相比较而言的一个概念，它是指在商事交易中具有个性，并受商法中的特别法调整的商事行为。特殊商事行为产生的基础是商事交易内部的特殊性以及商法对不同类型商事交易法律调整的特别需求。

综观各国商事立法，对特殊商事行为的法律调整在立法技术上一般采取两种方法。在制定有商法典的国家，在商法典中规定一部分调整特殊商事行为的规则，这些规则主要以传统的特殊商事行为为调整对象；另有相当多的特殊商事行为则由商事单行立法予以调整，这些立法主要以现代商事交易中出现的新的特殊商事行为为调整对象。而在没有制定商法典的国家，特殊商事行为基本上由商事特别立法或商事专门立法予以调整。特殊商事行为通常包括商事买卖、商事运输、商事仓储、商事居间、商事行纪、商事期货交易、商事信托、商事票据、商事保险、海商等内容。我国对商事票据、商事信托、商事保险和海商等特殊商事行为已有单独立法。这里简要介绍几种特殊商事行为。

一、商事买卖

商事买卖是商法中最常见的特殊商事行为之一。商事买卖以民事买卖为基础和出发点，但与民事买卖并不完全相同，二者在买卖的概念、性质、对象以及原则等方面有所区别。在民商分立的国家，商法典从保护商事交易的迅速、明确、安全的角度出发，通常都对商事买卖行为进行特别规定，以区别于一般的民事行为，内容主要涉及商事买卖中的迟延责任、商事买卖中给付标的物瑕疵责任等特殊性问题。我国《合同法》第九章“买卖合同”没有区别民事买卖和商事买卖，也没有对商事买卖作出有别于一般民事买卖的特殊规定。

二、商事运输

商事运输是以特定的标的物为运输对象的特殊运输行为。商事运输包括货运和旅客运输，但货运与旅客运输在立法上并不一样。货运是典型的商事行为，是商法调整的对象；而旅客运输由于涉及人身问题，因此在许多国家，它不仅由商法调整，更多地涉及民法、旅客运输法、交通法等法律法规。在一些没有制定统一运输法的国家，常常将运输法中的基本原则规定在货运行为之中。我国《合同法》并未对货运和旅客运输作出严格区分并分别立法，而是将这两方面的问题统一规定在第十七章“运输合同”之中，此处的运输合同主要指货运合同。

三、商事仓储

商事仓储是货物储存和保管之商事行为。在大陆法系国家商法典中，仓储是一种典型的商事行为，但这一商事行为是以民法中的寄托行为理论为基础的。在传统商法中，仓储和保管在立法上未作十分严格的区分。我国《合同法》将保管和仓储分别立法，第十九章和第二十章分别规定了“保管合同”和“仓储合同”，强调二者之间的区别。仓储合同自成立时生效。仓储合同没有规定的，通常适用保管合同的有关规定。

四、商事居间

商事居间早在罗马时代就出现了，且当时的居间行为多半具有官方的性质。到了19世纪，随着资本主义经济的发展，商品交换越来越频繁，具有官方性质的居间行为逐渐被民间的自由业取代。在德国，除了1896年的《证券交易法》承认交易居间人必须具有官方的性质之外，其余的皆为自由业。日本也在明治三十二年建立了以完全自由业为前提的商事居间制度。[①]

与代理一样，商事居间以民事居间关系为其构成和存在的基础，但两者在主体、客体和内容方面都存在差异。作为商行为，商事居间的营利性导致其行为的构成、行为的有效性以及行为的后果等方面有别于民事居间。

五、商事行纪

商事行纪是典型的商事行为。商事行纪与代理、居间不同，具有自身的特征：

1. 行纪人以自己的名义从事贸易活动。在一般的民事代理行为中，当事人通常是以委托人的名义进行活动的，其法律、经济后果归属于委托人。与此不同，在商事行纪活动中，行纪人以自己的名义订立合同，法律后果由行纪人自己承担，经济后果则归属于委托人。在这一点上，它与商事代理有着明显的区别。

2. 行纪人为委托人从事贸易活动。行纪人是基于委托人的委托而从事行纪活动的，因此行纪人在委托人的计算范围内从事行纪活动时，交易产生的经济上的损益全部归属于委托人。

在民商分立的国家，只有商法典才规定有行纪商或行纪商行为，民法典中没有关于行纪的规

---

① 柳经纬主编：《商法》（上），厦门大学出版社2002年版，第126页。

定。因此,它是独立于民法典的典型商行为。

六、商事期货交易

商事期货交易是商事买卖的一种特殊形态,是指按照期货交易所的规定,期货买卖的双方当事人在交易所内预先签订有关产品的买卖合同,而货款的支付和货物的交割在约定的远期进行的一种特殊商事行为。

商事期货交易具有如下几个特征:(1)期货交易必须在交易所内进行;(2)期货交易必须遵守交易所的交易规则;(3)在通常情况下,期货交易的买卖标的是标准化合约,而不是商品;(4)期货交易具有高风险、高收益的特点。

期货买卖具有一定的投机性,它从物的交易变成了期货合约的交易。期货买卖与一般买卖相比,其最大的差异在于,前者交易的标的是货物,而后者交易的标的更多的是合约本身,后者比前者具有更大的投机性和风险性。

七、商事信托

信托最初是英美法系国家商法中的一个概念,现已被大陆法系国家商法广泛接受。信托可分为民事信托和商事信托。民事信托主要是以安排个人资产移转、承继等为目的的民事法律行为。商事信托是以获取商业利益为目的的商事法律行为。

信托适用于商事领域,最初的动因在于筹集生产资本,并基于此创造出适于个人、企业和其他组织共同参与的资本经营模式。在当代现实经济生活中,商事信托无论在种类方面,还是在规模方面,都远远超过民事信托。商事信托种类繁多,常见的商事信托主要有投资基金信托、附担保的公司债信托、贷款信托、设备买卖融资担保信托、公司股东表决权信托、雇员受益信托等。

第五节　营　　业

一、营业的概念

"营业"一词在各国商法中没有明确的定义,却是商法的重要概念,营业与商人和商行为具有密不可分的关系。学理上的营业包含主观上的营业和客观上的营业两种含义。

主观意义上的营业指营业活动,即以营利为目的进行的连续的、有计划的、同种类的活动(行为)。[①]《德国商法典》第1条第2款规定,营业指任何营利事业。该条即在此意义上对营业作的界定。此外,《日本商法典》第5条、第18条、第21条、第23条、第37条中与商号和商业使用人有关的营业的概念,以及第502条营业的商行为等条款中所使用的营业也是主观意义上的营业。[②]

---

① 参见谢怀栻:《外国民商法精要》,法律出版社2002年版,第236页。

② 《日本商法典》第5条规定,未成年人经营前条的营业,应进行登记;第18条规定,非公司者不得在其商号中使用标示公司的字样,受让公司营业者亦同;第21条规定,任何人不得以不正当目的,使用使人误以为他人营业的商号;第23条规定,许诺他人使用自己的姓、姓名或商号经营营业者,对于误认其为营业主人而进行交易者,就交易产生的债务和该他人负连带清偿责任。参见王书江、殷建平译:《日本商法典》,中国法制出版社2000年版。

客观意义上的营业指营业财产,即供营业活动之用的有组织的一切财产以及在营业活动中形成的各种有价值的事实关系的总体,因此又称为作为组织的营业。营业财产包括积极财产(资产)和消极财产(负债)。其中,积极财产包括物(含建筑物、商品、现金、有价证券、机械、器具、原材料、土地动产、不动产等)、权利(物权、债权、专利权、商标权、著作权和商号权等)和商业秘密、企业声誉、地理位置等;消极财产包括营业上的各种债务。[①] 所谓"事实关系",则包括专有技术、信誉、顾客关系、销售渠道、地理位置、创业年代等。客观意义的营业可以作为转让、租赁的客体,所谓营业转让中的营业即指此意。一般情况下,在企业的资产负债表上,列入资产部分的为积极财产,列入负债部分的为消极财产。

商法上的营业制度内容主要包括两个方面:第一个方面的内容与主观意义上的营业有关,包括营业能力、营业所等内容。第二个方面的内容与客观意义上的营业有关,包括营业转让、营业租赁及委托经营等内容。

二、营业活动

(一) 营业自由

营业自由是指商事主体自由从事营利活动,除法律、法规另有规定外,不受限制。现代市场经济国家大多奉行营业自由原则,且多在宪法中明确规定。营业自由包括开业自由、停业自由及交易自由。我国《宪法》第 16 条和第 17 条规定国有企业和集体企业在法律规定的范围内享有经营自主权。《公司法》第 5 条规定,公司从事经营活动,必须遵守法律、行政法规,遵守社会公德、商业道德,诚实守信,接受政府和社会公众的监督,承担社会责任。公司的合法权益受法律保护,不受侵犯。

然而,营业自由不是绝对的,法律对营业规定有种种限制,主要体现在以下两个方面:

第一,对于营业活动本身的限制。此类限制主要体现在下述三个方面:

1. 行业限制。出于财政收入及其他原因,某些行业由国家独占经营,完全不准私人(包括自然人和法人)经营。例如我国《烟草专卖法》第 3 条规定,国家对烟草专卖品的生产、销售、进出口依法实行专卖管理,并实行烟草专卖许可证制度。有些营业则是完全禁止的,例如毒品、淫秽物品、武器贩卖等。从事此类营业活动的行为在私法上是无效的,公法上则会受到制裁。

2. 营业许可限制。对于有些营业,法律并未完全禁止,但应当事先报告或登记,取得许可后才能进行营业活动。例如银行业、保险业、证券业、药品业等行业须取得经营许可证或者业务许可证后方可从事营业,否则不得从事该类营业。

3. 身份的限制。为严肃政纪,保证国家机关廉洁,各国一般禁止国家工作人员(公务员)、法官、检察官从事任何营业。我国《公务员法》《法官法》第46条、《检察官法》第47条均有此类规定。此外,基于保护商事主体利益的目的,各国商法大多规定,营业让与人、董事、经理及合伙人均负有竞业禁止义务。此类营业行为本身并非无效,但产生损害赔偿责任。

第二,对营业方式的限制。为了保护市场的正常秩序,使商事主体的营业自由得以实现,法律对于妨害营业自由的营业方式给予限制,这种限制主要表现为反不正当竞争和反垄断。自由竞争不仅是营业自由的应有之义,也是市场经济的基石之一。不正当的竞争会妨碍自由竞争的

---

① 参见王保树主编:《中国商事法》,人民法院出版社 1996 年版,第 54–55 页。

进行,因此需要对其进行规范。不正当竞争是指经营者违反《反不正当竞争法》的规定,损害其他经营者的合法权益,扰乱社会经济秩序的行为。

此外,垄断也会限制和妨害自由竞争,同时会妨碍营业自由,因此,各国反垄断法对独占、独家交易、合谋协议妨碍竞争的企业合并等垄断行为均有限制规定。

(二) 营业所

营业所是营业活动的中心场所,也是商事主体领导、指挥营业活动的中心。是否成为营业所既不取决于其名称,也不取决于商事主体的主观意图,而取决于其在客观上所起的作用。例如运输合同的签订地点可能是在车站,但不能当然认定车站为营业所;仅仅制造商品的工厂、保管货物的仓库也不必然是营业所。商事主体的经营活动与其营业所未必一致。我国《民法总则》第63条规定,法人以其主要办事机构所在地为住所。营业所可以分为主营业所和分营业所。

与确定自然人住所的法律效果相类似,营业所的确定具有以下法律效果:(1)营业所是因商事行为所产生的债务的履行地;(2)营业所是诉讼上确定管辖法院的依据之一;(3)营业所是决定商事登记的管辖地;(4)营业所是民事诉讼司法文书的送达地点。

三、营业转让

(一) 营业转让的概念和意义

营业转让是指将客观意义上的营业整体地从一个主体转到另一个主体。与单纯的财产转让不同,营业转让还涉及商号的转让、转让人的竞业禁止、受让人继续使用商号的责任等内容。营业转让是自由的,属于营业自由的范畴,但特别法对营业转让有限制或者禁止规定的除外(如反垄断法的相关规定)。

营业转让可以是全部转让,也可以是部分转让。例如某一分店的营业转让即为部分转让,但营业的部分转让与各个财产的转让有所不同。作为部分转让的营业仍然是一个为了实现一定营业目的而组织化的、有机一体的机能性财产,且与营业全部转让的法律效果是完全相似的,从而区别于各个财产的转让。

营业财产与营业活动结合起来具有比构成营业财产的各个财产价值总和更大的价值,营业一旦解体就会失去这种价值。因此,不使已有的营业解体,保持其组织的整体性,在经济上是有效益的。营业转让制度的必要性就在于此。如果分别处分营业的财产,往往会导致企业解体。如果将营业作为一个有机的组织体进行转移,则生产、制造、销售等营业活动可以很容易地继续下去,企业的商誉等营业的附加价值也能够得到维持,转让人可以获取整体性财产的价值以及商誉等无形资产的价值,受让人则既可以免去新设企业的麻烦,又无须经历长期的经营积累而坐享原营业积淀的无形资产,从而达到快速扩张的目的。

(二) 营业转让与企业合并

营业转让是一种债权行为,一般由转让人与受让人通过订立营业转让合同的方式来进行,与买卖或者赠与相类似。因此,《澳门商法典》第104条规定,关于商业企业之转让,本节未有规定者,视该转让为有偿或无偿,而适用《民法典》(指《澳门民法典》)中经必要之配合后之规范买卖合同或赠与合同之规定。但是,营业转让之内容较买卖和赠与更为复杂。营业转让与企业合并在形式、程序、后果、经济机能上非常相似,例如都采用合同形式,都可能导致企业集中,同样受反垄断法的规范。但二者也存在下述几个方面的不同:

第一，适用的法律不同。营业转让属于买卖行为，适用合同法规范，对转让行为效力的判断应依据民法和合同法的一般规则。企业合并属于组织法行为，适用公司法、企业法以及其他组织法，对合并行为效力的判断应依据组织法的规则。

第二，后果不同。营业转让是作为组织的营业财产的转让，不存在股东的接收或者股权的受让问题，同时不影响现有组织的存续；而企业合并时，被合并企业的股东当然为合并公司接收，被合并企业作为一个独立营业组织也宣告终止。

第三，人员是否变动不同。营业转让时，营业组织与员工之间的劳动关系不当然延续，除非让与人与受让人在转让合同中明确约定劳动关系不发生变动；而企业合并时，被合并企业与其员工之间的劳动关系则当然延续。

第四，效力不同。营业转让时，转让合同中可约定个别权利和债务是否发生移转，可以将某些财产排除在转让的范围之外，对此，法律并没有强制、统一性规定；而企业合并时，被合并企业消灭，其权利和义务当然发生移转，由合并后存续的企业或者新设的企业概括承受，不得采取个别权利移转或者个别债务承担的方式。

（三）营业转让的法律效力

营业转让的法律效力包括对当事人的效力和对第三人的效力。第三人又可分为营业上的债权人和营业上的债务人。

案例研讨

立新公司诉宝丰县长江洗煤有限公司营业转让纠纷案

1. 营业转让对当事人的效力。对于当事人来说，营业转让主要发生下列效力：

第一，作为组织的营业财产的移转。营业转让人应当依照转让合同的约定将构成营业的财产移转给受让人，并协助受让人办理相关的移转手续。例如有关物及权利的移转，包括动产的交付，不动产、商号、工业产权的登记，有价证券的背书交付，以及记名股份的过户等。此外，如果转让包括专有技术、信誉、顾客关系、销售渠道等事实关系的移交，则应进行相关的移转手续。

在移转上述财产及事实关系的同时，经转让人与受让人约定，转让人和第三人订立的合同，包括借贷合同、供货合同、劳动合同，可移转给受让人，由受让人履行，但应取得对方当事人的同意。

第二，营业转让人的竞业禁止义务。为了保护受让人的利益，营业转让后，转让人就相同营业在一定区域和期限内负有竞业禁止的义务。其中的一定区域和期限可由当事人在转让合同中约定，如果没有约定，则适用法律规定。例如《日本商法典》第 25 条规定，转让营业时，当事人如无另外意思表示，则转让人在 20 年内，不得于同一市镇村内或相邻市镇村内经营同一营业。

2. 营业转让对第三人的效力。营业转让同时会涉及第三人的利益，具体包括两个方面：

第一，对营业上债权人的效力。如果转让合同没有特别约定，营业上的债务也移转给受让人，但应当依照民法的规则办理债务承担的变更手续。否则，受让人并不是必然的债务人，转让人仍然有义务履行债务。

为了更好地保护债权人的利益，各国和地区商法还设置了一些特别规则。例如《日本商法典》第 26 条规定，营业受让人继续使用转让人的商号时，对于转让人因营业而产生的债务，亦负清偿责任。《韩国商法》第七章“营业的转让”第 42 条、第 44 条、第 45 条的规定与《日本商法典》的规定相似。[①] 此外,《澳门商法典》第 113 条也有“与被转让之企业有关之债务”的规定。[②]

在英美法系国家和地区,受让人应当承担转让企业的债务。例如,受英国法影响的我国香港特别行政区的《业务转让(保护债权人)条例》第 3(1)条规定,不管转让人与受让人之间有无任何相反约定,受让人应当承担转让人经营业务而引起的全部债务和责任,包括应纳的税收。该条例同时还规定,受让人承担的债务数额不得超过转让业务的价值总额。并且,在转让人和受让人发出业务转让通知一定期限后,受让人不再承担任何责任。[③]

第二,对营业上债务人的效力。发生营业转让时,如果受让人继续使用原商号,除非当事人有特别约定,营业转让人的营业债权原则上转让至受让人。即使当事人有特别约定,营业债权未移转至受让人,只要债务人善意、无过失地清偿了该债务,该清偿有效。例如《日本商法典》第 27 条规定,营业受让人继续使用转让人的商号时,就转让人因营业而产生的债权向受让人实行清偿时,以清偿人系善意且无重大过失情形为限,其清偿有效。

四、营业租赁、委托经营

(一) 营业租赁

营业租赁是指商事主体把其营业的全部或者一部分出租给承租人,由承租人以自己的名义经营并承担营业后果,出租人收取租金的合同。在营业租赁中,承租人取得以自己的名义进行营业的权利,自行承担营业的后果,并向出租人交付租金;出租人保留营业财产的所有权,享有收取租金的权利。营业租赁后出租人的竞业禁止义务及当事人之间债权债务的处理可类推适用营业转让的有关规定。

营业租赁由当事人通过签订合同的方式实现,对于合同的形式一般没有强制性规定,通常采用书面形式。营业租赁使营业财产处在第三人的占有下,可能处于不安全的状态,因此一般需要股东会以特别决议通过。

各国和地区商法对于营业租赁的规定一般比较概括,或者没有规定,例如《德国商法典》《日本商法典》《韩国商法典》中就没有关于营业租赁的规定。营业租赁合同作为租赁合同的一种,可以准用民法中一般租赁合同的法律规定。例外的是《澳门商法典》,其第二章第三节专门规定了“商业企业之租赁”,内容较为详细。该法典第 114—131 条分别规定了营业租赁的概念、期间,承租人的权利和义务,竞业禁止,出租人的义务、连带责任,以及租赁企业之让与、企业租赁合同之继受、企业租赁之终止等内容。

(二) 委托经营

委托经营又称委任经营,是指委托人把自己的营业财产委任给受托人,由受托人以委托人的名义进行经营活动,营业的后果由委托人或受托人承受的合同。

委托经营可以分为两种情形:

第一,企业的经营以委托人的名义,为委托人的利益进行,营业的损益归于委托人,由委托人向受托人支付一定报酬。此为广义的委托经营,也是典型的委托经营,又称为经营管理合同。

---

① 参见吴日焕译:《韩国商法》,中国政法大学出版社 1999 年版。

② 参见中国政法大学澳门研究中心、澳门政府法律翻译办公室编:《澳门商法典》,中国政法大学出版社 1999 年版。

③ 参见石慧荣:《商事制度研究》,法律出版社 2003 年版,第 46 页。

第二,企业的经营以委托人的名义,但为受托人的利益进行,营业的损益归于受托人,由受托人向委托人支付一定的报酬。此为狭义的委托经营,营业虽然以委托人的名义进行,但合同双方的关系近似于营业租赁。

五、营业担保

营业担保是指在作为一个有机整体的营业财产上设立担保的行为。此种担保较一般担保为特殊,其显著特点在于将营业财产作为一个整体设立担保。相对于一般的担保形式,营业担保可以保持担保财产的完整性,有利于实现企业融资能力的最大化,有利于保证担保财产的整体效用。同时,在担保权人行使其权利后,取得该营业财产即可形成新的生产能力,从而不影响担保财产经济作用的发挥。

大陆法系中,营业财产作为一种组织财产,可以成为担保标的。例如日本的《铁路抵押法》《工厂抵押法》《矿产抵押法》等特别法规定有财团抵押制度,即将企业的财产作为一个整体设定抵押权。《澳门商法典》在第四章专门规定了企业质权,规定商业企业或其分支机构得成为质权标的,且无须交付企业即可产生质权效力。

英美法系的浮动担保类似于大陆法系的营业担保。浮动担保具有以下特征:(1)该担保附着在企业现在和未来的财产之上;(2)在企业通常的经营活动中,此类财产将不时变动;(3)在利害关系人为某些措施之前,设定担保的企业仍然可正常进行营业。其最本质的特点在于担保财产的浮动性。

对于营业担保的效力,各国规定有所不同。为保证担保权人顺利行使权利,日本相关法律规定,对抵押财团进行登记的同时,抵押人应当置备财产目录。对列入抵押财团的财产,未经抵押权人同意,抵押人不得转让,抵押权人对抵押财团内的财产享有追及权。在英美法系中,浮动担保的效力弱于其他担保,即使经过登记,也没有追及力,而且对于浮动担保有一些法定的限制。由于企业可以在设立浮动担保后仍然营业,因此在通常的经营范围内,在担保财产上拥有利益的债权人对于浮动担保财产享有优先权。

我国《担保法》对营业担保没有作出明确规定,但该法第 34 条规定,抵押人可以以法律规定的各种动产、不动产和权利一并抵押。一并抵押与财团抵押相类似,但并未具体规定此种抵押方法与一般抵押有何不同,因此不能认为该规定为有关财团抵押的规定。

第六节 连锁经营

一、连锁经营的概念

连锁,英文为“chain”,意为像链条一样结合起来。连锁经营是一种特殊的商行为,是指由总部及采购配送中心,与若干直营或特许加盟或自愿加盟商铺,按照统一管理与规模经济原则集合而成的商品或服务的采购销售系统,其实质在于将现代工业化模式引入传统的流通领域,从而达到规模经济的效果。

连锁经营首创于 19 世纪中叶的美国,第一家近代连锁店成立于 1859 年,名为“大西洋和太平洋茶叶公司”。随后这一商业经营模式很快影响到欧洲、日本等地,到 20 世纪三四十年代,已经在许多国家得到了较普遍的发展，成为当今世界普遍采用的一种现代化经营模式。连锁经营在我国起步较晚，在20世纪80年代中期被引入。1990年12月，第一家连锁企业美佳超市在广东开业。至今，连锁经营已成为我国主要商业经营模式之一，尤其集中在餐饮业、服务业和零售业等。

1995年，八届全国人大三次会议"政府工作报告"明确指出，"要积极发展商业连锁经营"。此后相关立法逐步完善，目前的连锁经营立法主要有：1997年《连锁店经营管理规范意见》，最早明确了连锁店的定义与分类；同年颁布的《关于连锁店登记管理有关问题的通知》，明确了连锁店的设立条件和形式以及申请登记注册的程序等；2002年《国务院办公厅转发国务院体改办、国家经贸委关于促进连锁经营发展若干意见的通知》，为发展连锁经营创造了良好的外部环境。此外，还有2009年文化部颁发的《网吧连锁企业认定管理办法》和2010年全国供销合作总社制定的《农村日用消费品连锁经营网络规范》《农业生产资料连锁经营网络规范》等。总体上，我国连锁经营管理立法以部门规章为主，没有"连锁经营企业法"之类的法律、行政法规，但民商事领域的法律也同样为连锁经营提供指导，如《合同法》《公司法》《商标法》《反不正当竞争法》《反垄断法》等。

二、连锁经营的分类

在我国商事实践中，依据经营权和所有权的集中程度不同，可将连锁经营分为直营连锁、特许连锁和自由连锁三种类型。直营连锁又称正规连锁、所有权连锁，即由同一资本所有，经营同类商品或服务，由同一个总部集中管理领导，共同进行经营活动的组织化的零售企业集团。[①] 直营连锁的所有权、经营权集中统一于总部，总部对全部连锁企业拥有完全的所有权和经营权，实施人、财、物、产、供、销等方面的管理，总部和各连锁店铺之间具有纵向产权关系；各直营连锁分支机构的负责人是雇员而非分支机构的所有者；各连锁门店不具有独立法人资格。直营连锁具有充分发掘企业内部资源、成本优势较大、重大决策具有灵活性等优势，但也有分店缺乏灵活性、投资额巨大等缺点，主要适用于大型百货商店等零售业，具有行业垄断的性质。随着连锁业态的发展，出现了特许连锁和自由连锁，并渐渐取代了直营连锁的主导地位。

特许连锁又称加盟连锁、合同连锁，这种连锁模式以契约为基础，指特许人以契约的形式，将自己所拥有的产品或业务、商号、商标、标识、专利等知识产权、经营和管理模式等授予被特许人在特定区域和时间内使用，并按特许合同约定向特许人支付相应报酬的经营模式。特许连锁具有"所有权分散、经营权集中"、特许人与被特许人之间具有纵向合同关系而非产权关系等法律特点。连锁经营的各门店享有独立的所有权，与总部之间不存在产权关系。经营权集中于总部，必须按照特许合同完成生产经营任务，特许合同乃维系特许人和被特许人之间连锁经营的纽带。特许人能以较少的资金迅速占领市场、扩大经营，增加连锁企业的实力和发展能力，而被特许人能借助连锁企业的品牌和商誉满足自身盈利的需求。

自由连锁又称自愿连锁或合作连锁，相对于前两种连锁模式，具有更大的自由度。日本将自由连锁定义为：分散在各地的众多的零售店，既维持着各自的独立性，又缔结着永久的连锁关系，

---

① 参见牛海鹏编著：《特许经营》，企业管理出版社1996年版，第51页。

使得商品的进货销售与事业共同化,以达到共享规模效益的目的。[①] 自由连锁中各零售店均为独立法人,各自的资产所有权关系不变,各成员使用共同的店名,与总部订立有采购、促销、宣传等方面的合同,并按合同开展经营活动。各零售店不仅独立核算、自负盈亏、人事自主,而且在经营品种、经营方式、经营策略上也有很大的自主权。在这个自由连锁经营组织里,连锁总部的控制力较弱,类似于行业协会,各分支机构成员可自由退出。

自由连锁与特许经营之间多有类似,但仍有诸多差异。首先,维系特许连锁的纽带是特许经营权的授予,特许方必须在如商标、专利等某些方面具有独特性;而自由连锁则是各零售商之间为了共同利益,使得进货等业务共同化而达成的横向或纵向经济联合,共同进货是自由连锁的最大诱因。其次,二者在总部与分店的关系上具有一致性,即总店与分店都不存在所有权关系,但特许连锁模式下的总部对分店的影响更大,联系更紧密,体现为分店必须严格按照特许经营合同完成生产经营任务。再次,特许连锁模式下的各分店之间没有横向联系,只是分店与总店之间具有纵向合同;而自由连锁的各零售商之间一般有横向合同。最后,自由连锁的自由性、灵活性更强,各门店可以自由加入或退出。

三、连锁经营的组织机制

连锁经营的组织机制由连锁总部、连锁分店、连锁配送中心组成。

1. 连锁总部又称为总公司、连锁总店,是指以自己独立的财产开展连锁经营活动,独立承担责任并始终位于连锁经营活动组织统领地位的独立法人组织。连锁总部的功能和作用有品牌建设、产品和市场开发、货物采购配送、质量管理、市场调研、分支机构经营指导、财务核算与管理、促销策划等。

2. 连锁分店又称连锁门店、连锁分公司,是构成整个连锁体系的基本组织单位。其主要职能是根据连锁总部的经营方针和规范要求,开展日常的经营活动。按其在连锁系统中不同的连锁形式,即分店与总部所有权以及经营权集中程度的不同,连锁分店的法律地位有所不同,它可以是与总部有产权关系的分公司或子公司,如直营连锁形式;也可以是拥有独立法律地位的纯粹联营形式的分支机构,如特许连锁和自由连锁形式。

3. 连锁配送中心是指隶属或独立于连锁总部、承担各连锁分店所需商品的运输、仓储、加工、集配等任务的综合流通机构,它在整个连锁企业管理运作中处于枢纽地位,其核心是销售代理和商品配送。作为总公司分支机构的配送中心,其经营活动必须得到部门的授权才能进行;独立于连锁总部的配送中心,其法律地位独立,与总公司之间属于契约关系,可根据经营自主权自主进行经营活动。在互联网平台快速成熟化的大环境下,连锁企业业务的发展离不开物流配送系统的支持。

在直营连锁模式下,总部是连锁体系的核心和枢纽,分店则是枝杈,总部与分部是上下级领导关系,总公司章程对各分店有约束力。自由连锁和特许连锁模式下,总部与分部是一种合同关系,法律地位平等,各自享有独立法人资格,业务上共同合作,形成指导与被指导的关系。在设计连锁企业的具体组织结构时,往往需要考虑权责明确、管理幅度适当、连锁经营形式、企业规模业态等要素。

---

① 参见江帆:《连锁经营方式中的法律关系及立法选择》,载《法商研究》1997年第5期。

四、连锁经营的法律特征

连锁经营是一种具有现代管理特征的商行为。一方面,它具有经营管理的规范性、内部架构的组织性、外部活动的统一性等重要法律特征;另一方面,它也具有限制竞争的潜在法律风险。

经营管理的规范性体现了连锁经营是高度规范化的商行为,进而节约了交易成本。其规范性主要表现在三个方面:(1)经营组织形式的规范性。连锁企业有直营连锁、特许连锁和自由连锁三种经营组织形式。(2)经营的规范性。对于连锁经营的基本形式和经营手段,既有企业的章程和当事人的协议明确规定,同时还必须符合法律的要求。(3)内部管理程序和内容的规范性。连锁经营的成功基础之一在于规范化的内部管理。连锁经营管理过程中的权限、职责和利益分配关系,都体现在企业各项规章制度之中。连锁企业采用统一进货、统一经营、统一管理的经营方式,所有门店都执行规范化的标准,改变了传统企业依靠经营者个人经验进行管理的状况,将每个经营环节变为流水线的简单环节,并使得每个环节标准化、规范化,这种规范化管理带来的是规模经济效应。

内部架构和运营的组织性是连锁经营商事行为的又一重要特点,其内部结构由总部、配送中心和分店三部分组成。总部是连锁经营的核心,负责货物的集中采购与配送、质量管理、财务管理、经营指导、市场调研、商品开发、促销策划、教育培训等事宜;各分店是连锁经营的基础,其在总部的统一管理下,按照总部的指示进行分销活动;配送中心承担各分店的进货、库存、运输、送货等服务。这些都充分表明这一商事行为的组织性特点。网络化的组织不仅带来标准化经营,也带来了迅速扩张。

外部活动的统一性体现了连锁经营能够充分实现这一特殊商事行为资源利用的集中和高效。主要表现为:(1)资本集中。相较于传统的单店经营,连锁经营经济实力雄厚,抗风险能力强。(2)企业管理和决策权集中。使得形象、商品和服务统一,易于维持消费者的忠诚。(3)资源集中。连锁经营企业对市场资源的集中利用;对资源的整合使企业获得了规模效益。

限制竞争的潜在法律风险,是连锁经营对市场自由、公平竞争秩序的挑战。连锁经营权人出于对自身知识产权、商誉等利益的保护,往往在连锁协议中设置一系列限制性条款,主要表现为连锁经营一方对另一方进行购买限制、价格限制、竞争业务限制、搭售限制等情形。不过,连锁经营的限制竞争应当具有正当性和适当性。参照比例原则,实践中往往通过以下几个标准判断限制竞争的限度和范围:(1)连锁经营中的限制竞争行为只能用于保护连锁经营当事人的合法权益;(2)该合法权益只能通过限制竞争的方式才能彻底获得保护;(3)保证该种行为的宏观经济利益大于其限制竞争所造成的损害;(4)不能通过限制竞争行为损害他人的正当权益,不得违背公共利益。

连锁经营这一特殊的商事行为,在经营活动中还面临法律责任的分担问题。一方面,连锁经营合同当事人之间的法律责任,属于连锁经营主体之间的内部责任,主要涉及有关连锁经营协议的违约问题;另一方面,连锁经营合同当事人与其他第三人之间的法律责任,属于外部责任。连锁经营中,基于连锁经营体系成员的故意、过失而产生的违约行为或侵权行为,将导致连锁经营权人承担相应的责任,常见的包括产品质量的瑕疵担保责任、产品质量侵权责任、未尽到安全保障义务造成他人损害的侵权责任等。而经营权人是否应当承担连带责任,或者在何种情况下承担连带责任,以及如何判断经营权人的过错,需要根据《合同法》《侵权责任法》《产品质量法》等予以确定。

第七节 特许经营

一、特许经营的概念

特许经营一词译自英文“franchising”。根据《布莱克法律词典》，“franchising”在汉语中有特许连锁和特许经营两种不同的翻译和理解。将“franchising”译为特许连锁是从连锁经营的角度出发，在于强调连锁的特许性。本书采特许经营的译法，将其视为一种单独的经营组织形式，以区别于连锁店和合作社等经营形式。

特许经营是营业的一种形态，是一种具体的商事行为。

特许经营起源于商业营销模式的创新，目的是建立销售网络。它最早出现于19世纪中期的西方国家，经过一百多年的发展，现已从传统的商业零售和服务业，拓展到整个商业、制造业、服务业(如保险、税务、会计、咨询、广告宣传)乃至各个产业。

我国的特许经营最早出现于20世纪80年代改革开放之后。伴随着商品经济体制的出现和流通领域的改革，国家逐渐赋予企业自主经营权，少数拥有良好品牌声誉的传统国有和集体企业，开始利用其品牌资源发展联营门店，扩张经营规模。与此同时，伴随改革开放的不断深入，国际著名特许经营企业竞相进入我国。至此，我国进入了一个特许经营快速发展时期。2007年颁布施行的《商业特许经营管理条例》是我国商业特许经营走向规范化和制度化的重要标志。

特许经营在世界经济，尤其在促进商业规模化、全球化的发展中发挥了重要作用，是20世纪下半叶以来全球的主导商业模式。然而，对特许经营这一特殊营业模式的法律性质、内涵与外延的认识，理论上还未达到一致。迄今，在世界范围内尚无为各方一致认可的权威定义。

当代世界各国普遍接受特许经营商事行为，并为此制定了相关法律法规，国际组织也提出了相关规则。比较著名的国际组织主要有欧洲特许经营协会联合会、世界知识产权组织、国际特许经营协会，这些国际组织都通过章程、指南等形式给特许经营下了定义。在所有定义中，国际特许经营协会给出的定义最具权威性和影响力，即特许经营是在特许权人和专营人之间缔结的合同关系，基于该合同关系，特许权人在诸如技术秘密和训练员工方面保持其对专营权营业的利益，而专营人获得授权使用由特许权人所有的或者控制的共同的商号、企业形象、工作程序等，但由专营人自己拥有或自行投资相当一部分的企业。①

美国等特许经营制度发展比较成熟的国家对特许经营的定义具有代表性。美国商务部将特许经营定义为：“主导企业将自己开发的商品、服务和营业系统(包括商标、商号、企业形象的使用权、经营技术等)，以合同的形式授予加盟店在特定的区域内经营和使用，加盟店则交纳一定的营业权使用费，并承担约定的义务。”日本通产省下的定义是：“特许经营指的是这样一种系统，即连锁系统的特许人与受许人以合同的形式规定特许人授予受许人使用其商号、商标等营业象征，以相同的企业形象从事企业活动的权利。特许人负有对受许人进行经营指导和向受许人长期提供商品(包括服务和其他资料)的责任。作为获得上述权利和服务的对价，受许人须向特许人支付

① 参见郑曙光、卢建益:《商业特许经营:经济法视野下的考察与分析》，载《宁波大学学报(人文科学版)》2006年第3期。

规定的加盟金、保证金和权利金。”[①]《新加坡公司法》认为特许经营是一种扩张经营规模的手段，这种日益显著的企业经营模式本质上是存在于特许权人和经营人之间的合同关系。[②]

在我国没有商法典的立法体例下，商事特许经营的立法主要为单行法规。1997 年内贸部颁布了《商业特许经营管理办法(试行)》,2004 年商务部颁布了《商业特许经营管理办法》,2007 年国务院颁布实施了《商业特许经营管理条例》。上述法规都对特许经营下了定义，例如，《商业特许经营管理条例》第 3 条规定，商业特许经营，是指拥有注册商标、企业标志、专利、专有技术等经营资源的企业(特许人),以合同形式将其拥有的经营资源许可其他经营者(被特许人)使用，被特许人按照合同约定在统一的经营模式下开展经营，并向特许人支付特许经营费用的经营活动。

从国际国内不同组织和机构对特许经营的表述中可以看出，关于特许经营概念的一些基本要素在国际商业社会中已相当程度地达成共识:(1)特许经营产生于双方合意，基于合同而存在；(2)特许经营的前提是特许人已经享有成功经营模式，并以此创立了属于自己的标识性权利(如商标、商号),并且这种权利通过特许使用可以给被特许人带来利益；(3)被特许人须以自有资金对其业务进行实质性投资，并形成自己所拥有的业务；(4)特许行为是一种营利行为。

二、特许经营法律关系

(一) 特许经营法律关系概述

特许经营法律关系由主体、客体和内容构成，它涉及特许人与被特许人之间的权利义务关系及各自与第三方发生的法律关系。

特许经营法律关系分为内部法律关系和外部法律关系。内部法律关系是特许人和被特许人之间基于特许经营权许可使用形成的合同关系。特许人和被特许人在产权上没有从属性，各自对外独立享有权利并承担义务。在特许内部权利义务分配上，遵循合同自由原则。外部法律关系是特许人、被特许人基于共同利益与第三人，如消费者、竞争者、债权人或债务人、社会公众等之间形成的法律关系。

特许经营关系是一种复合契约关系。首先，它是营业合作契约关系；其次，它是特许权授予契约关系；最后，它包含买卖、租赁、培训、开店、货物运输等诸类商业契约关系。但是，在特许经营关系中，特许人与被特许人之间不是母公司与子公司或分支机构之间的关系，也不是代理关系、分销关系、雇佣关系，更不是简单的商标许可关系，特许经营关系是商法中的一种特殊商事法律关系。

(二) 特许经营法律关系的主体

特许经营法律关系的主体是参与特许经营法律关系，享受权利、承担义务的商人。在不同类型的特许经营中，主体存在一定的差异，一般包括特许人、被特许人等。

特许人是指在特许经营活动中将自己的特许权组合有偿授予被特许人使用的适格法律主体。我国《商业特许经营管理条例》规定，只有企业才能成为特许经营中的特许人，商自然人和企业以外的其他单位不得作为特许人从事特许经营活动。同时法律还规定了特许人必须具备的其他要件，如特许人必须拥有注册商标、企业标志、专利、专有技术及其他可供被特许人利用的经营

① 何易:《特许经营法律问题研究》,中国方正出版社 2004 年版，第 2 页。

② 余冬爱:《特许经营商事法律制度研究》,法律出版社 2010 年版，第 24 页。

资源,应当拥有成熟的经营模式等。

被特许人是指在特许经营活动中通过有偿支付从特许人手中取得特许使用权的适格法律主体,又称“特许经营者”。商业实务中,特许人常被称为“总部”,被特许人则被称为“加盟商”“加盟店”。我国《商业特许经营管理条例》规定,被特许人是从事商事经营的经营者,即商人,可以是商法人,也可以是商合伙或商自然人。

(三)特许经营法律关系的客体

特许经营法律关系的客体是特许经营权,又称为“特许权”,是指由特许人授权被特许人依照特许人指定的经营模式以自己的名义从事商事交易,特许人可以因此获得财务回报的权利。

关于特许经营权的定义和性质,各国立法和学理解释并不一致。特许经营权实质上是由企业商誉权及其他无形财产权复合形成的特别知识产权,是一种将专利、商标、商号等知识产权的许可与经营模式的转让相结合的权利。可见,特许经营权实际上是知识产权的“一揽子”组合使用权,是知识产权复合权利的许可使用,其背后反映的是一种财产的流转利用关系,而不是财产的归属关系。[①]

考察国际国内不同组织和机构对于特许经营权的界定,可以发现特许经营权具有权利内容开放性、权利期限性、权利地域性、权利转让依赖性、权利非绝对排他性等几个基本特征。

三、特许经营合同

(一)特许经营合同概述

特许经营合同是特许经营法律关系的基础性法律文件,是特许经营体系赖以生存和发展的基础。它是特许人和被特许人缔结的,由特许人授予被特许人特许权,双方基于特许经营而确立的权利、义务以及由此而产生的各种关系的合意。在特许经营关系中,特许人和被特许人虽属于同一特许经营体系,但不存在产权关系,分别作为独立的经济实体对外独立享有权利和承担义务[②],特许经营合同是特许双方之间建立契约关系的依据。

特许经营合同是一种特殊的商事合同。我国关于特许经营合同的特别规定主要见于2007年国务院颁布的《商业特许经营管理条例》,其中第三章对特许经营合同的内容、合同的解除、特许经营期限以及费用等事项作出了明确规定。此外,特许经营合同还受到《民法总则》《合同法》《商标法》《专利法》《著作权法》《反不正当竞争法》《反垄断法》《外资企业法》《产品质量法》《消费者权益保护法》《公司法》《劳动法》《计算机软件保护条例》《企业法人登记管理条例》等法律法规的调整。

特许经营合同属于无名合同、诺成合同、要式合同、双务合同、有偿合同,还具有格式合同和固有继续性合同的性质。

(二)特许经营合同的订立

根据我国有关法律法规规定,特许经营合同必须采用书面形式,这主要是基于特许经营合同的复杂性和特殊性考虑而提出的要求。在实践中,当事人签订特许经营合同通常采用书面形式,且大都采用格式合同的形式。采用格式合同形式应当遵循《合同法》关于格式条款的规定。

---

① 肖小文等编著:《特许经营法律理论与实务》,中国人民大学出版社2014年版,第21页。

② 余冬爱:《特许经营商事法律制度研究》,法律出版社2010年版,第101页。

特许经营合同订立中,特许人负有先合同义务,即根据诚实信用原则,特许人应当承担说明、告知、注意、保密、忠实以及保护等义务,包括初次信息披露义务、真实宣传义务等。

我国对特许经营合同的订立设立了冷却期制度,赋予被特许人在冷却期内的任意解除权,允许被特许人在特许经营合同订立后的一定期限内单方解除合同,并且该解除权的行使不需要任何理由。冷却期制度是减少被特许人投资风险的制度设计。如果特许人因合同解除而遭受损失,只要不存在可归责于被特许人的事由,原则上被特许人无赔偿义务,更无须承担违约责任。但如果损失的产生系因可归责于被特许人的事由,则其应当赔偿损失。①

(三) 特许经营合同义务

特许人的主要义务有保证特许经营权无瑕疵的义务,持续提供信息、货物或货物标准、技术指导服务、广告宣传的义务等。

被特许人的主要义务有支付特许经营权使用费的义务,实施经营并作出实质性投资的义务,维护特许经营声誉的义务,接受检查监督的义务,以及保护特许经营体系和商业秘密的义务等。

(四) 特许经营合同责任

1. 特许经营合同当事人之间的法律责任。特许人和被特许人双方之间并非隶属关系,而是基于合同建立起来的商业合作关系,因此二者之间可以发生违约责任。

2. 外部责任,即特许经营合同当事人与第三人之间的法律责任,可能是违约责任或侵权责任。外部责任涉及特许人、被特许人与交易第三人的三方利益关系,究竟对交易第三人的责任由特许人承担还是由被特许人承担,抑或由二者连带承担,存在争议。学者对这种责任划分提出了不同观点,有表见代理说、自己责任说、连带责任说和补充责任说等;有的主张以被特许人自己责任原则为主,特许人补充责任为辅;有的主张以特许人连带责任为补充;也有的主张以特许人的直接责任为例外。这些观点对立法尤其对司法实践产生了不同的影响。

第八节　电 子 商 务

一、电子商务的概念和特征

电子商务是指通过互联网等信息网络销售商品或者提供服务的经营活动。其特征主要有三:

1. 通过互联网等信息网络进行交易。这是电子商务与传统商务的最大区别。此处的"信息网络"应作最广义的理解,包括但不限于现有的因特网、电信网、广播电视网等信息网络,也不限于现有的电脑、手机等移动终端。

2. 以商品或服务为交易内容。商品既包括有形的产品,也包括数字、音乐等信息产品。服务交易可细分为两类:一是交易对象本身就是服务的服务交易,如生活信息服务、在线教育服务等;二是支撑在线交易的相关活动,比如物流、支付平台等,这种交易具有一定的附属性,目的是促成其服务的电子商务交易活动。

3. 经营活动。首先,不以取得利润为目的的以物易物活动或公益捐款活动不属于经营活动。但是,以取得利润为目的,并不要求实际盈利结果的发生,也不要求所取得利润必须归电子商务

① 参见林晓编著:《特许经营商务法律解决方案——〈商业特许经营管理条例〉适用指南》,法律出版社 2007 年版,第 103 页。

主体所有,即使经营者没有获得利润或最终将盈利捐赠,亦不能改变其经营活动的性质。其次,经营活动是具有一定持续性的业务活动,自然人偶然利用网络出售二手物品、闲置物品,但不以此为业的,属于自然人民事活动。

二、电子商务法的调整对象和基本原则

1. 电子商务法的调整对象。理论上,电子商务法调整电子商务活动中形成的各种法律关系,规范一切电子商务活动,但《电子商务法》第2条第3款特别将两类特殊类型的商品和服务排除在调整范围之外。涉及金融类的产品和服务、利用信息网络提供新闻信息、音视频节目、出版以及文化产品等内容方面的服务,虽然本质上属于电子商务活动,但是其活动内容特殊,涉及面广,影响重大,关系到国民经济系统性安全、思想文化安全。因此,其经营主体的设立、终止,经营活动的具体规则,以及相应的监管制度,都与一般商品服务有显著区别,应由专门的规范进行调整。

根据《电子商务法》第2条第1款,电子商务法调整的是我国境内的电子商务活动。何谓“境内”电子商务活动?本书认为,境内外属性不以行为主体的国籍为判断标准,而以行为所在地为划分境内和境外的界限。境内电子商务活动包括纯粹发生在我国境内的电子商务活动、可分割跨境电子商务行为中的境内部分以及通过我国电子商务平台进行的电子商务活动。

2. 电子商务法的基本原则。我国电子商务法在肯定和吸收一般民商事法律原则的基础上,结合我国电子商务发展的现实特点,规定了电子商务法的基本原则。概括来说,电子商务法主要有自愿、平等、公平、诚信原则,安全原则,公平竞争原则,技术中立原则,鼓励创新原则,协同监管原则,以及促进发展原则7个原则。其中,公平竞争不仅包括电子商务经营者之间的公平竞争,也包括线上线下的平等竞争。技术中立是指电子商务经营者采用何种电子通信技术并不影响行为的法律效力,其通过技术手段实施的行为才是判断其行为是否合法、交易是否有效的重点。协同监管是指推动形成行政机关、行业组织、经营者、消费者等共同参与的社会共治模式。

三、电子商务经营者的概念与种类

电子商务经营者是电子商务法律关系的主体。根据《电子商务法》第9条的规定,电子商务经营者是指通过互联网等信息网络销售商品或者提供服务的自然人、法人和非法人组织。

《电子商务法》第9条根据电子商务经营者的经营方式与内容的不同,将电子商务经营者分为电子商务平台经营者、平台内电子商务经营者和通过自建网站、其他网络服务销售商品或提供服务的电子商务经营者。

1. 电子商务平台经营者。根据《电子商务法》第9条规定,电子商务平台经营者是指在电子商务中为交易双方或者多方提供网页空间、虚拟经营场所、交易规则、交易撮合、信息发布等服务,供交易双方或者多方独立开展交易活动的法人或者非法人组织。例如淘宝网、京东商城、苏宁易购等平台就属于典型的电子商务平台经营者。

2. 平台内经营者。根据《电子商务法》第9条的规定,平台内经营者是指通过电子商务平台销售商品或者提供服务的电子商务经营者。以京东商城为例,京东商城属于电子商务平台经营者,而在其平台内从事电子商务的经营者就属于平台内电子商务经营者。

3. 通过自建网站、其他网络服务销售商品或提供服务的电子商务经营者。现实生活中,有些

经营者既没有在平台内经营,也没有搭建平台供其他经营者入驻,而是自己建立网站自主经营。此类经营者就属于通过自建网站、其他网络服务销售商品或提供服务的电子商务经营者。

四、电子商务经营者的登记

1. 电子商务经营者的登记要求。对不同种类的电子商务经营者而言,登记的要求会有所不同,需要分类进行阐释:

(1) 自然人电子商务经营者。自然人电子商务经营者在电子商务市场中大都表现为个人网店或网商。个人网店或网商在网上作为电子商务经营者从事营业活动,不仅需要在电子商务平台经营者的平台上登记,也需要在市场监督管理部门登记。电子商务平台经营者也需要协助和监督平台内经营者完成登记义务。

(2) 非自然人电子商务经营者。非自然人电子商务经营者包括公司电子商务经营者、合伙电子商务经营者等电子商务经营者,其在从事电子商务活动时应当已经具备商事营业活动的主体资格。这类电子商务经营者并不需要再进行一次电子商务经营者的市场主体登记。

2. 市场主体登记的豁免。《电子商务法》规定了电子商务经营必先登记的除外条款:销售自产农副产品、销售家庭手工业产品、个人利用自己的技能从事依法无须取得许可的便民劳务活动和零星小额交易活动以及依照法律、行政法规不需要进行商业登记的除外。

《电子商务法》并没有规定对零星小额交易的判断标准。根据《企业所得税税前扣除凭证管理办法》第 9 条第 2 款规定,小额零星经营业务的判断标准是个人从事应税项目经营业务的销售额不超过增值税相关政策规定的起征点。由于设立市场登记制度很大程度是为配合税收部门征税的需要,此规章判断小额零星的标准亦可为电子商务所参考。

五、一般经营规则

1. 行政许可。所谓行政许可,是指具有许可职权的行政机关根据公民、法人或者其他组织等相对人的申请,经依法审查,以颁发书面证照等形式,决定是否赋予其从事特定活动的权利或资格的行为。任何民事主体未经行政许可不得从事法律规定的需要行政许可的特定事项。基于此,《电子商务法》第 12 条规定,电子商务经营者从事经营活动,依法需要取得相关行政许可的,应当依法取得行政许可。

2. 电子商务经营者的纳税义务。由于电子商务经营者在实践中可表现为与传统部门法主体对应的自然人、法人、非法人组织,我国税收法律制度并未与上述主体形态一一对应,而是以《企业所得税法》与《个人所得税法》为主体调控税款征收与缴纳法律关系,以《税收征收管理法》调整税款的征收管理工作。《企业所得税法》将其调整对象限定为企业和其他取得收入的组织,并将个人独资企业与合伙企业排除在外;《个人所得税法》规定了个人就收入所得缴纳所得税的相关事宜。《电子商务法》第 11 条明确规定了电子商务经营者的纳税义务,需依据电子商务经营者市场主体登记的具体形态而分别适用《企业所得税法》与《个人所得税法》。

3. 电子商务经营的安全保障和环境保护。

(1) 电子商务经营的安全保障。所谓电子商务经营的安全保障,是指电子商务经营者依照合同约定或法律规定,采取直接或间接措施保障交易安全,避免或减少交易风险,保护交易者的人身、财产利益不受损害或者在损害发生后采取合理措施进行补救的义务。包括以下具体内容:

第一,安全商品与服务提供义务。电子商务经营者销售的商品或提供的服务应当符合保障人身、财产安全的要求,以保证消费者参与电子商务活动的目的获得实现。

第二,危险防范义务。即安全交易环境的提供义务,是指电子商务经营者提供安全的交易环境,防止发生危害交易安全的风险的义务。这属于事前防范义务的范畴。

第三,危险排除义务。即电子商务经营者在接到交易对方遭受危险或损失的报告后,应及时采取有效措施排除已知的、范围确定的危险。

第四,止损协助义务。即在已经或可能导致交易对方的损失时,电子商务经营者应积极采取措施避免损失扩大;由于技术上的优势地位,电子商务平台经营者有义务在消费者权益受损的情况下向其提供相关的交易信息、记录或资料等证据,为消费者维护权益、挽回损失提供合理的帮助。

(2) 电子商务经营的环境保护。根据《电子商务法》的规定,电子商务经营的环境保护是指电子商务经营者销售的商品或者提供的服务应当符合环境保护要求。

电子商务线上经营以交易过程的无纸化为特点,本身就避免了有纸化导致的资源浪费,符合绿色环保的理念。然而在从开始交易到交易完成达成交易目的的过程中,会有交易的履行行为。虽然存在对信息产品等线上履行的情形,但大部分电子商务交易的履行需要借助线下物流完成。在物流中,非常有必要强调绿色环保原则,使用可降解的包装材料,不过度包装等。同时,对于销售商品的电子商务经营者而言,也应当销售有助于环境保护的商品,不销售有毒、有害的商品。

4. 电子商务经营信息的公示。根据《电子商务法》的规定,电子商务经营者进行信息公示,应该符合下列法定要求:

(1) 公示的位置:必须在首页显著位置公示。公示应当便于与电子商务经营者进行交易的对方当事人第一时间了解和知悉其营业和许可的相关情况,即能让一般的交易相对人无须繁杂程序便能比较容易地知悉其营业执照和行政许可以及是否豁免登记等信息。

(2) 公示的方式:可以公示需公示的具体信息,也可以公示具体信息的链接标识。这体现了电子商务领域追求效率的基本要求,因为并非所有的交易相对人都要求第一眼看到营业执照或行政许可的电子版本。

(3) 公示的期限:持续进行公示。为保证潜在交易相对人对电子商务经营者相关情况的随时了解,《电子商务法》明确规定无论是信息的初始公示、信息变化后的更新公示还是终止经营前的公示,都应该持续进行。

5. 电子商务经营凭据的出具。我国《消费者权益保护法》第 22 条明确规定,经营者提供商品或者服务,应当按照国家有关规定或者商业惯例向消费者出具发票等购货凭证或者服务单据;消费者索要发票等购货凭证或者服务单据的,经营者必须出具。电子商务经营者只是经营方式特殊(即线上经营),仍属于经营者,当然应当承担《消费者权益保护法》规定的经营者的法定义务,这也是《电子商务法》没有重复规定在消费者索要购货凭证或服务单据时,电子商务经营者必须出具的原因。《电子商务法》第 14 条明确规定了电子商务经营者销售商品或者提供服务应当依法出具纸质发票或者电子发票等购货凭证或者服务单据,明确了电子发票与纸质发票同等的法律效力。

6. 电子商务经营中的搭售。通常认为,搭售(tie-in)也称搭配销售、捆绑销售,是指交易一方在销售主卖商品或服务时，要求交易对方购买其他商品或服务作为交易成立条件的行为。其中主卖商品或服务称为“结卖品”（tying product），被搭配出售的产品或服务称为“搭卖品”（tied product）。我国《电子商务法》的规定体现了对搭售合理性的认可，同时明确规定了电子商务经营者实施搭售行为时，应履行下列义务：

（1）电子商务经营者以显著方式提醒的积极义务。电子商务经营者搭售商品或者服务时，应当以显著方式提醒消费者注意其正在实施搭售行为。

（2）电子商务经营者不得默认同意的消极义务。不得将搭售作为默认同意选项，这是针对电子商务交易的独有特点对电子商务经营者施加的义务。点击同意是电子商务交易的典型形式，消费者往往不会认真阅读电子商务经营者提供的交易条件，如果立法允许经营者将搭售商品或服务作为默认同意的选项，则意味着大多数情况下即使消费者点击同意，也不是其真实的意思表示，违背商事交易自治的基本原则，也不利于对消费者权益的保护，故电子商务经营者必须明示告知而不能默认同意。

7. 电子商务经营中的用户信息管理

电子商务经营中的用户信息管理，除了依照法律与行政法规对收集到的信息尤其是个人信息进行保护以及提供查询、更正、删除及注销服务外，还包括对用户发布信息的管理与监督。结合《电子商务法》与《网络安全法》的相关规定，电子商务经营者在用户信息管理中应承担下列义务：

（1）用户信息保护的义务。电子商务经营者对于收集、使用的用户信息，应采取必要的技术或其他措施保护信息的安全。对于个人信息的收集与使用，应当遵守法律、行政法规的相关规定。

（2）用户信息查询、更正、删除及注销服务的提供义务。根据相关法律法规的规定，具体包括以下几个方面：

第一，明示操作方式和程序的义务。电子商务经营者必须将用户信息查询、更正、删除以及注销的方式和程序予以公开，便于用户知悉。

第二，对用户信息处理不设置不合理条件的义务。电子商务经营者须为用户在信息的查询、更正、删除以及注销方面提供最大的便利，不得通过设置条件的方式加以阻拦或为自身牟利。

第三，用户信息处置时的身份核实义务。电子商务经营者在提供用户信息处置程序中可以使用绑定手机验证码、输入身份证等核实方式，确保是用户本人进行的操作。

第四，用户信息删除时的及时操作义务。电子商务经营者不得以核实身份为由，不正当地拖延对用户信息和账户进行操作的时间。

六、电子商务平台经营者及其义务与责任

1. 电子商务平台经营者概念。依据《电子商务法》第 9 条规定，电子商务平台经营者，是指在电子商务中为交易双方或者多方提供网络经营场所、交易撮合、信息发布等服务，供交易双方或者多方独立开展交易活动的法人或者非法人组织。

2. 电子商务平台经营者的义务。电子商务平台经营者的多重身份决定了其既应承担市场主体应负担的公平交易、公示规则等义务，也应承担具有一定准公共性的承担管理职能的市场主体应该负担的管理性义务。

(1) 电子商务平台经营者核验登记与信息报送、提示义务。电子商务平台经营者对进入其平台销售商品或提供服务的经营者或非经营用户提供服务时,应当要求其提交身份、地址、联系方式、行政许可等真实信息,进行核验登记,建立登记档案,并定期核验更新。

(2) 服务协议和交易规则的制定与公示义务。根据《网络购物服务规范》以及《第三方电子商务交易平台服务规范》,平台交易规则应当包含以下内容:①用户注册制度;②平台交易相关规则;③信息公示制度;④个人信息保护制度;⑤商业秘密保护制度;⑥消费者权益保护制度;⑦广告发布审核制度;⑧交易安全保障制度;⑨数据备份制度;⑩交易争端解决制度、违法信息举报处理制度等法律、法规规定的其他制度。

(3) 建立健全信用评价制度的义务。电子商务平台经营者信用评价制度,主要由消费者评价系统和平台信用评定系统组成。消费者评价系统是平台采用技术手段建立的,收集消费者对平台内经营者提供商品与服务的质量、履约情况、服务态度、售后保障等事项作出的主观评价,进行公示并实时更新的系统。平台信用评定系统是指平台根据自身设置的科学、公平的资信评定标准,通过参考消费者评价信息和自身掌握的经营者交易信息,对平台内经营者作出的合理、直观的信用等级评价体系。

(4) 搜索结果显示和竞价排名提示义务。电子商务平台经营者应当根据商品或者服务的价格、销量、信用等以多种方式向消费者显示商品或者服务的搜索结果,对于竞价排名的商品或者服务应显著标明“广告”。

(5) 电子商务交易安全保障义务。电子商务平台经营者的交易安全保障义务至少应该包括交易系统的安全维护义务(即网络安全保障义务)与消费者人身、财产安全的保护义务(即消费者安全保障义务)。

(6) 电子商务平台经营者信息记录、保存义务。电子商务平台经营者应当记录、保存平台上发布的商品和服务信息、交易信息,并确保信息的完整性、保密性、可用性。

(7) 违法经营处置义务。电子商务平台经营者发现平台内经营者销售商品或提供服务的行为存在违法情形的,应依法采取必要的处置措施,及时公示,并向有关主管部门报告。

(8) 平台业务与自营业务区分义务。电子商务平台经营者从事自营业务的,意味着其自身介入了商品与服务交易的法律关系之中,电子商务平台经营者同时作为网络交易服务提供者与商品、服务交易的提供者,应当履行电子商务平台经营者和商品、服务销售者的双重义务,并应当将二者业务进行区分。

(9) 与平台内经营者的公平交易义务。该项义务包括:①保证平台内经营者不同意修改的服务协议与交易规则时退出平台的权利。平台内经营者不接受修改内容,要求退出平台的,电子商务平台经营者不得阻止,并按照修改前的服务协议和交易规则承担相关责任。②不得对平台内经营者实施不合理交易行为的义务。电子商务平台经营者不得利用服务协议、交易规则以及技术等手段,对平台内经营者在平台内的交易、交易价格以及与其他经营者的交易等进行不合理限制或者附加不合理条件,或者向平台内经营者收取不合理费用。

3. 电子商务平台经营者的民事责任。电子商务平台经营者承担的民事责任有违约责任、侵权责任与缔约过失责任三种情形。在此主要介绍侵权责任。

(1) 电子商务平台经营者的民事侵权责任。《电子商务法》在第38条第1款规定,电子商务平台经营者知道或者应当知道平台内经营者销售的商品或者提供的服务不符合保障人身、财产安全的要求,或者有其他侵害消费者合法权益行为,未采取必要措施的,依法与该平台内经营者承担连带责任。《电子商务法》第 38 条第 2 款规定,对关系消费者生命健康的商品或者服务,电子商务平台经营者对平台内经营者的资质资格未尽到审核义务,或者对消费者未尽到安全保障义务,造成消费者损害的,依法承担相应的责任。此外,《电子商务法》第 42 条和第 45 条也规定了电子商务平台经营者承担连带责任的情形,其与该法第 38 条第 1 款规定的法律性质相同,均是源自电子商务平台经营者对平台内经营者违法行为事后纠正义务的违反,且与《侵权责任法》第 36 条形成制度衔接。依照《电子商务法》的规定,侵权责任的构成要件有:①电子商务平台经营者存在过错,即电子商务平台经营者知道或者应当知道平台内经营者存在特定的违法行为,没有采取必要措施;②消费者的权益受到损害,既包括现实的损害,也包括潜在的损害;③电子商务平台经营者的不作为与消费者的损害之间存在因果关系,即电子商务平台经营者的不作为行为与消费者的人身、财产利益损害之间具有直接或间接的因果关系。

(2) 电子商务平台经营者与平台内经营者之间的连带责任。电子商务平台经营者与平台内经营者之间的连带责任属于不真正连带责任。所谓不真正连带责任,是考虑到直接责任人履行能力的不足,在其与不真正连带责任人之间并不具备连带责任的构成要件时,也让后者承担与连带责任人类似的法律责任。电子商务平台经营者与平台内经营者并未共同实施侵权行为,平台内经营者的侵权行为是侵害消费者的合法权益或知识产权;电子商务平台经营者的侵权行为是未积极采取必要措施。对于此种行为,法律无法规定、其相互之间也不可能约定责任分担,一般由直接责任人承担最终责任。但考虑到平台内经营者履行能力有限,为保护受害人的合法权益,一旦平台内经营者无法承担全部责任,电子商务平台经营者应承担不真正连带责任。

七、电子商务经营中的权益保护

1. 消费者权益保护。电子商务消费者权益保护,是指国家对互联网销售商品或者提供服务的相关经营活动进行规范,保护消费者合法权益不受侵害的立法、司法、执法活动,也包括社会监督和经营者自律。根据《电子商务法》和《消费者权益保护法》的规定,消费者享有的权益如下:

(1) 安全权,即消费者享有人身和财产安全不受侵害的权利。

(2) 知情权,即消费者享有知悉其购买、使用的商品或者接受服务的真实情况的权利。

(3) 选择权,即消费者享有根据自己的意愿自主选择购买的商品及接受的服务的权利。

(4) 公平交易权,即消费者享有获得质量保证、价格合理、计量正确等公平交易条件,以及拒绝经营者的强制交易行为的权利。

(5) 获得赔偿权,即消费者因购买、使用商品或者接受服务受到人身、财产损害的,享有依法获得赔偿的权利。

(6) 受尊重权,即消费者在购买、使用商品和接受服务时,享有人格尊严、民族风俗习惯得到尊重的权利。

(7) 消费者监督权,即消费者享有对商品和服务以及消费者权益保护工作进行批评、建议、检举、控告的权利。

(8) 消费者反悔权,又称无理由退货权,即消费者在商品交易合同成立并生效、支付价款取得商品后，依法或依约定在一定期限内享有的无条件退货并解除合同而不必承担违约责任的权利。

(9) 个人信息受保护权，即消费者对个人信息所享有的支配、控制和排除他人侵害的权利。

2. 知识产权保护。电子商务知识产权保护制度，是指为促进电子商务健康发展，规制电子商务交易中侵犯知识产权的行为，保护知识产权人合法权利而设立的一系列法律规范的总称。由于电子商务知识产权保护制度的核心特点是通过规定电子商务平台经营者的义务与责任来保护知识产权，本书主要介绍电子商务平台经营者的知识产权保护义务。

(1) 信息收集和审核义务。电子商务平台经营者应当要求申请进入平台销售商品或者提供服务的经营者提交其身份、地址、联系方式、行政许可等真实信息，进行核验、登记，建立登记档案，并定期核验更新。

(2) 建立知识产权保护规则的义务。知识产权保护规则可以引导和规范电子商务平台经营者的行为，还可以作为管理和处罚的依据。

(3) 通知—删除义务。电子商务平台经营者在收到权利人的通知后应当及时采取必要措施。此处的“及时”并不是要求电子商务平台经营者一收到通知就立即遵循通知的要求实施删除、断开链接等行为。因为电子商务平台经营者要核实通知发出者的真实身份，或者当其认为权利人提供的初步证据不充分时，可以要求权利人补充证据。

(4) 反通知—告知义务。电子商务平台经营者履行完“通知—删除”的义务后，如若平台内经营者发出不侵权的声明，还负有将声明转通知给权利人的义务。

(5) 终止采取必要措施的义务。采取必要措施建立在侵权行为可能发生的基础之上，如果侵权行为并未发生，就会妨害平台内经营者的经营活动，损害其商业信誉。因此当被控侵权的平台内经营者发出不存在侵权行为的声明后，电子商务平台经营者应催促权利人通过投诉或起诉的方式维护自己的权利。

(6) 公示义务。公示义务是指电子商务平台经营者应当及时向社会公众公布侵权处理流程中收到的通知、声明和最终的处理结果。电子商务平台经营者履行公示义务有助于保障消费者的知情权，加强社会公众对平台内经营者经营活动的监督。

(7) 主动删除义务。主动删除义务是指电子商务平台经营者在知道或应当知道平台内经营者侵犯知识产权时，应当主动采取必要措施制止侵权行为，防止损失进一步扩大。

3. 个人信息保护。随着大数据和互联网技术的发展，人们在享受电子商务带来的诸多便利的同时，也面临着个人信息数字化带来的风险。因此，电子商务中的消费者权益保护已不仅仅局限于对传统权利的保护，消费者的个人信息保护越来越受到法律的关注。《电子商务法》中有一系列涉及个人信息保护的法律规定，这些规定与其他保护个人信息的法律、法规共同形成了对电子商务消费者个人信息的完整保护。

我国《电子商务法》第 5 条明确了电子商务经营者保护个人信息安全的义务，第 23 条、第 24 条对电子商务经营者收集、使用、查询、更正、删除、保存用户个人信息等一系列行为作出了具体规定，第 25 条通过规定电子商务经营者在特定情形下向国家部门提供信息的义务及有关部门对数据信息的安全保障义务，为个人信息安全提供全方位的法律保障。

总结而言，个人信息权利是包括同意权、知情权、查询权、修改权、删除权等在内的一整套权利。具体内容如下：

(1) 同意权。即在电子商务交易过程中，电子商务经营者收集、使用个人信息必须征得消费者的同意。

(2) 知情权。即消费者对于经营者收集、处理、控制自身个人信息享有知情权，经营者在对消费者的个人信息进行相关处理时，应使消费者知情。

(3) 查询权。即消费者有权查询经营者收集的个人信息。经营者应以适当的技术手段保障消费者对其个人信息的查询，以及时发现与消费者个人实际情况不符的个人信息。

(4) 修改权。即消费者通过行使查询权获知经营者收集的个人信息时，如发现经营者收集的个人信息与实际情况不符，有权要求经营者修正、补充、完善相关信息。

(5) 删除权。即消费者有权要求经营者删除其收集并保存的与消费者有关的个人信息。

4. 公平竞争保护。随着信息技术的发展，电子商务领域垄断市场竞争以及不正当的竞争手段呈现出多样化的趋势，电子商务经营者可能利用技术手段实施有别于传统领域的不正当竞争行为。如通过插件技术，在未经搜索引擎经营者同意的情况下恶意插入广告。因此，有必要将商法、经济法中公平参与市场竞争的原理在电子商务领域加以应用，使电子商务各个参与者获得应有的市场地位，平等参与市场竞争，保护各方主体合法的公平竞争权益，塑造良好的电子商务经营环境。

保护电子商务中的公平竞争权益，一个重要方面就是要反对不正当竞争行为和限制竞争（垄断）行为。在电子商务领域，我国《反垄断法》规定的垄断协议、滥用市场支配地位、经营者集中与行政垄断 4 种传统的垄断行为与《反不正当竞争法》规定的 6 种传统不正当竞争行为（即商业标识的混淆、商业贿赂、不正当宣传、侵犯商业秘密、不正当有奖销售和商业诋毁）均有发生。但是，电子商务的互联网属性和主体复杂性导致电子商务不正当竞争呈现出自己的特点。

(1) 滥用市场支配地位。《电子商务法》第 22 条规定："电子商务经营者因其技术优势、用户数量、对相关行业的控制能力以及其他经营者对该电子商务经营者在交易上的依赖程度等因素而具有市场支配地位的，不得滥用市场支配地位，排除、限制竞争。"根据该条，判断是否具有市场支配地位需要考虑三点：一是技术优势。技术是电子商务交易的主要依托，一旦某个电子商务经营者拥有某个环节的技术优势，无疑加大了其支配市场的可能性。二是用户数量。用户数量决定了电子商务经营者的市场份额和影响力，亦是考量支配地位的重要因素。三是对相关行业的控制能力。

(2) 行政垄断。《电子商务法》第 4 条规定："各级人民政府和有关部门不得采取歧视性的政策措施，不得滥用行政权力排除、限制市场竞争。"此处的"歧视性的政策措施"，从行为手段来看，既包括通过具体行政行为滥用行政权力排除、限制竞争，也包括针对不特定对象的抽象行政行为，即制定含有排除、限制竞争内容的政策文件；从涉及内容来看，既包括在税收方面的优惠，也包括在市场准入和经营领域方面设置不同门槛，还包括在产品质量检验、认证等方面制定不同标准等多种表现方式。因此，只要没有正当、必要的理由，且行为在实质上产生或造成了排除、限制竞争后果，即可认为该行为破坏了电子商务参与者的公平竞争权益，属于电子商务领域的行政垄断。

(3) 虚假或引人误解的商业宣传。《反不正当竞争法》第 8 条规定经营者不得对商品的性能、功能、质量、销售状况、用户评价、曾获荣誉等作虚假或者引人误解的商业宣传，欺骗、误导消费者；也不得通过组织虚假交易等方式，帮助其他经营者进行虚假或者引人误解的商业宣传。

八、电子商务合同

1. 电子商务合同的概念。电子商务合同是电子商务当事人以数据电文形式订立的，设立、变更、终止民事权利义务关系的合同。我国《合同法》第 11 条借鉴《电子商务示范法》有关“书面形式”的规定[①]，明确规定数据电文也属于合同的书面形式：“书面形式是指合同书、信件和数据电文(包括电报、电传、传真、电子数据交换和电子邮件)等可以有形地表现所载内容的形式。”

本质上，电子商务合同是电子商务交易当事人之间订立的合同，这种合同的适用范围涵盖电子商务当事人之间有关交易的各种事务。电子商务合同仅是形式较为特殊、新颖，但这种特殊形式并不改变其作为合同的法律属性，其实质内容依然是当事人之间权利义务的分配。

2. 电子商务合同订立的特殊规定。电子商务合同的订立是指电子商务当事人为促成交易而进行协商、达成合意的过程。《电子商务法》对电子商务合同的订立没有特别规定的，遵循《合同法》的一般规定；有特别规定的，如要约承诺规则，应遵循《电子商务法》的有关规定。

《电子商务法》第 49 条第 1 款规定：“电子商务经营者发布的商品或者服务信息符合要约条件的，用户选择该商品或者服务并提交订单成功，合同成立。当事人另有约定的，从其约定。”电子形式的要约不同于传统纸质与口头形式发出的要约，通过法律明确规定的方式承认这种要约的法律效力是所有电子合同制度的法律基础。对具有要约性质的数据电文效力的承认，实际上是对电子意思效力的承认。根据《电子商务法》的规定，电子商务合同中的承诺是指当事人选择相应商品或者服务并提交订单成功，合同经承诺后即告成立。

数据电文的撤销与撤回制度是阻止数据电文形式的意思表示发生法律效果的制度。要约人或受要约人撤回要约或承诺的，撤回要约或承诺的通知必须在要约或者承诺到达相对人之前到达或与之同时到达相对人，否则不发生撤回的效力。在电子商务合同的订立过程中，虽然数据电文往往可以瞬时到达，发出人难有时间撤回，但仍存在撤回的可能，不应由此而完全否定撤回制度。对于撤销制度，传统的观点是只能撤销要约而不能撤销承诺。

3. 电子商务合同效力的特殊规定。基于电子商务合同种类的不同，民事行为能力对合同效力的影响应分为两种情形：(1) 对于在网上订立一般合同进行交易的当事人，根据法律规定，如果通过实名认证等形式表明当事人具备相应的民事行为能力，且以其名义发出数据电文的，发出者视为具备相应的民事行为能力。如果当事人未通过实名认证或其他形式表明民事行为能力的，真实的民事行为能力适用《民法总则》和《合同法》的相关规定。(2) 对于接受公共信息服务的当事人，不论其年龄或精神状态如何，均应视为完全民事行为人。

4. 电子商务合同的交付。交付在合同中意义重大，涉及风险的转移、所有权的转移、标的物孳息的归属和执行何种政府定价或者政府指导价等问题，对于合同的履行和争议解决具有重要的意义。《电子商务法》明确规定了以快递方式交付商品、交付服务产品以及交付在线数字产品的交付时间。

对于以快递方式交付的商品，一般由卖方承担送货或寄送义务。在收货方签收前，货物处于卖方或物流公司的控制之下，收货方无法实际控制商品，因此规定以买方签收时间为交付商品的

---

① 《电子商务示范法》第 6 条规定，如法律要求信息须采用书面形式，或规定了并非书面时的某些后果，则假若一项数据电文所包含信息可以调取以备日后查阅，即为符合书面形式要件。

时间。需要注意的是，学理上，商品交至第一承运人或者收货方收到商品时即完成交付行为，签收不是交付的必要环节。为促进电子商务经济的发展，保护消费者的利益，《电子商务法》第51条将交付完成时间延后至签收的时间，即“合同标的为交付商品并采用快递物流方式交付的，收货人签收时间为交付时间”。

对于标的为提供服务的合同，其服务产品的交付时间为电子或者实物凭证中载明的时间。此类合同没有标的物，不涉及交付问题，也不涉及标的物损毁灭失的风险承担问题，因此单纯讨论交付时间没有意义。对于服务合同而言，不论是交付服务产品的时间还是提供服务的时间，和通过快递方式交付商品的合同一样都属于形式上的交付时间，当这一时间与实际交付时间不一致或者记载不明时，应当以实际交付时间为准。

对于无形的信息产品，合同当事人通过网络传输相应的数据信息完成交付，如在线影视、音乐、游戏道具、各类软件等。因为标的物具有特殊性，对于这类合同，在交付时间方面也应当有特殊的规定，不应当以实物交付或签收时间为准，而应当以发送的信息产品进入买方的特定系统且能够为买方检索识别时为准。采用电子邮件方式交付信息产品的，自接收方收到该电子邮件时交付完成；采用许可下载的方式交付的，应在被许可方下载完毕后交付完成；如果该信息产品为第三方所持有，需要通过授权的方式使得被授权人访问第三方资源从而完成交付，则当被授权人获得访问该资源的授权凭证或权限，如获得账号及密码时，风险责任转移给被许可方。

当然，关于标的物交付时间，当事人可以作出不同的约定。例如，当事人可以约定在指定地点将标的物交给承运人的时间为交付时间。

九、电子支付

1. 电子支付的概念和类型。电子支付是指以计算机和通信技术为手段，通过计算机网络系统，以电子信息传递形式在付款人与收款人之间实现货币支付与资金流通。我国《电子商务法》第53条第1款规定：“电子商务当事人可以约定采用电子支付方式支付价款。”电子支付按照不同的标准可以分为不同的类型。

根据支付渠道的不同，电子支付可分为基于互联网的支付（网上支付）、基于移动网络的支付（移动支付）、基于电话网络的支付（电话支付）、基于数字电视网络的支付（数字电视支付）和基于金融专用网络的支付。其中网上支付和移动支付不仅包括银行电子支付，也包括第三方电子支付。根据支付金额的大小及用户对象范围，电子支付可分为小额电子支付（消费性电子支付）和大额电子支付（商业性电子支付）。根据支付账户的性质，电子支付可分为银行卡支付、电子票据支付和电子货币支付。根据是否存在银行以外的支付中介，电子支付可分为电子银行直接支付和第三方机构支付。

2. 电子支付法律关系。电子支付法律关系是指因通过电子形式的支付指令实现货币资金转移而在电子支付主体之间产生的法律关系。电子支付法律关系涉及多个主体，相较银行电子支付，第三方电子支付中还存在第三方支付机构，因而银行电子支付和第三方电子支付包含不同的法律关系。

在银行电子支付中，电子支付服务提供者只是商业银行。因此，银行电子支付法律关系的主体包括客户和银行。客户分为付款人和收款人。付款人银行又称发起行，是接受客户委托发出电子支付指令的银行。收款人银行又称接收行，是电子支付指令接收人的开户银行。银行电子支付法律关系主要包括付款人与收款人之间的债权债务关系、客户与银行间的金融服务合同关系、发起行和接收行之间的资金划拨关系。

第三方电子支付是指有第三方支付机构参与的电子支付，是目前主流的电子支付方式。[①] 第三方支付机构利用计算机和智能移动设备等通信媒介，连接商业银行、卖家和买家，确保货币资金在三者之间安全高效地移转。具体来说，首先，第三方支付机构要与商业银行等金融机构以及不同类型的商家进行合作，并连接银行支付结算系统的接口。其次，第三方支付机构需要设立支付账户，通过让客户开立虚拟的支付账户的方式为客户提供资金划转、支付结算等不同类型的服务。根据第三方支付机构在电子支付中的作用，可将其分为第三方支付机构作为支付网关参与的电子支付和第三方支付机构作为中介参与的电子支付。第三方电子支付涉及的民事法律关系主要有基础交易当事人的合同关系、第三方电子支付机构与客户的支付服务合同关系、第三方电子支付机构与银行的业务合作合同关系。

3. 电子支付指令与损失分担。电子支付指令是指付款人向电子支付服务提供者发出的将固定的或者可确定的货币金额交付收款人的无条件指令。《非金融机构支付服务管理办法》第 25 条规定："支付机构应当在客户发起的支付指令中记载下列事项：(一) 付款人名称；(二) 确定的金额；(三) 收款人名称；(四) 付款人的开户银行名称或支付机构名称；(五) 收款人的开户银行名称或支付机构名称；(六) 支付指令的发起日期。客户通过银行结算账户进行支付的，支付机构还应当记载相应的银行结算账号。客户通过非银行结算账户进行支付的，支付机构还应当记载客户有效身份证件上的名称和号码。"

支付指令错误是指在支付指令传递过程中出现支付指令所载内容与指令发出人内心真意不一致的瑕疵。可能的错误包括付款人错误、付款账号错误、收款人错误、收款账号错误、金额错误、支付时间错误、支付指令重复发出等。[②] 非授权支付，是指非经付款人授权发起支付指令，使用商业银行账户或者支付机构账户，在收付款人之间实现资金转移的行为。非授权支付往往是因为用户的电子支付工具被盗、丢失等而发生的未经用户确认的电子支付。《电子商务法》第 57 条第 2 款规定："未经授权的支付造成的损失，由电子支付服务提供者承担；电子支付服务提供者能够证明未经授权的支付是因用户的过错造成的，不承担责任。"《电子商务法》对未经授权的支付造成的损失采取过错责任原则，且推定电子支付服务提供者存在过错。《电子商务法》第 57 条第 3 款规定："电子支付服务提供者发现支付指令未经授权，或者收到用户支付指令未经授权的通知时，应当立即采取措施防止损失扩大。电子支付服务提供者未及时采取措施导致损失扩大的，对损失扩大部分承担责任。" 此款明确了电子支付服务提供者的减损义务。电子支付服务提供者发现支付指令未经授权，或者收到用户支付指令未经授权的通知时即承担立即采取措施防止损失扩大的减损义务。减损义务属于"不真正义务"，用户通常不得请求履行，而对该义务的违反一般并不产生强制执行或损害赔偿之后果，只发生电子支付服务提供者利益的减损[③]，即对损失扩大部分承担责任。之所以规定电子支付服务提供者的减损义务，是因为电子支付服务提供者最有

---

① 参见赵旭东主编：《中华人民共和国电子商务法释义与原理》，中国法制出版社 2018 年版，第 420 页。

② 参见电子商务法起草组编著：《中华人民共和国电子商务法条文释义》，法律出版社 2018 年版，第 174 页。

③ 参见韩世远：《合同法总论》，法律出版社 2018 年版，第 809 页。

条件也最有责任去发现未授权支付行为，电子支付服务提供者在知道或者应当知道发生支付未授权或者存在较高风险时，应当采取冻结账户、拒绝交易、追回资金等有效措施阻止损失扩大，否则应当承担损失扩大的责任。[①]

第九节　商 事 运 输

一、商事运输概述

（一）概念

运输是指为物或者人提供空间移动的行为[②]，即商事主体基于营利目的或者营业需要而为托运人或者旅客提供的运送服务行为。在现代社会，多数场合下的运输之本质是商事主体提供的一种劳务服务，无论以何种运输工具运送，都是一种构成营业的商事行为，故在商法上称为商事运输。

按照不同的分类标准，可以对商事运输做不同的分类。常见的有：以运输工具为标准划分的铁路运输、公路运输、航空运输、管道运输、海上运输、内河运输等；以被运送对象或者运输行为的客体为标准划分的旅客运输和货物运输；以运输方式为标准划分的单一运输和联合运输（简称联运），而联运又可进一步区分为同式联运和多式联运；等等。

（二）性质

1. 营利性。商事运输既然为一种典型的商行为，那么营利性必为其内在的性质之一。有学者认为运输应该做民事运输与商事运输之分，笔者对此不以为然。综观我国立法，其所规范的运输均为商事运输，并无“民事运输”一说，其中的判断要点便在“营利性”上，即运输中所要求的营利目的。反映在合同中就是接受服务的一方必须向承运人支付一定的运费，且不难发现运费是高于运输成本的。承运人持续性地从事同一经营行为的目的就在于利润之获取，其营利性便是不证自明的。

2. 准公共产品性。准公共产品指的是介于公共产品与私人产品之间的、兼具部分公共产品和部分私人产品性质的某类产品。现实生活中，诸如医疗服务、非义务教育以及某些需要付费使用的基础设施等，均属于准公共产品[③]。准公共产品是具有有限的竞争性或者有限的非排他性的公共产品。交通运输是一种典型的准公共产品，在一国的基础设施中占有很大的比重。公共运输直接涉及社会各阶层和各个方面，关系最基础的社会生活和社会生产。从历史上看，各国均对交通运输业实行中央集权，但这并不意味着不允许私营。目前的这种中央集权是以法律调整和间接调控的方式实现的：一方面，国家对交通运输业采取保护或者扶持的态度，甚至由国家直接经营；另一方面，基于对公众利益的保护，又对承运人施加限制，即要求承运人必须是“具有特定的资格、拥有运输能力的企业或者其他经济组织”[④]，“专指为人完成运送物品或旅客之工作之人”[⑤]。

---

① 电子商务法起草组编著：《中华人民共和国电子商务法条文释义》，法律出版社 2018 年版，第 186 页。

② ［日］近藤光男：《日本商法总则·商行为法》，梁爽译，法律出版社 2016 年版，第 24 页。

③ 参见陈其林、韩晓婷：《准公共产品的性质：定义、分类依据及其类别》，载《经济学家》2010 年第 7 期。

④ 郑翔、张长青编著：《运输合同签订与风险控制》，人民法院出版社 2007 年版，第 6 页。

⑤ 刘朗泉：《中国商事法》，商务印书馆 2011 年版，第 443 页。

除了满足一般规定外，承运人还应符合专门法如铁路法、民航法等的规定，即使民营的一般运输也应该取得相应的资格，并在批准的范围内从事经营；在公共运输领域，则采取强制缔约并约束价格的形式。另外，交通运输在特定情况下，也应承担一定的社会责任，如铁路运输的“优先运输”责任等。

（三）运输合同

运输合同是指承运人将旅客及其行李或者货物运送到约定的地点，旅客或者托运人向承运人支付运费的合同①。运输合同是一种经承运人开展运输业务的法律形式。不论是货运合同还是客运合同，都是诺成性合同，在双方当事人达成合意之外，并不需其他条件。虽然实践之中多有托运手续办理、提单签发、客票发放等事项，但这并不是合同成立的要件，而是合同成立之后所产生的效果并内化为运输合同的一部分，也是合同双方主张合同权利的证据。同时，运输合同基本是格式合同。

二、陆上商事运输

陆上商事运输是指承运人利用陆上运输设施将旅客或者货物从起运地点运输到约定地点，旅客、托运人或者收货人支付票款或者运输费用的行为。以运输工具为标准，可将陆上商事运输分为铁路运输与公路运输。铁路运输是指利用铁路运输工具运送货物或者旅客的陆上商事运输活动；相应地，公路运输是指利用公路运输工具运送货物或者旅客的陆上商事运输活动。基于其在法律规制方面的特殊性，各国立法通常对铁路及公路运输予以特别调整。

（一）铁路运输

铁路运输在中距离运输方面具有明显的优势，包括国家铁路运输、地方铁路运输、专用铁路运输和铁路专用线运输。国家铁路和地方铁路是以管理主体为标准进行的划分，前者管理主体为国务院铁路主管部门，后者管理主体为地方人民政府。专用铁路和铁路专用线则均由企业或者其他单位进行管理。但是前者专为本企业或者本单位内部提供运输服务，如著名的神华铁路当属此类铁路；而后者则是与国家或者其他铁路进行接轨的岔线，二者具有功能上的区别。

1. 铁路运输承运人。铁路运输是典型的准公共产品，国家对其扶持的同时也有额外的规制，除受一般法律规制，还要受到铁路法的特殊规制。所谓铁路运输承运人，即铁路运输企业，通常须获得特定资质许可方能从事铁路运输行为。铁路货运中常见的同式联运，是一个完整的运输行为需要有多个承运人分阶段参与其中的运输方式。

2. 铁路运输合同。铁路运输合同是铁路运输企业与旅客、托运人签订的、明确双方权利义务关系的协议。在货物运输中，往往还涉及收货人即合同第三方的权利义务。与一般商事合同具有较强的意思自治特点不同，铁路运输中，当事人自主协商的空间较小。例如在铁路客运中，旅客仅有选择是否订立合同的自由，对合同的内容却没有任何置喙余地。作为一种典型的准公共产品的商行为，必然呈现出明显的“商法公法化”特点，例如运输中合同的法律形式、运送的标的物、价格条款及合同的变更与解除等都受到较多管制。

(1) 合同法律形式受限。如前所述，铁路运输合同多为格式合同，并且受到法律的其他限制。

---

① 郭明瑞、王轶：《合同法新论·分则》，中国政法大学出版社 1997 年版，第 253 页。

例如,根据《铁路法》第 27 条的规定,铁路运输合同的形式为票证,该票证不得伪造和变造,不得倒卖。现在铁路客运实行实名制购票,就完全遏制了票证的转让。以运输方式为标准,铁路货运合同目前有三种,即整车运输合同、零担运输合同和集装箱运输合同,而托运人对于这三种合同形式的使用并没有选择权,须严格按照《铁路货物运输规程》的规定严格地适用三种运输方式。另外,对于长期整车大宗货物运输,可以选择签订年度、半年度或季度书面运输合同;其他整车货物运输,应按月签订运输合同。这种运输合同自双方当事人签字确认后即为有效。在零担货物和集装箱货物运输情况下,货物运单是托运人要约的书面凭证,也是合同的一部分,经承运人确认并验收核对所载货物(加盖车站日期戳)后,合同成立。

(2) 运送标的物受限。因为铁路运输涉及公共安全,运输标的应遵守国家关于禁止或者限制运输物品的规定,这也在《铁路法》中得到了呼应。另外,对于危险物品、长大笨重物品、国家限运物品以及其他需要办理特殊手续的货物,应该提供有关机关的准用证明。①

(3) 合同价格条款受限。根据《铁路法》第 26 条的规定,铁路运输的收费项目和收费标准应予以公示。根据《铁路法》第 25 条的规定,除在竞争性领域实行市场调节价,货运杂费收费由企业自主外,其他均实行政府指导价或者政府定价。另外,铁路客运中还存在儿童票、学生票、伤残军人票等优惠票。

(4) 合同变更与解除受限。铁路货物运输合同变更与解除的要求远高于《合同法》第 380 条的规定。《铁路货物运输规程》明确列举了不允许变更的情形;至于合同的解除,在发货前经双方同意,合同自然可以解除,但是一旦发货,只有不可抗力致使合同目的不能实现时才能解除,收货人原则上无权解除合同。

3. 承运人责任。

(1) 铁路运输企业应该优先运输国家指令性计划产品。虽然目前指令性计划比例大幅减少,但是并未被完全放弃,如抢险救灾物资就在优先运输之列。

(2) 铁路运输企业应承担安全准点运输责任。承运人应该将托运人托运的货物或者旅客安全、准时地运送到合同约定的目的地。在货运合同中,还应将货物准时交付收货人。根据《铁路法》第 16 条的规定,逾期运到的,铁路运输企业应当支付违约金;逾期 30 日的,托运人、收货人或者旅客有权按货物、包裹、行李灭失向铁路运输企业要求赔偿。

(3) 铁路运输实行严格责任,承运人应承担足额运输赔偿责任。严格责任下,除非以下事由,铁路运输企业不可免责:不可抗力;货物或者包裹、行李中物品本身的自然属性,或者合理损耗;托运人、收货人或者旅客的过错。(《铁路法》第 18 条)。根据《铁路法》第 17 条的规定,铁路运输企业应当对承运的货物、包裹、行李自接受承运时起到交付时止发生的灭失、短少、变质、污染或者损坏,承担赔偿责任:(1) 托运人或者旅客自愿申请办理保价运输的,按照实际损失赔偿,但最高不超过保价额。(2) 未按保价运输承运的,按照实际损失赔偿,但最高不超过国务院铁路主管部门规定的赔偿限额;如果损失是铁路运输企业的故意或者重大过失造成的,不适用赔偿限额的规定,按照实际损失赔偿。

(二) 公路运输

公路运输是现代运输的主要方式之一,是一种门对门的运输。公路是指经交通主管部门验

---

① 参见张长青、郑翔:《运输合同法》,清华大学出版社、北京交通大学出版社 2005 年版,第 87 页。

收认定的、能够行使汽车的公共道路。根据《公路法》第 6 条规定,公路按其在公路路网中的地位分为国道、省道、县道和乡道,并按技术等级分为高速公路、一级公路、二级公路、三级公路和四级公路。具体划分标准由国务院交通主管部门规定。

1. 公路运输承运人。公路运输承运人既可以是汽车所有人,也可以是司机个人,但是都应经过国务院交通行政主管部门批准并持有运输经营许可证,《道路运输条例》对承运人的资格有更为明确的严格要求。实践中,公路运输企业可以是国有运输企业,集体、私营运输企业,以及中外合资经营运输企业。

2. 公路运输合同。公路运输合同是公路运输承运人和托运人或者旅客之间订立的约定双方权利义务的协议。货运合同中包括收货人的相关内容。在客运合同中,多以交付票证为合同的基本形式。值得关注的是,公交车客运和出租车客运实行强制缔约的规则,即不得拒载,且票价或者计费标准也是公示的。在货运合同中,公路运输合同可以是书面、口头或者其他形式,可以分为定期运输合同和一次性运输合同。前者适用于承运人、托运人之间商定的在一定时期内的批量运输,可以选择订立年度、季度、月度合同,双方协商一致即可成立。后者则需要托运人提出要约即填写托运单并交付所载货物,经承运人签字确认后,公路运输合同才成立并生效。

3. 承运人责任。

首先,承运人应当安全、准时地将货物或者旅客运送到约定地点,否则应承担损害赔偿责任。该责任形式为严格责任,仅在以下法定事由下免责:不可抗力;货运中的货物自身性质或合理损耗,或者客运中的旅客自身健康原因;托运人、收货人有过错,或者旅客具有故意或者重大过失。根据《合同法》的规定,关于货运合同中的赔偿额,当事人有约定的,按照其约定;没有约定或者约定不明确,依照《合同法》第 61 条的规定仍不能确定的,按照交付或者应当交付时货物到达地的市场价格计算。法律、行政法规对赔偿额的计算方法和赔偿限额另有规定的,依照其规定。

其次,公路承运人的合规运送义务。《公路法》第 50 条规定:“超过公路、公路桥梁、公路隧道或者汽车渡船的限载、限高、限宽、限长标准的车辆,不得在有限定标准的公路、公路桥梁上或者公路隧道内行驶,不得使用汽车渡船。超过公路或者公路桥梁限载标准确需行驶的,必须经县级以上地方人民政府交通主管部门批准,并按要求采取有效的防护措施;运载不可解体的超限物品的,应当按照指定的时间、路线、时速行驶,并悬挂明显标志。运输单位不能按照前款规定采取防护措施的,由交通主管部门帮助其采取防护措施,所需费用由运输单位承担。”

三、海上商事运输

海上商事运输应该区别于水路商事运输。海上商事运输虽然分为国内和国际两类,但本书仅就国际运输进行说明。海上旅客运输曾经是国际客运最重要的方式,但是近年来已经逐步被更为舒适便捷的国际航空运输所取代,但是海上货物运输在远洋大宗货物运输中仍是霸主。

(一) 海上商事运输承运人

海上商事运输承运人即通常所说的船方,有缔约承运人和实际承运人之分。前者是指运输合同中的一方当事人,后者则是接受缔约承运人的委托,实际进行货物或者旅客运送的人。

（二）海上商事运输合同

海上商事运输合同是指承运人以适合的船只将旅客及其行李或者托运人托运的货物经海路由一港运至另一港，由旅客或者托运人支付运费的合同。除航次租船合同应当书面订立外，并无其他强制性规定。

海上商事运输中需要特别注意的是提单。根据《海商法》第71条的规定，提单是指用以证明海上货物运输合同和货物已经由承运人接收或者装船，以及承运人保证据以交付货物的单证。提单中载明的向记名人交付货物，或者按照指示人的指示交付货物，或者向提单持有人交付货物的条款，构成承运人据以交付货物的保证。它是收货人、承运人和提单持有人处理权利义务关系的依据。并且，提单具有物权凭证的重要意义。提单多是由承运方的船长签发的，是货物接收的证明。收货人取得提单的方式有背书、交付等。另外，就提单上所载的货物，承运人仅需对提单的持有人负责，承运人不得以承运人与托运人、收货人与其前手之间的事由进行抗辩。

（三）承运人责任

1. 缔约承运人的责任。缔约承运人应当对全部运输负责，负有准时、安全运送旅客及其行李或者货物的义务，在货运中还负有交付货物给收货人的义务。另外，缔约承运人还负有以下义务：提供船舶并保证适航的义务（《海商法》第47条）；装卸、运送和交付货物的义务，即妥善地、谨慎地装载、搬移、积载、运输、保管、照料和卸载所运货物（《海商法》第48条）；合理速遣义务，即按照约定的或者习惯的或者地理上的航线将货物运往卸货港（《海商法》第49条）。对于上述义务的违反，缔约承运人应当负赔偿责任。但根据《海商法》规定，货物发生的灭失或者损坏是下列原因之一造成的，缔约承运人不负赔偿责任：(1)船长、船员、引航员或者缔约承运人的其他受雇人在驾驶船舶或者管理船舶中的过失；(2)火灾，但是缔约承运人本人的过失造成的除外；(3)天灾、海上或者其他可航水域的危险或者意外事故；(4)战争或者武装冲突；(5)政府或者主管部门的行为、检疫限制或者司法扣押；(6)罢工、停工或者劳动受到限制；(7)在海上救助或者企图救助人命或者财产；(8)托运人、货物所有人或者他们的代理人的行为；(9)货物的自然特性或者固有缺陷；(10)货物包装不良或者标志欠缺、不清；(11)经谨慎处理仍未发现的船舶潜在缺陷；(12)非基于缔约承运人或者缔约承运人的受雇人、代理人的过失的其他原因。

2. 实际承运人的责任。虽然《海商法》中规定对缔约承运人的规定适用于实际承运人，但是二者的义务与责任并不完全相同，例如签发提单或者向提单持有人交货等事项不一定是由实际承运人实施的。[①] 根据《海商法》第60条的规定，对实际承运人承担的运输，缔约承运人应当对实际承运人的行为或者实际承运人的受雇人、代理人在受雇或者受委托的范围内的行为负责。即便如此，在海上运输合同中明确约定合同所包括的特定的部分运输由缔约承运人以外的指定的实际承运人履行的，合同可以同时约定，货物在指定的实际承运人掌管期间发生的灭失、损坏或者迟延交付，缔约承运人不负赔偿责任。缔约承运人与实际承运人都负有赔偿责任的，应当在此项责任范围内负连带责任。

四、航空商事运输

航空商事运输是指以民事航空器为运载工具的一种商事运输行为。其运输速度快，在一些

① 参见张长青、郑翔：《运输合同法》，清华大学出版社、北京交通大学出版社2005年版，第203页。

特殊物品的运送中具有极大的优越性。航空商事运输发展势头迅猛，尤其是航空旅客运输运量逐年增长。民航旅客运输是民航运输业的主要任务。

（一）航空运输承运人

我国的航空运输承运人即公共航空运输企业，其应当向国务院民用航空主管部门申请领取经营许可证。《民用航空法》（简称《民航法》）对取得经营许可证的条件进行了明确的规定：(1)有符合国家规定的满足保证飞行安全要求的民用航空器；(2)有必需的依法取得执照的航空人员；(3)有不少于国务院规定的最低限额的注册资本；(4)法律、行政法规规定的其他条件。

（二）航空运输合同

航空运输合同是指航空承运人与旅客或者托运人之间就民用航空器运送服务订立的协议。与其他运输合同一样，客运中的票证和货运中的货运单是合同存在的依据和主要形式，也是合同当事人及利害关系人主张权利义务的重要证据。

在旅客运输中，客运合同是要式合同，即旅客必须按照承运人的要求支付票款取得票证。这里的"票证"既包括客票也包括行李票。根据《民航法》的规定，如果旅客航程的最终目的地点、出发地点或者约定的经停地点之一不在中华人民共和国境内，依照所适用的国际航空运输公约的规定，应当在客票上声明此项运输适用该公约的，客票上应当载有该项声明。

在货物运输过程中，合同的具体形式有货运单、包机运输协议、货物运输协议等。根据《民航法》第 113 条的规定，承运人有权要求托运人填写航空货运单，托运人有权要求承运人接受该航空货运单。但托运人未能出示航空货运单、航空货运单不符合规定或者航空货运单遗失的，不影响运输合同的存在或者有效。

航空货运单具有重要的意义，除了作为合同证据外，还是货物的收据、运费账单、报关单据、保险证书以及承运人内部业务的依据。根据《民航法》第 118 条的规定，货运单是航空货物运输合同订立和运输条件以及承运人接受货物的初步证据。航空货运单上关于货物的重量、尺寸、包装和包装件数的说明具有初步证据的效力。除经过承运人和托运人当面查对并在航空货运单上注明经过查对或者书写关于货物外表情况的说明外，航空货运单上关于货物的数量、体积和情况的说明不能构成不利于承运人的证据。

（三）承运人责任

在旅客运输中，航空运输的承运人适用的是严格责任原则，只有在以下法定条件下，承运人才可以免责：旅客的人身伤亡完全是旅客本身的健康状况造成的；行李本身自然属性、质量或者缺陷造成的自带行李的灭失、损坏。但是，旅客运输中的损害赔偿具有最高赔偿限额的限制。

在货物运输中，承运人应对运输期间（指在机场内、民用航空器上或者机场外降落的任何地点，托运行李、货物处于承运人掌管之下的全部期间，也包括在没有相反证据证明下的为了履行航空运输合同而装载、交付或者转运的机场外的陆路运输、海上运输、内河运输过程）发生的货物毁损、灭失承担赔偿责任，除非是基于以下原因：(1)货物本身的自然属性、质量或者缺陷；(2)承运人或者其受雇人、代理人以外的人包装货物的，货物包装不良；(3)战争或者武装冲突；(4)政府有关部门实施的与货物入境、出境或者过境有关的行为（《民航法》第 125 条）。和旅客运输一致，货物运输中的赔偿也有法定最高限额的限制。

根据《民航法》第126条的规定，旅客、行李或者货物在航空运输中因延误造成的损失，承运人应当承担责任；但是，承运人证明本人或者其受雇人、代理人为了避免损失的发生，已经采取一切必要措施或者不可能采取此种措施的，不承担责任。另外，虽然航空运输采严格责任，但是仍应该考虑索赔人对损害的发生是否有过错，应在其过错范围内相应地减轻承运人的责任。

五、多式联运

多式联运又称混合运输，是指多式联运经营人以两种以上的不同运输方式通过衔接运送完成运输活动，并收取全程运费的行为。

（一）经营人和区段承运人

在多式联运合同中，多式联运经营人处于较为特殊的位置。以是否拥有运输工具或者直接参与运输为标准可以将其分为经营人和区段承运人两类。但是无论如何，多式联运的经营人都应负责合同的组织和履行，并对全程享有权利并履行义务；而区段承运人仅对自己负责运送的过程担责。区段承运人与经营人是合同关系，因而经营人与区段承运人可以就运输责任进行内部约定，但是并不影响经营人对全程运输承担责任。

（二）多式联运合同

多式联运合同是由托运人与承运人订立的，与一般的运输合同在订立程序上大体相同，即要经过要约、承诺两个阶段。但是，多式联运经营人收到托运人交付的货物时，应当签发多式联运单据，托运人对该单据是否具有可转让性具有选择权。如果因托运人的过错造成经营人损失的，无论单据是否转让，托运人都应该承担赔偿责任，其本质是侵权责任。

（三）承运人责任

经营人方面，无论货物的毁损、灭失发生在哪一运输区段，经营人均应承担赔偿责任。赔偿责任和责任限额，适用调整该区段运输方式的有关法律规定。

区段承运人方面，其仅对发生在本区段的损失承担赔偿责任，且该赔偿责任和责任限额适用调整该区段运输方式的相关法律，也即分段责任制。

六、商事物流

商事物流是指“企业在物品从供应地向接受地的实体流动过程中，以营利为目的进行的运输、存储、装卸搬运、流通加工、配送、信息处理等物流商事活动的经营行为”①。其在国民经济的发展中具有基础性、战略性的作用。但是物流法律制度具有法律内容的广泛性、法律适用的复杂性以及较高的法律技术性，难以进行统一的立法规制，其受到《民法通则》《民法总则》《合同法》《海商法》《保险法》及相关的司法解释、行政法规、行业规范以及相关国际公约的调整，既有私法意义上的合同关系问题，也有公法意义上的市场准入机制、行为约束和监管问题。基于当前发展状况的考量，国务院专门制定了《物流业发展中长期规划（2014—2020年）》，以推进和规范商事物流的发展。

---

① 李新天主编：《商法总论》，东北财经大学出版社2007年版，第221页。

【本章前沿问题】

商事行为如何界定

在商法理论体系中，商事行为和商事主体是并列且重要的核心制度。然而对于如何界定商事行为，商法理论并没有一致观点，大体上存在三种主要方法：(1)以德国为代表的主观主义主张只有商人双方或一方参加的法律行为才属于商事行为。(2)以法国为代表的客观主义主张按法律行为的客观内容来认定其行为是否属于商业性质。(3)以日本为代表的多数大陆法系国家和地区立法多采折衷主义原则，即采主观与客观双重标准来认定商事行为。

我国现行法律采民商合一体例，不存在形式意义上的商法，因此商事行为只是理论上的概念，民事行为与商事行为并没有确切的区分。随着商法的发展，关于商事行为的理论研究越来越充分，但由于我国没有形式意义上的商法，因此大多是对国外商事行为理论的介绍，以后的研究中应该结合我国实践发展我国的商事行为理论。

关于商法中的营业制度

“营业”这一术语，无论是在各国商法中还是在商事实践中都有大量使用，然而营业制度目前在立法上和理论上都没有形成完整的体系。我国的商事立法对营业制度的规定也是模糊不清的，理论上的研究主要是借鉴国外的立法及理论研究成果，商法学界对于营业制度的研究相对而言还不是非常充分。因此，本章只是在现有研究的基础上对营业制度作一个初步介绍，对营业制度需要进行更深入的研究。

【本章思考题】

1. 简述商事行为的特征及其与民事行为的区别。
2. 商法上的物权行为和债权行为有什么特殊性？
3. 如何理解客观意义上的营业或营业财产？
4. 简述营业自由与营业限制。
5. 比较营业转让与企业合并的异同。
6. 阐释营业转让的法律效力。

第四章　公　司　法

【导语】

公司是企业法人最典型的代表，也是市场经济中最为重要的主体。公司好似构造精密的机器，有不同的类型，存在各自的价值；有系统的运行规则，内部有多个机构相互配合以保障正常运转；从设立到终止都有明确的程序，出现问题也可进行维护或变更。而股东就好比这台机器的所有者，可以通过公司获取利益，也可以转让对公司的权利。公司法则像是这种机器的设计图纸和使用说明，全方位地展现公司从设立到消灭的条件和程序、内部的构造与职能。学习公司法就是要全面掌握不同类型的公司在设立与解散、责任承担、内部治理等方面的规则，以及股东权利、股权变更等与股东相关的事项。

正如公司在市场经济主体中的重要地位，公司法在整个商法体系中也处于核心的地位，甚至可以说是商法中最为重要的一门法律，因此在学习过程中对于公司法各个方面的内容都应给予足够的重视。尤其是公司资本制度和公司治理两部分内容，是整个公司法最核心的部分，也是重点和难点，在学习中需要格外留意。

第一节　公司与公司法概述

一、公司概述

（一）公司的概念

公司是社会经济活动最主要的主体，也是最重要的企业形式。然而，在不同的国家，由于立法习惯及法律体系的差异，公司的概念却不尽相同。即使在同一国家，随着社会经济和公司法的发展，公司的概念也在发生着某些变化。大陆法系国家的公司概念多采取概括规定的方式，英美法系国家不甚注重对法律概念的严格界定，因而缺少明确的公司定义。根据我国《公司法》第2条和第3条的规定，公司是指股东依照公司法的规定，以出资方式设立，股东以其认缴的出资额或认购的股份为限对公司承担责任，公司以其全部独立法人财产对公司债务承担责任的企业法人。

（二）公司的特征

1. 公司是以营利为目的的企业组织。所谓营利，就是通过经营获取利润，以较少的经营投入获取较大的经营收益。营利是一切企业组织存在和活动的基本动机和目的，是经营活动的出发点和归属点。因此，营利性也称为企业性。公司的营利性是其与生俱来的本性。公司本由投资者出资设立，投资者投资的目的当然在于获得投资的收益和回报。而要实现这一目的，必然要求公司最大限度地追求经营利润。就此而言，公司不过是投资者实现投资利益的法律工具。公司的营利性并非仅指其自身简单的盈利，还包括向其成员分配盈利的特殊内容。某些公益社团法人，甚至包括财团法人，也进行经济活动并能取得一定的盈利，但此盈利不是为了分配给成员，而是为了某种社会公益事业或实现法人的宗旨。而公司这种营利性组织的盈利则完全是为了向其成员分配投资利益，这正是营利性法人与公益性法人的根本区别。

公司的营利性也并非指简单的赚钱，而是通过经营或营业性的商事行为取得盈利。所谓营业，首先应以营利为目的。其次，营业必须具有内容的确定性并保持其经营的连续性和稳定性。此外，公司的营业还具有行业性的特点。某些行业的经营活动虽也以营利为目的，但不是公司的营业活动，从事这种活动的组织一般不称为公司。例如医院等医疗卫生组织、律师事务所等自由职业组织以及农场、种植园等单纯的农业组织。

2. 公司具有独立法人地位。公司是一种具有法人地位的企业组织，此为公司与非法人的独资企业和合伙企业的最主要区别。公司的法人特征具体表现在：

(1) 公司拥有独立的财产。这种独立财产既是公司赖以进行业务经营的物质条件和经营条件，也是其承担财产义务和责任的物质保证。我国《公司法》规定公司作为企业法人必须拥有独立的法人财产，公司独立财产的来源包括股东出资构成的原始财产、公司的盈利积累以及通过其他途径形成的公司财产。在传统公司法理论上，一般认为，公司是其财产的所有人，对其财产享有法律上的所有权。虽然这些财产有的由股东出资构成，但一经出资给公司，所有权即归公司享有，而股东只享有股权，亦即股东权或股份权。我国《公司法》尚未明确肯定公司对其财产享有所有权，而是规定“公司是企业法人，有独立的法人财产，享有法人财产权。公司以其全部财产对公司的债务承担责任”(第 3 条)。这里的法人财产权应包括公司对物的财产所有权和对其他财产，如债权、知识产权等享有的财产权。无论公司财产权的名称如何，都应肯定其应有的独立性和公司对其财产实际的占有、使用、收益和处分的权利。而独资企业的财产属于独资企业主所有，合伙企业的财产属于全体合伙人共有。

(2) 公司设有独立的组织机构。完善、健全的组织机构既是公司进行正常经营活动的组织条件，也是公司法对每个公司提出的法定要求。与民法对一般企业法人要求的组织条件不同，公司法对公司的组织机构规定有更严格、更健全、更规范的模式。这种组织机构包括公司的管理机构和公司的业务活动机构。公司管理机构是形成公司决策，对内管理公司事务、对外代表公司进行业务活动的机构，如股东大会、董事会、监事会、经理等。公司的业务活动机构包括公司的会计、审计、销售机构等。独资企业、合伙企业并无法定组织机构，其管理权由独资企业主享有或由全体合伙人共同享有。

(3) 公司独立承担财产责任。公司以其自身拥有的全部资产对其债务负责。公司的独立责任是其独立人格的标志，是公司具有法人地位的集中表现。公司财产责任的独立性至少包括以下三个方面：一是公司责任与股东责任的独立。公司只能以自己拥有的财产清偿债务，股东除缴纳出资外，对公司债务不再负责。而独资企业的企业主和合伙企业的合伙人须对企业债务承担无限或连带无限责任。二是公司责任与其工作人员责任的独立。公司的民事活动虽由其董事、经理等管理人员实施，但不能由此要求公司的管理人员对公司的债务负责。三是公司责任与其他公司或法人组织责任的独立。公司与其他法人之间虽然存在千丝万缕的联系，包括存在母公司与子公司的关系，或存在主管部门与下属企业的隶属关系，但在民事法律地位上它们都是独立的法人，其财产责任也只能各自独立承担。

3. 公司是以股东投资为基础组成的社团法人。在传统民商法上，一般把法人分为社团法人与财团法人两大类。根据传统公司法，公司是社团法人的一种，它是由 2 人以上的股东组成的，一人一般不能组成公司，而只能成立独资企业。公司由多数人组成的法律性质又称为公司的社团性或联合性。需要指出，在公司的社团性问题上，各国的公司法理论与立法存在不同的见解和态度，并集中表现在对一人公司的承认和否定上。具体表现出三种不同的态度：一是完全承认，二是完全不承认，三是有限制承认。总体来说，完全承认和完全不承认一人公司的国家为数较少，而有限制承认者居多。

我国《公司法》尊重实际上的一人公司在我国客观存在的现实，完全承认了一人有限责任公司，并专列一节对其作了特别规定。这是我国公司法的一大突破，也是对公司社团性理论的一大突破。但承认一人公司并非是对公司社团性的完全否定，从根本上说，一人公司只是公司形式的例外。总体而言，社团性仍是公司法人的基本特点。

4. 公司是依法定条件和程序成立的企业法人。依法成立是对各种法人的共同要求。与一般法人不同的是，公司的设立具有特定的条件和程序。我国《公司法》第 2 条规定："本法所称公司是指依照本法在中国境内设立的有限责任公司和股份有限公司。"第 6 条第 1 款规定："设立公司，应当依法向公司登记机关申请设立登记。符合本法规定的设立条件的，由公司登记机关分别登记为有限责任公司或者股份有限公司；不符合本法规定的设立条件的，不得登记为有限责任公司或者股份有限公司。"由此可见，公司的设立具有明确的法定性，受《公司法》的直接调整。

（三）公司法人人格否认制度

1. 公司法人人格否认制度概述。公司法人人格否认制度，又称公司法人格否认制度（disregard of corporate personality），美国称"揭开公司面纱"（lifting the veil of the corporation），英国称"刺破公司面纱"（piercing the veil of the corporation），德国称"直索责任"，日本称"透视理论"，是指为阻止公司独立人格的滥用，就具体法律关系中的特定事实，否认公司的独立人格与股东的有限责任，责令公司的股东对公司债权人或公共利益直接负责的一种法律制度。它的产生主要源于公司法人人格的异化和股东有限责任的滥用，最早出现于英美法系国家的判例法中，后为一些大陆法系国家所吸收。

公司法人人格否认制度具有以下特征：(1) 公司必须具有独立法人人格。(2) 只对特定个案中公司独立人格予以否认，而不是对该公司法人人格的全面、彻底、永久地否认。(3) 该制度主要是为了保护债权人的利益，在性质上属于民事责任追究的一种特殊规则。由此可见，公司法人人格否认不是对公司人格独立制度的否定，而是对公司法人人格制度的维护和完善，是对公司与债权人之间利益失衡的一种事后救济。

2. 我国公司法人人格否认制度的形成与立法。自 1993 年《公司法》颁布以来，我国公司制度得到了迅速发展，但是也出现了许多公司人格和股东有限责任被股东滥用的情形。由此，公司法人人格否认制度得到了广泛的关注和深入的研究，并达成相当程度的共识。司法机关在公司案件审理中也开始逐渐接受法人人格否认的理论，一些司法解释性的文件不同程度地体现了该制度的原则和精神。通过 2005 年的《公司法》修改，我国公司法最终以成文法的形式明确肯定公司法人人格否认制度。《公司法》第 20 条规定："公司股东应当遵守法律、行政法规和公司章程，依法行使股东权利……不得滥用公司法人独立地位和股东有限责任损害公司债权人的利益……公司股东滥用公司法人独立地位和股东有限责任，逃避债务，严重损害公司债权人利益的，应当对公司债务承担连带责任。"同时，针对一人公司中容易发生股东与公司财产混同的情形，《公司法》第 63 条又特别规定："一人有限责任公司的股东不能证明公司财产独立于股东自己的财产的，应当对公司债务承担连带责任。"由此，形成了我国公司法人人格否认制度的基本结构和内容。

公司法人人格否认制度的确立是我国公司法制度的一个重大突破，同时也是世界公司立法的一大创新。虽然这一制度本身早已为许多国家所采用，但把它作为一个成形的法律制度统一、明确、系统地规定在成文法中，的确是我国《公司法》的重大创新。

3. 公司法人人格否认的适用要件。根据我国《公司法》第 20 条的原则性规定和一般公司法人人格否认法理，公司法人人格否认通常应具备以下要件：

(1) 主体要件。公司法人人格否认的适用对象必须是具体的双方当事人：一是滥用公司人格的股东；二是因公司法人人格滥用而受到损害，并有权提起诉讼的债权人。

(2) 行为要件。公司法人人格否认适用的基本条件是存在股东滥用公司人格的事实和行为，如滥用公司人格回避合同义务、滥用公司人格造成公司形骸化等。我国公司法在滥用行为的规定上宜采取列举与概括相结合的立法形式。

(3) 结果要件。公司法人人格否认制度适用的一个重要条件是必须有损害事实存在，即滥用行为造成了逃避债务、严重损害公司债权人利益的结果。

4. 公司法人人格否认适用的情形。

(1) 公司资本显著不足。公司资本不足是指公司成立时所确定的注册资本额与公司经营所隐含的风险相比明显不足，其判断的依据是经营的需求而非法律的具体规定。我国《公司法》原来规定有最低资本额制度，在此制度下，达到法定最低资本额并不意味着不构成公司资本的显著不足。2014 年《公司法》修改，取消了最低资本额制度，也不意味着从事特定营业活动的公司没有最低资本的经营需求。

(2) 利用公司回避合同义务。在公司被用来回避合同义务的场合，公司的法人人格通常也应被否认。公司被用来回避合同义务的情形主要包括：一是为逃避契约上的特定不作为义务而设立新公司从事相关活动，如竞业禁止义务、商业保密义务、不得制造特定商品的义务等；二是通过成立新的公司逃避债务，主要是将公司资产转移到新公司而逃避原公司的债务；三是利用公司对债权人进行欺诈以逃避合同义务。

(3) 利用公司规避法律义务。即利用公司规避法律所规定的强制性义务，如为了逃税、洗钱等而成立公司等。

(4) 公司法人人格的形骸化。公司法人人格形骸化实质是公司与股东完全混同，公司仅仅是股东的另一形象，是股东行为的工具，因而失去了独立存在的价值。具体表现在：一是股东对公司的不正当控制，使公司丧失了独立的意志和利益。二是财产混同，指公司的财产不能与该公司的股东或其他公司的财产作清晰的区分。三是业务混同，主要表现在公司与股东业务活动不加区分，交易主体与实际主体不符或无法辨认。四是组织机构混同，指公司与股东在组织机构上存在严重的交叉、重叠，如“一套班子、两块牌子”的情况等。

5. 公司法人人格否认的适用后果。

案例研讨

建行滨州分行诉光大淄博公司借款纠纷案

(1) 对公司的适用后果。公司法人人格否认仅在特定的法律关系中否认公司的独立人格，从而追究滥用法人人格的股东的责任，实现利益补偿。但适用了该制度，并非意味着彻底、永久地否认公司的人格。

(2) 对股东的适用后果。公司法人人格否认所追究的责任主体应限于实施滥用行为的股东，而不应扩及其他股东。同时，依据我国

《公司法》第 20 条的规定，当股东有滥用行为，逃避债务，严重损害债权人利益时，应当对公司债务承担连带责任。

二、公司的沿革和作用

（一）公司的历史发展沿革

公司从产生到发展，从一种形式到多种形式，从简单到复杂，经历了一个漫长的发展过程。在公司出现以前，从事商业活动的除单个的个人以外，主要是独资企业和各种合伙组织。最早产生的公司是无限公司。这种无限公司不过是赋予合伙团体以法人地位，实质上它与合伙没有本质的区别。无限公司产生以后，曾有过相当的发展，但后来随着股份有限公司、有限公司的出现，它便退居到次要地位。无限公司之后的另一种公司形式是两合公司，由 15 世纪出现的康孟达组织演变而来。康孟达本是航海者与资本家合作的一种商事契约，由资本家出资，由航海家到海外进行贸易活动，盈利由双方按比例分配。亏损时，航海家承担无限责任，而资本家只以其出资额负责。这种形式最终导致了两合公司的产生。两合公司是一般大陆法系国家的称谓，在英美法系没有两合公司的名称，但有与其类似的企业组织，即有限合伙。

股份有限公司的产生，是集资经营、共担风险的法律形式逐渐完善的表现，是欧洲殖民国家商业活动、特别是进出口贸易不断发展的结果，以著名的英国东印度公司为典型代表。到18 世纪，股份有限公司已发展到法、德等国，并从 19 世纪起推行至世界各地，同时也从对外贸易业发展到银行业、保险业、制造业等其他行业。现代股份有限公司已经成为西方资本主义世界占统治地位的公司形式。有限公司是最晚出现的一种公司形式。一般认为，有限公司最早于 19 世纪末产生于德国，也有人认为英国的封闭式公司是有限公司的最初形式。有限公司基本上吸收了无限公司、股份有限公司的优点，避免了二者的不足，尤其适用于中小企业。因而它一经产生，便在欧美国家迅速推行起来，进而扩展到世界各国。目前，在西方大多数国家，就数量而言，有限公司占首位。

中国长期处在封建社会，商品经济不发达，现代公司形式的企业也发展较晚。清末帝国主义入侵后，清政府仿效英美通过招商集股方式兴办轮船、电报等企业，著名的招商局就是当时以现代集股方式成立的最早的公司之一。中华人民共和国成立以后，废除了国民党政府的一切法律，其中包括公司法。为维护当时的私营公司的合法利益，1950 年政务院通过了《私营企业暂行条例》，规定了五种公司形式：无限公司、有限公司、两合公司、股份有限公司及股份两合公司。20 世纪 70 年代末之后，中国公司发展进入新的时期，在对外开放政策指导下，有限公司形式的外商投资公司迅速发展。然后，传统的股份制公司组织也开始复兴，一批股份有限公司、有限公司纷纷成立。公司组织的迅速发展需要法律的规范。1992 年，国家经济体制改革委员会制定并发布了《有限责任公司规范意见》和《股份有限公司规范意见》。1993 年 12 月 29 日，《公司法》正式颁布，并于 1994 年 7 月 1 日起施行。2005 年和 2013 年，又对《公司法》作了两次较大的修改和创新。2018 年，为完善资本市场制度，又对《公司法》股份回购制度进行了修改。中国公司的发展从此进入了一个新的阶段。

（二）公司的作用

1. 获取投资收益。公司是投资者可以选择的股权式的投资工具。公司的盈利非为公司本身，而是为公司的股东即公司的投资者，公司的一切经营收益最终都要分配给公司的股东。

2. 限制投资风险。公司是限制投资风险的有力形式。公司以其本身的独立责任和股东的有限责任为基本的法律特征，将投资者的责任限制在其投资额的范围内，使投资风险得到有效的控制。

3. 募集经营资金。公司是筹集资金最为有效的组织形式。首先,组建和成立公司本身就是募集资金的重要手段。其次,公司成立后亦具有优越的融资能力,其中最重要的就是公司可以发行股份和公司债券。最后,公司的融资具有融资成本低、融资手段灵活和规模大、速度快的特点。

4. 实行科学管理。公司是现代化企业管理的典型组织形式。股东以股权为依据,按照公司法规定的方式参与公司经营管理。而公司的股东会、董事会、监事会、经营管理机构,依公司法的规定行使职权,贯彻分权与制衡,以及权利、义务和责任统一的原则,使公司的管理可以实现民主化和科学化。

三、公司法概述

(一) 公司法的概念和性质

公司法是规定各种公司的设立、活动、解散以及其他对内对外关系的法律规范的总称,其不仅包括法典性质的统一《公司法》,也包括涉及公司法律关系的所有法律、法规、法令、规章、司法解释等,它们都是公司法的存在形式,属公司法的法律渊源。在法律性质上,公司法应属私法、商事法和商事主体法。

首先,公司法属于私法。虽然公司法包含了公法性质的内容,但就其本性而言,应属私法。原因在于公司法主要调整私人或民事主体之间的关系,主要通过民事权利义务的设定和民事责任的追究予以调整。

其次,公司法属于私法中的商事法。公司本身是一种营利性的社团法人组织,不管其具体经营活动是从事生产制造,还是商品流通,其目的都是营利。这种经营活动正是商法所调整的商事关系,公司是商事关系中最普通、最主要的商业组织或团体。

最后,公司法属于商事法中的商事主体法。公司是一种由多数人组成的团体,因而对其实行法律调整的公司法具有主体法或组织法的性质。公司法作为主体法或组织法,确认了公司的法律地位,赋予其法人资格。而且,公司法对公司从产生到消灭整个过程的各种法律关系和活动都作了具体的、详尽的规定。

(二) 公司法的特点

1. 主体法和活动法的结合。公司法虽然是一种主体法或组织法,但同时也具有商业活动法的特点和内容。在各国公司法中,不仅规定了公司的设立、变更、组织机构等内部关系,也规定了公司的某些直接的商业经营或交易活动。公司法之所以具有活动法的特点,是由于这些商业活动与公司的组织特点密切联系,或者说是公司这种组织特有的活动内容,需要在公司法中对此一并作出规定。

2. 强制性和任意性的结合。公司法首先是具有强制性的法律规范,这些规范体现了国家的意志和干预。公司的设立不仅涉及股东间的利益,更涉及公司之外的第三人或债权人的利益,为了保障债权人的利益和社会交易的安全,必须将公司法的某些制度和规则法定化和强制化。同时,公司法中又有任意性的规范。这是由公司法的私法性质决定的。对于不损害第三人和社会利益的行为和事项,公司法体现私法自治和契约自由的原则,允许当事人自愿协商和对法律规则选择适用和变通。

3. 公司法一般表现为成文法。无论在采取成文法形式的大陆法系国家,还是在采取判例法形式的英美法系国家，公司法基本上都采取了成文法的形式。其原因在于公司法对公司的类型实行严格的法定主义，对于公司的法律人格、公司和股东的责任、设立条件、组织机构、公司会计等必须予以全面系统的法律规范。

4. 公司法具有一定的国际性。公司法属于商法的一部分，而商法是最具有国际性的法律规范。原因在于商法以商事关系为调整对象，而商事关系本身具有一定国际性。为此，不仅世界各国在本国商事立法方面注意坚持一般的科学原理和保持与其他国家商事法的协调和衔接，而且在国际上也订立有许多国际性商事公约。

案例研讨

金穗公司利润分配纠纷案

(三) 公司法的基本原则

公司法的基本原则，是公司法调整公司关系的基本准则，是公司法立法的基本理念和指导思想，也是公司法律制度设计的立法目标和价值取向。我国公司法在肯定和吸收现代公司法原则的基础上，结合我国现实，逐步形成了具有中国特色的公司法基本原则。

1. 鼓励投资原则。公司是以营利为目的的组织，是投资的工具，是股东共同投资、获取投资收益的法律形式。因此，公司法的重要原则之一就是鼓励民商事主体的投资创业行为，推动公司设立，促进资本市场的发展和繁荣。2005 年和 2013 年先后修订的《公司法》改变了原来过分强调规范、限制和管理的倾向，而转向对各种投资主体投资行为的鼓励、对各种投资资源的充分利用、对各种投资形式和投资渠道的开拓。2005 年《公司法》大幅降低了公司最低资本额、放宽了股东出资形式、允许资本分期缴纳、取消股份有限公司设立审批，2013 年公司法取消法定公司最低资本额、将有限制的资本认缴制改为完全的资本认缴制、取消货币出资比例和验资程序等重大修改都是对这一立法原则的充分体现。

2. 公司自治原则。公司自治就是允许公司在法律规定的范围内自主决定公司的一切事项，法律只对某些涉及他人和社会利益的事项强制干预，法律中的任意性条款供当事人选择适用，公司章程或决议可以以另外的规定或约定排除任意性条款的适用。我国原《公司法》存在的突出问题，一是强制性与任意性规范的性质区分不明，二是强制性规范过多而任意性规范不足，法律规定呈现出过度的刚性和强制性，而缺少应有的弹性和任意性。而《公司法》修改形成的一个重要的共识和立法原则就是尊重股东权利，加强公司自治。为此，《公司法》对其强制性和任意性规范作了重新的定性和安排，注意和强调公司法规范的任意性，减少强制性规范的范围。

3. 对公司及利益相关者保护原则。公司的设立和运作离不开相关人的努力和贡献，公司经营的成败得失与这些利益相关者有着紧密联系。因此，保护股东、债权人和职工等公司利益相关者的权益就成为现代公司法律制度的又一使命。

我国《公司法》第 1 条规定，公司法的立法宗旨在于“规范公司的组织和行为，保护公司、股东和债权人的合法权益，维护社会经济秩序，促进社会主义市场经济的发展”。因此，公司法的主要立法目标就是维护公司及其利益相关者的合法权益。

(1) 保障公司的合法权益。在我国，许多公司脱胎于计划经济时期的国有大中型企业，长期政企不分和企业非市场行为的影响使许多企业在进行了公司制改造后，仍缺乏独立的利益和意志，维护自身合法权益的观念极为淡薄。因而，这一原则对我国公司具有更为重要的意义。《公司法》第 5 条第 2 款明确宣示，“公司的合法权益受法律保护，不受侵犯”，鲜明地体现了公司法保护公司权益的立法精神，为公司的发展提供了强有力的法律支持。

(2) 保障股东合法权益。股东是公司的组成成员,是公司设立和存在的基础,同时它又在公司中承担最大的风险:股东将财产投入公司后,就丧失了对该财产的支配权。对股东权益的保护成为各国公司立法的重心。我国公司法也将保护股东权益作为公司法的一项重要原则予以确认,并规定了股东广泛的权利。《公司法》第 4 条规定:“公司股东依法享有资产收益、参与重大决策和选择管理者等权利。”针对我国公司,尤其是由国有企业改造而来的公司股权结构不合理所导致的中小股东受到大股东压制的事实,《公司法》特别增加或完善了保护中小股东的各种规定。例如少数股东的股东会召集与主持权、临时股东会的请求召开权、提案权、累积投票权、代表诉讼权、建议与质询权、股份收买请求权和公司解散请求权等。

(3) 保障债权人利益和交易安全。公司法的重要作用之一是对债权人利益提供有效的保护。我国《公司法》将对债权人的保护明确写进立法宗旨,并规定了一系列相关措施。例如,为确保公司财产的安全性、为债权人提供有效担保,设计了一系列关于资本的具体制度,包括法定最低注册资本额制度、非货币出资的限制等。另外,为防止公司股东滥用公司人格,保护公司债权人利益,我国《公司法》明确规定了公司法人人格否认制度。

(4) 保障职工的合法权益。人力资本是公司生产经营的要素,职工是人力资本的提供者。因此,对职工利益的保护同样是公司法固有的使命和目标。同时,由于职工相对于作为雇主的公司经常处于弱势地位,就更需要公司法提供强制性的规则加以保护。各国公司法经过长期的发展,逐渐建立了保护职工利益的法律制度,包括职工持股计划、职工董事设置等。我国公司法对职工的保护也给予了充分的重视,并在公司法中作出了以下重要规定:

第一,公司必须保护职工的合法利益,依法参加社会保险,加强劳动保护,实现安全生产。

第二,公司职工依法组织工会,开展工会活动,维护职工的合法权益。公司应当为本公司工会提供必要的活动条件。

第三,两个以上的国有企业或者其他两个以上的国有投资主体投资设立的有限责任公司,其董事会成员中应当有公司职工代表。其他有限责任公司或股份有限公司董事会成员中也可以有公司职工代表。董事会中的职工代表由公司职工通过职工代表大会、职工大会或者其他形式民主选举产生。

第四,公司监事会应当包括股东代表和适当比例的公司职工代表。其中,职工代表的比例不得低于 1/3 ,具体比例由公司章程规定。

4. 股东平等原则。股东平等原则是指股东在基于股东资格发生的法律关系中,原则上应按其持有的股份的性质或数额享受平等待遇,同种性质的股份应该享有同样的权利,承担同样的义务,不能有所歧视和实行差别待遇。然而,公司的股权结构使得公司中常常出现大股东过度控制、中小股东受到欺压的现象。因此,需要建立对中小股东特别保护的法律规则,以实现股东事实上的平等。我国《公司法》中的许多规定都是这一原则的体现和要求,如少数股东的股东大会召集权和主持权、股东表决权的限制、累积投票制、异议股东股份收买请求权、股东代表诉讼制度等。

5. 权力制衡原则。权力制衡原则是公司内部治理方面的基本原则,它是指公司的内部治理应当注重权力之间的相互制衡与协调。权力制衡原则的具体表现形式在大陆法系和英美法系有所不同。大陆法系国家通常将公司的决策权赋予股东会,将执行权赋予董事会,将监督权赋予监事会,以实现权力之间的制约和平衡。英美法系国家则不设独立的监督机关,而在其公司执行机关内部设置有监督职能的机构或个人,如外部董事、审计师等。我国《公司法》在采纳大陆法系机构模式的基础上，明确规定公司一般应设置股东会、董事会、监事会三种主要的公司机构，并详细界定了三种机构的权力配置及职责分工。同时，《公司法》还规定上市公司可以设置独立董事制度，吸收了英美法系制度中的合理因素，确保公司不同权力的正确行使和有效监督制约。

6. 股东有限责任原则。股东有限责任原则，是指股东仅以其出资额为限对公司债务承担责任。现代国家的公司法在引入公司法人制度后，莫不将有限责任制度作为整个公司法律制度的基石。我国公司法在确认公司拥有独立法人人格的同时，也确认了股东的有限责任。《公司法》第 3 条规定："公司是企业法人，有独立的法人财产，享有法人财产权。公司以其全部财产对公司的债务承担责任。有限责任公司的股东以其认缴的出资额为限对公司承担责任；股份有限公司的股东以其认购的股份为限对公司承担责任。"

7. 公司社会责任原则。何谓公司社会责任，迄今尚未形成统一的结论。一般认为，公司的社会责任是指公司不仅对股东负有责任，而且应对股东之外的雇员、债权人、供应商、客户、社区以及公共利益负有责任。同时，公司的社会责任不仅包含法律明文规定的责任，更强调法律尚未明文规定而根据一般社会观念或道义应承担的非法定责任。我国《公司法》第 5 条第 1 款规定："公司从事经营活动，必须遵守法律、行政法规，遵守社会公德、商业道德，诚实守信，接受政府和社会公众的监督，承担社会责任。"

（四）公司法在法律体系中的地位

公司法虽然在性质上属于商法，但其内容和采用的法律手段却涉及多个法律部门和领域，与许多其他法律部门有着密切的关系。

1. 公司法与民法。民法作为调整平等主体之间的财产关系和人身关系的基本法，它所确立的一些基本制度和基本准则，对于调整股东间的关系及股东与公司间的关系，同样是适用的。例如：民法中的法人制度对于确认公司的法律地位具有重要的作用；民法中的物权理论对于认识公司股东的股权性质具有重要的指导意义。故公司法离不开民法。反之，民法也离不开公司法：民法中的法人制度直接源于公司法；公司制度的完善本身也是民法主体制度的完善；公司股权制度的形成，也是民法物权理论与实践的发展。民法和公司法相辅相成、相得益彰。因此，传统学理上，通常将包括公司法在内的商法作为民法的特别法，将民法和商法统称为民商法。

2. 公司法与商法。商法是调整商事关系的法律规范，商事关系由商事主体和商事行为构成，因此通常将商法分为商事主体法和商事行为法，或称商业组织法和商业活动法。公司既为商人或商业组织，公司法即属于商法中的商事主体法或商业组织法。传统大陆法的商法体系是由商法的一般制度和公司、破产、票据、海商、保险等几个部分组成的，公司法是其中基本的构成部分。

3. 公司法与经济法。对于公司法与经济法的关系，一直存在严重的分歧。认为公司法属民商法的意见通常否定经济法与公司法的种属关系；而相反的意见则认为公司法属于经济法的组成部分。界定公司法与经济法的关系首先需要确定经济法本身的性质。迄今为止，人们对经济法概念的认识仍不一致，但对于经济法实质是国家管理经济的法律部门等观点，学者们已基本达成了共识。如果肯定了经济法的国民经济管理法的基本性质，就很难将公司法归类为经济法。公司法从性质上说，应属于私法中的商事法，而经济法则属于典型的公法。

4. 公司法与企业法。在我国，公司是企业的重要组织形式，因而公司法是企业法体系的重要组成部分。《公司法》颁布前，我国企业法律体系以全民所有制企业法、集体所有制企业法、私营企业法、外商投资企业法为立法框架。《公司法》于 1993 年颁布后，我国企业法的原有立法框架发生了重大变化,即由单一的以企业所有制性质为线索立法转向以企业所有制性质及企业产权结构和财产责任两条线索并存进行企业立法的框架。此后,凡是符合《公司法》规定的条件,依《公司法》规定的程序设立的企业,无论其所有制性质如何,都归公司法调整,其他企业法只调整有限责任公司和股份有限公司以外的企业。

5. 公司法与证券法。公司法与证券法是联系最为紧密的两部法,在调整的对象和范围上具有交叉的关系。公司法和证券法除各自具有的内容外,都对因股票和公司债券发生的法律关系进行调整。在各国公司法上,股票和公司债券的发行是股份有限公司特有的权利,而股票和公司债券又是证券市场中交易最为活跃、交易量最大的证券品种。可见,证券的母体之一就是公司。同时,证券市场分为一级市场和二级市场。所谓一级市场就是发行市场,而对发行行为和发行关系的调整不仅是证券法的任务,也是公司法的重要内容。公司法和证券法各从不同的角度对股票和公司债发行主体的条件和发行程序作出规定。

【本节前沿问题】

关于公司财产权的性质

关于公司财产权的性质有以下几种代表性观点:(1)经营权说。该说认为公司财产权是一种经营权,是可以使用、经营的经营权。(2)结合权说。该说认为公司财产权是经营权与法人制度的结合,经营权是其基础,法人制度是其载体。(3)双重结构说。该说认为公司的财产由公司享有,公司本身由股东共有。(4)股权与公司所有权说。该说认为公司财产权是具有所有权性质的物权,具有占有、使用、收益和处分的权能,股东对于公司财产只享有股权。公司作为法律主体,应该享有较为广泛的民事权利,包括所有权。公司的原始财产来源于股东的出资,但股东对其出资财产的所有权在公司成立后即转为股权,股东可以从公司内部控制公司财产的所有权。公司财产所有权是以公司名义统一占有、使用、收益和处分公司财产的权利。公司的财产关系和结构是股东的股权和公司的财产所有权的有机结合。

关于强制执行公司财产用于股东债务清偿

公司的股东在其将财产投资于公司之后,就不再对这些财产享有任何直接的支配权,而只能作为股东享有股权。股权并不意味着股东可以单独或者共同对某一特定公司财产拥有排他性权利,公司财产的直接支配权只能由公司自身享有。但是,对于股东在公司的股权收入,如分红派息等收益,则可以作为执行标的。在具体的执行过程中,也会出现人民法院或其他执行机构混淆母公司与子公司的财产,直接用子公司的财产偿还母公司的对外债务的情况,尤其在全资子公司的情形中这种混淆更为突出。其实,母公司与子公司之间的关系就是股东与公司之间的关系。而子公司的财产本身就是其对外承担自身债务责任的基本条件和保证,如果将子公司的财产用于母公司债务的清偿,会严重损害子公司本身的债权人的利益。

合伙应否作为第三民事主体

对于合伙的法律地位,有三种代表性的意见:一是认为合伙不能成为民事主体;二是认为合伙是第三民事主体;三是认为对合伙的法律地位不能一概而论,有些简单的临时性的合伙,没有形成企业组织,不能成为民事主体,而那些有自己的名称或字号、有自己的组织机构的合伙,则可成为第三民事主体。从法律赋予法人人格的原因来看,它不是基于既成的法律原则和精神,而是因为法人组织实际上具有独立实施民事行为的能力,以其内部的组织机构形成自己的意志并预见和支配自己的行为,以其拥有或支配的财产能够在民事活动中切实地享有权利和承担义务。由此,合伙能否成为民事主体不过是交由法律所作的又一次判断和抉择,应像接受法人一样,按照行为能力、意思能力和责任能力的尺度对合伙作一次全面的衡量。

如何界定公司法的强制性和任意性

关于公司法的性质,典型的观点有三种:强行法说、任意法说、综合说。赞成综合说的学者占大多数。

美国学者M.V.爱森伯格将公司法的规则分为结构性规则、分配性规则和信义性规则。其中,结构性规则是指有关决策权在公司机关的配置、行使决策权的条件以及对机关控制权配置的规则;分配性规则是关于对股东资产进行分配的一些规则;信义性规则是指调整经理和控制股东义务的规则。他认为应根据不同规则的类型确定其强制性或任意性。我国也有学者将公司法的规则分为普通规则和基本规则两大类,同时在不同公司类型的前提下研究公司法的性质。还有的学者认为,私法领域中的强制性必须区分不同法域,并强调自治与强制始终是互相结合的。但是在理论上对于公司法的强行性和任意性作类型化划分,存在一定的难度,应该根据具体的情况判断。

除了上述类型化尝试,本书主张还应区分公司行为是否具有涉他性。由于公司法本质上是团体法,因此其规范的行为如果涉及他人利益,则有必要权衡各种利益,此时相关条文的性质应为强制性规范。

【本节思考题】

1. 简述公司独立财产的性质和意义。
2. 如何理解公司财产责任的独立性?
3. 如何理解公司的社团性与对一人公司的承认?
4. 简述公司法的强制性与任意性的关系。
5. 简述公司法人人格否认的法理根据和适用要件。

第二节 公司的类型

一、公司的分类

公司从无到有发展到现代,其类型多种多样。依不同的标准、从不同的角度可以对公司作不同的分类。公司的分类有法律上的分类,也有理论、学理上的分类。同时,不同国家也有不同的分类。

(一) 无限公司、有限公司、股份有限公司与两合公司

这是以股东对公司的责任形式为标准进行的分类。

1. 无限公司(unlimited company)。无限公司,是无限责任公司的简称,是由两个以上的股东组成的、全体股东对公司的债务负连带无限责任的公司。无限责任公司具有以下几个特征:(1)必须由两个或两个以上的股东组成。(2)股东对公司债务承担连带无限责任。(3)公司组织稳定。(4)股东关系具有合伙性,公司具有法人地位。

2. 有限公司(limited company)。有限公司,亦称有限责任公司,是由两个以上的股东出资组成,每个股东以其认缴的出资额对公司债务承担有限责任,而公司以其全部资产对其债务承担责任的公司。

3. 股份有限公司(stock corporation 或 company limited by shares)。股份有限公司,又称股份公司,是指由一定人数以上的股东组成,公司全部资产分为等额股份,股东以其所认购的股份对公司承担有限责任,公司以其全部资产对其债务承担责任的公司。

4. 两合公司(limited partnership)。两合公司,是指由无限责任股东与有限责任股东共同组成,无限责任股东对公司债务负连带无限责任,有限责任股东对公司债务仅以其出资额为限承担有限责任的公司。两合公司是大陆法系国家公司法规定的公司形式。在英美法系国家,一般视其为有限合伙,以有限合伙法进行规范。

当代经济活动的日益复杂,使得无限公司及两合公司、股份两合公司股东的投资风险更加突出,采用这三种公司形式的国家已经不多,目前各国普遍采用的公司形态是有限公司和股份有限公司。

上述分类是大陆法系国家包括法国、德国、瑞士、日本等的公司法对公司所作的分类,我国《公司法》及其理论体系也是以此分类为根据制定和建立的。

(二) 封闭式公司与开放式公司

这是以公司的股份是否公开发行及股份是否允许自由转让为标准所作的分类。

1. 封闭式公司(private company 或 closed company)。封闭式公司,又称为不上市公司、私公司或非公开招股公司。其特点是公司的股份只能向特定范围的股东发行,而不能在证券交易所公开向社会发行,股东拥有的股份或股票可以有条件地转让,但不能在证券交易所公开挂牌买卖或流通。

2. 开放式公司(public company)。开放式公司,又称为上市公司、公众公司或公开招股公司,其特点与封闭式公司相反,它可以在证券市场上向社会公开发行股票,股东拥有的股票也可以在证券交易所自由地买卖或交易。

此种分类为英美法系国家公司法所采用,从其具体内容看,封闭式公司类似于大陆法系国家的有限公司及股份有限公司中的非上市公司,而开放式公司则类似于大陆法系国家股份有限公司中的上市公司。

(三) 人合公司、资合公司与人合兼资合公司

这是按公司信用基础的不同进行的分类。

1. 人合公司。人合公司,是指以股东个人条件作为公司信用基础设立的公司。这种公司对外进行经济活动时,依据的主要不是公司本身的资本或资产状况,而是股东个人的信用状况。人合公司的股东对公司债务承担连带无限责任,公司资不抵债时,股东应以个人的全部财产清偿公司债务。无限公司就是典型的人合公司。

2. 资合公司。资合公司,是指以公司资本和资产条件作为其信用基础的公司。这种公司对外进行经济活动时,依靠的不是股东个人的信用情况,而是公司本身资本和资产是否雄厚。此种公司的股东对公司债务只负出资额范围内的有限责任,因此公司股东间以出资相结合,无须相互了解,公司具有公众化的特点。股份有限公司是最典型的资合公司。

3. 人合兼资合公司。人合兼资合公司,指信用基础兼具股东个人信用及公司资本和资产信用的公司，公司既有人合性质又有资合性质。“两合”，其意即指“人合”与“资合”。两合的原因在于公司由有限责任股东和无限责任股东两种股东组成。前述两合公司即为人合兼资合公司。

此种分类是大陆法系国家公司法理论上所作的一种分类，是一种学理分类。尽管不是一种法定分类，其意义仍然很重要。因为它揭示了公司法的立法意旨，公司法对有限公司、股份有限公司和无限公司所作的不同规定，很大程度上是基于这两种公司信用基础的不同。

（四）国营公司、公营公司与民营公司

这是根据公司的资本构成进行的分类。

1. 国营公司。国营公司，即西方国家的国有化企业，这种企业虽然名称是“公司”，但不是公司法意义上的公司，不受公司法调整。其特点是全部资本由国家投资，国家作为股东参与公司的利润分配，公司的经营管理由国家代表、企业代表和工会代表组成的董事会负责，同时其资本也不分为股份。因而它被视为国家“独资”经营的公司。

2. 公营公司与民营公司。公营公司与民营公司，二者都属于公司法上的公司。公营公司是指政府资本超过公司总资本额50%的公司；民营公司是指私人资本超过公司总资本额50%的公司。

关于公营公司与民营公司的划分，在我国尚无法律规定。但随着我国市场经济的发展和国有企业的改革，许多国有企业将成为国有资产与非国有资产共同投资的企业。而对于国有资本控股或私人资本控股的公司，国家将会采取不同的法律规制方式和不同的政策。因此，公营公司和民营公司的划分将具有重要的现实意义。

（五）母公司与子公司

这是按公司之间的控制或从属关系进行的分类。

母公司，又称控股公司，是指拥有另一公司一定比例以上的股份，或通过协议方式能够实际控制另一公司的经营的公司。与其相对应，一定比例以上的股份为另一公司所拥有或通过协议受到另一公司实际控制的公司即为子公司。

母公司与子公司之间法律关系的特点是：

1. 母公司实际控制子公司，即母公司拥有对子公司的重大事项的决定权，尤其是能够决定子公司董事会的组成。

2. 母公司与子公司之间的控制关系主要是基于股权的占有，而不是直接依靠行政权力控制公司。由于股份的分散，母公司无须拥有50%以上股份，只需拥有一定比例以上（股票控制额）的股份即可获得股东会表决权的多数，从而取得控制地位。

3. 母公司、子公司各为独立的法人。虽然子公司受母公司的控制，但在法律上，子公司仍是具有法人地位的独立企业。它有自己的名称和章程，并以自己的名义进行业务活动，其财产与母公司的财产彼此独立。在财产责任上，母公司和子公司也以自己所有的财产对各自的债务负责，互不连带。

> **案例研讨**
>
> **广州水泥与金田集团债务执行案**

我国《公司法》未规定母公司的概念，只对子公司作了简要规定：“公司可以设立子公司，子公司具有法人资格，依法独立承担民事责任。”

（六）关联公司与公司集团

这是根据公司之间的特殊联系而作的分类。

1. 关联公司。关联公司,亦称关联企业。广义的关联公司,指两个以上独立存在而相互之间又具有稳定、密切的业务联系或投资关系的公司。狭义的关联公司,则仅指存在持股关系但未达到控制程度的公司。通常所称的关联公司是指广义的关联公司。在我国,具有突出法律意义的是上市公司的关联公司,证券法规范中有许多涉及关联关系或关联交易的法律规则和要求。

2. 公司集团。公司集团,亦称企业集团,它是指在统一管理之下,由法律上独立的若干企业或公司联合组成的团体。公司集团中处于主导地位的为母公司或支配公司,公司集团的成员都属关联公司或称从属公司。公司集团本身只是表明母公司与众多子公司之间的一种特殊联系,其本身并不成为一个独立的法律主体,不具有法人地位。

(七) 本公司与分公司

这是按公司内部管辖关系进行的分类。

许多大型公司的业务分布于各个地方,甚至不同国家,直接从事这些业务的许多都是公司内部所设置的分支机构或附属机构,它们就是所谓的分公司,而公司本身则被称为本公司或总公司。

分公司与本公司的关系虽然同子公司与母公司的关系有些类似之处,但分公司的法律地位与子公司完全不同。分公司没有独立的法人地位或资格,它可以有自己的名称,如办事处、分行、分公司等,但其名称应反映其与总公司的隶属关系。分公司也没有自己的独立财产,其实际占有、使用的财产作为本公司的财产而计入本公司的资产负债表之中,同时本公司应以其财产对其分公司活动所产生的债务承担责任。可以说,分公司的业务、资金、人事均受总公司的统一管辖与安排。此外,分公司的设立也无须经过一般公司设立的许多法律程序,只在当地履行简单的登记和管理手续即可。由此可见,分公司实际上并不是法律意义上的公司,只是本公司的组成部分或业务活动机构。

(八) 本国公司、外国公司与跨国公司

这是按公司的国籍所进行的分类。

对于公司国籍的确定,国际上有不同的立法和学说,其基本标准有:(1)公司设立准据法主义,即公司的国籍以公司设立所依据的法律是本国法还是外国法为标准确定;(2)公司设立行为地主义,即公司国籍根据公司设立登记或注册所在地确定;(3)股东国籍主义,即公司国籍根据多数股东或多数出资额股东的国籍确定;(4)公司住所地主义,即公司以公司住所所在地的国家为其国籍。

对上述各种标准,大多数国家兼采设立准据法主义和设立行为地主义。我国亦采此做法。因此,凡依中国法律在中国境内登记设立的公司,无论有无外国股东,无论外国股东出资多少,都是中国公司,亦即本国公司。

外国公司则是相对本国公司而言的。外国公司是非依所在国(东道国)国家法律且非在所在国登记而成立,但经所在国政府许可,在所在国进行业务活动的机构。外国公司均为外国总公司在本国设立的分公司,对其总公司来说,称为国外分公司,而对分公司业务活动所在国来说,则被称为外国公司。

跨国公司是指以本国为基地,在其他国家或地区设立分公司、子公司或其他参股性投资企业,从事国际性生产和经营及服务活动的大型经济组织。严格地说,跨国公司并非法律意义上的概念,它实际上是指国际性的公司集团,体现的是公司之间的一种特殊关系。

二、有限责任公司

（一）有限责任公司的概念和特征

有限责任公司，简称有限公司，是指由法律规定的一定人数的股东所组成，股东以其出资额为限对公司债务承担责任，公司以其全部资产对其债务承担责任的企业法人。有限责任公司具有以下特征：

1. 股东人数有法定限制。在各国公司法中，对其他各类公司，只限制股东的最低人数，而无最高人数的限制，但对有限责任公司，大多规定了最高人数的限制。我国《公司法》第24条规定，有限责任公司由50个以下股东出资设立。同时《公司法》取消了股东人数的低限，除规定国有独资公司可以由国家授权投资的机构或国家授权的部门单独投资设立外，亦允许一个投资者单独设立一人公司。

有限责任公司的股东资格要求不同于无限公司。有限责任公司的股东既可以是自然人，也可以是法人，自然人中无行为能力人及限制行为能力人亦可成为股东。

2. 股东对公司债务承担有限责任。有限公司的股东，只以其认缴的出资额为限对公司负责，对超过其出资额范围的公司债务不承担责任，公司的债权人亦不得直接向股东主张债权或请求清偿。

3. 公司设立程序简便，组织机构简单。有限公司与股份有限公司不同，只有发起设立，没有募集设立。公司的资本总额由各个股东一次全部认足，不可分期认购或招募。因而，有限公司的设立程序相对简单。而且，有限公司的机关设置也较股份有限公司简单、灵活。例如，根据我国《公司法》的规定，股东人数较少、规模较小的有限公司，可以不设董事会和监事会，只设1名执行董事和1—2名监事即可。此外，有限公司股东会的召集办法和决议的形成程序也较为简单。

4. 公司兼具资合性与人合性。公司法对有限公司的许多规定，使其既体现出资合性又体现出人合性的特点。

有限责任公司人合性的特点表现在：(1) 股东人数有一定限制；(2) 公司的资本只能由全体股东认缴，不得向社会公开募集；(3) 股东的出资证明书不得自由流通转让；(4) 股东的出资转让须取得其他股东的同意，其他股东有优先购买权；(5) 有限责任公司的经营事项和财务账目无须向社会公开。

有限责任公司资合性的特点体现在：(1) 股东对公司债务只承担有限责任；(2) 在资本制度上，实行资本确立原则、资本维持原则及资本不变原则，公司设立时应由全体股东全额认缴公司章程规定的注册资本；(3) 股东出资形式受法律限制，只能是货币、实物、工业产权等价值稳定和具有可转让性的财产，信用及劳务不能用于出资；(4) 公司分配实行无盈不分原则，其盈余须在弥补亏损和提留公积金后才能用于股东分配。

（二）对有限责任公司的评价

有限公司是公司制度发展中出现最晚的一种公司形式，应该说，它兼采了无限公司和股份有限公司的优点，同时又克服了它们的不足。一方面，有限公司具有无限公司的人合性特点，股东相互了解信任，而这些股东又不必像无限公司股东那样承担无限责任。另一方面，有限公司具有股份有限公司资合性的特点，股东既对公司债务承担有限责任，又无须像股份有限公司股东那样，以放弃对公司业务的管理权作为代价；有限公司的财务情况亦无须对外公开。有限公司的人合性兼资合性的整体优越性还有别于两合公司,两合公司尽管同样兼具人合性与资合性,但其股东成分较复杂,责任形式不一,内部关系较难协调。有限公司因其人合性和封闭的特点,一般难以成长为大型企业。

因此总体说来,有限公司是更符合中小企业需要的公司形式。在各国实践中,大多数中小企业都采用了有限公司的形式。在我国,外商投资公司基本上都采用有限公司形式,国有企业也主要采取有限公司形式进行公司改制,因而我国的许多有限公司规模很大。

三、股份有限公司

(一) 股份有限公司的概念和特征

股份有限公司,简称股份公司,是指公司全部资本分为等额股份,股东以其所认购的股份对公司承担责任,公司以其全部资产对公司债务承担责任的企业法人。股份有限公司具有以下特征:

1. 股东具有广泛性。股份有限公司通过向社会公众广泛地发行股票来筹集资本,任何投资者只要认购股票和支付股款,都可成为股份公司的股东,这使得股份有限公司的股东人数具有广泛性的特点。各国公司法也都只对股份公司股东人数规定最低限额,而无最高人数的限制。根据我国《公司法》第 78 条的要求,股份有限公司的股东人数应当为 2 人以上。

2. 股东的出资具有股份性。这一特征是股份有限公司与有限责任公司的区别之一。股份有限公司的全部资本划分为金额相等的股份,股份是构成公司资本的最小单位。这种资本股份化的采用,是为了适应股份有限公司独特的向社会公开募集资本方式中便利性的需求,同时,也便于股东股权的确定和行使。而有限责任公司股东的出资不是划分为等额股份,而是以其实际的出资金额或出资比例来确定和行使股权。

3. 股东责任具有有限性。股份有限公司的股东对公司债务仅以其认购的股份为限承担责任,公司的债权人不得直接向公司股东提出清偿债务的要求。

4. 股份发行和转让具有公开性、自由性。股份有限公司通常以发行股票的方式公开募集资本,这种募集方式使得股东人数众多,分散广泛。同时,为提高股份的融资能力和吸引投资者,股份必须具有较高程度的流通性,股票必须能够自由转让和交易。因此,股份有限公司的股票除可以在一般交易场所转让交易外,还可以申请在证券交易所挂牌上市交易,股份有限公司也由此成为上市公司。股份有限公司股票的公开发行和自由流通,也促进了资本市场——证券市场的形成和发展。

5. 公司经营状况具有公开性。股份有限公司股份发行的公开性及股份转让的自由性,使得股份有限公司的经营状况不仅要向股东公开,还必须向社会公开,使社会公众了解公司的经营状况,以最大限度地保护公司股东、债权人及社会公众利益。对于公开发行股票的股份有限公司来说,因其社会性更强,其经营状况公开的意义更为突出。这种公开性的特点与有限公司的封闭性完全不同。

6. 公司信用基础具有资合性。股份有限公司的信用基础在于其公司资本和资产,公司资本和资产不仅是公司进行经营的基本条件,也是公司承担债务的基本担保。因此,股份有限公司实行严格的资本确定、资本维持和资本不变的法律原则。实行法定资本制的国家一般都要求公司设立时必须由全体股东全额认缴公司章程确定的注册资本。股东只能以货币、实物等出资,而不能以信用或劳务出资。公司的盈余分配更是严格实行无盈不分的法律原则。这些都与人合性的无限公司截然相反。股份有限公司是最典型的资合公司。

（二）股份有限公司的优越性

股份有限公司是资本主义市场经济的典型组织形式，也是垄断资本主义的起点。作为公司形式之一的股份有限公司，在商事经营活动中，具有其他公司和企业形式无可比拟的优越性：

1. 利于集资。这不仅是由于它可以对外公开发行股票和债券，而且由于它的股份金额一般较少，可以更为广泛地吸收社会的小额分散资金。

2. 分散风险。股份有限公司多数股东个人所拥有的股份只占公司总资本的很少一部分，而股东又只以其拥有的股份对公司承担财产责任，从而有利于分散投资风险。

3. 公众性强。股份有限公司具有最广泛的公众性，实行公示主义的管理方法，公开向社会募集资金，任何人都可成为股东，不受身份和个人其他条件的限制。

4. 股份变现及股东变更便利。股份有限公司的股票可以自由转让，股东遇有急需或认为公司经营不善、面临亏损或破产时可以随时将股份转让变现，从而变更公司股东。

5. 管理科学。股份有限公司适应了所有权与经营相分离的生产方式的需要，生产和经营活动由以董事和经理为中心的专门管理机构进行，众多的股东只是作为“资本的单纯所有者”领取股息和红利。这种管理的专门化有利于提高公司的管理水平。

四、一人公司

（一）一人公司的概念与特征

一人公司又称独资公司，指股东（自然人或法人）仅为一人，并由该股东持有公司的全部出资或所有股份的公司，包括有限责任公司和股份有限公司。一人公司的突出法律特征在于其股东的唯一性，即一人公司的股东只有一人，包括一个自然人或一个法人，全部股份或出资额均由唯一的股东持有。虽然一人公司的股东只有一人，但其同样具备公司的所有法律特征，包括独立的法律人格、独立的财产、独立的组织机构和独立的民事责任。各国的一人公司既有一人有限公司，也有一人股份有限公司。我国《公司法》目前只规定了一人有限公司，而股份有限公司必须由两个以上的股东组成。

（二）对一人公司的评价

1. 国外立法对一人公司的评价。一人公司的出现是对传统公司社团性的重大挑战。按照传统公司法，公司是社团法人的一种，由两个以上的股东组成。以前的各国公司法几乎没有不强调公司成员的多数性的，并认为这是公司作为团体区别于以前的个人商业组织的基本结构特征。

与之对立的意见则认为，法人制度不过是为了赋予企业组织独立的人格而在法律上拟制的产物，个人也可以享有这种法律上的人格经营公司业务。资合公司的法人资格不应受公司成员人数左右，所以一人公司也可以具有法人资格。现在，绝大多数学者都主张一人公司具有法人性。

2. 我国立法对一人公司的承认。我国 1993 年《公司法》不承认一人公司，2005 年《公司法》则完全确认了一人有限责任公司。这一重大立法变化的根据在于：

(1) 尊重一人公司客观存在的事实，鼓励投资创业，便利公司设立，减少公司冲突和矛盾。虽然 1993 年《公司法》未明确承认一人公司，但事实上一人公司早已经以各种方式存在了。

(2) 顺应全球立法趋势。近年来越来越多的国家相继承认或有条件地认可了一人公司的法律地位。而我国加入 WTO 后,也应该实现国内企业和外资企业之间的公平竞争,其中包括在投资形式上给予中外投资者设立一人公司的相同机会和条件。

(3) 一人公司与法人制度的本质和债权人保护并不矛盾。法人制度的本质在于公司的独立存在和活动,公司法的目标应是防止公司的股东滥用权利、混同个人财产与公司财产、损害债权人的利益,而不在于其成员的结构和股东人数的多少。

(三) 一人公司的特别法律规则

《公司法》一方面明确肯定了一人公司的合法地位,另一方面,又针对其特殊性规定了一整套特别适用的法律规则。根据《公司法》第二章第三节的规定,这些规则主要是:

1. 规定了设立一人公司的限制。《公司法》第 58 条规定:"一个自然人只能投资设立一个一人有限责任公司。该一人有限责任公司不能投资设立新的一人有限责任公司。"

2. 规定了特别的公示和透明要求。《公司法》第 59 条规定:"一人有限责任公司应当在公司登记中注明自然人独资或者法人独资,并在公司营业执照中载明。"

3. 规定了更简易的管理方式。基于一人公司只有一个股东的特殊构成,《公司法》第 60 条规定:"一人有限责任公司章程由股东制定。"第 61 条规定:"一人有限责任公司不设股东会。股东作出本法第三十七条第一款所列决定时,应当采用书面形式,并由股东签名后置备于公司。"

4. 强调了会计审计的要求。为保障一人公司财产的独立及公司财产与股东财产的区隔,《公司法》第 62 条进一步强调规定:"一人有限责任公司应当在每一会计年度终了时编制财务会计报告,并经会计师事务所审计。"

5. 规定了财产独立的举证责任倒置的法律规则。《公司法》第 63 条规定:"一人有限责任公司的股东不能证明公司财产独立于股东自己的财产的,应当对公司债务承担连带责任。"即将举证责任转移给股东,要求其证明公司财产独立,否则法律即作出公司财产不独立的推定,并苛责股东对公司债务承担连带责任。我国《公司法》建立的一人公司制度在各国《公司法》中独具特色,是 21 世纪公司法的创新制度设计。

五、国有独资公司

(一) 国有独资公司的概念和特征

国有独资公司,是指国家授权投资的机构或者国家授权投资的部门单独投资设立的有限责任公司。国有独资公司是我国公司法借鉴现代世界通行的公司制度,针对中国的特殊国情,为促进中国国有企业制度改革而专门创立的一种特殊公司形态。

根据《公司法》的规定,国有独资公司的设立有两种方式:一是新建设立,即国有资产监督管理机构单独出资开办国有独资公司;二是改建设立,即原有国有企业,符合公司法设立有限公司的条件并为单一投资主体的,可以依照公司法的规定改建为国有独资公司。

国有独资公司与其他形态的公司相比较,具有以下特征:

1. 国有独资公司是特殊的一人公司。

(1) 国有独资公司是一人公司。国有独资公司的股东只有一个,即国家,由国有资产监督管理机构履行出资人或股东的义务。因而,国有独资公司实际上属于《公司法》上的一人公司。

(2) 国有独资公司是特殊的一人公司,其特殊性在于其股东的特定性。依照《公司法》的规定,成为国有独资公司股东的前提条件是必须有国家的授权。《公司法》不允许其他任何单位或个人单独投资设立国有独资公司。

2. 国有独资公司是特殊的有限责任公司。

(1) 国有独资公司是有限责任公司。国有独资公司的资本不分为股份,非属一人股份公司。国有独资公司与一般有限责任公司一样,公司以其全部财产对公司债务承担责任,股东以其出资额为限对公司承担责任,公司与股东相互独立,国家与企业的产权关系十分清晰。

(2) 国有独资公司是特殊的有限责任公司。国有独资公司与一般的有限责任公司在许多方面,包括股东人数、股东的身份、公司的组织制度、股权的行使等都有所不同。当然,除有特别规定外,《公司法》关于有限责任公司组织和行为的一般规定也适用于国有独资公司。

(3) 国有独资公司是不同于一般国有企业的公司企业。尽管许多国有独资公司直接由特定的国有企业经公司化改组而成,但国有独资公司在设立根据、企业产权性质和管理体制等方面都不同于原有的国有企业。

(二) 对国有独资公司的评价

国有独资公司是我国国有企业改革的产物和法律形式。国有企业一直是我国经济的主导和国民经济的中坚力量。20 世纪 80 年代以来的经济体制改革,核心和关键的环节就是国有企业改革。为焕发国有企业的生机和活力,保证国有资产的经营效益和保值增值,国家对国有企业采取了一系列逐步深入的改革措施,从扩大企业的自主权到承包经营责任制和租赁经营制,再到现代企业制度的提出和公司制的确立,我国的国有企业改革经历了实质性的法律形态的根本性变革。国有独资公司的出现正是这种变革的成果。

公司这种股权制企业以其明晰的产权关系、科学有效的管理方式、公平合理的利益和风险机制,成为现代企业最优异的组织形式。对在传统计划经济体制下形成的我国国有企业来说,公司制在开拓企业筹资渠道,实行国家投资行为的市场调节,重新界定和明晰国家与企业的产权关系,形成企业经营中的财产约束和利益约束的双重约束机制,发挥资产重组和结构调整的职能,打破传统体制下的行业、地区、部门、所有制等的限制和阻碍等很多方面,都有着巨大的作用。因此,公司制或股份制的采用,成为国有企业改革的必然选择。

但由于我国全民所有制经济绝对的主导地位和国有企业财产数额和经营规模的巨大,非国有经济的财产积累时间尚短,多元化的投资主体和多种成分的股权结构在多数国有企业中还很难实质性地建立,一般有限公司和股份有限公司形式在所有国有企业中的普遍推行尚需一定的条件和过程。因此,作为一种特殊的公司形式,《公司法》创制了国有独资公司。它既采取了有限公司的基本形式,又根据其股东单一的特点规定了较为灵活和简易的组织机构和管理方式。

此外,依照 1993 年《公司法》的规定,国有独资公司应特别适用于国家垄断经营的领域和行业。国务院确定的生产特殊产品的公司或者属于特定行业的公司应当采取国有独资公司的形式。2005 年修订后的《公司法》将这一规定取消。这一方面意味着是否采取国有独资公司形式法律不再给予具体限制,另一方面意味着立法应逐步减少采用国有独资公司形式的导向作用。

六、上市公司

(一) 上市公司的概念与特征

股份有限公司,依其发行的股票是否公开上市交易,分为上市公司和非上市公司。所谓上市公司，是指所发行的股票经批准在证券交易所公开上市交易的股份有限公司。上市公司的法律特征如下：

1. 上市公司是股份有限公司的一种。公司发行的股票上市交易，表明其具有很强的公开性，只有股份有限公司具有这种公开性的特点。有限公司等其他类型的公司都不具有公开发行股票并使其股票上市交易的权利。同时，也并非所有股份有限公司的股票都上市交易，能够上市交易的只是其中的一部分。因此，上市公司一定是股份有限公司，但股份有限公司不一定都是上市公司。

2. 上市公司的股票上市必须符合法定条件并经有关机关批准。股票上市涉及公众利益和公开市场秩序，各国政府通常都会进行不同程度和不同形式的干预和管理。我国《公司法》规定股票上市须遵守有关法律、行政法规及证券交易所交易规则。我国《证券法》则对证券上市的条件和程序作了具体要求。

3. 上市公司的股票在证券交易所上市交易。股票的公开交易不等于股票的上市，公开交易具有各种不同的市场范围和交易方式，证券市场分为一级市场、二级市场、场外交易市场等。证券交易所是公开市场中的二级市场，只有股票在证券交易所上市交易的公司才属于上市公司。

（二）公司上市的目的与作用

股份有限公司发行的股票上市交易，又称为公司的上市。公司上市具有多方面的作用，不同的公司往往基于不同的目的寻求上市。

1. 增强公司融资功能。股票的上市交易，将使股票具有极强的流通性和变现性，因而成为受投资者普遍欢迎的投资方式。因此，公司上市将为其日后进行增资和新股发行创造有利的条件，将使公司在资本市场上的融资能力得到实质性的增强。

2. 提高股东的投资回报。股东对股份有限公司的投资，不仅是为了获取公司盈余分配的收益，也包括获取股票在市场上进行交易的增值收益，甚至对许多投资者来说，交易市场上的收益可能是更主要的投资目的。公司的上市，将使股东获得在交易市场上获利的机会，从而提高了股东的投资回报。

3. 提高公司的知名度和商誉。上市公司实行严格的信息公开制度，公司一经上市，其一切重要事项都要向社会公开，并成为公众密切关注的对象。上市公司由此具有一般公司难以达到的市场认知度或知名度，业绩良好的公司由此会获得更高的商业信誉。

4. 规范公司行为，提高管理水平。上市公司的行为受到法律、监管机关、证券交易所、公众及其广大投资者等多方面的规范、监督和约束，这使得上市公司的行为更为规范，更符合法律的要求。同时，也要求公司的管理者具有较高的业务素质和管理能力，促使管理者勤勉尽责，提高业务管理水平和经营效益。

（三）公司上市的条件

我国《证券法》第 50 条对股份有限公司申请股票上市的法定条件作了规定，这些条件包括：(1)股票经国务院证券监督管理机构核准已公开发行。(2)公司股本总额不少于人民币 3 000 万元。(3)公开发行的股份达到公司股份总数的 25 % 以上；公司股本总额超过人民币 4 亿元的，公开发行股份的比例为 10%以上。(4)公司最近 3 年无重大违法行为，财务会计报告无虚假记载。

此外，证券交易所可以规定高于上述法律规定的上市条件，并报国务院监督管理机构批准。

七、外商投资企业(公司)

(一) 外商投资企业(公司)的概念和特征

中国的外商投资企业(公司),是指依照中华人民共和国法律,在中国境内设立的,部分或全部资金来自境外的,外国投资者有相应的支配、控制权的企业或公司,是国际私人资本对中国进行直接投资的方式。

外商投资企业,一般都采取公司的组织形式,绝大多数都属于有限责任公司,因此,通常又称其为外商投资公司。因其系与外商共同投资或由外商单独投资设立,因此,又称之为涉外企业或涉外公司。外商投资企业分为中外合资经营企业、中外合作经营企业和外资企业三种类型,在实践中统称为三资企业。

外商投资企业具有如下法律特征:

1. 由外国投资者参与设立或由外国投资者单独设立。这里的外国投资者是指外国企业、其他经济组织或个人。外商投资企业可以由中国投资者与外国投资者共同投资设立,也可以由外国投资者单独投资设立。

2. 依照中国法律、在中国境内设立。外商投资企业虽有外资参与,但属于中国企业或法人,而确定其国籍的依据则是企业设立所依据的法律和设立地。这一特征使其区别于在中国境外设立而在中国境内从事经营活动的外国公司,也区别于中国公司在中国境外依据外国法律设立的中资公司。

3. 由外国投资者以私人直接投资方式设立。只有以私人直接投资设立的企业才属于外商投资企业。利用外国政府或各国政府共同设立的国际经济组织的资金兴办的企业,不属于外商投资企业。利用国外的借款、租赁等间接投资方式兴办的企业也不属于外商投资企业。

在我国,外商投资公司产生于20世纪70年代末改革开放的初期,是为引进和吸收外资而创立的企业法律形式。通过相继颁布的《中外合资经营企业法》(以下简称《合资企业法》,1979年颁布)、《中外合作经营企业法》(以下简称《合作企业法》,1988年颁布)、《外资企业法》(1986年颁布)及其他配套法规和规则予以确定和规范,外商投资企业法由此形成了较为完整的法律体系。

(二) 外商投资企业的法定类型和性质

依照现行外商投资企业法,外商投资企业分为以下三种法律类型:

1. 中外合资经营企业。中外合资经营企业(以下简称合营企业),是指中国合营者与外国合营者依照《合资企业法》等有关法律的规定,在中国境内设立的共同投资、共同经营、按出资比例分享利润、承担风险与亏损的企业。

《合资企业法》第4条第1款规定:“合营企业的形式为有限责任公司。”由此,合营企业的性质为有限公司,是有限公司的一种,其与普通有限公司的区别在于股东必须由中方投资者和外方投资者共同组成。

2. 中外合作经营企业。中外合作经营企业(以下简称合作企业),是中国合营者和外国合营者依照《合作企业法》,在中国境内设立的,由合同确立双方权利和义务,并根据合同从事生产经营的企业。

合作企业的法律性质较为复杂。《合作企业法》第2条第2款规定:“合作企业符合中国法律关于法人条件的规定的,依法取得中国法人资格。”言下之意,如不具备法人条件的,也就不能取得中国法人资格。由此可见,中国的合作企业,可分为法人式和非法人式。而从实践情况看,已经成立的合作企业,大都具有法人资格,非法人的合作企业为数很少。

合作企业虽与合营企业之间有许多相似之处,但二者仍有着本质的差别:(1)合营企业是股权式组织;而合作企业是契约式组织。(2)合营企业各方的各种投资形式包括现金、设备、厂房、技术、土地使用权等都要以同一货币单位计算股权,利润的分配和风险的承担都以股权为依据,合营期限也比较长;而合作企业合作各方提供的现金、设备、土地、技术、劳动等一般不作为股本投入,利润的分配完全依据各方签订的协议,合营期限一般比合资企业短。(3)从组织形式上看,合营企业必须是具有法人资格的企业;而合作企业则可以是不具有法人资格的组织。

3. 外资企业。外资企业是依照《外资企业法》,在中国境内设立的由外国投资者单独投资的企业。

对外资企业的法律性质,《外资企业法》作了与《合作企业法》几乎完全相同的技术性规定,即"外资企业符合中国法律关于法人条件的规定的,依法取得中国法人资格"。这表明,外资企业同样可分为法人式的外资企业和非法人式的外资企业。同时,《外资企业法实施细则》又规定:"外资企业的组织形式为有限责任公司。经批准也可以为其他责任形式。外资企业为有限责任公司的,外国投资者对企业的责任以其认缴的出资额为限。外资企业为其他责任形式的,外国投资者对企业的责任适用中国法律、法规的规定。"

(三) 外商投资企业的法律适用

外商投资企业是一类法律性质多样化的企业组织,除其中的合营企业属于确定无疑的有限公司外,合作企业和外资企业中既可能采取法人型的有限公司形式,也可能采取非法人型的其他企业形式。外商投资企业与公司之间的这种互相交叉关系,必然导致外商投资企业法与公司法之间在法律适用上的冲突,即对于有限公司性质的外商投资企业,其设立、组织机构及其活动,应适用外商投资企业法还是适用公司法的冲突。

对此,我国《公司法》第 217 条作了协调性的原则规定:"外商投资的有限责任公司和股份有限公司适用本法;有关外商投资的法律另有规定的,适用其规定。"但由于合作企业和外资企业的公司性质不甚明确、外商投资企业法与公司法许多规则方面的差异等,这一原则性规定仍然无法完全消除法律适用上的冲突。同时,由于外商投资企业法本身的先天不足,其原已存在的问题在公司法颁行后也暴露得更为突出。因此,本书认为,外商投资企业法的改革与公司法的协调和融合已是大势所趋。

八、外国公司的分支机构

(一) 外国公司分支机构的概念和法律地位

1. 概念及法律特征。外国公司的分支机构,是指外国公司依东道国法律在东道国境内设立的从事生产经营活动的场所或者办事机构,实际上是该外国公司在其本国之外的国家设立的分公司。我国公司法和世界多数国家或地区的公司法一样,对于外国公司分支机构的规定,是为了对外国公司在中国的活动进行规范,而并不规范外国公司本身。

外国公司分支机构的法律特征可以概括如下:(1)外国公司的分支机构以外国公司的存在为前提。(2)外国公司的分支机构必须经东道国政府批准设立。(3)外国公司分支机构在东道国境内的业务活动必须以营利为目的,并在东道国境内营业。

2. 法律地位。我国《公司法》第 195 条明确规定:“外国公司在中国境内设立的分支机构不具有中国法人资格。外国公司对其分支机构在中国境内进行经营活动承担民事责任。”具体而言,外国公司分支机构的法律地位表现在如下方面:

(1) 外国公司分支机构是其所属的外国公司的一个组成部分,是在我国设立的派出机构,它不属于也不同于外国公司依我国法律在我国境内单独登记注册的子公司法人。

(2) 外国公司分支机构不具有独立的公司法人的内部组织机构,一般不设股东会、董事会及监事会等整套管理机构,而只由该外国公司指定代表人或代理人负责该分支机构。

(3) 外国公司分支机构没有自己独立的公司名称和公司章程,而只能以其所属的外国公司的名义进行业务活动,不能使用与其所属公司名称完全不同的其他名称。

(4) 外国公司分支机构对其经营活动不独立承担民事责任,其业务活动结果由所属外国公司承受,即分支机构的所属公司以自己的全部财产对其分支机构的活动所产生的债务承担责任。

(二) 外国公司分支机构的设立

外国公司分支机构的设立,是外国公司依东道国法律规定的条件和程序,在东道国境内为其分支机构取得生产经营资格的法律行为。

1. 外国公司分支机构在中国设立的条件。根据我国《公司法》及相关法律的规定,外国公司在中国设立分支机构必须符合以下基本条件:(1) 必须在中国境内指定负责该分支机构的代表人或代理人;(2) 必须向该分支机构拨付与其所从事的经营活动相适应的资金;(3) 外国公司的分支机构应当在其名称中标明该外国公司的国籍及责任形式,并应当在本机构中置备该外国公司章程。

2. 外国公司分支机构设立的程序。外国公司在我国设立分支机构必须经过一定的程序。根据我国公司法及相关法律规定,外国公司在我国设立分支机构的具体程序可以概括如下:

(1) 进行设立准备。外国公司到我国开办分支机构,首先要进行可行性论证。要了解中国的经营环境、法律政策环境,进行技术、财务、人事等方面的分析,选择经营项目和经营场所,做好必要的进入准备工作。

(2) 提出设立申请。外国公司在东道国设立分支机构的申请一般由该外国公司董事或执行业务股东提出,或由分支机构所在国的代表人或代理人代为申请。

(3) 设立审批。不同国家或地区对外国公司设立分支机构的许可态度不尽相同,有的国家或地区实行准则主义,有的国家实行核准主义或许可主义。我国对外国公司分支机构的设立采取的是比较严格的核准主义原则,即外国公司在我国境内设立分支机构,必须经我国有关主管机关的审核,依法获得批准后才能履行注册登记手续。对于符合法定条件的,审批机关应当在接到申请之日起一定期限内作出批准设立分支机构的决定。外国公司在中国境内设立分支机构的申请被中国主管机关批准后,应当在一定期限内持审批机关的批准文件向中国公司登记机关依法办理登记手续。

(三) 外国公司分支机构的权利和义务

外国公司分支机构作为外国公司在东道国的一个派出机构,在取得东道国的商业登记后,既享有在东道国境内从事生产经营活动的权利,又要承担东道国法律规定的相应义务。我国《公司法》第 196 条对外国公司分支机构的权利义务作了概括规定:“经批准设立的外国公司分支机构,在中国境内从事业务活动,必须遵守中国的法律,不得损害中国的社会公共利益,其合法权益受中国法律保护。”

1. 外国公司分支机构的权利。

(1) 依法从事生产经营活动。外国公司分支机构取得中国市场监督管理机关颁发的营业执照,即获得在中国境内从事生产经营活动的法定资格。一般而言,各国的法律多允许外国公司在本国境内开展业务活动,并使其享有与本国公司基本相同的权利,如依法取得财产的所有权、订立合同、享受东道国有关鼓励外商投资的优惠政策等。

(2) 合法权益受中国法律保护。外国公司在其分支机构的合法经营活动受到不法侵害时,有权在中国提起诉讼,寻求司法保护,以维护其合法权益。

2. 外国公司分支机构的义务。

(1) 遵守中国法律,不损害中国的社会公共利益。外国公司分支机构在中国境内的营业活动,应受中国法律管辖,这是我国主权原则的体现。同时,外国公司分支机构在中国境内营业,不得损害中国的社会公共利益。

(2) 标明国籍及责任形式,并置备章程。我国《公司法》明确要求外国公司的分支机构应当在其名称中标明该外国公司的国籍及责任形式并在本机构中置备章程,以方便与其发生法律关系的当事人了解其具体情况,降低交易风险,保护债权人的利益,维护社会经济秩序。

(四) 外国公司分支机构的撤销和清算

1. 外国公司分支机构的撤销。外国公司分支机构的撤销,是指依法使已经设立的外国公司分支机构归于消灭,结束其在东道国境内的生产经营活动。我国公司法未系统规定外国公司分支机构的撤销原因,依其他有关法律的规定,外国公司分支机构的撤销一般应包括下列几种情形:

(1) 因外国公司被依法撤销或解散而被撤销。外国公司分支机构是外国公司的组成部分,外国公司分支机构的存在以外国公司的存在为前提条件,当外国公司因被依法撤销、宣告破产、股东会决议解散等而终止时,该外国公司所属分支机构当然需要撤销。

(2) 外国公司分支机构因违法经营而被撤销。我国《公司法》第 212 条规定:“外国公司违反本法规定,擅自在中国境内设立分支机构的,由公司登记机关责令改正或者关闭,可以并处五万元以上二十万元以下的罚款。”此外,如果外国公司分支机构违反中国的市场监督管理、海关、财税、金融、外汇、环境保护等法律,情节严重的,有关主管部门也有权责令其停业,并吊销其营业执照。

(3) 外国公司分支机构因无故歇业而被撤销。外国公司分支机构取得登记后,应依法从事生产经营活动,如果其无故歇业达到一定期限,有关主管机关可强制该外国公司分支机构解散。

(4) 因外国公司分支机构的经营期限届满而撤销。各国的公司法多对外国公司分支机构的经营期限有规定。分支机构在经营期限届满前的一定时间内,经原审批机关批准,可申请办理延期登记。逾期不申请延期的,视同注销。

(5) 外国公司自行决定撤销。外国公司出于某种原因或需要,如已完成了在东道国从事投资和经营的预定目标,或无意在东道国继续投资经营,在经营期限届满前,可以向主管机关申请批准撤销其设立的分支机构。

(6) 其他导致分支机构撤销的原因。例如因不可抗力等致使经营无法继续时,也可能导致分支机构撤销。

2. 外国公司分支机构的清算。外国公司分支机构的清算,是指分支机构被撤销后,为了终结其现存的各种法律关系，了结分支机构的债权债务，而对分支机构所生的债权债务等进行清理的行为。根据我国《公司法》第 197 条的规定，外国公司撤销其在中国境内的分支机构时，必须依法清偿债务，依照公司法规定的公司清算程序进行清算。外国公司分支机构在撤销以后至清算结束这段时间，在清算范围内仍视为未撤销，其民事主体资格视为存续，但其权利能力受到限制，即仅限于以清算为目的的范围之内，不得从事与清算无关的经营活动。

为保护债权人的利益，我国《公司法》第 197 条规定，外国公司在清偿债务之前，不得将其分支机构的财产移至中国境外。也就是说，对于外国公司分支机构的所有清算未了的债务，虽然应由其所属外国公司承担，但其原有的财产仍是其承担民事清偿责任的重要条件。

【本节前沿问题】

关联企业与企业集团的法律地位与法律调整

关联企业具有法人地位，并且这种法人地位与集团内部的统一管理和相互间的控制支配关系并不绝对冲突。虽然成员企业在集团统一管理之下，一定程度上丧失了管理上的独立性，但其法人人格并不随之消灭。

由若干关联企业构成的联合体，具有较为特殊的法律地位。一方面，企业集团在经营活动的许多方面表现出整体的存在和意志，一些商业活动甚至是以集团的名义进行的。因此集团成为一种法律主体，并受到经济法（尤其是垄断法）、公司法、商业会计法、税法、劳动法等特别法律的调整。另一方面，企业集团又不可能取得一般商业团体那样的独立法律人格或民事主体身份。对集团来说，关联企业与集团既然是部分与整体的关系，那么，肯定了关联企业具有法人地位，也就否定了集团具有法人地位的可能性。反之，如果肯定了集团具有法人地位，那么关联企业的法人地位也就不存在了。如果以集团名义进行民事活动的法律后果由两个以上集团成员承受的话，这种活动实质上是这些成员共同进行民事行为，它将产生这些成员间的共同债权或共同债务。

“次级债权”理论

“次级债权”理论产生的原因是控制公司有可能利用其控制性影响力，凭空制造对从属公司的债权或债权担保，参与从属公司破产财团的分配，或者在设立从属公司时滥用股东有限责任原则，最终损害其他债权人的利益。“次级债权”理论可分为自动居次原则与衡平居次原则。自动居次原则主张，母公司对子公司之债权应一律次于子公司其他债权人。而衡平居次原则，又称深石原则，是根据控制股东是否有不公平行为，而决定其债权是否应劣后于其他债权人或者优先股股东受偿的原则。

自动居次原则出现后受到一些学者的批评，原因是一律要求控制股东之债权居于子公司其他债权人之后受清偿，可能导致控制股东受到的惩罚大大超过其依控制地位所得到的利益，其结果将使子公司破产风险增加而危及子公司债权人。这一原则已为大多数国家所摒弃。而衡平居次原则由于既保护子公司其他债权人的利益，也兼顾母公司债权的合理性，已成为法院处理母子公司关系中，母公司对子公司债权应如何处置的一般原则。

一人公司的财务监督问题

大多数国家对于一人公司最容易发生经营上道德危机的财务监控，少有特别规定。这一特点在我国公司法也有体现。我国公司法对于一人公司财务监控也仅仅通过每年一次的强制审计来完成。

法国对于一人公司财务监控问题的规定是较为完备的。首先,法国规定了会计监督遴选制度。依法国《有限责任一人企业法》第 12 条规定,一人公司董事须自会计师公会所提供,在具有国家证照专业资格会计师之名册中,选任会计监督,以落实健全公司财务制度之目的。其次,立法禁止一人公司股东及其亲属担任公司监察人。法国于 1985 年修正《公司法》时,为避免与该一人公司具有利害关系之会计师身兼该公司之会计监督,特以第 85-697 号法律案修正《公司法》第 65 条第 2 款第 2 项,规定该唯一股东及其配偶、直系尊亲属、直系卑亲属、直系第 4 等旁系亲属皆不得担任该一人公司之会计监督。

【本节思考题】

1. 简述母公司与子公司之间的法律关系。
2. 子公司与分公司的法律地位和内部法律关系有何不同?
3. 分析关联公司与公司集团的法律地位。
4. 简述人合公司与资合公司划分的立法意义与理论意义。
5. 比较有限责任公司与股份有限公司的异同。
6. 股份有限公司的作用与公司上市的意义是什么?
7. 简述一人公司的法律规制。
8. 国有独资公司与一般有限公司有何不同?
9. 简析外商投资公司的法定类型及各自的法律地位。
10. 外国公司的分支机构与一般的分公司(指由本国公司设立的分公司)有何异同?
11. 简述外国公司分支机构的权利和义务。

第三节 公司的设立

一、公司设立概述

(一) 公司设立的概念和特征

1. 公司设立的概念。公司设立,是指设立人依《公司法》规定在公司成立之前为组建公司进行的、目的在于取得公司主体资格的活动。

要正确理解设立的概念,还须分辨公司的设立与成立的区别。公司的成立是指已经具备了法律规定的实质要件,完成设立程序,由主管机关发给营业执照而取得公司法人主体资格的一种法律事实,表现为一种法律上的状态。由此可以看出,公司设立是成立的前提和必经程序,而公司的成立则是设立的法律后果或直接目的。公司的成立与设立的区别主要有:

(1) 发生时间不同。公司的设立和成立是取得公司主体资格过程中一系列连续行为的两个不同阶段。设立行为发生于营业执照颁发之前,成立则发生于被依法核准登记、签发营业执照之时。实质上,公司的成立是设立行为被法律认可后依法存在的一种法律后果。

(2) 法律效力不同。公司在核准登记之前,被称为设立中的公司。对于设立中公司的法律地位,理论上存有不同观点。一般认为,设立中的公司是一种权利能力受限制的社团,而发起人则为设立中公司的执行机关。对于发起人在设立阶段所为行为的法律后果承担,视公司最终成立与否而有所不同。公司的成立则使公司成为独立的主体,公司成立后所实施行为的后果原则上由公司承担。

2. 公司设立的法律特征。

(1) 设立的主体是发起人。发起人包括先行出资、筹建并对公司设立承担责任的自然人、法人和国家等。在公司设立过程中,发起人对内执行设立业务,对外代表正在设立中的公司。

(2) 设立行为只能发生在公司成立之前,并应当严格履行法定的条件和程序。

(3) 设立行为的目的在于成立公司,取得法律主体资格。

(4) 公司的种类不同,设立行为的内容也不尽相同。

(二) 公司设立的原则

1. 国外公司设立原则的沿革。公司设立的原则是指公司设立的基本依据及基本方式。从罗马社会到近代工业社会,公司的设立先后经历了自由设立主义、特许设立主义、核准设立主义、单纯准则设立主义和严格准则设立主义等原则。

(1) 自由设立主义。又称放任设立主义,指是否设立、设立何种公司、怎样设立等事宜完全由当事人自由为之,法律不加任何干涉。由于这种设立原则下的设立过程随便,与合伙企业的界限也难以分辨,难免造成许多不具备基本条件的组织也以公司名义出现,使债权人权益得不到保障。各国的公司立法很少再采用这种设立原则。

(2) 特许设立主义。即公司的设立必须经过国家元首特别许可或者经过国家立法机关颁发特别法令予以许可。这种对公司的设立予以过度管制的做法不能适应公司普遍发展的要求,并且有浓厚的封建特权色彩。近代各国公司立法除对某些特殊公司仍采取特许设立主义原则外,对一般的公司很少采用。

(3) 核准设立主义。也称许可设立主义,是指公司设立除了必须具备法律规定的条件外,还必须经过行政主管机关核准,否则不得成立。如果说特许设立主义是在公司设立问题上赋予权力机关一种特权,那么核准设立主义则是赋予行政机关一种特权。现在一般认为,由国家行政部门干预公司设立,不仅不利于公司的普遍发展,而且容易滋生腐败。核准设立主义原则除了适用于设立银行等与国计民生有密切联系行业的公司外,在多数情形下已不再被广泛采用。

(4) 单纯准则设立主义。即公司的设立,只要符合国家法律规定的要件即可,无须经权力机关或行政机关核准。1862 年的英国公司法首先采用这一设立原则,并在 19 世纪被不少国家采用。这种做法适应了公司大量出现的形势,有利于公司的普遍发展。

(5) 严格准则设立主义。即法律严格规定公司设立的要件并加重发起人的责任,同时规定公司设立必须经过国家主管机关登记才得成立并取得独立主体资格。严格准则设立主义既无特许设立主义和核准设立主义的繁琐,又避免了自由设立主义与单纯准则设立主义程序过于简单和不利于管理的弊病,为当今大多数国家的公司立法所采用。

> **案例研讨**
>
> **明光家具有限公司设立被拒案**

2. 我国公司设立的原则。我国在公司设立问题上曾经长期实行核准设立主义。这种做法在我国公司法制尚不健全的时代,起了积极作用。但随着经济的发展,其弊端日益显露。我国在总结公司设立实践的基础上,充分借鉴国外的立法经验,对公司设立制度进行了重大改革。《公司法》第 6 条第 1、2 款规定:“设立公司,应当依法向公司登记机关申请设立登记。符合本法规定的设立条件的,由公司登记机关分别登记为有限责任公司或者股份有限公司;不符合本法规定的设立条件的,不得登记为有限责任公司或者股份有限公司。法律、行政法规规定设立公司必须报经批准的,应当在公司登记前依法办理批准手续。"

结合上述规定及我国公司设立实践可以看出,我国公司法规定的公司设立原则是严格准则设立主义和核准设立主义的结合。

(三) 公司设立的方式

从大陆法系国家的公司立法来看,公司设立的方式有发起设立和募集设立两种。大多数国家的公司立法均认可这两种设立方式,法国、意大利、瑞士和荷兰等国采取发起设立方式较普遍,而日本等国采取募集设立方式较普遍。我国公司法对发起设立和募集设立方式均有规定。

1. 发起设立。发起设立又称共同设立或单纯设立,是指由发起人认购公司应发行的全部股份而设立公司。原则上,发起设立方式可以适用于任何公司的设立。不过,因无限公司、两合公司、有限责任公司的人合性强,资本具有封闭性,所以其设立方式均为发起设立;股份有限公司属于开放性公司,可以向社会发行股份,因而股份有限公司的设立既可以采取发起设立方式,也可采取募集设立方式。

2. 募集设立。募集设立也称为渐次设立或者复杂设立,是指由发起人认购公司应发行股份的一部分,其余股份向社会公开募集或者向特定对象募集而设立公司。在各类型公司中,只有股份有限公司和两合公司在设立阶段可对外募集股份,所以,这种设立方式原则上可适用于股份有限公司和股份两合公司。我国则只有股份有限公司可以采用这种设立方式。

(1) 法定形式。募集设立包括定向募集和社会募集两种形式。采用定向募集方式设立,是指公司发行的股份除由发起人认购外,其余股份不向社会公开发行,但可以向其他法人发行部分股份,经批准也可向本公司内部职工发行部分股份。采用社会募集方式设立,是指公司发行的股份除由发起人认购外,其余股份应向社会公开发行。

(2) 法律限制。在广泛地募集社会资金方面,募集设立具有发起设立所无可比拟的优越性。它可以通过发行股份的方式充分吸收社会闲散资金,在短期内筹集设立公司所需的巨额资本,缓解发起人的出资压力,便于公司的成立。但采取这种设立方式也有弊端:其一,这种设立方式须对外募集股份,还须召开创立大会,在审批程序上也较发起设立复杂,而且还可能受到国家金融政策等方面的制约。其二,由于股权的高度分散,不利于实现发起人对公司的控制权。其三,募集设立还可能被少数不法分子作为欺诈手段。针对募集设立方式的上述弊端,各国公司立法一般都对募集设立采取一定措施予以限制。我国《公司法》第 84 条对此也有规定:"以募集设立方式设立股份有限公司的,发起人认购的股份不得少于公司股份总数的百分之三十五;但是,法律、行政法规另有规定的,从其规定。"

二、公司设立的条件

(一) 有限责任公司设立的条件

我国《公司法》第 23 条规定:"设立有限责任公司,应当具备下列条件:(一)股东符合法定人数;(二)有符合公司章程规定的全体股东认缴的出资额;(三)股东共同制定公司章程;(四)有公司名称,建立符合有限责任公司要求的组织机构;(五)有公司住所。"

1. 主体条件。主体条件是指股东资格及人数要件,即股东须符合法定人数和资格。

(1) 股东人数要求。

首先,对于有限责任公司的上限,各国的公司立法多作最高限额规定。如我国《公司法》第24条对有限责任公司的股东人数的上限作了严格限定,即不超过50人。

其次,对于有限责任公司股东人数的下限,各国公司立法的规定不尽相同,如规定须在5人以上或2人以上等。由于对一人公司的承认,许多国家已经取消了有限责任公司最低股东人数的要求。我国《公司法》经历了从规定原则上2人以上才可以设立有限责任公司到承认一人公司的转变,现不再有2人以上的要求,并对一人有限责任公司和国有独资公司分别作了专节规定。此外,《公司法》第217条还规定:"外商投资的有限责任公司和股份有限公司适用本法;有关外商投资的法律另有规定的,适用其规定。"而根据《外商投资法》的规定,外国投资者在中国境内设立的外资企业可以是有限责任公司,其可以由一个外国投资者单独设立。

(2) 股东资格要求。各国的公司立法对于有限责任公司股东的资格,大多与对股份有限公司发起人资格的规定基本相同。依我国公司法及相关法律的规定,有限责任公司的股东必须具备相应的资格。[①]

2. 财产条件。

(1) 股东认缴出资。股东出资构成公司资本,它是公司财产形成的重要来源。公司设立时,要通过章程确定公司的资本总额,该资本额应由全体股东全额认缴,因此,公司注册资本总额就是全体股东认缴的出资额。2014年《公司法》取消了原《公司法》规定的有限责任公司的最低资本要求,公司可以根据自己的需要通过章程任意设定注册资本。同时,注册资本亦不需限期缴纳,可以由公司自己决定缴纳的时间和期限。但作为公司设立的财产条件,章程所定注册资本必须由全体股东全额认缴,全体股东认缴的出资额即为公司资本总额。

(2) 资本构成要求。一般而言,有限责任公司的资本不能划分为股份,更不能发行股票,但也有一些国家公司法规定有限责任公司的资本可以分成股份,以便于计算股东的出资及其权利义务,如日本就规定有限责任公司每股出资应当均等。我国公司法对有限责任公司的出资是否划分为股份及每股金额均未作规定,实践中可由公司自行掌握。

3. 组织条件。组织条件包括公司的名称、住所、章程及依法建立的组织机构等。公司名称是公司的法定登记事项,可以使公司的法人人格具有特定性,便于公司对外进行法律上、经济上的交往。

有限责任公司的公司章程是记载公司组织规范及其行动准则的书面文件,体现着全体股东的共同意志,并对全体股东、公司的组织机构和经营管理人员均有约束力。我国《公司法》对公司章程应该载明的事项作了明确规定。[②]

有限责任公司是通过内部组织机构的活动运作的,组织机构的建立可以使公司具备意思能力、执行能力,便于对外实施行为。依我国公司法的规定,有限责任公司的内部组织机构分为股东会、董事会和监事会等。但由于有限责任公司的具体形式、股东人数、经营规模、资本来源不同,法律、法规要求其建立的组织机构也不尽相同。例如《公司法》第50条第1款规定:"股东人数较少或者规模较小的有限责任公司,可以设一名执行董事,不设董事会。执行董事可以兼任公

---

① 参阅本章"股东与股权"一节中"股东资格的限制"的相关内容。

② 参阅本章"公司的设立"一节中"公司章程"的相关内容。

司经理。”[①]

（二）股份有限公司设立的条件

我国《公司法》第76条规定：“设立股份有限公司，应当具备下列条件：(一) 发起人符合法定人数；(二)有符合公司章程规定的全体发起人认购的股本总额或者募集的实收股本总额；(三)股份发行、筹办事项符合法律规定；(四)发起人制订公司章程，采用募集方式设立的经创立大会通过；(五)有公司名称，建立符合股份有限公司要求的组织机构；(六)有公司住所。”

1. 主体条件。主体条件即发起人人数和资格条件。为防止股份有限公司发起人在设立过程中徇私舞弊，损害其他认股人和公众的利益，维护社会经济秩序，法律对其主体的要求，较对于有限责任公司股东的要求更为严格。

(1) 发起人必须符合法定人数。股份有限公司的发起人，是指订立创办公司的协议，提出设立公司的申请，向公司出资或认购股份，并对公司设立承担责任的人。我国《公司法》第78条对股份有限公司发起人的人数作了2人以上200人以下的限定。其中，对股份有限公司发起人人数设上限的原因是：募集设立方式条件严格，设立程序复杂，导致公司设立时间长、成本高，股份有限公司的设立人为规避法律对募集设立的各种要求，而多采发起设立方式。但是，当发起人过多时，其设立已经具有了公众性，不应再适用发起设立的规定。

(2) 发起人的资格。对于股份有限公司发起人的资格，各国公司立法通常规定，发起人既可以是自然人，也可以是法人。其中，自然人发起人必须是完全民事行为能力人，法人发起人应是法律上不受特别限制的法人。是否对发起人的国籍、住所作要求，要根据一国的社会、经济和政治等多种因素确定。依我国《公司法》第78条的规定，股份有限公司须有过半数的发起人在中国境内有住所。

2. 财产条件。

(1) 全体发起人认购股本或公司募集实收股本。股份有限公司是典型的资合公司，公司的存在和对外的信用基础首先取决于其股本。为保护股东及社会公众的利益，大陆法系各国的公司法曾长期实行股份有限公司最低资本额制度。我国也曾对此作了规定，但2013年修正的《公司法》取消了原有最低资本额的要求，只是规定股份有限公司设立必须“有符合公司章程规定的全体发起人认购的股本总额或者募集的实收股本总额”。由此，股份有限公司也可以根据自己的需要通过章程任意设定注册资本。与有限责任公司不同，股份有限公司分为发起设立和募集设立两种情形。对于发起设立的股份有限公司，注册资本不需限期缴纳，可以由公司自己决定缴纳的时间和期限，但章程所定股本总额必须由全体发起人全额认购；对于募集设立的股份有限公司，其注册资本必须是实收资本，公司设立时，必须一次性缴纳。

(2) 资本构成要求。这是对于股份有限公司的另一特别要求。股份有限公司的资本应划分为股份，并且各股金额一般应为均等。

3. 组织条件。组织条件主要包括公司名称、类别、住所、经营范围等的选定以及公司的组织机构等。这些内容均为公司章程的主要内容，也是公司登记的主要事项，对公司的经营活动有着重要的影响。

股份有限公司通过公司的组织机构运作。依我国《公司法》的规定，股份有限公司的内部组

---

① 参阅本章“公司的组织机构”一节中“公司治理与公司组织机构概述”的相关内容。

织机构分为股东会、董事会和监事会等。其中，股份有限公司由股东组成股东大会，股东大会是公司的权力机构；股份有限公司设董事会，董事会对股东大会负责；股份有限公司设监事会，监事会由股东代表和适当比例的公司职工代表组成，具体比例依法由公司章程规定。①

（三）公司的名称与住所

1. 公司的名称。公司名称的意义主要有三：(1) 公司的名称是公司成为独立民事主体的重要标志之一，是法人人格的表现。(2) 公司的名称也是法人人格特定化的标志，公司可以其名称区别于其他民事主体。这是因为，公司的名称具有唯一性，一定时期一个公司只准用一个名称。(3) 公司的名称也是公司商誉的主要组成部分，是一种无形资产。依据《巴黎公约》的规定，公司的名称是工业产权保护的对象之一。

由于公司名称对社会经济生活关系重大，为了保障公司及交易对方的合法权益，维护社会交易秩序，各国和地区的法律对公司名称都作了相应规定。在我国，有关公司名称的立法规定主要有《公司法》第 8 条和其他有关法规和规章，如《公司登记管理条例》和《企业名称登记管理规定》等。

依《企业名称登记管理规定》及其实施办法的规定，除法律另有规定外，公司名称应当依次包括下列四个部分：

(1) 公司所属的行政区划名称，即注册机关的行政管辖级别和行政管辖范围。

(2) 字号②，即公司的特有名称，一般由两个或两个以上的汉字或少数民族文字组成。这是公司名称的核心内容，也是公司名称中唯一可由当事人自主选择的内容。不过，法律对此一般会规定某些禁用条款。

(3) 公司的行业或营业部类，即公司的名称应显示出公司的主要业务、行业性质和经营特点。

(4) 公司的组织形式，即公司的种类，如“股份有限公司”或“有限责任公司”。

2. 公司的名称权。公司的名称权是指公司对其依法取得的名称享有的独占和排他的权利。公司名称经登记注册后，即取得其名称的专用权。

(1) 确定公司名称权的原则。为保证名称权的专属性，使得在一定地域范围内公司名称不被混淆，在申请登记时，两个以上公司向同一登记机关申请注册同一名称的，由登记主管机关依照申请在先原则核定；两个以上公司向不同登记机关申请注册同一名称的，由登记主管机关依照受理在先原则核定；如果两个以上公司因已注册的名称相似或相同而发生争议，由登记主管机关依照注册在先原则处理。这就是公司名称权确定上的登记对抗主义，我国现行法即采用该原则。

(2) 公司名称的转让。公司的名称可依法转让，但对于公司名称是否可以单独转让，各国规定不尽相同。依我国相关法律的规定，公司名称可以随公司或者公司的一部分一并转让，即我国不允许公司名称的单独转让。

(3) 公司名称权的效力。公司名称经登记注册后，即取得该名称的专用权，在法律上具有排他的效力。这是保护工业产权、防止不正当竞争、防止商业欺诈的一项重要法律措施。这种排他性主要表现在两个方面：一是排除其他登记使用同一或相近似名称的权利；二是停止其他不正当

---

① 参阅本章“公司的组织机构”一节中“公司治理与公司组织机构概述”的相关内容。

② 在我国国家工商行政管理机关（现为“国家市场监督管理机关”）的文件中，字号和商号通用，但字号使用得更频繁。

使用同一名称行为的权利。

3. 公司的住所。

(1) 公司住所的确定及意义。关于公司住所的确定,各国和地区的法律规定不尽相同,大致有下列三种做法:一是管理中心主义,即以登记时的常设管理机关所在地为住所。二是营业中心主义,即以公司的业务执行地为住所。三是由公司的章程确定。我国《公司法》第10条的规定与《民法总则》第63条的规定一致:公司以其主要办事机构所在地为住所。由此可见,我国公司法实质上采用管理中心主义。住所赋予公司的行为以一定的法律意义,并使其参加的法律关系集中于一处。法律确定公司的住所,可以据此进一步确定诉讼管辖地,确定法律文书或其他函件的送达地点,确定登记、税收等其他管理机关,确定债务履行地,在涉外民事关系中,还可依住所确认准据法。

(2) 法律对公司住所的规定。

第一,住所是公司章程的必备条款之一,而公司章程又是申请注册登记的必备文件之一。所以,公司成立之前就应有拟定的住所,经注册登记后,具有法律效力。

第二,住所是应当进行注册登记的事项。住所应登记而不登记或变更住所而不做变更登记的,不得以其事项对抗第三人。

第三,一个公司只能有一个住所。如果有多个办事机构,则以统辖全部事务和分支机构的办事机构所在地为住所。

第四,设立分公司的,分公司也应有营业场所,并需要在营业场所所在地的登记机关办理登记。但分公司不是法人,且我国法律不承认可以有多个住所,故分公司的营业场所不具有住所的地位和效力。

三、公司设立的程序

(一) 有限责任公司的设立程序

相对于股份有限公司的设立,有限责任公司的设立程序相对简单。依我国《公司法》及相关法律规定,有限责任公司的设立应经过下列程序:

1. 发起人发起。有限责任公司只能由发起人发起设立。发起人首先要对设立有限责任公司进行可行性分析和预测,确定设立公司的意向。在发起人有数人时,应签订发起人协议或作出发起人会议决议。该协议或决议是明确公司设立过程中发起人各自权利义务的书面文件,在法律性质上被视为合伙协议。

2. 订立公司章程。公司章程主要是规范公司成立后各方行为的,须严格按照法律、法规的规定订立。依我国公司法的规定,公司章程须经全体股东同意并签名盖章,报登记主管机关批准后,才能正式生效。

3. 申请名称预先核准。《公司登记管理条例》第17条规定:"设立公司应当申请名称预先核准。法律、行政法规或者国务院决定规定设立公司必须报经批准,或者公司经营范围中属于法律、行政法规或者国务院决定规定在登记前须经批准的项目的,应当在报送批准前办理公司名称预先核准,并以公司登记机关核准的公司名称报送批准。"

4. 报经有关部门审批。一般情况下,有限责任公司的设立只要不涉及法律、法规的特别要求,直接注册登记即可。不过,依我国《公司法》第6条第2款的规定,法律、行政法规规定设立公司必须报经批准的，应当在公司登记前依法办理批准手续。

5. 缴纳出资。缴纳出资是公司设立中履行设立协议或公司章程中规定的出资义务的行为。依照公司法规定，公司资本可以认而不缴，在公司设立时，是否立即缴纳和缴纳多少，均由公司章程确定。但章程一经确定股东应缴纳的数额，股东应履行缴纳出资义务。

6. 申请设立登记。申请设立登记的目的，在于通过行政主管部门的行政管理监督确定设立的公司符合法律规定条件并赋予其法律人格。

7. 登记发照。就各设立申请，登记机关应依法进行审查。符合《公司法》规定条件的，予以登记，发给营业执照，公司即告成立；不符合《公司法》规定条件的，不予登记。

8. 公示。公司成立后，应该依照《公司登记管理条例》的规定通过企业信息公示系统依法公示。公示的设立登记的内容应当与登记机关核准登记的内容一致，否则，登记机关有权要求其改正。

（二）股份有限公司的设立程序

依我国公司法的有关规定，股份有限公司的发起设立程序和募集设立程序基本相同，只是募集设立还需经过向社会公开招募股份及其相关的一些步骤。具体可以概括如下：

1. 签订发起人协议。发起人协议是发起人之间以书面形式表达的共同设立公司、各自承担一定设立义务的意思表示一致的行为。其只规范发起阶段发起人之间的权利义务关系，在性质上被认为是合伙协议。

股份有限公司的设立主要依赖于发起人的发起行为，因此各国公司立法均对此作了具体的规定，这些规定即发起人设立过程中的义务和责任。

2. 报经有关部门批准。依我国《公司法》第 6 条第 2 款的规定，法律、行政法规规定设立公司必须报经批准的，应当在公司登记前依法办理批准手续。与有限责任公司的设立批准比较，鉴于股份有限公司的股份发行涉及社会资金流向和众多股票持有者的利益，必须报经批准才能成立的情形就更多一些。不过，从世界各国公司设立的程序来看，弱化行政审批程序是一个趋势。

3. 制订公司章程。股份有限公司的章程是设立公司必须具备的文件，由公司的发起人制订，并经发起人全体同意并签名、盖章，该章程涉及公司设立后股东之间的关系及公司对外的关系。

4. 申请名称预先核准。依《公司登记管理条例》第 18 条的规定，设立股份有限公司，要在报送审批前申请公司名称预先核准。

5. 认购股份。设立股份有限公司有发起设立和募集设立两种方式，我国《公司法》对这两种方式中股份的认购规定有很大差异。

(1) 发起设立方式下股份的认购程序：

第一，发起人认购应发行的全部股份。在以发起设立方式设立公司时，每一个发起人都应当以书面方式承诺自己将要购买多少股份，并且所有发起人所承诺购买的股份的总和应当等于应发行的全部股份，否则不能以发起设立方式设立。

第二，发起人缴纳股款。股款是否必须一次全部缴足，各国的法律规定不尽相同。依据我国公司法，发起人认缴的股份是否缴纳和何时缴纳由公司章程确定，但公司章程一经确定，发起人应履行缴纳出资的义务。

(2) 募集设立方式下股份的认购程序：

第一，发起人认购法定数额的股份。我国《公司法》第 84 条规定："以募集设立方式设立股份有限公司的，发起人认购的股份不得少于公司股份总数的百分之三十五；但是，法律、行政法规另有规定的，从其规定。”

第二，公开募集股份。《公司法》第85—88条、第92条以及相关法律法规对公开募集股份作了比较严格的要求。主要有：首先，要经国务院证券监督管理机构核准；其次，公开有关信息；再次，由证券经营机构承销；最后，与银行签订代收股款协议。

第三，缴纳股款。《公司法》第88条第2款规定，代收股款的银行应当按照协议代收和保存股款，向缴纳股款的认股人出具收款单据，并负有向有关部门出具收款证明的义务。

6. 建立公司组织机构和申请设立登记。公司法分别对发起设立和募集设立股份有限公司的设立登记进行了规定。

(1) 发起设立股份有限公司。发起人在交付全部出资以后，就应当选举公司的董事和监事，组成公司的董事会和监事会。由董事会向登记机关报送设立的批准文件、章程、验资证明等文件，申请设立登记。

(2) 募集设立股份有限公司。依我国《公司法》的规定，发起人应当在足额缴纳股款、出具验资证明之后30日内召开公司创立大会。股份有限公司的创立大会是指在股份有限公司成立之前，由全体认股人参加，决定是否设立公司并决定公司设立过程中以及成立之后的重大事项的决议机关。创立大会行使与股东大会类似的职权。[①]

申请设立股份有限公司时应提交规定的文件。登记机关对于符合法律规定条件的设立申请，予以登记，发给营业执照。营业执照的签发日期为公司成立日期。

7. 公示。股份有限公司的公示要求与有限责任公司相同，应该依照《公司登记管理条例》的规定通过企业信息公示系统依法公示。

（三）一人有限责任公司与国有独资公司的设立程序

依《公司法》第57条和第64条的规定，一人有限责任公司和国有独资公司的设立和组织机构，除法律有专门规定外，适用法律对一般有限责任公司的规定。国有独资公司设立的基本程序也与一般有限责任公司大致相同。只是鉴于其投资主体的特殊性，其章程不可能由股东直接制定，所以《公司法》第65条规定：“国有独资公司章程由国有资产监督管理机构制定，或者由董事会制订报国有资产监督管理机构批准。”

（四）公司的设立登记

1. 公司设立登记的含义及意义。公司设立登记是指公司在设立时，由申请人依法向公司注册登记机关提出申请，主管机关审查无误后予以核准并办理登记的行为。我国《公司法》在相关条款中对公司设立登记作了原则性规定。《公司登记管理条例》《企业法人登记管理条例》以及国家市场监督管理总局发布的一系列行政规章，均应适用于公司设立登记。

公司设立登记须在国家规定的公司注册登记机关进行。各国的公司登记机关有所不同：有的以法院为登记机关；有的在政府注册官署或州务卿秘书处登记；有的在政府机关登记并由法院派员进行监督。在我国，依《公司登记管理条例》及相关法律文件的规定，公司登记机关是国家市场监督管理总局和地方各级市场监督管理局。

公司设立登记的意义可以概括如下：(1) 可以从法律上确认公司设立的事实。公司设立一经

---

① 参阅《公司法》第90条第2款。

登记,公司即告合法成立,取得了从事生产经营和商业服务活动的资格。(2)可以确认公司的注册地,进而确认公司的住所和经营场所。(3)可以将公司的法律形式明确地记载下来,从而为确定投资人的责任范围提供依据。(4)既可以使国家掌握公司的行业分布、区域分布及其他资料,便于国家实施宏观经济政策,又可以使国家对公司的微观活动进行监督管理。(5)可以对非法经营活动(如假冒伪劣产品的生产和销售)进行制止和打击,依法保护登记公司的各项合法权益。

2. 公司设立登记的程序。公司登记的程序因公司类型及登记种类的不同而异,我国《公司法》将各种登记分别规定在不同的章节中。一般而言,各种公司的设立登记应共同遵守的基本程序主要有下列各项:

(1) 提出申请。依我国《公司登记管理条例》第 20 条和第 21 条的规定,公司设立登记的申请人分别为:设立有限责任公司,应当由全体股东指定的代表或者共同委托的代理人作为申请人;设立国有独资公司,应当由国务院或者地方人民政府授权的本级人民政府国有资产监督管理机构作为申请人;设立股份有限公司,应当由董事会作为申请人向公司登记机关申请设立登记。申请人提出公司设立申请时,应提交法律规定的各类文件。

(2) 审查核准。依《公司登记管理条例》第 52—53 条的规定,登记主管机关对于设立登记申请的各种文件应进行审查,经过形式审查合格的,出具《受理通知书》;决定不予受理的,应当出具《不予受理通知书》,说明不予受理的理由,并告知申请人享有依法申请行政复议或者提起行政诉讼的权利。

(3) 公示。登记主管机关核准登记后,应当将公司登记、备案信息通过企业信息公示系统向社会公示。公示的内容应与登记事项一致。经公示后,公司登记程序才告全部完成。此时,登记事项可产生对抗第三人的效力。企业信息公示是为促进企业诚信自律、强化企业信用约束、维护交易安全、提高政府监管效能而建立的制度。2014 年 8 月国务院公布的《企业信息公示暂行条例》对包括公司登记、备案在内的许多重要企业信息的公示作了具体规定。

3. 分公司的设立登记。为了加强对分公司的管理,各国的公司立法都规定分公司必须依法进行登记,才能以分公司的名义合法从事经营活动。依我国《公司法》第 14 条以及《公司登记管理条例》第七章的规定,设立分公司应当遵守下列要求:

(1) 设立公司的同时设立分公司的,应当就所设分公司向分公司所在地的市、县公司登记机关申请登记,领取营业执照。

(2) 分公司的法定登记事项主要包括名称、营业场所、负责人、经营范围。其中,分公司的名称应当符合国家有关规定;分公司的经营范围不得超出公司的经营范围。

四、公司设立的效力

公司设立的效力即公司设立行为的法律后果。设立行为的法律后果有二:一是经过设立程序,符合法定条件,被核准登记,公司取得法律人格。二是经过设立程序,不符合法定条件,未被核准登记,公司设立失败或公司被确认设立无效或被撤销。但无论公司成立与否,发起人对其设立行为都要承担相应的法律责任,这也是设立行为效力的重要表现。

(一) 公司设立完成

1. 设立完成的一般效力。公司设立完成,意味着公司自此取得法律人格,可依注册登记的经营范围和经营方式开展生产经营活动。公司设立完成后,对其名称取得专用权,其他企业或个人不得非法使用其名称,而公司则可依法许可他人有偿使用其名称。

2. 发起人的资本充实责任。发起人的资本充实责任,是指为了确保资本的充足和可靠,保证法律人格健全,由发起人相互担保出资义务的履行,从而确保实收资本与公司章程所规定的资本相一致的民事责任,包括认购担保、缴纳担保和差额填补责任。我国公司法对发起人的资本充实责任作了明确规定。需要注意的是,资本充实责任是一种严格责任,不论公司设立时发起人对资本不实这一事实是否知悉或应否知悉,发起人均须承担连带的补充责任。①

3. 发起人与公司对设立行为的责任承担规则。发起人与公司对设立行为的责任承担可以从两个方面看:一是发起人与公司之间的内部责任;二是发起人与公司对第三人的外部责任。对此,依我国《公司法》及相关司法解释的规定,主要确立了下列规则:

(1) 发起人因履行公司设立职责而引发的合同之债的处理。

第一,发起人为设立公司以自己名义对外签订合同的责任承担。在公司成立前,发起人为设立公司通常会和第三人签订合同。如果发起人以自己的名义租用办公场地、购买办公设备,此类合同的目的虽然是为了设立公司,但签订合同的当事人并非公司,而是公司发起人,从权利义务的对等和各方利益的平衡出发,我国《公司法》允许合同相对人对责任人作出选择,即要求成立后的公司承担合同责任,或者继续要求发起人承担合同责任。不过,合同相对人选择公司承担责任,必须以公司已对合同予以确认,或者公司已经实际享有了合同权利或其履行了合同义务为前提。应该注意的是,在合同相对人选择公司承担合同责任的同时,原则上将丧失再对发起人提出主张的权利。

第二,发起人以设立中公司名义对外签订合同的责任承担。在公司成立前,如果发起人并非以自己的名义对外签订合同,而是以设立中公司的名义对外签订合同,此时其行为的后果原则上应当由成立后的公司直接承担。同时,基于权利义务的对等性,如果发起人虽然以设立中公司的名义,却并非为公司利益,而是为自己谋取利益签订合同,此时要求公司承担合同责任,显然违背了民法的公平原则,故公司可以提出抗辩,拒绝承担合同责任。然而,对于善意的合同相对人而言,其有可能不知道也无法知道发起人签订合同是为了谁的利益,如果根据利益归属确定承担合同责任的主体,将置善意合同相对人的利益于较大风险中。因此,为了维护交易安全,保护善意相对人的利益,我国公司法将善意的相对人排除在公司可以抗辩的范围之外,即对于善意合同相对人,无论合同是否属于发起人为自己谋取利益,公司均须对外承担合同责任。

可以看出,我国依外观主义标准确定了上述合同责任的承担规则。

(2) 发起人因履行公司设立职责而引发的侵权之债的处理。发起人因履行公司设立职责造成他人损害的,公司成立后,受害人有权请求公司承担侵权赔偿责任,此为发起人和公司的对外责任承担规则。为防止发起人借设立公司之名侵害公司及第三人利益,各国的公司立法也多要求发起人必须就自己的设立行为对公司负责,此为发起人与公司之间的内部责任。我国《公司法》第94条第3项明确规定:"在公司设立过程中,由于发起人的过失致使公司利益受到损害的,应当对公司承担赔偿责任。"因此,公司对外承担赔偿责任后,可以向有过错的发起人追偿。

(二) 公司设立失败

1. 含义。设立失败是指未能完成公司设立行为的情形。未完成公司设立行为的原因有很多,

---

① 对于发起人的资本充实责任,可参阅本章"公司资本制度"一节的"股东出资责任"部分。

但最为普遍的原因是公司设立在条件上不符合法律规定或在程序上有瑕疵，公司登记机关以合法理由拒绝予以登记及核发营业执照，因而使得公司设立行为未能够全部完成。

2. 发起人的责任。在公司法实践中，因设立失败而导致公司不能成立的，通常也会引发发起人的责任问题。依我国《公司法》及相关法律规定，可以将公司设立失败时发起人的责任概括如下：

(1) 对设立费用及债务的连带赔偿责任。为设立公司而产生的费用和债务，实质上属于全体发起人的共益债务，即为了全部发起人共同的利益，为了共同设立公司所负的债务。因此，设立公司行为所产生的费用及债务原则上应由成立后的公司承担。但是，当公司不能成立时，先前发生的与设立相关的费用及债务就失去了公司这一承担主体，但合同相对人的利益必须予以保障，否则将严重影响交易安全，故法律要求因设立公司而产生的费用和债务应当由共同的利益人，即实施设立行为的主体(发起人)承担。由于发起人之间的关系近似于合伙关系，因此各国公司立法多规定对此准用合伙的有关规定，即由发起人对设立行为所生费用和债务负连带赔偿责任。

共同债务人对外承担债务后，有权按照内部的责任承担约定、出资比例约定要求其他发起人承担应由其承担的对外债务。如果这两种约定均没有，则按照均等份额在内部分担责任。当然，如果由于部分发起人的过错造成全体发起人行为目的无法实现的，应当由过错发起人在其过错范围内承担相应的责任。需要注意的是，发起人不能以公司未能成立是因为部分发起人的过错作为抗辩理由来对抗相对人。

(2) 对已收股款的返还责任。在股份有限公司设立失败，不能达到设立公司预期目的的情况下，如果认股人已经缴纳了股款，发起人负有返还股款并加算银行同期存款利息的连带责任。在设立有限责任公司失败的情况下，同样可以适用上述原则。至于发起人相互之间的责任承担，应按其约定或投资比例进行划分。

(3) 侵权连带赔偿责任。发起人因履行公司设立职责造成他人损害的，在公司设立失败时，受害人有权请求全体发起人承担连带赔偿责任。如果无过错的发起人对受害人承担了赔偿责任，可以向有过错的发起人追偿。这样的处理规则实际上以职务行为为理论基础，既保障了第三人的权益，又兼顾了无过错发起人的利益。

(三) 公司设立无效

1. 含义。公司设立无效在广义上包括两种情形：一是设立失败；二是设立无效。狭义的公司设立无效仅指后者，是指公司设立虽然在形式上已经完成，甚至公司已经获得营业执照，实质上却存在条件或程序方面的缺陷，或者说设立有瑕疵，故法律上认为该公司应当被撤销，该公司的设立应当被认定为无效。

2. 设立无效的原因。公司必须依法设立，公司种类、股东人数、注册资本、股东出资、设立方式以及设立的程序等均须合法。公司设立无效主要是由设立行为违反法律规定引起的。设立无效的原因大致可以归结为下列三方面：

(1) 设立主体有瑕疵，即发起人或股东主体资格欠缺或其意思表示有缺陷。其中包括：发起人或股东中有无行为能力人或限制行为能力人；某发起人或股东因欺诈、胁迫而作出设立公司的意思表示；发起人或者股东明知其行为将侵害债权人利益而作出设立的意思表示等。

案例研讨

大昌公司设立纠纷案

(2) 设立行为本身有瑕疵,即设立公司时违反法定条件和法定程序的要求,或者违反其他强制性法律规定。主要表现有:

第一,发起设立的发起人没有认足公司应发行的全部股份,或者募集设立发行的股份超过招股说明书规定的截止期限尚未募足。

第二,公司的设立不符合公司法规定的条件,如发起人不符合法定资格或者不足法定人数、没有公司名称或者住所、所建立的组织机构不符合公司的要求、公司章程绝对必要记载事项欠缺或记载违法、公司发行股份存在重大缺陷或者没有召开创立大会等。

(3) 其他原因。例如创立大会决议不设立公司。

3. 设立无效的提出。公司设立无效只能在公司设立登记后发生。可分两种情况:

(1) 在公司设立登记后、营业开始前,任何人均可主张公司设立无效。

(2) 在公司设立登记完成并开始营业后,对公司设立无效的主张一般只能在法定期间内由特定人通过诉讼程序提出。限制提出诉讼期间的目的在于避免法律关系长期处于不稳定的状态。这一期间属于除斥期间,而不是时效期间,不发生中止或者中断。

4. 设立无效诉讼的法律后果。

(1) 原告胜诉的法律后果。

第一,如果公司设立无效是因设立程序违反强制性规定等客观瑕疵导致的,则公司进入清算程序,清算完结,公司即告消灭。

第二,如果设立无效是由设立人的主观瑕疵造成的,且该无效原因只存在于某股东,则经由其他股东协议一致,可以保留该公司,而存在无效原因的股东视为退出公司。

在法院作出设立撤销或者设立无效判决之后,公司应将该判决予以公告,告知社会公众。同时,公司应依法进行清算并注销登记。清算可以由公司自己组织进行。如果公司不能组织清算或者清算发生障碍,法院可以根据利害关系人的请求选任清算人。

(2) 原告败诉的法律后果。在公司设立无效诉讼的进行过程中,如果作为设立无效原因的瑕疵已经得到弥补,而且根据公司现状和各种条件,法院可以驳回其设立无效请求。如果法院判决原告败诉,其他利害关系人仍然可以再次提出诉讼。原告败诉时,如果原告有恶意或重大过失,应对公司承担损害赔偿责任。

五、公司章程

(一) 公司章程的概念和特征

1. 公司章程的概念。公司章程是由设立公司的股东制定并对公司、股东、公司经营管理人员具有约束力的调整公司内部的组织关系和经营行为的自治规则。

2. 公司章程的性质。

(1) 公司章程性质的一般认识。关于公司章程的性质,主要有两种不同观点,即契约说和自治法说。契约说主要流行于以英、美为代表的英美法系国家,自治法说则主要流行于以德、日为代表的大陆法系国家。契约说认为,章程的制定是基于发起人的共同意思,而且章程制定后即对发起人产生约束力,因此具有契约的性质。自治法说认为,章程不仅约束章程的制定者或者发起人,当然也约束公司机关及新加入公司的股东,因此章程具有自治法规的性质。在我国,学术界和实务界的通说认为公司章程是具有公司自治性质的根本规则。

(2) 公司设立协议与公司章程的区别。公司章程与公司设立协议尽管目标一致,关系密切,但是两者在性质和功能等方面具有以下差异:

第一,在我国,法律对公司设立协议和公司章程的规定因公司组织形式的差异而有所不同。具体而言,我国公司法和外商投资企业法分别针对采取股份有限公司和有限责任公司形态的外商投资企业,将设立协议规定为设立环节必备的法律文件;对于一般的有限责任公司,设立协议是任意性文件。然而,任何公司成立都必须以制定章程为法定要件。

第二,设立协议一般是不要式法律文件,其内容更多地体现了当事人的意志和要求,需要遵守合同法的一般规则;公司章程则是要式法律文件,公司法对章程的内容有明确规定,反映和体现公司法对公司内外关系的强制性要求,因此,公司章程必须按《公司法》的规定制定。

第三,公司设立协议与公司章程的效力也不同。设立协议只在发起人之间具有法律约束力,公司章程调整的则是所有股东之间、股东与公司之间、公司的管理机构与公司之间的法律关系。其中,股东包括制定章程时的原始股东和章程生效后加入公司的新股东。从效力的期间来看,设立协议调整的是公司设立过程的法律关系,它的效力期间是从设立行为开始到设立过程终止,公司的成立即意味着设立协议因履行而终止;公司章程的效力则及于公司成立后及其存续期间,直至公司完全终止。

案例研讨

吉林省电子集团公司诉高路华集团解除发起人协议纠纷案

3. 公司章程的特征。公司章程的主要法律特征可以概括为:

(1) 法定性。所谓法定性,是指公司章程的制定、内容、效力和修改均由公司法明确规定。这是各国的立法通例。具体来讲,公司章程的法定性表现在以下几方面:

第一,制定的法定性。公司章程是公司必须具备的法定文件之一。我国《公司法》第 11 条规定,设立公司必须依法制定公司章程。

第二,内容的法定性。各国公司法对公司章程应当记载的事项均有明确的规定,而且,绝对必要记载事项的欠缺可能会导致章程的无效。我国《公司登记管理条例》第 23 条规定,公司章程有违反法律、行政法规的内容的,公司登记机关有权要求公司作相应修改。

第三,效力的法定性。公司章程的效力是由公司法赋予的。我国《公司法》第 11 条明确规定,公司章程对公司、股东、董事、监事、高级管理人员具有约束力。这一规定奠定了公司章程的法律地位。

第四,修改权限和程序的法定性。公司章程的修改必须遵照公司法的明确规定。例如,根据我国《公司法》的规定,公司章程的修改须经股东会或者股东大会以特别决议的方式为之。

第五,公司章程须经登记。我国《公司法》第 29 条、第 83 条第 3 款、第 92 条均规定了公司章程是申请设立登记必须报送的文件之一。同时,公司章程经修改变更内容之后,也必须办理相应的变更登记。

(2) 自治性。公司章程是公司的自治规则和自治手段,公司法中任意性规范越多,公司自治的空间就越宽广。我国《公司法》不仅使用了 80 多次"可以"的字眼,还多次出现诸如"公司章程另有规定的除外""由公司章程规定"等表述,公司可以借助章程来实现公司自治。每个公司在制定章程时,都可以在公司法允许的范围内,针对本公司的成立目的、所处行业、股东构成、资本规模、股权结构等不同特点,确定本公司组织及活动的具体规则。因此,不同公司的章程必然会存在差异。公司章程的自治性特征,体现了公司经营自由的精神。

(3) 公开性。公司章程记载的所有内容都是可以为公众所知悉的。而且,公司和公司登记机关应当采取措施,方便公司的股东及潜在的投资者、债权人及潜在的交易对象以不同的方式从不同的途径了解公司章程的内容。在我国,公司章程的公开性特征制度化地表现在以下几方面:第一,公司章程须经登记本身就是章程公开性的一种表现;第二,在公司日常经营过程中,股东有权查阅公司章程,公司应当将公司章程置备于本公司,对此,我国《公司法》第 33 条、第 96 条、第 97 条均作了相应规定。第三,公司章程是公司公开发行股票或者公司债券时必须披露的文件之一。

(二) 公司章程的制定和修改

1. 公司章程的制定。公司章程的制定[1]是针对公司的初始章程而言的。根据我国《公司法》的规定,公司章程的制定主体和程序因公司的种类不同而异。具体而言,有限责任公司与股份有限公司不同,发起设立的股份有限公司与募集设立的股份有限公司也不同。当然,无论是上述何种情形,发起设立公司的投资者都是制定公司章程的重要主体。

案例研讨

大港与爱使的章程之争

在我国,公司章程是要式文件,必须采用书面形式。有的国家,如德国、日本,公司章程不仅要采用书面形式,还应当办理公证登记等手续。

(1) 有限责任公司章程的制定。根据《公司法》第 23 条规定,设立有限责任公司,应由股东共同制定公司章程。《公司法》第 60 条规定:“一人有限责任公司章程由股东制定。”可见,有限责任公司章程的制定者是“股东”[2]。《公司法》第 65 条规定,国有独资公司章程由国有资产监督管理机构制定,或者由董事会制订报国有资产监督管理机构批准,可见,国有独资公司章程制定主体有两类:第一类是国有资产监督管理机构;第二类则是国有独资公司的董事会。前者的权限是制定章程;后者的权限则为制订章程后尚须报国有资产监督管理机构批准。

(2) 股份有限公司章程的制定。根据《公司法》第 76 条的规定,设立股份有限公司应当具备的条件之一是发起人制订公司章程,采用募集方式设立的须经创立大会通过。这是针对股份有限公司的一般要求。由于股份有限公司有发起设立和募集设立两种方式,公司章程的制定过程并不完全一致。

第一,发起设立的股份有限公司。在公司成立之后,只限于发起人能成为公司股东,投资者并没有社会化。因此,发起设立的股份有限公司仍然具有封闭性的特点。发起人制订的章程已经反映了公司设立时的所有投资者的意志。根据《公司法》第 83 条规定,以发起设立方式设立股份有限公司的,发起人首次缴纳出资后,应当选举董事会和监事会,由董事会向公司登记机关报送包括公司章程在内的系列文件,申请设立登记。

第二,募集设立的股份有限公司。在公司成立之后,成为公司初始股东的不仅有发起人,还

---

① 我国《公司法》针对制定公司章程的不同情形,分别使用了“制定”和“制订”两种不同的表述,表达不同的法律含义。“制定”章程,强调发起设立公司的投资者签字盖章后形成的文本为最后文本,可以作为申请公司登记的文件;“制订”章程则不同,强调文本虽经发起设立的投资者签字盖章,但尚须经设立过程中的其他程序由其他主体予以确认或者通过,才能作为申请公司登记的文件。为尊重学术界的表达习惯,除非特别需要,本书对“制定”和“制订”没有作严格的区别。

② 严格来讲,在设立阶段,尚无股东可言,此处用“股东”一词实为迁就《公司法》的相关表达。有限责任公司章程的制定者为发起设立公司的投资者。

有众多的认股人,公司的股东已经社会化,因此,募集设立的股份有限公司属开放式的公众性公司。这样,发起人制订的公司章程并不一定能够反映公司设立的所有投资者,特别是认股人的意志。因此,在公司申请设立登记之前,必须召开创立大会,根据《公司法》第 90 条第 2 款规定,只有经过创立大会通过的章程,才能反映公司设立阶段的所有投资者的意志。

2. 公司章程的内容。

(1) 公司章程内容的分类。公司章程记载的事项,依据公司法赋予的效力不同,可分为绝对必要记载事项、相对必要记载事项、任意记载事项。

所谓绝对必要记载事项,是指公司法规定的公司章程必须记载的事项,公司法的有关规定属于强制性规范。从法理角度讲,若不记载或者记载违法,则章程无效。而章程无效的法律后果之一就是公司设立无效。绝对必要记载事项一般都是与公司设立或组织活动有重大关系的基础性事项,如公司的名称和住所、经营范围、资本数额、公司机构、法定代表人等。

所谓相对必要记载事项,是指公司法中规定的可以记载也可以不记载于公司章程的事项。就性质而言,公司法有关相对必要记载事项的法律规范,属于授权性规范。这些事项记载与否,都不影响公司章程的效力。但事项一旦记载于公司章程,就要产生约束力。

所谓任意记载事项,是指在公司法规定的绝对必要记载事项及相对必要记载事项之外,在不违反法律、行政法规强行性规定和社会公共利益的前提下,经由章程制定者同意自愿记载于公司章程的事项。任意记载事项的规定充分体现了对公司自主经营的尊重。

(2) 我国公司章程的记载事项。

第一,我国《公司法》的规定。我国《公司法》第 25 条规定了有限责任公司章程应当载明的事项:(1) 公司名称和住所;(2) 公司经营范围;(3) 公司注册资本;(4) 股东的姓名或者名称;(5) 股东的出资方式、出资额和出资时间;(6) 公司的机构及其产生办法、职权、议事规则;(7) 公司法定代表人;(8) 股东会会议认为需要规定的其他事项。

我国《公司法》第 81 条规定了股份有限公司章程应当载明的事项:(1) 公司名称和住所;(2) 公司经营范围;(3) 公司设立方式;(4) 公司股份总数、每股金额和注册资本;(5) 发起人的姓名或者名称、认购的股份数、出资方式和出资时间;(6) 董事会的组成、职权和议事规则;(7) 公司法定代表人;(8)监事会的组成、职权和议事规则;(9)公司利润分配办法;(10)公司的解散事由与清算办法;(11) 公司的通知和公告办法;(12) 股东大会会议认为需要规定的其他事项。

第二,其他规范文件的规定。为规范上市公司的行为,维护证券市场的健康发展,中国证监会制定了《上市公司章程指引》等规范性文件,作为上市公司章程的起草或修订工作依据。

3. 公司章程的修改。公司章程的修改,即公司章程的变更。由于公司章程的变更涉及许多不同主体的利益调整,公司法规定了修改公司章程的规则。

(1) 修改公司章程的权限专属于公司的权力机构。在大陆法系国家,如德国、法国、日本、意大利等,修改公司章程的权限属于公司股东会是立法通例。我国《公司法》规定,对有限责任公司和股份有限公司章程的修改,属于股东(大)会职权范围。

(2) 修改公司章程须以特别决议为之。公司章程的修改对公司关系重大,还可能关系到其他不同主体的利益调整,因此,公司法将公司章程的变更规定为特别决议事项,从而提高了通过章程修改所需表决权的比例。我国《公司法》第 43 条和第 103 条均规定公司章程的修改须以特别决议为之。

（三）公司章程的效力

公司章程的效力范围主要包括以下两个方面的内容：

1. 公司章程的时间效力。公司章程的时间效力是指公司章程的生效时间和失效时间。

（1）公司章程的生效时间。由于各国的公司体制特别是设立体制不尽相同，因此，各国关于公司章程的生效时间的规定并没有统一的模式。目前主要有两种不同的观点：一种观点认为，章程自发起设立公司的股东签字时生效；另一种观点认为，章程自公司成立时生效。就我国《公司法》规定的公司设立的程序和方式而言，公司章程的生效时间更加复杂。具体原因为：

第一，公司章程需要调整公司成立前后两个不同阶段的民事关系。我国《公司法》没有将公司设立协议规定为所有公司设立的必备文件。这样，在实践中，大多数公司章程包括了两部分内容：一部分调整公司成立前，即公司设立过程中发生的民事关系；另一部分调整公司成立之后才可能发生的民事关系。对于有限责任公司的设立，章程还肩负着设立协议的重任。这样，由于内容不同，章程的生效时间就显得更加复杂，不能一概而论。

第二，公司章程制定行为的性质和程序因公司类型不同而异。我国《公司法》将有限责任公司章程的创制表述为"制定"；将股份有限公司章程的创制表述为"制订"。发起设立的股份有限公司尚有一定的封闭性，在公司登记之前也没有其他机制对制订的章程进行任何形式的审查。但是，募集设立的股份有限公司则不同，公司章程的制定包括发起人制订和创立大会通过两部分。

综上，章程中调整发起设立公司的投资者的内容，相当于公司设立协议，可以适用《合同法》的一般规则，签字盖章时成立并生效。发起设立公司的投资者均自章程成立时受其约束。章程中调整尚未成立的公司，尚未产生的董事、监事、高级管理人员以及未来可能加入公司的其他股东的相关内容，则自公司成立时生效。

（2）公司章程的失效时间。根据我国《公司法》第 81 条的规定，公司的解散事由与清算办法属于股份有限公司章程的绝对必要记载事项。据此，公司章程并不因解散事由的发生而失效。而且在公司清算过程中，仍然应当按照章程规定的清算办法组织清算组进行清算。因此，公司章程于公司终止时失效。当然，在清算过程中，公司的能力、股东的权利以及高级管理人员的行为都要受到相应的限制。

2. 公司章程的对人效力。所谓公司章程的对人效力，是指公司章程可以对哪些人产生约束力。章程的对人效力既包括哪些人可以依据章程取得相应的权利，也包括这些人的权利应受到公司章程的制约和承担相应的义务。

公司章程不仅是制定者之间的一种契约安排和私法秩序，而且是一种涉他性的文件。这种涉他性体现在：第一，约束主体——效力的涉他性。各国公司法大都认可，除了章程制定者应当受到公司章程约束以外，公司章程的效力还具有扩张性，它可以约束制定者以外特定范围内当事人的行为。第二，记载事项的涉他性。公司章程记载事项大体上可以分为有关公司内部组织、成员关系的事项和有关公司外部事务的事项两类。前者如公司内部机构之间的权责及划分等，后者如公司合并分立解散等。公司章程的这种涉他性决定了公司章程的对人效力。我国《公司法》第 11 条规定，公司章程对公司、股东、董事、监事、高级管理人员具有约束力。这就十分明确地规定了公司章程的约束范围，包括公司、公司的股东和公司的高级管理人员。

（1）章程对公司的效力。我国《公司法》第 11 条明确规定了公司章程对公司具有约束力。章程对公司的约束力表现为对内约束力和对外约束力两个方面。对内约束力集中表现为章程对公司内部的组织和活动的约束力；对外约束力则表现为章程对公司自身行为的约束力，具体表现为对公司权利能力和行为能力的影响，尤其是公司的经营范围方面。

章程是公司的自治性规范，公司当然应当在章程所规定的经营范围内开展经营活动。公司超越其组织章程，从事其经营范围以外活动的，为越权行为。就我国而言，《合同法》第 50 条和最高人民法院《关于适用〈中华人民共和国合同法〉若干问题的解释(一)》第 10 条对公司越权行为的法律效果作了规定。

在我国，章程对公司的约束力集中表现在《公司法》第 12 条的规定中，即公司的经营范围由公司章程规定，并依法登记。公司可以修改公司章程，改变经营范围，但是应当办理变更登记。公司的经营范围中属于法律、行政法规规定须经批准的项目，应当依法经过批准。

(2) 公司章程对股东的效力。在公司制度中，特别是在有限责任公司和股份有限公司制度中，一旦股东履行了出资义务，对公司便不再负其他积极义务。因此，公司章程对于股东的效力，更多地表现为股东如何行使权利，防止控股股东权利的滥用。对于股东固有的权利以及公司法明确赋予的权利，章程不能剥夺。股东不能滥用权利，不能侵害公司的利益。公司章程的一个重要任务就是对公司法赋予股东的权利作出更加具体的规定并使其更加具有可操作性，使股东在其权利受到损害的情况下，可以依据章程获得救济。章程中有关股东权利和义务的规定，不应是简单地重复公司法条文。

(3) 章程对董事、监事、高级管理人员的效力。我国《公司法》第 147 条规定，董事、监事、高级管理人员不仅应当遵守法律、行政法规，而且应当遵守公司章程，对公司负有忠实义务和勤勉义务。此外，公司章程有关公司的机构及其产生办法、职权、议事规则的规定，也是董事、监事、高级管理人员行使职权的重要依据。

公司法还建立了民事责任机制，以确保公司章程有效地得到贯彻执行。例如，根据《公司法》第 149 条规定，董事、监事、高级管理人员执行公司职务时违反法律、行政法规或者公司章程的规定，给公司造成损失的，应当承担赔偿责任。

【本节前沿问题】

公司发起人的法律地位

对公司发起人的法律地位，理论上有无因管理说、为第三人利益契约说、设立中的公司机关说和当然继承说等主张。无因管理说认为发起人与设立中公司之间属于一种无因管理关系，在公司成立后，发起人的设立行为所产生的权利义务，依无因管理的法理移归于公司；为第三人利益契约说认为发起人因设立行为而与他人间所成立的法律关系，是以将来成立的公司为第三人(受益人)订立的为第三人契约；设立中的公司机关说认为发起人为设立中公司的机关；当然继承说认为发起人是未经登记成立的公司代理人。

上述四种观点都带有片面性。本书认为，发起人的法律地位应当从这样两个方面来确定：一方面，从设立中公司与发起人的关系来看，发起人作为一个整体应属于设立中公司的机关，对外代表设立中的公司进行创立活动，履行设立义务；另一方面，从发起人之间的关系来看，发起人之间为设立公司所形成的协议为合伙协议，发起人之间的关系是合伙关系。所以，如果公司未能合法成立，发起人应当对其设立行为所产生的义务对第三人负连带责任。

发起人在公司成立前所为的与设立无关的行为是否有效?

发起人以拟设立的公司的名义从事与设立公司无关的行为,其效力如何? 本书认为,对于发起人的这种行为,如果行为本身不违反法律的强行性规定,则相对方若无故意或重大过失,可以主张撤销该行为,但公司及发起人不得主张。理由主要有:

第一,对于自然人来说,法律不承认无行为能力人与限制行为能力人所实施的不能独立实施的法律行为有效,是为保护不完全行为能力人的利益;对于法人而言,法律规定不同的法人有不完全相同的能力,是为了保护相对人的利益和维护社会经济秩序。因此,从保护第三人利益的角度出发,如果对该发起人的行为,第三人无异议,且该行为也不违反法律的效力强制性规定,就无须确定其无效。

第二,从实务上看,一方面,如果当事人对该行为均无争议,法院也就不会主动确认行为无效而要求双方返还财产;另一方面,如果将该行为确认为无效,则当事人即使已经履行也应双方返还,这样的处理结果既不利于保护相对第三方的利益,也不利于维护社会经济秩序。

发起人以设立中公司的名义签订合同纠纷中善意相对人的认定

在我国司法实践中,如果公司成立后有证据证明发起人以设立中公司的名义为自己的利益与相对人签订合同,公司可以以此作为抗辩主张不承担合同责任,但该抗辩不得对抗善意相对人。对于这一规则中合同相对人是否属于善意相对人的举证责任问题,我国公司法未作出明确规定。本书认为,对于发起人以设立中公司的名义为自己的利益与相对人签订合同,公司以此为由主张不承担合同责任的,对于“发起人为自己利益”“发起人以设立中公司的名义”,应由公司承担举证责任。此时,相对人如果主张自己并无过错,要求公司承担合同责任,即以自己属于善意相对人抗辩的,则该相对人就有义务举证证实其属于善意相对人。至于合同相对人对于自己善意的举证范围,从维护交易安全和保障相对人信赖利益的角度考虑,一般只要合同相对人能够证实其有理由相信发起人是经公司许可或受公司委托而签订的合同,就应当认定该相对人为善意相对人。如果此时公司仍主张其不应当承担合同责任,则公司就应当举证证实相对人的非善意性。在具体实践中,法官可以根据情形将举证责任在公司和相对人之间进行转换和分配。

公司章程的公示效力与第三人的审查义务

公司章程具有公示性,但这是否意味着公司章程一经公示,与公司交易的第三人就负有对公司章程的审查义务呢? 一种观点认为公司章程具有对世效力;另一种观点认为公司章程仅是公司内部的规则,对公司以外的第三人不具有效力。本节认为,公司章程并不具有普遍的对世效力。在一般情况下,它仅作为公司内部的规则。而在某些情况下,将对公司章程的审查义务分配给第三人可以提高交易的效率。例如,公司为他人提供担保,依据公司章程规定,由公司董事会或股东会、股东大会决议,公司章程对担保总额及单项担保的数额有限额规定的,不得超过规定的限额。公司对外担保是直接涉及第三人利益的事项,而公司法又明确授权公司章程对公司担保事项作出规定,此时章程就成为决定公司对外担保能力的唯一规范。法律的规定是所有当事人都应知晓的,它产生当事人知道或应当知道的法律效果。因而,在公司对外担保的情况下,第三人就有审查公司章程的义务。如果担保决定的作出以及担保的数额违反了公司章程的规定,第三人就不得以没有审查公司章程为由进行抗辩。

【本节思考题】

1. 公司的设立和成立有何区别?
2. 有限责任公司的设立与股份有限公司的设立有何区别?
3. 试述公司设立登记的概念和效力。
4. 依我国《公司法》的有关规定,设立有限责任公司应当具备哪些条件?
5. 依我国《公司法》的有关规定,设立股份有限公司应当具备哪些条件?
6. 如何理解发起人的法律地位?
7. 依我国《公司法》的有关规定,公司创立大会的作用有哪些?
8. 什么是公司名称权? 公司名称权具有什么效力?
9. 确定公司住所的法律意义主要有哪些?
10. 公司章程的主要法律特征是什么?
11. 公司章程对公司的效力是什么?
12. 简述公司章程对股东的效力。

第四节　公司的能力

一、公司的权利能力

(一) 公司权利能力及其范围的概念和意义

公司的权利能力是指公司享有权利和承担义务的资格,而公司权利能力的范围则是指公司有资格享有的权利范围和承担的义务范围。公司的权利能力及其范围的概念在法律推理中具有重要意义:

1. 公司的权利能力及其范围的概念是判断公司是否享有某种特定权利或承担某种特定义务的首要标准。

2. 公司的权利能力及其范围的概念是判断公司的法律行为(意思表示)效力的首要标准,如果公司的法律行为超越公司的权利能力范围,则一般为无效。

公司的权利能力从公司营业执照签发之日开始,至公司注销登记并公告之日终止。

(二) 公司权利能力范围的限制

公司权利能力范围的限制主要有性质上的限制、法律上的限制和目的上的限制三方面。

1. 性质上的限制。作为法律上的主体,公司不同于自然人。公司不具有自然人所具有的自然性质,如身体、性别、种族等,所以,公司也不享有自然人基于其自然性质而享有的权利,如生命权、健康权、肖像权、婚姻权等人身权。但是,公司仍享有某些特定的人身权,如名誉权和荣誉权。

2. 法律上的限制。

(1) 转投资的限制。转投资的限制包括转投资对象和数额两方面的限制:

第一,转投资对象的限制。一些国家的公司法明确规定,公司不能成为无限责任股东或合伙组织的合伙人。理由在于:一旦所投资的无限公司或合伙企业不能清偿债务,公司就会承担巨大风险,导致公司资产空虚,影响公司股东和债权人的利益。

但在这一问题上,我国立法态度有较大变化。1993 年《公司法》第 12 条第 1 款规定:“公司可以向其他有限责任公司、股份有限公司投资,并以该出资额为限对所投资公司承担责任。”该规定将公司的转投资对象限制于有限责任公司与股份有限公司。2005 年《公司法》删除了这一款的规定,第 15 条直接规定:“公司可以向其他企业投资;但是,除法律另有规定外,不得成为对所投资企业的债务承担连带责任的出资人。”2006 年修订的《合伙企业法》则作了进一步的规定,其第 3 条规定:“国有独资公司、国有企业、上市公司以及公益性的事业单位、社会团体不得成为普通合伙人。”虽然该条没有明确规定国有独资公司、上市公司之外的其他公司可以成为普通合伙人,但根据相反解释和立法表述的变化,应认定除国有独资公司和上市公司外,其他公司可以成为合伙企业普通合伙人,否则《合伙企业法》第 3 条的规定就无实质意义。

第二,转投资数额的限制。公司通过转投资不仅可以扩大公司的利润来源,而且可以形成关联公司,组建公司集团。但是,转投资行为也会产生以下消极影响:一是转投资会减少公司直接支配的有形财产,增加变现偿债的难度,从而可能降低公司的实际偿债能力,增加公司债权人的风险;二是由于转投资数额不仅表现为母公司的资产(资本),也表现为子公司的资产(资本),所以转投资会使资产(资本)重复计算,从而导致资本虚增,有悖公司资本充实的原则。因此,一些国家的公司法对公司转投资的数额作出了一定限制。我国《公司法》最终取消了对转投资比例的限制,因为实践证明,对公司转投资进行数额限制缺乏可操作性,公司法没必要对其加以强制性的限制。

(2) 担保的限制。我国《公司法》第 16 条规定:“公司向其他企业投资或者为他人提供担保,依照公司章程的规定,由董事会或者股东会、股东大会决议;公司章程对投资或者担保的总额及单项投资或者担保的数额有限额规定的,不得超过规定的限额。公司为公司股东或者实际控制人提供担保的,必须经股东会或者股东大会决议。前款规定的股东或者受前款规定的实际控制人支配的股东,不得参加前款规定事项的表决。该项表决由出席会议的其他股东所持表决权的过半数通过。”该条在肯定了公司具有担保权利能力的同时,对公司为他人的担保行为进行了程序上的限制。

案例研讨

闽都支行诉中福公司借款纠纷案

当然,关于该条的解释,还存在如下问题:首先,如果章程未规定公司对外担保的决议机关,那么,应由董事会还是股东(大)会决议?这应当看该担保行为是否属于公司正常经营活动的一部分,如公司本身的经营范围就包括对外担保,或公司为与自己有密切的经营依存关系的企业提供担保,以保障自己的经营状态,避免产业链断裂等风险,且金额合理的,则应由董事会决议。其次,如公司为公司股东或实际控制人提供担保,违反《公司法》第 16 条规定,未经股东会或股东大会决议,该担保行为是否有效?一般认为,未经股东会或股东大会的决议同意,法定代表人擅自为公司股东或实际控制人提供担保的,构成越权行为。判断法定代表人的越权行为是否可以构成有效的代表行为,主要法律依据是《合同法》第 50 条:“法人或者其他组织的法定代表人、负责人超越权限订立的合同,除相对人知道或者应当知道其超越权限的以外,该代表行为有效。”可见,代表行为是否有效,主要看相对人是否知道或者应当知道。其中,“是否知道”是纯粹的事实判断,而“是否应当知道”则具有法律的价值判断。目前,在学术上,关于“是否应当知道”,有两种观点:一是消极说,认为无形式审查义务;二是积极说,认为有形式审查义务。二者焦点在于相对人是否具有形式审查义务,在接受公司担保时是否有义务审查公司决议。以前,司法实践普遍采消极说,而现在逐步采积极说。

(3) 借贷的限制。为维持公司资本充实,保障股东和债权人利益,防止公司借贷行为影响公司资本结构,各国或地区法律一般都限制公司的借贷行为。例如我国台湾地区"公司法"第 15 条第 2 项规定,"公司之资金,除因公司间业务交易行为有融通资金之必要外,不得借贷于其股东或他人";日本《商法典》第 265 条规定,董事自公司接受金钱借贷,应取得董事会的承认。

在我国,一般认为董事、经理无权将公司资金借贷给他人,除非该借贷行为系公司正常经营活动或公司正常经营活动所必需,或公司章程有特别的规定,或经股东会同意。

3. 目的上的限制。

(1) 基本概念与问题。公司章程中应当记载公司的目的,即公司所从事的事业范围,此条款为目的条款(object clause),我国《公司法》称其为经营范围条款。公司的经营范围也是公司的必要登记事项。公司的权利能力应否受公司的目的范围(经营范围)的限制,是世界各国公司法面临的普遍问题。

(2) 比较法的考察。

第一,英美法系的越权理论(ultra vire)及其修正。在英国,早期的法律与判例认为:公司的活动不能超越其目的范围,否则无效。这就是著名的越权理论。越权理论在实践中有很大的弊端,它制约公司的发展,影响交易安全,损害第三人利益。为避免越权理论的适用,许多公司在章程中采纳一般性的目的条款,如"公司可从事任何合法业务"等,这在一定程度上限制了越权理论的消极影响。1985 年英国《公司法》开始修正越权理论,它规定善意第三人可以主张公司目的范围外的行为有效,并在 1989 年《公司法》第 108 条明确规定"公司的能力不受公司章程的限制",正式废除了越权原则。

美国作为英国法律传统继受者,长期采用越权理论,但1984年修正后的《标准公司法》第3.04条规定,不得因为公司欠缺相关权力(power)而对其行为提出无效之诉。由此美国最终抛弃了越权理论。

第二,大陆法系的学说及其发展。在大陆法系中,瑞士、德国等国家的法律认为,除专属于自然人的权利外,法人享有与自然人相同的权利能力,法人的目的范围不构成对法人权利能力的限制。

其他部分国家虽也一度采用"目的范围限制权利能力"的原则,但最终都放弃了。1968 年欧共体理事会第 1 号公司法指令第 2 节第 9 条规定:"公司机关实施的行为对公司具有拘束力,即使这些行为超越了目的范围。"

第三,我国的制度。在我国,目的限制即经营范围的限制是否构成对公司权利能力的限制,不仅是公司法理论上的一个重要内容,也是实践中的一个重要问题,因为它关系到公司超越经营范围订立合同的效力问题。关于这一问题,我国的法律和司法实践同其他国家一样,也经历了一个较大的转变。

首先,1993 年之前的制度。1986 年颁布的《民法通则》第 42 条规定,企业法人应当在核准登记的经营范围内从事经营,但《民法通则》并没有直接规定公司超越经营范围所签订的合同为无效合同。1984 年最高人民法院《关于贯彻执行〈经济合同法〉若干问题的意见》和 1987 年 7 月最高人民法院《关于在审理经济合同纠纷案件中具体适用〈经济合同法〉的若干问题的解答》第

4 条明确规定,超越经营范围或经营方式所签订的合同,应认定为无效合同。可见,我国当时的司法实践完全采用经营范围限制公司权利能力的观点。

其次,1993 年全国经济审判工作会议。完全采用经营范围限制公司权利能力的观点,会导致大量合同无效,危害很大。针对这一情况,1993 年 5 月,最高人民法院召开全国经济审判工作座谈会,会议纪要指出,不应将法人超越经营范围签订的合同一律认定为无效,应区别对待,从而改变了我国司法机关在这一问题上的态度。

再次,1999 年《合同法》及其司法解释。1999 年 12 月 19 日颁布最高人民法院《关于适用〈中华人民共和国合同法〉若干问题的解释(一)》再次明确了这一原则,第 10 条规定,当事人超越经营范围订立合同,人民法院不因此认定合同无效。但违反国家限制经营、特许经营以及法律、行政法规禁止经营规定的除外。

最后,2005 年《公司法》。2005 年《公司法》完全删除了 1993 年《公司法》第 11 条第 3 款关于"公司应当在登记的经营范围内从事经营活动"的规定,从而与《合同法》的相关司法解释在公司经营范围问题上的规定达成一致。

二、公司的行为能力

(一) 公司行为能力的概念

公司行为能力是指公司通过自己的意思表示构建法律关系的资格。公司是否具有行为能力在法学史上存在两种不同的学说。以萨维尼(Savigny)为代表的拟制说认为,只有具有意思能力的主体才具有行为能力,而公司是一种组织,没有意思能力,所以不具有行为能力,公司只能通过自然人作为其代理人表达意思;以基尔克(Gierke)为代表的实在说认为,虽然公司是一种组织,但公司具有机关,机关是公司意思能力的体现,所以公司具有行为能力,公司通过其代表机关实施意思表示。

我国《民法通则》第 36 条规定,法人是具有民事权利能力和民事行为能力,依法独立享有民事权利和承担民事义务的组织。可见,我国法律采实在说,承认公司法人具有行为能力。

(二) 公司的法定代表人

公司的行为能力通过法定代表人实现,各国公司法关于公司代表人制度的设计有多种模式,如日本民法采用单独代表制,每一董事均可对外代表公司;德国股份公司法采用共同代表制,除公司章程有相反规定外,董事会成员应共同对第三人进行意思表示。

我国 1993 年《公司法》规定,董事长是公司的唯一法定代表人。但这一规定过于僵化,不符合经济生活的要求,所以我国 2005 年《公司法》对公司法定代表人制度进行了改革。现行《公司法》第 13 条规定:"公司法定代表人依照公司章程的规定,由董事长、执行董事或者经理担任,并依法登记。公司法定代表人变更,应当办理变更登记。"根据这一规定,公司法定代表人并不限于董事长担任,董事长、执行董事和经理均可以成为公司的法定代表人。需要强调的是,这一规定并没有根本改变我国一元化的法定代表人制,公司的法定代表人仍然只能是一名,而非共同代表。

(三) 法定代表人的代表行为及其构成要件分析

1. 代表行为概述。

(1) 代表行为与个人行为。公司的法定代表人由自然人担任,但是作为公司法定代表人的自然人具有多重身份,他所实施的行为既可能是其个人行为,也可能是公司的代表行为。如果一种行为被认定为个人行为,则行为的法律后果由其个人承担,与公司无关;如果一种行为被认定为代表行为,则行为的后果由公司承担。所以,认定公司法定代表人的某一项具体行为是个人行为还是代表行为,是司法实践中的一个重要问题。

(2) 代表行为有效与公司的意思表示有效之间的差别。代表行为有效表明法定代表人的意思表示构成公司的意思表示,而公司的意思表示有效以代表行为有效为前提,而且要符合意思表示(法律行为)的生效要件才产生法律效力。所以,法定代表人代表行为有效并不表明法定代表人代表公司所为的意思表示就一定有效,后者是否有效还要看其是否符合意思表示(法律行为)的生效要件。

但是,在司法实践中容易出现这样的问题:将法定代表人的代表行为无效和法定代表人代表公司签订的合同无效混为一谈,从而错误地适用责任规则,将本应由法定代表人个人来承担的责任认定为由公司来承担合同无效的责任。

2. 法定代表人代表行为的一般构成要件

法定代表人的行为构成公司的代表行为,一般应具备以下构成要件:

(1) 具有代表人的身份。一个自然人经过公司法和公司章程规定的程序被选举为法定代表人,并经商业登记公示,即具有法定代表人的身份。但是,实践中存在这样的问题:某自然人经无效程序被选举为董事长,却经商业登记而公示;或某自然人已经商业登记为公司的法定代表人,但其后被公司董事会罢免,未及商业变更登记。在上述两种情形下,该自然人是否具有公司法定代表人的身份?处理此类问题,应遵循公司法一项重要的原理,即公司登记的公信力原则。该原则是指,公司法定代表人一经登记,即使其任命手续存在瑕疵,其法定代表人资格对于善意第三人亦为有效。

(2) 以法人的名义。法定代表人必须以公司法定代表人的名义进行活动,如果不以公司法定代表人的名义而以个人的名义进行活动,如法定代表人以个人名义购买家具,则必然为个人行为,而非代表行为。

(3) 在权限范围内。如果法定代表人的行为超越权限,其代表行为无效,除非其行为构成表见代表。所谓表见代表,系指相对人不知道也不应该知道公司的法定代表人的行为超越权限,在此情形下法定代表人的代表行为有效。例如我国《合同法》第 50 条规定,法人或其他组织的法定代表人、负责人超越权限订立的合同,除相对人知道或者应当知道其超越权限以外,该代表行为有效。

但是,如何判断在公司法定代表人的行为超越权限的情形下相对人“知道或应当知道”?可以通过对法定代表人权力的限制来进行。对法定代表人权力的限制一般有三种:一是法律法规的直接限制;二是公司章程的限制;三是公司股东会或董事会决议的限制。所以,法定代表人的越权行为也可相应地分为三种:一是超越法律法规的直接限制;二是超越公司章程的限制;三是超越公司股东会或董事会决议的限制。

首先,法律法规的直接限制。《公司法》中没有专门的条款直接对法定代表人的对外权力作限制性规定,但是,《公司法》对股东会和董事会的权力授予实际上可以视为《公司法》对法定代表人权力的限制。《公司法》第 37 条规定,股东会享有对发行公司债券、公司的合并和分立等事项作出决议的职权。此条即表明,法定代表人未经股东会同意,无权签订发行公司债券的合同和公司合并、分立的合同。在这种情形下,法定代表人越权行为违背法律的限制,任何相对人对此都应当知晓,因此法定代表人的代表行为无效。

其次,公司章程的限制。很多公司在章程中对法定代表人的权力进行限制,而章程一般在公司登记机关备案并公示。但是,在此情形下,为保护交易安全和第三人的利益,一般认为章程的备案和公开本身也不足以构成"相对人知道和应当知道"的证据。从我国的实践来看,有些地方查阅公司章程手续烦琐,受到限制,并且在交易中,相对人认真查阅对方章程的情形也不普遍。所以,本书认为,在我国的司法实践中,章程的备案公开本身也不足以构成"相对人知道和应当知道"的证据。

最后,公司股东会或董事会决议的限制。股东会和董事会直接以决议的形式限制法定代表人的权力,决议一般也不具有公示性,所以相对方一般是不知道或不应当知道的。即使股东会或董事会决议在媒体上公开,也不足以构成"相对人应当知道"的证据。

(四)公司意思表示的外在推定形式

如果一项意思表示具备以下的表现形式,即可以推定为公司的意思表示,除非有相反的证据可以推翻该推定:

1. 法定代表人签章。董事长、执行董事或者经理以公司法定代表人名义的签章当然构成公司意思表示的外在推定形式。但须注意的是,根据上述的代表行为的构成要件理论,如有证据证明法定代表人签约行为越权,且相对人知道或应当知道,则可以推翻推定,确认代表行为无效,该合同非公司的合同。

2. 公司印章。《公司法》对于公司印章的性质并没有明确规定,但《合同法》第32条规定:"当事人采用合同书形式订立合同的,自双方当事人签字或者盖章时合同成立。"该条表明我国法律承认印章是公司的意思表示的外在推定形式。其实,在交易习惯中,人们也普遍认定印章就是公司意思表示的推定形式。

三、公司的侵权行为能力

(一)公司侵权行为能力的概念

公司侵权行为能力是指公司承担因侵权行为所致的损害赔偿责任的能力。

在法学史上,关于公司的侵权行为能力也存在拟制说和实在说两种理论。拟制说认为,公司作为法人无意思能力,所以也无侵权行为能力;实在说则认为,公司作为法人本身即具有意思能力,所以也有侵权行为能力。是否承认公司具有侵权行为能力,将导致不同的责任制度:如果承认公司具有侵权行为能力,则公司将对其侵权行为承担直接责任;如果否认公司具有侵权行为能力,则由具体行为人承担责任。所以,我们判断公司是否具有侵权行为能力,不能从概念出发,而应从利益衡量的角度分析这一问题。为保护受害人利益,加强公司的责任,大多数国家法律均承认公司具有侵权行为能力,我国的法律也承认公司(企业法人)有侵权行为能力。《民法通则》第43条规定,"企业法人对它的法定代表人和其他工作人员的经营活动,承担民事责任"。

(二)公司侵权行为的构成要件

公司是法人,本身无法实施侵权行为,公司的侵权行为通过自然人实施。那么,什么行为可以认定为公司的侵权行为? 一般认为,一种行为如果具备以下构成要件,可以被认定为公司的侵权行为,由公司对受害者承担责任:

1. 公司的工作人员实施的行为。我国《民法通则》第 43 条规定:“企业法人对它的法定代表人和其他工作人员的经营活动,承担民事责任。”可见,在我国,公司的法定代表人以及公司其他工作人员的行为均可能构成公司的侵权行为。但是,大陆法系许多国家的民法和公司法却将公司侵权行为的主体要件仅限于公司的机关,如公司董事等,而非公司的全部工作人员。

2. 公司工作人员实施的行为与公司职务有密切关系。何谓“与公司职务有密切关系”? 关于这一问题,外观主义理论比较合理。该理论认为,为了保护第三人的利益,只要公司的工作人员的行为与其职权有紧密的客观关系,令第三人信赖其在执行公司职务,而无论公司是否真正授权,无论公司工作人员的行为是否超越了法律、法规、公司章程和公司机关规定的权限,均构成公司的侵权行为,应当由公司承担责任。

3. 具备一般侵权行为的要件。公司工作人员的行为应符合侵权行为的一般要件:公司工作人员须故意或过失;违反法律、法规;侵害他人权益,或故意以悖于善良风俗的方法加害他人;行为与他人损害之间有相当因果关系。即具备过错、违法性、因果关系和损害四个要件。

(三) 公司侵权行为的法律责任

1. 公司的责任。即一种侵权行为既然被认定为公司的侵权行为,其法律责任自然由公司直接承担,由公司向受害人承担赔偿责任。我国《民法通则》第 43 条明确规定:“企业法人对它的法定代表人和其他工作人员的经营活动,承担民事责任。”

2. 行为人(工作人员)的责任。虽然公司的侵权行为实质上为公司的工作人员所为,但是工作人员并不对受害人直接承担赔偿责任,特殊情形除外,如《最高人民法院关于审理人身损害赔偿案件适用法律若干问题的解释》第 9 条的规定以及《证券法》第 69 条的规定。那么,公司在承担了赔偿责任后,可否向行为人追偿以及可否要求行为人向公司承担赔偿的民事责任? 对此,我国《公司法》没有作出直接和明确的规定。但《公司法》第 149 条规定,董事、监事、高级管理人员执行公司职务时违反法律、行政法规或者公司章程的规定,给公司造成损失的,应当承担赔偿责任。公司向第三人承担了赔偿责任的,应当被认为公司受到损害。所以,公司可以根据《公司法》第 149 条要求行为人(董事、监事、经理)向公司承担赔偿责任。

【本节前沿问题】

权利能力与法律人格之差异

关于权利能力概念的学说观点各异,有的认为权利能力就是人格权,有的认为权利能力是享有权利之资格,此为通说。权利能力的实质是法律主体的资格,能力即资格。许多经典的民法教科书都将权利能力与法律主体资格即人格视为同一个概念。公司法理论中,公司法人“权利能力之范围”这一概念又有什么含义呢? 对此问题的解释有两种:一种解释是,公司在从事法定的权利能力范围之内的行为时,它是具有法律主体资格的;另一种解释是,权利能力范围就是权利范围,公司在从事法定权利能力范围之外的行为时,仍具有法律主体资格,只不过是无权从事这些行为罢了。第二种解释比较合理,但按照这种解释,公司法人的权利能力概念就与罗马法以来传统的民法理论关于权利能力概念的理解大不相同了。

合理的解释是,权利能力与人格不是同一个概念,人格是指可以成为民事权利主体的资格,而权利能力则是指可以享有民事权利并承担民事义务的资格。前者是主体的资格,后者是享受权利的资格。前者指条件,即具备了什么条件才能成为主体;后者指范围,即民事主体可以享受的权利范围。

【本节思考题】

1. 公司的权利能力存在哪些方面的限制？
2. 公司是否享有名誉权和荣誉权？为什么？
3. 公司可否向合伙企业投资？为什么？
4. 公司的借贷行为应受哪些限制？
5. 公司的赠与行为应受哪些限制？
6. 简述公司法定代表人的代表行为的构成要件。
7. 简述公司侵权行为的构成要件。

第五节　公司资本制度

一、公司资本的概念和意义

(一) 公司资本的概念

公司资本(capital),又称股本或股份资本,是公司成立时章程规定的,由股东出资构成的财产总额。因此,资本具有以下几个特点:

1. 资本是公司自有的独立财产。在公司占有、使用的财产中,有的是自有,即自己所有的财产,有的是借贷来的财产,公司法上的资本仅指公司自己所有、不受他人支配的独立财产。

2. 资本是一个抽象的财产的价值金额。资本是抽象的价值金额,而不是具体的财产形式,虽然构成资本的财产总是以货币或者实物、工业产权、土地使用权等具体形式存在,但资本是不受具体财产形式影响的财产金额。

3. 资本来源于股东的出资。公司资本是公司全体股东的永久性投资,只能由股东出资构成,股东出资总额即为公司资本总额。经营积累或接受赠与等形成的财产,因非属股东出资而不能直接计入公司资本。

4. 资本是在公司成立时由章程确定的。任何公司成立时都必须制定章程,而公司资本则是章程必须予以记载的事项。

5. 资本是一个确定不变的财产数额。公司资本一经确定,即不能自然或随意改变。公司的盈利或亏损,虽然会导致其资产数额的变化,但这并不自然改变其资本额。

我国《公司法》实行的是法定资本制,无论是有限责任公司还是股份有限公司,资本均需经注册方为有效,因此资本就是注册资本。同时,根据2013年《公司法》的规定,一般公司的注册资本不必是实缴资本,可以只认不缴。

(二) 公司资本与资产、净资产、股东权益、投资总额

1. 资本与资产。公司资产(assets),亦称为公司实有财产,是公司实际拥有的全部财产,包括有形财产和无形财产。在财产形态上,资产分为流动资产、长期投资、固定资产、无形资产和递延资产等。在财产来源上,资产主要来自三个方面:股东的出资即公司资本、公司对外负债、公司的资产收益和经营收益。资产与负债作为公司资产负债表中的两个栏目,存在互动的对应关系,由于负债是资产的来源,公司负债的增减必导致资产的相应增减。

就概念的范围而言，公司资产要大于资本，资本只是资产的一部分。但就实际金额而言，资本与资产的对应关系会因公司的经营状况而有很大差别。资产可能高于也可能低于资本。公司法人的独立财产责任，非以资本而是以实有的全部资产对其债务负责。

2. 资本与净资产。公司的净资产（net assets 或 net worth）指公司全部资产减去全部负债后的余额。公司成立时，没有任何对外负债，其资本就是其全部资产，同时也是其净资产；公司成立后，资产价值及相应的净资产的价值就处于不断的变化之中，净资产可能高于资本，也可能低于资本。在公司资产等于负债时，净资产等于零；而在公司资不抵债时，净资产则为负值。

3. 资本与股东权益。股东权益（equity），又称所有者权益，是指股东对公司净资产享有的权利。股东权益分为四个部分，即资本、资本公积、盈余公积和可分配利润，资本是其中的一部分。因此，一般情况下，股东权益要大于资本，但如果公司没有资本收益，从未盈利，因而也从未提留资本公积和盈余公积，则股东权益可能等于资本；如果公司亏损，可分配利润为负值的话，股东权益还会低于资本。同时，股东权益只是股东对公司净资产的抽象价值的权利，而不是对任何具体形态资产的权利。股东权益无论多大，都无权直接支配或处分公司财产。

案例研讨

科卓公司重复转让投资权益纠纷案

（三）公司资本的法律意义

1. 资本是公司成立的基本条件。公司是依法成立的企业法人，公司要取得法人的人格和地位，必须具备一定的条件。在《民法通则》和《公司法》规定的公司成立条件中，有实体条件、程序条件、财产条件、组织条件，资本属于其中的实体条件和财产条件。不具备此种条件的公司不应取得公司的注册登记，已经登记的公司也会因此而被否定人格或揭穿面纱。

2. 资本是公司进行经营活动的基本物质条件。公司是营利性经济组织，具有从事商业性经营的权利能力，这种能力的实现有赖于一定的物质条件，而这些条件的形成都需要一定的资本。舍此条件，公司既无法参与任何财产关系，也不能开展经营活动，即人们通常所称的“皮包公司”。因此，公司法对公司资本的要求，对于公司经营能力的形成和维持具有重要作用。

3. 资本是公司承担财产责任的基本保障。公司作为法人组织，以其全部资产对其债务独立负责。资产的范围和多少直接决定公司的债务清偿能力和对债权人的保护程度，而资本是公司资产形成的基础和来源，资本的规模和多少对公司资产的范围和多少有直接的影响。因此，确定和维持公司一定数额的资本，对于奠定公司基本的债务清偿能力、保障债权人的利益和交易安全，具有重要的意义。

4. 资本是公司股东承担责任的界限。所谓有限责任，是指股东对公司债务的责任，而非公司本身的责任。股东以其认缴的出资额为限对公司债务负责，对全体股东而言，实际上也就是以公司资本为限对公司债务负责。公司的资本额，就是全体股东债务责任的最大限度，如果股东履行了出资义务，公司资本真实到位，股东也就无须承担进一步的责任。在我国，在虚假出资、资本不实情况下，资本对确定股东的责任有着重要的作用，是否履行了法定的资本实缴义务是追究股东责任的重要依据。

（四）最低资本额制度

本质上，最低资本额制度的法律意义与公司资本本身的法律意义是一致的，最低资本额的作用同样是提供公司经营活动的物质条件和承担财产责任的基本保证，但最低资本额在资本“质”

的基础上强调的是“量”的要求,不仅要求公司必须拥有资本,而且资本必须达到一定的数额。只有达到一定的数额,才能取得公司的身份,获得独立的法律人格。

有限责任制度的实行是最低资本额制度的重要立法根据。有限责任制度,将股东的责任限制在其出资额的范围内,限制了投资者的投资风险,但同时对公司交易对方的利益构成潜在的风险。为平衡股东和公司债权人之间的利益和风险,并作为股东承担有限责任的前提条件,法律对公司资本规定了最低的要求,以对市场经营活动的准入设定门槛,对公司债权人的利益提供最低限度的担保。

我国的公司最低资本额制度形成于 20 世纪 80 年代,当时《公司法》尚未颁布,但通过有关立法已经形成了最低资本额制度的雏形。1986 年颁布的《民法通则》对企业法人作了“必须拥有符合国家规定的资金数额以上的财产”的要求。国务院批准施行的《公司登记管理暂行规定》则对公司的自有流动资金数额,根据不同行业的经营特点,按照四种类型分别作了规定。

1993 年颁布的《公司法》最终确立了我国系统、完备的最低资本额制度。根据公司的不同类型和经营方式或内容的不同,分别规定了不同的最低限额,有限责任公司为 10 万元到 50 万元,股份有限公司为 1 000 万元。

2005 年《公司法》基于反映现实需求、降低门槛、放宽条件、鼓励投资创业、促进公司设立和劳动就业、推动经济发展的立法目标,对最低资本额作了大幅的下调,并且取消了以前按照公司经营内容区分最低注册资本额的立法规定。《公司法》第 26 条第 2 款规定:“有限责任公司注册资本的最低限额为人民币三万元。法律、行政法规对有限责任公司注册资本的最低限额有较高规定的,从其规定。”第 81 条第 3 款规定:“股份有限公司注册资本的最低限额为人民币五百万元。法律、行政法规对股份有限公司注册资本的最低限额有较高规定的,从其规定。”

但是,最低资本额制度的作用越来越受到质疑。公司以其全部资产为限对外承担有限责任,在公司发展过程中,资产的实际数额随着公司的经营状况不断地变化,静态的资本并不能准确反映公司的信用。因而,作为资本“量”的要求的最低资本额制度很难达到为相关交易者担保的目的。同时,最低注册资本额成为公司设立中各种违法违规行为,包括虚假出资、虚报资本和抽逃出资的诱因。并且,最低资本额制度设定了公司设立的门槛,使得市场经营活动多了一重障碍,不利于投资创业,开拓各种投资资源,在一定程度上抑制了市场的活力。最低资本额标准过高,超越了许多投资者的投资能力,也会造成资本的闲置和浪费。所以,2013 年《公司法》取消了最低资本额制度。

二、公司资本原则与资本形成制度

(一) 公司资本原则

1. 资本确定原则。这一原则是指公司在设立时,必须在章程中对公司的资本总额作出明确规定,并须全部认足或募足,否则公司不能成立。公司成立后若发行股份,必须履行增资程序,经股东会决议并修改公司章程。

资本确定原则是关于公司资本形成的基本原则。按这一原则,公司资本既要确定,又须认足,这正是资本形成制度中法定资本制的内容。因此,通常又把资本确定原则等同于或称为法定资本制。实质上,法定资本制是体现资本确定原则的资本形成制度。

资本确定原则的确立最初是基于对股份有限公司设立的规范和限制,其后,这一原则也被适用于有限公司。资本确定原则的目的是保证公司设立时资本的真实可靠，使公司形成稳固的财产基础和健全的财务结构，并防止公司的滥设，维护经济秩序的稳定和交易的安全。

我国《公司法》实行的是资本确定原则，《公司法》关于有限责任公司和股份有限公司的注册资本应由全体股东认缴或实缴的规定（第 26 条、第 80 条）、关于有限责任公司章程应载明公司注册资本、股东出资方式和出资额的规定（第 25 条）、关于股份有限公司章程应载明公司股份总额、每股金额和注册资本的规定（第 81 条）等，都体现了资本确定原则的要求。其中，注册资本须由全体股东认足的规定，是资本确定原则最突出的表现。

2. 资本维持原则。这一原则又称资本的充实原则，是指公司在其存续过程中，应经常保持与其资本额相当的财产。因为在公司成立时，公司资本即代表公司的实有财产，但在公司经营一段时间后，其实有财产可能会由于公司的亏损而低于公司的资本，即使公司成立后未开展经营活动，也会因时过境迁、财产无形贬损而使资本的实际财产价值低于其原有的价值，从而使公司的实际财产能力与其明示的资本数额和信用脱节。资本维持原则的立法目的正是防止资本的实质减少，保护债权人利益，并防止股东对盈利分配的不当要求，确保公司本身业务活动的正常开展。

资本维持原则是贯穿整个公司资本制度、适用于公司全部存续期间的重要原则，各国关于公司资本制度的绝大多数法律规则都是资本维持原则的直接或间接的体现，诸如：

（1）股东退股禁止。公司成立后，股东不得抽回出资。

（2）不得折价发行股份。公司股份可以按面额平价发行或溢价发行，但不允许折价发行。

（3）限制非货币出资。公司法通常限制工业产权等无形财产的出资比例，禁止劳务、信用等经营要素的出资。

（4）发起人和股东对出资承担连带认缴责任。其中包括股份未被全部认购时的认购担保责任、股款未被全部缴纳时的缴纳担保责任和实物出资过高估价时的差额填补责任。

（5）按规定提取和使用公积金。公司公积金的作用除扩大再生产外，主要用于充实公司资本和弥补公司经营的亏损。

（6）没有盈利不得分配，否则，等于以公司资本向股东分配。

（7）禁止收购本公司的股份。公司收购本公司的股份，等于股东退股，收回的股份等于未能发行，从而导致资本虚假。因此，除特殊情况外，原则上不许公司收购自己的股份。

（8）不得接受以本公司股份提供的担保。此种担保的实现会导致公司取得自己的股份，与公司不得收购自己股份的规则相悖。

资本维持原则虽然一般作为股份有限公司的资本制度加以阐释，但事实上它也基本适用于有限责任公司。同时，这一原则不仅在大陆法系国家适用，在英美法系国家也适用，甚至在英美法系中处于比大陆法系更为突出的地位。

我国《公司法》对资本维持原则亦有充分的体现，对于上述资本维持的法律规则基本上都有明文的具体规定。《公司法》关于非货币出资必须是“可以用货币估价并可以依法转让的非货币财产”的限定性规定（第 27 条）、关于有限责任公司初始股东对非货币财产出资价值担保和差额填补责任的规定（第 30 条）、关于股份有限公司不得低于股票面额发行股份的规定（第 127 条）、关于除因合并和减少资本等情形外公司不得收购本公司股份的规定（第 142 条）、关于公司在弥补亏损、提取法定公积金之前不得向公司股东分配利润的规定（第 166 条）等都体现了资本维持原则的要求。

3. 资本不变原则。这一原则是指公司的资本一经确定，即不得随意改变，如需增减，必须严格按法定程序进行。由此可见，这里的不变，并非资本绝对的不可改变，而是指不得随意增减，也不能随构成资本的具体资产价值的实际变化而增减。

资本不变原则的立法意图与资本维持原则是相同的，即防止资本总额的减少导致公司财产能力的降低和责任范围的缩小，以保护债权人利益。实质上，资本不变原则是资本维持原则的进一步要求，如果没有资本不变原则的限制，公司实有财产一旦减少，公司即可相应减少其资本额，那么资本维持原则也就失去了实际的意义。因此可以说，资本维持原则维持的是公司资本的实质，而资本不变原则维持的则是资本的形式。

我国《公司法》的资本不变原则主要体现在对公司增减资本的严格规定上。《公司法》对公司增减资本规定了严格的条件和程序，要求必须经股东会议决议通过，并依法办理变更登记。而且，对于减少资本，特别规定了债权人保护程序。即公司减少资本时，必须编制资产负债表及财产清单，向债权人发出通知，并于30日内在报纸上公告，债权人有权要求公司清偿债务或提供相应担保。

公司资本原则形成于大陆法系国家，同时也为英美法系国家不同程度地吸收和采纳。确立公司资本原则的根本原因是现代公司法人制度的成熟和完善，是公司独立的财产责任和股东有限责任的必然要求，其目的是保护债权人利益和保证公司本身的正常发展，维护交易安全和社会经济秩序的稳定。同时，这些原则又不是僵化不变的，从资本形成制度中法定资本制到授权资本制的发展以及折中资本制的出现，既反映了资本主义经济关系和商业经营不断发展的客观要求，也表明了西方国家公司立法对此采取的灵活和科学的态度。

（二）公司资本形成制度

公司资本是通过股份或资本的发行或募集形成的，它可以在公司设立时一次性形成，也可以在公司成立后分次形成。各国公司法对资本的形成方式有不同的设计，选择适用不同的法律原则，主要有以下三种相对稳定的资本形成制度。

1. 法定资本制。法定资本制，是指在公司设立时，必须在章程中明确规定公司资本总额，并一次性发行、全部认足或募足，否则公司不得成立的资本制度。其主要内容为：

(1) 公司设立时，必须在公司章程中明确规定资本总额。

(2) 公司设立时，必须将资本或股份一次性全部发行并全部认足或募足。

(3) 资本或股份经认足或募足后，各认股人应根据发行的规定缴纳股款。缴纳股款分为一次性缴纳和分期缴纳两种方式。但分期缴纳时，每次缴纳的股款数不得少于应缴纳股款的一定比例，其余部分可由公司另行通知缴纳。

(4) 公司成立后，因经营或财务上的需要而增加资本的，必须经股东会决议，变更公司章程的新股发行程序。

法定资本制的主要特点是资本或股份的一次发行，而不是一次缴纳股款。几乎在实行法定资本制的所有大陆法系国家，都允许股款的分期缴纳，只是要求首次缴纳的部分不得低于资本总额的一定比例，如法国规定为25%。同时，对分期缴纳有一定的时间限制，如法国规定为5年。另外，对于实物出资，一般不允许分期缴纳，如德国、瑞士等。而在各国实践中，一次性缴纳的情况较为普遍，分期缴纳的则为少数。我国2013年《公司法》则实行了完全的、无限制的认缴制，取消了对资本缴纳首次出资比例和最长缴纳期限的限制。

从理论上讲，大陆法系的法定资本制有以下优点：有利于公司资本的稳定和确定；有利于防止公司设立中的欺诈行为；使公司从成立开始就有足够资金担保债务履行；有利于提高市场交易的安全性。但这一制度也因给某些大型公司设立形成资金障碍，导致某些公司资本的闲置和浪费、增资程序烦琐、费时费钱等而受到批判。为此，大陆法系不少国家如德国、法国等国的公司法逐渐放弃了以往严格的法定资本制，吸收了英美法系公司法的做法，改采折中资本制。

2. 授权资本制。授权资本制，是指在公司设立时，虽然应在章程中载明公司资本总额，但公司不必发行资本的全部，只要认足或缴足资本总额的一部分，公司即可成立。其余部分，授权董事会在认为必要时，一次或分次发行或募集。授权资本制的内容如下：

(1) 公司设立时，必须在章程中载明资本总额，此做法与法定资本制相同。但同时章程亦应载明公司首次发行资本的数额。

(2) 公司章程所定的资本总额不必在公司设立时全部发行，只需认足或募足其中的一部分即可。

(3) 公司成立后，如因经营或财务上的需要增加资本，仅在授权资本数额内由董事会决议发行新股即可，无须股东会决议变更公司章程。

授权资本制的主要特点是资本或股份的分期发行，而不是法定资本制的一次发行、分期缴纳。授权资本制具有如下优势：其一，公司不必一次发行全部资本或股份，减轻了公司设立的难度；其二，授权董事会自行决定发行资本而无须经股东会决议变更公司章程，简化了公司增资程序；其三，董事会根据具体情况发行资本，可以更好地适应公司经营活动的需要，增强了公司资本和融资活动的机动性和灵活性。但在授权资本制下，由于公司章程中的资本仅是一种名义上的数额，同时又未对公司首次发行资本的最低限额及其发行期限作出规定，因而极易造成公司资本与其实际经营规模和资产实力的严重脱节，也容易发生欺诈性的商业行为，并对债权人的利益构成风险。授权资本制是英国和美国公司法长期发展的产物。从总体上看，它是比较成功的一种制度，基本能满足市场经济的需要，因而，许多大陆法系国家纷纷改采授权资本制或修改原有的法定资本制而向授权资本制靠拢。

3. 折中资本制。折中资本制，是在法定资本制和授权资本制基础上衍生和演变而成的资本制度，具体又分为许可资本制和折中授权资本制两种类型。

(1) 许可资本制，亦称认许资本制，是指在公司设立时，必须在章程中明确规定公司资本总额，并一次性发行、全部认足或募足。同时，公司章程可以授权董事会在公司成立后一定期限内，在公司资本一定比例的范围内发行新股，增加资本，而无须股东会的特别决议。

许可资本制是在法定资本制基础上，通过对董事会发行股份的授权、放宽限制、简化公司增资程序而形成的。这种制度既坚持了法定资本制的基本原则，又吸收了授权资本制的灵活性。但许可资本制的核心仍是法定资本制。

(2) 折中授权资本制，是指公司设立时，必须在章程中载明资本总额，只需发行和认足部分资本或股份，公司即可成立，未发行部分授权董事会根据需要发行，但授权发行的部分不得超过公司资本的一定比例。其与许可资本制的相同点都是授权董事会发行，但许可资本制是在资本总额之外发行，而折中授权资本制是在资本总额范围内发行。原实行法定资本制的一些大陆法系国家和地区，如日本和我国台湾地区 2005 年之前的公司法实行的就是这种折中授权资本制。

折中授权资本制是在授权资本制基础上通过对董事会股份发行授权的限制、规定其发行股份的比例和期限形成的。这种制度既坚持了授权资本制的基本精神,又体现了法定资本制的要求,但其核心还是授权资本制。

三、公司资本募集与股份发行

(一) 公司资本的募集

公司资本的募集,亦称资本的发行,是指以一定的条件向投资者发行资本,由投资者出资认购并取得股权或股份,公司获得相应的资产。公司资本的形成离不开募集行为,公司设立的主要行为就是资本的募集。完成预期的资本募集目标,达到法定或章程确定的资本数额是公司设立成功和能够最终成立的重要条件。

1. 资本募集的方式。有限责任公司与股份有限公司两种公司性质和类型的不同,决定其资本的募集采用完全不同的方式。由有限公司的封闭性、人合性所决定,其资本募集通常采取发起人募集、不公开募集、一次募集和内部募集的方式;而股份有限公司的开放性和资合性决定了其资本募集通常采取认股人募集、公开募集、分次募集和外部募集的方式。

(1) 发起人募集与认股人募集。公司设立过程中的投资者有发起人与认股人之分,如公司发行的全部资本都由发起人认购,是发起人募集。如果发起人只认购部分资本,其余部分由普通认股人认购,是认股人募集。有限公司初始的股东都是实质上的发起人,因此通常采取发起人募集的方式。股份有限公司发起设立时则属于发起人募集。

(2) 公开募集与不公开募集。公开募集是指面向社会公众和不特定的任何人募集资本。不公开募集则是向特定的投资者募集资本。公开募集是开放性的股份有限公司特有的权利,有限公司则不得公开募集资本。

(3) 一次募集与分次募集。一次募集是将公司资本通过一次性发行募集完毕,亦即一次性发行。分次募集是通过分次发行完成公司资本的募集,亦即分次发行。有限公司通常为一次募集;股份有限公司,在法定资本制下为一次募集,在授权资本制下则为分次募集。

(4) 内部募集与外部募集。内部募集是在公司现有股东的范围内募集资本。外部募集则是在公司现有股东之外向其他投资者募集资本,此种募集又被称为接受或吸纳新股东。有限公司和股份有限公司既可内部募集,亦可外部募集。在外部募集时,现有公司股东通常享有优先认购的权利,因此内部募集与外部募集又常被同时采用。

2. 资本募集的法律程序。

(1) 签订发起人协议或公司设立协议。采取发起人募集方式时,其采用的法律形式是由全体发起人签订发起人协议或称公司设立协议,约定各发起人认购资本的义务和具体比例或金额。

(2) 签订认股协议,约定各认股人认购资本的义务及其具体比例或金额。签署认股书是签订认股协议的特殊形式,认股书是认股人承诺其认购资本的义务及其具体比例或金额的法律文书,认股书一经签署,认股协议即成立。

(3) 签署公司章程。发起人协议或认股协议并非公司设立的法定文件,在没有发起人协议或认股协议的情况下,其采用的法律形式是由全体发起人或认股人签署公司章程,在章程中规定各自的认购义务及其具体比例或金额。

(4) 招股与认股。这是股份有限公司公开募集特有的法律形式,它由公司对外公开招股、公众认股和公司确定认股结果三个行为构成。其中的对外公开招股属于合同法上的要约邀请行为,公众认股属于认购股份的要约行为，而公司根据认购情况，按一定方式或比例最终决定并通知认股结果（即公司确定认股结果）的行为则属于认购股份的承诺行为。

（二）股份发行的分类

广义的股份，是公司资本的构成单位，是资本的组成部分，包括股份有限公司发行的股份和有限公司的出资。狭义的股份，仅指股份有限公司发行的严格意义上的股份。本节所称股份发行系指狭义的严格意义上的股份发行。

1. 设立发行与新股发行。设立发行，是指公司在设立过程中发行股份。公司的设立方式有发起设立和募集设立两种。依这两种方式发行股份，都属于设立发行，其发行主体为设立中的公司，其发行目的是募集公司设立所需的资本。

新股发行，是指公司在成立之后再次发行股份。其发行主体是已经存续的公司，其发行目的是增加公司资本、改变公司股份结构或股东持股结构。新股发行除具备设立发行的一般条件外，公司法通常会对其规定更严格的条件，其中主要是经营业绩方面的严格要求。

2. 直接发行与间接发行。直接发行，是指公司直接向投资者发行股份，而不由证券承销机构代销或者包销。直接发行可以降低发行费用，但通常发行时间较长，发行风险较大，实践中较少采用，主要用于私募发行。

间接发行，是指公司委托证券承销机构发行股份，由其办理有关发行事宜并承担相应发行风险。间接发行通过股份承销方式进行，具体又分为股份承销和股份包销。它可以充分利用证券承销机构在发行渠道、资金支持和发行业务方面的优势，确保股份发行的及时和成功，但也会由此增加公司股份发行的成本。间接发行是公募发行中较为普遍的发行方式。我国《公司法》规定，股份有限公司公开募集股份必须采用间接发行方式。

3. 公开发行与不公开发行。公开发行，亦称公募发行，是指面向社会、向不特定的任何人发行股份。公开发行在资本募集规模方面具有巨大的优势，同时也具有募集速度快、便于操纵控制的优点，因此成为最普遍的发行方式。其不足则是发行条件严格、程序复杂和发行费用高。公开发行由于涉及公众和社会利益，各国立法对其规定有较为严格的条件和较为复杂的程序。我国《公司法》规定，公开募集股份必须经国务院证券管理部门批准。

不公开发行，又称私募发行，是指向特定的投资者、采取特定的方式发行股份。不公开发行的特定对象包括个人投资者和机构投资者。不公开发行一般不得采用广告或公开劝诱性的方式进行宣传。不公开发行具有操作便捷、发行成本低廉、条件灵活、易于掌握等优点，但也存在投资者数量有限、股份流通性差等缺点。各国对不公开发行通常制定有特别的法律规范，我国1993年《公司法》没有明确规定不公开发行的制度和规范，但实践中曾实行的定向募集、内部职工股发行、对现有股东的股份配送、对法人单位的股份配售以及公司资产重组中的股份置换等方式，都具有不公开发行的性质和特点。2005年《公司法》根据现实存在的各种私募现象以及需要依法规范的需要，合理区分合法募集与非法集资的界限，首次在立法上明确允许了私募发行，即通过向特定对象募集而设立公司（第77条）。

4. 增资发行与非增资发行。增资发行，是指公司在增加资本情况下发行股份，即公司章程所定的资本总额全部发行完毕后，为增加资本而再次发行股份。此种发行须按增加资本的程序进行，即由股东大会决议修改公司章程并办理公司变更登记。我国实行严格的法定资本制，股份发行均为增资发行。

非增资发行,是指在公司资本总额范围内不增加公司资本而发行股份。非增资发行一般发生在授权资本制之下,公司的股份可以分次发行,除公司设立时第一次发行的股份外,其后所进行的股份发行均属于非增资发行,此种发行只需董事会决议即可。

5. 通常发行与特别发行。通常发行,是指以募集资金为目的而发行新股,一般所说的新股发行都指通常发行。通常发行的结果既增加公司的资本,也增加公司的资产。

特别发行,是指不以募集资金为目的,而是基于某些特殊目的发行新股,如基于向股东分配公司盈余、把公积金转为资本、把公司债转换成股份、与其他公司合并而置换股份等目的发行股份。除与其他公司合并而置换股份的情况外,特别发行的结果通常只会增加公司的资本总额,而不增加公司的资产总量;只改变公司资产的性质和结构,而不改变其价值金额。特别发行在我国被广泛采用,实践中,以向股东送股、配股的方式分配公司盈余成为多数上市股份有限公司的做法。

6. 平价发行、折价发行、溢价发行与中间价发行。平价发行,也称面额发行,是指按股份的票面价额发行股份。平价发行多适用于私募发行。我国实践中国家股、法人股的发行一般都是平价发行。

折价发行,是指按低于股份票面价额的价格发行股份。折价发行意味着公司实际获得的股款低于其发行的资本数额,违反资本确定和资本维持原则,因而各国公司法都禁止股份的折价发行。

溢价发行,是指按高于股份票面价额的价格发行股份。溢价发行是广泛采用的发行方式。在我国,所有上市股份有限公司发行的社会公众股,都是溢价发行。公司股份公开发行的高额费用,通常靠股份溢价发行的收益来支付或填补。在公司财务处理上,股份发行的溢价收益属于公司全体股东的共同权益,列为公司的资本公积金。

中间价发行,是指按股份票面价额与市场价格之间的某一中间价格发行股份。股份发行或上市后,其市场价格通常会高于发行价格,中间价发行是给予投资者的一种利益。我国实践中,上市股份有限公司对现有股东的配股都是采用中间价发行方式。

7. 其他发行分类。除上述分类外,在学理和实践中,还有其他各种分类。例如,按发行地域范围不同,分为国内发行和国外发行;按发行条件确定方式不同,分为议价发行和招标发行;按是否借助交易系统发行,分为网上发行和网下发行等。

(三)股份发行的原则

我国《公司法》第126条第1款规定:“股份的发行,实行公平、公正的原则,同种类的每一股份应当具有同等权利。”由此,形成了股份发行的基本法律原则。

1. 公开原则。公开原则,是指发行公司必须依照法定要求将与其发行股份相关的一切重要的信息和情况公之于众。需公开的具体内容较为广泛,一般包括公司及其发行股份的基本概况、股份发行操作安排方面的情况,特别是招股说明书、财务会计报表等。

公开原则的目的在于防止欺诈行为,最大限度地保护投资者的利益,使投资者在获悉公司及其股份真实信息的情况下作出投资判断和决策。同时,公开原则的实行,形成了公众和投资者对公司行为的监督,也在一定程度上对公司的发起人或管理者以及公司本身的行为起着约束性的作用。

股份发行的公开必须符合法律的要求,在内容上必须真实、全面、准确,不得进行虚伪或误导性的陈述,不得有重大的遗漏。在方式上,必须将股份发行的有关文件在指定的报刊上刊载,必须保证投资者通过合法途径能够及时、有效地获得信息和有关资料。

2. 公平原则。公平原则,是指股份发行对所有投资者应给予平等的对待,一视同仁,不得歧视。其一,投资者有权获得平等的投资机会;其二,同次发行的同类股份,发行的条件和价格应当相同;其三,公司发行的同类股份应具有相同的权利或利益,同股同权,同股同利。

股份发行的公平原则是民商法平等自愿、等价有偿、公平的一般法律原则在股份发行中的具体要求,也是投资者利益保护和股东法律地位平等在股份发行中的体现。公平既是法律的原则,又是投资者追求的目标之一。公开与公平之间,公平是目标和结果,公开是手段或方法。

3. 公正原则。公正原则,是指对股份发行活动的监管和对股份发行争议或纠纷的处理应正确适用法律,公正对待当事人,处理结果应客观公正。公正原则与公平原则有密切联系:公平原则是确定当事人之间交易关系及其实体权利义务的法律原则,而公正原则是执法和司法机关监管当事人行为和处理权益争议时适用的法律原则。

股份发行中虚假陈述、内幕交易、操纵市场、欺诈客户等违法、违规行为的存在是客观的现实,当事人之间的利益冲突和权益纠纷也不可避免。行政机关在监管股份发行活动和司法机关在处理发行纠纷时,只有正确适用法律,不偏不倚,才能有力地制止和防范各种不正当行为,保护投资者的合法权益,化解各种矛盾和冲突,增强投资信心,维持市场稳定。

(四)股份公开发行的条件

股份的公开发行,不仅对公司发起人和公司具有巨大的融资利益,也涉及广大投资者的切身利益、社会经济结构的调整和经济秩序的稳定。同时,我国资本市场处于发展时期,社会资金资源有限,市场发育尚不成熟,投资者的理性意识尚需培育,国家对社会经济发展进行一定程度的宏观调控不可缺少。我国股份公开发行的条件目前主要是由《公司法》《证券法》和《股票发行与交易管理暂行条例》规定的。

1. 设立发行的条件。根据《证券法》第 12 条的规定,设立股份有限公司公开发行股票,应当符合公司法规定的条件和经国务院批准的国务院证券监督管理机构规定的其他条件。我国《公司法》并未集中规定公司设立发行股份的具体条件,但根据相关规定,股份的设立发行首先应符合股份有限公司设立的条件。其次,募集设立公司的发起人认购的股份不得少于公司股份总数的 35%。此外,股份发行价格的确定还应遵守《公司法》的规定,即同股同价,不得折价发行等。

《股票发行与交易管理暂行条例》第 8 条规定,设立股份有限公司申请公开发行股票,应当符合下列条件:(1)其生产经营符合国家产业政策。(2)其发行的普通股限于一种,同股同权。(3)发起人认购的股本数额不少于公司拟发行的股本总额的 35%。(4)在公司拟发行的股本总额中,发起人认购的部分不少于人民币 3 000 万元,但是国家另有规定的除外。(5)向社会公众发行的部分不少于公司拟发行的股本总额的 25% ,其中公司职工认购的股本数额不得超过拟向社会公众发行的股本总额的 10% ,公司拟发行的股本总额超过人民币 4 亿元的,证监会按照规定可以酌情降低向社会公众发行的部分的比例,但是最低不少于公司拟发行的股本总额的 10% 。(6)发起人在近 3 年内没有重大违法行为。(7)国务院证券管理委员会规定的其他条件。

2. 新股发行的条件。公司发行新股的条件由《证券法》予以规定。我国《证券法》第 13 条规定,公司公开发行新股,应当符合下列条件:(1)具备健全且运行良好的组织机构。(2)具有持续盈利能力,财务状况良好。(3)最近 3 年财务会计文件无虚假记载,无其他重大违法行为。(4)经国务院批准的国务院证券监督管理机构规定的其他条件。

同时,《证券法》第13条亦规定,上市公司非公开发行新股,应当符合经国务院批准的国务院证券监督管理机构规定的条件,并报国务院证券监督管理机构核准。

(五) 新股发行程序

不同类型或不同形式的股份发行,其发行程序有所不同,新股发行的程序不同于设立发行、内部发行。设立发行的程序与股份有限公司设立的程序是重合的[①];公开发行的程序较内部发行复杂。新股发行程序是股份公开发行的一种,主要程序如下:

1. 发行决议。新股发行的决定权取决于公司资本形成制度。在法定资本制之下,发行新股就是增加资本,属于公司的重大事项,其决定权在公司的股东大会,须由股东大会作出决议。董事会的权力是制定发行新股或增加资本的方案。我国《公司法》第37条和第99条规定了股东大会行使"对公司增加或者减少注册资本作出决议"的职权,而在第46条和第108条规定了董事会行使"制订公司增加或者减少注册资本以及发行公司债券的方案"的职权。

在授权资本制或折中资本制之下,将在原有资本范围内发行新股的权力授予公司董事会,此种新股发行只需董事会作出决议即可。但如果授权资本已发行完毕,在原有资本范围外增加资本,则应由股东大会作出决议。

2. 审查核准股东大会。作出发行新股决议后,由董事会向国务院证券监督管理机构报送相关文件,提出公开发行新股的申请。根据《证券法》第22条的规定,国务院证券监督管理机构设发行审核委员会,依法审核股票发行申请。发行审核委员会由国务院证券监督管理机构的专业人员和所聘请的该机构外的有关专家组成,以投票方式对股票发行申请进行表决,提出审核意见。

3. 公告文件。《公司法》第134条第1款规定:"公司经国务院证券监督管理机构核准公开发行新股时,必须公告新股招股说明书和财务会计报告,并制作认股书。"招股说明书的内容和格式须按有关规定制作。

4. 签订证券承销协议。根据《公司法》第87条的规定,公司向社会公开发行新股,应当由依法设立的证券经营机构承销。公开发行新股的发行人有权依法自主选择承销的证券经营机构。承销方式主要分为代销和包销两种。

5. 登记和公告。新股发行完成后,可能会导致公司注册资本的变化,公司管理机构也可能会发生变化。因此,我国《公司法》第136条规定,公司发行新股募足股款后,必须向公司登记机关办理变更登记并公告。

四、增加资本与减少资本

公司法原理上虽然有资本确定、维持、不变的原则,但公司资本并非绝对不变。实际上,随公司经营活动的开展、业务范围和市场状况的变化,客观上也要求公司资本相应地增加或减少。由此,公司法对公司资本的增加和减少作了系统的规定。

(一) 增加资本

1. 增资的目的和意义。增加资本,简称增资,是指公司基于筹集资金、扩大经营等目的,依照法定的条件和程序增加公司的资本总额。公司增资通常具有下述目的和意义:

---

① 具体内容见本章第三节"公司的设立"部分。

(1) 筹集经营资金,开拓新的投资项目或投资领域,扩大现有经营规模。

(2) 保持现有运营资金,减少股东收益分配。在公司形成大量公积金和未分配利润情况下,通过增加资本可以停止或减少对股东的收益分配,而使公司继续占用现有的资金。

(3) 调整现有股东结构和持股比例,改变公司管理机构的组成。吸收新的股东,可以改变股东成分和结构。在现有股东范围内的增资,通过认购新股比例的安排,则可以调整现有股东相互间的持股比例。而在股东结构和持股比例变更之后,公司将可实现其管理机构和管理人员的重新安排和调整。

(4) 公司吸收合并。在公司与其他公司吸收合并时,被合并公司的资产在并入另一公司的同时,会促使公司增加资本。

(5) 增强公司实力,提高公司信用。资本规模直接反映公司的资产实力和经营规模,增资由此成为显示和提高公司商业信用,并取得竞争优势的重要方式。

2. 增资的方式。

(1) 内部增资与外部增资。内部增资,是由现有股东认购增加的公司资本。外部增资,是由股东之外的投资者认购新增的公司资本。内部增资和外部增资可以同时采用。

(2) 同比增资与不同比增资。同比增资,是内部增资时各股东按原出资比例或持股比例同步增加出资,增资后各股东的股权比例或持股比例不变。不同比增资,是内部增资时各股东改变原出资比例或持股比例而增加出资,也可能有的股东不增加出资,增资后各股东的股权比例或持股比例将发生变化。

(3) 追加性增资与分配性增资。追加性增资,是通过现有股东或其他投资者对公司的新的投入而增加资本,其结果既增加公司的资本,也增加公司的资产或运营资金。分配性增资,是内部增资的一种方式,是在现有股东不作新的投入的情况下,通过将未分配利润用于股东出资缴纳、把公积金转为资本的方式增加资本,其结果只是改变公司资产的性质和结构,而不改变其总的价值金额,只增加公司的资本总额,而不增加公司的资产总量。

(4) 增加股份数额与增加股份金额。这是股份有限公司采用的增资方式。增加股份的数额,即公司在原定股份总数之外发行新的股份。增加的股份,既可以由原有股东优先认股,也可以向社会公开发行。增加股份金额,即公司在不改变原定股份总数的情况下增加每股股份的金额或面额。此种增资只能是内部增资,即由原有股东增加自己的股份出资。

(5) 配股增资与送股增资。这是上市公司广泛采用的增资方式。配股增资,又称增资配股,是指上市公司根据现有公司股东持股的数量按照一定的比例向其发售股份。配股的对象仅限于公司现有股东,配股的条件通常要优于公司对外发行的条件。送股增资,又称送股或送红股,是指上市公司根据现有公司股东持股的数量按照一定的比例向其无偿分配股份,其实质是向股东进行收益的分配,只不过分配的不是货币,而是股份。

(6) 公司债转换增资与债转股增资。公司债转换增资,是指将公司发行的可转换公司债依照规定的条件转换成为公司的股份,由此导致公司资本的增加。债转股增资,是我国商业银行改革和资产重组的过程中实行的特殊增资方式,即将银行对债务人公司所享有的债权按约定的方法折抵为对该公司一定金额的股权,银行由此从债权人变成该公司的股东,导致公司资本的增加。

3. 增资的条件和程序。增加资本能够增强公司实力,提高公司信用,有利于债权人利益和交易安全,因此,各国立法对有限公司增资的条件通常不作强制性要求,而由公司自行决定。但因股份有限公司的公众性特点，法律对其增资进行了必要的限制。我国证券法等有关法律法规关于新股发行条件的规定同时也是股份有限公司增资的条件。

公司增资会导致股权的稀释和股权结构的调整，是直接影响现有股东利益并可能引发严重利益冲突的公司重大事项。因此在法律程序上，公司增资必须经过股东大会决议，变更公司章程，并办理相应的变更登记手续。我国《公司法》第 43 条规定，有限公司股东会对增加资本作出决议，必须经代表 2/3 以上表决权的股东通过。违反上述增资条件和程序，将导致公司增资的无效或被撤销。

（二）减少资本

1. 减资的目的和意义。减少资本，简称减资，是指公司基于某种情况或需要，依照法定条件和程序，减少公司的资本总额。根据资本不变原则，公司的资本不得随意减少，但也并非绝对不可改变，而可以通过法定的程序减资。减资的目的和意义在于：

（1）缩小经营规模或停止经营项目。

（2）减少资本过剩，提高财产效用。在原定公司资本过高情况下，如保持资本不变，会导致资本在公司中的停滞和浪费，不利于充分发挥社会财富的经济效益。

（3）实现股利分配，保证股东利益。在“无盈不分”的盈利分配原则之下，如果公司亏损严重，将使股东长期得不到股利的分配，不利于调动股东的积极性。通过减资，可以尽快改变公司的亏损状态，使公司具备向股东分配股利的条件。

（4）缩小资本与净资产差距，真实反映公司资本信用状况。如果公司亏损严重，资本与其净资产差额过大，公司资本会失去其应有的标示公司信用状况的法律意义，通过减资，可以使二者保持基本的一致。

（5）公司分立。在派生分立情况下，原公司的主体地位不变，但资产的减少必然要求资本相应减少。

2. 减资的方式。

（1）同比减资与不同比减资。同比减资，是各股东按原出资比例或持股比例同步减少出资，减资后各股东的股权比例或持股比例不变。不同比减资，是各股东改变原出资比例或持股比例而减少出资，也可能有的股东不减少出资，减资后各股东的股权比例或持股比例将发生变化。

（2）返还出资的减资、免除出资义务的减资与销除股权或股份的减资。返还出资的减资，是对已缴足出资额的股权或股份，将部分出资款返还给股东，此种减资的结果既减少公司的资本，也减少公司的资产或运营资金。免除出资义务的减资，是对尚未缴足出资额的股权或股份，免除股东全部或部分缴纳出资的义务。销除股权或股份的减资，是在公司因亏损而减资时，直接取消部分股权或股份，或者直接减少每个股份的金额，并抵销本应弥补的公司亏损。后两种减资的结果只是改变公司资产的性质和结构，而不改变其总的价值金额；只减少公司的资本总额，而不减少公司的资产总量。

（3）减少股份数额与减少股份金额。减少股份数额，即每股金额并不减少，而只是减少股份总数，其具体方法又分为销除股份和合并股份。减少股份金额，即不改变股份总数，只减少每股的金额。

3. 减资的条件和程序。根据我国《公司法》第 177 条和其他有关规定，公司减资的条件和程序如下：

(1) 股东(大)会作出减资决议，并相应地对章程进行修改。有限公司作出减资决议，必须经代表 2/3 以上表决权的股东通过。同时，公司减资后的注册资本不得低于法定的最低限额。

(2) 公司必须编制资产负债表及财产清单。

(3) 通知债权人和对外公告。公司应当自作出减资决议之日起 10 日内，通知债权人，并于 30 日内在报纸上公告。

(4) 债务清偿或担保。债权人自接到通知书之日起 30 日内，未接到通知书的自公告之日起 45 日内，有权要求公司清偿债务或者提供相应的担保。

(5) 办理减资登记手续。资本是公司注册登记的主要事项之一，公司成立之时，其资本总额已登记注册，减少资本引起主要登记注册事项的变更，因而须办理减资登记手续，并自登记之日起，减资生效。

五、股东出资概述

出资是指股东(包括发起人和认股人)在公司设立或者增加资本时，为取得股份或股权，根据协议的约定以及法律和章程的规定向公司交付财产或履行其他给付义务。

(一) 股东出资与公司资本

股东出资制度与公司资本制度紧密联系，公司资本来源于股东的出资，全体股东认缴的出资额总和就是公司的资本总额。公司法有严格的资本制度，必有与之配套的股东出资制度。在法定资本制之下，资本确定、资本维持和资本不变原则正是通过股东出资行为规则实现的：全体股东必须全额认缴公司资本的规则保证了公司资本的确定，股东不得抽逃出资的规则体现了资本维持的要求。没有严格的股东出资制度，就无法建立真正的公司资本制度。就此而言，公司资本制度的价值和功能同时也是股东出资制度的价值和功能。

(二) 股东出资与有限责任

公司法上的有限责任与无限责任是以股东的出资额为界限的。有限责任就是股东以其认缴的出资额为限对公司债务负责，无限责任就是股东不以其出资额而以其全部财产对公司债务负责。实际上，有限责任的股东只要履行了出资义务，除已缴纳的出资不能收回外，就不再对公司承担其他财产责任。股东认缴出资是其承担有限责任的前提条件，也是公司取得独立法人人格并承担独立责任的必要条件。

(三) 股东出资与股权

出资既是股东的基本义务，也是其取得股权的事实根据和法律根据。股东既然享有股权，就应承担出资的义务。出资实质上是股权的对价，任何人欲取得公司股东的身份和资格，必以对公司的出资承诺为前提。而要获得某些实际的股东权益，则应以出资义务的实际履行为前提。同时，股东享有股权的大小取决于其出资的比例或数额，有限公司股东通常按出资比例享有股权，股份有限公司则按股东出资的金额享有股份。

(四) 股东出资义务与履行

出资是股东最基本、最重要的义务。这种义务既是一种约定义务，也是一种法定义务。股东一般通过签署公司设立协议(或发起人协议)或认股书的形式约定其各自的出资比例或金额，出资条款构成公司设立协议的主要内容之一。同时，出资又是公司法规定的股东必须承担的法定义务。作为公司成立的条件,公司设立必须制定章程,而出资义务的分配则是公司章程的必备事项,不论股东之间作何种约定,都不能免除股东的出资义务。

按行为方式不同,股东违反出资义务的行为可表现为完全未履行、未完全履行和不适当履行三种形式。《公司法司法解释(三)》规定的未全面履行包括未完全履行和不适当履行两种情况。

1. 完全未履行,是指股东根本未出资,具体又可分为拒绝出资、不能出资、虚假出资、抽逃出资。拒绝出资是指股东在设立协议或认股协议成立且生效后拒绝按规定出资;不能出资是指股东因客观条件变化而不能履行出资义务,如出资的房产在办理财产权移转手续前毁损或灭失;虚假出资是指宣称其已经出资而事实上并未出资,其性质为欺诈行为;抽逃出资是指在公司成立或资本验资之后,将缴纳的出资抽回,其性质亦属欺诈。

2. 未完全履行,又可称为未足额履行,是指股东只履行了部分出资义务,未按规定数额足额交付,包括货币出资不足,出资的实物、工业产权等非货币出资的实际价值显著低于出资文件所确定的价额等。

案例研讨

娃哈哈与达能公司出资设立合资公司案

3. 不适当履行,是指出资的时间、形式或手续不符合规定,包括迟延出资、瑕疵出资。迟延出资是指股东不按规定的期限交付出资或办理实物等财产权的转移手续;瑕疵出资是指股东交付的非货币出资的财产存在权利或物的瑕疵,如所缴纳的财产上存在着第三人的合法权利或不符合约定的质量标准等。

(五) 股东出资责任

股东出资责任是股东违反出资义务的法律后果。股东违反出资义务的行为,在公司成立之前,属合同法上的违约行为,已足额交纳出资的股东可采取违约救济手段,并就其自身遭受的损失向未交纳出资的股东请求赔偿;在公司成立之后,则同时构成公司法上的违法行为和损害公司利益的行为,公司有权向其追究责任。公司法学理一般将股东的出资责任分为出资违约责任和资本充实责任。

我国《公司法》第 28 条、第 30 条、第 83 条、第 93 条对股东出资责任分别作了规定,主要包括以下四种:

1. 货币出资的缴纳责任。即有限公司股东未按照规定缴纳出资的,应当向公司足额缴纳,股份公司发起人未按照公司章程的规定缴足出资的,应当补缴。

2. 非货币出资的差额补足责任。即公司成立后,发现作为设立公司出资的非货币财产的实际价额显著低于公司章程所定价额的,应当由交付该出资的股东或发起人补足其差额。

3. 违约赔偿责任。即有限公司未缴纳出资的股东应当向已按期足额缴纳出资的股东承担违约责任,股份公司的发起人应当按照发起人协议承担违约责任。

4. 出资连带责任。即对未缴纳的货币出资或价值不足的非货币出资,有限公司设立时的其他股东、股份公司的发起人应承担连带缴纳或补足的责任。

六、股东出资的形式

(一) 股东出资形式的法定性

在股东出资制度上,公司法实行的是出资形式法定主义,即股东以何种财产出资,不完全取决于股东自身拥有何种财产或资源,也不完全取决于公司经营需要何种财产或资源,而是由法律直接规定何种财产可以作为股东对公司的出资。

此种出资形式的法定主义和限制与公司法实行的法定资本制相辅相成。股东出资既然是公司资本的来源,资本信用的进一步表现就是出资信用,因而必须对出资的条件作出法定的限制,否则法定资本制的功能将难以实现。

我国《公司法》对出资形式的规定采取列举与抽象性出资标准相结合的方式,即一方面列举了货币、实物、知识产权、土地使用权四种最为普遍的出资形式,另一方面又规定了"可以用货币估价并可以依法转让的"非货币财产出资的抽象标准,从而大大放宽了股东出资的财产范围。

(二)非货币财产出资形式的要件

《公司法》第 27 条第 1 款规定:"股东可以用货币出资,也可以用实物、知识产权、土地使用权等可以用货币估价并可以依法转让的非货币财产作价出资;但是法律、行政法规规定不得作为出资的财产除外。"依此规定,除货币出资外,股东也可以用非货币的财产出资,只是非货币财产的出资必须具备以下两个法定要件:

1. 可以用货币估价。即具有价值上的确定性,用于出资的财产不但应具有财产价值,而且这种价值能够具体确定或评估作价。可以用货币估价,不仅是保障公司资本确定、真实的要求,也是确定股东出资比例或金额的依据,还是以此项财产清偿公司债务时的计算依据。

2. 可以依法转让。即具有可转让性,用于出资的财产不仅可以由公司股东交付公司,并为公司经营所用,而且在公司对外清偿债务时,也可以有效地从公司移转给公司的债权人,并由债权人有效利用。财产可依法转让,既包括依其客观性质可依法转让,也包括对出资的财产没有禁止或限制转让的法律规定。同时这种财产的转让应是出资财产全部权利的转让,如实物财产的所有权转让和专利权、商标权的整体转让。如果实物财产只转让其用益物权,专利权、商标权只转移其使用权,则不属于实物出资或专利权、商标权本身的出资,而是其他相应财产权的出资。

依上述要件,有些财产或经营资源如劳务、信用等,虽具有经营功能,可以从股东转让给公司并为公司所用,却不能保证将来清偿债务时从公司有效地向债权人移转,不具有债务清偿功能,因而目前被排除在出资形式之外。

(三)我国股东出资的法定形式

1. 货币出资。货币出资是法律关系最为简单、当事人间最少发生争议和纠纷的出资形式。只要当事人按约定的金额和时间将货币交付给公司或汇入公司的设立账户,出资义务即为履行。

货币出资的一个特别法律问题是能否以借贷资金作为公司注册资本或出资所谓以借贷资金作为公司注册资本或出资,包括两种情况:一是以公司为借款人对外借贷,并由公司承担还款责任;二是以股东为借款人对外借贷,并由股东承担还款责任。前者虽由股东联系安排借款使公司获得资金,却同时形成公司对外负债,股东并未实际地承担出资的责任,这种借贷出资应为法律所禁止。后者对股东来说是借贷资金,对公司却不是借贷资金,并不形成公司负债,股东实质上履行了出资的义务,只不过这种履行的条件是通过对外的负债而获得,因而这种借贷出资应得到承认和允许。

2. 实物出资。实物出资即以民法上的物出资,包括房屋、车辆、设备、原材料、成品或半成品等。用于出资的实物首先应具有财产价值,才可能进行出资额和资本额的评估和界定。其次,出资的实物可以是公司经营所需,也可以与公司的经营无关,其允许用于股东出资在于公司可以对其变现支配并实现其财产价值。此种实物是否可以用作出资,应由股东协商确定。

3. 知识产权出资。知识产权出资包括工业产权出资和著作权出资。对于工业产权，存有狭义与广义两种不同解释。狭义的工业产权仅指商标权和专利权。广义的工业产权范围较为广泛，根据《巴黎公约》第1条的规定，工业产权的保护对象至少应包括专利、实用新型、外观设计、商标、服务标记、厂商名称、货源标记、原产地名称等。对于工业产权出资，一般而言，只要符合工业产权的条件即可作为股东出资，但在特殊情形下，法律对此有特别的要求或限制。例如，《中外合资经营企业法实施细则》即对外国合营者（即外国股东）出资的工业产权或专有技术作出了特殊的要求。

著作权也完全具备法定出资形式的要件，它既具有可估价的财产价值，也完全可以依法转让。著作权与商标权、专利权一样，其权利中都包含有可转让的财产权内容，因此，完全可以将著作权的财产性权利用于出资。

4. 土地使用权出资。土地使用权成为公司法的法定出资形式，有着客观的原因和充分的根据。首先，土地使用权是民事主体所能拥有的最重要的财产。在民事主体的财产构成中，土地使用权从来都占据重要的位置。其次，对土地的使用是公司经营活动最普遍的需求。公司的经营活动必须有相应的生产经营场所和必要的生产经营条件，土地是公司经营场所最基本的形式。最后，土地作为天然的和有限的资源，在财产价值上，通常具有超乎一般动产的更高价值和其他财产难以比拟的保值增值性。土地使用权也完全符合公司法所要求的可用货币估价和可依法转让的要件。

土地使用权是公司实践中十分普遍而又重要的出资标的，根据我国土地制度和土地使用权本身的特点，又形成了针对土地使用权出资的以下特殊法律条件和要求：(1) 土地使用权的出资是使用权的出资，而不是所有权的出资。(2) 用于出资的土地使用权只能是国有土地使用权，而不能是集体土地使用权。(3) 用于出资的土地使用权只能是出让土地的使用权，而不能是划拨土地的使用权。(4) 用于出资的土地使用权应是未设抵押等权利负担、没有权利瑕疵的土地使用权。

（四）其他出资形式

实际上，在各国公司法和企业法上，能够作为出资的并不限于前述几种，股权出资、债权出资、劳务出资、信用出资等也都是各国公司实践和立法中存在的出资形式，只是不同国家的立法对不同类型的公司和企业，规定有不同的出资形式。前述法定的4种出资形式通常适用于有限公司和股份有限公司，而无限公司和合伙企业的出资形式则较为灵活，除前述出资形式外，一般都允许股东或合伙人自行约定。在我国，尽管《公司法》只规定了4种出资形式，但实践中，存在着大量的股权、债权的出资，未来的立法对此是否应予承认并进一步允许其他的出资形式，包括劳务、信用、经营权、采矿权、承包经营权等各种财产权的出资，是需要进一步研究和论证的问题。

七、股东出资的法定要求

（一）出资的价值评估

除货币出资外，其他形式的出资都需要进行价值评估。《公司法》第27条第2款对有限公司的股东出资作出明确规定："对作为出资的非货币财产应当评估作价，核实财产，不得高估或者低估作价。法律、行政法规对评估作价有规定的，从其规定。"《公司法》第82条对股份有限公司发起人的出资作了准用第27条的规定。

非货币出资的特殊法律问题在于其价值的评定。与货币出资不同,非货币出资的财产价值无法直接由其自身客观表现,而必须依赖人的主观评价,不同的人,基于不同的立场,使用不同的方法,会对同一项出资作出不同甚至差额甚大的价值判断。同时,非货币出资的价值又具有较强的变动性,除其自身可能发生的自然增值或贬值、添附或毁损外,因时间、地点和其他外界因素、环境的变化,也会引起非货币出资价值的重大变化。这些都决定了对非货币出资必须在确定一个具体日期的基础上进行客观的价值评估。

为保证非货币出资估价的客观、真实和准确,非货币出资通常需要由中立的专业资产评估机构进行评估作价,资产评估机构应根据公认或专门的评估规则和办法进行评估。因评估不实,损害公司或其他股东利益的,应根据其过错承担欺诈或过失的民事责任。

对于非货币出资的评估,有法律、法规规定的,应严格执行。鉴于土地使用权的特殊性,根据《股份制试点企业土地资产管理暂行规定》,土地使用权的价格由县级以上人民政府土地管理部门组织评估,并报县级以上人民政府审核批准后,作为核定的土地资产余额。鉴于国有资产可能因被评估过低而流失,《国有资产评估管理办法》第 18 条规定,国有资产评估,必须"报同级国有资产管理行政主管部门确认资产评估结果"。

(二)出资的比例结构

出资的比例结构,也称为出资的构成,是指股东出资总额中各种出资所占的比例情况。为保证公司资产结构的合理性和满足公司正常经营活动的需要,保证公司资产应有的流通性和变现性,保证公司对外负债的有效清偿能力,公司法对股东出资的比例结构作出了统一的要求和限制,不允许当事人完全自由约定。

我国 2005 年《公司法》彻底取消了对工业产权等无形财产出资比例的限制。同时,为保障公司开业和经营所需货币资金的基本需求,防止非货币财产变现的困难和障碍,借鉴境外公司法立法经验和先例,《公司法》增加了关于货币出资最低比例的规定,即"全体股东的货币出资金额不得低于有限责任公司注册资本的百分之三十"。2013 年《公司法》将这一货币出资比例的要求取消,其立法目的和价值取向与资本制度的其他改革相同,都是鼓励投资,尽可能地放宽投资条件,降低投资门槛,将资本设定的权利(包括决定资本规模和资本的财产构成的权利)赋予公司。

(三)出资的履行

出资的履行就是股东将用于出资的财产交付公司或向公司履行其他给付义务。由不同出资的特点决定,其履行出资的方式也不同。《公司法》第 28 条和第 83 条对有限责任公司和股份有限公司出资的履行方式作了专门的规定,即"股东以货币出资的,应当将货币出资足额存入有限责任公司在银行开设的账户;以非货币财产出资的,应当依法办理其财产权的转移手续"。对于以募集方式设立的股份有限公司的股款缴纳,《公司法》第 88 条规定:"发起人向社会公开募集股份,应当同银行签订代收股款协议。代收股款的银行应当按照协议代收和保存股款,向缴纳股款的认股人出具收款单据,并负有向有关部门出具收款证明的义务。"

货币出资的履行方式最为简单,只需货币的实际交付即可,即将应出资的货币存入设立中的公司在银行开设的账户。

实物的出资是实物所有权从股东向公司的转移。实物出资应遵循物权变动的法律原则,动产物权的转移一般以交付为要件,不动产物权的转移则一般以登记为要件。《民法通则》第 72 条第 2 款对所有权的转移时间作了规定:"按照合同或其他合法方式取得财产的,财产所有权从财产交付时起转移,法律另有规定或当事人另有约定的除外。"对于土地、房屋等不动产使用权或所有权的转移,各国民法或物权法均规定有专门的法律规则,一般规定为非经办理权属变更登记,不能发生转移的法律效力。同时,对于某些动产,如机动车等,国家实行登记管理并以登记取得权利的,其所有权的转移亦以登记为要件。

知识产权中的专利权和商标权是以权利证书所表彰的特殊民事权利,其出资不仅要求专利技术或商标的实际转移,更重要的是专利或商标在登记管理机关的变更登记以及专利证书或商标证书中权利人的相应变更。非专利技术,因不表现为特定的权利形式,只是当事人的一种特殊利益,其出资方式与一般动产出资类似,只需实际、有效的技术交付即可,此种交付通常采取移交图纸、数据、模型、程序等技术资料和技术人员培训等使公司有效掌握和利用该项技术的各种必要形式。著作权无固定的权利表现形式,没有特定的权利证书,因而应根据作品的具体情况确定出资的要求,包括书稿、影像资料的交付以及作品利用的明确授权等。

(四)出资的验资

验资,是法定机构依法对公司股东出资情况进行检验并出具相应证明的行为。验资是既往公司法规定的特别法律程序,是资本制度的组成部分,也是把守资本真实的重要关口,其作用是通过中立的专业机构和专业人员的执业行为保障股东出资行为的真实履行和出资财产的货真价实。验资是我国公司法长期实行的制度。2005 年《公司法》第 29 条规定,有限公司"股东缴纳出资后,必须经依法设立的验资机构验资并出具证明"。第 90 条规定,股份有限公司"发行股份的股款缴足后,必须经依法设立的验资机构验资并出具证明"。然而这一实行了几十年的法律制度因其存在的一些积弊而饱受诟病和非议,在 2013 年的资本制度改革中,最终被废弃。

验资制度的价值在于保障公司资本的真实,资本真实是公司法的基本要求,也是公司法贯穿始终的法律理念。公司资本制度虽然进行了重大改革,但资本真实的法律要求不应动摇。资本真实包括实缴资本的真实和认缴资本的真实。验资所保障的主要是实缴资本的真实,即股东实际缴纳的出资额与其公示的资本额的一致,不存在虚假出资或出资财产的实际价值低于其出资额的情形。

取消法定验资的特定程序,决非否定资本真实的法律要求,而只是改变资本真实的实现方式。资本制度改革只是废止了法定的验资程序和要求,并不排斥当事人自愿的验资安排。由于出资的真实与否不仅影响公司债权人的债权安全,还会直接影响股东之间的利益公平。为防范和避免部分股东虚假出资或出资不实行为对其他股东的侵害,股东自身可能就会形成验资的强烈需求。同时,为证明自己已完全履行出资义务并由此免除出资责任和对抗他人对出资责任的追究,股东也会希望通过验资的安排获取验资报告这一重要的证据。由此,当事人的自愿验资不仅客观上会部分替代过去的法定验资,还应得到相关行政机关和司法机关的肯定和鼓励。

依照既往验资制度的规定,法定验资机构通常由符合条件的注册会计师构成。验资的内容应包括股东出资是否符合法律、行政法规和公司章程的规定,是否存在弄虚作假的行为,非货币出资的评估作价是否公平、合理,货币出资是否已足额存入公司临时账户,非货币出资是否已办理权利移转登记手续等。

验资结束,验资机构应出具验资证明,验资证明必须客观真实,验资机构或验资人员不得提供虚假证明文件,否则要承担相应的法律责任。《公司法》第 207 条规定:“承担资产评估、验资或者验证的机构提供虚假材料的,由公司登记机关没收违法所得,处以违法所得一倍以上五倍以下的罚款,并可以由有关主管部门依法责令该机构停业、吊销直接责任人员的资格证书,吊销营业执照。承担资产评估、验资或者验证的机构因过失提供有重大遗漏的报告的,由公司登记机关责令改正,情节较重的,处以所得收入一倍以上五倍以下的罚款,并可以由有关主管部门依法责令该机构停业、吊销直接责任人员的资格证书,吊销营业执照。承担资产评估、验资或者验证的机构因其出具的评估结果、验资或者验证证明不实,给公司债权人造成损失的,除能够证明自己没有过错的外,在其评估或者证明不实的金额范围内承担赔偿责任。”

【本节前沿问题】

关于资本信用与资产信用

公司的信用基础究竟在于公司的资本还是资产,是目前已开始研究的问题。在资本信用的理念和相应的法律制度体系下,资本的作用被神化,人们对资本已经形成了事实上的崇信。随着社会生活的发展,资本信用的弊端已明显暴露,而资本信用本身也并未产生其预期的效果。

事实上,公司资产对公司的信用也许起着更重要的作用。公司对外承担责任的范围取决于其拥有的资产,而不取决于其注册的资本。公司的信用以公司的资产为基础,而非以公司的资本为基础。

从资本信用到资产信用的转变,其法律意义在于对现行公司法制度的变革,在于取消资本信用决定的、阻碍公司发展的不合理和不必要的制度和约束,改革现行的资本制度和出资制度,从而实现对公司债权人利益的全面和根本性的保护。

我国法定资本制的改革

我国公司法在资本信用理念下,对公司资本的形成采取了典型的法定资本制,它是建立在资本信用基础上的资本形成制度。为了保证资本信用,我国原公司法不得不容忍法定资本制带来的公司设立难度大、公司资金闲置与浪费、增资程序复杂等弊端。但如果突破了资本信用的束缚,而代之以资产信用,对授权资本制或折中资本制的采纳可能就不存在法律障碍了。从世界各国的情况看,对法定资本制的改革已成为国际趋势,学者们也认为我国改革法定资本制的条件已经成熟,应改采授权资本制或折中资本制。

公司增资中的股东利益冲突与保护

公司增资,不同股东在增资中的立场和态度完全不同,由此引起的股东权益争执和增资纠纷已经出现。

增资只是一种权利,或还是一种义务？一般认为,增资是股东的权利,而不是义务。由于每个股东自身的财产能力和情况不同,不能强求股东向公司追加出资,股东加入公司和原来的出资是自愿的,后来增资时的出资也应是自愿的。

增资时原有股东和新股东的权益界定。合理的增资方式应是首先对公司的现有资产进行全面的评估,确定公司的净资产或股东权益的真实价值。盈利状态下高于资本的股东权益应由原有股东享有,亏损状态下新股东相同比例股权的出资也不应该按原有股东的出资额确定。但这并不否定和排斥当事人之间在此基础上,基于对公司各种内外因素和发展预期等的考虑,对增资的商业条件作出安排,并达成自愿协议。

股东出资责任的性质

出资责任是违反出资义务的法律后果。从现实情况分析,股东的出资义务来源于三种根据:一是公司设立协议或发起人协议的约定,二是公司章程的规定,三是公司法的规定。第一种属于约定义务,第三种属于法定义务,第二种即公司章程规定的出资义务则取决于对公司章程性质的理解和界定。股东的出资是章程必须记载的绝对必要事项,而章程的内容必须符合公司法的规定。因此,章程规定的出资义务也可以理解为法定义务。

股东出资义务的性质和相对人的关系决定了股东出资责任的性质,在公司成立之前或在公司设立无效或失败情况下,发生效力的只是公司设立协议,这一阶段产生的出资责任应是股东之间的违约责任。而公司成立之后产生的出资责任,首先是股东对公司的责任,有学者把它定性为违约责任,有学者则把它定性为侵权责任,即股东违反了法定义务而损害或侵犯了公司应有的财产权的责任。其次,如果股东不履行出资义务损害了其他股东的利益或导致其他股东的财产损失,还会产生股东对其他股东的违约责任,包括损害赔偿责任等。

信用出资的障碍与挂靠企业的产权认定

信用出资因其价值难以界定、无法有效移转,难以实现债务清偿功能而不被我国《公司法》允许,信用也无法被计入公司的资本。

挂靠企业的产权关系,存在着信用利用与估价的问题。有些挂靠企业纯粹由私人投资,并完全依靠私人的有形投资和私人投资者的经营管理而使资产滚动增值,此种企业应恢复其私营企业的本性并确认私人投资者对企业产权的所有权,是企业产权界定毋庸置疑的原则。

然而,有的挂靠企业资产虽然由私人投入,但资产数额微不足道,而通过由挂靠关系所产生的身份和背景获得了他人无法获得的经营资源和条件,被挂靠组织由此取得管理费等名目的收益并进一步主张投资者的权益,而其投资的方式可能正是信用的出资。

【本节思考题】

1. 简述公司资本的法律意义。
2. 简述资本、资产与净资产的区别及各自的法律意义。
3. 简述公司法上的资本确定原则。
4. 简述资本维持原则的要求及其在公司法制度中的体现。
5. 试述法定资本制与授权资本制的比较与取舍。
6. 试述我国《公司法》的认缴制度及其法律意义。
7. 股份公开发行的特点、作用与条件是什么?
8. 试述资本变动中的股东保护与债权人保护。
9. 简述股东出资的法律意义。
10. 股东违反出资义务的表现形式及其法律后果是什么?
11. 现有法定出资形式之外的其他出资形式应否得到法律的承认?为什么?
12. 非货币出资履行有什么特殊的法律要求?

第六节　股东与股权

一、股东

(一) 股东的含义与构成

1. 股东的含义。由于公司的类型、投资人向公司出资的时间以及取得股权的方式等不同,对股东的含义可以有不同的表述。一般而言,有限责任公司的股东,是指在公司成立时认缴公司资本或在公司存续期间依法继受取得出资而对公司享有权利和承担义务的人;股份有限公司的股东,是指在公司设立时或在公司成立后合法取得公司股份而对公司享有权利和承担义务的人。

2. 股东的构成。公司可能由下列三种类型的股东构成:

(1) 参与公司设立或者认购公司首次发行股份或出资的原始股东。凡是符合公司法规定的条件,为设立公司而签署公司章程、认购出资并履行公司设立职责的发起人,或者认购公司首次发行股份的其他人,均可成为公司的原始股东。需要注意的是,在我国司法实践中,对于冒用他人名义出资并将该他人作为股东在公司登记机关登记的,被冒名登记为股东的人不得被认定为公司的股东,公司、其他股东或者公司债权人不得以未履行出资义务为由,请求被冒名登记为股东的人承担补足出资责任或者对公司清偿部分债务。

(2) 公司成立后因依法转让、继承、赠与或法院强制执行等取得股东地位的继受股东。继受股东是指在公司存续期间依法继受取得出资或股份的人,一般是在公司成立后因依法转让、继承、赠与或法院强制执行等取得股东地位的人。

(3) 公司成立后因公司增资而加入的新股东。公司增资可以通过向原股东筹集的方式进行,也可向公司股东以外的投资人筹集。如果公司采取后一种方式增资,则原股东以外的投资人自然因其向公司的投资成为公司的股东。

(二) 股东资格的取得与限制

1. 股东资格的取得方式。投资人通过认购公司的出资或股份而获得股东资格。根据取得股东资格的时间及原因,可将股东资格的取得方式分为原始取得和继受取得。

(1) 原始取得。凡在公司成立时就因创办公司或认购公司首次发行的出资或股份而成为公司股东的,属于股东资格的原始取得,这类股东即为原始股东。在有限责任公司及发起设立的股份有限公司中,原始股东主要包括公司的发起人或创办人;在募集设立的股份有限公司中,还包括其他在公司设立时即认购了公司股份的人。此外,在公司成立后因认购公司新增资本而取得公司股东资格的,也属于股东资格的原始取得。

(2) 继受取得。凡因转让、继承、公司合并等概括继承取得公司出资或股份并成为公司股东的,属于股东资格的继受取得,这类股东即为继受股东。继受股东主要包括受让原始股东的出资或股份的人,以及基于其他事由继受他人的出资或股份的人。当事人依法履行出资义务或者依法继受取得股权后,有权要求公司依规定签发出资证明书、记载于股东名册并办理公司登记。

2. 股东资格的限制。从各国公司立法的规定看,大多对股东资格作了一些限制性规定。这些限制主要体现为以下方面:

(1) 自然人作为发起人应当具备完全行为能力。设立行为属于法律行为,发起人基于此行为直接产生实体上的权利义务关系,因此应适用《民法总则》关于自然人行为能力的规定,无行为能力人和限制行为能力人参与公司设立受到限制。而且,对于一些特殊的行业,发起人还须具备特殊的民事权利能力和民事行为能力。法律规定的不可设立公司的自然人,当然不可成为公司的股东。

(2) 发起人应是法律上不受限制的法人。关于到底哪些法人不能作为公司的发起人,应根据社会经济、政治等因素来确定。比如,我国法律、法规禁止党政机关、军队等经商、办企业,因此党政机关和军队就不能作为公司的发起人。

(3) 原则上公司不得自为股东。我国《公司法》第 142 条第 1 款规定:"公司不得收购本公司股份。但是,有下列情形之一的除外……"根据该规定,在我国,只有在例外情形下公司才可以购买自己的股份,但这些例外情形实质上只是解决减资、合并等实践中遇到的特殊问题而已,并非旨在使公司最终成为自己的股东。

(4) 公司章程约定不得成为股东的人不得为公司的股东。以有限责任公司为例,为保持公司的人合性,公司章程往往对股东资格加以严格限制。在有约定的情形下,应尊重股东的约定,维护公司章程的效力,除非这种约定违反法律的强制性规定。

(5) 对发起人的国籍和住所的限制。为防止发起人利用设立公司损害广大社会公众的利益,一些国家的公司法对发起人的国籍和住所有一定限制。我国现行立法主要规定了对股份有限公司发起人住所的限制。

3. 股东资格的认定规则。在我国司法实践中,认定股东资格需要注意程序和实体方面的规则。依《最高人民法院关于适用〈中华人民共和国公司法〉若干问题的规定(三)》(以下简称《公司法解释三》)第 22—29 条的规定,认定股东资格需要注意以下几个方面:

(1) 股东资格诉讼中诉讼主体的确认规则。当事人向人民法院起诉请求确认其股东资格的,应当以公司为被告,与案件争议股权有利害关系的人作为第三人参加诉讼。按照《公司法》的规定,公司有义务为股东出具出资证明,并将其记录于股东名册,因此对股东资格发生争议,实质是对公司履行上述义务提出的异议,故应当将公司列为被告,而利害关系人与裁判结果有利害关系,所以应当将其列为第三人参加诉讼。

(2) 股东权属争议的举证责任分配规则。请求确认股权的股东应当承担举证责任,证明其取得股东权益的形式符合法律规定。具体而言,主张股东权益的一方应该对下列事实之一予以证明:已经依法向公司出资或者认缴出资,且不违反法律、法规的强制性规定;已经受让或者以其他形式继受公司股权,且不违反法律、法规的强制性规定。

(3) 隐名投资情形中的股权确认规则。对于隐名投资与名义持股的合法性,以及隐名投资与名义持股中的股权确认,一直存在较大争议。在司法实践中,对于隐名投资与名义持股的法律效力,通常视个案情况而论:如果隐名投资或名义持股是为了规避法律、行政法规的强制性规定,应当认定无效,隐名投资人或名义持股人不具有股东资格。如果隐名投资或名义持股并未违反法律、行政法规之强制性规定,隐名股东或名义持股人只是基于各种原因不愿显名或作为名义持股人的,则应当认定有效。

在合法有效的情形下,对于如何认定股权的归属,理论和实务中历来有不同看法。有的认为应当采用实质要件标准,以实际出资人为股东;也有的认为应当采用形式要件标准,以出资证明书、股东名册、公司章程或商业登记的记载来确认股东。《公司法》采纳了形式要件标准：当处理公司内部股东资格确认纠纷时，以公司股东名册作为确认股权的依据，股东名册变更是股权变动的生效要件；当与公司之外第三人发生纠纷涉及股东资格确认时，以商业登记作为确认股权的依据，即商业登记变更是股权变动的对抗要件。然而，在股权的形式认定和实质认定问题上，《公司法》以股东名册、商业登记确认股东资格解决的只是股权形式认定问题，是法律从形式上对股东资格作出的推定，这与股权的实质认定并不矛盾。隐名股东完全可以根据协议等证据来证明自己的股东身份，从而要求法院对自己的股东身份作出实质认定，推翻法律形式上的推定，变更股东名册，行使股东权利。

而且，在有限责任公司实践中，一直存在隐名的实际出资人虽然不是公司名义上的持股人，却依据和名义持股人之间的协议，实际享有股东权利和利益的情形。这种情形下，双方就容易对股权投资收益的归属发生争议。《公司法解释三》的公布为这种形式下股东的认定提供了司法依据。依该解释第25—27条的规定，处理实际出资人与名义持股人之间关系的一个总原则是：隐名实际出资人和名义出资人对于股权归属的争议可以由双方的合同调整，但实际出资人转为公司股东须经公司其他股东半数以上同意。具体可以归纳为以下三种情形：

(1) 基于对合同自由原则的遵循，在实际出资人和名义持股人之间的协议不违反法律强制性规定的情形下，实际出资人与名义持股人之间关于由名义持股人出面行使股权、由实际出资人享受投资权益的合同约定受法律保护，实际出资人可依照合同约定向名义持股人主张相关权益。但是，基于有限责任公司属于人合兼资合的法律属性，以及基于交易安全的考虑，在未经公司其他股东半数以上同意的情形下，实际出资人无权请求公司变更股东、签发出资证明书、记载于股东名册、记载于公司章程并办理公司登记，即此时该实际出资人不属于公司的股东，但可以依据其与名义持股人之间的协议享有投资权益。需要注意的是，我国目前仍未明确“投资权益”的概念及内涵，所以对于实际出资人享有的权益，实践中需要双方在协议中予以明确，以避免争议的发生。

(2) 名义持股人虽然是公司的股东，但并不实际享有股东权益，故其在未经实际出资人同意的情形下，将登记于其名下的股权转让、质押或者以其他方式处分的，属于无权处分，受让人只有符合善意取得的条件才能取得股权。如果因为受让人善意取得股权而给实际出资人造成损失的，实际出资人有权请求名义持股人承担赔偿责任。

(3) 在享有股东权益的实际出资人没有完全履行出资义务时，公司债权人只能起诉不实际享有股东权益的名义持股人承担相应的责任，即名义持股人仍应当对外承担股东责任，而不能以其为名义股东作为不承担责任的抗辩理由。也就是说，实际出资人只享有股权收益，不直接对外承担公司债务。这一做法可以有效保障相对人的信赖利益，避免隐名出资行为侵害善意相对人的合法利益。当然，基于权利义务的对等性，法律也赋予了名义股东对实际出资人的追偿权，即名义股东对外承担赔偿责任后，可以向实际出资人追偿。

(三) 股东的法律地位

股东的法律地位既体现在股东与公司之间的法律关系中，又体现在股东相互之间的法律关系中。股东的法律地位主要表现如下：

1. 股东享有股权。这是股东与公司之间的法律关系和股东法律地位的集中体现。股东将自己的财产交由公司经营，通常按其投资份额对公司享有一定权利并承担一定义务，这种权利和义务的总称就是股权。[①] 股权既是股东法律地位的具体化，又是对股东具体权利义务的抽象概括。

2. 股东平等原则。股东平等原则，是指各股东依其持有的股份比例或拥有的出资额享有平等的权利，负担同等的义务。股东平等原则包括两个层面的含义：

(1) 只要具有股东身份，不论股东有何个体差异，均可以该身份在公司中享有平等的权利，如参加股东(大)会。从这个意义上说，股东平等原则具有绝对性。

(2) 股东平等原则并不排除股权具体内容的不同。恰恰相反，股权不仅有普通股和优先股等划分，股东所拥有的出资额和所持有的股份也有多寡之别，大股东因其股份或出资额占有多数而拥有更多的控制权。但这绝不是对股东平等原则的违背和否定。因为，公司法中的股东平等是一种在资本平等基础上的平等，或者说是一种按比例的平等，它以每一股东所持有的股权或股份的比例作为衡量标准。"一股一表决权"制度就集中体现了这种比例上的平等。

我国《公司法》中有不少体现股东平等原则的规定，如同股同权和同股同利(第126条)、一股一表决权(第103条)、按出资比例或持有的股份比例分配剩余财产(第186条第2款)等。

(四) 股东的权利与义务

1. 股东的权利。股东的权利通常简称为股东权或股权，是指股东基于其出资在法律上对公司享有的权利。各国的公司立法一般均不具体列举股东的权利，但一般赋予股东最为核心的权利，如表决权、获得信息的权利以及诉讼的权利等。我国《公司法》也没有集中详细地列举股东应享有的权利，但《公司法》第4条对股东权的主要内容作了概括性规定，即公司股东依法享有资产收益、参与重大决策和选择管理者等权利。其他关于股东权的规定散见于《公司法》的其他条文中。总的来看，《公司法》规定的股东权利主要包括：

(1) 出席或委托代理人出席股东(大)会行使表决权。股东对由股东(大)会议决的事项有表示同意或者表示不同意的权利，这是股东的固有权利(优先股股东除外)。股东行使表决权的原则有股权平等原则、多数决原则等。

股权平等原则通常情况体现为"一股一表决权"或者按照出资比例行使表决权。例如，依我国《公司法》第42条规定，除公司章程另有规定外，有限责任公司的股东按照出资比例行使表决权，即股东有多少比例的出资就有多少表决权。多数决原则一般是指形成一项决议需要多数股份出席，并经出席股份多数通过。多数决原则有简单多数和绝对多数之分。通常，法律规定一般事项的决议简单多数通过即可，特别事项则需要绝对多数通过。

此外，有些情况下法律还会对股东表决权予以限制。这些情形主要有：首先，在公司持有自己股份的情况下，作为股东的公司往往没有表决权。例如我国《公司法》第103条第1款规定："股东出席股东大会会议，所持每一股份有一表决权。但是，公司持有的本公司股份没有表决权。"其次，法律也会对利害关系股东的表决权作出限制。例如，依我国《公司法》第16条第2款规定，公司为公司股东或者实际控制人提供担保的，必须经股东会或者股东大会决议，这时该股东或者受实际控制人支配的股东不得参加表决。最后，在相互持股的情况下，法律通常会将表决权的行使限定在一定比例范围之内。

(2) 选举权和被选举权。股东有权通过股东(大)会选举公司的董事或者监事。同时，公司的股东只要符合《公司法》规定的公司董事和监事的任职资格，就可依法定的议事规则被选举为公

---

① 当然，并非所有权利义务均依投资份额来享有和承担，如股东的查阅账簿权。

司的董事或者监事。在选举权的行使方法上，为保护中小股东的利益，我国《公司法》还在股份有限公司中引入了累积投票制，改变了传统的投票规则。《公司法》第 105 条第 1 款规定："股东大会选举董事、监事，可以依照公司章程的规定或者股东大会的决议，实行累积投票制。"所谓累积投票制，是指公司股东大会选举董事或者监事时，有表决权的每一股份拥有与应选董事或者监事人数相同的表决权，股东拥有的表决权可以集中使用。采用累积投票制，可以增加中小股东选出代表其利益的董事、监事的机会，有利于保护其合法权益。

(3) 依法转让出资或股份的权利。转让出资或股份，是指公司的股东将自己持有的出资额或股份转让给他人，使他人成为公司的股东。按照公司资本维持原则，法律禁止股东在向公司出资获得股权后抽逃出资。但是，法律允许股东为了转移投资的风险或者收回本金而转让其出资或股份。

(4) 知情权。即股东请求查阅其具有公司股东身份之前或者之后的公司档案材料，获取公司信息、了解公司情况的权利。依我国《公司法》第 33 条规定，有限责任公司股东有权查阅、复制公司章程、股东会会议记录、董事会会议决议、监事会会议决议和财务会计报告，可以要求查阅公司会计账簿。根据《公司法》第 97 条的规定，股份有限公司股东有权查阅公司章程、股东名册、公司债券存根、股东大会会议记录、董事会会议决议、监事会会议决议和财务会计报告。上述规定实际上明确了股东知情权的范围。

同时，为了避免股东滥用查阅权而影响公司的正常经营活动，或由于股东泄露公司商业秘密而损害公司的利益，我国《公司法》对股东查阅公司会计账簿作了一定的限制性规定。根据《公司法》第 33 条第 2 款的规定，要求查阅的股东应当向公司提出书面请求，说明目的。公司有合理根据认为股东查阅会计账簿有不正当目的，可能损害公司合法利益的，可以拒绝提供查阅，并应当自股东提出书面请求之日起 15 日内书面答复股东并说明理由。当公司拒绝提供查阅时，股东可以请求人民法院要求公司提供查阅。

《最高人民法院关于运用〈中华人民共和国公司法〉若干问题的规定(四)》(简称《公司法解释四》)第 7—12 条对股东知情权的有关问题进行了更加具体的规定。该解释第 7 条确认了股东在知情权受到侵害时享有提起诉讼的权利，但要求原告在起诉时仍然具有股东资格，除非原告证明其持股期间权益受到侵害，请求查阅或复制特定文件。第 8 条明确了《公司法》第 33 条第 2 款"不正当目的"的 4 种情形，包括：(1) 股东与公司存在竞业关系的，但章程或全体股东另有约定的除外；(2) 股东为他人通报信息，可能损害公司利益的；(3) 股东在提出请求之日前 3 年内曾为他人通报信息，损害公司利益的；(4) 其他情形。第 9 条否定了公司章程或股东间协议实质性剥夺股东知情权的效力，确认知情权是股东固有权利，不能被剥夺。第 10 条要求法院在支持股东行使知情权的判决中载明股东查阅或复制特定文件的时间、地点和材料名录，同时允许会计师等中介机构人员辅助股东行使权利。第 11 条规定公司有追究行使知情权后泄露公司机密的股东以及辅助股东的有关中介机构人员相关责任的权利。第 12 条规定股东可以对未依职责制作或保存有关公司文件材料的公司董事和高管提起民事赔偿诉讼。

案例研讨

李建新诉上海中世国际货运代理有限公司股东知情权案

(5) 建议和质询权。当股东认为某种做法更有利于公司的经营，会给公司带来更大的利润时，可以直接向公司提出自己的意见，建议公司采取某种做法或者放弃原来的做法；当股东对公司的某些行为存有疑问，或者认为公司经营不善时，可以口头或者书面向负有责任的机构，如董事会、监事会、经理等提出自己的疑问，并要求他们予以解答。根据我国《公司法》第 97 条和第 150 条第 1 款的规定，股份有限公司的股东有权对公司的经营提出建议或者质询；股东会或者股东大会要求董事、监事、高级管理人员列席会议的，董事、监事、高级管理人员应当列席并接受股东的质询。

(6) 股利分配请求权。股利分配请求权即股东有权按照出资或股份比例请求分配股利。股东投资的目的就是获取盈利，即通过公司盈余分配获得股利。股利分配请求权实质上是股东对自己的投资期望得到回报的一种权利。因此，股利分配请求权是股东权的核心。

但是，公司股东可否请求人民法院强制进行利润分配，是一个存有争议的问题。有观点主张，如果有限责任公司小股东请求分配利润并提供证据证明公司有盈利但长期不分配，且大股东利用其控制地位，滥用多数表决权，压榨小股东利益的，人民法院应判决公司依照公司法或者公司章程的规定分配利润。而且，人民法院审理股东与公司之间利润分配纠纷案件的判决、裁定，对未参加诉讼的股东应同样发生法律效力。

《公司法解释四》的出台一定程度上确立了股东利润分配之诉。该解释第 13—15 条规定，股东可以以公司为被告向人民法院提起强制分配利润之诉，若公司拒绝分配利润且其关于无法执行决议的抗辩理由不成立的，法院应当判决公司按照分配方案向股东分利。股东提起诉讼需提交载明具体利润分配方案的股东会或股东大会决议，但大股东违反法律规定滥用股东权利导致公司不分配利润，损害其他股东权益的情形除外。但何谓“违反法律规定滥用股东权利导致公司不分配利润”，有待在个案中具体认定或在未来的有关规定中予以明确。

(7) 公司发行新股时的新股认购优先权。新股认购优先权，是指公司原有的股东以确定的价格按其持股比例优先购买公司所发行新股的权利。公司发行新股往往会影响到原有股东的利益，如可能构成对原有股东经济利益或者表决权的稀释。赋予原有股东优先认购新股的权利，可以保护原有股东的比例利益，维持原有股东对公司的比例控制权。

需要注意的是，这种优先权利只限于认购上的优先性，而非在发行价格或者其他认购条件上可得到优惠或者享有特殊的权利。

(8) 提议召开临时股东(大)会的权利。作为公司权力机关的股东(大)会无须经常性地召开，这是与其性质相一致的。但是当公司有重大情形出现时，不召开股东(大)会不妥的，应当允许临时股东(大)会的召开。股东作为公司重要的利益相关者，应享有提议召开临时股东(大)会的权利。依我国《公司法》第 39 条第 2 款和第 100 条第 3 项的规定，有限责任公司中代表 1/10 以上表决权的股东，可以提议召开临时股东会会议；股份有限公司中单独或者合计持有公司 10%以上股份的股东有权请求召开临时股东大会。

(9) 股东(大)会的召集和主持权。股东(大)会的召集权和主持权，是指由相关权利主体具体负责股东(大)会的召集与主持工作的一项程序性权利，包括决定股东(大)会会议召开的时间、地点，向股东发出通知和作出相关公告，负责相关议案的提交，主持决议的进行，记录会议相关情况等一系列工作。该权利事关股东(大)会能否正常进行，对于股东权利的维护、公司经营的进行都具有重要的意义。鉴于此，我国《公司法》第 40 条第 3 款和第 101 条第 2 款规定，有限责任公司董事会或者执行董事不能履行或者不履行召集股东会会议职责的，由监事会或者不设监事会的公司的监事召集和主持；监事会或者监事不召集和主持的，代表 1/10 以上表决权的股东可以召集和主持股东会会议;股份有限公司董事会不能履行或者不履行召集股东大会会议职责的,监事会应当及时召集和主持,监事会不召集和主持的,连续 90 日以上单独或者合计持有公司 10%以上股份的股东可以自行召集和主持股东大会。

(10) 股东提案权。股东提案权,是指股东向股东会提出议题或议案的权利。我国《公司法》第 102 条第 2 款规定,股份有限公司股东有向股东大会提交提案的权利。根据该规定,单独或者合计持有公司 3%以上股份的股东,可以在股东大会召开 10 日前提出临时提案并书面提交董事会;董事会应当在收到提案后 2 日内通知其他股东,并将该临时提案提交股东大会审议。临时提案的内容应当属于股东大会职权范围,并有明确议题和具体决议事项。股东提案权的确立,可以使股东将其关心的问题提交股东大会讨论,实现其对公司决策和经营的参与、监督,从而提高股东对股东大会的参与积极性,有助于实现公司治理中的制约平衡。

(11) 异议股东股份收买请求权。异议股东股份收买请求权,是指当股东(大)会作出对股东利害关系产生实质影响的决定时,对该决定持有异议的股东享有的要求公司以公平的价格回购他们手中的股份,从而退出该公司的权利。根据我国《公司法》第 74 条第 1 款的规定,有限责任公司有下列情形之一时,对股东会该项决议投反对票的股东可以请求公司按合理的价格收购其股权:(1) 公司连续 5 年不向股东分配利润,而公司该 5 年连续盈利,并且符合《公司法》规定的分配利润条件的;(2) 公司合并、分立、转让主要财产的;(3) 公司章程规定的营业期限届满或者章程规定的其他解散事由出现,股东会会议通过决议修改章程使公司存续的。《公司法》第 142 条规定了股份有限公司异议股东的股份收买请求权,但只限于对股东大会作出的公司合并、分立决议持异议的情形。

(12) 特殊情形下申请法院解散公司的权利。依《公司法》第 182 条的规定,公司经营管理发生严重困难,继续存续会使股东利益受到重大损失,通过其他途径不能解决的,持有公司全部股东表决权 10%以上的股东,可以请求人民法院解散公司。《最高人民法院关于适用〈中华人民共和国公司法〉若干问题的规定(二)》第 1 条又增加了股东有权申请法院解散公司的 4 种情形。

(13) 公司终止后对公司剩余财产的分配请求权。公司剩余财产分配请求权的发生,须以公司向其全体债权人清偿债务之后尚有剩余财产为实质要件。公司剩余财产分配请求权是股东向公司得以主张的最后权利。

(14) 向人民法院提起诉讼的权利。股东享有诉权,即向人民法院起诉和应诉,请求人民法院行使审判权以保护其权益的权利。

股东的诉讼可以分为直接诉讼和代表诉讼两种类型。直接诉讼,是指股东基于股权,为维护自身利益对其权利的侵害人提起诉讼。代表诉讼,也称为派生诉讼,是指当公司权利受到侵犯,而由于各种原因公司不能或怠于行使诉权,股东有权为了公司的利益,代表公司并以股东自己的名义对侵害公司权益的人提起诉讼。鉴于代表诉讼的内容较丰富,本章在后文专门阐释。

我国《公司法》规定的股东直接诉讼规则主要体现在以下几个方面:

第一,股东会或者股东大会、董事会的会议召集程序、表决方式违反法律、行政法规或者公司章程,或者决议内容违反公司章程的,在会议决议形成至起诉时持续具有公司股东身份,并与股东会或者股东大会、董事会决议内容有利害关系的股东,可以自决议作出之日起的法定期限内,以公司为被告,请求人民法院撤销股东会或者股东大会、董事会决议,或者直接请求确认股东会或者股东大会、董事会决议无效。

第二,股东要求查阅公司会计账簿,公司拒绝提供查阅的,股东可以请求人民法院要求公司提供查阅。

第三,在法律规定的条件下,对股东会的某些决议投反对票的股东可以请求公司按照合理的价格收购其股权。自股东会会议决议通过之日起的法定期限内,股东与公司不能达成股权收购协议的,股东可以自股东会会议决议通过之日起的法定期限内向人民法院提起诉讼。这一规定实际上确立了有限责任公司中小股东在特定条件下的退出机制。①

第四,董事、高级管理人员违反法律、行政法规或者公司章程的规定,损害股东利益的,股东可以向人民法院提起诉讼。

第五,股东向公司依法缴纳出资后,公司应当向股东签发出资证明书,将股东的名称在相关文件上登记记载等。公司未尽上述义务的,股东有权提起诉讼要求公司履行该义务。

2. 股东的义务。权利与义务总是相对的,股东享有权利,也要承担义务。各国公司立法对股东义务的规定大同小异,基本上共同确认了股东应承担以下主要义务:

(1) 遵守公司章程。公司章程对股东有约束力,股东依照公司章程的规定享有权利和承担义务。因此,遵守公司章程应是股东最基本的义务。

(2) 向公司缴纳股款。股东认购出资或股份后,就负有缴纳股款的义务,包括按照规定的方式、条件、比例和期限缴纳。股东认购出资或股份后,不履行缴纳股款的义务给公司造成损失的,应当负赔偿责任,包括利息责任。②

(3) 对公司所负债务承担责任。这一义务因公司类型不同而有所区别:无限公司及两合公司中的无限责任股东,对公司所负债务承担无限责任,即不以股东的出资额为限;有限责任公司及股份有限公司的股东,对公司的债务则仅以其出资额或认缴的股款为限承担有限责任,而不承担其他财产责任。

(4) 不得抽逃出资。依我国《公司法》第 35 条、第 91 条、第 200 条以及相关司法解释的规定,公司成立后,股东不得抽逃出资;发起人、认股人缴纳股款或者交付抵作股款的出资后,除未按期募足股份、发起人未按期召开创立大会或者创立大会决议不设立公司的情形外,不得抽回其股本。对于抽逃出资的股东,法律规定了相应的民事责任和行政责任。③

(5) 填补出资差额。我国《公司法》规定未出资或出资不足的股东有填补差额的义务。而且,股东基于某种原因不能缴纳出资或者不能足额缴纳出资的,公司设立时的其余股东对该股东不能缴纳的部分负连带填补责任。④

3. 控股股东义务与中小股东保护。根据我国《公司法》的规定,控股股东是指其股权额占有限责任公司资本总额 50%以上或者持有的股份占股份有限公司资本总额 50%以上的股东,以及股权额或者持有股份的比例虽然不足 50%,但依其股权额或者持有的股份所享有的表决权已足以对股东会、股东大会的决议产生重大影响的股东。

---

① 有些有限责任公司的大股东利用其对公司的控制权,长期不向股东分配利润,权益受损害的中小股东又无法像股份有限公司股东那样可以通过转让股份退出公司,致使中小股东的利益受到严重损害。因此,《公司法》确立了在特定条件下中小股东可以退出公司的规定。

② 可参阅本章“公司资本制度”一节中“股东出资责任”的相关阐释。

③ 可参阅本章“公司资本制度”一节中“股东出资责任”的相关阐释。

④ 可参阅本章“公司资本制度”一章中“股东出资责任”的相关阐释。

控股股东的义务一般主要有注意义务和忠实义务两个方面。注意义务要求控股股东对公司行使管理和决策权时应怀有善意，应当以适当的方式参与公司管理和决策，以应有的谨慎履行义务。忠实义务则主要是不得为欺诈行为、限制关联交易以及竞业禁止。

我国《公司法》第 21 条对控股股东的义务作了明确规定："公司的控股股东、实际控制人、董事、监事、高级管理人员不得利用其关联关系损害公司利益。违反前款规定，给公司造成损失的，应当承担赔偿责任。"这里，《公司法》没有使用诚信义务的概念，规定的控股股东的义务是对公司的义务，而未规定对其他股东负有义务。

由上述规定也可以看出，《公司法》对控股股东和实际控制人同等对待。实际控制人虽不是公司的股东，但通过投资关系、协议或者其他安排，也能够实际支配公司的行为。由于二者都对公司有控制的能力，他们都不应利用其控制关系或能力损害公司利益，否则致使公司遭受损害的，应当承担赔偿责任。

4. 股东权利的限制与解除。为督促股东履行出资义务，遏制抽逃出资行为，我国《公司法》主要规定了下列限制和解除股东权利的规则：

(1) 股份有限公司认股人未按期缴纳股款，经催缴后在合理期间内仍未缴纳的，公司发起人可以对股份另行募集，以保证公司资本的形成。同时，公司还有向逾期缴纳股款的认缴人追究违约赔偿责任的权利。这一规则旨在督促股东履行出资义务，实质上是法律允许公司在特定情形下解除认缴行为的法律效力。

(2) 股东未履行或者未全面履行出资义务或者抽逃出资的，公司根据公司章程或者股东会决议，有权对其利润分配请求权、新股优先认购权、剩余财产分配请求权等股东权利作出相应的合理限制。这是权利义务对等原则的体现。其中，股东会决议表决通过的，应当适用《公司法》关于一般事项表决的规定。

(3) 有限责任公司的股东未履行出资义务或者抽逃全部出资，经公司催告缴纳或者返还，其在合理期间内仍未缴纳或者返还出资的，公司有权以股东会决议解除该股东的股东资格。股东拒不履行出资义务将使股东和公司双方建立法律关系的基础丧失，使公司资本处于不稳定状态，因此法律允许公司解除拒不履行出资义务股东的股东资格，以保证公司资本的稳定。理解这一规则需要注意两个方面：一是公司行使解除权的事由是股东未履行出资或者抽逃全部出资。对于未全面履行出资义务或抽逃部分出资的行为，公司不得解除股东的股东资格。二是行使解除权的时间。必须在合理催告后对方仍不履行的，方可行使解除权。

5. 股东代表诉讼。

(1) 股东代表诉讼的含义和意义。股东代表诉讼，又称派生诉讼，是指当公司的董事、监事、高级管理人员等侵害了公司权益，而公司怠于追究其责任时，符合法定条件的股东可以自己的名义代表公司提起诉讼。在股东代表诉讼中，股东个人的利益没有受到直接损害，而是由于公司的利益受到损害而间接受损，因此股东是为了公司的利益而以个人的名义直接提起诉讼。相应地，胜诉后的利益归于公司。之所以规定股东代表诉讼，是因为当侵害人为公司的控股股东或者公司的高级管理人员时，因为存在利益关系，公司可能不追究或者怠于追究上述人员的责任，会导致其他股东的利益受损。在这种情况下，赋予股东诉讼上的救济权利就凸显其重要性。

股东代表诉讼制度的直接目的是保护公司利益，但其结果也间接地保护了中小股东的利益。各国和地区的公司立法大多有关于代表诉讼的规定。我国《公司法》第 151 条以法律的形式在我国确立了股东代表诉讼制度，对股东代表诉讼的主体、提起诉讼的理由、诉讼前置程序及其例外等作了规定。

(2) 股东代表诉讼原告资格的限制。

第一，股东代表诉讼中的原告资格。在股东代表诉讼中，为了防止股东滥诉，各国法律一般都对股东代表诉讼原告的资格从持股期限上进行了限制。我国《公司法》对原告资格作出了较为宽泛的规定，有利于鼓励股东代表诉讼。依《公司法》第 151 条的规定，可以提起股东代表诉讼的适格原告可以分为下列两类：一是有限公司的任一股东；二是股份有限公司中持股时间连续 180 日以上，单独或合计持有公司 1%以上股份的股东。

第二，股东代表诉讼中公司的法律地位。在股东代表诉讼中，股东以自己的名义代表公司起诉，因此在诉讼中公司本身将处于一个微妙的地位。有的国家将公司规定为原告，有的国家则规定为被告，还有的国家规定为第三人。

此前我国法律未对这一事项加以规定，但理论上一般认为，公司参与诉讼的目的主要在于为诉讼提供证据，知晓诉讼进程，承受诉讼结果，并防止原告股东的不当诉讼行为，故而公司应作为第三人参加诉讼。《公司法解释四》出台后，这一理论观点得到了司法解释的确认。《公司法解释四》第 24 条第 1 款规定："符合公司法第一百五十一条第一款规定条件的股东……直接对董事、监事、高级管理人员或者他人提起诉讼的，应当列公司为第三人参加诉讼。"该条文明确了公司在代表诉讼中的地位是无独立请求权第三人，而"应当"二字进一步表明，公司必须作为第三人参与诉讼。

(3) 股东代表诉讼的被告及可诉行为的范围。

第一，股东代表诉讼中被告的范围。由于股东代表诉讼肇始于董事对公司的侵害行为，故而董事会属于各国和地区股东代表诉讼立法规制的主要对象。但也有例外，例如，美国法中对股东代表诉讼的被告作了更为宽泛的解释，为所有从事违法行为从而对公司造成损害之人，既包括公司内部人员（含公司董事），也包括公司外部人员。

依我国《公司法》第 151 条规定，股东代表诉讼的适格被告为董事、监事、高级管理人员和"他人"。立法虽然没有对"他人"的范围予以明确，但公司的控股股东、其他股东、实际控制人等也应包含在"他人"之中。因此，凡是对公司实施了不正当行为而对公司负有民事责任的人，在公司怠于对其行使诉权的情形下，都可以成为股东代表诉讼的被告。这种宽泛的解释有利于充分发挥股东代表诉讼制度的作用。

第二，股东代表诉讼中可诉行为的范围。根据我国《公司法》的规定，股东代表诉讼的可诉行为为所有损害公司利益的行为，具体包括两种情形：其一，董事、监事、高级管理人员执行公司职务时违反法律、行政法规或者公司章程的规定，给公司造成损失，应当承担赔偿责任的情形。其二，他人侵犯公司合法权益，应当承担赔偿责任的情形。

(4) 股东代表诉讼的前置程序。股东代表诉讼案件，由公司住所地人民法院管辖。由于股东代表诉讼是一种代位诉讼，是对原公司内部监督体制失灵设计的补充救济，因此其适用的前提是公司内部救济手段的用尽。即股东在公司遭到违法行为损害后，不能立即直接提起诉讼，而必须先向公司监督机关提出由公司出面进行诉讼的请求。只有在请求已落空或者注定落空、救济已失败或者注定失败时，股东才可以代表公司提起诉讼，此为股东代表诉讼的前置程序。

我国《公司法》对股东代表诉讼的前置程序也作了规定：首先，原告股东需书面请求监事会或者监事（有限责任公司不设监事会时）向人民法院提起诉讼；如果是监事侵犯公司权益，则向董事会或者执行董事（有限责任公司不设董事会时）提出上述要求。其次，监事会、监事、董事会、执行董事收到上述书面请求后拒绝提起诉讼，或者自收到请求之日起 30 日内未提起诉讼。符合上述两个条件时，股东方可提起代表诉讼。但与此同时，为避免前置程序的僵化可能带来的消极影响，法律又规定了前置程序的免除条件，即“情况紧急、不立即提起诉讼将会使公司利益受到难以弥补的损害”时，股东可以不受此前置条件的限制，直接提起代表诉讼。至于何谓“紧急情况”，有待积累司法实践经验作出更加细致并且具有可操作性的规定。

当然，如果监事会或董事会已经接受股东请求，向人民法院提起了诉讼，则不会进入股东代表诉讼的程序。此时按照《公司法解释四》第 23 条的规定，公司将被列为诉讼原告，监事会或董事会将代表公司参与诉讼。

(5) 股东代表诉讼的法律后果。

第一，一般原则。在股东代表诉讼中，股东的个人利益并没有受到直接的损害，只是由于公司的利益受到损害而间接受损，股东是为了公司的利益而以个人的名义直接提起诉讼。所以，将胜诉利益归属于公司的“入库原则”更为合理。《公司法解释四》第 25 条对这一规则予以明确，规定股东请求被告直接向其承担责任的，人民法院不予支持。

第二，具体后果。由于股东代表诉讼制度旨在保护中小股东利益和防止滥诉两者之间寻找平衡点。因此，在诉讼结束后，对于遭受损害一方，法律有必要平衡原告与被告两者的利益，规定给予一定的赔偿或者补偿。各国对此的立法态度不尽相同，我国《公司法》对此未予明确规定。在各国的公司法实践中，一般基于原告胜诉和败诉而产生不同的法律后果：一是原告胜诉。股东代表诉讼中原告胜诉意味着公司确实遭受到了损害，公司应是被告履行赔偿义务的直接对象，这基本不存在异议。不过，在诉讼中花费了精力和金钱的仅仅是原告股东，因此，各国法律多规定此时应对原告股东进行赔偿或者补偿，只不过有关补偿主体的规定有所不同。我国《公司法解释四》第 26 条规定，公司应当承担股东因参加诉讼支付的合理费用。二是原告败诉。在此情况下，作为被告的董事等自然有向原告请求损害赔偿的权利，各国法律的差别主要在于赔偿的前提条件不同。此外，有的国家还规定，在原告败诉的情况下，公司还可以请求原告股东赔偿。

案例研讨

兖矿集团、苏州新发展诉青岛千禧宏达、宏达集团、宏达股份代表诉讼案

二、股权

（一）股权的类型

股权实质上是股东基于其地位与公司形成的法律关系。股权依不同标准可分为不同的类型。

1. 自益权和共益权。这是以股权行使的目的和内容为标准进行的划分。凡股东为自己的利益行使的权利是自益权。凡股东为自己的利益兼为公司的利益行使的权利是共益权。自益权与共益权相辅相成，共同构成了股东享有的完整股权。当然，自益权与共益权间的界限并不是绝对的。

2. 固有权和非固有权。这是以股权的重要程度为标准进行的划分。固有权是公司法赋予股东的、不得被公司章程或股东（大）会决议剥夺或限制的权利。非固有权是指依公司章程或股东（大）会决议可剥夺或可限制的权利。将股权分为固有权与非固有权的意义，主要在于让公司发起

人和股东明确哪些权利是可依公司章程或决议予以限制的,哪些权利是不得以公司章程或决议予以限制的,从而增强其权利意识。

3. 单独股东权和少数股东权。这是以股权行使方式为标准进行的划分。单独股东权是指可以由股东一人单独行使的权利。这种权利只要普通股股东持有股份即可享有,且每一股东均可依自己的意志单独行使。少数股东权是指持有已发行股份一定比例以上的股东才能行使的权利。设立少数股东权的目的主要是防止"资本多数决原则"的滥用。

4. 一般股东权与特别股东权。这是以权利行使主体为标准进行的划分。一般股东权是指公司的普通股东即可行使的权利;特别股东权则是指专属于股东中特定人的权利,如公司发起人或特别种类的股东(优先股股东、后配股股东)所享有的股东权。

5. 财产权、支配与经营权、救济与附属权。这也是以权利行使的目的为标准进行的划分。其中,财产权与前述自益权相当;支配与经营权是指有关公司经营管理方面的权利,除表决权外,还包括累积投票权等;救济与附属权是指从手段上保障前两种权利得以充分实现的权利,除表决权和累积投票权之外的大多数共益权均属此类。

(二)股权的法律性质

1. 主要学说。各国的公司立法对股权内容的规定大同小异,但对于股权性质的认识在学理上却大相径庭。在我国法学界对股权性质研讨的过程中,较有影响的观点主要有所有权说、债权说、社员权说、股东地位说、独立民事权利说等。本书认为,对股权这种新型权利的性质进行基本的定性,不仅是必要的,也是可行的。不过,不应从原有法律规定的传统权利中研究股权的性质,而应以公司这种现代企业制度关于股东财产与公司财产相互分离、股东人格与公司人格彼此独立、股东与公司之间产权分化的实际情况和发展需要为出发点来探讨股权的性质。

2. 股权与公司法人财产权。我国《公司法》第3条第1款规定:"公司是企业法人,有独立的法人财产,享有法人财产权。公司以其全部财产对公司的债务承担责任。"对于公司法人财产权的性质,在理论上有经营权说、结合权说、双重结构说和所有权说四种观点。经营权说认为公司法人财产权是法人经营权;结合权说认为公司法人财产权是经营权与法人制度的结合;双重结构说认为公司法人财产权是双重结构,即公司财产由公司享有,公司本身由股东共有;所有权说认为公司法人财产权是具有所有权性质的物权。本书认为,公司财产权结构是股权与公司法人财产权的结合。

股权与公司法人财产权是公司成立后股东和公司各自享有的法定权利,因出资行为的完成和公司的正式成立而同时产生。股权的享有者只能是股东,公司法人财产权的享有者只能是公司,二者在法律和公司章程规定的范围内各自拥有独立的内容和排他的性质。股东为了使公司反映自己的意志,为自己获取更多的经济利益,可以通过行使股权,特别是行使对公司管理者的选择权和对公司重大问题的决策权,实现对公司的制衡。作为独立于股东的公司,为了按照市场需求自主地组织生产经营、科学地开展管理活动,也可通过行使法人财产权拒绝股东对公司经营管理活动的直接干涉和对公司的不正当要求。

(三)股权的委托行使

一般而言,自然人股东的股权可由其本人亲自行使,本人因故不能亲自行使的,可委托他人代理行使。法人股东的股权除由法定代表人行使外,还可由指定代理人行使。尤其是在股份有限公司中,由于股东人数众多,加之股东地处分散、投资有限,实际上很少有股东有足够的时间、金钱和兴趣参加股东大会，这使得委托代理人行使股权已经成为股份有限公司股东参与公司决策程序的重要形式。

1. 代理人的资格。我国《公司法》第 106 条规定："股东可以委托代理人出席股东大会会议，代理人应当向公司提交股东授权委托书，并在授权范围内行使表决权。"目前，我国公司立法未对代理人的资格作限制性规定。结合相关代理理论，应规定凡具有完全民事行为能力者，不论其是不是本公司的股东，均可接受股东的委托作为股东的代理人。当然，如果公司章程约定代理人以本公司股东为限，基于契约自由理论，法律对此约定的效力也应予肯定。

2. 代理权招揽制度。代理权招揽，是指股东有偿招揽其他股东行使股权的行为。对此，有的国家立法基于契约自由原则，承认招揽委托书；有的国家立法因为招揽代理权的结果可能导致分散的小股东的股权最后实质上由一人行使，而禁止招揽代理权。

在我国，有的学者主张，我国公司法应明文禁止招揽代理权的行为，即使允许股权的代理行使，也应对一人代理股份的总额加以必要限制，以防止代理权招揽行为的发生。对此，我国台湾地区"公司法"即规定："除信托事业外，一人同时受二人以上股东委托时，其代理的表决权不得超过已发行股份总数表决权的 3%，超过部分不予计算。"此规定可资借鉴。

（四）股权的救济

1. 救济的必要性。法律所确认的权利与当事人现实享有的权利并不总是一致的。我国《公司法》以保护股东权利作为其立法宗旨，第 4 条明确规定："公司股东依法享有资产收益、参与重大决策和选择管理者等权利。"这是对股东权利的高度概括。

股权的救济实质上是指在股东的股权无法实现或者其合法权益受到侵犯时，对股东的救济。公司法对股权的救济方式可以分为两大类：一是股东可以通过行使公司法赋予的权利使自己的股权得以实现；二是在行使上述权利后仍不能得到有效保护的，股东可以寻求司法救济。

2. 股东权利事先预防救济制度体系的配置。各国公司立法规定的事先预防救济制度主要有：

(1) 限制控股股东表决权制度。限制控股股东表决权，是指对持有股份有限公司一定比例以上，能有效地影响甚至控制股份有限公司决策的股东所持有股份的表决权进行限制。这种制度的作用主要在于防止大股东操纵股东(大)会，在一定程度上平衡中小股东与大股东之间的利益关系。

我国《公司法》对控股股东的表决权限制虽未作具体规定，但已经注意到控股股东对中小股东利益的影响。例如，《公司法》第 21 条规定："公司的控股股东、实际控制人、董事、监事、高级管理人员不得利用其关联关系损害公司利益。违反前款规定，给公司造成损失的，应当承担赔偿责任。"

(2) 股东表决权排除制度。股东表决权排除，是指当某一股东与股东(大)会讨论的决议事项有特别的利害关系时，该股东或其代理人不得就其持有的股份行使表决权。这一制度在大陆法系国家得到广泛适用，我国《公司法》也确立了这一制度。

依《公司法》第 16 条第 2、3 款的规定，公司为股东提供担保时，被担保股东应表决回避或表决权排除，即"公司为公司股东或者实际控制人提供担保的，必须经股东会或者股东大会决议。前款规定的股东或者受前款规定的实际控制人支配的股东，不得参加前款规定事项的表决。该项表决由出席会议的其他股东所持表决权的过半数通过"。

同时，《公司法》第 124 条还规定了董事表决权排除制度。依该条规定，上市公司董事与董事会会议决议事项所涉及的企业有关联关系的，不得对该项决议行使表决权，也不得代理其他董事行使表决权。该董事会会议由过半数的无关联关系董事出席即可举行，董事会会议所作决议须经无关联关系董事过半数通过。

(3) 股东的特别调查权。有的国家规定少数股东有权要求对公司事务进行特别调查，如调查公司财务状况、公司所有权、公司股份交易等。例如，法国《商事公司法》第226条即规定："代表1/10以上公司资本的一名或若干名股东，可单独或以任何形式组成集体，请求法庭指定一名或若干名专家，负责对一项或若干项经营活动提出一个报告。"

(4) 董事解任请求权。为及时淘汰那些不为公司和股东谋利益的经营者，并预防经营者滥用其影响力，应当赋予股东董事解任请求权。而且，在执行职务过程中侵害股东利益的不称职监事、经理、清算人也在被请求解任之列。我国《公司法解释五》第3条第1款规定，董事任期届满前被股东会或者股东大会有效决议解除职务，其主张解除不发生法律效力的，人民法院不予支持。

3. 股权的司法救济。当股东实体法上的权利受到侵犯时，若不能通过合理的司法程序进行救济，实体权利就是一句空话。所以，股权的救济不仅要注重对股东实体权利的建构，还须对股权的司法救济程序进行设计。

我国《公司法》规定的股东的代表诉讼和直接诉讼制度就是对股权司法救济所作的制度设计。①

三、有限责任公司股东的股权

(一) 股权与出资的概念

我国《公司法》对出资概念的使用不甚统一，有时指有限责任公司股东认缴公司资本后所形成的相应出资份额；有时指股份有限公司股东认购的股份；有时则泛指各种公司（包括股份有限公司）的股东对公司进行的直接投资。例如，我国《公司法》第32条、第93条、第199条所称的"出资"即分别指向这三种不同的含义。除非特别指出，本节所称出资均指第一种含义，以与股份有限公司的股份概念相对应。

本书认为，与股份有限公司的股份相对应的概念，与其用易引起歧义的"出资"，不如以"股权"来代替。理由主要有：(1)用"股权"替代"出资"更符合语法上的要求。(2)在有限责任公司的股东转让股东权利时，法律实务上一般也使用"股权"，而且我国《公司法》也采用了这样的称谓。(3)可以与股份有限公司的"股票"区别开来。由于股份有限公司通常将公司资产划分为等额股份，有限责任公司则一般不按等额划分，因此两者有必要加以区分。(4)不少国家立法例对不同类型的公司股份大多也加以区别，使用不同的称谓，如《日本商法典》及其《有限责任公司法》将股份和出资分别称为"本式"和"持份"。

(二) 出资证明书

1. 概述。

(1) 概念。出资证明书是有限责任公司股东出资的凭证，是有限责任公司成立后应当向股东签发的文件，是一种权利证书。

(2) 法律特征。作为有限责任公司股东出资或持股的法律形式，出资证明书的法律特征主

---

① 参阅本章第六节中"股东的权利"部分的相关内容。

要有：

第一，出资证明书是有限责任公司股东的股权证书。

第二，出资证明书是股东出资的证明文书，它不仅证明出资的主体，而且可以证明出资的金额和出资的比例。

第三，出资证明书是要式证书，必须依法定条件制作，必须记载法律规定的事项，并加盖公司印章。

第四，出资证明书不能用于商业交易和流通。

第五，出资证明书必须在公司成立以后才能向股东签发。

(3) 出资证明书与股票的区别。

第一，票面金额的表现不同。在一般情况下，出资证明书的票面金额不一定相等，而股票的票面金额是相同、统一的。而且，股票还有额面股和无额面股之分，而出资证明书是绝对不可能不记载票面金额的。

第二，出资证明书都是记名的，而股票有记名股票和无记名股票之分。

第三，股票作为有价证券是可以上市交易的，而出资证明书只有在股东依法转让股权时，才可随其股权一同转让。

(4) 出资证明书与验资证明书的区别。虽然股东的出资可能在公司成立之前就已经缴纳，但因为出资证明书是确定并记载股东与公司这两个主体之间发生投资与被投资关系的凭证及法律形式，在公司成立之前，公司的主体资格尚未取得，所以出资证明书必须在公司成立以后才能向股东签发。验资证明书是在股东全部缴纳出资后，由验资机构出具的验资证明。2013年《公司法》虽然取消了强制验资程序，但不排除当事人间自行安排的验资。

2. 记载事项。我国《公司法》第31条第2款规定："出资证明书应当载明下列事项：(一)公司名称；(二)公司成立日期；(三)公司注册资本；(四)股东的姓名或者名称、缴纳的出资额和出资日期；(五)出资证明书的编号和核发日期。"

3. 效力。出资证明书必须加盖公司的印章，并由董事长签字。在无相反证明的情形下，出资证明书的效力主要表现在：

(1) 出资证明书具有证明股东履行出资义务的效力。出资证明书可以表明设立人已履行了所认缴的出资的义务，其持有人已经成为该有限责任公司的股东，理应享有股权。

(2) 出资证明书具有证明股东权利范围的效力。依照《公司法》的规定，某些股东权利如红利分配权、新股认购权的享有并非以股东认缴的出资比例为前提，而以其实际缴纳的出资比例为前提。其他股东权利亦可依照公司章程的规定按实缴的出资比例享有。

(三) 股东名册

股东名册，是指有限责任公司依据《公司法》的规定必须置备的用以记载股东及其所持股份数量、种类等事宜的簿册。股东名册反映着公司的信誉和集资情况，股东和债权人可以亲自查阅，也可以委托律师或其他人代为查阅。

1. 记载事项。有限责任公司股东名册的记载事项采取法定主义原则。依我国《公司法》第32条的规定，有限责任公司的股东名册应记载下列事项：股东的姓名或名称及住所；股东的出资额；出资证明书的编号。

2. 效力。在无相反证明的情形下，公司股东名册的效力主要表现在以下四个方面：

(1) 具有确定股东身份的效力。记载于股东名册的股东,可以依股东名册主张行使股东权利。也就是说,公司只认定记载于股东名册上的股东享有股东对公司的各项权利。[①]

(2) 具有推定股东和公司关系的效力。公司仅以股东名册上当前记载的股东为其股东。因此,即使出资证明书发生转让,若未将受让人的姓名或名称及住所记载于股东名册,也不得以其转让对抗公司。

(3) 具有公示的效力。股东名册具有公示的效力。依我国《公司法》第 32 条规定,公司应当将股东的姓名或者名称及其出资额向公司登记机关登记;登记事项发生变更的,应当办理变更登记。未经登记或者变更登记的,不得对抗第三人。

(4) 具有公司免责的效力。股东名册上记载着股东的姓名或者名称和股东的住所。因此,公司依法对股东名册上记载的股东履行了通知、送达、公告、支付股利、分配公司剩余财产等义务后,即可免除其相应的责任。

(四) 股东与股权登记

依我国《公司法》第 32 条的规定,公司应当将股东的姓名或者名称及其出资额向公司登记机关登记;登记事项发生变更的,应当办理变更登记。未经登记或者变更登记的,不得对抗第三人。这表明,公司登记机关对股东与股权的登记是股权取得和变动的重要形式,具有公示效力。它不是股权取得和变动的生效要件,未经登记不影响股权的取得或变动,但它是股权变动的对抗要件,未经登记不具有对抗善意第三人的效力。第三人依据公司登记机关的登记识别当事人的股东身份、对股权的归属作出判断并由此作出交易的决定时,当事人不得以未登记的股权变动对抗第三人提出的请求。

(五) 股权的转让

1. 股权转让的概念和法律特征。股权转让是指有限责任公司的股东依照一定的程序把自己的股权让与受让人,由受让人取得股权而成为公司的股东。股权转让的法律特征可以概括如下:(1)股权转让是一种股权买卖行为。对有限责任公司而言,股权是股东出资形成的对公司的一种控制权,股权转让方转让的正是这种控制权。(2)股权转让不改变公司的法人资格。股权转让完成后,公司股东发生变化。在股权全部转让的情况下,出让方的原股东地位被受让方取代,受让方成为公司的股东。(3)股权转让是要式行为。这主要表现为股权转让除须符合实体条件外,还应完成法律规定的股权转让的法定程序。

2. 转让的限制。

(1) 各国的限制。从各国公司立法的规定看,因公司的性质不同,法律对股东出资转让的限制也有区别。一般而言,各国公司立法对公司内部的出资转让限制较少,对向非股东转让出资予以严格限制,一般要求股东向非股东转让出资须经股东会一定比例以上的股东同意。

(2) 我国《公司法》的限制。我国《公司法》第 71 条、第 72 条及相关法律对有限责任公司股权转让的限制作了规定。

第一,除公司章程对股权转让另有规定的应从其规定外,我国《公司法》对在公司内部进行的股权转让采取自由主义原则,对于股东向公司的其他股东转让其全部或者部分股权的,法律没有

---

① 当然,股东名册只是一种证权文件,不具有创设权利的效力。因此,如果异议者能够成功地举证股东名册上记载的名义股东实质上不具有股东资格,该股东资格就会被否认,公司可随时停止其权利。

专门设定任何限制，只要转让方与受让方协商一致，转让即可成立。

第二，除公司章程对股权转让另有规定的应从其规定外，我国公司法对向公司外部进行股权转让予以严格限制。这种限制主要体现在下列三个方面：其一，股东向非股东转让股权必须经其他股东过半数同意。其二，股东就其股权转让事项书面通知其他股东征求同意，其他股东自接到书面通知之日起满 30 日未答复的，视为同意转让。其他股东半数以上不同意转让的，不同意的股东应当购买该转让的股权，不购买的，视为同意转让。其三，经股东同意转让的股权，在同等条件下，其他股东对该股权有优先购买权。

第三，对于人民法院依照法律规定的强制执行程序转让股东股权的情形，我国《公司法》规定应当通知公司及全体股东，其他股东在同等条件下有优先购买权。其他股东自人民法院通知之日起满 20 日不行使优先购买权的，视为放弃优先购买权。

案例研讨

鑫荣公司股东会僵局及股权转让纠纷案

第四，《公司法解释四》第 16—22 条对于有限公司股权对外转让中其余股东的优先购买权问题进行了细化规定：其一，明确了股权继承原则上不产生其余股东的优先购买权；其二，规定有限公司股权对外转让时，股东应以书面形式或其他可“确认收悉”的方式通知其余股东，并说明“同等条件”；其三，明确优先购买权行使的“同等条件”应考量股权的数量、价格、支付方式及期限等因素；其四，确定了股东优先购买权的主张期限依章程约定，在约定不明或约定短于 30 日时为 30 日；其五，为股东设置股权转让“反悔权”，即在其余股东主张优先购买权之后，股东可以选择不同意转让股权，其余股东的优先购买请求不能得到支持，但可以获得合理的赔偿；其六，股东对外转让股权未征求其他股东意见或以欺诈等手段损害其他股东优先购买权的，其他股东应在知道或应知同等条件的 30 日内或股权变更登记 1 年内主张优先购买权，若其余股东仅提出确认股权变动效力等请求而不主张优先购买权的，法院不予支持。

3. 股权转让的程序。

(1) 公司内部股东变更登记。股权转让应由出让方和受让方签订股权转让合同。关于有限责任公司的股权转让，依我国《公司法》第 73 条的规定，股东依法转让其股权后，公司应当注销原股东的出资证明书，向新股东签发出资证明书，并由公司相应修改公司章程和股东名册中有关股东及其出资额的记载，而且对公司章程的该项修改无须再由股东会表决。这就是通常所称的公司内部股东变更登记。

(2) 公司登记机关的变更登记。《公司登记管理条例》第 34 条第 1 款规定：“有限责任公司变更股东的，应当自变更之日起 30 日内申请变更登记，并应当提交新股东的主体资格证明或者自然人身份证明。”这为通常所称的公司变更登记。一般而言，公司变更登记应由转让方（原股东）向董事会或公司章程规定的公司内部组织机构（以下简称公司内部登记机构）申请股东变更登记，再由公司内部登记机构依《公司法》及公司章程规定进行审核。若转让符合《公司法》及公司章程规定，公司内部登记机构应同意变更并记载于股东名册，然后到市场监督管理部门办理变更登记手续。

四、股份有限公司股东的股份

（一）股份的概念和法律特征

《公司法》第 125 条第 1 款规定：“股份有限公司的资本划分为股份，每一股的金额相等。”股份是股份有限公司股东持有的、公司资本的基本构成单位,也是划分股东权利义务的基本构成单位。股份的主要法律特征可以概括如下:

1. 股份是公司资本构成的最小单位,具有不可分性。任何股份有限公司的资本均被划分为股份,但股份则不可再分。股份的不可分性并不排除某股份为数人共有。当股份为数人共有时,股权一般应由共有人推定一人行使,但共有人对股份利润的分享不是对股份本身的分割。

2. 股份是对公司资本的等额划分,具有金额的等额性。我国《公司法》明确规定,股份有限公司的每一股的金额相等。当然,股份金额相等并不意味着所有股东获得同种股份的对价在任何情况下都相等。但作为股权平等的体现,法律要求同次发行的股份中每股发行的条件和价格应当相同。

3. 股份是股权的基础,具有权利上的平等性。股份是股东法律地位的表现形式,每一股份所包含的权利义务一律平等。股东权利义务的大小,取决于其拥有股份数额的多少。

4. 股份表现为有价证券,具有可自由转让性。股票是代表股份的一种有价证券。由于股份表示股权,所以股票也是代表股权的有价证券。除法律对特定股份的转让有限制性规定外,股份可以自由转让和流通。

(二)股份的表现形式——股票

股份的表现形式是股票。股份与股票形同表里,股票不能离开公司股份而存在。我国《公司法》第 125 条第 2 款规定:"公司的股份采取股票的形式。股票是公司签发的证明股东所持股份的凭证。"

股票的主要法律特征可以概括如下:

1. 股票是股份有限公司成立后以公司名义发行的。公司正式登记成立前,尚无法人资格,无权发行股票。但在公司设立过程中、公司正式登记成立前,却必须发行并认购股份。这说明,股份是在公司正式登记成立前就已经存在了,而当时却并不存在股票。

2. 股票是一种证权证券。股权并不因股票的发行而创设,而因股份的认缴而发生,股票只是股份的一种表现形式。只有在发行的股份全部认购后,才能将股份换成股票。当然,在公司成立以后发行股份,往往同时以股票表示,股份的转让也必须通过股票转让。这时,股份与股票往往结合为一体。

3. 股票是一种有价证券。股票的价值在于股份的价值,在于该股份所代表的资本金额及股权的大小。股票与一般有价证券的不同之处主要在于它不是单纯的财产权证券,而是多种权利的集合体。凡有价证券,其所代表的权利与对证券的占有一般是不可分离的,证券转移则权利也随之转移。股票也是如此。

4. 股票是一种要式证券。依我国《公司法》的规定,股票应采用纸面形式或者国务院证券管理部门规定的其他形式,并应当载明《公司法》要求的记载事项。

5. 股票是一种流通证券。股票是可以公开发行并自由转让的,即可以在社会上自由流通。

6. 股票是一种永久性证券。股票没有固定期限,除非公司终止,否则一直存在。

(三)股东名册

股份有限公司特别是募集设立的股份有限公司,股东众多,为了掌握股东的基本情况,保障股东的权益,各国公司立法一般都规定股份有限公司应置备股东名册。

1. 股东名册的记载事项。我国《公司法》第 130 条规定:"公司发行记名股票的,应当置备股东名册,记载下列事项:(一)股东的姓名或者名称及住所;(二)各股东所持股份数;(三)各股东所持股票的编号;(四)各股东取得其股份的日期。发行无记名股票的,公司应当记载其股票数量、编号及发行日期。"

2. 股东名册的封闭。股东名册的封闭,是指公司为了确定行使股东权的股东而在一定时期内停止股东名册的记载。股东名册封闭的意义主要体现在下列方面:

(1) 股东名册的封闭有时是因为有必要禁止在特定时期取得股份的人行使股东权利。例如我国《公司法》第 139 条第 2 款就规定:"股东大会召开前二十日内或者公司决定分配股利的基准日前五日内,不得进行前款规定的股东名册的变更登记。……"

(2) 封闭股东名册后,封闭时股东名册上的股东就被确定为可以行使股东权的股东。股份有限公司的股份转让频繁,股权随时都有可能发生变动,即使在股东权利的行使过程中,股权仍有可能发生变动。因此,有必要在一定期间停止股东名册的记载,以便公司确定股东权利的行使者。

(四) 股份的分类

不同种类的股份所享有的权利和承担的义务各不相同。

1. 普通股和特别股。普通股是股份有限公司最基本、最重要的股票种类。普通股的股东一般都享有表决权。普通股的股东在分配股利时,不享有特别利益,均按营业年度终了时的分配比例参加分配,而且只能在支付了公司的债息和优先股股东权益得到满足后才可参加分配。在公司基于破产等原因进行清算时,普通股股东必须排在公司的债权人、优先股股东之后分得公司剩余财产。

特别股是有某种特别权利或者某种特别义务的股份,包括优先股与后配股两类。优先股在享有权利方面较普通股优先,而后配股则逊于普通股。特别股主要有分配公司盈余的特别股、分配公司剩余财产的特别股、行使表决权的特别股、可赎回的特别股以及发起人股等类型。

2. 记名股与无记名股。记名股是在股票票面和股东名册上记载股东姓名的一种股票,否则,即为无记名股。记名股的优点在于有利于公司掌握股东状况,便于公司了解股份流通情况,可以有效地防止股票投机行为。而无记名股最显著的优点是便于股份的流通。各国的公司立法一般均对记名股和无记名股的转让方式作不同的规定。

依我国《公司法》第 129 条及国务院的有关规定:(1)公司向发起人、国家授权投资的机构、法人发行的股票,应当为记名股票,并应当记载该发起人、机构或者法人的名称,不得另立户名或者以代表人姓名记名。(2)境外上市的外资股也应采取记名股票的形式。(3)公司向社会公众发行的股票可以记名也可不记名。

3. 面额股和无面额股。面额股是指在股票票面表示一定金额的股份。许多国家的公司法对公司股票的最低票面值均作了规定,我国对股票的面值没有最低限额的规定。无面额股是指股票票面不表示一定金额,只表示其占公司资本总额一定比例的股份。这种股份的价值依据其所占公司的资本总额的一定比例确定。这种股份的好处主要在于,当公司增资时,无须再发行或增加新的股份,只要实际上增加每股所代表的资本额即可。其弊端主要在于,股份所代表的金额经常处于不确定的状态中,增加了股份转让和交易的难度。

我国《公司法》第 127 条规定:"股票发行价格可以按票面金额,也可以超过票面金额,但不得低于票面金额。"第 167 条规定:"股份有限公司以超过股票票面金额的发行价格发行股份所得的溢价款以及国务院财政部门规定列入资本公积金的其他收入,应当列为公司资本公积金。"

4. 其他特殊类型的股份。除上述分类外,在我国市场经济发展过程中,还出现了一些特殊类型的股份。例如,以投资主体为标准,可分为国家股、法人股、社会公众股和外资股;以是否可以在股票二级市场上自由转让为标准,可分为流通股和非流通股;以认购股份的货币为标准,可分为A股、B股、H股、N股、S股等。

(五)股份的转让

股份的转让,是指股份有限公司的股东依照一定的程序将自己的股份让与受让人,由受让人取得股份成为公司的股东。

1. 股份转让的意义。股东转让自己持有的股份不仅是股东保护其自身利益的有力手段,而且,通过转让所形成的对公司行为的制约,也促使公司经营管理水平不断提高。此外,股份依企业的发展状况在不同的生产部门、行业之间的转移,又促进了社会资金在各公司和各行业部门、各地区之间流动,为市场机制"无形之手"调节投资结构和经济结构创造了条件。

2. 股份转让的限制。股份转让以自由为原则是各国公司立法的通例。但为保护公司、股东及公司债权人的整体利益,许多国家的公司法、证券法多对股份转让作出一些必要限制,以便将股份转让可能产生的弊端限制在尽可能小的范围内。

依我国《公司法》第137—145条的规定,股东持有的股份可以依法公开、公平、公正转让,但要受到下列限制:

(1) 对股份转让场所的限制。我国《公司法》第138条规定:"股东转让其股份,应当在依法设立的证券交易场所进行或者按照国务院规定的其他方式进行。"这里所说的证券交易场所,包括全国性证券集中交易系统、地方性证券交易中心和从事证券柜台交易的机构等。我国的上海证券交易所和深圳证券交易所是最具有代表性的证券交易场所。除了上述证券交易场所外,股东转让其股份也可以按照国务院规定的其他方式进行。

(2) 对发起人所持股份的转让限制。由于股份有限公司的发起人对公司的成立及公司成立初期的财产稳定和组织管理具有重要的影响,为了保护其他股东和公众的利益,防止发起人利用设立公司进行投机活动和逃避发起人责任,一般要对发起人所持股份的转让予以一定限制。例如,我国《公司法》第141条第1款规定:"发起人持有的本公司股份,自公司成立之日起一年内不得转让。公司公开发行股份前已发行的股份,自公司股票在证券交易所上市交易之日起一年内不得转让。"

(3) 对公司董事、监事、高级管理人员持有本公司股份的转让限制。对公司的董事、监事及高级管理人员持有本公司股份的转让限制,实际上是对董事、监事及高级管理人员进行利益制约的一种方式。我国《公司法》第141条第2款对此作了具体规定:"公司董事、监事、高级管理人员应当向公司申报所持有的本公司的股份及其变动情况,在任职期间每年转让的股份不得超过其所持有本公司股份总数的百分之二十五;所持本公司股份自公司股票上市交易之日起一年内不得转让。上述人员离职后半年内,不得转让其所持有的本公司股份。公司章程可以对公司董事、监事、高级管理人员转让其所持有的本公司股份作出其他限制性规定。"

(4) 对公司收购自身股份的限制。2018年我国《公司法》修订,补充和完善了允许公司回购本公司股票的情形。修订后的《公司法》第142条第1款规定:"公司不得收购本公司股份。但是,有下列情形之一的除外:(一)减少公司注册资本;(二)与持有本公司股份的其他公司合并;(三)将股份用于员工持股计划或者股权激励;(四)股东因对股东大会作出的公司合并、分立决议持异议,要求公司收购其股份；(五) 将股份用于转换上市公司发行的可转换为股票的公司债券；(六) 上市公司为维护公司价值及股东权益所必需。”根据该规定，在我国，对公司持有自身股份的态度是原则禁止、例外允许。《公司法》第 142 条第 2—4 款规定了公司回购本公司股份的决定权限和实施程序、上市公司收购本公司股份的特殊要求以及公司不得接受本公司的股票作为质押权的标的。

(5) 对股票质押的限制。我国 2018 年修订后的《公司法》第 142 条第 5 款规定：“公司不得接受本公司的股票作为质押权的标的。”股票作为一种特殊的种类物，是股权的表征，是可以作为质押物用作质押的。但是，《公司法》不允许公司接受本公司的股票作为质押权的标的。一般认为，作此限制的原因主要有：首先，如果公司接受本公司的股票作为质押权的标的，无异于用自己的财产担保自己的债权，显然不妥；其次，当公司的债务人无力清偿到期债务而公司拍卖质押股票所代表的股份又无人应买时，公司自然就成为质押股票的所有人，这又违背了公司不得拥有自身股份的一般原则。

(6) 股东在法定的“停止过户期”的时限内不得转让股份。我国《公司法》第 139 条第 2 款规定：“股东大会召开前二十日内或者公司决定分配股利的基准日前五日内，不得进行前款规定的股东名册的变更登记。……”需要注意的是，所谓在法定的期限内不得进行股票名册的变更登记，并不意味着在此期间不得进行股份转让。也就是说，股份转让仍是自由的，但如果受让人在此期间申请股东名册的变更登记，公司应当拒绝；如果公司接受其申请，并办理过户手续，应属于无效。

3. 股份转让的方式。

(1) 记名股的转让。我国《公司法》第 139 条第 1 款规定：“记名股票，由股东以背书方式或者法律、行政法规规定的其他方式转让；转让后由公司将受让人的姓名或者名称及住所记载于股东名册。”

(2) 无记名股的转让。我国《公司法》第 140 条规定：“无记名股票的转让，由股东将该股票交付给受让人后即发生转让的效力。”依该规定，无记名股的转让是由股份所有人将股票交付给受让人，只要交付便发生法律效力，不需要背书，也无须过户。

(3) 上市股票的转让。我国《公司法》第 144 条规定：“上市公司的股票，依照有关法律、行政法规及证券交易所交易规则上市交易。”依我国相关立法规定，对于上市股票，通常将股票交由托管，股票买卖的交割通过证券经纪人进行，转让双方并不谋面，证券和资金从账簿上进行划拨。可见，上市股票的转让也无须背书。

(六) 记名股票被盗、遗失或者灭失的处理

依我国《公司法》第 143 条的规定，记名股票被盗、遗失或者灭失的，股东可以依照《民事诉讼法》规定的公示催告程序进行处理。

1. 依公示催告程序宣告股票无效。《民事诉讼法》规定的公示催告程序如下：

(1) 以背书转让的票据持有人，票据被盗、遗失或者灭失的，可以向票据缴付地的基层人民法院申请公示催告。申请人应当向人民法院递交申请书，写明票面金额、发票人、持票人、背书人等票据的主要内容和申请理由、事实。

(2) 人民法院决定受理申请的，应当同时通知支付人停止支付，并在 3 日内发出公告。这是为了催促利害关系人申报权利。公示催告的期间由人民法院根据情况决定，但不得少于 60 日。

(3) 支付人收到人民法院停止支付的通知后，在公示催告程序终结前应当停止支付。公示催告期间转让该股票的行为无效。

(4) 利害关系人应当在公示催告期间向人民法院申报。人民法院收到利害关系人的申报后,应当裁定终结公示催告程序,并通知申请人和支付人。

(5) 没有人申报的,人民法院应当根据申请人的申请作出判决,宣告股票无效。判决应当公告并通知支付人。自判决公告之日起,申请人有权向支付人请求支付。

(6) 利害关系人因正当理由不能在判决前向人民法院申报的,自知道或者应当知道判决公告之日起1年内,可以向作出判决的人民法院起诉。

2. 申请补发股票。依照公示催告程序,人民法院宣告该股票无效后,股东可以向公司申请补发股票。

【本节前沿问题】

股权转让行为的效力

民法理论上,将转让标的物的民事行为划分为债权行为和物权行为,其中订立合同设定给付义务的行为属于债权行为,履约交付的行为则为物权行为。其实,股权转让也包含着两种行为:一是股份转让的债权行为,二是股份转让的权利变动行为。前者是当事人之间关于股权转让合同的签订行为,后者则是合同生效后当事人之间为履行合同而实际交付股份的行为。仅仅订立股权转让合同本身并不等于股份的实际交付或变动,一个完整的股权转让行为的完成应同时具备上述两个过程,这一点同商品房买卖比较类似。因此,对一个股权转让行为效力的认识和判断,实质上包括两种行为的效力判断:一是对合同行为或债权行为的判断,二是对股份实际变动行为的判断。股权转让合同的有效并不当然表明股份的实际交付或移转,而股份实际移转行为的无效也不意味着转让合同本身的无效,因为法律对不同的行为可能规定有不同的生效要件和无效的原因。参照《物权法》第15条的规定可以得出,股权转让合同的效力不应受股权变动行为效力的影响。

此外,需要注意的是,在股权转让后因未及时办理变更登记而形成名义股东与实际出资人不一致的情形下,如果原股东又将该股权转让,且第三人凭借对既有登记的信赖而受让股权,则该第三人可因符合善意取得的构成而成为股东。此时原受让股东可以请求原股东承担赔偿责任,还可以请求对未及时办理登记有过错的董事、高级管理人员或者实际控制人承担相应责任。如果原受让股东对于未及时办理变更登记也有过错的,可以适当减轻上述董事、高级管理人员或者实际控制人的责任。

【本节思考题】

1. 公司的股东与公司的发起人的关系如何?
2. 如何理解股东的法律地位和股东平等原则?
3. 股东的主要权利义务有哪些?

第七节 公司的组织机构

本节紧紧围绕我国公司法的规定展开,其中关于国外公司法的介绍,是为了使学生更好地理解中国公司法的规定。在内容上,不仅关涉实体制度内容,更有大量程序性制度内容,力图展现一幅完整的、鲜活的公司组织机构体系及其运作图景。

一、公司治理与公司组织机构概述

(一) 公司治理的概念

公司治理涉及经济学、管理学、法学等多个学科领域,因此对其内涵尚未有公认之界定。单就法学而言,从制度构成来看,公司治理的概念便有广义与狭义之分,前者包含内部治理与外部治理两个方面,而后者仅指内部治理。公司法学研究的重点在于公司的内部治理,因此如无特别明示,以下所使用的公司治理概念皆指内部治理。

公司治理的实质,是在公司经营权与管理权分离的框架下为保障股东的利益,就公司控制权在股东与管理层之间的分配所达成的制度安排。股东是公司的唯一、终极所有者,相应地,股东会作为权力机构掌控着重大经营决策权。但由于股权的分散,股东通过股东会行使权力的成本很高,必须不同程度地将经营管理权委托给董事会行使,董事会再转委托给以经理为首的高级管理人员(以下简称高管),股东还委托监事监督董事、高管。由此,在股东与董事会之间、股东与监事会之间、董事会与经理之间、经理与其他高管之间形成了层层的委托—代理关系。在实际的权力运行中,以经理为首的高管层实际拥有的权力远大于公司法所设定的权力,为了保护股东的权益,就需要通过改善公司内部治理来实现分权制衡。

(二) 我国的公司治理模式

公司治理,是关于公司内部组织机构的制度安排。实际上,组织机构是实现公司治理的组织形式与器物基础,组织机构的设置以及各机构之间的关系状况是判断一个公司内部治理是否良好的基本标准。公司内部治理以分权为前提,以制衡为手段,以效率与公平为目的,这一切都必须依托组织机构予以实现。

在我国,公司的组织机构由股东会(包括股东大会,下同)、董事会、监事会和经理构成。其中,股东会是权力机构,选举产生董事会 / 监事会的主要成员;董事会是执行机构,董事会选聘经理,经理辅助董事会执行公司业务,董事会的独立董事担负监督经理的职责;监事会是监督机构,对董事、经理执行业务情况以及公司财务进行监督。

从总体上看,我国这一公司治理模式更加接近于日本以及我国台湾地区。经过二十余年的公司立法与公司治理的演变,我国公司治理的规则和理念更为多元化,主要原因在于以下几个方面:

1. 我国的本土化作用力强大。在我国,国企是公司的主导形态,因此,对国企的特殊规制规则及其衍生的诸多规则、基于独特的所有制优势及其规制所衍生的诸多规则几乎成为公司治理的主流。

2. 基于制度移植而引发的全球化影响也十分明显。如独立董事、监事会、职工董事、代表派出诉讼、诚信义务、法人人格否认等具体规则,以及公司契约、公司自治、任意性规范等理念引入与制度模仿。这些规则和理念源于数个不同的法域,因此具有较强的“混搭”色彩。

因此,我国至今尚未形成公认的独特的中国公司治理模式。

二、股东大会

(一) 股东大会的概念和职权

1. 概念。股东大会,有限责任公司称股东会,是由全体股东组成的公司最高权力机构,是股东在公司内部行使股权的唯一法定组织，是公司治理结构中不可或缺的组织机构。基于股东大会比股东会的制度内容远为复杂、制度设计更为完善，并为行文的方便，以下内容均以股东大会为对象。如无特别说明，股东大会的规则同样适用于股东会。至于股东会的特别规则，将在本节末专门介绍。股东大会具有以下特征：

(1) 由全体股东组成。《公司法》第 98 条规定，股东大会由全体股东组成。据此，持有任何数额与性质股份的股东都是股东大会的当然成员，股东主权原则由此得以体现。

(2) 是公司的权力机关。这表明了股东大会在公司组织机构中的地位。作为公司意思形成的法人机关，法律一般赋予股东大会较大的职权，当然这并不意味着股东大会独揽公司决策权。各国公司法严格划分了股东大会与董事会的职权，股东大会亦须在法定范围内行使职权。

(3) 是公司的法定必设机构。在各国公司法上，股东大会都是公司的必设机构。我国亦然，但存在两种例外情况：特别法规定的外商投资公司、具有独特股权结构的一人有限公司与国有独资公司。

(4) 是公司的非常设机构。关于股东大会是否属于常设机关，理论上有所争议。本书认为，由于股东大会行使职权须以会议方式进行，故不是常设机构。

2. 职权。

(1) 我国的规定。理论上，作为公司的权力机构，股东大会可以对公司的一切事项作出决议，但实际上，这样做既不符合股东大会作为非常设机构的现实，亦无必要。随着立法上的“股东大会中心主义”让位于“董事会中心主义”，现代公司法对股东大会的权力都有不同程度的限制。

《公司法》第 4 条规定：“公司股东依法享有资产收益、参与重大决策和选择管理者等权利。”此处的“重大决策和选择管理者”即股东通过股东大会行使的权力，由此也在抽象意义上限定了股东大会的职权范围。具体职权体现在《公司法》第 37 条、第 99 条的规定，包括：①决定公司的经营方针和投资计划；②选举和更换非由职工代表担任的董事、监事，决定有关董事、监事的报酬事项；③审议批准董事会的报告；④审议批准监事会或者监事的报告；⑤审议批准公司的年度财务预算方案、决算方案；⑥审议批准公司的利润分配方案和弥补亏损方案；⑦对公司增加或者减少注册资本作出决议；⑧对发行公司债券作出决议；⑨对公司合并、分立、解散、清算或者变更公司形式作出决议；⑩修改公司章程；⑪公司章程规定的其他职权。

此外，以下事项，需要由股东大会依照法定程序决定：①公司为公司股东或者实际控制人提供担保的（《公司法》第 16 条）；②上市公司在 1 年内购买、出售重大资产或者担保金额超过公司资产总额 30% 的（《公司法》第 121 条）；③股份公司因减资、与持有本公司股份的其他公司合并而需要收购本公司股份的（《公司法》第 142 条）；④董事、高管与本公司订立合同、进行交易、利用公司的商业机会、自营或者为他人经营与所任职公司同类的业务的（《公司法》第 148 条）；⑤公司公开发行新股、改变招股说明书所列资金用途、申请股票上市等事项的（《公司法》第 133 条，《证券法》第 14、15、52 条）。

可见，立法采取了集中规定加分散规定、列举加概括的立法技术。此外，在法定职权之外，公司可以通过章程自我赋权，但不得与《公司法》规定的法定职权相矛盾，不得违反法律、行政法规的强制性规定，不得违反公司法理，如不当限制、剥夺少数股东的权利。

(2) 股东大会与董事会职权的关系。对于股东大会与董事会职权的划分，在公司法实务中主要存在以下问题需要阐明。

首先,公司章程、股东大会决议可否改变股东会和董事会的法定职权?对此问题的解答需要明确股东会和董事会职权的法律规定的性质:若为强制性规定,章程自然不得改变《公司法》规定;反之,若为任意性规范,则可以改变。[①] 从法政策的层面上考量,由于我国绝大多数公司股权比较集中,公司章程往往只体现多数股东的意志和利益,且多数股东往往又身兼董事身份或者控制了董事会,如果允许公司通过章程、股东大会决议修改股东大会和董事会的法定职权,则不利于对少数股东的保护。所以,我国《公司法》不应当允许公司章程、股东会决议改变股东大会和董事会的法定职权。

其次,股东大会能否否决董事会决议?尽管作为董事会成员的董事由股东大会选举产生,《公司法》第46条也明确规定"董事会对股东会负责",但二者并非领导与被领导的垂直命令关系,而是平行的委托—代理关系。如果股东大会认为董事会的决议不当,可通过决议无效或撤销之诉的途径寻求解决,还可以追究董事的违信责任,但不能以股东大会决议的形式直接否决董事会决议。

(3) 股东大会职权的转授权。在公司实践中,股东大会经常通过章程规定、股东大会决议等方式将自身职权转授给董事会,甚至进一步转授给董事长或者总经理个人。此种转授权存在着客观的合理性:一方面,我国公司立法文本奉行股东大会中心主义,主要的决策权被赋予股东大会;另一方面,股东大会具有非常设性,但公司经营需要经常性的及时决策。同时,股东大会的职权并非均可转授给董事会、董事长或者总经理等,转授权应当受到以下约束:①应将该权利基础结构维持原则作为判断股东会授权董事会是否合理的底线。股东权利行使方式的变革、董事会中心主义的公司治理发展趋势以及对公司经营效率的追求等均不得成为损害该底线的理由;②为妥善处理公司自治与中小股东投资预期保护之间的矛盾关系,应在界分股东大会内部基础性权利与经营性权利的基础上,构建以正当程序机制和信义义务机制为核心的股东大会授权董事会行使职权的授权机制。在评判授权是否正当时,应理性对待公司经营效率原则,宜将其定位为辅助标准而非基础标准。[②]

(二) 股东大会会议

关于股东大会会议,《公司法》分为两类:一是年会;二是临时会议。此外还有实务中的类别股股东会议。

1. 年会。《公司法》第100条规定,股东大会应当每年召开一次年会。据此,我国股东大会的定期会议采取年会形式,至于采取自然年度还是会计年度,则由公司自己决定,具体召开时间也由公司章程规定。实务中股东年会一般于会计年度终了后6个月内召开。由于股东人数众多,上市公司的决策涉及众多的社会公众投资者,股东会议应当体现出程式的规范性。目前,我国上市公司年会的不规范问题比较突出。

2. 临时会议。《公司法》第100条规定,有下列情形之一的,应当在2个月内召开临时股东大会:(1) 董事人数不足该法规定人数或者公司章程所定人数的2/3的;(2) 公司未弥补的亏损达实收股本总额1/3的;(3) 单独或者合计持有公司10%以上股份的股东请求的;(4) 董事会认为必要的;(5) 监事会提议召开的;(6) 公司章程规定的其他情形。另依《公司法》第104条,《公司法》或

---

① 参见赵旭东主编:《公司法学》,高等教育出版社2006年版,第59—60页。

② 曹兴权、黄超颖:《股东会授权董事会的底线:权利配置基础结构维持原则》,载《财经法学》2017年第3期。

公司章程规定公司转让、受让重大资产或者对外提供担保等事项必须经股东大会决议的,董事会应当及时召集股东大会会议。以上七种情形中,除第四种情形属于任意临时会议外,其余六种情形均属于法定临时会议。

3. 类别股股东会议。《公司法》没有关于类别股股东会议的规定,但公司实务中存在类别股股东会议。由于历史形成的股权分置,上市公司普遍存在流通股与非流通股两种类别股,二者客观上存在利益冲突。为了协调利益冲突,保护前者的权益,证监会于 2004 年 12 月发布《关于加强社会公众股股东权益保护的若干规定》,规定对于一些重大事项,除了依法经全体股东大会表决通过,还需经参加表决的社会公众股股东所持表决权的半数以上通过,方可实施或提出申请。证监会于 2005 年 9 月发布的《上市公司股权分置改革管理办法》第 16 条规定,股权分置改革方案,须经参加表决的股东所持表决权的 2/3 以上通过,并经参加表决的流通股股东所持表决权的 2/3 以上通过。《到境外上市公司章程必备条款》第 72 条规定了类别股股东会议:合计持有表决权的股份 10% 以上的两个以上股东,可以签署一份或者数份同样格式内容的书面要求,提请董事会召集类别股股东会议;董事会应当尽快召集,否则,该股东可以在一定期限内自行召集。

(三) 股东大会的召集

1. 召集人。各国公司法一般规定定期会议原则上由董事会召集,临时会议可由董事会主动召集或应股东、监事会请求而被动召集。此外,在法定情形下,少数股东、监事会及重整人、清算人亦得召集临时会议。[①]

《公司法》完善了股东大会召集人制度。第 101 条规定:“股东大会会议由董事会召集。……董事会不能履行或者不履行召集股东大会会议职责的,监事会应当及时召集和主持;监事会不召集和主持的,连续九十日以上单独或者合计持有公司百分之十以上股份的股东可以自行召集和主持。”对于这一规定的解读是:

(1) 召集权的顺位制度。董事会处于召集权的第一顺位,监事会、股东分别处于第二、第三顺位。只有当前一顺位的召集权人不能履行或者不履行召集职责时,后一顺位的召集权人才得行使召集权,否则为违法召集。“不能履行”,是指召集权人在履行职责过程中遇到客观障碍,即客观不能;“不履行”,是指召集权人故意不履行职责,即主观不能。

(2) 董事会、监事会的召集。董事会、监事会享有的股东大会召集权是固有权,不得通过章程剥夺。同时,召集股东大会也是董事会、监事会的法定职责。如怠于履行职责,负有责任的董事、监事可能承担责任。

在实务中,为了防止董事会、监事会消极履行职责,更为了防止少数股东召集权流于形式,有必要为其确定一个期间。董事会召集股东年会、临时会议的期间分别由公司章程和《公司法》规定。但对于监事会,《公司法》规定应该“及时”履行召集职责,但没有明确期限。实践中许多公司章程也没有规定期限,这导致监事会以正在履行职责为由否认少数股东召集权合法性的现象。所以,章程有必要明确规定一个期间。由于需要监事会召集时公司已经处于非正常状态,故这一期间不宜过长。

(3) 股东的召集权。股东虽然处于召集权的第三顺位,但对股东权利的保护尤其是对少数股东的权利保护意义重大。

---

① 参见范健、王建文:《公司法》,法律出版社 2006 年版,第 323 页。

2. 召集的通知与公告。股东大会的通知(notice of meeting)必须采取书面形式,在会议召开前的充分期间内送达给每个在册股东。对于无记名股东,应该公告告知。

有的公司法规定,只有股东特别会议才需要通知,股东常会无须通知;但大多数公司法规定,所有的股东会议都要通知。我国属于后者。

通知和公告的义务人为会议召集人,即一般为公司董事会;监事会与少数股东为召集人的,负责自行通知、公告。

既然受通知对股东而言是一种权利,那么股东当然可以主动表示放弃受通知(waive of notice)。受通知的放弃须以书面形式表示,可以在会议召开前后进行。股东一经作出放弃受通知的意思表示,即视为已经受通知。实务中,有此举动的一般是控制股东。

会议通知和公告的对象包括全体股东(公司持有自己股份的除外)。有的公司法著述认为,会议通知应当对有表决权的股东进行,无须通知无表决权的股东。这一观点的错误有三:(1)混淆了股东会议出席人与表决权人的关系;(2)违背了股东大会由全体股东组成的立法原则;(3)与《公司法》第102条规定的立法用语“各股东”的语义不符。

我国《公司法》第102条规定,股东大会会议的通知与公告的内容,包括会议召开的时间、地点和审议事项。如有少数股东提交的临时提案,该临时提案属于后续的通知范围而不在公告范围之内。详言之:

(1) 召集时间。召开股东大会会议,应以书面形式于会议召开的一定期限之前通知全体股东。关于通知的期限,各国公司法的规定不尽相同,一般不能迟于会前20日;对于无记名股东,还应于会议召开一定期限前公告之。我国《公司法》规定,股东年会按章程规定时间召集,临时会议在法定事由发生后两个月内召集,并分别在会议召开20日、15日前通知各股东;发行无记名股票的,应当于会议召开30日前公告会议召开的时间、地点和审议事项(第102条)。之所以强制规定如此长的召集时间,是因为股份公司股东人数众多,股东住所地与会议召集地的距离远近不一,为保证每个股东参会的权利,必须给予其充分的时间准备。所以,这里的通知的有效期间应采“到达主义”,以防止召集人恶意利用规则,比如以极慢的通信形式通知股东,从而侵占股东准备参会的时间。通知只要按股东名册上记载的地址送达即可,如果股东基于自身原因没有收到通知,公司不承担责任;但股东因为通知义务人的过错未得到通知的,视为未通知。对于无记名股东的公告应采“发出主义”,而一经公告,不论无记名股东是否看到,均发生法律效力。

(2) 召集地点。《公司法》没有规定股东大会的召集地点。由于股东人数众多,应该对股东大会的召集地点作必要限制,以便尽可能多的股东参加会议。在我国公司实践中,一般在公司住所地召集会议,但也有一些董事会在公司业绩不佳时选择大多数股东与会不便且成本较高的偏僻处召开股东大会,以保证会议的“顺利进行”。这一做法极为不妥,但由于缺乏明确的法律约束,股东也无可奈何。有鉴于此,立法可以考虑规定一个基本原则,即股东大会地点的选择应当便于股东参加(《上市公司治理准则》第15条),再由公司章程在此基础上具体规定。英美法系国家的公司法规定,如果章程没有规定会议召开地点,则以在公司总部(corporation's principal office)召开为原则。这一做法可资借鉴。

(3) 审议事项。有的国家的公司法规定,只有特别会议的通知、公告须说明会议目的以及主要内容,如有特别议案,还需载明议案的要点。年会的通知、公告无须说明,因为法律假定股东对年会的内容是了解的,不需要特别告知。

《公司法》第 102 条规定，股东大会会议通知、公告的内容包括召集人确定的审议事项，如有股东提交临时议案，则董事会应当在收到提案后 2 日内通知其他股东。可见，所有的股东会议通知均需载明议案。在这一点上，股东会议与董事会议也有不同，董事会议的通知只需要告知时间和地点即可。这是因为出席董事会议对于董事而言是一项职责（义务），出席股东会议对于股东而言是一项权利，股东通常根据会议通知、公告的事项来决定是否参加会议。在此意义上，股东会议的通知具有保障股东在有准备的情况下出席会议、参与公司决策的重要意义。

会议通知、公告事项的法律效力在于，对于通知、公告中未载明的议案，虽可临时动议提出，但不应交付表决，否则属于与未履行会议通知一样的程序瑕疵，将导致决议不成立或者被撤销。

3. 提案。股东大会作为会议组织，对其议案的控制是控制整个会议主动权的关键一环。因为唯有列入会议议案，才有可能交付股东表决并获得通过。因此，会议提案权是一项重要的权利。我国《公司法》上的提案权人有三类：

(1) 董事会。董事会是通常情形下的股东会议召集人，本身又是公司执行机关，故股东大会的提案一般由董事会提出并列入会议议案。《公司法》第 46 条虽然没有直接使用"提案"字眼，但从其规定的董事会职权看，其中不少内容都表明董事会享有提案权。关于董事会提案的程序，《公司法》没有明确规定。根据董事会的法律地位，董事会为召集人的，由自己决定将提案列入会议议案；其他主体为召集人的，董事会一经提出提案，召集人应列入会议议案。

(2) 监事会。《公司法》第 53 条第 5 项、第 118 条明确规定监事会享有提案权，这有利于发挥监事会的监督职能，具有重要的现实意义，但对于监事会提出议案的程序未作规定。根据监事会的法律地位，监事会为召集人的，由自己决定将提案列入会议议案；其他主体为召集人的，监事会一经提出提案，召集人即应将提案列入会议议案。

(3) 股东。赋予股东提案权的背景是，股东会议的议案一般都是由董事会或者经理通过董事会拟订的，股东在股东会议上只能被动表决。为了弥补这一缺陷，法律赋予股东提出临时提案的权利。所以，股东提案（shareholder proposal）根源于股东积极主义（shareholder activism），被视为股东积极参与公司治理的表现。我国《公司法》上股东提案权制度的主要内容包括：

第一，提案股东。提案股东有两种情形：一是依据《公司法》第 101 条第 2 款，单独或者合计持有公司 10% 以上股份的股东自行召集股东大会的，当然享有提案权。但此种场合下召集股东为复数的，提案股东是否有持股比例的限制，无法得知，在公司实务中可以由召集股东之间协商解决。二是《公司法》第 102 条第 2 款规定了少数股东的临时提案权，即"单独或者合计持有公司百分之三以上股份的股东"可以提出临时提案，没有持股时间的要求。

第二，提案程序。少数股东为召集人的，由自己决定将提案列入公司议案；董事会为召集人的，依据《公司法》第 102 条第 2 款，少数股东的临时提案应"在股东大会召开十日前提出临时提案并书面提交董事会；董事会应当在收到提案后二日内通知其他股东，并将该临时提案提交股东大会审议"；监事会为召集人的，可以参照董事会为召集人时的提案程序。

对《公司法》第 102 条第 2 款的"董事会"用语应予纠正。既然股东大会会议召集人不限于董事会，该款关于股东的临时提案均提交董事会的规定是很不恰当的。比如，在监事会召集股东会议的场合，还要求股东将临时提案提交给董事会，并由董事会承担通知其他股东并将该提案提交股东大会审议的义务，不仅在逻辑上讲不通，也缺乏可操作性。建议下次修法时将该款的"董事会"一概修改为"召集人"。

《公司法》第 102 条第 2 款规定:"临时提案的内容应当属于股东大会职权范围,并有明确议题和具体决议事项。"这就是对少数股东临时提案的适当性要求。依法理,这一要求实际上也应该适用于所有的提案。提案的适当性要求的意旨在于,防止提案人尤其是股东提案人的提案离题千里,或者纯粹为了张扬个性而浪费公司会议资源,增加会议成本。

4. 召开。

(1) 主持。依据《公司法》第 101 条第 1 款规定,董事会召集的股东大会会议由董事长主持;董事长不能主持或者不主持的,由副董事长主持;副董事长不能主持或者不主持的,由半数以上董事共同推举 1 名董事主持。

另外,《公司法》第 101 条第 2 款规定,董事会不能履行或者不履行召集股东会会议职责的,由监事会召集和主持;监事会不召集和主持的,代表 1/10 以上表决权的股东可以自行召集和主持。上述规定尚显简略,股东大会的主持人应该为个人,监事会作为集体作为主持人并不具有可操作性,因此应当明确由个人如监事会主席主持。同理,当召集股东为多个股东时,应该明确由该多个股东按照股权比例推选 1 名代表股东主持。另外,召集股东为法人股东时,应该由其法定代表人或者指定代理人主持。

会议主持人的角色就是大会主席(chairman of meeting),其主要职责是:维持大会秩序;指挥会议进程;宣布决议结果。

(2) 出席。股东大会应当由全体股东出席,而且依据《公司法》第 106 条规定,股东有权委托代理人出席股东大会,而法人股东则可以指派其代表出席会议。需要指出的是,无表决权的股东(公司持有自己股份的情况除外)也有权出席股东大会。这是因为,出席股东大会的权利基于股东身份产生,无表决权的股东所受到的限制仅在于对议案的表决方面。此外,无表决权的股东与股东大会的有关议案可能具有利害关系,依据《公司法》第 102 条第 2 款,无表决权的股东自身也可以提出议案。除表决权被限制外,无表决权的股东仍然可以通过出席会议行使知情权、对公司经营行为的监督权、质询权(《公司法》第 150 条),以及对股东大会决议的诉权(《公司法》第 22 条)。

此外,为方便界定无记名股票持有人的出席人身份,《公司法》第 102 条第 4 款规定,无记名股票持有人出席股东大会会议的,应当于会议召开 5 日前至股东大会闭会时将股票交存于公司。

(3) 列席。股东大会一般由董事会召集,且主要议题之一就是听取、审议董事会对公司经营的汇报和报告。因此,《公司法》第 150 条规定,股东大会要求董事、监事、高级管理人员列席会议的,董事、监事、高级管理人员应当列席并接受股东的质询。另外,按照有关规定,上市公司董事会秘书应列席股东大会。

5. 决议。股东大会的会议议程就是股东围绕会议议案进行讨论与表决,因此决议包含讨论与表决两个环节。

(1) 讨论。讨论环节的程序主要由以下方面构成:①主持人或者提案人就议案作出说明;②股东为获取正确行使表决权所需要的信息,可以针对议案进行提问,也可以向列席会议的董事、监事、高级管理人员等提出质询;③与会股东在获取足够信息的基础上自由地发表意见并进行评价和论证,其自由发表言论的权利不应受到剥夺或者其他限制;④经过讨论阶段,议案的部分内容可能需要进行必要的修改。

(2) 表决。经过讨论并作出必要修改的议案最终形成决议草案,无需修改的议案直接由主持人交付表决;如果对同一事项有不同的提案,应依其提交顺序进行表决,以作出最终的决议。

对审议事项进行投票表决,应当依照法律或者章程规定的方式进行验票、点票,随后当场公布表决结果。主持人根据表决结果宣布决议是否通过,形成通过或者不通过的决议,由出席会议的股东或者其代理人签字、盖章。如无特别约定,决议一经形成即生效。

依照我国《公司法》的规定,股份公司的股东大会和有限公司的股东会原则上必须召开会议才能形成决议,但是《公司法》第 37 条第 2 款也规定了例外情形,即有限公司“股东以书面形式一致表示同意的,可以不召开股东会会议,直接作出决定,并由全体股东在决定文件上签名、盖章”。

6. 会议记录。《公司法》第 107 条规定:“股东大会应当对所议事项的决定作成会议记录,主持人、出席会议的董事应当在会议记录上签名。会议记录应当与出席股东的签名册及代理出席的委托书一并保存。”对于会议记录,《公司法》第 33 条规定,有限公司的股东可以查阅和复制;而依《公司法》第 97 条规定,股份公司的股东对于股东大会会议记录仅有权查阅。

(四) 股东表决权的行使方式

股东表决权的行使制度,包括行使原则、行使限制与行使方式等内容。本节专讲股东表决权的行使方式,即股东会议上有关股东投票方式的技术设计。

各国公司法上设计的股东投票方式,从技术角度可以分若干类型。

1. 本人投票制与委托投票制。股东表决权原则上不得与股份分离,但也有例外情况,即股东委托第三人投票。在股权分散的背景下,委托投票制有利于调动少数股东行使表决权的积极性,成为少数股东参与公司决策的重要方式。实现委托投票制的具体途径包括表决权代理(voting proxy)与表决权信托(voting trust),主要适用于公众公司。

(1) 表决权代理。即股东委托他人(公司除外)代理行使表决权的制度。各国公司法都允许表决权代理。我国《公司法》第 106 条规定,股份公司“股东可以委托代理人出席股东大会会议,代理人应当向公司提交股东授权委托书,并在授权范围内行使表决权”。这一规定过于概括,对表决权代理的条件、程序、行使限制等具体内容均缺少规范。而且,这一规定不适用于有限公司,与现实生活不符,属于立法上的漏洞。

表决权代理既可以个别委托的方式进行,也可以公开的方式大规模征集。大多数国家公司法不允许表决代理权的有偿征集。因为表决权的有偿征集构成对公共政策的违反,可能损害其他股东的利益。征集表决代理权的费用,在非竞争性征集中,即董事会是唯一征集表决权代理人的,由公司负担,理所当然;但在竞争性征集中应该由谁负担,存在争议,有关法律规定尚不明确。

我国《公司法》没有关于表决权征集的规定,但上市公司实践中早有案例,有关规章对其有所规范。《股票发行与交易管理暂行条例》第 64 条规定,股东可以授权他人代理行使投票权。但任何人在征集 25 人以上的投票权时,均应当遵守证监会有关信息披露和报告的规定。这是对表决权委托劝诱的直接规定。《关于在上市公司建立独立董事制度的指导意见》规定,独立董事可征集投票权。由于独立董事独立于多数股东,此举有利于少数股东利益的保护。《上市公司治理准则》第 16 条规定,上市公司董事会、独立董事和符合有关条件的股东可向上市公司股东征集其在股东大会上的投票权。

(2) 表决权信托。即股东在一定期间以不可撤回的方法将表决权转移给受托人,由受托人持有并集中行使,股东只享有股份受益权的制度。据表决权信托协议,受托人享有的只有表决权,而表决权信托上的经济权益（financial rights），包括股利分配与剩余财产分配请求权，都由该股份的受益人享有。[①] 所以，可以制作并发行代表受益权益的表决权信托凭证（beneficial certificates），这些凭证可以像股票一样交易，实现证券化。

表决权信托为美国首创，盛行于英美公司法实践，不少大陆法系国家也引进了该制度。我国没有规定这一制度。

表决权代理与信托都实现了表决权从股权中分离出来的功能，二者的区别在于：表决权信托中表决权的分离是相对彻底的、长期的、稳定的、不可撤回的；表决权代理中表决权的分离则是短暂的、一次性的、可撤回的。

2. 现场投票制、书面投票制与通信投票制。

（1）现场投票制，指股东或其代理人到股东大会会议现场进行集中投票。

（2）书面投票制（written ballot system），指不召开股东会议或者不出席股东会议的，股东将必要事项记载于书面表决票后提交给公司。

（3）通信投票制，指股东利用现代通信工具投票，即远程非现场投票，其中运用最多的是网络投票。通信投票在我国上市公司股东会议实践中已经获得了一定发展，但《公司法》未对其作出任何规定，反映了立法的滞后性。证监会2002年发布的《上市公司治理准则》最先肯定了通信投票制，其后的《上市公司股东大会规则》详细规定了上市公司网络投票的有关问题，对非上市公司也有参考价值。

3. 直接投票制与累积投票制。

（1）直接投票制（straight voting），是股东大会通过决议通用的表决方式，指在行使表决权时，针对一项议案，股东只能将其表决票数一次性直接投在该议案上。在直接投票的方式下，只要表决符合法定的人数或者票数，决议就可获得通过。

（2）累积投票制（cumulative voting），是仅适用于选举董事、监事的表决方式，指股东大会选举董事或者监事时，每一股份拥有与应选董事或者监事人数相同的表决权，股东拥有的表决权可以集中使用。

这两种投票制均以“同股同权”“一股一权”为基础，但在表决票数的计算和具体投向上存在根本差异：直接投票制中，针对一项决议，股东只能将其表决票数一次性直接投在这项决议上；累积投票制中，股东可以将其在选举每位董事、监事上的表决票数累加，即股东在选举董事、监事时的总票数为其持有股份决定的表决票数乘以须选举的董事、监事的人数，股东可以选择将总票数集中投在一个或者分散投在数个候选人名下。[②]

在这个意义上，在投票不分类别的公司中，掌握多数表决权的股东一般有权决定所有的董事任免。即使公司存在类别股，如果只采取直接投票的方式，各类股也只能按每股一票计算。因此，这种投票方式往往造成明显的多数股压倒少数股的现象，掌握少数股权的股东将无法选出一个代言人进入董事会。而累积投票则可以让少数股东有机会把其代言人选入董事会，防止多数股东利用表决权优势完全控制董事、监事人选。可见，累积投票制在限制多数股东滥用表决权与保护少数股东方面都具有重要的制度价值。

---

① 参见［美］罗伯特·W.汉密尔顿：《公司法概要》，李存捧译，中国社会科学出版社1999年版，第163页。

② *Blacks Law Dictionary*, West Publishing Co., 1979, p.343.

《公司法》第 105 条第 1 款规定，“股东大会选举董事、监事，可以依照公司章程的规定或者股东大会的决议，实行累积投票制”。《上市公司治理准则》第 17 条规定：“董事、监事的选举，应当充分反映中小股东意见。股东大会在董事、监事选举中应当积极推行累积投票制。单一股东及其一致行动人拥有权益的股份比例在 30%及以上的上市公司，应当采用累积投票制。采用累积投票制的上市公司应当在公司章程中规定实施细则。”由此，对于累积投票制，我国的现行政策是：存在持股 30% 以上控股股东的上市公司强制实行；其他上市公司积极推行（几乎所有的上市公司章程都规定实行累积投票制）；非上市股份公司任意实行；有限公司完全自愿。

（五）股东大会决议

1. 概念及种类。股东大会决议，是股东大会就提请会议审议的事项依法定程序表决形成的决议，是股东大会意思表示的唯一法定形式。股东大会决议在性质上属于团体法律行为，适用集体决策机制（collective decision）中的“多数决规则”（majority voting rule）。即集体中的每一个成员根据自己的意思单独行使表决权（决议的构成要素），依据多数决原则形成集体意思。虽然股东大会决议不以全体股东的意思表示一致为成立要件，也不要求全体股东参与表决，但一旦形成，对公司、全体股东（包括反对股东、未参与表决股东）均具有约束力。

在立法上，根据决议事项通过的多数标准不同，可将股东大会决议分为普通决议和特别决议。特别决议，是针对法律、章程专门规定的事项，需要全体或者出席股东表决权的绝对（复杂）多数（super majority）通过而作出的决议；除此之外的都属于普通决议，只需要全体或者出席股东表决权的简单多数（simple majority）通过。各国公司法一般都列举特别决议的事项，除此之外的事项都是普通决议的事项。

依照《民法总则》第 134 条规定，决议属于一种民事法律行为。

2. 决议通过的法定比率。决议通过的法定比率（voting requirement），指法律要求决议的形成必须经有表决权股份的多数通过。在我国，依据《公司法》第 103 条第 2 款，普通决议须经出席会议的股东所持表决权过半数（不包括本数）通过，特别决议须经出席会议的股东所持表决权的 2/3 以上（包括本数）通过。适用特别决议的事项有四类：修改公司章程；增加或减少注册资本；公司的分立、合并或者变更公司形式；公司的解散。此外，该法第 121 条规定，上市公司在 1 年内购买、出售重大资产或者担保金额超过公司资产总额 30% 的，适用特别决议规则。

公司章程能否提高股东大会决议通过的法定比率？我国学界一般认为，《公司法》关于法定比率的规定属于强制性规范，不能以章程降低之，但对于是否可以提高，认识不同。否定者的主要理由是：(1) 这种做法实质赋予了少数股东否决权，对多数股东不公平，且违背股份平等、股份多数决原则；(2) 将造成股东大会难以形成决议，诱发公司僵局；(3) 最终影响公司效率，损害全体股东的利益。这些理由不无道理，对少数股东的保护不能以过分牺牲公司效率为代价，尤其对于公众公司而言。故本书主张：(1) 有限公司可以通过章程提高该法定比率，但股份公司慎用；(2) 股份公司章程可以增加特别决议的事项。

股东决议的多数决规则决定了股份持有的多寡与表决权的大小成正比，被认为是股份平等、资本民主的体现。但是，多数决规则的固有缺陷是：在形成股东决议时，少数股份的意思被多数股份的意思吸收，从而导致多数股东的持股效率为 100%、少数股东的持股效率等于零的局面，这就是股份的形式平等导致的股东之间的实质不平等。为此，现代公司法采取了一系列措施予以预防和纠正，以保护少数股东。

（六）股东会的特殊规定

在我国，股东会是除一人有限公司、国有独资公司、外商投资公司外的普通有限公司的权力机构。关于其会议规则，基本原理与规定和股份公司的股东大会是一致的，但在一些具体问题上存在不同。这些不同，一定程度上体现了我国《公司法》对于有限公司治理的自治性、灵活性、简捷性的尊重。检索《公司法》第四章关于股东会的规定，主要内容如下。

1. 会议的种类。同股东大会一样，股东会也有定期会议和临时会议。不同的是，就定期会议来看，《公司法》规定股东大会年会一年一次，但没有规定股东会定期会议的召开频率，留给公司章程规定（《公司法》第 39 条）。实务中股东会年会于每个会计年度结束之后即行召开。《公司法》第 39 条第 2 款规定，临时会议的召集提议人包括：代表 1/10 以上表决权的股东；1/3 以上的董事；监事会或者监事。但对于在什么时间、以什么样的程序召开临时股东会会议，《公司法》也未作规定，留待公司章程或股东自行决定。这些灵活规定是明智的。有限公司的规模和股东人数相差巨大，对于小型有限公司来说，公司事务的决定具有相当的任意性。如果法律关于股东会会议的规定过于一律，不仅与公司的实际运作相悖，而且可能因为得不到遵守而流于形式。

2. 会议的形式。与股份公司相比，有限公司的股东人数少得多，股东之间彼此比较熟悉，故《公司法》灵活规定股东会会议的形式。即在一般情况下，以召开股东会会议的形式来议决事项。同时《公司法》第 37 条第 2 款明确规定，有限公司股东以书面形式一致表示同意的，可以不召开股东会会议而直接作出决议，由全体股东在决定文件上签名、盖章即可。这一规定大大简化了股东会的决议程序，节约了成本，迎合了有限公司不按规范程式进行公司治理的实际需求，符合有限公司的治理现实。而《公司法》对于股东大会没有这样的规定。

3. 会议的召集人与主持人。股东会由董事会、执行董事召集，但首次股东会会议由出资最多的股东召集和主持。按照《公司法》第 40 条规定，如果董事会、执行董事不能履行或不履行召集职责的，由监事会、监事召集；监事会、监事不能履行或不履行股东会召集职责的，代表 1/10 以上表决权的股东可以自行召集并主持股东会。此处与股东大会不同的是，对自行召集和主持股东会的股东没有持股时间的要求。但对于“代表 1/10 以上表决权的股东”是否仅限于单个股东，存在不同理解：有的认为限于单个股东，有的认为包括合计持有代表 1/10 以上表决权的股东。对这些观点的取舍涉及利益平衡与价值选择，从保护少数股东的法律政策出发，后一种解释更为妥当。同理，对第 39 条第 2 款规定的“代表十分之一以上表决权的股东”也应该作如是解释。

4. 会议的通知。关于股东会会议的通知时间，《公司法》没有像对股东大会那样强制规定，而是采取了任意性规范。第 41 条第 1 款规定：“召开股东会会议，应当于会议召开十五日前通知全体股东；但是，公司章程另有规定或者全体股东另有约定的除外。”

关于股东会召集的地点，《公司法》没有规定，应理解为由公司章程规定；没有规定的，由召集人自行决定。

5. 议事方式与表决程序。《公司法》第 43 条第 1 款规定：“股东会的议事方式和表决程序，除本法有规定的外，由公司章程规定。”这表明立法没有一律规定股东会的议事方式、表决程序，留待公司自治。

6. 股东行使表决权的方式。在有限公司，股东行使表决权的规则是任意性的。《公司法》第 42 条规定：“股东会会议由股东按照出资比例行使表决权；但是，公司章程另有规定的除外。”这表明，有限公司章程可以任意规定行使表决权的规则，如规定“一人一票”，这与股东大会遵守“一股一票”的原则形成鲜明对比。

《公司法》没有规定有限公司股东可否委托投票，在立法上应当作肯定解释。实务中，公司章程一般对委托投票有所限制，比如受托人仅限于其他股东，这样可以有效防止不具有股东身份的人出席股东会，以保护公司商业秘密。

7. 出席股东法定足数与决议通过的法定比率。与股东大会决议一样，股东会决议也分为普通决议和特别决议。《公司法》第 43 条第 2 款规定：“股东会会议作出修改公司章程、增加或者减少注册资本的决议，以及公司合并、分立、解散或者变更公司形式的决议，必须经代表三分之二以上表决权的股东通过。”对于这一规定，需要注意的是，股东会特别决议的适用情形及其法定比率都与股东大会相同，差异仅在于法定比率的计算基数与股东大会不同：股东会以全部表决权为基数，股东大会以出席会议的股东代表的表决权数为基数。

关于普通决议通过的法定比率，与股东大会不同的是，《公司法》对股东会没有任何规定，应当解释为有限公司章程可以任意规定普通决议通过的法定比率，比如可以规定比“简单多数”更为宽松或者更为严格的标准。在公司实务中，有限公司往往采用非常灵活的法定比率。比如，关于董事会、监事会成员的选举决议，发起人股东在设立公司时就对董事会、监事会席位的分配达成书面协议或者形成默契，有的还写入公司章程，通过股东会的选举决议无非是执行协议而已。

与股东大会一样，《公司法》也没有规定股东会的股东出席法定足数，但特别决议“要求必须经代表三分之二以上表决权的股东通过”，暗含着出席股东所持表决权（包括委托投票权）也不得低于 2/3。对于普通决议，则不得低于公司章程规定的普通决议的表决权数。

三、董事会

（一）董事会的法律地位与职权

1. 概念。董事会(board of directors)，指依照法定程序选举产生，代表公司并行使经营决策权、执行权与监督权的公司常设机关。实际上，对董事会下定义是非常困难的，因为在不同的公司法上，董事会的内涵在许多方面都有差异。概括地说，董事会具有以下特征：

(1) 依照法定程序产生。在单边治理模式中，董事会成员全部由股东会（包括股东大会，下同）选举产生；在共同治理模式中，董事会成员分别由股东会与雇员选举产生（德国公司法中的监事会相当于一般意义上的董事会）。在我国，大部分董事会成员由股东会选举产生，但也有一些公司董事会的部分成员由职工民主选举产生。

(2) 公司的对外代表机关。董事会的行为可以产生对外效力，董事长、代表董事或者执行董事可担任公司的代表。

(3) 行使一定的经营决策权、执行权与监督权。各国公司董事会的职权与职能具有差异性，但大都包括经营决策权、执行权与（或）监督权，即董事会执行股东会决议，负责公司的经营决策，监督经理层。

(4) 公司法定的常设机关。董事会通常是必设机构。在我国，只有股东人数较少或者规模较小的有限公司可以设执行董事而不设董事会。董事会在公司设立过程中已经产生，并伴随公司存续始终，虽然其成员可以更换，但董事会作为一个组织始终存在，不得更换和撤销。董事会的常设性表现在：成员在任期内固定；处理的多为经常性经营事项，会议召开频率远高于非常设的股东会；大型公司董事会一般都设置董事会秘书以及专门工作机构处理日常事务。

(5) 集体行权的公司机关。董事会的权力不能分解给董事个人,任何董事均不能以个人名义行使董事会的权力,只能通过召开会议、通过表决程序形成代表全体董事集体的意思表示——决议。虽然董事个人也享有一些权利(权力),如通过查账、阅读记录获取信息的权利,但董事会行使权力必须以"会"(board)的形式进行运作,而不是以"个人"(individual)的身份进行。反过来,单个董事不能行使的权力,并不代表着董事会不得享有与行使。比如,《公司法》第148条第3项规定,董事个人不得"违反公司章程的规定,未经股东会、股东大会或者董事会同意,将公司资金借贷给他人或者以公司财产为他人提供担保",也即任何董事个人不得就公司对外担保事宜作出决定,但依照第16条规定,这恰恰是董事会的职权所在。

2. 职权。《公司法》第46条、第108条采用"列举+抽象"的方式规定了董事会的职权:(1)召集股东会会议,并向股东会报告工作;(2)执行股东会的决议;(3)决定公司的经营计划和投资方案;(4)制订公司的年度财务预算方案、决算方案;(5)制订公司的利润分配方案和弥补亏损方案;(6)制订公司增加或者减少注册资本以及发行公司债券的方案;(7)制订公司合并、分立、变更公司形式、解散的方案;(8)决定公司内部管理机构的设置;(9)决定聘任或者解聘公司经理及其报酬事项,并根据经理的提名,决定聘任或者解聘公司副经理、财务负责人,决定其报酬事项;(10)制定公司的基本管理制度;(11)公司章程规定的其他职权。此外,《公司法》第109条第1款规定,股份公司董事长、副董事长由董事会选举产生。根据以上规定,我国公司董事会的职权包括两个部分:一是法定职权,二是公司章程规定的职权。

(二) 董事会会议

1. 会议的类型。根据《公司法》第110条规定,股份公司董事会有定期会议和临时会议两种形式。前者又称例会、常会,每年度至少召开两次,没有上限规定。公司章程可据此具体确定例会的会次、会期等。临时会议的召开是不定期的,在出现特殊情况时召开,提议人包括:代表1/10以上表决权的股东;1/3以上董事;监事会。经全体独立董事1/2以上同意,上市公司独立董事有权提议召开董事会(《关于在上市公司建立独立董事制度的指导意见》第5条)。

《公司法》对有限公司董事会的会议类型没有作出规定,应当理解为授权公司章程自行规定。

2. 会议的召集。

(1) 召集与主持。董事会由董事长召集并主持。董事长不能履行职务或者不履行职务的,由副董事长召集和主持;副董事长不能履行职务或者不履行职务的,由半数以上董事共同推举一名董事召集和主持(《公司法》第47条、第109条)。对于股份公司董事会临时会议,董事长应当自接到提议后10日内召集和主持(《公司法》第110条)。董事长选出前的第一次董事会会议,习惯上一般由得票数最多的董事召集。

(2) 会议的通知。许多公司法通常规定例会不需要通知,除非章程另有规定。但我国《公司法》规定,凡股份公司董事会会议都需要通知。在股份公司,董事会例会应当于会议召开10日前通知全体董事和监事(《公司法》第110条第1款),临时会议的通知方式与时限由董事会另定(《公司法》第110条第3款)。《公司法》没有对有限公司会议通知作出具体规定,应当理解为有限公司可以通过公司章程、股东会或者董事会决议自行确定。

《公司法》未对会议通知内容作出规定,根据《上市公司章程指引》(2019年)第117条规定,董事会会议通知的内容包括:会议日期和地点;会议期限;事由及议题;发出通知的日期。董事会会议应有事先拟定的议题,会议通知之所以仅要求载明会议的召开时间、地点及事由的简要说明,乃因为董事会讨论决定的是直接关系公司经营发展的重大事项,为保护公司商业秘密,不必注明议题的具体内容。

与股东一样,董事也可以主动放弃对他的通知,主动放弃应以书面为之,并记录在档。由于董事会成员人数有限,会议无须公告。未获通知的董事如出席会议,可视为其放弃对会议通知不适当性的异议,除非他出席会议就是为了反对会议的召开或者阻止某项决议的达成,并不参与该事项的决议。可见董事会议通知瑕疵是可以治愈的。

(3) 出席与列席。《公司法》第 112 条第 1 款规定,股份公司董事会会议,应由董事本人出席;董事因故不能出席,可以书面委托其他董事代为出席,委托书中应载明授权范围。据此规定,出席董事会会议乃董事的一项职权。原则上,董事应当亲自出席董事会会议,唯董事因故不能出席时,方能委托其他董事出席会议。如果董事未出席也未委托他人代为出席,则视为放弃在本次会议上的投票权。在实务中,公司章程可以对董事缺席会议的次数作出限制,并以此作为董事解任的条件。

依据《公司法》第 49 条、第 113 条规定,经理列席董事会会议;第 54 条、第 118 条规定,监事可以列席董事会会议,并对董事会决议事项提出质询或者建议。可见,《公司法》对于经理列席董事会的要求是强制性的,对于监事的要求是任意性的。

另外,《公司法》第 18 条第 3 款规定:“公司研究决定改制以及经营方面的重大问题、制定重要的规章制度时,应当听取公司工会的意见,并通过职工代表大会或者其他形式听取职工的意见和建议。”所以,如果董事会研究的议题需要听取公司工会的意见,则应该通知工会派代表列席会议。

3. 决议。

(1) 概念与种类。董事会决议,是董事会就提请会议审议的事项,依法律、章程规定程序表决形成的决议,是董事会集体意思的唯一法定形式。

与股东会决议一样,董事会决议也可分为普通决议和特别决议。普通决议适用于一般事项,适用简单多数规则即获通过;特别决议适用于特别事项,适用绝对多数规则方能通过。《公司法》规定,有限公司董事会的决议方式和表决程序由公司章程规定(第 48 条第 1 款)。对于股份公司的董事会决议,《公司法》也仅作了原则性规定(第 111 条第 1 款)。对此,可理解为《公司法》授权公司章程就董事会特别决议作出规定。如《到境外上市公司章程必备条款》规定,董事会制订以下方案,须经 2/3 以上的董事同意才能通过:公司增、减资本;发行公司债券;合并、分立、解散;公司章程。

(2) 出席董事法定人数与决议通过的法定比率。董事会决议必须以会议的形式作出,故其有效成立需要满足两个程式要求(requirement of formality):一是出席董事法定人数(quorum);二是决议通过的法定比率,即表决要求(requirement of voting),以保证董事会决议的正当性。《公司法》未规定有限公司的出席人数与表决要求,而是授权公司章程规定;对于股份公司,第 111 条第 1 款规定:“董事会会议应有过半数的董事出席方可举行。董事会作出决议,必须经全体董事的过半数通过。”据此,董事会会议的出席与决议作出的法定比率计算,一概以全体董事作分母。第 124 条规定:“上市公司董事与董事会会议决议事项所涉及的企业有关联关系的,不得对该项决议行使表决权,也不得代理其他董事行使表决权。该董事会会议由过半数的无关联关系董事出席即可举行,董事会会议所作决议须经无关联关系董事过半数通过……”由此可见,如有依法需要回避出席会议、回避表决的董事,确定董事会会议的出席、决议作出的法定比率时,该董事并不计入分母。

如果基于利害关系而需要回避的董事人数过多，以至于董事会不能作出有效决议的，如何处理？《公司法》第 124 条规定，“无关联关系董事人数不足三人的，应将该事项提交上市公司股东大会审议”。

(3) 表决规则。《公司法》第 48 条第 3 款规定：“董事会决议的表决，实行一人一票”。所以，我国对于董事表决采取了“人头主义”，也即“一人一票”（one person one vote）原则，而不似股东表决，以其所持有的股权比例或份额作为计算标准。董事会议事方式和表决程序由公司章程规定，但是由于董事需要对董事会的决议承担责任，因此董事表决难以采取无记名投票的方式。

(4) 表决权代理。董事表决权代理（directors voting proxy），是指董事因故不能出席董事会议时委托其他董事出席会议，代为表决。《公司法》第 112 条第 1 款规定：“董事会会议，应由董事本人出席；董事因故不能出席，可以书面委托其他董事代为出席，委托书中应载明授权范围。”据此，代理董事必须向公司出示书面委托授权书，授权书载明授权范围。如果会议有两项以上的待决议事项，则应该明确每一事项的授权范围。

(5) 表决权排除。董事表决权的排除，又称表决权的回避，指董事会决议时，与决议事项有关联关系的董事不能行使表决权，以避免将董事利益置于与公司利益相冲突的境地。《公司法》第 124 条规定，“上市公司董事与董事会会议决议事项所涉及的企业有关联关系的，不得对该项决议行使表决权，也不得代理其他董事行使表决权”。由此确立了我国上市公司董事表决权排除制度，但该条规定仅针对上市公司，如果非上市公司需要援用，可以在章程中予以特别规定。

(6) 会议记录。《公司法》第 48 条第 2 款、第 112 条第 2 款规定，董事会应当对所议事项的决定作成会议记录，出席会议的董事应当在会议记录上签名。通常，董事在签字时有权要求在记录上作出某种说明性记载。

董事会会议记录的法律意义有三：①判断出席董事的人数是否符合法定人数要求。②股东通过查阅议会议记录来了解董事履行职务的情况，确定股东派生诉讼的适格被告。③确定董事是否要对董事会的决议承担责任。董事会的决议违反法律、行政法规或者公司章程、股东大会决议，致使公司遭受严重损失的，参与决议的董事对公司负赔偿责任，但经证明在表决时曾表明异议并记载于会议记录的，该董事可以免除责任（《公司法》第 112 条第 3 款）。这一规定仅针对股份公司，但在法理上可以参照适用于有限公司。

（三）董事

1. 概念。董事（director），指担任公司董事职位的人。这一概念强调的是董事的功能和职责。董事是一种职位，任何人居于该职位，即称为董事。广义上的董事不仅包括通过适当程序产生的董事，还包括非经适当程序产生但实际上担当董事职能的人。

2. 董事的资格。

(1) 概说。董事的资格，即担任其职务的条件，包括积极资格和消极资格。前者指担任其职务必须具备的条件，后者指担任其职务不得具备的情形。我国《公司法》对董事、监事、高管的资格限制进行了一体化规定，但为了叙述方便，下文着重分析董事的资格，对监事、高管资格的特殊性在后文作个别介绍。

(2) 积极资格。早期公司法曾对董事的积极资格提出多种强制要求，包括持股、身份、年龄、国籍、住所等，但在现代公司法上，这些要求多被取消或者成为任意要求。

(3) 消极资格。为避免股东所托非人,多数公司法严格限定董事的消极资格,大致集中在无行为能力人、限制行为能力人、破产人、禁治产人、有财产性犯罪前科者、有不良行为记录或个人资信状况较差者等。我国的规定与此大体一致。《公司法》第146条第1款规定,有下列情形之一者不得担任董事:①无民事行为能力或者限制民事行为能力;②因贪污、贿赂、侵占财产、挪用财产或者破坏社会主义市场经济秩序,被判处刑罚,执行期满未逾5年,或者因犯罪被剥夺政治权利,执行期满未逾5年;③担任破产清算的公司、企业的董事或者厂长、经理,对该公司、企业的破产负有个人责任的,自该公司、企业破产清算完结之日起未逾3年;④担任因违法被吊销营业执照、责令关闭的公司、企业的法定代表人,并负有个人责任的,自该公司、企业被吊销营业执照之日起未逾3年;⑤个人所负数额较大的债务到期未清偿。

此外,依据其他法律、法规,有下列情形之一者也不得担任董事:

第一,《公司法》第51条、第117条规定,本公司的监事不得担任董事。

第二,《证券法》《商业银行法》《保险法》等商事特别法针对证券公司、商业银行、保险公司的董事资格,分别有特别限制规定。此外,证监会对证券公司、上市公司董事的消极资格也有特别限制。

第三,《公务员法》第59条第16项规定,公务员不得"从事或者参与营利性活动,在企业或者其他营利性组织中兼任职务"。据此,可以认为公务员不得兼任董事。但这一规定从未得到真正的遵守,尤其在国有公司。

第四,《律师法》第50条第3项规定,执业律师不得"从事法律服务以外的经营活动"。可否据此理解为律师不得出任公司董事,尚有疑问。国外立法有的将公证员、律师视为特定社会角色的人,禁止兼任董事。我国目前的一个共识是,独立董事并非经营管理职位,故律师可以出任。

关于违反法定的董事资格而选任董事的效力,《公司法》第146条第2款规定,该选举、委派无效;同条第3款规定,如果董事在任职期间出现违反消极资格情形的,公司应当解除其职务。对此需明确三点:

第一,第2款的"无效",对于董事本人的任职而言,应该属于自始无效。所以,已经领取的董事报酬,应该返还给公司。但是,该董事任职的自始无效,不影响其已经作出的职务行为如参加决议的效力,以维护正常的法律秩序。

第二,如果董事由股东会选举产生,第2款的"无效"可以理解为股东会选举决议的无效,适用股东会决议无效之诉(《公司法》第22条)。

第三,第3款的"公司应当解除其职务"的方式,应当理解为由公司出面解除。董事职务一经解除,其效力应回溯至该董事发生消极资格情形之时。同样的道理,该董事被解除职务之前已经作出的职务行为如参加决议的效力,不受影响。

3. 董事的分类①。

(1) 执行董事与非执行董事。执行董事(executive director),指在公司中负责业务执行的董事。执行董事在公司有双重身份:作为一名董事,负有和其他董事相同的职责;作为一名高管,负责公司业务执行。具体又有两种情形:一是专职执行董事,即专门执行董事会的业务工作的董事;二是兼职执行董事,指那些兼任公司高级管理职位如总经理、副总经理、财务总监的董事,又称管理

① 参见李建伟:《独立董事制度研究——从法学与管理学的双重角度》,中国人民大学出版社2004年版,第30页以下。

董事(managing director)、经理董事。

如果一位董事在任职公司中不同时担任执行职务,就被称作非执行董事(non executive director)。非执行董事只参与决策,不参与执行,外延上包括外部董事与职工董事。

关于我国的“执行董事”,《公司法》第 50 条第 1 款规定,股东人数较少或者规模较小的有限公司可以不设董事会,只设一名执行董事;执行董事可以兼任经理,职权由章程规定。第 13 条规定,执行董事可以为公司法定代表人。我国公司法允许小型有限公司设立执行董事的意旨,是允许其设立简单的治理结构以降低治理成本,提高决策效率。如前所述,小型有限公司的执行董事的职权虽然名义上由章程规定,但现实中享有相当于普通有限公司董事会与董事长的职权。

(2) 内部董事与外部董事。内部董事(inside director),指同时也是公司全职雇员的董事。内部董事在公司的工作状态属于专职董事(full time director),外延上包括执行董事与职工董事,也即内部董事可以是公司高管,也可以是中低级的管理人员甚至一般职员。如果以前是公司的高级职员、雇员,但目前因退休或其他原因不再是雇员的董事,不在内部董事之列。

外部董事(outside director),就是当前不被公司全职雇用的董事。外部董事在公司的工作状态属于兼职董事(part time director),即除了董事身份以外,与公司之间不存在全职雇佣关系,属于非执行董事的范围。按照与公司有无雇佣以外的其他利益关联关系,外部董事分为有关联的外部董事(affiliated outside director)与无关联的外部董事(unaffiliated outside director)。有关联的外部董事,指与公司存在实质性利害关系,如公司已退休高管人员、高管人员的近亲属、与公司存在业务关系的公司律师、供应商等外部董事。无关联的外部董事已经非常接近于独立董事(independent director)的概念。

这种分类与执行、非执行董事的分类类似,但内部董事与执行董事、外部董事与非执行董事的外延有差别,并不一一对应。这两种分类的共同意义在于,董事会组成中执行董事与非执行董事、内部董事与外部董事的不同比例关系,决定董事会构成的性质差异,即董事会相对于经理层的独立性程度。董事会构成的上述比例不同,决定了其功能、职能以及效率的差异。比如,在非执行董事、外部董事占绝对多数的董事会,公司的决策与执行是分开的,董事会可以发挥较强的监督经理层的功能;反之,执行董事、内部董事占据绝对多数的董事会,董事会与经理层几乎合一,公司的决策与执行不分,很难指望董事会发挥监督职能。当然,最直接体现董事会构成的独立性指标的,是独立董事的比例。

(3) 独立董事。对独立董事进行界定的关键在于其“独立性”标准,但是综观各国有关公司的制定法及判例法,实质上难以找寻出关于“独立性”的统一判定标准,因此需要从与以下三类主体相区别的角度来定义独立董事:

第一,独立董事独立于公司本身。独立董事不在公司担任董事之外的职务,并且与公司不存在任何影响其独立判断的重大利益关系。

第二,独立董事独立于公司经理层。独立董事与经理层不存在会影响其独立判断的任何关系。

第三,独立董事独立于公司的控股股东。独立董事与控股股东不存在直接或者间接的关联关系。

独立董事制度起源于美国,旨在改革美国公众公司在 20 世纪六七十年代出现的“经理中心主义”,由此导致董事会对经理层的监督严重缺乏效率。为了增强董事会的独立性,美国倡导公众公司引进了独立董事,此后该项制度为各个国家和地区所效仿。虽然我国《公司法》第 122 条规定:“上市公司设独立董事,具体办法由国务院规定。”但是迄今为止国务院并未出台相应的法规。当前,规范我国独立董事制度的依据主要是 2001 年证监会发布的《关于在上市公司建立独立董事的指导意见》。

4. 董事的选任。

(1) 选任的方式。我国公司董事的选任方式,具体有:

第一,有限公司首届董事由发起人(股东)决定;股份公司的首届董事,发起设立的由发起人选举,募集设立的由创立大会选举。

第二,一人公司的董事,由股东指派。

第三,外商投资公司的董事以及国有独资公司的多数董事采用委派制。前者按照投资合同的约定由投资各方委派,后者由国有资产监督管理机构委派。

第四,职工董事,通过公司职工民主形式产生。

第五,其余董事,概由股东会选举产生。在我国,选任董事是股东会的固有权力,有关董事选任的规定乃强制性规定,不得以公司章程、股东会决议将董事选任权委托给公司其他机关或第三人行使,也不得规定选任董事决议之效力取决于第三人同意。

股东会选任董事以普通决议为之,具体选举方式有直接投票制与累积投票制之分,此处不赘述。股东会选任董事的决议,存在内容或者程序瑕疵的,适用股东会决议无效、撤销之诉(《公司法》第 22 条)。

通常,董事任职后,即与公司成立委托合同(日本、我国台湾地区称为委任合同)关系,也可以通过签订书面合同明确双方的权利与义务、董事的任期、董事责任以及董事遭提前解职的补偿等内容。董事于任职生效后即开始行使职权。

(2) 就任的时点。对于已经当选的董事何时就任董事职务一直存在争议。从我国公司法实践来看,大致存在三种做法:一是选举决议作出之时,即为董事就任地时点,事后公司与董事之间无须签署聘任合同;二是在决议作出后,公司与当选董事之间尚需签署聘任合同(director’s service contract,简称 DSC),聘任合同生效的时间乃董事就任时点;三是决议作出后,当选董事为公司出具一份单方的就任承诺书,就任承诺书是单方行为,有别于当选董事与董事签订的聘任合同(双方行为)。中国证监会《上市公司治理准则》(2018 年修订)第 20 条规定:“上市公司应当和董事签订合同,明确公司和董事之间的权利义务、董事的任期、董事违反法律法规和公司章程的责任以及公司因故提前解除合同的补偿等内容。”虽然该规定要求签署聘任合同,但仅就该规定文义本身而言并没有明确董事聘任合同是否为董事任职的前提条件。

与选举产生的董事相似,对于以委派、指派方式产生的董事的就任时点,如不要求被委派/指派人与公司签署委托(委任)合同作为其就任的前提条件,则委派、指派命令作出时(多表现为红头人事任命文件发布)为董事就任时点,否则,便以所签署的聘任合同生效时间为就任时点。

5. 董事的解任。

(1) 辞职。董事在任期内可以单方提出辞职,无须公司同意,但须通知公司,该通知原则上以书面为之,公司收到通知之日即为辞职生效之日。如果在股东会、董事会会议上口头提出辞职,公司接受的,当即生效。公司能够举证董事恶意辞职且给自己造成损失的,依据委托合同的法理,有权要求该董事赔偿损失。

(2) 解职。又称董事的更换(removal of directors),就是公司解除在任董事职务,区别于董事任期届满而发生的更替。董事的更换主要涉及的问题如下:

第一,谁来更换。依公司法理,更换董事的机关与方式,与董事的产生方式相适应。在我国,具体而言,首届董事以及股东会选举的董事,由股东会更换;职工以民主方式选举的董事,用同样的职工民主方式更换;委派、指派产生的董事,由委派(指派)方负责更换。

第二,是否需要理由。任期届满前更换董事容易引发争议,且会致讼。尤其在由股东会更换董事的情形下,是否需要说明理由,公司法理论认识不一致,各国立法有两种模式:一是需要说明理由(with cause)。此处的"理由"不是指公司内部权力斗争或者政策分歧,一般是指董事有违信行为。在实务中,更换董事需要说明理由通常作为反敌意收购的防御措施,并经常与董事交叉任期配套适用。二是无须说明理由(without cause)。大多数公司法规定,更换董事可以说明理由,也可以不说明理由,实质上意味着无须说明理由。现代公司法理论认为,更换董事无须说明理由作为一种威慑、约束机制,有利于促使董事勤勉工作。但为了保护在职董事的利益,同时设定了一定的限制条件和程序:其一,公司章程可以作相反规定,如章程规定需要说明理由,则优先适用;其二,若某董事由少数股东投票产生,如通过累积投票选举的董事、由种类股股东选举的董事,更换时需要获得少数股东、种类股股东的同意。

1993 年《公司法》第 47 条、第 115 条规定,董事在任期届满前,股东会不得无故解除其职务。这一规定后被 2005 年修正案删除,现行《公司法》采无须说明理由的立法,但同时没有规定对在职董事的保护措施,不免矫枉过正。

依合同法理,董事如被股东会无故解除职务,可以依据合同法寻求违约责任的救济。在实践中,董事与公司之间的委托合同通常包含了有关董事提前解职的补偿条款,明确了补偿数额。但公司证明董事存在违信行为、丧失董事资格等正当理由的,免予补偿。

(3) 更替。董事任期届满,未获连任的,自然终止董事职务,董事与公司之间的委托合同关系也因得到履行而终止。

(4) 董事会填补空缺。由于特定原因如董事死亡、辞职等,可能导致董事会职位出现空缺尤其是大面积空缺的,填补该空缺属于股东会的固有权力。但是,如只能等待下次股东年会填补空缺,可能严重影响董事会的运转,甚至导致董事会因不足法定人数而无法开会。有鉴于此,有的公司法授权董事会选任董事以暂时填补空缺,任期止于下一次股东会;如获股东会选任,继续任职,落选则停止职务。

我国《公司法》没有规定董事会填补空缺的权力。第 100 条规定,在股份公司董事人数不足法定人数或者章程所定人数的 2/3 时,应当召开临时股东大会解决之。

6. 董事的权利、义务与责任。

(1) 权利。董事个人作为独立的利益主体与公司处于平等地位,所以董事当然享有权利(right)。董事个人的权利主要包括:

第一,知情权。董事的知情权是指董事可以亲自或者通过代理人查阅、复制公司及其子公司的账簿、记录和文件,并可以检查公司财产,以保证适当地熟悉公司经营。该权利旨在确保董事正确履行职责、在董事会决议时作出正确的决策,在保护公司、股东利益的同时也保护董事自己——免于承担错误决策的个人责任。赋予董事知情权的同时,也应当对其行使该权利作出以下必要的限制:①与董事的职责履行存在合理联系;②不会导致公司发生不适当的负担或者费用

(undue burden or expense);③不存在不纯的动机(mixed motives)。

第二,报酬请求权。董事报酬的形式可以是薪金、奖金或者其他形式。自20世纪90年代以来,董事报酬形式呈现多样化,报酬多少与公司业绩之间的相关性得到越来越多的强调,股票与股票期权成为越来越重要的报酬形式。对于董事报酬的决定权,《公司法》第37、99条规定,董事的报酬由股东会决定。

(2) 义务与责任。董事是公司的受托人,对公司负有诚信义务,违反义务应承担违信责任,包括赔偿公司的损失。

四、公司决议瑕疵之诉

(一) 概述

作为一种法律行为,公司决议的成立与生效应当符合法定的要件,如果在内容、程序上存有瑕疵,自然适用法律行为效力瑕疵的规则。当然,公司决议为团体法律行为,为维护团体法律关系的稳定性和保护交易安全,其成立、生效规则也有其特殊性,立法在政策上应注意维护其效力。

关于公司决议瑕疵的分类,大陆法国家(地区)有"三分法"与"二分法"之别。前者分为决议不成立(不存在)、决议无效与决议可撤销,后者分为决议无效与决议可撤销。《公司法》第22条明确规定决议无效与可撤销之诉,但没有明确规定决议不成立之诉。关于我国是否承认决议不成立之诉,理论上存在争议,但只要承认公司决议为法律行为,结合我国民法、公司法的有关规定,可以解释出我国存在决议不成立之诉。①《公司法解释四》并未被《公司法》的文本所局限,其第5条中通过"立法性司法解释"确立了公司决议瑕疵的"三分法"体系,在《公司法》第22条规定的决议无效与可撤销之诉外,另行增加了决议不成立之诉。

不仅从民事法律行为的理论体系与逻辑自洽的角度,"三分法"具有优势,而且从我国公司治理实践与公司诉讼实务的角度,"三分法"更接地气。本书赞成"三分法"的依据具体有三:(1)从法律行为理论看,"三分法"在逻辑上更周延。大陆法系民法一向严格区分法律行为的成立与生效,"二分法"无法涵盖决议不成立。(2)决议不成立具有独立的制度价值,决议无效与可撤销无法予以替代。比如,认定决议不成立的,股东大会/董事会还可以再次作出相同内容的决议;如认定无效,股东大会/董事会不可以这样做。(3)符合现实生活的逻辑。公司实践中确实存在决议不成立的情形,法律不能假装没看见。

(二) 决议瑕疵的"三分法"

1. 决议不成立。根据民事法律行为的理论体系,所谓不成立,是指该行为不具备成立要件。公司决议的成立要件有:(1)有会议召开的事实要件。(2)具备会议召集程序要件,包括:由召集权人召集;向全体股东发出召集通知;决议事项限于会议通知事项。(3)具备决议程序要件,即达到法定的表决权数,符合团体法律行为之逻辑。唯同时满足上述要件,才能说决议成立,否则导致决议不成立。

《公司法解释四》第5条规定了公司决议不成立的情形:

(1) 公司未召开会议,但是依据《公司法》第37条第2款或者公司章程的规定可以不召开股东会或者股东大会会议而直接作出决定,并由全体股东在决定文件上签名、盖章的除外;

---

① 参见李建伟、韦姣娇:《股东大会决议不成立研究》,载梁慧星主编:《民商法论丛》第39卷,法律出版社2008年版。

(2) 会议未对决议事项进行表决；

(3) 出席会议的人数或者股东所持表决权不符合公司法或者公司章程的规定；

(4) 会议的表决结果未达到公司法或者公司章程规定的通过比例；

(5) 导致决议不成立的其他情形。

2. 决议无效。导致决议无效的原因是其内容违法(《公司法》第22条第1款)。此处的"违法"，包括违反法律(狭义)、行政法规的强制性规定或者公序良俗。最高人民法院在制定《公司法解释四》的过程中，曾尝试对决议无效的事由予以类型化，通过总结我国的司法实践经验，认为股东大会/董事会决议内容有下列情形之一的，应当确认无效：

(1) 违反《公司法》第20条规定，滥用股东权利，违反诚信义务，损害公司、股东或者公司债权人的利益的；

(2) 违反《公司法》第37条、第46条、第99条等规定，超越股东大会/董事会职权的；

(3) 违反《公司法》第166条规定向股东分配利润的；

(4) 违反法律、行政法规的强制性规定的其他情形的。

尽管因上述决议无效的类型化事由尚有不足而被生效的《公司法解释四》舍弃，但是对于我国的司法实践仍不失借鉴意义。

3. 决议可撤销。《公司法》第22条规定，股东大会/董事会的会议召集程序、表决方式违反法律、行政法规或者公司章程，或者决议内容违反公司章程的，股东可以请求人民法院撤销。据此，股东大会/董事会决议可撤销的事由分为两类：

(1) 内容违反公司章程。我国《公司法》规定，决议内容违反章程的，可撤销。这主要是从决议撤销与无效的不同效力考虑的。决议撤销之诉的起诉期间有严格限制，逾期不得再提起，以维护决议所涉及法律关系的稳定。决议无效之诉没有起诉期间的限制，决议所涉及的法律关系长期处于不稳定的状态。因此，只有严重的内容瑕疵才作为无效处理，所以将违反公司章程的情形排除在外。

(2) 程序违法违章。股东大会/董事会的会议召集程序、表决方式违反法律、行政法规或者公司章程的。公司法规定程序瑕疵的决议可被撤销，突出了程序正义的法理念，体现了程序的独立价值。某种意义上，公司决议的作出就是一个程序问题，程序正义是公司决议的生命线，有效的决议离不开对法定程式的严格遵守，程序是否正当往往关系着股东尤其是少数股东的权益。但是，公司决议毕竟属于团体法律行为，会议成本巨大，且关系到公司经营效率、团体法律关系的稳定和交易安全，所以并非决议存在任何程序瑕疵都可被撤销。

但是，在我国司法实践中，对于决议程序瑕疵情节显著轻微、法院认为不影响决议结果的，一般不判决撤销。《公司法解释四》第4条规定，股东请求撤销股东大会/董事会决议，如果会议召集程序或者表决方式仅有轻微瑕疵，且对决议未产生实质影响的，人民法院不予支持。而且，可撤销的决议瑕疵也可以事后自愈。例如，针对股东撤销股东大会决议的请求，公司有证据证明决议作出后股东明确表示同意或者以自己的行为表明接受决议内容，或者公司已经撤销决议的，法院可以驳回股东的诉讼请求。

(三) 公司决议瑕疵之诉

公司决议瑕疵的救济方式，表现为决议效力瑕疵之诉，主要制度价值在于保护少数股东。与瑕疵类型相对应，公司决议瑕疵之诉也包括决议不成立之诉、决议无效之诉与决议可撤销之诉。

其中，前两种诉讼都属于确认之诉，对于起诉期间与原告资格均无限制；但对于撤销诉权的行使，各国（地区）立法大都规定了限制措施。

1. 关于原告。《公司法》第 22 条第 2 款将可撤销决议之诉的原告限定为股东，《公司法解释四》第 2 条也要求原告在起诉时具有股东身份。关于股东的原告资格，通说认为，缺席会议的股东、无表决权股东、决议后取得股权的股东均可为原告。但出席会议且未对决议瑕疵提出异议的股东是否适格，立法的分歧较大。《公司法》对股东的原告资格不设任何限制，值得肯定，因为这样可以保护那些尽管在表决中同意议案，但当时并不知道召集程序、表决方法有瑕疵的股东，且能督促内部人严格按照程序要求召集、主持会议与实施表决行为。

对于决议不成立、无效之诉的原告范围，《公司法》第 22 条未予明确，对此，《公司法解释四》作出了补充，其第 1 条将原告限定为公司股东与董事、监事与高管等。

2. 关于被告与第三人。依据《公司法解释四》第 3 条规定，原告请求确认公司决议不成立、无效或者撤销决议的案件，应当列公司为被告。在一审法庭辩论终结前，其他有原告资格的人以与原告相同的诉讼请求申请参加诉讼的，可以列为共同原告。其他与请求确认公司决议不成立、无效或者撤销决议案件有利害关系的人，可以依法列为第三人。

3. 关于起诉期间。起诉期间的限制有利于督促股东行使撤销诉权，以保持团体法律关系的稳定。《公司法》第 22 条第 2 款规定，股东应当自决议作出之日起 60 日内提起撤销之诉。《最高人民法院关于适用〈中华人民共和国公司法〉若干问题的规定（一）》（简称《公司法解释一》）第 3 条规定，原告提起决议撤销之诉超过 60 日期限的，法院不予受理。可见这一期间不属于诉讼时效期间，也不属于除斥期间，不适用中止、中断和延长的规定。

关于期间的起算，《公司法》第 22 条第 2 款规定的 60 日的起诉期间从“决议作出之日”起算，而不是“从知道或者应当知道该决议作出之日”起算，其隐含前提是所有的股东都知道会议的召开与决议的作出。对此存在的问题是，不仅对被遗漏未获通知而且事后也不知道决议存在的股东不公平，且有鼓励控制人故意不通知与其对立的股东之嫌。

4. 关于诉讼担保。《公司法》第 22 条第 3 款规定法院可以要求股东提供相应担保。要求诉讼担保的目的是避免股东恶意滥诉，是否要求原告提供担保以及担保数额，则由法院自由裁量。如股东不愿或不能提供担保，诉讼可能因此终止。

5. 判决效力。原告胜诉的，公司决议瑕疵之诉判决的效力体现在四个方面：

（1）具有溯及力。具体而言：决议被确认不成立的，视为自始不存在，由于不涉及效力评价问题，所以事后还可以作出相同内容的决议；决议被确认无效的，自始不生效力，因为内容被确认违法，所以不得再作出内容相同的决议；决议被撤销的，亦溯及决议成立之时无效。基于被宣告不成立、无效、撤销的公司决议而实施的变更登记事项，在判决生效后，公司应当向登记机关申请撤销变更登记（《公司法》第 22 条第 4 款）。

（2）具有对世效力。三类诉讼判决均发生对世效力，即判决的效力及于原告股东、被告公司以及任何第三人，任何人不得再主张决议有效。

（3）对原告的效力。三类诉讼针对的是股东会、董事会的决议而非其他，目的是纠正违法决议，在性质上分别属于确认之诉、确认之诉、形成之诉。所以，如该瑕疵决议已获全部、部分执行并给公司、股东造成损失，受害公司、股东只能另外提起损害赔偿的给付之诉。

（4）对被告的效力。决议瑕疵之诉的被告都是公司。尽管决议由股东大会、董事会作出，但视为公司的意思,股东大会、董事会也不具有诉讼主体地位。公司作为被告一旦承担了包括诉讼费在内的不利后果,可以依据《公司法》第 20 条、第 112 条、第 149 条的规定获得相应的救济,即追究违信股东、董事的赔偿责任;公司怠于追究的,适用股东代表诉讼。

(5) 保护善意第三人。对基于撤销前的公司决议而产生交易关系的善意第三人,适用表见代理或表见代理规则予以保护。《民法总则》第 85 条规定:“营利法人的权力机构、执行机构作出决议的会议召集程序、表决方式违反法律、行政法规、法人章程,或者决议内容违反法人章程的,营利法人的出资人可以请求人民法院撤销该决议,但是营利法人依据该决议与善意相对人形成的民事法律关系不受影响。”相应地,《公司法解释四》第 6 条也作出了类似的规定,即“股东会或者股东大会、董事会决议被人民法院判决确认无效或者撤销的,公司依据该决议与善意相对人形成的民事法律关系不受影响”。上述规定对于瑕疵决议之效力不仅区分了内部和外部关系,而且进一步区分了相对人的主观善意与恶意,并对善意相对人予以保护。

五、监事会

(一) 监事会概述

1. 概念。监事会(board of supervision),是指依法产生,对董事、经理层的经营管理行为及公司财务进行监督的法定常设机构。与公司的其他组织机构相比,各国和地区公司法对监督机构的设置与称谓差异最大:有的不单设监督机构,如美国;单设专门监督机构的,有的称为监事会,有的称为监察委员会,有的称为监察人。本书通称监事会。

综观各国和地区公司监督机构的设置,主要存在四种设置模式:(1) 英美公司法不单设监督机构,由董事会履行监督职责,即由外部董事组成的审计委员会负责,英国还设有审计员专司财务审计。(2) 德国在董事会之上设置监事会,负责监督董事会的业务活动。(3) 日本、韩国以及我国台湾地区在股东会之下设置平行的董事会和集体制的监事会或者独任制的监事,日本公司法还允许公司选择设置“三委员会”或监事会。由监事会负责对董事会、经理的业务监督。(4) 法国允许自由选择,公司可以选择设置或不设置监事会。我国公司的监督机构设置基本上沿用了第三种模式,在监事会的组成上吸取了德国的职工参与制,在监事会的职能上更接近于日本的规定。

监事会的法律特征如下:

(1) 是依法定程序产生的公司必备常设机关。我国《公司法》要求任何公司都必须设监事(会),履行日常经营管理监督职能。监事(会)是常设机构。

(2) 是公司的专门监督机构。监事会的监督职能一般包括对董事、经理的经营行为的业务监督和对公司财务的监督。

(3) 独立行使职权。监督者的独立性是监督机制有效的基本前提。为此,各国公司法都很重视对监事会行权独立性的保障。在我国,监事会与董事会独立并行,监事会行权不受董事会的干涉。

(4) 监事个人与监事会集体并行行权。依监督机关的组织形式不同,可将其分为独任制和集体制。在我国,监事会成员作为个人,虽然不能作为公司机关存在(不设监事会的有限公司设立 1—2 名监事的除外),但法律仍然赋予监事可单独行使的两项职权,即董事会会议列席权和董事会决议事项的质询权(《公司法》第 54 条)。

2. 法律地位。在我国,监事会的法律地位可以从三个方面描述。

(1) 是解决代理问题的制度安排。解决现代公司的股东与管理者之间的委托—代理问题，除了依赖外部市场与股东自身的监督外，公司内部的监督机制也必不可少。监事会就是公司内部监督机制的一种典型制度安排，监事会履行职责的过程就是解决“代理问题”的过程，股东通过支付较低的“监督成本”意欲降低较高的“代理成本”。所以，监事会就是股东委托的监督代理人，代表股东监督股东委托的管理人——董事与经理。

(2) 是公司权力制衡机制的一环。在股东会之下设置平行的监事会与董事会，监事会与董事会彼此并无隶属关系，是平行对等的制衡关系。可见，监事会的独立设置既符合权力制衡的要求，又符合效率的原则。

(3) 是专门的监督机构。与德国公司的监事会不同，我国的监事会仅是公司的监督机构，不是公司的决策管理机构，不能直接干预公司的业务决策和日常经营管理。除诉讼外，对外也不能代表公司。

（二）监事会的职权

1. 基本职权。《公司法》第53、54、118条规定，监事会、监事享有下列职权：(1)检查公司财务；(2)对董事、高管执行公司职务的行为进行监督，对违反法律、行政法规、公司章程或者股东会决议的董事、高管提出罢免的建议；(3)当董事和高管的行为损害公司的利益时，要求董事和高管予以纠正；(4)提议召开临时股东会会议，在董事会不履行《公司法》规定的召集和主持股东会会议职责时召集和主持股东会会议；(5)向股东会会议提出提案；(6)代表公司对董事、高管提起诉讼；(7)发现公司经营情况异常时进行调查；(8)列席董事会会议，并对董事会决议事项提出质询或者建议；(9)公司章程规定的其他职权。

关于监事会的行权保障，总结过往经验、教训，现行《公司法》加强了监事会行权的保障措施，主要有：(1)监事会调查公司经营情况时，可以聘请会计师事务所等协助其工作，以弥补监事专业知识的不足，由此产生的费用由公司承担(第54条第2款)。(2)监事会、监事行权所必需的费用，由公司承担(第56条)。

2. 我国监事会制度的失效现象。多年来我国有关监事会的制度实效一直不强，甚至存在形同虚设的状况，成为最尴尬的公司组织机构，更被好事者讽喻为“聋子的耳朵”。究其原因，大致有四：

(1) 根本的原因。任何监督机制有效的一个基本前提，就是监督者在组织、利益、身份等方面独立于被监督者。但在过于集中的股权结构下，监事会恰恰易于丧失其独立性。多数股东不仅控制了股东会、董事会与经理，也控制了监事会，监事会在组织上不得不依从多数股东及其代言人——董事会、经理的安排。集中股权结构下公司治理的主要代理问题存在于少数股东与多数股东之间，而监事会对此代理问题的解决无能为力，形同虚设在所难免。

(2) 法律上的原因。1993年《公司法》关于监事会的规定存在不少缺陷，突出表现在监事会的职权配置缺少实质性内容，缺乏行权机制。现行《公司法》一定程度上加强了监事会的职权配置，改善了行权保障，仍不足以根本改变现行局面。在立法者看来，监事会毕竟是作为监督机构存在的，如果监督职权过大，可能影响公司经营决策的效率。

(3) 体制上的原因。在国有公司，监事多由工会主席、党委副书记、纪委书记等人兼任，与董事长、总经理等监督对象存在党政职务上的上下级关系，使其在身份、利益关系上难以独立。同时，由于约束机制的缺位，消极怠工甚至与被监督者沆瀣一气的监事很少被追究法律责任。

(4) 监事自身的原因。缺乏必要的激励与约束机制,是监事怠于行权的内在原因。公司立法与实务中普遍缺乏监事业绩评估体系,更无相应的激励措施,监事没有工作积极性。多数监事不具备基本的财务、经营管理知识,专业素质无法胜任财务、业务监督工作。

目前公司监督机制面临的最大困惑,是如何摆正监事会与独立董事、审计委员会的关系。监事会从日本公司法等借鉴而来,独立董事、审计委员会从美国公司法移植而来。可以说,我国公司监督制度正在经历理论和实践两方面的检讨。如何改造原有监督体制,创造性地配置监事会和独立董事、审计委员会的监督职能,需要进一步的探索。

(三) 监事会的组成

1. 人数。监事会的人数应视公司类型、规模、业务管理和经营范围而定。各国公司法一般都不对监事人数的上限作硬性规定,而授权公司自行确定。《公司法》第 51 条、第 70 条、第 117 条规定,公司监事会的成员不得少于 3 人;国有独资公司监事会成员不得少于 5 人;股东人数较少或者规模较小的有限公司可以只设 1—2 名监事。可见,监事会没有法定的人数上限。实践中多数公司的监事会规模不大,上限多在 5—7 人,其中有奇数也有偶数。

2. 成员结构。关于监事的组成,传统公司法中监事会成员一般是从有行为能力的股东中选任。进入20世纪后,监事会的成员结构因是否实行职工参与制而有所区别:不实行职工参与制的,监事均为股东代表;实行职工参与制的,监事会中有一定比例的职工代表,具体比例多在 1/3—1/2 之间。

我国实行职工监事制。依《公司法》第 51 条、第 70 条、第 117 条规定,监事会应当包括股东代表和适当比例的公司职工代表,其中后者不得低于 1/3,具体比例由公司章程规定。

监事的选任因其来源不同而有所区别。股东代表监事的选任,由股东会选举产生,其选举的方式与董事相同;职工代表监事必须具有职工身份,通过职工代表大会、职工大会或者其他形式民主选举产生。在职工持股的公司中,许多职工具有股东、职工的双重身份,但由于持股比例很小,职工股东大都以职工身份当选监事。

受独立董事的启发,有人建议我国引入独立监事制度。这一建议需要研究。

3. 监事会主席。《公司法》第 51、70、117 条规定,设监事会主席 1 人。在股份公司,还可以设立副主席 1 人(以上)。监事会主席、副主席由全体监事过半数选举产生,在国有独资公司由国资委在监事会成员中指定。

(四) 监事会会议

1. 会议的概念与种类。监事会主要通过监事会会议形成集体意思,行使职权。监事会会议分为定期会议和临时会议。《公司法》第 55 条、第 119 条规定,有限公司监事会每年度至少召开一次会议;股份公司监事会每 6 个月至少召开一次会议。监事可以提议召开临时监事会会议,一经提议,召集人即负有法定的召集义务。公司章程可以规定定期会议的召开次数、时间以及召开临时会议的情形。

2. 召集与主持。监事会主席召集和主持监事会会议;主席不能履行职务或者不履行职务的,由副主席召集和主持监事会会议;副主席不能履行职务或者不履行职务的,由半数以上监事共同推举 1 名监事召集和主持(《公司法》第 51 条、第 17 条)。

3. 决议。与董事会一样,监事会作为委员会机构,其决议的有效成立须符合两个程序要求,即出席监事满足法定人数与决议通过符合法定比率。《公司法》第 55 条、第 119 条规定,"监事会决议应当经半数以上监事通过”。此处的“监事”应当理解为全体监事而非出席会议的监事。据此可以推出，监事会会议至少须有半数以上监事出席（包括代理出席）方为合法。需要指出的是，由于监事会人数可为偶数，故此处的“半数以上”的用语显然不妥，建议下次修订时改为“过半数”。

4. 会议记录。《公司法》第 55 条、第 119 条规定，“监事会应当对所议事项的决定作成会议记录，出席会议的监事应当在会议记录上签名”。实践中，监事签名时可以要求在记录上对其在会议上的发言作出某种说明性记载，会议记录作为公司档案保存。

5. 参照适用。公司法关于监事会的会议程序的规定比较简陋，需要章程对会议通知、议事方式、表决程序、监事表决权的行使等各个环节作出具体规定。在法理上，同为委员会制的公司机构，监事会与董事会的会议程序应该是相通的，所以《公司法》关于董事会会议程序的规定可以参照适用于监事会。

（五）监事

监事在资格、选任、解任、义务与责任等方面与董事基本没有区别，值得关注的特殊性主要有二：

1. 监事资格的特别规定。本公司的董事、高管不得兼任监事（《公司法》第 51 条、第 117 条）。

2. 监事任期的特殊设计。各国公司法规定的监事任期一般比董事短，且实践中监事与董事的任期多着意错开，以防止监事与董事协调利益而失去监督功能，甚至相互勾结。《公司法》规定监事的任期与董事相同，每届 3 年，连选可以连任。对比之下，这一规定需要改进。

六、经理

（一）定义

1. 大陆法的定义。“经理”一词，在大陆法上的含义相当复杂。在民商分立的国家（地区），由商法典总则部分对经理作出规定。如我国澳门地区《商法典》第 64 条第 1 款从主体角度对经理下了一个功能式的定义：“经理系指商业企业主委任以经营企业之人，该委任得按商业习惯以任何职务名称为之。”据此，经理可以有多个名称或职务，实质特征在于受企业主委托负责企业的经营。

在民商合一的国家（地区），由民法典从契约角度界定经理的地位。如我国台湾地区“民法”债编第 553 条第 1 款规定：“称经理人者，谓由商号之授权，为其管理事务及签名之人。”据此，经理与企业乃委任契约关系[①]，本质在于受托负责企业管理事务，即综理公司事务之人。[②]

但民商法典关于经理的定义仅属于一般规定，不能完全适用于公司经理。公司经理的具体职权、地位等还需依赖作为组织法的公司法具体规定。大陆法系公司法大多将经理的设置及经理权的授予纳入公司自治的范围，立法不作强行规定，只设立示范性、任意性条款予以引导。

2. 英美法的定义。英美法上的“经理”一词在判例法和成文法中的含义有别。在判例法，“经理”（manager）意指被选任以经营、指导或管理公司及其分支机构事务的人。

但在成文法上，“经理”属于“高级职员”（officer）的一种。凡具体执行董事会的决策、负责

---

① 参见柯芳枝：《公司法论》（增订 5 版上卷），三民书局 2002 年版，第 62 页以下。

② 参见陈自强：《代理权与经理权之间——民商合一与民商分立》，元照出版公司 2006 年版，第 207 页。

公司日常经营管理的人员统称为“高级职员”,公司可以在章程中自行定义高级职员的任何职务与称谓。

3. 我国法的定义。我国没有民法典、商法典,《民法通则》《合同法》等民事立法没有关于“经理”的定义,有关经理的规定仅见于《公司法》。虽然《公司法》也没有直接定义经理,但从相关规定可以总结出经理的基本内涵,即由董事会聘任并对董事会负责、主持公司生产经营管理工作与组织实施董事会决议的自然人(第 49 条)。详细分析见下文关于“经理的法律地位”。

(二) 经理权

1. 经理权的授予。经理权,是公司经理在法律、公司章程或契约规定的范围内执行受托事务所需要的一切权利。

经理权与经理职权其实是不同的概念。经理权作为一个一般性概念,是基于经理这一职位而取得的所有必需的权利(力),包括在公司外部的代表权(利)和公司内部的经营管理权(力)。经理职权是一个具体的概念,其内容虽涉及对外关系之调整,但主要是公司对内关系之调整,在内容上主要指权力,侧重于从公司组织机构的角度规定经理在公司治理中享有的职权。我国《公司法》没有确立经理权概念,只列举了经理职权,其含义与经理权也不完全相同。

2. 经理权的内容。

(1) 基本原理。大陆法公司经理权属于商事代理权的一种,主要表现为两大权能:内部的管理权能和对外的代表权能。大陆法系各国商事立法多侧重于规定对外的代表权能,对内的管理权能则留给公司章程自行规定。

管理权能是指经理在公司内部享有的处理经营管理事务的权力,主要用于对抗股东、董事或监事。其依据在于公司与经理之间的基础法律关系,如雇佣关系、委任关系等。

代表权能是指经理以公司名义对外进行经营活动,如与第三人缔约,使公司直接承担该契约法律后果的权利。其依据在于公司与第三人发生外部关系时,经理基于其职位而获得的代表权。

英美法的经理的内部管理权限范围一般都由公司组织章程(章程细则)或董事会决议规定。具体到经理的内部管理权能,与大陆法系基本一样,包括经理应该拥有授予公司首要管理人员的一切权力,以及董事会随时规定的其他权力。

但在外部代表权能上,英美法不区分代表与代理的概念,凡经理以公司名义实施的行为即为公司行为,不存在经理“代表权”与公司代表权的混淆问题。但经理之对外代表权由公司法明确规定,即便组织章程(章程细则)有相反规定,亦不得以之对抗第三人。

(2) 我国的规定与实践。关于经理权,《民法总则》第 170 条规定:“执行法人或者非法人组织工作任务的人员,就其职权范围内的事项,以法人或者非法人组织的名义实施民事法律行为,对法人或者非法人组织发生效力。法人或者非法人组织对执行其工作任务的人员职权范围的限制,不得对抗善意相对人。”这一规定,民法学者称为职务代理,商法学者通常称为商事代理,适用于包括经理在内的工作人员就其职权范围内以公司名义实施的职务行为(代理行为)。

关于经理职权,根据《公司法》第 49 条、第 113 条规定,经理享有下列职权:“(一)主持公司的生产经营管理工作,组织实施董事会决议;(二)组织实施公司年度经营计划和投资方案;(三)拟订公司内部管理机构设置方案;(四)拟订公司的基本管理制度;(五)制定公司的具体规章;(六)提请聘任或者解聘公司副经理、财务负责人;(七)决定聘任或者解聘除应由董事会决定聘任或者解聘以外的负责管理人员;(八)董事会授予的其他职权。但公司章程对经理职权另有规定的,从其规定。经理列席董事会会议。上述规定的要点在于：

第一，与域外立法相比，我国公司法有点反其道而行之的意味：详细规定经理的内部管理权限，但未明确经理的对外代表权。但实际上最需要立法明确的恰恰是经理的对外代表权。结合有关民商法的规定可以看出，我国关于经理的“代表权”的立场与大陆法的基本原则是一样的，即：经理职位本身并非公司的法定代表机关，故不享有公司代表权，除非其依据公司章程的规定担任了公司法定代表人（《公司法》第13条）。所以，不担任法定代表人的经理对外以公司名义活动如签约的，应被视为公司的代理人而非代表人，经理超出公司内部的权力限制而进行活动的，善意第三人受到“表见代理”（《合同法》第49条）而非“表见代表”（《公司法》第50条）的保护。

第二，经理的内部管理权能并不是法定的，立法所列举的上述职权是任意性的、示范性的，公司章程以及董事会都可以扩张或者限缩经理的职权。在这一点上，我国的规定与域外规定一致。

（三）经理的法律地位

1. 国外的基本情况。传统大陆民商法上，视经理为商业代理人，与公司之间适用委任关系。大陆法系多数国家不强制要求设立经理，视其为依公司章程任意设定的业务执行辅助机关，对其职权的授予也不作干预。

英美法系公司法将公司的经营管理权完全委诸董事会，是否设置经理取决于董事会的工作方式，经理仅为公司的高级雇员而已。因此，尽管经理的作用越来越普遍地受到重视，但英美法系公司法对是否设立经理及其职权内容都不作强制性规定。

总之，在各国公司立法上，经理不被认为是独立的公司机关，多被视为公司代理人，至多承认其为董事会的辅助机构。多数公司法也不认为是必设机关。由此可见，在关于公司治理结构的正式法律安排中，经理不具有独立的法律地位。尽管在这些国家的公司实践中，经理是事实上的公司必设、常设机构，且居于事实上的权力中心。这说明，绝大多数国家公司立法与现实之间存在很大的落差。

2. 我国的规定与实践。可以从以下几方面描述我国《公司法》上经理的法律地位：

(1) 是公司任意或者必设机构。依据《公司法》第49条、第68条、第113条，有限公司可以设经理，国有独资公司与股份公司必设经理。

(2) 是公司常设的独任制机构。经理负责公司日常经营管理，当然为常设机构。经理为一个自然人，当然为独任制机构。

(3) 是公司执行辅助机关。经理由董事会聘任与解聘，受董事会之托负责公司日常经营管理事务的执行，故为董事会这一公司执行机关的辅助机关。

(4) 是公司高管之一。《公司法》第216条第1项规定，公司高级管理人员，是指公司的经理、副经理、财务负责人，上市公司董事会秘书和公司章程规定的其他人员。尽管各个公司章程可以自行定义高管的范围，但经理属于法定的高管之一。

(5) 是公司的首要高管。与股东会、董事会、监事会不同，经理机关并非会议形式的机关，其行为不需要通过会议以多数决形成决议即集体意思，而是以经理层的最高领导者即经理的个人意志为准。虽然公司也设副经理、地区经理、部门经理、分公司经理等，但他们都是在经理的领导下协助工作的人员。公司的经理层实行垂直命令的官僚层级体制，经理居于这一层级结构的最顶端，是公司日常经营管理事务的总负责人。

(6) 是公司的受托人。公司经理不同于董事、监事的选举方式，而是由董事会聘任产生。因为经理由董事会聘任，其权力由公司章程、董事会决定，所以经理与董事会之间存在经济学上所说的委托—代理关系，而不是垂直领导关系。有的公司法著述上所谓的“董事会领导下的总经理负责制”的提法，既是不准确的，也是有误导性的。

董事会是代表公司委托经理负责公司经营管理的，这决定了经理与公司内部之间存在委托关系。我国通说认为，公司与经理之间可以适用委托合同的规定。

(7) 是公司的职工之一。在我国，经理与公司之间还存在劳动合同关系，经理享有劳动合同规定的权利，承担劳动合同规定的义务，受劳动合同法保护。

【本节前沿问题】

我国公司治理结构的现状与问题

我国目前公司治理的现状及问题在内部治理结构层面主要表现为：(1) 股权结构失衡问题严重，国有股一股独大，居绝对控股地位。(2) 董事会独立性较弱，其科学自主决策的功能受到很大限制，这主要表现为内部董事比例过高，独立董事作用有限，董事会决策机制落后，董事会受制于控股股东特征十分明显。(3) 处于从属地位的监事会监督职能虚化，未能真正起到事前监察的作用。(4) 经理层激励机制扭曲，非报酬激励作用大于报酬激励，高级管理人员年度报酬与公司经营绩效相关程度不高。

在公司外部治理层面主要表现为：(1) 经理市场尚不完善，经理等公司管理层的产生主要通过非市场化手段。(2) 公司控制权市场尚不完善。(3) 利益相关者治理机制欠缺，债权人未能在公司治理中发挥应有作用。

独立董事制度的评价与完善

在对独立董事制度的价值功效上，学术界和实务界存在两种截然不同的观点：

(1) 肯定说。认为独立董事制度有利于促进董事会的改造，通过独立董事制度增强董事会的监督职能，可有效填补监事会监督的盲区。(2) 否定说。认为大多数独立董事都未能发挥相应的功效。独立董事往往只得到有限的信息，很少能够有效地指导公司运作；独立董事在履行职责方面投入时间不够；独立董事充其量只是公司治理的装饰品。

尽管对独立董事制度存在各种不同意见，其实际效果也不尽如人意，但完全否定独立董事制度也根据不足。总的来说，由于独立董事的特殊任职要求和享有的特别职权，的确能够发挥一般董事和监事难以发挥的作用。但不能对独立董事制度期望过高，仅仅依靠独立董事制度来彻底解决上市公司所有权与经营权高度分离所产生的“代理问题”是不现实的，上市公司治理的改善不仅依赖于监督机制的建立，激励机制与约束机制的完善也非常重要。

【本节思考题】

1. 股东会中心主义、董事会中心主义、经理中心主义的立法表达与实践状况，为何出现了极大偏差？
2. 违法高管任职资格的选举效力如何？如何善后处理？
3. 股东会决议不成立之诉有独立的必要性吗？为什么？
4. 有限责任公司的出资和股份有限公司的股份有何区别？
5. 有限责任公司的出资证明书和股份有限公司的股票有何区别？

6. 试述《公司法》关于有限责任公司股权转让的规定。

7. 对股份或股票可以作哪些分类？ 各种分类的区别有哪些？

8. 试述《公司法》关于股份有限公司股份转让的规定。

9. 试述《公司法》限制公司回购自身股份的原因。

10. 试分析隐名实际出资人与名义股东之间的关系。

第八节 公司的合并与分立

一、公司的合并

（一）概念

公司合并(corporate merger and consolidation,corporate combination),指两个以上的公司订立合并契约,依照法定程序归并为一个公司的法律行为。公司合并的法律特征是:

1. 是一种法律行为。公司合并的基础是合并协议,合并协议在性质上属于合同行为,交易的当事人是两个以上的公司,交易的后果是两个以上的公司归并为一个公司,属于公司组织的变更行为。因而,公司合并应当遵守合同法、公司法的规定。

2. 是一种人格的合并。关于合并的性质,理论上有人格合一说和现物出资说。通说认为两个以上的公司合而为一是人格合并(合一)[①],本质上属于人格的继承。

3. 严格遵守法定的条件和程序。公司合并必然涉及相关利害关系人的利益,法律为此规定了严格的条件和程序。

（二）分类

1. 法定分类。《公司法》第 172 条规定,公司合并的形式可分为吸收合并和新设合并。

新设合并(consolidation),又称联合,指两个以上的公司合并为一个新设公司(new corporation)。合并各方全部消灭,称为消亡公司(disappearing corporation)。如,A 公司与 B 公司合并为 C 公司。新设公司获得消亡公司的全部财产并承担全部债务。新设合并在法律性质上属于一种特殊的公司设立。所以,新设合并除了适用公司法关于合并的规定外,还应当适用公司法关于公司设立的规定。

吸收合并(merger),也称兼并(狭义),指一个公司吸收其他公司,被吸收的公司解散。如,A 公司兼并 B 公司,B 公司消灭,A 公司成为存续公司(surviving corporation)。吸收合并的主要特征在于参与合并的公司中有一个公司成为存续公司,其余消灭,存续公司获得消亡公司的全部财产并承担其全部债务。

根据被兼并公司的不同组织类型,吸收合并可分为同类吸收合并与异类吸收合并。前者指发生在股份公司之间或者有限公司之间的吸收合并,存续公司的性质一般不变;后者指股份公司与有限公司之间的吸收合并,存续公司的性质可能是股份公司或者有限公司。

2. 吸收合并(兼并)的几种技术方式。在吸收合并中,被兼并的公司将消灭。在公司人格消灭前,被兼并公司的资产或者股权先转移给兼并公司,兼并公司支付的对价一般是现金或者股

① 参见[韩]李哲松:《韩国公司法》,吴日焕译,中国政法大学出版社 2000 年版,第 89-92 页。

份。这样,吸收合并的技术方式在逻辑上分为:

(1) 以现金购买资产。即兼并公司以现金购买被兼并公司的全部资产(包括债权和债务),被兼并公司失去全部资产,获得兼并公司支付的现金。被兼并公司解散,债权、债务全部转移,无须清算。被兼并公司股东依据其股权分配所得的现金。

(2) 以现金购买股份,即现金合并(cash merger),允许兼并公司向被兼并公司的股东直接支付现金"买断"(cash out)股东的股份,被兼并公司的股东接受现金作为其股份的对价,兼并公司成为被兼并公司的唯一股东,然后解散被兼并公司,被兼并公司的全部权利、义务由兼并公司承受。

(3) 以股份购买资产。即兼并公司以自身的股份购买被兼并公司的全部资产(包括债权和债务),被兼并公司失去全部资产,而仅拥有兼并公司的股份。被兼并公司解散,债权和债务已全部转移,无须清算。被兼并公司的股东分配兼并公司的股份,成为兼并公司的股东。

(4) 以股份购买股份,即易股合并(share exchange merger),被兼并公司的股东直接接受兼并公司的股份作为合并对价。易股合并是一种传统的合并方式,合并完成后,被兼并公司的股东获得兼并公司的股票而成为其股东。

在以上四种基本的兼并技术基础上,还可以衍生出复杂形态的兼并方式,如三角合并(triangular merger)、反三角合并(reverse triangular merger)、两步合并(two-step merger)、事实合并(de facto merger)等。

3. 与类似概念的区别。

(1) 与公司并购的区别。公司并购(M & A,merger and acquisition)是指一切涉及公司控制权转移与合并的行为,它包括资产收购(营业转让)、股权收购和公司合并等方式。其中所谓"并"(merger),即公司吸收合并(兼并);所谓"购"(acquisition),即公司收购,包括资产收购与股权收购。可见,公司并购更像是一个集合概念,包含若干行为类型。

我国《公司法》没有使用"公司并购"这一概念。我国的一些行政规章立法文件上使用了这一概念,但含义并不统一。学界一般认为,公司并购相当于兼并(merger)和收购(acquisition)的合称。如此,公司合并与公司并购就是既有区别(公司合并不包括公司收购,公司并购不包括新设合并)又有交叉重合(兼并既属于公司合并,又属于公司并购)的概念。

(2) 与公司收购的区别。在我国,公司收购作为法律概念见于《证券法》第四章即"上市公司的收购"。此处的"公司收购",指收购公司通过购买目标公司的资产或者股权来达到控股目标公司的目的,包括资产收购与股权收购。可见,公司合并与公司收购从概念上应该属于并列关系,同属于公司并购的下属概念。二者的联系在于:收购达到一定程度后,收购公司与目标公司也可以合并,包括收购公司兼并目标公司,或者二者新设合并为新公司。如《证券法》第99条规定:"收购行为完成后,收购人与被收购公司合并,并将该公司解散的,被解散公司的原有股票由收购人依法更换。"二者的区别在于:

第一,公司收购在本质上是买卖行为,而公司合并的本质是公司人格的合并。

第二,在后果上,公司收购完成后,收购方与目标公司仍然存续。比如,通过要约、协议收购取得目标公司控股权的,收购公司与目标公司之间形成母子公司。

第三,在身份上,公司收购人既可以是公司等企业法人组织,也可以是自然人(如MBO,即管理层收购)、非企业法人(如政府)或者非法人组织(如合伙企业)等;而公司合并的主体仅限于公司。

公司收购又分为资产收购与股权收购。公司合并与资产收购的差异在于:资产收购是一个公司购买并移转另一公司的部分或全部资产，收购公司与被收购公司在事后仍然存续；而在公司合并中，概括转移被解散公司的全部财产而非部分资产，且必然导致至少一方解散。公司合并与股权收购的差异在于：股权收购是一个公司收买另一公司的股权以取得控股权，收购公司和目标公司在事后仍然存续；而公司合并必然导致至少一方解散，不存在控股问题。

（三）意义

总体上，公司合并具有促进生产要素合理流动，实现社会资源优化配置，促进产业结构、企业组织结构和产品结构调整等积极作用，是实现规模经济的可行性手段。但同时也可能产生垄断和妨碍竞争的负面效应。立法一方面允许、规范公司合并，另一方面也要防止垄断问题。

公司合并是公司经营中经常发生的行为，合并各方常常主动或被动地作出合并的抉择。就合并后存续或新设的公司而言，合并的动因主要有：减少竞争对手，或者对抗竞争对手；产生互相协作、取长补短的效果；迅速发展公司业务，增强公司实力。就被合并方而言，动因主要有：公司营业不景气，濒临破产的自我救赎；股东的退出机制。

（四）合并的程序

为确保合并顺利进行以及保护各方当事人利益，公司合并必须按照法定的程序进行。各国公司法关于公司合并程序的规定大同小异。我国《公司法》规定的公司合并程序是：

1. 订立合并协议。《公司法》第 173 条规定必须订立合并协议，但未规定其内容。参照《关于外商投资企业合并与分立的规定》，合并协议主要条款包括：合并后公司的注册资本；合并形式；合并各方债权、债务的承继方案；职工安置办法等。该条规定的“合并各方”是指合并公司而非合并公司的股东。因此，无论采哪种合并方式，都由合并的公司而非其股东签订合并协议。

2. 通过合并决议。公司合并是公司的重大事项，决定权在股东会。如果公司合并影响到了种类股份的利益，种类股份有权作为单独表决权集团（separate voting group）对合并协议进行表决；未经其同意，不得进行合并。依《公司法》第 37 条、第 43 条、第 46 条、第 99 条、第 103 条、第 108 条第 4 款，公司合并由董事会制订并提出方案，交股东会决议；参与合并的各公司须经各自的股东会以特别决议通过合并协议。另依《公司法》第 66 条，国有独资公司的合并应由国资委决定，其中重要的国有独资公司合并，应当由国资委审核后报本级人民政府批准。

合并协议订立与股东会决议通过孰先孰后，理论上有所争议。在实践中，往往是管理层在得到公司董事会的授权后开始合并谈判，并代表各自公司拟订合并协议这种“联姻契约”（marriage contract），其中各方公司股东最关注的是他们将得到什么。拟订的合并协议草案需经合并的各公司董事会的同意，而后提交给各自的股东会决议。合并各方公司股东会通过合并决议后，合并协议才发生法律效力，始可付诸履行。为了保证协议签订的严肃性和防止可能出现的意外，合并协议中可附合同的生效条件，即加上“本协议经合并各方股东会通过后生效”的字样。

3. 编制资产负债表和财产清单。合并各方应编制资产负债表和财产清单，以供债权人查询。资产负债表应明确公司资产的借贷情况，财产清单应将公司所有的动产、不动产、债权、债务及其他资产分别注明。

4. 通知、公告债权人与债权人提出异议。《公司法》第 173 条规定，公司合并，应当自作出合并决议之日起 10 日内通知债权人，并于 30 日内在报纸上公告。债权人自接到通知书之日起 30 日内，未接到通知书的自公告之日起 45 日内，可以要求公司清偿债务或者提供相应的担保。债权人在此期间内未提出异议的，视为承认合并。

5. 进行资本合并和财产移转。债权人未提出异议或者债权人的上述要求得到满足后，合并各方即可进行资本合并及财产移转。

6. 办理公司登记。在完成上述程序后，合并公司应在法定期限内办理登记手续。因合并而存续的公司，须办理变更登记手续；因合并而消灭的公司，须办理注销登记手续；因合并而新设的公司，须办理设立登记手续。登记后，公司合并程序即告完成。

（五）法律效果

1. 公司消灭、变更或者设立。

(1) 公司消灭。公司合并必然有一个以上的公司解散：在吸收合并中，被吸收的公司解散；在新设合并中，被合并的公司解散。所以合并是公司解散的事由之一。

(2) 公司变更。在兼并中，兼并公司继续存在但已经发生变更，如其资产或股权结构发生变动。

(3) 公司设立。在新设合并中，新公司因之设立。

2. 股东身份发生变更。在吸收合并中，被吸收一方的股东要么丧失股东身份，要么取得另一公司的股东身份；在新设合并中，合并双方的股东要么丧失股东身份，要么取得新设立公司的股东身份。

3. 债权债务的法定概括移转。《公司法》第 174 条、《合同法》第 90 条都规定，公司合并时，合并各方的债权、债务，应当由合并后存续的公司或者新设的公司承继，不得附有任何先决条件。

（六）对利害关系人的保护

公司合并作为重大的公司活动，涉及公司内、外部各利害关系人的利益，公司法有必要规定对利害关系人的保护措施。

1. 保护债权人。公司合并涉及公司资产的重新配置，直接关系到公司债权人利益。各国公司法保护债权人的措施主要有：

(1) 告知制度。在合并过程中合并各方有义务向各自的债权人告知合并事实，债权人享有合并的知情权。告知的效力在于，债权人收到告知后，如果未能在规定的期限内对公司合并提出异议，则丧失异议权。《公司法》第 173 条规定了合并的公司应当向债权人履行告知的义务，并涉及告知时间和告知方式，但没有具体规定告知的内容、告知的效力以及违反告知义务的民事责任(第 204 条规定了行政责任)。

(2) 债务的法定移转制度。合并的公司未清偿的合并前的债务，根据《公司法》第 174 条、《合同法》第 90 条规定，由合并后存续的公司或者新设的公司自动承担。

(3) 债权人异议制度。债权人依法要求公司在合并前清偿债务或提供债务担保，是公司合并中债权人保护的核心内容。背景是：在公司合并中，债权人不能参与合并表决，对于公司股东会决议的合并计划，债权人不能阻止。所以赋予债权人事后的异议权，为其提供底线式的保护。主要内容包括：

第一，异议的成立要件。各国的规定存在分歧：一是无条件，只要债权人按相应的程序提出异议，公司即须为清偿或担保，无须法院的参与。我国、日本采此例。二是以危害债权为条件，认为异议权的行使须以公司合并对债权人产生危害为前提，危害是否存在由法院判断。法国、意大利采此例。从兼顾公司合并效率与公平的角度，似乎对异议权设定条件更可取。

第二，异议的效力。主要有四种立法例：一是合并不得对抗异议债权人。公司未适当履行债权人保护程序并不导致合并无效,也不产生妨碍合并实施的效果,但合并的效果不得对抗异议债权人。二是合并对提出异议的债权人无效。不承认合并的债权人可以公司怠于履行保护债权人义务为由,提出合并无效之诉。三是阻止合并实施的效力。在异议被撤销或判决执行前,合并停止执行;只有异议被法院驳回,或者对债权人进行清偿或者提供担保的前提下,合并才可以执行。四是对债权人提供最有力的法律保护措施,但同时有损害公司合并效率之嫌。1993 年《公司法》第 184 条第 3 款曾采此立法例,即"不清偿债务或者不提供相应的担保的,公司不得合并"。2005 年修正案删除了这一规定。问题在于:如公司对债权人的异议不予理会,合并程序继续进行,债权人的异议权如何获得救济?《公司法》没有明确。

2. 保护少数股东。少数股东虽然可以参与公司合并决议的表决,但难以阻止多数股东的合并意思,故公司合并同样涉及对少数股东的保护问题(minority shareholders protection)。关于对公司合并持异议的少数股东,《公司法》设有四项保护措施:

(1) 阻止决议通过。首先,合并交易须得到各方股东会的特别决议通过,实际上赋予了单独、联合持有表决权超过 1/3 的股东对合并决议的否决权;其次,种类股份作为单独的表决权集团进行表决,该种类股份实际上也拥有对合并决议的否决权;最后,公司章程也可以约定保护少数股东的措施,如多数股东的表决权限制、关联股东的表决权排除制度等。

(2) 异议股东股份回购请求权。对股东会关于公司合并、分立的决议持有异议的股东,可以请求公司以公正价格收购自己所持股份,参见《公司法》第 74 条、第 142 条。

(3) 多数股东的诚信义务。《公司法》第 20 条规定的股东诚信义务适用于公司合并场合,典型地适用于排挤合并。由于某种原因,控制股东可能对与少数股东共存的局面不满意,可能采取某种措施将后者排挤出去。这种策略被称为"排挤式"(freeze-out)① 合并。这就引出一个问题:这些合并交易只要遵守了法定的程序要件就可以成为有效的交易呢,还是在将这些交易强加给反对股东时还需要适用某种实质上的公平标准接受司法审查?早期法律的立场是,不评判合并的主观动机,如果合并遵守了适当程序且为少数股东提供了某种保护措施,如为异议股东提供了股份回购权,该交易就是有效的。但现代公司法认为,仅仅遵守法定程序还不够,还应该适用公平标准对该交易的公正性进行司法审查,以达到对受到排挤的少数股东进行救济的目的。

(4) 对股东的信息披露。为了防止多数股东"暗箱操作",各国公司法对公司合并的信息披露作出了要求。《公司法》对公司合并的相关信息披露没有作专门的规定。

3. 保护职工。职工也是公司合并中应当着重保护的弱势利益群体。公司合并、分立中,如忽视保护职工利益,往往容易引起社会局部甚至较大范围的动荡,所以许多立法重视对公司合并中的职工利益保护问题。我国现行法有关公司合并中的职工利益保护的内容包括:

(1) 职工的建议权和监督权。《公司法》第 18 条第 3 款规定:"公司研究决定改制以及经营方面的重大问题、制定重要的规章制度时,应当听取公司工会的意见,并通过职工代表大会或者其他形式听取职工的意见和建议。"此处的"改制以及经营方面的重大问题",包括公司合并、分立事项。

---

① 与此类似的一个术语是 squeeze out,主要表现为一种事实上的"排挤",如封闭公司采取"无股利政策"(no dividend)将少数股东排挤出去。freeze out 指采取法定手段如并购方法来排挤少数股东。控制股东排挤少数股东的动因包括:在利润较好的公司独占将来的收益;在有股东矛盾的公司增强股东凝聚力;基于私有化战略需要;等等。

(2) 职工安置。《劳动合同法》第 34 条规定:“用人单位发生合并或者分立等情况,原劳动合同继续有效,劳动合同由承继其权利和义务的用人单位继续履行。”据此,公司合并时负有妥善安置职工的义务。

(七) 公司合并无效及其诉讼

1. 合并无效。公司合并是法律行为,应当依照法律规定的条件、程序进行,如果违反这些条件、程序,可能导致合并无效。各国公司法规定的公司合并无效的常见原因有:

(1) 合并协议无效。合并协议是合同,适用合同法关于合同无效、被撤销的规定。一旦合并协议无效或者被撤销,合并的基础动摇,合并本身便可能因此无效。

(2) 合并决议无效。如合并决议违反法律、行政法规的规定,属于有瑕疵的公司决议,适用公司决议无效、可撤销制度。

(3) 违反债权人保护规定。如未满足债权人异议权,债权人可以主张无效。

公司合并涉及团体法律关系,如果动辄无效,必将影响众多利害关系人的利益。因此,各国公司法严格限制其适用,如无效原因能够补正,则允许补正。

2. 合并无效之诉概述。主张公司合并无效只能以诉讼的方式为之。合并无效之诉属于形成之诉。原告包括公司股东、债权人;个别国家的法律规定还包括公司董事、监事、清算人。被告是合并后存续或者新设的公司。原告应在合并完成之后一定期限(如 6 个月)内起诉。关于该诉讼的管辖、公告、诉的合并等,与设立无效之诉相同,此不赘述。合并无效的判决确定后的效力可以从三方面描述:

(1) 对世效力。合并无效判决对原告、被告、第三人均产生效力,任何人不得再提起合并无效之诉。

(2) 不具有溯及力。合并无效判决确定之前的存续公司或者新设公司视为事实公司,已经发生的法律关系不因此受影响。

(3) 对公司的效果。第一,恢复原状,公司还原到合并前的状态。具体而言,吸收合并的,被消灭的公司复活,并从存续公司中分立;新设合并的,被消灭的当事公司均复活,并从新设公司中分立。第二,因合并而继受的权利、义务原则上复归于复活的消灭公司,但没有溯及力。合并后的存续公司或者新设公司已经处分的权利或者已经履行的义务,应将其价额折算为现存价值进行清算。第三,合并后取得的财产及债务。因合并而取得的财产或者承担的债务由复活之消灭公司共有或者分担,有协议的从协议,无协议的根据公平原则分割财产或者承担连带责任。第四,回复登记。无效判决确定后应办理回复登记,即存续公司办理变更登记,新设公司办理注销登记,消灭公司办理恢复登记。

3. 我国有无公司合并无效之诉。域外公司法大多规定了合并无效之诉,我国《公司法》没有直接规定,司法实务的处理立场不一。多数认为,我国的立法解释应该采用承认公司合并无效之诉的立场。

(八) 反垄断规制

公司合并是公司规模扩张的必由之路,借此可以迅速提高产品、服务的市场占有率乃至达到市场垄断。因此,公司合并会理所当然地受到反垄断法的规制。对于公司合并中可能出现的过度垄断行为,各国大多通过公司法之外的公法规范进行规制,如美国的《谢尔曼法》《克莱顿法》和《兼并指南》。其中,1914 年颁布的《克莱顿法》第 7 条专门规制公司合并:禁止任何人获得他人的股份,如果该获得行为将实质削弱竞争,或在任何产品市场、地域市场可能导致垄断。该法后经修订,又增加了大企业合并事前申报制度。1990 年欧共体专门颁布《企业合并控制法》。日本主要通过《关于禁止私人垄断和确保公正交易的法律》对公司合并进行反垄断规制。对公司合并的反垄断规制措施主要是公司合并事前申报与审查制度。有申报义务的企业向反垄断执法机构申报其合并意向后,事前审查程序即开始。反垄断机构按照法定程序在法定期限内决定是否批准合并。我国《反垄断法》第四章“经营者集中”专门规定了由公司合并引起的反垄断问题,也建立了公司合并事前申报制度与审查制度。

二、公司的分立

(一) 概念

公司分立(corporate division, corporate separation),是指一个公司分成两个以上的公司,或者公司因分立而与一个以上的现存公司进行合并的法律行为。公司分立具有以下法律特征:

1. 是在原公司基础上的“一分为二”“一分为多”,形成数个独立的企业法人。此与公司合并恰好是反向操作,同时也区别于“转投资”、设立分公司等类似概念。

2. 是公司组织变更的法定形式。公司经过解散清算程序归于消灭后,原股东再设立两个以上新公司的,实质上也能达到公司分立的效果。但这并非公司法意义上的分立,因为此处包含了两个独立的法律行为。公司分立是一个连续的法律行为,无须经过清算程序。可以说,公司分立是法律设计的一种简化程序,使公司在无须消灭的情况下成功实现“一分为二”“一分为多”。

3. 遵循严格的法定条件和程序。公司分立必然涉及相关利害关系人的利益,法律为此规定了严格的条件和程序。

(二) 公司分立与相近概念的区别

1. 公司分立与营业转让(资产转让或资产剥离)的区别

(1) 内容不同。在资产转让中,转让方公司虽然将一部分资产分离出去,但也因此获取了对价,因此转让方的资产总额未发生变化,资产负债表中的所有者权益(包括股本)也未发生变动;在公司分立中,原公司将部分资产分离出去,但并未获得对价,资产总额所有者权益(包括股本)因此而减少。

(2) 对股东地位的影响不同。资产转让不影响股东地位,影响的只是买卖双方公司的资产形态;而公司分立直接影响股东的地位。在派生分立中,原公司的股东对于原公司的股权虽然减少,但相应地获得了分立出来的公司的股权;在新设分立中,原公司的股东对原公司的股权因原公司的消灭而消灭,但是相应地获得分立出来的公司股权。

(3) 法律性质不同。公司分立的本质是公司的人格发生变化,而资产转让的本质是买卖合同。

2. 公司派生分立与转投资的区别。

(1) 对资产负债表的影响不同。在转投资中,出资公司的资产总量未发生变化,变化的仅为资产形态;在派生分立中,被分立的原公司不仅资产总量减少,而且所有者权益(包括股本)也相应减少。

(2) 对股东地位的影响不同。转投资对于出资公司的股东地位没有任何影响,出资公司成了被投资公司的股东;在派生分立中,原公司的股东在原公司的股权将减少,但是相应地获得分立出来的公司股权。

（三）形态分类

1. 派生分立。也称存续分立，指原公司继续存在，并分立出一个以上的新公司。派生分立的实质，是公司分离出去部分营业作为出资，成立一个以上的新公司，而原公司以剩余营业存续。如A公司分离出B公司，但自身存续。

2. 新设分立。也称解散分立，指原公司解散，同时分立为两个以上公司。新设分立的实质，是公司将其全部营业分割为两个以上的部分作为出资，分别成立两个以上的新公司。如A公司分立为B、C公司，自身消灭。

3. 合并分立。有些国家的公司法还规定了一种较为复杂的分立形式——合并分立，指一个公司以其资产的一部分或分成若干份的全部资产，同另一个或几个公司的部分资产共同成立一个或几个公司。这是一种复杂分立。与此相对应，上述派生分立与新设分立可称为单纯分立。

我国《公司法》没有规定公司分立的方式，实务中公司单纯分立是主要形态。

（四）意义

公司分立通常是为了进行公司业务经营调整和组织再造，其制度意义主要表现为：

1. 是一种实现企业多元化经营的组织方案。企业经营业务多元化是伴随企业成长的必然现象，经营业务多元化和组织结构管理幅度的增大，必然要求实现业务经营的专门化，提升效率，降低经营风险，如剥离非主营业务、较差绩效业务或者较高风险业务。公司分立是达成这一目的的可选方案之一。与其他方案相比，公司分立的最大优势在于能够有效降低风险，尤其适合剥离高风险业务部门。

2. 是一种有效的规避反垄断法手段。因企业规模过大而涉嫌违反反垄断法的，可以通过公司分立规避反垄断法的规制。

3. 是一种低成本的股东纷争解决策略。股东之间发生经营战略上的重大分歧，无法解决的，若将企业一分为二(多)，和平分手，各自经营，各自方便，亦不失为解决纷争并获得可持续发展之策。

（五）程序

我国《公司法》上公司分立的主要程序包括：

1. 作出分立决议。公司分立属于公司重大变更事项，同公司合并一样，须由股东会以特别决议通过。《公司法》第37条、第43条、第46条、第99条、第103条、第108条第4款对此有规定。《公司法》第66条规定，国有独资公司的分立由国资委决定。其中，重要的国有独资公司分立，应当由国资委审核后，报本级人民政府批准，以示慎重。

2. 订立分立协议。《公司法》没有明确规定分立协议，但其第177条关于分立前债务分担的规定明确使用了“协议”的字样。实务中，公司分立确实需要订立“分立协议”。参照《关于外商投资企业合并与分立的规定》的规定，分立协议的主要条款包括：分立形式；各方对拟分立公司财产的分割方案；各方对拟分立公司债权、债务的承继方案；职工安置办法等。除法律、行政法规规定需要行政审批的外，公司分立协议自其成立时生效。

3. 编制资产负债表和财产清单。《公司法》第175条规定，分立公司的财产作相应的分割，故公司分立，应编制资产负债表和财产清单。

4. 通知、公告债权人。《公司法》第175条规定，公司应当自作出分立决议之日起10日内通知债权人，并于30日内在报纸上公告。

5. 办理登记手续。《公司法》第179条第1款规定，在派生分立中，原公司的登记事项如注册资本等发生变化,办理变更登记,分立出来的公司办理设立登记;在新设分立中,原公司解散,办理注销登记,分立出来的公司办理设立登记。

(六) 法律后果

1. 公司主体的变更。公司分立涉及公司的解散、变更和新设。在新设分立中,原公司解散,新公司设立;在派生分立中,原公司发生股东、注册资本等变更,新的公司设立。

2. 股东、股权的变更。原公司一分为二(多),原公司的股东变成了新公司的股东。留在原公司的股东虽然身份没有变化,但持股额会发生变化。假定一个股本 2 000 万元的股份公司,10 个股东均额持股,如该公司分立为两个注册资本各 1 000 万元的有限公司,10 个股东 5 人一组"分家",则每个股东对新设公司的出资比例将达到 20%。

3. 债权、债务的承受。原公司的债权、债务将由分立后的公司承继。

(七) 对利害关系人的保护

公司分立往往是原公司多数股东的意志所致。公司分立会减少公司财产,势必对股东、债权人等相关利益主体产生影响,所以法律有必要对少数股东、债权人、职工等外部人规定必要的保护措施。

1. 保护债权人。

(1) 通知债权人。《公司法》第 175 条第 2 款规定,公司应当自作出分立决议之日起 10 日内通知债权人,并于 30 日内在报纸上公告。这一规定的用意在于保障债权人对公司分立的知情权,使其及时主张权利以免遭受损害。但如公司违反了通知义务,将如何处理? 则没有规定。

(2) 债务的法定移转。公司分立中对债权人利益影响重大的一个问题,就是债务移转。《公司法》第 176 条规定:"公司分立前的债务由分立后的公司承担连带责任。但是,公司在分立前与债权人就债务清偿达成的书面协议另有约定的除外。"《合同法》第 90 条亦规定,"当事人订立合同后分立的,除债权人和债务人另有约定的以外,由分立的法人或者其他组织对合同的权利和义务享有连带债权,承担连带债务"。对于这两个规定的解读是:(1) 对于原公司的债务,可由公司在分立前与债权人订立债务清偿协议。该协议一经达成,即对分立后的公司和债权人具有拘束力。于此情形,债务的处理按照协议办理。(2) 如果没有订立上述协议,则应当由分立后的公司承担连带责任。(3) 分立后的公司之间订立清偿原公司债务协议的,该协议不得约束原公司债权人。

(3) 其他措施。如因公司派生分立而需要减资,则债权人还受到《公司法》关于公司减资规定的保护(第 177 条)。

2. 保护少数股东。公司分立过程中对少数股东的保护措施,与公司合并过程中的少数股东保护制度原理并无不同,此不赘述。

3. 保护公司职工。公司分立过程中对职工的保护措施,与公司合并的情形相同,此不赘述。

(八) 公司分立无效及其诉讼

公司分立无效及其诉讼的基本原理,与公司合并无效及其诉讼制度是一样的,可以参照研习之,不再赘述。

【本节前沿问题】

公司合并分立中的异议股东回购请求权

为保护中小股东的利益,《公司法》第 74 条和第 142 条规定了异议股东回购请求权。股东对股东(大)会作出的公司合并、分立决议持异议的,可以要求公司以合理价格收购其股权。

公司合并中的债权人利益的保护

公司合并中,合并双方财产的混合、公司交付金的支付等都可能引起合并公司财产的直接或间接减少,从而危及公司债权人的利益。综观世界各国的相关立法,一般通过以下规定对公司合并中的债权人利益予以保护:

1. 公司合并的债权人告知程序。即在公司合并中,赋予债权人法定知情权,当债权人收到通知后,如果未能在规定的期限内对公司合并提出异议,则丧失异议权。

2. 赋予债权人合并异议权。各国在对债权人享有异议权的态度上存在分歧,有的规定异议权的成立无须设定条件,也就是说只要债权人按相应的程序对合并公司提出异议申诉,公司就必须对其为清偿或担保。有的国家立法规定,异议权的行使必须以公司合并对债权人产生危害为前提。有的立法规定由法院对合并是否会对债权人利益产生危害作出判断。债权人异议的法律效力为公司应当对债权人债权进行清偿或提供担保。

3. 未适当履行债权人保护程序时合并的法律后果。如果法律对于未适当履行债权人保护程序的公司合并行为采取默认其合法的态度,则可能会导致在实践中没人愿意再履行债权人保护程序。日本在处理这一问题上的做法是赋予异议债权人在公司合并开始后的 6 个月内提起合并无效之诉的权利。

公司合并无效之诉

在我国,公司合并的利害关系人可否提起公司合并无效之诉? 本书认为,由于公司合并是参与合并的公司基于合并合同而进行的法律行为,如果合并行为存在违反法律和行政法规的强制性规范的事由,利害关系人可以提起请求确认合并合同无效之诉。其法律效果相当于其他国家公司法所规定的公司合并无效之诉制度。当然,在此类诉讼中,还应注意以下问题:

1. 合并无效的原因。公司合并只要违反了法律和行政法规的强制性规范,都可以作为合并无效的原因,其中违反《公司法》第 37 条和第 99 条规定,未经股东(大)会决议进行的合并是导致合并无效的常见原因。

2. 无效原因的补正。虽然公司合并存在无效原因,但为保护交易安全,稳定社会关系,在法院判决合并无效之前,应给予当事人补正的机会。若当事人在法院判决前补正有关无效原因,应确认合并有效。

3. 合并无效的法律后果。一是恢复到合并前的法律状态。二是对无效判决的溯及力的限制;合并无效的判决只对将来有效,不影响此前存续公司或新设公司以合并有效为前提而产生的法律关系。

股份有限公司变更为有限责任公司的限制

德国、日本、法国的公司法都允许股份有限公司变更为有限责任公司。我国台湾地区原“公司法”规定,股份有限公司在记名股票股东不满 7 人而解散时,得经全体股东同意改组为有限公司。1980 年修改“公司法”时删除了该项规定,限制股份有限公司变更为有限责任公司。

本书认为,公司组织变更应采严格的法定主义原则。原因有二:一是公司组织形式的变更涉及公司股东、债权人以及其他利害关系人的利益,不可仅由公司股东任意决定;二是公司组织变更程序及其涉及的法律关系复杂,若无法律规定,则无从操作。

目前在我国,有限责任公司可以变更为股份有限公司,股份有限公司却不可变更为有限责任公司。但在实践中,有些股份有限公司在经营中不断衰弱,股东减少。本书认为,在这种情况下,股份有限公司宜变更为有限责任公司。

【本节思考题】

1. 试比较公司分立与合并过程中对于债权人利益保护的异同。
2. 实证调查我国实践中的公司并购防御措施有哪些。

第九节 公司的解散与清算

一、公司的解散

(一) 公司解散的概念与特征

1. 概念。欲界定公司解散的概念,必先明确解散与清算的关系。关于解散与清算的关系,各国立法规定有两种模式:一为"先算后散",如英国公司法[①];二为"先散后算",大陆法系公司法多采之,我国亦然(《公司法》第 183 条)。一般情形下,解散一经发生,必须经过清算才能导致公司终止,唯一的例外是公司分立、合并导致的解散无须清算,因为分立、合并后还有存续的公司承继权利、义务。

2. 特征。在"先散后算"模式下,公司解散具有如下特征:

(1) 基于一定事由而发生。这些事由包括公司章程的规定、股东会决议、法律直接规定、行政机关命令或者法院裁判等。

(2) 是一种法律上的行为。解散的性质很复杂:任意解散的,体现为法律行为;强制解散的,体现为立法行为或行政行为或司法裁判行为。

(3) 是一种程序与过程。无论何种解散,均须遵守法定的程序,并体现为包含一系列法律行为的一种过程。

(4) 是公司终止的一个起因。解散本身的直接后果不是公司的终止,只会导致公司营业资格的丧失,并进入清算程序。

(二) 公司解散的分类

公司解散,按照是否出于公司股东的意愿,可分为任意解散与强制解散两大类。

1. 任意解散。任意解散(voluntary dissolution),指基于公司自己的意思而解散公司。具体情形有二:

(1) 基于章程规定的事由解散。章程规定解散公司的事由是一种预先设定。根据《公司法》第 180 条第 1 项规定,"公司章程规定的营业期限届满或者公司章程规定的其他解散事由出现"属于解散公司的事由之一。

---

① 参见[英]丹尼斯·吉南:《公司法》,朱羿锟等译,法律出版社 2005 年版,第 493 页。

(2) 基于股东会决议解散。根据《公司法》第 180 条第 2 项规定，“股东会或者股东大会决议解散”是解散公司的事由之一。普通有限公司的股东会或者股份有限公司的股东大会决定是否解散，一人公司的解散由单个股东决定（《公司法》第 61 条）。国有独资公司不设股东会，其解散由代行股东权利的国有资产监督管理机构决定；重要的国有独资公司的解散，由国有资产监督管理机构审核后报本级人民政府批准（《公司法》第 66 条）。中外合资公司、中外合作公司不设股东会，可由董事会决议解散，并报审批机构批准。

2. 强制解散。强制解散（compulsory dissolution），指非出于公司自己的意志，而是基于法律规定、行政机关命令或司法机关命令、裁判而解散公司的情形。分为三种情形：

(1) 法定解散。法定解散（statutory dissolution），指发生了法律规定的解散事由而解散公司。主要包括以下两种情形：

第一，股东不足法定人数。我国承认一人有限公司，有限公司股东只有一人的，仍然存续。我国不允许设立一人股份公司，但也未将股份公司的股东人数不足 2 人作为解散事由，似乎股东人数不足法定人数并不构成股份公司解散的法定事由。这里存在隐性的法律漏洞

第二，合并与分立。根据《公司法》第 180 条第 3 项规定，“因公司合并或者分立需要解散”属于解散事由之一。

(2) 行政解散。行政解散（administrative dissolution），指因公司违反法律而被行政主管机关作出行政处罚决定导致公司解散。根据《公司法》第 180 条第 4 项规定，“依法被吊销营业执照、责令关闭或者被撤销”等行政处罚措施可以导致公司解散。

(3) 司法解散。司法解散，指法院依职权或者依检察官、利害关系人之请求，发布命令或者作出裁判解散公司。司法解散包括司法命令解散和司法裁判解散。

第一，司法命令解散（dissolution by order），也即公法意义上的司法解散。不少国家的公司法规定，公司违反法律损害社会公共利益的，法院依职权或应检察官、利害关系人之请求，以危害公共利益为由命令解散公司。我国没有此项制度。

第二，司法裁判解散（judicial dissolution），也即私法意义上的司法解散。依照我国《公司法》第 182 条规定，公司经营管理发生严重困难，继续存续会使股东利益受到重大损失，通过其他途径不能解决时，法院根据股东等私法主体的请求可以强制解散公司。

（三）公司僵局与司法裁判解散

1. 公司僵局。公司僵局（corporate deadlock），指在公司存续期间发生严重内部矛盾，导致公司无法正常运作甚至瘫痪，存续会使股东利益受到重大损失的事实状态。

实践中，公司僵局发生的主要情形可以分为股东会僵局和董事会僵局。前者指需要股东会决策时，股东间的严重分歧、对立致使决议无法通过而形成的公司僵局；后者指需要董事会决策时，董事间的严重分歧、对立致使决议无法通过而形成的公司僵局。公司僵局对于公司利益与股东利益往往都构成损害。虽然各国立法并没有明确界定公司僵局只发生在封闭型公司，但从各国实务来看，公司僵局基本上都发生在以有限公司、私人公司为代表的封闭型公司。

股东可以事先通过股东间协议或者章程防止公司僵局的发生。例如，在公司设立阶段或者成立时就达成某种股东协议，记载于公司章程、细则或者订立专门的协议，如订立“公司僵局的处理方法”条款，规定一旦出现僵局时应当按照何种原则、方式处理有关事宜。最典型的事先设计就是买 / 卖协议（buy/sell agreement）或者买断协议（buyout agreement）。

公司僵局与司法裁判解散的联系在于,公司僵局是适用司法裁判解散的事由之一,但是不是唯一理由,各国立法不一。以有限公司为例,公司治理失灵即股东之间发生的人合性障碍的现象归结起来无非两种:一是公司僵局,以处于对立关系的股东势均力敌为前提,比如诉争双方的股权都是50%,则易于发生僵持情况;二是股东压制(oppression),在股权控制力悬殊的多数股东与少数股东之间易于发生。所以不少国家在公司立法或者公司实务中,承认公司僵局与股东压制都可以导致司法裁判解散。关于我国《公司法》第182条关于司法解散事由的界定,存在不同解读。多数认为,“公司僵局”一词虽未被立法直接使用,但在立法解释上被解读为唯一的司法解散事由,[①] 尤其在《最高人民法院关于适用〈中华人民共和国公司法〉若干问题的规定(二)》(简称《公司法解释二》)对该规定进行司法解释之后,解散之诉条款几乎等同于公司僵局救济条款。[②] 也有观点认为,现行《公司法》将司法解散适用事由限于公司僵局,过于狭窄:在封闭公司中,由于不能“用脚投票”,股权缺乏流动性,股东退出的途径非常有限,多数股东更容易利用优势地位欺诈、排挤、损害少数股东,考虑到域外司法实践中多数承认股东压制可以适用司法解散的救济[③],有必要规定股东压制与公司僵局并列为司法解散的事由。

2. 公司僵局的事后救济。公司僵局的发生,意味着公司无法作出任何决议,包括解散公司的决议。因此,只能由单个股东提出解散公司的诉讼请求。故司法裁判解散对于解决公司僵局、保护少数股东利益具有特别的现实意义。

此外,裁判解散公司是对公司主体资格的彻底消灭,会终止公司内外一切相关的法律关系,深刻影响公司诸利益主体的利益。因此,司法政策的定位必须坚持的原则是:法院不得依职权主动解散公司,而只能依股东申请行使自由裁量权;解散公司是解决僵局的最后选择,如果能够通过其他途径解决,就不适用裁判解散公司;通过其他途径不能解决该种僵局的,仍须慎用裁判解散公司,避免股东滥用司法解散请求权。

3. 司法解散公司之诉。

(1) 适用要件。各国公司法详细规定司法裁判解散公司的适用要件,以期严格限制其适用。我国的立法亦然,司法实务中法院的审判尺度亦很严格。[④] 依《公司法》第182条,适用要件是:

第一,公司经营管理发生严重困难。此处的“公司经营管理困难”既包括经营上的困难,也包括管理上的困难。从抽象角度看,“严重困难”应指公司身处经营困境之中且已达到相当的程度。这一困境既可能由经营不善如重大战略决策失误引起,也可能由股东、管理层之间的利益之争引起,还可能是多数股东的欺压引发了少数股东的极端对抗。

《公司法解释二》第1条明确列举了四种适用情形:①公司持续两年以上无法召开股东会或者股东大会,公司经营管理发生严重困难的;②股东表决时无法达到法定或者公司章程规定的比

---

① 参见江平、李国光主编:《最新公司法条文释义》,人民法院出版社2006年版,第466页;安建主编:《中华人民共和国公司法释义(2005年版)》,法律出版社2005年版,第257页;赵旭东主编:《新公司法条文释解》,人民法院出版社2005年版,第369页。

② 参见刘俊海:《现代公司法》,法律出版社2011年版,第923页;葛伟军:《英国公司法要义》,法律出版社2014年版,第319页。

③ Sandra K. Mille, How Should U.K. and U.S. Minority Shareholder Remedy for Unfairly Prejudicial or Oppressive Conduct Be Reformed? 36 *Am. Bus. L. J.* 579, 580 (1999).

④ 参见褚红军主编:《公司起诉原理与实务》,人民法院出版社2007年版,第491页以下。

例,持续两年以上不能做出有效的股东会或者股东大会决议,公司经营管理发生严重困难的;③公司董事长期冲突,且无法通过股东会或者股东大会解决,公司经营管理发生严重困难的;④经营管理发生其他严重困难,公司继续存续会使股东利益受到重大损失的。

第二,公司继续存续会使股东利益受到重大损失。这主要指"扭亏无望",继续经营只会雪上加霜的情形。此处的"股东"指全体股东,也可以指提起诉讼的少数股东;"重大损失"包括已经发生的现实损失,更指将要发生的损失,但这些损失都是不可弥补的损失(irreparable injury)。

第三,通过其他途径不能解决。此处的"其他途径",是指除裁判解散公司之外的其他方式,包括股份转让、和解等。这一要件是提起诉讼的前置程序,原告有义务举证其已经穷尽了其他救济途径,否则法院可以不予受理或者驳回起诉。

第四,持有 10%以上表决权的股东向法院起诉。

符合上述要件的,法院应当对原告的请求予以受理,并通过普通民事诉讼程序进行审理。

(2) 管辖。《公司法解释二》第 24 条规定,解散公司诉讼案件由公司住所地法院管辖。公司住所地指公司主要办事机构所在地;公司主要办事机构所在地不明确的,由其注册地法院管辖。基层人民法院管辖县、县级市或者区的公司登记机关核准登记公司的解散诉讼案件,中级人民法院管辖地区、地级市以上的公司登记机关核准登记公司的解散诉讼案件。

(3) 当事人。

第一,原告与第三人。单独或者合计持有 10% 以上表决权的股东均可提起诉讼,没有持股时间的要求。原告一经起诉,应当告知其他股东,或由法院通知其参加诉讼。

第二,被告。《公司法解释二》第 4 条规定,应当以公司为被告;原告以其他股东为被告一并提起诉讼的,法院应当告知原告将其他股东变更为第三人;原告坚持不予变更的,人民法院应驳回原告对其他股东的起诉。

(4) 调解。《公司法解释二》第 5 条规定,法院审理解散公司诉讼案件,应当注重调解。当事人协商同意由公司或者股东收购股份,或者以减资等方式使公司存续,且不违反法律、行政法规强制性规定的,法院应予支持。当事人不能协商一致使公司存续的,法院应当及时判决。

(5) 判决效力。

第一,对世效力。《公司法解释二》第 6 条规定,法院关于解散公司诉讼作出的判决,对公司全体股东具有法律约束力;法院判决驳回解散公司诉讼请求后,提起该诉讼的股东或者其他股东又以同一事实和理由提起解散公司诉讼的,法院不予受理。

第二,与清算的关系。《公司法解释二》第 2 条规定,股东提起解散公司诉讼,同时又申请法院对公司进行清算的,法院对其提出的清算申请不予受理;法院可以告知原告,在法院判决解散公司后,依法进行清算。

二、公司的清算

(一) 清算的概念与解散清算的方式

1. 概念。公司清算(liquidation, winding up),指公司解散或被宣告破产后,依照一定程序了结公司事务,清理公司债权、债务,处分公司剩余财产,并最终使公司终止的法律行为和程序。

广义的公司清算分为解散清算与破产清算。破产清算由《企业破产法》单独规定,《公司法》只规定解散清算。解散清算具有以下特征:

(1) 包含一系列法律行为。这些行为主要是:了结未了结的公司事务,清理债权、债务,通知、公告债权人,分配剩余财产,参加诉讼活动等。

(2) 须遵循一套严格的法律程序。解散清算涉及公司诸利益主体的利益,需要了结的法律关系纵横交织,应遵循复杂、严格的法律程序。

(3) 具有双重功能。严格的解散清算程序主要是为了防止公司内部人在解散过程中隐匿财产、逃避债务,损害债权人、股东尤其是少数股东、雇员、国家等诸利益相关者的利益。

2. 解散清算的方式。依据适用对象和性质的不同,解散清算可分为任意清算与法定清算。

(1) 任意清算,指公司依照公司章程或者股东会决议进行的清算。任意清算只适用于无限公司、两合公司等人合公司。

(2) 法定清算,指按照法律规定的方式和程序进行的清算。法定清算适用于任何公司,资合公司只能实行法定清算。

在域外,按照清算组组织方式的不同,适用于股份公司的法定清算又可进一步分为普通清算和特别清算。

普通清算(general liquidation)是由公司自行组织清算组进行的法定清算。公司自行组织清算组依法清算,国家不直接干预其清算事务,仅实行一般监督。此种清算兼顾股东和公司债权人的利益。

特别清算(special liquidation),在国外公司法上,是指股份公司因某些特殊事由解散后,或者被宣告破产后,或者在普通清算因发生显著障碍无法继续时,由行政机关或者法院介入而进行的法定清算。

(二) 清算组

1. 概念。清算组,又称清算人(receiver)、清盘官、清算组织、清算机构、清算机关、清算委员会等,是指清算事务的执行人,具体职责是对内执行清算事务,对外代表清算中的公司。

2. 组成。一般而言,任意解散的情形下,清算组由股东选任;只有在股东不能选任时,法院才可以应利害关系人的申请组织清算组。在强制解散的情况下,清算组一般由法院组织。可分为如下几种情况:

(1) 股东会选任。其方式有二:一是由章程规定担任清算组成员的人选;二是由股东会议决议选任。

(2) 法院指定。股东不能选任或者在法院强制解散时,由法院指定清算组成员。

(3) 行政机关指定。在行政解散情形下,由行政主管机关指定清算组成员。

(4) 债权人选任。英国等少数国家规定债权人可以选任清算组,且大多发生在普通清算情形中。

依据我国《公司法》第 183 条,清算组的组成分为两种情况:

(1) 无论解散属于任意解散还是强制解散,只要适用普通清算,公权力机关均不干预清算组的组成。有限公司的清算组由股东组成,股份公司的清算组由董事或者股东大会确定的人员组成。

(2) 在特别清算情形下,应债权人申请,法院才出面组织清算组,成员由法院指定。

3. 人数。清算事务的执行人既可由一人充任,也可由多人担当;清算组既可以是自然人,也可以是法人。我国《公司法》使用“清算组”这一概念,并不表明法律要求清算组必须由 2 人以上组成。

4. 法律地位及职权。清算组是清算中公司的法人机关，在清算期内对内执行清算事务、对外代表清算中公司，其法律地位相当于公司正常营业期间的董事会、经理。《公司法解释二》第10条第1款规定："公司依法清算结束并办理注销登记前，有关公司的民事诉讼，应当以公司的名义进行。"

我国实行单一代表人制。《公司法解释二》第10条第2款规定："公司成立清算组的，由清算组负责人代表公司参加诉讼；尚未成立清算组的，由原法定代表人代表公司参加诉讼。"清算组负责人的产生，一般由清算组会议决定。

依《公司法》第184条，清算组的具体职权为：(1)清理公司财产，分别编制资产负债表和财产清单；(2)通知、公告债权人；(3)处理与清算有关的公司未了结的业务；(4)清缴所欠税款以及清算过程中产生的税款；(5)清理债权、债务；(6)处理公司清偿债务后的剩余财产；(7)代表公司参与民事诉讼活动。

5. 清算组成员的权、责、利。

(1) 权利。清算组成员有权获得报酬。公司自行组织清算组的，成员的报酬由股东会在选任时确定；法院指定成立清算组的，成员的报酬由法院确定。

(2) 诚信义务。清算组成员在执行清算业务的范围内，其权利、义务有如公司的董事，与公司之间的关系属委任契约关系，处于受托人的地位。作为公司的受托人，清算组事实上充当了"清算中公司法人"的执行机构（也即公司运营中的董事会）的角色，因此其成员与公司董事一样对公司、股东负有诚信义务，而且对公司债权人负有诚信义务；违反上述诚信义务导致委托人损害的，承担违信责任。

(3) 违信责任及其追究。清算组成员的违信责任比照适用《企业破产法》关于破产管理人的规定。《公司法》第189条概括规定，清算组成员应当忠于职守、勤勉尽责，依法履行清算义务；不得利用职权收受贿赂或者其他非法收入，不得侵占公司财产；清算组成员因故意或重大过失给公司或债权人造成损失的，应承担赔偿责任。根据这一立法精神，《公司法解释二》对清算组成员的违信责任进行了体系化的规定：

第11条第2款规定，清算组未依法履行通知和公告义务，导致债权人因未及时申报债权而未获清偿，债权人主张清算组成员对因此造成的损失承担赔偿责任的，法院应予以支持。

第15条第2款规定，执行未经确认的清算方案给公司、债权人造成损失，公司、股东或者债权人主张清算组成员承担赔偿责任的，法院应依法予以支持。

第23条规定，清算组成员从事清算事务时，违反法律、行政法规或者公司章程给公司或者债权人造成损失，公司、债权人主张其承担赔偿责任的，法院应依法予以支持。如果公司怠于起诉追究该赔偿责任的，股东可以提起代表诉讼；公司已经清算完毕并注销的，股东可以清算组成员为被告，以其他股东为第三人向法院提起代表诉讼。

此外，《公司法》第206条还规定了清算组成员违法行为应该承担的行政法律责任。

（三）清算程序

1. 一般程序。根据《公司法》《公司法解释二》有关规定，解散清算程序大致如下：

(1) 清算开始。清算组成立之日即为清算开始之日。清算开始后，公司便负有相应的义务，如不得开展与清算无关的经营活动。

(2) 通知与公告债权人。《公司法》第 185 条及《公司法解释二》第 11 条规定,清算组应当自成立之日起 10 日内将公司解散清算事宜书面通知全体已知债权人,并于 60 日内根据公司规模和营业地域范围在全国或者公司注册登记地省级有影响的报纸上进行公告;清算组未按照规定履行通知和公告义务,导致债权人因未及时申报债权而未获清偿,债权人主张清算组成员对因此造成的损失承担赔偿责任的,应予以支持。

(3) 债权申报与登记。债权人应当自接到通知书之日起 30 日内,未接到通知书的自公告之日起 45 日内,向清算组申报其债权。债权人申报其债权,应当说明债权的有关事项,并提供证明材料。清算组应当对债权进行登记。申报债权期间,清算组不得对债权人进行个别清偿。

《公司法解释二》第 12 条规定,债权人对清算组核定的债权有异议的,可以要求清算组重新核定;清算组不予重新核定,或者债权人对重新核定的债权仍有异议,债权人以公司为被告向法院提起确认之诉的,法院应予受理。第 13 条规定,债权人在规定的期限内未申报债权,在公司清算程序终结之前补充申报的,清算组应予登记。第 14 条规定,债权人补充申报的债权,可以在公司尚未分配财产中依法清偿。公司尚未分配财产不能全额清偿,债权人主张股东以其在剩余财产分配中已经取得的财产予以清偿的,法院应予支持;但债权人因重大过错未在规定期限内申报债权的除外。债权人或者清算组,以公司尚未分配财产和股东在剩余财产分配中已经取得的财产不能全额清偿补充申报的债权为由,向法院提出破产清算申请的,人民法院应不予受理。

(4) 制订清算方案。清算组在清理公司财产、编制资产负债表和财产清单后,应当制订清算方案,报股东会确认(普通清算)或者法院确认(特别清算)。《公司法解释二》第 15 条规定,未经确认的清算方案,清算组不得执行,否则由此给公司或者债权人造成损失的,公司、股东或者债权人可以主张清算组成员承担赔偿责任。

(5) 分配剩余财产。清算方案的执行,就是分配公司剩余财产。法定分配顺序依次为:①支付清算费用;②支付职工工资、社会保险费用和法定补偿金;③清缴所欠税款;④清偿企业债务;⑤清偿完毕前述 4 项款项后的公司剩余财产,有限公司按照股东的出资比例分配,股份公司按照股东持有的股份比例分配。

(6) 清算终结。《公司法》第 188 条规定,公司清算结束后,清算组应当制作清算报告,报股东会(普通清算)或者人民法院确认(特别清算),至此清算程序终结。《公司法解释二》第 16 条规定,特别清算应当自清算组成立之日起 6 个月内清算完毕,因特殊情况无法在 6 个月内完结的,清算组应当向法院申请延长。

2. 注销公司登记。解散清算报告得到确认后,清算组将其报送公司登记机关,申请注销公司登记,公告公司终止。至此,清算组的职责也宣告完成。依照有关规定,清算终结后不申请注销公司登记的,将由公司登记机关吊销公司营业执照,并予以公告。

(四) 清算中公司的法律地位

1. 概说。学界关于"清算中公司"的法律地位的主要学说有:(1) 清算法人说。此说认为法人因解散事由出现而消灭主体资格,法律专为法人的清算目的而设立一种清算法人。(2) 拟制法人说。此说认为法人因解散事由出现而丧失权利能力。仅为了清算之目的,法律拟制一个法人在清算目的范围内享有权利能力。(3) 同一法人说。此说认为公司的解散并不消灭其人格,清算中公司与原公司为同一法人，只是在清算阶段其权利能力受到限制。

我国《公司法》采纳了同一法人说，第 186 条第 3 款规定，“清算期间，公司存续，但不得开展与清算无关的经营活动”。从清算中公司的法律地位来看，公司解散事由出现后，其法人人格一直延续到清算终结。

2. 清算中公司与清算组的关系。清算组在性质上相当于清算中公司的法人机关，替代行使董事会、经理的职权。具体包括以下要点：

(1) 清算组不是一个独立的法律主体，而是清算中公司的法定代表机关和清算业务执行机关。在内，清算组与清算中公司之关系适用民法上关于委托（委任）之规定[①]；在外，清算组作为代表机关应以公司的名义进行活动。

(2) 公司解散后、清算终结前，公司的法人资格仍存，其法人机关也在，只是董事会、经理停止履行职责，由清算组取而代之，比如公司的财产、印章、财务文件等均由清算组接管。

(3) 清算组不能取代股东会、监事会的职权，股东会、监事会此时依然是公司的权力机构、监督机构，行使相应的职权。

（五）公司未经合法清算程序的债权人救济

《公司法解释二》对此区分两种情形：

1. 怠于履行清算职责的。第 18 条规定，清算义务人（指有限公司的股东，股份公司的董事、控股股东，下同）未在法定期限内成立清算组开始清算，导致公司财产贬值、流失、毁损或者灭失的，债权人可以主张其在造成损失范围内对公司债务承担赔偿责任；清算义务人因怠于履行义务，导致公司主要财产、账册、重要文件等灭失而无法清算的，债权人可以主张其对公司债务承担连带清偿责任；如果上述情形系实际控制人原因造成的，债权人可以主张实际控制人对公司债务承担相应民事责任。

2. 未清算或未经依法清算而注销公司的。第 19 条规定，清算义务人在公司解散后，恶意处置公司财产给债权人造成损失，或者未经依法清算，以虚假的清算报告骗取公司登记机关办理法人注销登记的，债权人可以主张其对公司债务承担相应赔偿责任。

第 20 条第 1 款规定，公司未经清算即办理注销登记，导致公司无法进行清算的，债权人可以主张清算义务人以及公司的实际控制人对公司债务承担清偿责任。其第 21 条补充规定，责任人为两人以上的，其中一人或者数人承担责任后，可以向其他责任人追偿按照过错大小分担的份额。

第 20 条第 2 款规定，公司未经依法清算即办理注销登记，股东或者第三人在公司登记机关办理注销登记时承诺对公司债务承担责任，债权人可以主张其对公司债务承担相应民事责任。

第 22 条规定，公司解散时，股东尚未缴纳的出资均应作为清算财产。股东尚未缴纳的出资，包括到期应缴未缴的出资，以及分期缴纳制下尚未届期的出资；公司财产不足以清偿债务时，债权人主张未缴出资股东，以及公司设立时的其他股东或者发起人在未缴出资范围内对公司债务承担连带清偿责任的，法院应依法予以支持。

---

① 参见柯芳枝：《公司法论》，中国政法大学出版社 2004 年版，第 503 页。

【本节前沿问题】

公司解散时利害关系人的清算请求权

当公司出现法定解散事由时,如果股东不履行清算义务,逾期不成立清算组,而债权人也不向人民法院申请清算,则与公司有利害关系的其他主体是否可以向人民法院申请清算? 对此问题,我国《公司法》对于第180条规定的解散情形,只规定由债权人申请法院组织清算组进行清算,排除了其他利害关系人的清算请求权。

其实,由于公司怠于履行清算责任而损害的主体不仅仅限于公司债权人,公司职工、股东甚至代表国家行政的税务机关均是与公司清算有关的利害关系人。尤其是股东,公司长期不进行清算,则其剩余分配权得不到实现,会对其利益造成重大损害。因此,《公司法》的这种规定,一方面不利于公司股东及其他利益相关者的利益保护;另一方面,使得出现上述清算僵局时单纯依靠债权人的申请,救济手段过于单一。因此,应当对这种有违法律公平正义的做法进行检讨与反思,使满足一定条件的股东及其他利害关系人在出现法定解散事由时享有清算请求权。

未经清算而被注销公司的债务处理

《公司法》第183条规定,“有限责任公司的清算组由股东组成,股份有限公司的清算组由董事或者股东大会确定的人员组成”。由此可见,公司的清算义务是由股东承担的,除破产清算由人民法院组织外,其他情况下,股东必须自行组织清算。在公司被强行注销、法人资格不存在的情况下,股东仍可以其个人名义并作为民事主体履行其清算的义务。在实体上,公司被注销后,其财产当然应分配于公司的股东。事实上,一般情况下,公司的财产也的确被股东所分配或占有。本来通过正常的清算程序,在公司负债大于资产的情况下,股东是不可能获得任何剩余财产的,而由于未进行清算,使得股东只获取了公司的财产,却未承担任何公司的债务。因此,以股东为被告,要求其承担债务清偿责任,完全合情合理。即使在公司被注销之后,股东并未从公司实际取得任何财产,同样可以要求股东承担相应的责任。债权人可否以公司的董事长或总经理等管理人员为被告提起诉讼呢? 本书认为,这种诉讼关系很难成立。因为董事长或总经理个人并不当然对其任职的法人的债务对外负责,也不负有清算的法定义务。公司如被注销,法定代表人的代表权当然消失,也就不存在代表公司承担责任的问题。

【本节思考题】

1. 辨析公司解散、破产、清算、终止、合并分立等诸概念之间的关系。
2. 讨论我国建立公法意义上的司法解散裁判的意义。

第五章　非公司企业法

【导语】

我国现存的企业法律形态中,除了主流的公司企业外,还存在着大量的非公司企业,如个人独资企业、合伙企业、国有企业、集体企业、外资企业、股份合作企业、合作社等,有的企业具有法人资格,有的则为非法人组织。有些非公司企业属于我国独有的企业形态,有其特有的法律特征以及不同的制度功能,在各自领域发挥着相应的作用。在上述非公司企业形态中,多数都有相应的规范依据与支撑,个别的企业形态因为趋于衰落或者刚刚兴起而没有法律法规的依据。但是基于体系完整和引导创新的考量,本章对所有的非公司企业形态一并予以阐述和讨论。

本章学习的重点是了解各类非公司企业的法律特征、设立条件、事务执行或企业治理与终止清算的相关规则,学习难点是注意把握各企业形态之间的关联与区别。

第一节　个人独资企业法

一、个人独资企业概述

(一) 个人独资企业的概念

个人独资企业(enterprise of sole proprietorship 或者 individual enterprise),也称个人企业、独资企业、单一业主制企业、独资所有制企业、个体企业等,是由一个自然人投资设立,由其拥有和控制,并由其一人承担无限责任的企业。根据我国《个人独资企业法》第 2 条的规定,个人独资企业是指依照本法在中国境内设立,由一个自然人投资,财产为投资人个人所有,投资人以其个人全部财产对企业债务承担无限责任的经营实体。2017 年 3 月 15 日通过的《民法总则》将包括个人独资企业在内的非法人组织作为与自然人、法人并列的民事主体形态,强化了个人独资企业的主体地位。相比于包括个人独资企业、外商独资企业、国有独资企业、集体独资企业等在内的独资企业体系,个人独资企业仅指一个自然人投资的企业,以自然人的单一性为其核心特征。不同于一人有限公司股东的有限责任,投资个人独资企业的自然人要承担无限责任。

(二) 个人独资企业的法律特征

作为与合伙企业、公司企业并存的三大企业法律形态,个人独资企业是最简单、最古老的一类。除具备企业组织形式的一般特征如以营利为目的、具有独立的主体资格及享有权利和承担义务外,与合伙企业、公司企业相比较,个人独资企业具有以下独有的法律特征:

1. 投资者具有唯一性。我国个人独资企业的投资者只能是自然人,且只能为一个自然人,法人或其他组织作为唯一主体投资的企业不是个人独资企业。投资者必须具有权利能力,同时应有控制个人独资企业的能力。因此,其应该具有完全行为能力。我国《个人独资企业法》第 47 条排除了外商独资企业的适用,意味着投资者必须具有中国国籍。此外,该法第 16 条规定,法律法规禁止从事营利性活动的人,不得作为投资人申请设立个人独资企业。

2. 企业具有独立的主体资格但不具有法人资格。个人独资企业与其投资者的人格相分离，是独立的主体而不是依附于投资者的虚拟市场主体。但是个人独资企业不是法人，因为个人独资企业与投资者在意思、财产和责任上的同一性使得其从根本上失去了作为法人所需要具备的条件和基础。

3. 企业的财产为投资者所有，企业的经营管理权由投资者直接控制或享有。依据“谁投资、谁所有”的经济学基本规则，某个自然人投资设立个人独资企业，企业财产全部来自其投资，其就是企业财产的所有者，投资者投入到企业的财产和企业在经营中所积累的财产都归投资者个人所有。企业的收入是投资者的收入，企业的亏损当然也是投资者的亏损。但是应当注意的是，在承认个人独资企业的财产属于投资者所有的前提下，应认识到投资者用于经营的企业财产与其他个人财产的区别，企业财产具有相对独立性。

同时，投资者既为企业单独的所有者，自然成为企业事务的管理者，可以完全按照自己的意志经营管理企业，无须受他人的制约与牵制。其可以自行管理企业，也可以委托或聘用专业管理人员，但专业管理人员只能按照投资者的意志在授权范围内履行职责。

4. 投资者以其个人财产对企业的债务承担无限责任。由于个人独资企业财产属于自然人投资者所有，企业由其直接经营，收益也为其个人所有，所以企业的风险、债务也应由其个人承担。鉴于企业财产具有相对独立性，在企业需要对外承担债务时，应当先以其独立的企业财产承担责任；只有当企业财产不足以清偿债务时，才应该由投资者以其个人其他财产承担无限责任。我国《个人独资企业法》第 31 条对此进行了明确规定。

（三）个人独资企业与其他主体形态的比较

1. 个人独资企业与个体工商户的比较。个体工商户是我国经济生活中特有的现象，也是我国民商事法律制度中特有的概念。个体工商户的概念有其时代背景，是个体经济的组织形式，强调将生产资料所有者的劳动作为其存在和发展的基础。《民法总则》第 54 条规定：“自然人从事工商业经营，经依法登记，为个体工商户。个体工商户可以起字号。”作为自然人从事工商业经营的法律形式，其与个人独资企业具有下列共性：均由自然人投资形成；法律对资本金均无限制；均可以依法转让或继承。但是二者之间仍存在下列区别：

(1) 成立的法律依据不同。个人独资企业的成立依据为《个人独资企业法》；而个体工商户的成立依据为《民法总则》与《个体工商户条例》。

(2) 出资人的要求不同。个人独资企业的出资人仅能为一个自然人，该自然人可以其个人财产出资，也可以在申请企业设立登记时明确以其家庭共有财产作为个人出资；而个体工商户的出资人可以是一个自然人，也可以是家庭。

(3) 法律性质不同。个人独资企业是非法人组织，具有独立的主体资格，经“独资企业登记”的工商登记后领取独资企业营业执照；而个体工商户属于自然人的特殊形态，不具有组织属性。

(4) 成立的条件不同。个人独资企业成立必须具备合法的企业名称、固定的生产经营场所、必要的生产经营条件、必要的从业人员等条件；而个体工商户无此类限制，《民法总则》仅规定了个体工商户可以起字号，《个体工商户条例》也仅列明了经营者姓名和住所、组成形式、经营范围、经营场所、名称（有名称时）等登记事项。

(5) 享有的权利不完全相同。个人独资企业享有广泛的经营自主权，如依法设立分支机构、获得土地使用权、进行外贸经营、获得有关技术、发布广告、印制商标、招用职工等;而个体个工商户的权利相对狭窄,如可经批准获得经营场地、可在银行或金融机构开立账户并申请贷款、可根据经营需要招用从业人员等。

(6) 是否有清算程序不同。个人独资企业解散,由投资人自行清算或者由债权人申请人民法院指定清算人清算;而个体工商户不再从事经营活动的,无清算程序的要求,依法应当到登记机关办理注销登记。

(7) 承担民事责任的除斥期间不同。个人独资企业解散后,原投资人对企业存续期间的债务仍应承担偿还责任,但债权人在5年内未向债务人提出偿债请求的,该责任消灭;而个体工商户的债务没有除斥期间的规定。

(8) 出资人承担责任的财产范围不同。个人独资企业以设立登记时的出资财产为基础对企业债务承担无限责任。以个人财产出资的,责任财产范围为个人财产;以家庭共有财产作为个人出资的,责任财产范围为家庭共有财产。个体工商户依据经营主体确定责任财产范围,个人经营的,以个人财产承担;家庭经营的,以家庭财产承担;无法区分时,以家庭财产承担。

(9) 转让或继承的法律后果不同。个人独资企业投资人对本企业的有关权利可以依法进行转让或者继承,只要办理变更登记即可,这是由个人独资企业具有的相对独立性决定的。而个体工商户变更经营者的,应当在办理注销登记后,由新的经营者重新申请办理注册登记;家庭经营的个体工商户在家庭成员间变更经营者的,依照上述规定办理变更手续,表明了个体工商户不具有独立性。

2. 个人独资企业与一人公司的比较。一人公司属于有限责任公司的一种特殊形态,二者具有投资人单一、具有独立的主体地位等共性,但存在下列区别:

(1) 设立的法律依据不同。个人独资企业是依照《个人独资企业法》设立的非法人企业;而一人公司依据《公司法》设立。

(2) 投资主体不同。个人独资企业的投资人只能是一个自然人,而一人公司的投资人既可以是一个自然人,也可以是一个法人,但是一个自然人投资的一人公司不可以再设立一人公司。

(3) 法律性质不同。个人独资企业是独立的民事主体,但属于非法人组织,不具有法人资格;而一人公司属于独立的民事主体,具有法人资格。区分是否具有法人资格的标准为是否有独立意思、独立财产以及能否独立承担责任。

(4) 税收缴纳规定不同。个人独资企业不需要缴纳企业所得税,而只需缴纳个人所得税;而一人公司则需要缴纳企业所得税。

(5) 投资者承担责任不同。个人独资企业的投资者原则上以个人财产为基础对企业债务承担无限责任,但如果在申请企业设立登记时明确以投资者家庭共有财产作为个人出资的,则应当依法以家庭共有财产作为责任承担基础;而一人公司的股东一般情形下只以认缴的出资额为限对公司承担有限责任,只有在不能证明公司财产独立于股东个人财产时,才需要对公司的债务承担连带责任。

(6) 财务账簿设置核算要求不同。个人独资企业需要依法设置会计账簿核算,无须会计师事务所审计;而一人公司应当在每个会计年度终了时编制财务会计报告,并由会计师事务所审计。

此外,个人独资企业与外商投资企业的最大不同在于资本来源于境内还是境外。

二、个人独资企业的设立

(一) 个人独资企业的设立条件

企业形态法定主义要求,企业的设立应满足法律规定的条件。根据我国《个人独资企业法》第 8 条的规定,设立个人独资企业必须具备以下条件:

1. 投资者的适格性。结合《个人独资企业法》第 16、47 条及《外资企业法实施细则》第 82 条的规定,个人独资企业的投资人只能是一个自然人,其必须是具有相应的权利能力和完全民事行为能力且不受法律限制的具有中国国籍的自然人。

2. 企业名称的合法性。个人独资企业有相对独立的法律人格,应有自己的名称,以区别于其他民事主体。依据《个人独资企业法》第 11 条和《个人独资企业登记管理办法》第 6 条的规定,个人独资企业名称应符合名称登记管理的有关规定,名称中不得使用"有限""有限责任"或"公司"等字样,应与其责任形式和从事的营业相符合。

3. 有投资人申报的出资。由于个人独资企业的投资人对企业的债务承担无限责任,故《个人独资企业法》没有规定企业的最低资本限额。要求投资者申报出资,并不是为了对债权人提供担保,而是为企业生产经营的顺利进行提供稳定的资金保证。同时,将企业财产暂时与投资人的其他财产区别开来,有利于企业的财务、会计管理和计算企业的生产经营业绩。

4. 具备固定生产经营场所和必要生产经营条件。这是个人独资企业作为经营体开展经营活动的物质基础,不论规模大小,独立的企业都应该满足此条件。

5. 有必要的从业人员。作为与投资人人格相对独立的个人独资企业,虽然不具有法人资格,规模也小,组织机构简单,但为实现企业营利性目标,也必须要有与其经营规模相适应的从业人员。我国《个人独资企业法》并未规定个人独资企业可以聘用的员工数量,由投资人视经营情况而定。

(二) 个人独资企业的设立登记

个人独资企业的投资人可以自己也可以委托其代理人向个人独资企业所在地的登记机关申请设立个人独资企业。申请时,应当向登记机关提交法律规定的设立申请书、投资人身份证明、生产经营场所使用证明、他人代理申请时的委托书、需审批时有关部门的批准文件等相关文件。

根据《个人独资企业法》第 12、13 条的规定,登记机关应在收到设立申请文件之日起 15 日内进行审查,对符合登记条件的,予以登记,发给营业执照;对于不符合登记条件的,不予登记,并给予书面答复,说明理由。个人独资企业营业执照的签发日期为个人独资企业的成立日期。

设立登记是个人独资企业取得主体资格和经营资格的必经程序。在进行设立登记、领取个人独资企业营业执照前,投资人不得以个人独资企业名义从事经营活动。

(三) 个人独资企业分支机构的设立

根据需要设立分支机构是个人独资企业经营自由的表现,分支机构是在企业住所地以外设立的从事业务活动的办事机构。依据《个人独资企业法》第 14 条的规定,设立分支机构时,应当由投资者或者其委托的代理人向分支机构所在地的登记机关申请登记,领取营业执照。分支机构经核准登记后,应将登记情况报该分支机构隶属的个人独资企业的登记机关备案。分支机构的民事责任,由设立该分支机构的个人独资企业承担。

三、个人独资企业及其投资人的权利与义务

（一）个人独资企业的权利、义务

1. 个人独资企业的权利。根据《个人独资企业法》和有关法律、行政法规的规定，个人独资企业的权利主要有：

（1）对财产有相对独立的权利。个人独资企业聘用的人员不得侵占企业财产、挪用企业资金、泄露本企业的商业秘密等。

（2）依法申请贷款和取得土地使用权。这有助于确保个人独资企业的正常经营。

（3）拒绝摊派权。任何单位和个人不得违反法律、行政法规的规定，以任何方式强制个人独资企业提供财力、物力、人力，否则个人独资企业有权拒绝。

（4）经营自主权。个人独资企业享有广泛的经营自主权，包括分支机构设立、企业名称专用、外贸经营、获得有关技术、广告发布、商标印制、招用职工等权利。

（5）法律、行政法规规定的其他权利。

2. 个人独资企业的义务。根据《个人独资企业法》和有关法律、行政法规的规定，个人独资企业的义务主要有：

（1）在法律规定的范围内开展经营活动，不得从事法律禁止从事的业务。

（2）作为商主体依法设置会计账簿，从事会计核算。

（3）依法维护职工利益，为职工缴纳社会保险。

（4）在登记事项发生变更时及时进行变更登记。个人独资企业登记事项发生变更时，未按规定办理有关变更登记的，责令限期办理变更登记；逾期不办理的，处以 2 000 元以下的罚款。

（二）个人独资企业投资人的权利、义务与责任

个人独资企业投资人的权利主要体现在：对企业财产享有所有权；可以依法转让或继承相关权利；对个人独资企业的生产经营活动享有完全的决策权、管理权和监督权。

相应地，个人独资企业的投资人负有依法纳税的义务，并以其设立登记时作为出资的个人财产对企业债务承担无限责任，该责任持续到企业解散后的 5 年。此外，个人独资企业投资人负有在清算前或清算期间不得隐匿或转移财产，逃避债务的义务。否则，将依法追回其财产，并按有关规定予以处罚；构成犯罪的，依法追究刑事责任。

投资人承担民事赔偿责任和缴纳罚款、罚金，其财产不足以支付，或者被判处没收财产的，应当先承担民事赔偿责任，即应坚持民事赔偿责任优先的原则。

案例研讨

方天集团有限公司诉远大信息咨询有限公司债务纠纷案

四、个人独资企业的事务管理

（一）个人独资企业的事务管理模式

虽然个人独资企业的投资人对企业的经营管理享有绝对的控制权，但考虑到投资人精力、管理能力等方面的限制，《个人独资企业法》允许投资人自主选择企业事务管理的具体模式。主要有自行管理、委托管理和聘用管理三种事务管理模式。

1. 自行管理，即由个人独资企业投资人本人对企业的经营事务直接进行管理。

2. 委托管理，即由投资人通过书面委托合同委托其他具有完全民事行为能力并具有一定的

技术知识和管理能力的人负责企业的事务管理。

3. 聘用管理,即由投资人通过书面聘用合同聘用其他具有完全民事行为能力并具有一定的技术知识和管理能力的人负责企业的事务管理。

通过签订书面合同,有利于明确投资人和受委托人或被聘用人的权利与义务,既有利于企业事务的执行,也便于投资人对执行的监督。但是基于商法的外观主义理念,投资人对受委托人或者被聘用人员职权的限制,仅在二者之间有效,不得对抗善意第三人。受委托人或被聘用人管理企业事务时违反双方订立的合同,给投资人造成损害的,应承担民事赔偿责任。

(二) 受委托人、被聘用人的义务与责任

为防止受委托人或被聘用人在对不属于自己所有的企业进行管理的过程中不善尽职守,侵害企业及投资人的利益,《个人独资企业法》除了明确规定受委托人或被聘用人员应当履行诚信、勤勉义务,接受投资人对其执行企业管理事务行为的监督,按照与投资人签订的合同负责个人独资企业的事务管理外,还规定了受委托人或者被聘用人在管理企业事务时不得有下列行为:第一,利用职务上的便利,索取或收受贿赂;第二,利用职务或者工作上的便利侵占企业财产;第三,挪用企业的资金归个人使用或者借贷给他人;第四,擅自将企业资金以个人名义或者以他人名义开立账户储存;第五,擅自以企业财产提供担保;第六,未经投资人同意,从事与本企业相竞争的业务;第七,未经投资人同意,同本企业订立合同或者进行交易;第八,未经投资人同意,擅自将企业商标或者其他知识产权转让给他人使用;第九,泄露本企业的商业秘密;第十,法律、行政法规禁止的其他行为。受委托人或被聘用人违反规定从事上述行为,侵犯个人独资企业财产权益的,责令退还侵占的财产;给企业造成损失的,依法承担赔偿责任;有违法所得的,没收违法所得;构成犯罪的,依法追究刑事责任。

五、个人独资企业的解散与清算

(一) 个人独资企业的解散

个人独资企业的解散是个人独资企业终止的原因之一,当个人独资企业出现某些法定的事由时,应当解散。根据《个人独资企业法》的规定,个人独资企业有下列情形之一时,应当解散:

1. 投资人决定解散。个人独资企业是由投资人投资设立的,投资人当然有权基于自身的意愿终止企业的运营。

2. 投资人死亡或者被宣告死亡,无继承人或者继承人决定放弃继承。个人独资企业具有相对独立性,其一定意义上可以脱离投资人的人格而存在,故在投资人死亡或者被宣告死亡的情况下,其继承人可以通过继承而使独资企业存续;如果无继承人或全部继承人放弃继承,则独资企业因“无主”而失去继续经营的必备条件,应当解散。

3. 被依法吊销营业执照。通常只有发生严重的违法行为才会导致营业执照被吊销,依据《个人独资企业法》的相关规定,吊销营业执照的情形主要有:第一,违反规定,提交虚假文件或采取其他欺骗手段取得企业登记,情节严重的;第二,涂改、出租、转让营业执照,情节严重的;第三,个人独资企业成立后无正当理由超过 6 个月未开业,或者开业后自行停业连续 6 个月以上的。

4. 法律、行政法规规定的其他解散情形。个人独资企业可能基于上述法定事由的出现而解散,也可能发生资不抵债的情况。我国现行《企业破产法》并未规定个人破产制度。因此,个人独资企业不能清偿到期债务且资产不足以清偿全部债务或明显缺乏清偿能力的,可以参照《企业破产法》规定的破产清算程序进行清算，而不是必须依据《企业破产法》进行清算[①]。

（二）个人独资企业的清算

个人独资企业的清算是个人独资企业主体资格消灭的必经程序，只有清算结束、注销登记后，独资企业才最后消灭。

1. 个人独资企业的清算程序。

（1）自行清算或依申请指定清算人清算。个人独资企业解散，由投资人自行清算或者由债权人申请人民法院指定清算人进行清算。

（2）自行清算时通知、公告债权人。投资人自行清算的，应当在清算前15日内书面通知债权人，无法通知的，应当予以公告。债权人应当在接到通知之日起30日内，未接到通知的应当在公告之日起60日内，向投资人申报其债权。

（3）依法定顺序清偿债务。清算就会产生清算费用，应当优先清偿。支付清算费用后，应当按照下列顺序清偿：第一，所欠职工工资和社会保险费用；第二，所欠税款；第三，其他债务。若个人独资企业财产不足以清偿债务的，投资者应当以其个人的其他财产予以清偿。

2. 清算结束后的注销登记。个人独资企业清算结束后，投资人或者人民法院指定的清算人应当编制清算报告，并于15日内到登记机关办理注销登记。注销登记完成之日，即为个人独资企业的主体资格终止之日。

第二节　合伙企业法

一、合伙企业的概念、特征与分类

（一）合伙企业的概念

合伙设立与运营的依据为合伙人之间的合伙协议。合伙人共同经营的事业可以形成与合伙人相对独立的组织体。因此，对合伙概念可以从合同和组织体两个角度理解。根据我国《合伙企业法》的规定，合伙企业是指自然人、法人和其他组织依照《合伙企业法》在中国境内设立的普通合伙企业和有限合伙企业。设立合伙企业应当具备的条件之一是要有书面合伙协议。我国《合伙企业法》将调整对象界定为组织体的合伙企业，要求合伙企业有书面合伙协议，兼顾了合伙合同与组织体的双重维度。并明确了我国合伙企业的两种类型。

（二）合伙企业的法律特征

合伙企业除具备企业组织形式的一般特征，如以营利为目的、具有独立的主体资格及享有权利和承担义务外，还具有以下独有的法律特征：

> **案例研讨**
>
> 游某诉蚌埠某妇科医院等利润分配纠纷案（民事合伙与商事合伙辨析）

1. 成立的基础在于合伙人订立的合伙协议。合伙人订立的合伙协议是合伙企业成立和经营的基本依据，法律尊重合伙人通过合伙协议方式表达的意思自治，很多情形下合伙协议可以通过约定排除《合

---

① 参见最高人民法院2012年12月颁布的《关于个人独资企业清算是否可以参照适用企业破产法规定的破产清算程序的批复》的规定。

伙企业法》的适用。

2. 合伙企业具有独立的主体资格但不具有法人资格。合伙企业与合伙人的人格相分离,是独立的主体,属于非法人组织。但是合伙企业不是法人,因为合伙企业的财产属于合伙人共有,合伙企业的重大事项应当经全体合伙人一致同意(如我国《合伙企业法》第 31 条的规定),无法实现合伙人与合伙企业意志的分离,由此导致二者的责任无法独立。

3. 合伙企业的事务可以由部分合伙人执行。我国《合伙企业法》规定的合伙企业类型有普通合伙企业与有限合伙企业。这两类企业中,除有限合伙人不能执行合伙企业事务外,经合伙协议约定或者全体合伙人决定,一个或数个普通合伙人均可执行合伙事务。

4. 合伙企业的存续不因合伙份额转让或继承而受影响。合伙人的财产份额可被转让,为维护合伙企业的人合性,其他合伙人有优先购买权;在合伙人死亡、被宣告死亡的情况下,其继承人可以在合伙协议有约定或者经其他合伙人一致同意的情况下继承合伙份额与合伙人的资格,并且不影响合伙企业主体资格的存续。

(三)合伙企业的类型

1. 普通合伙企业。是指由两个以上的合伙人依据合伙协议成立,所有合伙人均对企业债务承担无限连带责任的合伙企业。合伙企业最为传统和原始的形态就是普通合伙企业。无限连带责任要求合伙人相互之间信任,故在所有合伙企业的类型中,普通合伙企业的人合性最强。

在普通合伙企业中,特定行业、特殊情形下有些合伙人可依法承担有限责任。如美国合伙企业法中的有限责任合伙企业。在我国,会计师事务所、资产评估师事务所等专业服务机构大量存在,其以专业知识和专门技能为客户提供有偿服务,为防止要求所有合伙人均承担无限连带责任影响该类机构的健康发展,我国《合伙企业法》规定了类似美国有限责任合伙企业的特殊普通合伙企业,其应当依法在企业名称中标明“特殊普通合伙”字样。与一般普通合伙企业中所有合伙人均对合伙企业债务负无限连带责任不同,特殊普通合伙企业中,合伙人在执业活动中存在主观过错造成合伙企业债务时,其他无过错的合伙人只需以其在合伙企业中的财产份额为限承担责任;若合伙人在执业活动中无主观过错,则依然由全体合伙人承担无限连带责任。

2. 有限合伙企业。在我国主要存在于风险投资领域,是指由对合伙企业债务承担无限连带责任的普通合伙人和以出资额为限对合伙企业承担责任的有限合伙人组成的合伙企业。根据《合伙企业法》的规定,有限合伙企业的合伙人人数有上限。

二、合伙企业的设立条件与程序

(一)合伙企业的设立条件

根据《合伙企业法》的规定,有限合伙企业与普通合伙企业的设立条件有许多共通之处,均须具备主体、协议、物质、经营等条件。有限合伙企业的设立,除了法律有特殊规定外,适用普通合伙企业的设立条件。为便于理解,将两类企业的设立条件一并阐释。

1. 主体条件。

(1) 人数上,合伙人的人数为 2 人以上。普通合伙企业人数没有上限;但有限合伙企业的人数上限为 50 人,至少应当有 1 个普通合伙人,除非法律另有规定。

(2) 责任承担上,普通合伙人承担无限连带责任,而有限合伙人以其出资额为限而对合伙企业承担有限责任。

(3) 资格上，具有中国国籍的自然人、法人、其他组织均可成为合伙人，但自然人作为普通合伙人的，应当具有完全民事行为能力。法律、行政法规禁止从事营利性活动的人成为合伙人。国有独资公司、国有企业、上市公司以及公益性的事业单位、社会团体不得成为普通合伙人。

2. 协议条件。设立合伙企业必须有书面合伙协议，是合伙企业的法律基础。合伙协议经全体合伙人签名、盖章后生效，除合伙协议另有约定外，其修改或补充应当经过全体合伙人一致同意。在普通合伙企业的合伙协议中，应当载明合伙企业的名称和主要经营场所的地点，合伙目的和合伙经营范围，合伙人的姓名或者名称、住所，合伙人的出资方式、数额和缴付期限，利润分配、亏损分担方式，合伙事务的执行，入伙与退伙，争议解决办法，合伙企业的解散与清算，违约责任等事项；在有限合伙企业的合伙协议中，除记载上述事项外，还应当记载有限合伙企业的特殊事项，主要有：普通合伙人和有限合伙人的姓名或者名称、住所，执行事务合伙人应具备的条件和选择程序，执行事务合伙人权限与违约处理办法，执行事务合伙人的除名条件和更换程序，有限合伙人入伙、退伙的条件、程序以及相关责任，有限合伙人和普通合伙人相互转变程序。

3. 出资条件。合伙人认缴或者实际缴付的出资是合伙企业存在的物质基础。具体包括下列内容：

(1) 无最低资本要求。合伙企业无最低注册资本的规定，只需合伙人认缴或实缴的出资即可。合伙人的出资方式、数额和缴付期限等均由合伙协议约定，非货币财产的出资需符合法律、行政法规的规定，在需要时应当依法办理财产权转移手续。

(2) 出资形式灵活。合伙人可以用货币、实物、知识产权、土地使用权或者其他财产权利出资。普通合伙人还可以用劳务出资，但是有限合伙人不可以。

(3) 非货币出资不要求强制评估。合伙人以非货币财产出资，需要评估作价的，可以由全体合伙人协商确定，也可以由全体合伙人委托法定评估机构评估。普通合伙人以劳务出资时，评估办法由全体合伙人协商确定，并在合伙协议中载明。

(4) 出资责任与承担。合伙人应当按照合伙协议履行出资义务，普通合伙人未履行出资义务的，经其他合伙人一致同意，可以决议将其除名；有限合伙人未按合伙协议按期足额缴纳出资的，应当承担补缴义务，并对其他合伙人承担违约责任。

4. 名称与经营场所条件。合伙企业名称应当遵守我国关于企业名称的规定。关于名称和经营场所条件的规定主要有：

(1) 普通合伙企业名称中应当标明“普通合伙”字样，特殊的普通合伙企业名称中应当标明“特殊普通合伙”字样，有限合伙企业名称中应当标明“有限合伙”字样。

(2) 有经营场所和从事生产经营的必要条件，这是合伙企业从事正常经营的物质基础。

5. 法律、行政法规规定的其他条件。特殊的普通合伙企业应当建立执业风险基金，办理执业保险。

(二) 合伙企业的设立程序

合伙企业作为商事主体，其设立除需满足法律规定的实质条件之外，还必须满足程序要件才能成立。具体程序有：

1. 合伙人申请。申请设立合伙企业，应当向企业登记机关提交登记申请书、合伙协议书、合伙人身份证明等文件。合伙企业的经营范围中有属于法律、行政法规规定在登记前须经批准的项目的，该项经营业务应当依法经过批准，并在登记时提交批准文件。

2. 登记机关登记。

(1) 当场登记。申请人提交的登记申请材料齐全、符合法定形式,企业登记机关能够当场登记的,应予当场登记,发给营业执照。

(2) 审核后登记。其他情形,企业登记机关应当自受理申请之日起20日内作出是否登记的决定。予以登记的,发给营业执照;不予登记的,应当给予书面答复,并说明理由。营业执照的签发之日为合伙企业的成立之日。

三、合伙企业的财产

(一) 合伙企业财产的范围与性质

1. 合伙企业财产的范围。合伙存续期间,合伙人的出资和所有以合伙企业名义取得的收益和依法取得的其他财产均属于合伙企业财产。其中,合伙人的出资是合伙企业在设立之初取得的合伙人实际缴付的财产或财产权利;以合伙企业名义取得的收益与其他财产是合伙企业成立后在经营过程中通过买卖获得的利润、取得的财产、受赠的财物、获得的赔偿、获取的知识产权及拥有的其他无形资产等。

2. 合伙企业财产的性质。合伙企业不具有法人资格,对于合伙企业财产的法律性质,存在争议:有共同共有说,有按份共有说,还有非绝对共同共有说亦非绝对按份共有说(本书称之为特殊共有说)。对此,本书支持特殊共有说的观点,即从我国《合伙企业法》对合伙财产的规定来看,很难将合伙企业财产的性质绝对界定为共同共有或者按份共有,因此在理论上仍然有研究的必要。

(二) 合伙企业财产清算前的分割禁止

合伙企业清算前,合伙人原则上不得请求分割合伙企业的财产,除非法律另有规定,如合伙人退伙;若合伙人在合伙企业清算前私自转移或处分合伙企业财产,合伙企业不得以此对抗善意第三人。

四、合伙人的权利与义务

(一) 合伙人对合伙企业财产份额的权利

通说认为,合伙人对合伙企业财产按份共有,合伙企业财产在清算前原则上不可分割,故合伙企业财产份额是观念上的存在,并不代表实际的财产,是合伙人依出资比例或者合伙协议行使权利的基础。

1. 合伙人财产份额的转让权。合伙人可通过合伙财产份额的转让减少自己责任承担的范围或退出合伙企业。合伙财产份额的转让分为两种:一是内部转让,即合伙人之间转让全部或部分财产份额,因不影响人合性,只需依法通知其他合伙人。二是对外转让,依合伙企业类型不同而有不同的规则。因普通合伙企业的人合性极强,除合伙协议另有规定外,合伙人对外转让财产份额须经其他合伙人一致同意,同等条件下其他合伙人有优先购买权;而在有限合伙企业中,有限合伙人可以按照合伙协议的约定向合伙人以外的人转让其在有限合伙企业中的财产份额,因有限合伙人责任的有限性,其财产份额转让并不必然影响企业的人合性,故《合伙企业法》规定仅应当提前30日通知其他合伙人,但未明确规定其他合伙人的优先购买权。

2. 合伙人财产份额的出质权。财产份额可以成为质押的标的。为防止质权实现时债权人通过受让合伙企业财产份额而成为新合伙人造成对普通合伙企业人合性的破坏,《合伙企业法》规定普通合伙人以财产份额出质时，必须经其他合伙人一致同意；未经其他合伙人一致同意的财产份额出质行为无效，由此给善意第三人造成损失的，由行为人依法承担赔偿责任。对有限合伙企业而言，除非合伙协议另有限制或禁止性规定，有限合伙人可以将其在有限合伙企业中的财产份额出质。

（二）合伙人的义务

普通合伙企业与有限合伙企业存在人合性程度的差异，普通合伙人与有限合伙人承担的责任也有区别。由此，对二者所负担的义务，有不同的要求。

1. 依法缴纳出资及纳税的义务。合伙人应按合伙协议的约定履行出资义务；合伙企业的生产经营所得和其他所得，由合伙人依照规定分别缴纳所得税。这是由合伙企业不具有法人资格决定的。

2. 原则上不得与本合伙企业进行交易的义务。普通合伙人，除非合伙协议另有约定或者经全体合伙人一致同意，不得同本合伙企业进行交易；但有限合伙人，除非合伙协议另有约定，可以同本有限合伙企业进行交易。

3. 竞业禁止义务。普通合伙人不得自营或者同他人合作经营与本合伙企业相竞争的业务；但有限合伙人，除非合伙协议另有约定，可以自营或者同他人合作经营与本有限合伙企业相竞争的业务。

4. 对合伙企业债务承担责任的义务。当合伙企业财产不足以清偿合伙企业债务时，由普通合伙人承担无限连带责任，清偿数额超过其亏损分担比例的，有权向其他合伙人追偿。在有限合伙企业中，一个或者数个合伙人在执业活动中因故意或者重大过失造成合伙企业债务的，应当承担连带责任或者无限连带责任，其他合伙人以其在合伙企业中的财产份额为限承担责任；若合伙人在执业活动中非因故意或者重大过失造成合伙企业债务以及其他债务，由全体合伙人承担无限连带责任；有限合伙人则以其认缴的出资额为限对合伙企业债务承担责任。

案例研讨

双盈公司诉魏某等人承担合伙债务案

需要注意的是，应区分合伙企业的债务与合伙人的个人债务，坚持债的相对性。合伙人负担的与合伙企业无关的债务，相关债权人不得以其债权抵销其对合伙企业的债务，也不得代位行使合伙人在合伙企业中的权利。当合伙人的自有财产不足以清偿其与合伙企业无关的债务时，无论普通合伙人还是有限合伙人，均可以将其从合伙企业中分取的收益用于清偿；债权人也可以依法请求人民法院强制执行该合伙人在合伙企业中的财产份额用于清偿。强制执行财产份额时，人民法院应当通知全体合伙人，同等条件下，其他合伙人有优先购买权。

五、合伙企业事务的执行与后果

合伙企业事务的执行是指为实现合伙设立的目的而进行的合伙企业的业务和经营活动。合伙企业与合伙人的人格没有完全分离，也未实现完全的意志独立。普通合伙人有共同经营的权利，并不意味着每个合伙人都必须同样地执行合伙事务。

（一）普通合伙企业的事务执行方式与后果

1. 由全体合伙人共同执行。各合伙人都可直接参与经营，处理企业事务，对内具有同等的权利，对外代表合伙企业。

2. 由各合伙人分别单独执行。此时,执行事务合伙人可以对其他合伙人执行的事务提出异议。提出异议时,应当暂停该项事务的执行。

3. 委托一个或数个合伙人执行合伙事务。须由合伙协议约定或者由全体合伙人决定,确定执行人后,其他合伙人不再执行合伙企业事务。非执行合伙人有权监督执行事务的合伙人,检查执行情况。执行合伙人负有向其他合伙人报告事务执行情况以及合伙企业的经营状况和财务状况的义务。受委托执行合伙事务的合伙人不按照合伙协议或者全体合伙人的决定执行事务的,其他合伙人可以决定撤销该委托。

4. 聘任合伙人以外的人执行合伙事务,须经全体合伙人一致同意。被聘任的合伙企业的经营管理人员,超越合伙企业授权范围履行职务,或者在履行职务过程中因故意或者重大过失给合伙企业造成损失的,依法承担赔偿责任。

(二) 有限合伙企业的事务执行方式与后果

1. 一般情形下,普通合伙人的无限连带责任使得其有动力也应该给予其合伙事务执行权。因此,法律也规定只有普通合伙人才能执行合伙事务。若有限合伙人未经授权却以有限合伙企业或者普通合伙人的名义与他人进行交易,实施无权代理行为,给有限合伙企业或者其他合伙人造成损失的,应当承担赔偿责任。

2. 特殊情形下,有限合伙人即使从事参与决定普通合伙人入伙、退伙,基于自身利益查阅有限合伙企业财务会计账簿等财务资料,企业利益受损时向有责任的合伙人主张权利或提起诉讼,督促执行合伙人行使权利或为了本企业利益以自己的名义提起诉讼等行为,也不视为执行合伙事务。有限合伙人不得对外代表有限合伙企业,但是第三人有理由相信有限合伙人为普通合伙人并与其交易的,该有限合伙人对该笔交易承担与普通合伙人同样的无限连带责任。

六、合伙企业的决议规则与损益分配规则

(一) 合伙企业的决议规则

1. 一般事项的决议规则。合伙人对合伙企业有关事项作出决议,按照合伙协议约定的表决办法办理。合伙协议未约定或者约定不明确的,实行合伙人一人一票并经全体合伙人过半数通过的表决办法。法律对合伙企业的表决办法另有规定的,从其规定。

2. 重大事项的决议规则。根据《合伙企业法》第19、22、25、31、32、34、43、45、50、82、85条的规定,除合伙协议另有约定外,涉及修改或补充合伙协议、普通合伙人向合伙人以外的人转让合伙财产份额、普通合伙人以其合伙财产份额出质、改变合伙企业的名称、改变合伙企业的经营范围或主要经营场所的地点、处分合伙企业的不动产、转让或者处分合伙企业的知识产权和其他财产权利、以合伙企业名义为他人提供担保、聘任合伙人以外的人担任合伙企业的经营管理人员、普通合伙人同本企业进行交易、合伙人增加或减少对合伙企业的出资、入伙、约定存续期间的退伙、合伙财产份额继承、合伙人身份转换、决定解散等重大事项的决议的,须经全体合伙人一致同意。需要注意的是,由于《合伙企业法》明确规定了有限合伙人不执行合伙事务,但可以实施普通合伙人不得实施的部分行为,故决议规则更多是针对普通合伙人而言的,受具体合伙企业类型的影响较小。

(二) 合伙企业的损益分配规则

合伙企业的损益分配规则应充分尊重合伙人的意思自治,即利润分配、亏损分担应当首先按

照合伙协议的约定办理；在合伙协议未约定或者约定不明确时，由合伙人协商决定；协商不成时，由合伙人按照实缴出资比例分配、分担；无法确定出资比例时，由合伙人平均分配、分担。在普通合伙企业中，合伙协议不得约定将全部利润分配给部分合伙人或者由部分合伙人承担全部亏损。除非合伙协议另有约定，有限合伙企业不得将全部利润分配给部分合伙人。

七、入伙、退伙与合伙人身份转换

入伙是指在合伙企业存续期间，合伙人以外的第三人加入合伙企业并取得合伙人资格的行为。退伙是指在合伙企业存续期间，原合伙人依法退出合伙企业，从而丧失合伙企业合伙人资格的事实。

（一）合伙企业的入伙

1. 入伙的条件与程序。新合伙人可以基于买受财产份额、投入资本、接受赠与或者继承等事由加入合伙。对于普通合伙企业，为尊重合伙企业的人合性，保护新加入者的利益，入伙应满足下列条件：一是经全体合伙人一致同意；二是订立书面入伙协议；三是原合伙人应当向新合伙人如实告知企业的经营与财务状况。对于有限合伙企业而言，入伙条件应依照有限合伙协议确定；在有限合伙协议没有明确约定的情况下，则比照普通合伙企业的入伙条件处理。

2. 入伙的效力。入伙人取得合伙人资格，除非入伙协议另有约定，入伙的新合伙人与原合伙人享有同等权利，承担同等责任。即便入伙协议中约定入伙人债权债务的承担情况，也仅具有内部效力；对外部债权人而言，新合伙人对入伙前合伙企业的债务与原合伙人承担同等的责任，新入伙的普通合伙人承担无限连带责任；而新入伙的有限合伙人则以其认缴的出资额为限承担责任。

入伙属于合伙企业的重大变动，应该向企业登记机关申请办理变更登记手续。

（二）合伙企业的退伙

1. 退伙的类型与事由。理论上，以是否基于合伙人的自愿为标准，可将退伙区分为自愿退伙与法定退伙两类。其中，自愿退伙又分为协议退伙与声明退伙，法定退伙又分为除名退伙与当然退伙。

（1）协议退伙。即依照合伙协议约定的条件或者通过自愿协商发生的退伙。

（2）声明退伙。即合伙人单方声明退伙，此时区分是否约定经营期限而有不同的规定：若合伙协议约定了合伙期限，在合伙企业存续期间，有合伙协议约定的退伙事由出现、全体合伙人一致同意、发生合伙人难以继续参加的事由及其他合伙人严重违反约定义务等事由出现时，合伙人可以退伙；合伙协议未约定合伙期限的，合伙人可在不给合伙企业事务执行造成不利影响的情况下退伙，但应当提前 30 日通知其他合伙人。

（3）除名退伙。在合伙人严重违反出资义务、因故意或重大过失造成合伙企业损失、执行事务有不正当行为等严重过错时，可以经其他合伙人一致同意将其除名。

（4）当然退伙。即出现合伙人已不再适宜继续担任合伙人的情形，如自然人死亡或被依法宣告死亡，法人或者其他组织依法被吊销营业执照、责令关闭、撤销，或者被宣告破产，个人丧失偿债能力，丧失法律规定或合伙协议约定的合伙人必须具备的相关资格，全部合伙财产份额被强制执行等，合伙人当然退伙。普通合伙人丧失行为能力或成为限制行为能力人且其他合伙人未能一致同意其转为有限合伙人的，应当退伙。但是对于有限合伙企业而言，有限合伙人仅以其出资为限承担责任,故在个人丧失偿债能力时,不得退伙;有限合伙人丧失民事行为能力时,也不得退伙。

2. 退伙的法律效力。

(1) 退伙导致合伙人资格的丧失。当然退伙时,退伙事由的实际发生之日为退伙生效之日;除名退伙时,被除名人接到除名通知之日退伙生效。

(2) 退伙人需要与其他合伙人按照退伙时合伙企业的财产状况进行结算,退还财产份额,退还办法由合伙协议约定或者由全体合伙人决定。

(3) 退伙时,对基于退伙前的原因发生的合伙企业债务,普通合伙人仍应与其他合伙人一起承担无限连带责任;而有限合伙人则以其退伙时从有限合伙企业中取回的财产承担责任。

(4) 合伙人死亡或被宣告死亡的,普通合伙人的继承人按照合伙协议的约定或者经全体合伙人一致同意,从继承开始之日起取得该合伙企业合伙人的资格,否则应当向合伙人的继承人退还被继承合伙人的财产份额;作为有限合伙人的自然人死亡或被宣告死亡、法人或其他组织终止的,其继承人或权利承受人可以依法取得该有限合伙人在有限合作企业中的资格。退伙属于合伙企业的重大变动,应该向企业登记机关申请办理变更登记手续。

(三) 合伙人身份的转换

除合伙协议另有约定外,普通合伙人转变为有限合伙人,或者有限合伙人转变为普通合伙人,应当经全体合伙人一致同意。有限合伙人转变为普通合伙人的,对其作为有限合伙人期间有限合伙企业发生的债务承担无限连带责任。普通合伙人转变为有限合伙人的,对其作为普通合伙人期间合伙企业发生的债务承担无限连带责任。有限合伙企业仅剩有限合伙人的,应当解散;有限合伙企业仅剩普通合伙人的,应转为普通合伙企业。

八、合伙企业的解散与清算

(一) 合伙企业的解散事由

合伙企业的解散,是指根据合伙协议的约定或法律的规定,终止合伙协议和合伙企业的经营。根据我国《合伙企业法》的规定,合伙企业有下列情形之一时,应当解散:(1)合伙协议约定的经营期限届满,合伙人决定不再经营;(2)合伙协议约定的解散事由出现;(3)全体合伙人决定解散;(4)合伙人已不具备法定人数满30天;(5)合伙协议约定的合伙目的已经实现或无法实现;(6)合伙企业被依法吊销营业执照、责令关闭或者撤销;(7)出现法律、行政法规规定的其他原因。

(二) 合伙企业的清算

合伙企业的清算,是指在合伙企业解散后,为了终止和了结合伙企业现存的法律关系而进行的程序。合伙企业具备解散事由,经过清算,办理注销登记,才会导致合伙企业终止。

1. 合伙企业的清算程序。合伙企业清算需要经过确定清算人、清算人主持清算工作、退还合伙人出资、分配剩余财产等程序。清算期间,合伙企业主体资格存续,但不得开展与清算无关的经营活动。

(1) 确定清算人。清算人即依法主持和实施清算工作的人,清算人应首先由全体合伙人担任;经全体合伙人过半数同意,也可以自合伙企业解散后15日内指定一名或者数名合伙人,或者委托第三人,担任清算人;若自合伙企业解散事由出现之日起15日内未确定清算人,合伙人或者其他利害关系人可以申请人民法院指定清算人。

(2) 清算人主持清算工作。清算人首先应当在法定期间内通知和公告债权人,并就债权人申报的债权进行登记。清算人自被确定之日起10日内将合伙企业解散事项通知债权人,并于60日内在报纸上公告。债权人应当自接到通知书之日起30日内,未接到通知书的自公告之日起45日内,向清算人申报债权。

清算人需要执行下列清算事务:清理合伙企业财产,分别编制资产负债表和财产清单;处理与清算有关的合伙企业未了结的事务;清缴所欠税款;清理债权、债务;处理合伙企业清偿债务后的剩余财产;代表合伙企业参加诉讼或者仲裁活动。

合伙企业的财产原则上按下列顺序清偿:第一,支付清算费用;第二,合伙企业所欠职工工资和社会保险费用;第三,缴纳所欠税款;第四,清偿其他债务。在按照以上顺序清偿完毕之后,如果仍有剩余财产,由各合伙人按照合伙协议的约定办理;合伙协议未约定或者约定不明确的,由合伙人协商决定;协商不成的,由合伙人按照实缴出资比例分配;无法确定出资比例的,由合伙人平均分配。

2. 清算结束的法律后果。

(1) 清算人编制清算报告的义务。清算结束后,应由清算人编制清算报告,清算报告须经全体合伙人签名、盖章方为有效,清算人应当在清算结束后15日内,向企业登记机关报送清算报告。清算人未依照规定向企业登记机关报送清算报告,或者报送清算报告隐瞒重要事实,或者有重大遗漏的,应当承担和赔偿由此产生的费用和损失。

(2) 清算人办理注销登记的义务。清算人在清算结束后,向企业登记机关报送清算报告时,办理企业注销登记,合伙企业终止。

(3) 原普通合伙人的债务承担义务。合伙企业注销后,原普通合伙人对合伙企业存续期间的债务仍应承担无限连带责任。

合伙企业不能清偿到期债务时,债权人可以依法向人民法院提出破产清算申请,根据《企业破产法》的规定,参照破产程序进行特别清算。

第三节 其他非公司企业法

一、国有企业法

国有企业法是调整国有企业设立、运行及内外组织关系的法律规范的总称。广义的国有企业法包括公司法中有关国有公司的相关规则,而本书所论的国有企业法属于狭义的国有企业法,是我国企业法律体系中的特别法,调整对象为公司形态外的国有企业,体现了对所有制与企业法律形式双重标准的考量。国有企业设立与公共政策的相关性决定了国有企业法天然具有一定的公法属性。目前我国的国有企业法除宪法性规范外,主要包括《全民所有制工业企业法》《全民所有制工业企业转换经营机制条例》《国有企业监事会暂行条例》《全民所有制工业企业厂长工作条例》《全民所有制工业企业职工代表大会条例》《全民所有制工业企业承包经营责任制暂行条例》《全民所有制小型工业企业租赁经营暂行条例》《企业国有资产法》以及《企业破产法》等涉及国有企业设立、运行与终止的法律、法规和规章。由于本节只针对非公司制国有企业进行阐释,故不分析《公司法》中有关国有公司的规则。

随着《公司法》等相关法律法规的成熟并发挥重要作用,加之国有企业逐步退出竞争性领域的趋势,有观点认为我国《全民所有制工业企业法》应当被废除。本书认为,该法在特殊时期发挥了重要作用,且世界范围内的立法例也表明公司法并不能完全包容国有企业,许多国家以颁布单行法律的方式确认特殊行业由国有企业经营。加之我国国有企业涉及的行业广、数量多,给每个国有企业单独立法不现实也不可能。即便已逐渐退出竞争性领域,国有企业数量也没有原来那么多,一部统一的、具有普遍适用效力的国有企业法还是非常有必要存在的。

(一) 国有企业的概念及特征

国有企业是一个历史形态。西方国家虽也有国有企业,但产生背景、经营方式与我国有别,数量也不多。国有企业与集体企业是我国按所有制形式对企业进行的分类,是我国独有的。在国有企业改革过程中,建立现代企业制度成为改革的目标和方向。虽然公司已成为主流的企业形态,但按照所有制形式对企业进行分类的方法仍将在一定时期内存在。

在西方国家,国有企业仅指一国的中央政府或联邦政府投资成立或者参股控制的企业;在中国,国有企业不仅包括中央政府投资成立或控股的企业,还包括地方政府投资成立或控股的企业。根据我国现行关于国有企业法律规范及相关文件的规定,国有企业是指由中央或地方政府投资,并对其拥有所有者权益的企业法人。与一般企业相比,国有企业最大特点是具有双重目标:既要实现企业的盈利目标,又要承担公共社会职能。我国现存的国有企业有竞争领域的国有企业和非竞争领域的国有企业。长远来看,国有企业应当定位于能源、基础设施、涉及国家安全、对国家进步有战略意义的非竞争领域,承担特殊职能。

根据我国现行国有企业的存在形式,狭义上的国有企业包括全民所有制企业和国有独资公司、国有投资机构设立并控股的有限责任公司和股份有限公司。广义上的国有企业包括全民所有制企业和国家控股的股份有限公司、有限责任公司以及国有独资公司,以及其他国有投资机构设立的全资或控股的有限责任公司和股份有限公司。理论上可将其界定为全民所有制企业和公司制国有企业。基于本节非公司企业法的内容定位,公司制国有企业的内容在公司法部分阐述,本节讨论的国有企业为狭义国有企业的一部分即全民所有制企业。

国有企业具有以下法律特征:

1. 国有企业是独立的法人。无论规模大小、处于何种行业,全民所有制企业都具有法人资格。作为独立的法人主体,拥有独立的法律地位,依法自主开展经营,国家和政府只能依法行使作为投资者的权利,负有不得干预企业独立经营的义务。由于国有企业的特殊性,其拥有法人资格的依据不是一般的民商法,而是《全民所有制工业企业法》等特别法律或条例。

2. 国家对国有企业的资产拥有控制权。对于全民所有制企业,国家作为唯一或主要的投资者,拥有该类企业的财产所有权,即便是国家依法或依政策让地方政府管理国有企业,地方政府也不因此享有国有企业的所有权。

3. 国有企业作为独立的法人应建立科学的内部治理制度,科学的内部治理决定了国有企业目标的实现。引导全民所有制企业向现代企业制度改革是趋势,但也应尊重全民所有制企业法对内部治理的规定。全民所有制企业实行所有权与经营权分离的经营管理制度,企业依据作为所有权主体的国家的授权,对本企业占有的国家财产行使经营权,并基于经营权拥有法人资格,在《公司法》之前即确认了非公司形式的企业法人主体资格及投资者的有限责任。

(二) 国有企业的设立、运营与终止

1. 国有企业的设立条件与程序。根据 2009 年修订的《全民所有制工业企业法》的规定,设立国有企业必须满足一定的条件并履行必要的审批手续。

设立国有企业必须具备以下条件:(1)产品为社会所需要;(2)有能源、原材料、交通运输的必要条件;(3)有自己的名称和生产经营场所;(4)有符合国家规定的资金;(5)有自己的组织机构;(6)有明确的经营范围;(7)法律、法规规定的其他条件。同时,设立企业,必须依照法律和国务院规定,报请政府或政府主管部门审核批准;获得批准后,经市场监督管理部门核准登记,发给营业执照,取得法人资格。

2. 国有企业的经营权。对于国有企业的经营权问题,在我国曾有过长期而广泛的争论。随着1982年中共中央十二届三中全会《关于经济体制改革的决定》明确提出通过所有权和经营权适当分离的方式建立企业法人制度的企业改革目标,以及《全民所有制工业企业法》的颁布实施,对该问题的研究日益成熟。所有权与经营权分离的理论最早由伯利(Berle)与米恩斯(Means)在经典著作《现代公司与私有财产》中提出,与两权分离相关并必须讨论的问题是两权分离状态下控制权的归属。在该著作中,伯利与米恩斯注意到了控制权与经营权的区别,并认为经营者控制只是公司控制权的形态之一,在此情形下所有权与控制权实现了完全分离,控制权与经营权实现了完全合一。

在我国,探讨国有企业所有权与经营权的分离无法绕开控制权与经营权的关系。获得作为所有权主体的国家授权后,企业作为经营权的主体有权对企业财产占有、使用、收益和在授权范围内进行处分,具有类似所有权的权能,与一般所有权的区别在于企业应该获得授权。为防止经营权授出后可能导致的国家作为所有权人的权利被架空(事实上我国也经历过因为缺少必要的监控机制导致国有企业内部人控制严重、国家利益受损的现象),我国国有企业的经营权是在国家保留控制权的前提下由经营者根据授权进行经营的权利。将所有权保留在国家手里,由监管机构代表国家行使控制权,由国有企业行使经营权,实现了权利的分工与制衡。正如有学者所言,虽然法律及相关文件均力图实现所有权与经营权的分离,但实质上,实现所有权与控制权相结合才是企业发展壮大的命门。对此,本书特别赞同,这也是我国国企改革目标设计的精妙之处。

3. 国有企业的合并、分立与终止。作为一种市场主体,国有企业也会像其他企业主体一样发生合并、分立等组织形式的变更,也会基于一定原因而终止。由于国有企业的合并、分立等变更涉及国有资产的保值增值,因此需要依照法律、行政法规的规定由政府或者政府主管部门批准;保护企业财产,依法清理债权、债务;同时应当进行登记事项变更,并经过市场监督管理部门核准登记。

依据法律的规定,国有企业基于下列原因而终止:(1)违反法律、法规被责令撤销;(2)政府主管部门依照法律、法规的规定决定解散;(3)依法被宣告破产;(4)其他原因。国有企业终止也应当依法清理债权、债务,进行登记事项变更并经市场监督管理部门核准登记。

(三) 国有企业的内部治理

由于国有企业产生于计划经济体制,其法人治理结构难免带有时代烙印。投资者行使所有权职能的机构尤其是监督机构在企业外部而不是内部,主要由国有资产监督管理委员会代表国家行使所有权的职能,这是其与公司制企业的最大不同。

1. 国有企业决策与管理制度。对于全民所有制企业,决策与管理主要实行厂长(经理)负责制,即厂长(经理)作为国有企业的法定代表人,由国家委派或者由职工民主选举并由国家批准,对企业的生产经营决策及管理负责。厂长(经理)的任期为每届3—5年,可以连续担任,在任期届满前,由政府有关部门和国有资产管理部门对其考核、审计以决定是否可以连任;若在任期内辞职,应事先向国有资产监督管理机构提出书面报告并陈述理由,经同意后才可离职。厂长(经理)依法享有生产经营计划决定权、经营管理决策权、企业中层人员任免权及副厂级管理人员提请任免权、企业机构设置决定权、职工奖惩决定权及副厂级人员奖惩报批执行权、工资奖金等重要制度提请审议权、企业代表权及拒绝摊派权等职权,厂长(经理)对企业的盈亏依据法律规定或者合同约定负有直接经营责任,若企业连续三年盈利并实现资产增值,或者亏损企业的新任厂长在规定期限内实现扭亏增盈,国有资产监督管理机构应当对厂长及其他厂级领导给予奖励,奖金由决定奖励的机构拨付;若厂长(经理)因渎职造成企业财产严重损失,构成犯罪的,应承担经济赔偿责任甚至刑事责任。

2. 国有企业监督制度。国有企业监督制度是国家所有权权利实现的基本方式。国有企业监督制度主要包括内部监督和外部监督,科学健全的国有企业监督机制,对于确保国有企业的运行效率、防止国有资产流失具有非常重要的意义。国有企业的内部监督主要是职工通过职工代表大会进行的民主监督,外部监督主要是审计、国企稽核人员等进行的监督。国务院《企业国有资产监督管理暂行条例》明确了由中央和地方省级、地级政府设立的国有资产监督管理机构向全民所有制企业委派监事,明确其他政府部门不再履行国有资产出资人职责,由各级国有资产监督管理机构专门履行国有资产出资人职责,并不再履行政府的任何社会公共管理职能。根据《国有企业监事会暂行条例》和《企业国有资产监督管理暂行条例》的规定,国有重点大型企业的监事会由国有资产监督管理委员会在国务院授权的范围内派出并对国务院直接负责;其他企业的监事会由省级人民政府参照上述两个条例的规定派出,实行分级监督制度。监事会成员不少于 3 人,由主席 1 人、监事若干人组成,包括由国务院国有资产监督管理机构任命的专职监事和由国务院有关部门、单位派出的代表监事和企业职工代表监事构成的兼职监事,承担以财务监督为核心的工作。监事会具有外派属性,并不是企业内部的组成机构,不得参与也不得干预企业的经营决策与经营管理活动。监事会成员在履行职责过程中应恪尽职守,不得为自己谋取私利,实施违法违纪行为将接受处罚;在监督检查中成绩突出、为维护国家利益作出重要贡献的,给予奖励。随着实践的发展及国有企业改革的不断深化,将外派监事制度改造为内设制度是大势所趋,也是更好发挥监督作用的需要。

3. 国有企业中的民主管理制度。国有企业的所有制性质决定了职工代表大会是企业实行民主管理的基本形式,是职工行使民主管理权力的机构。作为企业内部的一个组织,职工代表大会行使一部分国家赋予的企业经营权,但其并非企业的权力机构,也不能对外代表企业。职工代表大会依法行使下列职权:第一,听取和审议厂长(经理)有关经营、建设、技术改造、职工培训、资金使用等方案的报告并提出意见与建议;第二,审查同意或否决企业的工资调整、奖金分配、劳动保护、奖惩办法等方案及其他重要规章制度;第三,审议决定职工福利基金使用方案及其他相关重大事项;第四,评议、监督企业各级行政管理人员并提出奖惩与任免建议;第五,依据政府国有资产监督管理机构或授权投资的机构的决定选举厂长(经理),报政府批准。

职工代表大会主要通过定期会议与临时会议两种形式履行职责,原则上每半年应召开一次会议,且每次会议应由 2/3 以上的职工代表出席;出现重大问题时可召开临时会议。大会进行选举和作出决议时,应有全体代表过半数通过。职工代表大会闭会期间,其工作机构是企业的工会委员会,其主要职责是提出职工代表大会讨论的议题,主持职工代表大会的筹备工作和会议组织工作,向职工进行民主管理教育,带领职工落实职代会决议等。职工代表大会通常设立各种专门小组或专门委员会,完成职工代表大会交办的各项任务并向大会负责。

国有企业要完善现代企业制度,健全公司法人治理结构,重点是推进董事会建设,建立健全权责对等、运转协调、有效制衡的决策执行监督机制,主要通过强化内部监督,建立健全高效协同的外部监督机制来实现。此外,应不断完善国有资产和国有企业信息公开制度,加强社会监督。

(四) 国有企业与政府的关系

处理好国有企业与政府的关系是市场经济体制改革的重要内容,以建立现代企业制度为目标的国有企业改革要求"政企分开",尊重国有企业的独立主体地位,确保企业依法独立自主开展经营、平等参与竞争,同时保护国家和政府作为投资者的权益。因此,正确处理国有企业与政府的关系,应当在已初步建成的国有资产监管体系的基础上,不断完善国有资产监督管理体制,推进国有资产监督管理机构职能的转变,改革国有资本授权经营体制,推动国有资本合理流动优化配置,推进经营性国有资产集中统一监管。同时,明晰企业的产权关系,明确政府有关部门和其他机构的职责、企业的权利和责任,理顺企业财产的国家所有、分级管理、分工监督和企业经营的相互关系,继续强化作为国家所有权代表的国有资产监督管理机构的出资人职责,其他政府部门不再履行出资人职责,而只承担社会经济管理职能,不干预企业的正常生产经营。

二、集体企业法

集体企业法是调整集体企业设立、运行及内外组织关系的法律规范的总称。目前我国关于集体企业的法律规范除了宪法性规范外,还有《乡村集体所有制企业条例》与《城镇集体所有制企业条例》。此外,还有《民法总则》的相关规定。

(一) 集体企业的概念和特征

集体企业是我国特有的企业形态,是集体所有制经济中最活跃的部分。我国的集体企业有城镇集体企业和乡村集体企业两种类型。城镇集体企业,是指在城镇地区设立,由一定范围的城镇劳动群众集体拥有企业财产并共同劳动的经济组织。乡村集体企业,是指在农村地区设立,企业财产由乡、村农民集体拥有的经济组织。两种集体企业均具有以下法律特征:

1. 企业财产属于集体所有,即属于投资或者组建该企业的劳动群众集体所有。

2. 集体企业必须符合条件并经登记方能取得法人资格。经依法审查具备法人条件的集体企业,登记后取得法人资格。

3. 集体企业实行自主经营、自负盈亏、独立核算,可以在不改变集体所有制性质的前提下,吸收投资入股。

(二) 集体企业的治理规则

由特殊的主体成分和产权结构所决定,集体企业中作为所有者的劳动群众与作为劳动者的企业职工之间交叉重合,决定了集体企业治理规则的特殊性。

1. 集体企业的决策机构与民主管理。乡村集体企业由乡或者村的农民大会(农民代表会议)或者代表全体农民的集体经济组织行使企业的决策权。企业职工、职工(代表)大会有权对企业经营管理中的问题提出意见和建议,评议、控告、监督厂长(经理)和其他管理人员。

城镇集体企业的职工是企业的主人,依法或依章程通过职工(代表)大会行使管理企业的权力。职工(代表)大会是企业的权力机构,由其选举和罢免企业管理人员,决定经营管理的重大问题。可以决定设立常设机构负责闭会期间的日常工作并报上级管理机构备案。

2. 集体企业的经营管理。集体企业实行厂长(经理)负责制,是集体企业的法定代表人,代表企业行使职权。厂长(经理)由企业职工代表大会选举或者招聘产生。城镇集体企业中,由集体企业联合经济组织投资开办的集体企业,其厂长(经理)可以由该联合经济组织任免。投资者多元化的集体企业,其中国家投资达到一定比例的,其厂长(经理)可以由上级管理机构按照国家有关规定任免。

(三)集体企业、股份合作企业与合作社的区分

在实践中,上述三类企业比较容易混淆,通过对其发展脉络的梳理可以正本清源,辨析其相互间的关系。第一阶段,“政社不分”阶段,此时的体制为“三级所有,队为基础”,农村的经济与行政事务都由生产大队、生产队、生产小队这三级组织负责。第二阶段,政社分离阶段,负责经济事务的被称为农村三级集体经济组织,有的称为村集体经济组织,有的称为村内集体经济组织;同时,负责行政事务的被称为村委会与村民小组等。理论上,村委会、村民小组与农村集体经济组织应当进行区分。但实际上,二者在实践中经常是一套人马两个牌子,也有的地方农村集体经济组织完全被村委会吞并。第三阶段,农村集体经济组织可以投资设立企业,其设立的企业就是集体企业。农村集体经济组织与集体企业之间是投资者与被投资企业的关系。《民法总则》颁布实施后,农村集体经济组织依法具有法人地位。集体企业具备法人条件的,取得法人资格,领取《企业法人营业执照》;集体企业不具备法人条件的,为非法人企业,经核准登记可领取《营业执照》。

至于集体企业与股份合作企业的关系,二者属于两种不同性质的企业形态。由于集体企业存在的内部治理问题,采用股份制进行改革后,被称为股份合作企业。

我国的合作社属于农村合作经济组织,不同于集体企业,也有别于股份合作企业,其经历了一个从承载政治功能向纯粹经济功能转变的过程。其不同于典型的作为营利法人的企业,而具有对内公益、对外营利的特殊性。因此,《民法总则》将农村合作经济组织规定为特别法人。

三、外商投资企业法

外商投资企业法,是调整外商投资企业的设立、运行及终止的法律规范的总称。目前,《中外合资经营企业法》及其实施条例、《中外合作经营企业法》及其实施细则、《外资企业法》及其实施细则是外商投资企业的法律依据。此外,《民法总则》、最高人民法院关于审理外商投资企业纠纷的司法解释以及国家发改委与商务部发布的《外商投资产业指导目录》等也是规范外商投资企业的重要法律渊源。最新的立法趋势是负面清单将进一步缩减。2016 年 9 月 3 日召开的第十二届全国人大常委会第二十二次会议表决通过了《关于修改〈中华人民共和国外资企业法〉等四部法律的决定》,对《外资企业法》《中外合资经营企业法》《中外合作经营企业法》及《台湾同胞投资保护法》相关行政审批条款进行了修改,进一步缩小了设立及变更需要进行审批的外商投资企业及台胞投资企业的范围。立法的进一步趋势是,涉及外商投资的三部法律由商务部修改成为一部统一的外国投资法草案征求意见稿,该征求意见稿以统一内外资法律法规和创新外国投资法律制度为目标,实行准入前国民待遇加负面清单的管理模式,确立“有限许可加全面报告”的管理制度,完善外资国家安全审查制度,加强事中事后监管,加强投资促进和保护,为外国投资者来华投资创造稳定、透明和可预期的法律环境,其颁布实施将有助于深化体制改革、扩大对外开放、促进外商投资、规范外资管理。鉴于本节非公司企业的内容定位,本部分外商投资企业法的内容针对非公司形态的外商投资企业法律制度展开，其调整对象包括非法人形态的中外合作经营企业、非法人形态的外资企业以及外商投资合伙企业。因中外合资经营企业通常都登记为有限责任公司，故中外合资经营企业法属于公司法的特别法。

（一）外商投资企业的概念与特征

根据我国相关法律的规定，非公司外商投资企业包括采取非公司形式的中外合作经营企业、外资企业与外商投资合伙企业。其中，中外合作经营企业是由外国企业、公司、其他经济组织或者个人同中国的企业、公司或其他经济组织，依据中国的法律，按照平等互利的原则，经中国政府批准在中国境内共同投资创办、共同经营、共担风险、共享权益的契约式合营企业。外资企业又称“全外资企业”，是指依照中国有关法律在中国境内设立的全部资本由外国投资者投资的企业，不论外方投资者是单独投资还是联合投资，只要全部资本来自境外即可，不包括外国的企业和其他经济组织在中国境内的分支机构。外商投资合伙企业是指境外的企业、个人与境内的企业、个人、其他经济组织在我国境内参与投资设立的普通合伙企业或有限合伙企业。根据我国《合伙企业法》的规定，外商投资合伙企业的管理办法由国务院规定。外商投资企业具有以下法律特征：

1. 外商投资企业属于依据中国法律在中国境内设立的中国企业，外商投资企业具有中国国籍，中国对其有属人属地双重管辖权。其不同于在国外依照外国法律设立、经中国法律许可在中国境内从事经营的外国企业，外国企业具有外国国籍，设立国对其进行属人管辖，中国对其只有属地管辖权。

2. 外商投资企业的投资者至少有一方为外国投资者或者全部为外国投资者。从企业资本构成与资本所有权人的国籍两个维度考量，外商投资企业的外方资本须来自非中国的自然人、法人或者其他投资机构，外方资本所有权人的国籍必须为非中国国籍。

3. 外商投资企业通常是一个独立核算、自负盈亏、独立承担法律责任的经济组织或法人实体，这不同于不能独立承担责任的外国企业分支机构。对于经批准采取非公司制的合伙或个人独资等其他形式的外商投资企业，外国投资者依法承担无限责任。

（二）外商投资企业的设立

不同于内资企业的设立，我国设立了外资进入中国的审查制度，以维护国家主权和经济社会安全。自 2013 年 10 月起，我国先后在上海、广东、天津、福建 4 个自贸试验区试点实施外商投资准入前国民待遇加负面清单管理模式，将不涉及国家规定实施准入特别管理措施的外商投资企业的设立及变更排除在审批之外，只进行备案管理。外商投资企业的设立，应遵循如下条件与程序。

1. 设立条件。

(1) 设立外商投资企业，必须有利于中国国民经济的发展，能够取得显著的经济效益。国家鼓励采用先进技术和设备，从事新产品开发，实现产品升级换代，节约能源和原材料，并鼓励举办产品出口的外商投资企业。国家禁止或者限制设立外商投资企业的行业由国务院规定。

(2) 外国投资者有符合法律规定的货币、机器设备、工业产权、专有技术或经批准的从中国境内举办的其他外商投资企业获得的人民币利润出资。

(3) 有明确约定各方权利义务的合同。中外合作经营企业、多方外商共同投资企业与合伙经营的外商投资企业中，诸如合作条件、收益或产品分配、风险与亏损分担、经营管理方式、先行收回投资、企业终止时的财产归属等问题均可在合同中协商确定。中外合作经营企业中外方的投入一般不得低于注册资本或者中外双方投资总量的25%。

2. 设立程序。申请设立外商投资企业，应当报送申请书、可行性研究报告（具有法人资格的还需有章程）、法定代表人（或者董事会人选）名单、外国投资者的法律证明文件和资信证明文件、拟设立外商投资企业所在地的县级或者县级以上地方人民政府的书面答复、需要进口的物资清单等文件。

设立外商投资企业的申请，需要批准的，由国务院对外经济贸易主管部门批准或者经国务院授权的机关审查批准后报国务院对外经济贸易主管部门备案，审查批准机关应当在接到申请之日起90日（外资企业）或45日（中外合作企业）内决定批准或者不批准；不需要批准的，适用备案管理制度。

设立外商投资企业的申请经批准或备案后，企业筹办人应当在接到批准或备案证书之日起30天内向市场监督管理机关申请登记，包括合作各方的投资或者提供的合作条件的登记，领取营业执照。外商投资企业的营业执照签发日期为该企业的成立日期。

（三）外商投资企业的治理规则

外商投资企业在性质上属于中国的企业，其与中国内资企业最大的不同是资本来源于外国。作为独资企业、中外合作经营企业或者合伙企业的非公司形态外商投资企业，在相关外商投资企业法律规定外商投资企业依照经批准的章程进行经营管理活动的基础上，其组织机构、权利义务及责任配置规则应适用《合伙企业法》等一般规则的相关规定。非公司形式的中外合作经营企业通常将联合管理委员会作为决策机构，联合管理委员会决定合作企业的一切重大问题，其代表由各方依据协议委派。

四、股份合作企业法

我国股份合作企业的实践始于改革开放后的农村。早在20世纪70年代末，浙江温州地区就有股份合作企业的雏形，符合农村社区联合劳动、聚积资金、服务自己的需要。“股份式合作”的概念第一次在1985年1月1日中共中央、国务院颁布的《关于进一步活跃农村经济的十项政策》中被提出，此后农村股份合作企业的实践被商业、工业、畜牧业等部门采用，并且引入到城镇集体经济、国有经济等领域。中国轻工总会、劳动部等部门及许多省市都先后制定了指导股份合作企业发展的规章、制度和办法。在总结试点经验的基础上，国家体改委于1997年发布了《关于发展城市股份合作制企业的指导意见》，为股份合作制企业的发展确立了原则性的规范指导和依据。1999年9月22日中共十五届四中全会通过的《中共中央关于国有企业改革和发展若干重大问题的决定》明确指出“对这几年大量涌现的股份合作制企业，要支持和引导，不断总结经验，使之逐步完善”。

（一）股份合作企业的概念及特征

股份合作企业是劳动者投资入股，按照民主原则参加经营管理和劳动，实行独立核算、自负盈亏，具有一定封闭性的经济组织。其有以下特征：

1. 一定的营利性。股份合作企业与一般的企业一样具有营利的目的。企业的税后利润在提取公积金、职工福利基金和奖励基金后，余下的部分为可分配利润，按股分红。

2. 受限制的资合性。企业资本由股份构成，但股份一般只限于股东享有，并且股东拥有股份的最高限额，这为实行合作民主提供了基础。

3. 人合与资合的统一,实行合作民主。股份合作企业中以劳动合作为基础,同时职工通过职工代表大会实行民主管理,股东持有的股份额差距不大,利益和风险基本平均,其有限的资合性能够与合作民主相互协调与共存。

4. 股东的封闭性。股东一般只限于职工,在自愿的基础上实行职工全员入股,这一定意义上消除了资本与劳动的对立,有利于实现管理民主和效率。

5. 独立的法人性。股份合作企业是独立的法人,企业以其全部资产承担民事责任,职工作为股东以出资额为限对企业的债务承担责任。

(二) 股份合作企业的设立条件与程序

1. 设立条件。股份合作企业可通过对原有企业的改组或改制设立,也可以直接设立。设立股份合作企业应当具备下列条件:

(1) 有符合规定的成员。成员主要由内部的职工或劳动者构成,职工个人股和职工集体股应在总股本中占大多数,企业还可根据情况设置国家股、法人股。

(2) 有符合规定的章程。章程经出资人同意、职工股东大会批准,对出资人、职工股东大会、董事会、监事会、总经理等具有约束力。

(3) 有符合规定的组织机构。企业的营利性使得其可以参照营利性法人的组织机构设置内部治理机构,并且治理机构的安排在营利与非营利组织尤其是法人之间已不再具有明显的区分意义。

(4) 有符合规定的名称和章程确定的住所。企业名称中应有“股份合作”字样,不得使用“公司”字样,不能仅登记为“集体企业”,更不能登记为私营企业。企业需要住所作为基本的生产经营条件。

(5) 有符合章程规定的成员出资。出资可以是货币或其他非货币财产,后者应当经过评估。

2. 设立程序。

(1) 在企业设立前,发起人与出资人应签订组建企业协议,签署企业章程。若通过改组方式设立企业,需要企业的职工代表大会通过并报企业主管部门同意后才能签订组建企业协议及签署章程。

(2) 是否需要审批取决于企业的设立方式。直接设立股份合作企业无须审批;以改组方式设立企业,应当经政府体制改革部门审批;若组建的企业经营特定行业,应当由行业主管部门审批。

(3) 企业改组或改制前可以先对企业的非经营性资产进行剥离,改组设立企业应当委托国家认可的评估机构对投入新企业的资产进行评估,且评估前应扣除企业欠缴的劳动保险等费用。

(4) 完成改制或新设立的企业,应到市场监督管理部门办理登记。符合条件、手续齐全的,市场监督管理部门应准予登记,企业类型为股份合作。已完成股份合作改造但未登记为股份合作类型的,应按要求变更登记。

(三) 股份合作企业的治理规则

1. 职工民主管理。股份合作企业中,坚持职工民主管理,职工享有平等权利。职工股东大会是企业的权力机构,实行一人一票的表决方式,行使董事会和监事会成员及不设董事会时总经理的选举权,行使企业的年度预、决算和利润分配方案,重大投资事项,企业分立、合并、解散等重大决策和公司章程的批准权。

股份合作企业不吸收本企业以外的个人入股。职工离开企业时,其股份必须在企业内部转让,其他职工有优先受让权。

2. 企业的日常经营管理。股份合作企业的董事会是职工股东大会的常设机构,向职工股东大会负责。董事长是企业法定代表人,由董事会选举产生。除董事长外,其他董事应为兼职。总经理可以由董事会聘任,也可以由董事长兼任。总经理负责企业日常工作,向董事会报告工作。不设董事会的企业,总经理是企业法定代表人,负责企业经营管理,向职工股东大会负责并报告工作。

3. 企业的监督制度。股份合作企业的监督制度主要通过监事会或监事实现。是否设立监事会由职工股东大会决定,不设立监事会的企业应设1—2名监事。

监事会或监事负责对董事会和总经理及其他管理人员的工作进行监督,直接向职工股东大会报告工作。

(四)股份合作企业的分配制度与公有资产保护

股份合作企业实行按劳分配与按股分红相结合的分配方式。职工工资、奖金分配要遵循"效率优先,兼顾公平"的原则,工资总额的增长幅度应低于企业经济效益的增长幅度,职工实际平均工资增长幅度应低于本企业劳动生产率增长幅度。企业的税后利润应按规定提取法定公积金和公益金,有条件的企业还应该提取任意公积金,余下的部分为可分配利润,实行按股分红。经职工股东大会同意,还可以在可分配利润中提取一部分进行按劳分红,用于奖励对企业有特殊贡献的职工。职工集体股的红利也可以用于按劳分红,还可以用于补充职工社会保障费用,或用于职工集体股的增资扩股。

在改制、改组设立股份合作企业过程中,应注意对公有资产的保护,搞好原有企业产权的界定工作。国家、法人单位等出资人在企业中的投资及投资收益所形成的所有者权益归出资人所有。企业原有奖金节余、工资储备基金,可以折成个人股投入企业,也可以用于企业改制前职工的个人补充养老保险及医疗保险。要切实保障国有和集体权益,防止公有财产流失。属于国家和集体所有的净资产,在改制时应按市场原则有偿转让,不能将国有、集体的净资产无偿分给个人。转让企业国有资产、集体资产的收入,要实行专项管理,用于国有经济和集体经济的投入,可留在改制后的企业有偿使用,也可以作为资本金投入其他企业。

五、合作社法

合作社发展促进委员会(简称COPAC)如此界定和评价合作社:合作社是一种适应已经变化了的商业世界的组织形式,作为将人置于中心地位的组织,不会很快过时,反而会有长久的生命力。国际劳工组织《合作社立法指南》指出:"合作社通过其社员的努力日益被作为一种实现公司没有发现有利可图及政府不能或不愿意实现的目标的一种手段。"我国合作社的历史比较悠久,并且在1950年形成了《合作社法(草案)》,但是在当时的实践中却被异化为推行政策的政治工具,背离了合作社的本质。改革开放以来,个人彼此联合以增强经济实力和社会竞争力的愿望促使农民合作组织在农村悄然兴起并迅速发展。2006年颁布的《农民专业合作社法》(2017年修订)和2007年国务院发布的《农民专业合作社登记管理条例》(2014年修订)为农民专业合作社的设立、登记、运行与终止等提供了充分的法律依据和保障。在我国,除了农民专业合作社外,还存在着大量的农村专业技术协会、农村社区合作社、信用合作社、供销合作社、消费合作社、住宅合作社以及医疗合作社、保险合作社等有着合作社名称的组织。《民法总则》中明确规定“城镇农村的合作经济组织依法取得法人资格”,确立了合作社等合作经济组织发展的一般法基础,使其即使在没有专门法律时,也可以通过有关登记部门的登记而取得法人地位。

(一) 合作社的概念、原则及特征

现代意义上的合作社起源于1844年由英国纺织工人建立的罗虚代尔公平先锋社。在其创建的罗虚代尔原则的基础上,国际合作社联盟针对各国合作运动变化发展的趋势,吸收了西班牙蒙德拉贡合作社的原则,于1995年将合作社的基本原则概括为以下七个方面:(1)自愿和成员资格开放。只要能够利用合作社提供的服务并承担社员义务,均可不受任何歧视地入社。社员资格可以自愿和不受歧视地取得,该原则为法人参与合作社留下了空间。(2)社员民主控制。合作社是由社员控制的民主组织,社员主动参与合作社的政策制定和决策。由社员选举的管理人员要对社员负责。在自然人自愿联合的基层合作社,社员有一人一票的平等投票权,其他层次的合作社也要以民主的方式组织,即“一人一票”不再绝对被坚持。(3)社员经济参与。社员对合作社公平地提供资本金并民主控制其资本,其中须有一部分作为合作社的公共财产,出资是取得社员资格的条件,但社员对其投入的资本金,只获取有限的资本金补偿,对股份利息进行严格的限制。合作社的盈余按三部分分配:第一,建立合作社发展储备基金,其中至少有一部分是不可分割的;第二,社员按与合作社的交易额受益;第三,用于支持合作社大会批准的其他活动。(4)自治和独立。合作社是社员的自治和自助组织,它在与政府和其他组织的关系中必须保持社员的民主控制和自治。(5)教育、培训和宣传。合作社要为社员、社员选举产生的代表、经理和雇员提供教育和培训,使他们能够有效地做出贡献。合作社要把合作的性质和好处告诉公众,特别是年轻人和舆论带头人。(6)合作社之间的合作。合作社要开展地方性、区域性、全国性乃至国际性的合作,以便最有效地为社员服务和发展合作社。(7)关心社区。合作社通过其社员批准的政策,为所在社区的可持续发展效力。

根据上述合作社基本原则的要求可知,合作社是指依法设立,以共同经营、民主管理方法促进其成员经济、社会、生活和文化发展的互助性法人。合作社应体现自助、民主、平等、公平和团结的基本价值,强调成员对合作社的利用。符合上述合作社概念、基本原则与价值的合作经济组织可以依《民法总则》的规定申请登记为合作社法人。我国目前狭义的合作社立法是《农民专业合作社法》,其将农民专业合作社界定为在农村家庭承包经营基础上,同类农产品的生产经营者或者同类农业生产经营服务的提供者、利用者,自愿联合、民主管理的互助性经济组织。从上述概念可以看出,我国的农民专业合作社基本体现了合作社的基本原则与价值。

(二) 合作社的设立

合作社作为一种法人形态,其设立应符合法律规定的条件。设立农民专业合作社,应当有5名以上法律规定的成员,有符合法律规定的章程、组织机构、名称以及章程确定的住所与规定的成员出资等。

设立合作社,须依法履行申请和登记程序,才能取得法人资格。设立农民专业合作社应当召开由全体设立人即设立时自愿成为该社成员的人参加的设立大会,由其指定的代表或者委托的代理人向登记机关提交法律规定的文件。登记机关可以现场登记,也可以根据情况在受理申请之日起20日内决定是否登记。予以登记的,发给营业执照;不予登记的,应当给予书面答复,并说明理由。营业执照签发日期为合作社的成立日期。

（三）合作社的治理规则

合作社法人的机关由成员大会、理事会和监事会构成，依法行使相应的决策、执行、代表与监督权力。

1. 成员大会。农民专业合作社成员大会由全体成员组成，是合作社的权力机构。合作社召开成员大会，出席人数应当达到成员总数的2/3以上。成员大会选举或者作出决议，依据决议事项的性质应当由本社成员表决权总数过半数或者2/3以上通过。章程可以对表决权数做较高规定。成员大会包括定期大会和临时大会。农民专业合作社成员超过150人的，可以按照章程规定设立成员代表大会行使成员大会的部分或者全部职权。

2. 理事会和监事会。农民专业合作社设理事长1名，可以设理事会。理事长为本社的法定代表人。可以设执行监事或者监事会。理事长、理事、经理和财务会计人员不得兼任监事。理事长、理事、执行监事或者监事会成员，由成员大会从本社成员中选举产生，依照法律和章程的规定行使职权，对成员大会负责。理事会会议、监事会会议的表决，实行一人一票。理事长或者理事会可以按照成员大会的决定聘任经理和财务会计人员。经理按照章程规定或者理事会的决定，可以聘任其他人员。经理按照章程规定和理事长或者理事会授权，负责具体生产经营活动。

3. 合作社的盈余分配。依法形成的合作社可分配盈余应当按照交易量分配原则和资本报酬有限原则分配给成员。农民专业合作社的可分配盈余是在弥补亏损、提取公积金后的当年盈余。可分配盈余按照下列规定返还或者分配给成员，具体分配办法按照章程规定或者经成员大会决议确定：(1)按成员与本社的交易量（额）比例返还，返还总额不得低于可分配盈余的60%；(2)按上述规定返还后的剩余部分，以成员账户中记载的出资额和公积金份额，以及本社接受国家财政直接补助和他人捐赠形成的财产平均量化到成员的份额，按比例分配给本社成员。农民专业合作社接受国家财政直接补助形成的财产，在解散、破产清算时，不得作为可分配剩余资产分配给成员，处置办法由国务院规定。

（四）合作社的解散和清算

农民专业合作社基于下列原因解散：(1)章程规定的解散事由出现；(2)成员大会决议解散；(3)因合并或者分立需要解散；(4)依法被吊销营业执照或者被撤销。

合作社在解散时，应当依法成立清算组。清算组自成立之日起接管农民专业合作社，负责处理与清算有关之未了结业务，清理财产和债权、债务，制定清偿方案，代表农民专业合作社参与诉讼、仲裁或者其他法律程序，并在清算结束时办理注销登记。

（五）合作社的扶持

在立法中明确规定政府对合作社的引导和扶持义务，政府积极为合作社的发展提供多种有利环境，这是世界上合作社制度发达国家的成功经验。《农民专业合作社法》明确规定了对合作社的扶持政策：中央和地方财政应当分别安排资金，支持农民专业合作社开展信息、培训、农产品质量标准与认证、农业生产基础设施建设、市场营销和技术推广等；国家政策性金融机构应当采取多种形式，为农民专业合作社提供多渠道的资金支持；国家鼓励商业性金融机构采取多种形式，为农民专业合作社提供金融服务；农民专业合作社享受国家规定的对农业生产、加工、流通、服务和其他涉农经济活动相应的税收优惠。合作社扶持制度有助于促进合作社的制度功能得到最大程度的发挥。

【本章前沿问题】

个人独资企业投资人的责任认定

个人独资企业投资人对企业债务承担的无限责任是补充责任还是全部责任？司法实践中的案例表现出了对此问题的不同理解。如马建峰诉绍兴市永茂纺织厂一案中，法院在裁判理由中认定投资人对个人独资企业债务承担的无限责任是补充责任；在南通旭立毛纺织有限公司诉涟水县欣欣工艺品厂等买卖合同纠纷一案中，法院在裁判理由中也说明，被告季海涛作为投资人在工商登记中注明以其个人财产投资，个人独资企业法的规定表明投资人对个人独资企业债务承担的是补充责任，故对原告要求被告季海涛对被告工艺品厂所欠的货款承担共同还款责任的诉讼请求不予支持；而在奉化市农村信用合作社联社奉城信用社诉奉化市溪口有色金属铸件厂等金融借款合同纠纷案中，法院裁判说理如下：个人独资企业投资人的一种财产，对外不具有法人资格，不能独立承担民事责任。虽然根据《个人独资企业法》第 31 条的规定，个人独资企业的债务应当先以企业的财产清偿，但由于个人独资企业实际上属于投资人，故个人独资企业的债务清偿责任实际上是由投资人承担的，即投资人承担的无限责任是全部责任。那么，上述两种理解哪种更为合理？本书认为，《民法总则》明确将个人独资企业界定为非法人组织，将其作为一种与自然人、法人并存的独立的民事主体形态，其人格可以与投资人的人格相分离，具有相对独立性，故应区分是个人独资企业的债务还是投资人的债务，在两种债务并存时应适用英美法中著名的衡平法原则即“双重优先原则”，个人独资企业的债务优先以个人独资企业的财产偿还，投资人的债务优先以其个人所有的独资企业以外的财产偿还；个人独资企业财产不足清偿的部分再由投资人承担无限责任，投资人其他财产不足清偿的部分再由其在独资企业中的财产权益偿还。

合伙企业财产的性质如何认定

在对合伙企业财产性质为共同共有还是按份共有的争论中，因合伙人在合伙企业中的财产份额可以转让也可以出质，因而更符合按份共有的特征。但在合伙企业法中又有“合伙存续期间，合伙人的出资和所有以合伙企业名义取得的收益和依法取得的其他财产均属于合伙企业财产”以及“合伙企业清算前，合伙人原则上不得请求分割合伙企业的财产”的规定，加之《民法总则》确立了合伙企业作为非法人组织的民事主体地位，应承认合伙企业对其财产在存续期间的所有权。由此，在合伙企业中也应该坚持“双重优先”原则，即区分合伙人与合伙企业的债务，分别以各自的财产优先清偿各自所负的债务。

新一轮国有企业改革

2015 年，中共中央、国务院发布《中共中央、国务院关于深化国有企业改革的指导意见》，要求国有企业改革坚持和完善基本经济制度，坚持社会主义市场经济改革方向，坚持增强活力和强化监管相结合，坚持党对国有企业的领导，坚持积极稳妥统筹推进。在上述指导意见及后续相关文件的指导下，新一轮国有企业改革正逐步深化。本书认为，国有企业改革成功的前提是对国有企业职能的科学定位。依据国有企业是否以营利为目的，可以分为商业性国有企业和公益性国有企业。商业性国有企业是指按照市场化要求实行商业化运作，以增强国有经济活力、放大国有资本功能、实现国有资产保值增值为主要目标，依法独立自主开展生产经营活动的国有企业。公益性国有企业是以保障民生、服务社会、提供公共产品和服务为主要目标，履行国家社会服务职能的国有企业。对于前者，应进行"政企分开"和"两权分离"的改革，实行商业化，国家作为投资者享有所有者权益，而企业享有独立的经营权，并应逐渐引导其向商业公司转变。使商业性的国有企业在竞争中摆脱不必要的行政干预、追求利润的同时造福于社会是我国国企改革面临的重要问题。而对于公益性的国有企业，从范围上讲，除了纯粹国有企业外，国家特许经营的民营企业以及国家与民间合营的"第三部门"，如我国的 PPP 制度，也应包括在内。在市场机制不能充分发挥作用的公益性、垄断性领域，即使是民间或私人的经营，国家也要对其加以相当的直接干预和严格监管。

合作社制度的立法完善

合作社在我国历史悠久，在新中国成立初期曾经发挥了极大的积极作用，但发生异化后很长时间销声匿迹，20 世纪 80 年代在经济发达地区的农村又悄然兴起。《农民专业合作社法》是第一部专门调整合作社的狭义上的法律。一直以来，我国合作社制度的立法供给都是落后于实践需求的。立法应为主体形态的多元化提供保障，给当事人更多的选择。在起草《民法总则》过程中，立法者也注意到了合作社的特殊性，在一审稿及二审稿中均将其置于法人的一般规则中，而未将其归类于营利法人或非营利法人，在最终通过的立法文本之"特别法人"中规定城镇农村的合作经济组织依法取得法人资格，在基本法的层面明确了合作社的法人地位，为农民专业合作社以外的其他合作经济组织主体地位的取得提供了依据。但遗憾的是，没有依据国际合作社的惯例和基本原则规定相应的合作社概念、联合社的地位、治理规则与盈余分配等体现合作社本质特征的条文。同时，经过调研，我国农民专业合作社发展受到制约的两大短板是治理结构与融资困难，《农民专业合作社法》当时出台的目的是引导和促进合作社发展，规定得较为概括，应结合实践需求与成员异质性的情况和融资困难的情况提供有针对性的立法完善建议。

【本章思考题】

1. 个人独资企业有哪些法律特征？
2. 个人独资企业与个体工商户的区别是什么？
3. 我国的合伙企业有哪些种类？它们之间有何区别？
4. 试述我国合伙企业的事务执行及责任承担制度。
5. 合伙人对合伙企业债务承担的责任与投资人对个人独资企业债务承担的责任相同吗？为什么？
6. 试述我国国有企业的特征与种类。
7. 论述我国国有企业制度的改革。
8. 集体企业的法律特征是什么？
9. 股份合作企业与合作社的区别是什么？
10. 我国农民专业合作社的盈余分配制度有哪些规定？

第六章　商业银行法与商事支付法

【导语】

银行作为现代市场经济中最为重要的金融机构之一，在资金流通与融通领域扮演着至关重要的角色。商业银行作为其中的一种类型，由于其业务职能较为广泛，在我们日常工作和生活中最为常见。支付行为作为商业银行的重要业务种类，是商事活动中必不可少的一个环节，随着经济的发展、科技的进步，产生了多种新兴形式，由此而产生的法律关系是我们应当关注的重点。本章以《商业银行法》为基础，结合国内关于支付结算的相关规定，对商业银行的概念、地位、职能以及商事支付的概念、种类等问题进行了阐述。

本章的学习重点和难点是目前商业银行的各种业务，特别是对商事支付中各主体之间法律关系的分析与理解。

第一节　商业银行法

一、商业银行法概述

（一）商业银行概述

1. 商业银行的概念。“商业银行”一词最早来源于英文“commercial bank”，此类银行最初开展的业务主要为吸收活期存款和发放短期有偿性贷款，因其商业性较强，故被称作商业银行。尽管后来商业银行的业务范围有所扩大，但这一历史遗留的习惯性称谓却一直被沿用。

依据《商业银行法》第 2 条之规定，商业银行是指依照该法和《公司法》设立的，从事吸收公众存款、发放贷款、办理结算等业务的企业法人。商业银行在银行体系中占据重要地位，是银行体系中最具活力的组成部分。在我国，商业银行主要包括以下四种：

(1) 大型国有商业银行。包括中国工商银行、中国农业银行、中国银行、中国建设银行、交通银行。

(2) 中小型全国性股份制商业银行。包括华夏银行、招商银行、中国民生银行、中信银行、恒丰银行、中国光大银行、广发银行、兴业银行、浦发银行、平安银行、浙商银行、渤海银行。

(3) 城市商业银行和农村商业银行。目前已成立的城市商业银行有 100 多家，农村商业银行有 300 多家。

(4) 在中国依法登记成立的外资银行。如花旗银行、渣打银行、汇丰银行等。

2. 商业银行的特征。根据法律对商业银行的规定，商业银行具有以下几个特征：

(1) 商业银行的设立条件较一般公司更为严苛，设立商业银行应当符合审慎性条件：一般公司的设立仅需符合《公司法》规定即可，而商业银行的设立需同时符合《公司法》与《商业银行法》规定；《公司法》已取消公司设立的最低注册资本金的要求，而商业银行的设立仍有最低注册资本金的限制，设立全国性商业银行的注册资本最低限额为 10 亿元人民币，设立城市商业银行的注册资本最低限额为1亿元人民币，设立农村商业银行的注册资本最低限额为5 000万元人民币，且注册资本应当是实缴资本；一般公司对董事及高级管理人员的资格没有限制，而商业银行要求董事及高级管理人员需具备专业知识及工作经验。

(2) 商业银行的职能区别于中央银行、政策性银行及投资银行。中央银行的职能是发行信用货币，制定并执行货币政策，领导监督金融机构，集中存款储备金等；政策性银行是宏观调控的工具，作为配合政府特定经济政策而从事政策性融资和信用活动的机构，其不以营利为目的；投资银行主要从事证券发行、承销、交易、企业重组、兼并与收购、投资分析、风险投资、项目融资等业务；而商业银行则是以营利为目的的办理存贷款及结算业务的企业法人。

(3) 商业银行的经营范围是货币信用领域。不同于普通企业以商品或服务为经营对象，商业银行不直接从事商品的生产和流通。商业银行是从事商业性信用货币业务的金融机构，其经营业务主要为吸收公众存款、发放贷款、办理结算业务等，并以存贷款之间的利差为主要利润来源。

(4) 商业银行是独立的公司制法人。一般的企业可以是公司制企业，也可以采取非公司制的组织形式，而商业银行的建立必须符合《公司法》的有关规定。商业银行可以是有限责任公司，亦可以是股份有限公司，国有商业银行还可以是国有独资公司。商业银行自主经营、自担风险、自负盈亏、自我约束，开展业务不受任何单位和个人的干涉，以其全部法人财产独立承担民事责任。

3. 商业银行的组织形式。商业银行的组织形式可以分为外部组织形式与内部组织形式。其中，外部组织形式主要包括：

(1) 单一银行制，又称独立银行制，是指银行业务完全由各自独立的商业银行经营，法律不允许商业银行设立分支机构，其指导思想是鼓励竞争、防止垄断。美国是此种组织形式的代表。

(2) 总分行制，是指法律允许商业银行在国内外各地设置分支机构，分支机构不具有独立的法人地位，受总行的管领和控制。我国采此种组织形式。

(3) 连锁银行制，又称联合制，是指由个人或集团通过购买若干银行的股票实现对该银行的控制，各商业银行在法律地位上相互独立，但其经营策略与方针具有整体性和一致性。

(4) 集团银行制，又称银行持股公司制，是指由一个集团成立一个股份公司，该公司收购或控制若干家银行，每个银行都具有独立的法人地位，拥有完整的内部组织机构。

(5) 代理银行制，是指银行若在外地未设立分支机构，则须与外地银行建立代理关系方可办理外地业务。

商业银行的内部组织形式与普通公司类似。股东会或股东大会是商业银行的最高权力机构，决定商业银行的经营方针、人事任免及其他重大事项；董事会、行长等高级管理人员是商业银行的执行机构，董事会下设各专门委员会执行董事会的决议；监事会是专门履行监督职能的机构，其代表股东会对商业银行的经营活动及财务状况进行监督，根据《商业银行法》第18条之规定，国有独资商业银行设立监事会，监事会的产生办法由国务院规定；监事会对国有独资商业银行的信贷资产质量、资产负债比例、国有资产保值增值等情况以及高级管理人员违反法律、行政法规或者章程的行为和损害银行利益的行为进行监督。

4. 商业银行的分支机构。商业银行可以根据业务需要在我国境内外设立分支机构，分支机构不必按照行政区划来设立，设立分支机构必须经国务院银行业监督管理机构审查批准。商业银行的分支机构不具有法人资格，在总行授权范围内依法开展业务，其民事责任由总行承担。但根据《民事诉讼法》的规定，虽然分支机构不是法人，但其具有诉讼主体的资格，可以独立参与民事诉讼。商业银行在中国境内设立分支机构，应当按照规定拨付与其经营规模相适应的营运资金额，拨付各分支机构营运资金的总额不得超过总行资本金总额的60%。商业银行对其分支机构实行全行统一核算、统一调度资金、分级管理的财务制度。

案例研讨

齐鲁投资管理公司与中银实业公司、鲁泰物流公司执行异议案

（二）商业银行法概述

1. 商业银行法的概念。商业银行法是调整商业银行设立、变更、终止及其与客户、中央银行和其他金融机构之间因经营活动产生的金融关系的法律规范的总称。

狭义的商业银行法仅指专门规范商业银行并以此命名的商业银行法，具体而言是指1995年5月10日第八届全国人大常委会第十三次会议通过，2015年8月29日第十二届全国人大常委会第十六次会议第二次修改的现行《商业银行法》。广义的商业银行法还包括其他法律法规如《中国人民银行法》《银行业监督管理法》，以及我国参加或缔结的双边或多边条约（如《巴塞尔协议》）等文件中涉及商业银行的规定。

2. 商业银行法的性质。商业银行作为特殊的市场主体，政府对其干预程度较一般企业更深，监管措施也更为严苛，商业银行法因此带有一定的公法性或经济法性。但不可否认的是，商业银行法的调整对象主要是商业银行在商事交往中同客户或其他市场主体形成的法律关系，此种法律关系以平等、自愿为特征，因此应当将商业银行法划入私法范畴。其规定了商事组织法与商事行为法，是商法的重要组成部分。作为商法体系中的特别法，商业银行法在法律适用时应当优于公司法和民法。

3. 商业银行法的调整对象。商业银行法的调整对象是商业银行在设立、变更、接管和终止过程中的组织结构法律关系、商业银行在业务活动中同其他市场主体形成的金融交易法律关系以及政府对商业银行的监管所形成的金融监管法律关系。

（三）商业银行的设立、变更、接管和终止

1. 商业银行的设立。根据《商业银行法》第12条，设立商业银行应当具备下列条件：(1) 有符合本法和《公司法》规定的章程；(2) 有符合本法规定的注册资本最低限额；(3) 有具备任职专业知识和业务工作经验的董事、高级管理人员；(4) 有健全的组织机构和管理制度；(5) 有符合要求的营业场所、安全防范措施和与业务有关的其他设施。横向比较国外，可以发现各国的商业银行设立条件都高于普通公司。

设立商业银行主要分为四个阶段：(1) 申请设立：由申请人向银行业主管机关提交书面的申请书、可行性研究报告及其他材料；(2) 主管机关审批：国务院银行业监督管理机构对拟设立银行的章程草案、拟任职的董事及高管的资格证明、验资证明、股东名册等法律要求的材料和设立条件进行审查；(3) 登记并领取营业执照：经国务院银行监督管理机构审查认为符合条件的，批准其设立商业银行，申请人凭借经营许可证向市场监督管理部门办理工商登记并领取营业执照；(4) 公告：经批准设立的商业银行，由国务院银行业监督管理机构予以公告。

2. 商业银行的变更。商业银行的变更是指依法成立的商业银行，在经营过程中发生组织机构的合并、分立，或发生其他重大事项的变动。根据《商业银行法》第24条规定，商业银行的变更事项包括：(1) 变更名称；(2) 变更注册资本；(3) 变更总行或者分支行所在地；(4) 调整业务范围；(5) 变更持有资本总额或者股份总额5%以上的股东；(6) 修改章程；(7) 国务院银行业监督管理机构规定的其他变更事项。商业银行发生以上变更或者进行合并、分立，不仅要符合《公司法》规定

的有关条件和程序，还必须报经国务院银行业监督管理机构批准。此外，商业银行更换董事、高级管理人员时，也需要报经国务院银行业监督管理机构审查其任职资格。

3. 商业银行的接管。商业银行的接管是指当商业银行已经或可能发生信用危机并严重影响存款人利益时，国务院银行业监督管理机构通过接管组织，按照法定的条件或程序，全面管领和控制该银行，对其采取整顿、改组等一系列措施的行为。接管期限从接管决定实施之日起开始计算。从该日起，被接管的商业银行的所有者和经营者停止行使经营管理的权力，但商业银行的主体资格不变，相关的债权债务关系也不会受到影响。

接管就其性质而言是对问题银行的一种行政救济措施，通过采取必要措施对商业银行内部的经营管理进行改造和整顿，恢复商业银行的正常经营能力，保护存款人及社会公共利益。

接管因发生法定事由而终止，具体包括以下三种情形：(1)接管决定规定的期限届满或者国务院银行业监督管理机构决定的接管延期届满；(2)接管期限届满前，该商业银行已恢复正常经营能力；(3)接管期限届满前，该商业银行被合并或者被依法宣告破产。若商业银行恢复经营状况，则接管组织应将经营管理权交还商业银行原所有者和经营者；若无法恢复正常的经营状况，则将进入破产清算程序。

4. 商业银行的终止。商业银行的终止是指商业银行丧失主体资格并退出金融市场的过程。商业银行因解散、撤销或破产而终止。

商业银行因合并、分立或者出现章程规定的解散事由而解散。不同于一般的企业解散，商业银行解散需要向国务院银行业监督管理机构提出申请，并附解散的理由和支付存款的本金和利息等债务清偿计划，经国务院银行业监督管理机构批准后方可解散。

商业银行也可因受到行政处罚被吊销经营许可证而被撤销。《商业银行法》第74、75条规定了若干种商业银行严重违法时国务院银行业监督管理机构有权吊销经营许可证的情形，如未经批准设立分支机构、未经批准买卖外汇、拒绝接受监督检查等。对于被吊销经营许可证的商业银行，由国务院银行业监督管理机构依法及时组织成立清算组进行清算，并按照清偿计划及时偿还储户的存款本金及利息等债务，以保护储户的合法权益。

关于商业银行破产的规定散见于《商业银行法》《企业破产法》和《银行业监督管理法》等。《企业破产法》规定，商业银行出现不能清偿到期债务，并且资产不足以清偿全部债务或者明显缺乏清偿能力的情形时，国务院银行业监督管理机构可以向人民法院提出对该商业银行进行重整或者破产清算的申请，并依照该法规定清理债务。《商业银行法》规定人民法院宣告商业银行破产前依法须取得国务院银行业监督管理机构的同意。商业银行被宣告破产的，由人民法院组织国务院银行业监督管理机构等有关部门和有关人员成立清算组进行清算，国务院银行业监督管理机构是清算组的当然成员。为了保护储户的利益，在支付清算费用、所欠职工工资和劳动保险费用后，优先支付个人储蓄存款的本金和利息。

（四）商业银行的业务

在当前金融市场刚刚兴起，金融监管尚不完备的现实下，我国金融体制仍实行分业经营、分业监管的制度。《商业银行法》第3条列举了商业银行的13项业务，分别是：(1)吸收公众存款；(2)发放短期、中期和长期贷款；(3)办理国内外结算；(4)办理票据承兑与贴现；(5)发行金融债券；(6)代理发行、代理兑付、承销政府债券；(7)买卖政府债券、金融债券；(8)从事同业拆借；(9)买卖、代理买卖外汇；(10)从事银行卡业务；(11)提供信用证服务及担保；(12)代理收付款项及代理保险业务;(13)提供保管箱服务。最后的兜底条款赋予国务院银行业监督管理机构批准其他业务的权力。商业银行通过章程确定其经营业务的范围,但需报国务院银行业监督管理机构批准。

按照资金的来源和用途,可将商业银行上述经营业务分为负债业务、资产业务和中间业务。

商业银行的负债业务是指商业银行通过吸收存款、同业借款、发行金融债券等方式筹措资金,形成资金来源,并在未来一定时间内予以偿付的业务。负债业务是资产业务与中间业务的基础,在负债业务中,商业银行是债务人,业务相对人是债权人。具体而言,存款业务是最主要的负债业务,包括活期存款、定期存款和储蓄存款。前两类主要针对的客户为企、事业单位;储蓄存款主要针对个人客户,又可进一步细分为活期储蓄存款和定期储蓄存款,以及由此衍生的多种储蓄品种。其次,发行金融债券也是商业银行负债业务的一项重要内容,金融债券是商业银行向社会公众发行的用于筹集中长期信贷资金的一种有价证券。负债业务还包括借款业务,即商业银行为调剂资金周转而向中央银行借款,或者经中央银行批准进行同业拆借,常见的形式有头寸拆借、同业贴现与短期拆借等。

商业银行的资产业务是指商业银行运用其积累的资金从事信用活动以获取收益的业务,主要包括银行贷款、证券投资、现金资产、买卖外汇、票据贴现等。在这一过程中,商业银行是债权人,业务相对人为债务人。资产业务是商业银行盈利的主要途径,贷款的利率往往高于存款利率,且商业银行接受存款时仅以其自身信誉为保证,但在放贷时分为信用贷款和担保贷款,担保贷款的借款人需向银行提供担保。商业银行放贷业务按照期限可分为短期贷款(1年以内)、中期贷款(2—5年)以及长期贷款(5年以上)。依照法律规定,商业银行发放贷款应当与借款人订立书面合同,明确约定贷款种类、借款用途、贷款金额及利率、还款期限和方式以及违约责任等事项,银行或借款人不履行合同义务或履行有瑕疵的,应当承担违约责任。商业银行的资产业务还包括商业银行通过在公开市场买卖政府债券、金融债券等方式进行证券投资,以及商业银行对未到期票据扣除相关费用后提前将票据金额支付给收款人的票据贴现业务等。

中间业务又称表外业务,是指商业银行为客户办理委托事项并获得不构成表内资产与表内负债的非利息收入的业务。在中间业务中,商业银行只充当代理人或中介人的角色,而不直接作为债权人或债务人。中间业务包括九大类:(1)支付结算类业务;(2)银行卡业务;(3)代理类业务;(4)担保类业务;(5)承诺类业务;(6)交易类业务;(7)基金托管业务;(8)咨询顾问类业务;(9)保管箱业务。

在商业银行是否有权进行投资这一问题上,《商业银行法》第43条规定,商业银行在中华人民共和国境内不得从事信托投资和证券经营业务,不得向非自用不动产投资或者向非银行金融机构和企业投资,但国家另有规定的除外。随着金融环境不断改善,法律法规逐步健全,金融业监管及金融机构自律性逐步增强,我国应顺应时代潮流,逐步扩展商业银行的业务范围,推进分业经营向综合经营体制的改革。

(五)商业银行的经营原则

《商业银行法》规定商业银行以安全性、流动性、效益性为经营原则。

安全性原则是商业银行经营原则的首要原则,指商业银行在经营过程中应当尽量降低商业风险,充分保障到期收回本金及利息,确保银行资产安全。安全性原则主要针对商业银行的资产业务而言,因资金安全问题关系到银行及储户的切身利益。面对借款者的信用状况的差异、利率汇率波动等诸多不确定因素带来的风险,商业银行需要将安全性原则作为经营的首要原则。

流动性原则关注清偿力问题,是指商业银行要保证资金的流动和融通,以满足客户随时提款或贷款的需求。流动性原则包括资产的流动性和负债的流动性。资产的流动性要求商业银行将资金的来源集中，按照轻重缓急的不同顺序在各种资产间合理分配，设立不同层次的准备金。负债的流动性是指商业银行通过发展主动型负债从而以较低的成本满足随时的资金需求。通过合理安排债权债务，留备充足的现金，合理调整资产结构和负债结构，可以保证资产的流动性。

效益性原则，是指商业银行开展资产负债业务时，在保证安全性和流动性的前提下，应当以追求最大利益为目标。商业银行的盈利水平取决于资产收益、其他收入和经营成本等因素，其利润主要来自存贷款之间的利差扣除必要的税费后的余额。欲获得更高利润，需要扩大市场规模或调整利率，但是利率的调整受到中央银行的规制，故商业银行应当着力降低经营成本。

（六）商业银行的特别管理

1. 对经营许可证的管理。经营许可证是商业银行开展经营活动必须取得的法定证明文件。《金融许可证管理办法》第 2 条规定，本办法所称金融许可证是指中国银行业监督管理委员会[①]依法颁发的特许金融机构经营金融业务的法律文件。即商业银行须取得“金融许可证”方能开展经营活动。商业银行应当将上述许可证正本放置在营业场所的显著位置，并妥善保管副本以备查验。禁止伪造、涂改、出租、转让经营许可证，违者要承担相应法律责任。

2. 对购买银行股份的监管。出于对银行业严格监管以保护储户及其他客户利益的考量，《商业银行法》第 28 条规定，任何单位和个人购买商业银行股份总额 5% 以上的，应当事先经国务院银行业监督管理机构批准。国务院银行业监督管理机构对该股东的资金来源、财务状况、资本补充能力和诚信状况进行审查。

3. 商业银行工作人员的禁止性行为。《商业银行法》第 52、53 条规定了工作人员的禁止性行为：(1) 利用职务上的便利，索取、收受贿赂或者违反国家规定收受各种名义的回扣、手续费；(2) 利用职务上的便利，贪污、挪用、侵占本行或者客户的资金；(3) 违反规定徇私向亲属、朋友发放贷款或者提供担保；(4) 在其他经济组织兼职；(5) 违反法律、行政法规和业务管理规定的其他行为；(6) 泄露其在任职期间知悉的国家秘密、商业秘密。

4. 商业银行的资料保存。商业银行的会计凭证、会计账簿、财务会计报告、业务合同以及其他资料是记录商业银行经营状况及业务往来的重要凭证。我国的《会计法》要求各单位对会计凭证、会计账簿、财务会计报告和其他会计资料建立档案并妥善保管。《商业银行法》规定商业银行应当向国务院银行业监督管理机构、中国人民银行报送资产负债表、利润表以及其他财务会计、统计报表和资料。若国务院银行业监督管理机构在对商业银行的存款、贷款、结算、呆账等情况进行检查监督时提出相关要求，商业银行需提供财务会计资料、业务合同和有关经营管理方面的其他信息。

5. 严禁公款私存。依据《公司法》第 171 条第 2 款之规定，对公司资产不得以任何个人名义开立账户存储。《商业银行法》第 48 条第 2 款也做了同样的规定，任何单位和个人不得将单位的资金以个人名义开立账户存储。以上规定都体现了法律对公款私存的严格禁止，违法者将由国务院银行业监督管理机构责令改正，没收违法所得并处罚款。

---

① 2018 年 3 月，根据十三届全国人大一次会议批准的国务院机构改革方案，将中国银行业监督管理委员会和中国保险监督管理委员会的职责整合，组建中国银行保险监督管理委员会。但相关法律法规尚未完全修改，为尊重法条原文，本书将同时使用“中国银行业监督管理委员会”和“中国银行保险监督管理委员会”。

二、商业银行的存款业务制度

（一）存款业务概述

1. 存款的概念及分类。存款是指资金的合法持有者将其持有的货币资金存入商业银行或具有经营存款业务资格的其他金融机构，金融机构根据法律规定按约定向存款人给付本金及利息的信用业务。存款业务占银行负债业务的70%左右，是商业银行的一项重要的基本业务。

依据不同标准可对存款进行不同的分类：

(1) 根据存款主体的不同，可将存款分为单位存款和个人储蓄存款。单位存款是指企业、事业单位、机关、社会团体及部队等单位的存款，其特点是强制性。个人储蓄存款又称储蓄，是指居民个人将自己所有或合法持有的资金存入银行等金融机构，其特点为自愿性和有偿性。

(2) 根据存款的期限和提取方式的不同，可将存款分为活期存款、定期存款、定活两便和通知存款。活期存款指随时可以存取的存款，主要包括各类机构和个体经济户在银行或非银行金融机构结算账户上的存款和个人储蓄存款。定期存款是指存款人与银行提前约定存款期限及支取条件和方式的存款。定活两便是指事先不约定存期，一次性存入，一次性支取的储蓄存款，其既有活期存款的灵活性，又能享受到接近定期存款的利率待遇。通知存款是存款人将资金一次性存入银行，不约定存期，需要支取时需提前通知银行并约定支取的日期和金额方能支取的存款类型。

(3) 根据存款货币种类的不同，可将存款分为人民币存款和外汇存款。

(4) 根据存款支取方式的不同，可将存款分为支票存款、存单（折）存款、银行卡存款等。

2. 存款业务的基本制度。我国现行法关于存款制度的内容集中规定在《中国人民银行法》《商业银行法》《储蓄管理条例》《人民币银行结算账户管理办法》《人民币单位存款管理办法》等中。根据这些法律文件，商业银行经营存款业务需要遵守以下基本制度：

(1) 存款业务特许经营制度。只有经过中国人民银行审核批准的金融机构才能经营存款业务，目前我国只有商业银行、信用合作社、邮政储蓄机构可以吸收公众存款。

(2) 存款准备金及备付金制度。《商业银行法》第32条规定，商业银行应当按照中国人民银行的规定，向中国人民银行交存存款准备金，留足备付金。存款准备金是商业银行为保证客户提取存款和资金清算需要而向中国人民银行交存的存款，是传统三大货币政策之一；备付金是商业银行存放在中央银行的超过法定存款准备金率的那部分存款，亦称为超额准备金。

(3) 存款利率法定制度。商业银行应当按照中国人民银行规定的存款利率的上下限确定存款利率，不得违反规定提高或变相提高利率，如向存款人支付利息以外的费用或赠品，商业银行应当将利率予以公告。

(4) 保证支付制度。《商业银行法》第33条规定，商业银行应当保证存款本金和利息的支付，不得拖延、拒绝支付存款本金和利息。

（二）存款合同

> **案例研讨**
>
> 某银行与某实业公司等借款担保合同纠纷案

存款合同是存款人将自己的货币存入银行时与银行订立的确定双方权利义务的协议。订立存款合同同样要经历要约与承诺两个阶段，存款人向银行填写的存款凭证是要约，银行接收存款并出具回单或存单（折）是承诺。

1. 存款合同的特征。存款合同的主体具有特定性，吸收存款的一方只能是经国务院银行业监督管理机构批准的有权办理存款业务的金融机构;存款合同必须采取书面形式,因此是要式合同;存款合同是银行为多次重复性的交易而事先拟定的格式合同,存款人无法就具体条款同银行进行协商;存款合同的成立不仅要求当事人就合同条款达成一致,还要求存款人向银行实际交付货币方可成立,因此属于实践合同;存款合同是有偿合同。

2. 存款合同当事人的权利义务。商业银行有权收取和使用存款。商业银行的义务包括:依照存款人的要求随时偿还本金和利息;妥善保管存款凭证及客户资料,且替客户保密;在存款人取款时,对取款人身份、存单(折)的真实性进行核实确认,确认一致后方可支付本息等。

存款人享有的权利包括随时提取存款、在存单(折)遗失时申请挂失、在银行破产时优先于普通债权获得清偿等。存款人的义务有妥善保管存单、存折,防止银行卡密码等个人信息被他人窃取等。

(三)储蓄存款业务

1. 储蓄存款的原则。作为商业银行的一项重要的业务,储蓄存款制度应当遵循以下原则:

(1) 存款自愿原则。个人储蓄存款应当以自愿为原则,存款人有选择如何处分自己资产的权利,是否储蓄、以何种方式储蓄、在哪家银行办理业务,均应由存款人自主决定。

(2) 支取自由原则。基于商业银行同储户建立的债权债务关系,商业银行有义务按照债权人的要求及时、充分履行债务,即使是未到期的存款,商业银行也应当按规定手续进行支付,不得压单、压票及收取其他不合理费用。

(3) 存款有息原则。利息是让渡资金使用权的对价,利率的高低体现了国家对宏观经济的调控,商业银行应当根据中央银行对利率的规定给付存款人利息。

(4) 保密原则。商业银行有义务对营业过程中知悉的储户的姓名、住址、工作单位、存款数额、账户密码等信息进行保密,除了法定机关依照法定程序进行查询、冻结、扣划外,商业银行得拒绝任何单位和个人的相关请求。

2. 储蓄存款的利率和计息。利率指存款在一定期间到期的利息与存款总额的比率,是单位货币在单位时间内的利息水平。如前所述,我国存款利率实行法定制度。根据国务院制定的《储蓄管理条例》的规定,活期储蓄存款在存期内利率发生变化的,按照结息日挂牌公告的相应的活期存款利率计付利息;定期储蓄存款在存期内利率变动的,按照存单开户日挂牌公告的相应的定期存款利率计付利息;提前支取全部未到期的定期储蓄存款的,利息按照支取日挂牌公告的活期储蓄存款利率计付;提前支取部分未到期的定期储蓄存款的,提前支取部分的利息按支取日挂牌公告的活期储蓄存款利率计付,剩余部分的利息按存单开户日挂牌公告的定期储蓄存款利率计付;逾期支取的定期储蓄存款,其超过原定存期的部分,除约定自动转存的外,按支取日挂牌公告的活期储蓄存款利率计付利息。

3. 储蓄存款实名制管理。国务院于2000年发布《个人存款账户实名制规定》,要求存款人开立银行账户必须按规定提供真实、完整、有效的身份证件,金融机构核对并确认账户名称与证件相符、登记身份证件的姓名及号码后方可开立银行账户。

4. 储蓄存款挂失与过户。储户遗失记名存单、存折或者预留印鉴的,可以持本人有效证件并提供账户相关信息,向储蓄机构声明挂失支付,按照约定的时间及时补办相关取款手续或存单、存折。若存款在挂失前或挂失失效后被他人冒领,银行在尽到审查义务的前提下不承担相关责任。

存款人死亡后,合法继承人应向储蓄机构所在地的公证处申请办理继承权证明书,储蓄机构据以办理过户或支付手续。继承权发生争议时,应当凭借法院的裁判文书办理过户或支付手续。

银行也可直接向存单持有人支付。存款人死亡且没有继承人的,经公证机关证明,按财政部门的规定,存款收归国有或集体所有。

(四) 查询、冻结和扣划存款

《商业银行法》第29、30条规定,只有法律可以对有权查询、冻结、扣划个人存款的单位或个人作出规定;对于单位存款的查询主体,法律和行政法规都有权作出规定,但对于单位存款冻结和扣划的主体,只能由法律进行规定。

依据相关法律和行政法规的规定,以下机关有权对个人或单位存款行使查询、冻结或扣划的一项或多项职能:人民法院、人民检察院、公安机关、国家安全机关、税务机关、海关、监狱、军队保卫部门、审计机关、市场监督管理机关等。此外,查询、冻结和扣划必须依照法定程序进行。

(五) 存款保险制度

存款保险制度是指一个国家的金融机构按照一定比例提取其所吸收的存款交给专门的存款保险机构以建立存款保险准备金,当投保的金融机构发生经营危机或面临破产倒闭时,由存款保险机构向其提供财务援助,或直接向存款人支付部分或全部存款。存款保险制度的目的是由整个金融体系共同分担个别金融机构遭受的金融风险。

根据表现形式的不同可将存款保险制度分为显性存款保险制度和隐性存款保险制度。显性存款保险制度是指国家以法律明文设立存款保险机构,当银行发生危机时由该机构赔付存款人的损失;隐性存款保险制度是指国家没有对存款保险作出具体的制度安排,但在银行发生危机时国家会采取措施防止存款人遭受损失,该种制度是一种暗示的承诺,多见于发展中国家或国有银行占主导的银行体系中。

根据是否自愿可将存款保险制度分为强制性存款保险制度和自愿性存款保险制度。强制性存款保险制度要求所有经营存款业务的金融机构必须参加存款保险,以保证存款保险制度更好地发挥作用;自愿性存款保险制度给予金融机构选择的自由,由金融机构根据自身实际情况自愿参加。世界上大多数国家都采取强制性存款保险制度。

2015年2月17日《存款保险条例》的颁布标志着存款保险制度在我国得以确立。根据该条例,各家银行向保险机构统一缴纳保险费,银行出现危机时,保险机构将对存款人提供最高50万元的赔付额。

三、商业银行的贷款业务制度

(一) 贷款业务概述

贷款业务是商业银行另一重要的传统业务,贷款资金在不同地域和行业的流动可以对区域结构与产业结构产生影响,是市场筹划和分配资金的重要途径。我国关于贷款业务的规定集中体现于《商业银行法》与1996年制定的《贷款通则》中。但由于《贷款通则》已经实行20余年,其与当今的金融现状严重脱节,已难以发挥应有的作用。虽然中国人民银行与中国银行业监督管理委员会于2004年和2010年两度向全国公开征求意见,但由于修订工作难度较大,讨论争议激烈,修订工作至今仍未完成。

1. 贷款的概念。贷款可以从动态与静态两方面理解:动态意义的贷款是指经国务院银行业监督管理机构批准的金融机构依法按照约定的利率将货币资金发放给借款人,并由借款人按期还本付息的信用活动;静态意义的贷款指经国务院银行业监督管理机构批准的金融机构向社会公众出借的以到期还本付息为条件的货币资金。

2. 贷款的分类。根据贷款性质的不同,可将贷款分为商业性贷款和政策性贷款。商业性贷款是指商业银行和非银行金融机构以营利为目的向借款人发放的贷款,是金融机构获取利润的主要方式;政策性贷款是指政策性银行、政策性非银行金融机构及受政策性银行委托的商业银行,根据国家的产业政策和经济战略的要求,向国家重点扶持的对象或项目发放的贷款,其不以营利为目的。

根据贷款发放方式的不同,可将贷款分为自营贷款、委托贷款和特定贷款。自营贷款是贷款人自主发放合法筹集到的资金,到期收回贷款的本金和利息,自己承担相应风险的贷款。委托贷款是指由政府部门、企事业单位及个人等委托人提供资金,由贷款人(即受托人)根据委托人确定的贷款对象、用途、金额、期限、利率等代为发放、监督使用并协助收回的贷款。委托贷款中,贷款人(受托人)只收取手续费,不承担贷款风险。特定贷款是指经国务院批准并对贷款可能造成的损失采取相应补救措施后,责成国有独资商业银行发放的贷款。

根据贷款期限的不同,可将贷款分为短期贷款、中期贷款和长期贷款。短期贷款指贷款期限在 1 年以内(含 1 年)的贷款;中期贷款指贷款期限在 1 年以上(不含 1 年)5 年以下(含 5 年)的贷款;长期贷款指贷款期限在 5 年(不含 5 年)以上的贷款。对贷款按照期限进行分类,有利于商业银行进行流动性管理,合理安排长短期贷款的结构比例,保障贷款资金的安全。

根据贷款是否提供担保,可将贷款分为信用贷款和担保贷款。信用贷款是指借款人无须提供担保,仅凭借自身信用就可从银行得到的贷款,包括信用额度贷款、循环信用贷款、账户透支贷款和专门项目贷款等基本类型;担保贷款是指由借款人或第三人依法提供担保而发放的贷款,包括保证贷款、抵押贷款、质押贷款三种类型。

此外,根据贷款人人数的不同,还可将贷款分为单独贷款和银团贷款;根据货币种类的不同,可将贷款分为人民币贷款和外汇贷款;根据贷款资金在再生产中的不同用途,可将贷款分为流动资金贷款和固定资金贷款等。

3. 贷款的原则。贷款的原则是指法律规定的,对商业银行开展贷款业务具有约束力的基本原则。作为商业银行的业务之一,贷款业务同样需要遵守商业银行经营业务"三性"原则,即安全性、流动性和效益性原则。具体体现为分散原则、贷款与负债对称原则、择优放贷原则和自主经营原则。

分散原则是指商业银行不应将贷款的发放集中于某一对象或某一领域,而应当将贷款发放给各个领域的不同对象。这样做的目的是减少市场风险带来的不确定性,保证获得平稳的利润。

贷款与负债对称原则是指商业银行贷款与负债在规模、期限结构上应当保持对称,即负债与贷款同时到期,收回贷款资金并偿还负债。以此可以协调银行盈利性与流动性之间的矛盾,保障客户的利益,实现银行的经营目标。

择优放贷原则要求商业银行在放贷时进行充分的信用分析,评估贷款的风险,将贷款发放给经营效益优良、信用等级高的企业。"择优放贷"不仅可以保障商业银行自身安全,还可以促进市场竞争,提升企业对商业信用的重视程度。

自主经营原则赋予商业银行对于是否发放贷款、发放多少贷款自主决定的权利,商业银行有权依据自身的经营情况、贷款项目盈利能力及借款人的资信情况的综合考量,自主作出决定,不受任何单位或个人的干预。

(二)贷款的程序

《贷款通则》对贷款程序作出了专门规定,依据该法第 25—32 条,贷款程序分为以下步骤:

1. 借款人提出贷款申请。借款人向主办银行或者其他银行的经办机构直接申请贷款,填写以借款金额、借款用途、偿还能力及还款方式等为主要内容的《借款申请书》,并提供相关必要的证明材料。

2. 对借款人进行信用等级评估。根据借款人的领导者素质、经济实力、资金结构、履约情况、经营效益和发展前景等因素评定借款人的信用等级。评级可由贷款人独立进行,内部掌握,也可由有权部门批准的评估机构进行。

3. 贷款调查。贷款人受理借款人申请后,应当对借款人的信用等级以及借款的合法性、安全性、盈利性等情况进行调查,核实抵押物、质物、保证人情况,测定贷款的风险度。

4. 贷款审批。贷款人应当建立审贷分离、分级审批的贷款管理制度。审查人员应当对调查人员提供的资料进行核实、评定,复测贷款风险度,提出意见,按规定权限报批。

5. 签订贷款合同。所有贷款应当由贷款人与借款人签订贷款合同,贷款合同应当约定借款种类、借款用途、金额、利率、借款期限、还款方式、借贷双方的权利义务、违约责任和双方认为需要约定的其他事项。

6. 发放贷款。贷款人要按借款合同的约定按期发放贷款。贷款人不按合同约定按期发放贷款的,或者借款人不按合同约定用款的,应偿付违约金。

7. 贷后检查。贷款发放后,贷款人应当对借款人执行借款合同情况及借款人的经营情况进行追踪调查和检查。

8. 归还贷款。借款人应当按照借款合同规定按时足额归还贷款本息。

(三)贷款合同

1. 贷款合同的概念及特征。贷款合同是金融机构向借款人提供贷款,并就贷款的数额、利率、用途、还款期限及其他事项同借款人签署的协议。

贷款合同具有以下特征:贷款合同的标的特定,只能是货币;贷款合同的贷款方只能是经批准从事贷款业务的金融机构;贷款利率由中国人民银行统一管理。

2. 贷款合同当事人的权利与义务。在贷款发放中,贷款人有权自主审查并决定贷款,具体包括以下权利:(1)要求借款人提供与借款有关的资料;(2)根据借款人的条件,决定贷与不贷、贷款金额、期限和利率等;(3)了解借款人的生产经营活动和财务活动;(4)依合同约定从借款人账户上划收贷款本金和利息;(5)借款人未能履行借款合同规定义务的,贷款人有权依合同约定要求借款人提前归还贷款或停止支付借款人尚未使用的贷款;(6)在贷款将受或已受损失时,可依据合同规定,采取使贷款免受损失的措施。

贷款人应当履行以下义务:(1)应当公布所经营的贷款的种类、期限和利率,并向借款人提供咨询;(2)应当公开贷款审查的资信内容和发放贷款的条件;(3)贷款人应当审议借款人的借款申请,并及时答复贷与不贷,短期贷款答复时间不得超过1个月,中期、长期贷款答复时间不得超过6个月,国家另有规定的除外;(4)应当对借款人的债务、财务、生产、经营情况保密,但对依法查询者除外。

借款人的权利包括:(1)可以自主向主办银行或者其他银行的经办机构申请贷款并依条件取得贷款;(2)有权按合同约定提取和使用全部贷款;(3)有权拒绝借款合同以外的附加条件;(4)有权向贷款人的上级和中国人民银行反映、举报有关情况;(5)在征得贷款人同意后,有权向第三人转让债务。

借款人的义务有:(1)应当如实提供贷款人要求的资料(法律规定不能提供者除外),应当向贷款人如实提供所有开户行、账号及存贷款余额情况,配合贷款人的调查、审查和检查;(2)应当接受贷款人对其使用信贷资金情况和有关生产经营、财务活动的监督;(3)应当按借款合同约定用途使用贷款;(4)应当按借款合同约定及时清偿贷款本息;(5)将债务全部或部分转让给第三人的,应当取得贷款人的同意;(6)有危及贷款人债权安全情况时,应当及时通知贷款人,同时采取保全措施。

(四)贷款担保制度

商业银行提供贷款需进行严格审查,除了经审查认为借款人资信情况良好、确能偿还贷款时无须提供担保外,其他情形下借款人均须提供担保。商业银行的贷款担保通常包括保证、抵押及质押三种方式。

1. 保证。保证是保证人同商业银行约定,当借款人到期不履行债务时,由保证人按照约定履行债务或者承担责任的行为。保证属于人的担保,关于保证的具体规定参见《担保法》的相关条款。

2. 抵押。抵押是借款人或第三人与商业银行书面约定,在不转移占有的情况下,将特定财产作为履行合同的担保,当借款人到期不能还本付息时,商业银行有权对该财产折价或者以拍卖、变卖的价款优先受偿。作为贷款担保的抵押是一种融资性担保。

3. 质押。质押是借款人或第三人将其动产或者权利移交商业银行占有,作为债权的担保,当借款人不履行债务时,商业银行有权依法就该动产或权利卖得的价金优先受偿。

(五)贷款业务的管理

依据审慎经营的指导思想,商业银行开展贷款业务要受到以下限制:

1. 遵守资产负债比例管理的规定。资产负债比例管理是对银行的资产和负债规定一系列比例,以实现银行稳健经营、消减风险的目的,具体包括以下比例指标:(1)资本充足率不得低于8%;(2)流动性资产余额与流动性负债余额的比例不得低于25%;(3)对同一借款人的贷款余额与商业银行资本余额的比例不得超过10%;(4)国务院银行业监督管理机构对资产负债比例管理的其他规定。需要注意的是,2015年《商业银行法》修订时,取消了原先"贷款余额与存款余额的比例不得超过百分之七十五"的规定,将存贷比由法定监管指标转为流动性监测指标。

2. 不得向关系人发放信用贷款,向关系人发放担保贷款的条件不得优于其他借款人同类贷款的条件。

3. 不得向以下特定情形的借款人发放贷款:(1)不具备法律规定借款人资格和条件的;(2)生产、经营或投资国家明文禁止的产品、项目的;(3)违反国家外汇管理规定的;(4)建设项目按国家规定应当报有关部门批准而未取得批准文件的;(5)生产经营或投资项目未取得环境保护部门许可的;(6)在实行承包、租赁、联营、合并(兼并)、合作、分立、产权有偿转让、股份制改造等体制变更过程中,未清偿原有贷款债务、落实原有贷款债务或提供相应担保的;(7)有其他严重违法经营行为的。

4. 未经中国人民银行批准,不得对自然人发放外币币种的贷款。

5. 自营贷款和特定贷款只能按中国人民银行的规定计收利息,委托贷款只能按中国人民银行的规定计收手续费,不得收取其他任何费用。

6. 除国家另有规定外,不得给委托人垫付资金。

（六）不良贷款

贷款人应当建立和完善贷款的质量监管制度，对不良贷款进行分类、登记、考核和催收。

不良贷款指呆账贷款、呆滞贷款、逾期贷款。其中，呆账贷款指按财政部有关规定确认无法偿还，从而列为呆账的贷款；呆滞贷款指按财政部有关规定，逾期（含展期[①]后到期）超过规定年限以上仍未归还的贷款，或虽未逾期或逾期不满规定年限但生产经营已终止、项目已停建的贷款（不含呆账贷款）；逾期贷款指借款合同约定到期（含展期后到期）未归还的贷款（不含呆滞贷款和呆账贷款）。

四、商业银行的结算业务制度

（一）银行结算的概念

银行结算有广义和狭义之分。狭义的银行结算仅指转账结算业务，即通过银行账户的资金转移进行货币收付以实现单位或个人之间债权债务的清算或资金的调拨，是以信用收付代替现金收付的业务；广义的银行结算不仅包括转账结算，还包括当事人直接用现金进行货币收付以清结其债权债务的行为，即现金结算。本节所指的结算主要是狭义的银行结算。

（二）银行结算的特征

1. 开展结算业务须经依法批准。根据《支付结算办法》第 6 条的规定，银行是支付结算和资金清算的中介机构，未经中国人民银行批准的非银行金融机构和其他单位不得作为中介机构经营支付结算业务，但法律、行政法规另有规定的除外。

2. 银行结算是严格的要式行为。银行办理结算业务必须符合特定的形式要件，否则相应的行为无效。单位、个人和银行办理支付结算，必须使用按中国人民银行统一规定印制的票据凭证和统一规定的结算凭证，否则票据归于无效、结算凭证不予受理；票据和结算凭证的金额、出票或签发日期、收款人名称不得更改，否则票据无效、结算凭证不予受理；票据和结算凭证金额以中文大写和阿拉伯数码同时记载，二者必须一致，否则票据无效、结算凭证不予受理。

3. 银行只负担形式审查的义务。作为支付结算的中介机构，银行对于当事人货币收付的过程不负担实质审查的义务。对于伪造、变造的票据和结算凭证上的签章以及需要交验的个人有效身份证件，银行以善意且符合规定和正常操作程序审查未发现异常而支付金额的，对出票人或付款人不再承担受委托付款的责任，对持票人或收款人不再承担付款的责任。

4. 银行结算具有强制性。除了单位或个人之间收付结算起点金额以下的零星小额款项可以使用现金结算外，其余的情况下，单位或部门进行货币结算必须通过银行或经批准的其他金融机构进行。

（三）银行结算账户

1. 银行结算账户的概念及特征。关于银行结算账户的相关规定，主要集中于中国人民银行制定的《人民币银行结算账户管理办法》以及配套的《人民币银行结算账户管理办法实施细则》中。依据上述文件，银行结算账户是指存款人在银行开立的，用于办理资金收付结算的人民币活期存款账户。

银行结算账户具有以下特征：(1) 银行结算账户办理人民币业务；(2) 银行结算账户是活期存

---

① 贷款展期，是指借款人不能按期归还贷款的，在期满之日前向贷款银行申请并获得批准延期偿还贷款的行为。

款账户;(3)银行结算账户是办理资金收付结算业务的账户。

2. 银行结算账户的种类。按存款人的不同,银行结算账户可以分为个人银行结算账户与单位银行结算账户。个人银行结算账户是自然人因投资、消费、结算等开立的可办理支付结算业务的存款账户;单位银行结算账户是存款人以单位名义开立的银行结算账户,包括个体工商户凭营业执照以字号或经营者姓名开立的银行结算账户。按照用途不同,单位银行结算账户可进一步分为基本存款账户、一般存款账户、专用存款账户、临时存款账户。

基本存款账户是存款人因办理日常转账结算和现金收付需要开立的银行结算账户,一个单位只能开立一个基本存款账户,单位日常经营活动的资金收付及工资、费用的支取只能通过基本存款账户办理,基本存款账户在单位银行结算账户中处于核心地位。可以申请开立基本存款账户的主体有:(1)企业法人;(2)非法人企业;(3)机关、事业单位;(4)团级(含)以上军队、武警部队及分散执勤的支(分)队;(5)社会团体;(6)民办非企业组织;(7)异地常设机构;(8)外国驻华机构;(9)个体工商户;(10)居民委员会、村民委员会、社区委员会;(11)单位设立的独立核算的附属机构;(12)其他组织。

一般存款账户是存款人因借款或其他结算需要,在基本存款账户开户银行以外的银行营业机构开立的银行结算账户。一般存款账户在单位银行账户中处于辅助地位,开立时没有数量上的限制。

专用存款账户是存款人按照法律、行政法规和规章的规定,对其特定用途资金进行专项管理和使用而开立的银行结算账户。特定用途的资金包括:(1)基本建设资金;(2)更新改造资金;(3)财政预算外资金;(4)粮、棉、油收购资金;(5)证券交易结算资金;(6)期货交易保证金;(7)信托基金;(8)金融机构存放同业资金;(9)政策性房地产开发资金;(10)单位银行卡备用金;(11)住房基金;(12)社会保障基金;(13)收入汇缴资金和业务支出资金;①(14)党、团、工会设在单位的组织机构经费;(15)其他需要专项管理和使用的资金。

临时存款账户是存款人因临时需要并在规定期限内使用而开立的银行结算账户。当存款人有设立临时机构、异地开展临时经营活动或注册验资的情形时,可以申请开立临时存款账户。

3. 银行结算账户的管理。《人民币银行结算账户管理办法》对开立及使用银行结算账户作出了一系列管理规定,主要有以下六项制度:

(1) 单位银行结算账户的存款人只能在银行开立一个基本存款账户。

(2) 存款人开立基本存款账户、临时存款账户和预算单位开立专用存款账户实行核准制度,经中国人民银行核准后由开户银行核发开户登记证。

(3) 存款人可以自主选择银行开立银行结算账户。

(4) 银行结算账户的开立和使用应当遵守法律、行政法规,不得利用银行结算账户进行偷逃税款、逃废债务、套取现金及其他违法犯罪活动。

(5) 银行应依法为存款人的银行结算账户信息保密。

(6) 中国人民银行是银行结算账户的监督管理部门。

---

① 收入汇缴资金和业务支出资金,是指基本存款账户存款人附属的非独立核算单位或派出机构发生的收入和支出的资金。为收入汇缴资金和业务支出资金开立的专用存款账户,应使用隶属单位的名称。

（四）银行结算的支付工具

中国人民银行于1997年颁布的《支付结算办法》对银行结算的支付工具作出了较为全面的规定，根据该法，常见的支付工具包括以下七类：

1. 汇票。汇票是出票人签发的，委托付款人在见票时或者在指定日期无条件支付确定的金额给收款人或者持票人的票据。汇票分为银行汇票和商业汇票。

2. 本票。本票是出票人签发的，承诺自己在见票时无条件支付确定的金额给收款人或者持票人的票据。我国《票据法》上的本票仅指银行作为出票人的银行本票。

3. 支票。支票是出票人签发的，委托办理支票存款业务的银行或者其他金融机构在见票时无条件支付确定的金额给收款人或者持票人的票据。

4. 银行卡。银行卡是指由商业银行（含邮政金融机构）经中国人民银行批准向社会发行的具有消费信用、转账结算、存取现金等全部或部分功能的信用支付工具。依据是否具有透支功能可将银行卡分为信用卡和借记卡。信用卡是指商业银行向个人和单位发行的，凭以向特约单位购物、消费和向银行存取现金，且具有消费信用的特制载体卡片。借记卡是指持卡人先将款项存入账户再进行消费的银行卡。

5. 汇兑。汇兑是汇款人委托银行将其款项支付给收款人的结算方式。汇兑适用于单位或个人各种款项的结算，便于汇款人向收款人主动付款。依据划转款项的不同方法以及传递方式的不同，汇兑可以分为信汇和电汇两种。

6. 托收承付。托收承付是根据购销合同由收款人发货后委托银行向异地付款人收取款项，由付款人向银行承认付款的结算方式。使用托收承付结算方式的收款单位和付款单位，必须是国有企业、供销合作社以及经营管理较好并经开户银行审查同意的城乡集体所有制工业企业。办理托收承付结算的款项，必须是商品交易或因商品交易而产生的劳务供应的款项。代销、寄销、赊销商品的款项不得办理托收承付结算。

7. 委托收款。委托收款是收款人委托银行向付款人收取款项的结算方式。委托收款适用范围广泛，单位和个人凭已承兑商业汇票、债券、存单等付款人债务证明办理款项的结算，均可以使用委托收款结算方式，且不论同城还是异地均可使用，收款人还可以选择以邮寄或电报的方式划回结算款项。

五、商业银行的其他业务制度

（一）同业拆借

同业拆借是指商业银行因临时资金不足向其他银行或金融机构进行短期融资，以调剂资金头寸的短期借贷行为。金融机构在日常经营中，由于存放款、汇兑收支增减等原因，在一个营业日结束时可能出现资金收支不平衡的情况。为满足临时性资金周转的需要，头寸不足者需要向头寸盈余者拆入资金，头寸盈余者也可因此获得利息收入。同业拆借市场有两个利率：拆进利率表示金融机构愿意借款的利率，拆出利率表示愿意贷款的利率、最终的拆借利率由双方协商或者通过中介组织协调确定。常见的同业拆借形式有头寸拆借、短期拆借、同业贴现与抵押借贷等。

同业拆借具有以下特征：(1)同业拆借的拆借期限较短，因为同业拆借主要为满足金融机构短期或临时性资金需要；(2)同业拆借的主体是中国人民银行批准的商业银行和其他金融机构；

(3)同业拆借一般为信用拆借;(4)同业拆借的利率水平较低,因为金融机构的信用高,拆借风险小,且拆借期限较短,故利率相对较低。

同业拆借应当遵守中国人民银行的规定。拆出资金限于交足存款准备金、留足备付金和归还中国人民银行到期贷款之后的闲置资金。拆入资金只限用于弥补票据结算、联行汇差头寸不足和解决临时性周转资金的需要,禁止利用拆入资金发放固定资产贷款或者用于投资。

(二) 票据贴现

票据贴现是持票人或收款人将未到期的商业汇票向银行申请贴现,银行按票面金额扣除贴现利息后将余款支付给持票人的一项银行授信业务。票据一经贴现便归贴现银行所有,贴现银行到期可凭票直接向承兑人收取票款。

票据贴现可以分为贴现、转贴现和再贴现。贴现是指一般工商企业将其持有的未到期的票据转让给银行,扣除相关费用后提前获得票面余额的行为。转贴现是商业银行为满足资金拆借的需要,将贴现所得的未到期票据转让给其他商业银行的行为。再贴现是指贴现银行持未到期的已贴现票据向中国人民银行申请贴现,通过转让票据获得中国人民银行再贷款的行为。再贴现是中国人民银行的一种货币政策工具,是一项重要的信用业务。

(三) 担保业务

担保业务属于商业银行的中间业务,是指商业银行依照申请人的申请,向债权人或受益人作出承诺,当债务人到期不履行债务时,由商业银行承担保证责任或者代为履行。商业银行提供担保需要收取一定的担保费用。

商业银行的担保方式有银行承兑汇票、保函和备用信用证等。

银行承兑汇票是商业汇票的一种,是指由收款人或付款人签发后向开户银行申请,经银行审查同意承兑,保证在指定日期无条件支付确定的金额给收款人或持票人的票据。对于资信条件良好的申请人,通过向银行交纳保证金,便可得到银行承兑,把汇票背后的商业信用转化为银行信用,用以代替现金支付。银行承兑汇票适用于有延期付款需求的各类单位和个人。

保函又称保证书,是银行应申请人的请求,向第三人出具的,保证在申请人未能履行合同义务时,由银行代其履行债务或承担保证责任的书面信用担保凭证。保函分为投标保函、维修保函、履约保函、预付款保函等。

备用信用证又称担保信用证,是以担保债务偿还为目的而开立的信用证。开证行保证在开证申请人即借款人不能履行债务时,受益人得依照备用信用证的规定向开证行开具汇票,并附借款人未履行义务的证明材料,即可获得开证行的偿付。备用信用证包括履约保证备用信用证、反担保备用信用证、融资保证备用信用证、商业备用信用证等多种类型。

(四) 代理业务

代理业务是商业银行接受客户的委托代理客户办理特定事务,提供各项金融服务,并收取一定费用的业务。代理业务是典型的中间业务,是商业银行支付中介职能的体现。商业银行开展代理业务,不使用自己的资产,与委托人的关系适用委托代理的相关规定。在此过程中,商业银行主要发挥信用服务和财务管理的职能。

代理业务包括以下种类:

1. 代收代付业务。商业银行代理业务中使用最广泛的就是代收代付业务,此项业务与每个人的生活息息相关。商业银行利用自身结算便利、营业网点多的优点,接受客户委托代为办理指定款项的收付，如各项公共费用、代发工资、代扣住房按揭消费贷款还款等。

2. 代理证券业务。代理证券业务是指银行接受委托代理发行、兑付、买卖包括国债、金融债券、公司债券、股票在内的各类有价证券，以及代办债券还本付息、代发股票红利、代理证券资金清算等业务。

3. 代理保险业务。代理保险业务是指银行接受保险公司的委托，在授权范围内接受投保人投保，发给投保单，签发保险单证，并在限额内赔付保险金的业务。商业银行向保险公司收取一定比例的手续费作为代理费用，经营此项业务的商业银行须符合《保险兼业代理管理暂行办法》对兼业代理人规定的条件。

4. 代理外汇买卖。代理外汇买卖是指商业银行受客户委托，在指定汇率或汇率区间内以一定数量的某种货币买入或卖出另一种货币的业务，包括现汇交易、期汇交易、套利交易、掉期交易等。

5. 代理政策性银行业务。商业银行受政策性银行委托，可以代理政策性银行办理因其网点设置与业务功能的局限而无法办理的业务，如代理贷款项目管理。

6. 代理中央银行业务。中国人民银行依法可将本属于自己的业务委托或指定给商业银行，充分发挥商业银行在机构设置和专业性方面的优势，包括财政性存款代理业务、国库代理业务、发行库代理业务等。

7. 代理商业银行业务。商业银行之间可以互相代理业务，如办理支票托收业务。

（五）保管箱业务

保管箱业务是商业银行的传统业务之一，商业银行凭借自身严密的安保设施，可以将自己的保管箱出租给客户，替客户保管各种贵重物品、有价证券或其他重要文件，商业银行也能因此获得收益。

（六）投资业务

投资业务是商业银行的一项重要的资产业务，也是商业银行收入的主要来源之一。商业银行的投资业务包括证券投资和直接向其他企业投资。商业银行的证券投资是指商业银行买卖有价证券的行为。由于投资业务风险较大，法律对商业银行的投资对象作出了明确限制，以保证银行资产安全。目前商业银行所能买卖的证券仅限政府债券和金融债券，其中，政府债券包括国库券、中期债券和长期债券三种。商业银行购买债券后即成为众多债权人之一。商业银行直接投资的企业仅限于其他银行，除国家另有规定外，不得向非自用不动产或非银行金融机构和企业投资。

（七）融资业务

同其他企业一样，商业银行可以通过股权融资或债权融资的方式筹措资金以满足资金需求。随着我国金融体制改革的推进，商业银行通过上市募集社会资本，优化股权结构，扩大经营规模。商业银行进行债权融资的方式有发行金融债券和境外借债两种。其中，金融债券是指商业银行为筹措中长期资金而向公众发行的有价证券，商业银行负有到期还本付息的义务；境外借债是指商业银行在国际金融市场上借款以弥补资金的短缺。国际资金借贷市场分为期限在 1 年以下的短期资金存款市场、1 至 5 年的中期资金存款市场和 5 年以上的长期资金存款市场，商业银行主要从前两个市场获得境外借款。境外借款的风险较大且关系国家外债结构和规模，因此应当依法报经批准。

（八）承诺类中间业务

承诺类中间业务是指商业银行按照约定的条件，在未来某一日期向客户提供约定信用的业务。承诺类中间业务主要指贷款承诺，分为可撤销承诺和不可撤销承诺。可撤销承诺附有客户在取得贷款前必须履行的特定条款，若客户在银行的承诺期限内未履行该条款规定的义务，则银行有权撤销承诺；不可撤销承诺是指商业银行未经客户同意不得随意取消的贷款承诺，具有法律约束力，包括备用信用额度、回购协议、票据发行便利等。

（九）交易类中间业务

交易类中间业务是指商业银行为满足客户保值或自身风险管理等方面的需要，利用各种金融工具进行的资金交易活动，主要为金融衍生业务，如远期合约、金融期货、互换、期权等。

远期合约指交易双方约定在未来某个特定时间以约定价格买卖约定数量的资产，包括远期利率合约和远期外汇合约；金融期货是指以金融工具或金融指标为标的的期货合约；互换是指交易双方基于自己的比较利益，对各自的现金流量进行交换，分为利率互换和货币互换。期权是指期权的买方支付给卖方一笔权利金，获得一种权利，可在期权的存续期内或到期日当天，以执行价格与期权卖方进行约定数量的特定标的的交易。按交易标的可将期权分为股票指数期权、外汇期权、利率期权、期货期权、债券期权等。

（十）咨询顾问类业务

咨询顾问类业务是指商业银行凭借自身在信息、人才、信誉等方面的优势，收集和整理有关信息，通过对这些信息以及银行和客户资金运作的记录和分析，形成系统的资料和方案并提供给客户，以满足其业务经营的需要的服务活动。

（十一）基金托管业务

基金托管业务是指有托管资格的商业银行接受基金管理公司或其他客户的委托，安全保管所托管基金的全部资产，并办理有关基金资金清算款项划拨、基金估值、会计核算、监督基金管理人投资运作等业务的经营活动。基金公司按照基金托管净值的一定比例向银行支付基金托管费。

第二节 商事支付法

一、商事支付法概述

（一）商事支付行为和商事支付法

“支付”，是商品交易过程中发生的资金转移行为。在商品交易的环境下，单位、个人在经济活动中使用现金、票据、银行卡和汇兑、托收承付、委托收款等法定方式完成资金在交易各方之间的移转。

随着商品经济的发展，交易中即时实现“钱货两清”的情况越来越少，商品的给付与资金的给付在时间和空间上往往会有一定程度的分离。近年来依托计算机技术和网络通信技术的发展，货币支付出现了电子化趋势，并且使用日益广泛。为适应科学技术的进步，促进商品经济的发展，产生了一系列维护资金支付安全和效率的法律规范，即“商事支付法”。我国没有专门的调整商事支付行为的法律规定，相关内容散见于《商业银行法》《关于加强银行卡业务管理的通知》《第三方电子商务交易平台服务规范》等有关法律法规和部门规章中。

（二）商事支付方式

支付方式是给付资金的具体形式和途径，根据不同标准可对支付方式作不同的分类：

1. 按照支付媒介载体的不同，可将支付分为现金支付和非现金支付。现金支付是较为传统的支付方式，是指付款人向收款人交付国家发行的货币；非现金支付主要包括票据支付、银行卡支付以及电子支付。

2. 依据支付是否依托网络传递支付信息进行划分，可以将支付分为线上支付（又称“网上支付”）和线下支付。依据支付行为是否通过第三方平台进行，线上支付又可分为网银支付和第三方支付（如支付宝、易宝支付等）。网银支付是直接登录已开通的网上银行进行支付；第三方支付则需要用户事先把资金充值到第三方平台，在用户交易需要的时候提取存放在平台上的存款进行支付。线下支付是相对于网上支付而言的，如 POS 机刷卡消费、银行汇款等。

（三）商事支付体系概述

商事支付的顺利完成有赖于一定的制度设计和技术安排。所谓支付体系，是指在商事交易过程中的一系列实现资金移转的制度和技术的有机组合。支付体系主要包含下列五大要素：

1. 支付工具。支付工具是传达支付行为当事人之间的支付指令，实现资金移转的载体，主要包括银行卡、票据、电子货币等。

2. 支付服务组织。支付服务组织是通过账户服务、支付系统、支付工具等手段为社会提供资金结算和结算服务的机构。银行业金融机构通过在各地设立的分支机构，直接面向单位和个人提供支付服务，在支付服务组织体系中承担重要职责。非金融机构性质的支付服务组织，一部分是经中国人民银行审核批准设立的从事支付服务的专业机构，另一部分是在支付当事人之间提供货币资金移转服务平台的非金融机构。此类支付服务组织的出现打破了银行业金融机构在支付服务中的垄断地位，同时其与商业银行进行广泛而深入的合作，增加了支付服务市场的活力，促进了支付服务组织系统的便捷化和安全化。

3. 支付体系监管。支付体系监管主体是中央银行。在商品经济异常活跃的今天，支付系统高速运行，承担巨额资金的给付、移转任务，而且随着网络技术的发展，交易电子化与数据化增加了支付风险，同时，各相对独立的支付系统之间的联系日益紧密，成为整体支付系统中相互联系的环节，一旦一个小的环节出现纰漏，势必引发“牵一发而动全身”的危机，给国民经济带来重大损失。因此，中央银行依法对支付系统、支付工具和支付服务组织进行监管，维护支付体系的安全与稳定，及时发现并纠正支付系统中的风险，保障国民经济的健康运行。

4. 支付制度。支付制度规范支付系统的设计和运行、支付工具的种类和使用、支付当事人之间的法律关系、支付服务组织的设计和运营、中央银行对整个支付系统的监督行为等。整个支付体系的不断完善与更新需要不断完善的支付制度进行保障。我国先后出台了《商业银行法》《银行业监督管理法》《电子签名法》《非金融机构支付服务管理办法》等一系列法律法规，但还需要进一步完善。

5. 支付系统。支付系统是支撑各种支付工具应用、实现支付指令传送和资金清算的一种金融安排。一个国家的整体支付系统由多个彼此独立又相互联系的子系统构成，是一个有机的支付系统网络，所有的非现金支付都需要一定的支付系统完成。以企业间的资金转账为例，A 企业想通过银行向 B 企业支付货款，如果二者在同一商业银行的同一支行开设有账户，则转账业务可在支行内部系统通过支付指令完成；如果二者在同一商业银行的不同分支机构开设账户，那么在资金转账的时候,虽然是在同一商业银行的支付系统进行,但也会涉及跨越两个分支机构的支付系统;如果二者在两个不同的商业银行开设账户,则支付行为需要跨行进行。支付方式不同,所借助的支付系统也不同,上述举例仅是商业银行系统内的支付行为,现今逐渐普及的第三方平台网络支付,则依托其独有的不同于银行系统的支付系统进行,即以第三方平台为中介连接买方和卖方,结合银行卡和商事预付卡支付技术,进行资金转移等活动。在这种支付系统中,第三方支付平台无法独立完成支付活动,仅作为商家与消费者之间的中介性平台存在,是连接消费者、银行和产品、服务提供者的纽带,消费者的银行卡和商业预付卡才是消费时进行支付的资金来源。因此,第三方平台支付可被视为传统银行支付的拓展,其具体结构与运作模式将在之后的章节中详细说明。

二、现金支付及相关法律制度

现金支付是指当事人之间授受由中央银行发行的法定货币的行为。中华人民共和国的法定货币是人民币,现金即中国人民银行发行的人民币。在百姓的日常生活中,现金支付仍是一种重要的支付方式,可以实现小额、便捷的支付。

现金货币直接流入社会,形成社会购买力,直接影响市场的稳定和社会的发展,加之出于防范和打击金融犯罪活动的需要,国家需要对现金支付行为作出必要的规制。规制的对象主要是在银行和其他金融机构开立账户的单位和其他经济组织,对个人较少进行硬性规定。中国人民银行是我国现金管理的主管部门,负责对开户银行的现金管理进行监督。

1. 对现金使用范围进行限制,开户单位可以在下列范围内使用现金:(1)职工工资、津贴;(2)个人劳务报酬;(3)依据国家规定颁发给个人的科学技术、文化艺术、体育等各项奖金;(4)各种劳保、福利费以及国家规定的对个人的其他支出;(5)向个人收购农副产品及其他物资的价款;(6)出差人员必须随身携带的差旅费;(7)结算起点以下的零星支出;(8)中国人民银行确定需要支付现金的其他支出。其中,除了第(5)项和第(6)项之外,开户单位支付给个人的款项,超过使用现金限额的部分,应当通过票据进行支付,确需全额支付现金的,经开户银行审核许可后,可以支付现金。

2. 开户单位之间的经济往来,除在规定范围之内可以使用现金外,应当通过开户银行进行转账结算。开户单位不得在经济交往中给予现金结算更多的优惠从而排斥使用转账结算、票据支付等支付方式。

3. 对个体工商户、农村承包经营户发放贷款应以转账形式支付,对确需使用现金的,经开户行审核,可以支付现金;上述主体进行异地采购支付货款的,通过银行汇兑进行支付,确需使用现金的,由开户行依据实际需要,予以支付现金。

4. 对开户单位在开户行收支现金和坐支的严格控制:(1)开户单位现金收入应该在当日送存开户行,当日送存确有困难的,开户行应尽快确定送存时间;(2)开户单位不得在本单位现金收入中直接提取现金进行支付,因特殊情况确需如此的,应事先报请开户银行核准,并确定坐支金额的范围和限额,坐支单位应定期向开户银行报送坐支金额和使用情况;(3)开户单位在开户银行提取现金的,依据规定,应当写明用途,由本单位财务负责人签字盖章,经开户银行核准后,予以支取现金;(4)因采购地点不固定、交通不便,生产、市场或抢险救灾急需等特殊情况需要使用现金的,开户单位必须向开户行提出申请,由本单位财务负责人签字盖章后,经开户银行核准,予以支付现金。

5. 对机关、团体、企事业单位、其他经济组织和个体工商户大额现金支付实施备案制度。大额现金登记备案的范围限于机关、团体、企业、事业单位、其他经济组织及个体工商户的现金支付,但工资性支出和农副产品采购现金支出除外,个人居民储蓄存款不实行登记备案制度。大额现金的数量标准由人民银行分行依据当地开户单位正常、零星现金支出的实际需要予以确定,并报中国人民银行总行备案。开户单位提取大额现金时,要在大额现金支取登记表格上进行记载,对支取时间、单位、金额和用途进行说明,开户银行应该经常分析大额现金支付情况,发现疑问,即时报告。一日一次性从储蓄账户上提取现金 5 万元以上的,取款人应当提供有效身份证件,经储蓄机构负责人核实之后予以支付。一次性提取现金 20 万元以上的,应该至少提前一天电话预约,以便银行准备现金。

6. 核定库存现金限额。为保证各开户单位日常的业务经营费用及其他小额零星开支需要,国家允许其保留一定数额的库存现金。库存现金限额由开户单位提出计划、开户银行依据需要审批,原则上按照已开户单位 3—5 天的日常零星开支所需核定库存现金限额。在边远地区和交通不发达地区,开户单位的库存现金限额可以适当放宽,但最多不得超过 15 天的日常零星开支。开户单位必须遵守经核定的库存现金限额。

7. 现金管理禁止规定。开户单位必须建立健全现金账目,逐笔记载现金收付,账目应当定时清结,做到账款相符。单位购置国家规定的专项控制商品,必须采用转账结算方式,不得使用现金;开户银行不得超出核定的库存现金限额留存现金;不得超出规定的限额和范围使用现金;不得未经批准坐支或者未按开户银行核准的坐支额度和使用范围坐支现金;不得使用不符合财务制度的凭证顶替库存现金;不得编造用途套取现金;不得使用转账凭证套取现金;不得利用账户替其他个人和单位套取现金;不得在单位之间借用现金;不得将单位收入的现金以个人名义存入储蓄账户;不得保留账外公款(小金库);不得利用银行账户代替其他单位和个人存入和支取现金;在交易中不得为现金结算提供较之转账结算更优惠的待遇;不得只收现金而拒绝接受票据支付。

三、银行卡支付

(一) 银行卡的概念

银行卡是由商业银行(包括邮政金融机构)发行的,具有消费信用、转账结算、存取现金等部分或全部功能的信用支付工具。当前,银行卡是极其重要的非现金零售支付工具。

银行卡通常由塑料磁条卡或者金融芯片卡制成,卡上记载发卡银行名称、持卡人姓名、卡号、有效期等相关信息。ATM 机、POS 机等电子终端可通过读取银行卡内相关信息鉴别银行卡的真伪。持卡人在特约商户消费时,不必支付现金,通过输入密码,刷卡签名即可完成资金支付。具备特定条件的商业银行必须按照特定程序发行银行卡,并获得中国人民银行的批准。

银行卡的使用对票据和现金有一定的替代作用,是先进的现代支付工具。除具有支付功能外,银行卡还具有汇兑转账、消费借贷、储蓄等部分或全部功能。

(二) 银行卡的分类

1. 按照币种的不同,银行卡可分为人民币卡、外币卡以及双币卡。以人民币作为清算货币的银行卡是人民币卡;以人民币以外的货币进行清算的银行卡是外币卡;支持两种货币进行清算的银行卡是双币卡。

2. 按照信息载体的不同,银行卡可分为磁条卡和芯片卡。

3. 按照是否具有透支功能,银行卡可分为信用卡和借记卡。信用卡是银行卡发行机构依法向资信状况较好的申请人(包括单位和个人)签发的银行卡,持卡人可在特约单位进行消费并向卡内存取现金或进行其他金融活动。信用卡的主要特点是具有消费信用特征。信用卡具备透支功能,按照是否向发卡行预先存入备用金,信用卡可以进一步分为贷记卡和准贷记卡。贷记卡是发卡银行给予持卡人一定的信用额度,持卡人可以在信用额度内先行消费,之后还款;准贷记卡是持卡人先按照发卡银行的要求事先存入一定数额的备用金,当备用金所在的账户余额不足以支付时,可在发卡银行规定的信用额度内透支。

借记卡又称储蓄卡,原理上是先存款后消费,不具备透支功能,因此其风险和运行成本均比较低,几乎所有的客户,无论信用等级高低,均可申领借记卡。按照功能的不同,借记卡可进一步区分为转账卡、专用卡、储值卡。转账卡是扣账的借记卡,具有转账结算、存取现金和消费功能;专用卡是具有专门用途、在特定区域内使用的借记卡,具有转账结算、存取现金的功能;储值卡是发卡银行依据持卡人要求将其资金转至卡内存放,交易时直接从其卡内扣款的借记卡(预付钱包式借记卡)。

4. 按照发卡对象的不同,银行卡可分为单位卡和个人卡。个人卡是面向个人发行的银行卡;单位卡是银行卡发行机构面向国家机关、企事业单位、社会团体等单位发行的银行卡。按照银行卡使用目的的不同,单位卡又可作进一步分类,以进行公务活动为目的的单位卡是公务卡;以进行商务活动为目的的单位卡是商务卡。单位卡只能在境内使用,不得提取现金。

5. 按照银行卡流通范围的不同,银行卡可分为国际卡、国内卡和地区卡。国际卡的使用和流通范围最广,可以在全球任何国际信用卡组织和特约商户、信用卡中心所属的收单机构使用;国内卡只能在发卡银行所在的国家使用;地区卡只能在限定的地区使用。

(三) 银行卡的使用

持卡人可持有具有消费功能的银行卡,在特约商户进行消费。在刷卡消费时,持卡人需将银行卡和身份证件一并提交特约商户审查,特约商户不得拒绝接受持卡人合法持有签约银行发行的有效银行卡进行消费,不得收取附加费用。

持卡人如果同意按收款经办人填写的金额和用途进行付款,则应在签购单上签名确认。刷卡后,收款经办人应将银行卡、身份证件和第一联签购单交还给持卡人。特约商户在每日营业终了时,应将当日的银行卡签购单汇总,计算手续费和净计金额并填写进账单和汇(总)计单,联通签购单一并送交收单银行办理进账,收单银行审查完毕,为特约商户办理进账。

(四) 银行卡当事人之间的权利义务关系

银行卡业务运作涉及多方法律关系。借记卡持有人与发卡机构之间基于储蓄存款和委托支付关系产生一定的权利义务关系,信用卡持卡人与发卡机构之间还涉及消费借贷等更多复杂的法律关系;发卡机构与特约商家的关系可被定性为委托收付关系,特约商家提供持卡人所要消费的商品,发卡机构委托特约商家受理银行卡支付;发卡机构与收单机构形成委托付款关系,收单机构代发卡机构向特约商家履行支付义务;持卡人与特约商户之间形成商品或服务的交易关系。

1. 发卡银行的权利义务。发卡银行有权审查申请人的资信状况、索取申请人的个人资料、决定是否向申请人发卡以及决定信用卡的透支额度。

发卡人有权收取持卡人支付的银行卡年费、持卡人因享受银行服务而支出的各项手续费,有权收取特约商户支付的回佣金额。

发卡银行对持卡人透支有追偿权，有权收取信用卡透支后的透支利息和滞纳金，对持卡人不在规定期限内偿还透支款项的，发卡银行有权申请法律保护并依法追究持卡人或有关当事人的法律责任。发卡银行对不遵守其章程规定的持卡人，有权取消其持卡人资格，并可授权有关单位收回其银行卡。

发卡人应当为银行卡申请人提供有关银行卡的使用说明，包括章程、使用说明以及收费标准，现有持卡人亦可以索取上述资料。发卡银行应当设立针对银行卡服务的公平、有效的投诉制度，并对其进行公告。发卡银行对持卡人关于账务情况的查询和改正要求应当在30天内予以答复。发卡银行应当为持卡人提供对账服务，保留持卡人的账务记录，以供必要时持卡人查询核对。发卡银行应当为持卡人提供银行卡挂失服务（对储值卡和IC卡内的电子钱包可不提供挂失服务），应当设立24小时挂失服务电话，提供电话和书面两种挂失方式。但书面挂失为正式挂失方式，发卡银行应在章程和有关协议中明确与持卡人之间的挂失责任。发卡银行应当在有关银行卡的章程和使用说明中，向持卡人说明密码的重要性及丢失的责任。发卡人对持卡人的信息资料负有保密义务。

2. 持卡人的权利义务。持卡人享有发卡银行对其发行的银行卡所承诺的各项服务的权利，有权监督发卡银行的服务质量，并有权对发卡银行不符合服务质量的行为进行投诉。申请人、持卡人有权知悉其所使用的银行卡的功能、使用方法、收费项目、收费标准、适用利率及相关资费的计算方法。持卡人有权在规定时间内向发卡银行索要对账单，并有权利要求对不符合账务的内容进行进一步查询或改正。借记卡的挂失手续办妥后，持卡人不再承担相应银行卡账户资金变动的责任，司法机关、仲裁机关另有裁决的除外。持卡人有权索取和保管信用卡领用合约。

持卡人是银行卡账户的合法所有人，享有银行卡带来的消费便利，特约商家无权拒绝持卡人的正当持卡消费行为；否则，持卡人可要求发卡行承担违约责任，发卡行可依据其与特约商家之间的协议，要求特约商家承担违约责任。

银行卡申请人应向发卡银行提供真实的申请资料并按照发卡行规定向其提供符合条件的担保。持卡人应遵守发卡银行的章程以及《领用合约》中的相关条款。持卡人或保证人的个人信息如通信地址、职业等发生变化的，应当及时书面通知发卡银行，持卡人不得以和其交易相对人发生纠纷为由拒绝支付所欠银行款项。持卡人应遵守其与发卡机构签订的协议，遵守银行卡发卡机构规定的银行卡章程。

3. 特约商户的权利义务。特约商户是为持卡消费者提供商品或服务，与收单机构签订协议，按照约定受理银行卡并委托收单机构为其完成交易资金结算的交易主体。

特约商户有权要求收单机构受理其送交的消费单据，并将交易收入归入其名下的银行账户。

特约商户在交易过程中应履行下列注意义务：(1) 按规定受理银行卡消费，为银行卡消费提供必要的便利，不得因消费者使用银行卡而向持卡人收取额外费用或降低服务质量；(2) 对同一银行卡品牌下的不同发卡机构所发银行卡的持卡人，应平等对待，不得歧视；(3) 妥善处理交易数据信息，妥善保管交易凭证，及时报送消费单据，保障交易安全；(4) 不得通过刷卡实施或协助实施非法的资金移转，从事犯罪行为。

4. 收单机构的权利义务。收单机构是从事银行卡收单业务、为特约商户提供银行卡受理服务并完成资金结算服务的银行金融机构或支付机构。

收单机构在代发卡机构向特约商家履行付款义务之后,有权依据协议请求发卡机构偿还其垫付的费用和其他款项。

收单机构还应承担如下职责:(1) 对特约商户资质进行审核,保障特约商户依法设立并从事合法经营行为,建立特约商户信息管理系统,对特约商户进行必要的培训,对业务事项进行必要的说明;(2) 与特约商户签订银行卡受理协议,明确银行卡业务中双方的权利、义务与责任;(3) 对特约商户的消费单据进行受理与审核,在法定期限内将交易资金交付于特约商户的账户;(4) 依法向特约商户收取相关服务费用,不得损害特约商户合法权益,不得将费用移转给持卡人承担。

(五) 银行卡的风险防范

银行卡集多种功能于一体,已经成为一种日常的金融工具,但是银行卡记载持卡人大量的身份信息与财务信息,加之银行卡的使用与网络关系密切,如何保障银行卡的安全使用已经成为一个重要的问题。

银行卡业务风险多种多样,而银行卡欺诈风险是其中最严重、最常见、危害最大的风险,主要包括信用卡欺诈,如恶意透支、非法套现,骗领、伪造信用卡等。银行卡业务风险还包括内部操作风险和信用风险。内部操作风险是指发卡机构内部工作人员违规操作或者与不法分子勾结,进行串通作案,从而导致发卡机构的损失。银行卡信用风险指信用卡持卡人因各种原因,不愿或无力偿还信用卡债务,从而导致发卡机构资金的损失。

针对银行卡风险可能带来的损失,为保障各方当事人合法利益,发卡行应认真审查信用卡申请人的资信情况,并对持卡人的资信状况进行跟踪,及时调整持卡人的信用额度,建立更加完善的催收和透支管理制度,以防范持卡人信用风险带来的损失;发卡行应当加强内部控制,优化岗位管理,进行妥善监督,从发卡到交易,各个环节均应进行有效的管理控制;收单机构应当加强对特约商户的管理和监督,强化对特约商户的风险和控制;持卡人应当妥善保管银行卡和密码,出现可疑状况时应及时询问并通知相关银行,防止损失扩大。

四、商业预付卡支付

(一) 商业预付卡概述

1. 商业预付卡的概念及特征。商业预付卡,俗称储值卡,是有一定资质的发卡机构以营利为目的发行的,依据持卡人要求将其资金转移至卡内储存,交易时直接从卡内扣款的支付工具。

近年来,商业预付卡业务在我国发展迅猛,超市购物卡、公交卡等日益融入大众生活,推进了消费的便捷化,对于商家发展消费客户也具有重要的意义。但是在之前一段时间里,商业预付卡因包含一定的货币价值可以直接用于消费,从而成为腐败犯罪的重要表现形式。因此,对于商业预付卡申请领取和使用的监督,有关部门需要予以高度注意。

商业预付卡可以被理解为一种"卡基电子货币",表现为一种采取磁条或芯片技术的塑料卡,在交易中可以起到与现实货币相同的支付作用,便于面对面小额零售支付。其特点如下:

(1) 货币价值以电子数据形式存储在持卡人支配的储值卡中。

(2) 商业预付卡属于预付类金融产品,申请人通过向发卡人支付一定数额的资金从而获取一定的货币价值,并将该货币价值移转入预付卡中,从本质上来说,卡内的货币价值是对发行人的债权。

(3) 商业预付卡是不记名支付工具,交易并非通过账户实现,而是直接发生于卡片本身,消费者刷卡消费后，卡内的货币价值相应减少。所以商业预付卡不属于“接入类金融支付工具”，在接入类金融支付工具中，支付卡片只含有持卡人身份信息和账户信息，刷卡设备需要读取信息后，接入相应银行账户，通过银行账户实现资金移转。

(4) 商业预付卡不同于网基电子货币。网基电子货币是以数据形式储存在计算机中的货币价值，需要借助网络实现支付功能，是在线支付的形式。商业预付卡支付从根本上来说无须计算机数据交换，是一种线下支付。

(5) 商业预付卡有一定的储值和支付功能，但是其意义并不在于储值，而在于消费，所以，商业预付卡是支付工具的一种。

2. 商业预付卡的分类。按照发卡人不同，可将商业预付卡分为专营发卡机构发行的商业预付卡和商事企业发行的商业预付卡。前者是可跨地区、行业和法人机构使用的支付工具，具有多用途特征；后者是只在本企业或相关同品牌连锁企业进行消费时所使用的支付工具。

（二）商业预付卡法律关系

1. 商事企业以经营为目的发行的商业预付卡，发卡机构与预付卡消费所在的商家是同一主体，故法律关系相对简单。发卡人和持卡人之间的基本法律关系是以预付卡为媒介的债权债务关系。对持卡人来讲，商业预付卡是一种债权凭证，对发卡机构而言，则是发卡机构对出卡人承担债务的表征，发卡机构以企业信用为担保，满足消费者利用预付卡在商家进行消费，实现持卡人基于预付卡对发卡机构享有的债权。

发卡人与持卡人之间的债权债务关系产生的基础是商业预付卡章程以及预付卡申领人和预付卡发行机构之间的契约。商业预付卡法律关系具有资金储存和商品、服务分期买卖等多重法律性质。预付卡申领人有义务按照约定将一定的资金交付给发卡机构，从而使预付卡内存有一定的货币价值；发卡人应当妥善保管持卡人的卡内现金价值，保障持卡人的资金使用权和个人信息的安全，保障持卡人的知情权等。作为发卡人，商家应为持卡人提供符合质量的商品和妥善的服务，保障持卡人作为消费者的合法权益；持卡人有权持卡在商家进行商品或服务消费，但应当将预付卡交付商家，扣掉卡内的现金价值从而达到价款支付的效果。

2. 专营发卡机构发行的，在发行机构以外的商品、服务销售场所使用的多功能预付卡，因发卡人和商家不是同一主体，所以会涉及更复杂的法律关系。发卡人与持卡人之间的法律关系仍是一种基于卡内现金价值的债权债务关系，双方法律关系和商事企业发卡机构与持卡人的法律关系本质上相同。但是，专营机构发行的商业预付卡会涉及特约商户这一主体。

发卡人与特约商家之间的关系主要体现在双方签署的合作协议中，这种合作协议主要体现为一种委托关系和加盟关系。特约商家一般会向发卡人支付加盟费和相关手续费；持卡人在特约商家处进行刷卡消费的时候，特约商家委托发卡人将存储在预付卡中的现金价值划转到特约商家的账户上。持卡人与特约商家之间存在商品或服务的交易关系，但是支付价款以预付卡作为媒介，所以在支付法律关系中会涉及发卡人的介入，由发卡人代替持卡人将卡内的现金价值转入特约商户的账户。在使用商事预付卡进行消费时，特约商家不应收取额外的费用或附加额外的交易条件，对于采取不同支付手段的商家，特约商家应当一视同仁。

（三）商业预付卡的管理

由于商业预付卡便捷的支付方式，以及发卡企业为刺激消费采取的激励措施，越来越多的消费者选择商业预付卡作为消费的支付手段，商业预付卡在减少现金使用、便利公众支付、刺激公众消费方面发挥着重要作用。

但是由于技术问题，预付卡业务运营的连续性、可靠性不强，持卡人投诉案件不断增加，风险防范机制有待增强；基于商业预付卡的特点，市场上也存在监管不严、违反财务纪律、公款消费和收卡贿赂等突出问题。

强化对商业预付卡发卡人的管理，是规范商业预付卡管理的首要环节。我国 2010 年出台的《非金融机构支付服务管理办法》要求：未经人民银行批准，任何非金融机构不得发行多用途预付卡；金融机构未经批准，不得发行预付卡；对于商事企业发行的单用途预付卡，商务部门要强化管理，抓紧制定行业标准，出台管理办法。

加强对持卡人的保护，防范金融风险。多用途预付卡内的现金价值是持卡人的财产权益，是申领人提前支付的，用于持卡人在日后一段期限内进行消费的预付资金，不是发卡人的自有财产，发卡人不得侵占和挪用。多用途发卡人应当在商业银行开立备付金专用存款账户存放预付资金，并与银行签订存管协议，接受银行对备付金使用情况的监督。商务部门也应当采取有效措施，加强对单用途商业预付卡的监督。人民银行、商务部应当继续健全商业预付卡的收费、赎回、投诉、清退等业务运行制度，维护持卡人的合法权益，防止发卡人无偿占有卡内残值；记名商业预付卡不设有效期，不记名商业预付卡有效期不得少于 3 年；对于超期无效的商事预付卡，发卡机构应及时办理残值清退或换卡、激活等业务，避免持卡人的损失；发卡机构应对持卡人身份、卡内财务信息进行严格保密，预付卡的使用出现问题时应及时告知持卡人，维护消费者的合法权益；发卡企业应对预收资金进行严格管理，不得用于其他途径的投资和借贷；为增强履约担保能力，发卡银行应通过预收资金存管、同业担保、信用保险等形式，确保预付资金安全，发卡机构应在一个商业银行开立专门账户进行资金的管理。

五、第三方支付

（一）第三方支付的概念与意义

1. 第三方支付的概念。第三方支付是依托网络和电子商务发展起来的非金融支付。所谓第三方，就是一些和产品所在国家以及国外各大银行签约、具备一定实力和信誉保障的第三方独立机构提供的交易支持平台。在通过第三方支付平台的交易中，买方选购商品后，使用第三方平台提供的账户进行货款支付，由第三方通知卖家货款到达、进行发货，买方检验物品后，就可以通知付款给卖家，第三方再将款项转至卖家账户。第三方担当中介保管及监督的职能，并不承担什么风险，所以确切地说，这是一种支付托管行为，通过支付托管实现支付保证。

2. 第三方支付的意义。传统的支付方式往往是简单的即时性直接付转，一步支付。其中钞票结算和票据结算适配当面现货交易，可实现同步交换；汇转结算中的电汇及网上直转也是一步支付，适配隔面现货交易。但若无信用保障或法律支持，异步交换容易引发非等价交换风险。现实中，买方先付款后不能按时按质按量收取标的，卖方先交货后不能按时如数收到价款，因拖延、折扣或拒付等引发经济纠纷的事件时有发生。

在现实的有形市场，异步交换权可以通过附加信用保障或法律支持来进行，而在虚拟的无形市场，交易双方无法相互了解，故此，支付问题曾经成为电子商务发展的瓶颈之一，卖家不愿先发货，怕货发出后不能收回货款；买家不愿先支付，担心支付后拿不到商品或商品质量得不到保证。博弈的结果是双方都不愿意先冒险，网上购物无法进行。为迎合市场需求，第三方支付应运而生。

支付宝(alipay)是国内领先的第三方支付平台。支付宝最初仅作为淘宝网为了解决网络交易安全所设的一个功能,该功能为首先使用的“第三方担保交易模式”,由买家将货款打到支付宝账户,由支付宝向卖家通知发货,买家收到商品确认后指令支付宝将货款发给卖家,至此完成一笔网络交易。第三方是买卖双方在缺乏信用保障或法律支持情况下的资金支付“中间平台”,实现原理是:买方将货款付给买卖双方之外的第三方,第三方提供安全交易服务,其运作实质是在收付款人之间设立中间过渡账户,使汇转款项实现可控性停顿,只有双方意见达成一致才能决定资金去向。

第三方支付是指具备一定实力和信誉的独立机构提供与商业银行支付结算系统接口的交易支持平台,消费者通过此类交易平台进行支付的资金移转模式。目前,国内许多第三方支付平台,通过提供网上支付通道,连接银行与商家,与商家或银行进行合作以获得分成收益。

第三方支付产生于互联网电子商务领域,随之产生了微信支付、手机刷卡支付等移动支付业务。网上支付、电话支付、移动支付等多种支付手段互相配合,促进了支付体系的革新和支付市场的发展。

(二) 第三方支付的法律关系

在支付服务业务中,第三方支付无法独立存在,第三方只是连接商家与消费者的中介性平台,是连接消费者、银行和产品、服务提供者的纽带,消费者的银行卡和商业预付卡才是消费时进行支付的资金来源。所以,第三方支付平台通常需要与消费者的银行卡或商业预付卡绑定。通过第三方支付平台,实现基于互联网技术的商品服务交易和资金移转,不同的交易主体之间形成错综复杂的权利义务关系。

第三方支付模式使商家看不到客户的信用卡信息,同时又避免了信用卡信息在网络多次公开传输而导致的信用卡信息被窃事件,保障了客户信息的安全。

第三方支付的流程如下:第一步,客户在电子商务网站上选购商品,最后决定购买,买卖双方在网上达成交易意向;第二步,客户选择第三方作为交易中介,客户用银行卡或商业预付卡将货款划到第三方账户;第三步,第三方支付平台将客户已经付款的消息通知商家,并要求商家在规定时间内发货;第四步,商家收到通知后按照订单发货;第五步,客户收到货物并验证后通知第三方;第六步,第三方将其账户上的货款划入商家账户中,交易完成。

通过上述支付流程,我们可以分析第三方支付中的法律关系。第三方支付是以第三方平台为中介连接买方和卖方,结合银行卡和商业预付卡支付技术,进行资金移转的支付手段。

在电子商务中,交易双方都要与第三方支付机构形成法律关系。付款方与第三方支付平台形成委托付款关系,收款方与第三方支付平台形成委托收款关系,二者均为委托代理关系;付款方与第三方交易平台还存在资金存管关系,买卖双方达成一致交易协议之后,买方将资金打入第三方支付平台,但是第三方支付平台并不直接把资金移转给卖方,而是等待买方的口令,一旦买方完成收货验货或待网络提供的物流信息显示买方已经收货经过法定期间,第三方支付平台才把资金移转到卖方账户,在此期间,第三方支付平台仅对买方资金进行存管,并不享有该笔资金的所有权;第三方支付机构、买卖双方均与其相对应的开户银行及相关银行形成一定的资金收付关系,通过相关协议,交易各方通过网络数据的交换和信息的确认,安全地完成支付,交易结束。第三方支付平台因其提供的委托收付款服务和资金存管服务,有权在交易双方完成交易后主张佣金的收取。

（三）第三方支付平台的法律风险和法律监督

1. 第三方支付平台的法律风险。

(1) 主体资格和经营范围的风险。第三方支付不仅涉及线上交易,还涉及支付服务,其法律地位尚不明确。虽然从经营业务的法律性质来看,第三方支付平台提供的服务是买方和卖方之间资金移转的委托和存管服务,为用户提供了网络代收代付的居间性质的平台,但是从所有第三方支付实际业务的运行来看,支付中介服务实质上类似于结算业务,而且部分电子商务的交易现已支持分期付款,所以在资金交付中会涉及信用问题。此外,在为买方和卖方提供第三方担保的同时,平台上积聚了大量在途资金,表现出类似银行吸收存款的功能。按照我国《商业银行法》的规定,吸收存款、发放贷款、办理结算是银行的专有业务。部分第三方支付平台在预先持有大量存管资金的情况下,还能对其存管资金进行运作,取得投资收益,将投资收益分配给存管资金的客户并收取部分资金,以高于银行利率的投资回报率吸引第三方支付平台的使用者在平台中存入更多资金从而进行投资。由此可见,第三方支付平台经营的业务已突破了现有的一些特许经营的限制,究竟应当如何定位？是否要对第三方支付平台的活动范围进行限制？如何在法律上给第三方支付平台的业务性质进行定义？如何认定第三方支付平台的法律性质？这些仍然是学界和立法者应当思考的问题。

(2) 在途资金和虚拟账户资金沉淀的风险。在支付过程中,无论是第三方支付平台模式还是内部交易模式,都有一种资金吸存行为。当吸收的资金达到一定的规模以后,资金安全问题和支付风险问题就会浮出水面,引发金融行业的混乱,损害客户权益。

在第三方支付平台模式中,沉淀下来的在途资金往往放在第三方在银行开立的账户中,一般商家的资金会滞留两天至数周不等,这部分在途资金,可能发生下列风险:第一,第三方支付平台的信用担保问题。在途资金的不断加大,使得第三方支付平台本身信用风险指数加大。第三方支付平台为网上交易双方提供担保,实际上是将电子商务中的不同消费者同各个参差不齐的商户的零散的交易风险统一归于第三方承担,第三方因为其信誉和一定的资力更有能力化解互联网交易中的信用风险。但是,因为第三方风险管理的规模性,一旦第三方支付平台对交易相对人进行欺诈或因其他原因产生信用风险,这对交易参加者的打击将是毁灭性的。第二,第三方支付平台中有大量资金沉淀,大量的沉淀资金需要进行妥善管理以保障资产的增值,维护客户利益。对第三方平台的支付资金进行有效运作,实现客户资产增值,从另一个角度来说,也有利于第三方支付平台吸引更多客户,扩大业务规模。但是,在资金管理过程中就会涉及投资的效益与安全问题,此环节可能导致资金的损失,如果没有具有相应资力的机构担保,资金存管人的利益很难得到维护。第三方支付平台扩大业务规模,吸引客户在平台上预先存放交易资金的行为,是否涉及吸收公众存款？其中的合规性问题也往往带给交易各方一定的法律风险。

在内部交易模式下,涉及虚拟货币的发行和使用。虚拟货币系虚拟财产,法律性质目前仍未得到明确。虚拟货币的发行完全不受控制,在平台上进行虚拟货币交易,其资金流向也难以确定。当越来越多的人认可和使用虚拟货币后,一旦虚拟货币与现实货币的对接出现问题,将会产生大量的经济损失和法律纠纷。

2. 第三方支付平台的法律监管。在第三方支付平台的运作过程中,如果不对其进行一定的监管,第三方支付平台将会被用作洗钱等犯罪活动的工具。第三方支付平台虽然在资金移转过程中是与银行直接对接的,但是第三方支付平台不是金融机构,无法对其内部的资金进行直接的监督。

总体而言,相关法律法规对第三方支付平台的监督主要体现在对其市场准入、单笔交易资金规模进行限制。比如《非金融机构支付服务管理办法》明确规定,非金融机构提供支付服务,应当依据本办法规定取得《支付业务许可证》,成为支付机构。支付机构依法接受中国人民银行的监督管理。未经中国人民银行批准,任何非金融机构和个人不得从事或变相从事支付业务。2014年3月14日,中国人民银行向多家第三方支付企业下发《支付机构网络支付业务管理办法》《手机支付业务发展指导意见》草案,对第三方支付平台的单笔或累计支付资金规模作出限制。规定个人支付账户转账单笔不超过1 000元,年累计不能超过1万元;个人单笔消费不得超过5 000元,月累计不能超过1万元等。

【本章前沿问题】

银行存款账户中资金的属性

对于银行存款账户中资金的属性,目前有债权说、物权说两种观点。支持债权说的人认为存款人将自己的资金存入银行后,银行即对存款人存入的资金取得所有权;而存款人作为转让资金所有权的代价,仅取得相应的偿还请求权即债权。相应地,存款合同在性质上属于消费借贷合同,在法律上准用消费借贷的有关规定,是为消费借贷合同说。换言之,存款合同转移的是存款的所有权,也就是存款人在将其存款所有权转移给银行的同时,从银行相应取得与存款本息数额相等的债权。债权说目前在意大利、瑞士、日本的法律中有所体现。

我国《商业银行法》第71条第2款规定:“商业银行破产清算时,在支付清算费用、所欠职工工资和劳动保险费用后,应当优先支付个人储蓄存款的本金和利息。”这是目前国内一些学者主张债权说的依据。因为按照破产法的有关规定,破产财产的清偿顺序是:清算费用、所欠职工工资和劳动保险费用、所欠国家税款及破产债权。既然个人储蓄存款的本金和利息的清偿顺序在普通债权之前,那么可推知个人储蓄存款应当不属于存款人对商业银行的普通债权,而属于商业银行的所有权。

主张物权说的学者认为,存款人将自己的资金存入银行后,对于自己的银行账户资金仍享有所有权,银行对存款人存入的资金仅取得利用权;而作为转让资金利用权的代价,存款人取得随时或根据存款合同的约定取回存款的物权请求权以及一般情况下对存款利息的支付请求权。储蓄存款作为居民个人的主动投资行为,是一种特殊形式的货币贮藏,是暂时让渡使用权而保留其所有权的信用形式,是延期的消费支出。相应地,物权说一般认为存款合同在性质上为保管合同,只是较一般的保管合同特殊而已,是为保管合同说。在罗马法上,存款合同即为不规则寄托,又称变例寄托(depositom irregula)。物权说主要得到德国及一些原社会主义法系国家的普遍认同。

沉淀资金的法律属性及由其产生的法律关系

第三方支付平台与消费者的民事法律关系包括委托合同关系和保管合同关系。沉淀资金作为保管合同的标的物,具有货币属性,所以应当为种类物,消费者与第三方支付平台之间的保管合同可具体为代替物保管合同。《非金融机构支付服务管理办法》第26条第1款规定,“支付机构接受客户备付金的,应当在商业银行开立备付金专用存款账户存放备付金”。由此,沉淀资金并不存于第三方平台,而由银行托管，从而在立法层面认定沉淀资金所有权归属于客户。代替物保管合同可进一步分为消费保管合同与混藏保管合同。其区别在于，消费保管合同标的物所有权可能发生转移，而混藏保管合同标的物所有权不发生转移。沉淀资金交付时不转移所有权，返还时以代替物返还，因此沉淀资金的保管合同应属混藏保管合同。

《支付机构客户备付金存管办法》将沉淀资金定性为保管物，第三方支付平台只是履行对资金的保管义务，消费者仍是该笔资金的所有人，且第三方支付平台只能将该笔资金用于办理客户委托的支付业务，而不能挪作他用。设计第三方支付的初衷，就是通过可靠的中间媒介担保提升网络交易的安全性。在混藏保管合同法律关系下，虽然转移了货币的占有，但是其所有权依旧在用户手中，限制了第三方平台的处分权能，从而最大限度地满足支付机构对交易资金安全的价值追求。

基于第三方支付与托管行之间的储蓄协议，银行应该按照现行的活期存款或者定期存款利率给存管在托管行账户的资金支付孳息。用户与支付机构间的法律关系是混藏保管关系，虽然资金由支付机构占有，但是资金所有权依旧属于用户一方。《合同法》第 377 条规定："保管期间届满或者寄存人提前领取保管物的，保管人应当将原物及其孳息归还寄存人。"既然用户与第三方支付机构是保管合同关系，那么沉淀资金的利息收入就应归属于用户。

但是从实践操作层面看，消费者享有沉淀资金的孳息面临很大困境。以 2017 年"双十一"为例，淘宝天猫交易额 1 682 亿元，按目前银行 0.35% 的活期年利率算，支付宝通过沉淀资金获得的利息收入达 160 余万，以淘宝最长 15 日收货时间算，该在途资金半个月内可产生的最大利息为 240 余万。但经平均计算后，每位用户的孳息所得就微不足道，如支付宝或托管银行严格将每笔利息收入计算并返还给每位用户，其操作成本很可能与利息收益冲抵甚至高于利息总额。而且在实践中，各大第三方支付平台在服务协议中通常都规定对沉淀资金所产生的利息其没有向客户返还的义务。例如，《支付宝协议》规定："用户对所有代收代付款项产生的包括孳息在内的任何收益不享有任何权利。支付宝公司就所有代收代付款项产生的任何收益享有所有权。"

【本章思考题】

1. 试述商业银行的特征。
2. 试述存款保险制度的概念以及分类。
3. 试述商业银行的同业拆借制度以及票据贴现制度。
4. 试述第三方支付平台存在的法律风险。
5. 试述对第三方支付平台的监管措施。

第七章 票 据 法

【导语】

票据是商业活动中被广泛使用的一种重要的支付工具，同时，它又有信用的功能，成为重要的信用工具。由于票据的广泛使用性，必然需要用法律调整票据当事人之间的票据利益关系，这种调整票据关系的法律就是票据法。票据法的规则分为“总则”和“分则”，与此相对应，票据法理论也分为“总论”和“分论”。其中，总论研究票据的概念、分类、票据关系、票据行为、票据权利、票据债务人的抗辩权、失票的救济等，分论研究汇票、本票、支票等具体票据的出票、背书、承兑、保证、付款、追索等。

汇票制度是票据制度的基本组成部分。汇票由出票行为产生，并由出票行为派生出保证、承兑、背书、付款和追索等行为，其内容几乎涉及全部票据制度。汇票法律规范和理论是票据法律和理论中最具代表性的部分，掌握了汇票的相关内容，也就基本掌握了票据制度的主要内容。本票是出票人本人于票据到期日向持票人无条件支付票面金额的票据。学习时应重点掌握本票的特点、见票、汇票规范对本票的适用这几个问题。支票是出票人委托银行从自己的存款账户内向持票人无条件支付票面金额的票据，学习时应重点掌握支票的特点、出票、汇票规范对支票的适用。

第一节 票据法总论

一、票据概述

（一）票据的概念

票据是出票人签发的、约定由自己或者自己委托的人无条件支付确定的金额给持票人的有价证券。此定义表明：

1. 票据是一种有价证券。有价证券是代表一定财产权的格式化凭证。[①] 票据具备有价证券的一般特征，在类型上属于有价证券。

但是，票据又是一种特殊的有价证券，因其用途和使用规则不同于其他证券，故在法律和法理上受到专门的对待。经济发达国家都有票据立法，而有关债券、股票等证券的法律就不能适用

---

① “有价证券”一词源于德国，意指权利的“化体”，为 1861 年《德国商法典》所采用。大陆法系许多国家吸纳了这个概念，日本学者将其定义为“表彰具有财产价值的私权之证券”。我国从日本引进后广泛使用这一概念。英美法中无完全相同之概念，美国虽有“流通证券”（Negotiable Instilments）、“商业证券”（Commercial Paper）与之类似，含义上却与狭义之票据相近似（参见谢怀栻：《票据法概论》，法律出版社 1990 年版，第 8—10 页）。在私法上，表彰私权的书面凭证还有其他种类，如表彰夫妻身份的结婚证书等，因此种凭证无财产价值，惯称“证书”，有别于有价证券。

于票据。在国际经济活动中,还有日内瓦《统一汇票和本票法》《统一支票法》[①],规范缔约国之间发生的票据行为。

2. 票据以无条件支付一定金额为内容。持票人于到期日或规定时间内凭票请求付款时,票据上记载的付款人应当“无条件支付”票面金额。例如,我国《票据法》第 19 条规定,汇票是出票人签发的,委托付款人在见票时或者在指定日期“无条件支付”确定的金额给持票人的票据。《统一汇票和本票法》第 1 条,《统一支票法》第 1 条,德、法、日、英、美等国的票据立法,以及我国台湾、香港、澳门地区现行的票据制度,都有相同的规定。

3. 票据是出票人依照票据法签发的有价证券。这一点,表明了票据同其他证券的区别:(1)票据只能依照票据法的具体规定而不能根据其他任何法律来签发。(2)票据由出票人在票面上记载应当记载的事项,包括金额、付款人、出票日、出票人等,其他证券如债券、股票等,都不存在这种情况。(3)出票人必须严格按照票据法的规定签发票据,否则,填写的文字或数字无效,甚至导致票据无效。

4. 票据是出票人与持票人约定,以自己或者自己委托的人作为付款人的有价证券。票据有三种类型:出票人委托他人于将来一定日期付款,且目的在于往异地汇兑金钱,付款人是银行或商业单位的,为汇票;出票人委托自己的存款银行为付款人且见票即付的,为支票;出票人本人是付款人的,为本票。

(二)票据的用途

从总体上看,票据在经济生活中的作用是代替货币进行结算支付和融通资金,方便贸易,促进经济发展。票据的用途具体表现为:

1. 担当支付工具。在交易中,以票据代替货币,不但可用于同城贸易和异地贸易,在国际贸易中亦被普遍使用。这样,减少甚至杜绝了大量使用货币带来的不便和不安全因素。由此,票据成为一种独立的支付工具。

2. 用作汇兑工具。异地贸易中如果用货币支付,需要运送、携带货币,这样不但费时费力,而且极不安全,一旦发生事故,损失将无法挽回。大额货币的运送更是如此。相反,使用票据,携带一纸汇票,就避免了运送、携带现金的不便和不安全。而且,在异地能够凭借汇票在付款人处兑取货币,或者向他人进行各种支付。显然,票据发挥着汇兑的作用。

3. 充任信用工具。票据法上的信用,是指当事人凭借一定的资金信誉,以签发票据的形式,把将来可以取得的货币作为现在的货币使用。买方可凭借自己的资金信誉或有关人的资金信誉,签发票据,约定期限,另为付款或由他人代为付款。在此场合,实现了人的资金信用票据化,票据便成为信用工具。

4. 抵销债务。债权人可以签发票据,指定自己的债务人向自己的债权人无条件支付一定金额,由此消灭相互之间的债权债务。这样,各方的债权不但都得以实现,而且简便迅速。

5. 融通资金。票据可以有偿转让,实现资金周转。持票人急需现金时,可持票向银行请求贴现,也可以背书方式将票据卖给他人,以满足需要。

---

① 日内瓦《统一汇票和本票法》《统一支票法》的英文分别为 Unform Law on Bilis of Exchange and Promissory Notes、Uniform Law on Cheques。我国有两种译法,如金振龙、姚念慈主编的《国外票据法》(上海社会科学院出版社 1991 年版)就译为《汇票和本票统一法》《支票统一法》。

6. 减少货币使用量。使用票据,国家可以减少货币发行量,为发展经济带来好处。通过使用票据,将货币用于其他急需方面,既减少了货币的使用量,又有利于集中资金办急事。

(三) 票据的分类

为了揭示和说明各种票据的特点,票据法学对票据有一些学理上的分类。

1. 依照付款人是出票人还是出票人委托的人,可将票据分为自付证券和委托证券。自付证券是出票人本人向持票人无条件支付一定金额的票据,本票属之。委托证券是出票人委托他人向持票人无条件支付一定金额的票据,汇票和支票均属之。

2. 依照票据作用上的主要差别,可把票据分为信用证券和支付证券。支票的作用重在支付,其有效期短,不具有汇票和本票的信用功能,属于支付证券。汇票和本票虽亦有支付功效,但因其有效期远比支票长,信用之职能较为突出,故属于信用证券。

3. 依照出票时是否记载收款人的名称,可把票据分为记名式票据和不记名式票据。出票时记载收款人名称的是记名式票据。出票时不记载收款人名称的是不记名式票据。票据上未记载收款人名称而载有“请付来人”之类文字的,属于无记名票据,称为“付来人式票据”。需注意的是,此处的记名或不记名,仅指出票时是否记载收款人名称,在持票人向付款人提示承兑或者提示付款时,票据上必须载有收款人名称。

(四) 票据的性质

1. 票据是金钱债权证券。票据所代表的财产权利,是金钱给付请求权,属于债权,持票人只能请求票据债务人给付票面记载的金钱。

2. 票据是设权证券。设权,是与“证权”相对而言的。有价证券中的提单、仓单、记名股票等,属于证权证券;而票据则是为持票人创设了一个新的金钱债权而不是证明原有之债权。

票据签发前,当事人之间虽可有债权债务,但是,出票人签发票据,为持票人设定了一个请求票据上载明的债务人“无条件支付一定金额”的权利,此种权利,与签发票据前的债权债务相互独立,是“新生之权”。

3. 票据是文义证券。票据上的权利义务、票据债权人与债务人、票据权利有效期等,均依据票据上依法记载的文字确定,任何人都不得以票据文义之外的因素认定或改变票据权利义务及票据债权人、债务人。

4. 票据是要式证券。票据必须具备法定格式才能有效。除票据法另有规定外,不具备法定格式的,不发生票据的效力。法定的必须记载的事项不齐备且又为票据法所不容许的,票据无效;票据用纸、书写等不符合规定的,票据无效。

5. 票据是流通证券。票据可以按照票据法规定的方式自由流通,而且其流通的法定方式简捷便利,能够迅速完成;加之转让次数越多,票据信用度越高,可靠性愈强,因而比其他一般有价证券的流通性要强。允许并保护票据流通,是国家发展经济的重要手段之一。各国票据法都规定票据的可流通性和流通手段的便利性、迅速性,以鼓励人们使用票据。

6. 票据是完全有价证券。所谓完全有价证券,是指权利完全证券化、权利与证券融为一体不可分离的一类证券。证券上权利的存在、行使和移转,都与证券分不开。各国票据法都规定,票据所表明的金钱债权,以票据为其表现形式,票据上的权利不能脱离票据而独立存在。作成票据,票据权利始得发生;持有票据,就有票据上的权利;行使票据权利,以提示票据为必要;转让票据上的权利,须转让票据;票据毁损灭失的,不可以其他凭证主张票据上的权利,经法定程序方可获得救济，防止利益受损。简言之，票据是票据上权利的唯一象征和代表，无票据即无票据上的权利。

7. 票据是无因证券。此所谓无因，又叫“不要因”，是指证券效力与作成证券的原因完全分离，证券权利的存在和行使，不以作成证券的原因为要件。

各类证券自有其作成的原因，如买卖、借贷或者赠与等，这种作成证券的原因，可能合法有效，也可能不合法并无效。这样，就会存在证券的效力是否受证券作成原因的影响的问题。证券作成原因无效，证券也因之当然无效，是一种情况；证券作成原因无效，证券本身仍有效，则是另外一种情况。属于前一种情况的，叫做“有因证券”或“要因证券”，也就是以作成原因的有效性为证券有效的必要条件的证券。在各类证券中，提单、仓单等就属于有因证券。相反，属于第二种情况的，称为“无因证券”。由于票据是金钱债权证券、流通证券，在一定程度上起着货币的作用。为保障票据的可靠性，使人们愿意并放心地使用票据，票据法规定，票据的效力与签发票据的原因彻底分离。票据只要具备法定形式即生效力，即使签发原因不合法或不存在，票据仍然有效；持票人行使票据权利，以提示票据为要件，无须另行证明票据的原因；票据债务人无义务也无权利了解票据原因，只需验看票据是否真实、合法即可，在票据无瑕疵或者持票人不属恶意取得时，就应当无条件支付票面金额，即使发生错付，也不承担履行不当的赔偿责任。

8. 票据是提示证券。票据权利人主张票据权利、行使票据权利，必须向票据债务人提示票据，将票据交债务人验看，否则，票据债务人有权拒绝。所以，票据为提示证券。

提示，分提示承兑和提示付款。本票和支票属见票即付之票据，不必为提示承兑，只有提示付款。汇票属委付证券，票据上记载的付款人是否按票据文义付款，要看该付款人是否同意出票人之付款委托，而持票人要确定出票人记载的付款人是否承诺按票据文义付款，必须持票据向该付款人要求承兑。持票人向票据上记载的付款人提示票据，要求承诺兑付票面金额，即为提示承兑。汇票，除另有规定者外，须先经提示承兑，才可提示付款。[①]

9. 票据是缴回证券。持票人通过付款提示行为从付款人处取得票面金额时，必须将票据交付付款人，转移票据所有权，否则，付款人有权拒绝付款。在此意义上，票据属缴回证券。我国《票据法》第 55 条规定，持票人获得付款的，应当在汇票上签收，并将汇票交给付款人。

10. 票据是特殊的动产。票据代表一定的金钱债权，因而是一种财产。票据作为一种财产，可以任意移动而无损其用途和价值，所以属民法中的动产。

（五）票据的起源及发展

1. 我国票据的起源及发展。我国唐代出现了一种名为“飞钱”的票券[②]，学者们多认为“飞钱”是我国现代汇票的嚆矢。[③] 到宋代，出现了“便钱”和“交子”。“便钱”类似现代的“见票即付”的

---

① 我国《票据法》第 40 条第 3 款规定，“见票即付的汇票无需提示承兑”。

② 《新唐书·食货志》载：宪宗以钱少，复禁用铜器，时商贾至京师，委托诸道进奏院及诸军、诸使、富户以轻装趋四方，合券乃取之，号曰飞钱。

③ 张国键：《商事法论》，三民书局 1980 年版，第 363 页；刘家琛主编：《票据法原理与法律适用》，人民法院出版社 1996 年版，第 25 页。唐宪宗（806—820 年）时期，各地茶商交易往来频繁，但交通不便，携带款项困难。为方便起见，创制了“飞钱”。商人在京城长安（今西安）把现金支付给地方（各道）驻京的进奏院及各军各使等机关，或者在各地方设有联号的富商，由他们发给半联票券，另半联票券则及时送往有关的院、号，持券的商人到达目的地时，凭半联票券与地方的有关院、号进行“合券”，然后支取现金。当时，“飞钱”只是一种运输、支取现金的工具，不是通用的货币。

汇票[①];“交子”与现代的本票相似[②]。唐代曾使用过一种叫“帖”的票券,有学者认为,“帖”可为我国支票的起源。[③]

明朝末年(公元17世纪),山西地区商业发达,商人设立“票号”(又叫票庄、汇兑庄),在各地设立分号,经营汇兑业务以及存放款业务。名为汇券、汇兑票、汇条、庄票、期票等的金钱票券大为流行,票号逐渐演变为“钱庄”,19世纪中叶进入盛期。票号签发的这些票券,类似于现代的汇票和本票。

清朝末年,西方银行业进入我国,钱庄逐渐衰落。我国固有的票据规则终被外来票据制度取代。1929年,国民政府制定票据法,规定票据为汇票、本票和支票,与西方国家票据制度接轨,我国原有的各种票据遂被淘汰。

2. 外国票据的起源及发展。票据的起源,应属12世纪意大利兑换商发行的“兑换证书”。当时,意大利贸易极盛,商人云集,货币兑换十分重要,兑换商不仅从事即时兑换货币业务,而且兼营汇款。甲地兑换商收受商人货币后,向商人签发兑换证书,商人持此证书,向兑换商在乙地的分店或者代理店请求支付款项,支取乙地通用的货币。这种兑换证书,相当于现代的异地付款的本票,被认为是欧洲国家本票的起源。汇票的胚胎是12世纪中叶意大利兑换商发行的“付款委托书”。兑换商向其他商人发行异地付款证书时,附带一种付款委托书,持证人请求付款时,必须同时向付款人提示两种证书,否则不予付款。13世纪以后,付款委托书逐渐独立并产生付款证书的效力,始脱胎而成汇票,发展至今。支票最早产生于荷兰,于17世纪传到英国,19世纪中叶后,再由英国传至法国、德国,遂逐渐被各资本主义国家采用。

二、票据法概述

(一)票据法的概念

票据法是调整票据关系的法律规范的总称。这个定义有两层含义:

1. 票据法以票据关系为调整对象。票据关系是因为票据的签发、转让、承兑、保证等形成的以金钱利益为内容的财产关系。

2. 票据法是调整票据关系的法律规范的总括性称谓。票据法有广义、狭义之分。狭义的票据法,也叫“形式票据法”,指由国家立法机关按照一定体系颁行的名叫票据法的法律,如我国《票据法》、德国《票据法》等。广义的票据法,又称“实质票据法”,指一切有关票据的法律规范。

(二)票据法的特点

1. 强制性。票据是金钱债权证券,有支付功能、信用功能,而且为流通之物。为安全、便捷起见,票据法在票据权利义务的形成(实质)方面尊奉私法自治,在票据行为(形式)方面则采用强制规范之规则,构成强制性规范体系。票据法的各项规定都不允许当事人违反或者变通。在票据

---

① 谢怀栻:《票据法概论》,法律出版社1990年版,第19页。张国键:《商事法论》,三民书局1980年版,第363页。

② 张国键:《商事法论》,三民书局1980年版,第364页。宋太祖开宝三年(970年),官府设官号“便钱务”,商人向“便钱务”纳付现金,请求发给“便钱”,商人持“便钱”到目的地向地方官府提示付款时,地方官府应当日付款,不得停滞。宋真宗时期,蜀地(今四川)出现“交子”,地方富户联办“交子铺”,发行称为“交子”的票券,供作异地运送现款之工具。后来,官府设“交子务”专办此事,发行“官交子”。

③ 张国键:《商事法论》,三民书局1980年版,第364页。

活动中，凡有不适法之举措或疏忽之过失，就不能发生预期的票据法律效果，其结果，或是票据无效，或是行为人承担不利之后果，断无协商解决之可能。例如，我国《票据法》第 8 条规定，票据金额以中文大写和数码同时记载，二者必须一致，不一致的，票据无效。

2. 技术性。依立法宗旨是维护伦理道德还是授予行为技术，可将法律规范分为道德性规范和技术性规范。票据法主要规定如何实施票据行为，怎样行使、保全、保护票据权利，从立法意图上讲，侧重于规定票据使用、流通和保全票据权利的方法，所以相对而言，票据法属于技术性规范。

3. 实行“严格的形式主义”。票据法注重票据和票据行为的形式，只要票据和票据行为的形式符合票据法，就受票据法的保护。相反，如果形式不符合票据法的规定，即使作成票据的原因是合法有效的，票据和票据行为也属无效。

（三）票据法的发展概况

1. 大陆法系国家票据法的发展。1673 年，法国国王路易十四颁布商事条例，其中第五章、第六章是关于票据的规定。这些规定，被公认为票据立法的开端。1807 年，法国颁布商法典，在第八章规定了汇票与本票制度，后来，又于 1865 年颁布了支票法。

德国在 1847 年由埃赫里特为首的 20 名法学家和 10 名实业界人士起草的票据条例 100 条，为大多数的邦所采用。德国统一后，于 1871 年正式公布成文票据法，1908 年颁布支票法。

1930 年、1931 年，日内瓦国际票据法统一会议分别产生《统一汇票和本票法》《统一支票法》，大陆法系国家大多数都按照这两个统一法修订了本国的票据法，形成了日内瓦统一法系。票据法虽为国内法，而法的内容、格局却大同小异，这一法系所包括的 20 多个国家，呈现统一局面。

2. 英美法系国家票据法的发展。英国于 1882 年公布票据法，1957 年又另定支票法。美国在 1896 年由纽约州律师克罗福特起草统一流通证券法，1897 年纽约州率先施行，其他州陆续采用。1952 年制定统一商法典，其中第三编“商业票据”即为票据立法。

3. 票据法的三大法系。在 1930—1931 年的国际票据法统一会议之前，世界各国的票据法可以分为三大法系。

(1) 法国法系。法国于 1807 年颁布商法典，内容仅含汇票与本票，1865 年颁布的支票法不在商法典以内。从立法特点上看，法国票据法：①规定票据为输送现金的工具，申言之，可谓重在支付和汇兑，轻于信用和流通。②规定票据关系与其基础关系不能截然分开，甚至认为资金关系为票据关系之一。据此可知，票据为有因证券。③票据仅汇票、本票两种，支票为另一种证券，从立法形式讲，属“分立主义”。荷兰、比利时、西班牙、葡萄牙、希腊以及拉丁美洲各国的旧票据法均仿照法国。这些国家的票据法形成了法国法系。

(2) 德国法系。德国票据法颁行后，影响到奥地利、瑞士、意大利、匈牙利、丹麦、瑞典、挪威、日本等国，形成了德国法系。德国票据法有以下主要特点：①立法形式上，采“分立主义”。此点与法国法相同。②认为票据是支付、信用、流通证券，即票据不仅输送现金，且重在信用和流通。③规定了严格形式主义，注重票据形式之合法性。④将票据关系与其原因关系完全分离，使票据成为无因证券。

(3) 英国法系。英国票据法对美国、加拿大、印度、澳洲及英国殖民地国家产生了决定性的影响，形成英国法系。英国票据法的特点与德国票据法相似，在形式和手续的规定上，比德国法简便自由，如国内汇票的持票人行使追索权无须作成拒绝证书，承认恩惠日①，承认分期付款的票据等。当然，与德国法相比，还有许多不同之特点，如采取“合并主义”立法模式，认为支票是汇票之一，区分国内汇票与国外汇票等。

4. 票据法的统一与融合。为促进国际贸易，协调票据法律，促使票据立法遵循国际贸易的一般规则，走国际统一的道路，欧洲大陆国家首先开始票据法国际统一工作，同时吸引英美等国家参加这项活动。

20 世纪以来，统一票据法的国际活动主要有三次：

(1) 海牙会议。1910 年及 1912 年，荷兰政府两次在海牙召集票据法统一会议，讨论制定统一票据法和支票法。②

(2) 日内瓦国际票据法统一会议。在国际联盟理事会主持下，1930 年、1931 年两次在日内瓦举行国际会议，解决统一票据法问题。③

(3) 联合国国际票据法统一会议。统一法系与英美法系在票据立法上的差异，对国际贸易的安全性产生了负面影响。第二次世界大战结束后，联合国国际贸易法规委员会为求得两大法系的沟通与统一，开展了国际票据法统一工作。1968 年，推举埃及、法国、印度、墨西哥、苏联、英国、美国等国代表成立工作小组，起草了《国际汇票与国际本票公约草案》《国际支票公约草案》，并于 1973 年起草了《国际汇票与国际本票统一法草案》。后来，几经修订，于 1988 年 12 月 9 日定稿，定名为《联合国国际汇票和国际本票公约》，共 9 章 90 条。该公约现在尚未生效。

5. 我国的票据立法。中华人民共和国成立后，在较长时间内没有统一的票据法。党的十一届三中全会以后，经济体制改革不断发展，逐步深化，市场经济体制开始建立，在这种形势下，对票据的需求日益迫切。1995 年 5 月 10 日，第八届全国人民代表大会常务委员会第十三次会议通过了《中华人民共和国票据法》，并于同日公布，于 1996 年 1 月 1 日起施行。《票据法》《关于审

---

① 恩惠日，即宽限日。《英国票据法》第 92 条规定，办理某票据事务的时限少于 3 日的，在计算时间时，不包括非营业日。非营业日指：①星期日、耶稣罹难日、圣诞节；②1881 年《银行假日法》或其修正条例所规定的银行假日；③王室公布的公共斋戒日或感恩节。

② 前一次会议有 31 个参加国，拟定《统一汇票和本票法草案》88 条。后一次会议有 37 个国家参加，当时的中国政府也派代表参会。后一次会议对前一次会议形成的公约和票据法草案进行了讨论修订，制定《统一票据规则》共 12 章 80 条、《统一支票规则草案》34 条。参会国家除英、美两国声明有保留地加入、日本代表未签字外，均承认《统一票据规则》，不过尚待政府批准。后因第一次世界大战爆发，各国政府批准工作未及完成，这一次的票据统一法活动宣告终止。

③ 1930 年的第一次会议，产生了三个公约：(1)《统一汇票和本票法公约》（附有第一附属书、第二附属书。第一附属书即统一汇票和本票法，第二附属书是有关保留事项的规定）；(2)《解决汇票本票法律抵触事项公约》；(3)《汇票本票印花税法公约》。在前两个公约上签字的有 22 个国家，在第三个公约上签字的有 23 个国家。

1931 年的第二次会议，专门解决支票统一问题，通过了三个公约：(1)《统一支票法公约》（附有第一附属书，即统一支票法；第二附属书则是有关保留事项的规定）；(2)《解决支票法律抵触事项公约》；(3)《支票印花税法公约》。

英、美两国虽然参加了这两次会议，但没有参加公约。事实上，日内瓦国际票据法统一会议，仅实现了欧洲大陆票据法的统一。日内瓦《统一汇票和本票法》《统一支票法》对公约参加国的票据法产生了巨大的影响，各国以这两个统一法为蓝本，纷纷修订本国的票据法，如 1932 年奥地利票据法，1933 年德国票据法及支票法和意大利支票法，1934 年日本票据法、支票法和意大利支票法，1935 年法国票据法，1936 年瑞士票据法等。可以说，参加《统一汇票和本票法公约》和《统一支票法公约》的国家，其票据立法与《统一汇票和本票法》《统一支票法》大同小异，无实质性差别。

到目前为止，世界各国的票据法大体分为三类：第一类，日内瓦统一法系国家的票据法；第二类，英美法系国家的票据法；第三类，未参加日内瓦公约，仍然保留法国旧票据法特点的票据法，如伊朗、约旦等国的票据法。在这三个法律系统中，前两个有着重大的影响。

理票据纠纷案件若干问题的规定》《支付结算办法》等形成了一整套较完备的票据规则体系。

三、票据关系及其基础关系

（一）票据关系

票据关系，是指票据当事人之间基于票据行为所发生的票据权利义务关系。这一定义揭示了票据关系的性质：

1. 票据关系是票据权利义务关系。票据关系当事人为票据权利义务实施票据行为，票据权利义务成为票据关系的内容，因此该法律关系是票据权利义务关系。票据法上还有所谓“非票据关系”，如票据上的正当权利人对于因恶意或重大过失取得票据的人行使票据返还请求权所发生的关系等，因其不是基于票据行为发生，关系之内容也不是票据金钱债权债务，所以不是票据关系，而被称为“非票据关系”。

2. 票据关系是票据行为所生权利义务关系。票据行为是票据法规定的能够发生票据关系的法律行为，包括出票、背书、承兑、保证、参加承兑等。票据行为之外的行为，不是产生票据关系的法律事实，无论其是否合法，均不能产生票据权利义务。

3. 票据关系是与其基础关系相分离的无因性法律关系，具有抽象性。票据关系中，票据债务人负担无条件支付票面金额的义务，自有其原因或基础，如买方为支付价金向卖方出票，银行因出票人在银行有存款而向出票人指定的人无条件付款等，其中的“为支付价金”“有存款”就是付款的原因或基础，进而言之，买卖关系、存款关系就是票据关系的基础关系。

本来，基础关系同票据关系联系紧密，但是，票据法为鼓励人们使用票据，最大限度地保障票据的安全性、可信度，把票据关系与其基础关系之间的联系一刀切断，使票据关系成为独立于基础关系的法律关系，而且，只要票据关系无瑕疵，基础关系纵然无效，票据权利仍然有效。

（二）票据关系的种类

按照票据名称，可将票据关系分为以下三种：

1. 汇票关系。基于汇票的出票、背书转让、保证、承兑等票据行为发生的汇票权利义务关系，是汇票关系。

汇票关系最基本的当事人有三方：出票人、持票人、出票人委托的付款人。其中，付款人是第一顺位的债务人，出票人是第二顺位的债务人。票据发生转让时，会增加新的一方当事人，而且，每转让一次，就会增加新的当事人。

2. 本票关系。基于本票的出票、背书转让、保证等票据行为发生的本票权利义务关系，是本票关系。它在当事人方面与汇票关系不同，本票关系的基本当事人有两方，即出票人和持票人。出票人为票据债务人也即付款人。本票的持票人在付款日到来时，直接持票请求出票人无条件付款，出票人收回本票并支付票面金额后，本票关系消灭。

3. 支票关系。基于支票的出票、背书转让等票据行为发生的支票权利义务关系是支票关系。支票关系的基本当事人有三方：出票人、持票人、出票人委托的付款银行。支票属见票即付的票据，无须承兑，付款银行付款后，凭收回的支票与出票人清结债权债务。

以上是从票据关系基本当事人方面讲的，当存在背书、保证、参加承兑等票据行为时，当事人数量就相应增加，而且相互之间的权利义务也变得复杂。按照发生票据关系的票据行为的不同，可将票据关系分为基于出票发生的“票据发行关系”，基于背书发生的“背书转让关系”“背书设质关系”和“背书委托取款关系”,基于承兑发生的“承兑关系”,以及“保证关系”“付款关系”等。

(三)票据关系的基础关系

1. 概念。票据关系的基础关系,是指票据当事人借以实施票据行为、发生票据关系的民法上的债权关系,包括票据授受当事人之间的原因关系、出票人与付款人之间的资金关系、票据预约关系。

票据关系虽为无因关系或抽象关系,但总有其发生的事实关系。进一步说,当事人实施出票、背书、承兑、保证等票据行为,总有一定的权利义务关系已经存在,票据关系在这些已有权利义务关系的基础上,通过这些权利义务关系当事人的票据行为而发生。基础关系之内容为民法上的权利义务,故基础关系均属民法上的权利义务关系,其虽与票据关系有密切联系,但票据法并不对它进行规范,只能适用民法上一般债权的制度。

2. 票据原因关系。票据原因是当事人之间授受票据的原因。票据原因主要有:(1)支付价金或劳务费或者其他费用;(2)借贷;(3)交付定金;(4)票据本身的买卖;(5)债权担保;(6)赠与;(7)委托取款等。基于当事人之间授受票据的原因所形成的权利义务关系,就是票据原因关系。

票据原因关系都是民法上的权利义务关系,本身不具有票据权利义务之内容。也叫“原因关系”。票据原因关系可分有对价的原因关系和无对价的原因关系两种类型。《票据法》第 10 条是关于有对价的原因关系的规定。按照该条,票据的签发、取得和转让,应当遵循诚实信用原则,具有真实的交易关系和债权债务关系;票据的取得,必须给付对价,即应当给付票据双方当事人认可的相对应的代价。《票据法》第 11 条规定了无对价的原因关系。依据该条,因税收、继承、赠与依法无偿取得票据的,不受给付对价的限制。

票据原因关系与票据关系之间,存在着“一般情况下分离,特殊场合中牵连”的关系。一般情况下分离,是指票据关系虽源于原因关系,但为鼓励人们使用票据,保障票据的安全、便捷,票据法确认票据为无因证券,票据关系为无因关系,票据关系一经成立,就与其原因关系相分离,两种关系各自独立存在,分属不同的法律制度规范,原因关系的存在与否、效力如何,对票据关系没有影响。特殊场合中牵连,是指原因关系一般不影响票据关系,但是,在法律规定的某些事实存在时,票据关系的效力受原因关系的影响。通常有以下几种情况:

(1) 票据关系的当事人在原因关系中为当事人的,票据债务人可根据原因关系,对票据债权人行使抗辩权,但须承担举证责任,证明原因关系中的抗辩事由。这种情况发生在票据授受的直接当事人之间。例如,买方向卖方签发票据用以付款,卖方受票后不予交货反持票请求付款,此时票据债务人(买方)即可以票据债权人(卖方)不履行原因关系中的债务为抗辩事由,对票据债权人行使抗辩权。

(2) 对不法取得票据的持票人,票据债务人得以其取得票据之原因关系有瑕疵而抗辩。《票据法》第 12 条规定,以欺诈、偷盗或者胁迫等手段取得票据的,或者明知有前列情形,出于恶意取得票据的,不得享有票据权利;持票人因重大过失取得不符合《票据法》规定的票据的,也不得享有票据权利。这里的所谓“重大过失”,是指持票人取得票据时应当知道所取之票据不符合《票据法》的规定,但未予应有之注意。例如,甲将伪造的十分拙劣的票据转让给乙,乙稍加注意即可发现,却并未注意,收取了票据,即构成重大过失。

(3) 在原因关系中无对价或无相当对价取得票据者,不能享有优于前手的票据权利。《票据法》第 11 条规定,因税收、继承、赠与等无偿取得票据的,所享有的票据权利不得优于其前手的权利。例如,持票人甲与出票人乙之间有抗辩事由,乙对甲得行使抗辩权,如果甲将票据转让给丙,那么,丙不知情且以相当对价取得票据时,不但丙完整地取得了票据权利,而且乙不得以其与甲之间的抗辩事由,对抗丙的权利;相反,丙若无对价或无相当对价取得票据,就要继受甲的地位,乙得以对甲之抗辩事由对抗丙。

(4) 为支付而授受票据时,原因关系中的债务不因票据授受而消灭,与票据债务同时存在,票据权利实现,原因关系中的债务随之消灭。票据虽为支付工具,但不是通货,不具有强制通用力,取得票据并不完全等同于取得货币,不获付款之票据常常存在。一般来说,当事人之间无特别约定者,均应推定为"为支付而授受票据"。在此场合,只有将原因关系中债务清偿与票据债务的履行联系在一起,才能保证债权人的利益。

(5) 为担保债务而授受票据时,被担保之债权未受清偿,票据关系存在;一旦被担保之债权得到清偿,为担保而成立的票据关系即告消灭。票据设质人应向票据质权人收回票据。

3. 票据资金关系。票据资金关系,又称"票据资金""资金关系",是指汇票和支票的出票人与付款人之间存在的金钱、实物、信用关系和其他财产性债权关系。汇票和支票都是委托证券,票面上记载的付款人是受托人。但是,付款人一般不会毫无缘由地接受付款义务。通常,付款人与出票人之间有下列情事之一的,才会按照票据接受付款委托:(1) 出票人在付款人处存有资金。例如,出票人在银行开立资金账户存有资金而开出支票,付款人自应向持票人付款。(2) 付款人对出票人负有财产给付性债务。例如,甲欠乙 100 万元货款未还,乙为向丙清偿债务而签发汇票,指定甲向丙付款。此为债权之转让,出票人的票据,实际上就是债权转让的通知,债务人向持票人付款收回票据,就是清偿了对自己债权人的债务。(3) 出票人同付款人之间有信用合同关系,付款人事先承诺为出票人签发的票据付款。在此种情况下,付款人收取票据后再向出票人请求清偿。此外,付款人也可出于无因管理而为付款行为,还可因为与出票人之间有交互计算合同、继续供应合同等关系而为付款行为。

本票是自付证券,不存在受委托付款人。例外的是,本票上记载由第三人充当"担当付款人"的,出票人与担当付款人之间应有资金关系,学者将这种关系称为准资金关系。此外,汇票承兑人与其指定的担当付款人之间的关系、参加付款人与被参加人之间的关系以及票据保证人与被保证人之间的关系都是准资金关系。

资金关系中,出票人和其他供给资金的人称为资金义务人。资金关系与票据关系相分离,但在特殊场合亦有相当牵连,对票据关系有一定影响。

(1) 资金关系与票据关系的分离。

首先,汇票关系中,资金关系虽然存在,但付款人拒绝承兑时,并不负担付款义务,承兑之后,方成为票据债务人。相反,资金关系不存在,付款人按汇票上的记载,应持票人的请求付款的,出票人对付款人有偿还义务。支票的出票人,应当与付款人有关于该支票票面金额的资金关系[①],但因资金关系不存在所签发的支票,其本身仍为有效票据。[②]

其次,资金关系不存在而签发票据或予以承兑的,出票行为或承兑仍为有效。出票者,承担

① 我国《票据法》第 87 条规定,支票的出票人所签发的支票金额不得超过其付款时在付款人处实有的存款金额。日内瓦《统一支票法》第 3 条规定,支票必须对持有出票人存款的银行开出,并须符合出票人有权以支票方式处理该款之明示或默示之协议。但如不符合这些规定,所开票据作为支票仍然有效。

② 在此场合,确认支票有效,方可使持票人对前手或出票人行使追索权。

出票之责任，包括担保承兑和担保付款的责任，即在持票人不获承兑或不获付款时被追索的责任。承兑者，应就承兑之汇票承担付款义务。在此情形下，票据关系和资金关系彻底分离，互不牵连，毫不影响。

(2) 资金关系与票据关系的牵连。

首先，汇票承兑人与出票人无资金关系者，不得以资金关系不存在对抗出票人之外的善意持票人，因其已为承兑之票据法律行为，依票据行为之效力，承兑人应履行付款义务。《票据法》第44条规定，付款人承兑汇票后，应当承担到期付款的责任。例外的是，持票人为出票人的，承兑人得以资金关系不存在而抗辩。此种例外，即属资金关系对票据关系的影响。①

其次，支票的付款人，对出票人存款足以支付的支票或在与出卖人信用合同所定数额内的支票，应当无条件支付。就支票而言，无资金关系者，付款人有权拒付，由持票人向前手或出票人追索；而有资金关系者，付款人应无条件支付。一正一反，均表明资金关系对票据关系之影响力。

4. 票据预约关系。票据预约关系是当事人之间预先约定使用票据的合同关系，简称“预约关系”或“票据预约”。原因关系发生时，当事人是否使用票据，使用何种票据，一般要预先约定，并具体商定票据种类、金额、到期日、付款地等，然后再出票，授受票据。此种关于使用票据的预先约定，与票据行为有关，同票据关系则无涉。换言之，原因关系发生时，因有票据预约，才得为票据行为；有票据行为，才生票据关系。票据预约是民法上之预约合同，依民法上的债权合同制度办理，票据法不作规定。票据预约是否成立，票据行为是否按预约实施，对票据关系毫无影响。票据行为实施，票据关系发生，票据预约消灭。

四、票据行为

（一）票据行为的概念

票据行为，是指以发生票据权利义务为目的而依照票据法所实施的法律行为。这个定义表明：

1. 票据行为是一种法律行为。票据行为具备法律行为的一般性质，属于一种法律行为。然而法律行为有多种类型，不同的法律行为分别由不同法律予以规范，不可混同。票据行为只能适用票据法，是票据法上的法律行为。

2. 票据行为以发生票据权利义务为内容。不同的法律行为有不同的内容，票据法上，行为人实施票据行为，其意思表示中所含效果意思只能是发生票据权利义务，不能是其他目的（例外的是，委托取款背书只为持票人创设票据代理权，并不转移票据权利义务）。如果以发生他种权利义务为目的而为法律行为，不能产生票据行为的效果。

3. 票据行为是依照票据法实施的要式行为。票据行为是要式行为。按照《票据法》的规定：(1)票据行为须为书面形式。(2)票据行为须在票据上实施，否则不发生票据效力。②(3)特定票据行为，须在法定之特别位置实施。例如实施背书行为，只可在票据背面书写特定文字并签名，若

---

① 持票人为出票人的，汇票的出票人向受票人签发票据时，已取得对价。之后，票据再转让时，出让人总会收取对价，一旦发生出票人又从别人手中取得票据之情形，出票人成为持票人，但仅是将最初取得之对价交付前手。此时，如再向无资金关系之付款人请求付款，便会使付款人无端受损，或先付款，再向该出票人请求偿还。

② 我国《票据法》第108条规定，汇票、本票、支票的格式应当统一。票据凭证的格式和印制管理办法，依《票据管理实施办法》第5条和第35条及《支付结算办法》第9条的规定，由中国人民银行统一规定。

在正面进行，就不构成背书。同时，票据行为是法定要式行为，行为人不得以约定改变法定之要式。票据法实行严格的票据行为要式原则，凡行为不符合法定要式者，绝对无效。[①] 相反，只要具备法定要式，即使其他条件欠缺，票据也可有效。

（二）票据行为的种类

票据行为有广义和狭义之分。狭义之票据行为包括出票、背书、承兑、参加承兑、保证五种。广义之票据行为，除上述五种外，尚有付款、（支票的）划线、参加付款、（本票的）见票、（支票的）保付等行为。票据法上通用狭义的票据行为，将其他行为称为“准票据行为”，本书从之。

五种票据行为中，出票、背书为各种票据共有行为，承兑、参加承兑是汇票特有行为，保证是汇票、本票都有的行为。

票据法学上将这五种行为分为两类：一类是“主票据行为”或“基本的票据行为”，主要指出票，它是其他各种票据行为的基点。另一类是“从票据行为”或“附属的票据行为”，包括背书、承兑、参加承兑、保证四种行为，它们以出票行为为前提，只能在已经签发的票据上实施。两类票据行为虽有主从之分，但各自独立发生效力。然而，由于出票行为是创造票据的行为，出票行为有效，票据才有效存在，其他票据才有实施基础。如果出票行为无效，票据即无效，而且这种无效是自始、当然、确定地不生效力，即使当事人事后追认，也不能改变无效状态。在此情形下，出票后的其他附属的票据行为亦随之无效。

（三）票据行为的性质和特点

1. 票据行为的性质。关于票据行为的性质，在票据法学上有“契约行为说”和“单方行为说”。

(1) 契约行为说。该说主张，票据债务人负担票据上的债务，是与票据权利人缔结契约的结果。[②]

(2) 单方行为说。此说认为，票据行为基于行为人单方行为成立，无须合意。出票人、背书人、承兑人等均基于自己在票据上的签名这种单方行为，对持票人负担票据义务。[③]

单方行为说既无契约行为说的缺点，合理说明了票据行为人与其直接后手之外的票据权利人的关系，又与“票据行为独立原则”脉络相连，故多数学者均主张此说。

2. 票据行为的特点。

(1) 票据行为是法定要式行为。一般法律行为，可为要式，或可为约定要式，票据行为则非为法定要式不生效力。票据行为的法定形式具体化为“票据记载事项”。各种票据行为具有其法定

---

① 大如绝对必要记载事项欠缺，小如金额大写汉字错误，均可使票据无效。

② “契约行为说”由德国商法学家杜尔(Thol)提倡。参见张国键：《商事法论》，三民书局1980年版，第383页。此说又分成“单数契约说”和“复数契约说”。(1)单数契约说。这一学说认为，一票据行为是一个契约。单数契约说又衍生出“继承说”“第三人契约说”“提示说”等。“继承说”主张，票据债务人与其直接当事人之间的票据权利义务，依合同发生，因背书而由后手继承权利。“第三人契约说”认为，票据契约不仅在直接当事人之间发生票据权利义务，对第三人即票据行为人的后手，也可发生票据权利义务。“提示说”则提出，持票人在提示其票据前，票据权利义务尚未确定，票据行为是行为人对提示人作出的负担票据债务的意思表示，提示票据后权利义务得以确定，提示人是真正的票据权利人。(2)复数契约说。此观点认为票据债务人之所以对各个票据权利人负担票据债务，是因他与各票据权利人之间分别有契约。

③ 单方行为说又有五种观点：(1)发行说。该学说主张，票据行为因票据行为人的单方行为而成立，但是，票据行为由行为人在票据上签名和将票据交付受票人这两个要素构成。(2)创造说。认为票据行为实为创造票据权利的单方行为，只要在票据上签名，他人取得该票据，就发生票据权利义务关系，至于取得是否善意，不影响票据权利。(3)人格说。主张票据就是票据债权人，有人格，持票人是票据人格的代表人，所以，出票人签名，票据行为成立，票据债务形成。(4)所有权取得说。认为持票人如果取得票据的所有权，就取得票据权利。(5)善意占有说。认为持票人如果善意取得票据，就取得票据权利。

记载事项,记载事项之总和即为票据行为之款式。符合法定形式的才发生票据行为的效力。

(2) 票据行为属无因行为。票据行为仅以签名加交付为成立要件,实施票据行为的原因对票据行为毫无影响,此为票据行为的"抽象性"。

(3) 票据行为以文义确定行为内容。票据行为的内容,仅依票据文义确定,票据法上规定签名人须按票据上记载的事项承担责任,即表明此特点。

(4) 票据行为是独立生效的法律行为。票据上有数个票据行为的,各个票据行为独立生效,互不影响,一行为的无效,不致使其他有效行为变为无效,有效行为的行为人仍须就票据文义负责。此点为票据行为的"独立性",体现了"票据行为独立原则"。

票据行为独立原则,是票据法上一个有重大价值的原则,其宗旨是保护票据权利人特别是善意取得票据的第三人,保障票据的安全可靠,促使人们使用票据,以加强票据流通。

票据行为独立原则,主要表现在以下三个方面:

首先,民事行为能力欠缺者实施的票据签名虽无效,但其他人的签名仍为有效。我国《票据法》第 6 条规定,无民事行为能力人或者限制民事行为能力人在票据上签章的,其签章无效,但是不影响其他签章的效力。

其次,票据有伪造、变造的,伪造、变造行为不影响其他真实签名的效力。伪造、变造票据,都属不法行为。不过,伪造是全部虚假,包括签名虚假;变造则为持票人擅自变更票据所记载的事项。伪造和变造本无票据行为效力可言,但为保护善意第三人之利益,票据行为独立原则使该类行为同票据上其他有效票据行为截然分开,各具其应有效果。《票据法》第 14 条第 1 款规定,票据上的记载事项应当真实,不得伪造、变造。伪造、变造票据上的签章和其他记载事项的,应当承担法律责任。此为伪造与变造对不法行为人的效果。该条第 2 款又规定,票据上有伪造、变造的签章的,不影响其他真实签章效力。这是伪造与变造对票据上其他有效票据行为的效果。

最后,票据债务人之保证人,就其在票据上的签名和记载事项负担保证责任,保证行为不因被保证债务的无效而无效。《票据法》第 49 条规定,保证人对合法取得汇票的持票人所享有的汇票权利,承担保证责任,但被保证人的债务因汇票记载事项欠缺而无效的除外。所谓"合法取得汇票的持票人",当然包括善意取得汇票的持票人,在汇票本身无瑕疵的条件下,无论被保证债务效力如何,保证人的保证责任始终存在。

(四) 票据行为构成要件

票据行为构成要件,是指构成票据行为并使其发生票据权利义务的必要条件。它分为一般要件和特别要件。

1. 一般要件。包括行为人有民事行为能力、意思表示真实两个要件。民法上一般法律行为所需"行为内容不违反法律或者社会公共利益"之要件,不应作为票据行为的要件。[①]

(1) 行为人须有民事行为能力。票据行为是设定票据权利义务的法律行为,行为人之行为后果,是为自己设定票据债务而给对方设定票据债权,依民法一般规定,行为能力欠缺者无责任能力,不能为负担义务之行为,故无行为能力人、限制行为能力人不能为票据行为。

(2) 意思表示真实。票据行为之意思表示,原则上适用民法上关于意思表示的一般规定,然

---

① 谢怀栻先生就认为,票据行为本身并不具有实质内容,因而不会发生违反社会公共利益的问题。如果说票据行为违反法律,只是指票据行为违反法定方式。参见谢怀栻:《票据法概论》,法律出版社 1990 年版,第 48 页。

而,为促进票据的使用和流通,保护善意第三人,票据法重在外观形式,实行"外观解释原则"[①](也叫"表示主义"[②]),其意为,行为如果具备票据法所要求的形式要件,票据记载事项与真正事实二者是否相符,对于票据行为的效力不生影响。从意思表示角度讲,就是以票据上记载的事项为行为人的真实意思,除票据授受直接当事人外,不得以票据记载事项之外的文字证明其票据意思,纵然因事实上的意思表示有瑕疵在直接当事人之间发生无效票据行为,也只对直接当事人有法律约束力,对善意第三人的票据权利没有影响。我国票据法采用的就是"表示主义"。

2. 特别要件。票据行为的特别要件,是指票据法规定的使得票据权利发生的必要条件。它包括票据必要事项的记载、票据交付两个条件。

(1) 票据必要事项的记载。我国《票据法》第 9 条规定,票据上的记载事项必须符合《票据法》的规定。所谓"记载事项",就是票据意思的文字化,它分为"绝对必要记载事项""相对必要记载事项"和"任意记载事项"。此外,还有"禁止记载事项"。

绝对必要记载事项,是票据法规定票据上必须记载,否则票据不能生效的事项。包括:①票据文句,即表明票据种类、名称的字样,如"汇票""本票""支票";②无条件支付的委托(在本票上,则是无条件支付的承诺);③确定的金额;④付款人名称(本票为己付证券,出票人即为付款人,不必另记这一事项);⑤收款人名称(对于支票,可依第 86 条的规定,出票时不记载);⑥出票日期;⑦出票人签章。

我国《票据法》为确立这些事项之绝对必要性,一方面规定"必须"记载之,另一方面又明确告知:未记载这些事项之一的,票据无效。可见,这些事项是票据权利的构成要素。在绝对必要记载事项中,签名具有极其重要的作用。票据法有"票据上签名者须就票据文义负担票据责任"之规则,各国相同。

相对必要记载事项,是指票据法规定应当记载,但如果不记载时,法律另行拟制,推定效果,不致票据无效的事项。我国《票据法》第 23、76、86 条规定的票据上应记载而未记载时如何确定其效果的事项,就属相对必要记载事项。从性质上讲,这些事项不是构成票据权利的因素,而是持票人行使票据权利所需要的时间、地点等方面的条件。

相对必要记载事项绝不是可有可无的,如付款日期,如果允许不存在,则持票人行使票据权利请求付款就无时间保障,结果必然对票据债务人有利而于票据债权人有害。为防止损害票据债权人之情况发生,票据法对不记载这些事项的票据作了有利于票据债权人的推定。以《票据法》第 23 条为例,该条第 2 款规定:"汇票上未记载付款日期的,为见票即付。"这样,为持票人及早实现票据权利,获得付款,提供了最有利的条件。第 3 款规定:"汇票上未记载付款地的,付款人的营业场所、住所或者经常居住地为付款地。"这样,就减少了票据当事人在确定付款地方面的麻烦,避免了当事人之间因付款地不明确而可能发生的分歧。

---

① 票据行为的解释,通用三个原则:(1) 票据外观解释的原则。即票据行为重在外观形式,行为如果具备法律所要求的形式要件,即无论记载事项与真正事实是否相符,对该行为的效力均没有影响。(2) 票据客观解释的原则。即票据行为应依据票据上所记载文义加以客观解释,不得以票据以外的事实或证据任意变更或补充。(3) 票据有效解释的原则。即解释票据行为,应在其文义基础上认定其有效。

② 民法上关于意思表示的一般规定,除性质不适合于票据或票据法另有规定外,均可适用于票据行为。但是,民法上的一般法律行为,发生于特定人之间,为公平合理起见,在探求行为人真意时,采意思主义,即以行为人真实意思为准;票据行为,因票据辗转流通于多数人之间,不得不注重票据行为的外观,故采取(意思)表示主义。

任意记载事项是指票据法允许当事人按其意思记载或者不记载，但一经记载亦发生票据上效力的事项。我国《票据法》第 27 条第 2 款规定，出票人可以在汇票上记载“不得转让”字样，禁止汇票的转让。这里的“不得转让”事项，就是任意记载事项。第 34 条规定的“背书人在汇票上记载‘不得转让’字样，其后手再背书转让的，原背书人对后手的被背书人不承担保证责任”，就属任意记载事项记载于票据后发生的效力。任意记载事项一般由当事人特别约定，记载于票据后，对直接当事人、第三人均有效。

禁止记载事项，也称“不得记载事项”，是指票据法禁止记载于票据上，如果记载了也不发生票据效力或者将使票据无效的事项。例如，《票据法》第 48 条规定，保证不得附有条件，如果附有条件，不影响对汇票的保证责任。

(2) 票据交付。票据行为的成立和生效，除应在票据上为合法记载之外，还必须将票据交付对方。例如，出票，应将票据交付收款人；背书，背书人完成背书应将票据交付被背书人等。不交付票据的，票据行为尚未完成。

（五）票据行为的代理

1. 概念。票据行为的代理，简称“票据代理”，是指由他人按照本人的授权，代本人为票据行为的行为。我国《票据法》第 5 条规定，票据当事人可以委托其代理人在票据上签章，并应当在票据上表明代理关系。

2. 票据代理的发生条件。票据代理的发生，以票据当事人的委托授权为必要条件。无授权的代理，属无权代理。[①] 票据代理的委托授权，票据法上不作另外规定，适用民法上关于代理权授予的规则，票据法上只要求载明代理关系。此种委托和授权，不认为是票据代理的必要记载事项。我国《票据法》第 5 条第 1 款的规定体现了这一点。

3. 票据代理的记载事项。按照《票据法》第 5 条第 1 款、第 7 条第 2 款的规定，票据代理本身的必要记载事项共有两个，票据法学上称之为“票据代理的形式要件”。[②]

(1) 表明代理关系的文字。票据代理适用“严格显名主义”，代理人应当在票据上载明自己为代理人，委托授权人为被代理人，并明示被代理人姓名或名称。

(2) 签章。代理人应当在票据上签章，否则，票据代理因缺少绝对必要记载事项而无效。

4. 无权代理、越权代理及其法律后果。

(1) 无权代理。票据签名者未得本人授权而以本人为被代理人、以自己为代理人所实施的票据行为，是无权代理。

无权代理有以下构成要件：①行为人以代理人名义实施的票据行为，形式要件齐备，票据有效。如果行为人签章之票据未能生效，票据权利义务不发生，签章之人、票据上记载的被代理人都无票据责任，自然不生无权代理问题。②行为人以代理人名义实施的代理行为，具备票据代理的形式要件。不具备票据代理形式要件的，不发生票据代理的法律后果，票据债务不能归于签名

---

① 代理权是票据代理的实质要件。民法代理制度中的代理权可源自被代理人的授权、法律规定。我国票据法仅认可“委托授权”之票据代理，故本章采此说。

② 学者们认为，票据代理有三项形式要件：(1) 被代理人本人的姓名或名称；(2) 代理人的签章；(3) 代理意旨。参见王保树主编：《中国商事法》，人民法院出版社 1996 年版，第 382 页；钱玉林：《关于票据代理的两项特别法则》，载《法学论坛》1996 年第 1 期；谢石松：《试论票据代理中的法律问题》，载《中国法学》1996 年第 1 期；刘家琛主编：《票据法原理与法律适用》，人民法院出版社 1996 年版，第 80—82 页。

者之外的其他人，自然亦无无权代理可言。③行为人无代理权。行为人若有代理权，自属有权代理，无代理权的，才负担无权代理的后果。

(2) 越权代理。越权代理，是指有权代理人超越其代理权限进行的票据代理。《民法总则》第171条将越权代理与自始没有代理权的代理规定在一起，施以相同的规则。《票据法》第5条第2款也将它们并列规定。

五、票据权利

（一）票据权利的概念和特点

1. 票据权利的概念。票据权利，是指持票人享有的能够请求票据债务人支付票据金额的权利，包括付款请求权和追索权。对这个定义，应作如下理解：

(1) 票据权利是票据金额给付请求权。票据文义上表明的权利，是票据金额给付请求权。持票人占有票据，不等同于占有票面记载的金钱，只有请求票据债务人付款，票据债务人满足此请求，兑付票面金额，将票面金额交付持票人后，持票人才取得金钱。

(2) 票据权利享有者，是合法持票人。凡通过出票、背书等票据行为和继承等合法方式取得票据者，均为合法持票人，依票据之持有而享有票据权利。不法取得票据者，不得享有票据权利。

(3) 票据权利相对之义务，是票据责任。票据责任，是指票据债务人负担的应当向持票人支付票据金额的义务。

票据债务人是在票据上签章的人。具体讲，有出票人、背书人、保证人、承兑人、支票的付款人。在外国票据法上，还有参加人(包括参加承兑人、参加付款人)、预备付款人等。我国《票据法》规定的票据债务人种类较少，但在我国台湾地区、香港地区、澳门地区的票据制度中，票据债务人范围与国际票据规则基本相同。

(4) 票据权利是含有付款请求权和追索权的债权。持票人得请求票据上记载的付款人支付票面金额。当付款请求权不能实现时，持票人得向背书人、出票人等票据债务人追索票面金额及有关费用。

2. 票据权利的特点。

(1) 票据权利是特种金钱债权，其标的以票面金额的给付为限。票据权利，只能以票面金额之给付为标的，绝不可以有任何变通。

(2) 票据权利为无因金钱债权。票据权利具有无因性，只依合法形式之票据，不问票据权利之成因。持票人以票据文义或票据法规定证明自己为票据权利人的，票据债务人须无条件支付票面金额。

(3) 票据权利是单纯的金钱给付请求权。一方面，持票人仅得请求票据债务人给付票面金额，不得为其他请求；另一方面，持票人实现票据权利不负任何对价义务，票据债务人单方负担无对价给付的义务。之所以如此，是因为在票据原因关系中，票据权利人已履行对价义务或负担对价义务。

(4) 票据权利有付款请求权和追索权双重权能。如前文所述，持票人有付款请求权，付款请求权不能实现时，可行使追索权。票据法学上，把付款请求权叫做“第一次请求权”，把追索权叫做“第二次请求权”，这两个请求权，是票据权利本身之功能。民法上的一般债权，是一次性的请求权，没有追索权效能。

(5) 票据权利与票据一体化。票据权利的行使以票据提示为唯一必要条件。票据为完全证券、提示证券，票据权利自然有此特点。普通债权是民法赋予一般意定之债或法定之债的权利人的债权，它的行使以债的存在为要件。

票据法上，除票据权利之外，还规定有“利益返还请求权”“票据真正权利人对恶意取得票据者的票据返还请求权”等，这些权利，虽与票据有关且由票据法规定，但都不是票据权利。因此，不能把票据法上规定的各种权利都认做票据权利。

（二）票据法学上对票据权利的分类

票据法理论上，除将票据权利分为付款请求权和追索权之外，还有主票据权利、副票据权利、辅助性票据权利的分类。了解这种分类，有助于掌握票据权利的特点。

所谓主票据权利，就是付款请求权。所谓副票据权利，就是追索权和再追索权。而辅助性票据权利，是指与支付票面金额的目的直接相关但起辅助作用的权利。例如，持票人对参加承兑人、参加付款人的付款请求权等。

（三）票据权利的取得

1. 原始取得。因出票行为取得票据或具备善意之要件而从无票据处分权人手中取得票据的，是原始取得。分为下述两种情况：

(1) 依出票行为取得票据。出票行为是创设票据权利的票据行为，在此行为之前，当事人之间原无票据权利，出票人将依法作成的票据交付持票人，持票人即最初地取得票据权利，所以，因出票行为取得票据的，属于票据权利的原始取得。

(2) 善意受让票据。善意受让，是指持票人从无票据处分权人手中无过失地受让票据，得依法定条件取得票据权利的法律事实，又称“善意取得”。善意取得是票据权利取得制度中的特殊规则。

善意取得事关当事人利益，票据法对其构成要件有具体规定。我国《票据法》第 10 条、第 11 条、第 12 条、第 13 条、第 31 条、第 32 条、第 87 条共同构成善意取得制度。依这些法律规定，我国票据善意取得的构成要件包括：

第一，须受让人从无票据处分权人手中取得票据。如果是从有票据处分权人手中取得票据，属于继受取得票据权利，不必以善意取得对待。无票据处分权人，可为不法取得票据而不享有票据权利的人，如基于欺诈、胁迫、偷盗、恶意、重大过失等取得票据者；也可为合法占有票据但没有票据处分权的人，如票据拾得者、票据保管者等。受让人自无处分权人手中取得之票据，须为有效，如果票据形式不合法，则不生票据权利，亦无从论及善意取得。

第二，须依照票据法规定的转让方式取得票据。票据法规定的票据转让方式限于“背书”“交付”两种，不同转让方式有不同的适用对象。

首先，背书转让方式。持票人在票据背面或者粘单上记载转让票据之事项并将票据交付受让人，叫做背书转让。记名式票据的转让应当采取这种方式。我国《票据法》只认可无记名支票，规定汇票和本票必须记载收款人名称，因此，汇票和本票的转让只能采取这种方式。

其次，票据交付。持票人以转让票据为目的将票据占有转移给受让人的行为，是票据交付。无记名式票据适用这种转让方式。我国《票据法》仅规定支票可为无记名，因此，只有无记名的支票才能适用这种方式。出票人签发支票时记载收款人名称的，不能以此方式转让，须背书转让。

应当注意的是，在票据法上，除票据转让外，继承也发生票据权利的转移，法人制度中的法人合并也有票据取得现象。但是，按照善意取得制度，持票人无处分权而转让票据的，才有发生善意取得的可能。继承为无偿取得遗产，法人合并之财产适用普通债权转让制度，二者均不合善意取得之适用条件。

第三，取得票据之时须无恶意或重大过失。所谓恶意，是指受让人受让票据时明知出让人无票据处分权仍予以收受的不良心态。所谓重大过失，是指稍加注意即可知晓出让人无票据处分权，但未给予应有之关注而收受票据的心态。恶意或重大过失仅限于取得票据之时，取得票据之后知晓或者应当知晓出让人无处分权的，不构成恶意或重大过失。

2. 继受取得。继受取得，是指受让人从票据权利人手中以法定方式取得票据，从而取得票据权利。继受取得包括票据权利人背书转让、无记名票据的交付、票据赠与、继承、公司合并等方式。这种取得适用法律行为的规则。

（四）票据权利的行使和保全

1. 票据权利的行使。票据权利的行使，是指票据权利人向票据债务人提示票据请求履行票据债务的行为。

票据权利的行使有狭义与广义之分。其中，狭义的票据权利行使指请求付款（行使付款请求权）、进行追索（行使追索权）。广义的票据权利行使，除狭义的票据权利行使外，还包括请求承兑、请求定期付款。有学者指出，请求承兑和请求定期付款不是权利的行使，而是行使权利的准备工作。[①]

2. 票据权利的保全。票据权利人为防止票据权利消灭所进行的行为，称为票据权利的保全。

票据权利属于债权，适用时效制度，票据权利人在一定时间不行使权利将会导致权利消灭。例如，票据上记载的付款人拒绝承兑，或付款人拒绝付款时，持票人如果不在法定期间内作成拒绝证明，票据权利就会因时效期间届满而消灭。为防止票据权利因时效期间届满而消灭，就应当采取必要行为，保全权利。

保全行为有提示票据、作成拒绝证明、起诉等。提示票据，是持票人为防止票据权利消灭而向票据债务人出示票据，主张权利。作成拒绝证明，是持票人向票据上记载的承兑人或付款人提示票据请求承兑或请求付款，遭到拒绝时，拒绝之人出具拒绝承兑或拒绝付款的书面证明。起诉，是持票人为防止票据权利消灭而请求法院保护。

3. 票据权利行使和保全的处所与时间。《票据法》第 16 条规定，持票人对票据债务人行使票据权利，或者保全票据权利，应当在票据当事人的营业场所和营业时间内进行，票据当事人无营业场所的，应当在其住所进行。该条明确了票据权利行使和保全的处所与时间。

（五）票据权利的消灭

1. 概念。票据权利的消灭，是指票据上的付款请求权或者追索权因法定事由的出现而归消灭。

根据被消灭权利的不同，票据权利的消灭有付款请求权消灭和追索权消灭之分。按照被消灭的仅是付款请求权还是追索权亦被消灭，有部分消灭和完全消灭之分。仅为付款请求权消灭的，持票人得行使追索权；追索权也消灭的，票据权利彻底完结，票据成为毫无票据权利内容的事物，具备法定条件时，持票人得依票据法上“利益返还请求权”制度，受到保护。

---

① 谢怀栻：《票据法概论》，法律出版社 1990 年版，第 62 页。

2. 票据权利消灭的法定事由。按照《票据法》第 60 条、第 72 条、第 17 条、第 18 条，下列事由使票据权利消灭。

(1) 付款。票据债务人付款时，持票人将票据交付付款人，票据关系终止，票据权利自然终止。我国《票据法》第 60 条规定，付款人依法足额付款后，全体汇票债务人的责任解除。

(2) 被追索人清偿票据债务及追索费用。持票人遇有不获承兑、不获付款时，得向背书前手或者出票人及其他有被追索义务的人行使追索权，请求偿还票面金额、利息及为追索所支付的费用，被追索人清偿相应债务后取得票据，原有票据权利即归消灭。这种情况，与付款而使票据权利消灭有所不同。被追索而为清偿之人为出票人的，票据关系完全消灭，票据权利也荡然无存；被追索而为清偿之人是尚有前手的背书人或者保证人的，为清偿行为而取得票据的背书人、保证人得行使再追索权，此时，票据权利仍未彻底消灭。这种情况称为“票据权利的相对消灭”。

(3) 票据时效期间届满。持票人不行使票据权利的事实持续到票据时效期间届满时，其付款请求权或追索权即消灭。

(4) 票据记载事项欠缺。《票据法》第 18 条规定，票据记载事项欠缺的，丧失票据权利，享有利益返还请求权。此条所称票据记载事项，应为绝对必要记载事项。依《票据法》第 22 条、第 75 条、第 84 条，绝对必要记载事项欠缺的，票据无效。

(5) 保全手续欠缺。持票人为保全票据权利，应完成保全手续，手续欠缺的，不生保全效力，票据权利仍消灭。在此场合，消灭的是追索权。我国《票据法》第 65 条规定，持票人不能出示拒绝证明、退票理由书或者未按照规定期限提供其他合法证明的，丧失对其前手的追索权。

除以上事由外，票据毁灭也使票据权利消灭，民法上一般债权消灭的事由如抵销、混同、提存、免除等也可使票据权利消灭。

六、票据的伪造与变造

(一) 票据的伪造

1. 票据伪造的概念。票据伪造，是指假冒他人名义为票据行为的不法行为。它有广义与狭义之分。狭义的票据伪造，指假冒他人名义为出票行为。广义的票据伪造，指假冒他人名义而为的各种票据行为，包括出票、背书、承兑、保证等票据行为的伪造。

2. 票据伪造的构成要件。

(1) 行为人实施了假冒行为。假冒他人名义出票或在票据上签章，是票据伪造的前提条件。伪造的具体做法，可以是盗用他人印章、仿制他人印章或并无他人之印章而签章等各种假冒手段。

(2) 伪造行为符合票据行为的形式要件。伪造行为只有符合票据行为的法定形式，才能产生票据行为的外观效果，如果不具备票据行为的法定形式，就不能构成票据行为，亦无从形成票据伪造。

(3) 伪造行为的目的是骗取财物。票据是金钱债券，持有票据便能够获得票面金额。伪造票据的，因票据具备合法之形式要件，伪造者可以从付款人处骗取金钱。伪造人实施伪造行为，主观上正是为了骗取他人财物。

(4) 伪造人将伪造的票据转手。伪造人只有将伪造的票据转手，才能取得票据利益，实现其骗取财物的目的，否则，其伪造行为便不生损害他人之效果，也难以认定其有无伪造行为。

3. 票据伪造的种类。票据的伪造分为两种：

(1) 全部伪造。全部伪造是指假冒他人名义出票。因出票是基本票据行为,全部伪造也叫基本票据的伪造或者出票的伪造。全部伪造的根本的特点是出票人是虚假的,票据上出票人的签章是伪造行为人假冒或虚拟的。

(2) 部分伪造。部分伪造是指部分票据行为是真实的,部分票据行为是伪造的。例如,对于真实出票的票据,伪造人进行背书伪造或者承兑伪造;出票伪造的票据,善意受让人以合法方式转让给他人,受让人伪造保证,又以合法方式转让给另外的人。

部分伪造是出票行为之外的伪造,也叫附属票据行为的伪造或签名的伪造,包括背书伪造、承兑伪造、保证伪造等。

部分伪造又分为两种情况:首先,伪造在先。例如,背书伪造后以合法方式将票据转让给善意受让人,善意受让人又以真实之背书将票据转让他人。其次,伪造在后。例如,背书真实,持票人伪造承兑而将票据转让给他人。

4. 票据伪造的法律后果。票据伪造是不法行为,不能发生票据行为的效力,即不能像真实票据行为那样发生票据权利义务。但是,这种不法行为能够发生票据法规定的其他效果。

(1) 伪造人无票据责任,但负其他法律责任。伪造行为人未在票据上签章,因而不能依票据文义承担票据责任。依照《票据法》第 102 条、第 103 条、第 106 条,伪造人的法律责任分为刑事责任、行政责任、民事责任。其中,伪造人的民事责任是侵权赔偿责任,应向善意持票人赔偿。

(2) 被伪造人无票据责任而有追究伪造人责任的权利。被伪造之人,未在票据上签章,也未授权别人代理票据行为,自然不应负担票据责任。反而可依《票据法》第 106 条的规定,要求伪造人对自己承担赔偿损失等民事责任。

(3) 票据上真实签章人,就票据文义负责,对伪造人有赔偿请求权。《票据法》第 14 条第 2 款规定,票据上伪造的签章,不影响其他真实签章的效力。这一规定,使得真实签章人必须就票据文义负责。票据上真实签章人,无论其签章在伪造前还是伪造后,都要就票据文义负责。在其被持票人追索而清偿票据债务后,有权要求伪造人赔偿损失。

(4) 善意持票人对伪造人有赔偿请求权,对真实签章人有追索权。恶意取得票据者,不能享有票据权利,在出票伪造或签章伪造的场合亦是如此。善意持票人受善意取得制度之特别保护,在票据形式合法的条件下,能够享有票据权利,但是,在票据伪造的场合,被伪造人得行使特定债务人的对物抗辩权,善意持票人亦不能幸免。此时,善意持票人的合法利益受到伪造行为的损害。为保护善意持票人,票据法规定:①善意持票人直接从伪造人手中取得伪造的票据的,对伪造人有民法上的赔偿请求权。②善意持票人间接取得伪造的票据,即从真实签章人手中取得票据的,对真实签章直接前手和其他真实签章前手,得行使追索权。直接从伪造人手中取得伪造票据的真实签章人,在被追索而清偿票据债务后,有权要求伪造人赔偿损失。

(5) 付款人依法履行了审查票据义务而付款的,没有责任;恶意或者有重大过失而付款的,应当承担损失。付款人有审查票据的义务,该项义务分为三个方面:①付款人处存有出票人预留印鉴的,应审查票据上的出票人签章与其预留印鉴是否一致。一致的,可排除出票伪造;不一致的,就应拒付,否则即构成恶意或者重大过失的付款。②付款人应审查背书是否连续,不连续而付款的,构成恶意或者重大过失的付款。③付款人应当审查提示付款人的合法身份证明或者有效证件。请求付款人的身份证明或者证件不合法,或者与票据上记载的票据权利人不是同一人的,应当拒绝付款,否则,构成恶意或者重大过失付款,自行承担不利后果。《票据法》第 57 条第 2 款中的“恶意”,是指付款人或代理付款人明知持票人采取欺诈、偷盗或胁迫等手段取得票据,或明知接受该票据将对票据债务人的合法权益造成损害仍付款;“重大过失”,是指付款人或代理付款人在付款时对票据疏于审查,或者应当知道付款将对票据债务人的合法权益造成损害而付款。

5. 票据伪造的举证责任。提出票据伪造主张并请求他人负伪造责任的票据当事人,负担举证责任。

(二) 票据的变造

1. 票据变造的概念、特点。票据变造,是指无更改权的人不法变更票据上签章之外的事项的行为。例如,持票人擅自改写到期日等。

票据变造有以下特点:(1) 行为人是无票据更改权的人。原记载人之外的人擅自更改票据上的记载事项的,属无权行为,构成票据的变造。(2) 行为人改变的是签章之外的票据记载事项。变造人的目的,不是假冒他人名义,而是改变票据文义所表示的票据权利义务,如加大票据金额、提前到期日等。假冒他人名义、改变票据上签章行为的,应以票据伪造对待。

2. 票据变造的法律效果。《票据法》第 14 条、第 102 条、第 106 条及《刑法》有关条文规定了票据变造的法律效果,依这些法律规定,票据变造发生如下效果:

(1) 变造人应当承担法律责任。变造属违反法律的行为,《票据法》对行为人科以刑事责任、行政责任、民事责任。变造人的刑事责任依《刑法》第 177 条之规定论处,民事责任则依民法上的侵权行为制度确定。

(2) 变造后的票据仍然有效,变造人对变造之后的记载事项负责。《票据法》第 14 条第 3 款规定,票据上签章以外的记载事项被变造的,变造之前的签章人,对原记载事项负责;变造之后的签章人,对变造之后的记载事项负责。

(3) 变造人未签章的,不负票据责任,但应承担赔偿损失的民事责任。依票据法上“签章者就票据文义负责”的规则,变造人未在票据上签章,不能负担票据责任,但其变造行为给其他票据当事人造成损失的,应向受损失的当事人负赔偿责任。

(4) 变造前的签章人,对变造前的记载事项负票据责任。

(5) 不能辨别是在变造前还是变造后签章的,视同在变造前签章,签章人就变造前记载事项负责。票据法作这样的规定,一是促使票据受让人严格履行注意义务,使变造的票据不易流通;二是防止持票人欺诈,维护票据债务人的合法利益。对明知是变造票据而使用的,法律上也科以刑事的、行政的法律责任,以示惩戒。

3. 票据变造的举证责任。持票人主张票据债务人在变造后签章的,应对其主张负证明责任;票据债务人主张自己在变造前签章的,自负证明责任。

七、票据抗辩权

(一) 票据抗辩权的概念

票据抗辩权,是指票据债务人依据票据法享有的、因法定事由的存在而对抗持票人,拒绝履行票据债务的权利。

票据抗辩权是与票据权利对立存在的一种权利,它的权利人是票据债务人,持票人无此种权利;它的作用是对抗持票人,拒绝履行票据债务;它的权源是票据法的规定,与票据持有无涉;它的行使以票据法规定的抗辩事由的存在为要件。

（二）票据抗辩权的行使条件

有下列事由之一的，票据债务人得行使抗辩权：一是票据行为不合法或者票据权利不存在；二是持票人的票据权利无合法基础。这两个事由被分别称为“对物抗辩权的行使条件”“对人抗辩权的行使条件”。

1. 对物抗辩权的行使条件。对物抗辩权，是票据债务人因票据行为不合法或者票据权利不存在，得对任何持票人行使的抗辩权。分为“任何票据债务人可对任何持票人的抗辩权”“特定票据债务人可对任何持票人的抗辩权”，也可称为“任何票据债务人的对物抗辩权”“特定票据债务人的对物抗辩权”。下面分述其行使条件，也就是抗辩事由。

⑴ 任何票据债务人的对物抗辩权。凡有下列情事之一的，任何票据债务人得对任何持票人行使抗辩权：

首先，票据上的记载事项不符合票据法的规定。根据《票据法》第 4 条、第 7 条、第 8 条、第 9 条、第 22 条、第 75 条、第 84 条，记载事项不合法致票据无效的情形有下述五种：一是票据上无签章；二是票据上的签章不合法定条件；三是票据金额记载不合法；四是票据上有不合法之更改；五是票据上欠缺绝对必要记载事项。

其次，定期票据未到期。票据，除见票即付外，还有定期日或定期限的票据，如我国《票据法》第 25 条规定，票据付款日可以记载为见票即付、定日付款、出票后定期付款、见票后定期付款。付款日就是票据到期日，只有票据到期日届至，持票人才能提示票据，请求票据债务人履行票据债务，如果票据上记载的到期日未届至，持票人提前行使票据权利的，票据债务人自然得以未到期为由行使其抗辩权。

最后，票据权利已经消灭。包括以下三种具体情况：一是票据权利因票据债务人付款而消灭；二是票据权利因票面金额的提存而消灭；三是票据权利因除权判决而消灭。

⑵ 特定票据债务人的对物抗辩权。票据有效，但某一票据行为不合法的，受其不利影响的直接当事人依法不负票据责任，得以此作为抗辩事由，对抗任何持票人。非该不合法行为直接相对人的其他票据债务人，不得主张这种抗辩权。所谓特定票据债务人，就是有效票据上某一不合法行为的直接相对人。

有下列情形之一的，特定的票据债务人得行使对物抗辩权：①无权代理和越权代理。被代理人得以此抗辩。②签章人为民事行为能力欠缺者。签章人及其法定代理人得以此抗辩。③票据伪造、变造。被伪造的人，因其签章系伪造，事实上并未签章，故不负票据责任，得对抗任何持票人；票据上有变造的，在变造前签章的，对变造后的文义不负责任，可对抗任何持票人。④票据权利行使和保全手续欠缺。持票人行使追索权而欠缺拒绝证明或退票理由书或其他有效证明的，依我国《票据法》第 65 条之规定，丧失对其前手的追索权，被追索人得以其追索权因保全手续欠缺而消灭为由进行抗辩。⑤票据权利因时效期间届满而消灭。付款请求权时效期间届满的，被请求的付款人得对任何持票人行使物的抗辩权；追索权因时效期间届满消灭的，背书人或未因票据受有利益的票据债务人可为抗辩，不受追索。⑥对不得转让的票据背书转让的。持票人将载有“不得转让”字样的票据再转让给他人的，第三人持票向原背书人行使权利时，原背书人得依票据上“不得转让”之文义，行使抗辩权。

2. 对人抗辩权的行使条件。对人抗辩权，是指票据债务人因特定持票人的票据权利无合法基础，得对抗其请求而不履行债务的权利。

这类抗辩权的特点是，票据债务人仅能对特定的持票人抗辩。一旦发生票据易手，票据债务人即不得以与原应受抗辩的持票人之间的抗辩事由，对抗善意受让票据之人。

(1) 任何票据债务人的对人抗辩权的行使条件。有下列条件之一的，任何被请求的票据债务人均可对请求付款的票据债权人抗辩：

首先，票据债权人丧失受偿能力。例如，法人为票据债权人并受破产宣告的，票据债务人即可以其民事权利能力和民事行为能力终止而为抗辩；自然人被宣告为无民事行为能力，持票请求付款的，被请求的票据债务人得因其民事行为能力有欠缺而拒付，但其监护人请求的除外；票据债权被依法冻结的，票据债务人也可抗辩。

其次，持票人取得票据欠缺合法形式，不具备受领资格。持票人只有以合法形式取得票据的，才有形式上的受领资格。[①] 票据法规定，以背书转让的票据，背书应当连续，持票人以背书的连续证明其票据权利，也就是持票人必须以票据上的转让背书人与受让票据的被背书人的签章依次前后衔接，证明自己是依背书取得票据权利的。能证明的，就有形式上的受领资格；不能证明的，在取得票据的形式上就欠缺合法性，没有形式上的受领资格不是合法持票人，没有票据权利，被请求的任何票据债务人均可对其抗辩。

最后，持票人不是真正票据权利人，不具备实质的受领资格。持票人虽可在形式上证明自己有受领资格，但实质上不是真正票据权利人的，为欠缺实质受领资格。例如，拾得未记载收款人名称的空白授权票据，冒填收款人而骗取票面金额的，虽有形式上合法的必要记载事项，但持票人并无实质受领资格。

(2) 特定票据债务人的对人抗辩权的行使条件。有下列条件之一的，特定票据债务人均可对请求付款的票据债权人抗辩：

第一，直接当事人之间的原因关系无效。票据授受之直接当事人之间的票据原因关系无效的，授票之票据债务人得向受票之持票人进行抗辩。

第二，直接当事人之间的票据行为无效。持票人与被请求之债务人原有票据授受行为，持票人取得票据时有胁迫、欺诈行为，或以偷盗、拾得等方式取得票据的，被请求的票据债务人得对该持票人抗辩，但不能以与该直接当事人之间的抗辩事由对抗善意第三人。

第三，持票人从被请求的票据债务人手中无对价或以不相当之代价取得票据。因有偿行为而授受票据的，取得票据者未给付双方当事人认可的相对应代价的，授予票据而未获应有代价的票据债务人，得对受票人进行抗辩。例如，甲、乙订立租赁合同，甲向乙授票作为预付租金，乙受票后不提供出租物但仍要甲付款，甲对乙可进行抗辩。

第四，持票人无偿地从未付对价的前手收取票据。依《票据法》第 11 条，因税收、继承、赠与等无偿取得票据的，所享有的票据权利不得优于其前手的权利，如果持票人的前手因未付对价或代价不相当而应受抗辩，持票人即应继受其前手的权利瑕疵，即使持票人不知情，未取得对价的票据债务人亦得向无偿取得之持票人抗辩。

---

① 票据法学上，有将持票人的受领资格分为形式受领资格和实质受领资格的做法。具备合法取得形式的，有形式受领资格；真正的票据权利享有者，有实质受领资格。参见刘家琛主编：《票据法原理与法律适用》，人民法院出版社 1996 年版，第 154—155 页；张龙文：《票据法实务研究》，汉林出版社 1976 年版，第 20—21 页。

第五，直接当事人之间有特别约定而违反特别约定的。例如，票据债务人与持票人有延期付款之特别约定，持票人违反该特别约定请求付款的，该债务人可为抗辩；出票人与持票人曾特别约定，出票人为持票人融通资金提供信用，不向持票人付款，持票人违反该特别约定请求付款的，出票人得拒绝。票据债务人之此项抗辩权，严格限于直接当事人之间，对第三人毫无效力。

第六，当事人之间的票据债务已因清偿、抵销、免除等而消灭，但因故未记载于票据上。

第七，持票人恶意取得票据的。依《票据法》第 12 条第 1 款之规定，明知前手是以欺诈、偷盗或者胁迫等手段取得票据，出于恶意取得票据的，不得享有票据权利。该受欺诈、受胁迫或被偷盗的票据债务人，不仅可向欺诈者、胁迫者、偷盗者抗辩，而且可以对抗明知而恶意取得票据的持票人。但因重大过失取得不合票据法规定的票据的，不属恶意取得，其直接前手不得对其抗辩。

（三）票据抗辩权的限制

票据抗辩权的限制，是指票据法规定的票据债务人对特定持票人不得抗辩的限制，又称“抗辩的切断”。

票据抗辩权限制的基本原理，就是将抗辩事由限定在票据债务人与其直接相对人之间，善意受让票据的持票人，不受票据债务人与其直接相对人之间的抗辩事由的影响。

《票据法》第 13 条规定，票据债务人不得以自己与出票人或者与持票人的前手之间的抗辩事由，对抗持票人。但是，持票人明知存在抗辩事由而取得票据的除外。此即有关抗辩权限制的规定。

1. 票据债务人不得以自己与出票人之间的抗辩事由，对抗善意持票人。例如，A 公司向 B 公司签发汇票一张，委托与其有资金关系的 C 银行为付款人，C 向 B 承兑后，A 始终不向 C 提供资金，B 于付款到期日请求付款时，C 不得以 A 未供给资金而拒绝付款。在此例中，C 与 A 因资金关系发生直接当事人之间的抗辩事由，这一抗辩事由，因被法律切断而仅在 A、C 之间有效，持票人 B 不继受 C 对 A 的抗辩事由，C 的抗辩权受到限制。

2. 票据债务人不得以自己与持票人的前手之间的抗辩事由对抗善意持票人。例如，甲为向乙购货，签发本票给乙，约定 1 个月后交货。不料届时乙不但不交货，反而为取得票面金额，将本票背书转让给不知情的丙。丙于票据到期日向甲请求付款时，甲不得以乙未交货这一抗辩事由对抗丙的请求权。

（四）票据抗辩权限制制度的除外规定

《票据法》第 13 条第 1 款一方面规定票据债务人不得以自己与出票人或者持票人的前手之间的抗辩事由对抗持票人，另一方面又规定持票人明知有抗辩事由而受票者除外。《票据法》第 11 条有关无对价取得票据者不能享有优于其前手的权利的规定，也属票据抗辩权限制的除外情况。由此可见，有下列情形之一的，票据抗辩权不受限制：

1. 持票人明知票据债务人与出票人或者与自己的前手之间有抗辩事由，仍受让票据的。对这种持票人，票据债务人得拒绝其请求而不履行票据债务。这里的明知，是指受让票据时已经知道有抗辩事由；取得票据时不知，后来才知道的，不构成“明知存在抗辩事由而取得票据”。学理上把对这种持票人的抗辩叫做“知情抗辩”，属于“恶意抗辩”之一种。

2. 持票人无对价取得票据的。无对价取得票据者，继受其前手之权利瑕疵，票据债务人与该持票人前手之间的抗辩事由，不但未被“切断”，反而转移至持票人，故持票人请求付款时，被请求的债务人应以无对价取得为由行使抗辩权，拒绝其请求。学理上称这种抗辩为“无对价抗辩”。

八、票据时效

（一）票据时效的概念

票据时效，是指票据权利人在法定期间内不行使其票据权利，该权利即行消灭的法律制度。

票据权利属于债权，因此，有适用时效之必要。又因票据贵在流通，其权利的行使和实现以迅速为宜，为督促权利人及时行使票据权利，票据法规定的时效期间短于民法上的一般时效。

（二）票据时效的效力

票据时效的效力，是指票据法规定的时效期间届满后所发生的法律后果。

票据权利包括付款请求权和追索权，票据时效自然对这两种权利发生效力。《票据法》第 17 条规定，票据权利在法定的期限内不行使的，归于消灭。可见，我国的票据时效属于消灭时效。

根据《票据法》第 17 条和第 18 条的规定，票据时效的效力是：(1) 持票人未在法定期间内行使付款请求权的，付款请求权消灭；未在法定期间内行使追索权的，追索权消灭。(2) 票据权利消灭后，权利人可依法行使利益返还请求权，请求出票人或者承兑人返还其与应支付的票据金额相当的利益。

《票据法》第 18 条规定，持票人因超过票据权利时效或者因票据记载事项欠缺而丧失票据权利的，仍享有民事权利，可以请求出票人或者承兑人返还其与未支付的票据金额相当的利益。该条规定了利益返还请求权的性质、行使条件和效力等。

1. 利益返还请求权是票据法上的权利，不是票据权利，也就是所谓“票据法上的非票据权利”，《票据法》认定其为“民事权利”。

2. 利益返还请求权是持票人因票据时效或者票据记载事项欠缺而丧失票据权利时，得以行使的救济权。当票据权利存在时，持票人凭借票据权利便可取得票面金额，无须其他救济权利。相反，当票据权利因时效或票据记载事项欠缺而丧失时，持票人既无付款请求权，又无追索权，票据利益即有损失之危险，而出票人或受有票据利益的承兑人则有因不再付款而无代价获得利益的可能。这种情况显然是不公平的。设定利益返还请求权，使未付代价而获得利益的出票人或者承兑人向持票人返还利益，使持票人获得法定权利之救济，便可消除这种不公平现象，实现票据流通的安全性。

《票据法》第 18 条规定，持票人可以请求出票人或者承兑人“返还其与未支付的票据金额相当的利益”。这一规定界定了利益返还请求权的效力范围。

（三）票据时效的期间

1. 我国票据法规定的票据时效期间。《票据法》第 17 条规定，我国票据时效的期间分为三种：2 年、6 个月和 3 个月。这三种期间分别适用于不同的票据权利。

(1) 2 年的时效期间适用于以下三种情况：

第一，汇票的持票人对出票人的权利。汇票的出票人对持票人负有保证承兑和保证付款的义务，持票人在汇票得不到承兑或者付款时，在 2 年内对出票人得行使追索权（《票据法》第 26 条）。

第二，汇票的持票人对承兑人的权利。承兑人承兑汇票后，承担到期付款的责任（《票据法》第 44 条），因此，持票人对承兑人有付款请求权。当不获付款时，持票人在 2 年内对承兑人有追索权。

第三,本票的持票人对出票人的权利。本票是自付证券,出票人在持票人提示见票时,必须承担付款的责任(《票据法》第 77 条),持票人未按照本票上规定的期限提示见票请求付款的,丧失对其前手的追索权,但在时效期间内对出票人有追索权(《票据法》第 79 条)。本票持票人对出票人的权利,适用 2 年的时效期间。

(2) 6 个月的时效期间适用于以下两种情况:

第一,支票的持票人对出票人的权利。支票是委托证券,出票人对持票人承担保证从付款人处获得付款的责任(《票据法》第 89 条),在支票不获付款时,持票人对出票人有追索权。《票据法》第 17 条第 1 款第 2 项所指持票人对支票出票人的权利,为追索权,时效期间为出票之日起 6 个月。

第二,持票人对前手的追索权。票据以背书转让方式进入流通状态之后,背书人与被背书人之间、最初背书人(也叫"第一背书人")和他之后的任何背书人、被背书人或者持票人之间,形成"前手、后手"关系,持票人对其前手行使追索权的,应当自被拒绝承兑或者被拒绝付款之日起 6 个月内进行,超过 6 个月时效期间的,追索权消灭。

(3) 3 个月的时效期间仅适用于再追索权。持票人对其前手的再追索权,应当自清偿日或者被提起诉讼之日起 3 个月内行使。再追索权,是经其他票据权利人追索而清偿了票据债务的票据债务人,取得票据后得行使的向其前手再为追索的权利。

2. 票据时效期间的计算。《票据法》第 17 条规定,票据权利在下列期限内不行使而消灭:

(1) 持票人对票据的出票人和承兑人的权利,自票据到期日起 2 年;见票即付的汇票、本票,自出票日起 2 年。

(2) 持票人对支票出票人的权利,自出票日起 6 个月。

(3) 持票人对前手的追索权,自被拒绝承兑或者被拒绝付款之日起 6 个月。

(4) 持票人对前手的再追索权,自清偿日或者被提起诉讼之日起 3 个月。

票据法是民法的特别法,民法关于期间的规定适用于票据时效期间。《票据法》第 107 条明确规定,《票据法》规定的各项期限的计算,适用《民法总则》关于计算期间的规定。《民法总则》第 200 条规定,民法所称的期间按照公历年、月、日、小时计算、第 201 条规定按照年、月、日计算期间的,开始的当日不计入,自下一日开始计算。据此,《票据法》第 17 条规定的期间应从票据到期日、出票日的第二天开始计算。

3. 民法上时效的中止、中断规定对票据时效的适用。票据法中一般不系统规定票据时效制度,由于票据法是民法的特别法,所以,在票据法没有规定的情况下,应当适用民法上的有关规定。票据时效期间为 2 年的,适用民法上的时效中止、中断制度;票据时效期间为 6 个月或 3 个月的,适用民法上的时效中断制度。

九、票据丧失后的救济

(一) 票据丧失的概念和法律后果

1. 票据丧失的概念。票据丧失,简称失票,是指持票人因票据灭失、遗失、被盗、被抢等失去了票据占有。票据丧失分为绝对丧失和相对丧失。因票据灭失而失去票据占有的是绝对丧失;因票据被盗、遗失、被抢等失去票据占有的,是相对丧失。不同的丧失,其法律后果有所差异。

2. 票据丧失的法律后果。票据丧失的法律后果表现在以下三个方面:

(1) 失票人因失去了票据,不能行使票据权利。票据是完全证券,是票据权利的象征,离开票据就无法主张票据权利。

(2) 失票人能够采取法定救济方法防止损失。票据法为维持票据的安全性,维护票据权利人的合法利益,保障和促进票据的使用,特别规定了票据丧失后的救济制度。这一制度,专门解决票据丧失所发生的权利义务,使失票人获得最后但十分可靠的法律保护。按照这一制度,失票人只要及时采取法定救济方法,就可免受损失。

(3) 因失票人未及时采取法定救济方法,票据款项被他人冒领且无法查明或善意第三人取得票据的,由失票人承担损失。票据绝对丧失的,任何人都无法占有原有的票据,也就不能发生意外情况。票据相对丧失的,因票据被他人占有,就有可能出现付款人无过失而被冒领、善意第三人取得票据的现象。在这两种场合,失票人便处于很不利的境地:

第一,失票人不得要求无过失的付款人承担责任,只能按侵权行为法的规定,要求冒领者退款。如果冒领者无法查明,失票人即要自负损失后果。《票据法》第 92 条规定,付款人依法支付支票金额的,对出票人不再承担受委托付款的责任,对持票人不再承担付款的责任,但是,付款人基于恶意或者重大过失付款的除外。

第二,失票人不得请求善意取得人返还票据。善意取得人基于票据法上“善意取得制度”的保护,已成为票据权利人。同时,失票人也无权要求票据债务人对善意取得人拒绝履行票据债务,善意取得人既然为票据权利人并持有票据,票据债务人不能以原持票人的失票对抗善意取得人的票据权利。

(二) 我国的失票救济制度

我国的失票救济方法共有三种:(1)失票人通知付款人挂失止付;(2)失票人向人民法院申请公示催告;(3)失票人与票据利害关系人进行诉讼。下面分别阐述。

1. 挂失止付。挂失止付,是指失票人将失票情况及时通知付款人,请求付款人停止支付所失票据上的款项,付款人在款项未被冒领时满足失票人请求的失票救济方法。

关于“及时”通知,《票据法》未作具体的时间限制,失票人在失票后应立即采取挂失措施。由于我国各种票据均由银行或其他金融机构完成付款义务,所以,挂失止付中的付款人是所失票据上记载的付款银行或其他金融机构。

关于挂失止付的效力,根据《票据法》第 15 条第 2 款规定,收到挂失止付通知的付款人,应当暂停支付。

2. 公示催告。公示催告,是指法院依据可背书转让票据失票人的申请,以公示方法催告利害关系人于一定期限内向法院申报权利,到期无人申报的,法院即作出所失票据无效的判决,失票人得依判决请求付款人支付原票据款项的制度。

《票据法》第 15 条第 3 款规定,失票人应当在通知挂失止付后 3 日内,也可以在票据丧失后,依法向人民法院申请公示催告。《民事诉讼法》系统规定了公示催告程序。

(1) 公示催告的适用范围。《民事诉讼法》第 218 条规定,按照规定可以背书转让的票据持有人,票据被盗、遗失或者灭失的,可以向票据支付地的基层人民法院申请公示催告。

(2) 公示催告的管辖法院。依照《民事诉讼法》第 218 条,票据支付地的基层法院受理公示催告申请,依法公示催告。

(3) 公示催告的效力。公示催告的效力,是指人民法院依法公示催告所产生的效果。它主要有以下几点：

第一，预防发生第三人善意取得。

第二，使付款人停止支付，防止款项被冒领和其他损害失票人合法利益现象的发生。《民事诉讼法》第219、220条规定，人民法院受理公示催告申请时，应同时通知支付人停止支付，支付人收到人民法院停止支付的通知后，应当停止支付，至公示催告程序终结。

第三，催促利害关系人向受理法院申报权利。受理法院发出公告之后，利害关系人应当在公示催告期间向受理法院申报权利。超过法定期限未申报的，人民法院便作出判决，宣告所失票据无效。依据《民事诉讼法》第219条的规定，公示催告的期间，由人民法院根据情况决定，但不得少于60日。有利害关系人申报权利的，人民法院以裁定方式终结公示催告程序，并通知申请人和支付人。申请人或者申报人可以向人民法院起诉。利害关系人因正当理由不能在除权判决之前向人民法院申报的，自知道或者应当知道判决公告之日起1年内，可以向作出判决的人民法院起诉。

第四，失票人得依法院的除权判决，不必提示票据而请求付款人付款，付款人应当付款。公示催告期间届满，无利害关系人申报的，申请人应自期间届满的次日起1个月内申请人民法院作出判决，逾期不申请的，法院终结公示催告程序。申请人申请判决的，受理法院依法作出所失票据的除权判决。所谓除权判决，是人民法院在无利害关系人于公示催告期间内申报权利时，应失票人的申请，以公告形式宣告丧失的票据无效的判决。

案例研讨

华冠公司诉澳洋公司票据纠纷案

3. 诉讼。对于因失票发生的票据权利争议，当事人有权通过民事诉讼的方法，由人民法院依法确认票据权利的归属。对此，《票据法》第15条第3款有一般性规定，《民事诉讼法》第25、222、223条有比较具体的规定。

【本节前沿问题】

票据无因性

票据无因性是票据法学上的一个具有较大理论意义的问题。所谓票据的无因性，是指票据仅以法定的形式要件为生效条件，而不以票据原因为必要条件的特性。票据是流通证券，在票据转让时，受让人能否安全得到票据权利，事关受让人的重大利益。票据的签发或者转让总有其原因，而原因是否对票据权利产生影响，会影响到人们对票据的使用采取肯定还是否定的选择。如果认为票据原因直接影响票据权利，票据原因不合法票据就无效，第三人会因为无法了解先前的票据原因是否合法而产生顾忌，不愿意接受票据，票据的流通性将丧失殆尽，不利于社会经济发展；如果认为票据权利不受票据原因的影响，第三人就不会有此顾忌，票据的流通性将得到保持。然而，如果认为在任何条件下，如在票据授受直接当事人之间，也同样是票据权利不受票据原因的影响，则有鼓励不法行为之嫌疑，缺乏社会正当性，为法理所不容。因此，应当认可票据的无因性，但又不是绝对的无因。我国学者多对《票据法》第10条的内容持反对意见，认为该条规定的票据的签发和转让应当有真实的交易和债权债务，违反了票据法理，否定了票据无因性，建议在适当的时候修订法律，删除这条规定。《最高人民法院关于审理票据纠纷案件若干问题的规定》第14条规定，票据债务人以《票据法》第10条、第21条的规定为由，对业经背书转让票据的持票人进行抗辩的，人民法院不予支持。这实际上对《票据法》第10条的不合理之处作出了适当的补正。

【本节思考题】

1. 票据权利和普通债权有什么区别?
2. 如何理解票据善意取得?
3. 如何理解票据无因性?
4. 票据的对人抗辩权有哪些类型?
5. 如何理解票据“外观解释主义”的含义? 其价值判断是什么?

第二节 汇 票 制 度

一、汇票概述

(一) 汇票的法律性质

我国《票据法》第 19 条第 1 款规定:“汇票是出票人签发的,委托付款人在见票时或者在指定日期无条件支付确定的金额给收款人或者持票人的票据。”这个概念较准确地反映了汇票的特征和作用。

汇票与其他票据的差别主要在于其具有远期信用,以及在全国甚至世界范围内具有流通功能。因此,汇票的特征是相对于本票和支票而言的。

1. 汇票是不同于其他票据的金融工具。持票人在出票时须标明“汇票”的字样,以便使用者和其他利害关系人了解。日内瓦《统一汇票和本票法》第 1 条规定,汇票应有“汇票”的字样。我国现行的汇票,票面上均印刷有“银行汇票”“银行承兑汇票”“商业承兑汇票”的字样。

2. 汇票是委托证券,以出票人之外的人付款为特征。银行汇票由出票银行或者其委托的代理付款银行付款,银行承兑汇票由承兑行保证付款,商业承兑汇票由买卖合同的买方保证付款,这些付款都是无条件的,付款人如果在付款时提出任何条件都被视为拒绝付款。其中,商业承兑汇票是一种委托付款证券,付款人与收款人之间另有其他交易关系。出票人可以是付款人,也可以是收款人,出票人的作用只是在汇票上记载事项而已,商业承兑汇票经买方承兑才有法律意义。因此,商业活动中应给付金钱的一方以汇票的形式委托他人支付时,为体现自己的信用能力,汇票上须以无条件支付的委托为其流通的前提。

3. 汇票是具有融资功能的金融工具。由于出票人可以选择汇票作为远期付款的工具,在汇票付款的期限到来之前,持票人可以通过转让汇票取得现款[①],取得现款的性质实际上是借款。商业汇票具有远期付款功能,人们可以利用汇票进行融资,开出远期汇票,然后贴现给银行。持票人利用商业汇票远期支付的时间差融资,可以较低的利息成本得到借款,而银行贷款的风险则通过无条件付款的保证最大限度地减少。

---

① 汇票的收款人或者持票人对未到期的汇票可以采取汇票背书转让、汇票贴现和汇票担保的方式提前行使票据权利,这些方式详见本节“汇票的转让、担保和贴现”部分。提前行使票据权利,在票据期满时,最后持票人如果得到付款,则消灭该票据法律关系,如果得不到付款,则可行使追索权,向其前手追索,原转让人因为是以票据能够保证得到付款为前提而提前行使票据权利的,所以在持票人不能实现票据权利时,须无条件履行付款义务。

（二）汇票当事人

1. 汇票当事人的概念。在汇票法律关系中享有票据权利和承担票据责任者，称为汇票当事人。其中，享有票据权利者为汇票权利人，承担票据责任者为汇票债务人。汇票权利人只能有一个，原始汇票权利人是收款人，汇票转让后的权利人是最后一个被背书人，也就是最后的持票人。汇票债务人包括汇票上记载的付款人（不包括受托付款人）、承兑人、所有的背书人和保证人。

2. 汇票的基本当事人。汇票的基本当事人是指基于最初的汇票行为而明确的当事人，包括出票人、收款人和（受托）付款人，其姓名或名称均记载于汇票的正面。

（1）汇票的出票人。汇票的出票人，是指开出汇票的银行和企业。我国《票据法》第20条规定："出票是指出票人签发票据并将其交付给收款人的票据行为。"既然出票是一种票据行为，行为人的资格就必须符合法律的规定，因此具有行为能力是签发票据的必要条件，无行为能力者的出票行为由其法定代理人或监护人代理。根据不同的汇票的出票条件，出票人的身份也构成开出汇票的条件，如银行汇票只能由银行签发，商业汇票的出票人只能是企业法人，除此之外的个体工商户、农村承包经营户、个人和未在银行开设账户的法人，均不得成为商业汇票的出票人。

（2）汇票的收款人。汇票的收款人，是指汇票上记载的收款人。任何人都可以是银行汇票的收款人，但不是任何人都可以担当商业汇票的收款人。《支付结算办法》规定，在银行开立账户的法人及其他组织之间必须具有真实的交易关系或债权债务关系，才能使用商业汇票，所以收款人在通常情况下是买卖合同中的卖方当事人。①

（3）汇票的付款人。汇票的付款人，是指履行汇票付款责任者，一般情况下为受托付款人。银行汇票的付款人是银行，当其确认该票据真实时，须无条件付款；银行承兑汇票的付款人是与买卖合同的买方签订承担协议的承兑银行，在票据到期时，无论买方的账户存款足够与否，都须无条件付款，即使以自己的款项支付也不得拒绝付款；商业承兑汇票的付款人是买卖合同中的买方，由其开户行受托付款，如果买方账户存款不足，受托付款人不承担付款责任，只是将汇票还给持票人或者通过持票人的开户银行还给持票人而已。

（4）承兑人。承兑人，传统的票据法理论认为，银行承兑汇票的承兑人（银行）是非基本当事人，承兑人在出票后才进入票据关系，所以才会出现收款人和被背书人申请承兑的情况。在市场信用较好的情况下，由收款人和被背书人申请承兑是符合交易逻辑的；但在市场信用不佳的情况下，收款人不相信未承兑的票据，只接受已承兑的票据。实践中的银行承兑汇票也是出票人申请银行承兑后再交付给收款人，承兑关系实际上发生在交付票据之前，在形成汇票关系时承兑人就存在了，所以实践中也可将其列为基本当事人。

3. 汇票的非基本当事人。

（1）被背书人，是指受让票据后取得票据权利者。被背书人在票据签发时与票据无关，通过

---

① 实践中，商业汇票的收款人都是买卖合同中的卖方，因为我国《票据法》规定出票须有真实的交易关系或者其他债权债务关系，而作为出票人的相对人的收款人就必然是该真实的交易关系或者债权债务关系的当事人。由于商业汇票除了具有远期付款的信用外，还有担保和融资的功能，一旦需要当事人兑现担保责任，必然要以真实的资金支付，在市场行为中通常只有买卖合同可以使交易的财产增值，所以《支付结算办法》第83条规定，银行在与出票人或者持票人签订传动带协议之前，须认真审查出票人的资格、资信、购销合同和汇票记载的内容，必要时可由出票人提供担保。由此可见，商业汇票的收款人须是买卖合同中的卖方的规定，是立法时从远期信用和融资安全角度考虑的。当前市场交易形式多有变化，只要不涉及担保和融资的即期汇票，用于非买卖合同时应当合理，实践中也一定会出现。

背书受让成为汇票权利人。背书受让包括背书转让、背书质押、背书贴现三种方式,被背书人可作为背书人再次转让汇票,转让后便丧失权利人的地位,并且成为新的连带债务人,在汇票得到付款之前须准备承受持票人的追索。

(2) 保证人,是指为了使收款人或者持票人能够得到付款,而承担担保付款的连带责任者。在签发票据时,保证人为出票人作担保;在承兑时,保证人为承兑人作担保(这两种保证都是为主债务人所作的保证);在背书环节,保证人为背书人作担保;保证人在票据上不记载被保证人的,视为对主债务人作担保。由于保证人是在出票后加盟的,所以成为票据的非基本当事人。

二、汇票的种类

(一) 汇票种类的划分

1. 汇票种类划分的意义。划分汇票种类的意义在于说明持票人的票据权利和出票人、承兑人和其他连带债务人的票据责任。不同种类的汇票代表不同的信用,有不同的权利义务行使方式,也有不同的权利行使时间,所以在商事活动中选择适合自己需要的汇票具有较强的实用意义。

2. 即期汇票和远期汇票。即期汇票和远期汇票是按汇票付款时间的不同划分的。即期汇票是指以持票人提示日为到期日,持票人持票到银行或其他委托付款人的营业点,后者见票必须付款的一种汇票。即期汇票权利人可以随时行使自己的票据权利,在此之前无须提前通知付款人准备履行义务。远期汇票是指约定一定的期日付款的汇票,可分为定日付款汇票、出票后定期付款汇票和见票后定期付款汇票三种形式。

3. 记名汇票与无记名汇票。记名汇票是指在票据上记载收款人的姓名或名称的汇票。无记名汇票是指在票据上不记载收款人的姓名,凡持票人都可以享有票据权利,直接向付款人请求承兑和请求付款的汇票。汇票作此分类是为了交易的方便,记名汇票有利于票据的安全,但是在票据流通时会耽搁时间,影响票据的流通速度和流通次数。

4. 光单汇票和跟单汇票。银行汇票基本上是光单汇票。跟单汇票是指附带货运单据和纳税凭证的汇票。我国国内的汇票均是光单汇票,只是银行承兑汇票在承兑时,应当交验有关买卖合同、增值税发票等单据,以便于银行判断该笔业务是否真实可靠,只有真实的交易才能承兑,也只有以真实的交易为基础,承兑申请人届期才有足够的付款能力。

5. 汇票的其他划分法。汇票除了上述分类外,还可按签发地点和支付地点的不同分为国内汇票和涉外汇票;按使用货币的不同分为本国货币汇票和外国货币汇票等。汇票的这些分类,并不等于当事人只可在这些汇票之中选择其一,当事人可以根据需要同时选择几种汇票的类型综合应用在一张汇票上。

(二) 银行汇票

1. 银行汇票的基本内容。银行汇票(bank draft)是指汇款人将确定的款项交存所选定的银行,由银行签发给汇款人持往异地办理转账结算或提取现金的票据。在银行汇票制度中,银行是票据的出票人,汇款人须将款项预先存在银行,在存款之后或存款的同时通知银行将一定的款项转往指定的地点,银行依约将汇票交给汇款人,后者持票往指定银行或者自己选定的银行办理转账或提取现金。持票人作为买方,往往在仓库、车站、码头验货合格后再将汇票交付卖方,体现了一手交钱、一手交货的古老交易惯例。

2. 银行汇票的使用。银行汇票一律为记名汇票，由参加“全国联行往来”的银行签发，在不能签发银行汇票的银行开户的客户，需要使用银行汇票时，该银行应将汇票款项转交给有代理关系的“全国联行往来”成员行办理。汇票金额的起点为500元，付款期限为1个月，带有活期存款利息，所有的银行均可办理银行汇票的兑付。持票人须向兑付银行同时提交银行汇票和解讫通知，兑付银行在审核无误后付款，并通过联行划付出票行，收回垫款。

（三）商业汇票

1. 商业汇票的概念。我国《支付结算办法》[①] 第72条规定：“商业汇票是出票人签发的，委托付款人在指定日期无条件支付确定的金额给收款人或者持票人的票据。”按承兑人的不同，分为商业承兑汇票和银行承兑汇票。”出于对交易安全和成本的考虑，人们首选商业汇票作为实现合同对价的工具，因为银行汇票要先存款后出票然后才付款，存款和贷款之间的利息差便是买方的资金损失，而商业汇票是先给票后付款甚至远期付款，没有利息损失的风险。商业汇票既能达到付款目的，又没有提前占用资金的损失，在远期票据的情况下还可作担保和融资。

2. 银行承兑汇票。银行承兑汇票是指银行担保付款的一种汇票，其主要内容是买卖合同中的买方出票，由买方自己或者收款人、持票人向买方的开户银行申请，银行经审查认为该票据的基础原因真实可靠，并且买方的生产经营正常，信用历史记录良好的，遂与买方签订承兑协议，并在票据的正面加盖承兑章，银行就成为票据付款的主债务人。“承”在汉语上的意思是接受、承诺，转引意义是保证；“兑”在汉语上的意思是兑现，转引意义是将票据这种抽象财产变为具体的现款。所以，票据法上的承兑就是指保证付款的意思。

案例研讨

银行承兑汇票协议纠纷案

3. 商业承兑汇票。商业承兑汇票是指由买卖合同中的买方或者卖方签发，经付款人（买方）承兑，或由付款人签发并承兑的汇票。根据合同约定，买方应当支付价款，因此商业承兑汇票是在买卖合同中由买方自己承兑的一种汇票，是买方自己保证自己信用的行为。银行只承担受托付款的责任，一旦出现买方账户资金不足支付的情况，银行就会退回票据，持票人的票据权利便不能实现。所以商业承兑汇票是一种信用程度比较低的票据。

三、汇票的出票

（一）出票行为

1. 出票记载的法律性质。出票（come out bill）是指出票人依照票据法的要求，记载汇票所必须记载的事项，签署自己的姓名、加盖单位公章（或者与银行约定的财务章），然后交付给收款人的票据行为。

（1）出票人须在汇票上表明“汇票”的字样。我国的汇票单据均是统一格式，当事人不得自行印制汇票单据。票据法要求汇票上有表明“汇票”的字样，实际上是要求出票人必须使用经中国人民银行备案的由商业银行总行统一印制的汇票单据。汇票分为银行汇票、银行承兑汇票和商业承兑汇票三种。不同种类的汇票代表不同程度的信用，当事人在订立合同协商给付条件时对汇票种类必有选择，表明“汇票”字样实际上就是选择合同给付方式的一个表现。

---

① 中国人民银行发布并于1997年12月1日实施的《支付结算办法》对实施票据法有具体的规范性要求。

(2) 汇票上须有无条件支付的承诺。票据是以信用为基础的支付工具,汇票上记载"无条件支付的委托"字样是为了使收款人和被背书人得到付款人的承诺,这是汇票与借贷合同或其他支付合同的一个重要的差别。如果汇票上记载有"收款人交付货物后汇票照付"或"出票人资金到达后付款"等字样的,则构成有条件支付。票据法规定有条件支付的票据无效,受托付款人不得付款。

2. 多余记载和有害记载。

(1) 汇票的多余记载。票据法总结实践交易经验规定当事人在票据上记载的事项,允许事项之外的事项视为多余记载。多余记载不影响记载人应当承担的票据责任,所记载条件也不生效。《票据法》第 33 条第 1 款规定:"背书不得附有条件。背书时附有条件的,所附条件不具有汇票上的效力。"又如《票据法》第 48 条规定:"保证不得附有条件;附有条件的,不影响对汇票的保证责任。"

(2) 汇票的有害记载。出票人在签发汇票时,以及承兑人、背书人在票据上记载事项时,不得附加任何条件,否则行为无效,甚至导致票据的无效。例如,承兑人在承兑时附有条件的,视为拒绝承兑;背书人在背书转让票据时将其转让给两个被背书人时,构成票据无效。

(二) 汇票的记载事项

1. 汇票的金额。

(1) 出票须确定货币的种类。我国的货币管理制度规定,国内各种交易活动一律以人民币计价结算。需要以外汇结算的,应当符合有关外汇管理制度,包括取得外汇管理部门的批准证书和办妥有关手续。

(2) 出票须确定货币的金额。《票据法》第 8 条规定,票据金额以中文大写和阿拉伯数字同时记载,二者必须一致,不一致的,票据无效。

(3) 出票数字模糊的汇票无效。在填写资金数额时不得作选择性、浮动性的记载,如有这些情况,汇票无效。

(4) 出票所记载金额数字大小写不一致的处置。日内瓦《统一汇票和本票法》第 6 条规定,汇票金额同时以文字及数字记载,二者有差异的,以文字记载的数额为付款数额。汇票金额以文字或数字记载一次以上且先后不符的,以较小数额为付款数额。在国际贸易中,有关汇票的实务有可能适用《统一汇票和本票法》的规定;而在国内的票据适用中,须按照我国《票据法》的规定,即票据所记载金额的大小写不一致的,票据无效。

2. 付款人。按汇票种类的不同,付款人有以下三种:

(1) 银行汇票的付款人。银行汇票的付款人是出票行,通常由其代理行代为付款,然后通过全国联行往来系统要求出票行还款,并收取一定的手续费。

(2) 银行承兑汇票的付款人。银行承兑汇票的付款人是承兑人,承兑人承兑汇票后就成为该票据的主债务人,对出票人负有无条件付款的责任,即使出票人的账户上没有足够的存款用以支付,承兑行也得根据票据法的规定无条件付款,不得以任何理由拒绝支付。

(3) 商业承兑汇票的付款人。商业承兑汇票的付款人是承兑人,也就是买卖合同中的买方。商业承兑汇票的出票人可以是买方,也可以是卖方,但卖方所出的汇票仅仅是对买方应当付款的一种提示而已,在承兑前并无票据法上的意义,所以,商业承兑汇票须经买方承兑后生效。

3. 收款人。

(1) 银行汇票的收款人。银行汇票的收款人由出票行根据申请人的要求填写。

(2) 商业汇票的收款人。商业汇票的收款人通常是买卖合同的卖方。

(3) 传统的票据法理论将收款人分为来人式和记名式两种。来人式可以是任何合法持有票据的人,记名式则须为票据上记载的权利人。

4. 出票日期。出票日期是指票面上记载的公历年、月、日。出票日期必须使用中文大写,年份要写四位数,月和日为个位数的,之前要加写“零”字。不按照规定填写的,银行不予受理。银行受理的,应自行承担由此可能发生的损失后果。

出票日的法律意义是:

第一,出票日是确定出票人主体资格的基准日,出票人在出票日没有行为能力的,出票行为无效;

第二,对于出票后定期付款的汇票,出票日就是计算汇票到期日的基准日;

第三,对于见票后定期付款的汇票,出票日为计算提示承兑日的基准日;

第四,对于见票即付的汇票,出票日可作提示付款日;

第五,出票日是决定保证是否成立的基准日。

5. 票据的签章。

(1) 出票人签章的意义:

第一,出票人一人签章即有效,如果有二人以上签章的,所有签章者为共同出票人,对汇票上的记载事项负连带责任;

第二,必须以本名签章,不得以化名或笔名签章;

第三,法人为出票人的,其签章为法人的票据专用章或法人公章,以及法定代表人或其授权的代理人的个人印章或签名;

第四,银行本票的出票人以及银行承兑汇票的承兑人在票据上未加盖规定的专用章,而加盖该银行的公章的,票据签章有效,签章人应当承担票据责任。

(2) 商业汇票上的出票人的签章,为该法人或者该单位的财务专用章或者公章加其法定代表人、单位负责人或者其授权的代理人的签名或者盖章。

(3) 银行汇票上的出票人的签章和银行承兑汇票的承兑人的签章,为该银行汇票专用章加其法定代表人或者其授权的代理人的签名或者盖章。

6. 票据支付地。票据支付地是债务人承诺当票据到期时向收款人或者持票人支付票据确定金额的地点,收款人或者持票人届期到该地点请求付款就可实现自己的票据权利。因此,付款地对明确收款人和持票人的票据权利具有积极的意义,可以减少寻找付款地的不必要费用。

(三) 汇票未记载事项的法律救济

1. 汇票上未记载付款日期的救济。未记载付款日期的汇票,付款日期为见票即付。因汇票是信用支付工具,为了保障持票人的票据权利和提高出票人(包括商业汇票的承兑人)的权利意识,票据法规定汇票上未记载付款日期的,为见票即付。

2. 汇票未记载付款地的法律救济。汇票上未记载付款地的,付款人的营业场所、住所或者经常居住地为付款地。付款地是持票请求付款地,以及在付款人拒绝支付时,要求付款人提供拒绝证书之地。在国际汇票使用中,付款地是确定货币种类的根据。如果当事人因汇票争议发生诉讼,付款地是决定法院管辖地的依据。

3. 汇票未记载出票地的法律救济。汇票上未记载出票地的,出票人的营业场所、住所或者经常居住地为出票地。

（四）出票时付款日期的确定

1. 付款日期。我国《票据法》规定汇票有四种付款日期，即见票即付、定日付款、出票后定期付款和见票后定期付款。

(1) 见票即付是指付款人见到汇票原件后必须无条件地支付，不得以任何理由拒绝付款。

(2) 定日付款是指在汇票上记载一个明确的日期作为付款到期日，至该日持票人可向付款人提示付款，有关逾期付款的利息、保证责任和汇票的追索权、诉讼权均从此日开始计算。

(3) 出票后定期付款是指自出票日后经过一定的期间再付款，一般是供方给需方延期1个月至6个月付款的信用。

(4) 见票后定期付款是指银行承兑汇票自银行承兑后经约定的1个月至6个月后付款，见票的目的在于使承兑人有时间核实汇票的真伪及可靠程度。

2. 付款日期的记载。付款日期由出票人根据需要选择一种在汇票上记载。收款人开出的商业汇票上已经记载付款日期的，承兑时付款人须审查该付款日期是否符合原交易合同的约定。若原合同没有约定，则要看此日期是否在交付货物的日期之后，是否适合自己的资金使用计划等。一旦承兑，就表示承认汇票上的付款日期，不得再作更改。

（五）出票的法律性质及效果

1. 出票的法律性质。出票具有法律约束力。《票据法》第26条规定："出票人签发汇票后，即承担保证该汇票承兑和付款的责任。出票人在汇票得不到承兑或者付款时，应当向持票人清偿本法第七十条、第七十一条规定的金额和费用。"

2. 出票的法律效果。

(1) 出票即表示届期无条件付款。汇票经签发后，即代表一定的资金数额。由于汇票是一种票据，可作支付工具和融资工具，所以汇票可在市场上流通（转让和贴现），并可为持票人融资提供（质押）担保。

(2) 出票至交付时产生权利和责任。出票人须将汇票交付收款人才算签发（收款人出票的，则由付款人承兑后才算签发），收款人收取汇票后即享有票据权利，可以依法处分，包括背书转让、贴现、质押等。

(3) 出票的责任及连带责任。汇票经签发后，付款人承担的票据责任是按时付款，付款人不能按时承兑或付款的，出票人要受到追索，偿还汇票上的金额、利息及有关费用。

(4) 出票责任的例外。具有下列情形之一的票据，未背书转让的，票据债务人不承担票据责任；已经背书转让的，票据无效不影响其他真实签章的效力：一是出票人签章不真实的；二是出票人为无民事行为能力的；三是出票人为限制民事行为能力的。

四、汇票的转让、担保和贴现

（一）汇票转让概述

1. 汇票转让的法律性质。

(1) 汇票转让的概念。汇票转让是票据权利人依照票据法把自己的票据转让给他人的法律行为。

(2) 汇票转让的性质。汇票转让是持票人的法律行为，无须债务人同意。

(3) 汇票转让是要式行为。转让人不但要遵循《票据法》和中国人民银行《支付结算办法》规定的格式(例如,必须在票据的背面签章,并注明被背书人的姓名或名称),其处分权也要受到一定限制,包括不得转让部分票据权利、不得将票据转让给两个被背书人、在转让时不得附加条件等。

2. 汇票转让与连带责任。汇票转让产生连带责任。汇票转让后,背书人就成为汇票的连带债务人之一,对持票人负有担保承兑与担保付款之责,直至付款人完全清偿为止。这种转让与非票据债权转让不同,非票据债权转让后,转让人就与该债脱离关系,今后发生的任何事情均与其无关;票据的转让,所有在票据上签名的人在该票据获完全清偿之前,均不能免除债务人的身份。

3. 汇票转让切断抗辩事由。汇票转让后,根据《票据法》规定,原来存在于付款人与持票人之间的抗辩事由即告切断,付款人不得以对抗背书人的抗辩事由对抗善意受让人(被背书人)。例如,付款人与原持票人之间的合同纠纷和其他利害关系都不能转移至新持票人。

(二) 汇票背书转让

1. 背书。

(1) 背书的含义。背书是指持票人以转让票据权利为目的在汇票上签章并作必要记载的一种附属票据行为。《票据法》第 27 条规定了背书的定义,即背书是指在票据背面或者粘单上记载有关事项并签章的票据行为。转让人称为背书人,受让人称为被背书人。

(2) 背书的要求。汇票通过背书转让或者通过背书将一定的汇票权利授予他人行使时,必须记载被背书人的名称,个人须记载本名,单位须记载注册登记的全称,交付票据是背书转让票据行为的结果。

(3) 背书的次数。票据凭证不能满足背书人记载事项的需要时,可以加附粘单,粘附于票据凭证之上。粘单上的第一记载人,应当在汇票和粘单的粘接处签章,该签章相当于多页重要法律文件装订时的骑缝章。

(4) 票据被拒绝承兑、被拒绝付款或者超过提示付款期限时的背书。根据《最高人民法院关于审理票据纠纷案件若干问题的规定》第 58 条的规定,依照《票据法》第 36 条的规定,票据被拒绝承兑、被拒绝付款或者超过提示付款期限,票据持有人背书转让的,背书人应当承担票据责任。

2. 背书的法律后果。

(1) 权利的取得。被背书人因为不是收款人,其取得汇票并行使汇票权利时,须按《票据法》第 31 条的规定证实自己的身份,即以背书转让的汇票,背书应当连续。持票人以背书的连续证明其汇票权利;非经背书转让,而通过其他合法方式取得汇票的,须依法举证,如因继承取得的票据,须持有被继承人死亡证书和继承票据公证书,以证明自己的票据权利;因破产取得票据的,须持有法院的破产裁定书和清算凭证等,以证明自己的票据权利。

(2) 背书须连续。票据法规定的背书连续是指在票据转让中,转让汇票的背书人与受让汇票的被背书人在汇票上的签章依前后次序衔接。如果背书有签章不相连的情形,即构成空白背书。我国《票据法》不承认汇票空白背书[①],将导致汇票权利的不能行使。

(3) 被背书人的责任。以背书转让的汇票,后手应当对其直接前手背书的真实性负责。后手是指受让票据人,其直接前手是指转让票据人。《票据法》作此规定是为了使被背书人证实自己

---

① 《票据法》第 85—86 条对欠缺某些记载事项的支票"网开一面"。第 85 条规定:"支票上的金额可以由出票人授权补记,未补记前的支票,不得使用。"第 86 条第 1 款规定:"支票上未记载收款人名称的,经出票人授权,可以补记。"

的票据权利是从前手受让而来的,来路清晰,不存在背书不连续的瑕疵。

(4) 背书人的连带责任。背书人背书转让汇票后,即承担保证其后手所持汇票承兑和付款的责任,背书人在汇票得不到承兑或者付款时,应当向持票人清偿《票据法》第 70 条和第 71 条规定的金额和费用。这是为了保证汇票流通信用的可靠性、保障持票人的利益而规定的连带责任措施。

3. 汇票背书转让的限制。付款人或其他债务人为了保证汇票的安全性,可以对持票人的范围和资格作出限制。

(1) 依法不得背书转让。出票人在汇票上记载"不得转让"字样的,汇票不得转让;否则出票人及付款人将有权对非收款人的持票人拒绝承兑或拒绝付款。《最高人民法院关于审理票据纠纷案件若干问题的规定》第 48 条规定,依照《票据法》第 27 条的规定,票据的出票人在票据上记载"不得转让"字样,票据持有人背书转让的,背书行为无效。

(2) 擅自转让的后果。背书人在汇票上记载"不得转让"字样,其后手再次背书转让的,原背书人对后手的被背书人不承担保证责任。对被背书人提示付款或委托收款的票据,受托付款的银行不予受理。此处的保证责任就是保证承兑和保证付款的义务,也就意味着书写"不得转让"字样的背书人免除了其间接后手的追索权。

(3) 擅自转让后的付款责任。根据《最高人民法院关于审理票据纠纷案件若干问题的规定》第 51 条的规定,背书人在票据上记载"不得转让""委托收款"及"质押"等字样,其后手再背书转让、委托收款或者质押的,原背书人对后手的被背书人不承担票据责任,但不影响出票人、承兑人以及原背书人之前手的票据责任。

(4) 票据权利不得分割。汇票须完整转让,将汇票金额的一部分转让的背书,或将同一张汇票金额分别转让给二人以上的背书无效。

(5) 背书不得附条件。《票据法》规定,背书附有条件的,所附条件不具有汇票上的效力。背书人所记载的任何条件都将被视为无记载,持票人不得请求付款人按此条件承兑或付款,也不得将此条件作为再背书转让的优惠吸引他人接受让与。

(6) 背书授权。背书记载"委托收款"字样的,被背书人有权代背书人行使被委托的汇票权利。我国《票据法》规定背书记载"委托收款"字样的汇票,受托人的票据权利也应限于为受托事项而背书。在此情况下,受托人不用承担背书后的票据责任。如果付款人仍然付款的,即构成票据法上的重大过错付款,付款人须承担相应的法律责任。

(7) 不得转让的情形。汇票被拒绝承兑、被拒绝付款或者超过付款提示期限的,不得背书转让;背书转让的,背书人应当承担汇票责任。《票据法》第 36 条作此规定,是为了促使被拒绝承兑(付款)者尽快向有关责任者提出追索,而不是转嫁损失,将汇票转让于他人。

(三) 汇票担保

1. 汇票担保的概念和法律性质。

(1) 汇票担保的概念。汇票担保是指债务人以未到期汇票上的金额担保债务的履行,将汇票原件交付债权人(质权人)保管,若不能按时依约(依法)履行债务,就由担保权人依法行使票据权利,并以提示付款所得金额优先受偿的一种法律制度。我国《票据法》第 35 条第 2 款规定,汇票可以设定质押,质押时应当以背书记载"质押"字样。

(2) 汇票担保的法律性质。质押是担保的一种形式,指债务人将其所有的动产交付债权人,担保自己能够按时履行义务，如果不能按时履行义务，就由质权人将质押物处分，并以处分所得款项优先受偿。汇票代表确定的货币，是一种财产权利，属于担保法和票据法规定的可以用作质押的权利。

2. 汇票担保的内容。

(1) 汇票担保时必要的记载事项。背书人在质押汇票时，须在汇票上注明“质押”字样，表明质权人(被背书人)的身份，质权人在依法实现担保权之前，不得以自己的名义享有该汇票权利。按一般票据法理，享有汇票担保权者只能以代理人的名义处分汇票。日内瓦《统一汇票和本票法》第 19 条规定，凡背书载有“担保有效”“保证有效”或其他类似的字句表示一种担保者，执票人得行使汇票上发生的一切权利，但其背书只有代理人背书的效力。

(2) 汇票担保时不当记载的后果。依照《票据法》第 35 条第 2 款的规定，以汇票设定质押时，出质人在汇票上记载了“质押”字样而未在票据上签章的，或者出质人未在汇票上、粘单上记载“质押”而另行签订质押合同、质押条款的，不构成票据质押，只属于担保法上的质押。

(3) 汇票担保的例外。依照《票据法》第 57 条第 2 款的规定，贷款人恶意或者有重大过失从事票据质押贷款的，人民法院应当认定质押行为无效。

(4) 汇票担保的优先权。汇票质押中，履行债务的期限先于汇票付款期限届满，债务人未能履行债务的，质权人继续保留汇票的占有权，直至汇票付款期至，将提示付款的金额用于清偿债务，多退少补。

(5) 质权人须按时提示付款。汇票质押中，汇票付款的期限先于履行债务的期限届至，质权人有义务准时提示付款，并将该款存入银行，债务履行期限届至前债务人履行了债务的，质权人将汇票本金和利息返还给质押人；债务人不能履行债务的，质权人有权以该存款优先受偿，多退少补。

(四) 汇票贴现

1. 汇票贴现的概念和法律性质。

(1) 汇票贴现的概念。贴现是一种票据转让方式，是指持票人以未到期的商业汇票向银行申请贴现，银行经审查认为该汇票出票人的信用历史记录良好、生产经营状态正常，汇票付款可靠，在扣除未到期利息后，将票面余款借给申请人，在汇票付款期至时银行若能够得到付款，则消灭汇票法律关系；如果不能得到付款，银行可行使追索权，也可将汇票金额从付款期届至日起转为逾期借款，行使普通债权。

(2) 贴现的法律性质。贴现是银行的一项资产业务，汇票的付款人对银行负债，银行实际上与付款人有一种特殊贷款关系。贴现虽然是银行的授信业务，但是与一般的贷款不同，贴现既是一种票据转让行为，也是一种银行授信行为，可以视为银行通过接受汇票给持票人短期质押担保贷款，如果汇票付款期满，银行能收回汇票资金的，该贷款就自动冲销；如果银行不能得到汇票付款，则可以将此贷款转为逾期贷款，或者向汇票付款人和连带债务人追索。

2. 汇票贴现的条件。

(1) 申请贴现人必须是在银行开立存款账户的企业法人以及其他组织。

(2) 申请贴现人与出票人或者直接前手之间具有真实的商品交易关系，银行须审查反映此交易关系的合同，以及某些情况下必须具备的许可证、批准文件等。

(3) 申请贴现人提供与其直接前手之间的增值税发票和商品发运单据复印件。

(4) 申请贴现人须将 50% 或者按央行规定比例的保证金存入银行专户，保证金在汇票付款前应处于冻结状态。

3. 贴现程序。

(1) 持票人以背书方式将汇票转让给银行，银行根据具体情况，可要求申请人提供保证人，也可以按照票据保证手续办理，因为贴现是银行的信用业务，所以同时要满足一定的银行信贷手续。

(2) 计算贴现值。贴现值是指票据贴现时，银行扣除到期利息后付给贴现人的余额。

案例研讨

商业承兑汇票贴现合同纠纷案

(3) 贴现值的计算方法。计算贴现值的公式为：

贴现利息 = 票面金额 × 银行贴现利率 × 贴现期

贴现期 = 票据天数 - 贴现人持票期（即贴现日到票据到期日的天数）

贴现值 = 到期值 - 贴现利息

4. 再贴现和转贴现。

(1) 再贴现。再贴现是指贴现行向中央银行再转让汇票，中央银行是银行的银行，有责任按照既定的货币政策对商业银行给予再贴现的资金支持。再贴现的主要业务流程是，商业银行向其开户的中国人民银行申请再贴现商业承兑汇票和银行承兑汇票，中国人民银行对不同的商业银行有不同的再贴现额度，在核定的额度内，商业银行可以将已贴现的商业汇票办理再贴现，或者按时间顺序择优办理再贴现。再贴现汇票到期后，中国人民银行从申请再贴现的商业银行存款户内划拨到期的汇票再贴现款，然后将汇票交还给商业银行，由后者向承兑申请人或承兑银行自行收回贴现款。

(2) 转贴现。转贴现是指贴现行向其他商业银行转让已经贴现的汇票。贴现是以汇票作质押担保的贷款，本属商业银行比较优质的资产业务，但贴现出去的是银行库存现金，贴现多了，银行的现金流就会不足，为保持资产必要的流动性，应将部分信贷资产转换为现金资产，通常是将贴现汇票转贴现给资金有富余的其他商业银行，后者在汇票到期时提示付款，如果得不到付款，可行使追索权，该追索权与普通持票人的票据权利相同。

五、汇票的承兑和保证

(一) 汇票承兑概述

1. 承兑的概念。承兑（accept）是指汇票付款人承诺在到期日支付汇票金额的票据行为。我国票据法规定的三种票据中只有商业汇票才有承兑制度，其目的是明确出票人在汇票中所记载的事项是否为付款人所承认，如果同意承兑，在票据的正面加盖“承兑”印章并签章后，就成为该汇票的主债务人。

2. 承兑的法律性质。承兑是一种附属票据行为，须先有出票，然后才有承兑，并且要以汇票原件为对象。持票人凭商业汇票原件提示承兑的，付款人须在该票上签章作出承兑。行为人只是口头或以其他的书面方式表示承兑的，该行为只构成承兑的意向，并不构成承兑事实，付款人并不承担无条件付款的票据责任，持票人的承兑权利尚未实现。

3. 提示承兑。

(1) 提示承兑的概念。提示承兑，是指持票人向付款人出示汇票，并要求付款人承诺付款的行为。我国《票据法》第39条第1款规定:“定日付款或者出票后定期付款的汇票,持票人应当在汇票到期日前向付款人提示承兑。”定日付款和出票后定期付款都是远期汇票,持票人不能立即行使票据权利,提示承兑便成为行使请求付款权的前提,此程序是为保障付款人资金安全而设立的。

(2) 提示承兑的期间。《票据法》第40条第1、2款规定:“见票后定期付款的汇票,持票人应当自出票日起一个月内向付款人提示承兑。汇票未按照规定期限提示承兑的,持票人丧失对其前手的追索权。”见票后定期付款是指汇票经承兑后,按照申请承兑人和承兑行达成的承兑协议中约定的日期付款。

(3) 提示承兑的例外。见票即付的汇票无须承兑,在银行承兑汇票法律关系中,银行只是受托付款人,只要出票人的账上有足够的存款就必须无条件付款,票据法规定须在持票人提示付款的当日付款,不得以该汇票未经承兑而拒绝立即付款,否则就构成拒绝付款,不但有损银行信用,而且应承担由拒付导致的财产责任和相关的行政责任。

4. 汇票承兑的程序。

(1) 承兑的意思表示。承兑申请人应当及时作出意思表示。我国《票据法》第41条规定:“付款人对向其提示承兑的汇票,应当自收到提示承兑的汇票之日起三日内承兑或者拒绝承兑。付款人收到持票人提示承兑的汇票时,应当向持票人签发收到汇票的回单。回单上应当记明汇票提示承兑日期并签章。”此处的付款人是指银行,但是银行必须在承兑后才能成为付款人,提示承兑者称为申请承兑人,二者之间在发生承兑关系之前须订立承兑服务合同。银行认为该客户信用可靠的,便会售给银行承兑汇票,用做买卖合同中的付款工具。

(2) 银行承兑汇票的条件。银行承兑汇票须注意以下几个问题:

第一,承兑的基本条件。出票人[①]提示承兑时,银行的信贷部门按照票据法和中国人民银行关于支付结算的规定和审批程序,对出票人的资格、资信、购销合同、增值税发票和汇票记载的内容进行审查,在形式上认为可靠后,再要求出票人提供一定比例的保证金。

第二,承兑的记载事项。付款人承兑汇票的,应当在汇票正面记载“承兑”字样和承兑日期并签章;见票后定期付款的汇票,应当在承兑时记载付款日期。汇票上未记载承兑日期的,以付款人收到提示承兑的汇票之日起第3日为承兑日期。

第三,拒绝承兑。付款人承兑汇票不得附有条件,承兑附有条件的,或者以其他方法变更汇票上的记载事项的,视为拒绝承兑。申请承兑人有权请求付款人作成拒绝承兑书,作为行使追索权的凭证。

(二) 汇票的保证

1. 汇票保证及其法律效力。

(1) 汇票保证的概念。汇票保证(bill guarantee)是指主债务人及连带债务人以外的第三人以无条件付款为目的,在汇票上签章及记载必要事项的票据行为。其中,担保汇票付款者为保证人,被担保的汇票债务人为被保证人。汇票保证以担保汇票付款增强信用为目的,有利于保障交易安全。

---

① 我国十余年来的实践表明,银行承兑汇票基本都由出票人申请承兑,极少发生收款人或持票人向银行申请承兑的情况。持票人提示承兑的情况是票据法的传统规定,多发生在国外的票据行为中。

(2) 汇票保证的效力。保证人在汇票上签章即构成保证责任,保证人应当与被保证人对持票人承担连带责任,汇票到期后,被保证人为主债务人的,不能付款时,持票人有权向保证人请求付款,保证人应当无条件付款;汇票被付款人拒付,持票人向连带债务人追索的,为被追索的连带债务人担保的保证人承担连带无条件付款责任。保证人清偿汇票债务后,代替被追索的债务人取得汇票权利,可以行使持票人对被保证人及其前手的追索权。

(3) 汇票连带保证。保证人为二人以上的,保证人之间承担连带责任,各保证人相互之间不得推诿,对外部不分第一保证人和第二保证人,也不分担保份额,持票人可以向任何一个保证人或全体保证人请求付款。

(4) 汇票保证主体的限制。国家机关、以公益为目的的事业单位、社会团体、企业法人的分支机构和职能部门作为票据保证人的,票据保证无效,但经国务院批准为使用外国政府或者国际经济组织贷款进行转贷,国家机关提供票据保证,以及企业法人的分支机构在法人书面授权范围内提供票据保证的,具有法律效力。

(5) 汇票保证的除外。根据《票据法》第 49 条的规定,被保证人的债务因汇票记载事项欠缺而无效的,保证人不承担保证责任。这是因为保证是一种附属票据行为,是建立在有效的汇票债权债务关系上的担保关系,当主票据行为(基于汇票必要记载事项欠缺、作了有害记载、记载事项违法等原因)不能生效时,作为保证的从票据行为自然也就失效,持票人不得向保证人行使追索权。

2. 汇票保证记载事项。

(1) 表明"保证"的字样。此记载不属于汇票出票时其他的记载事项,表明该票据上设定了一个保证担保,意指保证人承诺一旦主债务人不能付款,将与被保证人承担连带付款的票据责任。保证人为出票人、承兑人保证的,须将保证事项记载在票据的正面;保证人为背书人保证的,须将保证事项记载在票据的背面或粘单上。

(2) 保证人的名称和住所。保证人为个人的,须记载身份证上的本名和身份证号码;保证人为机构的,使用其工商企业注册登记的全称。

(3) 被保证人的名称。被保证人的名称属于任意记载事项,保证人可以记载,也可以不记载,但是不记载将有可能加重其保证责任。依据我国《票据法》第 47 条的规定,保证人在汇票或粘单上未记载被保证人名称的,已承兑的汇票,承兑人为被保证人;未承兑的汇票,出票人为被保证人。由此可见,保证人不记载被保证人名称的,被推定为为主债务人保证。

(4) 保证日期。保证人在汇票或者粘单上未记载保证日期的,出票日期为保证日期,此记载为任意记载事项,保证人未在汇票上记载的,不影响保证的效力。

(5) 保证人签章。保证人签章与票据上所有签章的要求都相同。

(6) 保证不得附有条件。《票据法》第 48 条规定:"保证不得附有条件,附有条件的,不影响对汇票的保证责任。"由于票据不得解释,所以票据不承认附条件记载的效力。保证人附条件的,属于多余记载,所附条件无效,但是保证有效,保证人不得以保证行为附条件为由否定票据保证的效力。

3. 无效票据保证。

(1) 票据保证无效的,票据的保证人应当承担与其过错相应的民事责任。例如,保证人因不具有相应的民事权利能力或民事行为能力而在票据上签章的,票据保证无效,但是该保证人的法定代理人或者监护人，以及法人保证人应当承担过错赔偿责任，责任的大小一般与票据金额相同，适用损害赔偿的法律规定。

(2) 保证人未在票据或者粘单上记载“保证”字样而另行订立保证合同或者保证条款的，不构成票据保证，只能构成合同意义上的保证，应当适用担保法的有关规定处理争议，持票人在行使追索权时不得向没有在票据上记载保证事项的保证人追索。票据法上的此项规定提示人们在寻求票据保证时，必须使保证记载在票据原件之上，否则没有票据效力。如果记载在其他文件上，具备合同保证条件的，保证人须承担担保合同义务，持票人有权向其主张合同权利。

案例研讨

某银行与某电脑公司票据债务纠纷案

六、付款

(一) 付款的概念和法律意义

付款(payment)是债务人将票面金额无条件付给持票人的票据行为，是持票人实现经济利益的行为。在法律上，付款是指消灭票据法律关系的事实，主债务人的义务就此结束，在票据上留有签章的所有连带债务人的义务也告结束，所以付款是票据的终结行为。《票据法》第60条规定：“付款人依法足额付款后，全体汇票债务人的责任解除。”

(二) 付款的程序

1. 付款的时间。

(1) 付款期限的种类。《票据法》第53条第1款规定：“持票人应当按照下列期限提示付款：(一)见票即付的汇票，自出票日起1个月内向付款人提示付款；(二)定日付款、出票后定期付款或者见票后定期付款的汇票，自到期日起十日内向承兑人提示付款。”其中，定日付款的汇票付款期限自出票日起计算，并在汇票上记载具体的到期日；出票后定期付款的汇票付款期限自出票日起按月计算，并在汇票上记载；见票后定期付款的汇票付款期限自承兑或拒绝承兑日起按月计算，并在汇票上记载，拒绝承兑日是指持票人可以凭票行使追索权的计算时间。

(2) 逾期提示付款的效力。持票人未按照规定期限提示付款的，在作出说明后，承兑人或者付款人仍应当继续对持票人承担付款责任。《票据法》所称的“作出说明”并无实际上可以否决的意思，持票人无论出于何种原因，只要其不放弃汇票权利，即使超过提示付款期，但未超过票据权利期限的，也仍然有权请求付款。

(3) 付款人的责任。承兑人或者付款人依照《票据法》第53条的规定，对逾期提示付款的持票人付款与在规定的期限内付款承担同等法律义务。

2. 提示付款。

(1) 提示付款的行为。持票人行使票据权利的表现就是提示付款，提示付款人包括持票人和受托提示付款人。我国《票据法》第53条第3款规定的通过委托收款银行或者通过票据交换系统向付款人提示付款的，视同持票人提示付款，由此发生的全部法律后果均由持票人承受。

(2) 付款的通知。商业承兑汇票的付款人开户银行收到通过委托收款寄来的商业承兑汇票，即予留存，同时通知付款人。付款人接到付款通知后，应立即通知银行付款，付款人自接到通知后的次日起3日内(法定节假日顺延)未通知银行付款的，视为付款人承诺付款，银行应于付款人接到通知日的次日起第4日(法定节假日顺延)上午开始营业时，将票款划给持票人。

(3) 银行承兑汇票的无条件付款。银行承兑汇票的出票人应于汇票到期前将票款足额交存其开户银行,承兑行应在汇票到期日或者到期后的见票当日支付票款。出票人于汇票到期日未能足额交存票款时,承兑行除凭票向持票人无条件付款外,对出票人尚未支付的汇票金额按照中国人民银行的规定每天计收利息。

(4) 商业承兑汇票拒绝付款证明。银行在办理商业承兑汇票划款时,付款人存款账户不足支付的,应填制付款人未付票款通知书,连同商业承兑汇票邮寄持票人开户银行转交持票人。商业承兑汇票的付款人存在合法抗辩事由拒绝支付的,应自接到通知的次日起 3 日内,做成拒绝付款证明交送开户银行,银行将拒绝付款证明和商业承兑汇票邮寄持票人开户银行转交持票人。

(5) 商业汇票拒绝付款证明。承兑行存在合法抗辩事由拒绝支付的,应自接到商业汇票的次日起 3 日内,作成拒绝付款证明,连同银行承兑汇票邮寄持票人开户银行转交持票人。

3. 付款程序。

(1) 凭票付款。持票人请求付款的,应当提交票据原件,付款人必须当日无条件足额付款,否则就会影响付款人或银行的信用,并且还应承担相应的财产责任。

(2) 外汇汇票的特别规定。汇票金额为外币的,按照付款日的市场汇价,以人民币支付,也可根据外汇管理法规的规定,应持票人的要求,按经常性项目给付外汇。汇票的当事人对汇票支付的货币种类另有约定的,从其约定,但不得与我国外汇管理法的规定相冲突。

(3) 背书签收。持票人获得付款的,应当在汇票背面签收,并将汇票交给付款人。持票人委托银行收款的,受委托的银行将代收的汇票金额转入持票人账户,视同签收。签收后,持票人实现汇票权利,汇票债务人的责任全部解除。

(4) 受托付款行的责任。持票人委托的收款银行的责任,限于按照汇票上记载的事项将汇票金额转入持票人账户;付款人委托的付款银行的责任,限于按照汇票上记载事项从付款人账户支付汇票金额给持票人。

(5) 审查汇票。付款人及其代理付款人付款时,应当审查汇票背书的连续性,并审查提示付款人的合法身份证明或者有效证件。

(6) 拒绝付款。付款人及其代理人在发现票据有瑕疵时不得付款。票据瑕疵常见于票据的金额大小写不一致,票据的收款人、出票日期、票面金额等记载事项有涂改等情形。

4. 付款损失。

(1) 付款损失的概念。付款损失是指在付款人的失误导致支付票据金额后尚不能解除或者不能完全解除付款责任的情况下,其票据责任依然存在。

(2) 付款损失的情形。《票据法》第 57 条第 2 款规定:“付款人及其代理付款人以恶意或者有重大过失付款的,应当自行承担责任。”根据最高人民法院《关于审理票据纠纷案件若干问题的规定》第 70 条的规定,付款人或者代理付款人有下列情形之一的,应当自行承担责任:第一,未依照《票据法》第 57 条的规定对提示付款人的合法身份证明或者有效证件以及汇票背书的连续性履行审查义务而错误付款的;第二,公示催告期间对公示催告的票据付款的;第三,收到人民法院的止付通知后付款的;第四,其他以恶意或者重大过失付款的。

(3) 利息损失的处置。《票据法》第 58 条规定:“对定日付款、出票后定期付款或者见票后定期付款的汇票,付款人在到期日前付款的,由付款人自行承担所产生的责任。”根据此规定,因提前付款产生的利息损失由付款人承担责任,付款人不得对持票人提出不当得利返还请求。

七、追索权

（一）汇票追索权概述

1. 汇票追索权的法律性质。汇票到期被拒绝承兑或拒绝付款的，持票人可以对背书人、出票人、保证人以及汇票的其他债务人行使追索权。追索权(recourse)是持票人在第一次请求付款受到拒绝后，按顺序行使的第二次请求权。第一次请求权是请求主债务人付款，这是持票人的基本票据权利，在主债务人拒绝付款或无力付款时，持票人可行使第二次请求权，要求所有在汇票上签名的人中的一人、数人或全体人员偿付汇票金额。

2. 汇票追索权产生的原因。

(1) 拒绝付款或附加条件。汇票到期被拒付的，或者虽然付款人表示可以付款，但是要附加一定的条件的，均构成汇票追索的原因。票据法明确规定，付款附加条件的视为拒绝付款。

(2) 汇票被拒绝承兑。被拒绝承兑的汇票必须在形式上符合票据法规定，没有缺少必要的记载事项，而且持票人的票据身份没有缺陷。汇票被拒绝承兑主要发生在银行承兑汇票中，银行对信用不可靠的出票人有权拒绝承兑；商业承兑汇票在实践中罕有不承兑就交付汇票的情况，也就罕有被拒绝承兑的情况。

(3) 承兑人或付款人死亡、逃匿。承兑人及付款人是汇票的债务人，负有期满偿还汇票金额的义务。如果其在承兑前或付款前就失去主体资格或者主体消失的，持票人的请求付款权实际上不能行使，所以有权提前行使追索权。

(4) 承兑人或付款人被依法宣告破产或责令终止业务活动。承兑人或付款人被依法宣告破产的，或者因违法被责令终止业务活动的，持票人的请求付款权也不能行使，在此情况下有两种选择：第一种是行使追索权，请求连带债务人履行汇票义务；第二种是放弃追索权，以汇票金额向破产清算组提出破产债权申报。

（二）追索权的行使

1. 追索的条件。《票据法》第 62 条第 1 款规定："持票人行使追索权时，应当提供被拒绝承兑或者被拒绝付款的有关证明。"付款请求权是持票人享有的第一顺序权利，追索权是持票人享有的第二顺序权利，这种权利的行使必须具备汇票原件以及下列任意一个证明文件：承兑人出具的拒绝承兑证明、承兑人或付款人出具的退票理由书、医疗机构出具的死亡证书、司法机关出具的通缉令、法院作出的破产裁定书。只有票据原件和拒绝证明同时具备才能行使追索权。

2. 拒绝证明的效力。拒绝证明是持票人行使追索权的法律根据之一，没有拒绝证明就不能向除承兑人或付款人以外的连带债务人请求偿还汇票金额。因此持票人在承兑或付款被拒绝时，应当注意以下两点：其一，要求承兑人或付款人出具拒绝证明或者退票理由书；其二，承兑人或者付款人不出具拒绝证明或者退票理由书的，应当承担由此产生的民事责任，包括无条件付款的责任。

3. 通知前手。通知是指持票人承兑汇票或请求付款被拒绝时，或者具有其他不能行使请求付款权的情形时，在行使追索权前，将不能行使请求付款权的事实书面告诉其前手及所有汇票债务人的一种票据行为。通知上应当记明汇票的主要记载事项，并说明该汇票已经不能得到付款的情况。《票据法》第 66 条第 1 款规定，"持票人应当自收到被拒绝承兑或者被拒绝付款的有关证明之日起三日内，将被拒绝事由书面通知其前手；其前手应当自收到通知之日起三日内书面通知其再前手。持票人也可以同时向各汇票债务人发出书面通知”，以使汇票连带债务人及时掌握情况。

（三）追索与再追索

1. 追索对象。《票据法》第 68 条第 1 款规定：“汇票的出票人、背书人、承兑人和保证人对持票人承担连带责任。”上述人员对持票人受到拒绝承兑或拒绝付款承担无条件地给付汇票全部金额的责任，持票人可以按《票据法》第 68 条第 2 款、第 3 款的规定[1]，自由选择对自己有利的追索对象。

2. 再追索。

(1) 再追索的成因。再追索是汇票制度中的内容，当被追索人清偿债务时，应收取持票人提示的汇票原件和有关拒绝证明，并出具已经支付利息和费用的收据。被追索者清偿债务后，与持票人享有同一(追索)权利，如果还有前手的，可依法再向其前手债务人行使追索权。依此顺序，直至该汇票的债权债务关系因履行或其他法定原因消灭为止。

(2) 再追索的内容。包括已清偿的全部金额，该金额包括自清偿日起至再追索清偿日止，按照中国人民银行规定的同期贷款利率计算的利息、发出通知的费用以及其他的必要费用。

案例研讨

某银行与某实业公司等票据纠纷案

3. 追索的例外。

(1) 持票人为出票人的，对其前手无追索权。汇票的出票人就是主债务人，银行汇票的主债务人是出票行，商业汇票的主债务人是买卖合同中的买方，根据票据的基础关系，出票人应当承担付款的责任，在他将汇票交付给收款人时即意味着届期要无条件付款。如果收款人背书转让，被背书人又背书转让给出票人的，出票人只有第一次票据权利请求付款权，没有向其后手追索的第二次票据权利。

(2) 持票人为背书人的，对其后手无追索权。这是因为背书人的后手是被背书人，其汇票权利自背书人手中取得，该汇票对背书人来说应当具有充分的汇票权利，当汇票经过若干次转让，又转回背书人手中时，他仍然不能否认自己曾经对该汇票作过的真实性的保证。所以，在行使追索权时应当以其在票据上的第一次签章记载确定其前后手位置，而不得以最后一次签章记载的位置行使追索权。

4. 汇票追索的内容。

(1) 请求被追索人偿还本金。持票人要求债务人偿还被拒绝付款的汇票金额，须是同一货币的金额，如外币金额的汇票，应当按照追索付款当日人民币与外汇比率的牌价折合成人民币给付。

(2) 请求被追索人偿还利息。持票人有权请求债务人偿还自汇票金额到期日或者提示付款日起至清偿日止，按照中国人民银行规定的企业同期贷款利率计算的利息。此利息是一次性计算，不计复利，但是可以按照中国人民银行有关利息调整的规定分段计息。

(3) 请求被追索人补偿其他费用。“其他费用”是指取得有关拒绝证明和发出通知书的费用，包括通信费、差旅费和必要的人工费。

① 我国《票据法》第 68 条第 2 款规定：“持票人可以不按照汇票债务人的先后顺序，对其中任何一人、数人或者全体行使追索权。”第 3 款规定：“持票人对汇票债务人中的一人或者数人已经进行追索的，对其他汇票债务人仍可以行使追索权。被追索人清偿债务后，与持票人享有同一权利。”

(4) 请求被追索人承担合理的律师费用以及已发生的诉讼费用。

【本节思考题】

1. 商业汇票与银行汇票有何异同?
2. 简述银行汇票的法律性质及其在市场中的作用。
3. 分析商业汇票的担保作用和融资作用。
4. 试析远期商业汇票中承兑和付款的关系。

第三节 电子票据制度

一、电子汇票概述

(一) 电子汇票产生的背景

随着经济发展和互联网技术的成熟,人们通过互联网实现支付,相对于通过人工支付和银行支付这样可以节省大量的人工费和交易时间,既提高了效率又降低了成本,满足了市场的需求,而传统的通过人工到银行转账的方法越来越不适应市场发展的趋势,传统的票据支付、流转、担保和融资的功能受到电子高速运转的挑战,如固守传统票据业务,可能被用户抛弃。在此情况下,中国人民银行于2009年10月16日发布了《电子商业汇票业务管理办法》。

(二) 电子汇票的概念

电子汇票特指电子商业汇票,是指出票人依托电子商业汇票系统,以数据电文形式制作的,委托付款人在指定日期无条件支付确定金额给收款人或者持票人的票据。电子汇票分为电子银行承兑汇票和电子商业承兑汇票。

(三) 电子汇票的平台

电子商业汇票系统是经中国人民银行批准建立,依托网络和计算机技术,接收、存储、发送电子商业汇票数据电文,提供电子商业汇票货币给付、资金清算行为相关服务的业务处理平台。电子汇票的出票、承兑、背书、保证、提示付款和追索等业务,必须通过电子商业汇票系统办理。

二、电子商业汇票业务的主体

(一) 接入机构

直接接入电子商业汇票系统的金融机构为电子商业汇票系统的接入机构,接入机构提供电子商业汇票业务服务,应对客户基本信息的真实性负审核责任,并依据《电子商业汇票业务管理办法》及相关规定,与客户签订电子商业汇票业务服务协议,明确双方的权利和义务。客户基本信息包括客户名称、账号、组织机构代码和业务主体类别等。

(二) 代理机构

通过接入机构办理电子商业汇票业务的金融机构为被代理机构、金融机构以外的法人及其他组织。电子商业汇票系统对不同业务主体分配不同的类别代码。接入机构应按规定向客户和电子商业汇票系统转发电子商业汇票信息,并保证内部系统存储的电子商业汇票信息与电子商业汇票系统存储的相关信息相符。

（三）机构代码

票据当事人办理电子商业汇票业务应具备中华人民共和国组织机构代码。被代理机构、金融机构以外的法人及其他组织办理电子商业汇票业务，须在接入机构开立账户。

（四）电子汇票的承兑人

1. 电子银行承兑汇票由银行业金融机构、财务公司（以下统称金融机构）承兑；电子商业承兑汇票由金融机构以外的法人或其他组织承兑。电子商业汇票的付款人为承兑人。

2. 电子商业汇票责任解除前，电子商业汇票的承兑人不得撤销原办理电子商业汇票业务的账户，接入机构不得为其办理销户手续。

3. 接入机构终止提供电子商业汇票业务服务的，应按规定由其他接入机构承接其电子商业汇票业务服务。

（五）电子汇票的信息查寻

1. 票据当事人可通过接入机构查询与其相关的电子商业汇票票据信息。出票人可查询电子商业汇票票面信息。承兑人在收到提示付款申请前，可查询电子商业汇票票面信息；收到提示付款申请后，可查询该票据的所有票据信息。

2. 接入机构应记录其与电子商业汇票系统之间发送和接收的电子商业汇票票据信息，并按规定将该信息向客户展示。票据信息包括票面信息和行为信息。票面信息是指出票人将票据交付收款人后、其他行为发生前，记载在票据上的所有信息。

3. 票据当事人对票据信息有异议的，应通过接入机构向电子商业汇票系统运营者提出书面申请，电子商业汇票系统运营者应在 10 个工作日内按照查询权限办理相关查询业务。

三、电子汇票的基本规定

（一）电子汇票的期限

电子商业汇票为定日付款票据。电子商业汇票的付款期限自出票日起到期日止，最长不得超过 1 年。

（二）电子汇票的签章

1. 票据当事人在电子商业汇票上的签章，为该当事人可靠的电子签名。电子签名所需的认证服务应由合法的电子认证服务提供者提供。可靠的电子签名必须符合《电子签名法》第 13 条第 1 款的规定，以最大限度地保障交易安全。

2. 票据当事人所使用的数据电文和电子签名依法进行，客户开展电子商业汇票活动时，其签章所依赖的电子签名制作数据和电子签名认证证书，应向接入机构指定的电子认证服务提供者的注册审批机构申请。

3. 接入机构、电子商业汇票系统运营者指定的电子认证服务提供者，应对电子签名认证证书申请者的身份真实性负审核责任。电子认证服务提供者依据《电子签名法》承担相应责任。接入机构应对通过其办理电子商业汇票业务客户的电子签名的真实性负审核责任。

（三）交易信息的及时反馈

电子商业汇票系统应实时接收、处理电子商业汇票信息，并向相关票据当事人的接入机构实时发送该信息；接入机构应实时接收、处理电子商业汇票信息，并向相关票据当事人实时发送该信息。

（四）电子汇票的交付

交付是指票据当事人将电子商业汇票发送给受让人，且受让人签收的行为。票据当事人应通过交易平台及时将电子汇票交付给受让人。出票人签发电子商业汇票时，应将其交付收款人。电子商业汇票背书的，背书人应将电子商业汇票交付被背书人。电子商业汇票质押解除后，质权人应将电子商业汇票交付出质人。

（五）权利人的在平台中的指令

1. 签收票据，是指票据当事人同意接受其他票据当事人的行为申请，签章并发送电子指令予以确认的行为。

2. 驳回，是指票据当事人拒绝接受其他票据当事人的行为申请，签章并发送电子指令予以确认的行为。

3. 收款人、被背书人可与接入机构签订协议，委托接入机构代为签收或驳回行为申请，并代理签章。

4. 商业承兑汇票的承兑人应与接入机构签订协议，在符合《电子商业汇票业务管理办法》规定的情况下，由接入机构代为签收或驳回提示付款指令，并代理签章。

5. 交易的例外。出票人或背书人在电子商业汇票上记载了“不得转让”事项的，电子商业汇票不得继续背书转让。

（六）电子汇票交易的撤销

票据当事人通过电子商业汇票系统作出行为申请，行为接收方未签收且未驳回的，票据当事人可撤销该行为申请。电子商业汇票系统为行为接收方的，票据当事人不得撤销。

（七）出票日

1. 电子商业汇票的出票日。电子商业汇票的出票日是指出票人记载在电子商业汇票上的出票日期。

2. 电子商业汇票的提示付款日、拒绝付款日。电子商业汇票的提示付款日是指提示付款申请的指令进入电子商业汇票系统的日期。电子商业汇票的拒绝付款日是指驳回提示付款申请的指令进入电子商业汇票系统的日期。

3. 电子商业汇票追索行为的发生日。电子商业汇票追索行为的发生日是指追索通知的指令进入电子商业汇票系统的日期。

4. 承兑、背书、保证、质押解除、付款和追索清偿等行为的发生日。承兑、背书、保证、质押解除、付款和追索清偿等行为的发生日是指相应的签收指令进入电子商业汇票系统的日期。

四、票据行为

（一）出票

1. 电子商业汇票的出票，是指出票人签发电子商业汇票并交付收款人的票据行为。

2. 电子商业汇票的出票人必须为银行业金融机构以外的法人或其他组织。电子银行承兑汇票的出票人应在承兑金融机构开立账户。

3. 电子商业汇票出票必须记载下列事项：表明“电子银行承兑汇票”或“电子商业承兑汇票”的字样；无条件支付的委托；确定的金额；出票人名称；付款人名称；收款人名称；出票日期；票据到期日；出票人签章。

4. 电子银行承兑汇票的出票人应向承兑金融机构提交真实、有效、用以证实真实交易关系或债权债务关系的交易合同或其他证明材料，并在电子商业汇票上作相应记录，承兑金融机构应负责审核。

（二）承兑

1. 电子商业汇票的承兑，是指付款人承诺在票据到期日支付电子商业汇票金额的票据行为。电子商业汇票交付收款人前，应由付款人承兑。

2. 电子银行承兑汇票由真实交易关系或债权债务关系中的债务人签发，并交由金融机构承兑。电子银行承兑汇票的出票人与收款人不得为同一人。

3. 电子商业承兑汇票的承兑方式：第一，由真实交易关系或债权债务关系中的债务人签发并承兑；第二，由真实交易关系或债权债务关系中的债务人签发，交第三人承兑；第三，由第三人签发，交真实交易关系或债权债务关系中的债务人承兑；第四，由收款人签发，交真实交易关系或债权债务关系中的债务人承兑。

（三）转让背书

1. 转让背书。转让背书是指持票人将电子商业汇票权利依法转让给他人的票据行为。票据在提示付款期后，不得进行转让背书。

2. 电子汇票转让背书应当基于真实、合法的交易关系和债权债务关系，或以税收、继承、捐赠、股利分配等合法行为为基础。

3. 电子汇票贴现。电子汇票贴现是指持票人在票据到期日前，将票据权利背书转让给金融机构，由其扣除一定利息后，将约定金额支付给持票人的票据行为。

4. 电子汇票转贴现。电子汇票转贴现是指持有票据的金融机构在票据到期日前，将票据权利背书转让给其他金融机构，由其扣除一定利息后，将约定金额支付给持票人的票据行为。

5. 电子汇票再贴现。电子汇票再贴现是指持有票据的金融机构在票据到期日前，将票据权利背书转让给中国人民银行，由其扣除一定利息后，将约定金额支付给持票人的票据行为。

6. 电子商业汇票当事人在办理回购式贴现、回购式转贴现和回购式再贴现业务时，应明确赎回开放日、赎回截止日。赎回开放日是指办理回购式贴现赎回、回购式转贴现赎回和回购式再贴现赎回业务的起始日期。赎回截止日是指办理回购式贴现赎回、回购式转贴现赎回和回购式再贴现赎回业务的截止日期，该日期应早于票据到期日。自赎回开放日起至赎回截止日止，为赎回开放期。

7. 持票人申请贴现时，应向贴入人提供用以证明其与直接前手间真实交易关系或债权债务关系的合同、发票等材料，并在电子商业汇票上作相应记录，贴入人应负责审查。

8. 电子商业汇票回购式贴现赎回、回购式转贴现赎回和回购式再贴现赎回应作成背书，并记载下列事项：原贴出人名称；原贴入人名称；赎回日期；赎回利率；赎回金额；原贴入人签章。

（四）质押

电子商业汇票的质押，是指电子商业汇票持票人为了给债权提供担保，在票据到期日前在电子商业汇票系统中进行登记，以该票据为债权人设立质权的票据行为。主债务到期日先于票据到期日，且主债务已经履行完毕的，质权人应按约定解除质押。

（五）保证

电子商业汇票的保证，是指电子商业汇票上记载的债务人以外的第三人保证该票据获得付款的票据行为。电子商业汇票获得承兑前,保证人作出保证行为的,被保证人为出票人;电子商业汇票获得承兑后、出票人将电子商业汇票交付收款人前,保证人作出保证行为的,被保证人为承兑人。

(六) 电子汇票的提示付款

1. 电子汇票的提示付款。电子汇票的提示付款是指持票人通过电子商业汇票系统 向承兑人请求付款的行为。持票人应在提示付款期内向承兑人提示付款。提示付款期为自票据到期日起 10 日,超过提示付款期提示付款的,接入机构不得拒绝受理。

2. 电子商业承兑汇票承兑人在票据到期后收到提示付款请求,且在收到该请求次日起第 3 日仍未应答的,接入机构应按其与承兑人签订的协议付款。

3. 接入机构应及时将持票人的提示付款请求通知电子商业承兑汇票的承兑人。通知方式由接入机构与承兑人自行约定。

(七) 追索

1. 追索分为拒付追索和非拒付追索。其中,拒付追索是指电子商业汇票到期后被拒绝付款,持票人请求前手付款的行为。

2. 持票人在票据到期日前被拒付的,不得拒付追索。持票人在提示付款期内被拒付的,可向所有前手拒付追索。持票人超过提示付款期提示付款被拒付的,若持票人在提示付款期内曾发出过提示付款,则可向所有前手拒付追索;若未在提示付款期内发出过提示付款,则只可向出票人、承兑人拒付追索。

3. 追索时,追索人应当提供拒付证明。拒付追索时,拒付证明为票据信息和拒付理由;非拒付追索时,拒付证明为票据信息和相关法律文件。

4. 持票人因电子商业汇票到期后被拒绝付款或法律法规规定其他原因,拥有的向票据债务人追索的权利时效规定如下:(1)持票人对出票人、承兑人追索和再追索权利时效,自票据到期日起 2 年,且不短于持票人对其他前手的追索和再追索权利时效;(2)持票人对其他前手的追索权利时效,自被拒绝付款之日起 6 个月;(3)持票人对其他前手的再追索权利时效,自清偿日或被提起诉讼之日起 3 个月。

5. 电子商业汇票清偿,必须记载下列事项:追索人名称;清偿人名称;同意清偿金额;清偿日期;清偿人签章。

【本节思考题】

1. 申请贴现的持票人应具备哪些条件?
2. 出票人在什么情况下可以注销以前发的电子商业汇票?

第四节 本 票

一、本票概述

(一) 本票的概念

本票,是指出票人签发的,承诺自己在见票时无条件支付确定的金额给持票人的票据。

1. 本票是一种票据。本票有票据的共同属性和特点，同时又有自身特有的性质和表征，以区别于汇票和支票，不能由其他票据替代。

2. 本票是出票人直接向持票人支付票面金额的票据。这一点体现了本票与汇票、支票的根本区别。本票的付款人就是出票人。[①] 从票据名称上讲，本票之“本”，即“付款人是出票人本人”之义。

3. 本票是出票人承诺于见票时无条件付款的票据。本票由出票人付款，根源于出票人的自付承诺，即出票人记载于本票上的自己到期无条件付款的意思表示。

本票的出票人为付款人，故无须承兑。出票人签发本票之后，负有到期无条件付款的责任。因本票有出票人于到期日无条件付款的性质，故亦称为“期票”。

（二）本票的特点

1. 本票是自付证券。本票由出票人承担付款责任，基本法律关系的当事人仅为出票人和持票人两方，票据权利义务关系相对较为简明，票据权利的行使也简便一些。例如，无须第三人即付款人承兑即可直接请求付款，无须担心票据不获承兑等。

2. 本票以出票人为当然的主债务人，本票出票人对持票人负无条件付款责任。我国《票据法》一方面在本票的定义中指明了出票人的付款是无条件支付；另一方面在第 74 条规定出票人必须“保证支付”，在第 77 条规定出票人在持票人提示见票时“必须承担付款的责任”。

3. 本票为预约支付证券。本票的出票人，承诺于到期日由自己无条件支付票据金额，属于一种“预约支付”，因此本票是预约支付证券。

4. 本票是无须承兑但有“见票”的票据。本票无须承兑，但见票后定期付款的本票，则以“见票”为必要程序。我国《票据法》第 79 条规定，本票的持票人未按照规定的期限提示见票的，丧失对出票人以外的前手的追索权。

5. 本票的出票人仅负付款责任而无承兑担保责任。本票无须承兑，出票人没有承兑担保责任。

6. 本票的背书人负有担保付款责任。本票依背书转让的，背书人对被背书人负有担保付款的责任，持票人到期不获付款时，有权利保全手续的，得对前手行使追索权。

（三）本票的种类

1. 票据法学上对本票的分类。在票据法学上，按照不同的标准，可将本票划分为多种类型。

（1）记名式本票、指示式本票和无记名式本票。这是按照本票上是否记载本票权利人名称所作的分类。这一分类的各种本票，意义与汇票中同一分类相同，仅票种票名不同。例如，记名式本票与记名式汇票的相同处在于均为记名式票据。

（2）见票即付的本票、定日付款的本票、出票后定期付款的本票、见票后定期付款的本票。这种分类的标准与含义，与汇票的相应分类相同。明显差异之处是，见票后定期付款的本票适用“见票”制度。

（3）银行本票和商业本票。这种分类的标准与含义，与汇票的相应分类相同。

（4）国内本票和国外本票。这是英美票据法根据签发和付款地是否为本国所作的分类。凡

---

① 有些票据立法允许“担当付款人”代出票人付款，但是，这是本票的特殊现象，一般规则是以出票人为付款人；我国票据法不承认本票担当付款人制度。

是在本国境内签发并付款的，是国内本票，否则是国外本票。国外本票遭拒绝的，无须作成拒绝证书。国内本票，是否作成拒绝证书，由持票人选择。

2. 我国票据制度中的本票种类。我国《票据法》第 73 条第 2 款所称本票，是指银行本票，从而排除了商业本票。第 75 条规定，本票必须记载收款人名称，未记载的，本票无效，否定了无记名式本票。因此，我国票据制度中的本票，必须是"记名式银行本票"。

《票据法》没有对银行本票下定义，《支付结算办法》将银行本票定义为，银行本票是银行签发的，承诺自己在见票时无条件支付确定的金额给收款人或者持票人的票据。银行本票和商业本票的区别之一，是前者以银行的信用作为票据的担保；后者以银行之外的出票人的信用作为票据的担保。按照《票据法》和《支付结算办法》的规定，银行本票的付款期为 2 个月。

二、出票和见票

（一）出票

本票的出票分为两个环节：一是出票人依照票据法的规定作成本票，即在本票凭证上记载有关记载事项并签章；二是将作成的本票交付收款人。

我国本票的出票人只能是银行，由于《票据法》不认可商业本票，银行之外的法人、自然人均不得签发本票。

1. 出票的效力。

(1) 持票人取得本票权利，对出票人有付款请求权和追索权。本票权利是票据权利，自然包括付款请求权和追索权。

(2) 出票人负有直接无条件付款的责任。出票人因出票行为，对持票人负担了直接付款、无条件付款的票据责任。

2. 出票的记载事项。

(1) 绝对必要记载事项。我国《票据法》第 75 条规定，本票必须记载下列事项：①表明"本票"的字样；②无条件支付的承诺；③确定的金额；④收款人名称；⑤出票日期；⑥出票人签章。缺少上述任何一项，本票无效。

(2) 相对必要记载事项。依《票据法》第 76 条的规定，本票的相对必要记载事项有二：一是付款地；二是出票地。

(3) 任意记载事项。本票上可以记载《票据法》第 75 条、第 76 条规定的事项之外的其他出票事项。

(4) 不得记载的事项。出票人不得在本票上记载任何限制票据权利或有害票据权利的事项；如有记载的，该记载无效，视为未记载。

(5) 本票到期日。我国《票据法》未把本票到期日规定为本票的必要记载事项。《票据法》第 78 条规定，本票自出票日起，付款期限最长不得超过 2 个月。第 77 条规定，本票的出票人在持票人提示见票时，必须承担付款的责任。依这两个条文的含义，本票的持票人在自出票日起到出票日后 2 个月的期限内，随时可以向出票人提示见票，请求付款，而出票人则须于见票时予以付款。显而易见，银行本票是"见票即付"的票据，我国《票据法》仅认可这一种本票到期日。

（二）见票

1. 见票的意义。见票，是指本票的出票人，基于持票人的提示，为确定见票后定期付款的本票的到期日,在本票上记载"见票"字样及日期,并且签名的行为。

虽然见票发生使到期日得以确定的法律效果,但是出票人在见票之前就负有无条件付款的义务和见票的义务,见票只是使履行付款义务的日期确定而已。

2. 见票的效力。见票的效力表现在两个方面:(1)确定到期日。(2)保全追索权。持票人提示见票,见票人可能予以"签见",也可能拒绝见票。签见的,发生到期日确定之效果;拒绝见票的,持票人得在规定的期限内作成拒绝证书,以便行使追索权。持票人未在规定期限内提示见票的,丧失对前手的追索权。

3. 我国《票据法》上见票的意义和效力。我国《票据法》不承认见票后定期付款的本票,本无"见票制度"可言,但该法第 73、77、79 条三条中均有"见票"字样。为准确理解法条含义,辨析如下:

(1)"见票"二字,有两种含义:①指票据债务人经持票人提示票据,验看审查票据的行为。例如,持票人向付款人提示"见票即付"的票据,请求付款,付款人见票即应足额付款。此处之"见票",即属这种意义。②特指见票后定期付款的本票的出票人,经持票人提示本票请求确定到期日,验看审查本票,在本票上"签见",签名并载明见票日期,然后将本票交还持票人的行为。这种意义上的见票,既可以理解成一种程序,即"见票程序";又可以看做一种制度,即"见票制度"。从程序和制度的角度讲,它为本票所特有,又为"见票后定期付款的本票"所仅有,其他票据则不必适用这一制度。

(2)我国《票据法》中的"见票"是指请求付款,没有确定本票到期日的作用。《票据法》仅认可"见票即付"本票,这种本票,持票人向出票人提示本票,就是请求付款。因其为见票即付,不需要见票程序来确定到期日,因此,可以对上述三个条文中的"见票"二字,理解为持票人请求付款。

三、汇票规范对本票的适用

(一)汇票规范对本票的适用的概念

汇票规范对本票的适用,在票据法学上也叫做汇票规范的准用,是指因本票与汇票具有若干相同之处,为避免重复立法,在不违反本票性质的前提下,规定本票适用汇票的有关规定。

(二)我国《票据法》对本票准用汇票规范的规定

《票据法》第 80 条规定:"本票的背书、保证、付款行为和追索权的行使,除本章规定外,适用本法第二章有关汇票的规定。本票的出票行为,除本章规定外,适用本法第二十四条关于汇票的规定。"下面对这个规定作简要析解。

1. 我国《票据法》对汇票规范之准用,采用"概括式"和"列举式"相结合的立法方式。[①] 从上述第 80 条的内容可见此特点,无须赘言。

2. 本票的出票仅适用《票据法》第 24 条一个条文。《票据法》第三章关于本票的规定,自第 73 条至第 80 条共 8 个条文。其中,第 73 条规定本票仅限银行本票,由此决定了这种本票只能由银行签发;第 74 条关于出票人资金来源的规定,虽然涉及本票基础关系,反映出立法对本票诈欺的警惕和告诫,终与出票有关;第 75、76 条分别为本票的绝对必要记载事项和相对必要记载事项,与出票的密切关系自不待言;第 78 条为关于本票付款期限之规定,出票时必须奉行;第 80 条第 2

---

① 我国《票据法》第 94 条关于支票准用汇票规范的规定,也采取这种做法。

款，是出票准用第 24 条汇票"可以记载但不生票据上效力之事项"的规范。据此，本票出票准用的汇票规范仅限于第 24 条。

3. 本票的背书和保证完全适用汇票的有关规定。

4. 本票的付款，除《票据法》第 73 条第 1 款、第 76–78 条的规定外，适用汇票付款的有关规定。适用于本票付款的包括关于汇票付款规定中的第 53 条第 2 款、第 3 款，以及第 54–57、59、60 条。

5. 本票的提示付款，不适用第 53 条第 1 款第 1 项关于见票即付汇票提示付款的规定。

6. 本票追索权的行使，适用第 79 条和汇票追索权的有关规定。但这些规定中与本票性质不合者，如有关承兑的规定等，不得适用。

【本节前沿问题】

我国票据法应否承认商业本票

我国《票据法》只规定了银行本票，不承认商业本票，这种做法不能完全适应社会主义市场经济发展的需要。商业活动中，公司法人能否依照法律的规定签发商业本票，不仅是金融管理方面的问题，还牵涉公司的信用权利能力、公司在市场上的融资条件等，因此，立法不承认商业本票，绝不是个小问题。但是，由于我国市场经济发育还不十分健全，法律体系和信用机制也存在很多缺陷，承认商业本票固然有有利的一面，但不可避免地也会有不利的影响。在理论研究中，如何做到既承认商业本票又防止其消极影响，是一个具有一定难度的问题。

【本节思考题】

1. 如何理解见票的意义？
2. 本票的见票有哪些规则？
3. 为什么本票准用汇票的规范？

第五节 支　　票

一、支票概述

（一）支票的概念

支票，是指出票人签发的，委托办理支票存款业务的银行或者其他金融机构在见票时无条件支付确定的金额给收款人或者持票人的票据。从支票的定义可以看出，支票具有以下几个特征：

1. 支票是一种票据。支票与汇票、本票一样，是以无条件支付一定金额为内容的有价证券，具有票据的所有性质。

2. 支票是出票人委托办理支票存款业务的银行或者其他金融机构付款的票据。

（1）支票是委托证券。这一点与汇票同而与本票异，英国《票据法》正是基于这一点认定支票为汇票之一种。该法第 73 条规定，支票是以银行为付款人的凭票即付汇票。支票的基本法律关系当事人，包括出票人、持票人、付款人三方，出票人以出票记载事项中的委托文句，委托付款人付款。

（2）支票的付款人有资格限制。各国票据法上，支票的付款人均被限定为银行或其他金融机构。这一点与汇票和本票均不相同。汇票和本票的付款人没有资格之限制。

(3) 支票的出票人与委托的付款人之间须有资金关系。

首先,出票人须为委托付款人的存款账户开立人,即在付款人处有存款账户。反过来说,就是“付款人须为出票人的开户银行”。

其次,出票人在付款人处开立的存款账户中,须有足以支付支票金额的存款金额,否则,付款人得以“空头支票”之法律规范为依据,不予付款。我国《票据法》第 87 条规定,支票的出票人所签发的支票金额,不得超过其付款时在付款人处实有的存款金额;出票人签发的支票,金额超过其付款时在付款人处实有的存款金额的,为空头支票,禁止签发空头支票。

3. 支票为见票即付的票据。支票的效能在于满足快速付款之需要,信用价值不大,因此,其付款时间越短越好,见票即付足可达到这个目的。我国《票据法》第 91 条虽然规定支票的持票人应当自出票日起 10 日内提示付款,但这不是到期日,而是提示付款的期限,在出票日至提示付款期限届满前的任何一日,持票人都有权提示付款。《票据法》第 90 条规定,支票限于见票即付;第 89 条第 2 款规定,出票人在付款人处的存款足以支付支票金额时,付款人应当在当日足额付款。

(二) 支票的特点

与汇票、本票相比较,支票有下列特点:

1. 付款人资格有限制。支票的付款人限于出票人开立存款账户的银行和其他金融机构。

2. 支票的出票人与付款人之间须有资金关系。汇票的出票人与付款人之间不必先有资金关系。本票是出票人付款,无资金关系可言。

3. 支票的出票人与付款人之间先有支付委托合同。只有在银行开户,且与开户行订有支付委托合同的存款人,才能从开户行或信用社买到空白支票凭证,在使用支票时签发。

4. 支票为见票即付的票据。

5. 支票无须承兑或见票,提示票据就是请求付款。

6. 支票的主债务人是出票人。

7. 支票的出票人承担付款保证责任。

8. 支票无须保证。

9. 支票可为空白授权出票。依我国《票据法》第 85 条、第 86 条的规定,支票出票时,金额、收款人名称均可空白,由出票人授权持票人补记。汇票和本票则不得签发空白票据。

10. 支票有无记名式。我国《票据法》不允许汇票和本票以无记名方式签发,却认可支票可为无记名方式。在《统一汇票和本票法》和《统一支票法》中,也是如此。

11. 支票有划线制度。在支票相关法律制度中,有关于划线支票的规定,划线支票的收款人仅限于银行或付款人的客户,安全性较大。汇票和本票均不得划线。

12. 支票信用作用弱而支付功能强。按照我国《票据法》第 91 条的规定,除异地使用的支票由中国人民银行另定外,同城使用的支票,提示付款的期限为自出票日起 10 日内。由于付款提示期限短,出票人自收款人处得到信用的时间就很短,支票的信用功能就很弱。

13. 支票有“存根”,只供出票人留存备查和记账使用,不是支票的复本或誊本。

(三) 支票的种类

1. 记名支票和无记名支票。支票依出票时是否记载收款人名称,分为记名式和无记名式两种。记载收款人名称的,是记名支票;不记载收款人名称的,是无记名支票。

2. 现金支票、转账支票、普通支票。这是按照支票支付方式上的不同所进行的划分。现金支票是只能用于支取现金的支票。转账支票是只能用于转账,不能支取现金的支票。既可支取现金又可转账的,是普通支票。

3. 一般支票和变式支票。按照支票当事人有无资格兼充,可将支票分为一般支票和变式支票。一般支票,是出票人委托自己的存款银行或其他金融机构于见票时向持票人无条件支付票面金额的支票。它的当事人为三方,没有身兼两种当事人的现象。变式支票,是指当事人身兼两种当事人的支票。变式支票包括以下三种:(1)指己支票,即出票人记载自己为收款人的支票。(2)对己支票,即出票人载明自己为付款人的支票。(3)受付支票,即付款人兼为收款人的支票。我国《票据法》第86条第4款认可了"指己支票"。

4. 保付支票和划线支票。保付支票,是付款人在支票上为保证付款之记载,负担绝对付款责任的支票。划线支票,也叫做平行线支票,是指出票人、背书人、持票人在支票正面画平行线两道,将收款人限定于银行、其他金融机构或它们的客户的支票。

划线支票共有两种形式:(1)普通划线支票。其形式为,在支票正面划两条平行线,两线之间不记载文字或只记载"银行"二字。对于这种支票,付款人只能向银行或银行的客户付款。(2)特别划线支票,即在两条平行线之间记载特定银行名称的支票。对于这种支票,付款人只能向平行线内记载的银行付款。

划线支票较一般支票更具安全性,而特别划线支票比普通划线支票的安全性更大。

5. 即期支票和远期支票。在支票实务中,还有即期支票与远期支票的习惯性分类。即期支票,是指支票上记载的出票日与实际出票日一致,可即时提示付款的支票。远期支票,是指把未来的一个日期记载为出票日的支票。我国《票据法》尚未认可远期支票。

二、支票的出票

(一) 出票的概念、条件和效力

1. 出票的概念。支票的出票,是指在银行或者其他金融机构开立支票存款账户的人,依照票据法的规定作成支票并交付收款人的票据行为。

2. 出票的效力。

(1) 对收款人或者说持票人,产生取得票据权利的效果。

(2) 对出票人,产生担保付款责任。

(3) 对付款人,产生依支票文义付款的权利。

(二) 支票的记载事项

1. 绝对必要记载事项:(1)表明"支票"的字样;(2)无条件支付的委托;(3)确定的金额;(4)付款人名称;(5)出票日期;(6)出票人签章。

2. 相对必要记载事项。《票据法》第86条规定了支票的三个相对必要记载事项,即收款人名称、付款地、出票地。我国《票据法》允许出票时不记载收款人名称,签发无记名支票。如《票据法》第87条第1款规定,支票上未记载收款人名称的,经出票人授权,"可以"补记。收款人名称成为支票的相对必要记载事项,支票上不记载的,推定持票人为收款人。

3. 可以记载但不生票据上效力的记载事项。支票上可以记载《票据法》第84、85条规定的事项以外的其他出票事项,但是这种记载事项不具有支票上的效力。

4. 不得记载的事项。凡有悖支票性质和有害支票权利的事项,均不得记载于支票上。若有此种记载,皆为无效记载。《票据法》第 90 条特别规定,支票限于见票即付,不得另行记载付款日期。另行记载付款日期的,该记载无效。

(三) 空白授权票据的出票

1. 空白授权票据的概念。空白授权票据,是指出票人签名于票据之上,将票据其他应记载事项的一部或者全部,授权持票人补充的票据。

2. 空白授权票据的效力。

(1) 持票人获得补充权。持票人的补充权是形成权。持票人有权以自己认为适当的文义加以补充。依照与出票人的约定补充的,自无争议。出票人对补充记载事项有异议的,不得对抗补充后善意取得票据的持票人。对越权补充者,出票人则有权要求赔偿损失,但应负举证责任。

(2) 票据债务人不得以票据有补充记载对抗持票人,补充记载事项的票据效力与完全出票相同。

(3) 未补充完整的票据,不具有票据效力。不发生效力的空白授权票据,持票人不能行使票据权利,也不存在权利保全、公示催告和除权判决等问题。失票人可以挂失止付方式保护自己。失票人对不法占有空白授权票据的人,有民法上的原物返还请求权。

(4) 票据债务人对基于恶意或重大过失取得越权补充的票据的持票人,可行使抗辩权。

三、汇票规范对支票的适用

《票据法》第 93 条规定:“支票的背书、付款行为和追索权的行使,除本章规定外,适用本法第二章有关汇票的规定。支票的出票行为,除本章规定外,适用本法第二十四条、第二十六条关于汇票的规定。”对该规定,略作解析如下:

(一) 关于支票出票准用的汇票规范

依《票据法》第 93 条第 2 款,对于支票的出票行为,有两个适用条文,即《票据法》第 24 条和第 26 条。前条为票据上“可以记载但不生票据上效力的记载事项”的规定,后条为有关出票人担保责任之规定。

(二) 关于支票背书准用的汇票规范

我国《票据法》规定支票背书完全适用汇票背书之规定。

(三) 关于支票付款准用的汇票规范

《票据法》第 93 条规定,“除本章规定外”,方可适用汇票有关规定。《票据法》第四章关于支票付款的规定有:第 83 条规定,支票支付方式与付款直接有关,付款人应按支票种类支现或转账;第 86 条规定,付款人应向持票人付款,在付款人营业场所付款;第 87 条规定,不得对“空头支票”付款;第 88 条规定,不得对与出票人预留本名的签名式样或印鉴不符的支票付款;第 89 条第 2 款规定,出票人于提示期限内提示付款,出票人在付款处的存款足以支付的,付款人应当在当日足额付款;第 91 条规定,持票人应在规定的提示付款期限内提示付款,逾期的,付款人可不予付款,付款人不予付款的,出票人仍应当对持票人承担票据责任;[①] 第 93 条规定,关于付款效果的规

---

① 此项责任,依法则为被追索的清偿责任,应依照《票据法》第 26 条、第 70 条、第 71 条的规定进行处理。但在实务中,不妨由出票人收回已过期之支票,另签发一同金额之支票,亦可息事。

定，付款人依法付款后，对出票人、持票人再无责任，但是，以恶意或者有重大过失而错付的，应适用第 57 条第 2 款规定。除此之外，可以适用的汇票规定有《票据法》第 53 条第 3 款、第 55–57 条、第 59–60 条。

（四）关于支票追索权行使准用的汇票规范

支票不获付款的追索，除本应适用《票据法》第 91 条的规定外，还准用第 61—72 条的规定，对这些条文中与支票性质不合者，如承兑、保证等规定，则应予排除。

【本节前沿问题】

空白支票的法律问题

空白支票问题是困扰社会和票据法学的问题。我国《票据法》允许签发、转让空白支票，极大地方便了交易，但是，在空白支票的流通过程中，有些持票人由于没有在支票上签名，退出了票据关系，导致最后的持票人在请求付款时不能向这些"曾经的持票人"行使票据追索权。因此，一旦遭到银行拒付而出票人又没有支付能力的时候，持票人就会蒙受损失。如何防止"空白支票"带来的这个负面影响，是票据立法和理论研究的一个难点。

【本节思考题】

1. 支票与见票即付的汇票有什么重要区别？
2. 同记名支票相比，空白支票有何利弊？

第六节 涉外票据的法律适用

一、涉外票据的意义

《票据法》第 94 条第 2 款规定："前款所称涉外票据，是指出票、背书、承兑、保证、付款等行为中，既有发生在中华人民共和国境内又有发生在中华人民共和国境外的票据。"从这个定义可以看出，认定某张票据是否是涉外票据的根据，是该票据上有无记载既发生在国内又发生在国外的票据行为，而不是以该票据的当事人中是否有外国人为标准认定涉外票据。

由于国际贸易的发展，不同国家之间的票据往来成为普遍现象。不同国家的票据制度有所不同，各国之间的票据关系的法律适用便难免发生冲突。解决冲突的办法是确定票据行为的准据法，即涉外票据的适用法律。我国与外国的经济往来，不可避免地会发生涉外票据及其法律适用的问题。即在出票人行为能力、票据行为方式及效力、追索权的行使等方面，我国法律与有关其他国家的法律规定不一致时，应该以何法为准的问题。易言之，即票据法发生冲突时，如何确定准据法的问题。《票据法》第五章就此作了规定。

二、涉外票据法律适用的原则

《票据法》第 96 条规定了涉外票据法律适用的原则，具体包括：

1. 我国缔结或参加的国际条约优先适用的原则。凡缔结或参加国际条约的国家，均采取"国际条约优先适用"原则，规定在国内法与缔结或参加的国际条约规定不一致的情况下，除保留条款外，优先适用该国际条约。我国亦不例外。

《票据法》第 95 条第 1 款规定："中华人民共和国缔结或者参加的国际条约同本法有不同规定的，适用国际条约的规定。但是，中华人民共和国声明保留的条款除外。"到目前为止，我国还没有参加专门性的票据国际条约。当然，不排除将来参加的可能性。

2. 保留条款除外的原则。我国对缔结或参加的国际条约的某些规定，声明保留的，不适用"国际条约优先适用"原则，而以本国法为准。

3. 国际惯例补充适用原则。《票据法》第 95 条第 2 款规定："本法和中华人民共和国缔结或者参加的国际条约没有规定的，可以适用国际惯例。"

三、涉外票据法律适用的具体规定

我国《票据法》第 96 条至第 101 条对涉外票据的民事行为能力、记载事项、附属的票据行为、追索权行使期限和有关条件、票据丧失后的票据权利保全程序等，作出了法律适用方面的规定。

（一）票据债务人的民事行为能力

票据债务人的民事行为能力适用其本国法律。但是，票据债务人依其本国法为无民事行为能力或者限制民事行为能力，而依行为地法为完全民事行为能力的，适用行为地法律（《票据法》第 96 条）。

关于涉外票据中如何认定票据债务人的民事行为能力，国际上有三种立法例：

1. 依票据债务人本国法，即"本国法主义"。欧洲大陆一些国家采用此立法。

2. 依行为地法，即"行为地法主义"。英美等国如此规定。

3. 一般适用其本国法，但本国法认为其民事行为能力有欠缺而行为地法认为其为完全民事行为能力的，依行为地法。此为"折衷主义立法"。

（二）票据行为的方式

票据行为方式的法律适用，涉及出票的记载事项、背书、承兑、保证、付款等应适用何国法律的问题。

统一法系国家的一般做法是基本适用行为地法，但有极少的例外。英美法国家也大体如此。我国《票据法》第 97 条、第 98 条规定了票据行为方式的法律适用。按其规定，汇票和本票的出票记载事项，适用出票地法律；支票的出票记载事项，适用出票地法律，但经当事人协议适用付款地法律的，依照协议。涉外票据的背书、承兑、付款、保证等行为，一体适用行为地法律。

（三）追索权的行使和保全

追索权的行使和保全手续密不可分。票据权利保全手续欠缺，是追索权丧失的原因，而票据权利保全手续应在付款人所在地完成，这样，就必然涉及付款地法律。我国《票据法》第 100 条规定，票据的提示期限、有关拒绝证明的方式、出具拒绝证明的期限，适用付款地法律。

追索权的行使期限，即追索权的时效，事关背书人、保证人、出票人等多方票据债务人，而这些人有可能不同属一国，适用付款地或其他地方的法律，对追索权的行使均不妥或不便，适用出票地法律则要好得多。我国《票据法》第 100 条规定，追索权的行使期限适用出票地法律。

(四) 失票后票据权利保全程序

票据丧失时,失票人请求保全票据权利的程序,适用付款地法律。

【本节思考题】

1. 涉外票据包括哪些票据?
2. 我国涉外票据的法律适用的原则有哪些?

第八章 保 险 法

【导语】

保险是一种经济工具与避险工具，可以使被保险人在未来遭受风险时获得保障。

保险法属于商法，是民商法的特别法，因此，其概念、性质、内容及适用均与民商法的一般规则和方法衔接统一。但保险法又具有不同于其他商事法律部门的、独有的特征，而这些特征在推动保险制度发展和完善的过程中，进一步衍生出了几项独特的基本原则——最大诚信原则、保险利益原则、损失补偿原则和近因原则等。①

保险合同是私法上的合同，它以民事合同法的一般理论为基础，同时也要符合保险制度的特殊要求。本章从一般和特殊两个方面，讨论了保险合同所涉及的理论问题，同时也兼顾了保险合同实务操作中的程序问题。

保险业法，是调整国家对保险市场及市场主体组织和经营活动监管关系的法律规范的总和。因此，保险业法的本质属性是管理法或监管法，保险监管是贯穿保险业法的灵魂。本章以监管法的视角阐述了我国保险监管的体制和方式，以及我国保险组织监管、保险经营监管和保险中介人监管法律制度的具体内容。

第一节 保险制度概述

一、保险及其制度分析

（一）保险的概念与要素

1. 保险的概念。关于保险的概念，国内外学者说法不一，主要包括两大学派，即损失说与非损失说②。损失说主要从损失补偿的角度解释保险；非损失说则为寻求保险的统一性质而从技术、欲望满足等角度阐释保险。实际上，保险的概念可从不同角度、不同层次，运用不同方法进行界定。

从经济关系的角度来看，首先，保险是一种分散危险、消化损失的经济补偿制度。其次，保险是一种金融活动，保险资金的积聚、保险公司运用保险资金进行投融资等经营活动均属于金融活动。最后，保险是一种投资方式，就保险人而言，是以经营危险获取收益的一种商业投资；就投保人而言，是对其在财产保险中的财产损失或人身保险中的死亡、伤残、疾病等的一种经济补偿，在人寿保险中则是一种附条件的投资回报。

从法律的角度来看，保险首先是一种法律制度，保险活动是由法律来规范和调整的，保险业

① 实际上，这几项基本原则均为保险合同法的基本原则，足见保险制度的基础仍是保险合同，保险法律的主体乃保险私法。

② 损失说以英国学者马歇尔(Samuel Marshal)为代表，包括损失赔偿说、损失分担说、风险转移说、人格保险说等分支学说。非损失说主要包括以意大利商法学者费芳德（C.Vivante）为代表的保险技术说与以意大利学者戈比（U. Gobbi）和德国经济学家门斯（A.Manes）为代表的欲望满足说。

只有依法经营、依法管理，才能健康有序地发展。其次，保险是一种双务有偿的射幸合同关系，即投保人按照约定向保险人交付保险费，保险人按照合同约定承担赔偿或给付保险金责任。

我国《保险法》第 2 条对保险的法律定义为："本法所称保险，是指投保人根据合同约定，向保险人支付保险费，保险人对于合同约定的可能发生的事故因其发生所造成的财产损失承担赔偿保险金责任，或者当被保险人死亡、伤残、疾病或者达到合同约定的年龄、期限等条件时承担给付保险金责任的商业保险行为。"由此可见，我国保险法针对具体财产损失和抽象人身损失分别通过"损失填补"和"定额给付"对保险作出了定义。

2. 保险的要素。

(1) 必须以存在的不确定的纯粹危险为前提。保险源于危险，无危险则无保险。所谓危险，是指将来遭遇自然灾害或意外事故导致财产损失或人身伤亡的可能性。保险制度的功能在于分散危险、转移风险，因此，保险以危险为经营对象。但是，并非所有的危险都可成为保险的对象，只有具有不确定的危险，且于危险发生后不可能产生收益而只可能产生损失的纯粹危险，才是可投保的危险。不确定的危险分以下三种情形：

第一，危险发生与否不能确定，即危险的因素是客观存在的，但是是否发生却不能确定。绝对不可能发生的危险和一定会发生的危险都不是保险危险。

第二，危险发生的时间不能确定，即危险肯定会发生，但是何时发生不能确定的。例如，人的死亡，一定会发生，但无法确定发生的时间，因而死亡是保险人承保的危险。

第三，危险所导致的后果不能确定，即某一自然灾害或者意外事故是否会造成损失以及造成多大损失是无法确定的。

(2) 必须以多数人的互助共济为基础。保险制度的产生，是为了弥补单个人抵御风险能力的不足，集合众人的力量，从而形成了一套经济上合理、操作上规范的制度。通过这个制度，负担同类危险的人分别缴纳一定的保险费给保险人，建立一个足以覆盖共同体成员因不幸而遭受损失的保险基金，当个别投保人因为遭遇保险危险而遭受损失时，由保险人弥补他的损失，从而实现保险风险转移(risk transfer)和风险分散(risk spreading)。保险的社会互助共济性要求有尽可能多的人参加，参加保险的人越多，保险基金的积累就越多，保险人偿付的能力就越强，被保险人获得保障的程度也就越高。

(3) 必须以对危险事故所致损失进行补偿为目的。保险的目的并不是阻止事故的发生，而是对危险事故造成的损失给予经济补偿。订立保险合同的最终目的在于以经济上的补偿来分担当事人遭受的损害。虽然在人寿保险当中，人的生命和健康的损失并非经济性损失，也不能用金钱来弥补，但是，制度可以救济的手段有限，因而只能用保险金给付的方式慰藉被保险人、受益人或其继承人。唯不同者，在损失补偿性的保险中，给付保险金的数额依被保险人的损失计算；而在人寿保险当中，给付保险金的数额则依双方当事人订立合同时的约定确定。

(二) 保险的特征

1. 保险是一种商事法律行为。首先，保险是一种法律行为。保险是以保险人与投保人之间的契约为基础而产生的法律关系，是当事人意思表示一致的结果。其次，保险关系中的保险人是商事主体。保险人与投保人之间、保险人与被保险人之间的保险法律关系，是基于保险人这一特定的商事主体所进行的营利性经营活动缔结的。最后，保险是有对价的、以营利为目的的商事法律行为。保险人按照商业经营原则从事保险业务经营活动，其实质是特殊商品——风险的交易关系。在这种特殊商品交易中,投保人支付保险费作为对价,保险人负担危险,并在保险事故发生后向被保险人支付保险金。因此,在法律性质上,保险是一种商事法律行为。

2. 保险是一种经济补偿制度,这种经济制度的目的在于使参加保险者因危险的发生而致损失时,得到金钱或实物作为补偿,从而保障正常的社会生活秩序。保险的补偿是有条件的:一方面,必须有保险事故的发生,并且被保险人因此而遭受损失或损害。如果有保险事故发生,但被保险人并不是实际遭受损害的人,也不能获得保险赔偿。另一方面,发生的必须是保险责任范围内的保险事故。如果保险合同是就财产保险利益投保,而被保险人所遭受的是人身伤害,则不能获得保险金请求权。

3. 保险关系是一种合同法律关系。在这种关系当中,当事人双方根据约定,一方支付保险费,另一方负有承担风险的责任。因此,保险合同是一种双务有偿合同。保险合同与一般的民事合同的区别,主要体现在以下两个方面:

(1) 保险合同的标的及对价不同于一般合同。一般合同的达成建立在交易双方对交易标的物的使用价值或价值不同评估基础之上,而保险产品要求风险和保费相适应,即所谓对价平衡原则(又称"给付均等原则")。基于保险人作为准金融机构所应承担的社会责任以及保险人与投保人之间的不平衡地位,保险业的经营要求禁止不合理利润①,即保险人经营保险,即使获得投保人或其利害关系人的同意,也不可获得不合理的高额利润。

(2) 保险合同的双务性不同于一般合同。其特殊性表现在保险人与被保险人的权利义务不对等。就单个保险合同来看,有的保险合同在履行过程中,投保人交付了保费,但因未发生保险事故而得不到补偿,而保险人因此获得了保费收入。也有的保险合同在履行过程中,投保人获得了远远大于保费的补偿。另外,保险合同不得为无偿合同,这是由它的互助共济的机制决定的。

4. 保险是一种特殊的损害赔偿法律关系。我国台湾学者曾世雄教授在分析损害赔偿的发生原因时指出,损害赔偿的发生原因可分为四类,即除契约关系、侵权关系、法律规定外,还有保险契约。并且,后者发生的损害赔偿与一般契约关系和侵权行为发生的损害赔偿迥然不同,前两者有一共同因素,系对契约义务或法律规定的不得侵害他人权利的义务的违反;而保险契约中保险人进行保险给付,以保险事故的发生为条件,保险给付乃保险契约的履行,并无任何上述违反义务的色彩。故基于保险契约发生的损害赔偿,应自成一独立类型。② 由此可见,保险不同于一般的损害赔偿民事法律关系。保险合同具有射幸合同的特性,保险事故的发生,与承保人的行为无关,而承保人承担损害赔偿之责任系基于法律规定或保险合同确定的义务,而非其侵权或违约行为。

(三) 保险的分类

1. 根据保险标的的不同来区分。保险标的是指作为保险对象的财产及其利益或者人的寿命和身体。根据保险标的的不同,我国《保险法》将保险分为人身保险和财产保险。

人身保险(personal insurance)是以人的寿命、健康和身体作为保险标的的保险。具体可分为人寿保险(life insurance)、健康保险(health insurance)、意外伤害保险(accident insurance)、年金保

---

① 参见刘宗荣:《新保险法:保险契约法的理论与实务》,台湾翰芦图书出版有限公司 2011 年版,第 7—8 页。

② 参见曾世雄:《损害赔偿法原理》,中国政法大学出版社 2001 年版,第 9—10 页。

险(annuities)①等。当人们遭受不幸或因疾病、年老丧失工作能力、伤残、死亡或退休后,根据保险合同的约定,保险人对被保险人或受益人给付保险金或年金,以解决病、残、老、死所造成的经济困难。

财产保险是以财产及其有关利益为保险标的的保险,又称产物保险。财产保险既可承保积极的财产损失,又可承保消极的财产损失。具体可分为财产损失保险、责任保险、信用保险、保证保险等。

案例研讨

白志富诉中国人寿健康保险合同纠纷案

2. 根据保险利益的基本分类来区分。保险利益是保险合同的核心,以保险利益的存在基础在经济上可否计算为标准,可将其分为具体性保险利益和抽象性保险利益,在此基础上,可将保险分为损失补偿性保险和定额给付性保险。

以具体性保险利益为标的订立保险合同,其所载保险利益可为经济上的衡量,即为损失补偿性保险。在当事人没有特别约定的情况下,所有财产保险合同和人身保险合同中有关医疗费用、丧葬费用、债务保证的保险,均属损失补偿性保险,在这种保险当中,保险人只负责赔偿被保险人实际遭受的损失,而不是按照签订合同时合同中约定的保险金额进行赔偿。其理论基础是:保险制度只是一个社会共担风险的机制,给任何一个被保险人多于其所遭受损失的赔偿,都可能违背大数法则的精算结果,削弱保险人对其他被保险人的赔付能力。将被保险人受到赔偿的范围限定于其所受的损失,是为了保证整个保险制度的发展。

以抽象性保险利益为标的订立保险合同,并在保险合同中约定保险赔偿的范围的,即为定额给付性保险。基于生命、健康和身体的无价性,人寿保险以及健康和意外伤害保险中的死亡和残疾保险一般为定额保险。对于定额给付保险,当事人可以自由约定保险金额,于保险事故发生时直接以该金额给付之。

3. 根据保险的实施形式不同来区分。根据保险的实施形式的不同,可将保险分为自愿保险和强制保险。

自愿保险,也称任意保险,是投保人与保险人在平等自愿的原则下,根据保险合同而形成的保险关系。自愿保险中投保人可以中途退保,但另有规定的除外,例如,我国《保险法》第 50 条规定:“货物运输保险合同和运输工具航程保险合同,保险责任开始后,合同当事人不得解除合同。”

强制保险,也称法定保险,是国家基于对社会公共利益、社会安全及国有财产安全等的考虑,以颁布法律、法规的形式来规定一定范围内的民事主体或保险标的必须按规定投保的保险。我国目前除机动车交通事故第三者责任采取强制保险外,在煤矿企业对煤矿井下作业职工的意外伤害、建筑施工企业对从事危险作业的职工的意外伤害、旅行社就自身对游客的责任等领域也建立了强制保险制度。

4. 根据保险人承担责任的次序不同来区分。根据保险人承担责任的次序及保险危险转移层次的不同,可将保险分为原保险与再保险。

原保险,也称第一次保险,是指由保险人直接承保业务并与投保人签订保险合同,对于被保险人因保险事故所遭受的损失,承担直接的原始赔偿责任的保险。一般所言“保险”均指原保险。

---

① 我国《保险法》并未对人寿保险、健康保险、意外伤害保险、年金保险等作出具体的规定和详细的区分。实际上,年金保险是依保险给付方式而不是依保险事故进行的分类,与其他三种保险区分的标准有所不同。

再保险，也称分保险、第二次保险，是指对原保险的保险责任再予以承保的保险。具体来说，再保险是保险人通过订立合同，将自己已投保的风险，全部或部分转移给一个或几个保险人，从而降低自己所面临的风险，不致因一次重大危险事故的发生而无法履行支付赔偿保险金义务的保险行为。再保险是以原保险人的部分保险责任作为保险标的的保险，分出自己承保业务的保险人为原保险人，接受再保险业务的保险人为再保险人。

再保险有商业分保（自愿再保险）和法定分保（强制再保险）之分。我国《保险法》第 103 条第 1 款对法定分保作出规定："保险公司对每一危险单位，即对一次保险事故可能造成的最大损失范围所承担的责任，不得超过其实有资本金加公积金总和的百分之十；超过的部分应当办理再保险。"

关于再保险的责任承担，《保险法》第 29 条规定："再保险接受人不得向原保险的投保人要求支付保险费。原保险的被保险人或者受益人不得向再保险接受人提出赔偿或者给付保险金的请求。再保险分出人不得以再保险接受人未履行再保险责任为由，拒绝履行或者迟延履行其原保险责任。"

5. 根据保险的目的和功能的不同来区分。依照保险的目的和功能的不同，可将广义上的保险分为相互保险、商业保险、社会保险、政策性保险，四者在运作基础、运作机构、保险宗旨及具体类别等方面存在诸多差异，我国《保险法》的调整对象仅限于商业保险。

相互保险，是由对特定危险事故具有利害关系的主体自行组合形成保险团体，不对团体外的成员承保，不以营利为目的的保险。如船东互保协会。

商业保险，也称经营性保险，是指保险公司按照商业经营的原则经营的各种保险。商业保险以营利为目的，进行独立经济核算。

社会保险，是国家为实现某种社会政策或保障公民利益而采取的一种经济补偿手段。它是在既定的社会政策下，由国家通过立法手段对全体社会公民强制征缴保险费，形成保险基金，用以对其中因年老、疾病、生育、伤残死亡和失业而丧失劳动能力或失去工作机会的成员提供基本生活保障的一种社会保障制度。社会保险的对象为全体公民，保险费由政府、企业或雇主、被保险人等共同分担，目的在于保障社会成员的基本生活，且不以营利为目的，运行中若出现赤字，国家财政将给予支持。

政策性保险，是国家为了体现一定的国家政策，如产业政策、国际贸易等，通常会以国家财政为后盾而举办的不以营利为目的的保险。常见的政策性保险有出口信用保险、投资保险等。

我国现行《保险法》的立法体系主要是按照财产保险和人身保险的逻辑体系构建起来的。除上述分类之外，根据保险保障的主体，可将保险划分为个人保险和团体保险；根据保险标的的价值确定方式，可将保险划分为定值保险和不定值保险；根据承保同一风险的保险人的人数，可将保险划分为单保险和复保险。

（四）保险的职能和作用

1. 保险的职能。保险的职能，是指保险在社会经济生活中所固有的功能。就单个保险行为来说，它的职能是补偿被保险人所遭受的损失，但若将保险放在整个社会条件，从保险制度的整体机制来看，保险的职能则在于共担风险，保险人只是把社会上的风险集中起来进行管理而已。现代社会，人们通过人寿保险不仅可以把生命、健康以及随着年龄增长收入降低的风险转移给保险人，还可以在保险到期后取得保险费的累积及收益，所以，人寿保险具有投资的功能。此外，有的保险还具有担保的功能，准此以言，现代保险的职能更加广泛了。保险的职能可分为基本职能和派生职能两大类：

(1) 基本职能——经济补偿职能。从微观的角度来看，就单个个体而言，保险可使其在遭受保险危险后，就其所受的损失请求补偿，这是其经济补偿职能的重要表现形式。

从宏观的角度来看，保险的本质是国民经济中基于赔偿灾害事故损失的一种特殊分配和再分配关系，保险制度的主要作用是稳定社会经济，安定人民生活；增加生产性资金，使社会生产或经营得以扩大；促进防灾减损，促进国际经济交流，增加外汇收入。

(2) 派生职能——融资职能、防灾减损职能、投资职能。

第一，融资职能。保险适用大数法则，通过集合投资人缴纳的保险费，建立保险基金，因而保险具有融资职能。

第二，防灾减损职能。作为保险经营者，为了稳定经营、承担社会责任，保险人有必要对风险进行分析、预测、评估。通过人为的事前预防，可以减少损失的产生，由此保险派生出防灾减损职能。根据保险合同的约定，保险人可以对保险标的的安全状况进行检查，及时向投保人、被保险人提出消除不安全因素和隐患的书面建议，必要时经被保险人同意，可以对保险标的采取安全防范措施，从而有效地预防灾害损失的发生。

第三，投资职能。保险的投资职能主要体现在保险基金的积累和资金运用上。保险基金赔付前，保险人可通过银行存款、买卖政府债券、金融债券等投资行为，实现资金增值。保险投资是发展保险经营业务，提高保险经济效益的重要环节，在兼顾安全性、流动性的基础上合理有效地运用保险基金，有利于获取最佳收益，降低保险费率，提高承保能力并实现对社会经济发展的积极促进作用。

2. 保险的作用。保险的作用是指保险的职能在具体实践中所产生的客观效果。具体而言，保险具有如下作用：

(1) 转移风险。购买保险就是把自己的风险转移出去，而接受风险的机构就是保险公司。保险公司接受风险转移是因为可保风险有规律可循。通过研究风险的偶然性去寻找其必然性，从而掌握风险发生、发展的规律，为众多有危险顾虑的人提供保险保障。

(2) 均摊损失。转移风险并非灾害事故真正离开了被保险人，而是保险人借助众人的财力，给遭灾受损的被保险人补偿经济损失，为其排忧解难。保险人以收取保险费用和支付赔款的形式，将风险从个体头上分散到面临同质危险的保险共同体全体成员头上，从而使个人难以承受的损失，变成多数人可以共同承担的损失，这实际上是把损失均摊给有相同风险的投保人。所以，保险只有均摊损失的功能，而没有减少损失的功能。

(3) 实施补偿。分摊损失是实施补偿的前提和手段，实施补偿是分摊损失的目的。其补偿的范围主要有以下几个方面：①被保险人因灾害事故所遭受的财产损失；②被保险人因灾害事故使自己身体遭受的伤亡或保险期满应享有的保险金；③被保险人因灾害事故依法对他人应付的经济赔偿；④被保险人因他方当事人不履行合同所蒙受的经济损失；⑤灾害事故发生后，投保人或被保险人因抢救保险标的所发生的一切费用。

(4) 质押贷款和投资收益。保险法明确规定了人寿保险合同“现金价值不丧失条款”，即虽然投保人与保险公司签订了合同，但投保人仍有权解除该合同，并有权得到相应退保金额。有的保险合同约定投保人资金紧缺时可申请退保金的 90% 作为贷款。如果急需资金，又一时筹措不到，投保人或被保险人便可以将保险单质押在保险公司，从保险公司取得相应数额的贷款。一些人寿保险产品不仅具有保险功能，而且具有一定的投资价值，就是说如果在保险期间没有发生保险事故，那么在到达给付期时，被保险人所得到的保险金不仅会超过已经缴纳的保险费，而且可获得本金以外的其他收益。由此可以看出，保险既是一种保障，又兼有投资收益功能。

二、保险制度的发展

（一）保险的起源

保险最初是人类在与大自然搏斗中产生的防范和减少风险的一种互助活动，之后发展成博弈性质的转移风险商事活动和协助安排私人财务和私人投资活动。保险最初因互助产生，例如，公元前20世纪，古巴比伦国王命令僧侣、市长和法官等管理者向民众征收赋金，以备救济火灾及其他天灾损失之用；公元前10世纪以色列所罗门国王对从事航运贸易的商人征收特别税金，作为补偿海上灾难等贸易损失的基金。此外，古埃及的石匠有集体互助的做法，古希腊同一宗教信仰的人或同一行业的工匠有救济受难者的做法，古巴勒斯坦牧民分摊牲畜被盗和被野兽掠食的损失。这个历史阶段的保险往往是人们无代价的互助行为和带有强烈行政色彩的行政（强制）保险行为。

虽然我国很早就有了规避风险活动，面对变幻莫测的自然界，面对各种人力无法预测和无法抗拒的风险，人们产生了各种图腾崇拜和祈祷上苍神仙保佑，这些崇拜和祈祷可以给人们心理带来极大的安慰，对克服恐惧、稳定生产和生活秩序有不可替代的积极意义，但仅以心理安慰规避风险是不够的，还必须有物质上的措施，须靠群体和行业的力量聚族（业）而居，守望相助，有难相援，有疾相济，借集体之力保安定生活。此外，积蓄备荒、以丰补歉的思想深深影响着历代各级政权机构和百姓生活，例如，战国时魏国相国李悝根据市场观察提出“籴甚贵伤民，甚贱伤农，民伤则离散，农伤则国贫”的以丰补歉思想，以籴粜关系和熟饥关系调节税赋和物价[①]，以数字说明问题，以数据论证风险，与当代保险制度按不同的风险概率确定不同的保险费率在原理和精神方面都是相通的。《逸周书·周书序》记载，周文王“遭大荒，谋求分灾，作大匡”。谋求分灾就是分散风险和分担损失之意，历史上一直运用此原理分散和分担货物运输过程中的损失，例如，清朝保障盐运的做法就是所有运盐人分散风险和分担损失。[②]

（二）保险业的形成

商业保险约于14世纪在海运贸易比较发达的意大利沿海城市产生，船舶在海上航行经常会遇到狂风恶浪、险滩暗礁和海盗袭击，人货损失严重，商人们为了避免这些损失，想出由参与贸易的众人分摊损失的办法。但是众人分摊的损失仍然是船舶和货物所有人的损失，海上的风险人力无法抗拒，要消除风险损失是不可能的，避免损失的方法只有转移风险，通过支付一定的费用将海上人货风险转移给愿意承接者手里，后者将承接风险视为赌博，如果发生风险就按约定赔偿

---

① 据《全上古三代秦汉三国六朝文》载，战国时魏国相国李悝提出：籴甚贵伤民，甚贱伤农，民伤则离散，农伤则国贫。是故善平籴者，必谨观岁有上、中下孰，上孰其收自四，余四百石；中孰自三，余三百石；下孰自倍，余百石。小饥则收百石，中饥七十石，大饥三十石。故大孰，则上籴三而舍一；中孰则籴二，下孰则籴一。使民适足，价平则止。小饥则发小孰之所敛，中饥则发中孰之所敛，大饥则发大孰之所敛，而粜之。

② 中国保险学会、《中国保险史》编审委员会编写的《中国保险史》（中国金融出版社1998年版）记载：“在急流险滩较多的川江食盐运输中常遇船沉货损灾难，1879年四川总督丁宝桢仿照其他行业的商规，在运输成本内摊收护本一款，以为船只疏失沉溺另行补运之费。因船只损毁盐斤受损时，由商人持盐斤运输单据，经地方官查验具结，报盐务机关批准，可在原场补配损失的盐斤，不再缴款。”

损失,如果没有发生风险,所收取费用便成为利润。基于规避和转移风险的动机,产生了各种互助会、互保会、互保基金等合作性组织,这些组织随着贸易量和经济活动中风险的增加,逐步发展成专门承接风险的保险组织。此后,随着法人制度的确立和法人治理结构的完备,原来的保险组织便顺理成章地过渡到保险有限公司和保险股份有限公司形式。当时保险公司普遍有皇家或政府特许经营的背景,形成事实上的垄断。不思进取和发展缓慢是垄断的副产品,不利于自由经济的发展,于是英国的个人保险商为开辟更多的市场和应付更多的风险,于 1688 年组织起劳埃德保险社(Llod's),交换海运情报,接洽航运和保险业务,逐步发展成英国海上保险业中心,1871 年英国制定了《劳合社法》,劳合社(The Corporation of Lloyd's)正式注册成为法人,选举产生管理委员会,建立比较完善的法人治理结构,并持续发展壮大,在保险理论和保险实务方面不断完善创新,数百年来始终执世界保险业牛耳。

(三)保险规则的产生

在缺少统一的法律规范情况下,转移风险和承接风险的博弈性交易数量多了,就自然产生一些纠纷,例如,当事人对于如何认定损失、如何赔偿损失、有哪些损失不在赔偿范围之列、如何收取费用等方面会有不同的看法,这些看法不是学理问题,而是涉及实际利益大小的问题。运用已有的民法理论已经不能完全解决保险活动争议,于是解决纠纷的习惯在沿海贸易中心逐渐产生。由于各贸易中心的习惯不尽相同,为解决不同区域习惯不同的冲突,商人将积累的解决纠纷的经验通过商会和协会等自律组织形成交易规则,将承接风险者称为保险人,将转移风险者称为投保人,将转移风险的交易称为保险,将交易费用称为保险费,对涉及保险合同订立、履行、变更和解除等的制度不断作出修订和完善,现代的保险法律制度就是从保险规则发展而来的。

现代保险制度具有经济补偿性质,其以概率论为技术基础,通过数学计算得出风险概率和保险费率,集合众多的投保人的资金补偿少数人的损失,这种保险形式较之古代的赈济、摊派和镖局保安制度无疑更为科学和可行,是数字化社会学科取代感情社会学科的一个标志。

(四)我国近代保险业的兴起

1. 我国近代保险业的产生。1801 年广州作为当时唯一的通商口岸,外国商人在此成立了一个临时保险协会。1805 年成立了广州保险社,这是外商在中国开设的第一个保险机构,至鸦片战争前,外商保险事宜均委托洋行代理。1842 年后,列强迫使清廷打开国门,除广州外,新开辟厦门、福州、宁波和上海为通商口岸。上海因地理位置优越,进出口贸易量飞速增长,洋货如潮涌来,洋行中心也大量扎堆上海,现代保险制度随之进入。洋行大力发展代理保险业务,之后更直取其利,外商直接在华设立保险公司或分公司,例如,英资怡和洋行成立谏当保险公司,宝顺行成立于仁洋面保安行。由于租界和治外法权对外资公司的偏袒性眷顾,外资保险公司在华顺利开辟市场,形成了以英国资本为主的外商保险公司垄断中国保险市场的格局。

2. 华商保险业的兴起。由于中国长江及沿海水运船只多为沙帆船,无动力,抗风浪性能差,鸦片战争后,面临外国机械动力船只的竞争,全行业很快陷入危机,加之外资保险公司不给沙帆船承保,民族行业岌岌可危。为挽败局,1865 年,第一家华商保险机构——上海义和公司保险行成立。1872 年,清政府成立轮船招商局,外资保险公司索取高达 10% 的保险费,加大了公司经营成本,竞争力日益式微。时任北洋大臣的李鸿章认为,在与外资公司的竞争中,"须华商自立公司,自建行栈,自筹保险"。于是在 1875 年筹建了轮船招商总局保险招商局,合理的保费和比较合理的保险合同受到了华商的欢迎,公司业务蒸蒸日上。1876 年成立仁和保险公司,专门经营水险;

1878 年成立济和船栈保险局，经营水、火险；1886 年保险招商局、仁和保险公司和济和船栈保险局合并为仁济和水火险公司，保险业务基本能够满足当时竞争的需要。

3. 我国近代的保险立法。中国近代史第一部保险法是清宣统二年（1910 年）由修订法律馆制定的《保险业章程草案》，共 7 章 105 条，其以简练的文字规定了保险事业的定义、保险组织形态[①]、保险专营原则、物产保险和生命保险分业经营原则以及保险合同的订立、变更、解除、履行等内容。光绪三十四年（1908 年）修订法律馆主持修订《大清商律草案》，其中第七章为损害保险营业，共 49 条，分为 3 节：第一节总则，第二节火灾保险营业，第三节运送保险营业；第八章为生命保险营业，共 10 条。[②]《大清商律草案》虽然没有发展成法律，但是为我国的商事立法开了先河，商法研究无不由此找到历史渊源。

【本节前沿问题】

关于保险中的道德风险

所谓道德风险，是指投保人、被保险人、受益人为谋取保险金而故意制造保险事故，致使保险标的受到损害或在保险标的受到损失时不采取减轻损失的有效措施，故意扩大保险标的损失程度的风险。道德风险通常表现为不道德或者违法的行为，具体而言，包括：故意隐瞒事实、不履行告知义务；故意制造保险事故；编造虚伪事故原因或夸大损失程度；危险增加而未履行通知义务；故意造成被保险人死亡、伤残或疾病等。

道德风险的存在使保险人无法运用正当的风险管理、风险分析等技术手段测算出保险事故发生的概率，导致保险人的利益无法得到保障，并有损社会公序良俗，影响了正常的社会经济秩序。这种现象既违背了保险制度的大数法则，又与保险制度的最大诚信原则、损失补偿原则相悖，因而道德风险不属于保险事故的范畴，保险人对此不承担保险责任。

【本节思考题】

1. 简述保险的特征。
2. 试述保险的要素。
3. 试述保险的职能和作用。
4. 试述保险的基本分类。

第二节 保险法概述

一、保险法的内涵、体系和立法体例

（一）保险法的内涵

保险法是以保险关系以及与保险关系有关的各种社会关系为调整对象的一切法律规范的总

① 《保险业章程草案》第 3 条规定，“凡非股份保险公司或相互保险公会不准经营保险事业”。参见周华孚、颜鹏飞主编：《中国保险法规暨章程大全（1865—1953）》，上海人民出版社 1992 年版，第 37 页。该草案文献摘自清农工商部卷。

② 参见周华孚、颜鹏飞主编：《中国保险法规暨章程大全（1865—1953）》，上海人民出版社 1992 年版，第 37—53 页。该草案文献摘自修订法律馆编《法律草案汇编》（1926 年版）。

称。其概念有广义和狭义之分:广义的保险法调整的对象是一切社会保障关系,包括保险业法、社会保险法、保险合同法和保险特别法等;狭义的保险法系形式意义上的保险法,专指以保险法命名的法律法规。

从保险法的调整范围来看,目前我国《保险法》的调整范围仅限于商业保险,社会保险、互助保险等不属于该法的调整范围。我国《保险法》的调整对象主要为以下三类关系:首先,以调整保险人与投保人、被保险人以及受益人之间因保险合同的订立、变更、转让、履行、解除及承担法律责任产生的各种权利义务关系为内容的保险合同关系;其次,以规范保险组织的形式、设立条件、设立程序、组织机构及经营规则等为内容的保险组织关系;最后,以规范监督管理机构的权限、监督管理的内容、监督管理的方式和措施、对保险公司的监管等为内容的保险监管关系。

保险法以保险合同关系及保险组织为主要调整对象,具体而言,可分三个层次:

1. 保险法是商法的一部分。保险法是由行为法和组织法两部分组成的,和公司法、票据法、证券法等其他商法部门法一样,无论采取民商合一的立法模式还是民商分立的立法模式,保险法始终是商法的一部分。

2. 保险法是以保险合同关系为调整对象的商法规范。保险合同关系是一种私主体之间的商事法律关系,保险法当中大部分是调整商事交易行为的行为规范,因此,保险法是民商法领域的特别法。

3. 保险法是以保险组织为调整对象的商法规范。我国的保险法由保险合同法和保险业法两部分构成,其中保险业法以保险组织为调整对象,属于公司法的特别法,因而也是民商事领域的特别法。

《保险法》是基本法律,辅之涉及保险的其他法律、行政法规和最高人民法院的司法解释,形成一个自成体系的法群。保险法由保险合同法和保险组织法两部分构成。在调整具体保险合同行为时,先适用保险合同法,该法没有规定的,适用《合同法》的规定,《合同法》也没有规定的,适用《民法通则》的规定;在调整保险业主体的设立、成立、变更和终止以及主体内部关系及外部监管关系时,先适用《保险法》的规定,《保险法》没有规定的,再适用《公司法》和其他的法律规定。

保险法以保险关系为调整对象,基于保险的特点,保险法亦表现出与其他商法特别法不同的特性,主要表现在:

1. 社会性。保险是全体社会成员为分散危险而协力共济的经济制度,其以"人人为我、我为人人"为基本理念,这就决定了保险法具有以下两方面的社会性:一方面,保险涉及社会大众的生活,其正常运行关系到国民经济的发展和社会的安定,故需经常的经营监督与管理;另一方面,在保险合同关系中,基于交易双方的不平等地位,各国的保险立法多从保护处于弱势地位的社会公众的利益出发,对保险组织进行多方面管控。

2. 强制性。保险法的强制性主要体现在两个方面:其一,由于保险法具有社会性,故保险法中设有较多的强制性规范,甚至规定了强制性保险。其二,对于保险合同当事人而言,其所享有的某些权利亦是不能放弃的。

3. 技术性。保险是以数理计算为基础形成的一种经济补偿制度,因此保险法中有较多的技术性规定,如保险金额的确定、保险费率的计算等。

4. 伦理性。保险合同系射幸合同,故须善意为之。保险法中诸如保险利益等制度的设计,均体现了避免被保险人和受益人不当谋求超出其损失的利益或防范道德风险的伦理性特征。

（二）保险法的体系

1. 保险业法和保险合同法。虽然各国的法律体系、社会制度、历史背景和经济发展不同，保险法的立法时间有先有后，保险法律法规不尽相同，但直接规范商业保险行为的法律，按照不同的规范对象，大致可划分为两大类：保险业法和保险合同法。前者以商业保险的经营者为规范对象，后者则以保险合同当事人的行为为规范对象。保险行业法通常包括保险组织法、保险经营法、保险监管法以及保险中介人法等。保险合同法按照保险标的或风险的不同，一般有人身保险法、海上保险法、财产保险法等。除此之外，出于维护某些公共利益的需要，某些社会或经济活动的组织经营者必须为这些活动参与者提供法律规定的保险保障，即强制保险。有关强制保险的法律法规通常并不以单独的立法形式出现，而是被包含在其他相关法律之中。强制保险法既不以商业保险的经营者为规范对象，也不以保险合同当事人为规范对象，而以相关社会经济活动及其组织经营者为规范对象。强制保险法不像保险业法和保险合同法可以自成独立的体系。强制保险法的一部分仅属于强制商业保险，例如汽车所有人的第三者责任险，仍属于保险法调整的范围；另一部分则属于社会保险。

我国保险法体系主要由以下三部分组成：(1) 保险合同法。这是规定保险合同当事人及关系人之间的权利义务关系的法律规范。(2) 保险业法。这是关于保险业组织以及对保险企业进行监督管理的法律规范。(3) 保险特别法。这是规范某一特定保险关系的法律规范，如海商法中的海上保险规定。目前我国已形成以《保险法》《海商法》等有关法律法规为核心的保险法体系。

2. 商业保险法和社会保险法。严格而言，商业保险法与社会保险法并非对保险法体系的划分，而系分别针对商业保险和社会保险两种不同类型的保险建立的规则体系，社会保险法是独立于保险法的一个法律部门，不属于保险法调整之范围。

商业保险，就其制度而言，是风险的转移和管理，是社会财富再分配的一种形式。从法律的角度来看，商业保险是一种契约关系。投保人或被保险人对其具有可保利益的标的向保险人投保，并按照保险合同的规定承诺或支付合同对价——保费，保险人接受投保并承诺按照保险合同的规定对承保危险在承保期间所造成的损失对被保险人或受益人承担赔偿责任。就单个的商业保险行为而言，法律需要规范保险合同双方当事人的权利和义务，保障双方当事人的合法利益，在某些情况下还要保障有关第三方的利益。

社会保险则是国家通过立法建立的一种社会保障制度，其目的是使劳动者在由于生、老、病、死、伤、残等丧失劳动能力和因失业中断劳动，本人和家庭失去生活收入时，从社会获得必要的物质帮助。社会保险是一种社会政策性保险。①

商业保险与社会保险的区别主要体现在以下五个方面：

(1) 运作基础不同。商业保险的运作基础在于当事人的意思自治和合同自由；社会保险具有社会保障的性质，通过国家立法强制推行，其内容也由立法作出规定。

(2) 运作机构的性质不同。商业保险的主体均为营利性的企业法人；社会保险则由专门的社会保险机构统一管理。

(3) 保险宗旨不同。商业保险作为一种金融事业，具有以营利为目的的性质；而社会保险的主要目的在于消除贫困和缩小贫富差距，不具有营利性质，即使所收取的保险费多于其成本和支

① 参见谢建华、巴峰：《社会保险法学》，北京大学出版社 1999 年版，第 35 页。

出，也不得用于利润分配，只能充作社会保障基金。

(4) 具体类别不同。商业保险主要是财产保险(含责任保险)，赔付的标准根据保费的多少等因素而有差别；社会保险只限于人身保险，主要以健康、养老、失业、医疗等为保障对象，实行全社会或者全行业统筹。

(5) 给付标准不同。商业保险按照投保人所缴保险费确定赔偿数额，实行“多投多保、少投少保”原则；社会保险从保障劳动者基本生活出发，综合考虑劳动者原有生活水平、社会平均消费水平、物价水平及财政能力等因素确定待遇水平，给付标准不完全取决于已缴纳保费的数额。

(三) 保险法的立法体例

保险法是各国法律体系的重要组成部分，但各国保险立法由于受不同因素的影响，在形式上有着较大的差别。英美法系的保险法中，成文法全部为单行法，同时一向以判例法为其重要表现形式。大陆法系保险法的立法体例，可分为以下三类：

1. 制定单行保险法律。这种立法体例主要以德国为代表。1731 年颁布的《汉堡保险及海损条例》是德国最早的海上保险立法。1908 年德国又颁布了《保险契约法》。在保险业法方面，德国于 1931 年颁布了《私营保险公司和住房建造储蓄协会监督法》等。采此体例的国家还有瑞士、丹麦、挪威、瑞典等。

2. 将保险法列入商法典中。这种立法体例以法国为代表，法国早在 1898 年颁布的商法典中，就对海上保险的原则作出了规定，而法国的保险合同法则仅见于民法典债编中的“射幸契约”一节。此后法国虽于 1905 年颁布了《人寿保险事业监督法》，于 1930 年颁布了《保险契约法》，但就其保险立法体系而言，仍是将保险法归入商法典的典型。采此体例的国家还有比利时、西班牙、日本等。

3. 将保险法作为民法债编的一章。这种立法体例以意大利为代表，旨在从私法的关系出发对保险法进行定位，并随着保险事业的不断发展，通过单行法进行补充。

我国保险业的起步与保险立法均较晚。基于历史的原因，我国保险业的发展经历了许多挫折，较长时间内一直是机构单一、品种单一，甚至曾一度停办了保险业务。改革开放后，随着我国保险市场的恢复与发展，保险法制建设也日益得到重视和加强。从 1981 年起，我国制定了一系列单行和相关的保险法规。1995 年 6 月 30 日第八届全国人民代表大会常务委员会第十四次会议审议并通过了《中华人民共和国保险法》，1995 年 10 月 1 日起施行。其后，我国对该保险法进行多次修订。

二、保险法的基本原则

(一) 最大诚信原则

民法中的诚信原则，本意是自觉按照市场制度中对待的互惠性原则办事。[①] 从其作用来看，它是正义理念在民商法中的具体化，是指在遵循交易道德的基础上，公正估量当事人利益与社会利益，以求取得这些利益的平衡。[②] 诚信原则的功能主要体现在两个方面：一是为当事人从事民事活动提供了一般准则；二是弥补法律具体规定的漏洞，赋予法官自由裁量权，因此，诚信原则又

① 参见张俊浩主编：《民法学原理》，中国政法大学出版社 1991 年版，第 25 页。

② 参见尹田主编：《中国保险市场的法律调控》，社会科学文献出版社 2000 年版，第 112 页。

被称为克服成文法局限的重要工具。

诚信原则是民商法的"帝王条款",保险活动作为一种民商事活动,亦应遵循该基本原则。一般认为,基于保险经营的高风险性、保险合同的射幸性与格式化以及当事人信息的不对称性等特征,保险对当事人诚信程度的要求远远高于其他一般的民商事领域,故诚信原则在其中的地位更加突出,被称为"最大诚信原则"(Principle of the Utmost Good Faith)。[①] 首先确定最大诚信原则的保险立法是英国 1906 年《海上保险法》,该法第 17 条规定:"海上保险合同为基于最大诚信的合同,如果一方不信守诚信原则,另一方可宣布合同无效。"后来该原则从海上保险扩展到所有保险,而且对诚信的要求并不限于定约前和定约时,而涉及整个保险合同的有效期。有学者认为,保险法中的保险利益原则、损失补偿原则和近因原则均由最大诚信原则孕育产生。[②]

最大诚信原则最初多用于限制投保方,因为保险标的掌握在投保方,其对标的危险因素、危险程序等重要事实的了解大于保险方,保险方决定是否承保及保险费率的高低取决于投保方的告知与保证。后来该原则扩展适用于保险人,因为多数保险合同属附合合同,合同的格式、内容都由保险人制定,投保人对该事先制定的保险单,只能同意或不同意,因而保险人对合同具体内容的了解要多于投保人,所以保险费率、免责条件是否合理,承保条件及赔偿方式是否苛刻等均取决于保险人的诚意。对投保方而言,保险是一种金钱换承诺的行为,一旦保险合同的效力产生瑕疵,被保险人可能再无重新获取保障的机会,因而特别需要倡导和践行"最大诚信原则"。

所谓最大诚信原则,是指投保人和保险人在保险合同订立及履行过程中,须以真实无欺之态度行使权利和履行义务,以平衡双方利益关系。最大诚信原则在保险法上主要体现为如下三项规则:

1. 投保人的如实告知义务,是指保险人就保险标的或者被保险人的有关情况提出询问的,投保人应当如实告知。投保人的如实告知义务系投保人的法定义务、先契约义务及不真正义务。投保人违反该义务的,除保险人在合同订立时已经知道投保人未如实告知的情况外,保险人有权解除保险合同,且对于合同解除前发生的保险事故不承担保险责任。

2. 保险人的明确说明义务,是指保险人在保险合同订立阶段,依法应当履行的将保险合同的格式条款及免责条款向投保人作出明确提示并予以解释的法定义务。关于免责条款,最高人民法院 2013 年发布的《关于适用〈中华人民共和国保险法〉若干问题的解释(二)》(简称《保险法司法解释(二)》)第 9 条明确规定了《保险法》"免除保险人责任的条款"的认定范围,包括保险人提供的格式合同文本中的责任免除条款、免赔额、免赔率、比例赔付或者给付等免除或者减轻保险人责任的条款等。第 10 条同时规定:"保险人将法律、行政法规中的禁止性规定情形作为保险合同免责条款的免责事由,保险人对该条款作出提示后,投保人、被保险人或者受益人以保险人未履行明确说明义务为由主张该条款不生效的,人民法院不予支持。"

3. 保险人的弃权与禁反言规则,是指保险合同一方当事人以明示或默示的方式放弃其所享有的权利,且不得再向对方主张其已放弃的权利。

---

① 已有不少学者对最大诚信原则的称谓以及保险法最大诚信原则与民商法或者合同法上的诚实信用原则之间的关联提出了疑问。可参见韩永强:《保险合同法"最大诚信原则"的祛魅》,载《甘肃政法学院学报》2011 年第 2 期。

② 参见尹田主编:《中国保险市场的法律调控》,社会科学文献出版社 2000 年版,第 115 页。

(二)保险利益原则

保险和赌博具有较多的相似性,如两者均具有射幸性,均无须在给付和反给付之间建立个别的均等关系。为区别保险和赌博,确定损失补偿性保险的赔偿范围,防止不当得利和道德风险,英国首先在《1745年海上保险法》(Marine Insurance Act 1745)中确立保险利益原则(Princple of Insurable Interest)。其后各国保险法均确立了保险利益原则,并将保险利益视为保险合同的法定生效要件或保险金请求赔付权的行使要件。

1. 保险利益的概念。保险利益(insurable interest),也称可保利益,是指投保人或被保险人对保险标的具有法律上承认的合法经济利益,是保险事故发生时可能遭受的损失或失去的利益。根据该利益可否以金钱计算,可将其划分为抽象保险利益和具体保险利益。

保险利益不同于保险标的,单个保险标的上可能存在数个不同性质的保险利益。比如,在特定的一栋房屋上,可能存在所有利益、担保利益、使用利益等数个利益。

2. 保险利益的特征。财产保险与人身保险中的保险利益,二者在性质、存在范围及时点等方面均有所不同。

(1) 财产保险的保险利益。财产保险的保险利益是指被保险人对保险标的所具有的某种确定的、合法的经济利益,包括现有利益、基于现有利益产生的期待利益和基于某一法律上的权利基础而产生的责任利益。财产保险的保险利益主要有以下特征:

第一,须为合法的经济性利益。保险合同是民事法律行为之一,所以除保险法有特别规定之外,应适用一般有关法律行为的规定,不得违反强制性或禁止性法律规定,不得有悖社会公共秩序和善良风俗,故对诸如走私货物、盗赃物的利益,皆不成立保险利益。

第二,须为确定性利益。在同一个保险标的上,可能存在数个保险利益,且该数个利益可能归属于同一人,也可能分别归属于数人。因此,被保险人对保险标的所具有的利益,应为已经确定或者可以确定的利益。

第三,我国《保险法》对于财产保险中的保险利益的范围未作具体规定。《保险法》第48条规定,财产保险合同在保险事故发生时,被保险人对保险标的不具有保险利益的,不得向保险人请求赔偿保险金。

(2) 人身保险的保险利益。人身保险的保险利益,是指投保人对于被保险人的生命或身体具有的利害关系,即投保人对于被保险人将因保险事故的发生而遭受损失,因保险事故的不发生而维持原有的利益。人身保险的保险利益主要有以下特征:

第一,保险利益取决于投保人与被保险人之间的法定关系或被保险人的同意。我国《保险法》第31条第1、2款规定了人身保险利益的存在范围:"投保人对下列人员具有保险利益:(一)本人;(二)配偶、子女、父母;(三)前项以外与投保人有抚养、赡养或者扶养关系的家庭其他成员、近亲属;(四)与投保人有劳动关系的劳动者。除前款规定外,被保险人同意投保人为其订立合同的,视为投保人对被保险人具有保险利益。"最高人民法院《关于适用〈中华人民共和国保险法〉若干问题的解释(三)》(简称《保险法司法解释(三)》)第3条规定:"人民法院审理人身保险合同纠纷案件时,应主动审查投保人订立保险合同时是否具有保险利益,以及以死亡为给付保险金条件的合同是否经过被保险人同意并认可保险金额。"

第二,保险利益必须于订约时存在,但在财产保险中,保险利益不必于订约时存在,只需在事故发生时存在即可。我国《保险法》第31条第3款规定,对于人身保险合同,"订立合同时,投保人对被保险人不具有保险利益的,合同无效"。

3. 保险利益的种类

(1) 财产保险中保险利益的种类。财产保险均为损失补偿性保险,依保险法上损害的性质,财产保险中的保险利益可分为积极保险利益和消极保险利益。

积极保险利益,是指某一特定的人对某一特定积极财产具有积极肯定有利的经济利益,即享有权利或期待利益。当此种权利或期待利益遭受毁损灭失或发生其他保险事故时,被保险人将蒙受损失,造成被保险人原有利益的减损。积极保险利益主要包括所有权人保险利益、抵押权保险利益、请求权保险利益、信用保险利益、期待利益保险利益、增值保险利益、保管保险利益、占有保险利益、股权保险利益以及代理保险利益等。

消极保险利益,是指某一不利情形的发生使特定人产生财产上的损失。消极保险利益和积极保险利益的主要区别,在于前者是为防止任何因法律规定、合同义务或事实上的必要费用而产生的被保险人财产上的负担,后者保护的对象是已存在或将来可得的利益。消极保险利益通常指责任利益,我国《保险法》第 65 条第 4 款规定:"责任保险是指以被保险人对第三者依法应负的赔偿责任为保险标的的保险。"

(2) 人身保险中保险利益的种类。

第一,人身上的经济利益。一些人身保险,虽然是就被保险人人身投保,但所保障的利益是对被保险人人身所具有的经济利益,故仍是损失补偿性保险。例如,某人的人身遭受特定的损害,会导致其费用的支出,即为人身上的经济利益。又如合伙人之间、债权人与债务人之间的利益等。

第二,法定关系。以弥补抽象性损害为目的的人身保险合同,基于法定关系投保,无须经济上之利益。纯粹的法定关系仅包括本人、配偶、子女、父母,由于除本人外的上述具有法定人身关系的人负有赡养、抚养、扶养等法定义务,各国立法均直接规定其互相具有保险利益,理论上也仅以法定权利义务概括其理由,而不进一步讨论此类利益的具体状况。

第三,被保险人同意。人身保险中的被保险人同意原则来源于德国保险契约法的规定,从大陆法系国家保险契约法的立法条文来看,此原则实际上只适用于以死亡为保险事故的保险。我国《保险法》第 31 条第 2 款对此作出扩大性立法,即被保险人同意投保人为其订立保险合同的,视为投保人对被保险人具有保险利益。

(三) 损失补偿原则

损失补偿原则(Principle of Indemnity)是指当保险事故的发生使投保人或被保险人遭受损失时,保险人在责任范围内对投保人或被保险人所受的实际损失进行补偿。损失补偿原则的目的在于保护投保人或被保险人的合法权益,弥补受害人的损失,禁止被保险人或受益人因保险合同的存在而获得超出其损失的利益。严格而言,损失补偿原则并非整个保险法的基本原则,而是主要适用于财产保险的基本规则。实际上,损失补偿原则的适用范围不限于财产保险,但也并不适用于所有的人身保险。例如,人身保险中的人寿保险属于定额给付型保险而不适用损失补偿原则,但人身保险中的健康保险和意外伤害保险,在其不涉及死亡或伤残给付时,多属对医疗费用和残疾损害费用之补偿,此两类保险通常既有给付的项目内容,也有补偿的项目内容,对于其中的实支实付型或实报实销型医疗费用等,应当适用损失补偿原则。[①] 中国保监会 2006 年《健康保

---

① 参见韩长印:《中间型定额保险的契约危险问题:中间型保险重复投保引出的话题》,载《中外法学》2015 年第 1 期。

险管理办法》第4条规定:“医疗保险按照保险金的给付性质分为费用补偿型医疗保险和定额给付型医疗保险。费用补偿型医疗保险是指,根据被保险人实际发生的医疗费用支出,按照约定的标准确定保险金数额的医疗保险。……费用补偿型医疗保险的给付金额不得超过被保险人实际发生的医疗费用金额。”

1. 损失补偿原则的含义。损失补偿原则具体包括以下两种含义:(1)保险合同订立后,在合同期内一旦发生保险责任范围内的损失,被保险人有权按保险合同的约定,获得全面、充分的赔偿;(2)保险人对被保险人的赔偿恰好使保险标的恢复到保险事故发生之前的状况。

理解损失补偿原则的含义,应与民法上的民事损害赔偿相区别:(1)保险的损失补偿依据保险合同的约定,并以约定的赔偿金额为限;民事损害赔偿是因为违约或侵权行为的产生,由债务人赔偿全部损失。(2)保险赔偿的最高限额为保险事故造成的实际损失,与保险金额相等;民事损害赔偿除补偿实际损失之外,还可有惩罚性赔偿及精神损失赔偿等。

2. 保险损失补偿的范围。保险损失补偿的范围是指保险人对被保险人进行补偿的项目和种类,包括以下三个部分:

(1) 保险标的实际损失。由于财产的价格可能受到多种因素的影响而发生上下波动,故保险标的的实际损失须以保险人赔付保险金之时受损财产的实际货币价值为标准进行计算。需注意,财产保险中合同约定的保险金额为最高赔偿限额。

(2) 施救费用。施救费用是指保险事故发生后,被保险人为了防止或减少保险标的损失所支付的必要的、合理的费用。保险人所承担的费用数额在保险标的损失赔偿金额以外另行计算,最高不超过保险金额的数额。

(3) 其他合理费用。其他合理费用是指保险事故发生后,为了确定保险责任范围内的损失而对受损保险标的物查勘、检验、估价所支付的费用,以及有关诉讼、仲裁的费用支出。

3. 损失补偿原则的具体规则。损失补偿原则在保险法中主要体现为以下具体规则:

(1) 超额保险的无效规则,即保险金额超过保险价值的,超过部分无效。

(2) 重复保险的比例分摊规则,即重复保险的各保险人赔偿保险金的总和不得超过保险价值。除合同另有约定外,各保险人按照其保险金额与保险金额总和的比例承担赔偿保险金的责任。

(3) 保险代位求偿规则,即因第三者对保险标的的损害而发生保险事故的,保险人自向被保险人赔偿保险金之日起,在赔偿金额范围内代位行使被保险人对第三者请求赔偿的权利。

(4) 保险委付规则,即保险事故发生后,保险人已支付全部保险金额,并且保险金额等于保险价值的,受损保险标的之上的全部权利归于保险人;保险金额低于保险价值的,保险人按照保险金额与保险价值的比例取得受损保险标的的部分权利。

4. 保险损失补偿的计算方法。在保险实务中,财产保险标的损失赔偿额的计算方式有四种:

(1) 第一危险赔偿方式,即将保险标的的价值划分为相当于保险金额的损失与超过保险金额部分的损失两个部分。当损失金额低于或相当于保险金额时,保险人按损失金额赔付;当损失金额高于保险金额时,赔偿金额则以保险金额为限。

(2) 限额赔偿方式,具体可分为两种:其一,超出一定限额赔偿,即保险人与投保人双方事先约定一个相对或绝对的免赔额,在此限额以内的损失,由被保险人自己承担;超过此限额,由保险人予以赔偿。其二,不足限额赔偿,即保险人与投保人约定一个限额,在约定责任限额内的损失发生时,由保险公司负责赔偿;保险财产虽遭损失,但财产价值在约定的限额之外的,保险人不负赔偿责任。

(3) 比例赔偿方式,是指发生保险事故并造成损失后,按照保险金额与出险时保险财产的实际价值的比例来计算赔款。此方式与第一危险赔偿方式的不同之处在于:赔偿额不仅取决于保险金额与损失金额,还取决于保险金额与实际价值的比例。

(4) 定值赔偿方式。在海洋运输货物保险、船舶保险以及无法鉴定其价值的高档工艺品、古玩、珠宝等特约保险中,保险人与投保人约定保险价值作为保险金额的,出险时不论保险标的当时的实际价值或市价涨落如何,全损按保险金额全部赔偿,部分损失按损失程度赔偿。

(四) 近因原则

近因原则(Principle of Proximate Cause)是处理复杂因果关系保险案件时,法律上通常采用的评判规则。我国《保险法》并没有采用"近因"这一概念,实践中主要是实事求是地运用辩证法来分析判定复杂疑难案件的因果关系。所谓近因,系英美法概念,而非时间上最近的原因,指对造成损失起决定性、能动性和有效性作用的关键原因。大陆法系之近因原则,又称因果关系,是指保险事故的发生与损失结果的形成存在直接的因果关系,且保险事故发生原因属承保风险范围时,保险人才承担保险责任。近因原则对于防止保险责任的无限扩大及推卸具有重要意义。近因原则的适用规则主要有以下几种:

1. 单一原因造成的损失。造成损失的单一原因如果属于保险事故,该原因即为近因,保险人应承担赔偿责任,反之,保险人不负赔偿责任。

2. 多种原因造成的损失。(1) 多种原因同时发生,如同时发生的原因都是保险事故,保险人应赔偿所有原因造成的损失。(2) 多种原因连续发生,且各个原因之间的因果关系尚未中断的,最先发生并造成一连串事故的原因即为近因。(3) 多种原因间断发生,若新的独立原因为保险危险,即使发生在不保危险之后,由保险危险所造成的损失仍须由保险人赔偿。若新的独立原因为不保危险,即使发生在保险危险之后,由不保危险造成的损失,保险人不负赔偿责任,但对以前保险危险造成的损失,保险人仍应赔偿。

【本节前沿问题】

保险利益的移转

理论上来讲,保险利益为特定人对特定保险标的所具有的利益,并不存在保险利益移转的问题。但基于经济因素考虑,可通过法律规定将其效力延至受让人,以免去前一合同解除、后一合同订立的繁琐过程。保险利益移转的情形可分为以下三种:一是继承,即被保险人死亡时除保险合同中另有约定或保险利益标的丧失外,保险利益在原则上因继承而移转于继承人。二是转让,即在财产保险方面,保险客体所有权转移的,除保险合同中另有约定外,保险利益随之同时移转,亦即保险合同仍为受让人之利益而存在。三是破产,即在投保人破产时,保险合同为破产债权人的利益而继续存在。我国现行法所承认的法定保险利益转移的情形仅限转让。此外,也存在约定保险利益移转的情形,即经保险人同意,在投保人或被保险人丧失保险利益后,对新的有保险利益的人,保险合同效力仍可继续存在。

【本节思考题】

1. 简述保险法的概念和特性。
2. 简述保险利益的特征。

3. 简述最大诚信原则。

第三节 保险合同概论

一、保险合同概述

(一) 保险合同的概念和法律特征

1. 保险合同的含义。保险合同是指投保人支付规定的保险费,保险人对于承保标的因保险事故所造成的损失,在保险金额范围内承担赔偿责任,或者在合同约定期限届满时,承担给付保险金义务的协议。

保险合同属于债法中合同之债的一种,因此债法、合同法中的一般规定也适用于保险合同,如行为能力、要约与承诺的约束力、格式合同等,但因保险合同所产生的债属于特种之债,故学理上称之为“特种合同”。其与非保险合同存在诸多差异,主要表现为:(1)保险人的合同责任以金钱赔付为常态;(2)保险合同的解除权与一般合同不同;(3)合同效力部分取决于当事人与保险标的之间的保险利益关系;(4)作为保险产品“价格”的保险费受到特殊的监管。

2. 保险合同的法律特征。

(1) 保险合同是双务合同。保险合同中,投保人负有支付保险费的义务,保险人负有保险事故发生或保险合同到期后给付保险金的义务。

(2) 保险合同是有偿合同。保险合同不得为无偿,这是由保险制度的特性决定的。保险制度乃危险共同团体共同承担风险的制度,若危险共同团体筹集资金不足,最终会危及其他投保人利益及整个社会公共利益,因此保险合同不得以无偿形式订立,意即保费可以由他人代付,但不得约定免除。

(3) 保险合同是诺成合同。我国《保险法》第 13 条规定,投保人提出保险要求,经保险人同意承保,保险合同成立。由此看来,我国《保险法》确定保险合同属诺成合同,只要双方当事人意思表示一致,保险合同即告成立生效。我国保险实务中常见的做法是,对财产保险合同而言,投保方是否交费通常并不影响合同的生效;人身保险合同尤其是人寿保险合同的成立虽不以交纳保险费为要件,但合同往往约定,投保人不交费的,合同不生效。

(4) 保险合同是非要式合同。要式合同是指必须具备法定形式的合同,否则可能产生依法不生效或者不得对抗第三人等法律后果。我国《保险法》第 13 条第 1、2 款规定:“……保险人应当及时向投保人签发保险单或者其他保险凭证。保险单或者其他保险凭证应当载明当事人双方约定的合同内容。当事人也可以约定采用其他书面形式载明合同内容。”可见,我国《保险法》明确了保险合同的不要式性。

(5) 保险合同是射幸合同。射幸合同是指当事人一方或双方的给付义务,取决于合同成立后偶然事件的发生。投保人根据保险合同交付保险费的义务是确定的,而保险人赔偿或者给付保险金的义务通常取决于保险事故发生与否,具有不确定性,故为射幸合同的一种。

需强调的是,保险合同的射幸性只是就单个保险合同而言的。就保险人的全部保险合同来看,保险费与保险金的关系是依据概率精算出来的。保险人所收取的保险费总额与其所赔偿的总额之间,原则上应当大致趋于平衡,此即保险给付的个别不均等与整体均衡原则。基于保险合同的射幸性，保险法特别设定了诸多防范道德危险的法律规范，如财产保险的保险金额不得超过保险价值等。

（6）保险合同是附合合同。附合合同又称格式合同，指合同一方当事人拟好合同条款，另一方当事人只能考虑订立或不订立，该合同条款的内容没有太大的协商余地。保险合同的基本条款及费率是由国家保险监督管理部门制定或由保险人拟定并经保险监督管理部门备案的。除特殊险种外，投保人如同意投保，就必须接受这些基本条款。保险合同的这一特征是由保险业的迅速发展决定的，保险人所承保的风险越来越复杂，同时保险人每年签发的保险合同数以千万计，因而不得不简化手续，使保险合同逐渐走向技术化、定型化和标准化。正是由于保险合同附合性的特征，因而需适用附合合同的特殊解释规则。

（二）保险合同的主体

1. 保险合同的当事人。

（1）保险人（Insurer），也称承保人，是与投保人订立保险合同，并依约承担赔偿或者给付保险金责任的保险公司。保险人负有承担保险危险之义务，具体而言，包括三个方面：首先，免除投保人或被保险人承担风险之忧虑；其次，督促或协助被保险人防险防损；最后，保险事故发生后依照约定赔付保险金。

（2）投保人（Applicant），也称要保人，是指与保险人订立保险合同并按照保险合同负有支付保险费义务的人。在财产保险中，投保人通常为自己的利益订立保险合同，投保人即被保险人。在人身保险中，投保人可以以自己为被保险人并以自己为受益人投保，也可以以他人为被保险人投保。以他人为被保险人投保的，合同成立之时须对被保险人具有保险利益。

2. 保险合同的关系人。

（1）被保险人（Insured），是其财产或者人身受保险合同保障，享有保险金请求权的人。被保险人可以是投保人，但是在以下几种情形下，投保人与被保险人并非同一人：为他人利益保险的被保险人；保险利益转移后，受让人及继承人可为被保险人；责任保险合同中受侵害的第三人。对于第三种情形，保险法虽仍承认投保人的被保险人地位，亦未明文改变受害人的法律地位，但因此时受害人为法律上受到保险保障、享有保险金请求权之人，故为实质上的被保险人。需注意的是，多数外国立法例除规定受侵害的第三人可直接向保险人请求赔偿，而无须经投保人（被保险人）通知外，甚至规定在强制责任保险中，保险人不可以其他对抗被保险人的事由对抗第三人，只可在赔偿第三人后，向被保险人行使追偿权。

（2）受益人（Beneficiary），是指人身保险合同中由被保险人或投保人在保险合同中指定的享有保险金请求权的人。该保险金请求权也称为受益权。投保人、被保险人可以为受益人，受益人可为一人，也可为数人。死亡保险之被保险人因保险事故之发生而死亡，无法亲自领取保险金，为尊重其死亡给付之处置意愿，特设置了受益人制度。

受益人及其所享有的受益权具有以下特征：①受益人由被保险人或投保人指定，但投保人指定受益人必须征得被保险人同意。②受益人本身具有不确定性。③被保险人或投保人可变更或撤销受益人，投保人变更受益人须征得被保险人同意而无须征得保险人同意，只要通知保险人即可。④受益权指向期待利益，只有在被保险人死亡后才能享受，所以在国外也称等待权。⑤受益权不能继承，受益人可以放弃受益权，但不能行使出售、转让等任何处分的权利。⑥受益权具有排他性，他人无权剥夺或分享。⑦受益人领取的保险金不是遗产，无须交遗产税，不用抵偿被保险人生前债务。⑧当受益人先于被保险人死亡、受益人被指定变更、受益人放弃受益权或丧失受益权时,由被保险人的法定继承人领取保险金,并作为遗产处理。

根据我国《保险法》第 43 条之规定,受益人故意侵害被保险人的,该受益人丧失受益权。此外,受益权以被保险人享有有效的保险金请求权为前提,法律规定或合同约定保险人不承担给付保险金责任的,不能取得受益权。

受益人为数人时,有受益顺序的,由顺位在先的受益人取得受益权;同一顺序的多个受益人之间没有确定受益份额的,等额分配。部分受益人丧失受益权时,其受益份额原则上归属于其他受益人。

3. 保险合同的辅助人。保险合同的辅助人是协助保险合同当事人办理保险合同有关事项的人,一般包括保险代理人、保险经纪人、保险公估人等。其中,前两者又称保险中介人。

(1) 保险代理人(Insurance Agent),是根据保险人的委托,与保险人签订委托代理协议或授权委托书,向保险人收取代理手续费,并以保险人的名义在授权范围内代为办理保险业务的单位或个人。保险代理人超越其代理权限,且投保人有理由相信其有代理权并已订立保险合同的,保险人应当承担保险责任,保险人可依法追究越权保险代理人的责任。

依目前大陆法系保险法的观念,保险代理人虽大多为独立营业的法人,但保险人聘用的代理人也可视为保险代理人,更有甚者,在保护被保险人目的范围内,经总代理授权的复代理人,虽未直接由保险人授权,也适用代理效果归属原则。保险代理人可分为机构代理人和个人代理人。其中,机构代理人可分为专业代理人和兼业代理人,个人代理人主要为代理型保险营销员。

对保险代理人的含义可理解为:①保险代理人既可以是法人,也可以是自然人。②要有保险人的委托授权,其授权形式一般采用书面授权即委托授权书的形式,有明示权利、默示权利、追认权利。③以保险人的名义办理保险业务。④向保险人收取代理手续费。⑤代理行为所产生的权利和义务的后果直接由保险人承担。

(2) 保险经纪人(Insurance Broker),是基于投保人的利益,为投保人与保险人订立保险合同提供中介服务,并依法收取佣金的人。与保险代理人不同,保险经纪人基于投保人的利益,以自己的名义独立开展保险中介业务,其依丰富的经验代投保人订约,并且借助代理大量投保人的优势与保险人谈判,推动保险人和投保人及被保险人之间的平衡。根据《保险经纪人监管规定》第 6 条,除中国保监会另有规定外,保险经纪机构应当以有限责任公司或者股份有限公司为组织形式。保险经纪人因过错给投保人、被保险人造成损失的,应依法承担赔偿责任。

(3) 保险公估人,我国台湾地区称为保险公证人,是专门从事保险标的的查验、评估及保险事故的认定、估损、理算等业务,并据此向委托方当事人收取报酬的单位或个人。目前中国银保监会将我国保险公估人的主体资格限定于单位或机构。

保险公估人作为一种特殊的中介机构,具有专业技术服务功能、保险信息沟通功能和风险管理咨询功能,其主要义务表现在执业的公正性和独立性上。保险公估人与保险代理人、保险经纪人不同,一般受保险公司委托开展工作,尽管它应保持独立、公正的行业经营原则,但除少数专门受被保险人委托的公估人外,只对保险公司负责。其出具的公估报告书,一般作为理赔的参考依据,本身并不具有法律权威性。

（三）保险合同的种类

1. 财产保险合同与人身保险合同

以保险合同所保护的内容为标准，可将保险合同分为财产保险合同和人身保险合同，这也是我国《保险法》规定的基本分类方式。

(1) 财产保险合同，是指以财产及其有关利益为保险标的订立的保险合同，其目的在于补偿被保险人因保险事故发生所受的财产利益损失，故财产保险必然为损失填补性保险。财产利益损失不仅可因被保险人有形或无形财产利益直接受到损害而产生，也可因被保险人对第三人负有的损害赔偿责任而产生。财产保险合同可分为以下四种：

第一，财产损失保险合同，是指以被保险人处于相对静止状态的一般性物质财产为保险标的的保险合同，包括家庭财产保险合同、企业财产保险合同、运输工具保险合同、运输货物保险合同及工程保险合同等。

第二，责任保险合同，是指以被保险人对第三者依法应承担的民事赔偿责任为标的的保险合同，包括第三者责任保险合同、公众责任保险合同、产品责任保险合同、雇主责任保险合同、职业责任保险合同、机动车辆第三者责任保险合同、环境责任保险合同等。

第三，信用保险合同，是指以被保险人的信用放贷或信用售货为保险标的的保险合同，包括出口信用保险合同和商业信用保险合同等。

第四，保证保险合同，是指为保证合同债务的履行而订立的保险合同，其具有担保合同性质。

(2) 人身保险合同，是指以被保险人的寿命、健康和身体为保险标的订立的保险合同。基于生命、身体的无价性，除医疗费用保险及丧葬费用保险等就具体性损失投保的保险合同外，绝大多数人身保险合同均以自由约定的保险金额作为保险事故发生时的赔偿额，故人身保险合同多为定额给付性保险合同。人身保险合同可分为以下四种：

第一，人寿保险合同，是指若被保险人于保险人与投保人约定的年限内死亡或者约定的期限届满时仍然生存的，由保险人依约向被保险人或者受益人给付保险金的保险合同。

案例研讨

谢母诉信诚人寿保险公司案

第二，健康保险合同，是指被保险人发生疾病或者因此而残疾或死亡的，保险人依照约定向被保险人或者受益人给付保险金的保险合同。

第三，意外伤害保险合同，是指在被保险人遭受意外伤害并由此致残或死亡时，由保险人依约向被保险人或者受益人给付保险金的保险合同。

第四，年金保险合同，是指年金保险人于被保险人生存期间或特定期间内，依照合同约定一次或分期给付一定金额的合同。

2. 足额保险合同、不足额保险合同和超额保险合同。以保险金额与保险价值的关系为标准，可以将保险合同分为足额保险合同、不足额保险合同和超额保险合同。此种分类方法仅适用于损失补偿性保险合同。

(1) 足额保险合同，也称全额保险合同，是指保险金额与保险价值完全相等的保险合同。当保险客体因保险事故的发生而遭受全部损失时，保险人按保险价值进行赔偿，标的物如有损余，保险人享有物上代位权，也可折价归被保险人并在保险赔款项下扣除；如保险客体遭受部分损失，保险人按实际损失赔偿。

(2) 不足额保险合同,也称低额保险合同,是指保险金额低于保险价值的保险合同。当保险客体因保险事故的发生遭受全部损失时,保险人按保险金额赔偿,其与保险价值的差额部分,由被保险人自己承担;保险客体遭受部分损失的,由保险人和被保险人对保险客体的损失按比例分摊。例如,一栋房屋价值人民币 10 万元,但保险合同中约定的保险金额为人民币 8 万元,当该房屋全部损失时,保险人应向被保险人按全部保险金额人民币 8 万元给付保险金;若该房屋仅遭受一半损失,则保险人向被保险人按保险金额的 50%,即人民币 4 万元给付保险金。

(3) 超额保险合同,是指保险金额高于保险价值的保险合同,包括因投保人超额投保而订立的保险合同、因保险人超额承保所订立的保险合同、因保险客体价值变化而产生的保险价值降低等情况。超额保险的,超过的部分无效,投保人可主张退还超过部分的保费。

3. 定值保险合同和不定值保险合同。以保险价值是否事先在保险合同中约定为标准,可以将保险合同分为定值保险合同和不定值保险合同。只有损失补偿性保险合同才有定值和不定值之分,定额给付性保险合同只有保险金额的约定,而无保险标的的价值确定。

(1) 定值保险合同是指双方当事人事先约定保险利益的价值并在保险单中载明的保险合同。当事人订立定值保险合同的,当保险事故发生导致保险利益损失时,保险人只需根据保险利益的实际损失情况,在保险金额内按合同载明的保险价值全额赔偿即可。定值保险能够使保险人及时履行义务、减少纠纷,但也容易使投保人故意抬高保险标的的价值,进行保险欺诈,所以其使用范围受到一定限制。一般情况下,海洋货物运输保险大多采用定值保险合同。此外,船舶保险合同以及保险利益的价值不易确定的财产保险合同有时也采用该种形式。

(2) 不定值保险合同是指双方当事人对于保险利益的价值事先不约定,也不在保险单中载明的合同。该保险合同仅对保险金额加以规定,并以保险金额为最高限额,保险事故发生后,保险合同的当事人首先需要对保险利益的损失进行核定,然后决定赔偿保险金的数额,但保险赔偿额最高不能超过保险金额。

此外,保险合同还可按保险金赔付方式分为损失补偿性保险合同和定额给付性保险合同,按实施方式分为自愿保险合同和强制保险合同,按保险危险转移层次分为原保险合同和再保险合同,以上分类均已详述于第一章保险的分类部分,故在此不赘述。

(四) 保险合同的形式

我国《保险法》对保险合同的形式并无特殊要求。保险实务中,保险合同的书面凭证主要包括投保单、暂保单、保险单和保险凭证等。

1. 投保单(application form)。投保单是投保人向保险人申请订立保险合同的书面要约,投保单本身并非正式合同文本,一经保险人接受后,即成为保险合同的一部分。投保单的主要内容包括:(1)投保人、被保险人的姓名、名称和住所;(2)保险标的的名称及存放地点;(3)保险险别;(4)保险责任的起讫;(5)保险价值和保险金额等。并应告知投保危险的程度或状态等。

2. 暂保单(binding slip)。暂保单是保险人或其代理人在正式保险单签发之前出具给被保险人的临时保险凭证。暂保单内容比较简单,只载明被保险人的姓名或名称、承保危险的种类、保险标的等重要事项。暂保单的法律效力与正式保险单相同,但有效期较短,一般为 30 天。人寿保险一般不使用暂保单。

暂保单的使用范围主要为:(1)保险代理人在争取到业务向保险人办妥保险单手续前,给投保人开出的证明;(2)保险公司的分支机构,在接受投保后获得总公司批准前,出具的保险证明;

(3) 保险人与被保险人就标准保险单记载事项所涉及的特定条款未完全协商一致，但保险人原则上先予以承保时由保险人出具的保险证明。

3. 保险单(insurance policy)。保险单是保险人与投保人之间订立的保险合同的正式书面凭证，由保险人制作、签章并交付给投保人。保险单上应载明包括保险人责任和双方当事人权利、义务在内的保险合同的全部内容。保险单内容主要表现为保险合同的基本条款。

4. 保险凭证(insurance certificate)。保险凭证是保险人出具给被保险人用来证明保险合同已成立生效的文件，是一种简化的保险单，与保险单具有同等效力。

保险凭证的使用范围主要为：(1) 保险人承揽团体保险业务时，一般对团体中每个成员签发保险凭证，作为参加保险的证明；(2) 在货物运输保险中，保险人与投保人订立保险合同明确总保险的责任和范围，然后再对每笔运输货物单独出具保险凭证；(3) 在机动车辆及第三人责任保险中，为便于被保险人随身携带，保险人通常出具保险凭证。

二、保险合同的成立与生效

(一) 保险合同的订立程序

1. 投保。投保是投保人向保险人明确提出保险要求的单方意思表示行为，是投保人欲与保险人签订保险合同、建立保险关系所作的要约。投保人为要约人，保险人为受要约人，经保险人承诺后，投保人则受其要约拘束。因保险合同系非要式合同，故投保人既可采取书面形式投保，也可采取电话、传真、电子邮件、面谈等其他非书面形式投保。

2. 承保。承保是保险人在审核投保人的投保要求后，向投保人表示同意其投保的意思表示，是保险人对投保人保险要约之承诺。承保是保险合同成立的必经环节和最终环节，是保险公司控制风险、提高保险资产质量的关键步骤。保险人承保后，应依法及时向投保人履行签发保险单证之义务。

(二) 保险合同的成立

1. 保险合同成立的含义。按照合同法的理论，所谓合同的成立，是指合同因符合一定的要件而客观存在。其具体表现就是将要约人单方面的意思表示转化为双方一致的意思表示。

2. 保险合同成立的要件。我国《保险法》第 13 条第 1 款规定："投保人提出保险要求，经保险人同意承保，保险合同成立。……" 依此规定，保险合同的一般成立要件有二：(1) 投保人提出保险要求；(2)保险人同意承保。因保险合同系诺成合同，故保险人同意承保之通知到达投保人时，保险合同即告成立。

值得注意的是，保险合同通常系由保险人根据不同险种设计并事先制作的格式合同，故保险人制作统一合同文本的行为无向特定主体表达其受约束之意思表示，而系向非特定主体发出的向其投保的要约邀请。除此之外，因保险合同为诺成合同，故其成立不以保险单或保险凭证的交付以及保险费的支付为要件。

(三) 保险合同的生效

1. 保险合同生效的含义。保险合同的成立与生效是两个不同的概念：保险合同的成立，是指合同当事人就保险合同的主要条款达成一致；保险合同的生效，是指合同条款对当事人双方已发生法律上的效力，当事人双方依法应恪守合同，全面履行合同规定的义务。保险合同成立与生效的关系有两种：一是合同一经成立即生效，双方便开始享有权利、承担义务；二是合同成立后不立即生效，而是等到合同约定的停止条件成就或所附期限届至后才生效。

2. 保险合同生效的要件。根据我国《民法通则》第55条及《民法总则》第143条之规定，民事法律行为应当具备下列条件：(1) 行为人具有相应的民事行为能力；(2) 意思表示真实；(3) 不违反法律或者社会公共利益。《合同法》第9条第1款亦规定："当事人订立合同，应当具有相应的民事权利能力和民事行为能力。"因而，保险合同若要有效订立，当事人必须具备相应的缔约能力，并在保险合同内容不违背法律的强制性规定和社会公共利益的基础上确保意思表示真实。

需注意，我国《保险法》第14条规定："保险合同成立后，投保人按照约定交付保险费，保险人按照约定的时间开始承担保险责任。"因此，保险费的实际交付系投保人应履行之合同义务，而非保险合同的生效条件。

3. 保险合同的无效。保险合同的无效是指基于法定原因或者约定原因，保险合同的全部或部分内容不产生法律约束力。保险合同可基于以下原因归于无效：

(1) 基于保险法上的无效原因而无效。

第一，超额保险。超额保险是保险金额高于保险价值的保险。各国保险立法均认同，对于损失补偿性保险合同，因受损失补偿原则的制约，需防止被保险人为获得不当利益而引发道德风险，故当保险金额超过保险价值时，超过的部分无效，被保险人不得就该部分主张保险金请求权。

第二，无保险利益。我国《保险法》第31条第3款规定："订立合同时，投保人对被保险人不具有保险利益的，合同无效。"可见，我国保险法将保险利益作为保险合同效力要件之一。

第三，以死亡为保险事故的人身保险合同，未经被保险人同意的，无效。《保险法》第34条第1款规定："以死亡为给付保险金条件的合同，未经被保险人同意并认可保险金额的，合同无效。"依此规定，含有死亡、疾病、伤残以及医疗费用等保险责任的综合性人身保险合同，如未经被保险人书面同意并认可保险金额，该合同死亡给付部分无效。父母为其未成年子女投保的人身保险，不受此限。

(2) 基于其他法定无效原因而无效。保险合同作为民事合同，应当符合《合同法》规定的合同的一般生效要件。同样，《合同法》当中有关合同无效的规定，同样适用于保险合同。因此，在以下几种情况下，保险合同为无效合同：

第一，保险合同的内容违反法律、行政法规的强制性规定的。既包括违反《保险法》中的强制性规定，也包括违反其他法律法规中的强制性规定。

第二，无权代理。《合同法》将基于无权代理订立的合同定性为效力待定的合同，但可以肯定的是，无权代理行为若未经追认，所订立的合同为无效合同。由于实践中代签保险合同的问题较为常见，《保险法司法解释(二)》第3条规定，投保人或者投保人的代理人订立保险合同时没有亲自签字或者盖章，而由保险人或者保险人的代理人代为签字或者盖章的，对投保人不生效。但投保人已经交纳保险费的，视为其对代签字或者盖章行为的追认。另需注意的是，保险代理人虽无代理权，但足以导致投保人误认的，应适用民法上有关表见代理之规定。

第三，损害国家利益和社会公众利益。即订立合同的目的或履行合同的后果，严重损害了国家利益或社会公共利益。如保险合同的承保范围包含为某些犯罪行为、妨害社会公共安全行为以及危害国家安全和社会公共利益的行为。

(3) 基于合同当事人约定的原因而无效。当事人对于合同效力的约定，可分三种情况：约定解除合同、约定合同不生效和约定合同失效。而保险合同因当事人约定而无效一般是指以下两种情况：一是保险合同附生效条件，当事人约定合同在一定情况下生效，生效条件未成就时为无效；二是保险合同约定合同失效条件，发生某种特定事由可使合同归于无效。

保险合同无效的，在发生保险合同约定的保险事故时，保险人不承担保险责任。保险合同被确认无效后，当事人因无效合同取得的财产应返还给受损失的一方；有过错的一方应赔偿对方因此所受的损失，双方都有过错的，应当各自承担相应的责任；双方恶意串通、订立无效合同损害国家、集体或第三人利益的，应当追缴双方所得的财产，收归国家、集体所有或者返还给第三人。

三、保险合同的主要内容

（一）保险合同的条款

1. 保险条款。保险条款（clause）是保险单列明的反映保险合同内容的文件，是保险人履行保险责任的依据。保险条款主要包括：

(1) 基本条款，是标准保险单的背面印就的保险合同文本的基本内容，即保险合同的法定记载事项，也称保险合同的要素。其主要明示保险人和被保险人的基本权利和义务，以及依据有关法律规定的保险行为成立所必需的各种事项和要求。

(2) 附加条款，是针对基本条款的补充性条款，是对基本责任范围内不予承保而经过约定在基本责任范围基础上予以扩展的条款。

(3) 法定条款，是法律规定合同必须列出的条款。

(4) 保证条款，是保险人要求被保险人必须履行某项规定所制定的内容。

2. 基本条款的主要内容：(1) 当事人和关系人的名称和住所。(2) 保险标的。(3) 保险金额。(4) 保险费及其支付方式。(5) 保险责任和责任免除。(6) 保险期间和保险责任开始的时间。(7) 保险金赔偿或者给付方法。(8) 违约责任和争议处理。(9) 订立合同的年、月、日。

此外，在合同的基本条款之外，当事人可以另外约定具有某些特定内容的条款，以使基本条款中具有伸缩性的条款所涉及的权利与义务更为明确。

（二）保险合同条款的解释

保险合同条款的解释必须遵守合同的一般解释原则。因保险合同条款多由保险人事先拟定，故其为一种附合合同，也称为定型化合同。对保险合同的解释，在遵守普通的合同解释原则的同时，还要根据其自身的特殊性，进行公平、合理的解释。

1. 保险合同的一般解释原则。主要包括以下两种：

(1) 文义解释原则。文义解释原则是指按保险条款的通常含义解释。运用文义解释，应尊重保险合同条款所用词句的文义，所作解释不能超出保险合同所用词句的可能的文义范围。

(2) 意图解释原则。意图解释原则是指在保险合同的条款文义不清或者有歧义时，通过判断合同当事人订约时的真实意图，阐明保险合同条款的内容。运用意图解释，要根据保险合同条款所用文字、订约时间、客观情况来推测当事人订约时所采用条款的真实意图。虽然对保险合同解释时应尽量揭示当事人的真实意思，但一般应以书面的客观标准为基础。因此，进行意图解释时一般遵循以下规则：①书面约定内容与口头约定不一致的，应当以书面内容为准；②投保单或其他合同文件规定的内容与保险单规定的内容不一致的，应以保险单规定的内容为准；③保险单中的特约条款与其他条款的内容不一致的，应以特约条款为准；④保险合同的内容以不同方式记载且内容相抵触的，打字的优于印刷的，手写的优于打字的。因此，一般认为，手写的内容更能表达当事人的真实意思。

案例研讨

黄世雷诉中国平安汽车保险合同纠纷案

2. 保险合同的特别解释原则。主要包括以下两种：

(1) 疑义利益解释原则。疑义利益解释原则，也称不利解释原则，源于罗马法法谚“有疑义应为表意者不利益之解释”，是指格式合同的语句有歧义、模糊或者有两种以上解释时，应采取对拟定合同条款一方不利的解释。

根据我国《保险法》第30条之规定，疑义利益解释是指当保险人和投保人、被保险人或受益人对保险合同的内容有争议时，应当按照通常理解予以解释，如果对合同条款有两种以上解释的，应当对保险合同所用的文字或条款作有利于被保险人和受益人的解释。因此，疑义利益解释原则的适用需注意以下五点：①双方争议的条款，应是保险人所拟定的格式条款。保险人在制定条文时，往往偏重自身利益，为避免保险人订立的保险条款含义不清，损害投保人的利益，应从有利于被保险人和受益人利益的角度进行解释。②保险合同条款文字存在“疑义”。若合同语义清晰，双方意图明确，即便当事人对保险合同条款的理解发生争议，也不可适用该原则。③运用合同一般解释原则仍无法消除歧义、解决争议。④该原则仅适用于保险合同的基本条款，不适用于特约条款。⑤不能为有利于被保险人而进行不合理的解释。

(2) 合理期待原则。合理期待原则是指保险合同当事人就合同内容的解释发生争议时，如果合同内容本身不含歧义，应以投保人或被保险人对合同缔约目的的合理期待为出发点对保险合同进行解释。被保险人对保险合同存在“客观且合理的期待”是适用合理期待原则的关键，其适用不以合同条款文字存有疑义为必要；如果保险条款含混不清，但被保险人并不存在合理的期待，也只能适用疑义利益解释原则。

我国《保险法》并未明确规定合理期待原则。法学界和保险业界对此存有争议。有理由认为，在诸如保险公司之间或者通过行业格式条款统一确定某些不合法或者不合理的免赔条款或扣减条件的场合，合理期待原则有其适用的空间和余地。①

四、保险合同的履行

（一）保险人的义务

1. 保险人的主要义务。

(1) 赔偿和给付保险金的义务。保险人的首要义务是依照保险合同的规定对被保险人的损失予以赔偿，或向受益人支付保险金。保险公司赔偿或给付须满足以下条件：①必须是保险标的受到损失；②财产损失或人身灾害必须是由保险合同中规定的危险引起的；③财产保险损失的赔偿不能超过保险金额；④财产损失应当发生在合同约定的地点或范围；⑤人身保险中保险金的给付以保险金额为准；⑥保险人须承担投保人或被保险人为减少保险标的的损失而付出的施救费用、诉讼费用和理赔费用。

(2) 及时签单的义务。

(3) 保密义务。保险人对在办理保险业务中获得的投保人、被保险人的业务和财务情况，负有保密的义务。

2. 弃权制度。

(1) 弃权的概念。弃权特指保险人放弃解除权和抗辩权。在投保人和被保险人的投保和履

---

① 参见韩长印、易萍：《车损险中致害第三方不明时的保险金扣减问题研究》，载《法学》2011年第11期。

行告知义务行为违反保险法规定时，保险人依法可以行使解除权和抗辩权，即解除保险合同或者不承担赔付责任。保险人以明示或者默示的方式放弃解除权和抗辩权的，即为弃权。

(2) 弃权的法律性质。弃权的外部形式为保险人原谅投保人或者被保险人的违法或者违约行为，其实质内容是保险人主动扩张投保人或者被保险人的权利，其目的在于维持和扩大保险业务。当然也包含保险人的工作失误导致不当弃权的情况。无论是何种情形导致的弃权，都发生法律效力，保险人不得反悔，这也是最大诚信原则的具体表现。

(3) 弃权的条件。构成弃权须同时具备两个条件：①保险人须有明示或者默示的意思表示；②保险人在弃权前须明知自己能够行使解约权或者抗辩权。

(4) 弃权的主要表现情形包括：①为维持合同效力而弃权。保险人愿意收取投保人逾期保费，或者明知投保人有违约行为仍然收取其保费，证明保险人有维持合同效力的意思表示，依法可以行使的解除权和抗辩权便视为放弃，事后不得基于投保人有违约行为而主张解除合同或者不予赔付。②对有抗辩理由的赔付予以赔付。被保险人在发生保险事故后，提出赔付请求的，保险人明知请求不在保险合同约定的保险事故范围内或者属于免责范围，但是仍然赔付的，当属放弃赔付抗辩权，该赔付不属不当得利，不得请求返还。③受理逾期赔付请求。被保险人逾期提出赔付请求，保险人本可依法拒绝，但受理赔付请求的，证明具有承担赔付责任的意思表示，当属放弃逾期赔付抗辩权，该赔付不得请求返还。

（二）投保人、被保险人的义务

1. 缴纳保险费的义务。保险合同成立后，投保人须按合同约定的时间交付保险费；保险人按约定的期间承担保险责任。保险人对非人寿保险的保险费可通过诉讼方式请求投保人支付，但对人寿保险的保险费不得诉请支付。约定分期缴纳保险费的人身保险的投保人不能按期支付后续保险费的，一般经催告期或宽限期[1]后，合同效力中止，或者由保险人按照合同约定的条件减少保险金额。合同因此效力中止的，经保险人与投保人协商达成协议，在投保人补交保险费后，合同效力恢复。

案例研讨

河北省宣化县工业物资贸易中心诉中国人民财产保险公司保险金赔付纠纷案

2. 危险增加的通知义务。危险增加的通知义务，是指在保险合同的有效期内，保险标的危险程度增加的，投保人或被保险人应依照合同规定及时通知保险人。最大诚信原则要求被保险人对已经保险的财物须尽谨慎照看义务，发现原来的环境有不利的变化时，应当判断该变化是否会对保险标的造成危险增加，例如，保险标的周边的易燃易爆和外力撞击的可能性增加时，应当及时通知保险人。如果投保人和被保险人未履行危险增加的通知义务，因保险标的的危险程度显著增加而发生的保险事故，保险人不承担赔偿保险金的责任。

3. 出险通知义务。出险通知义务，是指投保人、被保险人或者受益人知道保险事故发生后，应当及时通知保险人，以便于后者及时勘查现场、收集证据和确定事故性质并及时赔付。

出险通知义务履行迟延的，保险人有权拒赔因投保人或被保险人迟延履行出险通知义务而

① 宽限期（grace period），是保险合同中对于人身保险的保险费交付期予以宽限的条款。我国《保险法》第 36 条第 1 款规定：“合同约定分期支付保险费，投保人支付首期保险费后，除合同另有约定外，投保人自保险人催告之日起超过三十日未支付当期保险费，或者超过约定的期限六十日未支付当期保险费的，合同效力中止，或者由保险人按照合同约定的条件减少保险金额。”

扩大的损失,但不能解除保险合同。出险通知义务未在规定期限内履行,致使损失无法确定的,保险人的保险责任可以免除。

4. 出险施救义务。出险施救义务,是指保险事故发生后,投保人或被保险人有责任尽力采取必要的措施,防止或减少损失。如果被保险人没有采取措施防止损失的扩大,保险人可主张赔付抗辩权。双方有争议的,由保险公估人认定在实施抢救措施后保险标的可能发生的损失,被保险人无权就超过保险公估认定的部分损失请求赔偿。

(三)保险索赔和理赔

1. 索赔。索赔是指被保险人或受益人在保险标的因发生保险事故而遭受损失,或在保险合同约定给付保险金条件成就时,依据保险合同或保险单证向保险人要求赔偿或给付保险金的行为。索赔是投保人获得保险人所提供保险保障、实现保险目的的必经程序。

(1) 出险通知。投保人、被保险人或者受益人知道保险事故或者保险事项发生后,应当及时通知保险人,以便保险人及时采取施救措施、调查事实真相并确定责任范围。

(2) 提供证明。保险事故发生后,依照保险合同请求保险人赔偿或者给付保险金时,投保人、被保险人或者受益人应当向保险人提供其所能提供的与确认保险事故的性质、原因、损失程度等有关的证明和资料,如检验报告、鉴定报告、费用清单等。

2. 理赔。理赔是指保险事故发生后或保险合同约定给付保险金条件成就时,保险人自行或根据被保险人或受益人的索赔请求,依据保险合同之约定,进行损失核定、责任确定并承担相应赔付保险金责任的行为和过程,其与保险索赔相对应,共同构成一个完整的程序。

(1) 查勘定损。保险人收到被保险人或者受益人的赔付保险金的请求后,应当及时作出核定,并将核定的结果通知被保险人或受益人。情形复杂的,应当在30日内作出核定,但合同另有约定的除外。

案例研讨

车损险"无责免赔"条款的法律效力

(2) 赔偿给付。保险人经查勘核定,对属于保险责任的,在与被保险人或受益人达成有关赔偿或者给付保险金的协议后10日内,履行赔偿或者给付保险金义务。保险合同对赔偿或者给付期限有约定的,保险人应依约履行其赔付义务。

(3) 先行赔付。保险人自收到赔付保险金的请求和有关证明、资料之日起60日内,对其赔付保险金的数额不能确定的,应当根据已有证明和资料可以确定的数额先予支付;待保险人最终确定赔付保险金额后,应及时支付相应的差额。

(四)保险人代位权

1. 保险人代位权的定义和意义。

(1) 保险人代位权的定义。保险人代位权,是指保险人就被保险人遭受的损失全额支付保险金后,享有的向就该损失对被保险人负有赔偿责任的第三人请求赔偿的权利。保险人代位权制度建立于损失补偿原则基础之上,故其仅适用于损失补偿性保险。

(2) 保险人代位权的意义。保险法上保险人代位权的法理,是在损失补偿原则之下,达成以下三个目的,以维护法律的公平正义:第一,维持第三人的损害赔偿义务,使第三人不会因保险人的赔偿而免除民法上的赔偿责任;第二,确定保险人的保险赔偿义务,使保险人不因被保险人可能向第三人请求损害赔偿而免除或减少其保险赔偿义务;第三,防止被保险人获得不当得利,使被保险人不得因同时拥有损害赔偿请求权和保险金请求权而获得双重赔偿。

2. 保险人代位权的立法。对保险人代位权，世界各国保险立法有不同主张，归纳起来不外乎两种：一种是当然代位主义，即保险代位权为保险人享有的法定权利，不论保险合同是否有所约定，保险人均可依法行使该项权利。另一种是请求代位主义，即保险人向被保险人赔偿后，并不能取得求偿权，还须有被保险人将其享有的对第三人的损害赔偿请求权让与或转让给保险人这一行为。

我国《保险法》第 60 条第 1 款规定："因第三者对保险标的的损害而造成保险事故的，保险人自向被保险人赔偿保险金之日起，在赔偿金额范围内代位行使被保险人对第三者请求赔偿的权利。"从上述规定来看，我国采用的是当然代位主义，即只要保险人支付了保险赔偿金，就相应取得了向第三人请求赔偿的权利，而无须被保险人确认。

3. 保险人代位权的行使。保险人代位权具有债的法定移转之性质，故保险人应以自己的名义行使保险人代位求偿权。需要强调的是，根据《保险法司法解释（二）》第 16 条的规定，保险人代位求偿权的诉讼时效期间应自其取得代位求偿权之日起算，而不是延续被保险人求偿权的诉讼时效。

保险人行使代位权无须以被保险人的全部损失已得到完全赔偿为条件。我国《保险法》第 60 条第 3 款规定："保险人依照本条第一款规定行使代位请求赔偿的权利，不影响被保险人就未取得赔偿的部分向第三者请求赔偿的权利。"此外，保险人赔偿保险金时，如果被保险人已经从第三者处取得损害赔偿，保险人可以相应扣减被保险人从第三者处已取得的赔偿金额。

保险人行使代位权时，被保险人有义务提供协助。保险事故发生后保险人赔偿保险金之前，被保险人放弃对第三者请求赔偿的权利的，保险人不承担赔偿保险金的责任。保险人向被保险人赔偿保险金后，被保险人未经保险人同意放弃对第三者请求赔偿的权利的，该行为无效。被保险人基于故意或者重大过失致使保险人不能行使代位请求赔偿的权利的，保险人可以扣减或者要求返还相应的保险金。

4. 保险人代位权与被保险人对第三人的损害赔偿请求权的冲突规则。被保险人同时享有保险金请求权和对第三人的损害赔偿请求权，这两种权利的共同行使，将会使保险人代位权与被保险人对第三人的损害赔偿请求权产生一定的冲突：如果被保险人放弃对第三人之损害赔偿请求权，则保险人无法行使代位权，可能危及保险人的利益；而若被保险人同时行使此两项权利，则有被保险人获得超额赔偿的可能，违反保险法上的损失补偿原则。因此，法律一般会规定如下两方面的冲突规范：

（1）在保险人支付保险金之前，有两种情况：①被保险人免除第三人的赔偿责任的，保险人在被保险人免除第三人责任的范围内免责；②被保险人已经从第三人处受领部分赔偿的，保险人可以在保险金总额中扣除被保险人已经获得赔偿的部分。

（2）在保险人支付保险金之后，有两种情况：①被保险人获得保险金后免除第三人的赔偿责任的，免除无效，不影响保险人代位权的行使；②被保险人获得保险金后，又从第三人处受领赔偿的，保险人可以向被保险人请求返还已支付的保险金。

由于我国立法未注意到保险人代位权的当然获得并不导致被保险人对第三人赔偿请求权的丧失，因而对于保险人给付保险金后发生的第二种情况，未予规定。此点应予修正，因被保险人已获保险赔偿之事实，第三人未必尽知，若保险人未及时行使保险代位权，被保险人获得超额赔偿的可能性毕竟存在。虽然在诉讼程序中，保险人可以有独立请求权之第三人的身份参加诉讼，但被保险人获得赔偿不一定通过诉讼途径，而保险人也无对每一诉讼程序都知晓的能力，因此，对于保险人的返还请求权有必要在立法中加以规定。

（五）保险委付制度

保险委付是指被保险人将保险标的物的一切权利转移给保险人，由此请求其支付全部保险金额的一种行为。保险委付制度是损失补偿原则的具体体现。我国《保险法》第 59 条规定："保险事故发生后，保险人已支付了全部保险金额，并且保险金额等于保险价值的，受损保险标的的全部权利归于保险人；保险金额低于保险价值的，保险人按照保险金额与保险价值的比例取得受损保险标的的部分权利。"委付通常适用于海上财产保险，《保险法》关于损余处理的该条规定，实际上是委付制度在非海上财产保险中的适用。

五、保险合同的变更、解除和终止

（一）保险合同的变更

保险合同的变更可以分为合同的主体变更、客体变更和内容变更三种情况。

1. 主体变更。保险合同的主体不同，变更所涉及的法律程序规定也不相同。

(1) 投保人的变更。投保人是合同当事人，负有支付保险费之义务，故变更投保人须经保险人同意。例如，长期人身保险中投保人的变更，即意味着新投保人将负担以后支付保险费之义务。

(2) 被保险人的变更，属于合同的转让或者保险单的转让，只能发生在财产保险合同中。例如，在移转财产所有权或者经营管理权的同时将保险合同一并转让给新的财产受让人。

(3) 受益人的变更，我国《保险法》第 41 条规定："被保险人或者投保人可以变更受益人并书面通知保险人。保险人收到变更受益人的书面通知后，应当在保险单或者其他保险凭证上批注或者附贴批单。投保人变更受益人时须经被保险人同意。"

2. 内容变更。保险合同内容的变更指保险合同中规定的事项的变更。《保险法》第 20 条规定："投保人和保险人可以协商变更合同内容。变更保险合同的，应当由保险人在保险单或者其他保险凭证上批注或者附贴批单，或者由投保人和保险人订立变更的书面协议。"这一规定是内容变更的总原则，即须双方协商同意后由保险人批注或者附贴批单或者双方订立变更的书面协议。但是，由于此条的变更须经保险人同意，容易出现保险人故意或是无意拖延的情况，为求实际便利和保险关系的确定，有些国家规定在一定情况下，如保险人经一定期间并无反对之意即视为同意。

保险合同内容的变更包括保险费的变更及其他内容的变更，主要有两类情况：一是基于法定情况的发生，保险合同一方须提出变更，另一方亦不得拒绝变更；二是投保人基于自己的实际需要提出变更。

(1) 法定情形的变更。

第一，保费的增加。投保人、被保险人未按照约定履行其对保险标的安全应尽的责任的，保险人有权要求增加保险费或者解除合同；保险标的危险程度显著增加的，被保险人按照合同约定应当及时通知保险人，保险人有权要求增加保险费或者解除合同；投保人申报的被保险人年龄不真实，致使投保人支付的保险费少于应付保险费的，保险人有权更正并要求投保人补交保险费，或者在给付保险金时按照实付保险费与应付保险费的比例支付。

第二，保费的减少。据以确定保险费率的有关情况发生变化，保险标的的危险程度明显减少，或保险标的的保险价值明显减少的，除合同另有约定外，保险人应当降低保险费，并按日计算并退还相应的保险费。

(2) 投保人提出的变更。

第一,保险金额的增加。例如,保险价值因市场价格上涨,投保人可提出按照或者不按照保险价值的增加比例增加保险金额,当然亦需增加保费;投保人亦可在保险价值并无增加的情况下,在保险价值限度内提出增加保险金额的请求。

第二,保险金额的减少。例如,因保险价值减少,投保人提出减少保险金额的请求;虽无减少情况,投保人亦可提出减少保险金额的请求。但有些保单规定保险人并不受理保险金额减少的请求,此种多为人寿保险保单。

(二) 保险合同的解除

1. 保险合同解除的含义。保险合同解除是指在保险合同期限届满前,合同一方当事人依照法律规定或合同约定行使解除权,提前终止合同效力的法律行为。

2. 解除的形式。当行使解除权的原因发生后,并不自然发生解除的效力,而必须由解除权人行使后,合同的效力方消灭。保险合同的解除,一般分为法定解除和意定解除两种形式。

(1) 法定解除,是指当法律规定的事项出现时,保险合同当事人一方可依法对保险合同行使解除权。法定解除的事项通常在法律中被直接规定出来,但不同的主体有所不同:

对投保人而言,除保险法另有规定或保险合同另有约定外,保险合同成立后,投保人可以解除合同。货物运输保险合同和运输工具航程保险合同的保险责任开始后,投保人不得解除合同。

对保险人而言,法律的要求则相对严格,即保险人必须在发生法律规定的解除事项时方有权解除合同。在我国,这些法定解除事项主要有:①投保人、被保险人未依法履行如实告知义务。②在保险合同有效期内,保险标的的危险显著增加。在保险合同有效期内,投保人或被保险人有义务将保险标的的危险程度增加的情况通知保险人,保险人可根据具体情况要求增加保险费,或者在考虑其承保能力的情况下解除合同。③在分期支付保险费的人身保险合同中,除另外约定外,投保人超过规定的期限未支付当期保险费的,保险合同中止。保险合同中止后的两年内,双方当事人未就合同达成协议的,保险人有权解除合同。④投保方实施保险欺诈行为,故意制造保险事故或谎称发生保险事故。⑤投保人申报被保险人年龄不实,且不符合合同约定的年龄限制。⑥投保人未履行维护标的安全的义务。

(2) 意定解除。意定解除又称协议注销终止,是指保险合同双方当事人依合同约定,在合同有效期内发生约定情况时可随时注销保险合同。意定解除要求保险合同双方当事人在合同中约定解除的条件,一旦约定的条件成就,一方或双方当事人便有权行使解除权,使合同的效力归于消灭。

(三) 保险合同的终止

保险合同的终止是保险合同成立后因法定的或约定的事由发生,法律效力完全消灭的法律事实。保险合同终止的原因主要有以下几个方面:

1. 自然终止。自然终止是指已生效的保险合同基于法定或约定事由导致合同的法律效力当然地不复存在的情况。

2. 因履约而终止。因履约而终止是指在保险合同的有效期内,约定的保险事故已发生,保险人按照保险合同承担了给付全部保险金的责任的,保险合同即告结束。保险合同约定,保险人的赔偿责任不仅有期限的限制,也有约定数额的限制,即保险金额是保险人承担赔偿或给付责任的最高限额。按照赔偿或给付金额是否累加,履约终止可分为以下两种不同的情况:

⑴ 在普通的保险合同中，无论一次还是多次赔偿或给付保险金，只要保险人历次赔偿或给付的保险金总数达到保险合同约定的保险金额，并且保险期限尚未届满，保险合同均终止。

⑵ 在机动车辆保险和船舶保险合同中，保险人在保险有效期间赔付的保险金不进行累加，只有当某一次保险事故的赔偿金额达到保险金额时保险合同才终止。

六、重复保险和超额保险

（一）重复保险

1. 重复保险的定义及要件。

⑴ 重复保险的定义。重复保险是指投保人就同一保险期间内的同一保险标的、同一保险利益、同一保险事故，分别与两个及以上保险人订立保险合同，且保险金额总和超过保险价值的保险。

⑵ 重复保险的要件。

第一，投保人与数个保险人同时订立数个保险合同，被保险人为同一人。

第二，同一保险事故，亦即相同的保险责任范围。即使同一保险利益，与保险人约定不同保险责任范围，也不构成重复保险。

第三，同一保险利益。就同一保险标的、同一保险事故投保的，只要以不同的保险利益投保，也不构成重复保险，例如汽车所有权人就其所有权利益和对第三人责任利益分别投保的，不构成重复保险。

第四，同一保险期间。不要求保险期间全部重复，只要保险期间发生重叠，就有可能构成重复保险，主要以保险事故发生在数个保险合同的保险期间内为判断标准。

第五，数个保险合同的保险金额总额超过保险价值。重复保险的目的在于防止以化整为零的方式达到超额保险，从而获得不当得利。如果数个保险合同的保险金额总额没有超过保险价值，保险人就其所承保金额依约负赔偿责任后，被保险人没有获得不当得利之可能，也就不是法律上所禁止的重复保险。我国《保险法》第 56 条第 2 款规定："重复保险各保险人赔偿保险金的总和不得超过保险价值。除合同另有约定外，各保险人按照其保险金额与保险金额总和的比例承担赔偿保险金的责任。"由此规定可见，保险金额总额超过保险价值为我国《保险法》上重复保险的要件之一。

2. 重复保险的适用及效力。

⑴ 重复保险的适用范围。重复保险乃损失补偿原则下之概念，其出发点在于禁止被保险人取得不当得利。而损失补偿原则，乃损失补偿性保险合同适用之原则，并非适用于所有保险合同。因此，本书认为，重复保险制度仅适用于损失补偿性保险，而不适用于定额给付性保险，也就是说，所有的财产保险合同和以损失补偿为目的的人身保险合同均须适用有关重复保险的规定，而人身保险当中以抽象性保险利益投保的定额给付性保险合同不适用有关重复保险的规定。

⑵ 重复保险的效力。关于重复保险的效力，各国所采方法不同。我国《保险法》第 56 条规定了比例分摊的赔偿规则，即各保险人依据其保险金额所占保险金额总和之比例，负分担赔偿的责任。但是，保险法并未具体规定重复保险的被保险人如何进行索赔以及重复保险是否应作善意、恶意之分等具体问题，故其适用存在一定障碍。

（二）超额保险

1. 超额保险的定义及分类。

(1) 超额保险的定义。超额保险，是指保险金额高于保险价值的保险。我国《保险法》第55条第3款规定："保险金额不得超过保险价值。超过保险价值的，超过部分无效，保险人应当退还相应的保险费。"这一规定主要基于损失补偿原则，即被保险人只能在保险标的发生损失时得到相应的补偿，而不能因为购买保险而获取超出保险损失的收益。

(2) 超额保险的分类。

第一，依发生原因的不同，超额保险可划分为真正超额保险与非真正超额保险。真正超额保险是指保险合同订立时，保险金额超过保险价值的保险。非真正超额保险是指保险合同订立时，保险金额均在保险价值之下或与保险价值相等，但事后却因交易市场的变化，保险价值大幅下降，使保险金额超出保险价值的情形。

第二，依当事人对于超额保险的产生是否具有恶意，超额保险可划分为善意超额保险和恶意超额保险。超额保险当事人无诈欺者，为善意超额保险。善意超额保险通常只可能出现于不定值保险中，主要有两种情况：一种是保险合同订立时误估保险价值，或因过失而未查明市价，致保险金额超过保险价值。另一种是保险合同订立后，因保险利益价值下降，保险金额超过保险价值。根据保险法上的损失补偿原则，超额保险的效果为"仅限于保险价值限度内有效"，以防止被保险人不当得利。恶意超额保险，指超额保险是由于当事人诈欺行为所致，故应对相关当事人实施惩罚。我国《保险法》对超额保险未做善意、恶意的区分，有诱发恶意超额保险之虞。

2. 超额保险的适用范围及效力。

(1) 超额保险的适用范围。超额保险之立法目的，在于禁止不当得利，是损失补偿原则适用的具体规定，故仅适用于损失补偿性保险合同。在超额保险的制度中，一个重要的区分是定值保险和不定值保险。对于定值保险而言，保险合同订立时保险价值既已确定，超额保险的规定并无过多意义。对于不定值保险而言，被保险人行使赔偿请求权仅以实际所受损害为限。因此，只有损失补偿性保险中的不定值保险，才发生保险金额超过实际损失的问题，受超额保险制度之调整。

(2) 超额保险的效力。我国《保险法》对超额保险的规定，未区分善意超额保险和恶意超额保险，对于超额保险的法律效力，也未区分绝对无效和相对无效，而只规定超额部分无效。本书认为，对超额保险的规定，应作善意超额保险和恶意超额保险的区分。对于善意超额保险，基于保险的目的在于补偿被保险人损失的原则，超额保险的效果为"仅限于保险价值的限度内有效"，超额部分无效，以防止被保险人获得不当得利，此无争议。善意超额保险的保险金额和保险费应予扣减，并且立即生效。

对于恶意超额保险，其效果应包括合同效力和恶意人惩戒两个方面。恶意超额保险的超额部分应为无效。在恶意人惩戒方面，超额保险应对投保人恶意与保险人恶意进行区分：基于投保人恶意成立之超额保险，保险人得解除合同，所受保险费不予退换。保险人未主张解除合同的，超额部分无效，保险人仅对保险价值范围内的损失予以赔偿。基于保险人恶意成立的超额保险，投保人可解除合同，并可请求损失赔偿。投保人未主张解除合同的，超额部分无效，投保人可主张保险金额和保险费的扣减。

七、再保险

（一）再保险的概念

再保险是指保险人为了分散风险而将原承保的全部或部分保险业务转移给另一个保险人的保险。

在再保险中，转移风险责任的一方或分出保险业务的公司叫原保险人或分出公司，承受风险责任的一方或接受保险业务的公司叫再保险人或分入公司。

（二）原保险与再保险的区别

1. 合同当事人不同。原保险合同的双方当事人是投保人和保险人；再保险合同的双方当事人都是保险人，即分出人与分入人，与原投保人无关。

2. 保险标的不同。原保险合同的保险标的是被保险人的财产及有关利益或者被保险人的寿命和身体；再保险合同的保险标的是原保险人分出的责任，分出人将原保险的保险业务部分地转移给分入人。

3. 保险合同的性质不同。原保险合同具有经济补偿性或者保险金给付性；而再保险合同具有责任分摊性或补充性。其直接目的是对原保险人的承保责任进行分摊。

4. 保险费支付不同。原保险合同由投保人向保险人支付保费，支付主体为投保人且具有单向性；而在再保险合同中，保险人须向再保险人支付分保费，再保险人须向原保险人支付分保佣金，故为双向付费。

（三）再保险合同的种类

再保险合同可以根据不同的标准进行分类：

1. 按再保险的方式分为比例再保险合同和非比例再保险合同。前者以保险金额为基础，后者以赔款金额为基础。

2. 按不同的分保安排可以分为临时再保险合同和合约再保险合同。

(1) 临时再保险合同是根据业务需要临时选择分保接受人，经协商达成协议，逐笔成交的分保合同。对于临时再保险的业务，分保接受人没有义务一定接受。

(2) 合约再保险合同是由分出人和分入人以预先签订合同的方式确定双方的权利义务关系，约定在一定时期内将分出人承担的保险业务部分向分入人办理再保险。

（四）再保险合同的主要内容

1. 共同利益条款，是关于双方共同权利的规定，规定原保险人与再保险人在保险费的获得、向第三者追偿、保险金赔付、保险仲裁或诉讼等方面对被保险人或受益人所享有的共同利益。

2. 过失或疏忽条款，规定在保险期限内保险事故发生以及原保险人在执行再保险合同条款时，对于原保险人基于过失或疏忽大意而非故意造成的损失，再保险人仍应承担相应的赔偿责任。

3. 双方权利保障条款，规定原保险人与再保险人应保证对方享有其权利，以使合法利益得到保护。原保险人应赋予对方查校账册以及保单、保费、报表、赔案卷宗等业务文件的权利；再保险人则应赋予原保险人选择承保标的、制定费率和处理赔款的权利。

4. 其他条款，即保险合同应具有的共同条款，包括：缔约当事人的名称、地址；保险期限；再保险的险种和方式；保险费的计算和支付方式；保险责任的分担及除外责任；争议处理，包括仲裁和诉讼条款;赔款规定等。

【本节前沿问题】

人身保险合同中保险人代位权的适用

保险人代位权的基本功能之一就是贯彻保险法的损失补偿原则,因此,保险代位权的范围应限于损失补偿性保险。财产保险合同以补偿被保险人因发生保险事故所遭受的财产损失为唯一目的,是典型的损失补偿性保险,因此保险人代位权原则上适用于财产保险。通常认为人身保险的保险标的为被保险人的寿命和身体,不能用金钱衡量其价值,被保险人、受益人请求保险人支付保险金,并不适用损失补偿原则,保险人不可因此行使保险人代位权。

人身保险有人寿保险、健康保险、意外伤害保险等类型,后两者在一定程度上具有补偿性保险的特征,保险人应可行使代位权。例如,被保险人因疾病或者意外伤害而支出的医疗费用,保险人对于该部分支出的补偿,可以向负有责任的第三人进行代位追偿。我国《保险法》对此没有区别规定,这是立法上的缺漏。事实上,《保险法》中的诸多条文已经充分体现了三种类型人身保险合同的不同之处,如在保险公司分业经营中,允许经营财产保险业务的保险公司经核定后,经营短期健康保险和意外伤害保险业务;人寿保险以外的其他保险的保险金给付请求权诉讼时效为 2 年,但人寿保险的保险金给付请求权的诉讼时效为 5 年。

【本节思考题】

1. 简述保险合同的法律特征。
2. 试述保险合同的种类。
3. 试述保险关系的当事人及其权利义务。
4. 试述保险合同的成立与生效。
5. 试述重复保险和超额保险的效力。
6. 简述再保险和原保险的区别。

第四节 保 险 业 法

一、保险业法与保险监管

(一) 保险业法的概念和性质

1. 保险业法的概念。保险业法,是调整国家对保险市场以及市场主体的组织和经营活动的监管关系的法律规范的总和。从各国的保险业立法来看,一般都涉及保险机构的组织和经营规则以及国家保险监管体制和监管形式等内容,而这些内容往往是保险行业特有的或具有保险行业特点并带有鲜明的国家干预色彩的“行规”。因此,所谓保险业法,实为保险行业法或保险行业管理法,是保险企业组织法、保险企业经营法和保险市场管理法的有机结合。

保险业法主要调整国家与保险市场以及市场主体之间的关系。具体而言,其调整对象一般包括:

(1) 调整国家保险监管活动诸构成要素及其相互关系,即保险监管体制和方式,包括国家保险监管的主体及其职权、保险监管对象、保险监管方式及其相互关系。

(2) 国家对保险企业组织活动的监管关系，即保险组织监管，既包括对保险企业组织形式以及保险企业的设立、变更和终止的监管关系，也包括对保险企业内部组织机构和管理活动的监管关系。

(3) 国家对保险企业经营活动的监管关系，即保险经营监管，包括对保险企业经营范围、偿付能力、经营风险、资金运用以及保险市场行为的监管关系。

(4) 国家对保险中介人的监管关系，包括对保险代理人、保险经纪人、保险公估人等保险中介人的主体资格和市场行为的监管关系。

2. 保险业法的性质。对于保险业法的性质，可以从以下三个方面认识：

(1) 保险业法的本质属性是管理法。按公法、私法划分的标准，大体上凡规范国家或公共团体为其双方或一方主体者之法律关系，以权力服从关系为其基础者为公法；仅规范私人间或私人团体之间相互关系，以平等关系为其基础者为私法。因此，从这一角度看，保险业法具有公法性质。

而综观我国保险业法，虽然包含有保险企业组织法、保险企业经营法等市场主体和市场行为法之内容，但均已不仅限于“公法化了的私法”，而体现出强烈的国家干预色彩，且绝大多数之规范为强制性规范。因此，单就保险业法而言，其本性为体现国家干预的管理法或监管法。在监管法的视角，保险企业组织监管、保险企业经营监管构成了保险监管的主要内容。

(2) 保险业法属于保险法范畴。尽管在有的国家，保险业法采单独立法模式[①]，但我们通常仍将其与保险合同法一并视为保险法不可分割的两大主要构成部分。我国现行的保险业法是与保险合同法一并被置于《保险法》中的，是《保险法》的组成部分。

(3) 保险业法可归入商法范畴。单论保险业法的规范形式，是管理法，似属经济法范畴。但如果从其内容来看，保险业法规范的主要内容是保险企业的组织和经营规则，当属特殊的商事主体法。而就其行业性质而论，保险业法又常常被金融界视为与银行业法、证券业法并列的“三驾马车”之一，被纳入金融法范畴。从不同的视角看，保险业法似乎有着不同的归属和身份。

在商法立场上来看，保险业法是保险法不可分割的一部分，而保险法又是传统商法体系的组成部分，虽然传统商法体系中的保险法是以保险合同法为主的，但将保险业法与保险合同法割裂开来且排除于保险法乃至商法体系之外仍有失妥当；在现代市场经济条件下，国家的“适度干预”无处不在，而国家干预程度的强弱，并不应成为法的归属或判断法的性质的必然标准；在现代社会，商事保险活动仍是一种重要的商事行为，保险企业仍是一种重要的商事主体，因此，保险业法仍应为现代商法的组成部分。

(二) 保险业法的立法宗旨和内容体系

1. 保险业法的立法宗旨。保险素有“社会稳定器”之称，随着市场经济的高速发展，保险已渗透于社会经济生活的各个领域。保险业的组织和经营活动是否规范，直接关系到整个社会经

---

① 各国保险业法的立法体例主要有两种模式：一是单行法律法规，即直接以《保险业法》《保险公司法》《保险业监督管理法》等冠名，与保险合同法分别制定的法律法规。我国原保险业立法即属此例，1985 年 3 月国务院颁布的《保险企业管理暂行条例》，是当时我国唯一对保险企业进行专门规制的立法。二是统一保险法典，即将保险业法和保险合同法作为保险法的重要内容一并规定在保险法典中，通常以《保险法》命名。我国现行的《中华人民共和国保险法》即属此例。

济秩序的稳定和人民生活的安定。因此,制定保险业法,用法律手段来保证对保险业进行监督管理,意义重大。保险业法的立法宗旨通常表现为以下四个方面:

(1) 保证保险人的偿付能力,维护被保险人的合法权益。保险人承保的风险往往涉及社会的各个领域,但保险人能否真正承担起未来的偿付责任,则取决于其是否具有足够的偿付能力。所以各国保险业法通常均以保证保险人的偿付能力为首要任务,这也是对被保险人权益的最大保障。

(2) 维护保险业的公平竞争。保险的机制在于,依据概率由投保方合理分担各种风险,而保险费便是投保方的分担额。因此,保险市场的竞争当为非价格竞争,否则必将违背保险的本义。有鉴于此,各国法律都对保险人之间的竞争进行严格的限制,以维护竞争的公平性。这较之法律对于一般行业竞争的规制,具有特别的意义。

(3) 促进保险业经营管理的科学化。保险业是具有较强技术性的、影响范围广泛的行业,对于经济发展、科技进步、社会稳定等均有重要意义,而保险业的经营管理水平对保险职能和作用的发挥会产生直接的影响。因此,保险业法应发挥其引导和保障功能,弥补企业自控和行业自律的不足,促进保险业经营管理的科学化。

(4) 提高保险业的社会效益。现代保险较之传统保险,承担了更多的社会职能,它要求商业保险不能单纯追求经济效益,同时也要兼顾社会效益,没有法律规制这些是难以实现的。

2. 保险业法的内容体系。保险业法内容丰富,主要由以下四个部分构成:

(1) 保险监管法,主要规定保险监管体制、监管内容、监管方式等。

(2) 保险组织法,也称保险企业法,主要规定保险企业的组织形式以及设立、变更、终止的条件和程序等方面的内容。

(3) 保险经营法,即保险企业的经营规则,主要规定保险企业的业务范围、偿付能力、经营风险、资金运用和行为规范等方面的内容。

(4) 保险中介人法,也称保险辅助人法,主要规定保险代理人、保险经纪人和保险公估人的种类、资格及其行为规则等方面的内容。

(三) 保险监管的概念和保险监管体制

1. 保险监管的概念。对于保险监管的含义,依据监管主体范围的不同,可以有广义和狭义两种理解。广义的保险监管是指政府保险监管机构、保险行业自律组织、保险企业内部的监督部门以及社会力量对保险市场及市场主体组织和经营活动的监督或管理。狭义的保险监管一般专指政府保险监管机构依法对保险市场及保险市场主体组织和经营活动的监督和管理。在严格意义上,保险监管主要指狭义上的保险监管,即政府保险监管。①

2. 保险监管体制。所谓保险监管体制,是指有关保险监管活动主体及其职权的制度体系。1998 年 11 月 18 日,为了适应保险业发展的需要以及基于金融业分业经营的客观要求,中国保险监督管理委员会(简称“中国保监会”)成立。中国保监会是我国保险监督管理机构,是保险监管活动主体,是全国商业保险的主管部门,为国务院直属事业单位,根据国务院授权履行行政管理职能,依照法律、法规统一监督管理全国保险市场,维护保险业的合法、稳健运行。中国保监会还在全国各省、直辖市、自治区、计划单列市设有派出机构——保监局,保监会与保监局依法共同行

① 本书中所指保险监管,如无特别说明,均指政府保险监管,也可称为国家保险监管。

使政府保险监管职能。2018 年 3 月 17 日,第十三届全国人大一次会议审议通过《关于国务院机构改革方案的决定》,撤销原中国保险监督管理委员会,组建中国银行保险监督管理委员会(简称“中国银保监会”),依法依规对全国银行业和保险业实行统一监督管理。

(四)保险监管方式

1. 保险监管方式概述。保险监管方式是指保险监管的方法和形式,既包括一国保险监管的原则是严格或者宽松,也包括监管活动所采用的具体手段和技术。在不同的历史时期,不同的国家曾采用过不同的监管方式,大体经历过公示方式、准则方式和实体方式三个阶段。

(1) 公示方式,是旨在通过政府定期公示保险人的营业结果,由社会公众自行评判和择优投保的方式,来敦促保险人合法、勤勉地经营的一种最为宽松的监管方式。保险业自律能力较强的英国在 1964 年以前的保险公司法中曾采用此种方式。这种方式对处于信息不利一方的社会公众的保险专业知识和鉴别能力以及保险人的慎独诚信品质均提出了严峻考验,实践中极易损害被保险人的利益,故现已被放弃。

(2) 准则方式,是旨在通过要求保险人遵守政府制定的保险经营基本准则来规范保险人的经营活动的一种监管方式。德国早期对私营疾病基金的监管曾采用过此种方式。但由于保险技术复杂以及保险人个性丰富,这些基本准则只能从形式出发,最终也难免流于形式,故此种方式现也被放弃。

(3) 实体方式,是一种由政府保险监管机构依据法律的授权和法定的保险监管规则对保险市场及市场主体的组织和经营活动实行全面深入监管的方式。其监管范围大体包括市场准入、市场行为和市场退出三个部分。现今各国保险监管多采用该监管方式。

在实体监管方式框架下,基于各国保险市场环境的不同,保险监管立法模式又有严格和宽松之分。所谓严格监管模式和宽松监管模式是相对的概念,宽松监管模式相对于严格监管模式的全面实体监管而言,强调重点监管保险人的偿付能力,相应地放松对保险市场准入、保险险种、保险费率、保险人业务行为等方面的监管。在成熟的保险市场环境下,宽松监管模式既可保障被保险人的利益,又可提高保险监管效率,促进保险业的发展。目前发达国家多采用宽松监管模式,英国是典型代表,其发达的保险同业公会的自律管理对政府监管起到了较强的补充甚至替代的作用。但发达的美国仍执守着严格监管模式。发展中国家一般采用严格监管模式。

2. 我国保险监管的具体方式。我国保险监管采用的是实体监管方式,对保险业实施严格监管,具体体现为以下三个方面:

(1) 市场准入的监管方式——审批。我国保险法严格规定了设立保险公司等保险机构的条件和程序,规定了保险公司等保险机构的高级管理人员及各种保险市场活动辅助人的任职资格,并且规定非依法成立的保险公司或其他保险组织不得从事商业保险业务。任何保险市场主体的设立,必须经过保险监管机构的审批。审批这种监管方式,条件明确,程序严谨,是一种事前监管。其功能在于保证特定市场主体资格的适法性,为以后的监管减少隐患,是较为有效的监管方式。

(2) 市场经营行为的监管方式——检查。仅有市场准入制度是不够的,还必须在保险公司运作过程中进行实质性的检查。检查是最为常用的一种监管方式,是一种事中监管。检查的内容主要是保险公司业务状况、财务状况和资金运用状况。我国政府保险监管机构及其派出机构对保险公司及其分支机构的经营活动依法分级对口进行日常和年度检查。保险公司必须聘用经保险监管机构认可的精算专业人员,建立精算报告制度。保险公司必须聘用专业人员,建立合规报告制度。保险公司应按规定完整、真实、准确、及时地向中国银保监会报送偿付能力报告、财务会计报告、精算报告、合规报告及其他有关报告、报表、文件和资料,这些报送材料必须如实记录保险业务事项,不得有虚假记载、误导性陈述和重大遗漏。保险公司应当妥善保管有关业务经营活动的完整账簿、原始凭证及有关资料,保管期限自保险合同终止之日起计算,保险期间在1年以下的,不得少于5年;保险期间超过1年的,不得少于10年。

(3) 市场退出前的拯救性监管方式——整顿和接管。保险公司有违法经营行为,可能影响其偿付能力的,保险监管机构可视具体情况依法对其实行整顿或接管。相对于审批和检查监管方式,整顿和接管可视为事后监管。

第一,整顿。整顿是指政府保险监管机构为纠正保险公司违法经营行为而采取的监督指导经营的强制措施。整顿的适用对象是未按照保险法的规定提取或结转各项准备金,或者未按照保险法的规定办理再保险,或者严重违反保险法关于保险资金运用的规定,经政府保险监管机构责令限期改正而在期限内未予改正的保险公司。整顿的目的是纠正保险公司的违法经营行为,使其恢复正常经营。

整顿的程序包括:①组成整顿组。保险公司符合整顿条件的,保险监管机构应作出整顿决定,并选派保险专业人员和指定该保险公司的有关人员组成整顿组,对该保险公司进行整顿。整顿组的职权是在整顿过程中监督被整顿的保险公司的日常业务以及该保险公司的负责人及有关管理人员行使职权的情况。②发布整顿决定。保险监管机构的整顿决定应当载明被整顿保险公司的名称、整顿理由、整顿组成员和整顿期限,并予以公告。③实施整顿措施。在整顿过程中,保险公司的原有业务继续进行,但要接受整顿组的监督。保险监管机构有权根据需要责令被整顿保险公司停止开展新的业务或者停止部分业务,调整资金运用。④整顿结束。被整顿的保险公司经整顿已纠正其违法行为,恢复正常经营状况的,由整顿组提出报告,经保险监管机构批准,整顿结束。

第二,接管。接管是指政府保险监管机构对违反保险法规定,损害社会公共利益,可能严重危及保险公司偿付能力的保险公司采取的强制改组、接替经营管理的强制措施。与整顿相比,接管是一种更为严厉的监管方式。接管的适用对象是具有以下情形之一的保险公司:没有按照保险法规定提取或者结转各项准备金,或者没有依法办理再保险,可能严重危及或者已经危及保险公司偿付能力的;严重违反资金运用规定,致使资金周转困难,无法履行到期债务的;发生严重损害被保险人利益和社会公共利益情况的。接管的目的是对被接管的保险公司采取必要措施,恢复保险公司的正常经营,以保护被保险人的利益和社会公共利益。

接管的程序包括:①组成接管组织。其组成由保险监管机构决定。②公告接管决定。保险监管机构的接管决定一般应当载明被接管保险公司的名称、接管理由、接管组织、接管措施和接管期限等内容,并予以公告。③实施接管措施。接管措施由保险监管机构根据实际情况决定。一般由接管组织代行保险公司的经营管理权,但被接管的保险公司的法人资格和保险业务经营资格不发生变化,其债权债务关系也不因接管而发生变化。④接管终止。接管终止有两种情况:其一,接管期限届满,被接管的保险公司已恢复正常经营能力的,由保险监管机构决定终止接管。如果接管期限届满,保险公司未能恢复正常的经营能力,经保险监管机构决定,可以延期,但接管期限最长不得超过2年。其二,被接管的保险公司符合我国《企业破产法》第2条规定的破产原因的,保险监管机构可以依法向人民法院申请对该保险公司进行重整或者破产清算。

二、保险组织监管

(一) 保险组织形式

1. 保险组织形式的概念和种类。所谓保险组织形式,是指保险人以怎样的机构经营保险业务,实为保险人的组织类型。各国保险人的组织类型不尽相同,综合而言,主要有保险股份有限公司、相互保险组织、个人保险组织以及政府保险组织等形式。

(1) 保险股份有限公司。这是当今世界最为主要的一种保险组织形式。采用股份有限公司经营保险的优点在于:①产权明晰,运营效率高。②股东责任有限,利于募集巨额资本,可以开展大规模保险经营,广泛分散风险,为被保险人提供更好的保障。③采用现代公司治理结构,可以吸收众多专业人才,提高保险公司的经营管理水平,促进保险业的竞争与发展。采用股份有限公司经营保险的缺点主要是:①以营利为目的,排斥公益性保险险种。②保险费率相对偏高。在保险股份有限公司以外,各国立法一般也允许采取有限责任公司的组织形式经营保险业务。

(2) 相互保险组织。又称合作保险组织[①],即由社会上需要某种保险的人或单位共同组织起来,采取合作的方式组成一个团体,共同承担风险、分摊损失。相互保险组织大体有四种形式和名称:相互保险社、相互保险公司、交互保险社、保险合作社。

相互保险社是保险组织的原始形态,规模一般很小,但在当今欧美各国及日本仍相当普遍。例如英国的友爱社、美国的兄弟社、日本的县级农业共济组织等。

相互保险公司是保险业特有的公司组织形态,它由相互保险社演变而来。其经营原理与相互保险社一样,不同之处在于相互保险公司为法人组织,而相互保险社往往为非法人团体。相互保险公司在人寿保险方面较股份有限公司更具优势,如美国 110 余家相互保险公司占据寿险市场 40% 的份额;[②] 日本生命保险公司中有 2/3 是相互保险公司。相互保险公司为大多数国家保险业法所承认,如日本、德国、瑞士、意大利、美国、英国等[③],具有重大影响。2004 年经国务院特批,我国第一家相互保险公司——“阳光农业相互保险公司”成立,主要经营与农业相关的保险。

交互保险社是美国特有的一种非法人型的合作保险组织形态,与一般相互保险组织的具体经营方式有所不同,主要集中在汽车保险和火灾保险方面。

保险合作社与相互保险社几乎是一样的。我国习惯上将相互保险组织概称为保险合作社。

相对于保险股份公司而言,相互保险的优点是被保险人与保险人利益一致,保险费支出较少;缺点是由于其成员数量相对较少,作为保险数理基础的大数法则往往不能发挥作用,保险保障不充分。

(3) 个人保险组织。即个人保险商的一种社团组织,其代表首推英国伦敦劳合社。劳合社在保险业中具有特殊的地位,它既是世界上历史最悠久、规模最大的保险交易市场,又是个人保险商的行业自律组织。劳合社只为其社员提供保险交易场所和相关服务,如制定交易规则、仲裁纠纷、开发新险种、协助理赔等,其本身并不接受保险业务,保险责任均由承保社员个人或联合承担。劳合社享誉世界数百年,源于其无所不包的经营险种、严格的交易自律机制、完备的财务制

---

① 有学者在比较相互保险组织和合作保险组织后,认为二者在细节上是不同的,笔者认为这种区分并无必要。

② 参见张洪涛、郑功成主编:《保险学》,中国人民大学出版社 2000 年版,第 211 页。

③ 参考邓成明等:《中外保险法律制度比较研究》,知识产权出版社 2002 年版,第十章。

度和良好的信用。随着现代保险风险的加大，个人资本已难当重任，故而目前除英国劳合社以外的其他个人保险组织已基本退出保险舞台，如美国劳合社，其势力已经微乎其微。

(4) 政府保险组织。也称国有保险组织，是由政府投资经营的保险机构，通常采取国有独资公司形式。设立政府保险组织，一般出于两种目的：一是提供一般商业保险人不愿或不能提供而社会又急需的险种，如地震、洪水等大范围自然灾害保险，失业、工伤、养老、医疗等社会保障性保险等；二是从国家利益或国民经济政策出发，垄断经营保险业或某些保险险种。因此从原理上讲，政府保险组织应为政策性经营机构，通常采取行政式的管理体制，一般不以营利为目的，而是给整个社会经济生活提供保障。政府保险的特点表现为资金雄厚、多为大规模经营、风险分散广泛、业务稳定、注重社会效益等。

2. 我国保险组织形式。公司的组织形式决定着公司的成立条件、设立程序、资金的募集方式以及公司的组织机构等。从各国保险立法来看，商业保险组织一般都采用股份有限公司或者相互保险公司的形式。基于我国目前保险业的基本情况，并借鉴国外保险业监管的经验，我国《保险法》第6条规定，除依法设立的保险公司以及其他保险组织外，其他单位和个人不得经营商业保险业务。这为保险机构组织形式多样化留出了空间。也就是说，我国的保险组织形式包括股份有限公司、有限责任公司、国有独资公司、相互保险公司甚至公司以外的其他组织形式。

我国现有的保险公司多是股份有限公司，如平安保险（集团）股份有限公司、太平洋保险（集团）股份有限公司、华泰财产保险股份有限公司、华安财产保险股份有限公司、泰康人寿保险股份有限公司、新华人寿保险股份有限公司、天安保险股份有限公司等。采用有限责任公司形式的有太平人寿保险有限公司、太平保险有限公司、中宏人寿保险有限公司（合资）等。采用国有独资公司形式的是中国出口信用保险公司。

3. 我国保险公司的分支机构。

(1) 保险公司分支机构的概念及种类。保险公司的分支机构是指保险公司依法设立的，以总公司名义进行保险经营活动，其经营后果由总公司承受的营业性机构，包括分公司、中心支公司、支公司、营业部、营销服务部以及各类专属机构。在我国相关的法律法规中，保险公司和保险公司分支机构一般被统称为保险机构。

(2) 保险公司分支机构的法律地位。虽然保险公司分支机构有自己的营业场所和设施，有一定的运营资金，但在法律上仍然是总公司的一个组成部分。保险公司分支机构不具有法人资格，其民事责任由总公司承担，但是分支机构可以在总公司的授权范围内独立参加民事诉讼活动。

（二）保险公司设立

保险公司设立，是指为成立保险公司而依法定程序进行的一系列行为的总称。保险公司设立是保险公司成立的必要前提，保险公司成立是保险公司设立的结果。

各国保险立法对于保险公司设立往往都规定了较一般工商企业设立更为严格的条件和程序，且往往需经政府保险监管机构的审批。这是由保险业的性质和特点决定的。因此，对保险公司设立的监管是保险组织监管的重要方面，也是保险市场准入监管的核心内容。

我国《保险法》第67条第1款规定："设立保险公司应当经国务院保险监督管理机构批准。"由此可见，我国保险公司设立采取的是核准主义原则，设立保险公司及其分支机构须经中国银保监会批准。未经银保监会批准，任何单位、个人不得在中国境内经营或变相经营商业保险业务。

1. 保险公司设立的条件。保险公司设立的条件，也就是设立保险公司必须具备的实质性要

件。根据我国《保险法》第 68 条的规定,设立保险公司必须同时具备以下条件:

(1) 主要股东具有持续盈利能力,信誉良好,最近 3 年内无重大违法违规记录,净资产不低于人民币 2 亿元。主要股东的经济实力、经营能力以及诚信品质对于保险公司的管理模式、经营的安全性影响很大,因此,主要股东的资质也是设立保险公司的条件之一。

(2) 有符合保险法和公司法规定的章程。保险公司章程是保险公司组织活动和经营行为的基本准则,也是公司设立不可缺少的法律文件。公司章程必须依法记载公司名称和住所、经营范围、设立方式、注册资本和资本构成、发起人名称、组织机构设置和议事规则、法定代表人、公司利润分配办法等基本事项。

(3) 有符合保险法规定的注册资本。各国保险法对于保险公司设立都规定了较之一般工商企业设立更高的资本金标准,以便在基础层面上保证保险公司的最低偿付能力,这充分体现了保险法侧重保护被保险人利益的立法宗旨。我国《保险法》第 69 条规定:"设立保险公司,其注册资本的最低限额为人民币 2 亿元。国务院保险监督管理机构根据保险公司的业务范围、经营规模,可以调整其注册资本的最低限额,但不得低于本条第一款规定的限额。保险公司注册资本必须为实缴货币资本。"

(4) 有具备任职专业知识和业务工作经验的董事、监事和高级管理人员。之所以对保险公司董事、监事和高级管理人员有任职资格方面的规定,是因为保险公司的运作有很强的专业技术性,诸如保险费率的厘定、新险种的开发、保险资金的运用等,均要求董事、监事和高级管理人员有很强的专业知识和丰富的业务工作经验。所谓保险公司高级管理人员,是指对保险机构经营管理活动和风险控制具有决策权或者重大影响的人员,具体包括:总公司、分公司、中心支公司总经理、副总经理、总经理助理;总公司董事会秘书、合规负责人、总精算师、财务负责人和审计责任人;支公司、营业部经理;与上述高级管理人员具有相同职权的管理人员。①

保险机构董事、监事和高级管理人员,应当在任职前取得中国银保监会核准的任职资格。保险公司董事、监事和高级管理人员应当品行良好,熟悉与保险相关的法律、行政法规,具有履行职责所需的经营管理能力。

(5) 有健全的组织机构和管理制度。保险公司应有健全的组织机构和完备的管理制度,这是公司得以正常运转的前提和基础。

(6) 有符合要求的营业场所和与业务有关的其他设施。这是保险公司作为一个合法实体存在和运作的客观物质基础,也是一切法人所必需的共同要件。

2. 保险公司设立的程序。保险公司设立的程序较一般行业公司要严格和复杂,一般需经过设立申请、筹建、开业申请、工商登记等程序。

(1) 设立申请。按照《保险法》第 70 条的规定,申请设立保险公司,应当提交下列文件、资料:①设立申请书,应当载明拟设立的保险公司的名称、注册资本、业务范围等。②可行性研究报告。③筹建方案。④投资人的营业执照或者其他背景资料,经会计师事务所审计的上一年度财务会计报告。⑤投资人认可的筹备组负责人和拟任董事长、经理名单及本人认可证明。⑥国务院保险监督管理机构规定的其他材料。

(2) 筹建。设立保险公司的申请经初步审查批准后,申请人应当自收到批准筹建通知之日起

---

① 参见《保险公司董事、监事和高级管理人员任职资格管理规定》第 4 条。

1年内完成筹建工作。筹建期间不得从事保险经营活动。

(3) 开业申请。经筹建已经具备《保险法》第68条规定的设立条件的,申请人可以向保险监管机构提出开业申请。保险监管机构应当自受理开业申请之日起60日内,作出批准或者不批准开业的决定。决定批准的,颁发经营保险业务许可证。

(4) 工商登记。经批准设立的保险公司,凭经营保险业务许可证向市场监督管理机关办理登记,领取营业执照。保险公司自取得许可证之日起6个月内无正当理由未办理公司设立登记的,其许可证失效。

3. 保险公司分支机构的设立。保险公司可以根据业务发展需要申请设立分支机构。我国《保险法》第74条第1款规定:"保险公司在中华人民共和国境内设立分支机构,应当经保险监督管理机构批准。"第79条规定:"保险公司在中华人民共和国境外设立子公司、分支机构,应当经国务院保险监督管理机构批准。"

保险公司设立分支机构须向保险监管机构提交书面设立申请,经审查批准取得分支机构经营保险业务许可证,并凭许可证向市场监督管理机关办理登记,领取营业执照。

(三) 保险公司变更和终止

1. 保险公司变更。

(1) 变更的事项。我国《保险法》第84条规定,保险公司有下列变更事项之一的,须经保险监督管理机构批准:①变更名称;②变更注册资本;③变更公司或者分支机构的营业场所;④撤销分支机构;⑤公司分立或者合并;⑥修改公司章程;⑦变更出资额占有限责任公司资本总额5%以上的股东,或者变更持有股份有限公司股份5%以上的股东;⑧国务院保险监督管理机构规定的其他情形。

(2) 变更的程序。我国保险立法对保险公司设立的原则采用核准主义,即保险公司设立须经政府保险监管部门的审核批准,因此,保险公司变更也应采取核准主义。在理论和逻辑上,凡涉及保险公司设立时须经审核批准的事项,均应被推定为重要事项,如需变更,也须报中国银保监会审核批准。否则,立法意图便不能贯彻始终。

2. 保险公司终止。依据我国《保险法》的规定,保险公司终止的原因包括解散和破产两种情况。

(1) 保险公司解散。保险公司解散是指保险公司因其章程或法律规定的事由出现而终止公司业务经营活动并消灭其法人资格。《保险法》第89条第1、2款规定:"保险公司因分立、合并需要解散,或者股东会、股东大会决议解散,或者公司章程规定的解散事由出现,经国务院保险监督管理机构批准后解散。经营有人寿保险业务的保险公司,除因分立、合并或者被依法撤销外,不得解散。"可见,保险公司解散的法定事由包括:①保险公司分立或合并。②保险公司章程规定的解散事由出现。③股东会或股东大会决议解散。④保险公司被依法撤销。

需要注意的是,首先,对于经营寿险业务的保险公司的解散,《保险法》明确规定了限制条件,即经营人寿保险业务的保险公司,除因分立、合并或者被依法撤销外,不得以章程约定或者股东会、股东大会决议为由自行解散。其次,无论基于何种原因,保险公司解散都必须经过保险监督管理机构批准,未经批准,保险公司不得自行解散。最后,保险公司解散,应当依法成立清算组进行清算。

(2) 保险公司破产。保险公司破产是指保险公司不能支付到期债务,经保险监督管理机构同意或申请,由人民法院依法宣告破产,而终止公司业务经营活动并消灭其法人资格。《保险法》第90条规定:"保险公司有《中华人民共和国企业破产法》第2条规定情形的,经国务院保险监督管理机构同意,保险公司或者其债权人可以依法向人民法院申请重整、和解或者破产清算;国务院保险监督管理机构也可以依法向人民法院申请对该保险公司进行重整或者破产清算。"若和解或者重整成功,保险公司自可避免被宣告破产,否则,将进入破产清算程序,最终致其法人资格消灭。可见,保险公司破产,首先要经过保险监督管理机构同意,方可由人民法院宣告。保险法以保险监督管理机构同意为保险公司破产的先决条件,充分体现了保护被保险人利益的立法宗旨。

需要注意,保险公司的破产清偿顺序具有一定特殊性。《保险法》第91条第1、2款规定:"破产财产在优先清偿破产费用和共益债务后,按照下列顺序清偿:(一)所欠职工工资和医疗、伤残补助、抚恤费用,所欠应当划入职工个人账户的基本养老保险、基本医疗保险费用,以及法律、行政法规规定应当支付给职工的补偿金;(二)赔偿或者给付保险金;(三)保险公司欠缴的除第(一)项规定以外的社会保险费用和所欠税款;(四)普通破产债权。破产财产不足以清偿同一顺序的清偿要求的,按照比例分配。"与一般工商企业破产财产清偿顺序相比,这条规定的特殊性在于将保险金置于所欠税款和公司债务之前优先受偿。虽然在保险原理上将保险金视为保险公司对投保方的负债,但保险法并未将其当做保险公司的一般债务来对待,这也体现了保险法对被保险人利益的特别保护。

无论保险公司基于何种原因终止,均须经过法定清算程序。清算程序依据《保险法》《公司法》《企业破产法》《民事诉讼法》的有关规定进行。

清算完结,清算组或者破产管理人应到市场监督管理机关办理保险公司注销登记,其法人资格即时消灭,保险公司终止。

在保险公司终止中应注意人寿保险合同及准备金的转让问题。《保险法》第92条规定:"经营有人寿保险业务的保险公司被依法撤销或者被依法宣告破产的,其持有的人寿保险合同及责任准备金,必须转让给其他经营有人寿保险业务的保险公司;不能同其他保险公司达成转让协议的,由国务院保险监督管理机构指定经营有人寿保险业务的保险公司接受转让。转让或者由国务院保险监督管理机构指定接受转让前款规定的人寿保险合同及责任准备金的,应当维护被保险人、受益人的合法权益。"该条充分体现了保障被保险人和受益人利益的立法意图,但在保险公司破产的情况下,一般而言,公司资产和负债的缺口可能会极为巨大,而法律规定由保险监管机构指定其他保险公司接受保险合同的做法并无足够的正当理由。因此,保险法规定,在保险公司被撤销或者被宣告破产时,应当统筹使用保险保障基金,向依法接受其人寿保险合同的保险公司提供救济。

三、保险经营监管

(一)保险公司业务范围监管

1. 保险公司业务范围的概念及种类。所谓保险公司业务范围,是指法律对保险公司承保险种的明确限制和界定。我国保险公司业务范围主要包括以下保险业务:

(1)财产保险业务。具体包括财产损失保险、责任保险、信用保险、保证保险等保险业务。在我国,海上保险主要适用海商法的规定。

(2) 人身保险业务。具体包括人寿保险、健康保险、意外伤害保险等保险业务。

(3) 再保险业务。具体包括两个方面:一是分出保险业务,即保险公司将所承保业务的一部分分给其他保险公司承保的业务;二是分入保险业务,即保险公司接受其他保险公司分来的业务。保险公司经营再保险业务,需经保险监管机构批准。

(4) 与保险有关的其他业务。经保险监管机构批准,保险公司还可以经营与保险有关的其他业务。如开展企业年金受托管理业务、失地农民养老保险业务等。

2. 保险公司业务范围的限定原则。各国对保险公司业务范围的限制和界定,主要是指法律对保险公司"兼营""兼业"和"专营"三个方面的规定。

(1) 禁止保险兼营原则,也称保险分业经营原则,是指同一保险公司不得同时兼营财产保险业务和人身保险业务。财产保险公司以经营财产保险业务为限;人身保险公司以经营人身保险业务为限;同一保险公司只能经营财产保险或者人身保险中的一种业务,不得同时兼营。

考虑财产保险和人身保险具有不同的特点,在保险标的、保险期限、保险风险等方面均有不同,且二者保险经营技术如保费厘定、保险赔付等方面也存在很多差异,如果同一保险公司同时经营财产保险和人身保险,难免顾此失彼,容易造成人身保险准备金被占用,影响偿付能力,所以许多国家禁止保险公司兼营,实行分业经营原则。分业经营,不仅有利于保险业经营的稳健,而且有利于保险监管机构实施有效的管理。

我国保险法也确立了分业经营原则,《保险法》第 95 条第 2 款明确规定:"保险人不得兼营人身保险业务和财产保险业务。但是,经营财产保险业务的保险公司经国务院保险监督管理机构批准,可以经营短期健康保险业务和意外伤害保险业务。"

(2) 禁止保险兼业原则,是指保险公司只能在保险监管机构批准的业务范围内从事经营活动,不得经营法定经营范围以外的业务。

对于保险兼业,很多国家立法均予以禁止。禁止保险兼业原则的目的和意义在于,既可以避免保险公司力量分散,承担更多的非保险业务的经营风险,又有利于政府监管,可以更好地保护被保险人的利益。但禁止兼业可能影响本国金融机构的国际竞争力,因此,在 21 世纪初,英、日、美等发达国家逐步放开金融业间的经营壁垒,并对我国金融立法和金融体制产生了影响。

我国《保险法》第 8 条规定,保险业和银行业、证券业、信托业实行分业经营、分业管理,保险公司与银行、证券、信托业务机构分别设立。国家另有规定的除外。这为金融业综合经营留出了法律空间。《保险法》还规定保险公司经批准可以经营与保险有关的其他业务,还可以设立保险资产管理公司等,这意味着我国"禁止保险兼业"已动摇。

(3) 保险专营原则,是指保险业务只能由依保险法设立的商业保险公司经营,非保险业者均不得经营保险或类似保险的业务。保险业以风险为经营对象,专业技术性强,社会影响广泛,因此,各国保险立法大多有保险专营的规定,以保护保险交易的安全,维护社会经济的稳定。

我国《保险法》也确立了保险专营原则,其第 6 条规定:"保险业务由依照本法设立的保险公司以及法律、行政法规规定的其他保险组织经营,其他单位和个人不得经营保险业务。"

(二) 保险条款和保险费率监管

我国现在对保险条款和保险费率的监管,不是直接参与制定和修订,而是针对不同险种,视其作用分别实行审批制和备案制。

我国《保险法》第 136 条规定,关系社会公众利益的保险险种、依法实行强制保险的险种和新开发的人寿保险险种等的保险条款和保险费率,应当报保险监督管理机构批准。保险监督管理机构审批时,应当遵循保护社会公众利益和防止不正当竞争的原则。其他保险险种的保险条款和保险费率,应当报保险监督管理机构备案。保险条款和保险费率审批、备案的具体办法,由保险监督管理机构制定。

(三) 保险公司偿付能力监管

所谓保险公司偿付能力,简言之就是保险公司履行赔偿或给付责任的能力。它体现了保险公司资金力量与其所承担的赔偿责任之间的对比关系,是保险公司对保险合同责任的资金保障程度的指标。广义上讲,对于保险公司偿付能力的监管主要表现为保险法对于保险公司资本金、营业保证金、公积金的规定以及对保险责任准备金和保险保障基金的制度安排,也包括保险监管机构对于保险公司偿付能力额度的监管等。以下分别予以说明[①]:

1. 提取保险责任准备金。保险责任准备金,是保险公司为保证其如约履行保险赔偿或给付义务而提取的与其所承担的保险责任相对应的资金,主要包括未到期责任准备金和未决赔款准备金。

(1) 未到期责任准备金。因为保险公司会计年度与保单期间不同,在会计年终决算时,必然有虽已收取但应属于为下一个年度承担保险责任的保险费,这部分保险费不应列为当年收入,而应转为下一年度的收入。因此,以当年的视角看,这部分保险费就是承担着未到期保险责任的准备金。

提取未到期责任准备金的原因在于:①保险公司对保险合同的剩余期限仍负有承保责任;②保险合同在期满前被依法解除时,其未到期部分的保险费一般应退还给投保人。严格遵照未到期责任准备金的本义一单一提,虽然准确,但工作量太大,难以操作。所以,实践中一般采取近似计算方法来计提未到期责任准备金,如采用年平均估算法或月平均估算法等。

(2) 未决赔款准备金,是指对于会计年度决算以前已经发生保险事故但尚未确定应否赔偿或给付保险金及其确切数额的情况,保险公司在当年收入的保险费中提取出来的赔款准备资金。

未决赔款准备金与未到期责任准备金一样,都是保险公司为了承担将来可能发生的赔偿或给付责任而从保险费收入中提取的一种资金准备。但二者的提取方法和提取数额比例有所不同,因为在提取未决赔款准备金时保险事故已经发生,需要确认的往往只是损失的多少,所以一般需足额或基本足额提取。根据不同的保险业务特点,其提取方法一般采用个案估算法、平均值法或赔付率法等。

计提未决赔款准备金的原因在于:保险公司会计年度内发生的赔案中,总有一部分在当年未能结案。保险公司对于这些已经发生的赔案,应依法提取未决赔款准备金计入当年的营业支出,以免虚增利润。

2. 提存保险保障基金。保险保障基金,即保险行业风险救助基金,是指根据法律规定,由保险公司缴纳形成,在保险公司被撤销、被宣告破产或遇到重大危机的特定情况下,用于向投保方或者保单受让公司等提供救济的法定基金。保险保障基金由专门设立的保险保障基金公司依法

---

① 对于保险公司设立资本金和营业保证金问题在前文已有说明,保险公司公积金的提取遵照《公司法》等相关法律的规定,此处均不再赘述。规定高额的设立资本金、缴纳营业保证金、提取公积金都是保障保险公司偿付能力的措施。

负责筹集、管理和使用。[①]

保险公司提存保险保障基金的原因在于:(1)保险公司在经营过程中,不可回避地要面对较长周期可能发生的巨灾赔款,这必然会对保险公司的财务稳定性造成巨大冲击,给保险公司的偿付能力带来重大威胁,甚至会危及整个保险行业的存续和发展。而未到期责任准备金、未决赔款准备金以及再保险机制往往都难以解决保险公司在业务上可能出现的这种年度波动,难以解决巨灾危险的分摊问题。(2)市场经济中的任何主体,包括保险公司都有可能因为经营不善等被撤销或破产,这必将严重影响投保方对保险的期待利益,甚或引发社会问题。(3)保险的本义和职能要求政府监管机构采取必要的措施保证保险行业经营的稳定性,最终维护被保险人的利益,而建立保险保障基金是一种较为有效的制度安排。

3. 偿付能力额度监管。

(1) 偿付能力额度。也可称为偿付能力标准,是指保险公司偿付能力的指标化和量化。偿付能力是保险公司履行赔偿或给付责任的能力。但这是一个抽象的概念,不能揭示保险公司具体的偿付能力。偿付能力额度则通过运用科学公式和指标体系以及具体的计算,在量上直观地显现保险公司的偿付能力。

偿付能力额度,在运用上主要有两个核心概念:一是最低偿付能力额度,是保险监管机构规定的保险公司所应具有的偿付能力的最低标准;二是实际偿付能力额度,是按照保险监管机构的规定计算出的保险公司所实际具有的偿付能力的额度。国家对保险公司偿付能力最直接有效的监管手段,就是规定法定最低偿付能力额度,并监督各保险公司的实际偿付能力额度不能低于这个标准。

如果保险公司的实际偿付能力额度低于法定最低偿付能力额度,政府保险监管机构就要对该保险公司采取相应的监管措施。

(2) 最低偿付能力额度。我国《保险法》第 101 条规定,保险公司应当具有与其业务规模相适应的最低偿付能力。保险公司的认可资产减去认可负债的差额不得低于保险监督管理机构规定的数额;低于规定数额的,应当按照保险监督管理机构的要求采取相应措施达到规定的数额。[②]

(3) 对实际偿付能力额度低于最低偿付能力额度的保险公司的监管。中国银保监会对实际偿付能力额度低于最低偿付能力额度的保险公司,一般根据该保险公司的偿付能力充足率情况决定采取责令增加资本金或者限制向股东分红、限制资金运用渠道、接管等一项或多项监管措施。

(四) 保险公司经营风险监管

保险业是经营风险的特殊行业,因此,加强对保险公司经营风险的监管,对于保障保险业的稳定和发展以及维护被保险人的利益也十分重要。我国《保险法》对于保险公司经营风险的监管,主要表现为对保险公司自留保险费总额和单一承保责任两个方面的限制,并规定保险公司应按照保险监管机构的规定办理再保险。

---

① 中国保监会、国家财政部、中国人民银行于 2008 年 9 月 11 日颁布的《保险保障基金管理办法》共 7 章 36 条,详细规定了保险保障基金的筹集、使用、管理和监督等有关问题。

② 中国保监会于 2008 年 7 月 10 日颁布的《保险公司偿付能力管理规定》,规定了偿付能力监管的具体办法,并于 2016 年 1 月 1 日起施行《保险公司偿付能力监管规则(1–17 号)》。

1. 自留保险费总额的限制。我国《保险法》第 102 条规定:“经营财产保险业务的保险公司当年自留保险费,不得超过其实有资本金加公积金总和的四倍。”限制财险公司承担过大风险的一个基本方法就是限制其自留保险费的数额,可以说,保险公司的承保能力要受其资产规模的制约。

2. 单一承保责任的限制。如果保险公司承保的一个危险单位的保险标的数额过大,一旦这些保单出现理赔,保险公司就可能会因此陷入财务危机。所以,现代保险法为了保障保险公司稳健经营,大都对保险公司单一承保责任予以限制。

我国《保险法》第 103 条第 1 款规定:“保险公司对每一危险单位,即对一次保险事故可能造成的最大损失范围所承担的责任,不得超过其实有资本金加公积金总和的 10%;超过的部分应当办理再保险。”也就是说,保险公司可以接受大额保单,但其自留责任最多不得超过其资本金加公积金总和的 10%,其余部分应办理分保。这是以一个危险单位所发生的赔款额为限来划分自留风险和分保风险的。

需要说明,“危险单位”的标准是由保险公司定的,不同的标准,其结果可能差异很大。如果任由保险公司自己来计算危险单位,则容易发生故意缩小危险单位、盲目扩大业务的现象。因此,我国《保险法》第 104 条规定:“保险公司对危险单位的划分方法和巨灾风险安排方案,应当报国务院保险监督管理机构备案。”

(五)保险公司资金运用监管

1. 保险公司资金运用及监管的意义。保险公司资金运用,也称保险投资,是指保险公司在经营过程中,将积聚的部分保险资金用于投资或融资,使其收益增值的活动。而保险公司资金运用监管是指政府保险监管机构依法对保险公司资金运用活动的监督和管理,也就是保险监管机构通过法律和行政手段对保险公司投资进行规范和限制,以保证保险公司偿付能力,保护被保险人利益。

保险公司的运营机制,就是集合危险,收取保费,建立保险基金,然后用保险基金对投保方的保险损失进行补偿。这种机制决定了在收取保费与支付保险金之间存在一个时间差,而这个时间差就使得保险公司一直掌握一笔与其经营规模相适应的稳定的保险基金。对于这一大笔相对稳定的保险基金,如果任其闲置,则是浪费。保险公司掌握的雄厚资本和巨额保险基金使得投资不仅可能而且必要。目前,无论是发达国家还是发展中国家,保险公司都已把资金运用作为其重要业务之一,其收益已是保险公司的一项重要收入来源,资金运用也已成为整个保险经营活动不可分割的有机组成部分。

尽管如此,但投资必然存有风险,资金运用不当必会危及保险公司的偿付能力,损及投保方甚至公共利益,影响保险职能的发挥。因此,保险公司资金运用监管也十分必要。

2. 保险公司资金运用的原则。我国《保险法》第 106 条第 1 款对保险公司资金运用规定了总的要求和基本原则:“保险公司的资金运用必须稳健,遵循安全性原则。”具体而言,应坚持以下四项原则:

(1) 安全性原则。对于投资来讲,就是要保值。安全性原则要求保险公司资金运用,不能冒险逐利,而必须要坚持安全返回的原则,这是保险公司资金运用的最基本原则。

(2) 效益性原则。所谓效益性,就是要追求经济利益,即要增值。效益性原则体现了保险公司资金运用的直接目的,即在保证安全的前提下追求保险投资资金的增值。不追求增值,便无资金运用之必要。

但是，按照投资学的基本原理，风险越大，收益越高；风险越小，收益越低。这就要求保险公司资金运用必须在安全性和效益性之间选择一种最理想的搭配。

(3) 流动性原则。所谓流动性，也称变现性，就是在不损失价值的情况下，把资产及时变成现金的能力。这个概念有两个前提要求：首先，在资产变现时不能明显损失价值；其次，应在短时内变现。符合这两个前提条件的投资即具有流动性。为了满足随时可能发生的保险赔付的需要，运用中的保险资金必须保持足够的流动性。

需要注意，不同的保险业务，对资金流动性的要求不尽相同。理论上，财险一般期限较短，且损失发生较不规则，因此对资金运用的流动性要求较高；寿险一般期限较长，保险责任发生相对较有规律，因此对资金运用的流动性要求较低。

(4) 多样性原则。这一原则是安全性、效益性和流动性原则的要求在保险投资领域的综合体现。所谓多样性，包括两个方面的含义：一是指投资范围应广泛化。保险公司资金运用不宜集中在一个行业、一个地区、一个部门或一个项目上，而应该在广泛的领域分散投资，以避免风险集中、一损俱损。二是指投资方式应多样化。保险公司资金运用的形式要多种多样，取长补短，互相搭配，以在总体上兼顾安全、效益和流动性。因此，多样性原则要求保险公司在资金运用中，要科学地采用多种多样的投资方式，在广泛的领域分散投资。

以上四项原则既相互联系又相互制约，各项原则要兼顾。效益性是保险公司资金运用的目标，安全性是前提，流动性是基础，多样性是手段。因此，在保险公司资金运用中，稳健的经营不是先追求效益，而是先保证资金的安全。采用多种多样的方式分散投资，在可以随时变现的基础上努力提高投资的效益才是最佳的资金运用途径。

3. 保险公司资金运用的限制。对保险投资活动的监管主要是对投资的范围和形式的监管。我国《保险法》第 106 条第 2 款规定，保险公司的资金运用，限于在银行存款、买卖债券、股票、证券投资基金份额等有价证券，投资不动产以及国务院规定的其他资金运用形式。

近年来，我国保险公司资金运用范围不断拓宽，形式不断多样化。中国银保监会根据国务院的决定和保险业发展的需要，先后出台了一系列规章和规范性文件，允许保险公司投资可转换债券，发行次级债，直接投资股票市场等领域，在一定程度上解决了保险公司资金运用多元化的问题。

保险公司资金运用模式主要有内设投资部门投资模式、委托外部机构投资模式、专业化控股投资模式等。我国保险法规定，保险公司可以设立保险资产管理公司，从事证券投资活动。

尽管放松对保险公司资金运用的限制，有利于保险业的发展，但仍应坚持严格的风险防范，保险监管的重点应放在保险公司投资比例和额度方面，加强对保险资金运用的调控和指引，实行资金运用的分类监管和深度控制，确保保险资金的安全。

（六）保险公司市场行为监管

1. 对保险市场竞争行为的限制。随着保险市场的发展与完善，保险业务竞争不可避免。竞争是市场经济的内在要求，但应当有规则地进行。

保险市场的不正当竞争手段主要有两种：一是不适当地降低保险费率；二是给予保险合同规定以外的保险费回扣或其他利益。大而言之，可归于产品倾销和商业贿赂问题，而这两个问题，究其本质，均为商品价格问题。因为保险是一种特殊商品，其“价格”有特殊规律，所以保险业的竞争主要应是非价格的竞争,采取过度降低保费的方法争夺保户,往往会危及保险公司的偿付能力。

我国保险法规对保险商品“价格”问题也有限制性的规定,即保险机构不得擅自降低或变相降低保险费率,或者扩大保险责任范围开展保险业务,进行恶性竞争。保险机构也不得向投保人、被保险人、受益人及其利害关系人提供或承诺提供保险费回扣或违法、违规的其他利益。

另外,我国保险法对于政府垄断以及其他形式的不正当竞争行为也予以限制。如规定保险机构不得利用政府部门及其所属部门、垄断性企业或组织,排挤、阻碍其他保险机构开展保险业务;保险机构不得捏造、散布虚伪事实,损害其他保险机构的信誉;保险机构不得劝诱投保人或被保险人解除与其他保险公司的保险合同等。

2. 对保险业务行为的限制。对保险业务行为的限制主要是防止保险公司和保险中介机构的欺诈行为,如保险公司的不真实宣传和虚假广告行为、通过对保单歪曲说明或错误陈述诱骗投保行为、保险公司恶意拒赔行为等。这些行为有悖合同诚信原则,有损投保方的利益,需要监管规制。

我国《保险法》第116条明确规定了保险公司及其工作人员的从业禁止行为:(1)欺骗投保人、被保险人或者受益人;(2)对投保人隐瞒与保险合同有关的重要情况;(3)阻碍投保人履行本法规定的如实告知义务,或者诱导其不履行本法规定的如实告知义务;(4)给予或者承诺给予投保人、被保险人、受益人保险合同约定以外的保险费回扣或者其他利益;(5)拒不依法履行保险合同约定的赔偿或者给付保险金义务;(6)故意编造未曾发生的保险事故、虚构保险合同或者故意夸大已经发生的保险事故的损失程度进行虚假理赔,骗取保险金或者牟取其他不正当利益;(7)挪用、截留、侵占保险费;(8)委托未取得合法资格的机构从事保险销售活动;(9)利用开展保险业务为其他机构或者个人牟取不正当利益;(10)利用保险代理人、保险经纪人或者保险评估机构,从事以虚构保险中介业务或者编造退保等方式套取费用等违法活动;(11)以捏造、散布虚假事实等方式损害竞争对手的商业信誉,或者以其他不正当竞争行为扰乱保险市场秩序;(12)泄露在业务活动中知悉的投保人、被保险人的商业秘密;(13)违反法律、行政法规和国务院保险监督管理机构规定的其他行为。

四、保险中介人监管

(一)保险中介人及其监管概述

保险中介人,也称保险市场辅助人,或保险辅助人,是指与保险合同的订立或履行有一定中介或辅助关系的人。

保险中介人主要包括保险代理人、保险经纪人和保险公估人。我国《保险法》第五章是对保险代理人和保险经纪人的专门规定,但未涉及保险公估人。本书为避免重复叙述,除非必要,将保险代理人、保险经纪人和保险公估人统称为保险中介人或保险中介机构。

1. 保险代理人。我国《保险法》第117条第1款规定:“保险代理人是根据保险人的委托,向保险人收取佣金,并在保险人授权的范围内代为办理保险业务的机构或者个人。”

究其本质,保险代理制度当属民事代理制度,故完全适用民法关于民事代理的规定。具体而言,保险代理人与被代理人的法律关系主要表现为:保险人委托保险代理人代为办理保险业务的,应当与保险代理人签订委托代理协议,依法约定双方的权利和义务及其他代理事项。保险代理人根据保险人的授权代为办理保险业务的行为,由保险人承担责任。保险代理人没有代理权、超越代理权或者代理权终止后以保险人名义订立合同,使投保人有理由相信其有代理权的,该代理行为有效。保险人可以依法追究越权的保险代理人的责任。

基于理论或实践的需要,保险代理人依据不同标准可有不同分类:

(1) 依据代理人的主体特征,可分为单位保险代理人和个人保险代理人。单位保险代理人一般是独立于保险公司的保险代理机构,广义上既包括专门从事保险代理业务的专业保险代理机构,也包括兼业从事某方面保险代理业务的单位。个人保险代理人,一般是指与保险公司有委托代理关系的保险营销员。按照我国保险法的规定,个人保险代理人在代为办理人寿保险业务时,不得同时接受两个以上保险人的委托。

(2) 依据代理人的职业特征,可分为兼业保险代理人和专业保险代理人。兼业保险代理人是指受保险人委托,在从事自身业务之外,兼营保险代理业务的单位。兼业保险代理人可以通过代理与其主营业务相关的保险产品,方便投保人投保。我国目前常见的兼业保险代理主要有银行代理、航空铁路等特种行业代理、企业特种险种代理以及群众团体特种险种代理等形式。专业保险代理人是指受保险人委托,专职从事保险代理业务的单位,在我国一般被称为保险专业代理机构。所谓保险专业代理机构,是指具备保险监督管理机构规定的资格条件,取得经营保险代理业务许可证,根据保险人的委托,向保险人收取佣金,在保险人授权的范围内代为办理保险业务的机构,包括保险专业代理公司及其分支机构。

(3) 依据代理人的经营职责,可分为保险展业代理人和保险理赔代理人。保险展业代理人的主要经营职责是进行保险宣传,推销保险产品。保险理赔代理人则专门代理保险人进行现场查勘、检验、定损、赔付等理赔工作。

在我国保险市场上,保险中介人中起步较早、规模较大、业务份额较高的当数保险代理人。尤其在一些业务量较小、业务面较广的分散险种上,保险代理人发挥着独特的优势。

2. 保险经纪人。我国《保险法》第118条规定:“保险经纪人是基于投保人的利益,为投保人与保险人订立保险合同提供中介服务,并依法收取佣金的机构。”保险经纪人在我国一般被称为保险经纪机构,其法律地位与一般商业居间人大致相同。

对于投保方来说,保险经纪人的专业知识和业务经验尤为重要。保险经纪人可以帮助被保险人以最低的保费获得最优承保,在保险索赔时,则可使被保险人在保险范围内得到最大限度的补偿。对于保险人来说,保险经纪人对其同样有益。现在,世界上大部分保险业务都是通过保险经纪人完成的。

当然,保险经纪人的作用也有消极的一面。如果对保险经纪人缺乏规制,就可能导致经纪人在经纪活动中,假中介之名,行欺诈之实,扰乱市场秩序。因此,对保险经纪行业的依法监管也十分必要。

保险经纪包括直接保险经纪和再保险经纪。直接保险经纪是指保险经纪公司与投保人签订委托合同,基于投保人或被保险人的利益,为投保人与保险人订立保险合同提供中介服务,并按约定收取中介费用的经纪行为。再保险经纪是指保险经纪公司为原保险人与再保险人提供业务中介服务,并按约定收取中介费用的经纪行为。

保险经纪人从事保险经纪活动应当遵循合法、自愿、诚实信用和公平竞争原则。因保险经纪人在办理保险业务中的过错,给投保人、被保险人造成损失的,由保险经纪人承担赔偿责任。

3. 保险公估人。保险公估人，是指接受委托专门从事保险标的或者保险事故的评估、勘验、鉴定、估损、估损理算等业务，并按约定收取报酬的人。保险公估人在我国一般被称为保险公估机构。保险公估机构从事保险公估业务应当遵循合法、独立、客观、公正、公平的原则，其行为后果由其自己承担。

综上，保险中介人是保险公司与投保方之间的市场活动媒介，大多数的保险业务都是通过保险中介进行或完成的，发达的保险中介市场对促进保险业的发展具有重要意义。对保险中介机构监管的目的在于规范保险中介机构经营行为，保护投保人、被保险人的合法权益，维护公平竞争的市场秩序，促进保险业健康发展。

在我国，监管保险中介人的主体是中国银保监会，中国银保监会根据《保险法》和国务院授权，对保险中介人履行监管职责，主要对保险中介人市场准入和经营活动实施监管。

（二）保险中介机构组织监管

保险中介机构主要包括保险专业代理机构、保险经纪机构和保险公估机构。

保险中介机构一般可以采取有限责任公司、股份有限公司组织形式，保险公估机构还可以采取合伙企业组织形式。保险中介机构的名称中应包含反映其业务类别的“保险代理”“保险经纪”或“保险公估”的字样。

设立保险中介机构，除应满足法律法规对相应组织形态的一般要求外，通常还需满足保险法律法规对投资主体资格、高级管理人员和从业人员资格的要求，如学历、相关工作或任职经历、执业资格等。经营保险中介业务，应申请取得由中国银保监会颁发的经营保险中介业务许可证和市场监督管理部门颁发的营业执照。

保险中介机构分立、合并、变更组织形式，设立分支机构或者解散的，应当经保险监督管理机构批准。

（三）保险中介机构经营监管

1. 保险中介机构的业务范围。保险专业代理机构可以经营下列业务：(1) 代理销售保险产品。(2) 代理收取保险费。(3) 代理相关业务的损失勘查和理赔。(4) 办理保险公司委托的其他业务。

保险经纪机构可以经营下列业务：(1) 为投保人拟订投保方案、选择保险人、办理投保手续。(2)协助被保险人或受益人进行索赔。(3)再保险经纪业务。(4)为委托人提供防灾、防损或风险评估、风险管理咨询服务。(5) 中国银保监会批准的其他业务。

保险公估机构可以经营下列业务：(1) 保险标的承保前或承保后的检验、估价及风险评估。(2) 对保险标的出险后的查勘、检验、估损理算及出险保险标的残值处理。(3) 风险管理咨询。(4) 中国银保监会批准的其他业务。

2. 保险中介机构业务规则。

(1) 保险中介机构应按其注册资本或出资额的一定比例缴存营业保证金，或按中国银保监会的规定购买职业责任保险。

(2) 保险中介机构应依法与其委托人订立书面委托合同。

(3) 保险中介机构业务人员在开展业务的过程中，应明确告知客户保险中介机构的名称、住所、业务范围、联系方式、法律责任等事项。

(4) 保险中介机构应保守在经营过程中知悉的当事人的商业秘密。

(5) 保险中介机构应按规定按时向保险监管机构报送营业报告、财务会计报告及有关报表和资料。

此外,保险中介机构根据中国银保监会的规定,应对其从业人员进行保险业务知识的培训,还应建立详细的业务记录并妥善保管业务资料。

3. 保险中介机构的业务禁止行为。我国《保险法》第 131 条规定,保险代理人、保险经纪人及其从业人员在办理保险业务活动中不得有下列行为:(1) 欺骗保险人、投保人、被保险人或者受益人;(2) 隐瞒与保险合同有关的重要情况;(3) 阻碍投保人履行本法规定的如实告知义务,或者诱导其不履行本法规定的如实告知义务;(4) 给予或者承诺给予投保人、被保险人或者受益人保险合同约定以外的利益;(5) 利用行政权力、职务或者职业便利以及其他不正当手段强迫、引诱或者限制投保人订立保险合同;(6) 伪造、擅自变更保险合同,或者为保险合同当事人提供虚假证明材料;(7) 挪用、截留、侵占保险费或者保险金;(8) 利用业务便利为其他机构或者个人牟取不正当利益;(9) 串通投保人、被保险人或者受益人,骗取保险金;(10) 泄露在业务活动中知悉的保险人、投保人、被保险人的商业秘密。

【本节前沿问题】

混业经营的发展对我国保险业的启示

我国保险业,虽然已在现行分业经营的制度框架内,与银行、证券等诸行业之间建构起多种形式的业务合作关系,总体上依旧缺乏应有的制度基础。

转型时期我国银、证、保业务合作应在以下几方面进一步展开:一是客户资源共享;二是建立客户理财中心;三是相互代理产品销售、建立金融超市;四是共同创新金融产品。此外,还应使金融资本在现行分业经营的制度框架内,通过金融控股公司这一组织形式,发挥金融企业集团综合经营的优势,形成协同作战和整体效应,为银、证、保三业的业务合作夯实制度基础。

鉴于当今金融一体化的发展不断加速,我国的金融业除应继续强化已有的业务合作关系,使银、证、保三业形成合力之外,加快金融体制改革,尽快实现真正的金融混业经营,可谓一种必然选择。

保险资金的运用问题

国外保险公司的资金运用模式主要有通过全资或控股子公司运作、内设投资机构运作、委托专业化投资机构运作等。

国外保险公司保险资金运用的特点如下:(1) 保险投资方式比较灵活,不同保险公司可根据自身的特点选择投资方式,将盈利性大、流动性强和安全性高的不同投资方式进行有效的投资组合。(2) 在规定投资方式的同时,规定投资比例,从而为控制投资风险提供了保障。(3) 证券投资是保险投资的主要组成部分。(4) 保险投资的结构比重因产、寿险不同而不同。产险业投资要求的流动性高于寿险业,而寿险业投资要求的盈利性和安全性高于产险业。

相比之下,我国保险资金的运用渠道还非常狭窄,投资方式还不够灵活,显然这与我国目前保险业发展的现状是不相匹配的,亟须加快保险资金运用政策调整的步伐。

【本节思考题】

1. 试述保险业法的性质和内容体系。

2. 简述整顿与接管的区别。

3. 简述保险公司的组织形式。

4. 简述保险公司终止的原因。

5. 试述保险公司业务范围及其限定原则。

6. 试述我国保险公司偿付能力监管法律制度的内容。

7. 简述保险公司资金运用的原则。

8. 简述保险代理人和保险经纪人的区别。

第九章　证　券　法

【导语】

《证券法》作为中国市场经济法律体系的重要组成部分，其颁布的根本目的在于规范证券发行和交易行为，保护投资者的合法权益，维护社会经济秩序和社会公共利益，促进社会主义市场经济的发展。目前我国《证券法》的整体结构及内容以1998年颁布的版本为基础，2005年进行过重大修订，2013年和2014年进行过细节性的改动。伴随着市场经济的迅猛发展，证券市场也在日益壮大，《证券法》也顺应了这种趋势。

《证券法》确定了证券活动的基本规则，对证券发行、上市、交易、信息披露、上市公司收购、证券交易机构及场所的设立程序作出了详细规定；明确了证券监管机构的法律地位，阐明了监管机构的职责及有权采取的监管手段；规定了有关当事人违法行为的经济行政处罚及其他法律责任。本章分为八节，依次介绍证券法调整的范围，证券发行、上市、交易规则，上市公司的收购，证券市场主体，信息披露制度，证券监管与证券法律责任。

第一节　证券与证券法概述

一、证券概述

（一）证券的概念及法律特征

1. 证券的概念。证券（security）是外延十分广泛的概念，通常有广义和狭义之分。广义的证券是指以证明或设定权利为目的而作成的凭证，即指各类记载并代表一定权利的法律凭证的统称，包括有价证券和无价证券。如车船票、邮票、汇票、支票、股票、债券、提单、借据等。狭义的证券通常仅指有价证券，是指以书面形式或其他形式记载并代表特定民事财产权利的书证。有价证券包括金券、货物证券、货币证券、资本证券。证券法上的证券属于有价证券中的资本证券，是指由筹资者向特定对象或社会公众发行，投资者认购持有的投资收益凭证，并享有特定证券权利的证书。

证券就其表现形式或物质载体而言，既有传统的纸单形式，也有现代无纸化或电子化形式。随着计算机技术以及网络通信技术的发展，集中交易场所的证券基本上采用无纸化或电子化的形式。电子化形式的证券发行与交易活动更加迅捷，交易范围更加广泛，交易规模更大。尽管证券形式突破了传统纸单形式，但证券的本质依然是具有财产属性的民事权利，且是证券法所重点关注和保护的对象。

2. 证券的法律特征。证券法上的证券与其他有价证券相比，具有以下法律特征：

（1）证券是一种风险投资证书。证券法上的证券属于证权证券。它不仅是投资者直接投资的工具，也是投资者作出证券投资的凭证。股票、债券、基金等证券既是筹资者的融资工具，也是投资者的投资工具。对投资者而言，证券投资具有较高的风险性，其投资的证券不同，风险亦不同。市场经济的准则是谁投资,谁受益,谁承担风险。证券持有人持有证券就是证券的投资人,不仅享有证券投资收益,也要承担证券投资风险。

(2) 证券是一种权益证书。证券持有人享有证券上的相应权益。如股票持有人不仅享有股息分红、公司送股或赠股等权益,还享有参与公司经营管理决策的权利,以及公司清算、破产时的剩余财产索取权等。

(3) 证券是一种可转让的权利证书。证券法上的证券属于流通性证券,具有可转让性。证券的流通性是证券的本质属性,也是证券的生命力所在。为了更好地保护证券投资者的利益,提高证券的可流通性,各国证券法一般都赋予证券广泛的流通性,证券可以依法转让,并通常在集中交易场所进行转让。

(二) 证券的主要分类

依照不同的标准,可以对证券作不同的分类。

1. 依照证券本身能否作为财产使用,证券可分为有价证券和无价证券。有价证券是表示一定财产权利的证券。由于可以自由转让,其所代表的财产权具有一定的内在价值和外在价格,故称为有价证券。依据其所代表的权利的不同,有价证券通常可分为金券、货物证券、货币证券和资本证券。金券是指券面标明一定金额,只能为一定目的而使用的证券,如邮票、印花。货物证券是指在货物流转中发行的代表一定货物请求权的书面凭证,如货物提单、仓库栈单等。货币证券是指代表对一定量货币的请求权的书面凭证,如本票、支票等。资本证券是指代表一定资本所有权和一定利益分配请求权的书面凭证,如股票、债券等。无价证券是指具有证券的某一特定功能,但不能作为财产使用的书面凭证。由于此类证券一般不能流通,所以不存在流通价值和价格,故称为无价证券,如车船票、电影票、收据等。

2. 依照证券形式与证券权利之间的关系,证券可分为设权证券和证权证券。设权证券是指具有创设证券权利功能的证券,即证券权利是由证券签发人自行设定的,如票据的面额、支付的日期或期间等,证券一经签发,证券权利随即产生。如货币证券中的本票、支票、汇票均属设权证券。证权证券是指旨在证明证券权利的证券,即对既存的财产关系或财产权利予以证明的证券。如债券是债务人发行的证明债权人对债务人拥有债权的证明。证权证券只具有证明证券权利的作用,不能创设证券权利。

3. 依照是否记名,证券可分为记名证券和不记名证券。记名证券是指在证券票面上记载权利人的姓名或名称的证券。记名证券的转让,需经过背书或法律规定的其他方式。记名证券遗失或毁损时,可以挂失,并公示催告。不记名证券是指券面上不记载权利人姓名或名称的证券。不记名证券流通较为便利,一般以交付或过户方式转让,但不记名证券遗失或毁损时,不得挂失,其安全性不及记名证券。

4. 依照发行人发行证券时是否向证券购买者提供担保,证券可分为有担保证券和无担保证券。按照抵押担保条件,有担保证券分为抵押证券、担保证券和信用证券。

5. 依是否在证券交易所挂牌交易,可将证券分为上市证券与非上市证券。上市证券是指经证券监管机关或授权机关批准在证券交易所内挂牌交易的有价证券。该类证券须向证券交易所登记注册,符合上市条件的证券才能登记注册,成为上市证券。非上市证券是指未向证券交易所登记注册的证券。该类证券一般在交易所以外进行交易,或在依法设立的其他场所交易。

（三）证券法上的证券及种类

1. 证券法上的证券定义和范围。从国外证券立法来看，证券的概念一般都从证券的种类及范围的角度进行界定，由于各国证券法律制度不尽相同，立法体例的差异以及证券市场的发展程度不同，对证券的种类及范围的界定亦有宽窄之分。如美国1933年《证券法》第二节对“证券”一词所作的定义十分宽泛，凡与投资利益有关的金融工具证书、证券、契约、权利均归于证券范畴。但是，随着证券市场的发展变化，证券法对证券的界定一般都有所变动，即证券法上的证券种类和范围实际上是一个变动的概念，它是随着证券市场的发展变化而变化的。

我国1998年颁布的《证券法》对证券种类及范围的规定过窄，为适应证券市场发展的需要，2005年修订的《证券法》第2条第2款、第3款，增加了关于证券投资基金和证券衍生品种的规定，从而使我国证券法所调整的证券种类和范围进一步扩大，并从根本上改变了原《证券法》只是作为股票现货交易法的地位。

2. 我国证券法上的证券种类。根据《证券法》的规定，我国证券法上的证券主要是股票、公司债券以及国务院依法认定的其他证券。目前我国证券市场上发行和流通的证券，主要有以下几种：

（1）股票。股票是股份有限公司发行的，用以证明投资者的股东身份和权益，并据以获得股息和红利的可转让的书面凭证。按照不同的标准，股票可分为不同的种类。按照所代表的股东权利的不同，股票可分为普通股票和特别股票（优先股票）。按照购买股票的币种的不同，股票可分为A股和B股。在我国A股市场对合格境外投资者开放前，A股股票只允许境内投资人购买，外国及我国港澳台地区的投资者不得购买。而B股市场在对境内个人投资者开放前，B股股票只允许境外机构和个人购买，境内居民个人不得购买B股。

（2）债券。债券是表示债权债务关系的书面凭证。持券人有按约定的条件向发行人（借款人）取得利息和到期收回本金的权利。债券按照不同标准，可分为不同种类。最主要的分类有：按照发行主体，分为政府债券、公司债券、企业债券、金融债券；按照利率规定，分为固定利率债券和浮动利率债券；按照受益方式，分为可转换公司债券、附新股认购权公司债券等；按照偿还期限，分为短期债券、中期债券、长期债券。

（3）基金。基金又称证券信托投资基金，是一种利益共享、风险共担的集合投资方式，即按照《证券投资基金法》及基金章程，通过公开或非公开方式发行受益凭证，募集投资资金，交由专门管理机构营运，用于证券投资并获得盈利的一种组织形式。基金种类很多，主要分类有：①按照基金份额能否赎回，分为开放型基金和封闭型基金。开放型基金是指基金份额总额不固定，基金份额可以在基金合同约定的时间和场所申购或者赎回的基金。封闭型基金是指经核准的基金份额总额在基金合同期限内固定不变，基金份额可以在依法设立的证券交易场所交易，但基金份额持有人不得申请赎回的基金。②按照基金的组织形式，分为契约型基金和公司型基金。契约型基金是指以证券投资信托契约募集投资人资金而设立的基金。公司型基金是指以设立公司的方式募集投资人的资金，并集中投资于各种有价证券的基金。③按照发行方式，分为公募基金和私募基金。公募基金是指以公开方式向社会公众投资者募集资金设立的证券投资基金。私募基金是指以非公开方式向特定投资者募集设立的证券投资基金。

（4）证券衍生品种。证券衍生品种是一个类概念，是指在证券基础上衍生出来的各种证券交易品种的总称，如股票期权、股票权证、股指期货等。证券衍生品种的出现是证券市场风险规避的需要，但同时也带来了新的证券交易风险。

(四) 证券市场及其构成要素

1. 证券市场的概念与分类。证券市场是证券发行与交易活动场所的总称。它由金融工具、交易场所以及市场参与主体等要素构成,是现代金融市场极其重要的组成部分。

证券市场依照不同的标准或角度,可以做以下分类:

(1) 依照证券市场的功能,分为证券发行市场和证券流通市场。证券发行市场又称一级市场或初级市场,是指证券发行主体将新发行和增资发行的股票或债券通过承销商出售给投资者的市场。其功能是为资金需求者提供筹集资金服务,为投资者提供投资收益的机会。证券流通市场又称二级市场或次级市场,它是指投资者把在发行市场上认购的证券再次或重复多次投入流通,实现证券在不同投资者之间不断买卖的市场。

(2) 依照证券市场的组织形式,分为场内交易市场和场外交易市场。场内交易市场又称集中交易市场,一般为证券交易所设立的交易场所。证券交易所通常采取集中竞价的交易方式,是上市证券的主要交易场所。场外交易市场,是相对于交易所市场而言的,是指证券交易所以外的其他证券交易市场,它是交易所市场的重要补充,如美国全美证券商协会自动报价系统(NASDAQ,又译为纳斯达克)。

(3) 依照证券市场交易对象的种类,分为股票市场、债券市场、基金市场和衍生证券市场。股票市场又称股市,是发行和买卖股票的市场,是证券市场最基本的组成部分。债券市场又称债市,是发行和买卖债券的市场。债券市场有许多交易品种,又可分为国债市场、企业债券市场、公司债券市场、金融债券市场等。基金市场是基金发行和流通的市场。衍生证券市场是指各种衍生证券上市与交易的市场,如股票期权市场、股指期货市场、权证市场等。

此外,依照证券市场的地域标准,可分为国内证券市场和国际证券市场;依照证券市场的性质与特点,可分为主板市场(或称一板市场)、次板市场(或称二板市场)、创业板市场等。

2. 证券市场的构成要素。

(1) 市场主体。证券市场的主体主要是资金需求者、资金供给者以及提供各种金融服务的参与者。资金需求者即证券发行主体,通常是指证券发行人,一般包括公司、企业、金融机构、基金组织、政府等。资金供给者即证券投资主体,通常是指证券投资人,一般分为个人投资者和机构投资者。机构投资者一般包括公司、企业、金融机构、基金组织、政府机构等。提供各种金融服务的参与者通常是指为证券发行与交易提供服务的各种中介机构,一般包括证券交易所、证券登记结算机构、证券公司、证券服务机构。

(2) 市场客体。证券市场的客体即金融工具,是指交易双方在交易活动中按照一定的格式明确各自权利义务的书面凭证,如股票、债券、基金、权证以及各种证券衍生品。

(3) 市场组织方式。证券市场的组织方式是指证券市场各个要素的结合方式,根据市场各要素结合方式和交易方式不同,一般有场内交易方式和场外交易方式。场内交易方式即交易所方式,场外交易方式主要有柜台交易方式、股份转让系统等方式。

二、证券法概述

(一) 证券法的概念与调整对象

1. 证券法的概念。证券法是指调整证券市场的参与者在证券的发行、交易、服务、监督管理过程中所发生的社会经济关系的法律规范的总称。证券法的概念有狭义和广义之分。狭义的证券法，是指一国制定的调整证券关系的专门法律。从广义上讲，凡是调整证券关系的法律规范都属于证券法范畴。它不仅包括专门的证券法内容，也包括其他法律部门中关于证券的规定。例如，《公司法》《刑法》以及其他法律、法规关于证券方面的规定。

从规范层级与效力来看，证券法主要由三方面的规范组成：一是国家立法机关制定的证券法、证券交易法、公司法中与证券相关的法律规定以及其他证券法律规范；二是国家最高行政机关制定的有关证券管理的行政法规；三是有关证券主管机构根据立法机关的授权制定的与证券法相关的规则、规章、办法及其对有关证券法规的解释。此外，证券交易所、证券业协会或其他证券业自律性机构制定的组织章程、交易规则和其他自律规范，虽然不属于法律规范，但具有法律承认的约束力，是证券法的重要补充。

2. 证券法的调整对象与范围。任何一个法律部门都以特定社会关系作为调整对象，证券法也不例外。证券法的调整对象是证券关系，它包括证券发行关系、证券交易关系、证券服务关系和证券监管关系。从证券法所调整的证券法律关系的性质来看，它既包括平等主体(证券发行人、证券投资人和证券商等主体)之间因证券发行和交易而发生的社会经济关系，也包括证券监管机关与证券市场参与者之间因证券监督管理行为所产生的证券监管关系。需注意的是，实践中，各国证券法的调整对象与范围是有所差异的。

我国证券法的调整对象与范围。《证券法》第 2 条规定："在中华人民共和国境内，股票、公司债券和国务院依法认定的其他证券的发行和交易，适用本法；本法未规定的，适用《中华人民共和国公司法》和其他法律、行政法规的规定。政府债券、证券投资基金份额的上市交易，适用本法；其他法律、行政法规另有规定的，适用其规定。证券衍生品种发行、交易的管理办法，由国务院依照本法的原则规定。"这一规定表明了我国证券法的调整对象和范围，它既调整证券交易关系，也调整证券发行关系。就证券法调整的证券种类而言，包括在中华人民共和国境内发行和交易的股票、公司债券、证券衍生品种、上市交易的政府债券、证券投资基金、国务院依法认定的其他证券。同时，这一规定还明确了我国《证券法》与《公司法》以及其他法律、行政法规的关系，确立了《证券法》作为特别法优先适用的法律地位。

（二）证券法的立法宗旨与基本原则

1. 证券法的立法宗旨。证券法的立法宗旨是证券法立法指导思想、立法目的以及立法价值取向的体现，决定着证券法的功能定位和证券法立法应遵循的基本原则。我国《证券法》第 1 条明确规定了证券法的立法宗旨："为了规范证券发行和交易行为，保护投资者的合法权益，维护社会经济秩序和社会公共利益，促进社会主义市场经济的发展，制定本法。"

从证券法所保护的利益来看，主要涉及两大利益：一是投资者利益，二是社会公共利益。因为投资者是证券市场的重要主体，没有投资者的参与，证券市场就会成为无源之水；而投资者在证券市场中大多处于弱势地位，尤其是中小投资者的利益最易受到不法侵害。因此保护投资者的利益，特别是保护中小投资者利益，成为证券法的立法宗旨，也是各国证券立法的重中之重。同时，证券市场又是一个高风险的市场，容易出现股灾，并引发重大金融危机，如果不能有效防范和控制市场风险，就会损害社会经济秩序，危害社会公共公益，即所谓"城门失火，殃及池鱼"。为了维护社会经济秩序，防范证券市场金融风险，必须加强对证券及证券市场的监管，而政府监管的法理依据，就是维护社会公共利益，这也是证券法立法的根本宗旨。

2. 证券法的基本原则。证券法的基本原则是证券法立法宗旨的体现，是证券发行、证券交易和证券管理活动必须遵循的最基本的准则,它贯穿证券立法、执法和司法活动的始终。

(1) 公开原则。公开原则是证券法的核心和精髓所在。公开原则不仅是证券发行和交易活动应遵循的基本原则之一,也是对证券市场进行监管的有效手段。美国大法官路易斯·布兰戴斯(Louis Brandeis)的名言——"阳光是最好的防腐剂,街灯是最好的夜警",形象地说明了公开原则对于证券市场的重要性。由于证券市场是一个信息不对称的市场,大多数投资者只能依靠从公开渠道获取的与证券有关的信息作出投资决策判断,只有依法将与证券有关的一切真实信息向社会公众公开,投资者在从事证券投资时,才能作出准确的判断。因此,信息公开既是投资者作出科学投资决策的前提,也是对证券发行人进行监管的有效方式。

证券法的公开原则所包含的内容是多方面的,凡是与证券和证券市场有关的一切活动与信息都应当公开。既包括与证券发行、交易行为有关的各种信息公开,也包括与证券发行、交易行为有关的规则公开;既包括证券发行人有关信息公开,也包括市场其他参与者的信息公开,如大股东持股信息、中介机构的承销信息、监管机构的监管行为与信息等。就主体而言,所有证券市场的参与者,包括发行人、中介机构、投资者、监管者都应当遵循公开原则。但主要对象则是证券发行人、上市公司和监管机构。

根据证券法的公开原则,发行人、上市公司和其他负有信息披露义务相关人所披露的信息必须做到真实、准确、完整、充分、及时和可利用,不得有任何虚假记载、误导性陈述或重大遗漏。从公开的过程来看,包括发行公开、上市公开、上市后其信息持续公开。从公开的内容看,主要是公司招股说明书、公司债券募集办法、财务会计报告及经营状况和其他影响证券交易的重大事件。

(2) 公平原则。公平原则是指在证券发行和证券交易中双方当事人的法律地位平等、法律待遇平等、法律保护平等,以及所有市场参与者的机会平等。在证券发行和交易活动中,首先,机会平等更为重要,它体现为公平的市场准入和市场规则,每个当事人的机会和条件都应当是相同的。例如,证券发行人有公平的筹资机会,证券经营机构有公平的经营机会,证券投资者有公平的投资和交易机会。对所有的证券市场参与者实行公平的市场规则,如证券交易中的竞价规则,实行价格优先和时间优先。其次,主体地位平等与待遇平等。即在法律上平等地享有权利,平等地承担义务,权利与义务应当一致。不论是投资者还是证券商,不论是个人投资者还是机构投资者,不论是小户、散户还是大户,一律在平等、自愿的基础上按照等价有偿的原则进行交易,任何一方不得凌驾于另一方之上。最后,同等地受法律保护。任何市场主体的权利都要平等地受法律保护,不论谁的权利受到侵害,都要采取相应的法律救济措施。平等的保护不仅是形式上的,也是实质上的,对于证券市场的中小投资者而言,实质上的公平意味着重点保护。

(3) 公正原则。公正原则是指在证券发行和交易中,应制定和遵守公正的规则,证券监管机关和司法机关应公正地适用法律法规,对当事人应公正平等地对待,不偏袒任何一方。公正原则是实现公开、公平原则的保障。与公平原则不同的是,公正原则主要是针对证券市场的立法者、执法者和司法者而言的,强调对其行为进行约束。公正原则的实质在于使不同的证券主体获得公正的对待,禁止任何人在证券发行和交易中以其特权或优势获得不正当的利益,使对方当事人蒙受不公正的损失。此外,公平原则强调实体正义和实质正义,而公正原则则强调程序正义和形式正义。公平的核心是平等,公正的核心则是无私、中立。[①] 因此,公正原则首先要求立法者制定

① 参见徐杰主编:《证券法理论与实务》,首都经济贸易大学出版社 2000 年版,第 25 页。

公正的规则,以实现市场各主体之间的利益平衡。其次要求执法者与司法者在法律范围内,公正地执行法律,解决利益冲突与纠纷。

(4) 诚信原则。诚信原则也称诚实信用原则,是指民事主体在从事民事活动时,应讲诚实、守信用,以善意的方式履行其义务,不得滥用权利及规避法律或合同规定的义务。它是民法的基本原则,也是证券法应当遵循的最基本原则之一。我国《证券法》第4条规定:“证券发行、交易活动的当事人具有平等的法律地位,应当遵守自愿、有偿、诚实信用的原则。”这一规定确立了诚信原则在我国证券法上的基本原则地位。这一原则在证券法中的具体体现,就是要求证券当事人在证券发行和交易活动中不欺不诈,以最大的善意从事证券活动,任何人不得滥用权利,禁止欺诈行为,禁止内幕交易,禁止操纵市场,禁止一切误导、损害他人利益的行为。诚信原则与公开、公平、公正原则,相互补充,共同构成证券法的基本原则。公开、公平和公正原则强调证券市场行为评价标准的客观性,诚信原则则更多地强调证券市场参与者的主观态度,只有两者有机结合,才能保障证券市场的健康发展。

(5) 效率与安全兼顾原则。这既是证券立法的基本原则,也是证券监管应遵循的根本原则。效率原则是商法的基本原则,也是市场经济的必然要求,市场经济的效率体现为社会资源的有效配置和优胜劣汰。证券法上的效率则体现为社会资本资源的有效配置,以及证券发行与交易的顺畅便捷。效率原则首先体现为市场的效率,因此,应遵循市场经济的规律,发挥市场自身的力量,减少政府的过度干预;其次体现为证券发行与交易程序的简便,控制并减少制度成本;最后体现为效率是证券市场的生命,没有效率,证券市场就失去了存在的价值。在经济全球化进程中,证券市场日益全球化,竞争日趋激烈,证券市场一旦失去了效率,就难以生存和发展。法律制度的架构应当为证券市场提供能够体现市场效率或保障市场活力的规则体系。当然,效率始终是相对的概念,这不仅因为效率的内涵和外延难以界定,还因为在效率与公平、效率与秩序、效率与安全的关系上,始终有一个平衡的问题。对证券监管而言,证券交易安全以及整个证券市场的安全仍然是重要目标。证券市场具有很强的投机性和风险性,如果没有交易安全,不仅投资者利益得不到保障,还容易产生证券市场的系统风险,最终扰乱社会经济秩序,危害社会公共利益。因此,为了保障交易安全,各国证券立法越来越重视证券登记结算制度,以及证券公司风险控制制度的健全与完善,以防范证券交易的风险。

(三) 证券法的体系与结构

1. 证券法的体系。证券法体系是指一国通过国家制定或认可而形成的对证券及证券市场进行规范和调整的法律规范的有机整体。

证券法与刑法、民法等传统法律部门相比,是一个年轻的法律部门。从世界各国和地区来看,由于各自的历史原因和社会经济背景不同,其证券管理体制以及法律制度不尽一致,由此形成了各具特色的证券法体系。世界各国和地区证券法律制度可划分为三大体系。

(1) 美国证券法体系。该体系对证券及其交易管理单独立法,并注重公开披露原则。美国证券法律主要有1933年《证券法》、1934年《证券交易法》、1935年《公共事业控股公司法》、1939年《信托契约法》、1940年《投资顾问法》和《投资公司法》、1970年《证券投资者保护法》等。此外,各州还有各州的评判法(称为“蓝天法”)以及证券交易所、证券商协会等制定的自律性规则,从而形成联邦立法、州立法和自律性组织规则相结合的、完整的证券法体系。日本、韩国、菲律宾以及我国台湾地区证券法均属美国体系。

(2) 大陆证券法体系。大陆证券法体系相当长时间没有专门的证券立法,其内容由公司法、证券交易所法和银行法中的若干制度组成,直到1994年德国才制定了证券交易法。该体系坚持实质性管理原则,对证券发行资格、发行条件、发行程序及交易资格、交易条件及程序均实行严格的审批和监督管理。但对公开原则则低于美、英证券法体系的要求。德国、法国等欧洲大陆国家、拉丁美洲国家及部分亚洲国家的证券法属于该体系。

(3) 英国证券法体系。英国证券法体系也没有制定专门的证券法,其内容主要规定在公司法中,同时制定了若干单行法规予以补充和完善。例如,1958年《防止欺诈(投资)法》、1963年《保护储户法》、1973年《公平交易法》、1976年《限制交易措施法》、1985年《内幕交易法》、1986年《金融服务法》、2000年《金融服务与市场法》等。该体系对证券交易所及其会员采取自由放任态度,政府不加干预,以证券的自律管理为主。英国证券交易所内有严格的"自律性"交易规则,有较高水准的专业性评判证券商,采取严格的自律制度和公开制度。属于该体系的除英国外,主要是澳大利亚等英联邦国家。

我国证券法体系是随着我国证券市场的产生和发展,在总结自己的实践经验的基础上,并借鉴国外的经验和做法,逐渐形成的具有中国特色的证券法体系。我国证券法律规范体系包括《证券法》《公司法》《证券投资基金法》等法律和一系列行政法规、部门规章以及司法解释。此外,还有大量的自律性规范作为法律的补充。在《证券法》出台之前,规范和调整我国证券市场的法律除《公司法》外,还有一系列关于证券发行和交易的行政法规和条例以及部门规章。《证券法》的颁布,标志着我国证券法体系的基本框架已经初步确立。

2. 我国证券法的结构。我国《证券法》于1998年12月29日由第九届全国人民代表大会常务委员会第六次会议通过,1999年7月1日起施行。后经三次修正(2004年8月、2013年6月、2014年8月)、一次修订(2005年10月)。证券法的结构是指证券法的内容与表现形式的有机统一体。我国证券法的结构,从内容来看,包括总则、证券发行、证券交易、上市公司的收购、证券交易所、证券公司、证券登记结算机构、证券服务机构、证券业协会、法律责任、附则,共12章240条。随着我国证券法的第二次修订,我国证券法的结构将进一步完善。

【本节前沿问题】

如何认识证券法的基本原则

关于证券法的基本原则,法学界一直存在不同的认识,各种证券法的学术专著和教科书中存在不同的概括与表述。关于证券法的基本原则的认识,分证券法颁布前与证券法颁布后两个阶段。

《证券法》颁布前,学者们对证券法基本原则的概括和表述,主要有以下几种:一是将其概括为公开、公正和公平三项原则。二是认为还应包括诚实信用原则以及效率原则。三是将其概括为计划性原则、公开性原则、公平诚信原则和核准性原则。四是将证券法原则分为发行原则和交易原则。《证券法》颁布后,学者们又大都依照《证券法》,认为证券法的基本原则应包括"三公"原则,法律地位平等、自愿、有偿、诚实信用原则,守法原则和禁止欺诈原则,分业经营、分业管理原则,集中统一监管原则,国家监管与自律管理原则,以及依法审计原则。也有学者将证券法的基本原则概括为公开原则、公平原则、公正原则、诚信原则、效率与安全原则。

本书认为,对于法律原则的理解和把握,应当区分不同的层次。证券法上的一些原则规定存在不同层级原则的错位,如分业经营、分业管理,集中统一监管,政府管理与自律管理相结合,依法审计等均属于证券法基本原则的下位原则。禁止欺诈原则则属于诚信原则所派生的原则,不应与其相提并论。而守法原则不应作为证券法的基本原则来界定。

【本节思考题】

1. 试述证券的概念和种类。
2. 简述股票、债券、基金的概念和种类。
3. 试述证券法的概念和特征。
4. 证券法的基本原则是什么?
5. 试述证券法的体系。

第二节 证券发行与承销

我国的证券发行与承销制度自发端便印上了计划经济体制的痕迹,并出现了诸多非市场化、非规范化、地方政府各自为政的做法。这种混乱局面直到1992年中国证监会的成立,尤其是在1999年我国首部《证券法》实施后才得到适度纠正,但发行审核制度仍留有经济转轨时期的中国特色。历次对《证券法》的修订,旨在推动证券发行与承销制度的市场化和国际化。

一、证券发行

(一) 证券发行的概念及其法律意义

所谓证券发行(Issuing of Securities),是指证券发行人依照法定程序将自己的证券出售或交付给投资者的行为。在证券法领域,证券发行通常是指证券公开发行。证券发行行为包括证券销售行为、认购人的认购行为、缴纳认购股款的行为以及交付或获得证券的行为。它自成一体,属于证券市场的组成部分之一,即证券发行市场。

证券发行市场又称为证券的初级市场、证券的一级市场。通过证券发行,把证券对权利的证明效力表彰于证券之上,亦即使无形的权利有形于有纸化或无纸化之电子媒介(如电子数据等)上,从而使证券具有了代表具体民事权利(如股东权或债权请求权等)的法律效力。证券发行既宣告了证券权利先于证券发行存在,证券发行只是证明和公示证券权利的存在,也有利于证券持有人充分识别载体上记载的证券权利。这样,证券发行使证券持有人准确识别证券权利以及提示证券以证明形成的证券法律关系。证券发行人就是证券权利的义务人,如股票的发行人是股份公司,其应对股东行使股东权利(请求股息、参与议决等)承担义务。由此可见,证券发行有识别、证明和公示证券权利的法律意义。

(二) 证券发行的分类

1. 股票发行、债券发行、基金份额发行和证券衍生品种的发行。依证券的主要种类,证券发行可分为股票发行、债券发行、基金份额发行和证券衍生品种发行。股票发行是指发行人以筹集资金或实施股利分配为目的,依照法定程序向投资者或原股东招募股份或无偿供股的行为。股票发行包括初次发行(也称设立发行)、增资发行(含配股发行)和无偿供股发行。

股票公开发行的方式有:

(1) 上网定价、向二级市场投资者市值配售的发行方式。此发行方式是指利用证券交易所的交易系统，主承销商作为股票发行的唯一“卖方”，投资者在指定的时间内，依其二级市场持有股票的市值配售一定数量股票的申购权，按确定的发行价格申购股票而进行的股票发行方式。

(2) 向询价对象配售股票的发行方式。发行人的发行申请经中国证监会核准后，发行人应进行推介和询价。发行人及其保荐人应向参与累计投标询价的询价对象按规定配售股票。保荐人应对询价对象的资格进行核查和确认，对不符合相关规定的投资者，不得配售股票。向询价对象的配售和向一般投资者的上网发行为同一次发行，须按同一价格进行。

(3) 股票发行中的其他发行方式。

债券发行是指发行人以借贷资金为目的，依照法定程序向投资者出售代表一定债权和兑付条件(如约定在一定期限还本付息)债券的行为。依照债券发行主体和债券性质，债券发行可分为政府债券(如国债、国库券)发行、金融债券发行、企业债券发行和公司债券发行(包括可转换公司债券发行)等。证券法主要规范公司债券(包括可转换公司债券)的发行。

基金份额发行是指管理人为募集资金而向投资者发行基金产品的行为。我国的基金份额发行主要适用《证券投资基金法》。

证券衍生品种的发行是指以证券为基础衍生的证券品种的发行。证券衍生品种的发行原则上适用《证券法》，具体的发行管理办法由国务院依照《证券法》的原则另行规定。

2. 公募发行和私募发行。依证券发行对象是否特定可分为公募发行和私募发行，也可称为“公开发行”与“非公开发行”。公募发行又称公开发行，是指发行人将证券发售给不特定人或超过一定数量的特定人的行为。私募发行又称非公开发行、内部发行、定向发行或私下发行，它是指面向不超过一定数量的特定人发行证券的方式。在我国，非公开发行证券，不得采用广告、公开劝诱和变相公开方式。1993 年 4 月 22 日国务院发布的《股票发行与交易管理暂行条例》(以下简称《股票条例》)第 81 条对股票“公开发行”作出规定，即“公开发行”是指发行人通过证券经营机构向发行人以外的社会公众就发行人的股票发出的要约邀请、要约或者销售行为。

《证券法》第 10 条第 2 款将公开发行规定为：“有下列情形之一的，为公开发行：(一)向不特定对象发行证券的；(二)向特定对象发行证券累计超过二百人的；(三)法律、行政法规规定的其他发行行为。”可见，公开发行的界定主要从三方面判断：一是募集对象的非特定化；二是累计人数超出一定数量，募集对象虽然特定，但人数超出一定数量(200 人)的，也应纳入公开发行的范围；三是方式公开化，即采取广告、公开劝诱或其他变相公开方式等发行手段。

3. 招标发行和非招标发行。依证券发行是否协商议价可分为招标发行和非招标发行。招标发行是指证券发行人通过招标来确定证券的投资者(或承销商)和证券的发行条件的方式。非招标发行又称协商议价发行，是指发行人与承销商直接协商发行条件，以便确定适合发行人需要和现行市场状况的方式。

4. 直接发行和间接发行。依证券发行是否通过证券发行中介机构可分为直接发行和间接发行。直接发行又称自办发行，它是指证券发行人不委托专门的证券发行中介机构，而是由自己组织发行工作、承担发行风险和办理发行事宜而向投资者直接推销并交付证券的方式。间接发行是指证券发行人通过证券发行中介机构具体办理证券发行事宜并发售、交付证券的方式。直接发行方式较间接发行方式发行费用低，但发行风险较高。

5. 初次发行和增资发行。依证券发行目的可分为初次发行和增资发行。这种分类适用于股票发行方式。初次发行又称首次发行、设立发行，一般是指股份有限公司在公司设立时向发起人或（和）社会公众发行全部股份的方式，这包括发起设立发行和募集设立发行。增资发行也称渐次发行，是指已成立的股份有限公司为追加注册资本而发行股份的方式，包括由投资者出资的有偿增资发行和由公司将公积金或盈余转增原有股东资本的增资发行（也称“送红股”）。

6. 平价发行、溢价发行和折价发行。依证券发行价格与证券票面金额或贴现金额的关系可分为平价发行、溢价发行和折价发行。平价发行又称面值发行，它是指证券发行价格等于证券的票面金额的发行。溢价发行是指证券的发行价格高于证券的票面金额的发行。溢价发行高于证券票面金额的部分进入公司的资本公积金。折价发行是指证券的发行价格低于证券的票面金额的发行。

7. 其他证券发行的分类。依发行主体的不同，证券发行分为公司发行、金融机构发行、其他企业发行和政府发行；依发行地点的不同，证券发行分为国内发行和国外发行；依发行保证的不同，证券发行分为信用担保发行、实物担保发行、证券担保发行和产品担保发行；依发行购买方式的不同，证券发行分为市值配售发行、定向配售发行、认购抽签发行、无限量申请抽签发行和专项存单抽签发行等。

（三）证券发行保荐制度

保荐制度又称保荐人（sponsor）制度，起源于 1995 年的英国，是由英国伦敦证券交易所在其新开的创业板市场中正式引入的一种企业上市制度，其作用有些类似于我国早期证券市场的上市推荐人。但我国 2004 年 2 月 1 日起实施（2005 年修订的《证券法》首次规定）的保荐人制度，与以前深沪证交所的上市推荐人有很大区别，保荐人的职责要远重于上市推荐人。证券发行保荐制度是指发行人申请公开发行股票、可转换为股票的公司债券，依法采取承销方式的，或者公开发行法律、行政法规规定实行保荐制度的其他证券的，应当聘请依法取得保荐资格的保荐人（保荐机构）对其证券发行提供持续性训示和持续督导，为证券发行与上市出具保荐意见，核查并保证发行文件与上市文件中所载资料真实、准确、完整，协助发行人建立严格的信息披露制度的信用担保制度。

“保荐制”最大的特点是采取“双重保荐”的责任形式，将证券发行责任落实到保荐机构和保荐代表人，即保荐机构和保荐代表人既作为一个责任共同体，对发行上市企业进行推荐和保证，又分别作为单独的责任个体承担责任。根据《证券法》第 11 条第 2 款的规定，保荐人的工作内容应当包括两部分：对发行人的申请文件和信息披露资料进行审慎核查以及督导发行人规范运行。因此，保荐人的职责主要包括三个方面：辅导推荐职责、监督审核职责和担保职责。同时，保荐人承担责任主要分为两个阶段：推荐上市发行阶段和上市后的持续督导阶段。证券发行的主承销商可以由该保荐机构担任，也可以由其他具有保荐机构资格的证券公司与该保荐机构共同担任。

证券保荐人制度主要是为了应对信息不对称而设的，其主要作用在于：推动证券公司及其从业人员牢固树立责任意识；在对发行人进行尽职调查和规范指导时，真正做到勤勉尽责，诚实守信，提高上市公司质量和证券经营机构执业水平；切实把好证券发行关，真正发挥市场对发行人质量的约束作用；有利于改善投资者的弱势地位，增强其投资的安全性，保护投资者的合法权益，促进证券市场健康发展；将保荐人和上市公司有机地联系在一起，形成互相制衡的机制。

近期，中国证监会为推动中介机构进一步尽职履责，强化中介机构的责任约束，要求保荐机构建立先行赔付制度，即要求保荐机构在公开募集及上市文件中公开承诺：因其为发行人首次公开发行制作、出具的文件有虚假记载、误导性陈述或者重大遗漏，给投资者造成损失的，将先行赔偿投资者损失。

（四）证券发行的核准与股票发行注册制改革

目前，世界各国对证券发行审核主要有两种体制：一种是以美国1933年《证券法》为代表的实行公开主义的证券发行注册制度；另一种是以美国大部分州的“蓝天法”、欧洲大陆公司法为代表的实行准则主义的证券发行核准制度。

注册制又称登记制或申报生效制，以公开主义的全面披露哲学为理论依据，是指证券发行人将拟公开的信息和资料送交证券监督管理机构，证券监督管理机构只对申报文件是否符合法定信息披露义务要求进行审查的一种证券发行管理体制。该体制以保证注册申请书、招股说明书等法律文件的全面披露为核心，证券发行只受信息公开制度的约束，不对发行申请作任何实质性审查，也不对发行的证券自身作出任何投资价值的判断。因此，证券监督管理机构在未对证券发行申请提出任何异议的情况下，在注册生效等待期满后，证券发行注册自动生效。证券注册的目的是促使发行人向投资者提供据以作出证券投资判断所需的信息资料，投资者根据公开的信息作出投资抉择，投资风险自负。因此，证券注册制不能成为投资者免受损失的保护伞，投资者要求证券发行人承担民事赔偿责任的前提是发行人违反全面、真实、准确和及时披露信息的要求。

证券发行核准制以维护公共利益和社会安全为哲学理论依据，这在很大程度上带有国家干预的特征。因此，核准制是指证券发行人不仅要符合法律、行政法规和证券监督管理机构规定的条件，依法公开一切与证券发行相关的信息并确保其真实性，而且要由证券监督管理机构作出是否符合发行实质条件的管理体制。由此可见，证券发行核准制遵循的是准则主义和合规性管理相结合的原则，但证券监督管理机构对证券发行申请仍拥有自由裁量的最终决定权。

根据我国《证券法》第10条第1款的规定，我国的证券发行审核制度是核准制，国务院证券监督管理机构或者国务院授权的部门负责证券发行申请的核准决定，否则，任何单位和个人不得公开发行证券。但是，股票发行注册制改革的立法已经启动，2015年12月27日第十二届全国人民代表大会常务委员会第十八次会议通过的《关于授权国务院在实施股票发行注册制改革中调整适用〈中华人民共和国证券法〉有关规定的决定》规定：“授权国务院对拟在上海证券交易所、深圳证券交易所上市交易的股票的公开发行，调整适用《中华人民共和国证券法》关于股票公开发行核准制度的有关规定，实行注册制度，具体实施方案由国务院作出规定，报全国人民代表大会常务委员会备案。本决定的实施期限为二年……本决定自2016年3月1日起施行。”2018年2月24日，第十三届全国人大常委会第三十三次会议决定，上述股票发行注册制施行期限届满后，期限延长两年至2020年2月29日。随着上海证券交易所科创板的推出，科创板股票发行申请报上海证券交易所审核并经中国证监会注册。股票发行注册制已于2019年1月实施，但是，目前国务院证券监督管理机构仍然根据《证券法》第22条的规定设发行审核委员会，依法审核科创板之外的股票发行申请。发行审核委员会由国务院证券监督管理机构的专业人员和所聘请的该机构外的有关专家组成，以投票方式对股票发行申请进行表决，提出审核意见。

（五）证券发行的条件

1. 股票公开发行的条件。

(1) 首次公开发行股票的条件。根据我国《证券法》第10条，《公司法》，2018年6月6日修正实施的《首次公开发行股票并上市管理办法》《首次公开发行股票并在创业板上市管理办法》，2018年6月15日修订实施的《证券发行与承销管理办法》，以及2019年1月30日发布实施的《关于在上海证券交易所设立科创板并试点注册制的实施意见》的规定，首次公开发行股票(Initial

Public Offerings,简称IPO)的条件主要包括主体资格[①]、独立性[②]、规范运行[③]、财务与会计[④]、募集资金运用[⑤]等方面的规定。

(2) 募集设立[⑥]股份有限公司的股票发行条件。根据《证券法》第12条的规定,设立股份有限公司公开发行股票的,应当符合《公司法》规定的条件和经国务院批准的国务院证券监督管理机构规定的其他条件,向国务院证券监督管理机构报送募股申请和下列文件:①公司章程;②发起人协

---

① 如发行主体是股权清晰、持续经营3年以上、注册资本已足额缴纳的依法设立且合法存续的股份有限公司,有限责任公司按原账面净资产值折股整体变更为股份有限公司的,持续经营时间可以从有限责任公司成立之日起计算。

② 即人员、机构和资产独立。

③ 即公司治理结构规范运作,如创业板发行人要求:(1)董事、监事和高级管理人员应当忠实、勤勉,具备法律、行政法规和规章规定的资格,且不存在被中国证监会采取证券市场禁入措施尚在禁入期的、最近3年内受到中国证监会行政处罚或者最近1年内受到证券交易所公开谴责的、因涉嫌犯罪被司法机关立案侦查或者涉嫌违法违规被中国证监会立案调查,尚未有明确结论意见的情形。(2)发行人及其控股股东、实际控制人最近3年内不存在损害投资者合法权益和社会公共利益的重大违法行为。(3)发行人及其控股股东、实际控制人最近3年内不存在未经法定机关核准,擅自公开或者变相公开发行证券,或者有关违法行为虽然发生在3年前,但目前仍处于持续状态的情形。

④ 例如,主板的发行人应当:(1)最近3个会计年度净利润均为正数且累计超过人民币3 000万元,净利润以扣除非经常性损益前后较低者为计算依据;(2)最近3个会计年度经营活动产生的现金流量净额累计超过人民币5 000万元;或者最近3个会计年度营业收入累计超过人民币3亿元;(3)发行前股本总额不少于人民币3 000万元;(4)扣除土地使用权、水面养殖权和采矿权等后的最近一期末无形资产占净资产的比例不高于20%;(5)最近一期末不存在未弥补亏损。中国证监会根据《关于开展创新企业境内发行股票或存托凭证试点的若干意见》等规定认定的试点企业,可不适用前述第(1)项、第(5)项的规定。创业板的发行人应满足:(1)最近两年连续盈利,最近两年净利润累计不少于1 000万元;或者最近一年盈利,最近一年营业收入不少于5 000万元。净利润以扣除非经常性损益前后孰低者为计算依据。(2)最近一期末净资产不少于2 000万元,且不存在未弥补亏损。(3)发行后股本总额不少于3 000万元。中国证监会根据《关于开展创新企业境内发行股票或存托凭证试点的若干意见》等规定认定的试点企业可不适用前述第(1)项和第(2)项"不存在未弥补亏损"的规定。科创板的发行人应是符合国家战略、突破关键核心技术、市场认可度高的科技创新企业。重点支持新一代信息技术、高端装备、新材料、新能源、节能环保以及生物医药等高新技术产业和战略性新兴产业,推动互联网、大数据、云计算、人工智能和制造业深度融合,引领中高端消费,推动质量变革、效率变革、动力变革。具体行业范围由上交所发布并适时更新。更加注重企业科技创新能力,允许符合科创板定位、尚未盈利或存在累计未弥补亏损的企业在科创板上市。综合考虑预计市值、收入、净利润、研发投入、现金流等因素,设置多元包容的上市条件。具体由上交所制定并公布。依照《公司法》第131条规定,允许科技创新企业发行具有特别表决权的类别股份,每一特别表决权股份拥有的表决权数量大于每一普通股份拥有的表决权数量,其他股东权利与普通股份相同。特别表决权股份一经转让,应当恢复至与普通股份同等的表决权。公司发行特别表决权股份的,应当在公司章程中规定特别表决权股份的持有人资格、特别表决权股份拥有的表决权数量与普通股份拥有的表决权数量的比例安排、持有人所持特别表决权股份能够参与表决的股东大会事项范围、特别表决权股份锁定安排及转让限制等事项。存在特别表决权股份的境内科技创新企业申请发行股票并在科创板上市的,公司章程规定的上述事项应当符合上交所有关要求,同时在招股说明书等公开发行文件中,充分披露并特别提示有关差异化表决安排的主要内容、相关风险及对公司治理的影响,以及依法落实保护投资者合法权益的各项措施。符合《国务院办公厅转发证监会关于开展创新企业境内发行股票或存托凭证试点若干意见的通知》(国办发〔2018〕21号)规定的红筹企业,可以申请发行股票或存托凭证并在科创板上市。发行人除符合科创板上述定位外,还应当符合下列基本发行条件:一是具备健全且运行良好的组织机构,具有完整的业务体系和直接面向市场独立经营的能力,不存在对持续经营有重大不利影响的情形;二是会计基础工作规范,内部控制制度健全且有效执行,最近3年财务会计报告被出具标准无保留意见审计报告;三是发行人及其控股股东、实际控制人最近3年不存在贪污、贿赂、侵占财产、挪用财产或者破坏社会主义市场经济秩序的刑事犯罪,不存在严重损害社会公共利益的重大违法行为;四是证监会规定的其他条件。逐步将现行发行条件中可以由投资者判断的事项转化为更加严格,更加全面、深入、精准的信息披露要求制度体系。中国证监会2019年3月1日公布实施的《科创板首次公开发行股票注册管理办法(试行)》等规则,对科创板试点注册制的发行条件、注册程序和具体信息披露要求等作出规定。企业公开发行股票并在科创板上市交易,必须符合发行条件与上市条件,报上交所审核并经证监会注册。

⑤ 如公司对公开发行股票所募集资金,必须有明确的使用方向,必须按照招股说明书所列资金用途使用。再如主板发行人募集资金原则上用于主营业务,创业板发行人募集资金应当主要经营一种业务。

⑥ 在实践中,由于中国证监会规定股票发行人须"先改制运行,后公开发行股票",因而目前暂不允许募集设立股份有限公司的公司设立方式。

议;③发起人姓名或者名称,发起人认购的股份数、出资种类及验资证明;④招股说明书;⑤代收股款银行的名称及地址;⑥承销机构名称及有关的协议。此外,依照《证券法》的规定聘请保荐人的,还应当报送保荐人出具的发行保荐书。法律、行政法规规定设立公司必须报经批准的,还应当提交相应的批准文件。自《证券法》颁布实施后,由于中国证监会至今未对募集设立股份有限公司公开发行股票的其他条件作出规定,因此没有出现募集设立股份有限公司的实例。

(3) 上市公司公开发行新股的条件。上市公司发行新股,可以公开发行,也可以非公开发行。其中,上市公司公开发行新股包括向原股东配售股份(即"配股")和向不特定对象公开募集股份(即"增发");上市公司非公开发行新股是指向特定对象发行股票。上市公司申请公开发行新股前,保荐人和上市公司必须首先判断发行主体是否符合公开发行新股的法定条件,如上市公司改变招股说明书所列资金用途,必须经股东大会作出决议。擅自改变用途而未作纠正的,或者未经股东大会认可的,不得公开发行新股。根据我国《证券法》第13条、《公司法》的有关规定和中国证监会2006年5月发布实施(2008年10月9日修改)的《上市公司证券发行管理办法》的规定,上市公司发行新股的条件主要包括:上市公司的组织机构健全、运行良好;上市公司的盈利能力具有可持续性;上市公司的财务状况良好(如最近3年以现金方式累计分配的利润不少于最近3年实现的年均可分配利润的30%);上市公司最近36个月内财务会计文件无虚假记载,且不存在重大违法行为;上市公司募集资金的数额和使用符合有关规定等。依照《证券法》的规定聘请保荐人的,还应当报送保荐人出具的发行保荐书。

(4) 上市公司非公开发行股票的条件。非公开发行股票,是指上市公司采用非公开方式,向特定对象发行股票的行为。上市公司非公开发行新股,应当符合经国务院批准的国务院证券监督管理机构规定的条件(如《上市公司证券发行管理办法》第38、39条),并报国务院证券监督管理机构核准。此外,根据《证券法》第15条的规定,上市公司发行新股,还必须满足下列要求:公司对公开发行股票所募集资金,必须按照招股说明书所列资金用途使用;改变招股说明书所列资金用途,必须经股东大会作出决议;擅自改变用途而未作纠正的,或者未经股东大会认可的,不得公开发行新股。这是《证券法》对上市公司诚实信用原则要求的体现和再融资的制约。

(5) 募集设立股份公司发行境内上市外资股(B股)和增资发行境内上市外资股的条件,具体参见国务院1995年12月25日发布的《关于股份有限公司境内上市外资股的规定》。

(6) 发行境外上市外资股的条件。发行境外上市外资股,除了符合境外上市地国家或地区相关立法或证券交易所的有关规定外,尚需报经中国证监会批准。

2. 公司债券、企业债券和可转换公司债券的发行条件。

(1) 公司债券的发行条件。公司债券是指公司依照法定程序发行的、约定在一定期限还本付息的有价证券。根据《证券法》第16条的规定,公开发行公司债券,应当符合下列条件:①股份有限公司的净资产额不低于人民币3 000万元,有限责任公司的净资产额不低于人民币6 000万元;②累计债券余额不超过公司净资产的40%;③最近3年平均可分配利润足以支付公司债券1年的利息;④筹集的资金投向符合国家产业政策;⑤债券的利率不得超过国务院限定的利率水平;⑥国务院规定的其他条件。关于募集资金的投向,《证券法》第16条规定,公开发行公司债券筹集的资金,必须用于核准的用途,不得用于弥补亏损和非生产性支出。此外,根据《证券法》第18条的规定,凡有下列情形之一的,公司不得再次公开发行公司债券:①前一次公开发行的公司债券尚未募足的;②对已公开发行的公司债券或者其他债务有违约或者延迟支付本息的事实,且仍处于继续状态的；③违反《证券法》规定，改变公开发行公司债券所募资金用途的。

(2) 企业债券的发行条件。企业债券是指企业依照法定程序发行的、约定在一定的期限内还本付息的有价证券。我国企业债券的发行主体是具有法人资格的企业。根据《企业债券管理条例》第 12 条的规定，发行债券的企业必须符合下列要求：①企业规模达到国家规定的要求；②企业财务会计制度符合国家规定；③具有偿债能力；④企业经济效益良好，发行企业债券前连续 3 年盈利；⑤所筹资金用途符合国家产业政策。

(3) 可转换公司债券的发行条件。可转换公司债券是指上市公司依法发行，在一定期间内依据约定的条件可以转换成股份的公司债券。根据我国《证券法》第 16 条的规定，上市公司发行可转换为股票的公司债券，除应当符合证券法关于公开发行公司债券的条件外，还应当符合证券法关于公开发行股票的条件，并报国务院证券监督管理机构核准。上市公司发行可转换公司债券，其基本条件包括应具备健全的法人治理结构、盈利能力应具有可持续性、财务状况良好、财务会计文件无虚假记载且无重大违法行为、募集资金运用的数额和使用符合有关规定、净资产和净资产收益率符合有关要求等方面，具体内容参见《上市公司证券发行管理办法》的相关规定。

(六) 证券发行的程序

1. 股票发行的程序。

(1) 发行人首次申请公开发行股票的，应聘请辅导机构辅导。股票发行人聘请的辅导机构应是具有保荐人资格的证券公司或其他证券经营机构(以下统称证券经营机构)。保荐人应勤勉尽责，履行辅导义务。

(2) 股东大会批准本次股票发行。股东大会应当就本次发行的数量、定价方式或价格(包括价格区间)、发行对象、募集资金的用途及数额、决议的有效期，对董事会办理本次发行具体事宜的授权等事项进行逐项表决，最后形成有关决议。

(3) 保荐人出具发行保荐书。根据我国《证券法》第 11 条规定，发行人申请公开发行股票、可转换为股票的公司债券，依法采取承销方式的，或者公开发行法律、行政法规规定实行保荐制度的其他证券的，应当聘请具有保荐资格的机构担任保荐人。由此可见，如果申请发行普通的公司债券，就不需要聘请保荐人。因为这种公司债券在发行时一般设有担保，债券持有人的利益有一定程度的保障，因此不采用保荐制度。从该条款文义分析，如果公开发行股票、可转换为股票的公司债券，依法不采取承销方式的，也不需要聘请保荐人。根据中国证监会发布实施的《证券发行上市保荐业务管理办法》的规定，保荐机构应当确信发行人符合法律、行政法规和中国证监会的有关规定，可以根据发行人的委托，组织编制申请文件并出具推荐文件。

(4) 中国证监会受理申请文件。中国证监会收到申请、推荐文件后，在 5 个工作日内作出是否受理的决定。

(5) 预披露。根据《证券法》第 21 条的规定，发行人申请首次公开发行股票的，在提交申请文件后，发行人应当将招股说明书(申报稿)在中国证监会网站预先披露。

(6) 初审并由发行审核委员会审核。中国证监会受理申请后，由相关职能部门对发行人的申请文件进行初审，并由发行审核委员会审核。发行审核委员会以投票方式对发行申请进行表决，提出审核意见。中国证监会在初审过程中，将征求发行人注册地省级人民政府是否同意发行人发行股票的意见，并就发行人的募集资金投资项目是否符合国家产业政策和投资管理的规定，征求国家发展和改革委员会(以下简称发改委)的意见。

⑺ 核准。中国证监会依照法定条件和法定程序对发行人的发行申请作出予以核准或者不予核准的决定,不予核准的,应当说明理由。自中国证监会受理申请文件之日起到作出决定的期限为3个月。但是,发行人根据要求补充、修改发行申请文件的时间不计算在内。

2. 公司债券发行程序。

⑴ 作出发行公司债券的决议。公司发行公司债券事宜,由股东(大)会依公司章程规定的议事方式和表决程序作出决议;国有独资公司发行公司债券事宜,应由国有资产监督管理机构作出决定,由董事会提出发行申请。

⑵ 提交申请文件。上市公司和非上市公司债券发行人必须向中国证监会或发改委提交申请文件。

⑶ 核准。作为证券种类之一的公司债券,其发行核准应遵守《证券法》第10条的规定。根据我国《证券法》第24条的规定,国务院授权的部门应当自受理公司债券发行申请文件之日起3个月内作出决定;不予核准的,应当作出说明。中国证监会或发改委对公司债券发行申请的核准,参照《证券法》第23条第1、2款的规定执行。

3. 可转换公司债券的发行程序。根据《上市公司证券发行管理办法》的相关规定,可转换公司债券的发行程序可归纳如下:

⑴ 董事会决议。上市公司申请发行可转换公司债券,董事会应当依法就下列事项作出决议,并提请股东大会批准:①本次发行方案;②本次募集资金使用的可行性报告;③前次募集资金使用的报告;④其他必须明确的事项。

⑵ 股东大会决议。股东大会就发行可转换公司债券作出的决定,至少应当包括下列事项:①本次发行的种类和数量;②发行方式、发行对象及向原股东配售的安排;③定价方式或价格区间;④募集资金用途; ⑤决议的有效期;⑥对董事会办理本次发行具体事宜的授权;⑦债券利率;⑧债券期限;⑨担保事项;⑩回售条款;⑪还本付息的期限和方式;⑫转股期;⑬转股价格的确定和修正;⑭其他必须明确的事项。股东大会作出决议,必须经出席会议的股东所持表决权的2/3以上通过。向本公司特定的股东及其关联人发行的,股东大会就发行方案进行表决时,关联股东应当回避。上市公司就发行可转换公司债券事项召开股东大会,应当采用网络或者其他方式为股东参加股东大会提供便利。

⑶ 保荐人出具发行保荐书。上市公司申请公开发行可转换公司债券,应当由保荐人出具发行保荐书,并向中国证监会申报。

⑷ 受理。收到申请文件后,中国证监会应在5个工作日内决定是否受理;未按规定要求制作申请文件的,中国证监会不予受理。

⑸ 初审。中国证监会受理申请文件后,对申请文件进行初审。

⑹ 审核由发行审核委员会审核申请文件。

⑺ 核准。中国证监会自受理申请文件之日起3个月内作出核准或者不予核准的决定。不予核准的,应当说明理由。

(七)证券发行核准文件的失效与撤销

自中国证监会核准发行之日起,发行人应在6个月内发行证券;超过6个月未发行的,核准文件失效,须重新经中国证监会核准后方可发行。发行人发行证券前发生重大事项的,应暂缓发行,并及时报告中国证监会。该事项对本次发行条件构成重大影响的,发行证券的申请应重新经过中国证监会核准。证券发行申请未获核准的上市公司，自中国证监会作出不予核准的决定之日起6个月后，可再次提出证券发行申请。我国《证券法》第26条规定，国务院证券监督管理机构或者国务院授权的部门对已作出的核准证券发行的决定，发现不符合法定条件或者法定程序，尚未发行证券的，应当予以撤销，停止发行。已经发行但尚未上市的，撤销发行核准决定，发行人应当按照发行价并加算银行同期存款利息返还证券持有人；保荐人应当与发行人承担连带责任，但是能够证明自己没有过错的除外；发行人的控股股东、实际控制人有过错的，应当与发行人承担连带责任。

二、证券承销

（一）证券承销概述

证券承销（underwriting of securities）是指证券公司等证券经营机构依照与发行人签订的承销协议，向证券市场上不特定对象销售股票、债券及其他投资证券，并收取一定比例承销费（佣金）的行为。

证券承销属于间接发行，它与直接发行的区别有：

(1) 直接发行是发行人自行销售并向投资者直接交付证券的方式，它不委托证券公司而由发行人自己组织发行工作、承担发行风险和自办发行事务，当然也可由信托公司等具有相应资质的机构介绍合格的投资者而居间促成交易，但不是代理发行，它们之间不发生代理法律关系；而证券承销则是由发行人委托证券公司具体办理证券发行事宜并发售、交付证券的方式。

(2) 直接发行比较适合具有发行经验的发行人采用，如金融机构发行金融债券，一般适用于向特定对象发行私募证券；而证券承销则适用于那些向不特定对象发行的公募证券或拟上市证券。

(3) 直接发行的发行人可以充分利用自己的信用和经验优势，降低发行成本，缩短发行时间，但筹措资金有限，证券持有人也高度集中。虽然对发行人来说证券承销成本上升，但由于发行人可以借助证券公司丰富的证券推销经验、较广泛的销售网点、良好的信誉和专业品质，使发行成功，可以募集较多甚至超大规模的资金。同时，证券承销既可降低发行人的发行风险，又可提高发行人的知名度。

在我国，向不特定对象发行的证券原则上由证券公司承销。发行证券票面总值超过人民币5 000万元的，应当由承销团承销。

（二）证券承销的方式

证券承销是证券公司以包销或代销方式为证券发行人销售证券的行为。证券承销有代销和包销两种基本方式。但有人认为助销和承销团承销也属于证券承销的方式，其实，助销和承销团承销可归入代销和包销两种方式中。根据我国《证券法》第28条，证券公司的承销业务采取代销或者包销方式。包销和代销方式划分的依据是证券公司、发行人在承销过程中承担的责任和风险的不同。承销方式不同，意味着承销公司和发行人在法律上享有的权利和承担的义务不同。

1. 证券代销。所谓证券代销，是指证券公司代理发行人发售证券，并于承销期结束后，将未售出的证券全部退还发行人的承销方式。根据中国证监会的《证券发行与承销管理办法》规定，上市公司非公开发行股票未采用自行销售方式或者上市公司配股的，应当采用代销方式。

证券代销的特点是：

(1) 发行人与证券公司之间建立的是一种委托代理法律关系。在代销过程中,证券公司作为发行人的代理人,是代发行人销售证券,销售所得资金归发行人所有,未售出证券的所有权属于发行人,证券公司仅受委托办理证券销售事务,在承销协议所规定的承销期结束后,证券公司将未售出的证券全部退还给发行人。证券公司既不是证券的所有人,也不分享销售所得,只是收取一定比例的承销费用作为佣金。

(2) 证券公司在发行市场中起着媒介的作用,连结着发行人和证券投资者,但证券发行后的风险由发行人与投资者自行承担。证券公司作为发行人的代理人、销售者,对不能售完的证券和投资者的投资风险不负任何责任。

(3) 由于证券公司不承担发行不出去甚至发行失败的风险,因此,相对于包销而言,证券公司所得承销费用(佣金)收入较少;对于发行人来说,承担的风险较大,但成本较低。由于证券公司不能保证发行人获得全部证券筹资款,因此代销方式只有那些知名度高或信用等级高、市场信息充分并相信证券能在短期内顺利售出的发行人才会选择。风险分配的不平衡性,决定了代销方式适用范围的有限性。在分销的情况下,证券公司主承销商与分销商之间也可形成代销关系。

2. 证券包销。证券包销是指证券公司将发行人的证券按照协议全部购入或者在承销期结束时将售后剩余证券全部自行购入的承销方式。证券包销分为余额包销和全额包销两种形式。所谓证券余额包销,也称证券助销,是指证券公司按承销协议的规定,在约定的承销期满后对剩余证券自行出资买进,以保证发行人的筹资目标的顺利实现。

证券余额包销的特点是:

(1) 在承销期间,发行人与证券公司之间表面上是一种委托代理关系,事实上,从证券公司承担投资者拒付认股款项的最终责任可知,二者仍然可归纳为证券所有权的买卖关系。

(2) 由于承销期间和承销期满后的权利义务连续性特点,证券公司承担着一定的风险,即当承销期内不能全部售出证券时,所剩余的证券由证券公司全部购买,此时,发行人的风险相对于代销方式要小。

(3) 因为证券公司承担着余额包销的或然风险,承担的风险大,所以其承销费用(佣金)收入高于代销方式;对于发行人来说,采包销方式,虽然付出的成本高,但承担的风险小,可以将风险全部或部分转移给证券公司。因此,在实践中,包销特别是余额包销,深受发行人和证券公司的欢迎。

证券全额包销是指证券公司以自有资金一次性全部买进证券发行人发行的证券,再以唯一销售者身份,以市场价格向公众出售的承销方式。

此外,定额包销也是一种包销方式,它是指证券公司包销发行人发行的部分证券,承销期满后未出售部分仍由证券公司自己持有的一种承销方式。此种情况下,证券公司没有包销的部分,发行人可通过协议由证券公司代销。定额包销方式,市场的风险由发行人和证券公司分担。

在法律上,证券代销和证券包销的主要区别在于:在代销方式里,发行人与证券公司之间是一种委托代理关系,证券公司不承担证券销售不出去的风险。在包销(无论是全额包销、余额包销还是定额包销)方式里,发行人与证券公司之间是一种买卖关系,证券公司是未售出证券的独立购买人,承担证券销售不出去的风险,未售出证券的所有权属于证券公司。但需要注意的是,无论是代销还是包销,证券公司在代销、包销期内,对所代销、包销的证券应当保证先行出售给认购人,证券公司不得为本公司预留所代销的证券和预先购入并留存所包销的证券。

（三）承销团承销

承销团承销是一种证券承销的特殊方式，亦称“联合承销”，是指由两家或两家以上的证券公司组成联合的承销组织，为发行人向社会公开发售证券的承销方式。与单独承销相比，承销团承销最大的优势就在于其具有分散风险的功能。只有发行的证券票面总值超过一定数额时，法律才要求采用承销团承销方式。根据我国《证券法》第 32 条的规定，向不特定对象公开发行的证券票面总值超过人民币 5 000 万元的，应当由承销团承销。承销团应当由主承销和参与承销的证券公司组成。银团组织包销就是国际证券市场上常见的承销团承销方式。承销团成员根据分工及承担责任的不同，可分为主承销商和分承销商。主承销的证券公司称为主承销商，参与分销的证券公司称为分承销商。主承销商由发行人按照公平竞争的原则，通过竞标或者协商的方式确定。主承销商与发行人签订承销协议，组织承销工作，是承销团的发起人，在承销过程中，主承销商起组织协调作用，对发行人承担全部的承销风险。证券发行由两家以上证券公司联合主承销的，所有担任主承销商的证券公司应当共同承担主承销责任。分承销商参与承销，与主承销商的法律关系通过承销团协议确定。承销团由三家以上承销商组成的，可以设副主承销商，协助主承销商组织承销活动。承销团成员应当按照承销团协议及承销协议的规定进行承销活动，不得进行虚假承销。

> 案例研讨
>
> 某证券公司与某仪器公司等承销协议纠纷案

（四）证券承销的资格

证券公司、资产管理公司[1]等证券经营机构从事证券承销业务，须按规定取得承销业务资格。承销业务资格分为承销商资格和主承销商资格。证券经营机构履行保荐职责，应当依照有关规定注册登记为保荐机构。从事 B 股承销业务的，必须另外取得中国证监会核准的 B 股承销业务资格。海外证券经营机构欲担任 B 股主承销商、副主承销商和国际事务协调人的，也须向中国证监会申请业务资格。从事企业债券承销业务、直接面向广大投资者发行企业债券的金融机构有证券公司、信托投资公司和政策性银行。在全国银行间债券市场上从事企业债券承销业务的机构有证券公司、信托投资公司、政策性银行和保险公司。

（五）证券承销协议

证券承销协议是由证券发行人和证券公司之间或是主承销的证券公司与参与分销的证券公司之间就证券承销事宜达成的明确双方权利义务关系的书面协议。我国《证券法》第 28 条第 1 款规定，发行人向不特定对象公开发行的证券，法律、行政法规规定应当由证券公司承销的，发行人应当同证券公司签订承销协议。承销协议的条款分为必备条款和任意条款。根据我国《证券法》第 30 条的规定，承销协议的必备条款包括：①当事人的名称、住所及法定代表人的姓名。②代销、包销证券的种类、数量、金额及发行价格。其中的股票发行价格采用溢价发行的，其发行价格由发行人与承销的证券公司协商确定。③代销、包销的期限及起止日期，其中的承销期不得超过 90 日。④代销、包销的付款方式及日期。⑤代销、包销的费用和结算办法。⑥违约责任。⑦国务院证券监督管理机构规定的其他事项。此外，根据我国《证券法》第 35 条的规定，股票发行采用代销方式的，在代销期限届满，向投资者出售的股票数量未达到拟公开发行股票数量 70% 的，为发

---

① 2000 年 11 月 10 日国务院发布的《金融资产管理公司条例》规定，金融资产管理公司可以从事“资产管理范围内公司的上市推荐及债券、股票承销”。

行失败。此时,发行人应当按照发行价并加算银行同期存款利息返还给股票认购人。

证券承销协议的特征主要有:(1) 主体的特定性。它是指证券承销协议的一方为经过核准或审批的证券发行人,另一方为具有证券承销业务资格的综合性证券公司、资产管理公司等证券经营机构。(2) 客体的特定性。客体的特定性是指承销协议的客体是依法核准或审批的公开发行的证券。(3) 协议性质的多样性。有的承销协议如代销协议具有委托代理性质;有的承销协议如代销协议具有委托代理性质;有的承销协议如包销协议具有买卖性质;而承销团协议的性质可能兼具代销和包销性质。(4)协议为要式合同。证券承销协议须采用书面形式而不能采用口头形式或其他形式。在实务上,承销协议是证券发行送审文件的组成部分。(5) 主要内容的法定性。承销协议的一些条款如发行价格、承销期限以及包销、代销协议双方的权利义务等内容必须遵循《证券法》《公司法》和中国证监会规定要求记载的事项。这种法定性不能由当事人双方协商变更。(6) 承销协议的生效以证券获准发行为条件。就一般协议而言,协议双方签订即为生效。但是,由于承销协议约定的承销事项受制于中国证监会或国家发改委的决定,因此,主承销协议的生效以证券获准发行为生效条件。

【本节前沿问题】

证券发行与证券募集

自开放证券市场以来,我国有关立法并未对证券的募集和发行作出明确的区分,但相关立法一直同时使用证券募集和发行两个术语。在理论界,学者少有对证券募集的讨论,而对证券发行探讨较多。学界关于证券发行行为的性质有如下三种学说:

1. 契约说。该学说认为证券上的权利,因证券作成人与证券受取人之间订立授受契约(交付契约)而成立。

2. 单独行为说。该学说认为证券发行为单独法律行为。

3. 折中说。该学说认为证券权利发生的基础是发行人制作完成证券的行为以及发行人与证券受取人之间存在交付契约。

我国一些学者认为证券募集与证券发行的法律性质不同。证券募集是当事人之间的合意行为,证券发行是交付行为,证券募集和证券发行是相互联系的概念。证券募集是证券发行的前提,是证券发行的一个阶段和组成部分,描述资本或资金的形成过程。证券发行是募集的必然结果,它表现为投资者权利证券化的过程。

【本节思考题】

1. 比较证券发行注册制与核准制,并简单评价。
2. 简述证券承销方式的优劣。

第三节 证券上市与交易制度

一、证券上市

证券上市是指公开发行的有价证券,依据法定条件和程序,在证券交易所或其他依法设立的交易市场公开挂牌交易的行为。在证券交易所内买卖的有价证券,称为上市证券,发行上市证券的公司称为上市公司。证券上市制度,是指有关证券上市的标准和程序、上市证券的暂停与终止等一系列规则的总称。

(一) 证券上市条件

证券上市条件,也称证券上市标准,通常是指证券法规定的,以及证券交易所依据证券法规定制定的,证券发行人获得上市资格的基本条件和要求。为保证证券的流通性和交易的安全性,证券必须符合一定的条件方可挂牌上市。各国证券法对证券上市条件规定的宽严程度不同,但基本标准大致相同,通常包括上市公司的资本额、资本结构、盈利能力、偿债能力、股权分散状况、公司财务情况、开业时间等。这里主要介绍我国《证券法》规定的股票和公司债券的上市条件。

1. 股票上市条件。股票上市是指符合条件的上市公司的股票,依据法定条件和程序,在证券交易所进行挂牌交易的行为。根据我国《证券法》第 50 条的规定,股票上市必须具备以下条件:(1)股票经国务院证券监督管理机构批准已公开发行。(2)公司股本总额不少于人民币 3 000 万元。(3)公开发行的股份达到公司股份总数的 25% 以上;公司股本总额超过人民币 4 亿元的,公开发行股份的比例为 10% 以上。(4)公司最近 3 年无重大违法行为,财务会计报告无虚假记载。考虑到我国建立多层次证券市场的需要,《证券法》规定,经国务院证券监督管理机构批准,证券交易所可以规定高于证券法规定的上市条件。

2. 公司债券上市的条件。根据我国《证券法》第 57 条的规定,公司申请其公司债券上市交易,应当符合下列条件:(1)公司债券的期限为 1 年以上;(2)公司债券实际发行额不少于人民币 5 000 万元;(3)公司申请债券上市时仍符合法定的公司债券发行条件。上述规定既适用于普通公司债券,也适用于上市公司可转换公司债券。

(二) 证券上市程序

证券上市程序,是指证券发行人申请证券上市,证券上市的审核机构对其证券上市的条件进行审核,并依法核准该证券在证券交易所公开挂牌交易的步骤。因证券种类不同,其上市程序亦有差别,股票上市程序较公司债券上市程序要复杂些,但主要程序基本相同:两者均须经过申请核准程序,方可安排上市。我国《证券法》规定,申请证券上市交易,应当向证券交易所提出申请,由证券交易所依法审核同意,并由双方签订上市协议。

1. 股票上市程序。

(1) 申请核准。股份有限公司股票经证券监管部门核准公开发行后,申请上市交易,须经证券交易所审核。《证券法》第 52 条规定,股份有限公司申请其股票上市交易,应当向证券交易所报送下列文件:①上市报告书;②申请股票上市的股东大会决议;③公司章程;④公司营业执照;⑤依法经会计师事务所审计的公司最近 3 年的财务会计报告;⑥法律意见书和上市保荐书;⑦最近一次的招股说明书;⑧证券交易所上市规则规定的其他文件。经证券交易所依法审核同意的,方可上市交易。

(2) 签署上市协议。按照国际惯例,上市公司应与证券交易所签订上市协议,以明确相互权利义务关系。上市公司须承诺接受证券交易所的管理,遵守交易所的规则,履行上市协议中承担的义务。在我国,上市协议的签署应符合《证券交易所管理办法》规定的要求。

(3) 上市公告。根据我国《证券法》第 53 条和第 54 条的规定,股票上市交易申请经证券交易所审核同意后,签订上市协议的公司应当在规定的期限内公告股票上市的有关文件,并将该文件置备于指定场所供公众查阅。上市公司除公告上市申请文件外,还应公告下列事项:①股票获准在证券交易所交易的日期;②持有公司股份最多的前十名股东的名单和持股数额;③公司的实际控制人;④董事、监事、高级管理人员的姓名及其持有本公司股票和债券的情况。

(4) 挂牌交易。挂牌交易是股票上市的最后一道程序。股票在证券交易所挂牌交易,标志着股票正式上市,除法定持股人在持股期限内不得转让股票外,其他持股人均可通过证券交易所转让其股票,转让之后也可再行买入。所有二级市场的投资者均可买卖挂牌交易的股票。

2. 公司债券上市程序。

(1) 申请核准。根据我国《证券法》第 58 条的规定,公司申请其公司债券上市交易,应当向证券交易所申请核准,并向证券交易所报送下列文件:①上市报告书;②申请公司债券上市的董事会决议;③公司章程;④公司营业执照;⑤公司债券募集办法;⑥公司债券的实际发行数额;⑦证券交易所上市规则规定的其他文件。申请可转换为股票的公司债券上市交易,还应当报送保荐人出具的上市保荐书。

(2) 安排上市。公司债券上市交易申请经证券交易所核准后,证券交易所应当及时安排债券上市。公司债券上市的时间或日期,通常由证券交易所与申请人在签订的上市协议中确定。

(3) 上市公告。公司债券上市交易申请经证券交易所审核同意后,签订上市协议的公司应当在规定的期限内公告公司债券上市文件及有关文件,并将其申请文件置备于指定场所供公众查阅。

(三) 证券上市暂停与终止

1. 证券上市暂停与终止的概念。证券上市暂停,是指证券发行人出现了法定原因时,其上市证券暂时停止在证券交易所挂牌交易的情形。暂停的原因消除后,证券可恢复上市。

证券上市终止,是指证券发行人出现了法定原因后,其上市证券被取消上市资格,不能在证券交易所继续挂牌交易的情形。上市证券被终止后,可以在终止上市原因消除后,重新申请证券上市。上市证券依法被证券管理部门决定终止上市后,可继续在依法设立的非集中竞价的交易场所继续交易。

2. 股票上市暂停与终止。

(1) 股票上市暂停。所谓股票上市暂停,是指上市公司因出现法定情形,而被证券交易所决定暂时停止其股票在证券交易所上市交易的状况。我国《证券法》第 55 条规定,上市公司有下列情形之一的,由证券交易所决定暂停其股票上市交易:①公司股本总额、股权分布等发生变化不再具备上市条件;②公司不按照规定公开其财务状况,或者对财务会计报告作虚假记载,可能误导投资者;③公司有重大违法行为;④公司最近 3 年连续亏损;⑤证券交易所上市规则规定的其他情形。

(2) 股票上市终止。所谓股票上市终止,亦称上市公司退市,指上市公司因出现法定情形,而被证券交易所决定终止其股票在证券交易所上市交易的状况。即取消其股票在证券交易所挂牌交易的资格。《证券法》第 56 条规定,上市公司有下列情形之一的,由证券交易所决定终止其股票上市交易:①公司股本总额、股权分布等发生变化不再具备上市条件,在证券交易所规定的期限内仍不能达到上市条件;②公司不按照规定公开其财务状况,或者对财务会计报告作虚假记载,且拒绝纠正;③公司最近 3 年连续亏损,在其后一个年度内未能恢复盈利;④公司解散或者被宣告破产;⑤证券交易所上市规则规定的其他情形。

2014 年 10 月 15 日,中国证监会发布的《关于改革完善并严格实施上市公司退市制度的若干意见》(2018 年修订)规定了上市公司主动退市的 7 种情形和强制退市的 17 种情形,其中包括对重大违法公司实施强制退市,这对我国上市公司退市制度的改革和完善有着深远的意义和影响。

3. 公司债券上市暂停与终止。

(1) 公司债券上市暂停。根据《证券法》第 60 条规定,公司债券上市交易后,公司有下列情形之一的,由证券交易所决定暂停其公司债券上市交易:①公司有重大违法行为;②公司情况发生重大变化不符合公司债券上市条件;③发行公司债券所募集的资金不按照核准的用途使用;④未按照公司债券募集办法履行义务;⑤公司最近 2 年连续亏损。公司债券上市暂停的情形消除后,可以恢复上市交易。

(2) 公司债券上市终止。根据《证券法》第 61 条的规定,公司有《证券法》第 60 条规定的第 1 项、第 4 项所列情形之一,经查实后果严重的,或者有第 2 项、第 3 项、第 5 项所列情形之一,在限期内未能消除的,由证券交易所决定终止其公司债券上市交易。公司解散或者被宣告破产的,由证券交易所终止其公司债券上市交易。

二、证券交易

证券交易也称证券买卖,是指证券所有人依照证券交易规则,将依法持有的证券转让给他人的法律行为。证券交易是证券转让的主要方式之一,除此之外,还有赠与、继承等。证券交易制度包括证券交易的基本程序、证券交易的方式和种类、证券交易规则以及证券交易禁止行为的相关规定,这些规则和规定构成了证券交易制度的重要内容,为证券交易市场提供了公平、迅捷与安全的重要保障。

(一) 证券交易的基本程序

我国上市证券交易主要通过证券交易所集中竞价交易方式进行,所以以下着重介绍这种交易方式的基本程序。

1. 开立证券账户和资金账户。证券交易的第一步是开立证券账户和资金账户。证券账户用于记录投资者持有的证券及证券衍生品种及其变动情况,资金账户则用来记载和反映投资者买卖证券的货币收付和结存数额。投资者应当到开户代理机构办理证券账户开立业务。证券账户由一码通账户及关联的子账户共同组成,一个投资者只能申请开立一个一码通账户。

境内自然人申请开立证券账户时,需提交:(1)《证券账户开立申请表》;(2)投资者有效身份证明文件(第二代居民身份证)及复印件;(3)委托他人代办的,还需提供经公证的委托代办书、代办人有效身份证明文件及复印件。

境内法人申请开立证券账户时,需提交:(1)《证券账户开立申请表》;(2)投资者有效身份证明文件(公司制法人为工商营业执照,社团法人为社团法人登记证书,事业法人为事业单位法人证书,机关法人为机关法人成立批文等)及复印件;(3)法定代表人证明书、法定代表人授权委托书和法定代表人的有效身份证明文件复印件(需加盖公章,授权委托书还需法定代表人签章);(4)经办人有效身份证明文件及复印件。投资者开立证券账户后,应在证券公司营业部开立客户交易结算资金账户,方可从事证券交易。

2. 办理委托手续。投资者在选择证券公司开立证券账户和资金账户时,须与证券公司签订《指定交易协议书》和《委托交易协议书》,与证券公司建立证券托管与交易代理关系。我国证券交易的委托方式除书面委托方式外,还有电话、自助终端、互联网等自助委托方式,投资者可在上述委托方式中选择。投资者通过自助委托方式参与证券买卖的，须与证券公司签订自助委托协议。

3. 委托下单与竞价成交。投资者在完成开户与委托代理手续后，在资金账户上存入资金，即可委托下单进行证券交易。委托下单亦称委托指令，内容包括证券账户号码、证券代码、买卖方向、委托数量、委托价格等。证券竞价交易分为集合竞价和连续竞价两种方式。每个交易日上午9:15至9:25，交易所主机撮合系统对接受的全部有效委托进行一次集中撮合处理的过程称为集合竞价。在集合竞价之后，对投资者申报的委托进行逐笔连续撮合处理的过程称为连续竞价。在竞价交易申报时间内，证券公司按照客户委托时间的先后顺序及时向证券交易所申报。证券竞价交易按照价格优先、时间优先的竞价原则进行，通过证券交易所电脑系统自动撮合成交。买卖一经成交，即通过网络交易系统向证券公司发出通知。

案例研讨

赵某诉投资公司股票交易案

4. 清算与交割。证券清算是指每日交易终止后，成交的各方证券商根据成交单，互相抵消同种证券的买卖数量与金额，然后计算出应交割的证券与价款净额，再通过清算公司确定每位证券商应收或应付的净额。证券交割是买卖双方交付给对方证券和价款的过程。由于实行无纸化电脑操作和证券集中保管，办理交割时，由清算机构通过证券集中保管库存账户划转完成。会员间的清算交收业务由交易所指定的登记结算机构负责办理。

5. 证券登记过户。证券登记结算公司根据证券交易的交收结果，办理集中交易过户登记。

（二）证券交易的方式与种类

1. 证券交易的方式。证券交易按照不同的标准，可分为多种类型。按照交易场所的不同，可分为场内交易和场外交易；按照交易价格形成方式的不同，可分为集中竞价交易和非集中竞价交易；按照达成交易方式的不同，可分为直接交易和间接交易（委托交易）；按照交割期限和投资方式的不同，可分为现货交易、期货交易、期权交易、信用交易和回购交易。由于交易方式不同，采用的交易程序、适用的交易条件，以及交易风险等均有所不同，因此，各国证券立法对不同的交易方式及其种类予以规范和调整。

我国《证券法》规定，证券在证券交易所上市交易，应当采用公开的集中交易方式或者国务院证券监督管理机构批准的其他方式。目前，我国在证券交易所上市交易的证券，除采用集中竞价交易方式之外，还有大宗交易、回购交易、协议转让等方式。所谓大宗交易，是指证券单笔买卖申报达到交易所规定的数量或金额时，买卖双方可以采用协商一致的方式达成交易，并向交易所交易系统提出成交申报，成交结果一经交易所确认，不得撤销或变更。所谓回购交易，是指在卖出（或买入）证券的同时，事先约定一定期限后按规定的价格买回（或卖出）该笔证券，实际上是附有购回（或卖出）条件的证券交易。协议转让是指当事人通过协议方式进行证券交易的一种方式。双方当事人须遵守交易所制定的上市公司流通股协议转让业务规则。

2. 证券交易的种类。由于证券交易方式多种多样，产生了许多不同种类的证券交易。这里简要介绍我国证券市场现有的几种特别的证券交易种类。

（1）股票指数期货交易。股票指数，简称股指，故股票指数期货，亦简称股指期货。股票指数期货交易简称股指期货交易，它是证券期货交易的一种。证券期货交易是指证券交易双方在签订的证券期货合约中约定，在该合约规定的日期以约定的价格进行清算交割的证券交易方式。

股票指数期货交易是一种目的在于减少市场股票交易风险的保值交易方式。股指期货的股票指数是以一定日期为基期，基点为 1 000 点，采用派许加权综合价格指数公式计算，而后根据每日股市成交额的增长或减少计算出的即期变化指标。股指期货的价格是股票指数点数与每点指数的固定价格的乘积。投资者买进或拥有某种股票，为了保值可卖出该种股票指数期货，卖出的期货的总价值与买进的股票总价值大体相等，当在预计的未来时间内，该种股票价格下降时，其指数也相应下降，指数期货的原价减去未来价格的差额，可以弥补股票价格下跌的损失。目前中国金融期货交易所交易的股指期货主要是沪深 300 股指期货、中证 500 股指期货和上证 50 股指期货。

(2) 股票期权交易。股票期权交易又称股票选择权交易，是证券期权交易的一种，是指证券投资者为获得证券市场波动带来的利益，约定在一定期限内，以特定的价格买进或卖出约定的证券，或者放弃买进或卖出约定的证券的交易。期权就是交易双方关于未来买卖权利达成的合约。就个股期权而言，是指期权的买方（权利方）通过向卖方（义务方）支付一定的费用（权利金），获得一种权利，即有权在约定的时间以约定的价格向期权卖方买入或卖出约定数量的特定股票或跟踪股票指数的交易型开放式指数基金（ETF）。当然，买方（权利方）也可以选择放弃行使权利。如果买方决定行使权利，卖方就有义务履行。股票期权交易依交易的方向不同，分为认购（看涨）期权和认沽（看跌）期权。目前我国上海证券交易所交易的股票期权是上证 50ETF 期权。

(3) 融资融券交易。融资融券交易是信用交易或保证金交易的一种，是指投资者向具有交易所会员资格的证券公司提供担保物，并向其借入资金买入交易所上市证券或借入交易所上市证券并卖出的行为。保证金证券交易的特点是，投资者可以用较少的钱买进较多的股票，也可以在拥有较少股票甚至没有股票的情况下，卖出较多的股票，使投资者在承担较大风险的情况下可能得到较多的利益。融资融券交易即属于保证金交易，投资者只出一部分现金或证券，另一部分现金或证券通过向证券经纪人借贷获得，这种交易方式虽然获得的盈利比其他交易方式高，但其风险也比其他交易方式要大。目前我国沪深两大证券交易所既有融资交易，也有融券交易。

（三）证券交易的强制性规则

从证券交易规则的强制性程度看，有任意性规则和强制性规则。证券法所确认的交易规则多为强制性规则。根据我国《证券法》及相关法律的规定，证券交易的强制性规则主要有以下方面的内容。

1. 关于证券交易标的物的规定。《证券法》第 37 条规定："证券交易当事人依法买卖的证券，必须是依法发行并交付的证券。非依法发行的证券，不得买卖。"这一规定表明，并非任何证券都可以进行交易，证券交易当事人依法买卖的证券必须符合两项条件，即依法发行和依法已交付。凡未依法经过核准，未依照法定程序，擅自公开发行的证券，以及未按照法律法规的规定向特定对象非公开发行的证券，均不得进行买卖。

2. 关于证券交易场所的规定。《证券法》第 39 条规定："依法公开发行的股票、公司债券及其他证券，应当在依法设立的证券交易所上市交易或者在国务院批准的其他证券交易场所转让。"由于公开发行的证券涉及的人数众多，影响的范围较广，为了保护投资者的合法权益，维护证券市场的秩序和社会公共利益，《证券法》规定，依法公开发行的证券，应当在依法设立的证券交易所上市交易或者在国务院批准的其他证券交易场所转让。

3. 关于证券交易方式的规定。证券交易方式关系到证券交易的公平与效率，采用何种交易方式，对参与证券交易的各方当事人能否得到公平的交易机会与公平的交易价格是至关重要的。

证券交易方式既要体现证券法的公平原则,又要体现证券法的效率与安全原则。《证券法》第40条规定:"证券在证券交易所上市交易,应当采用公开的集中交易方式或者国务院证券监督管理机构批准的其他方式。"集中交易方式是指在集中交易市场以竞价交易的方式进行的交易。证券交易所采用集中交易方式以外的其他方式进行证券交易的,必须经国务院证券监督管理机构批准。

4. 关于证券交易种类的规定。《证券法》第42条规定:"证券交易以现货和国务院规定的其他方式进行交易。"第142条规定:"证券公司为客户买卖证券提供融资融券服务,应当按照国务院的规定并经国务院证券监督管理机构批准。"这些规定适应我国证券市场发展的需要,为证券期货交易以及证券信用交易等证券交易种类与方式的发展提供了法律空间。从证券监管的角度看,这些规定具有强制性,即任何人或机构不得擅自以国务院没有规定的方式进行证券交易。

5. 关于证券转让限定期的规定。《证券法》第38条规定:"依法发行的股票、公司债券及其他证券,法律对其转让期限有限制性规定的,在限定的期限内不得买卖。"根据《证券法》和《公司法》的有关规定,有转让限定期的证券,主要是指公司发起人自公司成立起1年内持有的本公司股票,上市公司董事、监事、高级管理人员自公司股票上市交易之日起1年内、离职后半年内所持有的股票等。这一规定主要是为了防止公司发起人及上市公司董事、监事、高级管理人员利用特殊地位谋取利益,影响证券市场的健康发展。

6. 关于短线交易的规定。《证券法》第47条第1款规定:"上市公司董事、监事、高级管理人员、持有上市公司股份百分之五以上的股东,将其持有的该公司的股票在买入后六个月内卖出,或者在卖出后六个月内又买入,由此所得收益归该公司所有,公司董事会应当收回其所得收益。但是,证券公司因包销购入售后剩余股票而持有百分之五以上股份的,卖出该股票不受六个月时间限制。"这一规定是对上市公司董事、监事、高级管理人员和大股东买卖所持本公司股份的限制,目的在于防止内幕交易。

7. 关于证券从业人员买卖股票的规定。《证券法》第43条规定,证券交易所、证券公司和证券登记结算机构的从业人员、证券监督管理机构的工作人员以及法律、行政法规禁止参与股票交易的其他人员,在任期或者法定限期内,不得直接或者以化名、借他人名义持有、买卖股票,不得收受他人赠送的股票。任何人在成为上述人员时,其原已持有的股票,必须依法转让。第45条规定,为股票发行出具审计报告、资产评估报告或者法律意见书等文件的证券服务机构和人员,在该股票承销期内和期满后6个月内,不得买卖该种股票。为上市公司出具审计报告、资产评估报告或者法律意见书等文件的证券服务机构和人员,自接受上市公司委托之日起至上述文件公开后5日内,不得买卖该种股票。上述规定主要是为了防止内幕交易,影响其职责的履行。

(四)禁止的交易行为

禁止的交易行为是指证券法规定的证券市场参与主体在证券交易过程中不得从事的行为。根据我国《证券法》的规定,禁止的交易行为大致分为五类,即内幕交易行为、操纵市场行为、欺诈投资者行为、编造传播虚假信息行为以及其他禁止行为。前三类行为亦为各国证券立法所禁止。这些行为严重违背了证券法公开、公平、公正和诚信原则,扰乱了证券市场正常秩序,严重损害投资者利益,具有极大的社会危害性。我国《证券法》不仅在第三章"证券交易"中专列一节规定"禁止的交易行为",还在第十一章"法律责任"中规定了从事禁止交易行为的相关法律责任。对于内幕交易行为、操纵市场行为、欺诈投资者行为、编造传播虚假信息行为将在"证券法律责任"一节中详细介绍,这里仅介绍其他禁止的交易行为。

除了上述三大禁止交易行为以及编造传播虚假信息行为之外,我国《证券法》还规定了其他禁止的交易行为,包括:禁止法人非法利用他人账户从事证券交易;禁止法人出借自己或者他人的证券账户;禁止资金违规流入股市;禁止任何人挪用公款买卖证券。

【本节前沿问题】

关于证券交易方式的法律规制问题

在我国证券市场发展之初,为了保障证券市场的健康发展,规范和引导投资者的投资行为,防范金融风险,1998 年制定的《证券法》规定,证券交易以现货进行交易。这一规定是我国证券市场成为"单边市"的制度根源。因此,在《证券法》的修改过程中,证券交易方式问题便成为焦点问题之一。

对原《证券法》的规定如何修订? 有两种不同意见:一种意见认为,交易方式是一种市场行为,只需证券监管部门进行核准,不必写入证券法,因此建议删除此条;另一种意见认为,现行《证券法》规定我国只允许现货交易,排除其他任何交易方式,不利于证券市场长期稳定健康发展。实践证明,国际上通行的证券、股指、期货、期权等交易形式,不但使证券市场更加活跃,也是一种避险工具。考虑到《国务院关于推进资本市场改革开放和稳定发展的若干意见》的精神,开发新的证券交易品种已成为我国资本市场稳定发展的必要条件,因此证券交易除现货交易外还应允许其他方式进行交易。最终,立法机关综合上述意见,将原《证券法》的规定修订为"证券交易以现货和国务院规定的其他方式进行交易"。这一修订使我国《证券法》从仅仅作为现货交易的证券法,转化为各类品种的证券都可以交易的证券法,适应了我国证券市场发展的需要。

【本节思考题】

1. 简述证券上市的概念与标准。
2. 简述股票上市的条件与程序。
3. 简述公司债券上市的条件与程序。
4. 简述股票上市暂停与终止的情形。
5. 简述证券交易的基本程序。
6. 什么是保证金交易?
7. 我国证券法对证券交易作了哪些限制性规定?

第四节 信 息 披 露

一、信息披露概述

(一) 信息披露制度的概念和意义

1. 信息披露制度的概念。信息披露(Disclosure of Information),又称信息公开,是指证券发行人或其他相关负有信息披露义务的人(以下统称为"信息披露义务人")在证券发行、上市及交易过程中,按照法定或约定要求将应该向社会公开的财务、经营及其他影响证券投资者投资判断的信息向证券监督管理机构和证券交易所报告,并向社会公众公告的活动。信息披露制度(Disclosure System of Information)即信息披露法律规范的总和,它是规定信息披露义务人信息披露的时间、方式、原则、内容、程序等一整套行为规范和活动准则的总称。信息披露制度贯穿于证券发行、交易及其监管活动的始终,有利于揭示证券品质,是投资者作出投资价值判断的基础。

2. 信息披露制度的意义。信息披露制度是证券发行与交易制度的基础,也是证券市场赖以存在的基石。信息披露是上市证券区别于非上市证券的主要特征之一。可以说,以法律强制性功能作保证的信息披露,是信息披露制度生命之树常青之所在。美国法官路易斯·布兰戴斯(Louis D.Brandeis)在 *Other People's Money* 一书中揭示了信息披露的哲学思想:"阳光是最好的防腐剂,街灯是最好的夜警。"① 概言之,信息披露制度具有如下意义:①能有效地约束证券发行人及相关负责人员的行为,防止信息滥用和证券欺诈行为,使发行人受到公众的监督。②保证所有投资者有均等的机会获得信息,防止发生信息不对称的问题,有助于投资者作出投资价值判断。③有助于规范证券中介机构和人员的行为,提高其社会形象。④便于证券市场监管机构加强管理,督促并检查信息披露义务人披露的信息达到法定的要求。例如,《证券法》第 71 条"国务院证券监督管理机构对上市公司年度报告、中期报告、临时报告以及公告的情况进行监督,对上市公司分派或者配售新股的情况进行监督,对上市公司控股股东和信息披露义务人的行为进行监督。证券监督管理机构、证券交易所、保荐人、承销的证券公司及有关人员,对公司依照法律、行政法规规定必须作出的公告,在公告前不得泄露其内容"的规定,就是信息披露的价值所在。

(二) 信息披露的基本要求

根据我国《证券法》《首次公开发行股票并上市管理办法》《首次公开发行股票并在创业板上市管理办法》《上市公司证券发行管理办法》《上市公司信息披露管理办法》《证券发行与承销管理办法》《上市公司收购管理办法》和其他相关规章的规定,依法披露的信息,必须真实、准确、完整,不得有虚假记载、误导性陈述或者重大遗漏。违反以上规定致使投资者在证券交易中遭受损失的,发行人应当承担赔偿责任;发行人的董事、监事、高级管理人员和其他直接责任人员以及保荐人、承销的证券公司,应当与发行人承担连带赔偿责任,但是能够证明自己没有过错的除外;发行人的控股股东、实际控制人有过错的,应当与发行人、上市公司承担连带赔偿责任。概言之,信息披露的基本要求是真实性、准确性、完整性和及时性。

1. 真实性。真实性是指信息披露义务人所公开的信息必须信赖可靠,不得有虚假记载或误导性陈述,必须与自身的客观实际相符。信息披露是否达到真实性的要求,可从客观性和一致性两个方面进行判断。客观性是指信息披露义务人公开的信息和反映的事实必须是证券发行人经营中实际发生的,而不是为了影响证券市场价格而编造的;一致性是指信息披露义务人公开的信息和反映的事实之间具有同一性。真实性要求的反面便是虚假记载。虚假记载是指将不实的重要事项记载于文件的行为,它是指招股说明书、上市公告书、定期报告、临时报告等文件对证券发行人重大情况的介绍、分析与事实不符,致使有关文件严重失实的行为。信息披露义务人有义务保证自己所发布的非正式信息与正式信息的一致性,对于不是信息披露义务人发布的但与其有关的信息,如足以影响投资者的投资判断,信息披露义务人也负有说明的义务。因此,信息披露义务人在信息披露中所描述的事实应有充分、客观的依据。真实性处于信息披露要求的首要地位,可以说,信息披露义务人如果披露的信息不真实,那么,准确、完整和及时的要求都将失去基础。

2. 准确性。准确性是指信息披露义务人披露的信息必须尽可能详尽、具体,没有遗漏。因此,

---

① Louis D.Brandeis, *Other People's Money*, Harper Torchbooks, 1967, p.67.

信息披露义务人在披露信息时必须确切表明其含义，其内容不得使人产生重大误解。由于信息披露义务人披露信息主要是通过语言文字的表述来实现的，而语言内容的多义性与语言文字表达方式的多样性，使得证券法在规范信息披露义务人信息披露时，应坚持准确性要求。违背准确性要求的行为是误导性陈述。所谓误导性陈述，是指陈述的事项虽然真实，但是由于陈述存在缺陷，易为投资者所误解，投资者难以通过其陈述获得准确的信息。信息披露义务人信息披露的准确性要求，不只强调已披露信息与信息所反映的客观事实之间的一致性，更强调信息披露者与信息接受者之间对同一信息理解上的一致性。任何与证券价格波动相关的信息，都应当将所有的投资者作为整体进行公布，而不能将部分信息对全部投资者披露或者只将全部信息对部分投资者披露。

3. 完整性。完整性是指凡供投资者判断证券投资价值和影响证券市场价格的重大信息，信息披露义务人必须全部披露，不得故意隐瞒或有重大遗漏。要完整地披露信息，信息披露义务人至少应该做到：(1) 对披露信息的各个方面进行完整的描述，不能存在重大遗漏；(2) 通过内容与格式指引的方式保证信息披露的完整性；(3) 网络披露方式是实现信息披露完整性的重要手段。一般说来，信息披露完整性要求包括质和量两方面。首先，在性质上，披露的信息必须是重大信息。所谓重大信息，是指能够影响证券市场价格的信息。其次，在数量上，披露的信息能够使投资者有足够的投资判断依据，不得有重大遗漏。所谓重大遗漏，就是将法定事项部分或者全部不予记载，或者未予披露的行为。在理论上，信息披露义务人披露的全部信息可分为陈述客观事实的描述性信息、发布人主观判断的评价性信息和对公司未来经营状况的预测性信息（如盈利预测）。

4. 及时性。信息披露的及时性又称时效性或者最新性，是指凡与证券市场价格有关的重大信息，均应依照法定时间及时向投资者公告，确保重要信息利用的平等性，防止内幕交易。及时性要求信息披露义务人公告信息的时间不得超过法定期限。理论上，投资者是根据信息披露义务人披露的信息作出投资价值判断的，影响证券市场价格的重要信息，如果在其发生相当长时间后才得以披露，披露的信息作为投资判断依据的价值将不复存在。

（三）信息披露的方式和事务管理

1. 信息披露的方式。

以披露的途径、使用的语言和目的为标准，信息披露的方式可分为三类：

首先，从披露的途径角度，信息披露的方式可分为公布或公开、备案、置备和章程约定的其他方式。①公布或公开。公布或公开方式主要包括报刊登载、网站和只读存储器即光盘（CD-ROM）公开。报刊登载方式是目前使用最为普遍的信息披露方式，其次是网站和光盘的信息披露方式。②备案。备案是指将披露的信息报送中国证监会和证券交易所备用、备查和存档。按照《证券法》和《股票条例》的规定，信息披露义务人在报刊披露的信息，应同时将其报中国证监会和证券交易所备案。值得注意的是，由于备案文件不易被股东及社会公众查阅，因而不能将文件备案方式作为单独运用的信息披露方式。③置备。置备是指将披露的信息在指定的场所存放。根据我国《证券法》第 25 条、第 53 条和第 70 条的规定，依法必须披露的信息，应当在国务院证券监督管理机构指定的媒体发布，同时将其置备于公司住所、证券交易所，供社会公众查阅。置备文件方式是将信息制作完毕后存放在公司所在地和证券交易所，以备公众查阅的信息披露方式。按规定，置备文件必须同时以指定报刊等媒体登载方式进行披露，而不能只采取置备文件方式进行披露。④章程约定的其他方式。信息披露义务人可以与投资者在章程中约定其他披露方式，如答复咨询或查阅、复制公开披露的信息资料等方式。

其次,从披露使用的语言角度,信息披露的方式可分为中文表述的披露方式和英文表述的披露方式。公开披露的信息应当用中文表述。向境外投资者发行有价证券的公司公开披露信息,如有必要,还应当用英文表述。英译文本的字义和词义与中文文本有差异时,应以中文文本为准。凡涉及外资股的上市公司,披露信息时还应注意将信息译成英文,登载在中国证监会指定的外文报刊或网站上。

最后,从披露的目的角度,信息披露的方式可分为初次信息披露和持续信息披露。初次披露又称首次公开发行证券的信息披露,是证券发行人公开发行证券时依法所承担的信息披露义务。持续披露(Continual Disclosure),又称继续披露,是指证券在上市交易期间,信息披露义务人披露与证券价格波动有关的一切重大信息。

2. 信息披露的事务管理。根据证券交易所的规定,信息披露的事务管理应符合如下要求:

(1) 公司应当指定专人(2 名授权代表)负责信息披露事务。

(2) 在公司指定的 2 名授权代表中,应有 1 名是公司董事会秘书。

(3) 公司除在信息披露指定报刊和网站上披露信息外,还可以根据需要在其他报刊和网站上披露信息,但必须保证:①指定报刊和网站不晚于非指定报刊和网站披露信息。②在不同报刊和网站上披露同一信息的内容一致。

二、初次信息披露

初次信息披露主要包括预披露、首次公开发行股票并申请上市的信息披露和公司债券发行与上市的信息披露。发行的证券品种不同,所承担的信息披露义务也不同。

(一) 预披露

所谓预披露,是指发行人申请首次公开发行股票的,在依法向国务院证券监督管理机构报送有关申请文件并被受理后,预先向社会公众披露有关申请文件,而不必等到国务院证券监督管理机构对发行文件审核完毕,作出核准发行的决定之后再进行披露。预披露制度提前了公开披露发行文件的时间,意在拓宽社会监督渠道,提高上市公司的质量,这是我国在证券立法技术上的一种创新。

预披露具有以下意义:(1) 提前向社会公开有关募股申请文件,是信息公开制度适用范围的向前延伸,可以使社会公众提前了解发行文件的内容,有助于其进行投资决策。(2) 通过将申请材料提前披露,社会公众可以对发行人预披露文件中的问题进行举报,从而克服发行人及其有关证券中介机构单方提供信息所带来的信息不对称,使核准机构能够提前了解、调查有关情况,有利于缩短审核时间,提高发行审核的效率。(3) 在发行文件审核完毕和作出核准发行的决定之前,就将有关的发行申请文件公之于众,可以对发行审核工作形成有效的社会监督,对文件所陈述的虚假信息进行检举和揭发,既可避免发行审核过程中出现暗箱操作问题,也可将那些欺诈发行者揭露出来并绳之以法,从而提高发行核准的透明度和质量。

(二) 首次公开发行股票并申请上市的信息披露

在首次公开发行股票并申请上市时,发行人披露的文件主要包括:(1) 招股说明书及其附录和备查文件;(2) 招股说明书摘要;(3) 发行公告;(4) 上市公告书。股票发行最为基本的法律文件是招股说明书。招股说明书(prospectus),又称招股章程,是由发行人制定、中国证监会核准,向社会公众公开披露公司主要事项及招股情况的专门文件。招股说明书的制作和公开必须符合规定的格式、内容和程序。凡是公开发行股票的公司必须向证监会报送招股说明书，在经证监会核准之后，发行股票的公司应当按照规定公布招股说明书等有关信息。招股说明书包括封面、目录、正文、附录和备查文件五部分。

拟申请在中华人民共和国境内首次公开发行股票并在主板、创业板上市的发行人，应分别按中国证监会发布的《公开发行证券的公司信息披露内容与格式准则第1号——招股说明书》的要求编制和披露招股说明书及其摘要。招股说明书的封面应当载明："发行人保证招股说明书的内容真实、准确、完整。政府及国家证券管理部门对本次发行所作出的任何决定，均不表明其对发行人所发行的股票的价值或者投资人的收益作出实质性判断或者保证。"发行人及其全体董事、监事和高级管理人员应当在招股说明书上签字、盖章，保证招股说明书的内容真实、准确、完整。保荐人及其保荐代表人应当对招股说明书的真实性、准确性、完整性进行核查，并在核查意见上签字、盖章。发行人在招股说明书及其摘要中披露的财务会计资料应有充分的依据，所引用的发行人的财务报表、盈利预测报告（如有）应由具有证券期货相关业务资格的会计师事务所审计或审核。为发行人出具文件的注册会计师及其所在事务所、专业评估人员及其所在机构、律师及其所在事务所，在履行职责时，应当按照本行业公认的业务标准和道德规范，对其出具文件内容的真实性、准确性、完整性进行核查和验证。招股说明书的有效期为6个月，自中国证监会核准发行申请前招股说明书最后一次签署之日起计算。预先披露的招股说明书（申报稿）不是发行人发行股票的正式文件，不能含有价格信息，发行人不得据此发行股票。招股说明书失效后，股票发行必须立即停止。

（三）公司债券发行与上市的信息披露

公司债券发行人依法编制公开发行公司债券的申报材料，公告公司债券募集办法。公司债券募集办法是公司债券的发行人依据有关规定的要求制作的、记载与公司债券发行相关的实质性重大信息的一种法律文件。公司债券募集办法亦称为债券公开说明书或募资说明书。根据我国《证券法》第59条的规定，公司债券上市交易申请经证券交易所审核同意后，签订上市协议的公司应当在规定的期限内公告公司债券上市文件及有关文件，并将其申请文件置备于指定场所供公众查阅。

三、持续信息披露

（一）持续信息披露概述

持续信息披露（Continual Disclosure of Information），又称持续信息公开，是指发行人、上市公司、公司主要股东等信息披露义务人在证券上市交易后，依照《证券法》《公司法》等法律、法规和证券监督管理机构的有关规定向社会公众继续公开一切与证券交易和证券价格有关的重要信息的行为。依照《证券法》第63条的规定，发行人、上市公司依法披露的信息，必须真实、准确、完整，不得有虚假记载、误导性陈述或者重大遗漏。

持续信息披露有如下特点：

1. 持续信息披露义务是信息披露义务人法定的、强制性的义务。

2. 应披露信息的种类和范围是由法律规定的。上市公司的哪些信息应当披露，是由法律直接规定的。目前，我国上市公司信息披露义务的法律主要是《公司法》第134条第1款"公司经国务院证券监督管理机构核准公开发行新股时,必须公告新股招股说明书和财务会计报告,并制作认股书”和《证券法》第64条“经国务院证券监督管理机构核准依法公开发行股票,或者经国务院授权的部门核准依法公开发行公司债券,应当公告招股说明书、公司债券募集办法。依法公开发行新股或者公司债券的,还应当公告财务会计报告”的规定。此外,证券交易所业务规则关于信息披露的具体、详尽要求,也是信息披露义务人必须严格遵守的。

3. 应披露的信息范围越来越广。证券投资具有很高的风险性,投资者有权得到与该种证券有关的法定应予披露的各种信息。持续信息披露的内容包括中期报告、年度报告、临时报告及其他公告。

4. 持续信息披露逐渐成为完整的系统性制度。目前,中国证监会颁布的公开发行证券的公司信息披露的规章制度分为四个层次,依次为《公开发行证券的公司信息披露内容与格式准则》《公开发行证券的公司信息披露编报规则》《公开发行证券的公司信息披露规范问答》、个案意见与案例分析。上海、深圳证券交易所发布的有《证券交易所股票上市规则》《临时报告披露指引》。可以说,我国证券市场信息披露体系完整,其重要性绝不亚于公司的经营活动。

5. 持续信息披露与证券上市交易的一致性。持续信息披露是指证券持续交易期间进行的信息披露行为,这一期间一般与证券作为上市证券相伴而生,即只要是上市证券,与该证券有关的信息披露义务人就要自始至终依法履行信息披露义务。

(二) 持续信息披露的形式

持续信息披露主要有两种形式:定期报告和临时报告。

1. 定期报告(Periodical Reports)。所谓定期报告,是指信息披露义务人在法定期限内制作完毕并公告的信息披露文件。它分为年度报告与中期报告。所谓年度报告(Annual Reports),是指在每个会计年度结束时,由信息披露义务人依法制作并提交的、反映信息披露义务人本会计年度基本经营情况、财务情况等重大信息的法律文件。根据《证券法》第66条的规定,股票或者公司债券上市交易的公司,应当在每一会计年度结束之日起4个月内,向国务院证券监督管理机构和证券交易所提交年度报告。

所谓中期报告(Medium-term Reports),是指在每个会计年度的上半年结束之时,由信息披露义务人依法制作并提交的、反映信息披露义务人一年中前6个月的基本经营情况、财务情况等重大信息的法律文件。中期报告包括半年度报告(Semi-annual Reports)和季度报告(Quarterly Reports)。根据《证券法》第65条的规定,股票或者公司债券上市交易的公司,应当在每一会计年度的上半年结束之日起两个月内,向国务院证券监督管理机构和证券交易所提交中期报告(实质为半年度报告)。季度报告是指在每个会计年度的上半年结束之时,由信息披露义务人依法制作并提交的、反映信息披露义务人在会计年度前3个月、9个月的基本经营情况、财务情况等重大信息的法律文件。

2. 临时报告(Temporary Reports)。所谓临时报告,是指信息披露义务人就发生的可能对证券交易价格产生较大影响,而投资者尚未得知的重大事件发布的公告。根据《证券法》第67条的规定,发生可能对上市公司股票交易价格产生较大影响而投资者尚未得知的重大事件时,上市公司应当立即将有关该重大事件的情况向国务院证券监督管理机构和证券交易所提交临时报告,并予以公告,说明事件的实质。我国《证券法》第67条采用列举方法规定的重大事件包括:(1)公司的经营方针和经营范围的重大变化;(2)公司的重大投资行为和重大的购置财产的决定;(3)公司订立重要合同，可能对公司的资产、负债、权益和经营成果产生重要影响；(4)公司发生重大债务和未能清偿到期重大债务的违约情况；(5)公司发生重大亏损或者重大损失；(6)公司生产经营的外部条件发生的重大变化；(7)公司的董事、1/3以上监事或者经理发生变动；(8)持有公司5%以上股份的股东或者实际控制人，其持有股份或者控制公司的情况发生较大变化；(9)公司减资、合并、分立、解散及申请破产的决定；(10)涉及公司的重大诉讼，股东大会、董事会决议被依法撤销或者宣告无效；(11)公司涉嫌犯罪被司法机关立案调查，公司董事、监事、高级管理人员涉嫌犯罪被司法机关采取强制措施；(12)国务院证券监督管理机构规定的其他事项。

(三)首次公开发行股票并申请上市的信息披露

拟申请在中华人民共和国境内首次公开发行股票并在主板、创业板和科创板上市的发行人，应分别按中国证监会发布的公开发行证券的公司信息披露内容与格式准则第1号、第28号或第41号有关招股说明书》的要求编制和披露招股说明书及其摘要。

(四)上市公司发行证券(再融资)的持续信息披露

上市公司发行证券(包括股票、可转换公司债券以及中国证监会认可的其他品种)必须按照《上市公司信息披露管理办法》《上市公司证券发行管理办法》《公开发行证券的公司信息披露内容与格式准则第11号——上市公司公开发行证券募集说明书》《公开发行证券的公司信息披露内容与格式准则第10号——上市公司公开发行证券申请文件》以及《公开发行证券的公司信息披露内容与格式准则第37号——创业板上市公司发行证券申请文件》等规定进行持续信息披露，以规范上市公司公开发行证券募集说明书的编制和披露行为。上市公司应当按照要求编制配股说明书、增发招股意向书、增发招股说明书、可转换公司债券募集说明书、分离交易的可转换公司债券募集说明书等募集说明书及其摘要。上市公司应当同时向所有投资者公开披露信息。上市公司应当保证投资者及时、充分、公平地获得法定披露的信息，信息披露文件使用的文字应当简洁、平实、易懂。中国证监会规定的内容是信息披露的最低要求，凡对投资者投资决策有重大影响的信息，上市公司均应充分披露。上市公司全体董事、监事、高级管理人员应当在公开募集证券说明书上签字，保证不存在虚假记载、误导性陈述或者重大遗漏，并声明承担个别和连带的法律责任。

1. 上市公司发行证券申请过程中的信息披露。上市公司发行证券申请过程中应披露以下信息：(1)公告董事会决议。(2)公告召开股东大会的通知。召开股东大会的通知应当于股东大会开会20日前公告。(3)公告股东大会决议。股东大会通过本次发行议案后，公司应当在2个工作日内公布股东大会决议，公告中应当载明“该方案尚须报中国证券监督管理委员会核准”的字样。

2. 上市公司发行证券进行过程中的信息披露。发行证券进行过程中的信息披露，是指上市公司从刊登公开募集证券说明书开始到证券上市为止，通过证监会指定报刊向社会公众发布的有关发行、定价及上市情况的各项公告。一般包括《招股意向书》或《募集说明书》、《网上、网下发行公告》、《网上或网下路演公告》、《发行提示性公告》、《网上、网下询价公告》、《发行结果公告》以及《上市公告书》等。上市公司发行证券，应当按照中国证监会规定的程序、内容和格式，编制公开募集证券说明书或者其他信息披露文件，依法履行信息披露义务。《上市公司证券发行管理办法》规定上市公司募集资金的数额和使用应当符合下列规定：(1)募集资金数额不超过项目需要量；(2)募集资金用途符合国家产业政策和有关环境保护、土地管理等法律和行政法规的规定；(3)除金融类企业外，本次募集资金使用项目不得为持有交易性金融资产和可供出售的金融资产以及借予他人、委托理财等财务性投资，不得直接或间接投资于以买卖有价证券为主要业务的公司；(4) 投资项目实施后，不会与控股股东或实际控制人产生同业竞争或影响公司生产经营的独立性；(5) 建立募集资金专项存储制度，募集资金必须存放于公司董事会决定的专项账户。

3. 上市公司公开发行证券申请和募集文件的制作和披露。《公开发行证券的公司信息披露内容与格式准则第 10 号——上市公司公开发行证券申请文件》规定上市公司申请公开发行证券的，应按本准则的规定制作申请文件。特殊行业的发行人编制募集说明书及其摘要，还应遵循中国证监会关于该行业的信息披露特别规定。本准则规定的申请文件目录是对发行申请文件的最低要求，中国证监会根据审核需要，可以要求发行人和中介机构补充材料。如果某些材料对发行人不适用，可不必提供，但应向中国证监会作出书面说明。发行人不能提供有关文件的原件的，应由发行人律师提供鉴证意见，或由出文单位盖章，以保证与原件一致。如原出文单位不再存续，由承继其职权的单位或作出撤销决定的单位出文证明文件的真实性。所有需要签名处，均应为签名人亲笔签名，不得以名章、签名章等代替。需要由发行人律师鉴证的文件，发行人律师应在该文件首页注明“以下第 ×× 页至第 ××× 页与原件一致”，并签名和签署鉴证日期，律师事务所应在该文件首页加盖公章，并在第 ×× 页至第 ××× 页侧面以公章加盖骑缝章。就上市公司发行新股而言，应根据《证券法》《上市公司证券发行管理办法》和《公开发行证券的公司信息披露内容与格式准则第 11 号——上市公司公开发行证券募集说明书》的要求编制和披露《招股说明书》。这里的《招股说明书》与前面曾提到的上市公司发行新股时的《招股意向书》的区别，简单来说就是，《招股意向书》是缺少发行数量、发行价格及和筹资金额的《招股说明书》，除此之外二者在内容与格式方面应当一致，并具有同等法律效力。其大部分与首次公开发行时编制招股说明书的要求一致，只是更加强调了上市公司前次募集资金的运用情况。根据中国证监会《公开发行证券的公司信息披露内容与格式准则第 11 号——上市公司公开发行证券募集说明书》的规定，申请发行可转换公司债券的上市公司，应按照此准则的要求制作和披露募集说明书；同时编制募集说明书摘要，作为向中国证监会申请发行可转换公司债券的必备法律文件，经中国证监会核准后，按规定披露。

【本节前沿问题】

招股说明书的性质

关于招股说明书的性质，主要有要约说和要约邀请说两种观点。

要约说认为，招股说明书是股票发行人向公众投资者发出的募集资金的意思表示，属于要约。

要约邀请说认为，在招股说明书披露时，尚无法确定众多投资者未来的持股数量。招股说明书仅是向社会公众作出准备发行股票的意思表示，其中有关投资者的内容并未具体确定，不符合法律规定的要约条件，其目的在于唤起社会公众向发行人发出要约，发行人作出承诺。因而招股说明书只是一种要约引诱、要约邀请。

比较而言，要约邀请说更具有说服力。与一般商事活动中的要约邀请相比，招股说明书有以下特点：(1) 招股说明书记载的事项具有要式性，必须符合中国证监会的规定；(2) 招股说明书的签署人不得作出假定前提的陈述，也不得声明免除其法定责任，各证券服务机构在各自专业范围内，须对相关文件的真实性、准确性和完整性承担法律责任；(3) 招股说明书虽非要约文件，但其应全面揭示与股票发行有关的各种信息，且所披露信息应准确、真实、完整，不得存在虚假、误导性陈述或者重大遗漏。

【本节思考题】

1. 如何理解信息披露的基本要求？
2. 如何理解招股说明书的性质？
3. 是否应该建立强制性信息披露制度？

第五节　上市公司收购制度

一、上市公司收购概述

（一）上市公司收购概念与分类

上市公司收购是指收购人通过法定方式，取得上市公司一定比例的发行在外的股份，以实现对该上市公司控股或者合并的行为。它是公司并购的一种重要形式，也是实现公司兼并控制的重要手段。在公司收购过程中，采取主动的一方称为收购人，而被动的一方则称为被收购公司或目标公司。

按照不同的标准，上市公司收购有多种分类。以下简要介绍几种主要的分类。

1. 按照收购方式的不同，可分为要约收购、协议收购、间接收购和集中竞价收购。要约收购是指收购人通过向目标公司的股东发出收购要约的方式进行的收购。协议收购是指收购人通过与目标公司的股份持有人达成收购协议的方式进行的收购。间接收购是指收购人通过投资关系、协议、其他安排的途径，使其拥有权益的股份达到一个上市公司已发行股份的一定比例，从而成为上市公司实际控制人的收购。集中竞价收购是收购人通过证券交易所集中竞价交易的方式对目标公司进行的收购。

2. 按照收购人与目标公司是否合作，可分为敌意收购和友好收购。敌意收购是指收购人在收购开始前未与目标公司沟通，在目标公司毫无准备并予以抵制的情况下实施的收购。敌意收购通常采取集中竞价收购或要约收购的方式进行。因此，敌意收购的信息一旦公开，目标公司通常会抵制收购人的收购，并采取各种反收购措施。友好收购是收购人与目标公司在收购开始前事先沟通，收购人在得到目标公司同意的情况下实施的收购。友好收购一般通过协议收购的方式进行。

3. 按照收购是否构成法律义务，可分为自愿收购与强制收购。强制收购是指收购人在持有某一公司股份达到一定比例时，必须承担法律的强制性义务，而向该公司所有股东发出要约的收购。强制收购以外的收购均为自愿收购。

4. 依据收购目标公司股份的比例和数量不同，分为部分收购和全部收购，或称控股收购和合并收购。部分收购也称控股收购，是指收购人只收购上市公司发行在外的一定比例或数量的股票，以获得对上市公司的相对控制权的收购。全部收购也称合并收购，是指收购人收购上市公司发行在外的全部股票，以获得对上市公司的绝对控制权。全部收购以持有上市公司全部股票为结束标志，且目标公司一般为收购公司所兼并。

（二）上市公司收购遵循的原则

1. 目标公司股东待遇平等原则。目标公司股东待遇平等原则，是指在上市公司收购中，目标公司的所有股东均应获得平等待遇，即所有股东，不论大小，也不论持股的先后，他们在信息的获得、条件的适用、价格的提高以及出售股份的机会等方面均应被一视同仁。目标公司股东待遇平等原则包括两方面的内容：一是目标公司股东享有平等参与收购的权利，即“全体持有规则”与“按比例接纳规则”。所谓全体持有规则，是指在公开要约收购的情况下，收购人必须向所有持有其要约所欲购买股份的股东发出收购要约。所谓按比例接纳规则，是指在收购人采取部分收购的情况下，目标公司股东承诺出售的股票数量超过其计划购买的数量时，收购人必须按比例购买所有同意出卖股份的股东的股票，而不论目标公司股东作出同意出卖其股份的意思表示的先后。我国《证券法》第 92 条规定：“收购要约提出的各项收购条件，适用于被收购公司的所有股东。”这一规定应视为全体持有规则。《证券法》第 88 条第 2 款规定：“收购上市公司部分股份的收购要约应当约定，被收购公司股东承诺出售的股份数额超过预定收购的股份数额的，收购人按比例进行收购。”这是对按比例接纳规则的法律确认。二是目标公司股东有权获得平等的收购条件，即“最好价格规则”。目标公司股东在收购中平等地享有收购人向任何股东提出的最高价要约，这是股东待遇平等原则最具实质意义的内容。如果收购人在要约期间内提高收购价格，那么该价格也必须适用于所有的受要约人。

2. 充分披露原则。充分披露原则又称透明原则，即与收购有关的重要信息均应充分披露，使面临收购的目标公司股东能够自行作出有依据的决定。这一原则有助于解决上市公司收购中的信息不对称问题，防止内幕交易和证券欺诈行为的发生，从而保护投资者的合法权益。充分披露原则包含三方面的内容：一是大额持股信息披露。所谓大额持股信息披露，也称大股东持股信息披露，是指股东在持股达到一定比例时，有报告并披露其股份增减状况和持股意图的义务，并在持股达法定比例时，有要约收购的义务。大额持股信息披露使广大投资者对公司股份集中可能引起公司控股股东变动的情势有足够的警觉，同时也提醒投资者对所持股票的真正价值重新加以评估，并在充分掌握信息的基础上，自主地作出投资判断，防止大股东以逐步收购的方式形成事实上的信息垄断和对股价的操纵。所以，我国《上市公司收购管理办法》设专章对大股东的权益披露进行规范。二是收购人应将收购意图、收购要约以及与收购有关的信息予以充分披露。收购人收购要约的具体内容和收购意图是目标公司股东作出投资判断(持有或卖出)的主要依据。充分披露这方面的信息，有助于防止某些人利用公司收购内幕信息进行内幕交易。三是目标公司管理部门应对要约收购发表意见并公告，以供股东参考。目标公司管理部门还应披露存在的利益冲突。这是防止目标公司董事会成员谋取私利的一种有效措施，也是对董事会成员的一种有效监督方式。

3. 保护社会公众投资者利益原则。这一原则主要体现在上市公司收购人慢走规则中。我国《证券法》第 86 条规定，投资者通过证券交易所的证券交易持有或者通过协议、其他安排与他人共同持有一个上市公司已发行的股份达到 5% 时，应当在该事实发生之日起 3 日内，向国务院证券监督管理机构、证券交易所作出书面报告，通知该上市公司，并予公告；在上述期限内，不得再行买卖该上市公司的股票。投资者持有或者通过协议、其他安排与他人共同持有一个上市公司已发行的股份达到 5% 后，其所持该上市公司已发行的股份比例每增加或者减少 5%，应当依照规定进行报告和公告。在报告期限内和作出报告、公告后 2 日内，不得再行买卖该上市公司的股票。收购人在报告期限内和作出报告、公告后 2 日内暂停买卖上市公司股票，这有利于社会公众投资者作出证券投资决策。由于证券法对收购人采取慢走规则，社会公众投资者不仅有一定的时间考虑是否买卖被收购公司的股票,而且有一定的时间进行买卖。

4. 保护中小股东利益原则。保护中小股东的利益是各国证券立法的重中之重,在上市公司收购制度中也不例外。由于上市公司收购活动中目标公司的中小股东处于弱者地位,因此,各国的收购立法都对中小股东的利益给予了特别的关注。对于中小股东利益的保护主要体现在两方面:一是强制要约收购;二是强制购买剩余股票。强制要约收购,是指当收购人收购目标公司股份达法定比例后继续收购时,必须向目标公司的剩余股份持有者发出收购要约。其目的在于防止收购人凭借其控股地位压迫中小股东,损害其合法权益,法律通过设置强制要约收购,为中小股东提供退出选择机制。强制购买剩余股票,是指当要约期满,要约收购人持有股份达到目标公司股份总数的绝对优势比例(我国《证券法》规定的是达到75%以上)时,目标公司的其余股东有权以同等条件向收购要约人强制出售其股票,其目的与强制要约收购制度相同,旨在赋予中小股东最后选择的权利,以显示法律的公平。

(三) 上市公司收购人的法定义务

1. 上市公司收购人的概念。上市公司收购人是指意图通过取得股份的方式成为一个上市公司的控股股东,或通过投资关系、协议、其他安排的途径成为一个上市公司的实际控制人的投资者及其一致行动人。所谓控股股东,是指持有的股份占股份有限公司股本总额50%以上的股东,或者持有股份的比例虽然不足50%,但依其持有的股份所享有的表决权已足以对董事会成员的选任、股东大会的决议产生重大影响的股东。所谓实际控制人,是指虽不是公司的股东,但通过投资关系、协议或者其他安排,能够实际支配公司行为的人。上市公司收购人包括投资者和一致行动人。所谓一致行动人,是指在上市公司的收购及相关股份权益变动活动中有一致行动情形的投资者。所谓一致行动,是指投资者通过协议、其他安排,与其他投资者共同扩大其所能够支配的一个上市公司股份表决权数量的行为或者事实。

2. 上市公司收购人的法定义务。为规范上市公司收购行为,防范上市公司收购人虚假收购或恶意收购,我国《证券法》在第四章"上市公司的收购"中规定了上市公司收购人应当履行的积极义务和消极义务,主要包括:

(1) 公告与报告义务。收购人实施要约收购,必须公告上市公司收购报告书。要约收购行为完成后,收购人应当在15日内将收购情况报告国务院证券监督管理机构和证券交易所。以协议方式收购上市公司的,达成协议后,收购人必须在3日内将该收购协议向国务院证券监督管理机构及证券交易所作出书面报告。在公告前不得履行收购协议。

(2) 禁售义务。收购人在要约收购期限内,不得卖出被收购公司的股票。这是为了防止收购人利用上市公司收购,操纵上市公司的股价而实施假收购。

(3) 守约义务。在收购要约确定的承诺期限内,收购人不得撤销其收购要约。收购人需要变更收购要约的,必须及时公告,载明具体变更事项。

(4) 平等对待义务。收购要约中提出的各项收购条件,适用于被收购公司所有的股东。收购人在收购要约期限内,不得采取要约规定以外的形式和超出要约的条件买入被收购公司的股票。被收购的上市公司股东承诺出售的股份数额超过预定收购的股份数额的,收购人按比例进行收购。

(5) 锁定义务。在上市公司收购中,收购人持有的被收购的上市公司的股票,在收购行为完成后的12个月内不得转让。

二、上市公司的要约收购

要约收购是指收购人通过向目标公司的股东发出收购要约的方式进行的收购。要约收购依据法律的强制性又分为自愿要约收购和强制要约收购。所谓自愿要约收购,是指基于收购人的自愿而非法律的强制进行的要约收购。强制要约收购是基于法律的强制规定进行的要约收购。

(一)要约收购适用条件与程序

1. 要约收购适用条件。要约收购的适用条件主要有两个:一是持股比例;二是继续进行收购。

(1) 持股比例。根据《证券法》第 88 条规定,适用要约收购,通过证券交易所的证券交易,投资者持有或者通过协议、其他安排与他人共同持有一个上市公司已发行的股份应达到 30%。这里既包括直接持股,也包括间接持股。其中,间接持股是指有控股关系的投资者所持有的股份。间接持股与直接持股应当合并计算。

(2) 继续进行收购。这一条件是在前一个条件基础上产生的。这两个条件必须同时具备,才适用要约收购。即投资者通过证券交易所的证券交易持有,或者通过协议、其他安排与他人共同持有一个上市公司已发行的股份达到 30% 时,继续进行收购的,应当依法向该上市公司所有股东发出收购上市公司全部或者部分股份的要约。

根据《上市公司收购管理办法》的规定,要约方式收购一个上市公司股份的,其预定收购的股份比例不得低于该上市公司已发行股份的 5%。

2. 要约收购程序。根据我国《证券法》以及《上市公司收购管理办法》的规定,要约收购的程序,主要包括:

(1) 编制并报送上市公司要约收购报告书。根据我国《上市公司收购管理办法》规定,以要约方式收购上市公司股份的,收购人应当编制要约收购报告书,聘请财务顾问,通知被收购公司,同时对要约收购报告书摘要作出提示性公告。本次收购依法应当取得相关部门批准的,收购人应当在要约收购报告书摘要中作出特别提示,并在取得批准后公告要约收购报告书。收购人还应当将要约收购报告书同时提交证券交易所。

(2) 公告要约收购报告书。我国《证券法》第 89 条规定,收购人发出收购要约,必须公告上市公司收购报告书。根据《上市公司收购管理办法》第 29 条的规定,要约收购报告书,应当载明下列事项:①收购人的姓名、住所;收购人为法人的,其名称、注册地及法定代表人,与其控股股东、实际控制人之间的股权控制关系结构图;②收购人关于收购的决定及收购目的,是否拟在未来 12 个月内继续增持;③上市公司的名称、收购股份的种类;④预定收购股份的数量和比例;⑤收购价格;⑥收购所需资金额、资金来源及资金保证,或者其他支付安排;⑦收购要约约定的条件;⑧收购期限;⑨公告收购报告书时持有被收购公司的股份数量、比例;⑩本次收购对上市公司的影响分析,包括收购人及其关联方所从事的业务与上市公司的业务是否存在同业竞争或者潜在的同业竞争,是否存在持续关联交易;存在同业竞争或者持续关联交易的,收购人是否已作出相应的安排,确保收购人及其关联方与上市公司之间避免同业竞争以及保持上市公司的独立性;⑪未来 12 个月内对上市公司资产、业务、人员、组织结构、公司章程等进行调整的后续计划;⑫前 24 个月内收购人及其关联方与上市公司之间的重大交易;⑬前 6 个月内通过证券交易所的证券交易买卖被收购公司股票的情况;⑭中国证监会要求披露的其他内容。收购要约的期限不得少于 30 日,并不得超过 60 日,但是出现竞争要约的除外。

(3) 预受与收购。预受是指受要约人同意接受要约的初步意思表示。预受在要约收购期限内不可撤回之前不构成承诺,预受股东可以申请撤回。根据我国《上市公司收购管理办法》的规定,在要约收购期限届满 3 个交易日前,预受股东可以委托证券公司办理撤回预受要约的手续,证券登记结算机构根据预受要约股东的撤回申请解除对预受要约股票的临时保管。在要约收购期限届满前 3 个交易日内,预受股东不得撤回其对要约的接受。

收购期限届满,发出部分要约的收购人应当按照收购要约约定的条件购买被收购公司股东预受的股份,预受要约股份的数量超过预定收购数量时,收购人应当按照同等比例收购预受要约的股份;以终止被收购公司上市地位为目的的,收购人应当按照收购要约约定的条件购买被收购公司股东预受的全部股份;未取得中国证监会豁免而发出全面要约的收购人应当购买被收购公司股东预受的全部股份。

收购期限届满后 3 个交易日内,接受委托的证券公司应当向证券登记结算机构申请办理股份转让结算、过户登记手续,解除对超过预定收购比例的股票的临时保管。

(4) 收购结束报告与公告。收购上市公司的行为结束后,收购人应当在 15 日内将收购情况报告国务院证券监督管理机构和证券交易所,并予以公告。

(二) 要约收购的效力与法律后果

1. 要约收购的效力。

(1) 在收购要约确定的承诺期限内,收购人不得撤销其收购要约。与一般要约不同,由于收购要约是一种向社会公众投资者发出的意思表示,如果允许发出要约的收购人随意撤销自己的要约,会使要约处于不稳定状态,这不仅对相对人即广大投资者来说是不合理的,也不利于收购行为的正常进行。

> **案例研讨**
>
> 南钢股份要约收购案

(2) 在收购要约确定的承诺期限内,不得随意变更收购要约中的事项。根据我国《证券法》第 91 条的规定,在收购要约确定的承诺期限内,收购人需要变更收购要约的,必须及时公告,载明具体变更事项。

(3) 收购要约中提出的各项收购条件,适用于被收购公司所有的股东。即收购人收购股票时,对上市公司所有的股东,均应按照收购要约中约定的收购价格、期限、支付形式等条件统一执行。

(4) 收购人在收购要约期限内,不得采取要约以外的形式和超出要约的条件买卖被收购公司的股票。收购要约一经公告发出,就产生法律上的效力,不仅排除了要约以外的收购形式,也排除了以超出要约的条件买入被收购公司的股票。

2. 要约收购的法律后果。

(1) 维持上市资格。收购要约的期限届满,收购人持有的被收购公司的股份数未达到该公司已发行的股份总数 75% 以上的,不影响该上市公司股票在证券交易所继续上市交易。收购人所持有的被收购的上市公司的股票,在收购行为完成后的 12 个月内不得转让。

(2) 终止上市交易。根据《证券法》第 97 条第 1 款规定,收购期限届满,被收购公司股权分布不符合上市条件的,该上市公司的股票应当由证券交易所依法终止上市交易。即收购期限届满,收购人持有的被收购公司的股份数达到该公司已发行的股份总数 75% 以上的,该上市公司的股票应当在证券交易所终止上市交易。

(3) 强制受让。收购期限届满,被收购公司股权分布不符合上市条件被依法终止上市交易的,其余仍持有被收购公司股票的股东,有权向收购人以收购要约的同等条件出售其股票,收购人应当收购。

(4) 变更企业形式。根据《证券法》第 97 条第 2 款规定,收购行为完成后,被收购公司不再具备股份有限公司条件的,应当依法变更企业形式。

(5) 更换股票、注销公司。根据《证券法》第 99 条规定,收购行为完成后,收购人与被收购公司合并,并将该公司解散的,被解散公司的原有股票由收购人依法更换。公司合并后,应当注销被解散的公司。

三、上市公司的协议收购

(一) 协议收购的概念与特征

协议收购是指收购人在证券交易所之外,通过和目标公司股东协商一致达成协议,受让其持有的股份而进行的上市公司收购。协议收购的主要优点是收购成本较低,对股市冲击较小,但是它在信息公开、机会均等、交易公正方面具有很大的局限性。协议收购具有如下特征:

1. 协议收购的主体具有特定性。协议收购的出让方为目标公司的特定股东,受让方为收购人。而要约收购方式和集中竞价交易方式的出让方都是不特定的。

2. 协议收购具有场外交易的部分属性。与要约收购必须在证券交易所内公开进行不同,协议收购的特点是谈判不公开、价格不透明、时间不确定,其交易一般采取协议转让的方式,或采用大宗交易的方式,而不采取场内竞价交易的方式。所以,协议收购具有场外交易的部分属性,一般需采取特殊的监管方式。

3. 协议收购交易便捷、成本低。协议收购与要约收购相比,其交易程序和法律规制相对简单,交易手续费低廉,可以迅速取得对目标公司的控制权。因此,协议收购在效率上要优于要约收购,但公平性难以保障;要约收购在公平性上要优于协议收购,但在实践中难以取得预期的效果。①

(二) 协议收购的基本程序

1. 谈判并拟订收购协议草案。协议收购多属于善意收购,是收购双方或多方的自愿行为。因此,协议收购首先要进行谈判,即双方或各方对股权转让中的一系列问题进行磋商,并在协商一致的基础上,拟订收购协议草案。

2. 经协议双方或各方有关机构批准。大宗股份转让、受让一般均须经买卖各方当事人的股东会或董事会批准。涉及国家授权机构持有的股份的转让,或者须经行政审批方可进行的股份转让,协议收购相关当事人应当获得有关主管部门批准。

3. 签订收购协议。收购协议草案经双方或各方当事人的有关机构批准后,双方或各方当事人正式签订收购协议。

4. 报告与公告。《证券法》第 94 条第 2 款和第 3 款规定,以协议方式收购上市公司的,达成协议后,收购人必须在 3 日内将该收购协议向国务院证券监督管理机构及证券交易所作出书面报告,并予公告。在公告前不得履行收购协议。根据《上市公司收购管理办法》第 50 条的规定,收购人公告上市公司收购报告书时,应当提交相关的备查文件。

5. 委托中介机构保存股票与存放资金。采取协议收购方式的,协议收购的相关当事人应当

---

① 程兴华:《我国上市公司协议收购与要约收购制度比较:基于公平与效率的视角》,载《财经论丛》2005 年第 7 期。

向证券登记结算机构申请办理拟转让股份的临时保管手续,并将用于支付的现金存放于证券登记结算机构指定的银行账户。

6. 过户。收购报告书公告后,协议收购相关当事人应当按照证券交易所和证券登记结算机构的业务规则和要求,申请办理股份转让和过户登记手续。未按照规定履行报告、公告义务或者未按照规定提出申请的,证券交易所和证券登记结算机构不予办理股份转让和过户登记手续。

收购人在收购报告书公告后 30 日内仍未完成相关股份过户手续的,应当立即作出公告,说明理由;在未完成相关股份过户期间,应当每隔 30 日公告相关股份过户办理进展情况。

7. 收购结束报告与公告。按照《证券法》第 100 条的规定,收购上市公司的行为结束后,收购人应当在 15 日内将收购情况报告国务院证券监督管理机构和证券交易所,并予以公告。

(三) 协议收购的法律后果

协议收购,除了会导致与要约收购相同的实体性法律后果外,还可能引发以下收购程序性法律后果:根据我国《证券法》第 96 条的规定,采取协议收购方式的,收购人收购或者通过协议、其他安排与他人共同收购一个上市公司已发行的股份达到 30%,继续进行收购的,应当向该上市公司所有股东发出收购上市公司全部或者部分股份的要约。但是,经国务院证券监督管理机构免除发出要约的除外。未取得中国证监会豁免且拟继续履行其收购协议的,或者不申请豁免的,在履行其收购协议前,应当发出全面要约。

【本节思考题】

1. 试述上市公司收购的概念和特征。
2. 试述上市公司收购的分类。
3. 试述上市公司收购应遵循的基本原则。
4. 试述要约收购的概念和特征。
5. 试述要约收购的基本程序和条件。
6. 试述收购要约的法律效力。
7. 试述协议收购的概念及特征。
8. 试述协议收购的基本程序。

第六节　证券市场主体

证券市场主体是证券市场的参与者,除证券发行人之外,主要指提供集中交易场所的证券交易所和为证券活动提供各种服务的证券机构或中介机构。它们是筹资者与投资者之间的桥梁,对证券市场的发展具有举足轻重的作用。

一、证券交易所

(一) 证券交易所的概念与性质

证券交易所(Stock Exchange)是指依照法定条件审批设立的,为证券集中交易提供场所和设施,并依法履行组织和监督证券交易职责,实行自律性管理的法人。按照组织形式,证券交易所通常可分为会员制的证券交易所和公司制的证券交易所。按照是否以营利为目的,证券交易所可分为营利性证券交易所和非营利性证券交易所。根据我国《证券法》第 102 条的规定,证券交易所的性质具体体现为:(1) 证券交易所是依法设立的法人组织。根据《证券法》规定,证券交易所的设立必须经国务院批准。证券交易所应有自己的资本、办公及交易场所和设施、交易所章程、组织机构和管理制度等,具备法人资格。(2) 证券交易所是为证券集中交易提供便利的交易设施和提供持续、高效服务的固定场所。证券交易场所分为场内交易场所和场外交易场所,证券交易所属于场内交易场所,是各国证券市场的典型组织形式。与场外交易场所相比,证券交易所提供完善的证券发行与交易设施、市场行情揭示服务和严密的管理制度,从而保障证券交易的公平、合理、快捷、安全。(3) 证券交易所是实行自律性管理的法人。自律性管理是指证券交易所对其会员、上市公司和证券交易活动自律规则的监管。这种监管的强制性体现在,会员或上市公司一旦违反自律性规则,将受到自律性组织章程或规则的制裁,严重者甚至会被取消会员或公司上市的资格。但证券交易所自身不是政府的职能部门,其内部依照交易所章程进行管理。

(二) 证券交易所的组织形式

证券交易所的组织形式通常分为两种类型:会员制和公司制。会员制证券交易所是由证券公司会员或其他会员依法自愿设立的,旨在提供证券集中交易服务的非营利性法人。参加证券交易所的会员是证券自营商和证券经纪商。目前,我国上海证券交易所和深圳证券交易所都采取会员制的组织形式。但从我国《证券法》第 105 条"实行会员制的证券交易所的财产积累归会员所有,其权益由会员共同享有,在其存续期间,不得将其财产积累分配给会员"的规定来看,我国不排除设立公司制证券交易所的可能。公司制证券交易所是依照公司法和证券法等的规定,由符合条件的股东出资设立,以其出资额为限对外承担有限责任,以"有限公司"或"股份公司"命名,旨在提供证券集中交易服务的营利性法人组织。目前,世界上著名的证券交易所大都采用公司制的组织形式。

(三) 证券交易所的职能与组织机构

1. 证券交易所的职能。监管和服务是证券交易所的两大职能。具体来说,证券交易所的职能可归纳如下:(1) 制定证券交易规则;(2) 对证券交易进行实时监控;(3) 组织、监督证券交易,对异常证券交易账户进行限制;(4) 在突发性事件发生时依法使用技术性停牌和临时停市措施;(5) 公开证券交易信息,证券交易所对证券交易即时行情拥有知识产权;(6) 为组织公平的集中交易提供证券交易的场所和设施;(7) 接受证券发行人利用其系统实施公开发行证券;(8) 接受上市申请,安排证券上市;(9) 对会员进行服务与监管;(10) 对上市公司进行服务与监管;(11) 依照规定办理证券的暂停上市、恢复上市或者终止上市事宜;(12) 对上市公司及相关信息披露义务人披露信息进行监督;(13) 证券监督管理机构赋予的其他职能。

2. 证券交易所的组织机构。会员制证券交易所的组织机构通常由会员大会、理事会、总经理和专门委员会组成。会员大会为证券交易所的最高权力机构。证券交易所理事会是证券交易所的决策机构,其地位类似于公司制证券交易所的董事会。理事会由会员理事和非会员理事组成。一般来说,证券交易所总经理是理事会的辅助执行机构,在理事会领导下负责证券交易所的日常管理工作,通常由理事会聘任。但我国《证券法》第 107 条规定,证券交易所设总经理 1 人,由国务院证券监督管理机构任免。

(四) 证券交易所的行为规则

1. 不得以营利为目的。目前,我国的证券交易所不得以营利为目的,证券交易所可以自行支配的各项费用收入,应当首先用于保证其证券交易场所和设施的正常运行并逐步改善。

2. 会员代理交易制。进入证券交易所参与集中交易的,必须是证券交易所的会员。投资者应当与证券公司签订证券交易委托协议,并在证券公司开立证券交易账户,以书面、电话以及其他方式委托该证券公司代其买卖证券。

3. 设立风险基金。《证券法》第116条规定,证券交易所应当从其收取的交易费用和会员费、席位费中提取一定比例的金额设立风险基金。风险基金由证券交易所理事会管理。证券交易所设立风险基金,主要用于弥补证券交易所因不可抗力或重大事故而产生的损失,以确保交易所能正常运转。风险基金来源于证券交易所收取的交易费用、会员费、席位费。

4. 风险基金管理制度。证券交易所应当将收存的风险基金存入开户银行专门账户,不得擅自使用。此项风险基金不属于证券交易所财产,而属于风险基金交纳者的合法财产。

5. 回避制度。证券交易所的负责人和其他从业人员在执行与证券交易有关的职务时,与其本人或者其亲属有利害关系的,应当回避。

6. 不得改变交易结果。按照依法制定的交易规则进行的交易,不得改变其交易结果。对交易中违规交易者应负的民事责任不得免除。

二、证券公司

(一) 证券公司的概念及法律地位

1. 证券公司的概念。在我国,证券公司(Securities Corporation)是指依照《公司法》《证券法》的规定,经中国证监会批准设立的、从事证券经营业务的有限责任公司或股份有限公司。在国外,证券公司又称证券商(Securities Trader),从事证券业务的证券商既可以是公司,也可以是合伙组织和个人。

2. 证券公司的法律地位。在证券市场上,为什么有了证券发行人、投资者以及提供集中交易服务的证券交易所和提供证券登记结算业务的证券登记结算机构,还需要证券公司的存在?这是因为,证券发行人、投资者和证券交易所不可能自动地完成证券的发行和交易工作,需要通过证券公司这一重要桥梁才能完成。证券(尤其是股票和公司债券)的发行与交易,一般都要通过证券公司完成。可以说,证券公司是沟通证券发行与交易的重要中间环节。它的存在,有利于推动证券市场的高效运转,降低社会融资成本。因此,证券公司的经营范围和组织形式决定了其法律地位。这种法律地位表现为它既区别于证券发行人、投资者,也区别于证券交易所。

(二) 证券公司的业务范围

根据业务性质的不同,证券商一般可分为证券承销商、证券自营商、证券经纪商和证券综合商四种。我国《证券法》第125条规定:"经国务院证券监督管理机构批准,证券公司可以经营下列部分或者全部业务:(一)证券经纪;(二)证券投资咨询;(三)与证券交易、证券投资活动有关的财务顾问;(四)证券承销与保荐;(五)证券自营;(六)证券资产管理;(七)其他证券业务。"下面对证券公司的业务范围予以分析:

1. 证券经纪。证券经纪是指证券公司根据投资者的证券买卖指令,以自己的名义和账户代理证券的买卖、还本付息、分红派息、证券代保管、鉴证和代理登记开户等业务活动。

2. 证券投资咨询。证券投资咨询业务是指证券公司及其业务人员向客户提供相关的投资分析、建议和服务等业务。证券投资咨询的含义极其宽泛。

3. 与证券交易、证券投资活动有关的财务顾问。与证券交易、证券投资活动有关的财务顾问业务是指证券公司为客户提供与证券交易、证券投资活动有关的、有特定要求的方案设计和研究等业务。

4. 证券承销与保荐。证券承销，是证券公司以证券承销商身份，根据证券发行人委托，为证券发行人销售股票或公司债券的业务。保荐是指有资格的保荐人对所推荐的公司公开发行股票、可转换为股票的公司债券所提供的持续性训示、督促、辅导和信用担保服务。

5. 证券自营。证券自营即证券的自营买卖，即证券公司以自己的名义，以自有资金，为了自己的利益从事的证券买卖业务。证券公司办理自营业务，应当专门开设自营账户，自营账户应当与经纪业务账户分开管理，不得混合操作。

6. 证券资产管理。证券资产管理是指证券公司作为受托方，在一定期限内受客户的委托，以委托人的名义在委托人的账户上为其办理资产或者财产估价、管理、运用、处置、变现、买卖等事务，由此导致的投资风险由客户承担。这类似于基金资产的管理业务。

7. 其他证券业务。这是指经中国证监会批准的其他证券业务，如融资融券业务。我国《证券法》第 142 条规定："证券公司为客户买卖证券提供融资融券服务，应当按照国务院的规定并经国务院证券监督管理机构批准。"融资融券交易又称保证金交易或者信用交易，是指客户按照有关规定或约定，在买卖证券时向证券公司提供一定数额的资金或证券作为抵押，由证券公司向其贷款或借给证券并支付利息的一种交易方式。此外，证券公司不得超出核定的业务范围经营证券业务和其他业务。为控制风险，国务院发布了《证券公司监督管理条例》。

（三）证券公司的设立、变更与终止

1. 证券公司的设立。关于证券公司的设立，我国《证券法》第 122 条规定："设立证券公司，必须经国务院证券监督管理机构审查批准。未经国务院证券监督管理机构批准，任何单位和个人不得经营证券业务。"按照该条的规定，我国对证券公司的设立实行审批制（许可制）。同样，我国证券公司设立分支机构必须经中国证监会审核批准。成立证券公司，除《公司法》规定公司成立的一般条件外，还要符合《证券法》第 124 条和中国证监会的有关规定。具体包括：

（1）有符合法律、行政法规规定的公司章程。

（2）股东资格要求。证券公司的股东除应当符合《公司法》规定的一般条件外，还应当符合如下条件：主要股东具有持续盈利能力，信誉良好，最近 3 年无重大违法违规记录，净资产不低于人民币 2 亿元；证券公司的股东有虚假出资、抽逃出资行为的，中国证监会应当责令其限期改正，并可责令其转让所持证券公司的股权。在股东按照要求改正违法行为、转让所持证券公司的股权前，中国证监会可以限制其股东权利。

（3）注册资本的要求。证券公司经营《证券法》第 125 条规定的证券经纪、证券投资咨询以及与证券交易、证券投资活动有关的财务顾问业务的，注册资本最低限额为人民币 5 000 万元；经营证券承销与保荐、证券自营、证券资产管理和其他证券业务之一的，注册资本最低限额为人民币 1 亿元；经营证券承销与保荐、证券自营、证券资产管理和其他证券业务中两项以上的，注册资本最低限额为人民币 5 亿元。证券公司的注册资本应当是实缴资本。国务院证券监督管理机构根据审慎监管原则和各项业务的风险程度，可以调整注册资本最低限额，但不得少于上述限额。

（4）主要管理人员和业务人员资格要求。证券公司的董事、监事、高级管理人员应具备任职资格，从业人员应具有证券从业资格。根据《证券法》第 131 条的规定，证券公司的董事、监事、高级管理人员，应当正直诚实，品行良好，熟悉证券法律、行政法规，具有履行职责所需的经营管理能力，并在任职前取得中国证监会核准的任职资格。有《公司法》第146条规定的情形或者《证券法》第131条规定情形的，不得担任证券公司的董事、监事、高级管理人员。

(5) 有完善的风险管理与内部控制制度。证券公司应当建立健全内部控制制度，采取有效隔离措施，防范公司与客户之间、不同客户之间的利益冲突。证券公司必须将其证券经纪业务、证券承销业务、证券自营业务和证券资产管理业务分开办理，不得混合操作。

(6) 有合格的经营场所和业务设施。

(7) 法律、行政法规规定的和经国务院批准的中国证监会规定的其他条件。

2. 证券公司登记事项的变更。《证券法》第129条规定，证券公司设立、收购或者撤销分支机构，变更业务范围或者注册资本，变更持有5%以上股权的股东、实际控制人，变更公司章程中的重要条款，合并、分立、变更公司形式、停业、解散、破产，必须经国务院证券监督管理机构批准。

3. 证券公司的终止。证券公司的终止，是指已获准成立的证券公司，因一定事由的发生而丧失其民事主体资格，不再具有民事权利能力与行为能力的状态。导致证券公司终止的事由有以下三种：(1) 自行解散。当然，证券公司自行解散必须经中国证监会批准。(2) 中国证监会依法予以撤销。(3) 依法被宣告破产。

(四) 证券公司及其从业人员的管理

1. 证券从业人员任职管理。根据中国证监会发布的《证券业从业人员资格管理办法》的规定，证券公司中从事自营、经纪、承销、投资咨询、受托投资管理等业务的专业人员，包括相关业务部门的管理人员，都属从事证券业务的专业人员，必须具有证券从业资格。证券经营机构不得聘用未取得执业证书的人员对外开展证券业务。

2. 证券公司的风险管理。

(1) 净资本与负债比例的管理。为强化证券公司的财务基础及偿债能力，稳定证券市场秩序，对证券公司的净资本与负债总额作出一定的限制是非常必要的。我国《证券法》第130条对此作了原则性规定。为此，证券公司不得为其股东或者股东的关联人提供融资或者担保。

(2) 交易风险准备金的管理。交易风险准备金，又称营业保证金，是依证券公司营业风险程序，由证券公司依照法定标准或者比例提取缴纳的，以备承担法律责任的准备金。我国《证券法》规定，证券公司从每年的税后利润中提取交易风险准备金，用于弥补证券交易的损失。

(3) 交易结算资金的管理。证券公司客户的交易结算资金应当存放在商业银行，以每个客户的名义单独立户管理。具体办法和实施步骤由国务院规定。证券公司不得将客户的交易结算资金和证券归入其自有财产。禁止任何单位或者个人以任何形式挪用客户的交易结算资金和证券。证券公司破产或者清算时，客户的交易结算资金和证券不属于其破产财产或者清算财产。非因客户本身的债务或者法律规定的其他情形，不得查封、冻结、扣划或者强制执行客户的交易结算资金和证券。

(4) 证券公司融资、融券交易的管理。

(5) 证券公司报送信息和资料的管理。证券公司应当按照规定向中国证监会报送业务、财务等经营管理信息和资料。

(6) 证券公司重大风险处置和管理。如：①限制股东行使权利。②撤销董事、监事、高级管理人员的任职资格。③责令停业整顿，指定其他机构托管、接管或者撤销。④对该证券公司直接负责的董事、监事、高级管理人员和其他直接责任人员采取以下措施：通知出境管理机关依法阻止其出境；申请司法机关禁止其转移、转让或者以其他方式处分财产，或者在财产上设定其他权利。

3. 证券公司的禁止行为。

（1）证券公司不得接受投资者的全权委托。全权委托是指投资者向证券公司作出的，由证券公司决定证券买卖、选择证券品种、决定买卖数量或者买卖价格的委托指令。

（2）证券公司不得对投资者利益作出非法承诺。在证券经纪业务中，证券公司只是代客买卖证券，客户作为投资者应承担证券交易的风险。证券公司不得以任何方式对客户证券买卖的收益或者赔偿证券买卖的损失作出承诺。

（3）证券公司不得私下接受委托。

三、证券登记结算机构

（一）证券登记结算机构的概念和性质

1. 证券登记结算机构的概念。证券登记结算机构（Securities Registration and Clearing Institution）是指为证券发行与交易提供集中登记、存管与结算服务的不以营利为目的的法人。证券登记结算机构作为法人，具有民事权利能力和民事行为能力，依法独立享有民事权利和承担义务。目前，我国证券登记结算采取全国集中统一的运营方式——中国证券登记结算有限责任公司。上海、深圳证券交易所内的证券公开发行与买卖、登记、存管和结算服务等业务，均通过中国证券登记结算有限责任公司上海、深圳分公司进行。

2. 证券登记结算机构的性质。我国现有的证券登记结算机构是经中国证监会批准、在市场监督管理机关登记注册的法人组织。它虽然以“公司”命名，但其不以营利为目的，不向其股东或结算会员分配利润，因而在性质上属于非营利法人。所谓“不以营利为目的”，是相对于以营利为目的而言的，是指不从事生产经营活动，不为设立人获取利润，但可以为维持本公司的运转而在开展自己的业务时收取一些费用。

（二）证券登记结算机构的职能

证券登记结算机构的职能是指证券登记结算机构的业务范围。根据《证券法》第 157 条的规定，证券登记结算机构的职能主要包括：

1. 证券账户、结算账户的设立。证券账户是由证券登记结算机构为证券投资者开出的、记载其证券持有及变更的权利凭证。除国家法律、法规禁止开设账户的自然人和法人外，其他自然人和法人或符合中国证监会规定的非法人组织可以凭有效证件，到证券登记结算机构申请设立证券账户，领取证券账户卡。结算账户是指在证券登记结算机构开立的用于结算证券交易业务的钱券交割的结算和交收账户。

2. 证券的存管和过户。存管是指由证券登记结算公司代为保管投资者拥有的实物证券；在证券无纸化情况下，存管则是指保存证券的电子记录。投资者在证券市场上买进证券并成交以后，证券登记结算机构自动为其办理变更所有人名册手续，这种办理所有权变更的手续称为过户。

3. 证券持有人名册登记。证券登记结算机构根据证券交易中结算、交收、过户的结果，进行证券持有人名册集中登记。证券登记结算机构制作的名册，具有权利证明效力。

4. 证券交易所上市证券交易的清算与交收。清算是指证券登记结算机构通过与证券交易所、清算银行和结算会员单位(主要是证券公司)之间的联网,对各会员证券买卖成交后彼此之间应转移的资金或证券的具体数量分别予以抵消,以净额结算方式完成证券和资金的收付。交收是指投资者与接受委托的证券公司之间完成证券和资金交付的过程。

5. 受证券发行人委托派发证券权益。证券发行人委托证券登记结算机构依据登记名册派发证券权益。

6. 办理与上述业务有关的查询。上述业务均属于为投资者、证券发行人及证券公司提供服务的范畴,与此业务服务性质相适应,《证券法》规定证券登记结算机构提供上述业务的查询服务,这是证券登记结算机构登记、存管、过户、结算、交收等基本业务之延伸业务。

7. 国务院证券监督管理机构批准的其他业务。

(三) 证券登记结算机构的权利和义务

根据《证券法》和《证券交易所管理办法》的规定,证券登记结算机构的主要权利和义务如下:

1. 证券登记结算机构的权利。

(1) 有权拒绝他人随意查询证券持有人名册以及相关资料。证券登记结算机构基于与证券持有人(投资者)之间的委托保管合同关系,作为保管人有义务妥善保管寄存的财产,不得使其遭受损失或被第三人不当使用,并对投资者负有保密的义务。

(2) 有权要求结算会员缴纳结算风险基金。

(3) 有追偿的权利。证券结算风险基金是一种化解证券市场风险的基金,当出现《证券法》规定的"因技术故障、操作失误等原因造成的损失"而由证券登记结算机构用风险基金先行赔偿后,如果属于"他人"责任造成的损失,则证券登记结算机构应当向"他人"进行追偿。

2. 证券登记结算机构的义务。

(1) 法定保管义务。《证券法》第159条规定:"证券持有人持有的证券,在上市交易时,应当全部存管在证券登记结算机构。证券登记结算机构不得挪用客户的证券。"

(2) 资料善管和提供义务。证券登记结算机构作为专业型服务机构,应依照证券行业通行的规则和标准,以善良管理人的标准管理和提供有关资料。

(3) 保证证券登记结算业务正常进行的义务。

(4) 建立证券结算风险基金的义务。

(5) 结算资金和证券专项管理义务。

(6) 提供净额结算服务。净额结算服务要求结算参与人按照货银对付的原则,足额交付证券和资金,并提供交收担保。在交收完成之前,任何人不得动用用于交收的证券、资金和担保物。

四、证券服务机构

(一) 证券服务机构的概念与种类

证券服务机构是指为证券的发行、交易和相关投资活动提供专业服务的中介机构。这些中介机构包括证券投资咨询机构、财务顾问机构、资信评级机构、律师事务所、会计师事务所、资产评估机构和土地评估事务所等证券服务机构。

投资咨询机构、财务顾问机构、资信评级机构、资产评估机构、会计师事务所从事证券服务业务,必须经中国证监会和有关主管部门批准。前三种机构从事证券服务业务的人员,必须具备证券专业知识和从事证券业务或者证券服务业务2年以上的经验。

（二）证券投资咨询公司的义务和责任

证券投资咨询公司，又称证券投资顾问公司，是指对普通证券投资者、证券发行人和证券交易者筹资活动、投资交易提供咨询服务的专业公司。证券投资咨询公司的义务和责任：证券投资咨询公司及其从业人员从事证券服务业务不得从事下列行为：(1)代理委托人从事证券投资；(2)与委托人约定分配证券投资收益或者分担证券投资损失；(3)买卖本咨询机构提供服务的上市公司的股票；(4)利用传播媒介或者通过其他方式提供传播虚假或者误导投资者的信息；(5)法律、行政法规禁止的其他行为。证券投资咨询机构及其从业人员有上述行为之一，给投资者造成损失的，依法承担赔偿责任。

（三）其他证券服务机构的义务和责任

根据《证券法》第173条的规定，证券服务机构为证券的发行、上市、交易等证券业务活动制作、出具审计报告、资产评估报告、财务顾问报告、资信评级报告或者法律意见书等文件，应当勤勉尽责，对所依据的文件资料内容的真实性、准确性、完整性进行核查和验证。其制作、出具的文件有虚假记载、误导性陈述或者重大遗漏，给他人造成损失的，应当与发行人、上市公司承担连带赔偿责任，但是能够证明自己没有过错的除外。

五、证券业协会

（一）证券业协会的性质与职责

证券业协会，也称"证券业同业公会"，是证券业的自律性组织，是依法设立的对证券行业进行自律性管理的具有法人资格的社会团体组织。其性质属于自律性社会团体法人。证券业协会是由证券公司和其他证券经营、服务机构及其人员自愿组织成立的，有自己的独立财产或基金，有会员共同制定的团体章程，其活动不以营利为目的。我国的证券业协会组织分为全国性证券业协会和地方性证券业协会两种，二者均为独立的社团法人。中国证券业协会成立于1991年8月28日，是全国证券业自律性管理组织。我国《证券法》第176条规定了证券业协会的职责。

（二）证券业协会的会员

根据《中国证券业协会章程》规定，协会的会员分为团体会员与个人会员。凡依法批准设立的证券交易所、专门经营证券业务的证券公司和兼营证券业务的金融机构及团体，只要承认协会章程、遵守协会的各项规则，均可申请加入协会，成为协会的团体会员。协会根据需要吸收证券市场管理部门有关领导及从事证券研究及业务工作的专家、学者为协会的个人会员。但我国《证券法》规定，证券公司应当加入证券业协会。

（三）证券业协会的组织机构

证券业协会作为社会团体法人，应当有自己的组织机构，其组织机构一般由会员大会、理事会、监事会三部分组成。

1. 会员大会。证券业协会的权力机构为全体会员组成的会员大会。证券业协会章程由会员大会制定，并报国务院证券监督管理机构备案。

2. 理事会。证券业协会设理事会，是协会的执行机构，理事会成员依章程的规定由会员大会选举产生。

3. 监事会。证券业协会的监事会由会员大会选举产生的监事组成。

【本节前沿问题】

如何理解证券公司与证券交易客户之间关系的性质

关于证券公司与证券交易客户之间的关系,理论界主要有两种观点:代理说和行纪说。

一些学者认为,证券公司受客户委托进行证券交易,证券交易的风险和法律后果由客户承担,二者之间应当是代理人与委托人的关系。另一些学者则认为,证券公司以自己的名义实施证券交易行为,行为的法律后果转由委托人承担,这符合行纪的特征,且行纪人一般为依法设立的从事特定行业的经济组织,因而,二者的关系应当是行纪关系。

【本节思考题】

1. 证券交易所的基本职能是什么?
2. 为什么要建立全国统一的证券登记结算机构?

第七节　证券监管制度

一、证券监管概述

(一) 证券监管的概念及特征

证券监管也称证券市场的监管,是指监管机构依据证券法,对证券发行、交易和服务活动实施的监督与管理。证券监管制度就是关于证券监管机构对证券发行、交易与服务活动实施监督管理的一系列规范的总称。它包括证券监管的目标和原则,证券监管体制,证券监管机构的性质、职责权限,监管机构及其工作人员的行为规范、法律责任,以及证券监管的国际合作等内容。证券监管制度是证券法律制度的重要内容,也是金融监管制度的重要组成部分。证券监管具有以下特征:

1. 监管目的的确定性。证券监管是一种有目的的行为。国际证监会组织(IOSCO)《证券监管的目的和原则》确立的证券监管目标为:保护投资者;确保市场公平、有效和透明;减少系统性风险。根据我国《证券法》第 178 条的规定,证券监管的目的在于维护证券市场秩序,保障其合法运行。

2. 监管机构的法定性。证券监管机构的设立及其性质是由证券法规定的。我国《证券法》第 7 条第 1 款规定,国务院证券监督管理机构依法对全国证券市场实行集中统一监督管理。这一规定明确了国务院证券监督管理机构是对全国证券市场实行集中统一监督管理的法定监管机构。目前,该机构为中国证券监督管理委员会。

3. 监管范围的广泛性。从监管的行为看,包括证券发行、上市、交易、登记、存管、结算等证券活动。从监管的主体看,包括证券发行人、上市公司、证券交易所、证券公司、证券登记结算机构、证券服务机构、证券投资基金管理公司、证券业协会以及证券业从业人员等。

4. 监管行为的合法性。证券监管既是一种行政行为,也是一种执法行为,必须依法进行。证券监管机构必须依据《证券法》及相关法律法规的规定,依法制定证券监管的有关部门规章,并依照法定权限和法定程序,依法依规监管,不得滥用监管权力。

（二）证券监管的目标与原则

1. 证券监管目标。证券监管目标是指证券监管机构对证券市场实施监督管理所要达到的宏观或具体的目的。证券监管的目标是一个值得进一步探讨的理论与实践问题。借鉴国际证券监管经验，总结我国证券监管实践，证券监管目标具体包括以下内容：

(1) 保护投资者。保护投资者利益是证券立法的宗旨，也是证券监管的主要目标。实现这一监管目标的路径，一是加强信息披露，完善信息披露制度，这是最基本也是最有效的保护投资者的方式；二是加强对中介机构的监督管理，防止中介机构对投资者的欺诈，侵害投资者利益；三是建立对投资者进行法律救济的机制以及保护措施，包括建立赔偿基金、成立专门的证券仲裁机构、完善证券诉讼机制等；四是加强投资者教育，提高投资者风险意识和自我保护能力。

(2) 确保市场的公正、透明和有效。公正、透明和有效是证券市场赖以存在和发展的基础。首先，应当保证规则的公正。公正的规则有助于市场的公正，证券监管应确保证券交易所制定的交易规则具有公正性，对所有的投资者一视同仁，不应使交易规则向某些投资者倾斜。其次，应当确保市场透明。将一切与证券发行和交易有关的信息，真实、全面、及时地向社会公众投资者公开，以便投资者投资决策时参考，这有助于防止不正当、不公平交易的发生。最后，应当提高市场效率。证券监管应确保投资者享有平等的交易机会，平等地了解市场及价格信息，使市场成为充分体现价格机制的场所。

(3) 维护证券市场的安全与稳定。证券市场充满各种风险，如证券市场崩溃、证券机构连锁倒闭等。证券市场一旦出现系统风险，将危及整个国民经济的发展。因此证券监管采取了以下多种措施，旨在减少系统风险：一是制定证券市场中介机构最低入场标准，建立处理证券中介机构破产的程序，将其对投资者造成的损失降至最低程度；二是加强对证券交易市场的持续监管，防范和控制大额风险、违规风险和市场崩溃；三是加强对证券交易的清算、结算系统的监管。

2. 证券监管的原则。证券监管原则是指证券监管活动本身应当遵循的基本准则。它贯穿于证券监管活动的始终，对证券监管行为具有指导性作用，有助于保障证券监管目标的实现。

(1) 依法监管原则。证券监管机构的监管行为应当依法进行，既受法律保障，亦受法律制约。一方面，证券监管机构的监管行为必须有法律的授权，受法律的保障，享有执法的权力和手段，从而使监管行为具有权威性和实效性。另一方面，监管机构及其监管行为必须受法律的约束，即监管者自身也应受到法律监管，以防止监管权力的滥用和监管失职。

(2) 适度监管原则。证券监管应当采取与市场发展相适应的适度监管方式与政策，既不能过度干预市场，也不能放任市场失灵。当今世界没有政府不监管证券市场的，关键是如何监管，采取什么样的监管政策与思路。因此，处理好监管与市场的关系尤为重要。

(3) 效率原则。证券监管的实施应进行成本效益分析，以成本最小化实现收益最大化，从而提高监管的有效性。证券市场的监管成本包括：一是政府监管本身要耗费大量的人力、物力和财力；二是不合理的监管行为，如监管不足、监管过度或监管权滥用，对证券市场的发展造成的重大损害。因此，合理地设计证券市场监管组织体系的结构，制定行之有效的监管制度，建立一支精通证券市场专业技术知识和具有高度敬业精神及职业道德的高级监管队伍，是充分发挥和提高证券市场监管机制的功能和效率、降低证券市场监管机制的运行成本的必要条件。①

---

① 参见金哲、徐长明：《建立我国证券市场监管新体制之构想》，载《东北财经大学学报》1999年第3期。

(4) 自律管理与政府监管相结合原则。所谓自律管理,是指行业中的企业按照一致的意愿,自行对各自成员进行管理,以促进行业的公平、有序发展。相对于政府监管,自律管理具有特殊作用和不可取代的地位:一是自律管理具有专业性。自律组织来自市场、接近市场、了解市场,拥有直接的市场经验,并储备了大量的专业人士,在自律管理中能够发挥专业优势。二是自律管理具有灵活性。自律管理可以随证券市场的发展变化,采取灵活的管理方式和措施。三是自律管理与政府监管具有互补性。因此,应当重视行业自律,发挥市场参与者的自律作用。

(三) 证券监管的国际合作

随着经济全球化的发展和金融全球化的不断推进,金融监管的国际合作亦不断加强,尤其是证券监管的国际合作越来越密切。近年来,各国对金融业的监管和相关的国际立法出现了两大趋势:一是金融监管的重心转向证券市场。二是金融全球化带动金融监管尤其是证券监管的全球化。例如,成立于 1983 年的国际证监会组织,截至 2015 年 3 月,共有 203 个会员机构,包括 124 个正式会员、15 个联系会员和 64 个附属会员,覆盖了全球 95% 以上的证券市场。中国证监会于 1995 年 7 月加入该组织,成为其正式会员。该组织的宗旨是:制定国际公认的监管准则和执法标准并推动其得到一致实施;通过加强在执法、市场及中介监管方面的信息交流和合作,加大投资者保护力度,增强投资者对证券市场诚信的信心;为成员在全球和地区层面进行经验交流提供平台,以促进各成员国内证券市场的发展。1998 年 9 月该组织首次通过了一项国际监管标准——《证券监管的目标和原则》(2003 年、2008 年、2010 年进行了三次修订),该文件确立了证券监管的三项目标,即保护投资者,确保市场的公平、高效和透明,以及减少系统性风险,并制定了 38 条监管原则。

随着我国证券市场的发展,特别是我国加入 WTO 组织后,中国证监会与国际证监会组织成员之间的交流与合作日益加强,证券监管的国际合作范围越来越广泛。截至 2015 年 6 月,中国证监会与境外证券(期货)监管机构签署了 62 个监管合作谅解备忘录,包括美国、日本、英国、加拿大、法国、德国、印度、瑞士、新加坡、中国香港等许多国家和地区的证券监管机构。备忘录所涉及的主要内容包括:签订备忘录要遵循的一般原则、法律实施的合作与磋商、信息的交流与资料的交换、技术援助的范围和方式等。随着我国证券市场对外开放程度的进一步加大,如何应对证券市场的跨境违法犯罪,防范证券市场的区域性和国际性市场风险,以及如何遵循国际组织制定的各项准则,加强与国际证券监管组织以及各国和地区证券监管机构的监管合作,是我国证券监管面临的新课题。

二、证券监管体制

(一) 证券监管体制的概念与类型

证券监管体制,是指一个国家或地区通过立法设立或认可的对该国(地区)证券市场进行监督、管理、控制与协调的整个体系与职责权限划分的制度。它包括组织机构体系、目标体系、功能体系以及运行机制。从组织体系看,既包括国家授权监管机构,也包括自律性组织机构。

证券监管体制,按照不同的标准可以进行不同的分类。按照政府监管与证券市场自律的关系,证券监管体制通常分为三种类型:一是市场主导的自律型监管体制。其特点是,证券市场的管理主要由证券交易所和证券商协会等组织进行自律管理,除了必要的国家立法外,政府较少干预证券市场,证券监管以市场为主导。这一监管体制的典型代表是英国。二是政府主导的他律型监管体制。其特点是,证券市场的管理主要由政府负责,国家通过立法设立全国性的证券监督管理机构,并制定专门的证券法和配套的管理法规,对证券市场实行集中统一的管理,如美国、日本等国家。三是中间型监管体制。其特点是,以政府的实质性管理与行业自律管理相结合为特色,是介于市场主导的自律型管理与政府主导的他律型管理之间的一种独立类型的证券监管体制,如德国、法国、意大利等欧洲大陆国家。

(二) 我国的证券监管体制与体系

我国的证券市场是随着经济体制改革的不断深入而产生和发展起来的,其监管体制也是随着证券市场的发展不断变化的,经历了从地方监管到中央监管、从分散监管到集中监管的发展过程。这一发展过程大致经历了四个阶段:财政部独立管理阶段(1981 年—1985 年);主要由中国人民银行主管阶段(1986 年—1992 年 9 月);国务院证券委员会主管阶段(1992 年 10 月—1998 年 7 月);中国证券监督管理委员会统一监管(1998 年 8 月至今)阶段。

1998 年 8 月国务院批准《证券监管机构体制改革方案》,决定逐步建立与社会主义市场经济相适应的证券监管体制,理顺中央与地方监管部门的关系,实行集中统一领导的管理体制,根据各地区证券业发展的实际情况,在部分中心城市设立证监会派出机构。1998 年 12 月《证券法》以法律的形式确认了国务院证券监督管理机构对全国证券市场实行集中统一监督管理的体制,从此,我国证券监管体制进入了集中统一监管阶段。《证券法》第 7 条规定:"国务院证券监督管理机构依法对全国证券市场实行集中统一监督管理。国务院证券监督管理机构根据需要可以设立派出机构,按照授权履行监督管理职责。"第 8 条规定:"在国家对证券发行、交易活动实行集中统一监督管理的前提下,依法设立证券业协会,实行自律性管理。"这些规定表明了我国的证券监督管理体制的特点和体系,即以政府监管为主,证券业自律性管理为辅助,两者相互结合。

三、证券监督管理机构

(一) 证券监管机构的职责范围

由于各国和地区的证券监管体制不同,证券监管机构的职责范围亦有所不同。例如,美国联邦证券交易委员会的职责范围非常广泛,它负责制定和调整有关证券活动的管理决策,负责制定和解释证券市场的各种规章制度,管理全国范围内的场内外证券发行与交易活动,维护市场秩序,调查处理各种不法的证券发行与交易行为,组织并监督证券市场收集和传输各种有关证券发行与交易的信息等。我国证券监管机构的职责范围也较为广泛,根据《证券法》第 179 条的规定,主要包括以下几方面:

1. 依法制定有关证券市场监督管理的规章、规则。证券市场要规范化、法制化,仅有狭义的证券法是不够的,还需要一系列配套的行政法规和部门规章,以及各种规则。证券监管机构要依法监督管理证券市场,必须通过制定规章和准则来实现,但前提是要依法制定,不能超越立法权限。

2. 依法行使审批权或者核准权。《证券法》不仅赋予证券监管机构规章和规则的制定权,还赋予其相应的审批权和核准权。例如,公开发行证券,必须依法报经国务院证券监督管理机构或者国务院授权的部门核准;未经依法核准,任何单位和个人不得公开发行证券。又如,设立证券公司,必须经国务院证券监督管理机构审查批准;未经依法批准,任何单位和个人不得经营证券业务。

3. 依法对证券的发行、交易、登记、存管、结算进行监督管理。《证券法》对证券的发行、交易、登记、存管、结算等环节均有详尽的规定,为保证证券法的实施,维护证券市场的秩序,《证券法》赋予证券监管机构在证券发行与交易诸环节中的监管职责。

4. 依法对证券发行人、上市公司、证券公司、证券投资基金管理公司、证券服务机构、证券交易所、证券登记结算机构的证券业务活动进行监督管理。证券发行人、上市公司以及各种证券中介机构,是证券市场的重要参与主体,对证券市场的稳定和发展有重要影响,国务院证券监督管理机构应当依法对其加强监管。

5. 依法制定从事证券业务人员的资格标准和行为准则并监督实施。从事证券业务的人员应当达到一定的业务水准,具备相应的业务资格,并遵守一定的行为准则,以保障证券市场高效有序运行。国务院证券监督管理机构的职责之一,就是依法制定从事证券业务人员的资格标准和行为准则,并监督实施。

6. 依法监督检查证券发行、上市和交易的信息公开情况。信息公开有利于提高证券市场的透明度,有利于保护证券投资者。为保证证券发行、上市、交易的信息公开做到及时、真实、准确,使投资者得到平等的信息获取机会和交易机会,国务院证券监督管理机构有权依法监督检查证券发行、上市和交易的信息公开情况。

7. 依法对证券业协会的活动进行指导和监督。根据《证券法》的规定,在国家对证券发行、交易活动实行集中统一监督管理的前提下,依法设立证券业协会,实行自律管理。为了更好地发挥证券业协会的自律作用,促使其合法、有效地履行其职责,国务院证券监督管理机构应依法对其进行指导和监督。

8. 依法对违反证券市场监督管理法律、行政法规的行为进行查处。查处违反证券市场监督管理法律、行政法规的行为,是证券监管机构的一项重要职责。没有对证券市场违法行为的严肃查处和严格执法,证券市场的秩序就难以维持。

9. 法律、行政法规规定的其他职责。《证券法》以概括性条款对证券监管机构的职责范围作了弹性规定。这对加强证券市场的监管,保持证券监管机构对证券市场的适应性,是十分必要的。

此外,随着我国证券市场的对外开放,证券监管的国际合作问题日益突出。根据《证券法》的规定,国务院证券监督管理机构可以和其他国家或者地区的证券监督管理机构建立监督管理合作机制,实施跨境监督管理。

(二) 证券监管机构的执法权

证券监管机构的执法权属于法定执法权。证券监管机构既不能超越职权,也不能滥用职权。根据我国《证券法》第 180 条规定,国务院证券监督管理机构依法履行职责,并享有下列相应的执法权或采取相应措施的权力。

1. 现场检查权。国务院证券监督管理机构有权对证券发行人、上市公司、证券公司、证券投资基金管理公司、证券服务机构、证券交易所、证券登记结算机构进行现场检查。

2. 调查取证权。国务院证券监督管理机构有权进入涉嫌违法行为发生场所调查取证。被调查单位和个人应当予以配合,如实提供有关文件和资料,不得拒绝、阻碍和隐瞒。

3. 询问权。国务院证券监督管理机构有权询问当事人和与被调查事件有关的单位和个人,要求其对与被调查事件有关的事项作出说明。被询问的当事人和与被调查事件有关的单位和个人应当予以配合。

4. 查阅、复制和封存权。国务院证券监督管理机构有权查阅、复制与被调查事件有关的财产权登记、通信记录等资料;有权查阅、复制当事人和与被调查事件有关的单位和个人的证券交易记录、登记过户记录、财务会计数据及其他相关文件和数据;对可能被转移或者隐匿的文件和数据,可以予以封存。被封存的文件和资料,有关人员不得自行处理。

5. 账户查询权与冻结权。国务院证券监督管理机构有权查询当事人和与被调查事件有关的单位和个人的资金账户、证券账户和银行账户;有证据证明已经或者可能转移或者隐匿违法资金、证券等涉案财产或者隐匿、伪造、毁损重要证据的,经国务院证券监督管理机构主要负责人批准,可以对其采取冻结或者查封措施。

6. 限制证券买卖。在调查操纵证券市场、内幕交易等重大证券违法行为时,经国务院证券监督管理机构主要负责人批准,可以限制被调查事件当事人的证券买卖,但限制的期限不得超过15个交易日;案情复杂的,可以延长15个交易日。

【本节前沿问题】

分业经营还是混业经营

分业经营还是混业经营,是金融界一直有争议的问题。我国1998年《证券法》第6条规定:"证券业和银行业、信托业、保险业分业经营、分业管理。证券公司与银行信托、保险业务机构分别设立。"这一规定基于立法时的国内国际金融环境,尤其是"东南亚金融危机"这一国际背景,为了防范金融风险,从我国金融业发展的实际出发,确立了证券业和银行业、信托业、保险业分业经营、分业管理的原则。

在《证券法》的修订过程中,对这一条款的修订有两种不同意见:一种意见认为,金融业分业经营和分业管理的格局基本没有变化,因此这条不需要修订。另一种意见认为随着金融改革不断深化,过去实行严格分业经营的做法在实践中已经开始被突破,目前已经出现在集团控股下分设银行、证券、保险机构的模式,而且国务院已经批准商业银行设立基金管理公司试点,批准保险资金按一定比例直接进入资本市场,这些做法都已突破了分业经营的限制。根据实践的需要,法律应该开一个口子,一方面对既成事实提供法律依据,另一方面也为今后我国金融改革留下法律空间。2005年修订的《证券法》在原条款不动的基础上,增加了"国家另有规定的除外"。这一修改,为我国金融改革中出现的混业经营提供了法律支撑,更重要的意义是为银行资金间接进入证券市场准备了条件,由此也成为2005年《证券法》修订的重大内容之一。

【本节思考题】

1. 试述我国证券监管机构的职责范围。
2. 我国证券监管机构享有哪些执法权?

第八节 证券违法行为与法律责任

一、证券违法行为概述

证券违法行为可以归纳为两类:一般的违法行为和严重的违法行为(即犯罪行为)。对于一般的违法行为，应由当事人通过行政或民事诉讼程序，通过诉讼、仲裁或行政处理的方式解决。对于构成证券犯罪的行为，应由司法机关依照《刑法》《刑事诉讼法》的规定追究行为人刑事责任。因此，民事、行政和刑事三种法律责任共同构成证券法的责任体系。根据行为的性质进行区分，证券违法行为可以分为内幕交易、虚假陈述、操纵市场、欺诈客户等行为和其他证券违法行为。

（一）我国有关证券违法行为和法律责任的立法

近十多年来，我国已陆续颁布了一系列有关证券违法行为的法律、法规和规章，如《证券法》《公司法》《刑法》《股票条例》《注册会计师法》《律师法》《会计法》《信息披露违法行为行政责任认定规则》等，全国人大常委会的相关决定，以及《关于受理证券市场因虚假陈述引发的民事侵权纠纷案件有关问题的通知》《关于审理证券市场因虚假陈述引发的民事赔偿案件的若干规定》（以下简称最高人民法院《规定》）等司法解释。这些有关证券违法行为的立法构成了相对完整的证券违法行为和法律责任的法律体系。

（二）证券违法行为的特点和种类

1. 证券违法行为的特点。包括：(1) 证券违法行为在主观上大多属于当事人的故意行为。(2) 证券违法行为在客观上具有违法性。(3) 证券违法行为的主体包括自然人、法人和其他组织。(4) 证券违法行为所侵害的客体是双重客体：一方面，它扰乱和破坏了国家对证券市场的管理秩序；另一方面，它损害了其他投资者的合法权益。

2. 证券违法行为的主要种类。根据行为的性质进行区分，证券违法行为可以分为内幕交易、虚假陈述、操纵证券交易价格、欺诈客户等行为和其他证券违法行为。其他证券违法行为包括不具备从业资格或者未经法定程序批准而从事证券发行、交易以及相关活动的行为，超越法定权限的证券违法行为，以及滥用职权的行为。其中，只有情节严重的违法行为才构成犯罪。

（三）证券法律责任

证券法律责任，即违反证券法律或合同的法律责任，是指证券法律关系的主体违反证券法律、法规或者不履行合同约定的义务，侵害国家、法人和个人的合法权益，应当依法承担的法律后果。证券法调整的证券法律关系既可以单独适用某一种责任，也可以同时并用民事、行政、刑事三种责任。

1. 证券民事责任。证券民事责任，是指证券法律关系的主体因违反证券立法或者合同上的义务而产生的民事上必须承担的法律后果。民事责任以补偿受害当事人的损失为目的，它是一种补偿性的财产责任。在我国，承担证券民事责任的方式有返还财产（返还本金及同期银行存款利息）、停止侵害、赔偿损失（损害赔偿）和支付违约金。我国《证券法》第 232 条和《刑法》第 36 条第 2 款规定了民事责任优先的原则，即违法行为者应当承担民事赔偿责任和缴纳罚款、罚金，同时被判处刑罚，或者被判处没收财产的，其财产不足以同时支付时，先承担民事赔偿责任。可见，我国在设计证券法责任体系时遵循的原则是：民事赔偿为一般，行政或刑事惩罚为例外；赔偿为主，惩罚为辅。

2. 证券行政责任。证券行政责任，是指证券法律关系的主体因违反法律和行政法规而产生的行政上必须承担的法律后果。在我国，行政责任包括行政处分和行政处罚。行政处分的种类主要有警告、记过、记大过、降级、降职、撤职、留用察看、开除等。行政处罚的种类包括责令改正，责令限期出售，罚款，没收违法所得，限制或暂停证券业务，暂停或取消发行、上市资格，责令停业整顿，撤销证券业务许可，吊销执照，吊销违法人员资格证书，以及市场禁入等。我国证券法对证券违法行为的行政责任作了较为具体的规定，这充分反映了其证券行业管理法的本质。

3. 证券刑事责任。证券刑事责任，是指证券法律关系的主体因违反刑事法律规范，并已构成犯罪所应承担的法律后果。在我国，刑事责任包括主刑和附加刑。其中，主刑有管制、拘役、有期徒刑、无期徒刑和死刑，附加刑有罚金、剥夺政治权利、没收财产。

二、虚假陈述及其法律责任

（一）虚假陈述的概念、特征和类型

1. 虚假陈述的概念。虚假陈述（Misrepresentation）是指信息披露义务人违反证券法律、法规的规定，在证券发行和交易过程中，对证券发行与交易的事实、性质、前景、法律等事项作出虚假记载、误导性陈述或者在披露信息时发生重大遗漏，以及其他任何形式的与事实或法律要求不相符合的表示行为或者诱导，致使投资者在不了解事实真相的情况下作出证券投资决定的一种证券违法行为。虚假陈述是证券违法行为的重要表现形式。

2. 虚假陈述的特征。从虚假陈述的概念可知，其特征有三：⑴ 虚假陈述是特定主体实施的行为。特定主体主要是指依照信息披露制度承担信息披露义务的法人和自然人，包括证券发行人、上市公司、保荐人、主承销商、为证券发行和交易出具专业文件的证券服务机构及其从业人员。⑵ 虚假陈述是违反信息披露义务的行为。对与证券发行和交易有关的事项，信息披露义务人应按法律规定向社会公众进行披露。否则，在披露文件中作出虚假记载、误导性陈述或有重大遗漏的，即属于违反信息披露义务的行为，构成虚假陈述。⑶ 虚假陈述包括积极的作为和消极的不作为。积极的作为包括主观上的虚假记载、误导性陈述，以及作出背离事实真相的陈述和记载，如捏造、虚构或篡改行为；消极的不作为的表现是遗漏行为，即对依法应作陈述和记载的事项未作记载和陈述。

3. 虚假陈述的类型。根据表现形态的不同，虚假陈述可分为虚假记载、误导性陈述、重大遗漏和不当披露。虚假记载又叫不实陈述，是指行为人在信息披露的文件上虚构、捏造与事实真相不符的记载，是一种积极的虚假陈述行为。误导性陈述是指行为人公开披露文件的内容虽然没有背离事实真相，但其表述存在显著的缺陷或不当，致使投资者无法进行客观的、完整的、准确的理解和判断，并容易导致投资者形成不符合客观情况的误解和误信。重大遗漏是指行为人在信息披露文件中，未记载与证券发行、交易及相关活动有关的关键性信息，以及依法应当记载的事项或为避免文件不致被误解所必须记载的重大事项。不当披露是指行为人未按照法律、行政法规和监管部门的规章规定的时间和方式披露信息，或对可能导致证券价格变化并影响投资决策的重大信息未适时按法定方式披露。

（二）虚假陈述的法律责任

1. 虚假陈述的民事责任。

⑴ 虚假陈述民事责任的构成要件。虚假陈述民事责任主要是民事赔偿责任。其构成要件如下：①主观上存在过错。过错，是指行为人的主观故意和过失状态。在证券市场中，由于受害人对侵权人的主观过错难以举证证明，因此证券立法一般规定以过错推定和无过错责任作为虚假陈述责任人的归责原则。如果他们能够证明其已勤勉尽责，则可以免除责任。②客观上有虚假陈述行为。即虚假陈述行为人在客观上作出了虚假陈述行为。对于虚假陈述行为的认定，应当以人民法院、中国证监会和财政部的处罚认定为准。③损害后果。民事赔偿以存在损害为前提。

如果不存在可以补救和计算的损失，则虚假陈述不能产生赔偿责任。投资者对所受到的损害，应承担举证责任。④因果关系。在民事责任中，因果关系是联系违法行为与损害后果之间的重要纽带。我国《证券法》第69条和第223条规定了因果关系的内容。

(2) 虚假陈述民事责任的主体和责任认定方式。

首先，虚假陈述民事责任的主体。虚假陈述民事责任的主体包括：公司发起人、控股股东等实际控制人；证券发行人或者上市公司；保荐人、主承销商；会计师事务所、律师事务所、资产评估机构等证券服务机构；发行人或者上市公司、保荐人、主承销商中负有责任的董事、监事和经理等高级管理人员以及会计师事务所、律师事务所、资产评估机构等专业服务机构的直接责任人；其他作出虚假陈述的机构或者自然人。

其次，虚假陈述民事责任的认定方式。主要包括：①无过错责任。根据我国《证券法》第20条、第63条、第69条以及《股票条例》第16条、第17条的规定，只要发行和上市文件中出现了虚假记载、误导性陈述或者重大遗漏并致投资者受到损害的，发行人、上市公司就必须承担侵权损害赔偿责任。②过错推定责任。根据我国《证券法》第69条的规定，发行人、上市公司的董事、监事、高级管理人员和其他直接责任人以及保荐人、承销的证券公司，如果能够证明其恪尽职守进行核查，没有过错的，则可免责。最高人民法院《规定》第21条第1款规定："发起人、发行人或者上市公司对其虚假陈述给投资人造成的损失承担民事赔偿责任。"该《规定》第21条、第23条规定，发行人、上市公司负有责任的董事、监事和经理等高级管理人员对上述损失承担连带责任。但有证据证明无过错的，应予免责。③过错责任。根据我国《证券法》第69条、第173条和最高人民法院《规定》第24条的规定，发行人、上市公司的控股股东、实际控制人有过错的，应当与发行人、上市公司承担连带赔偿责任。证券服务机构为证券的发行、上市、交易等证券业务活动制作、出具审计报告、资产评估报告、财务顾问报告、资信评级报告或者法律意见书等文件，应当勤勉尽责，对所制作、出具的文件内容的真实性、准确性、完整性进行核查和验证。其制作、出具的文件有虚假记载、误导性陈述或者重大遗漏，给他人造成损失的，应当与发行人、上市公司承担连带赔偿责任，但是能够证明自己没有过错的除外。

2. 虚假陈述的行政责任。

(1) 发行人、保荐机构初次披露虚假陈述的行政责任，见我国《证券法》第193、192条的规定。

(2) 发行人、保荐机构持续披露虚假陈述的行政责任，见我国《证券法》第193、192条的规定。

(3) 提供虚假证明文件的证券服务机构的行政责任，见我国《证券法》第223条的规定。

3. 虚假陈述的刑事责任。

(1) 欺诈发行股票、债券罪，见我国《刑法》第160条的规定。

(2) 违规披露、不披露重要信息罪，见我国《刑法》第161条的规定。

(3) 编造并传播证券交易虚假信息罪，见我国《刑法》第181条的规定。

(4) 提供虚假证明文件罪，见我国《刑法》第229条的规定。

三、内幕交易及其法律责任

(一) 内幕交易、内幕人和内幕信息的概念

1. 内幕交易的概念。内幕交易(Insider Trading)，是指知悉证券交易内幕信息的知情人和非法获取内幕信息的人，以获取利益或减少经济损失为目的，买卖或者建议他人买卖与该内幕信息

相关的证券,或者向他人泄露该内幕信息的行为。内幕交易属于证券交易中的欺诈行为。

2. 内幕人的概念。内幕人,是指能够合法地获得、接触或者非法获取内幕信息的人。根据《证券法》第73条和第74条的规定,内幕人包括知悉证券交易内幕信息的知情人和非法获取内幕信息的人。其中,内幕信息的知情人包括:(1)发行人的董事、监事、高级管理人员;(2)持有公司5%以上股份的股东及其董事、监事、高级管理人员,公司的实际控制人及其董事、监事、高级管理人员;(3)发行人控股的公司及其董事、监事、高级管理人员;(4)基于所任公司职务可以获取公司有关内幕信息的人;(5)证券监督管理机构工作人员以及由于法定职责对证券的发行、交易进行管理的其他人员;(6)保荐人以及承销的证券公司、证券交易所、证券登记结算机构、证券服务机构的有关人员;(7)国务院证券监督管理机构规定的其他人员。

3. 内幕信息的概念。内幕信息是指在证券交易活动中,为内幕人所知晓的,涉及公司的经营、财务或者对该公司证券的市场价格有重大影响的尚未公开的信息。我国《证券法》第75条第2款规定,下列各项信息皆属内幕信息:(1)《证券法》第67条第2款所列重大事件;(2)公司分配股利或者增资的计划;(3)公司股权结构的重大变化;(4)公司债务担保的重大变更;(5)公司营业用主要资产的抵押、出售或者报废一次超过该资产的30%;(6)公司的董事、监事、高级管理人员的行为可能依法承担重大损害赔偿责任;(7)上市公司收购的有关方案;(8)国务院证券监督管理机构认定的对证券交易价格有显著影响的其他重要信息。

(二) 内幕交易的特征

从内幕交易的概念可知,其特征有五:

1. 内幕交易的主体是知悉证券交易内幕信息的知情人和非法获取内幕信息的人。

2. 内幕交易利用的信息是禁止使用的尚未公开的重大信息。

3. 内幕人利用内幕信息进行了内幕交易,它是一种主观故意行为。

4. 客观上出现了内幕人追求的获取利益和减少损失的状态。

5. 内幕人的行为方式表现为两种形式,即直接交易和间接交易。前者是指内幕人自己利用内幕信息买入或者卖出证券;后者则是内幕人泄露内幕信息或者建议他人买卖证券。

(三) 内幕人的义务

1. 禁止买卖证券的义务。即内幕人不得买进或卖出与所知悉内幕信息有关的证券。

2. 禁止泄露内幕信息的义务。即内幕人不得将所知悉的内幕信息泄露给他人。

3. 禁止建议他人买卖证券的义务。即内幕人不得建议他人买卖证券。

(四) 内幕交易的法律责任

1. 内幕交易的民事责任。我国《证券法》第76条第3款规定,内幕交易行为给投资者造成损失的,行为人应当依法承担赔偿责任。

2. 内幕交易的行政责任。见我国《证券法》第202条的规定。

3. 内幕交易的刑事责任。见我国《刑法》第180条的规定。

四、操纵市场及其法律责任

(一) 操纵市场的概念和特点

我国《证券法》未对操纵市场行为作统一解释。操纵市场(Manipulating market),又称为操纵证券交易价格,是指单位或者个人以获取利益、减少损失或转嫁风险为目的,利用资金优势、持股优势或信息优势，人为地拉高、压低或维持股价，诱使投资者买卖证券，损害投资者利益，扰乱证券市场秩序的行为。从操纵市场的概念可知，操纵市场的特点可概括为：

1. 操纵市场者利用了其优势地位。即其拥有影响证券交易价格的力量，包括资金优势、持股优势或信息的利用。

2. 操纵市场者具有主观故意。操纵市场者的目的在于获取利益、减少损失或转嫁风险。

3. 操纵市场者追求的客观后果是影响证券交易价格或者证券交易量。

（二）操纵市场的行为方式

我国《证券法》第 77 条规定，禁止任何人以下列手段操纵证券市场：(1) 单独或者通过合谋，集中资金优势、持股优势或者利用信息优势联合或者连续买卖，操纵证券交易价格或者证券交易量；(2) 与他人串通，以事先约定的时间、价格和方式相互进行证券交易，影响证券交易价格或者证券交易量；(3) 在自己实际控制的账户之间进行证券交易，影响证券交易价格或者证券交易量；(4) 以其他手段操纵证券市场。由此可见，操纵市场行为的表现形式有如下五种：

1. 联合操纵，是指两个或两个以上的人通过合谋，集中资金优势、持股优势或者利用信息优势，共同操纵证券交易价格的行为。

2. 相对委托，又称合谋买卖，是指为操纵证券市场行情，行为人与他人合谋（串通），以各自事先约定的交易券种、时间、价格和方式向相同或不同的证券公司发出交易委托指令并达成交易，以此影响证券市场行情的行为。

3. 自买自卖，又称冲洗买卖、虚售、洗售，是指为了人为影响证券交易价格，使他人对证券交易数量和价格发生误解，而在自己实际控制的账户之间进行证券交易。

4. 连续买卖，是指行为人为了抬高、压低或维持证券的交易价格，通过单独或者合谋，连续高价买入或者连续低价卖出该证券的行为。

5. 以其他手段操纵证券市场的行为，一般指通过散布谣言等方法，影响证券市场的行为，如我国《证券法》第 78 条的规定。

（三）操纵市场的法律责任

1. 操纵市场的民事责任。我国《证券法》第 77 条第 2 款规定，操纵市场行为给投资者造成损失的，行为人应当依法承担赔偿责任。

2. 操纵市场的行政责任。见我国《证券法》第 203 条的规定。

3. 操纵市场的刑事责任。见我国《刑法》第 182 条的规定。

> 案例研讨
>
> **陈某丰诉陈某良内幕交易案**

五、欺诈客户及其法律责任

（一）欺诈客户的概念和特征

欺诈客户（Fraud on the Customer）是指行为人利用其证券经纪人（或受托人、管理人或代理人）地位，故意隐瞒或者故意作出虚假陈述，企图由此获取经济利益，或者不忠实履行职责，致使客户作出错误的意思表示，从而损害客户利益的行为。欺诈客户的特征如下：

1. 在主观上，欺诈客户是一种故意行为，过失不构成欺诈客户行为。

2. 行为主体十分广泛。欺诈客户的行为人不仅包括证券公司及其工作人员，还包括证券发行人、证券登记结算机构甚至证券服务机构。

3. 行为的广泛性。欺诈客户的行为不仅可以发生在证券发行过程中，也可以发生在证券交易过程中。我国《证券法》规定的欺诈客户行为范围广泛,可对欺诈客户者“一网打尽”。

(二) 欺诈客户行为的主要方式

1. 混合操作。所谓混合操作,是指证券公司将其自营业务与经纪业务混合操作。在证券交易中,证券公司既是投资者的受托人,又是投资者的相对人。在混合操作中,证券公司以双重身份从事同一证券交易,使自己处于利益冲突之中,这极易使证券公司为了自己的利益而损害委托人(客户)的利益。

2. 违背指令。违背指令是指证券公司违背客户的交易指令为其买入或卖出证券。

3. 不当劝诱。不当劝诱是指证券公司利用欺骗或误导性手段诱导客户进行证券交易。

4. 过量交易。过量交易是指证券公司以多获取佣金为目的,诱导客户进行徒劳无益的证券交易,或者在客户的账户上翻炒证券的行为。

5. 其他欺诈客户的行为。除上述行为外,欺诈客户的行为还有:不在规定时间内向客户提供交易的书面确认文件;挪用客户委托买卖的证券或者客户账户上的资金;利用传播媒介或者通过其他方式提供、传播虚假或者误导投资者的信息;假借客户的名义买卖证券等。

(三) 欺诈客户的法律责任

1. 欺诈客户的民事责任。《证券法》第 79 条第 2 款规定,欺诈客户行为给客户造成损失的,行为人应当依法承担赔偿责任;第 210 条规定,证券公司违背客户的委托买卖证券、办理交易事项,或者违背客户真实意思表示,办理交易以外的其他事项的,责令改正,处以 1 万元以上 10 万元以下的罚款。给客户造成损失的,依法承担赔偿责任。依此,证券公司对客户欺诈赔偿责任的构成要件如下:(1)证券公司主观上须有欺诈的故意。证券公司主观上的故意是指明知其行为会对被欺诈人(客户)造成损害仍然实施该行为,或者放纵加害结果的发生。(2)证券公司客观上须有违法行为。证券公司违背客户委托办理交易事项以及违背真实意思办理其他事项的行为,如混合操作、不当劝诱等,属于违法、违约行为。(3)损害事实。民事赔偿须以请求权人遭受利益损害为前提。因此,客户遭受证券公司损害才可赔偿,无损害则无赔偿。(4)因果关系。在法律上,客户所受损害须由证券公司欺诈行为所致,即证券公司欺诈行为与客户的损害之间应当具有必然的因果关系。

2. 欺诈客户的行政责任。我国《证券法》第 210 条、第 211 条、第 212 条和第 220 条规定了证券公司欺诈客户应承担的行政责任。

3. 欺诈客户的刑事责任。欺诈客户的刑事责任体现在我国《刑法》第 181 条的规定中。

> 案例研讨
>
> 吴某某、王某某诉张某委托理财合同(保底合同)案

【本节前沿问题】

证券市场虚假陈述民事赔偿责任的性质

对于虚假陈述民事责任的性质,我国民商法理论界与实务界莫衷一是,众说纷纭。主要观点有以下几种:

1. 区分说。认为对于虚假陈述民事责任的性质,应当区分发行市场与交易市场两个不同阶段以及证券市场中不同责任主体分别界定。在证券法中,有两种性质不同的虚假陈述行为:一种是证券发行中的虚假陈述行为,另一种是违反持续性信息披露义务的虚假陈述行为。

2. 合同责任说。认为发行人对其虚假陈述造成的损失应当承担合同责任。其依据是发行人和投

资者之间存在合同关系，发行人的虚假陈述是对约定义务的违反，其承担责任的性质当然是合同责任。

3. 侵权责任说。认为有关人员承担责任的依据是对法定义务的违反，而不是对约定义务的违反。信息披露义务表现了很多非约定义务，被侵权人不仅可以要求与投资者存在合同关系的发行人承担责任，而且可以要求有责任的发行人的高级管理人员、证券服务机构及其负有责任的高级管理人等主体承担责任。

4. 违约责任与侵权责任竞合说。认为虚假陈述民事责任在一定条件下是侵权责任与违约责任的竞合。既然两者可以竞合，则不妨考虑侵权责任和违约责任相结合、法定责任和约定责任相结合。

5. 法定责任说。认为虚假陈述民事责任属于一种法定责任，即通过立法方式明确规定虚假陈述承担民事责任的具体制度，而不再属于合同法或侵权法的一般责任。

【本节思考题】

1. 简述证券法律责任的特点。
2. 如何确定内幕交易行为和操纵市场行为给投资者造成的损失数额？
3. 试述证券法律责任的种类及其构成。

第十章 期 货 法

【导语】

期货法是调整期货主体在期货交易中所发生的社会关系的法律规范的总称。我国目前尚未出台形式意义上的《期货法》,期货市场、期货交易主要通过国务院制定的行政法规规范,即2007年3月6日中华人民共和国国务院令第489号公布并于2012年10月24日、2013年7月18日、2016年2月6日和2017年3月1日修订的《期货交易管理条例》。本章主要介绍和梳理期货法律制度的相关规定,对期货的概念、性质、期货合约和期货交易进行基本的界定,对期货主体的类型以及职责、权利义务进行基本的介绍,对期货交易中的基本交易规则进行解释,同时运用比较方法对我国期货市场的监管和美国期货市场的监管进行了对比分析并加以借鉴。

学习本章,应重点掌握期货合约的性质、期货交易的法律结构和期货交易的基本规则。

第一节 期货与期货法概述

一、期货概述

(一) 期货的概念和种类

1. 期货的概念。期货是与现货相对应的一个概念,是指以某种大宗商品或金融资产为标的的可交易的标准化合约。这里的交易,是指采用公开的集中交易方式或者国务院期货监督管理机构批准的其他方式进行的以期货合约或者期权合约为交易标的的交易活动。[①] 而此处所谓的标准化合约,也称期货合约,是指期货交易场所统一制定的、规定在将来某一特定的时间和地点交割一定数量标的物的协议。有学者认为“期货就是现在定价格,将来买卖商品”。

2. 期货的种类。期货品种为期货合约中的标的,既可以是实物商品,也可以是金融产品。根据期货的不同品种,期货大致可以分为两大类:商品期货与金融期货。商品期货可以分为农产品期货、金属期货(包括基础金属与贵金属期货)、能源期货三大类;金融期货可以分为股指期货、利率期货(包括中长期债券期货和短期利率期货)和外汇期货。所谓股指期货,就是以股票指数为标的物的期货。双方交易的是一定期限后的股票指数价格水平,通过现金结算差价来进行交割。所谓利率期货,是指以债券类证券为标的物的期货,它可以回避银行利率波动所引起的证券价格变动的风险。利率期货的种类繁多,分类方法也有多种。通常,按照合约标的的期限,利率期货可分为短期利率期货和长期利率期货两大类。所谓外汇期货,是指以汇率为标的物的期货,用来回避汇率风险。它是金融期货中最早出现的品种。目前,外汇期货交易的主要品种有欧元、美元、

① 《期货交易管理条例》第2条。

英镑、日元、加拿大元、澳大利亚元等。

除此之外，还有一些新的期货品种，主要包括保险期货、经济指数期货以及公共自然领域的一些没有基础现货市场的衍生品种，如污染指数、自然灾害等。

（二）期货交易

1. 期货交易的概念和性质。期货交易是指在期货交易所内集中买卖期货合约的交易活动，交易双方不必在买卖发生的时候交收实物，而是共同约定在未来某一时间交收某种商品。但对于期货交易的客体，无论是理论界还是实务界一直存在争议，目前主要观点是商品买卖说、合约买卖说和折中说。商品买卖说认为，期货交易的客体就是商品本身，既包括一般的货物，也包括货币，还可以是利率、股票指数。合约买卖说则认为，期货交易是对期货合约的买卖，是对期货合约权利与义务的概括转让。折中说认为，初始转让的期货合约是双方买卖期货商品的合同，后续转让的就是合约本身的权利义务。

2. 期货交易的特征。期货交易具有下列特征：(1) 双向性。期货交易可以双向操作，可以做多也可做空，做多和做空均可以实现投资目标。(2) 期货杠杆作用。期货交易无须支付全部资金，国内期货交易只需要支付一定的保证金即可获得未来交易的权利。由于保证金的运用，原本的行情被以数倍放大。(3) 零和博弈。期货是零和市场，期货市场本身并不创造利润。参与交易的各方在一定的时间内，不考虑资金的进出和提取交易费用，期货市场总资金量是不变的，市场参与者的盈利来自另一个交易者的亏损，也就是一方的收益必然伴随着另一方的亏损，收益和损失相加永远为零。

3. 期货交易的功能。期货交易与一般的证券交易，如股票交易或者债券交易相比，具有一些特别的功能：(1) 价格发现。期货交易过程实际上就是综合反映供求双方对未来某个时间供求关系变化和价格走势的预期。(2) 规避风险。期货交易的产生，为现货市场提供了一个回避价格风险的场所和手段，其主要原理是利用期现货两个市场进行套期保值交易。(3) 投机。即根据对期货市场的价格变动趋势的分析及预测，接受或利用风险进行买卖。

（三）期货合约

1. 期货合约的概念。期货合约，是指期货交易场所统一制定的、规定在将来某一特定的时间和地点交割一定数量标的物的标准化合约。期货合约包括商品期货合约、金融期货合约及其他期货合约。① 期货合约是期货交易的对象，期货交易参与者正是通过在期货交易所买卖期货合约，转移价格风险，获取风险收益的。期货合约的标准化使期货合约的连续买卖更加便利，并使之具有很强的市场流动性，极大地简化了交易过程，降低了交易成本，提高了交易效率。

2. 期货合约的主要条款。期货合约各项条款的设计对期货交易有关各方的利益以及期货交易能否活跃至关重要。

(1) 合约名称。合约名称注明了该合约的品种名称及其上市交易所名称。

(2) 交易单位 / 合约价值。交易单位是指在期货交易所交易的每手期货合约代表的标的物的数量。合约价值是指每手期货合约代表的标的物的价值。

(3) 报价单位。报价单位是指在公开竞价过程中对期货合约报价所使用的单位，即每计量单位的货币价格。

---

① 《期货交易管理条例》第 2 条。

(4) 最小变动价位。最小变动价位是指在期货交易所的公开竞价过程中,对于合约每计量单位报价的最小变动数值。在期货交易中,每次报价的最小变动数值必须是最小变动价位的整数倍。最小变动价位乘以交易单位,就是该合约价值的最小变动值。

(5) 每日价格最大波动限制。每日价格最大波动限制一般是以合约上一交易日的结算价为基准确定的。在我国期货市场,每日价格最大波动限制设定为合约上一交易日结算价的一定百分比。标的物价格波动越频繁、越剧烈,该商品期货合约允许的每日价格最大波动幅度设置得就越大。

(6) 合约交割月份(或合约月份)。合约交割月份,是指某种期货合约到期交割的月份。商品期货合约交割月份的确定一般受该合约标的商品的生产、使用、储藏、流通等方面特点的影响。

(7) 交易时间。交易时间由交易所统一规定。交易者只能在规定的交易时间内进行交易。日盘交易时间一般分上午和下午进行,每周 5 天。此外,我国交易所还对不少品种进行夜盘交易,形成连续交易。

(8) 最后交易日。最后交易日是指某种期货合约在合约交割月份中进行交易的最后一个交易日,过了这个期限未平仓的期货合约,必须按规定进行实物交割或现金交割。

(9) 交割日期。交割日期是指合约标的物所有权进行转移,以实物交割或现金交割方式了结未平仓合约的时间。

(10) 交割等级。交割等级是指由期货交易所统一规定的、准许在交易所上市交易的合约标的物的质量等级。在进行期货交易时,交易双方无须对标的物的质量等级进行协商,发生实物交割时按交易所期货合约规定的质量等级进行交割。

(11) 交割地点。交割地点是由期货交易所统一规定的进行实物交割的指定地点。

(12) 交易手续费。交易手续费是期货交易所按成交合约金额的一定比例或按成交合约手数收取的费用。交易手续费的高低对市场流动性有一定影响,交易手续费过高会增加期货市场的交易成本,扩大无套利区间,降低市场的交易量,不利于市场的活跃,但也可起到抑制过度投机的作用。

(13) 交割方式。期货交易的交割方式分为实物交割和现金交割两种。商品期货通常采取实物交割方式,金融期货和外汇期货通常采用现金交割方式。

(14) 交易代码。为了便于交易,交易所对每一期货品种都规定了交易代码。

二、期货法概述

(一) 期货法的概念

期货法是调整期货主体在期货交易中所发生的社会关系的法律规范的总称。和其他单行法一样,期货法也有广义和狭义之别。狭义的期货法就是一国制定的调整期货关系的专门法律或者是形式意义上的期货法,目前我国尚未出台期货法,期货交易主要通过国务院制定的行政法规予以规范,即 2007 年 3 月 6 日中华人民共和国国务院令第 489 号公布并经多次修订的《期货交易管理条例》。该条例的基本目的是:规范期货交易行为,加强对期货交易的监督管理,维护期货市场秩序,防范风险,保护期货交易各方的合法权益和社会公共利益,促进期货市场积极稳定发展。

（二）期货法的基本原则

从事期货交易活动，应当遵循公开、公平、公正和诚实信用的原则。禁止欺诈、内幕交易和操纵期货交易价格等违法行为。[①]

1. 诚实信用原则。著名法学家史尚宽先生认为，诚实信用原则是指当事人在进行民事活动过程中，维持双方利益平衡以及维持其与社会整体利益平衡所应遵循的根本准则。它要求当事人所作出的意思表示真实，行为合法，讲究信誉，恪守诺言，不规避法律，履行义务时考虑他方利益，行使权利时不得损害他人利益。诚实信用原则作为民事活动的一大基本原则被称为“帝王条款”，期货交易立法中亦应遵循这一原则。这个原则的确立，是由期货交易本身的特点决定的。期货交易不是现货交易，而是一种合约交易，每一次合约转让，转移的不是物的所有权，而是由物派生出的价格风险。影响价格变动的因素很多，价格走向极难预测，投资者面临着极大风险，在这种情况下，法律必须强调诚实信用原则，防止操纵、欺诈现象的发生。

2. 公开、公平、公正原则。所谓公平原则，是指期货交易的机会公平和期货交易的前提公平。公平原则要求法律为交易主体设定平等地位，提供平等机会。也就是在期货交易中，各方主体平等地享有权利、履行义务；在法律上确保在场的所有交易者都能处于良好的交易环境之中，获得平等的买卖机会，每个交易者都可以按照自己的意图参加交易。公平原则往往需要通过强制手段来实现，因为期货交易是一种将高收益高风险合为一体的交易方式，有人会为片面追求高收益而置风险于不顾，甚至不择手段，以身试法。各国在制定法律时都以不同的方式禁止不正当竞争行为的发生，以保护合约持有人的利益，因此，在我国期货立法中也应考虑这个因素。由于我国期货市场建立的时间不长，在发展过程中必然会产生不法行为，对此，我们可以借鉴国外经验，要求政府的期货管理部门和各地的期货交易所，不仅要设立专门的机构对期货市场任何不规范的行为进行处罚，还应要求这些专门机构在处理违法、违规事件中本着对国有企业、私营企业和私人投资者一视同仁的态度处理问题。

所谓公开原则，是指在期货交易过程中，期货信息必须公之于众，期货经营者的竞争必须在期货交易所内公开进行，客户的指令必须在期货交易所内公开执行。它不仅是指交易行为公开，也指交易结果公开，还要求交易行情公开。这样，就使市场具有较高的透明度，市场情况不仅通过各种途径向市场参与者公布，而且向整个社会公布。市场公开还包括期货市场有关法规、政策等信息的公开。公开原则决定了内幕交易、虚假交易等非公开竞争行为的非法性，这类行为应受到严厉的处罚。坚持公开原则，有利于期货交易顺利、健康地发展。因为，首先，公开有利于防止欺诈行为，保护期货经营者的利益。公开期货交易，就从各方面增加了透明度，从而使整个期货交易中的方方面面都置于交易所、客户和经纪人的监督之下。因此，恶意串通行为、弄虚作假行为、欺诈行为就很容易被发现、被制止。其次，公开有利于众多的期货经营者进行公平的竞争。在期货市场中，期货交易和与交易有关的活动采取公开的方式，使每个套期保值者和投机者，在获得信息、了解交易态势、进行合约成交等方面都处于机会均等的状态。最后，公开交易、公开竞争能比较真实地反映供求关系。因此，期货交易的实现和发展绝对不能离开公开原则。

---

① 《期货交易管理条例》第3条。

所谓公正原则，是指法律为期货交易提供公正的交易环境。这一方面要求交易过程的公正，即在期货交易的过程中，严格按照“价格优先，时间优先”的原则成交。另一方面要求处理争议的公正性，也就是要求期货协会和各期货交易所都应设立自己的仲裁机构来处理因期货交易而产生的纠纷。由于仲裁机构的裁决与人民法院的判决在法律上具有同等的效力，这就要求仲裁员应以事实为根据，以法律和交易所的规则为准绳，公正地处理期货交易纠纷，合理配置期货法律关系中的权利与义务关系。

3. 统一管理的原则。所谓统一管理原则，是指由政府设置专门的机构，依据法律赋予的职责，对期货经纪公司、期货结算公司、期货市场及期货交易中有关全局性的重大问题进行统一的严格的监督和管理。

关于建立什么样的期货管理体制，国内意见分歧较大，归纳起来，有两种意见比较突出：一种意见认为，应建立统一型管理体制；另一种意见则认为，建立分散型的管理体制更适合我国的国情。笔者认为，建立统一型的期货交易管理体制更加符合我国的实际情况，因为分散管理容易导致多个地方和部门各自为政而互不配合，不利于全国统一期货市场的形成和期货市场的健康发展，而设立统一管理的机构对期货市场全面管理，则有利于维护期货市场的效率和秩序，保护投资者利益，并有效引导期货市场的发展和统一，调控期货市场的宏观管理。

4. 保护投资者合法权益原则。投资者是期货市场的重要主体之一，有投资者参与，期货市场才能运作。期货市场离不开投资者，所以，对投资者合法权益进行保护就成为期货立法的出发点之一。

在期货交易过程中，由于投资者的资金全由经纪公司掌管，投资者与经纪公司签署的法律文件全由经纪公司制作并出具，投资者在交易所内实施任何行为都须遵照交易所制定的规章制度，所以，相对于经纪公司和交易所而言，投资者处于弱势地位。基于法律保护弱者的观点，对投资者的合法权益应特别注意保护。在期货交易立法上，也应严格规定经纪公司和交易所的法律责任，以防止经纪公司谋取私利和欺诈投资者的行为，亦防止交易所滥用职权，侵害投资者合法利益。

保护投资者合法权益原则在法律上具体体现为：第一，期货经纪公司应为不同的投资者分别开立账户，并且把保证金与自有资金分开，不得非法挪用投资者资金，亦不得挤占、混用、滥用投资者资金；第二，期货经纪公司接受投资者委托前，应向投资者阐明期货市场的风险，不得为招揽客户而隐瞒或淡化期货市场的风险性；第三，期货经纪公司应严格按收到订单的先后顺序执行、操作，不得因某种特殊关系而颠倒先后顺序；第四，当投资者与期货经纪公司发生纠纷并引起诉讼时，举证责任应由期货经纪公司承担。

第二节 期货市场主体

一、期货交易所

期货交易所是为期货交易提供场所、设施、相关服务和交易规则的机构。它是买卖期货合约的场所，是期货市场的核心，但其自身并不参与期货交易。期货交易所致力于创造安全、有序、高效的市场机制，以营造公开、公平、公正和诚信透明的市场环境与维护投资者的合法权益为基本宗旨。

我国境内现有四家期货交易所，分别是郑州商品交易所、大连商品交易所、上海期货交易所和中国金融期货交易所。

（一）期货交易所的职能

期货交易所具有以下职能：

1. 提供交易的场所、设施和服务。期货交易实行场内交易，即所有买卖指令必须在交易所内进行集中竞价成交。因此，期货交易所必须为期货交易提供交易场所、必要的设施、先进的通信设备、现代化的信息传递和显示设备等一整套硬件设施，再辅之以完备、周到的配套服务，以保证集中公开的期货交易能够有序运行。

2. 设计合约，安排合约上市。期货交易所应结合市场需求开发期货品种，精心设计并选择合适的时间安排新的期货合约上市，增强期货市场服务国民经济的功能；同时，科学合理地设计合约的具体条款，满足交易者的投资需求，并安排合约的市场推广。

3. 制定并实施期货交易所的交易规则及其实施细则。期货交易所通过制定保证金制度、涨跌停板制度、持仓限额制度、大户持仓报告制度、强行平仓制度、当日无负债结算制度、风险准备金制度等一系列制度，从市场的各个环节控制市场风险，保障期货市场的平稳、有序进行。

在上述制度的基础上，交易所进一步强化和细化管理，建立健全统一的期货交易规则，包括交易、风险控制、结算、交割、违约情况管理、信息管理等管理细则，以保证买卖双方交易行为的规范化，保证期货交易顺畅运行。

4. 发布市场信息。期货交易所须及时把本交易所内形成的期货价格和相关信息向会员、投资者及公众公布，以保证信息的公开透明。

5. 监管会员及其客户、指定交割仓库、期货保证金存管银行及期货市场其他参与者的期货业务，使得期货交易的“公开、公平、公正”原则得以实现。

6. 查处违规行为。期货交易所应当对违反期货交易所交易规则及其实施细则的行为制定查处办法。对会员及其客户、指定交割仓库、期货保证金存管银行及期货市场其他参与者与期货业务有关的违规行为，期货交易所应当在查处办法规定的职责范围内及时予以查处；超出查处办法规定的职责范围的，应当向中国证监会报告。

7. 国务院期货监督管理机构规定的其他职责。期货交易所不得直接或者间接参与期货交易；未经国务院期货监督管理机构审核并报国务院批准，期货交易所不得从事信托投资、股票投资、非自用不动产投资等与其职责无关的业务。

（二）期货交易所的组织结构

期货交易所通常采取会员制或者公司制的组织形式。会员制期货交易所的注册资本划分为均等份额，由会员出资认缴。公司制期货交易所采用股份有限公司的组织形式。

1. 会员制期货交易所。会员制期货交易所是由全体会员共同出资组建，缴纳一定的会员资格费作为注册资本，以其全部财产承担有限责任的非营利性法人。

（1）会员制期货交易所的内部机构。会员制期货交易所一般设有会员大会、理事会、专业委员会和业务管理部门。会员大会是期货交易所的权力机构，由全体会员组成。会员大会行使审定期货交易所章程、交易规则及其修改草案等职权，对交易所重大事项作出决议。理事会是会员大会的常设机构，对会员大会负责，执行会员大会决议。理事会通常由交易所全体会员通过会员大会选举产生。理事会可根据需要下设若干专门委员会，一般由理事长提议，经理事会同意设立。一般设置监察、交易、会员资格审查、调解、财务、技术等专门委员会。总经理是负责期货交易所日常经营管理工作的高级管理人员。

⑵ 会员的基本权利与义务。会员制期货交易所会员享有的权利有：参加会员大会，行使选举权、被选举权和表决权；在期货交易所从事规定的交易、结算和交割等业务；使用期货交易所提供的交易设施，获得有关期货交易的信息和服务；按规定转让会员资格；联名提议召开临时会员大会；按照期货交易所章程和交易规则行使申诉权；期货交易所规定的其他权利。

会员制期货交易所会员应当履行的义务包括：遵守国家有关法律、行政法规、规章和政策；遵守期货交易所的章程、交易规则及其实施细则及有关决定；按规定缴纳各种费用；执行会员大会、理事会的决议；接受期货交易所监督管理。

2. 公司制期货交易所。公司制期货交易所通常由若干股东共同出资组建，以营利为目的，股份可以按照有关规定转让，其盈利来自从交易所进行的期货交易中收取的各种费用。

⑴ 公司制期货交易所的内部机构。公司制期货交易所一般设立股东大会、董事会、监事会（或监事）及高级管理人员，他们各司其职，相互制约。股东大会由全体股东共同组成，是公司制期货交易所的最高权力机构。股东大会就公司的重大事项作出决议。董事会是公司制期货交易所的常设机构，行使股东大会授予的权力，对股东大会负责，执行股东大会决议。监事会（或监事）对股东大会负责，对公司财务以及公司董事、经理等高级管理人员履行职责的合法性进行监督，维护公司及股东的合法权益。总经理是负责期货交易所日常经营管理工作的高级管理人员，对董事会负责，由董事会聘任或解聘。同会员制期货交易所相同，公司制期货交易所也设有一些业务部门。

⑵ 会员的基本权利与义务。公司制期货交易所会员享有的权利包括：在期货交易所从事规定的交易、结算和交割等业务；使用期货交易所提供的交易设施，获得有关期货交易的信息和服务；按照交易规则行使申诉权；期货交易所交易规则规定的其他权利。公司制期货交易所会员应当履行的义务包括：遵守国家有关法律、行政法规、规章和政策；遵守期货交易所的章程、交易规则及其实施细则和有关决定；按规定缴纳各种费用；接受期货交易所监督。

3. 会员制和公司制期货交易所的主要联系和区别。

⑴ 二者的主要联系。会员制和公司制期货交易所的主要联系有以下几点：①职能基本相同，都是为期货合约集中竞价交易提供场所、设施、服务、交易规则的机构；②进入交易所交易，都须获得会员资格，即只有会员才有权在交易所进行交易；③期货交易所内均设有各种业务部门；④交易所都要接受期货监督管理机构的管理和监督。

⑵ 二者的主要区别。会员制和公司制期货交易所的主要区别有以下几点：①会员制期货交易所通常不以营利为目的；而公司制期货交易所通常以营利为目的，追求交易所利润最大化。②会员制期货交易所一般适用民法的有关规定；而公司制期货交易所首先适用公司法的规定，只有在公司法未作规定的情况下，才适用民法的一般规定。③会员制期货交易所的权力机构是会员大会；而公司制期货交易所的权力机构是股东大会。④会员制期货交易所权力机构的常设机构是理事会；而公司制期货交易所权力机构的常设机构是董事会。

二、期货投资者

期货投资者是市场的主要参与者，基于不同的分类方法，期货投资者可以分为不同类型。

（一）套期保值者与投机者

根据进入期货市场的目的不同，期货投资者可分为套期保值者与投机者。

1. 套期保值者。套期保值者（Hedger）是指那些把期货市场作为价格风险转移的场所，将期货合约作为将来在现货市场上进行买卖的商品的临时替代物，对其现在买进（或已拥有，或将来拥有）准备以后出售或对将来需要买进商品的价格进行保值的机构和个人。

套期保值者的本性决定了其具有以下特点：(1) 规避价格风险，目的是利用期货与现货盈亏相抵保值；(2) 经营规模大；(3) 头寸方向比较稳定，保留时间长。

套期保值者为规避现货价格波动所带来的风险，而在期货市场上进行套期保值，因此，没有套期保值者的参与，就不会有期货市场。

2. 投机者。投机者是指运用一定资金，通过期货交易以期获取投资收益的投资者。投机者愿意承担期货价格变动的风险，一旦预测期货价格将上涨，投机者就会买进期货合同；一旦预测期货价格将下降，投机者就会卖出期货合同，待价格与自己预料的方向变化一致时，再抓住机会进行对冲。通常投机者在期货市场上要冒很大的风险。

（二）个人投资者与机构投资者

根据投资者是自然人还是法人，期货投资者可分为个人投资者和机构投资者。机构投资者因为具有较强的资金实力、风险承受能力和专业投资能力，成为该市场的重要力量。

1. 个人投资者。参与期货交易的自然人被称为个人投资者。为保障金融期货市场平稳、规范、健康运行，防范风险，保护投资者的合法权益，根据《期货交易管理条例》《期货交易所管理办法》《期货公司管理办法》等行政法规、规章及中国金融期货交易所业务规则，中国金融期货交易所制定了《金融期货投资者适当性制度实施办法》。投资者应当根据投资者适当性制度的要求，全面评估自身的经济实力、产品认知能力、风险控制与承受能力，审慎决定是否参与金融期货交易。

根据《金融期货投资者适当性制度实施办法》，个人投资者在申请开立金融期货交易编码前，需先由期货公司会员对投资者的基础知识、财务状况、期货投资经历和诚信状况等方面进行综合评估。具体条件如下：申请开户时保证金账户可用资金余额不低于人民币 50 万元；具备金融期货基础知识，通过相关测试；具有累计 10 个交易日、20 笔以上的金融期货仿真交易成交记录，或者最近 3 年内具有 10 笔以上的期货交易成交记录；不存在严重不良诚信记录；不存在法律、行政法规、规章和交易所业务规则禁止或者限制从事金融期货交易的情形。期货公司会员除按上述标准对投资者进行审核外，还应当按照交易所制定的投资者适当性制度操作指引，对投资者的基本情况、相关投资经历、财务状况和诚信状况等进行综合评估，不得为综合评估得分低于规定标准的投资者的交易申请开立交易编码。

2. 机构投资者。理论上讲，与自然人相对的法人投资者都可被称为机构投资者，其范围涵盖生产者、加工贸易者（对于商品期货而言）以及金融机构、养老基金、对冲基金、投资基金（对于金融期货而言）等多种类型。

我国金融期货市场将机构投资者区分为特殊单位客户和一般单位客户。特殊单位客户是指证券公司、基金管理公司、信托公司、银行和其他金融机构，以及社会保障类公司、合格境外机构投资者等法律、行政法规和规章规定的需要资产分户管理的单位客户，以及交易所认定的其他单位客户。特殊单位客户符合投资者适当性制度的有关规定，不用进行综合评估就可为其交易申请开立交易编码。一般单位客户是指特殊单位客户以外的机构投资者。一般单位客户在金融市场开立交易编码前，也需根据投资者适当性制度的规定，由期货公司会员对一般单位客户的基本情况、相关投资经历、财务状况、诚信状况和相关制度等进行综合评估。

我国股票期权市场将机构投资者区分为专业机构投资者和普通机构投资者。除法律、法规、规章以及监管机构另有规定外，专业机构投资者参与期权交易，不对其进行适当性管理综合评估。专业机构投资者包括：(1) 商业银行、期权经营机构、保险机构、信托公司、基金管理公司、财务公司、合格境外机构投资者等专业机构及其分支机构；(2) 证券投资基金、社保基金、养老基金、企业年金、信托计划、资产管理计划、银行及保险理财产品、在中国证券投资基金业协会备案的私募基金，以及由第(1)项所列专业机构担任管理人的其他基金或者委托投资资产。而普通机构投资者则是指上述专业机构投资者之外的、按照规定可以进行股票期权投资的其他机构。一般包括符合下列条件的投资者：(1) 符合法律、法规以及证券登记结算机构有关业务规则的规定，能够开立证券账户从事证券交易的时间满半年；(2) 最近 20 个交易日日均证券类资产不低于 50 万元；(3) 最近一次的风险测评未超过 2 年，且风险等级属于激进型或积极型；(4) 无重大违约记录。

案例研讨

投资者 Z 与期货公司 D 期货侵权纠纷案

三、期货经纪商

期货经纪商是指依法设立的以自己的名义代理客户进行期货交易并收取一定手续费的中介组织，一般被称为期货经纪公司。

由上可见，期货经纪商是客户和交易所之间的纽带，客户参加期货交易只能通过期货经纪商进行。由于期货经纪商代理客户进行交易，向客户收取保证金，因此，期货经纪商还有保管客户资金的职责。为了保护投资者利益，增加期货经纪商的抗风险能力，各国政府期货监管部门及期货交易所都制定有相应的规则，对期货经纪商的行为进行约束和规范。

期货经纪商的种类有许多，国际上常见的有期货佣金商(FCM)、介绍经纪商(IB)、商品交易顾问(CTA)、商品基金经理(CPO)、经纪商代理人(AP)、场内经纪人(FB)等，他们之间存在交叉关系。

在我国，期货公司是指代理客户进行期货交易并收取交易佣金的中介组织，是场外期货交易者与期货交易所之间的桥梁和纽带。期货交易者是期货市场的主体，正是因为期货交易者具有套期保值或投机盈利的需求，才促进了期货市场的产生和发展。尽管每一个交易者都希望直接进入期货市场进行交易，但是期货交易的高风险性，决定了期货交易所必须制定严格的会员交易制度，非会员不得入场交易，于是就发生了严格的会员交易制度与吸引更多交易者、扩大市场规模之间的矛盾，场外交易者参加期货交易只能通过期货公司进行。

期货公司是依照《公司法》和《期货交易管理条例》的规定设立的经营期货业务的金融机构。设立期货公司，应当经国务院期货监督管理机构批准，并在公司登记机关登记注册。与其他公司相比，设立期货公司有着更严格的要求：未经国务院期货监督管理机构批准，任何单位或者个人不得设立或者变相设立期货公司，经营期货业务。申请设立期货公司，注册资本最低限额为人民币 3 000 万元。

期货公司业务实行许可制度，由国务院期货监督管理机构按照商品期货、金融期货业务种类颁发许可证。期货公司除申请经营境内期货经纪业务外，还可以申请经营境外期货经纪业务、期货投资咨询业务以及国务院期货监督管理机构规定的其他期货业务。

1. 期货公司的主要职能。期货公司的主要职能包括：根据客户指令代理买卖期货合约、办理结算和交割手续；对客户账户进行管理，控制客户交易风险；为客户提供期货市场信息，进行期货交易咨询，充当客户的交易顾问；为客户管理资产，实现财富管理等。

2. 期货公司的业务类型。期货市场治理整顿后，中国证监会及派出机构对期货市场实行严格的监督管理，2000—2013 年期货公司的业务范围较为狭窄，主要从事期货经纪业务，手续费和利息是其主要收入来源。2014 年后，期货公司的业务范围出现了较大拓展。我国期货公司除了可以从事传统的境内期货经纪业务外，符合条件的公司还可从事境外期货经纪业务，以及期货投资咨询业务、资产管理业务、风险管理业务等创新业务。

(1) 期货经纪业务。期货经纪业务是指代理客户进行期货交易并收取交易佣金的业务，分为境内期货经纪业务和境外期货经纪业务。

(2) 期货投资咨询业务。期货投资咨询业务是指基于客户委托，期货公司及其从业人员向客户提供风险管理顾问、期货研究分析、期货交易咨询等服务并获得合理报酬。其中，风险管理顾问包括协助客户建立风险管理制度、操作流程，提供风险管理咨询、专项培训等；期货研究分析包括收集整理期货市场及各类经济信息，研究分析期货市场及相关现货市场的价格及其相关影响因素，提供研究分析报告或者资讯信息；期货交易咨询包括为客户设计套期保值、套利等投资方案，拟定期货交易操作策略等。

期货公司从事期货投资咨询业务，应当与客户签订服务合同，明确约定服务内容、收费标准及纠纷处理方式等事项。期货公司及其从业人员从事期货投资咨询业务，不得向客户作获利保证，不得以虚假信息、市场传言或者内幕消息为依据向客户提供期货投资咨询服务，不得对价格涨跌或者市场走势作出确定性的判断，不得利用向客户提供投资建议谋取不正当利益，不得利用期货投资咨询活动传播虚假、误导性信息，不得以个人名义收取服务报酬，不得从事法律、行政法规和中国证监会规定禁止的其他行为。

(3) 资产管理业务。资产管理业务是指期货公司可以接受客户委托，根据《期货公司监督管理办法》《私募投资基金监督管理暂行办法》规定和合同约定，运用客户资产进行投资，并按照合同约定收取费用或者报酬的业务活动。资产管理业务的投资收益由客户享有，损失由客户承担。期货公司从事资产管理业务，应当与客户签订资产管理合同，通过专门账户提供服务。期货公司可以依法为单一客户办理资产管理业务，也可依法为特定多个客户办理资产管理业务。

(4) 风险管理业务。风险管理是指在一个肯定有风险的环境里，把风险可能对项目或企业造成的不良影响减至最低的管理过程。根据《期货公司风险管理公司业务试点指引》的规定，期货风险管理公司可以开展以下业务：基差贸易；仓单服务；合作套保；场外衍生品业务；做市业务；其他与风险管理服务相关的业务。

风险管理公司开展试点业务，应当按照各项交易的业务实质归入上述基本类型，并对不同类型业务实施分类管理。

四、期货结算机构

期货结算机构是负责交易所期货交易的统一结算、保证金管理和结算风险控制的机构。

（一）期货结算机构的形式

根据与期货交易所关系的不同，期货结算机构一般可分为两种形式：

1. 结算机构属于某一交易所的内部机构，仅为该交易所提供结算服务。这种形式使得结算机构直接受控于交易所，便于交易所掌控市场参与者的资金情况，可以根据交易者的资金和头寸情况及时控制市场风险。但是该种结算机构的风险承担能力是有限的。

2. 结算机构是独立的结算公司，可为一家或多家期货交易所提供结算服务。这种形式可保持交易和结算的相对独立性，有针对性地防止某些期货交易所在利益驱动下可能出现的违规行为。但由于交易所和结算机构各为独立法人，所以需要付出一定的沟通和协调成本。

目前，我国的结算机构都是交易所的内部机构，属于上述第一种形式，分别是大商所期货结算机构、郑商所期货结算机构、上交所期货结算机构和中国金融期货交易所期货结算机构。

（二）期货结算机构的职能

期货结算机构的主要职能包括担保交易履约、结算交易盈亏和控制市场风险。

1. 担保交易履约。期货交易成交之后，买卖双方缴纳一定的保证金，结算机构就承担起保证每笔交易按期履约的责任。交易双方并不发生直接关系，只和结算机构发生关系，结算机构成为所有合约卖方的买方和所有合约买方的卖方。如果交易者一方违约，结算机构将先代替其承担履约责任，由此可大大降低交易的信用风险。

2. 结算交易盈亏。结算交易盈亏是指每一交易日结束后，结算机构对会员的盈亏进行计算。计算完成后，采用发放结算单或电子传输等方式向会员提供当日盈亏等结算数据，会员以此作为对客户结算的依据。

3. 控制市场风险。结算机构担保履约，往往是通过对会员保证金的结算和动态监控实现的。在此过程中，尽管市场状况一直是不断变化的，但结算机构要求会员保证金一直处于规定的水平之上。当市场价格不利变动导致亏损使会员保证金不能达到规定水平时，结算机构向会员发出追加保证金的通知。会员收到通知后必须在下一交易日规定时间内将保证金缴齐，否则结算机构有权对其持仓进行强行平仓。

结算机构通过对会员保证金的管理、控制有效控制市场风险，以保证期货市场平稳运行。

（三）结算体系

结算机构通常采用分级结算制度，即只有结算机构的会员才能直接得到结算机构提供的结算服务，非结算会员只能由结算会员提供结算服务。期货交易的结算体系分为两个层次：第一个层次是由结算机构对其会员进行结算；第二个层次是由会员根据结算结果对其所代理的客户（非结算会员）进行结算。

这种分级、分层的管理体系，会逐级承担化解期货交易风险的作用，形成多层次的风险控制体系，提高了结算机构整体的抗风险能力。

（四）我国境内期货结算机构

我国境内四家期货交易所的结算机构均是交易所的内部机构，因此，可以说我国境内期货交易所兼具期货结算职能。

我国境内期货结算制度分为全员结算制度和会员分级结算制度两种类型。全员结算制度是指期货交易所会员均具有与期货交易所进行结算的资格，期货交易所的会员既是交易会员，也是结算会员，没有结算会员与非结算会员之分。在全员结算制度下，期货交易所对会员结算，会员对其受托的客户结算。实行全员结算制度的期货交易所会员由期货公司和非期货公司会员组成。郑州商品交易所、大连商品交易所和上海期货交易所实行全员结算制度。

在会员分级结算制度下，期货交易所将交易所会员区分为结算会员与非结算会员。结算会员与非结算会员是根据会员能否直接与期货交易所进行结算来划分的。结算会员具有与交易所进行结算的资格；非结算会员不具有与期货交易所进行结算的资格。在会员分级结算制度下，期货交易所对结算会员结算，结算会员对非结算会员结算，非结算会员对其受托的客户结算。中国金融期货交易所采取会员分级结算制度。

五、期货市场其他主体

（一）期货保证金存管银行

期货保证金存管银行是指由交易所指定的，协助交易所办理期货交易结算业务的银行。

在期货交易中，由于资金往来非常频繁，如果交易所和会员的资金不在同一银行，势必影响资金划拨的效率。为此，交易所在各保证金存管银行开设一个专用的结算账户，用于存放会员的保证金及相关款项。会员须在保证金存管银行开设专用结算账户，用于存放保证金及相关款项。

经交易所同意成为存管银行后，存管银行须与交易所签订相应协议，明确双方的权利和义务，以规范相关业务行为。交易所有权对存管银行的期货结算业务进行监督。

期货保证金存管银行的设立是国内期货市场保证金封闭运行的必要环节，也是保障投资者资金安全的重要组织结构。

（二）交割仓库

交割仓库也称指定交割仓库，是指由期货交易所指定的期货合约履行实物交割的交割地点。交割仓库是期货品种进入实物交割环节提供交割服务和生成标准仓单必经的期货服务机构。期货交易的交割，由期货交易所统一组织进行。期货交易所不得限制实物交割总量，并应当与交割仓库签订协议，明确双方的权利和义务。

为保障交割环节的有序进行，成为期货交易所的指定交割仓库，需要进行申请和审批。交割仓库享有一定的权利，并需承担相应的义务。

（三）期货监督管理机构

《期货交易管理条例》第5条第1款规定："国务院期货监督管理机构对期货市场实行集中统一的监督管理。"中国证监会是经政府授权的法定监管部门，履行的是法定监管职责。证监会下设期货监管部。期货监管部下设综合处、交易所监管处、期货公司监管处、境外期货监管处和市场分析处五个处。

期货监督管理机构的主要职责有：拟定监管期货市场的规则、实施细则；依法审核期货交易所、期货结算机构的设立，并审核其章程和业务规则；审核上市期货、期权产品及合约规则；监管市场相关参与者的交易、结算、交割等业务活动；监管期货市场的交易行为；负责商品及金融场外衍生品市场的规则制定、登记报告和监测监管；负责期货市场功能发挥评估及对外开放等工作；牵头负责期货市场出现重大问题及风险处置的相关工作等。

（四）期货行业自律机构

中国期货业协会成立于2000年12月29日，协会的注册地和常设机构设在北京。协会最早筹建于1995年，是根据《社会团体登记管理条例》设立的全国期货行业自律性组织，为非营利性的社会团体法人。协会接受中国证监会和国家社会团体登记管理机关的业务指导和管理。

中国期货业协会的宗旨是贯彻执行国家法律法规和国家有关期货市场的方针政策，发挥政府与行业之间的桥梁和纽带作用，实行行业自律管理，维护会员的合法权益，维护期货市场的公开、公平、公正原则，开展对期货从业人员的职业道德教育、专业技术培训和严格管理，促进中国期货市场规范、健康、稳定地发展。

中国期货业协会的主要职能有：(1)根据国家有关期货业监管的法律法规和规章，制定行业行为准则、职业道德规范和自律性管理规则并监督执行，教育和督促会员贯彻执行国家期货法律、法规和协会制定的准则、规范和规则等。(2)依法维护会员的合法权益，经常收集会员的意见和建议，向中国证监会及国家有关部门反映，为会员开展业务提供积极的帮助。(3)调解会员之间、会员与客户之间发生的有关期货 业务的纠纷，受理对会员违法违规问题的举报。(4)负责组织对期货从业人员的业务培训、资格考试、资格证书的发放，以及对期货从业人员的年检工作。提高期货从业人员的业务技能和职业道德水平。(5)积极开展调查研究和期货理论研究，组织会员开展经营管理和业务经验交流；就期货市场发展中的情况和问题向立法机关和监管部门反映，提出意见、建议。(6)面向社会进行期货市场的宣传、普及工作，对广大投资者开展期货基础知识培训及风险教育，为期货业的发展创造良好的环境。(7)表彰奖励行业内有突出贡献和业绩的会员及从业人员；对违反协会章程及自律规则者，按照协会有关规定给予处分。(8)收集、整理国内外期货市场信息，向会员提供咨询服务；编辑出版期货业务书籍、报刊。(9)积极开展期货业的国际交流活动。(10)会员大会决定的及中国证监会赋予的其他职责。

第三节 期货交易规则

一、保证金制度

保证金制度是期货市场风险管理的首要制度，我国期货交易所应当建立、健全风险管理的首要制度就是保证金制度。

（一）保证金的概念和分类

保证金，又称履约保证金，是指参与期货交易的主体为了保证履行合约交纳的资金。《期货交易管理条例》规定："保证金，是指期货交易者按照规定交纳的资金或者提交的价值稳定、流动性强的标准仓单、国债等有价证券，用于结算和保证履约。"期货交易所的保证金制度应当包括下列内容：(1)向会员收取保证金的标准和形式；(2)专用结算账户中会员结算准备金最低余额；(3)当会员结算准备金余额低于期货交易所规定的最低余额时的处置方法。会员结算准备金最低余额由会员以自有资金向期货交易所缴纳。

我国保证金分为结算准备金和交易保证金。结算准备金是指会员为了交易结算在交易所专用结算账户中预先准备的资金，是未被合约占用的保证金。结算准备金的最低余额由交易所决定。实行会员分级结算制度的期货交易所只向结算会员收取结算准备金。交易保证金是指会员存入交易所专用结算账户中确保合约履行的资金，是已被合约占用的保证金。交易保证金分为初始保证金和追加保证金，初始保证金是指期货交易者需要按照法律规定或者期货交易所的管理规则交纳的资金，是自交纳时就被占用的保证金；追加保证金是指在交易过程中，当投资者账户资金低于交易金额一定比例时，需要向保证金账户追加资金，以使账户达到初始保证金水平，否则将面临被强行平仓的风险。

（二）保证金的法律性质

期货保证金的法律性质在《期货交易管理条例》中未得到明确，目前有抵押说、质押说、所有权说、定金说和违约金说等观点。本书认为，期货保证金是一种发挥保证作用的押金，保证金的所有权一直保留在期货交易所直至合约履行完毕，当会员或者客户退出交易所时，交易所应当将保证金退还。

保证金不是设定抵押，因为设定抵押无须转移抵押财产的占有，而保证金要求资金或者有价证券的占有发生转移。保证金不是质押，因为质押制度禁止流质，而期货交易中，如果客户发生违约，交易所可以直接划扣其保证金账户以弥补损失，这点与质押权制度的禁止流质相冲突。保证金也不是所有权，因为当客户违约时，期货公司与期货交易所有权对客户交易进行强行平仓，实际上是对期货保证金所有权的侵害。期货不是定金，因为定金存在的前提是双方存在合同关系，而期货交易者与期货公司和期货交易所之间并无直接的期货买卖合同关系；而且定金罚则与之矛盾，期货交易一方违约，并没有双倍返还的规定。保证金也不是违约金，违约金具有惩罚性和补偿性，而保证金仅具有补偿性；违约金只有在违约事实出现时才支付，而保证金在从事期货交易时就需要交纳。

（三）保证金的形式

《期货交易管理条例》第 81 条规定，保证金是指期货交易者按照规定交纳的资金或者提交的价值稳定、流动性强的标准仓单、国债等有价证券，用于结算和保证履约。根据这一规定，客户以有价证券充抵保证金的，会员应当将收到的有价证券提交期货交易所。非结算会员的客户以有价证券充抵保证金的，非结算会员应将收到的有价证券提交结算会员，由结算会员提交期货交易所。《上海期货交易所结算细则》规定可以充抵保证金的有价证券应为电子形式，纸质标准仓单不得充抵保证金。会员或客户在办理纸质标准仓单回库手续恢复为电子形式后，方可充抵保证金。《郑州商品期货交易所结算细则》第 53 条规定交易所接受的可以充抵保证金的有价证券包括：(1) 可在交易所流通的标准仓单；(2) 可流通并能够实现质押权登记的国债；(3) 交易所认可的其他有价证券。《中国金融期货交易所结算细则》第 57 条规定的可以充抵保证金的有价证券包括：(1) 财政部在境内发行的记账式国债；(2) 交易所认可的其他有价证券。

案例研讨

珠海公司与中商所期货侵权纠纷案

二、当日无负债结算制度

（一）当日无负债结算

结算业务是指交易所根据交易结果、公布的结算价格和交易所有关规定对交易双方的交易保证金、盈亏、手续费及其他有关款项进行资金清算和划转的业务活动。在股指期货交易中，交易保证金只占合约价值的一定比例，用于结算和履约担保。由于股指期货合约的价格每天都在不断变化,合约价值及投资者盈亏也随之发生着变化。同时,交易所也可能根据市场风险状况等因素调整保证金比例,因此,即使投资者的持仓没有发生变化,对投资者所要求的交易保证金也会发生变化。为防止某些投资者出现交易保证金不足进而无法保证履约的情形,需要按交易日对投资者的交易保证金进行计算。当日结算后交易保证金不足的投资者,在规定的时限内要么追加资金,要么自行平仓,以达到规定的保证金要求,否则将会被强行平仓。这一过程被称为当日无负债结算。

(二)当日无负债结算制度内容

期货交易所应当按照国家有关规定建立、健全当日无负债结算制度,期货交易所应当在当日及时将结算结果通知会员。根据大连商品期货交易所、郑州商品期货交易所和上海期货交易所的规定,当日交易结束后,交易所对每一会员的盈亏、交易保证金、税金、交易手续费等款项进行结算。会员可通过会员服务系统获取相关的结算数据。当日盈亏为平仓盈亏与持仓盈亏之和。会员结算准备金余额低于交易所规定的结算准备金最低余额的,应当追加保证金。会员应当在下一个交易日开市前补足至结算准备金最低余额。未补足的,若结算准备金余额大于零而低于结算准备金最低余额,不得开仓;若结算准备金余额小于零,则交易所将对该会员强行平仓。

中国金融期货交易所实行当日无负债结算制度和会员分级结算制度,其原则是当日收市后,交易所按照当日结算价对结算会员所有合约的盈亏、交易保证金及手续费、税金等费用进行清算,对应收应付的款项实行净额一次划转,相应增加或者减少结算准备金。结算会员在中金所结算完成后,按照上述原则对客户、受托交易会员进行结算;交易会员按照上述原则对客户进行结算。投资者在当日收市后可以通过中国期货保证金监控中心的“投资者查询服务系统”查询自己的交易结算、保证金账户等信息,及时关注资金余额的情况。一旦出现交易保证金不足等情形,应及时采取相关措施,确保符合相关要求,避免发生损失。股指期货在每交易日结算完毕后,投资者的盈亏要实际划转,这与股票交易不同。

三、持仓限额制度和大户持仓报告制度

(一)持仓限额制度

1. 持仓限额制度的内容。持仓量,是指期货交易者持有的未平仓合约的数量;持仓限额,是指期货交易所对期货交易者的持仓量规定的最高数额。持仓限额制度作为股指期货交易风险控制制度的重要组成部分,其主要目的在于防范大户操纵股指期货价格,保证期货市场公平。期货交易所实行持仓管理,制定套期保值和套利持仓管理制度,对一般持仓进行限额管理。非期货公司会员、客户应当在持仓限额内进行交易。从事套期保值和套利交易的,应当在其套期保值和套利额度内进行交易。套期保值持仓限额以交易所审批的套期保值额度为准,不受持仓限额的限制。随着标的指数的变化,交易所根据合约价值相适应原则,会相应调整持仓限额具体数量。如果会员或者客户在交易过程中涉嫌违规或违约,交易所还会依据相关规定,对违规、违约会员或客户采取调减持仓限额的惩处措施。

2. 各期货交易所持仓限额制度的内容。上海期货交易所和郑州商品期货交易所规定,交易所实行投机头寸限仓制度,套期保值头寸不限仓。规定一般月份合约和交割月前一个月份合约同时按会员和投资者编码限仓,经纪会员的限仓由交易所根据其注册资本、信誉、抗风险能力、以前年度交易情况和投资者数量核定。交割月份合约实行对会员和投资者绝对量限仓。投资者在

不同经纪会员处开户，其持仓量应合并计算。

《中国金融期货交易所风险控制管理办法》规定，会员和客户的股指期货合约持仓限额具体规定如下：(1) 进行投机交易的客户号某一合约单边持仓限额为 100 手；(2) 某一合约结算后单边总持仓量超过 10 万手的，结算会员下一交易日该合约单边持仓量不得超过该合约单边总持仓量的 25%；进行套期保值交易和套利交易的客户号的持仓按照交易所有关规定执行，不受上述第 (1) 项限制。会员、客户持仓达到或者超过持仓限额的，不得同方向开仓交易。

（二）大户持仓报告制度

1. 大户持仓报告制度的内容。期货交易实行大户持仓报告制度。大户持仓报告制度是防范市场操纵行为的重要制度，是控制市场风险的制度安排。通过实施该制度，可以对持仓量较大的会员或客户进行重点监控，了解其持仓动向和意图，对于有效防范市场风险有积极作用。会员或者客户持仓达到期货交易所规定的持仓报告标准的，会员或者客户应当向期货交易所报告。客户未报告的，会员应当向期货交易所报告。当非期货公司会员或者客户某品种持仓合约的持仓量达到交易所规定的标准时，非期货公司会员或客户应向交易所报告其资金、持仓等情况。大户持仓报告标准并不是固定不变的，交易所可以根据市场风险状况进行调整。交易所可以根据市场风险状况，调整持仓报告标准。

2. 各期货交易所大户持仓报告制度的内容。上海期货交易所和郑州商品期货交易所对持仓报告标准规定如下：当会员或者投资者某品种持仓合约的投机头寸达到交易所对其规定的投机头寸最大持仓限制标准 80% 时，会员或投资者应向交易所报告其资金情况、头寸情况，投资者须通过经纪会员报告。报告内容包括：(1) 会员或投资者名称、住所、经营范围；(2) 持仓方向、品种、月份、数量；(3) 持仓意向；(4) 资金来源和追加保证金的能力；(5) 实际拥有的交货或接货能力；(6) 交易所要求申报的其他内容。

中国金融期货交易所的持仓报告制度规定，从事自营业务的交易会员或者客户，进行套期保值交易、套利交易、投机交易的不同客户号下的持仓应当合并计算；同一客户在不同会员期货公司处的持仓合并计算。简言之，在执行大户持仓报告制度时，对同一个会员或客户的全部持仓都要加总计算。会员或者客户持仓达到交易所规定的报告标准或者交易所要求报告的，应当于下一交易日收市前向交易所报告。客户未报告的，开户会员期货公司应当向交易所报告。客户在多个会员处开户的，由交易所指定有关会员向交易所报送该客户应当报告的有关资料。交易所有权要求会员、客户再次报告或者补充报告。达到交易所规定报告标准或者交易所要求报告的会员或者客户应当提供下列资料：(1)《大户持仓报告表》，内容包括会员名称、会员号、客户名称和客户号、合约代码、持仓量、交易保证金、可动用资金等；(2) 资金来源说明；(3) 法人客户的实际控制人资料；(4) 开户资料及当日结算单据；(5) 交易所要求提供的其他资料。会员应当对客户提供的资料进行审核，并保证客户所提供资料的真实性和准确性。交易所有权对会员或者客户提供的资料进行核查。

四、涨跌停板制度和熔断机制

（一）涨跌停板制度

交易所实行涨跌停板制度。涨跌停板制度是指期货合约在一个交易日中的成交价格不能高于或低于以该合约上一交易日结算价为基准的某一涨跌幅度，超过该范围的报价将视为无效，不能成交。在涨跌停板制度下，前一交易日结算价加上允许的最大涨幅构成当日价格上涨的上限，称为涨停板；前一交易日结算价减去允许的最大跌幅构成当日价格下跌的下限，称为跌停板。因此，涨跌停板又叫每日价格最大波动幅度限制。涨跌停板的幅度有百分比和固定数量两种形式，如上海期货交易所的铜、铝涨跌停板幅度为3%，涨跌停板的绝对幅度随上日结算价而变动；而郑州商品期货交易所绿豆合约则是以昨日结算价为基准，上下波动1 200元/吨作为涨跌停板幅度。

（二）熔断机制

熔断机制，又称作断路器，指对某一合约在达到涨跌停板之前，设置一个或多个熔断阀值（阀值一般分为价格阀值和交易量阀值），使合约买卖报价在一段时间内暂停交易（熔而断）或者只能在这一价格范围内交易（熔而不断）的机制。它与涨跌停板制度均是限制价格变动的机制。熔断机制可以认为是涨跌停板制度的过渡，是交易中的风险控制制度。目前，国外交易所采取的熔断机制主要分为两种：一是"熔而不断"，指当价格达到熔断点后，对于随后一段时间内的买卖申报，在熔断价格区间内继续撮合成交；二是"熔而断"，指当价格触及熔断点后，随后一段时间内交易暂停。国际上较多采用"熔而断"的熔断机制。

五、强行平仓制度和强制减仓制度

（一）强行平仓制度

1. 强行平仓制度的内容。强行平仓制度，是指交易所按有关规定对会员、投资者持仓实行强行平仓的一种强制性风险控制措施。具体是指在出现特殊情况时，交易所对会员、投资者的持仓予以强制性对冲，以了结部分或全部持仓的行为。会员或客户存在超仓、未按规定及时追加交易保证金等违规行为或者交易所规定的其他情形的，交易所对其持仓采取强行平仓措施。发生的费用及损失由违规者承担。因市场原因无法强行平仓造成的损失扩大部分也由违规者承担。

2. 强行平仓的类型。依据强行平仓的原因不同，我国股指期货市场的强行平仓大体可以分为四类：

(1) 因期货交易者未及时履行追加保证金义务而被强行平仓。会员应当在下一个交易日开市前补足至结算准备金最低余额。未补足的，若结算准备金余额大于零而低于结算准备金最低余额，不得开仓；若结算准备金余额小于零，则交易所将对该会员强行平仓。

(2) 客户、从事自营业务的交易会员持仓超出持仓限额标准而被强行平仓。经纪会员的限仓由交易所根据其注册资本、信誉、抗风险能力、以前年度交易情况和投资者数量核定，如果持仓超过持仓限额标准，期货交易所将予以强行平仓。

(3) 因违规、违约受到交易所强行平仓处罚而被强行平仓。会员无法履约时，按规定强行平仓，并用平仓后释放的保证金履约赔偿。

(4) 根据交易所的紧急措施而被强行平仓。有根据认为会员或者客户违反期货交易所交易规则及其实施细则并且对市场正在产生或者即将产生重大影响的，为防止违规行为后果进一步扩大，期货交易所可以对该会员或者客户采取强行平仓的临时处置措施。

3. 强行平仓的法律性质。关于强行平仓的法律性质，有几种不同的观点，包括权利说、义务说、权利义务并存说和权利转义务说。

权利说的主要依据是《最高人民法院关于审理期货纠纷案件若干问题的规定》第36条，即期货公司的交易保证金不足，又未能按期货交易所规定的时间追加保证金的，按交易规则的规定处理；规定不明确的，期货交易所有权就其未平仓的期货合约强行平仓，强行平仓所造成的损失，由期货公司承担。客户的交易保证金不足，又未能按期货经纪合同约定的时间追加保证金的，按期货经纪合同的约定处理；约定不明确的，期货公司有权就其未平仓的期货合约强行平仓，强行平仓造成的损失，由客户承担。该条的表述是期货公司“有权”强行平仓，实质上赋予了期货交易所和期货公司在条件成就情况下强行平仓的权利。

义务说的主要依据是《期货交易管理条例》第 34 条，即期货交易所会员的保证金不足时，应当及时追加保证金或者自行平仓。会员未在期货交易所规定的时间内追加保证金或者自行平仓的，期货交易所应当将该会员的合约强行平仓，强行平仓的有关费用和发生的损失由该会员承担。客户保证金不足时，应当及时追加保证金或者自行平仓。客户未在期货公司规定的时间内及时追加保证金或者自行平仓的，期货公司应当将该客户的合约强行平仓，强行平仓的有关费用和发生的损失由该客户承担。该条的表述是期货交易所“应当”强行平仓，主张义务说的人士认为这是一条义务性规范。

权利义务并存说认为强行平仓既是期货交易所和期货公司的权利，也是一项义务，权利和义务并存。期货交易中如果交易者在条件满足时不能及时追加保障金或者拒绝追加保证金的，期货交易所和期货公司采取强行平仓措施，是保障自身权益不受损害的一项权利。但是同时，由于交易者亏损而出现保证金不足给期货交易所和期货公司造成资金风险的，期货交易所和期货公司有义务采取必要措施避免风险扩大和侵权后果扩大，否则，一旦交易者穿仓，便会增加期货交易的风险，破坏正常的期货交易秩序。因此，强行平仓既是一项权利又是一项义务。

权利转义务说的观点认为，当交易者未满足追加保证金要求时，期货公司开始取得强行平仓的权利，此项权利一直持续到必须实施强行平仓时；当交易者持仓亏损达到强行平仓点时，期货交易所和期货公司便丧失了强行平仓的权利，而负有强行平仓的义务。期货交易所和期货公司必须履行强行平仓义务，否则应当承担相应责任。权利义务并不是同时存在的，但是可以分阶段进行转化。

4. 强行平仓的条件。期货公司实行强行平仓须满足以下条件：[①]

(1) 客户没有保证金或者保证金余额低于期货公司规定的维持保证金水平。如果客户保证金余额不低于期货公司规定的标准，期货公司却要求客户追加保证金，客户未追加保证金，期货公司对客户的持仓头寸予以部分或者全部强行平仓的，期货公司应当对给客户造成的损失承担赔偿责任。

(2) 期货公司须履行通知义务。期货交易所或者期货公司在会员或者客户的保证金不足时，必须首先履行通知追加保证金的义务，否则不得强行平仓。最高人民法院《关于审理期货纠纷案件座谈会纪要》明确规定，期货交易所和期货公司实施强行平仓应尽通知的义务。即当会员或客户的保证金不足时，期货交易所或期货公司首先必须将追加保证金的合理时间和数额通知客户，不先行通知而强行平仓的，即使会员或客户的保证金余额低于期货交易所或者期货公司规定的维持保证金水平，期货交易所或期货公司强行平仓造成的会员或客户的损失也应由期货交易所

---

① 陈震祉：《充分认识强平与强减制度》，载《期货日报》2010 年 2 月 10 日，第 5 版。

或期货公司承担。期货公司履行通知义务后,客户不依通知要求追加保证金的,视为授权期货公司代为平仓。

(3) 通知客户追加保证金的时间应合理。期货交易所或期货公司通知会员或客户追加保证金的时间应合理,即规定的时间足够会员或者客户将追加的保证金打入账户。若在通知的时间内根本不可能将追加的保证金交至其账户,而期货公司以客户未按通知规定的时间追加保证金为由,对其头寸予以部分或全部强行平仓的,期货公司应赔偿由此给客户造成的损失。

(4) 应适度强行平仓。所谓适度强行平仓,是指强行平仓的数量应与会员或者客户需要追加保证金的数额相当,不能超过应强平数量。强行平仓的目的只是补足期货交易者的保证金,故强行平仓的金额须与期货交易者所需追加的保证金数额大体相当。为防止期货交易所或期货公司任意对期货交易者的持仓进行处分,必须规定强行平仓的限制数额。期货交易所和期货公司只能根据不足的保证金数额,对期货交易者的持仓进行强行平仓。对超出保证金数额的部分所进行的强行平仓,其法律后果,应当由期货交易所或期货公司承担。

(5) 应按规定的平仓顺序强行平仓。关于强行平仓的顺序,一般规则是:首先,应根据风险水平由高到低的顺序平仓,即先平掉持仓亏损较大的合约,不足时再平亏损较小的或盈利的合约;其次,投机头寸先于保值头寸平仓。这样,可以最大限度地减少因强行平仓给会员或客户造成的实际损失。

(二) 强制减仓制度

1. 强制减仓制度的内容。强制减仓是指交易所将当日以涨跌停板价格申报的未成交平仓报单,以当日涨跌停板价格与该合约净持仓盈利客户按照持仓比例自动撮合成交。如果会员或者客户违反期货交易所交易规则及其实施细则并且对市场正在产生或者即将产生重大影响,为防止违规行为后果进一步扩大,期货交易所可以对该会员或者客户采取强行减仓的临时处置措施。强制减仓制度是风险控制措施中的重要环节。

具体到沪深 300 股指期货,强制减仓制度是指在收市后,将已在交易系统中以涨跌停板价申报无法成交且投资者合约的单位净持仓亏损大于或等于当日结算价的 10% 的所有持仓,与该合约净持仓盈利大于零的投资者按持仓比例自动撮合成交。强制减仓的价格为该合约当日的涨(跌)停板价。由上述减仓造成的经济损失由会员及其投资者承担。强制减仓当日结算时交易保证金恢复到正常水平的,下一个交易日该合约的涨跌停板幅度按合约规定执行。

2. 强制减仓对套期保值的影响。期货套期保值受到强制减仓制度的影响,对于期现套利交易结果影响较大,甚至会关系到套利交易的成败。因此,合理运用强制减仓制度是理性投资者的选择。交易者为应对可能被强制减仓的单边市情况风险,在设计模型时,往往会考虑到强制减仓的情况,事先制定好应对措施,比如转仓,即在平仓的同时开立新仓,降低持仓盈利指标,进而降低被强制减仓的可能性。投资者如果想在期货市场平仓,但又遇到单边市平不出来,会运用强制减仓制度,在当日收市前以涨跌停板价格申报要平仓的头寸,争取纳入强制减仓的范围,申报后能否成功实现强制减仓,要看申报的减仓净损失是否达到强制减仓的标准。

六、期货交割制度

(一) 期货交割制度的内容

交割是指在规定的交割期内,卖方向结算机构提交货单发票,买方向结算机构提交付款凭证，然后经结算机构验证，并交换买卖双方提交的凭据的过程。当期货合约到期时，就必须实行实际的货款交割。期货交割是买卖双方在期货合约到期时对各自持有的未平仓合约履行实物交割的行为。由于期货合约在到期前可能已经经过多次买卖转手，交易双方并不知道买卖双方分别是谁，所以，最后持有到期合约的买卖双方必须通过结算机构进行交割[①]，由期货交易所统一组织进行。

期货交割是商品期货交易流程中十分重要的环节，是期货市场价格发展和套期保值功能发挥的前提和制度保障，也是期货市场风险控制的重要制度安排。期货交割制度设计是否合理与完善，直接关系到期货价格向现货市场价格有效回归的程度，以及期货价格信号的真实性、准确性和影响力。

各期货交易所制定的交易规则都有专门一章规定交割业务。实物交割是期货合约到期时，根据交易所的规则和程序，交易双方通过该期货合约所载标的物所有权的转移，了结未平仓合约的过程；交易所也可以实行保税交割制度，即以海关特殊监管区域或保税监管场所内处于保税监管状态的期货合约所载商品作为交割标的物进行期货交割的过程。实物交割的地点可以在指定交割仓库或者交易所规定的其他地点进行，指定交割仓库由交易所确定并公告，交易所对指定交割仓库进行年审。

（二）期货交割各主体义务

期货交易一旦进入实物交割阶段，便与现货交易基本相同，实物交割一般根据现货交易的习惯进行。但是，期货交割与现货交割的区别在于，期货交割通过结算机构进行，必须按照结算机构规定的程序进行。根据各期货交易所的交易规则可总结出交割业务相关主体的义务[②]。

1. 卖方的义务：(1) 期货合约最后交易日后未平仓合约的，卖方必须进行交割，将交货通知书转交给结算机构；(2) 进行实物交割的，卖方必须在交易所规定的时间内将货款或交割单据交到交易所或交易所指定的仓库；(3) 交割关系一经确定，卖方不得擅自调整或变更；(4) 在合约规定的期限内，移转合约标的物所有权；(5) 卖方负有瑕疵担保义务，即卖方须保证所提交标的物合法且无其他物上权利；(6) 在规定的时间内向结算机构提交有关的单据和发票等。

2. 买方的义务：(1) 买方须在接到结算机构转交的卖方交割通知单后，在规定的期限内将商品价款交付结算机构；(2) 将付款凭证等有关单据提交给结算机构；(3) 交割关系一经确定，买方不得擅自调整或变更；(4) 在规定的时间内接受卖方交付的商品；(5) 买方会员办理交割时，对交割商品如有异议，应在交易所规定的时间内申请复检等。

3. 结算机构的义务：(1) 收到卖方的交割通知单后及时将交割通知单通过其会员转交给买方。(2) 在交易所规定的时间内，卖方会员提交标准仓单和相应的发票或者交易所认可的其他单据后，交易所付给卖方会员货款；买方会员向交易所交付足额货款后，交易所交给买方会员标准仓单。(3) 交易所在收到卖方会员标准仓单或买方会员货款后将应清退的保证金部分划转卖方会员或买方会员。(4) 查验卖方交付的实物，包括数量、质量、规格等级、包装等，对于不符合质量和规格等级的商品重新评级估价等。

4. 期货交易所不得限制实物交割总量，并应当与交割仓库签订协议，明确双方的权利和义

---

① 彭真明：《期货法论》，华中师范大学出版社 1998 年版，第 236 页。

② 彭真明：《期货法论》，华中师范大学出版社 1998 年版，第 236–237 页。

务。交割仓库不得有下列行为:(1)出具虚假仓单;(2)违反期货交易所业务规则,限制交割商品的入库、出库;(3)泄露与期货交易有关的商业秘密;(4)违反国家有关规定参与期货交易;(5)国务院期货监督管理机构规定的其他行为。由于指定交割仓库的过错造成标准仓单持有人不能行使或不能完全行使标准仓单权利的,指定交割仓库应当承担赔偿责任;赔偿不足的部分由交易所按有关规定补充赔偿,补充赔偿后交易所有权对指定交割仓库进行追偿。期货交易所、期货公司和非期货公司结算会员应当保证期货交割资料的完整和安全。

(三) 期货交割业务的违约责任

根据交易规则的规定,交割业务中的违约责任及责任承担主要包括:(1)在实物交割时,卖方会员未能在规定时间内如数交付标准仓单,或者未能在规定地点如数交付符合期货交割质量标准的商品的;以及买方会员未能在规定时间内如数交付货款的,即为交割违约。(2)会员在实物交割中发生违约行为,交易所可采用征购和竞卖的方式处理违约事宜,违约会员应承担征购和竞卖产生的费用和损失。交易所对违约会员可处以支付违约金、赔偿金等处罚,具体按交易所制定的有关交割违约处理办法处理。(3)会员不得因其投资者违约而不履行合约交割义务,不履行交割义务的,由交易所有权强制执行等。

七、套期保值制度

(一) 套期保值制度的内容

投资者投资期货的目的可以分为投机、套利和套期保值。其中,套期保值是为了保证现有和预期的投资组合价值不受未来价格波动的影响,而在期货市场上采取的抵消性操作措施。套期保值相当于对冲,即通过在期货市场进行与现货市场相反的交易,来对冲企业现货市场的风险。套期保值交易是指交易者根据股票价格和股价指数变动的同向趋势,在股票的现货市场和股价指数的期货市场作相反的操作,以减少或避免股价变化的风险。①

我国期货交易所实行套期保值制度,交易所对套期保值申请者的经营范围和以前年度经营业绩资料、现货购销合同等能够表明其现货经营情况的资料进行审核,确定其套期保值额度。投资者申请套期保值额度必须委托经纪会员办理,套期保值额度根据交易所有关规定确定。各期货交易所都规定了套期保值管理办法,并对套期保值的额度管理和资格认定进行了详细的规定。

(二) 期货套期保值资格认定制度

期货交易所对套期保值实行资格认定制度,从事套期保值交易的非期货公司会员和客户应当具备与套期保值交易品种相关的生产经营资格。从事套期保值交易的非期货公司会员和客户,应当向交易所提交下列申请材料:(1)套期保值交易资格申请表,主要包括申请人基本信息、申请品种及交易所要求的其他信息;(2)企业营业执照副本复印件;(3)交易所要求的其他材料。客户应当通过期货公司会员提交申请,其申请资料经期货公司会员审核后,由期货公司会员代客户按照规定向交易所办理申报手续;非期货公司会员直接向交易所办理申报手续。

申请套期保值额度的会员或者客户,一般应当向交易所提交下列申请材料:(1)自然人客户应当提交本人身份证复印件,会员或者法人客户应当提交营业执照副本复印件、组织机构代码证复

① 彭真明:《期货法论》,华中师范大学出版社 1998 年版,第 202 页。

印件以及近 2 年经审计的资产负债表、损益表、现金流量表;(2) 近 6 个月的现货交易情况;(3) 申请人的套期保值交易方案;(4) 申请人历史套期保值交易情况说明;(5) 会员对申请人材料真实性的核实声明;(6) 交易所规定的其他材料。申请人可以一次申请多个月份合约的套期保值额度。

(三) 期货套期保值交易

获批套期保值持仓额度的会员和客户,可通过交易指令直接建立套期保值持仓,也可通过对历史投机持仓确认的方式建立套期保值持仓。期权行权时,期权套期保值持仓转化为相应的期货套期保值持仓。套期保值持仓额度自交割月第一个交易日起(含该日)不得重复使用。交易所可以对套期保值的保证金、手续费采取优惠措施。

(四) 期货套期保值监督管理

期货交易所对会员或者客户获批套期保值额度的使用情况进行监督管理。会员或者客户套期保值期货持仓超过其相应的现货资产配比要求的,交易所有权要求其限期调整;逾期未进行调整或者调整后仍不符合要求的,交易所有权对其套期保值额度进行调整或者取消其套期保值额度,必要时可以采取限制开仓、限期平仓、强行平仓等处置措施。在获批套期保值持仓额度期间,企业情况发生重大变化时,会员或客户应及时向交易所报告。交易所有权根据市场情况和套期保值企业的生产经营状况对会员或客户套期保值持仓额度进行调整。

具有套期保值交易资格的非期货公司会员和客户频繁进行开平仓交易,影响或者企图影响市场价格的,交易所可以对其采取谈话提醒、书面警示、调整或者取消其套期保值持仓增加额度、取消套期保值交易资格,必要时可以采取限制开仓、限期平仓、强行平仓等措施。非期货公司会员和客户在申请套期保值交易资格,申请增加套期保值持仓额度和交易时,有欺诈或违反交易所规定行为的,交易所可以不受理其增加套期保值持仓额度的申请、调整或者取消已批准的套期保值持仓增加额度、取消其套期保值交易资格,必要时可以采取限制开仓、限期平仓、强行平仓等处置措施。

八、期货结算制度

(一) 期货结算制度内容

期货市场运作主要有两个环节:一个是期货交易环节,是期货结算环节的前提和基础;另一个是期货结算环节,是期货交易得以顺利完成的保障。一套完整的结算体系对于期货市场的正常运行至关重要,我国期货结算体系随着期货市场的快速发展,从无到有,不断健全完善,但由于经验不足和早期我国相关法律法规政策的滞后,期货市场制度不完善,出现了“327 国债期货事件”。但自 20 世纪 90 年代逐渐形成了相对完善的期货市场结算体系。

结算是指根据交易结果和交易所有关规定对会员保证金、盈亏、手续费、交割货款及其他有关款项进行计算、划拨的业务活动。

(二) 期货结算机构

期货结算机构对期货交易的双方而言,处于一种代理人的地位,是买卖双方的相对人,对卖方来说是买方,对买方来说是卖方。期货交易双方互不见面,并不直接对对方负有责任,但须对结算机构负责。

1. 期货结算机构分类。期货结算机构包括交易所结算部门和会员结算部门。交易所结算部门负责期货交易、交割的统一结算,保证金管理,风险准备金管理,以及结算风险的防范。所有在交易所交易系统中成交的合约必须通过结算部门进行统一结算。会员须设立结算部门,会员结算部门分为期货公司会员结算部门和非期货公司会员结算部门两种。期货公司会员结算部门负责会员与交易所、会员与客户之间的结算工作;非期货公司会员结算部门负责会员与交易所之间的结算工作。结算机构及其工作人员应当保守交易所和会员的商业秘密。

2. 期货结算机构的主要职责。交易所结算部门的主要职责是:(1)登录编制结算会员的结算账表;(2)办理资金往来汇划业务;(3)统计、登记和报告交易结算情况;(4)处理会员交易中的账款纠纷;(5)办理结算、交割业务;(6)管理保证金、结算担保金;(7)控制结算风险;(8)监督期货保证金银行与交易所的期货结算业务;(9)法律、行政法规、规章和交易所规定的其他职责。结算交割员应当履行的职责是:(1)办理结算会员出入金业务;(2)办理有价证券作为保证金业务;(3)获取交易所提供的结算数据,并及时进行核对;(4)办理其他结算、交割业务。

3. 结算机构的主要作用。

(1) 实行当日无负债结算。每日交易结束后,交易所按当日结算价结算所有合约的盈亏、交易保证金,收取手续费等费用,划转应收应付的款项,相应增加或者减少会员的结算准备金。当日盈亏在每日结算时进行划转,当日盈利划入会员结算准备金,当日亏损从会员结算准备金中扣划。由于结算以后,有获益的一方,也必会有受损的一方,故结算机构每日的收付是一样的。

(2) 担保所有交易的履行。由于市场所有的交易最后都需要通过结算机构结算,因而结算机构担负市场交易的风险。无论是期货公司还是结算会员的交易,出现违约情形的,结算机构将作为义务人的债权人主张权利,要求不履行合约或者无力履行合约的会员继续履行合约或赔偿损失,结算会员对其自身、客户及受托交易会员在交易所成交的合约负有履约责任。因此,结算机构有权直接划拨会员账户的保证金,或者强制拍卖该会员席位作为补偿。正是由于结算机构控制会员缴纳的保证金,能够担保交易顺利进行,交易者才不必担心权益受到损害。

(3) 监管实物交割功能。当期货合约到期时,实物交割的卖方将交割通知单交给结算机构,结算机构再将交割通知单转交给买方,卖方将货物交付给结算机构或者指定的交割地点,结算机构负责对有关手续进行监督,并负责将货物交付买方,将款项交付卖方。

(4) 对市场信息予以披露。当日交易结束后,交易所对每一会员的盈亏、交易手续费、保证金等款项进行结算。会员应当每天及时获取交易所提供的结算数据,做好核对工作,妥善保存。所有的结算机构都必须提供有关合约交易量和空盘量的逐日记录,并编制报告表予以披露。

(三) 结算方式

合约采用现金交割方式或者实物交割方式进行交割结算。采用现金交割方式的,合约最后交易日收市后,交易所以交割结算价为基准,划付持仓双方的盈亏,了结到期未平仓合约。采用实物交割方式的,交易双方按照交易所的规则和程序,通过该合约所载的标的物所有权的转移,了结到期未平仓合约。无论采用哪种结算方式,都不是期货合约买卖双方独立完成的,都需要通过结算机构完成。

(四) 结算程序中的风险防范

期货交易风险防范实行分级负责制度,即交易所防范会员的风险,会员防范客户的风险。会员对其在交易所成交的合约负有承担风险的责任。会员不能履行合约义务时,交易所有权对其采取下列保障措施:(1)动用会员的结算准备金;(2)暂停开仓交易;(3)按规定强行平仓,直至平仓后释放的保证金能够履约为止;(4)将充抵保证金的有价证券变现,用变现所得进行履约赔偿。采取以上措施后会员仍然不能清偿债务的,交易所可以采取下列清偿措施:(1)转让会员资格,用转让所得抵偿;(2)经理事会批准,动用风险准备金进行履约赔偿;(3)动用交易所的自有资产进行履约赔偿;(4)通过法律程序继续对该会员追偿。交易所实行风险准备金制度。风险准备金由交易所设立,用于为期货市场的正常运转提供财务担保和弥补交易所难以控制的风险带来的亏损。风险准备金的来源包括:(1)交易所按手续费收入20%的比例提取;(2)符合国家财政政策规定的其他收入。风险准备金的动用必须经交易所理事会批准,并报告中国证监会。

九、信息披露制度

我国现行法规对期货信息披露制度规定得很少。《期货交易管理条例》规定期货公司应当建立、健全并遵守信息披露制度,期货交易所应当及时公布上市品种合约的成交量、成交价、持仓量、最高价与最低价、开盘价与收盘价和其他应当公布的即时行情,并保证即时行情的真实、准确。期货交易所不得发布价格预测信息。《期货交易所管理办法》规定期货交易所应当以适当方式发布下列信息:(1)即时行情;(2)持仓量、成交量排名情况;(3)期货交易所交易规则及其实施细则规定的其他信息。期货交易涉及商品实物交割的,期货交易所还应当发布标准仓单数量和可用库容情况。期货交易所应当编制交易情况周报表、月报表和年报表,并及时公布。

期货交易所还负有向中国证监会报告的义务。根据《期货交易所管理办法》的规定,报告的内容包括:(1)每一年度结束后4个月内提交经具有证券、期货相关业务资格的会计师事务所审计的年度财务报告;(2)每一季度结束后15日内、每一年度结束后30日内提交有关经营情况和有关法律、行政法规、规章、政策执行情况的季度和年度工作报告;(3)中国证监会规定的其他事项。发生以下重大事项的,期货交易所应当及时向中国证监会报告:(1)发现期货交易所工作人员存在或者可能存在严重违反国家有关法律、行政法规、规章、政策的行为;(2)期货交易所涉及占其净资产10%以上或者对其经营风险有较大影响的诉讼;(3)期货交易所的重大财务支出、投资事项以及可能带来较大财务或者经营风险的重大财务决策等。

第四节　期货市场的监管

一、自律监管与行政监管

(一)自律监管

期货市场的自律监管是指通过市场内的各个自律组织,例如,各个期货交易所、各地期货业协会等,根据其自身的规章规则,配合政府监管部门,对期货市场参与者进行有效监督管理的行为。广义上的期货市场自律监管主体包括三类:一是期货业协会;二是期货交易所,一般将期货结算机构包含在期货交易所中进行论述;三是其他团体,包括会计师协会等。狭义的期货市场自律监管主体则仅包括期货业协会和期货交易所。本文所指的自律监管为狭义上的自律监管。

通过期货市场自律组织对自律组织会员进行监督、管理、指导,督促其按照法律法规的规定进行交易,参与期货市场的活动,以维护市场的完整性,保证市场秩序的公平、高效和透明,以便降低和控制系统风险,有效保护投资者利益。自律监管是相对于行政监管而言的期货市场监管方式,与行政监管相互依存,良性互动,是行政监管的补充。自律监管能在一定程度上减少行政监管的成本。其一,自律组织自己制定的大量自律章程和自律规则显然节约了政府监管部门的立法成本;其二,就执法成本而言,由于自律组织具有更强的专业性和灵活性,所以,政府监管机构完全可以授权自律组织负责某些期货市场违规事件的前期调查取证工作。与行政监管相比,自律组织能对市场迅速作出反应,从而提高决策效率,因为自律组织较政府监管部门更接近市场,且拥有更多的专业人才,因此在对市场风向的把握方面能做到更加精准。行政监管部门的重心更多在于从宏观上保证期货市场的良好发展以及处理大量行政事务,而自律组织可以更专注更有效地处理市场问题。

我国目前的四家交易所从事不同交易品种的期货合约交易。根据《期货交易管理条例》,无论是设置期货交易所,还是制定规章制度,抑或是设定交易合约,都必须根据国务院期货监督管理机构的规定制定或执行。有关我国期货业协会设置的基本规定为:设立中国期货业协会,作为全国性期货行业自律机构进行工作;各地按省份设立期货同业公会,作为中国期货业协会的联络单位,根据中国期货业协会和各地政府监管机构的要求,在各个省份内开展行业自律工作。

根据《期货交易管理条例》,期货业协会仅从期货从业人员的从业资格和职业道德等方面对期货市场进行监管;期货业协会的业务活动应当接受国务院期货监督管理机构的指导和监督。

从我国期货市场的发展轨迹来看,我国的期货市场长期处于政府集中统一监管的模式。从形式上来看,期货交易所和行业协会都由会员组成,应当是会员制的。但实际上,因为我国的交易所和行业协会建立之初都是由政府一手主导组织建立起来的,长期以来,期货交易所和行业协会作为行业自律组织的主要工作开展都是在政府部门监督指导下开展的。

(二) 行政监管

行政监管的主体是政府或者经授权的政府监管机构,它可以使用法律赋予其的一切监管手段主动对期货市场进行监管、干预,并能够采取包括罚金、行政处罚、行政诉讼等在内的其他强制执法权力以确保监管力度。

我国期货市场已经发展了 20 多年,截至目前尚未颁布统一的关于期货市场的基本法律。不仅国家出台的法律不完善,期货行业的自律规则缺失现象更为严重。出现这一局面,与我国目前尚未制定一部国家层面的基本的期货法律有关,因为行政监管的角色定位没有明确,行业自律组织的法律定位也无从考证,相关的规章制度更无法确立。政府不仅需要制约期货市场上的垄断和不公平竞争,而且需要应对自然垄断和信息不对称所导致的市场失灵问题;不仅需要从期货业的角度针对中介机构实施微观的行业管制,而且需要从实现政府整体经济目标出发对期货市场实施宏观调控和管理。对于新兴市场来说,尽管自律监管具有不可替代的现实作用,但自律监管还是有可能出于自利动机而削弱自律监管的效果,因此自律监管离不开行政监管的有效监督,一个富有效率的期货监管体制应该是自律监管和行政监管的有机结合,自律监管与行政监管之间应合理分工,相互配合,这才符合期货市场的本质和内在发展要求,而政府更要承担起创造、培育乃至完善整个期货市场机制的职责。因此,期货市场上的政府干预具有全方位和多层次的特点。

(三) 美国的监管模式

美国作为目前全球各项经济指标排名第一的发达国家,其期货市场拥有最为成熟和完备的市场监管体制。自 1848 年世界上第一个期货交易所——芝加哥谷物交易所诞生以来,迄今美国的期货市场已经发展了 160 多年。经过长时间的实践和探索,目前美国期货市场已经形成了典型的三级监管体制,分别由商品期货交易委员会(CFTC)、美国期货业协会(NFA)和期货交易所构成。商品期货交易委员会是由美国政府设立的统一监管全国期货市场的最高权力机构,其作为政府监管机构的法律地位被美国《期货交易法》第二章予以确认。商品期货交易委员会具体职责包括:(1) 审查交易所设立资格,颁布经营许可证;(2) 审议交易所制定、修改的各项重要规章制度、期货合约以及实物交割的地点和仓库;(3) 对期货经纪人资格进行审查并登记备案;(4) 管理除证券、现货以外的所有期货交易;(5) 管理已上市或申请上市的期货交易品种;(6) 对违反期货法律法规的人或行为进行行政处罚或向联邦法院提起民事诉讼,对于构成犯罪的,有权建议公诉机构提起刑事诉讼。

可以看出,美国期货市场监管体制分为政府依法监管、行业自律管理、交易所自律管理三个层级。商品期货交易委员会负责立法及执法、审批设立交易所;期货业协会负责监管会员交易行为,主管专业期货人员;交易所则对场内交易进行监督管理。每个层级依法履行各自职责,同时又相互配合。在对于整个期货市场的监管过程中,政府仍然居于主导地位,由具有立法、执法和准司法职能的监督管理机构对期货市场实行集中统一管理,这有效保证了期货市场的安全和秩序。与此同时,期货业协会和交易所等自律机构,通过确定的规章制度对期货市场参与人的准入制度、参与资格、交易行为、财务状况、纠纷仲裁等细节进行监督管理,以保障期货市场各个环节正常运行,从而维护期货市场的稳定。

二、行政监管的理念

我国期货市场始于 1990 年,是由政府主导建立起来的。但是在发展初期,我国的期货市场基本处于盲目发展阶段。当时的期货市场监管由中国人民银行主导,各政府部门按期货交易品种划分监管权限,这样的多头监管必然导致监管盲区的产生。1992 年,为了遏制当时期货市场的野蛮生长,国家正式成立国务院证券委员会和中国证监会,由这两个部门对我国期货市场进行统一管理。而这样的监管方式也是我国最为传统的政府监管模式。这样的监管确实对于当时盲目发展的期货市场进行了迅速有效的整顿和管理。但是随着我国与国际市场的联系日益密切,期货市场作为资本市场的一种形式,其发展明显缺乏市场自身的能动性。同时,对期货市场良好有效的监管,对于监管人的期货专业性要求较高。随着我国期货市场集中统一监管体系的建立,市场发展面临的主要问题是如何协调行政监管和自律监管之间的关系,使得行政监管机构和交易所、期货业协会等协调配合,对市场进行有效监管,促进市场发展。2000 年以来,证券期货监管部门奉行“市场化改革”的清晰思路,明确提出按市场化原则加快期货市场立法,及时调整法规、政策,以适应期货市场规范化发展的需要。但实践中,仍然存在重审批、轻监管现象,缺乏系统性和规划性,经常因为市场的波动而被迫改变工作重点,政策缺乏连续性。

期货市场监管归根结底是监管理念问题,正确的监管指导思想是有效市场的前提和基础。本质上,监管为市场更快的发展提供高层次的服务。成熟市场监管主体要保持积极的态度,运用法律手段对期货市场进行约束和补救。在他们看来,市场发展中问题的出现正是规范市场和强化监管的良好契机。此外,行政监管理念还应从一把抓向适当放权转变,毕竟期货市场的自律监管在现代期货市场的监管中的作用越来越明显,放眼世界,各国在改革期货市场政府监管的同时,也在不断致力于壮大本国自律监管力量。

1. 行政监管权的行使以克服市场失灵为前提。在市场经济的条件下,“经济人”个体对其自身利益最大化的追求往往会与社会整体利益产生冲突,从而造成交易成本增加,严重的会使资源配置无效，最终导致相应领域的市场失灵。行政监管权行使的范围应当限制在市场失灵领域，否则不仅无济于事，还可能适得其反。因此，为应对市场失灵领域的变化，监管机构及其监管权的内容都应当进行适时的变革。

2. 行政监管机构具有相当程度的独立性。这体现在两个方面：(1)法律地位的独立性。经济运行需要执行公平的经济政策或措施，要求行政监管机构不受政治的影响，因此法律赋予其相当高的独立主体地位。(2)行政监管权力的独立性。

3. 行政监管机构的设立及监管权的赋予均由法律明确规定。由于监管权是特设政府机构直接限制或授予市场主体权利，并在市场主体发生违法行为时作出相应处罚的权力，因此，该机构非由法律明确规定不得设立，该权力非法定不得行使。

4. 加强行政监管与自律监管的合作。尽管在监管体制中，我国证监会实施着对期货市场的统一监管，但是要真正发挥证监会统一监管作用，实现统一监管的执行效力，需要证监会与各交易所相互合作和交流。在合作的过程中，行政监管部门和自律监管组织应当对掌握的股票和股指期货市场信息进行交流和分享，针对可能会涉及的跨市场操纵信息、行为等，积极进行磋商并采取一致的行动。加强证监会与相关交易所的合作，采用及时、有效的处理方式，可以更好地防止跨市场联合操纵风险隐患的出现，避免事态的扩大。

【本章前沿问题】

期货交易法律结构

关于期货交易的法律结构，我国主要有三种学说：商品买卖说、合约买卖说、将来债权说。

商品买卖说认为，期货交易是指期货交易当事人，依法在期货交易所通过订立标准化期货合约的方式，买卖实物商品期货、金融期货和期货选择权的行为。交易的客体是货物、外汇、利率和股票指数等。

合约买卖说认为，期货交易就是期货合约的买卖，是期货合约权利义务的概括转让。

将来债权说认为，期货交易是交易者在期货交易所内通过公开竞价达成的合同，该合同的标的是交易者同结算机构达成中介合同的行为。中介合同确立了交易者在未来依标准合约范本成立买卖合同的缔约权利和缔约义务。

在我国，合约买卖说属于通说，并且被规定在《期货交易管理条例》第 2 条中，即“任何单位和个人从事期货交易及其相关活动，应当遵守本条例。本条例所称期货交易，是指采用公开的集中交易方式或者国务院期货监督管理机构批准的其他方式进行的以期货合约或者期权合约为交易标的的交易活动。本条例所称期货合约，是指期货交易场所统一制定的、规定在将来某一特定的时间和地点交割一定数量标的物的标准化合约。期货合约包括商品期货合约和金融期货合约及其他期货合约。本条例所称期权合约，是指期货交易场所统一制定的、规定买方有权在将来某一时间以特定价格买入或者卖出约定标的物(包括期货合约)的标准化合约”。

期货交易的跨市场操纵行为及其监管

一般认为，跨市场操纵是指操纵者利用股票市场、债券市场等现货市场与期货市场的关联性和价格联动机制,通过在其中某一市场上的操纵行为,影响另一个相关市场交易价格的行为。[①]

目前我国理论界对跨市场操纵的研究主要集中在相对较小的范围,即股票市场和股指期货市场之间的跨市场操纵问题,这与2015年所谓的"股灾"有很大的关系,因为我国目前有关证券市场的法律法规均未明确界定跨市场的操纵问题,这一问题的研究亟须进行,以填补我国法律的空白。

学者认为,跨市场的操纵并不仅仅存在于股票现货市场和股指期货市场之间,它实际上是一个包含了多种市场、多种手段的操纵行为的集合。有学者将期货市场的操纵分为三大基本类型,即市场力量型操纵、交易型操纵和信息型操纵。跨市场操纵主要是依据操纵行为和结果设计的市场范围,不是单一的市场。对这样多个市场的联动操纵如何定义、如何定位,须具备什么条件,属于什么性质,应如何进行监管等,都是需要重点关注和研究的问题。

【本章思考题】

1. 试述期货市场、现货市场、证券市场之间的区别。
2. 试述期货合约的性质。
3. 如何理解期货交易的法律结构?
4. 期货交易应遵循哪些基本规则?
5. 如何进一步完善我国期货市场的监管体制?

---

① 参见邢精平:《跨市场操纵模式与监管》,科学出版社2014年版,第65页。

第十一章　商事信托与投资基金法

【导语】

在现代社会，信托业是连接货币市场、资本市场和产业市场的纽带，具有经济活化作用和多种社会功能，与银行业、证券业、保险业并称为四大金融支柱。信托法是英美法的舶来品，故其特殊性往往被特别强调，但是，在信托日益普遍的今天，需要对信托法进行体系性的了解，以便将其适用于经济生活。投资基金法往往被归为证券法的一部分，但其与信托却有着千丝万缕的联系，没有信托的基础，投资基金便难以维持。

在本章的学习中，需要重点掌握如下内容：委托人、受托人和受益人为信托关系的三方当事人，有着各不相同但是相互关联的权利义务；信托财产是信托法律关系的基石，具有特殊的性质；信托关系的设立、变更和终止，也有着相关的要求。

第一节　商事信托概述

早期的信托主要用于委托人为规避法律限制而转移财产的目的，受托人多为消极的“人头”设计，信托财产的实际管理权多保留在委托人或受益人自己手中，此即为英美法下的“消极信托”。可以说，消极信托主导了信托的早期发展史。但是，随着社会的进步，法律上逐步取消了对财产转移的限制，并逐步确立了信托目的合法性原则，使得原先被用以迂回规避法律限制的消极信托不仅丧失了必要性，甚至失去了合法性，消极信托由此逐步退出了社会舞台。近代以来，信托逐步发展为主要满足委托人财产管理需要的设计。信托与投资越来越紧密地结合在一起，日益成为投资的主要管理方式，商事信托孕育而生，并在现代社会中发挥越来越重要的作用。

一、我国法上的商事信托概念——营业信托

商事信托的概念在英美法系和大陆法系中并不完全相同。在英美法系中，商事信托是组织法上的概念，并有广义和狭义之分。广义上是指以信托的方式在商事领域中运作的类名，而狭义的商事信托本质上是一种和公司、合伙企业并列的企业组织形态，并具有独立的法律主体地位。而在大陆法系中，商事信托则是和民事信托相对应的概念，其并不具备法律主体地位。我国学界通常所言的“营业信托”概念与大陆法系的“商事信托”概念相当，是与民事信托相对应的概念。

我国《信托法》第 3 条规定：“委托人、受托人、受益人（以下统称信托当事人）在中华人民共和国境内进行民事、营业、公益信托活动，适用本法。”该条提出了民事信托、营业信托、公益信托的分类。不过，我国《信托法》作出上述区分后，并没有明确营业信托的概念，这就带来了如何理解营业信托及其与民事信托的区别的问题。

有一种观点认为：“营业信托是个人或法人以财产增值为目的，委托营业性信托机构进行财产经营而设立的信托。与此相区别，非营业信托即民事信托，是个人为抚养、扶养、赡养、处理遗

产等目的,委托受托人以非营利业务进行财产的管理而设立的信托。”这种定义主要以信托财产是否以营利为目的为标准。这种定义是错误的,因为现代民事信托的目的通常是混合的,委托人除了通过信托赋予受益人信托利益外,通常也会要求受托人对信托财产进行营利性管理。

民事信托与营业信托的区分标准应当是受托人是否为营业性信托机构。以营业性信托机构作为受托人所从事的信托活动,是营业信托;反之,以非营业性信托机构为受托人所从事的信托活动,是民事信托。

具体来说,营业信托的受托人以经营信托业务为其营业,民事信托的受托人不能以经营信托业务为其营业。所谓“营业”,是指以取得信托报酬为目的而经营信托业务。除此之外,根据国务院办公厅下发的《关于〈中华人民共和国信托法〉公布执行后有关问题通知》的有关规定,营业信托的受托人采取信托机构的形式,其设立和经营信托业务的资格需要获得相关金融监管部门的批准,其营业信托活动要受到相关金融监管部门的监督管理。

二、我国商事信托的类型

在我国商事信托的实践中,主要存在的商事信托有集合资金信托计划、企业年金信托、信贷资产证券化信托和保险资金信托。

(一) 集合资金信托计划

集合资金信托计划是由受托人将两个以上委托人交付的资金进行集中管理、运用或处分的资金信托业务活动,是一种特定类型的营业信托业务。其与传统的共同基金信托类似。

(二) 企业年金信托

企业年金信托是指以信托方式管理企业年金的制度。具体来说,就是委托人(开展了企业年金的企业或者企业年金基金)将计提的企业年金基金作为信托财产设立信托,把企业年金基金转移给受托人,受托人按委托人的意愿以自己的名义,为受益人的利益对年金基金进行管理和处分,从而实现年金的保值、增值,并在企业员工符合规定条件时对其发放年金的一种信托。

(三) 信贷资产证券化信托

信贷资产证券化信托也叫特殊目的信托,是指依照法律规定,以资产证券化为目的而成立的信托关系。创始机构居于委托人的地位,与特殊目的信托机构缔结信托契约,将特定金融资产设定信托,使特定金融资产转变为受益权,受托人依据信托的本旨,将作为受益人所享有的信托财产收益权的共有持分权加以分割,发行表彰受益权的受益证券,然后通过证券承销商出卖给投资人。

(四) 保险资金信托

保险资金信托是利用信托的机制间接利用保险资金进行投资的信托模式。具体是指委托人将其保险资金委托给受托人,由受托人按委托人意愿以自己的名义设立投资计划,投资基础设施项目,为受益人利益或者基于特定目的,进行管理或者处分的行为。

三、我国商事信托的监管

信托公司作为营业信托最主要的经营主体,在我国属于金融机构,受到银行业监督管理机构即中国银行保险监督管理委员会(以下简称“银保监会”)的特别监管。实践中,关于信托公司监督管理方面的法律规定,基本上均体现为银保监会的前身之一——中国银行业监督管理委员会(以下简称“银监会”)制定的相关部门规章,主要规章见表 11-1。

表 11-1　信托公司监管规章一览表

序号	名称	内容	发布机构	最新文本发布时间
1	《信托公司管理办法》	监管基本准则	银监会	2007 年
2	《信托公司治理指引》	信托公司治理	银监会	2007 年
3	《信托公司监管评级与分类监管指引》	监管评级	银监会	2010 年
4	《信托投资公司信息披露管理暂行办法》	信息披露	银监会	2005 年
5	《信托公司净资本管理办法》	净资本管理	银监会	2010 年
6	《关于印发信托公司净资本计算标准有关事项的通知》	净资本计算标准	银监会	2011 年
7	《金融机构高级管理人员任职资格管理办法》(部分失效)	高管任职资格管理	中国人民银行	2000 年
8	《银行业金融机构董事(理事)和高级管理人员任职资格管理办法》	高管任职资格管理	银监会	2013 年
9	《金融许可证管理办法》	许可证管理	银监会	2007 年
10	《非银行金融机构行政许可事项实施办法》	行政许可事项管理	银保监会	2018 年
11	《关于进一步加强信托投资公司内部控制管理有关问题的通知》(已失效)	内部控制管理	银监会	2004 年
12	《关于加强信托投资公司风险监管防范交易对手风险的通知》(已失效)	风险监管	银监会	2004 年
13	《关于加强信托公司房地产、证券业务监管有关问题的通知》	房地产、证券业务监管	银监会	2008 年
14	《关于支持信托公司创新发展有关问题的通知》(部分失效)	创新发展	银监会	2009 年

我国对商事信托的监管同时还着重监管信托产品本身。关于信托公司具体营业信托产品进行监管的规章见表 11-2。

表 11-2　信托产品监管规章一览表

序号	名称	内容	颁布机构	最新文本发布时间
1	《信托公司管理办法》	基本准则	银监会	2007 年
2	《信托公司集合资金信托计划管理办法》	集合资金信托	银监会	2009 年
3	《信托公司受托境外理财业务管理暂行办法》	受托境外理财业务	银监会、外管局	2007 年
4	《信托公司私人股权投资信托业务操作指引》	私人股权投资信托	银监会	2008 年
5	《保险资金间接投资基础设施项目试点管理办法》(已失效)	保险资金信托	保监会	2010 年
6	《保险资金间接投资基础设施项目管理办法》	保险资金信托	保监会	2016 年
7	《信贷资产证券化试点管理办法》	资产证券化	中国人民银行、银监会	2005 年
8	《信托公司证券投资信托业务操作指引》	证券投资信托	银监会	2009 年
9	《企业年金基金管理办法》	企业年金	人社部、银监会、证监会、保监会	2015 年
10	《银行与信托公司业务合作指引》	银信合作	银监会	2008 年
11	《信托业务会计核算办法》(已失效)	会计核算	财政部	2005 年
12	《中国银监会办公厅关于信托业务会计核算执行〈企业会计准则〉有关问题的通知》	会计核算	银监会	2009 年

第二节　商事信托的设立和生效

就商事信托的设立和生效而言,其也需要满足信托设立和生效的一般要件,但在设立信托的意思表示、当事人资格及信托目的等方面需要特别注意。

一、设立商事信托的意思表示

(一) 意思表示的形式

对于商事信托,一些国家要求必须采取书面形式。我国《信托法》第 8 条第 1 款明确规定:“设立信托,应当采取书面形式。”《中华人民共和国信托法释义》[①] 中认为:“以广大投资者为对象的

① 卞耀武主编:《中华人民共和国信托法释义》,法律出版社 2002 年版。

营业信托，以公布章程的形式或发售受益凭证的形式，将基金的发起、委托或受托关系的确定以及受益事项综合地予以规定，从而形成集团信托。这些书面形式也构成信托关系产生的依据。”

此外，《证券投资基金法》规定的基金合同也是设立营业信托的一种书面形式合同。基金合同是规定基金管理人、基金托管人和基金份额持有人的权利义务、基金的管理与运作等基本内容的文件，它实际上是一份标准的章程性文件，证券投资基金依该章程及投资者认购书设立。在未来，如果集合资金信托计划或其他集合信托产品可以实现公募，则信托计划说明书或集合信托章程也可以成为未来的其他书面文件的形式。

（二）意思表示的内容

对于商事信托意思表示的内容，法律、法规的规定较一般信托而言更为详细。《信托公司管理办法》第 32 条规定，以信托合同形式设立信托时，信托合同应当载明的事项，除《信托法》规定的上述必备内容外，还包括：(1) 信托当事人的权利义务；(2) 信托财产管理中风险的揭示和承担；(3) 信托财产的管理方式和受托人的经营权限；(4) 信托利益的计算，向受益人交付信托利益的形式、方法；(5) 信托公司报酬的计算及支付；(6) 信托财产税费的承担和其他费用的核算；(7) 信托期限和信托的终止；(8) 信托终止时信托财产的归属；(9) 信托事务的报告；(10) 信托当事人的违约责任及纠纷解决方式；(11) 新受托人的选任方式。一些特定类型的信托，法律、法规和规章还规定了须载明的特定事项。如信贷资产证券化业务中，信托合同须载明下列事项：(1) 信托目的；(2) 发起机构、受托机构的名称、住所；(3) 受益人范围和确定办法；(4) 信托财产的范围、种类、标准和状况；(5) 赎回或置换条款；(6) 受益人取得信托利益的形式、方法；(7) 信托期限；(8) 信托财产的管理方法；(9) 发起机构、受托机构的权利与义务；(10) 接受受托机构委托代理信托事务的机构的职责；(11) 受托机构的报酬；(12) 资产支持证券持有人大会的组织形式与权力；(13) 新受托机构的选任方式；(14) 信托终止事由。

（三）意思表示真实

意思表示真实是法律行为的有效条件之一。意思表示不真实包括欺诈、胁迫或乘人之危和重大误解等几种情形，不同情形对于信托行为具有不同的影响。对此，商事信托和一般的民事信托并没有太大的区别。唯值注意的是，在欺诈的认定上，消极地隐瞒事实真相的行为在一般民事信托中一般不构成欺诈，但在商事信托的一些业务中，受托人有主动告知的义务。如《信托公司集合资金信托计划管理办法》第 7 条第 1 款明确规定：“信托公司推介信托计划，应有规范和详尽的信息披露材料，明示信托计划的风险收益特征，充分揭示参与信托计划的风险及风险承担原则，如实披露专业团队的履历、专业培训及从业经历，不得使用任何可能影响投资者进行独立风险判断的误导性陈述。”据此规定，信托公司负有如实披露信托存在的风险的义务且不得使用任何误导性陈述，如果信托公司未履行该义务，则构成欺诈，委托人有权撤销资金信托。

二、商事信托的当事人资格

（一）委托人资格

对于商事信托的委托人，我国《信托公司管理办法》未对其资格作出特殊的规定，因此，可以认为，对于一般类型的营业信托，委托人的资格没有特殊限制，只要符合《信托法》的规定即可。但是，对于特定类型的营业信托，不同的规范性文件对委托人的资格有一定的要求，委托人除了要满足《信托法》的规定外，还有特定的资格上的限制。营业信托对委托人的资格有特殊要求的主要涉及以下几种情形：

1. 集合资金信托计划。2007 年公布的《信托公司集合资金信托计划管理办法》不仅对参加集合资金信托计划的委托人的资格进行了限制，而且对自然人委托人的人数也进行了限制。该办法第 5 条明确规定，信托计划的委托人必须为合格投资者，限定单个信托计划的自然人人数不得超过 50 人（合格的机构投资者数量不受限制）。《信托公司集合资金信托计划管理办法》经 2009 年修订后，仍然保留了单个信托计划自然人人数不得超过 50 人的规定，但增加了一条例外，即单笔委托金额在 300 万元以上的自然人不受限制。

《信托公司集合资金信托计划管理办法》第 6 条对合格投资者作出了明确的规定，包括两个方面的要求：一是定性上的要求，即合格投资者必须是能够识别、判断和承担信托计划相应风险的人；二是定量上的要求，即除满足定性上的要求外，合格投资者还需在收入或财产上满足该办法规定的其他条件。这意味着，就集合资金信托计划而言，并非所有符合《信托法》要求的委托人均可以成为信托计划的委托人。

2. 信贷资产证券化信托。在中国，目前有法律上依据的资产证券化是借助信托方式进行的信贷资产证券化。根据《信贷资产证券化试点管理办法》第 2 条的规定，信贷资产证券化的委托人（发起机构）必须是银行业金融机构。《金融机构信贷资产证券化试点监督管理办法》第 7 条进一步明确规定了发起机构的 7 项条件。实际上，对于信贷资产证券化业务的发起机构 / 委托人，目前我国实行审核制，未经批准的银行业金融机构不得从事资产证券化业务。此外，非银行业金融机构经批准也可从事资产证券化业务。2006 年 11 月，原中国银监会分别批准了中国信达资产管理公司和中国东方资产管理公司开展不良资产证券化业务试点工作。

3. 企业年金信托。关于企业年金信托的委托人资格，《企业年金基金管理办法》① 没有明确的规定，从该办法第 3 条规定来看，委托人必须是建立企业年金计划的企业及其职工。但是人力资源和社会保障部、财政部令第 36 号《企业年金办法》② 第 6 条对建立企业年金的企业有一定的要求，主要包括：(1) 企业依法参加基本养老保险并履行缴费义务；(2) 具有相应的经济负担能力。从上述相关规定来看，企业年金的委托人必须是实行设立企业年金的企业及其职工，设立企业年金是企业及其职工成为企业年金信托委托人的必要条件。如果没有设立企业年金，则该企业及其职工不具备年金信托委托人的资格。

4. 保险资金信托。保险资金利用信托机制进行投资，始于 2006 年《保险资金间接投资基础设施项目试点管理办法》（以下简称为《试点管理办法》）。试点结束后，中国保监会于 2016 年颁布了《保险资金间接投资基础设施项目管理办法》（以下简称为《办法》），原《试点管理办法》失效。2016 年《办法》对于委托人的条件作了明确的规定。《办法》第 21 条规定，该《办法》中的委托人是指在中华人民共和国境内，经中国保监会批准设立的保险公司、保险集团公司

---

① 前身为劳动和社会保障部、中国银监会、中国证监会、中国保监会令 2004 年第 23 号《企业年金基金管理试行办法》，该试行办法在人力资源和社会保障部、中国银监会、中国证监会、中国保监会令 2011 年第 11 号《企业年金基金管理办法》出台后失效。而《企业年金基金管理办法》于 2015 年被人社部令 2015 年第 24 号《人力资源社会保障部关于修改部分规章的决定》修改，现行有效的文本即经 2015 年修订的《企业年金基金管理办法》。

② 前身为劳动和社会保障部令 2004 年第 20 号《企业年金试行办法》，该试行办法在人力资源和社会保障部、财政部令 2017 年第 36 号《企业年金办法》出台后失效，现行有效的文本为 2017 年《企业年金办法》。

和保险控股公司,以及其他具有风险识别和承受能力的合格投资者。而且委托人必须满足下列条件:(1)具有公司董事会或者董事会授权机构批准投资的决议;(2)建立了完善的投资决策和授权机制、风险控制机制、业务操作流程、内部管理制度和责任追究制度;(3)引入了投资计划财产托管机制;(4)拥有一定数量的相关专业投资人员;(5)最近3年无重大投资违法违规记录;(6)偿付能力符合中国保监会有关规定;(7)中国保监会规定的其他条件。2010年的《试点管理办法》规定,在保险资金间接投资基础设施的信托中,委托人的资格适用审批制,由中国保监会决定是否批准。这意味着,如果未获得保监会的批准,保险公司、保险集团公司或保险控股公司不具有委托人的资格。但是,2016年《办法》删除了有关委托人资格审批制的规定。

从上述特殊类型的信托来看,由于涉及的相关业务和主体都属于监管类的业务和主体,因此,其委托人的资格都必须获得相关监管机构的批准或无异议。如果未获得批准或有异议,相关机构则不具有委托人的资格。除了特定类型的企业外,其他法人主体也不具备此类信托的委托人资格。

(二)受托人的特殊资格

营业信托的受托人必须是信托机构。《信托法》第4条明确规定:"受托人采取信托机构形式从事信托活动,其组织和管理由国务院制定具体办法。"《信托公司管理办法》第7条第2款明确规定,未经中国银行业监督管理委员会批准,任何单位和个人不得经营信托业务,任何经营单位不得在其名称中使用"信托公司"字样,法律法规另有规定的除外。从该条规定和中国实践来看,中国目前主要的信托营业机构是信托公司,但是,有些机构,如证券投资基金管理公司,经营证券投资基金业务,虽然没有明确表明为信托业务,但实际上证券投资基金采取的是信托结构,证券投资基金管理公司经营的是信托业务,但它经营的是特定类型的信托业务,并不能从事一般性的和其他类型的营业信托业务。

营业信托的受托人从设立、运营到形式,都有明确的法律法规上的规定。首先,从设立上看,信托公司的设立必须经中国银行保险监督管理委员会批准,并领取金融许可证;其次,从形式上看,信托公司必须采取有限责任公司或股份有限公司的形式,其他类型的法人、其他组织以及个人不能成为营业受托人;最后,从监管上看,营业信托的受托人及其业务活动受中国银保监会监管。

从实质要件上看,信托公司必须满足一定的条件。除了须符合公司上的一般要件外,信托公司还必须满足特定的条件,主要包括:(1)信托公司的股东资格必须符合中国银保监会的要求。不是所有的投资人都可以成为信托公司的股东,而且其股东的股东资格须获得监管部门的批准。(2)必须满足最低资本要求。目前信托公司的最低注册资本为3亿元人民币或等值的可自由兑换的货币(如果信托公司处理信托事务不履行亲自管理职责,则最低注册资本为1亿元人民币或等值的可自由兑换的货币)。(3)信托公司的董事会、高级管理人员必须具备中国银保监会规定的任职资格,须具备信托从业人员。(4)具有健全的组织机构、信托业务操作规程和风险控制制度。(5)有符合要求的营业场所、安全防范措施和与业务相关的其他设施。

但对于拟从事特定类型营业信托业务的信托公司来说,还有特定的资格上的要求。

1. 企业年金信托受托人资格。企业年金的受托人既可以是企业年金理事会,也可以是符合国家规定的养老金管理公司等受托机构,受托人不限于信托公司。其中企业年金理事会由企业代表和职工代表等人员组成,依法管理本企业的年金事务,但不得从事任何形式的经营性活动,因此,严格说来,它不是营业信托的受托人。而法人受托机构须满足的条件主要包括:(1)经国家金融监管部门批准,在中国境内注册;(2)具有完善的法人治理结构;(3)取得企业年金基金从业资格的专职人员达到规定人数;(4)具有符合要求的营业场所、安全防范设施和与企业年金基金受托管理业务有关的其他设施;(5)具有完善的内部稽核监控制度和风险控制制度;(6)近3年没有重大违法违规行为。

2. 信贷资产证券化受托人的资格。在信贷资产证券化中,受托人为特定目的受托机构。《金融机构信贷资产证券化试点监督管理办法》规定,特定目的受托机构首先必须是信托公司或中国银保监会批准的其他机构。而信托公司要担任特定目的受托机构,也必须满足一定的条件,主要包括:(1)根据国家有关规定完成重新登记3年以上;(2)注册资本不低于5亿元人民币,并且最近3年年末的净资产不低于5亿元人民币;(3)自营业务资产状况和流动性良好,符合有关监管要求;(4)原有存款性负债业务全部清理完毕,没有发生新的存款性负债或者以信托等业务名义办理的变相负债业务;(5)具有良好的社会信誉和经营业绩,到期信托项目全部按合同约定顺利完成,没有挪用信托财产的不良记录,并且最近3年内没有重大违法,违规行为;(6)具有良好的公司治理、信托业务操作流程、风险管理体系和内部控制;(7)具有履行特定目的信托受托机构职责所需要的专业人员、业务处理系统、会计核算系统、管理信息系统以及风险管理和内部控制制度;(8)已按照规定披露公司年度报告;(9)银保监会规定的其他审慎性条件。信贷资产证券化受托人的资格采取审批制,信托公司要担任信贷资产证券化受托人,其资格的取得必须获得中国银保监会的事先批准。

3. 保险资产投资信托的受托人资格。2006年《试点管理办法》以及现行《办法》所规定的保险资金间接投资基础设施项目实际上采取的是信托结构。2006年《试点管理办法》对于受托人的要求主要包括:(1)具有国家有关监管部门认定的最高级别资质;(2)具有完善的公司治理结构,信誉良好,管理科学;(3)具有完善的内部管理、风险控制、操作流程及内部稽核监控制度,且执行规范;(4)具有完善的基础设施项目评估、甄选及管理体系;(5)具有独立的外部审计制度及定期审计安排;(6)具有足够数量的基础设施项目投资管理人员,重要岗位人员专业经验丰富;(7)具有投资计划风险管理责任人,建立了风险责任认定及责任追究制度;(8)董事会和高级管理人员具备对业务人员和投资计划执行的有效监控制度;(9)最近2年连续盈利;(10)最近3年无到期未偿还债务,未发生到期不履约现象,无挪用受托财产等违法违规行为;(11)中国保监会规定的其他条件。对于信托公司,除须满足上述要求外,该办法第30条还规定了其他要求:(1)注册资本金不低于12亿元人民币,且任何时候都维持不少于12亿元人民币的净资产;(2)具有从事基础设施项目投资的丰富经验;(3)原有存款性负债业务已经全部清理完毕,未发生新的存款性负债或者未办理以信托等方式变相负债的业务;(4)自营业务资产状况和流动性良好,符合有关监管要求;(5)完成重新登记3年以上;(6)中国保监会规定的其他审慎性条件。但是,在2016年的《办法》中,保监会已经取消了对受托人资质的实质性审批,对受托人采能力评估制,规定"受托人设立投资计划,应当具备相应的投资管理能力。具体规则由中国保监会另行制定"。对符合条件的受托人,授予开展特定投资领域投资资格,从立法层面进一步肯定了注册制操作实务。

三、商事信托下信托目的

设立信托首先必须有信托目的。在我国现行实践中,大多数营业信托中的信托合同都将信托财产的主要运用方式及拟实现的具体目的结合起来,来表述信托目的。如在典型的集合资金信托合同(如信托资金用于投资于证券)中,关于信托目的的典型描述是:委托人基于对受托人的信任,自愿将合法所有的资金委托给受托人,由受托人主要投资于国内证券市场,以管理、运用或处分信托财产形成的收入作为信托利益的来源,为受益人获取投资收益。

不仅设立信托必须有信托目的,而且信托目的必须合法。虽然《信托法》对信托目的的合法性及非法信托目的的情形作了规定,但有些情况下,信托目的的合法性的判定并非易事。如企业职工通过信托持股,该信托的目的实际上就是解决众多职工持股问题。从形式上看,它并不违法,但是从另一方面看,它可能会规避法律对公司股东人数的限制。也正是基于此种原因,中国证监会在审查拟上市公司发起人人数时,不认可工会持股、持股会及个人代持等信托持股方式,在计算股东人数时,将直接股东与信托持股所代表的间接股东合并计算。这表明,在中国证监会看来,拟上市公司信托持股实际上是在规避《证券法》关于发起人股东人数限制的规定。在有限责任公司职工信托持股中,也存在着同样的问题,在职工人数远超过 50 人的情形下,以信托形式让职工持股也规避了《公司法》关于股东人数的限制。实践中,利用信托规避某些法律、法规或监管部门的限制,也是屡见不鲜。很多受让股权收益权的资金信托,名义上信托是为投资人(受益人)谋取收益,但实质上是为资金使用方融资。这类规避贷款限制的信托,不论是监管部门还是研究者,较少从信托目的的合法性上分析信托的合法性。这也表明,除非直接违反禁止性规定或严重违法,实践中,信托目的的合法性较少受到关注。

第三节　商事信托财产

一、商事信托财产的范围

信托财产的一个基本要件是,它必须是财产或财产性权利,具有法律确定的独立的财产权的形态。所谓财产权,是指具有金钱价值的权利,凡是具有金钱价值的权利都可以成为信托财产,包括物权、准物权(如承租权、矿业权等)、债权以及无体财产权等。反之,不具有金钱价值的权利,如人身权等,则不能成为信托财产。但就商事信托而言,哪些财产可以作为信托财产往往是极为重要的问题。对于某些新型的、在法律上尚没有完全定性的权利是否可以作为信托财产,均存在着较多的争议。实践中,一方面,在某些类型的权利之上设立信托,有很大的市场需求;另一方面,这些权利是否可以作为信托财产,理论与实践上意见不一。

(一) 经营权信托问题

经营权能否作为信托财产,首先要解决的问题是经营权的性质及其所包含的内容。经营权是指市场主体依法享有的支配其人力、物力与财力的权利,是企业从事市场行为和经营活动必不可少的权利。它实际上是企业利用其所有或占有的资产依法经营以实现盈利目的的权利。有人认为,从性质上说,它是一种物权。通过经营权的行使,企业可产生预期的收益。从这个意义上讲,经营权是有价值的,而且,通过对市场因素和经营权涉及的内容的考虑,可以评估经营权的预期收益。基于此,虽然法律上没有明确规定,但现实生活中,经营权抵押、经营权抵债的行为已经很普遍了。

我国法律对特定类型的经营权的流转进行了规定,如《农村土地承包法》第10条规定,国家保护承包方依法、自愿、有偿地流转土地经营权。《物权法》规定土地承包经营权为一种用益物权。政策性文件中也肯定了以收费权为核心的基础设施的经营权的相对独立形态,如国家计委出台的促进西部开发的价格政策规定:"在西部地区基础设施建设中,扩大以收费权为核心的经营权质押政策的实施范围,鼓励外资和社会资金投向西部地区。"从实际需要与经营权的性质与内容来看,经营权,特别是基础设施的经营权与土地承包经营权,作为一种财产权,具有一定的独立性,具有财产价值,同时具有可让与性及与所有权一定时间内的分离特征,因此,可以作为信托财产,但经营权作为信托财产受该经营权本身性质的限制,如监管类企业的经营权,不仅受企业所有权的限制,而且受到监管政策的限制,未经许可,不得转让或抵押,也不能作为信托财产在其上设立信托。

(二)股权或其他资产收益权问题

股权或资产是一种财产权,以其作为信托财产设立信托,不存在法律上的障碍。股权或资产信托涉及所有权的名义转移以及对股权或资产的管理与控制权及其他相关权利的转移,而实践中,很多股权或资产持有人并不愿意失去对股权或资产的控制与管理权,同时又希望通过股权或资产进行融资,于是出现了一种新型的信托,即将股权或其他资产的收益权独立出来,作为信托财产设立信托。

虽然股权或资产收益权具有财产的特征,可以进行估值,具有一定的价值。但是,与其他财产不同,在受益权上并不存在真正的管理与控制,它只是持有人的一种被动的权利。信托在本质上是基于委托人对受托人的信任,基于受托人的专业管理能力,通过受托人的行为为受益人带来收益或实现某些目的。但在股权或资产收益权信托中,受托人并没有管理处分信托财产的权利,也没有这种义务。在整个股权或资产收益权信托关系中,受托人只是一个平台,是委托人与投资者之间的中介,只是起到了转交资金和股权收益的作用。受益人的收益并不取决于受托人的行为,甚至与股权真正的收益也没有必然的联系,而是取决于委托人愿意支付的融资成本。因此,股权或资产收益权信托本质上并不是信托,而是一种融资行为。

由于信托受益权转让方面的限制,实践中很多股权或资产收益权信托变换了形式,将股权或资产收益权变换为一种可投资的产品,由信托公司发行集合资金理财计划,以募集的资金购买股权或资产收益权,通过这种方式实现股权或资产持有者融资的目的。在这种情形下,股权或资产收益权并不是用于设立信托的财产,设立信托的财产为现金。对于这种形式的信托,法律上没有限制。

(三)表决权信托问题

表决权能否成为信托,关键在于表决权信托的内容。在美国,存在着表决权信托,但是,它并不是仅以表决权为信托财产而设立的信托,而是以转移股份或股权为手段设立的信托,其目的在于统一行使表决权。很多关于表决权信托的讨论,实际上都是以股份或股权转移为前提的。如果单纯地以表决权为信托财产设立信托,不符合信托的本义与信托法的规定,因为表决权不具有财产权的特征,也不具有独立性,不能脱离股份或股权而独立存在。而且,在实践中,也不存在仅以表决权为信托财产设立信托的必要性,股权持有人完全可以通过委托人形式,由代理人行使表决权;多个股权持有人可以通过共同委托代理人的形式,实际上集中行使表决权。

但也有人认为表决权信托不同于股权信托,认为股东的权利皆与财产利益相关。这些权利,包括表决权,都具有财产权的属性,可以成为信托财产,设立单独的表决权信托。但从目前的法律规定及股权的理论看,虽然表决权的行使会影响股东的利益,但是它本身并不具有财产属性,也不能够给其定价;而且表决权的行使本身受公司法与公司章程的约束,它只是股东行使决策权的权利基础,不能脱离股东身份、股份或股权而独立存在。因此,单独的表决权不能成为信托财产。当然,它可以存在于股权信托中,以股权信托的方式实现股东集中行使表决权的目的。同时,通过受益权的安排,可保留真实股东在收益上的权利。

(四)将来权利和期待权信托

按照一般的信托法规则,信托财产必须具有确定性。因此将来的权利和期待权是否可以作为信托财产的问题极具争议。在美国信托法上,将来的权利是可以作为信托财产的,但期待权则不能成为信托财产。这两类财产权能否成为信托财产,取决于它们是否具有现时存在性。将来的权利,准确地说应该是将来能够实现的权利,其本身是现时存在的,它的内容、范围、价值也是现时可确定的。如基础设施未来的收费权,只要经过合法的批准或合同上有约定,在收费权存续期间,收费权所有者可以通过行使收费权而将之具体化为实际的财产。而期待权则不同,期待权只是对将来取得财产权的一种希望或期待,未来能否实现,取决于很多条件,它的内容、范围、价值在现时都是不确定的,因此,它不具有财产确定性的特征,不能成为信托财产。

二、信托财产的独立性

信托财产的独立性是信托关系的一大特点,对于商事信托而言意义重大。

(一)信托财产对于委托人的独立性

1. 信托财产与未设立信托财产相区别。一旦委托人将信托财产交付给受托人,信托便生效,委托人对信托财产的所有权转移给受托人,对信托财产,委托人不再享有所有权,仅享有对信托的监督权及与之相关的权利。同时,委托人未设立信托的财产也不属于信托财产,信托财产与非信托财产相互独立。因此,我国《信托法》第 15 条要求“信托财产与委托人未设立信托的其他财产相区别”。

需要注意的是,在某些特定的营业信托中,委托人用于设立信托的财产存在瑕疵,如果委托人以某种方式在设立信托过程中获得了对价或收益,则其负有更换信托财产的责任。如在信贷资产证券化中,如果银行交付给受托人的信贷资产不符合进入资产池资产的要求,受托人有权要求银行更换不符合要求的信贷资产。此种更换并不是否认信托财产的独立性,而是对委托人违反信托合同约定的一种补救。但是,对于委托人未获得对价或收益的信托,如果委托人交付的信托财产不符合信托文件的约定,受托人可否要求委托人更换信托财产的问题,应该按不完全设定信托可否强制执行来处理,原则上,受托人无权要求委托人更换信托财产。但委托人不更换的,承担违反信托合同的违约责任。

2. 除特定情形外,信托财产不属于委托人的遗产或清算财产。信托财产独立于委托人还表现在,在委托人死亡或依法解散、依法撤销或被宣告破产时,如果委托人不是信托的唯一受益人,信托并不因此终止,信托将继续存续,信托财产不属于遗产或清算财产;如果委托人是共同受益人,仅其持有的信托受益权为其遗产或清算财产,信托财产不受影响。

3. 强制执行禁止。基于信托财产的独立性和特殊性,我国《信托法》第 17 条明确规定,除以下情形外，不得对信托财产强制执行：(1) 设立信托前债权人已对该信托财产享有优先受偿的权利，并依法行使该权利的；(2) 受托人处理信托事务所产生债务，债权人要求清偿该债务的；(3) 信托财产本身应担负的税款；(4) 法律规定的其他情形。这些情形主要都是信托财产本身已经存在或应由其承担债务或其他义务，而不是基于委托人或其他当事人的债务强制执行。如果信托财产因此被强制执行，委托人、受托人、受益人均有权向法院提出异议。

信托财产独立于委托人其他财产也存在例外。根据《信托法》第 15 条的规定，信托财产独立于委托人是一般原则，但在委托人死亡或依法解散、依法撤销或被宣告破产时，委托人为信托的唯一受益人，信托终止，信托财产与委托人的其他财产一起，共同成为委托人的遗产或清算财产。

（二）信托财产对于受托人的独立性

我国《信托法》在多方面规定了信托财产与受托人及其财产之间的关系，明确规定了信托财产的独立性，主要表现在以下几个方面：

1. 禁止信托财产与受托人财产混同。《信托法》第 16 条第 1 款规定："信托财产与属于受托人所有的财产（以下简称固有财产）相区别，不得归入受托人的固有财产或者成为固有财产的一部分。"受托人对信托财产只享有名义上的所有权，并不享有完全的所有权，而其固有财产为其享有完全所有权的财产。这两类财产在性质上不同，受托人对这两类财产所享有的权利和承担的义务也不相同，因此，二者必须区分开来，不能混同。

2. 信托财产不属于受托人的遗产或清算财产。我国《信托法》第 16 条第 2 款规定："受托人死亡或者依法解散、被依法撤销、被宣告破产而终止，信托财产不属于其遗产或者清算财产。"受托人死亡、清算或破产时，信托财产继续存在，信托将根据信托文件的规定选任的新受托人继续管理或者按信托文件的规定终止清算，但无论何种情况下，信托财产都不得纳入受托人的遗产或清算财产。

3. 信托财产产生的债权不得与受托人固有财产产生的债务相抵销，也不得与受托人管理运用、处分其他委托人的信托财产所产生债务相抵销。

4. 强制执行禁止。如上所述，强制执行禁止也适用于因受托人负债而要求对信托财产进行强制执行的情形，受托人的债权人不能因受托人固有财产上所负债务申请法院强制执行信托财产。

（三）信托财产对于受益人的独立性

信托虽然是为了受益人的利益而设立的，但在信托结构上，受益人并不占有、管理、控制信托财产，他对信托财产仅享有受益权。受益人虽然享有对信托的监督权，但在信托存续期间，受益人对信托财产除受益权外没有其他直接的权利。受益人的债权人也不能主张对信托财产的请求权。但要注意的是，当受益人根据信托文件的规定，从信托财产获得信托利益之后，这些利益就变成受益人的固有财产，不再属于信托财产的范围，同时它也独立于信托财产，信托的债权人对受益人所得的信托利益无请求权和追及权。

在强制执行问题上，强制执行禁止也适用于因受益人负债而要求对信托财产进行强制执行的情形，受益人的债权人不能因受益人所负债务申请法院强制执行信托财产。

信托财产相对于受益人的独立性的唯一例外情形是信托唯一受益人死亡或被清算。从我国《信托法》关于受益人的有关规定来看，不能简单地认为这是终止信托的事由之一，而应区分不同情况作出不同的处理：(1) 如果受益人有继承人的，信托应继续存续，信托财产不作为遗产。《信托法》第 48 条规定，信托受益权可以依法转让和继承，因此，在受益人死亡的情况下，受益人的继承人继承信托受益权，信托继续存续。(2) 如果受益人是法人，被清算的，实际上信托目的已经无法实现，根据《信托法》第 53 条第 3 项的规定，信托终止，信托财产按信托文件的规定归于清算财产或信托文件指定的其他人。

（四）信托财产损益的独立性

在信托存续期间，受托人在处理信托过程中产生的收益和其他信托利益，归于信托财产，非受托人过失或其他人过失或侵权导致的信托财产的损失由信托财产承担。信托财产的独立性与信托财产的同一性是一脉相承的。信托财产损益的独立性既是信托财产同一性的表现，也是信托财产独立性的表现与结果。

为了保证信托财产损益的独立性，我国《信托法》第 29 条规定："受托人必须将信托财产与其固有财产分别管理、分别记帐，并将不同委托人的信托财产分别管理、分别记帐。"分别管理、分别记账，既使信托财产与受托人固有财产及其他信托财产区别开来，也使得与信托财产相关的交易、处分会计更为清楚，易于确定损益是否包括信托财产上的损益。

信托财产损益的独立性有一个前提条件，即受托人须按信托文件的规定，谨慎、尽职地管理信托财产。除按信托文件的规定，合理取得信托报酬外，受托人不得利用信托财产为自己谋取利益，否则，受托人利用信托财产为自己谋取利益的，所得利益归入信托财产。[①] 受托人违背管理职责或者处理信托事务不当对第三人所负债务或者自己所受到的损失，不得由信托财产承担，而应由受托人以其固有财产承担。[②] 受托人违反信托法或信托文件的规定，给信托财产造成损失的，受托人须承担赔偿责任。在这些情况下，信托的损失由受托人承担。这意味着，信托财产仅承担在受托人依法尽职管理信托的前提下产生的信托财产上的损失。

案例研讨

交通银行西安分行与必康公司、般诺公司等执行异议案

第四节 信托当事人

信托当事人是信托的主体要素。没有主体，就没有民事法律行为，这是不言而喻的。信托有三方当事人，即委托人、受托人和受益人。根据我国《信托法》的规定，理解信托当事人的法律地位时，应当特别注意下列情形：

1. 信托当事人任何一方依法可以为多人。我国《信托法》明确规定了共同受托人和共同受益人的情形。《信托法》第 31、32、42 条规定了"共同受托人"的法律地位，第 45、46 条规定了"共同受益人"的法律地位。至于是否允许存在共同委托人的情形，《信托法》并没有作出规定。从实际情况看，也存在共同委托人的情形。

2. 信托当事人依法可以竞合。根据我国《信托法》的相关规定，信托当事人有两种情况可以竞合：一种情况是委托人和受益人的竞合。《信托法》第 43 条第 2 款规定："委托人可以是受益人，也可以是同一信托的唯一受益人。"另一种情况是受托人和受益人的竞合。《信托法》第 43 条第 3 款规定："受托人可以是受益人，但不得是同一信托的唯一受益人。"至于是否允许委

---

① 《信托法》第 26 条。

② 《信托法》第 37 条。

托人和受托人竞合，我国《信托法》没有作出具体规定，从立法精神看，原则上是禁止的。

3. 受益人无须参与信托的设立。信托虽然由委托人、受托人和受益人三方当事人构成，但设立信托的当事人只需委托人和受托人即可，无须受益人参与。因此，信托文件只要委托人和受托人依法签署即可，受益人是否签署信托文件并不影响信托的设立。

4. 受益人无须设立时存在。信托是为受益人的利益设立的，因此，任何一项信托都必须有受益人。但是，《信托法》上只要求有受益人，并不要求设立信托时受益人就存在。

一、受托人

信托关系中的受托人，是指接受委托人的委托，为受益人的利益或者特定目的，对信托财产进行管理或者处分的人。

1. 受托人的资格。我国《信托法》第 24 条规定，受托人应当是具有完全民事行为能力的自然人、法人。法律、行政法规对受托人的条件另有规定的，从其规定。

2. 共同受托人。同一信托可以同时存在两个或两个以上的受托人，称为共同受托人。《信托法》第 31 条规定，同一信托的受托人有两个以上的，为共同受托人。共同受托人应当共同处理信托事务，但信托文件规定对某些具体事务由受托人分别处理的，从其规定。共同受托人共同处理信托事务，意见不一致时，按信托文件规定处理；信托文件未规定的，由委托人、受益人或者其利害关系人决定。同时，《信托法》第 32 条规定，共同受托人处理信托事务对第三人所负债务，应当承担连带清偿责任。第三人对共同受托人之一所作的意思表示，对其他受托人同样有效。共同受托人之一违反信托目的处分信托财产或者因违背管理职责、处理信托事务不当致使信托财产受到损失的，其他受托人应当承担连带赔偿责任。

（一）受托人的权利

在信托法律关系中，受托人的地位至为重要。受托人积极地管理信托事务、促进信托目的实现的前提条件是享有受托人的权利。依据权利所包含的利益类型的不同，可以将其划分为与履责相关的权利和与自身利益相关的权利两类。

1. 与履责相关的权利：履责权。

（1）信托财产的名义所有权。信托财产的名义所有权是信托的应有之义，它是受托人行使其他类型的履责权的基础。据此，受托人可以成为信托财产中的动产的实际占有人，以及不动产和需经登记的动产的登记名义人。与物权法上的完全所有权不同，这种信托法上的名义所有权仅包含依据信托目的对信托财产进行投资、管理、处分的权能。受托人必须为了受托人的最大利益、在信托目的范围内进行财产管理。

（2）信托财产的管理和处分权。利用受托人对信托财产进行专业和富有效率的管理是信托制度的核心意义之所在。在符合信托目的的前提下，受托人可以根据自己的判断对信托财产进行包括事实行为和法律行为在内的各种类型的管理、投资、交易及处分。在商事信托中，若有特别法对受托人的财产管理行为进行限制的，应优先适用特别法[①]。

---

① 例如，根据我国人力资源和社会保障部、中国银监会、中国证监会、中国保监会联合制定，并于 2015 年 4 月 30 日起施行的《企业年金基金管理办法》第 47 条，企业年金基金财产采用信托方式进行管理、投资时，其投资范围为“银行存款、国债、中央银行票据、债券回购、万能保险产品、投资连结保险产品、证券投资基金、股票，以及信用等级在投资级以上的金融债、企业（公司）债、可转换债（含分离交易可转换债）、短期融资券和中期票据等金融产品”。

(3) 信托财产不当强制执行的异议权。信托财产独立于受托人的个人财产,对于信托财产,除以下四种情形以外,不得强制执行:①设立信托前债权人已对该信托财产享有优先受偿权,并依法行使该权利的;②受托人处理信托事务所产生的债务,债权人要求清偿该债务的;③信托财产本身应担负的税款;④法律规定的其他情形。法院非基于以上四种情形强制执行信托财产的,受托人有权向法院提出异议。[①]

(4) 代表信托起诉和应诉权。受托人是信托财产的名义所有人,概括享有信托财产的管理、处分权。因此,凡他人对信托财产的非法侵害或者受托人在履行信托事务时与他人之间产生的纠纷,皆由受托人起诉和应诉。

2. 与自身利益相关的权利:私益权。

(1) 报酬请求权。我国《信托法》第35条规定:"受托人有权依照信托文件的约定取得报酬。信托文件未作事先约定的,经信托当事人协商同意,可以作出补充约定;未作事先约定和补充约定的,不得收取报酬。约定的报酬经信托当事人协商同意,可以增减其数额。"

(2) 补偿的权利。在受托人合法、谨慎、尽责地执行信托事务的前提下,管理信托财产所产生的合理费用应从信托财产中支付。特殊情况下,受托人可能以自己的个人固有财产先行垫付了相关费用,对于其垫付的部分,受托人有权从信托财产中获得补偿,且此种补偿请求权优先于一般债权人的债权请求权。

此外,受托人在信托终止后请求支付其担任受托人期间所垫付的信托费用的,可以留置信托财产或者对信托财产的权利归属人提出请求,该权利归属人可能是受益人,也可能是新的受托人,视具体情况而定。

3. 受托人的辞任权。根据《信托法》的规定,若是私益信托,受托人征得委托人和受益人双方同意后,可以辞任,以解除信托文件的束缚。但在新受托人选出之前,辞任的受托人仍应继续履行管理信托事务的职责。与私益信托不同,《信托法》规定,公益信托的受托人未经公益事业管理机构批准,不得辞任。

(二) 受托人的义务

在信托法律关系中,受托人负有的义务统称为信义义务。我国《信托法》在"受托人"一节全面描述了受托人的各项义务。

1. 信托文件的遵守义务。《信托法》第25条明确规定,受托人应当遵守信托文件的规定,为受益人的最大利益处理信托事务。

2. 忠实义务。信托是基于信任而建立的法律关系,受托人必须忠实地为受益人利益处理信托事务,无负于委托人和受益人的信任。受托人的忠实义务有广义和狭义之分,广义的忠实义务包括积极的忠实义务和消极的忠实义务两大方面;而狭义的忠实义务仅指消极的忠实义务。

(1) 积极的忠实义务。按照《信托法》第25条的规定,受托人管理信托财产必须恪尽职守,为受益人的最大利益诚实信用地处理信托事务。

(2) 消极的忠实义务。

其一,禁止利用信托财产为自己牟利。《信托法》第26条规定,受托人除依照本法规定取得报酬外,不得利用信托财产为自己谋取利益。受托人违反前款规定,利用信托财产为自己谋取利

① 委托人和收益人也拥有此项权利。

益的，所得利益归入信托财产。

其二，禁止将信托财产转为固有财产。《信托法》第 27 条规定，受托人不得将信托财产转为其固有财产。受托人将信托财产转为其固有财产的，必须恢复该信托财产原状；造成信托财产损失的，应当承担赔偿责任。

其三，原则上禁止受托人自我交易。《信托法》第 28 条规定，受托人不得将其固有财产与信托财产进行交易或者将不同委托人的信托财产进行相互交易，但信托文件另有规定或者经委托人或者受益人同意，并以公平的市场价格进行交易的除外。受托人违反前款规定，造成信托财产损失的，应当承担赔偿责任。

《信托法》并非绝对禁止受托人的自我交易。只要信托文件允许受托人自我交易，或者委托人或受益人同意受托人自我交易，并且受托人以公平的市场价格进行交易的，则该项交易合法有效。此处，《信托法》为禁止自我交易的除外规定设置了程序和实体的要件。其中程序要件有三项，即信托文件允许、委托人同意、受托人同意，三项中满足任意一项即可视为具备了程序要件；实体要件即受托人以公平的市场价格进行交易。只有程序要件和实体要件同时具备，方能使受托人自我交易合法有效。

3. 谨慎义务。我国《信托法》第 25 条规定，受托人应当遵守信托文件的规定，为受益人的最大利益处理信托事务。受托人管理信托财产，必须恪尽职守，履行诚实、信用、谨慎、有效管理的义务。一般认为，该条后半段规定的是受托人的谨慎义务，其内涵、外延与最大勤勉义务以及善管义务基本相当。

笼统地说，谨慎义务是一种“善意管理他人事务时应尽的注意义务”，其标准比“处理自己事务时应有的注意义务”还要高。因此，在判断受托人是否达到谨慎义务时，必须结合其自身技能以及其从事的职业和所在的阶层普遍应达到的标准进行判断。

4. 分别管理义务。《信托法》第 29 条规定，受托人必须将信托财产与其固有财产分别管理、分别记账，并将不同委托人的信托财产分别管理、分别记账。据此，受托人分别管理义务主要包括两个方面：(1) 将信托财产与固有财产分别管理、分别记账；(2) 将不同委托人的信托财产分别管理、分别记账。

5. 亲自管理义务。《信托法》第 30 条规定，受托人应当自己处理信托事务，但信托文件另有规定或者有不得已事由的，可以委托他人代为处理。受托人依法将信托事务委托他人代理的，应当对他人处理信托事务的行为承担责任。据此，受托人亲自管理义务也并非绝对适用，《信托法》对此规定了两种例外情形：(1) 信托文件另有规定。(2) 有不得已的事由。那什么是“不得已的事由”？一般认为，“不得已的事由”比不可抗力、意外事件等纯粹的客观因素的范围要广，其指出现了足以使受托人无法亲自管理的事件，包括患病、出国等。

6. 记录、报告和保密义务。《信托法》第 33 条规定，受托人必须保存处理信托事务的完整记录。受托人应当每年定期将信托财产的管理运用、处分及收支情况报告委托人和受益人。受托人对委托人、受益人以及处理信托事务的情况和资料负有保密的义务。

7. 清算义务。《信托法》第 58 条规定，信托终止的，受托人应当作出处理信托事务的清算报告。受益人或者信托财产的权利归属人对清算报告无异议的，受托人就清算报告所列事项解除责任。但受托人有不正当行为的除外。

(三) 受托人职责的终止

受托人职责的终止,是指由于某种事由的出现,导致受托人不能再履行其职责的情形。在理解受托人职责终止的时候,我们要注意将其与信托终止区分开来。信托终止意味着信托关系的消灭,但是信托人职责的终止并不必然导致信托关系的消灭,当然,反过来说,信托关系消灭了,信托人的职责自然也就终止了。我国《信托法》规定了下列委托人职责终止的事由。

1. 受托人死亡或者被依法宣告死亡。自然人的民事权利能力在死亡时终止,客观上不可能继续管理和处分信托财产,而且信托的成立基础,在于信托当事人间主观的信赖关系,因而受托人的地位具有专属性质,受托人如果死亡,不能由其继承人继承。质言之,受托人的任务,即因其死亡而终了。

2. 受托人被依法宣告为无民事行为能力人或者限制民事行为能力人。受托人应当为了受益人的利益或者特定目的,对信托财产进行管理或者处分,而无民事行为能力人或者限制民事行为能力人是没有判断和认识能力去管理或者处分财产的,他们不能成为信托关系中的受托人。我国《信托法》第 24 条也作了相应的规定:受托人应当是具有完全民事行为能力的自然人、法人,法律、行政法规对受托人的条件另有规定的,从其规定。

3. 受托人被依法撤销、被宣告破产、解散或者法定资格丧失。按照《信托法》第 24 条的规定,受托人应当是具有完全民事行为能力的法人。《民法通则》第 36 条规定,法人的民事权利能力和民事行为能力,从法人成立时产生,到法人终止时消灭。而根据第 45 条的规定,依法被撤销、解散及依法宣告破产都是企业法人终止的原因,在受托人依法被撤销、宣告破产或者解散后,民事主体资格丧失,受托人的职责也随之终止。

4. 受托人辞任或者被解任。

(1) 受托人辞任。根据《信托法》第 38 条规定,设立信托后,经委托人和受益人同意,受托人可以辞任。在受托人的辞任获得批准后,他的职责也就终止了。

(2) 受托人解任。我国《信托法》第 23 条规定:"受托人违反信托目的处分信托财产或者管理运用、处分信托财产有重大过失的,委托人有权依照信托文件的规定解任受托人,或者申请人民法院解任受托人。"在解任后,受托人的职责即终止。

5. 法律、行政法规规定的其他情况。这条规定,主要是为了防止以后有新的受托人职责终止的情况出现。但是,现在我国的法律、行政法规还没有作出补充性规定。

(四) 受托人的责任

1. 受托人的内部责任。

(1) 受托人的有限责任。根据《信托法》第 34 条规定,受托人以信托财产为限向受益人承担支付信托利益的义务。因此,只要受托人在管理和处分信托财产时不存在故意或者过失,即可不承担信托财产损失的责任,仅以现存信托财产为限对受益人履行义务。

(2) 受托人的赔偿责任。赔偿责任是受托人在有过失的情形下的责任,受托人不履行信托利益的给付义务或者因自身过失使信托财产遭受损失的,受托人必须承担赔偿责任。

2. 受托人的外部责任。根据《信托法》第 37 条的规定,受托人因处理信托事务所支出的费用及对第三人所负债务,以信托财产承担。受托人以其固有财产先行支付的,对信托财产享有优先受偿的权利。受托人对于因违背管理职责或者处理信托事务不当对第三人所负的债务或者自己所受到的损失,以其固有财产承担。

3. 共同受托人的连带责任。我国《信托法》仅在第 32 条规定了共同受托人处理信托事务对第三人所负债务承担连带责任,并未明确规定共同受托人内部责任的连带性。学理上一般认为,共同受托人对委托人或者受益人同样须承担连带赔偿责任。但是,在共同受托人之间,每一位共同受托人对其他共同受托人的行为不承担责任,除非他本身有过错。共同受托人对委托人、受益人或者第三人承担了连带赔偿责任后,无过错的受托人有权请求负有责任的受托人予以补偿。有过错的共同受托人有权请求其他负有责任的受托人分摊赔偿责任,即有权请求补偿。

二、委托人

(一) 委托人的权利

1. 委托人的法定权利。

(1) 知情权。《信托法》第 20 条规定,委托人有权了解其信托财产的管理运用、处分及收支情况,并有权要求受托人作出说明。委托人有权查阅、抄录或者复制与其信托财产有关的信托账目以及处理信托事务的其他文件。

(2) 信托财产管理方法调整的要求权。我国《信托法》第 21 条规定:“因设立信托时未能预见的特别事由,致使信托财产的管理方法不利于实现信托目的或者不符合受益人的利益时,委托人有权要求受托人调整该信托财产的管理方法。”

关于委托人对信托财产管理方法调整的要求权,《信托法》第 25 条规定,受托人应为受益人的最大利益处理信托事务,且管理信托财产时要履行有效管理的义务。应当认为受托人有建议调整信托财产管理方法的义务。

(3) 信托财产处分行为撤销的申请权。我国《信托法》第 22 条明确规定:“受托人违反信托目的处分信托财产或者因违背管理职责、处理信托事务不当致使信托财产受到损失的,委托人有权申请人民法院撤销该处分行为,并有权要求受托人恢复信托财产的原状或者予以赔偿;该信托财产的受让人明知是违反信托目的而接受该财产的,应当予以返还或者予以赔偿。前款规定的申请权,自委托人知道或者应当知道撤销原因之日起一年内不行使的,归于消灭。”

(4) 对受托人的解任权。我国《信托法》第 23 条规定:“受托人违反信托目的处分信托财产或者管理运用、处分信托财产有重大过失的,委托人有权依照信托文件的规定解任受托人,或者申请人民法院解任受托人。”

(5) 剩余信托利益的归复权。《信托法》第 46 条规定,全体受益人放弃信托受益权的,信托终止。部分受人放弃信托受益权的,被放弃的信托受益权按下列顺序确定归属:①信托文件规定的人;②其他受益人;③委托人或者其继承人。第 54 条规定,信托终止的,信托财产归属于信托文件规定的人;信托文件未规定的,按下列顺序确定归属:①受益人或者其继承人;②委托人或者其继承人。

(6) 信托的解除权。我国《信托法》第 50 条、第 51 条分别规定了委托人解除信托的两种情况:①自益信托的委托人是信托的唯一受益人,享有全部信托利益的,委托人可随时解除信托,信托文件另有规定的,自应从其规定。②委托人不是信托的受益人或不是唯一受益人的,不能随意解除信托,只有在受益人对委托人有重大侵权行为或经受益人同意的情况下,或者信托文件规定的其他情形下,才能解除信托。

(7) 受益人的变更权和受益权的处分权。根据我国《信托法》第 51 条第 1 款的规定，委托人行使受益人的变更权和受益权的处分权需具备以下条件之一：①受益人对委托人有重大侵权行为；②受益人对其他共同受益人有重大侵权行为；③经受益人同意；④信托文件规定的其他情形。

(8) 信托财产损害的救济权。

第一，对非法强制执行信托财产的异议申诉权。我国《信托法》第 17 条规定了可以强制执行信托财产的特殊情形：①设立信托前债权人已对该信托财产享有优先受偿的权利，并依法行使该权利的；②受托人处理信托事务所产生债务，债权人要求清偿该债务的；③信托财产本身应担负的税款；④法律规定的其他情形。除上述情形之外，对信托财产不直接享有任何权利的委托人的债权人和受托人的债权人，如对受托人行使债权，申请法院强制执行信托财产，委托人、受托人和受益人均有权向法院提出异议。

第二，信托财产的恢复原状请求权、损失赔偿请求权以及撤销请求权。我国《信托法》第 22 条规定："受托人违反信托目的处分信托财产或者因违背管理职责、处理信托事务不当致使信托财产受到损失的，委托人有权申请人民法院撤销该处分行为，并有权要求受托人恢复信托财产的原状或者予以赔偿；该信托财产的受让人明知是违反信托目的而接受该财产的，应当予以返还或者予以赔偿。前款规定的申请权，自委托人知道或者应当知道撤销原因之日起一年内不行使的，归于消灭。"

第三，信托利益的归入权。我国《信托法》第 26 条规定，受托人除依照本法规定取得报酬外，不得利用信托财产为自己谋取利益。受托人违反前款规定，利用信托财产为自己谋取利益的，所得利益归入信托财产。

第四，违反信托财产独立性的损害赔偿请求权。我国《信托法》第 16 条第 1 款规定："信托财产与属于受托人所有的财产（以下简称固有财产）相区别，不得归入受托人的固有财产或者成为固有财产的一部分。"根据《信托法》第 27 条的规定，若受托人违反信托财产独立性规则，将信托财产转为其固有财产，必须恢复该信托财产的原状；造成信托财产损失的，应当承担赔偿责任。

第五，违反禁止自我交易规则的损害赔偿请求权。受托人违反禁止自我交易规则，造成信托财产损失的，应当承担赔偿责任。法律没有明确请求损害赔偿的权利人，但因信托是为受益人之利益设立的，且该行为损害的也是受益人的利益，受益人无疑享有此权利。而委托人可以基于《信托法》第 22 条规定的"违反信托目的处分信托财产或者因违背管理职责、处理信托事务不当致使信托财产受到损失的"受托人之不当行为，享有同样的权利。

(9) 受益权损害的救济权。我国《信托法》第 34 条规定："受托人以信托财产为限向受益人承担支付信托利益的义务。"向受益人交付信托利益是受托人最基本的义务。法律明确规定受益权由受益人享有，从而肯定了受益人对这一利益的请求权即受益权。当受益权受到损害时，受益人也就当然享有相应的损害救济权。

2. 委托人的保留权利。

(1) 委托人保留权利的原则。信托是委托人创设的，按照意思自治原则，委托人可以在信托文件中为自己保留一定的权利。但委托人保留的权利在客观上存在限制，即不能使委托人像信托财产的所有者那样任意处分信托财产。

(2) 委托人保留权利的范围。通常情况下，委托人可以保留下列权利：

第一，管理权。委托人基于特殊需要，会保留指示受托人的权利，以便在必要时可就如何管理信托事务、处分信托财产向受托人发出指示,更好地实现委托人的愿望。

第二,受益人或受益权变更权。我国《信托法》第 51 条第 1 款第 4 项所指“信托文件规定的其他情形”,隐含地允许委托人在信托文件中保留在规定的情形下变更受益人、受益权甚至解除信托的权利。

第三,受托人解任权。我国《信托法》第 23 条规定,委托人可以在信托文件中为自己保留解任受托人的权利,在受托人违反信托目的处分信托财产或管理运用信托财产严重不当,已不适合继续担任受托人的情况下,委托人可依保留的权利自行解任受托人。

(二) 委托人的义务

1. 转移信托财产的义务。我国《信托法》第 8 条第 3 款规定:“采取信托合同形式设立信托的,信托合同签订时,信托成立。采取其他书面形式设立信托的,受托人承诺信托时,信托成立。”也就是说,信托法视信托合同为合意合同,不以委托人转移其财产权给受托人为信托成立的条件。但是,信托的基本特征之一是财产所有权的转移,如果委托人没有把财产权转移给受托人,则可认为该信托不具备生效之必要条件,信托处于不完全的状态。

2. 支付报酬和提供补偿的义务。根据《信托法》第 35 条的规定,受托人有权依照信托文件的约定取得报酬。信托文件未作事先约定的,经信托当事人协商同意,可以作出补充约定,并且约定的报酬经信托当事人协商同意,可以增减其数额。另外,受托人在处理信托事务中垫付了有关的费用或因正当处理信托事务而使自己遭受损失的,委托人负有补偿的义务。

第五节　信托的变更与终止

一、信托的变更

(一) 信托变更的含义与依据

1. 信托变更的含义。信托变更,是指信托有效设立后,当出现约定或者法定的变更事由时,信托当事人依法对信托文件所规定的事项进行的改变和调整。

2. 信托变更的依据。虽然信托原则上不得随意变更,但这一原则也不是绝对的。为了更好地实现信托目的,保护信托当事人的权益,法律允许在两种情况下对信托加以变更:一是依约定加以变更,即约定变更;二是依法定加以变更,即法定变更。

(1) 约定变更。信托属于民事法律行为,对于民事法律行为,无论其设立、变更和终止,均遵循我国民法上的“自愿”原则,即“意思自治”原则,据此,如果信托当事人对信托的变更有约定,只要该约定没有违反法律的规定,那么则应按照约定进行变更,这一点在法理上也无不妥之处。

(2) 法定变更。我国《信托法》规定在出现某些法定事由时,可以依法适当变更信托。比如,根据《信托法》第 21 条和第 49 条第 1 款,如果由于设立信托时未能预见的特别事由,致使信托财产的管理方式不利于实现信托目的或者不符合受益人的利益,委托人和受益人有权要求受托人调整信托财产的管理方式。

(二) 信托的约定变更

在约定变更的情况下,作为变更依据的约定,其方式可以有两种形式:一是信托文件关于变更的规定;二是信托当事人另行变更的意思表示。

1. 信托文件规定的变更。如果信托文件对有关信托事项作出了明确的变更规定,只要该规定不违背法律,信托当事人可以依据该规定对相应的信托事项进行变更。但是,由于委托人是为了受益人的利益而设立信托,受益人自信托生效之日起即享有信托受益权,因此,如果不经受益人的同意,通过信托文件可以径行变更受益人及其信托受益权,在法理上便构成对受益人权益的侵害;而信托的特殊性又在于:委托人通过信托赋予受益人受益权,是为了实现自己的意愿即信托目的,如果不允许委托人通过信托文件变更受益人及其受益权,又会妨碍委托人信托目的的实现。信托的法理基础在于:受益人的信托受益权要从属于委托人设定的信托目的,鉴于此,对于信托文件规定的变更事项,我国《信托法》唯独对受益人和受益权的变更作出了特别的授权。《信托法》第 51 条第 1 款明确规定,信托设立后,如果出现了信托文件规定的情形,委托人可以变更受益人或者处分受益人的信托受益权。

2. 信托当事人的另行变更。与信托文件规定的变更方式相比,信托当事人对信托另行变更的条件要严格得多。这是因为,信托当事人对信托的另行变更是在信托文件之外的变更,发生在信托设立之后,与受益人利益攸关,此时,仅有委托人和受托人的意思表示行为是不够的,通常还需要有受益人的意思表示。

(三) 信托的法定变更

对于信托文件所规定的事项,如果信托当事人没有变更的约定,原则上不得变更,只有出现法定的变更事由时,才允许依法变更。根据我国《信托法》的规定,只有三类事项属于法定变更事项,而且均规定了严格的变更条件:一是信托财产管理方法;二是受托人;三是受益人和信托受益权。

1. 信托财产管理方法的法定变更。我国《信托法》第 21 条规定:“因设立信托时未能预见的特别事由,致使信托财产的管理方法不利于实现信托目的或者不符合受益人的利益时,委托人有权要求受托人调整该信托财产的管理方法。”根据《信托法》第 49 条第 1 款的规定,当出现前述情形时,受益人也有权要求受托人调整信托财产的管理方式。

2. 受托人的法定变更。我国《信托法》一共规定了五种可以变更受托人的法定事由:

(1) 法定解任。根据《信托法》第 23 条和第 49 条第 1 款的规定,受托人违反信托目的处分信托财产或者管理运用、处分信托财产有重大过失的,委托人和或受益人有权依照信托文件的规定解任受托人,或者申请人民法院解任受托人。

(2) 受托人死亡或者被依法宣告死亡。

(3) 受托人被依法宣告为无民事行为能力人或者限制民事行为能力人。

(4) 受托人依法解散、被依法撤销或者被宣告破产。

(5) 受托人法定资格丧失。

3. 受益人和受益权的法定变更。根据《信托法》的规定和法理精神,受益人和受益权的法定变更事由有两种:一是受益人有重大侵权行为;二是受益权的继受。

(1) 受益人有重大侵权行为。《信托法》第 51 条规定,受益人对委托人或者其他共同受益人有重大侵权行为的,委托人可以变更受益人或者处分受益人的受益权。

(2) 受益权的继受。根据我国《信托法》第 46—48 条的规定,对于非受限受益权,受益人可以用于清偿债务,也可以依法转让和继承。此时,就会发生受益权的继受问题。我国《信托法》本身并没有直接规定受益权发生继受时,受益人应当变更为继受人,但是,依法理,客观上必然发生受益人的变更。

二、信托的终止

信托的终止，是指因出现法定或者约定事由而使信托关系归于消灭。信托法对信托终止的规定是以信托目的为中心展开的：一方面，信托法确立了“信托连续性”原则，规定信托设立后，不因委托人和受托人的欠缺而终止；另一方面，信托法又确立了“信托终止”的原则，规定一旦出现信托的存续违反信托目的或者信托已经实现或者不能实现等情形时，信托即终止。

（一）信托的连续性

为了确保信托目的的实现，信托法确立了“信托连续性”的规则。信托的连续性集中表现在《信托法》第52条关于信托终止的限制性规定上。该条规定：“信托不因委托人或者受托人的死亡、丧失民事行为能力、依法解散、被依法撤销或者被宣告破产而终止，也不因受托人的辞任而终止。但本法或者信托文件另有规定的除外。”据此，信托设立后，不因委托人或受托人的欠缺而终止。这里的“欠缺”包括两种情形：一种是委托人或受托人缺失；另一种是委托人或受托人的主体资格有缺陷。

1. 委托人或受托人欠缺的情形。根据《信托法》第52条的规定，委托人或受托人因下列六种情形发生欠缺：(1) 死亡；(2) 丧失民事行为能力；(3) 依法解散；(4) 依法被撤销；(5) 依法被宣告破产；(6) 受托人辞任。其中，上述第(3)—(5)种情形只限于委托人或受托人为法人时才发生。

需要指出的是，受托人依法被解任也属于受托人欠缺的事由，但《信托法》第52条并没有规定该条可以适用于受托人被解任的情形。那么，是否可以认为受托人被解任时，可以排除适用《信托法》第52条关于信托连续性的规定？本书认为，不能排除。因为根据《信托法》第39条和第40条的规定，受托人被解任，仍然属于受托人职责终止而需要选任新受托人继续管理信托的情形，此时，信托并不终止。《信托法》第52条没有将受托人解任的情形纳入规定之中，这完全属于立法遗漏，而不是例外规定。

2. 信托不因委托人或受托人的欠缺而终止。

(1) 信托不因委托人的欠缺而终止。信托一经有效设立，信托财产即独立于委托人未设立信托的其他财产，如果委托人因死亡、丧失民事行为能力、依法解散、被依法撤销或者被宣告破产等情形而发生欠缺时，信托财产不属于委托人的遗产或者清算财产，受托人仍可基于委托人的信任，受信托目的的约束，为了受益人的利益或者特定目的，继续按照信托文件的规定管理、运用和处分该信托财产，信托不因委托人的欠缺而终止。

(2) 信托不因受托人的欠缺而终止。信托一经有效设立，信托财产也独立于受托人的固有财产，如果受托人因死亡、丧失民事行为能力、依法解散、被依法撤销、被宣告破产、辞任或者被解任等情形而发生欠缺时，信托财产不属于受托人的遗产或者清算财产，虽然受托人的职责终止，但是仍可依据信托文件或者法律的规定选任新的受托人，由新受托人为受益人的利益或者特定的目的继续按照信托文件的规定，履行管理、运用和处分信托财产的职责，使信托关系存续以实现信托目的，该信托也不因受托人的欠缺而终止。

(3) 例外规定。在通常情况下，信托设立后，不因委托人或受托人的欠缺而终止，但是，《信托法》第52条也规定了两种除外情形，当出现该两种除外情形时，信托也得因委托人或受托人的欠缺而终止：

第一，《信托法》另有规定的。《信托法》另有规定是指第15条规定的情形。该条规定，信托设立后，委托人死亡或者依法解散、被依法撤销、被宣告破产时，委托人是唯一受益人的，信托终止，信托财产作为其遗产或者清算财产。

第二，信托文件另有规定的。根据民事法律行为"意思自治"原则，如果信托文件中规定，当委托人或受托人死亡、丧失民事行为能力、依法解散、被依法撤销或者被宣告破产时，或者发生受托人辞任或者被解任的情形时，信托即终止，则应当从其规定。

（二）信托终止的事由

尽管信托设立后，原则上不得终止，但出现约定或者法定事由时，信托也得依法予以终止。根据我国《信托法》第52条的规定，信托终止的事由有六种：(1)信托文件规定的终止事由发生；(2)信托当事人协商同意；(3)信托的存续违反信托目的；(4)信托目的已经实现或者不能实现；(5)信托被撤销；(6)信托被解除。

（三）信托终止的法律后果

1. 信托效力的消灭。
2. 信托财产权利归属人的确认。
3. 法定信托的成立。
4. 信托财产的强制执行。
5. 受托人报酬和补偿权的行使。
6. 信托的清算。
7. 受托人责任的解除。

第六节 投资基金法

一、投资基金的概念

投资基金是现代金融中被广泛使用的投资工具，它通过集合特定的或不特定的投资者，将原本由投资者分散持有的资金集中起来，并委托具有专门知识和经验的投资专家经营操作，使中小投资者得以在享受基金投资的丰厚报酬的同时，减少投资风险。

二、投资基金的特征

（一）集合投资

投资基金由不特定多数人的零散资金汇集而成。积少成多、聚沙成塔，这正是投资基金的一大优点。"集合投资"的优点主要体现在如下两个方面：一方面，集合投资有利于形成"规模经济"、降低投资者的交易成本，使得更多的投资者能够参与金融活动；另一方面，集合投资能够降低投资门槛，提高社会零散资金的使用率，将原本闲置的资金提供给其他有生产性投资机会的资金需求者。由此可见，投资基金的一大特征就在于将多数人的资金进行集合。

（二）专业理财

投资基金一般通过委托具有专门知识和经验的投资专家，对资金进行经营操作。这种"专家理财"的特征，首先是由投资基金的目的和资金组成方式决定的。与其他金融工具相同，投资基金的目的在于获取由资金运营产生的收益。然而，“集合投资”的特征也决定了投资基金的投资者，大多为缺乏投资能力和(或)时间的中小投资者。因此，投资基金往往需要委托具有专门知识与经验的专家进行运营。值得注意的是，除去基金管理人之外，投资基金的基金托管人也必须具有专门的知识与经验。其原因在于：投资基金的业务范围往往涉及证券、保险、投资银行等复杂业务，为有效地对基金管理人进行监督、更好地保管受托基金财产，基金托管人也必须熟悉甚至精通基金投资业务。

(三) 组合投资、分散风险

现代经济学理论表明，投资者进行组合投资、增加所持财产的多样性，能够显著地分散、降低投资风险。然而，中小投资者因财力有限，往往不能分散投资或者只能分散投资于为数不多的投资项目。借助于投资基金这种“集合投资”方式，中小投资者可以摆脱财力有限的困境。目前，世界各国的基金立法和实践都十分强调，投资基金应当以分散投资为主。值得注意的是，并非所有的组合投资都可以分散风险。只有对市场表现呈负相关的证券品种进行组合投资，才能实现分散风险的目的。因此，在投资的过程中，投资基金必须科学地设计投资组合、投资限额。而这又反过来表现了投资基金“专家理财”特征的重要性。

(四) 利益共享，风险共担

与其他金融工具相同，投资基金亦以实现投资者利益的最大化作为其根本目标。在金融市场中，风险总是与利益同在的。因此，投资基金的投资者在按照所持基金份额的多少分享投资收益时，也要按照相同的比例承担风险、损失。当然，投资基金的投资者承担的是有限责任。因此，除所投资的份额之外，投资基金的投资者不承担其他财产责任。

三、投资基金的种类

(一) 根据投资基金设立的法律基础的不同，投资基金可以分为公司型投资基金和契约型投资基金

1. 公司型投资基金，是具有共同投资目标的投资者依据公司法组成的以营利为目的、投资于特定对象(如各种有价证券、货币)的股份制投资公司。这种基金通过发行股份的方式筹集资金，是具有法人资格的经济实体。基金持有人既是基金投资者又是公司股东，按照公司章程的规定，享受权利、履行义务。公司型基金成立后，通常委托特定的基金管理公司运用基金资产进行投资并管理基金资产。基金资产的保管则委托给另一金融机构，该机构的主要职责是保管基金资产并执行基金管理人的指令。基金资产独立于基金管理人和托管人的资产之外，即使受托的金融保管机构破产，受托保管的基金资产也不在清算之列。

2. 契约型投资基金，也称信托型投资基金，是根据一定的信托契约原理，由基金发起人和基金管理人、基金托管人通过订立基金契约组建的投资基金。基金管理公司依据法律、法规和基金契约负责基金的经营和管理操作——基金托管人负责保管基金资产，执行管理人的有关指令。并办理基金名下的资金往来——投资者通过购买基金单位享有基金投资收益。

(二) 根据基金财产投资对象的不同，投资基金可以分为证券投资基金和产业投资基金

1. 证券投资基金。证券投资基金以证券投资作为主要的投资目标。我国《证券投资基金法》第 2 条规定，在中华人民共和国境内，公开或者非公开募集资金设立证券投资基金(以下简称“基金”)，由基金管理人管理，基金托管人托管，为基金份额持有人的利益，进行证券投资活动，适用本法;本法未规定的,适用《中华人民共和国信托法》《中华人民共和国证券法》和其他有关法律、行政法规的规定。一般说来,此种证券投资基金也可以采用公司或者契约的方式组织。但是,我国尚未准许设立公司型基金,因此,证券投资基金只能采用契约的方式设立。

2. 产业投资基金。根据发改委于2004年底起草完毕但至今仍未正式颁布的《产业投资基金管理暂行办法》(以下简称《暂行办法》)第2条的规定,产业投资基金是指对未上市企业进行股权投资和提供经营管理服务的利益共享、风险共担的集合投资制度,即通过向多数投资者发行基金份额设立基金公司,由基金公司自任基金管理人或另行委托基金管理人管理基金资产,委托基金托管人托管基金资产,从事创业投资、企业重组投资和基础设施投资等实业投资。根据《暂行办法》第5条的规定,设立产业基金须经国家发展计划委员会(现为国家发展和改革委员会)核准。

(三)根据基金份额变现方式的不同,投资基金的种类可以分为封闭型基金和开放型基金

1. 封闭型基金。即资本形成固定,且在一定期限内不能要求偿还的一种基金。它的特点是在基金股份发行结束后即不再向投资者出售,投资者可以在证券市场上购买和出售其基金股份,但不能直接要求赎回投资基金。

2. 开放型基金。即资本形成不完全固定,其已发行基金可以按净资产价值赎回的一种基金形式。开放型基金的特点是:基金股份的发行者有义务应受益人的请求,随时依据资产净值购回其发行的基金,而且是见票即付。

四、投资基金的法律关系主体

根据投资对象的不同,投资基金可以分为证券投资基金和产业投资基金。前者受《证券投资基金法》《证券法》《信托法》等法律、行政法规的规制。对于后者,我国目前尚未出台专门的法律。考虑到目前主要的投资基金为证券投资基金,产业投资基金尚未形成较为稳定的法律规制体系,本节仅对进行证券投资的投资基金法律关系的主体进行介绍。

(一)基金管理人

1. 基金管理人的资格。根据《证券投资基金法》第12条的规定,基金管理人由依法设立的公司或者合伙企业担任。公开募集基金的基金管理人,由基金管理公司或者经国务院证券监督管理机构按照规定核准的其他机构担任。该法第13条规定,设立管理公开募集基金的基金管理公司,应当具备下列条件,并经国务院证券监督管理机构批准:(1)有符合本法和《中华人民共和国公司法》规定的章程;(2)注册资本不低于1亿元人民币,且必须为实缴货币资本;(3)主要股东应当具有经营金融业务或者管理金融机构的良好业绩、良好的财务状况和社会信誉,资产规模达到国务院规定的标准,最近3年没有违法记录;(4)取得基金从业资格的人员达到法定人数;(5)董事、监事、高级管理人员具备相应的任职条件;(6)有符合要求的营业场所、安全防范设施和与基金管理业务有关的其他设施;(7)有良好的内部治理结构、完善的内部稽核监控制度、风险控制制度;(8)法律、行政法规规定的和经国务院批准的国务院证券监督管理机构规定的其他条件。

2. 基金管理人的职责。《证券投资基金法》第19条规定,公开募集基金的基金管理人应当履行下列职责:(1)依法募集资金,办理基金份额的发售和登记事宜;(2)办理基金备案手续;(3)对所管理的不同基金财产分别管理、分别记账,进行证券投资;(4)按照基金合同的约定确定基金收益分配方案，及时向基金份额持有人分配收益；(5)进行基金会计核算并编制基金财务会计报告；(6)编制中期和年度基金报告；(7)计算并公告基金资产净值，确定基金份额申购、赎回价格；(8)办理与基金财产管理业务活动有关的信息披露事项；(9)按照规定召集基金份额持有人大会；(10)保存基金财产管理业务活动的记录、账册、报表和其他相关资料；(11)以基金管理人名义，代表基金份额持有人利益行使诉讼权利或者实施其他法律行为；(12)国务院证券监督管理机构规定的其他职责。

（二）基金托管人

1. 基金托管人的资格。《证券投资基金法》第32条规定，基金托管人由依法设立的商业银行或者其他金融机构担任。商业银行担任基金托管人的，由国务院证券监督管理机构会同国务院银行业监督管理机构核准；其他金融机构担任基金托管人的，由国务院证券监督管理机构核准。该法第33条规定，担任基金托管人，应当具备下列条件：(1)净资产和风险控制指标符合有关规定；(2)设有专门的基金托管部门；(3)取得基金从业资格的专职人员达到法定人数；(4)有安全保管基金财产的条件；(5)有安全高效的清算、交割系统；(6)有符合要求的营业场所、安全防范设施和与基金托管业务有关的其他设施；(7)有完善的内部稽核监控制度和风险控制制度；(8)法律、行政法规规定的和经国务院批准的国务院证券监督管理机构、国务院银行业监督管理机构规定的其他条件。

2. 基金托管人的职责。《证券投资基金法》第36条规定，基金托管人应当履行下列职责：(1)安全保管基金财产；(2)按照规定开设基金财产的资金账户和证券账户；(3)对所托管的不同基金财产分别设置账户，确保基金财产的完整与独立；(4)保存基金托管业务活动的记录、账册、报表和其他相关资料；(5)按照基金合同的约定，根据基金管理人的投资指令，及时办理清算、交割事宜；(6)办理与基金托管业务活动有关的信息披露事项；(7)对基金财务会计报告、中期和年度基金报告出具意见；(8)复核、审查基金管理人计算的基金资产净值和基金份额申购、赎回价格；(9)按照规定召集基金份额持有人大会；(10)按照规定监督基金管理人的投资运作；(11)国务院证券监督管理机构规定的其他职责。

（三）投资基金的投资者

1. 投资者的资格。《证券投资基金法》根据投资基金募集方式的不同，对投资者的资格作出了不同的规定。对于公开募集的投资基金的投资者资格，《证券投资基金法》并未作出特别的规定；但对于私募投资基金，《证券投资基金法》仅允许其向不超过200人的“合格投资者”募集。根据该法第87条第2款的规定，合格投资者，是指达到规定资产规模或者收入水平，并且具备相应的风险识别能力和风险承担能力、基金份额认购金额不低于规定限额的单位和个人。合格投资者的具体标准由国务院证券监督管理机构规定。

2. 投资者的权利。《证券投资基金法》第46条规定，基金份额持有人享有下列权利：(1)分享基金财产收益；(2)参与分配清算后的剩余基金财产；(3)依法转让或者申请赎回其持有的基金份额；(4)按照规定要求召开基金份额持有人大会或者召集基金份额持有人大会；(5)对基金份额持有人大会审议事项行使表决权；(6)对基金管理人、基金托管人、基金服务机构损害其合法权益的行为依法提起诉讼；(7)基金合同约定的其他权利。公开募集基金的基金份额持有人有权查阅或者复制公开披露的基金信息资料；非公开募集基金的基金份额持有人对涉及自身利益的情况，有权查阅基金的财务会计账簿等财务资料。另外，该法第47条规定，基金份额持有人大会由全体基金份额持有人组成，行使下列职权：(1)决定基金扩募或者延长基金合同期限；(2)决定修改基金合同的重要内容或者提前终止基金合同；(3)决定更换基金管理人、基金托管人；(4)决定调整基金管理人、基金托管人的报酬标准；(5)基金合同约定的其他职权。

【本章前沿问题】

信托财产的归属

关于信托财产的归属问题，国内大约有四种不同的观点。

第一种观点是信托财产归委托人所有。直接依据为《信托法》第2条"委托人基于对受托人的信任，将其财产权委托给受托人"的规定，该观点认为既然是委托关系，财产所有权并未转移，信托财产仍然归委托人所有。但是，此种观点违背信托的本质。

第二种观点是信托财产归受托人所有。该观点认为应当结合信托法理，将《信托法》第2条解释为委托人将财产所有权转移给受托人，受托人才得以"以自己的名义，为受益人的利益或者特定目的，进行管理或者处分的行为"。该观点是通说。

第三种观点是信托财产为受托人与受益人双重所有。此种观点来源于英国衡平法，由于英国普通法认定信托财产归受托人所有，因此在受托人侵害受益人权利时，受益人无从主张权利，为了避免此种不公平的情况发生，衡平法认定受益人也是所有权人，从而形成双重所有权。

第四种观点是信托财产为独立的财团，此种信托财产从信托财产的独立性出发，认为信托财产既不归受托人所有，也不归受益人所有，而是独立的财团法人。问题在于，我国《民法总则》中并无对应的法人类型，信托财产既不能归属于营利法人，也不能归属于非营利法人，当然也不是特别法人。

【本章思考题】

1. 商事信托有几种类型？
2. 我国现行法律对于受托人和委托人有何种资格要求？
3. 如何设立、变更与终止信托？
4. 委托人、受托人以及受益人分别有哪些权利和义务？

第十二章　破　产　法

【导语】

破产是商品经济社会发展到一定阶段必然出现的法律现象。破产法是商法重要的组成部分，也是各种法律原理与规范汇集交错的地带。从内容上看，中国的破产法规定了三种特别程序，其中兼有实体法与程序法规范，涉及债法、物权法、公司法、民事诉讼法等方方面面的内容。因此在学习的过程中，可结合相关的民商事法律原理与规范来把握破产法规定的不同程序中各主体之间的权利义务关系以及三种特别程序之间的关系。

本章的学习重点在于破产与破产法的概念，破产法的性质、制度价值和立法体例，我国破产法的立法现状，以及现行破产法的适用范围和程序结构。

第一节　破产法概述

一、破产和破产法

（一）破产的概念和特点

1. 破产的概念。在破产法上，“破产”一词有多重含义，其内涵随着破产法的演进而不断丰富和发展。

(1) 作为事实状态的破产概念与作为法律程序的破产概念。破产既是一种事实状态，也是一种法律程序。作为事实状态的破产，是指债务人不能清偿到期债务的客观事实状态；作为法律程序的破产，则是指在债务人无力偿债的情况下公平清理债务的法律程序。在债务人无力偿债的事实状态下，并不必然适用破产程序。按照现代破产概念，无力偿债的事实状态只是适用破产程序的必要原因（破产原因），没有破产原因就没有破产程序的适用，但破产原因的存在并不必然导致破产程序的适用。在这种事实状态下存在着多种不同的处理方式和可能的结果。人们既可以运用破产程序来清理债务，也可以采用法庭外的适当程序或方法来处理债务人的债务清偿问题。

(2) 传统的破产概念与现代的破产概念。传统的破产概念以破产为法律事件，债务人无力偿债必然导致倒闭清算的结局，因此，破产程序以破产清算为核心展开。清算的目的是强制性地将债务人的总财产加以变卖并在债权人之间进行公平分配。而现代的破产概念则以破产为事实状态，债务人无力偿债并不必然导致破产清算程序的发生。破产程序不仅包括以变价、分配为目标的破产清算程序，还包括以企业再建为目标的破产重整及破产和解程序。现代破产法尤其注重通过某种拯救程序使企业复兴的法律政策。

(3) 狭义的破产概念与广义的破产概念。就破产程序而论，有狭义破产概念和广义破产概念之分。狭义的破产仅指以分配为目的的破产清算程序，它实际上是传统破产概念的延续。广义的破产则包括破产法上的各种债务清理程序，无论是清算型的破产程序还是预防型的和再建型的破产程序（如破产和解、破产重整）。从传统破产发展到现代破产，破产的概念经历了由狭义到广义的演变。

2. 破产作为法律程序的特点。

(1) 破产程序是在特定情况下适用的一种法律程序。破产程序的启动必须以债务人丧失清偿能力为前提,即只有债务人具备破产原因时适用破产程序才具有正当性。

(2) 从对债务的清偿角度,破产程序是一种概括执行程序。破产程序具有执行程序的属性,但不同于一般执行程序。一般的民事执行程序是为个别债权人的利益进行的个别执行程序;破产程序则是为全体债权人的利益而对债务人的全部财产进行的执行程序,是一种概括(总括性)执行程序。

(3) 适用破产程序的目的在于确保债权人的公平清偿和对债务人施以必要的救济,进而维护社会整体利益。但在破产程序的多个价值目标中,核心应在于解决多数债权人之间因债务人财产不足以清偿全部债权而发生冲突时的公平清偿问题,因此原则上应当以债务人存在多个债权人为启动破产程序的必要条件。

(4) 破产程序不同于诉讼事件和非诉讼事件,在性质上应属于特别的法律程序。[①]

(二) 破产法的概念、性质和制度价值

1. 破产法的概念。传统的、狭义的破产法仅指破产清算的法律制度;现代的、广义的破产法则包括破产清算、破产和解和破产重整在内的多种破产法律制度。形式上的破产法专指破产法典;实质上的破产法还包括其他有关破产的法律、法规、行政规章、司法解释以及散见在其他立法中的调整破产关系的法律规范。

2. 破产法的性质。破产法本质上是私法。破产法是为了实现债务清偿之目的而设立的总括性债务清理程序,其理应属于解决私权关系的法律。但随着社会的进步与发展,现代各国的破产立法政策和立法宗旨经历了以债权人为本位到关注债权人与债务人利益的平衡,再到以社会为本位维护社会整体利益的变化,国家通过司法权力适当介入破产案件已为法律所确认,这意味着破产法在作为私法的同时,也具有一定的公法属性。例如,重整制度的确立,特别是允许法院在部分利害关系人反对的情况下强制批准重整计划的权力。可见在破产程序中,同时存在着当事人自治和国家干预的空间。当然,破产法的核心目标仍在于实现债权,故其私法属性不应改变。当事人自治在破产法上集中体现在两个方面:一是债权人自治原则。按照这一原则,法院在破产程序中主要决定程序问题,而有关债权人实体权利的问题,主要由债权人自己决定。二是法律并不强行规定必须通过司法程序处理无力偿债事件,破产法给了债权人和债务人以协商解决的空间。

破产法是债务清偿法和企业法的结合。(1)破产法首先是债务清偿法。破产就是在债务人无力清偿到期债务时,依法在债务人现有财产的范围内,实现多数债权人之间的公平清偿。因此,破产法的首要任务是在债务人无力偿债的特殊情况下建立债务清偿的公平秩序。(2)破产法又是企业法。一般说来,破产法可以淘汰技术落后或者经营不善的企业,同时通过清算变价和分配使破产企业的财产转移到能够更有效利用这些资源的企业手里,从而实现产业结构和资源配置的优化。所以,从企业法的角度讲,破产法是一种企业优胜劣汰的机制。但是,在某些情况下,企业陷入困境不一定是因为技术落后或经营不善,外来的因素如市场波动、经济萧条或其他意外风险也可能使一些优良的企业陷入债务困境。另外,当这些企业被清算时,往往会伴随着巨大的财产

① 关于破产程序的法律性质的不同主张,请参见“本节前沿问题”部分。

流失。为此，现代破产法设立了重整、和解等制度，以帮助企业恢复生机。所以，从企业法的角度看，破产法也是一种企业解困复兴的机制。就企业破产而论，破产法担负着双重任务：公平清理债务和治理困境企业。总的来说，这两个任务是相辅相成的。一方面，通过重整、和解等企业拯救制度，使债务人得以复兴，从而为债权人的权利实现提供较为有利的条件；另一方面，通过破产清算，淘汰那些无法挽救的企业，从而将其现有财产用于对债权人的公平分配。破产法应当尽可能求得债务清偿法目标与企业法目标之间的统一。

破产法是程序法与实体法的结合。(1)破产法主要是程序法。因为破产程序要解决的不是民事权利的争议，而是既定民事权利的实现，所以从债务清偿的角度讲，破产程序具有执行程序的属性，是全体债权人集体受偿的总括性执行程序。集体受偿是破产程序的一个显著特征，也是破产法的一项基本原则。破产法中程序性规范主要有关于破产申请与受理、管辖、破产宣告、债权人会议、管理人、破产财产的管理、变价与分配、破产程序的终结、和解程序、重整程序等制度和规则。(2)破产法中也包含实体法规范。处理债务人无力偿债事件，总会涉及债权债务、物权、法律关系主体的法律人格和法律责任问题，这些都属于实体法规范的对象。但破产法中实体性规范是指特殊实体规范，即仅适用于破产案件的实体性规范，而非普通实体规范。这些特殊实体规范主要有破产原因、破产财产、破产债权、破产无效行为、破产撤销权、破产取回权、破产抵销权、别除权、破产费用、共益债务、破产免责、破产违法行为的法律责任等制度和规则。

3. 破产法的制度价值。

(1) 公平保护债权人的利益。对债权人来说，通过破产程序，可以使他们的债权请求得到公平的对待，避免了在缺乏公平清偿秩序的情况下可能受到的损害。

(2) 对债务人进行必要的救济。对债务人企业来说，破产制度可以起到两种作用：一是淘汰落后，二是起死回生。对于破产自然人，破产制度还为他们提供了重新开始的机会。

(3) 建立有序的市场主体退出机制，维护市场秩序。对社会来说，破产制度的意义有三：首先，通过规范破产行为，维护正常的债务清偿秩序。其次，妥善处理破产事件，减少其消极影响，维护社会安定。最后，通过优胜劣汰机制，实现资源优化组合，促进经济发展。

二、破产法的立法体例

在不同的国家和不同的历史时期，对于破产法的主要法律问题，存在着不同的立法体例。这些不同的立法体例，体现的是不同的立法政策和立法原则。

(一) 商人破产主义、一般破产主义与折衷主义

这是关于破产法适用范围的不同立法例。商人破产主义主张破产法仅适用于具有商人身份的人的破产。一般破产主义则主张破产法适用于一切破产事件，无论是商人破产还是非商人破产。折衷主义则是指商人与非商人均得适用破产法，但商人的破产程序有别于非商人的破产程序。在破产法适用范围上采不同立法原则，其实质是赋予哪些民事主体破产能力的问题。目前，绝大多数国家采一般破产主义，即承认所有法律主体均有破产能力。我国破产法在适用范围上采有限制的商人破产主义。

(二) 宣告开始主义与受理开始主义

这是关于破产程序启动时间的不同立法例。受理开始主义以法院受理破产案件为破产程序

开始的标志,而不论是否对债务人宣告破产。在该立法例下,破产原因是破产程序启动的原因和破产案件受理的原因,但不一定是破产宣告的原因。宣告开始主义则是以对债务人的破产宣告为破产清算程序开始的标志,在对债务人进行破产宣告前,破产清算程序尚未开始。破产申请的提出仅为破产程序的预备阶段,法院以作出破产宣告裁定的方式启动破产清算程序。该立法例下,破产原因也是破产宣告的原因。除法律有特别规定外,破产宣告作出后,案件不可逆转再进入和解或者重整程序。我国破产法采受理开始主义。

(三) 固定主义与膨胀主义

这是关于破产财产范围的不同立法例。固定主义是指破产财产的构成仅以破产宣告时债务人拥有的财产为限,破产宣告后债务人取得的财产不属于破产财产,而划归自由财产或豁免财产。膨胀主义则是指破产财产的构成不以破产宣告时破产人的财产为限,凡破产程序终结前归属于破产人的所有财产均属于破产财产。我国破产法在破产财产范围上采膨胀主义。

(四) 惩罚主义与非惩罚主义

在自然人破产的情况下,对破产人的人身权利,存在着惩罚主义和非惩罚主义两种立法例。惩罚主义以限制或剥夺破产人的人身自由和具有人身性质的权利为破产程序的必然结果。破产人被限制或剥夺的自由和权利,必须在破产程序终结以后,依照法定复权条件恢复,故含有惩罚之意。非惩罚主义不以破产人人身自由的拘束为破产程序的结果,或者仅以这种拘束为破产程序的辅助条件,其目的在于保证破产程序的进行,而一旦破产程序完成即自行解除,并无惩罚之意。现代各国破产法在自然人破产问题上的基本政策是给予债务人重新开始的机会,故一般采用非惩罚主义。但是,对于有破产欺诈等违法行为者,以及有渎职行为的企业负责人,仍予以制裁。

(五) 免责主义与不免责主义

这是在自然人破产的情况下,破产程序终结后债务人对未能在破产程序中清偿的债务是否负有继续清偿责任的不同立法例。免责主义主张于破产程序终结后免除债务人在破产程序中无法清偿的债务,使其得以解脱。不免责主义则主张,在破产程序终结后,债务未清偿的部分依然存续,债务人于日后恢复偿债能力时,仍须负清偿之责。不免责主义注重对债权人的保护,但对债务人过于严苛。使债务人长期甚至终身陷于债务牢笼的政策,既不人道,也不利于经济发展和社会安宁。早期的破产法实行不免责主义。免责主义源于英国,进而扩及英美法系,最后扩及大陆法系,现为各国破产法普遍采用。

(六) 属地主义与普及主义

这是关于破产程序域外效力的不同立法例。属地主义主张域内的破产程序不对债务人位于域外的财产直接发生效力,同样,域外的破产程序也不对债务人位于域内的财产直接发生效力。普及主义则主张承认域内破产程序的域外效力和域外破产程序的域内效力,即一内国法院所作的破产宣告,不仅及于破产人在宣告国的财产,而且及于其在国外的财产,以使债权人得到更充分的保护。迄今为止,只有少数国家有处理跨国界破产的普及主义法律框架。但是,近年来,国际上推动各国破产法转向普及主义的潮流正变得越来越强劲。一个显著的例证就是 1997 年联合国贸易法委员会通过的《跨国界破产示范法》(Model Law on Cross-Border Insolvency)。我国破产法在破产程序的域外效力上采有限度的普及主义。

三、我国破产立法概况

(一) 1986 年《企业破产法(试行)》及其司法解释

1986 年 12 月 2 日,全国人大常委会通过了《中华人民共和国企业破产法(试行)》(以下简称为《企业破产法(试行)》)。该法分为 6 章,共 43 条,仅适用于全民所有制企业法人。1991 年全国人大修改《民事诉讼法》时,专设了第十九章"企业法人破产还债程序",适用于非全民所有制的企业法人破产案件,进一步扩大了破产的适用范围,至此,所有企业法人均被纳入破产法的调整体系。

《企业破产法(试行)》和《民事诉讼法》第十九章的颁布实施,适应了当时经济体制改革的需要,对维护经济秩序,促进企业自主经营、自负盈亏,建立企业优胜劣汰的竞争机制,规范企业破产行为,保护债权人、债务人的合法权益,发挥了积极作用。

1991 年至 2002 年,最高人民法院先后颁布《关于贯彻执行〈中华人民共和国企业破产法(试行)〉若干问题的意见》(1991 年)、《关于适用〈中华人民共和国民事诉讼法〉若干问题的意见》(1992 年,其中涉及了对破产程序的解释)、《关于审理企业破产案件若干问题的规定》(2002 年)等破产法司法解释,对破产事项作出了进一步规范。

尽管《企业破产法(试行)》的颁布和施行对冲破国有企业不能破产的旧观念,建立企业优胜劣汰的竞争机制起了促进作用,但是,由于受"有计划商品经济"的认识局限和缺乏破产实践经验等主客观条件限制,该法从指导思想到具体内容已不适应建立社会主义市场经济体制的需要。而《民事诉讼法》第十九章仅有 8 条原则性规定,难以解决破产案件中复杂的程序和实体问题,因此提出了完善破产立法特别是建立企业拯救制度的迫切要求。

(二) 2006 年《企业破产法》及其司法解释

2006 年 8 月 27 日第十届全国人大常委会第二十三次会议通过了《中华人民共和国企业破产法》(以下简称《企业破产法》),并于 2007 年 6 月 1 日起施行。自《企业破产法》施行之日起,《企业破产法(试行)》同时废止。2007 年 10 月 28 日,第十届全国人大常委会第三十次会议作出《关于修改〈中华人民共和国民事诉讼法〉的决定》,删除了《民事诉讼法》第十九章"企业法人破产还债程序",自此破产问题统一由《企业破产法》调整。

在《企业破产法》施行前,最高人民法院根据《企业破产法》的规定出台了《关于审理企业破产案件指定管理人的规定》(法释[2007]8 号)、《关于审理企业破产案件确定管理人报酬的规定》(法释[2007]9 号)和《关于〈中华人民共和国企业破产法〉施行时尚未审结的企业破产案件适用法律若干问题的规定》(法释[2007]10 号)。破产法施行后,又陆续发布了一系列司法解释,包括《关于债权人对人员下落不明或者财产状况不清的债务人申请破产清算案件如何处理的批复》(法释[2008]10 号)、《关于适用〈中华人民共和国企业破产法〉若干问题的规定(一)》(法释[2011]22 号)和《关于适用〈中华人民共和国企业破产法〉若干问题的规定(二)》(法释[2013]22 号)、《关于适用〈中华人民共和国企业破产法〉若干问题的规定(三)》(法释[2019]3 号)、《关于个人独资企业清算是否可以参照适用企业破产法规定的破产程序的批复》(法释[2012]16 号)、《关于审理上市公司破产重整案件工作座谈会纪要》(法[2012]261 号)《全国法院破产审判工作会议纪要》(法[2018]53 号)等。此外,其他有关破产法的配套制度立法也纷纷出台,如《证券公司风险处置条例》《保险保障基金管理办法》《存款保险条例》等,使我国企业破产法律制度进一步完善。

四、我国破产法的适用范围和程序结构

(一)《企业破产法》的适用范围

破产法的适用范围,涉及破产能力的问题。

1. 直接适用范围。根据《企业破产法》第2条的规定,破产法直接适用于企业法人。依此,我国破产法在适用范围上采取的是有限制的商人破产主义。同时,破产法对于一些特殊企业法人作了特殊规定。包括:(1)国有企业的政策性破产。《企业破产法》第133条规定:“在本法施行前国务院规定的期限和范围内的国有企业实施破产的特殊事宜,按照国务院有关规定办理。”(2)金融机构的破产。金融机构的破产一般应适用该法规定的程序,但鉴于其特殊性,《企业破产法》第134条第2款规定,商业银行、证券公司、保险公司等金融机构实施破产的,国务院可以依据该法和其他有关法律的规定制定实施办法。

2. 参照适用范围。根据《企业破产法》第135条的规定,其他法律规定的企业法人以外的组织的清算,属于破产清算的,参照适用该法规定的程序。目前对破产问题有明确规定的主要有以下法律和司法解释:《合伙企业法》第92条规定:“合伙企业不能清偿到期债务的,债权人可以依法向人民法院提出破产清算申请。……”《农民专业合作社法》第55条规定:“农民专业合作社破产适用企业破产法的有关规定。但是,破产财产在清偿破产费用和共益债务后,应当优先清偿破产前与农民成员已发生交易但尚未结清的款项。”最高人民法院《关于个人独资企业清算是否可以参照适用企业破产法规定的破产程序的批复》规定:“根据《中华人民共和国企业破产法》第一百三十五条的规定,在个人独资企业不能清偿到期债务,并且资产不足以清偿全部债务或者明显缺乏清偿能力的情况下,可以参照适用企业破产法规定的破产清算程序进行清算。”最高人民法院《关于对因资不抵债无法继续办学被终止的民办学校如何组织清算问题的批复》规定:“……人民法院组织民办学校破产清算,参照适用《中华人民共和国企业破产法》规定的程序。”据此,合伙企业、农民专业合作社、个人独资企业和民办学校的破产清算可以参照适用《企业破产法》规定的程序。

(二)《企业破产法》的程序结构

《企业破产法》设立了和解、重整和破产清算三种程序,并承认当事人对三种程序有一定程度的选择自由,即只要债务人符合程序开始的条件,当事人可以直接申请进入某一程序。同时规定三种程序之间存在一定的可转换性。具体而言:(1)债务人在提出破产申请时可以选择适用重整、和解或者破产清算程序,债权人在提出破产申请时可以选择适用重整或者破产清算程序。(2)债权人申请对债务人破产清算的,在破产宣告前,债务人可以申请和解,债务人或者出资人可以申请重整。(3)债务人申请适用破产清算的案件,在破产宣告前,债务人可以申请和解。(4)债务人进入重整程序或者和解程序后,可以在具备破产法规定的特定事由时,经破产宣告转入破产清算程序。(5)债务人一旦经破产宣告进入破产清算程序,则不得转入重整或和解程序。

【本节前沿问题】

关于破产程序的法律性质

关于破产程序的法律性质,学者们有三种不同的主张。

1. 诉讼事件说。该学说主张破产程序属于诉讼程序。主要理由为:(1)破产与民事诉讼程序虽有区别,但目的相同;(2)债权人提出破产申请,相当于民事诉讼中申请对债务人全部财产进行保全,破产宣告则相当于财产保全的裁定;(3)债权申报相当于提起或参加诉讼;(4)破产债权的确认相当于确定权利义务的判决;(5)多数债权人间的关系则与诉讼中的共同诉讼人类似;(6)债务人全部财产的执行和对债务人个别执行基本相同,只是在执行财产的范围与分配方式上有所区别。因此破产程序相当于民事诉讼中的财产保全、判决和执行程序的结合,应属于诉讼程序。诉讼事件说在德国为通说。

2. 非诉事件说。该学说主张破产程序属于非诉讼程序。主要理由为:(1)破产程序中债务人可以申请宣告自己破产,而在民事诉讼中不存在债务人对自己的财产申请扣押执行的情况;(2)在破产程序中设有破产管理人和债务人会议的专门机构,具有诉讼中不具备的债权人自治性质的内容;(3)破产债权的申报与民事诉讼中的起诉、请求法院裁判的性质不同,而且在破产程序中并不对当事人的实体权利义务作出裁判,只是保证其实现;(4)破产程序中的破产人不仅丧失对财产的管理、处分权,其人身自由与社会资格也会受到许多限制,与民事诉讼中的债务人地位有所不同。据此,破产是在法院主持与监督下,由债权人团体与债务人共同进行的财产清算程序,而不是民事诉讼程序,故其性质应为非诉讼事件。

3. 特别程序说。该学说主张破产程序属于特殊事件。主要理由为:(1)破产程序件既可以由债权人申请开始,也可由债务人自行申请开始,还可能由法院依职权开始,此种开始程序的方式与诉讼程序不同;(2)破产程序涉及债务人的清算、有关当事人民事权益的实现等,与民事诉讼程序和非诉时间均有所不同;(3)许多国家的破产法规定准用民事诉讼法的规定,这说明破产事件不属于民事诉讼程序。故其性质应属于一种特殊的司法程序,是在法院主持下,对债务人全部财产的特别清算与执行程序。我国学者多主张特别程序说,本书也持此观点。

【本节思考题】

1. 何谓破产?作为法律程序的破产具有哪些特点?
2. 如何理解破产法的性质和制度价值?
3. 试述我国《企业破产法》的适用范围。
4. 我国《企业破产法》规定了哪些破产程序?这些程序之间的关系是什么?

第二节　破产程序的开始

一、破产原因

破产原因是适用破产程序所依据的特定法律事实,是破产程序开始的前提,也是法院受理破产案件的实质要件和破产宣告的重要依据。其特点有二:(1)它必须是实际存在的事实状态;(2)它必须是符合法律规定的事实状态。作为破产原因的法律事实,可以是单一的,也可以是复合的。单一破产原因是指以债务人不能清偿到期债务为破产的唯一原因;复合破产原因则是指在债务人不能清偿到期债务之外附加其他条件。目前国际通行的做法是采用单一破产原因。

我国《企业破产法》第2条规定:“企业法人不能清偿到期债务,并且资产不足以清偿全部债务或者明显缺乏清偿能力的,依照本法规定清理债务。企业法人有前款规定情形,或者有明显丧失清偿能力可能的,可以依照本法规定进行重整。”据此,我国对破产原因采用了复合规定和单一规定并存的方式。对于破产清算、和解、重整三种程序的共同破产原因,采用复合规定,即破产原因由两项事实构成:(1)债务人不能清偿到期债务;(2)资产不足以清偿全部债务或者明显缺乏清偿能力。而对于破产重整的原因,则同时也采用了单一规定,即除上述复合原因外,企业法人的重整原因也可以由“有明显丧失清偿能力可能的”一项事实构成。此外,在我国现行法律中,《商业银行法》《合伙企业法》以及《公司法》对于破产原因的规定,也采用了单一规定。

至于如何判断债务人不能清偿到期债务?国际上采用的标准主要有:现金流量标准、资产负债表标准、现金流量标准和资产负债表标准相结合的标准。其中最广泛被采用的是现金流量标准。根据最高人民法院在《关于适用〈中华人民共和国企业破产法〉若干问题的规定(一)》(法释[2011]22号)(以下简称《破产法司法解释一》),认定不能清偿到期债务,应当同时具备三个要件:(1)债权债务关系依法成立;(2)债务履行期限已经届满;(3)债务人未完全清偿债务(第2条)。在认定资不抵债时,债务人的资产负债表、审计报告或资产评估报告等均可作为判断依据。当债务人的资产负债表、审计报告或资产评估报告等显示其全部资产不足以偿付全部负债的,人民法院应当认定债务人资产不足以清偿全部债务,除非有相反证据足以证明债务人资产能够偿付全部负债(第3条)。对于明显缺乏清偿能力的认定,则采取了列举主要情形的方式,即“债务人账面资产虽大于负债,但存在下列情形之一的,人民法院应当认定其明显缺乏清偿能力:(一)因资金严重不足或者财产不能变现等原因,无法清偿债务;(二)法定代表人下落不明且无其他人员负责管理财产,无法清偿债务;(三)经人民法院强制执行,无法清偿债务;(四)长期亏损且经营扭亏困难,无法清偿债务;(五)导致债务人丧失清偿能力的其他情形”(第4条)。

二、破产申请

(一)概述

作为破产程序开始的形式要件,破产申请是指依法享有申请权的当事人请求法院宣告债务人破产的意思表示。我国《企业破产法》第7条规定:“债务人有本法第二条规定的情形,可以向人民法院提出重整、和解或者破产清算申请。债务人不能清偿到期债务,债权人可以向人民法院提出对债务人进行重整或者破产清算的申请。企业法人已解散但未清算或者未清算完毕,资产不足以清偿债务的,依法负有清算责任的人应当向人民法院申请破产清算。”第70条第2款规定:“债权人申请对债务人进行破产清算的,在人民法院受理破产申请后、宣告债务人破产前,债务人或者出资额占债务人注册资本十分之一以上的出资人,可以向人民法院申请重整。”据此,可以申请启动破产程序的人包括债务人、债权人和清算义务人;可以后续申请破产重整的人,除债务人外,还包括符合法定条件的出资人。[①]

(二)债权人申请破产

1. 债权人申请破产的条件。

(1)债务人不能清偿到期债务。与破产宣告不同,破产申请只需债务人出现不能清偿到期债务的情况即可,而破产宣告必须具备破产原因。这样规定体现了对债权人利益的保护和倾斜。

---

① 最高人民法院于2016年建立“全国企业破产重整案件信息网”。根据《最高人民法院印发〈关于进一步做好全国企业破产重整案件信息网推广应用工作的办法〉的通知》(法[2016]385号)等相关规定,债权人、债务人、出资人等案件相关主体可以通过该网依法行使破产法规定的相关权利,如预约立案、申报债权、提交异议申请、参与债权人会议并进行表决等。

通常情况下，债权人很难知悉债务人的财务状况，更难以准确判断债务人是否资不抵债。[①]因此，如果一定要债权人在掌握了充分证据证明债务人已资不抵债后，才能申请债务人破产，则债权人高昂的信息搜集成本将导致破产法的应用价值大大降低。所以，采用“债务人不能清偿到期债务”这一较为客观的标准，将使得债权人可以较为便利地行使破产申请权，更好地维护自身的合法权益。

(2) 债权人的债权是财产上的请求权。因为破产程序是对债务人的财产进行清理的程序，所以只有享有财产上请求权的债权人才可以通过破产程序获得清偿，法律赋予其申请破产的权利才有实际意义。因此，基于物权或人身权提出的无给付内容的请求不能在破产程序中提出，如排除妨害、赔礼道歉、消除影响等。

(3) 债权人的债权应是已到期的债权。债权人的债权必须是可以行使的，即该债权已到期，且未受清偿。债权人享有的债权如果是附期限的，必须是期限已经到来；如果是附条件的，必须是条件已经成就。

(4) 债权人的债权是没有超过诉讼时效的债权。[②]超过诉讼时效的债权债务属于自然之债，债权人不再享有胜诉权，即不能通过司法强制执行手段实现其债权。破产程序是以司法强制执行的手段实现债权人的债权，自然之债自然无法适用。

2. 债权人申请破产的程序和举证责任。根据《企业破产法》第8条和相关司法解释的规定，债权人申请破产，应当向有管辖权的人民法院提交破产申请书和有关证据。破产申请书应当载明下列事项：申请人、被申请人的基本情况；申请目的；申请的事实和理由；人民法院认为应当载明的其他事项。债权人提交的有关证据则是指用以证明债务人不能清偿到期债务的有关证据。

案例研讨

粮油公司申请开发公司破产清算案

(三) 债务人申请破产

1. 债务人提出申请的条件。企业法人不能清偿到期债务，并且资产不足以清偿全部债务或者明显缺乏清偿能力的，债务人可以向人民法院提出重整、和解或者破产清算申请；企业法人有明显丧失清偿能力可能的，债务人可以向人民法院提出重整申请。

2. 债务人申请破产的程序和举证责任。根据《企业破产法》第8条的规定，债务人申请破产应当向有管辖权的人民法院提交破产申请书和有关证据，还应当向人民法院提交财产状况说明、债务清册、债权清册、有关财务会计报告、职工安置预案以及职工工资的支付和社会保险费用的缴纳情况。[③]

(四) 破产申请的撤回

普通民事诉讼中，法院是允许原告撤回起诉的，因为撤回起诉是原告对自身权利的一种处分，法律不应禁止。然而由于破产程序是集体受偿程序，关乎多方债权人的利益，而非单独保护申请人的利益，故是否准许申请人基于其个人意思请求撤回申请，由法院依照破产申请的具体情况自由裁量，以避免当事人为实现自身利益的最大化而滥用破产申请权。

---

① 例外的情况是上市公司，《公司法》和《证券法》都明确要求上市公司定期公开其财务信息，但是对于众多中小企业来说，了解其内部财务状况仍十分困难。

② 对此法学界也有争论，详见李永军：《破产法律制度》，中国法制出版社2000年版，第72页。

③ 关于债务人申请破产时应当向人民法院提交的文件，详见最高人民法院《关于审理企业破产案件若干问题的规定》第6条。

三、破产案件的受理

（一）概述

破产案件的受理，又称立案，是指人民法院在收到破产案件申请后，认为申请符合法定条件而予以接受，并由此开始破产程序的司法行为。

破产案件的受理具有以下特征：(1) 受理是人民法院收到破产申请后依职权进行的司法行为，而不是主动发起的司法行为。(2) 受理是人民法院对破产案件是否符合破产条件进行审查的必经程序。(3) 受理是破产程序开始的标志。

（二）破产案件受理的程序

1. 审查。根据《破产法司法解释一》的规定，人民法院收到破产申请后应当及时对申请人的主体资格、债务人的主体资格、破产原因及有关材料和证据等进行审查，并依据《企业破产法》第10条的规定作出是否受理的裁定。

人民法院在受理阶段的审查包括形式审查和实质审查两个方面。

(1) 形式审查。

首先，审查接受申请的法院是否有管辖权。根据最高人民法院《关于审理企业破产案件若干问题的规定》[①] 第1—3条的规定，企业法人破产案件由债务人住所地核准其登记注册的工商行政管理机关（现为市场监督管理机关，下同）的同级人民法院管辖。其中地市级以上工商行政管理机关核准登记的企业的破产案件一律由债务人住所地的中级人民法院管辖。对于需要移送管辖的破产案件按照《民事诉讼法》办理。

其次，审查申请人是否有破产申请权。适格的破产申请人是债务人、债权人。债务人申请破产的，还要审查其是否为企业法人，是否持有股东会的决议。申请破产的债权人是自然人的，要求其具有完全的民事行为能力；是法人的，要求其具有法定代表人的身份证明，代理申请人应当提交委托人的身份证明及授权委托书。在多个债权人共同提出破产申请时，只要其中有一人适格即可，人民法院不得以部分申请人不适格为由驳回破产申请。

最后，审查破产申请书及相关材料是否齐备。对于上文提到的债权人和债务人申请破产时应提交的相关材料，法院应当进行形式审查。如果材料有欠缺，人民法院认为需要更正、补充的，可以责令申请人限期更正、补充。

(2) 实质审查。

首先，审查债务人有无破产能力。根据我国《企业破产法》和相关法律、司法解释的规定，目前只有企业法人、农民专业合作社、合伙企业、个人独资企业、民办学校具有破产能力，而自然人、个体工商户、农村承包经营户、个人合伙和法律未规定参照适用《企业破产法》规定的其他组织尚不具有破产能力。[②]

其次，审查债务人是否已达到破产界限。破产界限是判断债务人是否具备破产原因的标准。由于在破产案件受理阶段，人民法院无法对债务人的情况进行深入的调查，所以，法院对于这一

---

① 《关于审理企业破产案件若干问题的规定》于2002年7月18日由最高人民法院审判委员会第1 232次会议通过，2002年7月30日公布，自2002年9月1日起施行。

② 需注意的是，根据《合伙企业法》的规定，虽然合伙企业也具有破产能力。但是，由于《合伙企业法》并未规定合伙企业可以主动提出破产申请，因此合伙企业的破产能力受到一定的限制。参照适用《企业破产法》规定程序的其他组织亦同。

内容仍然以初步审查为限。

2. 决定。《企业破产法》第 10 条规定，债权人提出破产申请的，人民法院应当自收到申请之日起 5 日内通知债务人。债务人对申请有异议的，应当自收到人民法院的通知之日起 7 日内向人民法院提出。人民法院应当自异议期满之日起 10 日内裁定是否受理。除前款规定的情形外，人民法院应当自收到破产申请之日起 15 日内裁定是否受理。有特殊情况需要延长前两款规定的裁定受理期限的，经上一级人民法院批准，可以延长 15 日。

为防止法院拖延受理破产案件，《破产法司法解释一》第 1 条规定，人民法院收到破产申请时，应当向申请人出具收到申请及所附证据的书面凭证。第 9 条对法院未依法履行破产案件受理程序的审判监督作出了明确规定：如申请人有证据证明法院不接受其破产申请和有关材料，或者未向其出具收到申请及所附证据的书面凭证，或在法定期限内未作出是否受理裁定的，可以直接向上一级法院提出破产申请。上一级人民法院接到破产申请后，应当责令下级法院依法审查并及时作出是否受理的裁定；下级法院仍不作出是否受理裁定的，上一级人民法院可以径行作出裁定。上一级人民法院裁定受理破产申请的，可以同时指令下级人民法院审理该案件。根据《企业破产法》和相关司法解释的规定，人民法院对破产申请的处理主要有以下四种情况：

(1) 经审查认为破产申请符合有关规定的，应当作出受理破产申请的裁定，并应当自裁定作出之日起 5 日内送达申请人。债权人提出申请的，应当自裁定作出之日起 5 日内送达债务人。

(2) 经审查认为申请人应当补充、补正相关材料的，应自收到破产申请之日起 5 日内告知申请人限期补充、补正；申请人逾期未予补充、补正的，视为撤回申请。

(3) 经审查发现不符合法律规定的受理条件的，裁定不予受理，并应自裁定作出之日起 5 日内送达申请人并说明理由。申请人对不予受理的裁定不服的，可以自裁定送达之日起 10 日内向上一级人民法院提起上诉。

(4) 人民法院受理破产申请后至破产宣告前，经审查发现债务人不符合《企业破产法》第 2 条规定的申请破产的条件的，可以裁定驳回申请。申请人对裁定不服的，可以自裁定送达之日起 10 日内向上一级法院提起上诉。

3. 组成合议庭。法院受理破产案件后，应当组成合议庭进行审查，并依法处理该破产案件的相关问题。

4. 通知和公告。法院受理破产申请后，应当及时通知债务人和破产申请人并发布公告。

(三) 破产申请受理的法律效力

在我国，破产申请的受理标志着破产程序的开始，因而破产申请受理对相关的债务人、债权人等将产生一系列法律效果。

1. 对债务人的法律效力。自破产案件受理之日起，债务人及其法定代表人及其他有关人员承担以下义务：

(1) 财产保全、说明、提交等义务。具体包括：妥善保管其占有和管理的财产、印章和账簿、文书等资料；根据法院、管理人的要求进行工作，并如实回答询问；列席债权人会议并如实回答债权人的询问；未经法院许可，不得离开住所地；不得新任其他企业的董事、监事、高级管理人员。

(2) 不对个别债权人进行清偿。启动破产程序的目的之一是通过对债务人财产的概括执行，使得全体债权人受到公平保护。如果允许债务人对个别债权人进行清偿，将使上述目的无法实现。因此，破产申请一经受理，债务人即丧失对其财产的处分权。未经人民法院允许，债务人不得对个别债权人清偿。违法清偿的，人民法院应当裁定清偿无效，追回所给付的财产。同时，人民法院还应当及时通知债务人的开户银行停止办理债务人清偿债务的结算业务。

2. 对债权人的法律效力。

(1) 未到期债权视为到期。依一般民事执行程序，债权未到期，债权人无权请求债务人履行清偿义务。但在破产程序中，需要对所有债权人的债权概括执行，使得未到期债权加速到期，即在破产程序开始时，尚未到期的债权的债权人也有权申报债权。只是在计算债权额时，应扣除期限利益。

(2) 债权人不得接受债务人的个别清偿。人民法院受理破产申请后，债权人不得接受债务人的个别清偿，也不得再对破产程序中的债务人向人民法院提起实现其债权的民事诉讼。所有债权人应服从破产程序，通过破产程序行使债权。

3. 对相关的民事程序的影响。

(1) 中止有关债务人的民事诉讼或仲裁案件。人民法院受理破产申请后，已经开始但尚未终结的有关债务人的民事诉讼或者仲裁应当中止；在管理人接管债务人的财产后，该诉讼或者仲裁继续进行，以避免债务人恶意放弃财产或权利而损害债权人利益。

(2) 中止对债务人财产的民事执行程序。人民法院受理破产申请后，有关债务人财产的执行程序应当中止。申请执行人可将生效判决书上需执行的清偿数额作为破产债权进行申报；人民法院受理破产申请后，有关债务人财产的原有保全措施应当解除，解除保全措施的债务人的财产则被纳入破产财产。

对债务人财产保全的恢复。人民法院受理破产申请后至破产宣告前裁定驳回破产申请，或者依据《企业破产法》的规定裁定终结破产程序的，应当及时通知原已采取保全措施并已依法解除保全措施的单位按照原保全顺位恢复相关保全措施。在已依法解除保全的单位恢复保全措施或者表示不再恢复之前，受理破产申请的人民法院不得解除对债务人财产的保全措施。

对债务人财产的保全。为顺利实现破产申请受理后的原保全措施的解除，避免在解除保全和财产接管中债务人财产的不当流失，最高人民法院在《关于适用〈中华人民共和国企业破产法〉若干问题的规定(二)》(法释[2013]22号，以下简称《破产法司法解释二》)中规定："破产申请受理后，对于可能因有关利益相关人的行为或者其他原因，影响破产程序依法进行的，受理破产申请的人民法院可以根据管理人的申请或者依职权，对债务人的全部或者部分财产采取保全措施。"

(3) 对于以债务人为原告的其他民事纠纷案件，区分两种不同情况处理：案件尚在一审程序的，受诉人民法院应当将案件移送受理破产案件的人民法院。案件已进行到二审程序的，受诉人民法院应当继续审理。

4. 对其他人的效力。

(1) 对债务人的债务人和财产持有人的效力。债务人的债务人和财产持有人应当而且只能向管理人清偿债务或者交付财产。

(2) 对债务人享有权利的人的效力。破产人占有的属于他人的财产，其权利人享有物权法意义上的物上返还请求权，有权通过破产管理人取回。债权人在破产申请受理前对债务人负有债务的，可以向管理人主张抵销。

(3) 对债务人合同的相对人的效力。人民法院受理破产申请后，管理人对破产申请受理前成立而债务人和对方当事人均未履行完毕的合同,有权决定解除或者继续履行,并通知对方当事人。管理人自破产申请受理之日起 2 个月内未通知对方当事人,或者自收到对方当事人催告之日起 30 日内未答复的,视为解除合同。管理人决定继续履行合同的,对方当事人应当履行。但是,对方当事人有权要求管理人提供担保。管理人不提供担保的,视为合同解除。

【本节思考题】

1. 简述破产申请的条件和程序。
2. 简述破产案件受理的程序。
3. 简述破产受理的法律效力。

第三节　债务人财产的管理

一、债务人财产

(一) 债务人财产的概念

债务人财产,是指破产案件受理时属于债务人的全部财产与财产权利,以及破产案件受理后至破产程序终结前债务人取得的财产及财产权利。债务人财产在破产宣告后,被称为破产财产。

(二) 债务人财产的构成条件

根据我国法律的规定,债务人财产必须具备以下条件:

1. 必须是债务人可以独立支配的财产。从民法意义上说,债务人财产必须是债务人享有完全处分权的财产。就会计制度而言,债务人的资产包括所有者权益和负债。所有者权益包括投资者的投资、留在企业内的公积金以及未分配的利润,债务人可以独立支配其对应的财产;与负债对应的财产,若为金钱或其他可消耗物的具体形态,则属于可支配财产。

2. 必须是破产程序终结前属于债务人的财产。以破产申请受理时间为界限,在此之前已经合法处分的财产或财产权利不能列入破产财产的范围;破产申请受理后至破产程序终结前取得的财产和财产权利,也属于破产财产,如在破产程序中债务人的债务人清偿的债务、债务人获得的投资收益等。

3. 必须是可以依破产程序强制清偿的财产。债务人财产必须是用于清偿全部债务的财产,包括已经依法设定了担保物权的特定财产。这些财产依其性质必须是可以强制执行的财产,即可以由法院依法扣押、查封、冻结、变卖的财产。对于国家明确规定的禁止流通物,不得强制执行,因而不得列入破产财产,如枪支弹药等。

(三) 债务人财产的范围和表现形态

依据《企业破产法》第 30 条和《破产法司法解释二》的规定,破产财产包括:

1. 债务人在破产申请受理时所有的或者经营管理的全部财产,包括已经依法设定担保物权的特定财产、债务人在共有财产中的份额或相应财产权利(包括按份享有所有权的共有财产的份额、共同享有所有权的共有财产的相应财产权利以及依法分割共有财产所得部分)、破产申请受理后依法执行回转的财产。

2. 债务人在破产申请受理后破产程序终结前取得的财产。这在立法上被称为"膨胀主义",此种立法例因扩大了破产财产的范围而对债权人的清偿利益提供了较为充分的保障。与"膨胀主义"相对的"固定主义"立法例将破产财产局限于债务人在破产宣告时所拥有的财产,而将债务人在破产宣告后至破产程序终结前取得的财产排除在破产财产之外。

债务人财产在形态上应涵盖所有财产种类,属于债务人的货币、实物,以及其依法享有的可以用货币估价并可以依法转让的债权、股权、知识产权、用益物权等财产和财产权益,均应被认定为债务人财产。

(四)债务人财产的除外规定

根据《企业破产法》和《破产法司法解释二》的规定,下列四类财产不属于债务人财产的范围:

1. 债务人占有但所有权由他人享有的财产。这类财产的真正所有权人在债务人破产时,可以行使取回权,而不受破产程序的约束。这类财产在实践中主要表现为债务人基于仓储、保管、承揽、代销、借用、寄存、租赁等合同或者其他法律关系占有、使用的他人财产。

2. 债务人在所有权保留买卖中尚未取得所有权的财产。所有权保留合同中,实际上发生了所有权和占有的分离,并将这种分离作为对买方履约的担保。在买方破产时,卖方基于保留的所有权享有对标的物的取回权,对买方已经支付的款项,由卖方结算后将剩余的返还买方;买方的破产管理人如果愿意继续履行买卖合同支付剩余款项的,可以用实际支付余款来对抗卖方的取回权。这一规则若逆向适用,则可以应用于卖方破产的情形下,买方对抗卖方破产管理人行使取回权。

3. 所有权专属于国家且不得转让的财产。所有权专属于国家且不得转让的财产,主要指划拨土地使用权。根据《城镇国有土地使用权出让和转让暂行条例》(国务院令第55号)第47条、最高人民法院《关于破产企业国有划拨土地使用权应否列入破产财产等问题的批复》(法释[2003]6号)、《土地管理法》第58条第1款第4项的规定,企业以划拨方式取得的国有土地使用权,因权属归国家所有,在企业破产时不属于破产财产,地方政府可以收回并依法处置。但是,如果划拨土地使用权在国有企业设立时,经政府有关部门批准已经作为企业的注册资本予以登记,即作为股东投资投入的,则应当属于企业破产财产范围。此外,根据《工会法》的规定,企业工会所有的财产也不属于债务人的财产。

4. 其他依照法律、行政法规不属于债务人的财产。

二、管理人

(一)管理人的法律地位

管理人是指破产程序开始后依法成立的,全面接管债务人企业,以自己的名义独立执行债务人的财产的保管、清理、估价、变卖和分配等事务的专门机关。管理人是破产程序中最重要的一个机关,各国都无一例外地在破产程序中设置了这样的机关。英美法一般称之为"破产受托人"(Bankruptcy Trustee)[①],大陆法一般称之为"破产管理人"(Bankruptcy Curator),我国《企业破产法(试行)》称之为"清算组",而《企业破产法》则称之为"管理人"。

---

① 有人将"Bankruptcy Trustee"译成"破产信托人",本书认为这是不恰当的,"Trustee"应译成"受托人",而不是"信托人"(Trustor)。

（二）我国《企业破产法》中的管理人

我国《企业破产法》对管理人作出了具体规定。最高人民法院依据《企业破产法》制定了《关于审理企业破产案件指定管理人的规定》（以下简称《指定管理人规定》）、《关于审理企业破产案件确定管理人报酬的规定》（下称《确定管理人报酬规定》）[①]，从而形成了较为完整的管理人制度。

1. 管理人的选任。

（1）选任主体。关于管理人的选任主体，各国或地区破产法的规定主要有以下几种：法院；债权人会议；以法院为原则，债权人会议为补充；以债权人会议为原则，法定权力机关为补充。

我国《企业破产法》规定，管理人由人民法院在受理破产案件时指定，债权人会议认为其不能依法、公正执行职务或有其他不能胜任职务情形的，可申请人民法院予以更换。由此可知，在管理人的选任上，我国立法采用由法院指定的立法体例。由法院选任、监督管理人，便于平衡债权人、债务人和其他关系人的利益，使管理人更可能处于一种中立的地位，使清算活动更具有严肃性和约束力。为防止管理人损害债权人的利益，我国《企业破产法》同时规定，债权人会议认为管理人不能依法、公正执行职务或者有其他不能胜任职务情形的，可以申请人民法院予以更换。[②]

（2）选任范围。关于管理人的选任范围，各国也有不同的立法例。有的国家对管理人的选任范围作出明确的规定，法官或债权人会议只能在该范围内选任。有的国家对管理人的选任范围不作明确规定，而是以空白条款的方式授权法官自由裁量。还有的国家或地区采取折中的做法，即划定一个范围，但不作具体规定。

我国《企业破产法》规定了三种形式的管理人，即由有关部门、机构人员组成的清算组，律师事务所等社会中介机构，以及社会中介机构中具备相关专业知识并取得执业资格的人员。指定管理人以社会中介机构为首选形式。由于破产清算是破产程序中的重要阶段，涉及的问题较多，专业性较强，专业人员参与清算工作，可以保证清算工作的质量，提高效率，从而提高人民法院审理破产案件的效率。保留清算组作为管理人，一方面是因为新法实施时，原受理的破产案件已指定了清算组，由其继任管理人可保证案件处理的连续性；另一方面是因为有些破产案件在不便或不宜（如政策性破产）指定社会中介机构为管理人时，可沿用清算组模式。以社会中介机构中的个人为管理人，人民法院需根据案件的具体情况决定，一般适用于事实清楚、债权债务简单、债务财产相对集中的企业破产案件。

《企业破产法》还具体规定了选任管理人的消极条件，即有下列情形之一的，不得担任管理人：因故意犯罪受过刑事处罚；曾被吊销相关专业执业证书；与本案有利害关系；人民法院认为不宜担任管理人的其他情形。

（3）指定方式。根据《指定管理人规定》，指定管理人的方式有三种：随机指定方式、竞争方式及接受推荐方式。[③]

对于商业银行、证券公司、保险公司等金融机构或者在全国范围有重大影响、法律关系复杂、债务人财产分散的企业破产案件，人民法院可以采取公告的方式，邀请编入各地人民法院管理人名册的社会中介机构参与竞争，从参与竞争的社会中介机构中指定管理人。

---

① 两项规定均于 2007 年 4 月 4 日由最高人民法院审判委员会第 1 422 次会议通过，2007 年 4 月 12 日公布，自 2007 年 6 月 1 日起实施。

② 《指定管理人规定》第三部分对此作出了详细的规定。

③ 参见《指定管理人规定》第 20—22 条。

对于经过行政清理、清算的商业银行、证券公司、保险公司等金融机构的破产案件，人民法院除可以指定符合要求的清算组作为破产管理人外，也可以在金融监督管理机构推荐的已编入管理人名册的社会中介机构中指定管理人。

2. 管理人的职责。管理人履行其职责是破产清算的核心。各国一般以列举的方式规定管理人的职责，主要包括以下几方面：

(1) 接管债务人企业。这是管理人的首要职责。《企业破产法》规定，管理人接管债务人的财产、印章和账簿、文书等资料。非经管理人同意，任何人不得管理和处分债务人的财产、账册、文书、资料和印章等。对债务人企业的接管，应由债务人的原法定代表人及留守人员或破产宣告前成立的债务人监管组向管理人交接。

(2) 管理债务人的财产。对债务人的财产进行积极有效的管理是防止债务人的财产被侵害或者遭受意外损失的必要手段。管理人对债务人的财产的管理大体分为四个方面：在清算范围内，继续债务人的营业；对债务人未履行完毕的合同决定继续履行或解除；参加有关债务人的财产的和解、仲裁、诉讼或其他法律程序；从债务人的财产中支付破产费用和共益债务。①

(3) 清理债务人财产。清理债务人财产是管理人掌握债务人的财产的重要手段，是对破产财产进行变价、分配的重要前提。清理工作主要是理顺债务人的财产关系，查清财产的性质和数额并排除不属于破产财产的财产。具体包括：询问债务人的财产和业务状况，编制债权债务清册和有关财务报表；追回债务人的投资者没有缴纳的出资额；收回被他人占有的破产财产；追回债务人的对外债权。

(4) 变价、分配破产财产。变价、分配破产财产是清算工作的核心内容，分配破产财产是破产程序的最终目的。为使债权人获得公平清偿，就必须通过估价、变卖等程序使破产财产尽可能地变现。管理人履行这一职责所要做的主要工作有：评估破产财产；依法定方法变卖破产财产；制定破产财产分配方案，进行分配；财产分配完毕后，报请法院终结破产程序并办理债务人的注销登记。

三、破产撤销权和追回权

(一) 破产撤销权

1. 破产撤销权概述。破产撤销权又称否认权，是指管理人请求法院对债务人在受理破产案件前法定期限内实施的损害破产关系人利益的行为予以撤销的权利。破产撤销权的行使将产生两个法律后果：一是使损害债权人利益的行为归于无效；二是使因该行为取得的财产或财产权利回归债务人。正因为如此，破产撤销权是行使追回权的前提，追回权是撤销权行使的必然结果。

2. 破产撤销权的法律特征。

(1) 破产撤销权行使的法定主体是管理人。根据我国《企业破产法》的规定，破产撤销权由管理人统一行使。管理人行使破产撤销权时，应以原告的身份向法院起诉，并须举证证明债务人的行为损害了债权人的利益。根据《企业破产法》第 31 条、第 32 条的规定，管理人有权行使这一权利。债权人在知悉危害债权的行为时可以提出异议，这种异议可以成为管理人主张撤销权的证

---

① 国外一般将破产费用和共益债务分别称为财团费用和财团债务。关于二者的论述，参阅邹海林：《破产程序和破产法实体制度比较研究》，法律出版社 1995 年版，第 344 页；王欣新：《破产法》，中国人民大学出版社 2011 年版，第 290—291 页。

据材料，管理人应就异议的调查情况向债权人会议作出通报，但债权人自身不具有行使破产撤销权的法律资格。

(2) 破产撤销权是管理人的法定职责。管理人在发现债务人有法律禁止的处分行为时，不仅有权而且必须主动行使撤销权，否认其行为的效力。根据《破产法司法解释二》第 13 条规定，如果管理人消极不作为而有可能使破产撤销权丧失时，债权人有权依据合同法提起撤销权诉讼。

(3) 可撤销的行为一般发生于法院受理破产案件前的法定期间内。之所以规定可撤销的行为应发生于法院受理破产案件前的法定期间内，一是为了避免任意扩大撤销的范围而妨害交易安全，影响经济秩序的稳定；二是由于在受理破产案件后，管理人接管债务人财产，使得债务人在客观上不可能非法处分其财产。《企业破产法》区分两类情形分别规定了案件受理前的 1 年内和 6 个月内两种可撤销期间，起算点均为人民法院受理破产申请之时。同时，《破产法司法解释二》第 10 条对于行政清理、强制清算程序转入破产程序的撤销行为起算点作了特殊规定：债务人经过行政清理程序转入破产程序的，起算点为行政监管机构作出撤销决定之日；债务人经过强制清算程序转入破产程序的，起算点为人民法院裁定受理强制清算申请之日。此外，破产法还规定了一类不受期间限制的可以撤销的行为，即为逃避债务而隐匿、转移财产和虚构债务或者承认不真实的债务两种行为，不论何时发生，均为无效。

(4) 破产撤销权的行使没有固定的除斥期间。关于撤销权的行使期间，我国破产法并未明确规定。学理上一般认为，撤销权的行使期间是破产宣告之后破产程序终结之前。《企业破产法》第 123 条规定，债权人发现有依照《企业破产法》第 31 条、第 32 条、第 33 条、第 36 条规定应当追回的财产的，可自破产程序终结之日起 2 年内请求人民法院按照破产财产分配方案进行追加分配。这里的追回属于破产程序终结后的追加分配，由人民法院依职权进行。

3. 破产撤销权客体的范围及其例外。《企业破产法》规定了两类可撤销的行为：

(1) 人民法院受理破产案件前 1 年内，对于有关债务人的财产的下列行为，管理人有权请求法院予以撤销：无偿转让财产的；以明显不合理的价格进行交易的；对没有财产担保的债务提供财产担保的；对未到期的债务提前清偿的；放弃债权的。

(2) 人民法院受理破产案件前 6 个月内，债务人已知其不能清偿到期债务，仍对个别债权人进行清偿，损害其他债权人利益的，管理人有权请求法院予以撤销。但是，个别清偿使破产财产受益的，不在此限。

破产撤销行为的例外则主要体现为以下四种情形：

(1) 未到期债务提前清偿的例外。根据《破产法司法解释二》第 12 条的规定，破产申请受理前 1 年内债务人提前清偿的未到期债务，在破产申请受理前已经到期，管理人请求撤销该清偿行为的，人民法院不予支持。但是该清偿行为发生在破产申请受理前 6 个月内且债务人有《企业破产法》第 2 条第 1 款规定情形的除外。

(2) 有担保债务个别清偿的例外。根据《破产法司法解释二》第 14 条的规定，债务人对以自有财产设定担保物权的债权进行的个别清偿，管理人依据《企业破产法》第 32 条的规定请求撤销的，人民法院不予支持，但债务清偿时担保财产的价值低于债权额的除外。

(3) 履行生效法律文书或者基于执行行为的个别清偿的例外。根据《破产法司法解释二》第 15 条的规定，债务人经诉讼、仲裁、执行程序对债权人进行的个别清偿，管理人依据《企业破产法》第 32 条的规定请求撤销的，人民法院不予支持，但债务人与债权人恶意串通损害其他债权人利益的除外。

(4) 使债务人财产受益的个别清偿的例外。根据《破产法司法解释二》第16条的规定,债务人对债权人进行的以下个别清偿,管理人依据《企业破产法》第32条的规定请求撤销的,人民法院不予支持:债务人为维系基本生产需要而支付水费、电费等的;债务人支付劳动报酬、人身损害赔偿金的;使债务人财产受益的其他个别清偿。这些个别清偿被视为债务人危机期间的必要个别清偿。

(二) 追回权

追回权是指根据法律规定,破产管理人追回被撤销行为、无效行为所处分的债务人财产或者基于法律规定的其他债务人财产的权利。依据《企业破产法》和相关司法解释的规定,管理人有权追回的财产包括:

1. 因《企业破产法》第31条、第32条或者第33条规定的破产可撤销行为和破产无效行为而取得的债务人的财产或财产权利。我国《企业破产法》在第33条明确规定了破产无效行为,即有关债务人财产和财产权利的下列两类行为,不论何时发生,均自始无效,且任何人均得主张其行为无效:(1) 为逃避债务而隐匿、转移财产的。(2) 虚构债务或者承认不真实的债务的。基于破产无效行为转让的财产或权利,应收归破产财产,供全体债权人公平分配。

2. 未缴出资和抽逃出资。法院受理破产案件后,债务人的出资人尚未完全履行出资义务或者有抽逃出资的,管理人有权代表债务人不问出资期限而追收出资人未缴纳的出资或抽逃的出资本息,并不受诉讼时效的限制。同时管理人有权代表债务人主张债务人的发起人和负有监督股东履行出资义务的董事、高级管理人员,或者协助抽逃出资的其他股东、董事、高级管理人员、实际控制人等,对股东违反出资义务或者抽逃出资承担相应责任,并将财产归入债务人财产。

3. 非正常收入和被侵占的财产。债务人的董事、监事和高级管理人员利用职权从企业获取的非正常收入和侵占的企业财产,管理人应当追回。对此,《破产法司法解释二》第24条规定了具体的认定标准。

四、破产费用和共益债务

(一) 破产费用和共益债务的概念

破产费用是指在破产程序进行过程中,为破产程序的顺利进行以及为债务人财产的管理、处分等而必须随时支付的费用,是为了全体债权人的共同利益所支出的费用。

共益债务是指在破产程序开始后,为全体债权人的共同利益而负担的债务。

(二) 破产费用的范围

根据我国破产法,破产费用包括以下几项:

1. 管理、变价和分配债务人财产所发生的费用。主要有保管物品的仓储费用、雇用留守员工所支出的报酬、运输费用、不动产的保护和维护费用以及其他管理费用。此外,处分财产时发生的税收也应作为破产费用处理。

2. 为债权人的共同利益而进行诉讼的费用。

3. 管理人的报酬和执行职务的费用及其聘用工作人员的费用。

4. 如果和解、重整失败而转入破产程序,在和解和重整程序中发生的费用,也属于破产费用。

另外,根据《关于适用〈中华人民共和国企业破产法〉若干问题的规定(三)》(以下简称《破产法司法解释三》)第1条规定,人民法院受理破产申请前债务人尚未支付的公司强制清算费用、未终结的执行程序中产生的评估费、公告费等执行费用,可以参照《企业破产法》关于破产费用的规定。

(三) 共益债务的范围

共益债务主要包括以下几项:

1. 因管理人或者债务人请求对方当事人履行双方均未履行完毕的合同所产生的债务。对于双方均未履行完毕的双务契约,如果对于继续债务人的经营有益,管理人选择履行,就必须将对方的债权作为共益债权,否则对方难以与之交易,这对破产程序的顺利进行具有实际意义。

2. 为债务人继续营业而应支付的劳动报酬、社会保险费用以及由此产生的其他债务。

3. 破产程序开始后,债务人财产受无因管理所产生的债务。

4. 破产程序开始后,债务人财产取得属不当得利而产生的债务。

5. 管理人或者相关人员执行职务致人损害所产生的债务。

6. 债务人财产致人损害所产生的债务。

另外,根据《破产法司法解释三》第2条规定,破产申请受理后,管理人或自行管理的债务人,为债务人继续营业的借款,符合法定程序的,可以参照上述所列第2项的规定优先于普通破产债权清偿,但不得优先于此前已经设立的担保物权。

(四) 破产费用和共益债务的清偿

破产费用和共益债务都是为了全体债权人的利益而发生的,各国法律一般都规定,破产费用和共益债务可以从破产财产中随时支付,而不受破产程序的限制。也就是说,破产财产分配前,应当先行清偿所有的破产费用和共益债务或者作必要的预先提留;拨付破产费用和共益债务后尚有剩余财产的,才可依据破产财产分配方案予以分配。

由于管理人负责破产财产的管理、变价和分配,故破产费用和共益债务的清偿须由管理人为之。各国立法例一般规定,管理人承认和拨付破产费用和共益债务,应当事先征得债权人会议或者监督人[①]的同意。

这里需要注意的一个问题是,当破产财产不足以清偿破产费用和共益债务时,应当先行清偿破产费用;债务人的财产不足以清偿所有破产费用或者共益债务时,按比例清偿;债务人的财产不足以支付破产费用时,管理人应当提请人民法院终结破产程序。

【本节前沿问题】

关于管理人的定位

管理人在破产程序中是一个非常关键的角色,但是管理人究竟是债权人的代表,还是债务人的代表,抑或是政府的代表?《企业破产法》对此也没有明确的规定。有学者认为,在破产清算程序中,管理人不是所有人利益的代表,而仅仅是债权人利益的总代表,因为公司一旦进入破产清算程序,债权人的利益最容易受到侵害,必须有一项特别制度来保护所有债权人的利益。[②]

本书认为,管理人代表着债权人利益的观点是符合破产法初衷的。因为破产法最初的发展只有一

---

① 关于监督人的具体内容参见本书“破产案件中的债权人”一节中的“债权人委员会的职权”。

② 李曙光:《转型法律学——市场经济的解释》,中国政法大学出版社2004年版,第124页。

个目的，就是保护债权人，因为只有充分保护债权人的利益，才能保证资本的流动性，经济也才能保持活力。现在，破产法虽然开始强调保护债务人的利益，但这种保护也是建立在保护债权人利益的基础之上的，而不是单纯地保护债务人利益。因此，作为在破产程序中发挥关键性作用的管理人，首先应当是债权人利益的总代表。同时，明确管理人代表的是债权人利益，对于破产程序的实务操作，也具有重要意义，特别是在债权人与债务人之间发生严重的利益冲突时，管理人如果明确自己的定位，就可以更好地保护债权人利益，发挥其应有的作用。而从《企业破产法》的实质内容看，其较为强调债权人会议和债权人委员会对管理人的选任、制约、监督等机制，使管理人的法律地位有较大变化，管理人应该主要代表债权人的利益。

【本节思考题】

1. 试述破产财产的构成条件和范围。
2. 如何认识管理人的法律地位？
3. 简述管理人的职责。
4. 简述撤销权和追回权的概念。
5. 破产费用和共益债务各自包括的范围如何？

第四节 破产案件中的债权人

一、债权申报

（一）债权申报的概念和特征

债权申报，是债权人本人或其代理人在破产案件受理后，依照法定程序主张并证明其债权，以便参加破产程序的法律行为。债权申报是破产程序中的一项重要制度，是债权人参加破产程序并行使权利的前提。债权申报具有以下特征[①]：

1. 债权申报是债权人的单方意思表示。根据意思自治原则，债权人享有申报和不申报的自由。

2. 债权申报以主张并证明债权为内容。申报人主张债权以外的其他权利（如财产取回权）的，或者不能提出债权证明的，不予接受。

3. 债权申报是债权人参加破产程序的必要条件。债权人申报债权并经确定后，即具有参加债权人会议的资格，并依法享有相应的程序权利。未申报的债权人，不得参加破产程序。

4. 申报债权必须符合法定的程序规范。我国《企业破产法》第56条规定："在人民法院确定的债权申报期限内，债权人未申报债权的，可以在破产财产最后分配前补充申报；但是，此前已进行的分配，不再对其补充分配。为审查和确认补充申报债权的费用，由补充申报人承担。债权人未依照本法规定申报债权的，不得依照本法规定的程序行使权利。"

（二）债权申报的程序规则

1. 债权申报期限。债权申报期限是指法律规定或者法院指定的允许债权人向法院或法院指

---

① 王卫国：《破产法》，人民法院出版社1999年版，第75页。

定的机关申报其债权的期间。限定债权申报期间对于破产程序的及时、顺利进行是十分必要的。各国破产法中均有关于债权申报期限的规定，但期限的长短及决定期限的方式各有不同。大致可分为两类，即法定主义与法院酌定主义。所谓法定主义，是指债权申报期限的长短，由法律直接加以规定，受案法院不得予以变更。所谓法院酌定主义，是指债权申报期限的长短由受案法院根据破产案件的具体情况加以确定。法院酌定主义下，将债权申报期限与具体的破产案件相结合，富有灵活性，有利于破产程序的迅速进行。

我国破产法对债权申报期限的规定兼采酌定主义和法定主义。《企业破产法》第45条规定，人民法院受理破产申请后，应当确定债权人申报债权的期限。债权申报期限自人民法院发布受理破产申请公告之日起计算，最短不得少于30日，最长不得超过3个月。

2. 债权申报的方式与内容。债权人申报债权一般有口头和书面两种方式。我国《企业破产法》第49条明确规定："债权人申报债权时，应当书面说明债权的数额和有无财产担保……"

关于债权申报的内容，各国立法大致相同。依据《关于审理企业破产案件若干问题的规定》第21条的规定，债权人申报债权应当提交债权证明和合法有效的身份证明；代理申报人应当提交委托人的有效身份证明、授权委托书和债权证明。申报的债权有财产担保的，应当提交证明财产担保的证据。

3. 债权申报的范围。破产申请受理前成立的对债务人享有的债权，均为可申报的债权。未到期的债权，在破产申请受理时视为到期。破产申请受理后才到期的债权，付利息的，自破产案件受理时起停止计息；不付利息的，应当减去自破产案件受理时起至债权到期时止的法定利息，但是，不付利息的借贷债权不在此限。有财产担保的债权和无财产担保的债权均在申报之列。

连带债权人可以由其中一人代表全体连带债权人申报债权，也可以共同申报债权。

连带债务人之一或者数人破产的，债权人可就未获清偿的全部债权向该债务人或者各债务人行使权利，申报债权。债权人未申报债权的，其他连带债务人可就将来可能承担的债务申报债权。①

债务人的保证人或者其他连带债务人，以其承担连带清偿义务而享有的追偿权申报债权。

针对保证人破产时债权人申报债权，《破产法司法解释三》第4、5条作了明确规定。

还应注意到，债务人所欠职工的工资和医疗、伤残补助、抚恤费用，所欠的应当划入职工个人账户的基本养老保险、基本医疗保险费用，以及法律、行政法规规定应当支付给职工的补偿金，不必申报，由管理人调查后列出清单并予以公示。职工对清单记载有异议的，可以要求管理人更正；管理人不予更正的，职工可以向人民法院提起诉讼。

此外，《破产法司法解释三》第10条规定了单个债权人的知情权。

4. 接受债权申报的机关。各国立法对债权申报机关有不同的规定。有的国家规定向法院申报债权；有的国家规定向债权人代表申报债权；有的国家规定向破产管理人申报债权。我国《企业破产法》规定接受债权申报的机关为管理人。《破产法司法解释三》第6条第1款对管理人受理债权申报的具体要求作了规定。

5. 逾期未申报债权的后果。我国《企业破产法》第56条规定，在人民法院确定的债权申报期限内，债权人未申报债权的，可以在破产财产最后分配前补充申报；但是，此前已进行的分配，

---

① 《关于审理企业破产案件若干问题的规定》第23条。

不再对其补充分配。

（三）债权的审查确定

对申报的债权的初步审查是由管理人完成的，即首先由管理人审查债权申报是否符合登记形式要件，并将符合登记要件的债权编入债权表，然后对这些债权是否真实、是否超过诉讼时效等进行审查，并将审查结果附在债权表后，供利害关系人查阅，并提交第一次债权人会议核查。对于审查的具体要求，《破产法司法解释三》第 6 条第 2 款作了明确规定。

债务人、债权人对债权表记载的债权无异议的，由人民法院裁定确认。债务人、债权人对债权表记载的债权有异议的，可以向受理破产申请的人民法院提起诉讼。

对人民法院已确认的债权表，债务人或债权人对债权表记载的债权仍有异议的，不影响破产程序的进行。有争议的当事人可以就争议的债权另行提起诉讼。《破产法司法解释三》对此部分内容作了进一步规定。

二、债权人会议

（一）债权人会议的概念

债权人会议是全体债权人参加破产程序的意思表示机关，通过对破产程序中重大事项的决定和对破产程序的监督，维护自身利益。债权人会议是一种程序性机构，它伴随着破产程序的开始而产生，破产程序终结后，其使命也宣告结束。债权人会议同时又是一种自治性机构，在破产程序中，债权人会议具有独立的法律地位，它对有关破产事务的议决具有自主权。

（二）债权人会议的法律地位

债权人自治原则是确定债权人会议地位的基本依据。所谓债权人自治，是指全体债权人组成债权人会议或者选任其代表，对破产程序进行中涉及债权人利益的各重大事项，发表意见并作出决定，以监督管理人或者其他财产管理人正当履行其职责。

债权人自治是破产法的一项重要原则。依据这一原则，有关债权人权利行使和权利处分的一切事项，均应由债权人会议独立地作出决议。债权人在债权人会议上应享有充分的自由表达和自主表决的权利。债权人会议作出的关于债权确认、重整、和解、破产财产变价和分配等重大事项的决议，是破产程序进行的重要根据。债权人会议还应享有监督破产财产管理和处分的权利。

在破产程序进行中，法院居于主导地位，对破产程序的顺利进行负有全面责任。人民法院承担这些职责的一个基本宗旨，就是维护债权人的合法权益和实现债务的公平清偿。遵循债权人自治原则，发挥债权人会议的作用，是人民法院正确履行职责，实现破产法宗旨的重要条件。在债权人之间存在着不同利益要求的情况下，法院应当保持中立。实行债权人自治，让债权人通过协商和表决程序自行解决其意见分歧，而法院只承担保障程序进行和最终裁判的职责。

（三）债权人会议的组成和职权

1. 债权人会议的组成。

(1) 债权人会议成员。债权人依法申报债权后，成为债权人会议的成员。凡是债权人会议的成员，都享有出席债权人会议、对债权人会议讨论的议题发表意见、表决以及请求召开债权人会议等权利，但依法不能行使表决权者除外。债权人出席债权人会议，可以本人亲自出席，也可以委托代理人出席。代理人出席债权人会议的，应当向人民法院或者债权人会议主席提交债权人的授权委托书。债权人会议成员分为有表决权的债权人和无表决权的债权人两类。

有表决权的债权人，是指对债权人会议的决议事项有权投票表示赞成或反对的债权人。主要包括以下几种：其一，依法申报债权的无财产担保的债权人；其二，放弃优先受偿权利的有财产担保的债权人；其三，虽享有财产担保但未能就担保物足额受偿的债权人；其四，已代替债务人清偿债务的保证人或者其他连带债务人。

无表决权的债权人，是指有权出席债权人会议和发表意见，但无权对债权人会议的某些决议事项投票表示赞成或反对的债权人。主要包括以下几种：其一，未放弃优先受偿权利的有财产担保的债权人；其二，债权尚未确定的债权人；其三，尚未代替债务人向他人清偿债务的保证人或者其他连带债务人。

(2) 债权人会议主席。债权人会议主席，即负责主持和召集债权人会议的人。债权人会议主席由人民法院在有表决权的债权人中指定。必要时，人民法院可以指定多名债权人会议主席，成立债权人会议主席委员会。[①] 债权人会议主席的职权为召集并主持债权人会议。《企业破产法》第 62 条、第 63 条规定，第一次债权人会议由人民法院召集，自债权申报期限届满之日起 15 日内召开。以后的债权人会议，在人民法院认为必要时，或者管理人、债权人委员会、占债权总额 1/4 以上的债权人向债权人会议主席提议时召开。召开债权人会议，管理人应当提前 15 日通知已知的债权人。

债权人会议主席行使职权，不得委托他人代理。如果本人不能主持会议，可以由人民法院临时指定会议主席，必要时也可以由人民法院另行指定债权人会议主席。

(3) 债权人会议的列席人员。依据《企业破产法》第 15 条的规定，债务人的法定代表人以及经人民法院决定的企业财务管理人员和其他经营管理人员必须列席债权人会议并有义务回答债权人的询问，拒绝列席的，人民法院可以依照《民事诉讼法》第 109 条的规定实施拘传。第 23 条第 2 款规定了管理人应当列席债权人会议，接受债权人会议的询问。第 59 条第 5 款规定了债权人会议应当有债务人的职工和工会的代表参加，对有关事项发表意见。

2. 债权人会议的职权。根据我国《企业破产法》第 61 条的规定，债权人会议有如下职权：(1) 核查债权；(2) 申请人民法院更换管理人，审查管理人的费用和报酬；(3) 监督管理人；(4) 选任和更换债权人委员会成员；(5) 决定继续或者停止债务人的营业；(6) 通过重整计划；(7) 通过和解协议；(8) 通过债务人财产的管理方案；(9) 通过破产财产的变价方案；(10) 通过破产财产的分配方案；(11) 人民法院认为应当由债权人会议行使的其他职权。

三、债权人会议的程序规则

(一) 债权人会议的召开程序

债权人会议的召开，分为两种情况：一是法律规定必须召开的债权人会议，如第一次债权人会议；二是在必要时召开的债权人会议，如管理人要求召开的债权人会议。

1. 第一次债权人会议。第一次债权人会议，又称法定债权人会议，是破产程序开始后在法定期间内必须召开的债权人会议。第一次债权人会议在破产程序中占有十分重要的地位，许多事项均在第一次债权人会议上决定。我国《企业破产法》第 62 条第 1 款规定："第一次债权人会议由人民法院召集，自债权申报期限届满之日起十五日内召开。"对于债权人会议的内容，《关于审理

---

① 《关于审理企业破产案件若干问题的规定》第 39 条第 2 款。

企业破产案件若干问题的规定》第 42 条作了详细规定:(1) 宣布债权人会议职权和其他有关事项;(2) 宣布债权人资格审查结果;(3) 指定并宣布债权人会议主席;(4) 安排债务人法定代表人或者负责人接受债权人询问;(5) 由清算组通报债务人的生产经营、财产、债务情况并作清算工作报告和提出财产处理方案及分配方案;(6) 讨论并审查债权的证明材料、债权的财产担保情况及数额、讨论通过和解协议、审阅清算组的清算报告、讨论通过破产财产的处理方案与分配方案等。讨论内容应当记明笔录。债权人对人民法院或者清算组登记的债权提出异议的,人民法院应当及时审查并作出裁定;(7) 根据讨论情况,依照《企业破产法》第 16 条的规定进行表决。以上第 5–7 项议程内的工作在本次债权人会议上无法完成的,交由下次债权人会议继续进行。

2. 必要时召开的债权人会议。除第一次债权人会议应当由人民法院在法定期间内召集外,其他债权人会议在破产程序进行中必要时召开。《企业破产法》第 62 条第 2 款规定,以后的债权人会议,在人民法院认为必要时,或者管理人、债权人委员会、占债权总额 1/4 以上的债权人向债权人会议主席提议时召开。必要的债权人会议由债权人会议主席召集并主持,对于人民法院、管理人、债权人委员会或者符合法定条件的债权人提出的召集要求,债权人会议主席不得无故拒绝。

必要的债权人会议的决议事项,应根据人民法院或者债权人会议主席认可的必要理由,或者根据管理人或债权人要求的内容,予以具体确定。

依《企业破产法》第 63 条的规定,召开债权人会议,由管理人提前 15 日通知已知的债权人。

(二) 债权人会议的决议程序

1. 决议的形成。债权人会议的决议可分为一般决议和特殊决议。

对于一般决议的通过,有两种不同的立法例,即单一标准和双重标准。单一标准是指债权人会议决议的形成仅以债权人的人数或债权额作为标准。双重标准是指通过一般决议时,既有债权人人数的要求,又有债权额的限制。我国立法采双重标准。《企业破产法》第 64 条第 1 款规定:"债权人会议的决议,由出席会议的有表决权的债权人过半数通过,并且其所代表的债权额占无财产担保债权总额的二分之一以上……"

特殊决议主要是指关于和解协议或者重整计划的决议。对于特殊决议的通过,我国也采取了双重标准。根据我国《企业破产法》第 97 条规定,债权人会议通过和解协议草案的决议,必须由出席会议的有表决权的债权人的过半数同意,并且其所代表的债权额,必须占无财产担保债权总额的 2/3 以上。

关于债权人会议决议的表决,《破产法司法解释三》第 11 条规定,债权人会议的决议,除现场表决外,可以采取通信、网络投票等非现场方式表决。

2. 决议的效力。债权人会议的决议是债权人团体为共同意思表示的结果,一旦决议经法定程序通过,即对全体债权人具有约束力。各债权人不论是否出席了会议,也不论是否参加表决,更不论债权人是否赞成决议,都当然地受决议的约束。我国《企业破产法》第 64 条第 3 款规定:"债权人会议的决议,对于全体债权人均有约束力。"

3. 决议的异议。破产程序的基本目标在于公平地保护全体债权人的一般利益,故当债权人会议的决议违背该目的时,法院应当禁止此类决议的执行。《企业破产法》第 64 条第 2 款规定:"债权人认为债权人会议的决议违反法律规定,损害其利益的,可以自债权人会议作出决议之日起十五日内,请求人民法院裁定撤销该决议,责令债权人会议依法重新作出决议。"《破产法司法解释三》第 12 条对债权人申请撤销决议的具体情形作了进一步明确的规定。

四、债权人的代表机构——债权人委员会

（一）债权人委员会的法律地位及设置的必要性

1. 债权人委员会的法律地位。债权人委员会是债权人会议的代表机关，在破产程序中代表债权人的共同利益，监督破产程序的进行。大部分国家或地区的破产法均有这一机构的设置，但称谓不尽相同，如日本破产法称为"监察委员"，德国新破产法称为"债权人委员会"，我国台湾地区"破产法"称为"监查人"。

债权人委员会是债权人会议的代表机关，由债权人会议选任，向债权人会议负责。当其决议与债权人会议的决议不一致时，应当服从债权人会议的决议。故债权人委员会仅仅是附属于债权人会议的代表机构。

2. 设置债权人委员会的必要性。虽然破产法上已设立了"债权人会议"这一机构以维护债权人的利益，但债权人会议行使权利和监督破产程序只能在会议召开时进行，在会议闭会期间无法行使权利和监督破产程序。故债权人会议有必要选任其信任的债权人或者其他人员，代表债权人会议对破产程序进行的各阶段予以日常监督。此外，设置债权人委员会也符合诉讼经济原则。由债权人会议选任代表专门行使债权人会议的监督职权，可以有效地避免频繁召开债权人会议或者长时间召开债权人会议，既节省了费用，又有利于债权人的公平受偿。

（二）债权人委员会的设置和选任

债权人委员会虽是代表债权人会议对破产程序进行监督的机构，但其是否为破产程序中的必设机构，各国或地区立法有不同的规定。大致有三种做法：一是必设主义；二是选择主义；三是法院任命主义。我国采选择主义，《企业破产法》第 67 条明确规定"债权人会议可以决定设立债权人委员会"。债权人委员会由债权人会议选任的债权人代表和 1 名债务人的职工代表或者工会代表组成。

债权人委员会的人数，也应由债权人会议决定，一人或数人均无不可，主要视破产案件的具体情况而定，但不得超过 9 人。债权人会议选任的成员应经法院书面认可。

（三）债权人委员会的职权

债权人委员会在破产程序中进行日常监督，主要有以下几个方面的职权：

1. 有权随时调查破产财产的状况，并有权要求管理人向其报告破产财产的状况。
2. 有权出席债权人会议，并有权请求召开债权人会议。
3. 监督管理人对破产财产的处分行为。这是债权人委员会的主要职责。
4. 有权监督和解协议的执行和重整计划的执行。
5. 有权申请法院禁止管理人的不当决定和债权人会议的违法决议的执行。
6. 债权人会议委托的其他职权。

对于"上述债权人会议委托的其他职权"，《破产法司法解释三》第 13 条作了进一步的规定。另外，第 13 条还规定了债权人会议不得作出概括性授权，委托债权人委员会行使其所有职权。

债权人委员会应当以善良管理人的注意为全体债权人的利益执行职务。债权人委员会因为故意或者过失造成债务人或者债权人损失的，应当承担赔偿责任。债权人委员会执行职务所需的费用和报酬，列入破产费用，从破产财产中优先拨付。

（四）债权人委员会的决议程序

《破产法司法解释三》第14条对债权人委员会决议的形成作了明确规定。债权人委员会决议事项应获得全体成员过半数通过，并作成议事记录，载明不同意见。

【本节思考题】

1. 简述债权申报的程序规则。
2. 如何认识债权人会议的法律地位？
3. 我国债权人会议有哪些职权？
4. 简述我国债权人会议的议决规则。
5. 债权人委员会在破产程序中的职权有哪些？

第五节 重 整

一、重整制度概述

（一）重整的概念和特点

重整是指在企业无力偿债的情况下，依照法律规定的程序，保护企业继续营业，实现债务调整和企业整理，使之摆脱困境，走向复兴的再建型债务清理制度。[①] 重整可以使那些陷入债务困境但有复苏希望的企业或其他债务人，按照法律规定的程序，与债权人、股东和其他利害关系人，就债务清偿、企业整顿、营业改善、财产出让、资本变更等一系列事项达成协议，使债权人得到公平的清偿，使企业摆脱困境，恢复生机。重整制度始于20世纪30年代的美国破产法，第二次世界大战以后为其他国家所采用。自20世纪70年代后期以来，以建立重整制度为重要标志之一的破产法改革运动风靡全球。美、法等国纷纷修订破产法，着力加强和完善重整制度。当前各国破产法正在进入一个由以清算型债务清理为主转向以再建型债务清理为主的制度变革时期。

我国《企业破产法》在总结以往经验的基础上，结合我国国情，参考了美、法、日等国重整制度的立法成果，专设了"重整"一章，并在其他章节规定了相关的条款。

重整制度在性质上具有债务清偿法和企业法相结合、私权本位和社会本位相调和、程序法和实体法相融合、多种法律事实及法律效果相聚合的特点。

1. 债务清偿法和企业法相结合。这里所说的债务清偿法，指的是在债务人无力清偿到期债务的情况下，依法在债务人现有财产的范围内，实现多数债权人之间的公平分配和债务了结。这里所说的企业法，指的是对陷入经济困境的企业，进行从产权、资本结构到内部管理、经营战略等多方面的调整和变更，使之恢复生机。重整制度的这种双重属性，是它有别于破产清算制度和传统的和解制度的一个重要特点，一般认为后两种制度属于债务清偿法的范畴。

重整制度把清理债务与拯救企业紧密地结合在一起。一方面，它把债权人权利的实现建立于复兴的基础上，力图使企业的营运价值得以保留，从而使债权人得到比在破产清算的情况下更为有利的清偿结果；另一方面，通过债务调整，消除破产原因，使企业摆脱经济困境，获得复兴的

---

① 王卫国：《破产法》，人民法院出版社1999年版，第226页。

机会。这样,就在债务清偿法和企业法之间建立起一种相互配合、相互补充的关系。

在债务清理和企业拯救这两个目标中,后者是主要的。也就是说,重整制度的首要任务是实现企业复兴。正如美国学者安德森指出的:“重整法涉及的是陷入财务困境的商事企业的复兴。这种企业在正常情况下为债务人即公司、合伙、个人或者其他有资格依破产法申请救济的实体所拥有。重整制度试图提出和解决困境实体所面临的三个方面的问题:(1)为了使陷于困境的债务人在经济上康复,应当采取何种财务决定和行动?(2)为使这种复兴对所有的当事人都不失公平,应当在债权人与股东之间达成何种权利调整? (3)如果企业复苏无望,因而不能继续营运,则债务人资产的清算应当如何进行,才能使之有条不紊并且使所有利害关系人得到最大限度的财产恢复?实质上,重整是通过法律机制实现财务解决以求造就稳定的、恢复活力的企业的过程。”①

2. 私权本位和社会本位相调和。重整制度打破了私法与公法之间的传统界限,将私权本位与社会本位相调和。当它把企业置于中心地位时,它并不仅着眼于包含在企业关系中的各方当事人利益,而且着眼于企业在社会经济生活中的地位以及企业的兴衰存亡对社会生活的影响。

3. 程序法和实体法相融合。基于拯救企业的需要,重整制度有必要采取一些保护性措施,来维护企业的继续运营。而这些保护性措施所针对的,首先是来自债权人的“攻击”,即债权人行使权利的行为,如追索债务的诉讼和强制执行、有财产担保的债权人行使对担保物的处分权以及其他单独索取清偿支付和单独对债务人的财产实施的行为。其次,保护性措施还要针对企业在无力偿债的情况下从事营业所面临的困难,如因信用下降而难以获得贷款、待履行合同的相对人要求解除合同或者要求继续履行合同、因裁减人员所引起的劳动争议。所以,重整制度对债务人企业的营业保护,不仅有程序法上的安排,还要有实体法上的措施。

当然,我们绝不可轻视程序制度的意义,因为公正的程序是实现公平而有效率的债务清理的基本保证。而债务清理的公平和效率,不仅关系到债权人和其他当事人的权益,而且关系到债务人在妥善处理债务的基础上的复兴。因此,只有当程序法规则与实体法规则形成一个有机整体时,重整制度才可能实现其多重目标和多重价值。

4. 多种法律事实及法律效果相聚合。重整制度沿着债务清理和企业拯救两条主线,本着私权保护和社会利益保护双重目标,通过程序上和实体上的法律调整,引起一系列法律关系的发生、变更和消灭。从这个意义上说,重整是一个综合性的法律事件,是一个由多种法律事实和法律效果聚合而成的民事法律关系的变动过程。

重整包含了对多种法律关系的调整。其中主要有:(1)债权关系,包括对重整债权的约束、保护、变更和清偿,待履行合同的解除或继续履行,为企业经营而新缔结的借贷、买卖、租赁合同,为清偿债务而出让财产的合同,聘请律师、会计师等专业人员的合同,等等。(2)物权关系,包括对企业财产的保全、对担保物权的限制、取回权的行使与限制、企业产权的出让等。(3)投资关系,包括现有股东的权益保护和权利限制、债权转换为股权、增加或减少资本、新股募集等。(4)劳动关系,包括职工的权益保障,人员裁减以及被裁减人员的补偿、安置等。(5)税收关系,包括欠税的清理、重整期间继续营业的税收问题等。此外,重整还可能涉及某些经济行政管理关系,如商业登记、不动产登记、抵押登记等。由于多种法律关系的存在,形成了多种当事人介入重整程序的局面。实践中,主要的当事人是债务人、债权人、债务人的股东(或者其他形式的出资人)和企业员工。

---

① Anderson, J.C., *Reorganizations*, McGraw-Hill, Inc., 1993, Chapter 11.

重整是引起上述法律关系发生、变更或者消灭的概括的法律事实,其中包括了一系列的行为和事件。这里所说的事件,最常见的就是程序上的事件,如重整的开始、终止或者破产案件的终结。这些程序事件的发生,总是对当事人的程序权利和实体权利产生一定的效果。例如,重整开始后,债权人非依法定程序不得行使其权利。又如,重整因计划执行完毕而终结后,债务人免除对于重整债权中依重整计划被削减的部分的清偿责任。而这里所说的行为,包括了民事行为与非民事行为,程序行为与非程序行为,当事人行为与司法行为等。重整过程中的上述行为和事件,引起了一系列法律效果的发生。从某种意义上说,重整就是通过鼓励各种符合秩序要求的行为和事件,以及抑制种种违反秩序要求的行为和事件,来实现制度的预期目标。

(二)重整制度的理论根据

重整制度的理论根据,涉及两个基本的问题:(1)为什么需要建立重整制度? (2)重整制度为什么能够达到其设立的目的?这就是所谓必要性和可能性的问题。重整制度的理论根据对这一制度的建设和实施过程也具有指导意义。

我们可以把重整制度的理论根据概括为三个论题:营运价值论、利益与共论和社会政策论。这三个论题是相互联系的。其中,营运价值论无论在历史上还是在逻辑上,都处在出发点的位置。

1. 营运价值论。重整制度最初的理论根据是建立在"营运价值"(going concern value)的基础之上的。所谓营运价值,就是企业作为营运实体的财产价值,或者说,企业在持续营业状态下的价值。在许多情况下,企业的营业价值高于其清算价值,即高于它的净资产通过清算变价所能获得的价值回收。如果我们把困境企业比作一匹病马,那么,对于这匹病马,可以有两种选择:或者杀马卖肉,或者把它治好。很明显,马肉的价值与活马的价值是不可比拟的。债权人的清偿利益,是寄托于"马肉"的价钱好呢,还是寄托于"活马"的价值好?其答案是不言而喻的。企业资产的营运价值高于清算价值的理论,主要基于三点:(1)营运价值包含了资本组合的成本;(2)营运价值包含了无形的资产和利益;(3)企业资产在清算变价中可能存在着价值损耗。此外,还有一个重要的理由,就是在多数情况下,企业无力清偿到期债务,不是因为它的资产贬值,而是因为它的财务上的困难。这种财务困难可能因为经营上的失误,也可能因为市场的变化或者其他不可预料的外部因素。因此,一个无力偿债的企业并不一定是无盈利能力的企业。

2. 利益与共论。承认保存企业营运价值的必要性,仅仅提供了一种经济上的合理目标。在法律基于种种理由而必须保留破产清算制度的情况下,要实现这一合理目标,必须采用一种能够促使当事人尤其是债权人自愿选择以保存企业营运价值的方式行使权利的产权安排。换句话说,如果被保存下来的营运价值仅仅属于债务人而不能使债权人受益,或者说,如果债权人的清偿利益只能寄托于企业资产的清算价值,那么,毫无疑问,债权人宁可选择清算分配。因此,法律制度需要作出一种安排,以便使债权人成为保存企业营运价值的第一受益者。这意味着,法律应当使债权人成为重整企业的事实上的所有人,从而在债权人和债务人以及债务人的投资者之间建立起一种利益与共的关系,使他们共同致力于企业的拯救。

重整制度对债务人财产的产权安排,实际上是一种"双重产权"的设计。具体说,在承认债务人及其出资人的已有产权地位的前提下,赋予债权人财产支配者的法律地位。在这种双重产权的情况下,财产的实际支配被委托给一个中立者——法院任命的管理人。在重整期间,可以由债务人继续掌握财产和营业,也可以由法院任命的其他人接管财产和营业;在重整计划的制订过程中,债权人和债务人(及其出资人)都有发言权;除了债权人外,股东有时也享有对重整计划发表意见的权利。总之,重整程序提供了一个多方协商机制,其协商决定的内容,不仅包括债务清偿方案,而且包括企业复兴方案。而这一切都是建立在债权人和债务人均拥有产权地位的基础上的。

为了维持这种利益与共的关系,应在重整过程中将所有的权利请求都置于停止状态,使所有的权利人都尽可能地加入拯救行列而不是"拿了就走"。所以,在重整程序中,债权人变成了像股东那样的对企业的重大事务享有决定权的"内部人"。只有这样,才能在维护债权人利益与拯救企业这两个政策目标之间建立起平衡和互动的关系。

3. 社会政策论。创立和发展重整制度的动力,不仅来自当事人基于个别利益的个别理性判断,而且来自社会基于整体利益的整体理性判断。这种整体理性判断就是我们所说的社会政策。它所依据的理性标准就是效率和公平的价值。

建立重整制度,是对传统的以破产清算为中心的制度取向的重大变革。传统制度取向存在着两个重大的缺陷:一是造成资产价值流失和失业救济、连锁破产等社会成本,导致社会资源的浪费。二是造成普遍的"破产畏惧症",导致社会中的"债务积淀"即大量到期债务不能清偿并且越积越多的现象。因此,建立重整制度的作用,不仅在于使个别债务人"重新开始",而且在于对社会资源的保护和有效利用;不仅在于对个别债务的及时了结,而且在于使社会经济健康运行。

受企业破产事件影响的社会利益群体是多种多样的。除了债权人、债务人及其投资人以外,还涉及企业的职工、与债务人有交易往来或利益关联的其他企业、企业所在的社区、国家的财政收入和社会保障负担等。应该说,扩大对破产事件社会影响的关注范围以适应现代公平价值的要求,是当前破产法改革运动中的一个重要的观念更新。但是,这并不意味着必须扩大案件当事人的范围。那样做将会增加案件的操作难度和成本,并且最终也难以实现公平目标。一个比较妥当的安排是,把这种更广泛的社会关怀融合到程序和规则的设计中,使法律制度能够反映或顾及这些人们的利益要求。这些外围受影响者的利益,正是寄托于企业的复兴。因此,我们说,重整制度的建立,本身就适应了社会公平的需求,体现了对多数人的关心和保护。除此之外,法律还直接设立了一些保护非请求权人的规定,特别是保护劳动者的规定。

(三) 重整与其他破产程序的关系

1. 重整程序与破产清算程序。建立重整制度和强调企业再建,并不意味着对破产清算制度的否定。

首先,应当认识到,在破产企业中,有一部分是无可拯救的。对那些"病入膏肓"的"病马",如果勉强适用重整程序,花费大量财力去进行无谓的抢救,只能导致资源浪费、使债权人蒙受损失。因此,各国破产法在制定重整程序规则时,都充分考虑到一部分企业无可拯救的可能性,并设立了随时由重整程序转为破产清算程序的规则。

其次,也应当看到,破产清算制度是一种优胜劣汰机制。市场经济的健康运行,总是伴随着新兴企业的不断诞生、壮大和落后企业的衰落、消灭。重整制度的目标只是拯救那些值得拯救和能够拯救的企业,而不是盲目地阻止破产清算的发生和不加区别地保护那些落后的、没有生命力的企业。对那些无可拯救的企业,只有适用破产清算,才能更加有效地实现对尚存资源的保护和有效利用。

最后,还应当看到,一方面,破产清算制度对重整制度具有一种支持作用。债权人在重整中作出让步的程度取决于他们在适用清算程序的情况下所能得到的清偿。债权人在清算情况下获得的清偿越低，他们接受重整的积极性以及作出让步的程度就越高。另一方面，破产清算对重整中的债务人也具有约束和促进作用。因为，债务人要避免倒闭清算的命运就必须取得债权人的信任，为此它就不能有任何欺诈行为，并且要努力改善营业状况以表明企业的前景。

因此，与破产清偿制度相比，重整制度的优越性在于：(1) 它可以使债务人的营业不间断地继续，从而避免了破产带来的严重财产损失、经济连锁反应和其他消极后果。(2) 它可以使债权人获得不低于破产清算分配的清偿额。(3) 程序较简易，完成时间较短，费用较低。(4) 它可以同企业兼并、股份制改造等制度并用，在债务重组的同时实现企业再建（在我国，它甚至可能成为推行现代企业制度的一项有力措施）。

2. 重整程序与和解程序。从历史沿革看，和解是较早时期的再建型债务清理制度。随着重整制度的出现，和解程序的去留自然成为人们关心的话题。法国和德国在破产法改革中曾放弃和解程序，英国 1986 年破产法改革则保留了和解程序。我国在新破产法草案起草过程中，曾讨论过和解程序的存废问题。本书认为，和解程序与重整程序各有自己的优点。重整程序比较复杂，有较多的法律干预，是一种力度较大但费用较高的企业拯救制度，适合规模较大、困境较严重的企业。和解程序充分尊重当事人意思自治，具有简便灵活的特点，适合规模较小、拯救难度较低的企业，尤其是合伙企业和独资企业。因此，保留和解程序，不失为一个明智的选择。但是，重整程序与和解程序没有相互转换的必要。因此，启动重整程序后，不能转为和解程序；同样，启动和解程序后，不能转为重整程序。

与和解制度相比，重整制度的主要特点是：(1) 重整原因不限于破产原因，企业将要出现破产原因也可以成为申请重整的理由。(2) 有权申请重整的不仅有债务人和债权人，还有股东。(3) 重整期间，债务人可以继续营业，而且允许由原来的经营者负责营业和重整事务。(4) 重整制度有一系列为保障企业在重整期间继续营业的保护措施，如限制担保物权的行使、中止一切民事执行、重整债务停止计息、重整期间的借款和其他债务视为共益债务（债权人有优先受偿权）、税收减免等。(5) 重整程序实际上是一个包括债务人、债权人、股东、企业职工在内的多方协商机制，通过这种协商所达成的协议——重整计划，实际上是一个包括债务重组、企业改组、人员裁减、产权变动等在内的综合性的企业复兴方案，而不是像和解程序那样，仅仅着眼于在债务人与债权人之间达成债权让步。(6) 重整计划的债权清偿方案，不仅以企业现有财产为根据，还考虑到企业复兴后的财产增量，加上由程序便捷带来的费用节省，因而可能使债权人获得高于和解协议的清偿额。

二、重整的开始

（一）重整原因

重整原因是引起重整程序开始的事由，也是法院裁定债务人进行重整的法定原因。由于重整程序与破产清算程序的目标不同，破产法对适用重整程序的破产原因需要作扩大的规定。这就是，企业因为经营或者财务发生困难不能清偿到期债务的，也可以适用该法规定的重整程序。换句话说，企业法人无论是基于已经发生的无力偿债的事实状态，还是基于将要发生的无力偿债的事实状态，都可以申请企业重整。所以，重整原因的范围比一般的破产原因大。这一概念体现了对企业困境“早发现，早治疗”的思想，符合重整程序拯救企业的制度目标。按照我国

> 案例研讨
>
> **上海华源股份有限公司破产重组案**

《企业破产法》第2条的规定，企业法人重整的原因为下列情形之一：一是企业法人不能清偿到期债务，并且资产不足以清偿全部债务；二是企业法人不能清偿到期债务，并且明显缺乏清偿能力；三是企业法人有明显丧失清偿能力的可能。

（二）重整程序的启动

1. 重整申请。重整程序的启动，必须始于有申请资格的当事人提出申请。按照我国《企业破产法》第70条的规定，有资格的重整申请人为以下三类：(1) 债权人。债权人在债务人出现重整原因时，可以依法直接向人民法院申请对债务人进行重整。(2) 债务人。债务人的申请在两种情形下进行：其一，当出现重整原因时，债务人可以直接向人民法院申请进行重整；其二，债权人申请对债务人进行破产清算的，债务人可以在人民法院受理破产申请后宣告债务人破产前向人民法院申请进行重整。(3) 债务人的出资人，且其出资额占债务人注册资本1/10以上。其必须在债权人申请对债务人进行破产清算的情形下，在人民法院受理破产申请后宣告债务人破产前向人民法院申请进行重整。

由此可见，在债务人所处的不同阶段，重整申请人的范围有所不同。债务人尚未进入破产程序的，重整申请人为债务人和债权人，而在破产程序中的重整申请人为债务人和出资占债务人注册资本总额1/10以上的出资人。在破产的情况下，债务人财产的最终归属是全体债权人。所以，企业重整的成本和重整失败的风险最终是由债权人承担的。

2. 重整申请的受理。按照《企业破产法》的规定，重整程序在人民法院主持下进行。所以人民法院在收到重整申请后应当对重整申请进行审查，决定是否裁定债务人重整。人民法院经审查认为重整申请符合法律规定的，应当作出重整裁定，并予以公告。自人民法院裁定债务人重整之日起，重整期间开始。此裁定一经作出，即对重整案件的各利害关系人产生一系列的法律效力，直至重整程序终止。

三、重整期间的财产和营业事务管理

（一）重整期间的概念

重整期间，也称重整保护期间，是指重整程序开始后的一个法定期间。在美国被称为“冻结期间”（period of freeze），在澳大利亚被称为“延缓偿付期”（moratorium），在法国被称为“观察期间”，其目的在于防止债权人在重整管理期间对债务人及其财产采取诉讼或其他程序行动，以便保护企业的营运价值和制订重整计划，增加重整成功的可能性。

各国对于重整期间的规定不同。我国《企业破产法》规定，自人民法院裁定债务人重整之日起至重整程序终止，为重整期间。该法没有规定重整的具体时限，体现了我国破产法极力挽救企业的法律政策。但是并不意味着重整期间可以无限延长。根据《企业破产法》的规定，自人民法院裁定许可债务人重整之日起，债务人或者管理人应当在6个月内提交重整计划草案，有正当理由的，经债务人或者管理人申请，人民法院可以裁定延长3个月。人民法院应当自收到重整计划草案之日起30日内召开债权人会议，付诸表决。自重整计划通过之日起10日内，债务人或者管理人应当向人民法院提出批准重整计划的申请，人民法院应当自收到申请之日起30日内裁定批准，终止重整程序。部分表决组未通过重整计划草案的，债务人或者管理人可以申请人民法院强制批准重整计划草案，人民法院应当在收到申请之日起30日内审查该重整计划草案是否符合破产法规定的条件并裁定是否批准重整计划草案，逾期不提交重整计划草案，或者重整计划草案未获通过,或者人民法院没有裁定批准重整计划草案的,人民法院应当裁定终止重整程序并宣告债务人破产。可见,我国破产法中的冻结期间事实上是有限制的。

(二)重整期间财产和营业事务的管理人

重整期间,债务人的财产和营业事务的管理权由谁行使,涉及重整管理人的确定问题。所谓重整管理人,即在债务人重整期间,由法院指定的负责债务人的财产管理、处分、业务经营及重整计划的拟定与执行的机构。我国《企业破产法》对于债务人的财产管理和营业管理,采取了比较谨慎和灵活的新方法。

1. 债务人在破产管理人监督下的自行管理。《企业破产法》第73条第1款规定:“在重整期间,经债务人申请,人民法院批准,债务人可以在管理人的监督下自行管理财产和营业事务。”因此,债务人自行管理的前提是:(1)债务人向人民法院提出自行管理的申请,而且提出申请的时间必须在人民法院裁定许可债务人重整以后。(2)须经人民法院批准。(3)须由管理人对债务人自行管理实施监督。

债务人自行管理财产和营业事务对企业经营者给予较高度的信任,有利于提高重整的效率,获得更大的成功可能性。但是,由于债务人与其他利益关系人尤其是债权人有一定的利益冲突,而重整风险主要由债权人而非债务人承担,债务人有进行不公正的自利行为的利益倾向,因此,有必要规定由管理人对债务人的财产管理行为和营业行为进行监督。管理人的监督主要是对债务人的不当行为向法院提出重整程序终止申请。

在债务人自行管理的情况下,已经依破产法接管债务人财产和营业的管理人有义务向债务人移交财产和营业事务,管理人依法享有的职权也由债务人行使。

2. 管理人管理。重整期间,在债务人不自行管理财产和营业事务的情况下,应当由管理人负责管理。管理人负责管理财产和营业事务的,可以聘任债务人的经营管理人员负责营业事务,并对其实施监督。这种方式虽然实质上赋予了管理人人事控制权,但也为债务人在继续营业中发挥作用提供了一定的机会。这是因为,企业营业事务的管理需要有专门的知识并且熟悉企业的营业事务,而债务人原有的经营管理人员比管理人更加了解本企业的营业状况和问题所在,同时有利于调动其参加企业重整的积极性。这种方式在确保维护公平清偿的前提下,兼顾了效率,具有原则性和灵活性相结合的特点。在上述两种方法中,以管理人的管理为原则,债务人的自行管理为例外。

(三)重整期间的破产保全

破产保全,是指破产程序开始后,对任何旨在减少债务人财产的行为或程序实行暂时中止,以保护债务人的财产在破产程序开始后处于完整状态的制度。在重整期间,破产保全制度作为对债务人营运价值的保护措施,其宗旨是制止债权人的一切个别追讨行动,确保债务人财产的完整性,保障破产企业营业的连续并实现破产财产的增值。其实质是通过这一制度使破产法对债务人和债权人之间的法律关系作出另外的安排。①

重整期间破产保全的措施主要体现在以下几个方面:

1. 法律程序的中止。破产申请受理后,有关债务人财产和权利的法律程序中止的规定,同样适用于重整程序。在我国《企业破产法》中,有关债务人财产和权利的法律程序的中止,包括:首

---

① 付翠英编著:《破产法比较研究》,中国人民公安大学出版社2004年版,第306页。

先，保全措施的解除与执行程序的中止。在人民法院受理破产申请后，一切有关债务人财产的保全措施应当解除，执行程序也应当中止。其次，民事诉讼或者仲裁的中止。在破产申请受理后，已经开始而尚未终结的有关债务人财产或者权利的民事诉讼或者仲裁应当中止；在管理人接管债务人的财产后，诉讼或者仲裁继续进行。

2. 对担保权行使的限制。担保是针对无力偿债的保护性措施。但是为了企业的复兴和债权人的一般利益，在重整期间，对债务人特定财产上设定的担保权的行使进行限制或者冻结，是各国重整立法的普遍规定。目的在于避免债务人继续营业所必需的财产无法继续使用，而影响企业重整程序基本目标的实现。但是对于受重整程序冻结效力影响的程度，各国法律态度不同。

我国《企业破产法》对担保给予了有利的考虑。一方面，强调自动停止对实现企业复兴目标的必要性；另一方面，力求维护有担保债权人的利益。《企业破产法》规定，在重整期间，对债务人的特定财产享有的担保权暂停行使。但是，担保物有损坏或者价值有明显减少的可能，足以危害担保人权利的，即对债务人的特定财产享有担保权的债权缺乏充分保护的，担保权人可以向人民法院请求恢复行使担保权。

对担保权的影响还表现在，为债务人继续营业，在人民法院受理破产申请后，管理人可以通过清偿债务或者提供为债权人接受的替代担保取回质物、留置物。但在进行债务清偿或者提供替代担保时，如果质物或者留置物的价值低于被担保的债权额，以该质物或者留置物当时的市场价值为限。

3. 对财产取回权行使的限制。财产取回权，是指对于债务人合法占有的不属于破产财产的他人财产，财产的权利人可以不依破产程序直接向管理人（或者债务人）主张取回财产的权利。在破产清算与和解程序中，财产的所有权人可以直接通过管理人取回该财产，而不受任何限制包括约定条件的限制，此为在破产程序中行使取回权的一般规则。其权利行使的基础是民法上物的所有权或者其他财产权利，是物的返还请求权在破产法上的一种表现。但是在重整程序中，由于这些财产有可能是债务人继续营业所必需的财产，关系到企业复兴成功与否，故法律常常会作出限制权利人取回权行使的特别规定，如对终止债权人占有资产所依据的合同作出限制、所有权人不得不经法院或者破产代表的批准而在程序启动后的一段有限时期内收回其财产等。

我国《企业破产法》规定，在破产重整程序中，取回权的行使应当符合当事人事先约定的条件，如租赁期满返还、质权担保的债权获得清偿后返还财产等约定。不符合约定条件要求行使取回权的，管理人可以拒绝，从而利用债务人占有他人财产的合法基础——当事人的约定条件来限制权利人取回权的行使。但同时法律承认在重整期间权利人有权行使紧急取回权。《破产法司法解释二》第 40 条规定："债务人重整期间，权利人要求取回债务人合法占有的权利人的财产，不符合双方事先约定条件的，人民法院不予支持。但是，因管理人或者自行管理的债务人违反约定，可能导致取回物被转让、毁损、灭失或者价值明显减少的除外。"

4. 对投资收益分配权和股权转让的限制。重整期间，为维持债务人企业的继续营业，实现重整的目的，债务人的出资人的权利也要受到限制。《企业破产法》规定，在重整期间，债务人的出资人不得请求投资收益分配。除经过人民法院同意的以外，债务人的董事、监事、高级管理人员不得向第三人转让其持有的债务人的股权。

（1）对债务人的出资人要求投资收益分配权利的限制。获得投资收益分配是出资人的一项重要权利。但是进入重整程序的债务人，有可能在重整后复兴，也有可能被依法宣告破产。如果债务人被依法宣告破产,其财产将用于偿还债务,其出资人不但无法获得投资收益分配,其投资本身通常也无法收回。如果重整期间允许出资人请求收益分配,意味着将债务人的财产通过分配收益的方式转移给其出资人。通常情形下,债务人企业进入重整程序,意味着企业法人不能清偿到期债务,并且资产不足以清偿全部债务或者明显缺乏清偿能力,或者有明显丧失清偿能力的可能,已经无利润可供分配。但是不排除在债务人自行管理的情形下,控股股东利用其地位或者制造虚假利润或者强行分配公司财产的行为发生,或者出资人要求兑现债务人在重整程序前所作的收益分配。为防止对债务人的继续经营产生不利,避免损害债权人的利益,债务人出资人的请求投资收益分配权,在重整程序中受到严格禁止。

(2) 对债务人的董事、监事、高级管理人员转让股份权利的限制。按照我国《公司法》的规定,在符合公司法规定和公司章程规定的条件下,公司的董事、监事、高级管理人员可以向第三人转让其持有的本公司的股份。这些条件,除公司章程作出的其他限制性规定外,包括:在任职期间每年转让的股份不得超过其所持有本公司股份总数的25%;所持有的本公司股份自公司股票上市交易之日起1年内不得转让;离职后半年内,不得转让其所持有的本公司股份。但在重整期间,如果允许债务人的董事、监事、高级管理人员转让其持有的债务人的股份,往往会影响其他市场投资人对债务人重整的信心,影响重整的顺利进行。因此破产法采取了原则禁止、例外允许的态度。

5. 对破产抵销的限制。在多数发达国家,是允许破产抵销的,但在一些重要国家则不允许。在企业复兴程序中阻止抵销的目的在于保持可用于营业的现金。反之,允许抵销也有一些理由:首先,拒绝抵销将导致债务人"获取却不付出"的结果;其次,抵销作为抵御无力偿债的"担保"的可适用性应该是可预知的。在我国,《企业破产法》中有关破产抵销限制的一般规定,同样适用于重整程序。即在重整保护期间,重整债权人主张与债务人之间抵销的债务,必须以在人民法院受理破产案件申请前产生的债务为限。债务人的债务人在破产申请受理后取得他人对债务人的债权的,不得抵销;除债权人因为法律规定或者有破产申请1年前所发生的原因而负担债务的情形外,债权人已知债务人有不能清偿到期债务或者破产申请事实,对债务人负担债务的,不得抵销;除债务人的债务人因为法律规定或者破产申请1年前所发生的原因而取得债权的情形外,债务人的债务人已知债务人有不能清偿到期债务或者破产申请的事实,对债务人取得债权的,也不得抵销。同时,管理人不得主动主张抵销,除非抵销将使债务人的财产收益。

(四) 重整期间的营业保护

营业,从一般的意义上讲,是指营业者以营利为目的,运用有组织的营业财产所进行的市场交易活动以及与市场交易活动相关联的种种资源开发和利用行为。从一个企业的角度讲,营业就是它的生命运动;营业既是企业生命力的表现,也是企业生命力的来源。现代破产法以企业再建为立法重心。再建主义以拯救企业为宗旨,自然要设法维持企业的继续营业。一般说来,破产案件受理后,尤其是在重整程序开始后,对债务人企业继续营业的保护,主要应解决以下两个问题:

1. 继续营业的机构。按照《企业破产法》对重整期间营业事务管理的规定,继续营业机构有两种方案:第一,经债务人申请,人民法院批准,债务人可以在管理人的监督下自行管理财产和营业事务,此时的继续营业机构就是企业管理层。第二,如不采用第一方案,则由管理人接管债务人的全部财产和事务,此时,继续营业的机构就是管理人。但是,管理人可以聘任债务人企业的经营管理人员负责企业的营业事务。

2. 继续营业的特别权利。破产程序中债务人企业的继续营业,是在特定条件下,依照法律的特别规定和一定的法律程序所进行的营业。它既是企业法意义上的企业拯救措施,又是债务清理法意义上的财产保全措施。与此同时,它也是陷于财务困境,濒临破产或者已经具备破产原因的企业在其财产受到债权人集体追索、商业信用又十分欠缺的情况下“死里逃生”的自救措施。因此,法律需要对继续营业给予积极的扶助。这种扶助,主要体现为法律对那些与继续营业有关的法律行为的特殊调整。具体说,主要有财产的使用和处分、贷款的取得、待履行合同的履行和解除三个方面。

(1) 财产的使用和处分。财产的使用和处分是从事营业的基本手段。关于重整企业的继续营业,有两个问题需要解决:一是担保权标的物的使用与担保权人行使担保物处分权的矛盾;二是为继续营业而处分无担保的财产与普通债权人的清偿利益的矛盾。关于第一个问题,各国的立法政策是在保证担保权人的基本利益不受损害的前提下,适当限制其权利行使,以便那些为债务人营业所必要的财产能够继续被使用。例如,作为抵押物的机器设备,如果任凭抵押权人扣押和变卖,则企业的生产经营可能就无法进行。由此造成的损害,有可能远远高于抵押权人因处分权受限制而蒙受的不利益。因此,为了企业的复兴和债权人的一般利益,令持有担保权的个别债权人在权利行使上作出暂时的忍让,应该说是公平的。如前所述,我国《企业破产法》对此也作出了明确规定。在第二个问题上,各国破产法普遍采用的立法政策是在日常营业的范围内给管理人(或被允许自行营业的债务人)以充分的自主权,而仅对超出这一范围的处分行为予以一定的限制。例如,按照美国破产法的规定,在重整程序中获得营业授权的受托管理人或占有中的债务人在法院无相反裁定的情况下,可以在日常的营业过程中进行交易,包括出卖或出租无担保负担的财产,而无须通知和听审。《法国商法典》第六卷《困境企业》规定,在重整继续营业中,与日常营业无关的处分行为和设立财产担保的行为,须经法官监督人批准始得进行。

(2) 贷款的取得。对债务人企业的继续营业来说,取得资金和其他资源供应是至关重要的。美国重整立法的经验证明,占有中的债务人或者受托管理人面临的首要问题之一,是在重整计划制订和通过期间为营业的进行提供资金。获得资金对于几乎所有的企业复兴程序都是必不可少的。然而,一个重整企业获取资金总是比一个正常营业中的企业困难得多。其原因很简单:重整企业处于破产或濒临破产状态,信用基础较差。解决这个问题的一个办法,就是强化对新债权的保障,即赋予其优先清偿地位乃至提供财产担保。

我国《企业破产法》第 42 条第 4 项规定,为债务人继续营业而应支付的劳动报酬和社会保险费用以及由此产生的其他债务,为共益债务。参照该条规定,在我国,为继续营业而取得的贷款,贷款人可以主张作为共益债务,由债务人的财产随时清偿,并在清偿破产费用后优先于其他债权获得清偿。对此,《破产法司法解释三》也明确作出了规定,但同时强调,该贷款债权人不得优先于此前已就债务人特定财产享有担保的债权清偿。此外还可给予贷款人进一步的保护,根据《企业破产法》第 75 条第 2 款的规定,在重整期间,债务人或者管理人为继续营业而借款的,贷款人可以要求债务人或者管理人为该借款设定担保,确保即使不能用所有的债务人财产到期随时清偿,也可以在设有担保权的财产中优先受偿。

(3) 待履行合同的履行和解除。程序开始前成立的尚未履行或者尚未履行完毕的合同,在企业继续营业的情况下,是否继续履行,也是一个重要的问题。从一个方面看,某些合同的履行对于继续营业可能是必要甚至是至关重要的。例如,原材料和能源的供应合同和产品销售合同,可能是维持现有生产所必不可少的。在这种情况下,如果允许合同的另一方当事人以债务人已经发生的或预期将会发生的违约为理由拒绝履行合同,债务人的企业复兴便可能化为泡影。从另一个方面看,鉴于债务人目前的经济状况,有些合同的履行可能成为沉重的负担,为了调整营业计划或者缩小营业规模也需要解除一些合同,此时,如果允许合同的另一方当事人主张合同实际履行,债务人就可能因不堪重负而失去复兴机会。

关于待履行合同的履行和解除,有以下三个问题值得注意:(1)管理人的选择权。管理人对程序开始时已成立但尚未履行的合同,有权予以履行或者拒绝履行。如果管理人予以履行,合同相对人有对待给付的义务。如果管理人拒绝履行,相对人仅得以合同不履行所生的赔偿请求作为破产债权在程序中受偿。这是各国一致的规定。我国《企业破产法》第 18 条也规定,人民法院受理破产申请后,管理人对破产申请受理前成立而债务人和对方当事人均未履行完毕的合同有权决定解除或者继续履行,并通知当事人。管理人自破产申请受理之日起 2 个月内未通知对方当事人的,视为解除合同。管理人决定继续履行合同的,对方当事人应当履行;但是对方当事人有权要求管理人提供担保。管理人不提供担保的,视为解除合同。对方当事人因管理人或者债务人解除合同所产生的损害赔偿请求权可以作为破产债权申报。(2)相对人的催告权。在管理人怠于行使选择权的情况下,相对人的权利处于不稳定状态,于交易安全有所不利。故法律赋予相对人催告权,以保护其利益。催告权的基本内容是,在管理人未表示将继续履行或者解除合同的情况下,相对人可以要求管理人作出履行或者不履行的表示;如果管理人在规定期间内未作出表示,视为或推定为放弃履行。我国《企业破产法》也规定了相对人的催告权,并且规定,管理人自收到对方当事人催告之日起 30 日内未答复的,视为解除合同。(3)破产程序开始前的不履行。如果债务人在程序开始前有不履行合同的行为,管理人能否主张合同的继续履行或者解除?从保护企业继续营业的政策出发,回答应该是肯定的。

(五)继续营业的限制

继续营业通常伴随着重整企业财产减少和债务增加,这可能损及债权人的清偿利益,因此,债权人可能对企业财产的转让或者以企业财产设置担保的借贷提出异议。面对这样的情况,立法者需要在企业拯救与债权人保护之间寻找一个平衡点。在美国,破产法设立了一些被称为“充分保护”的措施,旨在为权利被自动停止的担保权人提供救济。例如,在担保物因使用而价值减少的情况下,法院可以判令向担保权人定期支付相当于该减少价值的现金,或者以其他财产提供替代担保。

我国《企业破产法》也对保护有担保债权人的利益作出了相应规定。例如,第 37 条规定,为债务人继续营业,管理人可以通过清偿债务或者提供为债权人接受的替代担保而取回质物、留置物。第 75 条规定,债务人的抵押权人、质权人和留置权人,在重整期间不得对担保物行使处分权利。但是,抵押物、质物、留置物有损坏或者价值明显减少的可能,足以危害抵押权人、质权人、留置权人权利的,抵押权人、质权人、留置权人可以请求人民法院恢复行使担保权,即请求拍卖或者变卖抵押物、质物、留置物,并将所得价款提存。该条即有关充分保护的规定。

为了尽可能地减少无担保债权人因重整程序开始后过分增加债务而可能蒙受的损失,《企业破产法》对重整中的借款规定了一些限制性措施,包括:管理人借款应当及时报告债权人委员会,未设立债权人委员会的,应及时报告人民法院;如果债务人的经营状况和财产状况继续恶化,缺乏复兴的可能性,或者债务人有欺诈、恶意减少债务人财产或者其他显著不利于债权人行为的，经利害关系人请求，法院应当裁定终止重整程序，并宣告债务人破产。《破产法司法解释三》则进一步规定，管理人或自行管理的债务人为债务人继续营业而借款，应经债权人会议决议通过，或者在第一次债权人会议召开前经人民法院许可。

（六）重整程序的终止

重整程序的终止，是指法院根据重整人或者利害关系人的申请或者依职权裁定终结已经开始的重整程序。各国重整立法都承认，企业拯救并不是破产法的唯一目标。在某些情况下，破产清算不失为更为明智的选择。在重整程序开始以后，如果企业拯救已无成功的可能，或者因拯救成本过高或存在其他障碍而难以继续进行，则应当终止重整程序和转入破产清算程序。因此，重整程序的终止是重整制度的重要组成部分。

1. 重整程序终止的情形。我国《企业破产法》对重整程序在不同阶段的终止情形作了规定。在重整程序开始后重整计划草案被提交前的阶段，重整程序的终止包括两种情形：

第一，债务人具有妨碍重整的行为。债务人具有以下妨碍重整行为之一的，经管理人或者利害关系人请求，人民法院应当裁定终止重整程序：(1) 债务人的经营状况和财产状况继续恶化，缺乏挽救的可能性。(2) 债务人有欺诈、恶意减少债务人财产或者其他显著不利于债权人的行为。(3) 债务人的行为致使管理人无法执行职务。

第二，未按期提交重整计划草案。按照《企业破产法》的规定，债务人和管理人自裁定重整之日起超过 6 个月，或者经过人民法院裁定延长 3 个月，期满后未按期提出重整计划草案的，人民法院应当依职权裁定终止重整程序，并宣告其破产。

在通过和批准重整计划的过程中，重整程序的终止包括三种情形：(1) 债权人会议没有通过重整计划草案。(2) 未依法提请法院批准。(3) 法院拒绝批准重整计划草案。法院应当作出终止重整程序的裁定，并宣告债务人破产。

2. 重整程序终止的效力。按照《企业破产法》的规定，人民法院裁定终止重整程序的，应当宣告债务人破产，即债务人进入破产清算程序。据此，在重整程序终止的特定情况下，法院应依职权宣告债务人破产。

四、重整计划

（一）重整计划的概念和特征

重整计划是重整程序中的核心要素，是重整程序中最重要的法定文件。它是债务人、债权人和其他利害关系人在协商基础上就债务清偿和企业拯救作出的安排。破产法一般涉及的与重整计划有关的问题主要包括重整计划制订的时间、重整计划制订人、重整计划的内容、债权人如何批准重整计划、是否需要法院确认、重整计划的效力和重整计划如何执行等。围绕重整计划的制订、通过、批准、执行、变更和终止的一系列规定，形成了一个由法律规制、有法院参与的多边协商机制。重整计划既是当事人彼此让步寻求债务解决的和解协议，也是他们同舟共济争取企业复兴的行动纲领。

根据我国《企业破产法》的规定，重整计划具有以下特征：(1) 重整计划以企业拯救和债务公平清偿为目的。(2) 重整计划由管理人或者债务人负责制作。(3) 重整计划应当依据企业的经济状况和营业前景，确定以让步为基础的债务清偿方案，以及在必要时确定有助于企业复兴的经营方案。(4) 重整计划需征得债权人会议的同意。(5) 重整计划经法院批准后生效。(6) 重整计划由债务人在破产管理人的监督下执行。

（二）重整计划的制订

提出重整计划时需要考虑的两个重要问题是：哪些当事人有能力提出重整计划，以及在哪个阶段提出重整计划。它们分别涉及重整计划的制订人和重整计划制订的时机。

关于重整计划的制订人，各国规定有所不同。我国《企业破产法》第 80 条规定："债务人自行管理财产和营业事务的，由债务人制作重整计划草案。管理人负责管理财产和营业事务的，由管理人制作重整计划草案。"重整计划的制作实际上是一个协商的过程，实践中，也往往是一个相当复杂和困难的过程。

重整计划在何时提出，要取决于重整所要达到的目标，或者与启动重整程序的方式有关。有些国家的法律规定，债务人在申请启动重整程序的同时提出重整计划。有些国家的法律则规定，必须在启动重整程序后谈判和提出计划。在清算程序改为重整程序时，也可能出现提出重整计划的时机问题。我国《企业破产法》规定，债务人或者破产管理人应当自人民法院裁定债务人重整之日起 6 个月内，向人民法院和债权人会议提交重整计划草案。该期限届满，经债务人或者破产管理人请求，有正当理由的，人民法院可以裁定延期 3 个月。关于重整计划的内容，《企业破产法》规定应当包括：(1) 债务人的经营方案。(2) 债权分类。(3) 债权调整方案。(4) 债权受偿方案。(5) 重整计划的执行期限。(6) 重整计划执行的监督期限。(7) 有利于债务人重整的其他方案。

债务人经营方案的主要内容是重整措施。各国法在规定重整措施时，多采取列举加概括的方式，即列举主要的手段，并概括地授权重整人运用法律允许的其他手段。这些主要的措施有企业的转让或合并、新公司的设立等。我国目前企业重整常用的措施有转投资设立新企业、债转股、资产置换等。总之，债务人的经营方案应根据企业的具体情况制定。实践中，通常考虑需要停止一些亏损或不盈利的经营项目，以筹措资金和集中资源维持、改善主营项目。此外，还需要考虑诸如融资、增收、节支、减产、裁员、修改营销策略、内部组织调整和重要人事变动等问题。债权分类是债权调整方案和清偿方案的基础，对于不同种类的债权，其让步范围和清偿顺序是不一样的。因此，重整计划必须遵守关于债权分类的规定。

《企业破产法》规定，重整计划中的债权分为：(1) 有财产担保的债权，即对债务人的特定财产享有担保权的债权。(2) 劳动债权，即债务人所欠职工的工资和医疗、伤残补助、抚恤费用，所欠的应当划入职工个人账户的基本养老保险、基本医疗保险费用，以及法律、行政法规规定应当支付给职工的补偿金。(3) 债务人所欠税款。(4) 普通债权。

债权调整和受偿方案，是指对每类债权的具体调整计划，包括对债权的减少、免除、延期、债权性质转换等。法律通常不作具体限定，其本意是鼓励当事人采取各种灵活有效的方法实现企业拯救和公平清偿。实践中，重整计划可以分别对各类债权采用以下调整方法：(1) 按比例降低清偿额。(2) 一次性或者分期延期偿付。(3) 债权其他条件的变更。(4) 部分或者全部债权转换为股权。重整计划中的同类债权，应按同等条件受偿。但是，个别债权人自愿接受较为不利的清偿条件的，不在此限。在清偿方案中，应当规定各类债权的清偿时间、清偿金额和清偿方式等。但是根据《企业破产法》的规定，债权调整方案不得减免债务人欠缴的劳动债权以外的社会保险费用，并且该项费用的债权人也不参加重整计划的表决。这是因为，该项费用要用于建立基本养老保险基金、基本医疗保险基金、失业保险基金、工伤保险基金以及生育保险基金，以备职工出现保险范围内情况的急需。它所涉及的是全社会职工的利益，而非单个的职工或者部分职工的利益。如果减免，会导致对其他职工的不公平。

重整计划的执行人和执行期限。重整计划执行人负责执行重整计划，对债权人会议负责并报告工作。我国《企业破产法》规定，重整计划由债务人执行，但是没有规定重整计划的执行期限。执行期限的长短，需根据不同的个案确定，但必须在重整计划中作出明确的规定。

重整计划执行的监督期限。《企业破产法》规定，由管理人负责监督重整计划的执行情况，监督期限的长短由重整计划规定。在监督期限内，债务人应当向管理人报告重整计划的执行情况和债务人的财务状况。

有利于企业重整的其他方案，可根据企业的具体情况确定。例如，重整计划可以规定重整企业的合并、分立或者营业转让的方案，也可以规定重整企业向战略投资者定向增发股份的方案。一般而言，其他措施主要围绕继续营业资金的募集来规定。

（三）重整计划的表决、通过和批准

《企业破产法》对重整计划草案的表决、通过和批准设立了一系列的程序规则。

1. 重整计划的表决和通过。重整计划一旦提交人民法院，人民法院应当及时召开债权人会议对重整计划草案进行表决。我国《企业破产法》第 84 条第 1 款规定："人民法院应当自收到重整计划草案之日起三十日内召开债权人会议，对重整计划草案进行表决。"

由于重整计划对于不同的债权和股权的影响不同，因此债权人会议（或关系人会议）对重整计划草案一般进行分组表决。关于分组主要有两种立法例：一是强制性分组，即债权人会议如何分组由法律加以规定，法院仅在法定范围内有自由裁量权；二是任意性分组，即只要分组有利于重整计划的通过并符合公平原则即可。我国《企业破产法》规定，债权人会议对于重整计划，依照债权的分类，分组进行表决。重整计划涉及债务人的出资人权益调整事项的，则设立出资人组，对该事项进行表决。《破产法司法解释三》进一步明确规定，对重整计划草案分组表决时，权益因重整计划草案受到调整或影响的债权人或股东，有权参加表决；权益未受到调整或影响的债权人或股东不参加重整计划草案的表决。

就表决原则而言，采取多数决原则。对于表决通过的条件，各国和地区的规定主要有两种：(1) 双重标准，即规定人数标准和债权额标准同时具备。主要为美国和德国所采用。如美国《破产法》第 1 126 条规定，在通过重整计划时，必须由每类债权中得到承认的债权人人数过半数同意，且持有的债权数额至少占该组债权额的 2/3。(2) 单一标准，即规定人数标准或者债权标准。主要为日本和我国台湾地区所采用。例如，我国台湾地区"公司法"第 302 条第 1 项规定，通过重整计划，必须经各组表决权总额的 2/3 以上同意。我国《企业破产法》采用了双重标准。根据《企业破产法》的规定，出席会议的同一表决组的债权人过半数同意重整计划草案，并且其所代表的债权额占该组已确定债权总额的 2/3 以上的，即为该组通过重整计划草案。各表决组均通过重整计划草案时，重整计划即为通过。

重整计划草案未获通过的补救措施：首先，债务人或管理人可以同未通过重整计划草案的表决组协商，该表决组可以在协商以后再行表决一次。其次，如果该表决组拒绝再次表决或者再行表决仍未通过重整计划草案，则债务人或者管理人可以申请法院强制批准重整计划草案。

2. 重整计划的批准。重整计划的批准，是指法院依法审查，赋予重整计划强制执行力的过程。重整计划一经批准，即对所有债权人及其他利害关系人产生效力，而不论其表决时同意或者反对重整计划草案。

重整计划的批准可分为正常批准和强制批准。

(1) 正常批准。根据《企业破产法》的规定，债务人或者管理人应当自重整计划通过之日起10日内，向人民法院提出批准重整计划的申请，人民法院经审查认为符合破产法规定的，应当自收到申请之日起30日内裁定批准，同时裁定终止重整程序，并予以公告，此为正常批准。由于我国《企业破产法》对人民法院正常批准重整计划草案时的审查事项未作具体规定，导致司法实践中执行不统一的问题。为此，最高人民法院在《全国法院破产审判工作会议纪要》(法[2018]53号)中对“重整计划的审查与批准”强调，重整不限于债务减免和财务调整，重整的重点是维持企业的营运价值。人民法院在审查重整计划时，除进行合法性审查外，还应审查其中的经营方案是否具有可行性。重整计划中关于企业重整获得盈利能力的经营方案具有可行性、表决程序合法、内容不损害各表决组中反对者的清偿利益的，人民法院应裁定批准重整计划。对此，可理解为法院正常批准重整计划，应审查重整计划是否符合“合法性”和“可行性”两个条件。其中，有关合法性的审查，本书认为，应当从实质性审查和程序性审查两个方面进行。实质性审查的内容主要包括：重整计划草案对各组利害关系人权益的调整内容是否合法、合理，各组内部的权益调整计划内容对本组成员是否公平等，特别是应当审查在各组表决中是否有通过多数人表决剥夺少数反对者合法权利的情形，以确保已经表决通过重整计划草案的各组中的反对者的既得利益不受损害，例如，其债权的法定清偿顺序不得改变；其普通债权所获得的清偿比例，不低于其在重整计划草案被提请批准时依照破产清算程序所能获得的清偿比例；其有担保的债权应就该担保物获得全额清偿，其因延期清偿所受的损失将得到公平补偿，并且其担保的债权未受到实质性损害等。程序性审查的内容主要包括：债权人分组会议召开的程序是否合法，债权人(或出资人)分组是否正当、合理；各表决组的表决程序是否合法；重整计划草案是否具备法定的内容等。

(2) 强制批准。所谓重整计划的强制批准，即重整计划即使未获得债权人会议全部组别的表决通过，在符合法定的条件下，法院仍然可以批准重整计划。强制批准制度的正当性在于重整程序的社会本位属性。但是由于其对重整计划的批准具有强制性，故法律应当明确规定具体标准，以防止滥用。各国立法通常规定，在强制批准重整计划时，应当坚持以下三项原则：

第一，债权人最大利益原则。即重整计划必须保证，每一个反对的表决组及各组(包括表决同意的组别)中每一个反对该计划的债权人或出资人，在重整程序中都至少可以获得其在清算程序中本可以获得的清偿财产利益。其目的在于保护对重整计划持反对意见的少数派的既得利益，包括某一同意组别中持反对意见的个人。

第二，公平对待原则。即如果存在反对重整计划草案的表决组别，则重整计划草案要保证反对意见的组别获得公平对待，对处于法定同一优先顺序的债权人必须按比例清偿。

第三，绝对优先原则。即如果任何一组债权人或者出资人反对重整计划，该重整计划必须保证，只有该组的所有成员获得全额清偿后，在后顺序的其他组才可以开始获得清偿。其目的是，破产法对清偿程序规定的优先顺序，在重整程序中对持反对意见的组别及个人必须同样适用。

我国《企业破产法》也规定了重整计划的强制批准制度，并在第87条规定了如下强行批准条件：(1)按照重整计划草案，有财产担保的债权就该特定财产将获得全额清偿，其因延期清偿所受损失将得到公平的补偿，并且其担保权未受到实质性的损害，或者该表决组已经通过重整计划草案。(2)按照重整计划草案，劳动债权和税款请求权将获得全额清偿，或者重整计划草案已经获得相应表决组的通过。(3)无担保的普通债权依照重整计划所应获得的清偿比例,不低于无担保的债权在重整计划草案被提请批准时依照破产清算程序所能获得的清偿比例,或者该表决组已经通过重整计划草案。(4)重整计划草案对出资人权益的调整公平、公正,或者出资人组已经通过重整计划草案。(5)重整计划草案公平对待同一表决组的成员,并且所规定的债权清偿顺序,不违反《企业破产法》的规定。(6)重整债务人的经营方案具有可行性。其中第3项体现的是债权人最大利益原则,第4、5项体现了公平对待原则,而第1、2、5项则一定程度上体现了绝对优先原则。此外,《破产法司法解释三》还规定,如债权人分多组的,还应当至少有一组已经通过重整计划草案,且各表决组中反对者能够获得的清偿利益不低于依照破产清算程序所能够获得的利益。这一规定体现了"最少组别通过"原则。如果法院经审查认为重整计划草案不符合破产法的规定,则应裁定驳回请求批准重整计划的申请,并裁定终止重整程序,宣告债务人破产。宣告破产后,即进入破产清算程序。

> 案例研讨
>
> 某橡胶公司重整案

(四) 重整计划的效力、执行和监督

1. 重整计划的效力。我国《企业破产法》规定,经法院裁定批准的重整计划,对破产案件受理以前成立的所有债权均产生效力,并对债务人和全体债权人均有约束力。此时尚未申报的债权,在重整计划执行期间不得行使权利;在重整计划执行完毕以后,可以按照重整计划规定的同类债权的清偿条件行使权利。此为重整计划的强制约束力。《企业破产法》还规定,债权人对债务人的保证人和其他连带债务人享有的权利,不受重整计划的影响。

2. 重整计划的执行权。根据我国《企业破产法》的规定,重整计划由债务人负责执行。人民法院裁定批准重整计划后,已经接管财产和营业事务的管理人应当向债务人移交财产和营业事务。

3. 对重整计划执行的监督。《企业破产法》规定,自人民法院裁定批准重整计划之日起,在重整计划规定的监督期限内,由管理人监督重整计划的执行。在监督期内,债务人应当向管理人报告重整计划执行情况和债务人财务状况。

监督期届满时,管理人应当向人民法院提交监督报告。自监督报告提交之日起,管理人的监督职责终止。经管理人申请,人民法院可以裁定延长重整计划执行的监督期限。

对于管理人向人民法院提交的监督报告,重整计划的利害关系人有权查阅。

(五) 重整计划的终止

我国《企业破产法》规定,重整计划因以下情形而终止:

1. 重整计划因执行障碍而终止。债务人不能执行或者不执行重整计划的,人民法院经管理人或者利害关系人申请,应当裁定终止重整计划的执行。人民法院裁定终止重整计划执行的,应当同时宣告债务人破产清算。在这种情况下,债权人因重整计划实施所受的清偿仍然有效。债权未受偿的部分,作为破产债权行使权利。同时,债权人在重整计划中作出的让步失去效力。此时,债权人只有在其他同顺位债权人同自己所受的清偿达到同一比例时,才能继续接受分配。

2. 重整计划因执行完毕而终止。重整计划执行完毕,是重整计划的执行人按照计划的规定完成重整任务,企业达到重整目的得以重生的情形。

重整计划执行完毕,债务人清偿责任免除是各国或地区重整立法普遍采取的原则,目的在于使债务人获得再生的必要条件。我国《企业破产法》规定了重整计划执行完毕后债务人的免责效力,即按照重整计划减免的债务,自重整计划执行完毕时起,债务人不再承担清偿责任。

【本节思考题】

1. 简述重整的概念和意义。
2. 如何理解重整制度的理论依据?
3. 重整期间债务人继续营业的保护包括哪些方面?
4. 重整程序的终止情形有哪些?
5. 重整计划的通过和批准需要经过哪些程序?
6. 重整计划的法律效力如何?

第六节 和 解

一、和解概述

(一) 和解的概念

和解是指法院受理破产案件后,为了避免破产宣告或破产分配,由债务人提出和解申请及和解协议草案,债权人会议讨论通过并经法院许可的,解决债权人、债务人之间的债权债务问题的制度。和解制度是为了预防破产而设立的再建型债务清理制度,主要是通过债权人的谅解、减少债权额、展期付款等方式,使债务人免受破产宣告。

(二) 和解制度的立法例

1. 和解分离主义,是指和解程序与破产程序独立,究竟申请开始哪种程序,债务人有选择的自由。大陆法国家普遍确立了和解分离主义的立法原则。

2. 和解前置主义,是指在法院宣告债务人破产之前,应首先试行和解,和解是必经程序,只有在和解不成的情况下,方能开始破产宣告程序。应当指出的是,将和解制度与破产制度规定于一部统一的破产法中,是当今破产立法的趋向,一些采用和解分离主义的大陆法国家也有如此发展的趋势。

(三) 破产和解的特点

1. 债务人已具备破产原因且由债务人提出和解的请求。破产和解制度设立的目的在于为债务人提供避免破产清算的机会,如果债务人不具备破产原因,那么清算制度及和解制度则没有适用的必要。破产和解制度的设立是出于保护债务人利益的需要,因而债务人最有寻求和解的动机。但是,由于和解之后债务人将继续承担债务清偿责任,因此,是否请求和解应由债务人自行决定。

2. 和解的目的在于中止破产程序,避免破产清算。债务人和债权人就和解事项达成的和解协议一旦生效,破产程序即告中止,只要债务人能够按照和解协议的约定履行清偿义务,即可避免破产宣告,而且破产程序同时宣告终结,这是和解制度存在的主要目的。人民法院作出破产宣告后,债务人即丧失了对其全部财产的经营管理权,债权人通常也难以得到全部的清偿;同时破产造成的失业也将会给社会带来极大的压力。进入和解程序,不但债务人可以获得实现复兴的机会,债权人也有可能会获得更多的清偿,社会秩序在一定程度上也就更容易保持稳定。

3. 和解协议具有强制性。破产法上的和解又称为“强制和解”。之所以称为强制和解，是因为和解协议并不需要每一个债权人的同意，而由债权人会议以多数表决的方式通过债务人所提出的和解条件。和解协议实际上是债务人与债权人会议的和解，和解协议一旦生效，即使不同意的债权人也要受到该协议的约束。

和解协议同时也具有强制执行力。和解协议一经法院认可，对双方当事人均产生法律约束力。《企业破产法》第 104 条第 1 款规定：“债务人不能执行或者不执行和解协议的，人民法院经和解债权人请求，应当裁定终止和解协议的执行，并宣告债务人破产。”和解制度侧重于保护债务人的利益，但是本条赋予债权人的救济措施，目的在于平衡两者之间的利益。

4. 和解协议须经法院裁定认可才能生效。为了防止和解协议违反法律法规，牺牲少数或者小额债权人的利益，法律赋予法院以司法裁决权，即和解协议须经法院裁定认可才能生效。

二、和解的程序规则

（一）和解申请

1. 申请人。和解申请只能由债务人向法院提出，其他任何利害关系人均不得提出和解申请，法院也不得依职权开始和解程序。这是各国破产法一致承认的规则。和解能否开始，债务人提出的和解方案以及清偿办法的担保起着决定性作用。

2. 申请的有效时间。债务人可以依照《企业破产法》的规定，直接向人民法院申请和解；也可以在人民法院受理破产申请后宣告债务人破产前，向人民法院申请和解。该规定并未将申请的有效期间局限于破产申请受理后破产宣告前，其根本目的在于鼓励当事人和解。

（二）和解协议的成立和生效

和解协议是债权人与债务人就解决双方之间的债权债务问题达成意思表示一致而成立的契约。和解协议具有要式合同的性质。其成立和生效都必须符合法律规定的方式和程序。具体包括两个环节：(1) 合同的成立，即债务人与债权人团体双方意思表示一致；(2) 合同的生效，即债权人团体与债务人双方达成的协议经人民法院认可。

1. 和解协议的成立。债务人以和解协议草案的形式向债权人团体发出要约，债权人会议以通过和解协议草案的决议形式进行承诺。由于和解协议草案与各债权人的切身利益密切相关，因而是债权人会议的特别决议事项，对这项决议的通过应当有特别的要求，因此我国《企业破产法》第 97 条规定：“债权人会议通过和解协议的决议，由出席会议的有表决权的债权人过半数通过，并且其所代表的债权额占无财产担保债权总额的三分之二以上。”只有满足了这样的条件，和解协议才能成立。

2. 和解协议的生效。和解协议的生效应当经过人民法院认可。因为和解协议与普通的契约不同，它是债权人团体对债务人作出的实质性让步，影响着每一个债权人的切身利益。因此为保证协议的合法、不损害个别债权人的利益，我国破产法设定了人民法院对和解协议的认可程序，旨在审查和解协议的内容与和解程序的合法性。

3. 债权人会议或法院对于和解协议的否定。《企业破产法》第 99 条规定：“和解协议草案经债权人会议表决未获得通过，或者已经债权人会议通过的和解协议未获得人民法院认可的，人民法院应当裁定终止和解程序，并宣告债务人破产。”根据法律整体解释的方法，该法第 103 条规定的“因债务人的欺诈或者其他违法行为而成立的和解协议，人民法院应当裁定无效，并宣告债务人破产”,可作为法院否定的事由之一。

(三)和解协议的法律效果

和解协议一旦生效,即发生以下法律效果:

1. 和解程序终结,破产程序中止。根据《企业破产法》第 98 条的规定,和解协议经人民法院裁定认可,和解程序终止。《企业破产法》并未明确和解协议经人民法院裁定认可后,破产程序是中止还是终止。《企业破产法》第 104 条规定,债务人不能执行或者不执行和解协议的,人民法院经和解债权人请求,应当裁定终止和解协议的执行,并宣告债务人破产。这就意味着和解协议被终止执行后,债务人将被宣告破产而继续破产程序。《关于审理企业破产案件若干问题的规定》第 25 条规定,债权人会议当债务人达成和解协议并经人民法院裁定认可的,在破产宣告前由人民法院发布公告,中止破产程序。尽管该司法解释发布于《企业破产法》之前,但仍为现行有效解释。这一规定明确了和解程序终结后,破产程序中止而非终止。需要注意的是,《企业破产法》第 105 条规定的“终结破产程序”针对的是“庭外和解”,与债权人会议表决通过和解协议的“和解”有本质的区别。

2. 和解协议对债务人发生法律约束力。和解协议生效后,债务人重新取得对其财产的支配权。个别债权人不得向债务人追索债务,请求企业给付财产的民事诉讼程序、民事执行程序以及相关的诉讼保全措施均不得进行。债务人应当严格执行和解协议,不得给予个别债权人以和解协议以外的利益以防止在债权人之间产生不平等,影响和解协议的正常执行。

3. 和解协议对债权人发生法律约束力。和解协议一经债权人会议依法定程序通过并经法院认可,即对所有的债权人发生法律效力,包括不同意和解协议的债权人。债权人应当按照和解协议的规定接受清偿,不得向债务人要求和解协议规定以外的任何利益。只要债务人没有出现法定的、应予终结和解程序、宣告破产的事由,任何债权人均不得超越和解协议的约定实施干扰债务人正常生产经营和清偿活动的行为。

值得注意的是,和解协议对于在和解协议生效后发生的新债权不产生效力。因为在和解协议生效后,债务人重新获得了对财产的支配权,基于再生的需要,其必然要与他人发生新的交易,产生新的债权人。和解协议对这些新的债权人不产生任何效力,新债权人可以在和解协议外请求法院个别执行,债务人不能清偿债务的,甚至可以向法院申请债务人破产。

案例研讨

某银行诉破产债务人之担保人担保合同纠纷案

4. 和解协议对于保证人、连带债务人的效力。和解协议的效力不及于保证人、连带债务人及物上保证人。根据《企业破产法》第 96 条第 2 款、第 101 条的规定,对债务人的特定财产享有担保权的权利人,自人民法院裁定和解之日起可以行使权利。和解债权人对债务人的保证人和其他连带债务人所享有的权利,不受和解协议的影响。

(四)和解的终结

1. 终止和解协议的执行。根据《企业破产法》第 103 条、第 104 条第 1 款的规定,和解程序可能由于以下三个原因而不能继续进行,从而使和解程序归于消灭:

(1) 债务人不执行和解协议。如果债务人不执行和解协议,债权人作出的让步和破产程序的中止就失去了意义,应当终止和解协议的执行,恢复破产程序,由人民法院宣告债务人破产。

(2) 债务人不能执行和解协议。和解的目的,在于使企业的财务状况获得根本好转,恢复偿债能力。但是如果执行期限届满前即已有证据证明债务人的复兴已无可能,那么财产的减少也就意味着清偿能力的进一步丧失。所以只要债务人的财产状况继续恶化,债权人即可申请人民法院终结和解程序,宣告企业破产。

(3) 因债务人的欺诈或者其他违法行为而成立和解协议。《企业破产法》第 103 条第 1 款规定:“因债务人的欺诈或者其他违法行为而成立的和解协议,人民法院应当裁定无效,并宣告债务人破产。”

2. 终止和解协议执行的法律后果。

(1) 在有以上终止和解协议执行的法定事由时,人民法院经和解债权人请求,应当裁定终止和解协议的执行,并宣告债务人破产。

(2) 债权人让步的取消及受偿部分的保持力。《企业破产法》第 104 条第 2 款规定:“人民法院裁定终止和解协议执行的,和解债权人在和解协议中作出的债权调整的承诺失去效力。和解债权人因执行和解协议所受的清偿仍然有效,和解债权未受清偿的部分作为破产债权。”和解协议因存在债务人欺诈或者其他违法行为而被人民法院宣告无效的,债务人按照和解协议已经实施的清偿给付,只要在和解协议所规定的清偿比例的范围内,没有超出债权人应得的份额,给付仍然有效,受领给付的债权人无返还义务。

(五) 法庭外的和解

法庭外的和解(Out-of-Court Workout),是指债务人与债权人自行达成协议,或者延长清偿期限,但不改变债权人请求权的金额,或者改变请求权,即减少应清偿的金额,经法院认可后终结破产程序。

我国《企业破产法》第 105 条也规定了法庭外的和解:人民法院受理破产案件后,债务人经全体债权人一致同意就债权债务的处理自行达成协议的,可以请求人民法院裁定认可,并同时裁定终结破产案件。

法庭外的和解经人民法院裁定认可后即具有法庭内和解的效力,这体现了法律对当事人意思自治的尊重,以及破产法预防破产、鼓励企业拯救的宗旨。需要注意的是,法庭外的和解需要经全体债权人同意后才能成立,时间是在人民法院受理破产案件后,这与前文所述和解协议的有关规定不同。

【本节前沿问题】

关于和解程序的存废

关于和解程序的存废问题,一直以来都存在诸多争议,特别是在《企业破产法》草案专门设立“重整”一章后,我国《企业破产法(试行)》所采用的和解程序的去留,就成了关注的焦点。有学者提出在新的破产法中,应当不再采纳和解程序。但也有学者提出应当保留和解,并健全各项和解程序制度,将其设计为债务人在破产程序中适时选择的司法清理程序。[①]《企业破产法》采纳了后者的意见。我国重整制度的适用范围为企业法人,其由于程序复杂、费用高昂、耗时很长,故实践中一般只适用于大型企业,中小型企业则往往采用和解程序。

---

① 邹海林:《破产程序和破产法实体制度比较研究》,法律出版社 1995 版,第 174—175 页。

【本节思考题】

1. 试述我国和解制度的特点与不足。
2. 简述和解协议的法律效力。
3. 我国和解协议执行的终结包括哪些情况?

第七节 破 产 清 算

一、破产宣告

(一) 破产宣告概述

1. 破产宣告的概念。破产宣告(Announcement of Bankruptcy),是指法院依据当事人的申请或者法定职权,对债务人具备破产原因的事实作出具有法律效力的认定。对于破产宣告,少数国家采取职权主义,我国采取申请主义。破产宣告是破产人进入破产清算的起点,在破产法中具有十分重要的地位。

对于法人或其他经济组织而言,一经被宣告破产,就丧失了对其全部财产的管理处分权,进入以全部财产清偿债务的清算阶段,其法律人格仅在清算的意义上存在。对于自然人而言,被宣告破产后,其主体资格依然存在,但是其民事行为能力会受到相应的法律限制。

2. 破产宣告的申请主义与职权主义。破产宣告都是由法院作出的,但对进行破产宣告的依据,各国破产立法大致有两种立法例:申请主义与职权主义。所谓申请主义,是指法院受理破产案件,作出破产宣告,必须依据债权人或者债务人的申请;法院无权在无人申请的情况下,自行启动破产案件,作出破产宣告。美国、日本以及世界上大多数国家均采取这种做法。所谓职权主义,是指只要债务人具备破产原因,在法律规定的情况下,法院便可以依职权启动破产案件,作出破产宣告,而不以当事人的申请为必备要件。采用职权主义的国家较少,英国为典型。我国破产法采取申请主义的原则。

(二) 破产宣告的情形

法院宣告债务人破产的具体情形大致分为三类:

1. 债务人不能清偿到期债务。当债务人财产不足以清偿破产费用,且无人代为清偿或予以垫付时,法院根据债务人或者债权人的申请,可以裁定宣告债务人破产。当然,如在破产宣告前,第三人为债务人提供足额担保或为债务人清偿全部到期债务的,或者债务人已清偿全部到期债务的,人民法院应当裁定终结破产程序。

2. 债务人请求和解不成立或和解被终止。

(1) 债务人请求和解不成立。法院受理破产案件后作出破产宣告前,债务人请求和解的,法院驳回债务人的和解申请、债务人请求撤回和解、债务人经与债权人会议协商未能达成和解协议、法院裁定不认可和解协议的,应当裁定宣告债务人破产。

(2) 和解依法终止。法院裁定认可和解协议的,如因债务人的欺诈或者其他违法行为而成立的和解协议,或是债务人不能执行或者不执行和解协议的,法院可以根据债权人、债权人会议、债权人委员会的申请终止和解,或者依职权终止和解,宣布债务人破产。

3. 重整程序终止。

(1) 在重整期间,债务人的经营状况和财产状况继续恶化,已无挽救的可能性,或者债务人有欺诈、恶意减少债务人财产及其他显著不利于债权人的行为,或者由于债务人的行为致使管理人无法执行职务的,经管理人或者利害关系人请求,人民法院应当裁定终止重整程序,并宣告债务人破产。

(2) 债务人或者管理人未按期提出重整计划草案的,人民法院应当裁定终止重整程序,并宣告债务人破产。

(3) 重整计划草案未获得通过且未获得批准,或者已通过的重整计划未获得批准的,人民法院应当裁定终止重整程序,并宣告债务人破产。

(4) 债务人不能执行或者不执行重整计划的,人民法院经管理人或者利害关系人请求,应当裁定终止重整计划的执行,并宣告债务人破产。

(三) 破产宣告的裁定

破产宣告的裁定,是指法院在认定债务人符合法定的破产宣告情形时,作出的宣告债务人破产的法定方式。法院裁定破产宣告的行为属于司法审判行为。

破产宣告的裁定,自宣告之日起生效。当事人对裁定有异议的,可以向作出裁定的原审人民法院申请复议。但是,复议期间不停止裁定的执行。

(四) 破产宣告的法律效力

1. 破产宣告对破产案件的法律效力。破产宣告对破产案件的法律效力是使破产案件进入破产清算程序。破产申请的提出并不必然导致破产宣告,债务人在破产申请提出后尚有可能设法避免破产清算。只有当破产宣告的条件具备并且人民法院依法宣告其破产时,破产案件始进入清算程序。

2. 破产宣告对破产人的法律效力。法院作出破产宣告的裁定后,企业由债务人变成了破产人,应当向原登记机关进行破产登记,其法律人格仅在清算意义上继续存在。这与破产案件受理后,债务人仍然可以在一定限制下合法地进行经营活动,在法律人格上有重大区别。

债务人被宣告破产后,债务人财产成为破产财产,由管理人对其行使管理权和处分权。

3. 破产宣告对债权人的法律效力。

(1) 对于破产宣告前成立的有财产担保的债权,债权人享有就该担保物优先受偿的权利。

(2) 对于无财产担保的债权人,不管其债权是否到期,均视为已经到期,债权人有权依破产程序受偿。他们不享有就特定财产优先受偿的权利,只能依照法律规定的清偿顺序,通过法定程序依据破产财产分配方案,在破产财产中获得集体清偿。

(3) 债权人对债务人负有债务的,可以在破产清算前抵销。抵销的结果就是免除了债权人对债务人的给付义务。在某种程度上,破产抵销权也是一种优先权。

4. 破产宣告对破产人的职工的法律效力。企业被宣告破产后,职工与企业订立的劳动合同即可依法宣告解除,职工成为失业人员,有权依据国家有关规定领取失业救济金,并有权自谋职业,或者根据有关的规定要求国家有关部门安排重新就业。

二、取回权、别除权和抵销权

(一) 取回权

1. 取回权的概念和性质。取回权(Recall Right),是指对于不属于破产人的财产,财产权利人可以不按照破产程序，依法通过管理人取回该财产的权利。我国《企业破产法》第38、39、76条对此作了规定。

破产法中的取回权与民法上的“返还财产”在行使的时间、方式、相对人等方面有一定区别。

2. 取回权的法律特征。

(1) 取回权的标的物不属于破产人所有，但为破产人所占有。这是取回权存在的客观前提。取回权的标的物原不属于破产人所有，但由于被破产人占有，财产权利人得主张返还。至于破产人占有的依据，既可以是基于财产租赁、仓储、保管、加工承揽、委托交易等法律关系而发生的合法占有，也可以是基于侵权行为、不当得利而发生的不法占有。

(2) 取回权据以存在的基础权利，须于破产宣告前业已存在。取回权是破产程序中特殊的返还请求权，取回权人得以主张的基础权利是财产的所有权和其他物权，这些权利必须在破产人被宣告破产之前就已经存在。在破产宣告之后，由管理人借用或租用他人之物而产生的他人的返还请求权，与此种意义上的取回权有一定区别。

(3) 取回权的行使不依破产程序。取回权人行使取回权，取回的对象不是破产财产，而是自己的财产，因此不需要通过破产程序，但与破产程序有关。取回权人应向管理人主张权利，直接取回财产。当取回权因不能行使而转化成债权时，权利人只能按照破产程序申报债权，依破产财产分配方案按比例分配。

3. 取回权的种类。取回权按照成立根据的不同，可分为一般取回权和特别取回权两类。

(1) 一般取回权及其分类。一般取回权，也称典型取回权，是指依据民法中物的返还请求权，当破产人实际占有取回权人的财产时，取回权人可从管理人处取回该财产的权利。我国立法对一般取回权作了规定，例如，根据《破产法司法解释二》第2条，下列财产不应认定为债务人财产：①债务人基于仓储、保管、承揽、代销、借用、寄存、租赁等合同或者其他法律关系占有、使用的他人财产；②债务人在所有权保留买卖中尚未取得所有权的财产。上述仓储、保管、代销、所有权保留买卖等，就是取回权产生的基础法律关系。

(2) 特别取回权及其分类。特别取回权，也称特殊取回权或者特种取回权，是指依据破产法或者商事法的专门规定，对破产人曾经占有或者即将占有的取回权人的财产，取回权人可依法从管理人占有管理的财产中取回其财产的权利。

特别取回权具体包括代偿取回权、出卖人取回权和行纪人取回权三种。

代偿取回权，是指当取回权的标的物被破产人非法转让给他人时，取回权人有权取回受让人的对价给付物。破产人或管理人在取回权人行使权利之前，将取回权的标的物予以转让的，取回权人会因该转让行为丧失一般取回权。为保护取回权人的利益，一些国家的破产法规定了代偿取回权制度。我国最高人民法院在《破产法司法解释二》第32条也明确肯定了代偿取回权。该条第1款规定：“债务人占有的他人财产毁损、灭失，因此获得的保险金、赔偿金、代偿物尚未交付给债务人，或者代偿物虽已交付给债务人但能与债务人财产予以区分的，权利人主张取回就此获得的保险金、赔偿金、代偿物的，人民法院应予支持。”

出卖人取回权，也称在途货物取回权，是指异地动产买卖合同中，当出卖人已将出卖物交付运送，买受人还未实际占有该物，且未支付或者未全额支付价金即被宣告破产时，出卖人有权解除买卖合同，并取回出卖物。出卖人取回权是破产法根据公平的原则，为保护出卖人的利益而设立的。我国《企业破产法》第39条规定，人民法院受理破产申请时，出卖人已将买卖标的物向作为买受人的债务人发运，债务人尚未收到且未付清全部价款的，出卖人可以取回途中的标的物。但是，管理人可以支付全部价款，请求出卖人交付标的物。

行纪人取回权，是指行纪人受委托人的委托购入委托物并在异地发送货物后，委托人还未实际占有该物，且未支付或者未全额支付价金即被宣告破产的，行纪人有权解除行纪合同，并取回委托物。我国破产法上没有有关行纪人取回权的规定，但根据我国破产法的立法精神，这种取回权在我国也应适用。

4. 取回权的行使。

(1) 取回权行使的时间。人民法院受理破产申请后破产程序终结前，取回权人得随时向管理人请求取回财产。管理人收到取回权人的请求后，一经证明属实，即应予以返还。《破产法司法解释二》第 26 条规定："权利人依据企业破产法第三十八条的规定行使取回权，应当在破产财产变价方案或者和解协议、重整计划草案提交债权人会议表决前向管理人提出。权利人在上述期限后主张取回相关财产的，应当承担延迟行使取回权增加的相关费用。"

(2) 取回权行使的条件。根据取回权类别的不同，取回权行使的条件不尽相同：

首先，一般取回权行使的条件包括：①取回权的标的物，须现实存在，并被破产人或破产管理人占有。取回权以取回原物为原则，如果在取回权人行使权利之前，标的物已经毁损灭失，则一般取回权随之消灭，取回权人只能将损害赔偿请求权作为破产债权要求清偿，从而得到赔付。②取回权的基础权利应具有完全对抗力。取回权人应是标的物的合法所有人或其他权利人，如取回权人对该物拥有合法的支配权等，否则，破产管理人可以此对抗取回权人。

其次，出卖人取回权行使的条件包括：①买受人被破产宣告前，出卖人已将出卖标的物发送但买受人尚未收到。这是出卖人取回权行使的重要条件。②当买受人被宣告破产时，买卖标的物正在运送途中。此时，买卖标的物已经脱离了出卖人的直接占有，但买受人还未实际控制该物。如果买受人在受破产宣告前，已经收到了标的物，这时标的物的所有权转归为买受人，出卖人自然不再享有取回权，其债权只能作为破产债权受偿。③买受人被破产宣告时，买受人或管理人尚未付清全部价款。破产法创设出卖人取回权的目的在于，在买受人丧失履行义务的能力时，保护出卖人的利益。如果买受人受破产宣告时，买受人或管理人已经付清全部价款，出卖人无损失可言，法律自然没有保护其利益的必要。

(3) 取回权行使的方式。取回权不依破产程序而在破产程序之外行使。取回权是在法院受理破产申请之后形成的，这时，破产管理人已经接管了破产人的全部财产。对取回权无争议的，取回权人需直接向管理人主张权利，不得擅自从破产人处取回财产；有争议的，取回权人应通过诉讼方式行使其权利。

（二）别除权

1. 别除权的概念和性质。别除权（Exemption Right），是指就属于破产财产的特定财产不依破产程序而优先受偿的权利。

别除权是破产法中特有的概念，但它并不是破产法新创的权利，而是民法中担保物权制度在破产法中的反映。依据"物权优于债权"的原则，当有担保的债权不能得到清偿时，债权人对特定的担保物享有优先受偿的权利。这种权利在债务人破产时，仍为破产法所承认，即为别除权。

2. 别除权的法律特征。

(1) 别除权的基础是在破产申请受理以前成立的设立了担保的债权。这是构成别除权的时间要件。在破产申请受理后,破产人已经丧失了对自己财产的经营管理权,不可能再形成别除权。

(2) 别除权是就破产财产所行使的权利,其标的物是属于破产财产的特定财产。首先,别除权的标的是就破产财产所行使的权利,这是别除权区别于取回权的特征之一。其次,别除权是就破产财产中的特定财产而行使的权利。别除权依附该特定财产而存在。非存在于特定财产上的权利,不是别除权。例如,公益债权和共益费用、某些优先权等因存在于债务人的一般财产上,故在破产程序中只能视为优先受偿权,而非别除权。①

(3) 别除权的行使不参加集体清偿程序。别除权是基于有财产担保的债权而产生的就担保物优先受偿的权利,其权利内容就是别除权人有权就担保物单独优先受偿,所以别除权制度是破产法集体清偿原则的一个例外。按照我国《企业破产法》的规定,破产宣告后,别除权人即可对标的物实施处分并由此获得清偿,而不受破产程序进展情况的影响,也不受破产程序开始后债权人不得个别行使权利的限制。但是,由于别除权的标的物属于破产财产,其权利行使直接涉及其他破产债权人的利益:别除权人行使别除权后的财产价值余额将用于破产费用、共益债务和破产债务的集体清偿;而别除权未能完全清偿债权人的债权时,则未清偿的债权将作为普通破产债权行使;别除权人放弃优先受偿权的,其债权将作为普通债权。

3. 别除权的种类。关于别除权的种类,即别除权的适用范围,各国规定不一。从各国立法现状看,一般将抵押权、质权、留置权等担保物权作为享有别除权的民事权利。其中,对于留置权可否成为别除权,各国立法区别较大。有的国家将留置权分为民事留置权和商事留置权两类,规定只有商事留置权可形成别除权。如日本《破产法》第 93 条规定:"于破产财团所属财产上存在商事留置权者,对于破产财团,视为特别先取特权。这种先取特权后于其他特别先取特权。除前款规定者外,留置权对于破产财团丧失其效力。"对于抵押权、质权、留置权三种担保物权,我国破产法没有限制性的规定,三者都可成为别除权。② 需要注意的是,对于所有权保留,部分学者认为其实质上是一种担保方式,在买受人破产时,出卖人仅就未支付价款对标的物享有别除权。此种观点也反映了当今的立法趋势,《中华人民共和国民法典合同编(二审稿)》第 431、432 条修改了《合同法》关于所有权保留买卖的规制模式,此次修改有将所有权保留的债权确认为一种附有担保的债权之意。除担保物权外,一些国家的立法还规定一些请求权也可作为别除权行使,如共有人的共有债权③、执行优先权④等。

4. 别除权的行使。

(1) 别除权行使的程序与方式。别除权的行使不参加集体清偿程序,这是别除权行使的一般原则。但由于别除权的行使与其他债权人的利益相关,因此,别除权人行使权利时还应遵守破产法的有关规定。根据各国破产法的规定和破产理论,别除权行使的程序和方式如下:

---

① 李永军:《破产法——理论与规范研究》,中国政法大学出版社 2013 年版,第 300—301 页。

② 对于定金作为债的担保方式之一,是否也可适用有关别除权的规定,理论界有不同的看法。有关内容请参阅张卫平:《破产程序导论》,中国政法大学出版社 1993 年版,第 225 页;汤维建:《破产程序与破产立法研究》,人民法院出版社 2001 年版,第 319—320 页;王欣新:《破产法》,中国人民大学出版社 2011 年版,第 299—302 页。

③ 共有人的共有债权,是指共有人中,其中一人因共有财产的保管、分割及诉讼所支付费用而发生的债权。当共有人中有人破产时,破产人对其他共有人所发生的债务,应从自己的应得份额中优先扣除。

④ 如德国《破产法》第 51 条规定:"与破产人有共有、合伙或其他共有关系者,得对该关系所生债权,对破产人分割或其他财产分离确定应得部分请求别除清偿。"德国《破产法》第 47 条规定:"债权人因查封或者强制执行债务人的不动产所得的优先受偿权利,在破产程序中享有别除权。"

首先，别除权人申报债权。别除权人是否应申报债权，各国破产立法规定不一。有的国家认为，别除权的实现有特定的财产担保，不受破产清算程序约束，因而无须申报债权，仅在别除权标的物的价款可能不足以保证担保债权全额受偿时，对预计不能受偿的那部分债权才需申报，作为破产债权受偿。有的国家认为，破产程序涉及破产人、债权人以及破产人的职工等多数人的利益，为减少争议，使破产程序顺利进行，别除权人也应申报债权。我国《企业破产法》采用后一种做法，规定所有债权人都应当依法申报债权。

其次，别除权须经有权机关承认。由于别除权附属于主债权，承认主债权的性质和效力就意味着承认别除权的存在。根据《破产法司法解释三》的规定，管理人应当对债权的担保财产进行审查，编制债权表，并提交债权人会议核查，而《企业破产法》第 58 条第 2 款规定，债务人、债权人对债权表记载的债权无异议的，由人民法院裁定确认。由此可见，我国《企业破产法》将别除权的审查权赋予了管理人，而债权人会议享有的是核查权，由人民法院最终确认。

再次，别除权人依法律规定的程序处分标的物并优先受偿。别除权的行使除应遵守担保物权的有关规定外，还应遵守破产法的特殊规定。如在行使时间上，由于破产申请受理会产生未到期的债权视为已到期的法律后果，故未到期的别除权也可据此提前行使，但其利息应只计算到破产申请受理时止，未到期的利息应当扣除；在行使方式上，留置权人的法定催告义务应当免除。

最后，别除权行使后的清偿余额和差额。别除权标的物被折价或者拍卖、变卖后，其价款超债权数额的部分，应当归入破产财产。其价款不足以清偿全部债务的，不足清偿的部分作为普通破产债权，通过清算分配程序受偿。

(2) 别除权行使的法律效力。别除权人行使别除权后，如果别除权标的物的价值超过所担保的债权数额，超过的部分应纳入破产财产；如果其有担保的债权数额超过了别除权标的物的价值，未受清偿的部分不能再行使别除权，而只能作为破产债权，依破产清算程序从破产财产中按比例受偿；别除权人消极行使别除权，即放弃别除权后，有担保的债权转化为普通债权，依破产清算程序参加破产分配，别除权的标的物转化为破产财产，用以清偿破产债权。

5. 别除权标的物的回赎。别除权标的物的回赎，是指在别除权人行使别除权之前，管理人通过清偿债务或提供其他担保的方式，收回别除权标的物的法律制度。

(1) 别除权标的物回赎的条件：①别除权人尚未行使别除权。这里的行使指的是别除权人还没有依法将别除权标的物变价并受偿，即标的物的所有权还没有发生转移。当别除权人只是向管理人提出行使请求，附在标的物上的负担还没有解除时，管理人可以赎回该标的物。②别除权标的物现实存在。管理人的赎回行为是针对特定物实施的，当该特定物已毁损灭失时，管理人的赎回行为便因失去了行为的客体而不能进行。

(2) 别除权标的物回赎的方式。①清偿债务。这种清偿同样是不依破产清算程序的优先清偿。一般而言，管理人必须对别除权人所享有的债权为全部清偿。但经别除权人同意，也可只作部分清偿，此情况视为别除权人放弃部分别除权，其未受清偿的部分债权转为破产债权，依破产清算程序按比例受偿。②提供债权人接受的其他担保。首先，管理人应对债权人的原债权提供担保，且债权人基于提供的担保同样享有对新的担保财产的优先受偿权，即别除权。其次，管理人提供的担保应为债权人所接受。债务人破产，其财务状况不佳，债权人的债权受到威胁，因此，管理人如要以新的担保替代原担保，必须征得债权人同意。

(3) 别除权标的物回赎的法律效力。根据破产管理人赎回别除权标的物方式的不同，别除权标的物的回赎所产生的法律效力也不同。管理人以清偿债务的方式赎回别除权标的物的，别除权人因其债权得以清偿，担保物权归于消灭，别除权也自然因失去合法的权利基础而消灭；管理人以提供其他担保的方式赎回别除权标的物的，只是特定的标的物变了，别除权仍然存在，别除权人可就新的标的物主张权利。

（三）破产抵销权

1. 破产抵销权的概念。破产抵销权（Setoff Right），是指在破产申请受理后，与破产人互负债务的债权人享有的不依破产程序，而以其对破产人的债权抵销其对破产人所负债务的权利。破产法上的抵销制度，打破了破产债权只能依照破产清算程序按比例受偿的限制。在破产法中承认抵销权不仅节时省事、降低费用，有利于破产程序迅速、顺利地进行，而且保护了对破产人负有债务的破产债权人的利益。如不赋予破产债权人抵销权，则破产债权人对破产人所负的债务需要全额清偿，对破产人所享有的债权却只能通过破产程序按比例获得部分清偿，有违公平原则。

我国《企业破产法》第 40 条规定，债权人在破产申请受理前对债务人负有债务的，可以向管理人主张抵销，并明确列举了例外情形。此外，《关于审理企业破产案件若干问题的规定》和《破产法司法解释三》等文件也详细规定了抵销权的行使规则。

2. 破产抵销权的特征。破产抵销权的基础是民法中债的抵销原理，是民法中的抵销权在债务人破产情形下的扩张适用。由于破产抵销权融入了破产程序中的特殊因素，因此其与民法中的抵销权存在一定差异，这些差异就构成了破产抵销权的特征：

(1) 破产抵销权的行使主体只能是破产债权人。破产抵销权是破产法专为破产债权人提供的一项权利，一般情况下，破产人和管理人均不享有。在进入破产程序后，破产人丧失了管理和处分破产财产的权利，自然也不能处分自己的债权债务。如果允许管理人行使抵销权，主动放弃破产人的权利，就会造成破产财产的减少，损害了破产债权人的共同利益，也与管理人的职责不相符。但值得注意的是，《破产法司法解释二》第 41 条规定了管理人可行使破产抵销权的例外情形。

(2) 破产抵销权不受债务种类和履行期限的限制。民法中的抵销权，只适用于已到期的债务，否则会损害债务履行期未届满一方所享有的期限利益。[①] 但当互负债务的一方当事人进入破产程序时，根据破产法的规定，破产人所负的债务均视为到期，因此，破产债权人可不受债务履行期限的限制，主张抵销权。在破产程序中，破产债权不论是否以金钱为给付内容，在破产分配中都以金钱给付为原则，这使得债务之间给付种类的区别得以消除。即使是不同种类的债务，在一方破产的情况下，只要符合其他要件，也可进行抵销。

(3) 破产债权人主张抵销的债务只能成立于破产申请受理前。债务人被宣告破产后，破产人所有的对外债权都属于破产财产，是全体破产债权人受偿的保障。如果不限定破产债权人主张抵销的债务范围，允许破产债权人以其破产债权，抵销其在破产宣告后对破产财产所负的债务，不仅直接损害了其他债权人的利益，而且可能诱使破产债权人为行使抵销权而故意对破产人负债，导致抵销权制度在破产程序中的不当应用。

3. 破产抵销权的适用范围。破产抵销权仅适用于破产债权与破产人债权的抵销。破产债权人的抵销权是破产法赋予的，一般认为，即使破产债权人和破产人在破产程序开始之前约定排除

---

① 但债务人自愿放弃其期限利益的除外。

抵销，该约定也不得对抗破产债权人法定的抵销权，除非破产债权人在破产程序开始后，依法向破产管理人表示放弃该权利。

4. 破产抵销权的行使。破产抵销权行使的主体为破产债权人，相对人为管理人。一般而言，破产抵销权应按以下程序和方式行使：

(1) 破产债权人应在破产财产最终分配前行使抵销权。这是对破产抵销权行使期间的规定。破产财产分配之后，如破产债权人未主张抵销权，其对破产人所负的债务应作为破产财产收回，其债权只能依照破产清算程序参加破产分配。

(2) 破产债权人依法申报债权，并向管理人提出行使抵销权的请求。法院受理破产申请后，债务由管理人接管，其享有的债权和承担的债务由管理人予以收回和负责清偿。因此，破产债权人只能以管理人为相对人，行使破产抵销权。对于申报债权是不是破产债权人行使抵销权的必经程序，各国破产法规定不一。我国《企业破产法》虽没有明文指出破产债权人在行使抵销权时应申报债权，但规定所有的破产债权应在法定的期间内向人民法院申报。由此可见，在我国，债权申报是行使破产抵销权的必要程序。

(3) 管理人承认破产债权。不管债权人在行使抵销权时是否要申报其债权，各国破产法一般都规定，该债权必须经管理人承认。我国《企业破产法》规定，破产债权需经管理人审查和债权人会议核查。如果管理人对破产债权不予承认，破产债权人只能通过诉讼程序请求法院确认争议的破产债权。

5. 破产抵销权行使的法律效力。破产抵销权一经行使，即产生在相同数额内，破产债权人和破产人的债权归于消灭的法律效力，但超出抵销债权额的债权依然存在。因此，破产债权人行使抵销权后，其超出抵销债权额范围的债权，仍为破产债权，依照破产程序按比例受偿；破产人超出抵销债权额范围的债权，仍为破产财产，破产管理人应予以收回。

6. 不适用破产抵销权的情形。如前所述，破产抵销制度使个别债权人的债权得到清偿，却会影响其他债权人的利益，这与破产法应使全体债权人公平受偿的立法目的相左。因此，各国对破产抵销权的适用范围都进行了严格限定。我国也在《企业破产法》中规定，有下列情形之一的，不得抵销：(1) 债务人在破产申请受理后取得他人对债务人的债权的。(2) 债权人已知债务人有不能清偿到期债务或者破产申请的事实，对债务人负担债务的；但是，债权人因为法律规定或者基于破产申请1年前的原因而负担债务的除外。(3) 债务人的债务人已知债务人有不能清偿到期债务或者破产申请的事实，对债务人取得债权的；但是，债务人的债务人因为法律规定或者基于破产申请1年前的原因而取得债权的除外。

案例研讨

中国农业银行上海分行与上海金源公司、佳宝公司等债务纠纷案

三、破产财产的变价和分配

(一) 破产财产的变价

1. 破产财产变价概述。破产财产的变价 (Realization of the Property of Estate)，又称破产财产的变现，是指管理人将破产财产中的非金钱财产，以变卖或拍卖的方式，转变为金钱财产的行为或过程。

破产财产的变价，既是管理人的重要职权，也是管理人的义务之一。管理人在进行变价工作

时,应尽到善良管理人的注意义务。为保证管理人公平、公正、公开地变价破产财产,各国一般赋予债权人会议或监督人监督权。我国《企业破产法》规定,债权人会议有权决定管理人提出的破产财产的变价方案,变价方案经债权人会议表决未能通过的,由人民法院裁定。据此,在我国,管理人是破产变价方案的提出者和执行者。

破产财产的变价一般应在债权调查完结后进行。只有在债权调查完结之后,才能确定债权的性质、种类和数目,才能确定对破产变价方案享有表决权的债权人。但对于一些易腐、季节性强、不易保存的物品,如果不及时变价会使该物价值下降的,也可在债权调查完结前进行变价。

破产财产中成套设备的变价,应遵守整体出售的原则,即凡能够整体出售的成套设备,一般应当整体出售;[①] 实在不能整体出售的,才可分散出售。成套设备由于具有特定的使用价值,一般情况下,整体出售的收入明显高于拆散分开出售的收入。因此,为实现破产财产的变现价值最大化,保护债权人的利益,成套设备应尽可能整体出售。

2. 破产财产的评估。对破产财产进行变价,应建立在了解破产财产的价值情况的基础上,这就需要对破产财产依法进行评估。由于破产财产的评估涉及债权人的利益和对破产财产的保护,评估工作应坚持客观、公正、科学、合理的原则。根据我国有关司法解释的规定,评估工作应当由有相应评估资质的评估机构完成,债权人会议、管理人如对破产财产的评估结论、评估费用有异议,可要求评估机构重新评估。[②] 破产财产的评估,并非破产变价的必经程序。依有关司法解释,如果破产财产不是国有资产,且债权人会议对破产财产的市场价格无异议,经人民法院同意,也可以不进行评估。[③]

3. 破产财产变价的方式。破产财产的变价,一般采用拍卖或变卖的方式。破产财产的拍卖,是指破产管理人将非金钱形态的破产财产,委托给有拍卖资格的拍卖机构,由其按照法定拍卖程序,出售给出价最高的公开竞价者的特殊买卖方式。破产财产的拍卖在性质上属于强制拍卖。根据《企业破产法》第 112 条的规定,破产财产的变价原则上应当采用拍卖的方式,债权人会议另有决议的除外。按照国家规定不能拍卖或者限制转让的财产,应当按照国家规定的方式处理。如国家文物、易燃、易爆危险品等,按照我国有关司法解释的规定,应当由国家指定的部门收购或按照有关法律规定处理。拍卖所得不足以支付拍卖所需费用的,破产财产的变价也不采取拍卖方式。[④]

(二) 破产财产的分配

1. 破产财产分配概述。破产财产的分配(Bankruptcy Distribution),是指管理人依照法定的清偿顺序和程序,将变价后的破产财产分配给债权人的过程。破产财产的分配是破产清算的首要目标,也是破产清算的最后阶段,分配结束是破产程序终结的原因之一。

破产财产的分配具有以下特征:

(1) 破产财产分配的实施者为管理人。管理人是破产清算工作的实施者,破产分配作为破产清算的组成部分,自然也由管理人具体实施。管理人在破产财产分配中的工作主要包括制定破产财产分配方案、发布分配公告和执行分配方案等。

(2) 破产财产分配的受偿对象为破产债权人。这里的破产债权人,除经法定程序确认的普通

① 《关于审理企业破产案件若干问题的规定》第 86 条。
② 《关于审理企业破产案件若干问题的规定》第 83 条。
③ 《关于审理企业破产案件若干问题的规定》第 84 条。
④ 《关于审理企业破产案件若干问题的规定》第 85 条。

破产债权人外，还包括优先顺位受偿人，如在破产人拖欠职工工资和劳动保险费用的情况下，破产人的职工作为优先顺位受偿人可参加破产分配。

(3) 破产财产的分配以现存的可供分配的破产财产为限。可供分配的破产财产是指经取回权人、别除权人、抵销权人行使权利以及拨付了破产费用和共益债务后所剩下的破产财产。可供分配的破产财产是破产分配的基础，如果破产财产不足以支付上述费用或在支付了上述费用后，确定的破产财产无剩余的，管理人应提请法院终结破产程序。只要有可供分配的破产财产，即使在分配终结之后，破产债权人仍可就该财产受偿。

(4) 破产财产的分配应依照法定的清偿顺序和程序进行。破产财产的分配并不是就破产财产在受偿主体之间作平均分配，而是按照法律规定的清偿顺序进行。只有满足了前一顺序的债权后，后一顺序的债权才可能受偿。同一顺序的债权，按比例受偿。

2. 破产财产分配的程序。

(1) 制定破产财产分配方案。破产财产分配方案是管理人进行破产分配的依据。管理人作为破产财产的法定管理机关，充分了解破产人的财产状况和负债情况，因而破产财产分配方案一般由管理人制定。按照我国有关司法解释，破产财产的分配方案应当包括以下内容[①]：

第一，可供分配的财产数额、来源和基本状况。可供分配的财产是进行破产分配的基础。在破产财产分配方案中，应说明可供分配财产的数额、来源和基本状况，具体包括破产人的财产总额，财产中取回权、别除权的情况，破产财产的范围，破产财产的变现情况等。不属于破产财产的财产以及确定不能收回的财产不能列入可供分配的财产。破产财产不能变现需折价分配的，应说明其现状和估价情况。

第二，债权清偿顺序、各顺序的种类和数额。我国《企业破产法》第 113 条规定，破产财产在优先清偿破产费用和共益债务后，应按以下顺序清偿：第一顺序为劳动债权，包括破产人所欠职工的工资和医疗、伤残补助、抚恤费用，所欠的应当划入职工个人账户的基本养老保险、基本医疗保险费用，以及法律、行政法规规定应当支付给职工的补偿金。第二顺序为破产人欠缴的除上述规定以外的社会保险费用和破产人所欠税款。可参与分配的破产企业所欠税款，以发生在破产申请受理前的税款为限。这里的税款，除由税务部门征收的增值税、流转税等税收外，还应包括国家依法对破产企业征收的各种费用，如能源、交通基金费、教育附加费等。但应注意的是，只有破产人作为纳税主体时所欠的税款才可参与破产分配，对于破产人作为代扣代缴单位，未履行代扣代缴义务导致的欠税，如破产人职工应缴的个人所得税等，由于破产人并非纳税主体，不能将实际是他人所欠的税款视为破产人的欠税，而从破产财产中支付。第三顺序为普通破产债权。破产债权要从破产分配中受偿，必须首先经过法定程序的确认。在分配方案中，应具体说明参与破产分配的债权的确认依据和确认程序。对于附条件债权、有异议债权等尚未确定但仍拟参与分配的债权，应特别说明债权的具体情况和拟进行提存分配、担保分配的情况。

第三，破产债权总额和清偿比例。破产程序是在企业或其他组织无法清偿到期债务的情况下，为维护债权人的整体利益而启动的一种程序。因而，破产财产一般难以满足依法参与破产分配的全部债权。为此，破产法规定了法定的清偿顺序，同时又规定了当破产财产不足以清偿同一顺位的多个债权时，按比例清偿的清偿规则。为便于破产财产分配方案的审议和执行，分配方案

---

① 《关于审理企业破产案件若干问题的规定》第 93 条。

中应单独说明破产债权总额以及清偿比例。

第四，破产分配的方式和时间。破产分配的方式，按分配的次数可分为一次分配和多次分配；按实际分配的财产性质可分为金钱分配、实物分配和债权分配等。分配方案中应具体说明是一次分配还是多次分配。采用一次分配方式的，应说明分配的时间、地点；采用多次分配的，应说明原因以及各次分配的时间、地点。破产财产的分配，以金钱分配为原则，但在某些情况下，也可采用实物分配的方式。除此之外，我国有关司法解释还规定了债权分配的方式。[①] 对于实物分配、债权分配等非金钱分配方式，分配方案中应说明原因和具体的分配方案。

第五，对将来能够追回的财产拟进行追加分配的说明。对于破产程序终结前尚未追回的破产财产，在破产财产分配方案中应予以说明。同时，还应制定追收方案，预计可追回财产的数额及进行追加分配的时间、地点。

第六，特别说明事项。对于破产程序进行中的一些特殊情况，分配方案应予以特别说明。主要有：一是纳入国家计划调整的企业破产，应单独说明职工安置费的数额和计算依据；[②] 二是未纳入清偿顺序的一些权利，如破产程序开始后的一些债权、股东的投资权益、已过诉讼时效的债权等；三是破产抵销的情况；四是破产企业的投资人投资是否到位及追收投资情况；五是破产企业的境外投资、境外债权债务情况等。

(2) 通过破产财产分配方案。破产分配关系到债权人的切身利益，应当由债权人会议讨论通过。管理人将制定的破产财产分配方案提交给债权人会议，享有表决权的债权人经过讨论，以表决的方式决定是否通过该方案，并作成决议。根据我国《企业破产法》第 64 条的规定，债权人会议讨论通过破产财产分配方案，应当由出席会议的有表决权的债权人的过半数通过，并且其所代表的债权额，必须占无财产担保债权总额的半数以上。经债权人会议讨论通过的破产财产分配方案，对全体债权人均有约束力；对已通过的分配方案有异议的债权人，如果认为该决议违反法律规定，损害其利益的，可以在决议后 15 日内提请人民法院裁定。

(3) 裁定认可破产财产分配方案。经债权人会议通过的破产财产分配方案，管理人应报请人民法院裁定。如经债权人会议二次表决，破产财产分配方案仍未通过的，管理人应提交人民法院直接裁定。人民法院收到分配方案后，应依法对该方案的真实性、准确性和合法性进行审查。经过审查，如果人民法院认为分配方案不符合法律规定或有规避法律的问题，不管债权人会议是否同意，人民法院均可驳回该方案，发回管理人重新修改，由债权人会议重新讨论。经法院裁定批准的分配方案，具有法律效力，管理人不得随意修改。如分配方案确需补正，应经债权人会议和人民法院认可。

(4) 执行破产财产分配方案。经人民法院裁定的破产分配方案具有强制执行的效力，管理人应当立即执行。管理人应公告分配方案，并通知债权人受领分配的时间、地点。破产财产分配程序终结后，管理人应当提请人民法院终结破产程序。

---

① 《关于审理企业破产案件若干问题的规定》第 94 条。

② 在纳入国家计划调整的国有企业破产案件中拨付的职工安置费，是根据 1994 年《国务院关于在若干城市试行国有企业破产有关问题的通知》(国发[1994]59 号)以及 1996 年《关于试行国有企业兼并破产中若干问题的通知》(国经贸企[1996]492 号)两份文件，针对这类企业破产案件的特殊安排，是在第一清偿顺序前提取，其资金来源不尽相同，故不属于《企业破产法》规定的第一顺序清偿的劳动债权，不应列入第一清偿顺序，而应在破产财产分配方案和破产终结裁定中单独作出说明。参见李国光、奚晓明、曹士兵：《正确理解〈关于审理企业破产案件若干问题的规定〉》，中国法制出版社 2002 年版，第 225 页。

（三）追加分配

按照分配时间阶段的不同，破产财产的分配可分为中间分配、最后分配和追加分配。其中，最后分配是指在全部破产财产变价之后，对所有破产财产所作的无剩余的分配。在最后分配之前，即在全部破产财产变价之前，在对债权进行一般调查之后，对破产财产所作的分配为中间分配。追加分配是指在最后分配完毕乃至破产程序终结后，又发现了可供分配的破产财产，经法院许可后进行的分配。

追加分配是对一般分配的补救，其价值在于保护债权人的利益。

1. 追加分配的财产来源。根据我国有关法律和司法解释的规定，追加分配的财产来源主要包括以下几种：

(1) 破产人实施破产无效行为所转让的财产。破产人为逃避债务而隐匿、转移财产、虚构债务或者承认不真实的债务，实施此种破产无效行为而转让的财产，应当在破产清算期间由管理人追回，用于破产分配。破产程序终结后，如发现还有尚未收回的上述财产，人民法院应予追回以供追加分配。

(2) 破产人实施破产可撤销行为所减少的财产。人民法院受理破产申请前 1 年内，债务人无偿转让财产、以明显不合理的价格进行交易、对没有财产担保的债务提供财产担保或者对未到期的债务提前清偿、放弃债权，以及在人民法院受理破产申请前 6 个月内，债务人不能清偿到期债务且资产不足以清偿全部债务或者明显缺乏清偿能力，仍对个别债权人进行清偿的，管理人有权请求人民法院予以撤销。但是，个别清偿使债务人财产受益的除外。财产由管理人予以追回。破产程序终结后，如发现还有尚未收回的上述财产，法院应予追回以供追加分配。

(3) 破产程序中因纠正错误支出而收回的款项。对于破产企业因错误而多支出的款项，管理人在破产程序中应予以纠正，相对人对多收的款项应负有返还义务。如果这些款项是在破产程序终结后才收回的，人民法院应就收回的款项进行追加分配。

(4) 权利被承认而追回的款项。主要指在破产程序终结前尚存在权利争议，在破产程序终结后，由发生法律效力的判决、裁定确认的财产。

(5) 债权人放弃的财产。主要指获得财产分配的债权人明确放弃的财产，以及在法定期间内未被债权人领取的提存财产。《企业破产法》第 118 条规定："债权人未受领的破产财产分配额，管理人应当提存。债权人自最后分配公告之日起满二个月仍不领取的，视为放弃受领分配的权利，管理人或者人民法院应当将提存的分配额分配给其他债权人。"

(6) 破产程序终结后实现的财产权利。如在破产程序终结前难以变现且又难以分配的实物、债权或股权，在破产程序终结后因变现所得的收益。

(7) 发现破产人有应当供分配的其他财产的。

2. 追加分配的执行者。追加分配的执行者是人民法院。因为追加分配发生在破产程序终结后，这时管理人已经解任，当然无法再进行追加分配工作。根据《企业破产法》第 123 条的规定，破产程序终结后发现的破产企业的财产请求权，由债权人向人民法院主张。如果追回的财产较少，不足以支付分配费用的，由人民法院将其上交国库。

3. 追加分配的除斥期间。实施追加分配的除斥期间，以破产程序终结后 2 年为限。该期间是固定的，自破产终结之日起计算，不得延长或中止、中断。

4. 财产的分配。追加分配作为破产分配的一部分，同样应符合法定的程序。法院应当通知有权参加分配的债权人,并对追加分配的时间、金额、地点等进行公告。未收到通知的债权人,认为自己有权参加追加分配的,可向人民法院提出请求。[①] 追加分配还应遵守法定的清偿顺序和清偿比例。在追加分配前,应当优先拨付破产费用和共益债务;如有剩余,再依照破产财产分配方案追加分配,即先清偿所欠职工的工资和劳动保险费用,如有剩余,再清偿所欠税款,以此类推。同一序位的债权,按比例清偿。

四、破产程序的终结

破产程序的终结,又称为破产程序的终止,是指破产程序进行过程中发生法律规定的应当终止破产程序的事由的,由法院裁定结束破产程序。破产程序的终结表明破产程序的彻底结束,破产人不再受破产程序的任何约束。

(一)破产程序因破产财产分配完毕而终结

进行破产程序的主要目的在于用破产财产清偿全体债权人的债权。因此,破产财产一旦分配完毕,破产程序即应当终结。

1. 程序要求。破产财产分配完毕后,管理人应当向人民法院提交破产财产分配报告,并提请人民法院裁定终结破产案件。除非人民法院认为管理人的申请不当,否则应当在15日内裁定终结破产程序。

2. 法律效力。破产程序因分配完毕而终结,将对破产债权人和破产债务人产生一系列影响。

(1) 债务人企业的法律人格归于消灭。人民法院裁定终结破产程序,并完成公告后,管理人即应当持法院终结破产程序的裁定,向破产人原登记机关办理破产人注销登记,至此债务人企业的法律人格彻底消灭。

(2) 对破产的自然人来说,尚未清偿的债务不再清偿。债务人自破产程序终结之日起,恢复对其财产的占有和管理权。破产分配完毕后剩余的财产,应交还给债务人支配。关于破产程序终结后尚未清偿的债务是否仍要继续清偿,各国破产法有免责主义和不免责主义两种立法态度。由于法人在破产程序终结后,其主体资格归于消灭,不存在所谓免责问题,所以,免责与否只对破产的自然人意义重大。现代社会破产法的立法取向已由不免责主义向免责主义过渡。

(二)因债务人能够执行和解协议而终结破产程序

1. 程序要求。债权人会议与破产债务人达成的和解协议执行完毕时,人民法院应当裁定终结破产程序并予以公告。

2. 法律效力。在这种情况下,破产程序的终结发生以下效力:

(1) 破产人重新获得对自己财产的处分权。自破产程序终结之日起,破产人恢复对其财产的占有和管理,对和解协议所免除的债务不再负清偿责任。

(2) 和解债权人在破产程序终结后,只能取得和解协议所规定的清偿利益,而不得对破产人主张和解协议外的利益。

(三)破产程序因重整计划执行完毕而终结

1. 程序要求。根据我国《企业破产法》的规定,重整计划获得人民法院批准后生效,人民法

---

① 周立涛编著:《破产法新释与例解》,同心出版社2001年版,第408页。

院裁定终止重整程序。重整计划执行完毕后，人民法院应当裁定终结破产程序并予以公告。

需要说明的是，与前述和解协议执行完毕后的破产程序终结一样，现行《企业破产法》并没有明确规定在重整计划获得批准而终止重整程序后，破产程序因此中止还是终结。对此，国外立法例也存在较大的差异。[①]本书认为，重整计划生效后，重整程序终止，破产程序因此中止而非终结。因为当债务人不能执行或不执行重整计划时，人民法院应当裁定终止重整计划的执行，并宣告债务人破产，即恢复破产程序。而当重整计划执行完毕时，应当经破产管理人申请，由人民法院裁定终结破产程序。

2. 法律效力。重整程序的立法目的在于，通过债务调整，包括暂缓偿债或减免债务，使债务人摆脱困境，继续营业，并使债权人获得大于在破产清算中可以获得的清偿额。因此，当重整计划执行完毕后，因重整计划减免的债务，自重整计划执行完毕时起，债务人不再承担清偿责任。

（四）破产程序因破产财产不足以支付破产费用而终结

《企业破产法》第 43 条第 4 款规定："债务人财产不足以清偿破产费用的，管理人应当提请人民法院终结破产程序。人民法院应当自收到请求之日起十五日内裁定终结破产程序，并予以公告。"根据《企业破产法》，破产费用应当在破产财产开始分配前优先拨付，所以当破产财产少到无法满足清算组开展正常工作时，再将破产进行下去已无必要，所以法律作此规定。

1. 程序要求。因财产不足而终结破产程序的情形有两种：一为破产宣告前即发现债务人的财产不足以支付破产费用而终结破产程序；二为破产宣告后，破产程序进行中发现债务人的财产不足以支付破产费用而终结破产程序。对于第一种情形，各国立法存在分歧。如德国新《破产法》即采取了驳回破产申请的做法。该法第 26 条规定："若预计债务人的财产将不足以偿还诉讼费用时，则破产法院可驳回其开始破产程序的申请。但若已经预付足额诉讼费的，不在此限。"而依据日本《破产法》第 145 条的规定，法院认为破产财团不足以交纳破产程序的费用时，必须在破产宣告的同时，作出破产废止的决定。[②]对于第二种情形，破产管理人应当在发现后及时报告法院，由法院终结破产程序。我国《企业破产法》采此种立法模式。

2. 法律效力。债务人企业财产不足而致破产程序终结后，管理人应当办理债务人注销登记等相关法律手续，债务人的法律人格彻底消灭。

（五）破产程序因全体债权人申请并经人民法院许可而终结

1. 程序要求。破产程序开始后，破产人经全体债权人同意，可以申请法院终结破产程序。法院许可申请的，破产程序因此而终结。我国《企业破产法》第 105 条规定："人民法院受理破产申请后，债务人与全体债权人就债权债务的处理自行达成协议的，可以请求人民法院裁定认可，并终结破产程序。"从理论上讲，破产程序是为债权人团体的利益而设立的，各债权人有权处分破产程序赋予其各自的利益，如果全体债权人同意，法律自然没有禁止的必要。

2. 法律效力。

（1）破产人恢复对其财产的占有和管理处分权。

（2）对债权人"不依破产程序不得行使债权"的限制被取消，债权人被允许对破产人个别行使权利，并可利用破产人未提出异议的债权表的记载作为有执行名义的债权，请求强制执行。破产

---

① 参见汤维建：《企业破产法新旧专题比较与案例应用》，中国法制出版社 2006 年版，第 451—452 页。

② 李永军：《破产法律制度》，中国法制出版社 2000 年版，第 344 页。

宣告前开始的强制执行程序的中止恢复效力。[①]

【本节思考题】

1. 试述破产宣告对债权人与债务人的法律效力。
2. 简述别除权、取回权的概念与法律特征。
3. 试论破产债权的概念、特征与范围。
4. 简述破产抵销权的概念、特征与行使要件。
5. 简述我国破产法中引起破产程序终结的原因。

第八节 破产法律责任

破产法律责任，是指为了维护破产法律秩序，遏制破产违法行为而由法律设立的对相关责任人员的制裁机制。所谓破产违法行为，是指相关责任人员实施的妨害公平清偿秩序，损害当事人利益尤其是债权人利益的行为。在破产法中规定破产法律责任，对破产违法行为进行惩处，既是保护债权人利益的需要，也是保障破产程序顺利进行的需要。

一、破产违法行为

《企业破产法》列举了破产违法行为。

（一）违反说明义务

破产法上的违反说明义务，是指在破产程序中负有说明义务的主体故意不履行说明义务或者进行虚假陈述，从而妨碍破产程序顺利进行的行为。这一违法行为具有以下几个特征：

1. 行为的主体具有特定身份，是指依照破产法的规定有义务及时、真实地向债权人会议或破产程序职能机构陈述有关事实的人，如企业法人的法定代表人，经人民法院决定，可以包括企业的财务管理人员和其他经营管理人员。

2. 行为的主观方面为故意，即行为人明知其负有说明义务而拒绝履行该义务。

3. 行为在客观方面表现为两类：一是拒不到场接受询问，主要是指拒不列席债权人会议；二是拒绝陈述或提供虚假陈述，即行为人在接受询问的过程中，拒绝陈述有关事实或对有关事实作出不真实的陈述。

（二）违反提交义务

破产法上的违反提交义务，是指在破产程序中有义务提交一定的文件、账册和财产的主体故意不履行提交义务，从而妨碍破产程序顺利进行的行为。这一违法行为具有以下几个特征：

1. 行为的主体具有特定身份，是指依照破产法的规定有义务及时、完整地向审判机关提交有关法定文件或者向破产程序职能机构移交财产及有关物品的人，如企业法人的法定代表人或其他直接责任人员等。

2. 行为的主观方面为故意，即行为人明知其负有提交义务而拒绝履行该义务。

---

① ［日］伊藤真：《破产法》，刘荣军等译，中国社会科学出版社 1995 年版，第 283 页。转引自李永军：《破产法律制度》，中国法制出版社 2000 年版，第 343 页。

3. 行为在客观方面表现为两类:一是拒不向法院提交审理破产案件所必需的有关债务人财产和债权债务关系的法定文件,如财产状况说明书、债务清册、债权清册和有关财产报告;二是拒不向破产财产的管理机构(如管理人或者破产清算人)移交财产和与财产有关的账簿、文件、资料和印章。

(三) 欺诈破产行为

欺诈破产行为,是指债务人违反破产法的规定,通过隐瞒真实情况或者制造虚假情况等手段,不正当地减少其财产,或者给予个别债权人以某种不正当的清偿利益,妨害公平清偿秩序,从而严重损害债权人利益的行为。欺诈破产行为包括《企业破产法》规定的破产无效行为与可撤销行为。这一违法行为具有以下几个特征:(1)行为的主体为债务人;(2)行为的主观方面为故意;(3)行为在客观方面表现为债务人通过隐瞒真实情况或者制造虚假情况等手段,不正当地减少其财产,从而严重损害债权人利益的行为。

(四) 违反忠实、勤勉义务

这是针对企业内部人作出的追责机制。作为市场中的债务人,应该强调企业尤其是其董事、监事或者高级管理人员的破产责任,否则将导致企业信用丧失。在以前破产法不完善的情况下,有的企业破产后,职工失业下岗、生活艰难,巨额债务无法清偿,而企业的负责人却无须承担任何法律责任。

(五) 违反行动限制

破产法上的违反行动限制,是指特定行动的自由受到破产法限制的特定人员,违反规定实施受限制的行动,从而妨碍破产程序进行的行为。这一违法行为具有以下几个特征:(1)行为的主体是特定行动受到破产法限制的特定人员。按照《企业破产法》第 129 条的规定,这种行动限制就是在破产程序进行期间不得擅离住所地。受这一行动限制的人员,包括企业法人的法定代表人,经人民法院决定,还可以包括企业的财务管理人员和主要业务人员。(2)行为的主观方面为故意。(3)行为在客观方面表现为在破产程序进行期间,未经人民法院许可而擅自离开住所地。

(六) 破产渎职行为

破产渎职行为,是指破产程序职能机构的人员在履行职务的过程中,玩忽职守,给债权人、债务人或者第三人造成经济损失的行为。这一违法行为具有以下几个特征:(1)行为的主体是特定的,即破产程序职能机构的人员,如管理人、重整执行人、监督人等。这些人员负有勤勉、谨慎地履行职责的义务。(2)行为的主观方面是过失,即没有尽到履行职责应有的注意义务。(3)行为在客观方面表现为行使职权时玩忽职守或滥用职权,给当事人造成经济损失。

二、破产违法行为的法律责任

《企业破产法》及其他相关法律对以上破产违法行为规定了相应的法律责任。

(一) 违反说明义务的法律责任

我国《企业破产法》第 126 条、第 131 条规定,有义务列席债权人会议的债务人的有关人员,经人民法院传唤,无正当理由拒不列席债权人会议的,人民法院可以拘传,并依法处以罚款。债务人的有关人员违反本法规定,拒不陈述、回答,或者作虚假陈述、回答的,人民法院可以依法处以罚款。有前款规定的行为,构成犯罪的,依法追究刑事责任。

(二) 违反提交义务的法律责任

我国《企业破产法》第 127 条、第 131 条规定,债务人违反本法规定,拒不向人民法院提交或者提交不真实的财产状况说明书、债务清册、债权清册和有关财务会计报告以及职工工资的支付情况和社会保险费用的缴纳情况的，人民法院可以对直接责任人员依法处以罚款。债务人违反本法规定，拒不向管理人移交财产和与财产有关的账簿、文件、资料、印章的，或者伪造、销毁有关财产证据资料而使财产状况不明的，人民法院可以对直接责任人员依法处以罚款。有上述规定的行为，构成犯罪的，依法追究刑事责任。

（三）欺诈破产行为的法律责任

我国《企业破产法》第 128 条、第 131 条规定，债务人有下列行为，损害债权人利益的，债务人的法定代表人和其他直接责任人员依法承担赔偿责任；构成犯罪的，依法追究刑事责任：(1) 在人民法院受理破产案件前 1 年内，无偿转让财产或财产权利的；(2) 在人民法院受理破产案件前 1 年内，以明显不合理的价格进行交易的；(3) 在人民法院受理破产案件前 1 年内，对原来没有财产担保的债务提供财产担保的；(4) 在人民法院受理破产案件前 1 年内，对未到期的债务提前清偿的；(5) 在人民法院受理破产案件前 1 年内，放弃债权的；(6) 在人民法院受理破产案件前 1 年内，有损害债权人利益的其他行为的；(7) 在人民法院受理破产案件前 6 个月内，在已知不能清偿到期债务的情况下，仍对个别债权人进行清偿，损害其他债权人利益的；(8) 为逃避债务而隐匿、转移财产和虚构债务或者承认不真实的债务的。

（四）违反忠实、勤勉义务的法律责任

针对违反忠实、勤勉义务这种情况，《企业破产法》对破产责任作出了规定，并且对应了《公司法》《证券法》规定的董事、监事、高管人员应尽的忠实义务、勤勉义务以及《刑法修正案（六）》规定的虚假破产罪。企业的董事、监事等经营管理人员因为失职致使企业破产的，将被追究刑事责任、民事责任、行政责任。《企业破产法》第 6 条明确规定："人民法院审理破产案件，应当依法保障企业职工的合法权益，依法追究破产企业经营管理人员的法律责任。"第 125 条规定："企业董事、监事或者高级管理人员违反忠实义务、勤勉义务，致使所在企业破产的，依法承担民事责任。有前款规定情形的人员，自破产程序终结之日起三年内不得担任任何企业的董事、监事、高级管理人员。"第 131 条规定："违反本法规定，构成犯罪的，依法追究刑事责任。"

（五）违反行动限制的法律责任

我国《企业破产法》规定，违反行动限制的，人民法院可予以训诫、拘留，并可依法处以罚款。构成犯罪的，依法追究刑事责任。

（六）破产渎职行为的法律责任

我国《企业破产法》第 130 条、第 131 条规定，管理人未依照本法规定勤勉尽责，忠实执行职务的，人民法院可以依法处以罚款；给债权人、债务人或者第三人造成损失的，依法承担赔偿责任。违反本法规定，构成犯罪的，依法追究刑事责任。

【本节思考题】

1. 简述我国现行法律法规中有关破产法律责任的规定，并分析其不足。
2. 试论欺诈破产行为的构成要件及其法律责任。
3. 分析破产程序中各种破产违法行为的行政责任。

本书参考文献

[1] 赵旭东主编. 商法学. 北京:高等教育出版社,2015.

[2] 王保树主编. 中国商事法. 北京:人民法院出版社,1996.

[3] 赵中孚主编. 商法总论. 北京:中国人民大学出版社,1999.

[4] 范健主编. 商法. 北京:高等教育出版社,2000.

[5] 柳经纬主编. 商法(上、下). 厦门:厦门大学出版社,2002.

[6] 覃有土主编. 商法学. 北京:中国政法大学出版社,1999.

[7] 赵万一. 商法基本问题研究. 北京:法律出版社,2002.

[8] 赵旭东. 商法的困惑与思考. 政法论坛,2002(1).

[9] 赵旭东等. 中国商事法律制度. 北京:法律出版社,2019.

[10] 赵旭东主编. 中华人民共和国电子商务法释义与原理. 北京:中国法制出版社,2018.

[11] 赵旭东主编. 电子商务法学. 北京:高等教育出版社,2019.

[12] 赵旭东主编. 公司法学. 北京:高等教育出版社,2015.

[13] 范健,王建文. 公司法. 北京:法律出版社,2018.

[14] 赵旭东主编. 新公司法制度设计. 北京:法律出版社,2006.

[15] 江平主编. 新编公司法教程. 北京:法律出版社,1994.

[16] 石少侠主编. 公司法教程. 北京:中国政法大学出版社,1998.

[17] 王保树,崔勤之. 中国公司法原理. 北京:社会科学文献出版社,2000.

[18] 赵旭东. 企业法律形态论. 北京:中国方正出版社,1996.

[19] 赵旭东. 企业与公司法纵论. 北京:法律出版社,2003.

[20] 蒋大兴. 公司法的展开与评判:方法·判例·制度. 北京:法律出版社,2001.

[21] [英]R.W. 汉密尔顿. 公司法. 刘俊海,徐海燕注. 北京:中国人民大学出版社,2001.

[22] [加拿大]布莱恩·R. 柴芬斯. 公司法:理论、结构和运作. 林华伟,魏旻译. 北京:法律出版社,2001.

[23] 甘培忠. 企业与公司法学. 北京:北京大学出版社,2017.

[24] [美]罗伯特·C. 克拉克. 公司法则. 胡平等译. 北京:工商出版社,1999.

[25] [美]罗伯特·W. 汉密尔顿. 公司法概要. 李存捧译. 北京:中国社会科学出版社,1999.

[26] 沈四宝. 西方国家公司法原理. 北京:法律出版社,2006.

[27] 陈小洪,赵昌文主编. 新时期大型国有企业深化改革研究:制度变革和国家所有权政策. 北京:中国发展出版社,2014.

[28] 刘观来. 合作社治理结构法律制度研究. 北京:中国政法大学出版社,2018.

[29] 徐东,林鹏,吕明,程显宝. 集体企业可持续发展动力机制和路径选择. 北京:石油工业出版社,2018.

[30] 郭洁. 论农村集体经济组织的营利法人地位及立法路径. 当代法学.2019(5).

[31] 李建伟.民法典编纂背景下商个人制度结构的立法表达.政法论坛.2018(6).

[32] 雷兴虎,刘水林.农业合作社的法律问题探讨.中国法学.2004(5).

[33] 孙东升编著.商业银行管理.北京:对外经济贸易大学出版社,2016.

[34] 中国支付清算协会编著.预付卡理论与实务.北京:中国金融出版社,2018.

[35] 史浩主编.互联网金融支付.北京:中国金融出版社,2016.

[36] 帅青红主编.电子支付.重庆:重庆大学出版社,2016.

[37] 陈波.第三方支付民商事法律制度研究.北京:法律出版社,2018.

[38] 于雷,邢志良主编.网上支付与结算.南京:东南大学出版社,2014.

[39] 徐连金主编.商业银行支付结算业务.上海:上海财经大学出版社,2010.

[40] 谢怀栻.票据法概论.北京:法律出版社,1990.

[41] 王保树主编.中国商事法.北京:人民法院出版社,1996.

[42] 刘心稳.票据法.北京:中国政法大学出版社,2002.

[43] 王小能主编.中国票据法律制度研究.北京:北京大学出版社,1999.

[44] 余振龙,姚念慈主编.国外票据法.上海:上海社会科学院出版社,1991.

[45] 张国键.商事法论.台湾:三民书局,1980.

[46] 李玉泉.保险法.北京:法律出版社,2003.

[47] 温世扬主编.保险法.北京:法律出版社,2003.

[48] 覃有土,樊启荣.保险法学.北京:高等教育出版社,2003.

[49] 王萍.保险利益研究.北京:机械工业出版社,2004.

[50] 郭宏彬.保险监管法律制度研究.长春:吉林人民出版社,2004.

[51] 邓洪涛,郑功成主编.保险学.北京:中国人民大学出版社,2000.

[52] 杨志华.证券法律制度研究.北京:中国政法大学出版社,1995.

[53] 叶林.证券法.北京:中国人民大学出版社,2006.

[54] 高如星,王敏祥.美国证券法.北京:法律出版社,2000.

[55] 李飞主编.中华人民共和国证券法(修订)释义(2005 年版).北京:法律出版社,2005.

[56] 上海期货交易所《"期货法"立法研究》课题组."期货法"立法研究(上、下册).北京:中国金融出版社,2013.

[57] 彭真明.期货法论.湖北:华中师范大学出版社,1998.

[58] 叶林主编.期货期权市场法律制度研究.北京:法律出版社,2017.

[59] 徐洪才主编.期货投资学.北京:首都经济贸易大学出版社,2008.

[60] 唐波.中国期货市场法律制度研究:新加坡期货市场相关法律制度借鉴.北京:北京大学出版社,2010.

[61] 赵廉慧.信托法解释论.北京:中国法制出版社,2015.

[62] 周小明.信托制度:法理与实务.北京:中国法制出版社,2012.

[63] [日]能见善久.现代信托法.赵廉慧译.北京:中国法制出版社,2011.

[64] [日]新井诚.信托法.刘华译.北京:中国政法大学出版社,2017.

[65] [英]伊恩·麦克唐纳,安·斯特里特.衡平法与信托法精义.李晓龙译.北京:法律出版社,2018.

[66] 王卫国 . 破产法 . 北京:人民法院出版社,1999.

[67] 李永军 . 破产法律制度 . 北京:中国法制出版社,2000.

[68] [美]大卫·G. 爱泼斯坦,史蒂夫·H. 尼克勒斯,詹姆斯·J. 怀特 . 美国破产法 . 韩长印等,译 . 北京:中国政法大学出版社,2003.

[69] 付翠英编著 . 破产法比较研究 . 北京:中国人民公安大学出版社,2004.

[70] [英]费奥娜·托米 . 英国公司和个人破产法 . 汤维建,刘静译 . 北京:北京大学出版社,2010.

[71] 王新欣 . 破产法 . 北京:中国人民大学出版社,2011.

[72] 许德风 . 破产法论:解释与功能比较的视角 . 北京:北京大学出版社,2015.

[73] 韩长印主编 . 破产法学 . 北京:中国政法大学出版社,2016.